全国科学技术名词审定委员会

海峡两岸信息科学技术名词

海峡两岸信息科学技术名词工作委员会

国家自然科学基金资助项目

科 学 出 版 社

北 京

内 容 简 介

本书是由海峡两岸信息科学技术专家会审的海峡两岸信息科学技术名词对照本，是在海峡两岸各自公布名词的基础上加以增补修订而成的。内容包括通信科技、电子学和计算机科学技术等方面的名词，收词约 19 000 条。本书可供海峡两岸信息科学技术界和其他领域的相关人士使用。

图书在版编目(CIP)数据

海峡两岸信息科学技术名词/海峡两岸信息科学技术名词工作委员会编．—北京：科学出版社，2008
ISBN 978－7－03－020719－7

Ⅰ．海…　Ⅱ．海…　Ⅲ．信息技术－名词术语Ⅳ．G202－61

中国版本图书馆 CIP 数据核字(2007)第 185987 号

责任编辑：刘　青　　张永涛
责任印制：钱玉芬/封面设计：槐寿明

科学出版社 出版
北京东黄城根北街16号
邮政编码:100717
http://www.sciencep.com

中国科学院印刷厂 印刷
科学出版社发行　各地新华书店经销

＊

2008 年 1 月第　一　版　　开本：787 ×1 092 1/16
2008 年 1 月第一次印刷　　印张：72 1/2
印数：1—1 500　　字数：1 700 000

定价：150.00 元

海峡两岸信息科学技术名词工作委员会委员名单

大陆召集人：刘盛纲

大 陆 委 员：(按姓氏笔画为序)

王直华	杨　然	杨士强	宋　彤	宋文淼
沈兰荪	沈永朝	张　伟	陈星弼	莫元龙
钱华林	唐志敏	曹黄强	章鸿猷	董逸生
雷震洲				

台湾召集人：彭松村

台 灣 委 員：(按姓氏筆劃為序)

王小萍	王金土	李永昌	吳烈能	邱光輝
邱煥凱	陳信宏	張育銘	萬其超	楊維楨
詹益仁	魏林梅	賴飛羆		

序

科学技术名词作为科技交流和知识传播的载体,在科技发展和社会进步中起着重要作用。规范和统一科技名词,对于一个国家的科技发展和文化传承是一项重要的基础性工作和长期性任务,是实现科技现代化的一项支撑性系统工程。没有这样一个系统的规范化的基础条件,不仅现代科技的协调发展将遇到困难,而且,在科技广泛渗入人们生活各个方面、各个环节的今天,还将会给教育、传播、交流等方面带来困难。

科技名词浩如烟海,门类繁多,规范和统一科技名词是一项十分繁复和困难的工作,而海峡两岸的科技名词要想取得一致更需两岸同仁作出坚韧不拔的努力。由于历史的原因,海峡两岸分隔逾50年。这期间正是现代科技大发展时期,两岸对于科技新名词各自按照自己的理解和方式定名,因此,科技名词,尤其是新兴学科的名词,海峡两岸存在着比较严重的不一致。同文同种,却一国两词,一物多名。这里称“软件”,那里叫“软体”;这里称“导弹”,那里叫“飞弹”;这里写“空间”,那里写“太空”;如果这些还可以沟通的话,这里称“等离子体”,那里称“电浆”;这里称“信息”,那里称“资讯”,相互间就不知所云而难以交流了。“一国两词”较之“一国两字”造成的后果更为严峻。“一国两字”无非是两岸有用简体字的,有用繁体字的,但读音是一样的,看不懂,还可以听懂。而“一国两词”、“一物多名”就使对方既看不明白,也听不懂了。台湾清华大学的一位教授前几年曾给时任中国科学院院长周光召院士写过一封信,信中说:“1993 年底两岸电子显微学专家在台北举办两岸电子显微学研讨会,会上两岸专家是以台湾国语、大陆普通话和英语三种语言进行的。”这说明两岸在汉语科技名词上存在着差异和障碍,不得不借助英语来判断对方所说的概念。这种状况已经影响两岸科技、经贸、文教方面的交流和发展。

海峡两岸各界对两岸名词不一致所造成的语言障碍有着深刻的认识和感受。具有历史意义的“汪辜会谈”把探讨海峡两岸科技名词的统一列入了共同协议之中,此举顺应两岸民意,尤其反映了科技界的愿望。两岸科技名词要取得统一,首先是需要了解对方。而了解对方的一种好的方式就是编订名词对照本,在编订过程中以及编订后,经过多次的研讨,逐步取得一致。

全国科学技术名词审定委员会(简称全国科技名词委)根据自己的宗旨和任务,始终把海峡两岸科技名词的对照统一工作作为责无旁贷的历史性任务。近些年一直本着积极推进,增进了解;择优选用,统一为上;求同存异,逐步一致的精神来开展这项工作。先后接待和安排了许多台湾同仁来访,也组织了多批专家赴台参加有关学科的名词对照研讨会。工作中,按照先急后缓、先易后难的精神来安排。对于那些与“三通”

有关的学科，以及名词混乱现象严重的学科和条件成熟、容易开展的学科先行开展名词对照。

在两岸科技名词对照统一工作中，全国科技名词委采取了“老词老办法，新词新办法”，即对于两岸已各自公布、约定俗成的科技名词以对照为主，逐步取得统一，编订两岸名词对照本即属此例。而对于新产生的名词，则争取及早在协商的基础上共同定名，避免以后再行对照。例如 101～109 号元素，从 9 个元素的定名到 9 个汉字的创造，都是在两岸专家的及时沟通、协商的基础上达成共识和一致，两岸同时分别公布的。这是两岸科技名词统一工作的一个很好的范例。

海峡两岸科技名词对照统一是一项长期的工作，只要我们坚持不懈地开展下去，两岸的科技名词必将能够逐步取得一致。这项工作对两岸的科技、经贸、文教的交流与发展，对中华民族的团结和兴旺，对祖国的和平统一与繁荣富强有着不可替代的价值和意义。这里，我代表全国科技名词委，向所有参与这项工作的专家们致以崇高的敬意和衷心的感谢！

值此两岸科技名词对照本问世之际，写了以上这些，权当作序。

2002 年 3 月 6 日

前言

在海峡两岸科技交流中断的几十年间，很多科技名词出现很大差异，严重影响两岸科技、文化乃至经济的顺畅交流。1993 年，具有历史意义的“汪辜会谈”把“探讨两岸科技名词的统一”问题列入了“共同协议”之中。此举说明海峡两岸都深刻认识到这项工作对于促进两岸的交流与合作具有十分重要的意义。

信息科技在现代科技及经济社会的发展中占有举足轻重的地位，所以海峡两岸信息科技名词对照在两岸名词工作中尤为重要。信息科技属于新兴学科，而且发展十分迅速，名词也伴随着大量涌现，因而两岸差异很大。鉴此，开展这项工作虽有不少困难，但是非常重要，而且十分迫切。

2001 年 12 月 11 日，海峡两岸及香港特区有关专家学者在北京就两岸信息科技名词的对照和统一工作进行了深入细致的商讨，决定成立海峡两岸信息科学技术名词工作委员会，负责信息科技名词的对照和统一工作，由刘盛纲（中国科学院院士，电子科技大学原校长）、潘书祥（全国科学技术名词审定委员会原副主任）、彭松村（台湾新竹交通大学教授）、梅冠香（香港城市大学教授）担任工作委员会的合作主席，委员会的委员由大陆、台湾、香港各自推荐代表担任。

在此之后，全国科学技术名词审定委员会（以下简称“全国科技名词委”）于 2002 年 4 月 9 日召开了信息科技名词对照工作大陆专家组会议。会议确定，在两岸信息科学技术名词工作委员会中，大陆一方的专家组由 17 人组成，刘盛纲先生为总负责人。按照所属专业划分为三个小组：电子学专家组以曹黄强先生为组长；计算机科技专家组以张伟先生为组长；通信科技专家组以雷震洲先生为组长。同年 5 月 10 日，台湾方面由李国鼎科技发展基金会组织召开了通讯、电子、信息（台湾称“资讯”）名词编订技术协调说明会议，决定由詹益仁先生负责电子科学技术，彭松村先生负责通讯科学技术，赖飞羆先生负责信息（台湾称“资讯”）科学技术，杨维桢先生负责综合协调。

关于两岸信息科技名词的对照蓝本，经双方各个专家组研商约定，电子学组以全国科技名词委公布的《电子学名词》和台湾出版的《电子工程名词》、《半导体名词》、《控制工程名词》为对照蓝本；计算机组以全国科技名词委公布的《计算机科技名词 · 第 2 版》和台湾出版的《电子计算机名词》为对照蓝本；通信组以人民邮电出版社出版的《邮电主题词表》、清华大学出版社出版的《英汉网络技术词汇》和台湾出版的《通讯工程名词》为参考蓝本。双方专家分别对这些蓝本中的名词进行筛选，按英文字母排序，合编成对照版本的草稿。然后，由两岸专家分别填上己方规范的或惯用的名词，形成初稿。

在此基础上，由全国科技名词委和电子科技大学共同主办、台湾李国鼎科技发展基金会协办，于2002年8月在四川省成都市召开了第一届海峡两岸信息科技名词对照研讨会。这次会议在轻松愉快、民主和谐的学术气氛中进行，充分讨论并原则上通过了两岸信息科技名词对照收词范围和命名原则，确定以两岸专家已收集、整理的20000多个词条为对照本初稿，并将对照本定名为《海峡两岸信息科学技术名词》。此外，两岸专家还对术语学理论及信息科技领域的一些重点名词进行了讨论，并对两岸名词差异的产生原因、名词构成的基本规律、学科名词框架和一些学术概念，以及两岸名词的协调一致工作进行了初步探讨。会后，两岸专家分别对初稿做了审查和修订，补充了新名词和遗漏的常用名词。2003年初提交两岸专家进一步修订后形成讨论稿。

2004年3月，两岸专家三十余人在台北台湾大学举行第二届两岸信息科技名词对照研讨会。会议对2003年提交的词条中存在的问题进行了认真、深入的讨论。

2006年8月，电子学、计算机、通信三部分对照名词全部整理完毕，并提交全国科技名词委。2006年12月由全国科技名词委将三部分名词汇总，形成送审稿，再次送给两岸有关专家进行审查和修订。交给两岸有关专家再次审理后，《海峡两岸信息科学技术名词》终于定稿，共收录了约19000条名词。

《海峡两岸信息科学技术名词》的出版，是两岸信息科技专家共同努力的结果，对促进两岸信息科技界的交流与合作具有非常重要的意义。有机会参与这项工作，备感荣幸而又责任重大。愿该对照本能在两岸的交流合作中充分发挥其效能，促进两岸信息科技的交流与发展，促进两岸共同繁荣。两岸科技名词对照是一项长期工作，我们将继续努力，推动这项工作不断地深入开展。

囿于学识、能力及时间，书中难免有疏漏之处，还望两岸同仁不吝指正。

海峡两岸信息科学技术名词工作委员会

2007年3月1日

编排说明

一、本书是海峡两岸信息科学技术名词对照本。

二、本书分正篇和副篇两部分。正篇按汉语拼音顺序编排;副篇按英文的字母顺序编排。

三、本书［ ］中的字使用时可以省略。

正篇

四、本书中祖国大陆和台湾地区使用的科技名词以“大陆名”和“台湾名”分栏列出。

五、本书正名和异名分别排序,并在异名处用(=)注明正名。

六、本书收录名词的对应英文名为多个时(包括缩写词)用“,”分隔。

副篇

七、英文名对应多个相同概念的汉文名时用“,”分隔,不同概念的用① ② ③分别注明。

八、英文名的同义词用(=)注明。

九、英文缩写词排在全称后的( )内。

目　录

正　篇

A

大　陆　名	台　湾　名	英　文　名
阿达马变换	哈德瑪得轉換	Hadamard transform
阿达马矩阵	哈德瑪得矩陣	Hadamard matrix
阿达马码	哈德瑪得碼	Hadamard code
阿德科克阵列	亞德克陣列	Adcock array
阿基米德螺线[形]天线	阿基米德螺線天線	Archimedian spiral antenna
阿雷西沃反射器	厄瑞西柏反射器	Arecibo reflector
阿罗哈	一種隨機擷取協定	additive links online Hawaii area, ALOHA
阿姆达尔定律	Amdahl 定律	Amdahl's law
阿姆斯特朗公理	Armstrong 公理	Armstrong axioms
阿帕网(=高级研究计划局网络)		
埃尔布朗基	埃爾布朗基	Herbrand base
埃尔米特函数	埃爾米特函數	Hermite function
埃力斯界限	埃力斯界限,埃力斯上限	Elias bound
爱因斯坦系数	愛因斯坦係數	Einstein coefficient
安[培]	安培	ampere, A, amp
安培电路定律	安培電路定律	Ampere's circuit law
安培定律	安培定律	Ampere's law
安培每米	安培/米	ampere per meter, A/M
安培匝数	安培匝數	ampere-turns, AT
安全标号	安全標號	security label
安全操作系统	安全作業系統	secure operating system
安全策略	保全政策	security policy
安全措施	安全措施	security measure
安全等级	保全等級	security level
安全电子交易	安全電子交易	secure electronic transaction, SET

大 陆 名	台 湾 名	英 文 名
安全功能评估	安全功能評估	secure function evaluation
安全过滤器	保全過濾器	security filter
安全环	安全環	safety ring
安全检查	安全檢驗	security inspection
安全控制	保全控制	security control
安全类	安全類	security class
安全路由器	安全路由器	secure router
安全模型	安全模型	security model
安全内核	安全內核	secure kernel
安全认证机构	安全認證授權	safety certification authority
安全容限	安全餘裕,安全容限	safety margin
安全审计	安全稽核	security audit
安全识别	安全識別	secure identification
安全事件	安全事件	security event
安全套接层	安全連接層	secure socket layer, SSL
安全停机	安全關機	safe shutdown
安全通信(=保密通信)		
安全网	安全網	safe net
安全网关	安全閘道	secure gateway
安全[性]	保全,安全	security
安全性	安全性	safeness
安全许可	安全許可	security clearance
安全遥控	安全遙控	safety remote control
安全域	安全域	security domain
安全运行模式	安全操作模式	security operating mode
安全指令	安全指令	safety command
安装	①安裝 ②裝上	①installation ②mount
安装处理控制	安裝處理控制	installation processing control
安装和检验阶段	安裝和檢查階段	installation and check-out phase
安装技术	裝載技術	mounting technique
氨空气燃料电池	氨空氣燃料電池	ammonia-air fuel cell
按比例缩小	按比例縮小	scaling-down
按键讲话	先按後談	push to talk
按键式电话机	按鍵式電話機	touch-tone telephone
按键音拨号器	按鍵音撥號盤	touch-tone dial
按键音脉冲制	按鍵音脈波制	touch-tone pulsing
[按]名调用,唤名	傳名稱呼叫	call by name
按内容存取存储器	按內容存取記憶體	content-accessable memory

大　陆　名	台　湾　名	英　文　名
按内容寻址存储器	内容可定址儲存	content-addressable storage
按钮	按鈕	button
按钮开关	按鈕開關	push-button switch
[按]位开关	位元交換	bit switch
按需分发	按需分發	demand assignment
按需分配多址卫星系统	按需指配多重接取衛星系統	demand assigned multiple access satellite system, DAMA
按需分配时分多址	按需指配時分多重接取	demand-assignment time-division multiple-access, DA-TDMA
按需知密	需知道	need-to-know
按序	按序	in-sequence
按序检测	順序檢測	sequential detection
按序提交	按序確認	in-order commit
按序执行	按序執行	in-order execution
[按]值调用,传值	傳值呼叫	call by value
按[逐]位运算符	位元運算子	bitwise operator
暗电流	暗電流	dark current
暗电平	暗電平	black level
暗放电	暗放電	dark discharge
暗光纤	暗光纖	dark fiber
暗伤	暗傷	dark burn
暗视觉	暗視覺	scotopic vision
暗影	暗影	shading
凹槽型天线罩壁	凹槽型天線罩壁	grooved radome wall
凹多边形	凹多邊形	concave polygon
凹体	凹體	concave volume
奥尔福德天线阵	奧爾福德天線陣	antenna array of Alford loops
奥罗管	奧羅管	orotron
奥米伽段同步	奧米伽段同步	Omega segment synchronization
奥米伽匹配	奧米伽匹配	Omega match
奥米伽天波修正表	奧米伽天波修正表	Omega sky wave correction table
奥米伽[系统]	奧米伽[系統]	Omega system

B

大陆名	台湾名	英文名
八比特组(=八位[位]组)		
八叉树	八叉樹	octree
八皇后问题	八皇后問題	eight queens problem
八进制	八進制	octal system
八进制数字	八進數位	octal digit
八木天线	八木天線	Yagi antenna
八位[位]组,八比特组	八位元組	octet
巴比涅-布克原理	貝比芮-布克原理	Babinet-Booker principle
巴比涅原理	貝比芮原理	Babinet's principle
巴克斯范式	巴科斯正規形式	Backus normal form
巴克斯-诺尔论	巴科斯-諾爾形式論	Backus-Naur formalism
巴克斯-诺尔形式	巴科斯-諾爾形式	Backus-Naur form
巴拿赫空间	巴拿赫空間	Banach space
巴特沃思近似方法	巴特沃思趨近法	Butterworth approximation method
巴特沃思滤波器	巴特沃思濾波器	Butterworth filter
拔出力	拔出力	withdrawal force
把关[定时]器,监视定时器	監視器	watchdog
白板服务	白板服務	whiteboard service
白炽显示	白熾顯示	incandescent display
白领犯罪	白領犯罪	white-collar crime
白平衡	白平衡	white balance
白噪声	白雜訊	white noise
白箱	白箱	white-box
白箱测试	白箱測試	white-box testing
白消耗周期	白消耗週期	wasted cycle
白噪声发生器	白噪音發射器	white-noise emitter
百万	百萬	million, M
百万次浮点运算每秒	每秒百萬次浮點運算	mega floating point operations per second, MFLOPS
百万次逻辑推理每秒	每秒百萬次邏輯推理	million logical inferences per second, MLIPS
百万次事务处理每秒	每秒百萬次交易處理	million transactions per second, MTPS

大　陆　名	台　湾　名	英　文　名
百万次运算每秒	每秒百萬次運算	million operations per second, MOPS
百万条指令每秒	每秒百萬條指令	million instructions per second, MIPS
百万位,兆位,兆比特	百萬位元	megabit, Mb
百万字节,兆字节	百萬位元組,百萬拜	megabyte, MB
摆动,飘移	擺動,頻移	swing
拜占庭弹回	拜占庭彈回	Byzantine resilience
斑点效应	光斑效應	speckle effect
板	板,接線板,交換台	board
板内时钟分配	板內時鐘分配	on-card clock distribution
板上电源分配	板上電源分配	on-card power distribution
板外时钟分配	板外時鐘分配	off-card clock distribution
板装连接器	電路板黏著連接器	board-mounted connector
版本	版本,版次	version
N 版本编程	*N* 版本程式設計	*N*-version programming
版本管理	版本管理	version management
版本号	版本號碼,版次	version number
版本控制	版本控制	version control
版本升级	版本升級	version upgrade
办公过程	辦公過程	office process
办公活动	辦公室活動	office activity
办公流程	辦公室程序	office procedure
办公信息系统	辦公室資訊系統	office information system, OIS
办公自动化	辦公室自動化	office automation, OA
办公自动化模型	辦公室自動化模型	office automation model
半波长均衡器	半波長貝楞	half-wavelength balun
半波长偶极子	半波長雙極	half-wavelength dipole
半波开槽	半波開槽	half-wave slot
半导体	半導體	semiconductor
半导体玻璃	半導體玻璃	semiconducting glass
半导体存储器	半導體記憶,半導體記憶體	semiconductor memory
半导体激光电光容纳度	半導體雷射電光容納度	electrical and optical containment of semiconductor laser
半导体激光器	半導體雷射	semiconductor laser
半导体敏感器	半導體感測器	semiconductor sensor
半导体探测器	半導體探測器	semiconductor detector
半导体陶瓷	半導體陶瓷	semiconductive ceramic
半导体温差制冷电堆	半導體溫差製冷電堆	semiconductor thermoelectric cooling mo-

大 陆 名	台 湾 名	英 文 名
		dule
半定制集成电路	半訂製積體電路	semi-custom IC
半功率点	半功率點	half-power point
半功率束宽	半功率束寬	half-power beamwidth
半共焦谐振腔	半共焦共振器	half-confocal resonator
半共心谐振腔	半共心共振器	half-concentric resonator
半加器	半加器	half-adder
半减器	半減器	half-subtracter
半节网络	半節網路	half-section network
半联结	半聯結	semijoin
半球体空腔	半球體空腔	hemispherical cavity
半球型透镜	半球型透鏡	hemispherical lens
半色调	半色調	halftone
半色调图像	半色調圖像	halftone image
半实物仿真	半物理模擬	semi-physical simulation
半双工	半雙工	half-duplex
半双工操作	半雙工操作	semi-duplex operation
半双工传输	半雙工傳輸	half-duplex transmission
半双工信道	半雙工通道	half-duplex channel
半透明	半透明	translucency
半透明光阴极	半透明光陰極	semitransparent photocathode
半图厄系统	半圖厄系統	semi-Thue system
半线性集	半線性集	semilinear set
半影	半影	penumbra
半永磁材料	半永久磁性材料	semi-permanent magnetic material
半有源制导	半有源製導	semi-active guidance
半自动专用交换机	半自動專用交換機	semi-automatic private branch exchange
伴随模型	伴隨模型	companion model
伴随条件	旁側條件	side condition
伴随信源	伴隨源	adjoint source
伴音陷波器	伴音陷波器	accompanying sound trap
伴音载波(=音频载波)		
帮手主体(=帮助主体)		
帮助主体,帮手主体	幫助代理	help agent
绑定	連結	binding
棒形透镜	柱狀透鏡	rod lens
包	包	package, packet
包层模	披覆層模態	cladding mode

大 陆 名	台 湾 名	英 文 名
包层模消除器	包層模消除器	cladding mode stripper
包封	包封	envelope
包封延迟失真	波封延遲失真	envelope delay distortion
包封字段	封頭區	envelope field
包过滤	封包濾波[法]	packet filtering
包加密	封包加密	packet encryption
包交换,[报文]分组交换	分封交換	packet switching
包交换公用数据网,分组交换公用数据网	分封交換式公用資料網路	packet switched public data network, PSPDN
包交换数据网,分组交换数据网	分封交換資料網路	packet switched data network, PSDN
包交换网,分组交换网	分封交換網路	packet switching network
包交换总线	封包交換匯流排	packet switched bus
包络	封包	envelope
包络检波	封包檢波	envelope detection
包络调制	包絡線調變	envelope modulation
包式终端,分组式终端	分封模式終端機,分封型終端機	packet mode terminal
包围盒	邊界框	bounding box
包围盒测试	包圍盒測試	bounding box test
包装拆器,分组装拆器	封包組合拆卸器,配封機	packet assembler/disassembler, PAD
薄层电阻	片電阻	sheet resistance
薄膜	薄膜	thin film
薄膜唱片	薄膜唱片	film disk
薄膜磁盘	薄膜磁碟	thin film disk, film disk
薄膜磁头	薄膜磁頭	thin film magnetic head
薄膜电感器	薄膜電感	film inductor
薄膜电路	薄膜電路	thin film circuit
薄膜电致发光	薄膜電致發光	thin film electroluminescence, TFEL
薄膜淀积	薄膜澱積	thin film deposition
薄膜混合集成电路	薄膜混合積體電路	thin film hybrid integrated circuit
薄膜[集成]电路	薄膜積體電路	thin film [integrated] circuit
薄膜键盘	薄膜鍵盤	membrane keyboard
薄膜晶体管	薄膜電晶體	thin film transistor, TFT
薄膜晶体管[液晶]显示器	薄膜電晶體顯示器	thin film transistor display

大 陆 名	台 湾 名	英 文 名
薄膜太阳电池	薄膜太陽電池	thin film solar cell
薄膜阴极	薄膜陰極	film cathode
薄栅氧化层	薄閘極氧化層	thin gate oxide
饱和参量	飽和參數	saturation parameter
饱和磁记录	飽和磁記錄	saturation magnetic recording
饱和电抗器	飽和電抗	saturable reactor
保持时间	持住時間	holding time
保持依赖分解	保持分解	dependency-reserving decomposition
保存	保存,存	save
保存区	保存區	save area
保管期	保管期	maintaining period
保护	保護	protection
保护带	保護帶,防護帶	guard band
保护带频率	保護帶頻率,保護頻帶	guard band frequency
保护地	保護地	protected ground
保护队列区	保護隊列區域	protected queue area
保护方式	保護模態	protected mode
保护放电管(=TR 管)		
保护环	保護環	guard ring
保护环结构	保護環結構	guard ring structure
保护空间	保護區間	guard space
保护时间	保護時段,保護時間	guard time
保活	保活	keep alive
保留	保留	reservation
保留进位加法器	節省進位之加法器	carry-save adder
保留卷	保留容量	reserved volume
保留内存	保留記憶體	reserved memory
保留页选项	保留頁任選	reserved page option
保留站	保留站	reservation station
保留字	保留字	reserved word
保密电话通信系统	守密電話通信系統	secure voice communication system
保密量	守密量	amount of secrecy
保密容量	守密容量	secrecy capacity
保密体制	守密體制	secrecy system
保密通信,安全通信	守密通信,安全通信	secure communication
保密系统	守密系統	secrecy system
保密学	守密學	cryptology, cryptography
保密指令	守密指令	secret command

大陆名	台湾名	英文名
保卫	保衛	safeguard
保温阴极(=热屏阴极)		
保险期	保險期	insurance period
保 F 映射	保留 F 對映	F-preserve mapping
保 P 映射	保留 P 映射	P-preserve mapping
保真度,逼真度	逼真度	fidelity
堡垒主机	堡壘主機	bastion host
报表	報表	report
报表生成程序	報表產生器	report generator
报表生成语言	報表產生語言	report generation language
报表书写程序	報表作者,報表撰寫器	report writer
报酬分析	報酬分析	reward analysis
报复性雇员	報復性員工	vindictive employee
报警电路	告警電路,警報電路	alarm circuit
报警频率	報警頻率	alert frequency
报警器	警報器	alertor
报警显示	警報顯示	alarm display
报警消息	告警信息	alerting message, ALERT
报警信号	①警報訊號 ②告警訊號	①alarm signal ② alerting signal
报警站	報警站	beaconing station
报警装置	告警裝置,警報裝置	alarm device
报警字符,响铃字符	振鈴符元	bell character
报头	訊頭,欄頭	header
报头差错控制	標頭錯誤控制	header error control, HEC
报头信息	欄頭信息	header information
报头字段	訊頭欄區	header field
报文,电文	報文,電文	message
报文编码,消息编码	信息編碼	message coding
报文处理系统	信息處理系統	message processing system
[报文]分组交换(=包交换)		
报文加密	訊息加密	message passwording
报文鉴别	訊息鑑别	message authentication
报文鉴别码	報文鑑定碼,訊息鑑别碼	message authentication code, MAC
报文交换,电文交换	報文交換,電文交換	message switching
ATM 报文块传送	ATM 訊息塊傳送	ATM block transfer, ABT
报文摘译	訊息摘錄	message digest

大　陆　名	台　湾　名	英　文　名
暴沸（=爆腾）		
暴力式聚焦	暴力式聚焦	brute force focusing
曝光	曝光	exposure
爆腾，暴沸	爆騰，暴沸	bumping
背包问题	背包問題	knapsack problem
背负式发射机，便携式发射机	背負式發射機，可攜式發射機	backpack transmitter
背负式无线电台	背負式無線電台	manpacked radio set
北向参考脉冲	北向參考脈波	north reference pulse
贝尔-拉帕杜拉模型	Bell-Lapadula 模型	Bell-Lapadula model
贝尔系统	貝爾系統	Bell system
贝弗里奇天线	貝佛瑞奇天線	Beverage antenna
贝济埃曲面	貝齊爾曲面	Bezier surface
贝济埃曲线	貝齊爾曲線	Bezier curve
贝里斯分布	貝里斯分佈	Bayliss distribution
贝塞尔函数	貝索函數	Bessel function
贝特孔耦合器	倍茲孔耦合器	Bethe-hole coupler
贝叶斯定理	貝斯定理	Bayesian theorem
贝叶斯分类器	貝斯分類器	Bayesian classifier
贝叶斯分析	貝斯分析	Bayes analysis
贝叶斯决策方法	貝斯決策方法	Bayesian decision method
贝叶斯决策规则	貝斯決策規則	Bayesian decision rule
贝叶斯逻辑	貝斯邏輯	Bayesian logic
贝叶斯推理	貝斯推理	Bayesian inference
贝叶斯推理网络	貝斯推理網絡	Bayesian inference network
备份	後備，備用，備份，備製	backup
备份过程	備用程序	backup procedure
备份文件	備份檔案，備用檔	backup file, back file
备份与恢复	備份與復原	backup and recovery
备件	零件	spare part
备用	備用，後備	standby
备用编码键	換用碼鍵	alternate coding key
备用的	備用的	spare
备用电路	備用電路	spare circuit
备用路由	備用路由	reserve route
备用频率	備用頻率	backup frequency
备用冗余	待用冗餘	standby redundancy
备用替代冗余	待用替換冗餘	standby replacement redundancy

大　陆　名	台　湾　名	英　文　名
备用通路	備用通路	alternative path
备用通信设施	替用通信設備	alternate communications facility
备用卫星	備用衛星	spare satellite
备用系统	待用系統	standby system
备用信道	備用通道	alternate channel, reserve channel, spare channel
背场背反射太阳电池	背場背反射太陽電池	back surface reflection and back surface field solar cell
背场太阳电池	背場太陽電池	back surface field solar cell, BSF solar cell
背对背式	本地迴路[測試],自發自收[測試]	back to back
背反射太阳电池	背反射太陽電池	back surface reflection solar cell, BSR solar cell
背景	背景	background
背景边界	背景邊界	background border
背景处理	背景處理	background processing
背景反射性能,基底反光能力	底色反射	background reflectance
背景辐射	背景輻射	background emission
背景墨水	背景墨水	background ink
背景起伏	背景起伏	background fluctuation
背景色	底色	background color
背景数据	背景資料	background data
背景数据终端	背景資料終端機	background data terminal
背景投影	背景投影	background projection
背景图像	背景影像	background image
背景显示图像	背景顯示影像	background display image
背景限红外光检波器	背景限制紅外線檢測器	background limited infrared detector
背景噪音	背景雜訊	background noise
背面	背面	back
背面布线操作	反面佈線作業	back wiring operation
背射天线	逆火式天線	backfire antenna
钡长石瓷	鋇長石瓷	celsian ceramic
N 倍长寄存器	*N* 倍長度暫存器	*N*-tuple length register
N 倍寄存器	*N* 倍暫存器	*N*-tuple register
倍密度软盘	雙倍密度軟碟	double-density diskette
倍频	倍頻	frequency multiplication

大　陆　名	台　湾　名	英　文　名
倍频链	倍頻鏈	frequency multiplier chain
倍频器	倍頻器	frequency multiplier
倍增极	倍增極	dynode
倍增系统	倍增系統	dynode system, multiplier system
倍增因子	乘積因數	multiplication factor
被测变量	被測變數,測量變數	measured variable
被调用者	被呼叫程式	callee
被动查询	被動查詢	passive query
被动搭线窃听(=窃取信道信息)		
被动带状焊接校准,带状熔接被动校准	帶狀熔接被動校準	passive ribbon splicing alignment
被动锁模	被動鎖模	passive mode-locking
被动威胁	被動威脅	passive threat
被动显示	被動顯示	passive display
被动站	被動站,從站	passive station
被叫电话局	被叫電話局	called exchange
被叫端	被叫端	called terminal
被叫方	被叫方,受話人	called party
被叫方付费呼叫	受話人付費通話	collect call
被叫号码	被叫號碼,被呼號碼,受話號碼	called number
被叫话机	被叫台,被叫站	called station
被叫局	被叫局	called office
被叫用户	被叫用戶	called subscriber
被叫用户单方拆线	被叫用戶拆線	called subscriber release
本地地址管理	本地位址管理,局部位址管理	local address administration
本地电话	市內電話	local call
本地分配网	區域放送網路	local distribution network
本地光注入	本地光注入	local light injection
本地环路	本地迴路	local loop
本地加电	本地電力開啟	local power on
本地交换	本地交換台,用戶交換台	local switch, LS
本地[交换]局	本地[交換]局,地方局	local office
Java 本地接口	Java 本地介面	Java native interface
本地接入传送区		local access and transport area, LATA

大陆名	台湾名	英文名
本地损耗	本地損失	local loss
本地网	本地網	local network
本地网接入协议	地區網路擷取協定,區域網路進接協定	local network access protocol
本地拥塞	本地壅塞	local congestion
本地振荡器(=本机振荡器)		
本地终端	局部終端機	local terminal
本机振荡器,本地振荡器	本地振盪器	local oscillator
本影	本影	umbra
本原码	本原碼	primitive code
本原演绎	基元演繹	primitive deduction
本征半导体	本徵半導體	intrinsic semiconductor
本征电致发光	本徵電致發光	intrinsic electroluminescence
本征函数	特徵函數	eigenfunction
本征耦合损耗	本質耦合損失	intrinsic coupling loss
本征频率	特徵頻率	eigen frequencies
本征突发容限	本質突發容忍度	intrinsic burst tolerance, IBT
本征吸收	本質吸收	intrinsic absorption
本征吸杂工艺	本徵吸雜工藝	intrinsic gettering technology
本征向量空间	特徵向量空間	eigenspace
本征载流子	本徵載子	intrinsic carrier
本征值	特徵值	eigenvalue
本质失效	本質失效	inherent weakness failure
崩溃	當機,系統故障	crash
崩越二极管,碰撞雪崩渡越时间二极管	碰撞累增過渡時間二極體	impact avalanche transit time diode, IMPATT diode
泵工作液	幫浦工作液	pump fluid
泵浦,抽运	幫浦	pumping
泵浦速率	幫浦速率	pumping rate
泵浦速率分布	幫浦速率分佈	pump rate distribution
泵浦效率	幫浦效率	pumping efficiency
泵作用引理	幫浦作用引理	pumping lemma
逼近	逼近	approximation
逼近算法(=近似算法)		
逼真度(=保真度)		
比电容	比電容	specific capacitance

大 陆 名	台 湾 名	英 文 名
比幅单脉冲	比幅單脈波	amplitude comparison monopulse
比功率	比功率	specific power
比较并交换	比較交換	compare and swap
比较－交换	比較－交換	compare-exchange
比较器	比較器	comparator
比较器网络	比較器網路	comparator network
比较语言学	比較語言學	comparative linguistics
比克莫尔－斯佩尔迈尔分布	畢克摩－史培邁分佈	Bickmore-Spellmire distribution
比例变换，定比变换	比例變換	scaling transformation
比例带	比例帶	proportional band
比例积分微分控制，PID 控制	比例加積分微分控制	proportional plus integral plus derivative control, PID control
比例控制	比例控制	proportional control
比例式旋转变压器	比例式旋轉器	proportional revolver
比例指令	比例指令	proportional command
比率检测器	比率檢測器	ratio detector
比率鉴频器	比率鑑頻器	ratio discriminator
比能量	比能量	specific energy
比容量	比容量	specific capacity
比损耗因数	相對損失因子	relative loss factor
比特（＝[二进制]位）		
比特差错（＝位差错）		
比特差错概率（＝位差错概率）		
比特差错率测试装置（＝位差错率测试装置）		
比特储存器	位元累積	bit reservoir
比特抖动（＝位抖动）		
比特间隔（＝位间隔）		
8 比特交错奇偶性	8 位元交插同位元碼	bit interleaved parity 8, BIP-8
比特交织（＝位交织）		
比特交织奇偶性（＝位交织奇偶性）		
比特交织时分复用（＝位交织时分复用）		
比特流（＝位流）		

大陆名	台湾名	英文名
比特流符合性(=位流符合性)		
比特流格式器(=位流格式器)		
比特流句法(=位流句法)		
比特流特性(=位流特性)		
比特率(=位率)		
比特率层次	位元率階層	bit rate hierarchies
比特率指标(=位率指标)		
比特每秒(=位每秒)		
比特填塞	位元填塞,位元填充	bit stuffing
比特压缩技术(=位减缩法)		
比相单脉冲	比相單脈波	phase comparison monopulse
比相定位	比相定位	phase comparison positioning
比值计	比值計	ratio meter
比值控制	比率控制	ratio control
笔画	①筆畫 ②衝程	stroke
笔画编码	筆畫編碼	stroke coding
笔画码	筆畫碼	stroke code
笔画显示	筆畫顯示	segment display, stroke display
笔记本式计算机	筆記型電腦	notebook computer
笔输入计算机	筆式輸入電腦	pen computer
笔数	筆數	stroke count
笔顺	筆順	stroke order
笔形波束天线	鉛筆尖形波束天線	pencil-beam antenna
必备服务	強制服務	mandatory service
毕奥－萨瓦特定律	畢歐沙瓦定律	Biot-Savart law
闭包	閉包	closure
闭管真空扩散	閉管真空擴散	closed ampoule vacuum diffusion
闭合式	閉合形式	closed form
闭合系统	封閉性系統	closed system
闭合用户群,封闭用户群	閉合用戶群	closed user group, CUG
闭环电波探测器	閉環雷達	closed-loop radar

大 陆 名	台 湾 名	英 文 名
闭环控制	閉環控制	closed-loop control
闭环频率响应	閉環頻率附應	closed-loop frequency response
闭路电视	閉路式電視	closed-circuit television, CCTV
闭塞区间,阻塞区段	阻塞區段	block section
闭循环	閉迴路	closed loop
壁挂电视	壁掛電視	wall hung TV
壁效应	壁效應	wall effect
避错,故障避免	故障避免	fault avoidance
边带	邊帶	sideband
边带调幅	邊帶調幅	sideband amplitude modulation
边覆盖	邊覆蓋	edge cover
边界	邊界	boundary
边界表示	邊界表示法	boundary representation
边界层	邊界層	boundary layer
边界错误	邊界誤差	boundary error
边界跟踪	邊界追蹤	boundary tracking
边界检测	邊界檢測	boundary detection
边界建模	邊界建模	boundary modeling
边界模型	邊界模型	boundary model
边界频率	邊界頻率,臨界頻率	boundary frequency
边界扫描	邊界掃描	boundary scan
边界条件	邊界條件	boundary condition
边界网关协议	邊界閘道協定	border gateway protocol, BGP
边界像素	邊界像素	boundary pixel
边频放大器,边带放大器	邊頻放大器,邊帶放大器	marginal amplifier
边搜索边跟踪	邊搜索邊跟蹤	track-while-scan, TWS
边图	邊圖	edge graph
边写边读	邊寫邊讀	write while read, read while write
边沿触发	邊緣觸發	edge triggering
边缘	邊緣	edge
边缘操作	邊際操作	marginal operation
边缘测试	邊際測試,邊緣測試	marginal test
边缘插座连接器	邊緣插座連接器	edge-socket connector
边缘触发时钟	邊緣觸發計時	edge-triggered clocking
边缘错觉	邊緣錯覺	edge illusion
边缘发光器	邊緣發光器	edge emitter
边缘泛化	邊緣概括	edge generalization

大 陆 名	台 湾 名	英 文 名
边缘分割	邊緣分段	edge segmentation
边缘故障	邊緣故障	edge fault, marginal fault
边缘检测	邊緣檢測	edge detection
边缘检验	邊際核對,邊緣檢驗	marginal check
边缘聚焦	邊緣聚焦	edge focusing
边缘开槽	邊緣開槽	edge slot
边缘连接	邊緣連接	edge linking
边缘拟合	邊緣配適	edge fitting
边缘匹配	邊緣匹配	edge matching
边缘频率	邊緣頻率	marginal frequency
边缘散射	邊緣散射	edge scattering
边缘算子	邊緣運算子	edge operator
边缘提取	邊緣擷取	edge extracting
边缘条件	邊緣條件	edge condition
边缘调整	整邊	justified margin
边缘图像	邊緣圖像	edge image
边缘吸收	邊緣吸收	edge absorption
边缘像素	邊緣像素	edge pixel
边缘效应	邊緣效應	①edge effect ② side effect
边缘增强	邊緣增強	edge enhancement
编程	程式設計,程式規劃	programming
编号方案	號碼安排方案,號碼編排方式	numbering scheme
编号计划	編號計劃	numbering-plan
编辑	編輯	edit
编辑程序,编辑器	編輯器,編輯程式	editor
编辑器(=编辑程序)		
编解码器	編解碼器	codec
编路标号	路由標籤	routing label
编码	編碼,寫碼	coding, encoding
CMI 编码(=数字传号反转编码)		
编码表示	編碼表示,碼表示	coded representation
编码定理	編碼定理	coding theorem
编码发射机	編碼發射機	coded transmitter
编码方案	編碼方案	encoding scheme, coding scheme
编码方法	編碼方法	encoding method
编码过程	編碼過程	encoding process

大　陆　名	台　湾　名	英　文　名
编码集	編碼集	coded set
编码器	編碼器	encoder, coder
编码器状态图	編碼器狀態圖	encoder state diagram
编码系统	編碼系統	encoding system
编码效率	編碼效率	coding efficiency
编码帧	碼化圖框	coded frame
编码字符	編碼字元	coded character
编码字符集	編碼字元集	coded character set
编译	編譯	compile
编译程序,编译器	編譯程式,編譯器	compiler
Java 编译程序	Java 編譯程式	Java compiler
编译程序的编译程序	編譯程式的編譯程式	compiler-compiler
编译程序的生成程序	編譯器產生器,編譯產生器	compiler generator
编译程序规约语言,申述性语言	編譯程式規格語言	compiler specification language
编译器(=编译程序)		
编址,寻址	定址	addressing
编址寄存器(=可按址访问的寄存器)		
蝙蝠翼[式]天线	蝙蝠翼形天線	batwing antenna
鞭状天线	鞭狀天線	whip antenna
扁平电缆(=带状电缆)		
扁平封装	扁平封裝	flat packaging
扁平阴极射线管	扁平陰極射線管	flat cathode-ray tube
扁形电池,扣式电池	扁形電池,扣式電池	button cell
便笺式存储器,缓存器	暫用記憶體	scratchpad memory
便携电话	攜帶式電話,手提電話	portable telephone
便携式发射机(=背负式发射机)		
便携式计算机	可攜電腦	portable computer
变参信道	參變通道	parametric variation channel
变长编码	可變長度編碼	variable length coding, VLC
变长码	變長碼	variable length code
变度	變異數	variance
变更	變更	altering
变更转储	變更傾印,交換傾印	change dump
变化检测	變更檢測	change detection

大　陆　名	台　湾　名	英　文　名
变换	變換	transform, transformation
KL 变换	KL 轉換	Karhunen-Loeve transform, KLT
Z 变换	Z 變換	Z-transform
变换编码	轉換編碼	transform coding
变换处理	變換處理	transformation processing
变换分析	變換分析	transform analysis
变换规则	變換規則	transformation rule
变换旁查缓冲器,[地址]转换后援缓冲器	轉換旁視緩衝器	translation lookaside buffer, TLB
变换系统	變換系統	transformation system
变换先行缓冲器	轉換預看緩衝器	translation lookahead buffer
变换语义	變換語意	transformation semantics
变换增益	變換增益	conversion gain
变换中心	變換中心	transform center
变焦	調焦	zooming
变距阵	變距陣列	space-tapered array
变量化设计	變數化設計	variational design
变量器	轉換器,變換器	transformer
变流器	換流器	converter
变码	轉換碼	transcode
变频	變頻	frequency conversion
变频器	變頻器	frequency converter
变频振动试验	變頻振動試驗	variable frequency vibration test
变迁	變遷	transition
变迁规则	變遷規則	transition rule
变迁实施速率	變遷實施速率	transition firing rate
变迁序列	變遷順序	transition sequence
变迁子网	變遷子網	subnet of transition
变容二极管	可變電容二極體	variable capacitance diode, varactor diode
变容真空泵	變容真空幫浦	positive displacement pump
变像管	變象管	image converter tube
变形	同型	morphing
变压比	變壓比	transformation ratio
变压器耦合放大器	變壓器耦合放大器	transformer coupling amplifier
变异	變種	mutation
变元(=自变量)		
变址	索引,指標	index
变址寄存器	索引暫存器,指標暫存	index register, modifier register

大 陆 名	台 湾 名	英 文 名
	器,修飾符暫存器	
遍,趟	傳遞,通過,通,遍[數]	pass
遍历	遍歷	traverse
遍历信源	遍歷源	ergodic source
辨识	辨識	identification
辨向天线	感測天線	sense antenna
标称的,额定的	標稱的,額定的	nominal
标称电压	標準電壓	nominal voltage
标称电阻值	標稱電阻值	normal resistance
标称绝对功率电平	標稱絕對功率位准	nominal absolute power level
标称容量	標準容量	nominal capacity
标定(=校准)		
标号	標號,標記,標籤	label
标号化安全	有標安全	labeled security
标号可达树	有標可達樹	labeled reachable tree
标号佩特里网	有標佩特裏網	labeled Petri net
标号循环(=加标循环)		
标记变量	符記變數	token variable
标记类型	符記型式	token type
标记流路	符記流路徑	token flow path
标记扫描	標示掃描,標記掃描	mark scanning
标记阅读器	識別證閱讀機	badge reader
标量	純量,純量的	scalar
标量处理器	純量處理機	scalar processor
标量计算机	純量計算機	scalar computer
标量流水线	純量管線	scalar pipeline
标量数据流分析	純量資料流分析	scalar-data flow analysis
标量网络分析仪	標量網路分析儀	scalar network analyzer, SNA
标签集	結算集	tally set
标识	①識別 ②標示	①identification ②marking
标识变量	標示變數	marking variable
标识符	識別符,標識符號	identifier
标识鉴别	身份鉴别	identity authentication
标识权标	身份符記	identity token
标识确认	身份確認	identity validation
标识证明	標識證明	proof of identity
标图板	標圖板	plotting tablet
标志	標籤,鍵	tag

大　陆　名	台　湾　名	英　文　名
标志寄存器,旗标寄存器	旗標暫存器	flag register
标志序列	旗標序列	flag sequence
标准	標準	standard
标准白	標準白	standard white
标准程序法	標準程式法	standard program approach
标准处理方式	標準處理方式	standard processing mode
标准单元	①標準單元 ②標準單位	①standard cell ② standard unit
标准单元法	標準單元法	standard cell method
B 标准地面站	B 標準地面站	Standard ‘B’ Earth Station
C 标准地面站	C 標準地面站	Standard ‘C’ Earth Station
标准对象	標準物件	standard object
标准幅度带	主輸出帶	master output tape
标准化	標準化,統一	standardization
标准罗兰	標準羅蘭	standard Loran
标准扭斜带	主偏斜帶	master skew tape
标准偏差	標準差	standard deviation
标准实施器	標準執行器	standard enforcer
标准输出文件	標準輸出檔	standard output file
标准输入文件	標準輸入檔	standard input file
标准速度带	主速率帶	master speed tape
标准太阳电池	標準太陽電池	standard solar cell
标准条件	標準條件	reference condition
标准通用置标语言	標準一般化排版語言	standard general markup language, SGML
标准文件	標準檔案	standard file
标准信号发生器	標準訊號發生器	standard signal generator
标准形式下推自动机		normal form PDA
标准语言	標準語言	standard language
标准中断	標準中斷	standard interrupt
标准阻止截面	標準阻止截面	standard stopping cross section
Q 表	Q 表	Q meter
表层格	表層格	surface case
表处理语言	列表處理語言	list processing language
表调度	列表排程	list scheduling
表[格]	表	table
表[格]驱动法	表格驅動技術	table-driven technique
表[格]驱动仿真	表格驅動模擬	table-driven simulation
表格显示	表格顯示	tabular display

大 陆 名	台 湾 名	英 文 名
表观磁导率	表觀導磁率	apparent permeability
表观品质因数	表觀品性因數	apparent quality factor
表决器	表決者	voter
表决系统	表決系統	*k*-out-of-*n* system, voting system
表面	表面	surface
表面安装电感器	表面黏著電感	surface mounting inductor
表面安装焊接	表面安裝焊接	surface-mount solder
表面安装技术	表面安裝技術	surface-mount technology, SMT
表面安装器件	表面安裝裝置	surface mount device, SMD
表面波	表面波	surface wave
表面波天线	表面波天線	surface wave antenna
表面波行波天线	表面波行波天線	surface wave traveling-wave antenna
表面导波	表面導波	surface guided waves
表面反射	表面反射	surface reflection
表面反型层	表面反轉層	surface inversion layer
表面反应控制	表面回應控制	surface reaction control
表面复合	表面復合	surface recombination
表面沟道	表面通道	surface channel
表面耗尽层	表面空乏層	surface depletion layer
表面积累层	表面累積層	surface accumulation layer
表面浓度	表面濃度	surface concentration
表面散射	表面散射	surface scattering
表面势	表面位能	surface potential
表面态	表面態	surface state
表面污染剂量仪	表面污染劑量儀	surface contamination meter
表面吸收	表面吸收	surface absorption
表面行波	表面行進波	surface traveling wave
表示	表示法	representation
PMS 表示(＝进程存储器开关表示)		
表示层	表示層	presentation layer
表示层协议数据单元	展示層協定資料單元	presentation protocol data unit, PPDU
表头	表頭	list head
表意文字录入	表意文字登入點	ideogram entry
表意字	表意文字	ideographic, ideogram
表意字符	表意字元	ideographic character
表约束	表約束	table constraint
别名	別名	alias

大陆名	台湾名	英文名
别名分析	别名分析	alias analysis
宾主效应	賓主效應	guest host effect, GH effect
冰雹衰减	冰雹衰減	hail attenuation
丙类放大器	C 類放大器	class C amplifier
饼形图	圓形圖,圓餅圖	pie chart
并	聯合,聯集,聯盟	union
并串行转换器(=串化器)		
并串转换器	並串轉換器	parallel/serial converter
并定理	合併定理	union theorem
并发变迁	並行變遷	concurrent transition
并发操作系统	並行作業系統	concurrent operating system
并发程序设计	並行規劃	concurrent programming
并发处理	並行處理,同作處理	concurrent processing
并发读[并发]写	並行讀寫	concurrent read and concurrent write, CRCW
并发仿真(=并发模拟)		
并发公理	並行公理	concurrency axiom
并发故障检测	同作故障檢測	concurrent fault detection
并发关系	同作關係	concurrency relation
并发进程	同作處理	concurrent process
并发控制	並行控制	concurrency control
并发控制机制	同作控制機制	concurrent control mechanism
并发控制系统	同作控制系統	concurrent control system
并发模拟,并发仿真	同作模擬	concurrent simulation
并发信息系统	並行資訊系統	concurrent information system
并发[性]	同作,並行	concurrency
并联端接[传输]线	平行終止線	parallel terminated line
并联匹配	平行匹配	parallel match
并联系统,平行[处理]系统	並聯系統,平行[處理]系統	parallel system
并行编程语言	平行程式語言	parallel programming language
并行操作	平行運算	parallel operation
并行操作环境	平行作業環境	parallel operation environment, POE
并行查找存储器	平行搜尋記憶體	parallel search memory
并行程序设计	平行程式設計	parallel programming
并行处理	平行處理	parallel processing
并行处理机操作系统	平行處理機作業系統	parallel processor operating system

大　陆　名	台　湾　名	英　文　名
并行传输,平行传输	平行傳輸	parallel transmission
并行存储器	平行記憶體	parallel memory
并行度	平行度	degree of parallelism
并行端口	平行埠	parallel port
并行多元连接(=并行多元联结)		
并行多元联结,并行多元连接	平行多路結合	parallel multiway join
并行二元连接(=并行二元联结)		
并行二元联结,并行二元连接	平行雙向結合	parallel two-way join
并行仿真(=并行模拟)		
并行感染	平行感染	parallel infection
并行工程	並行工程	concurrent engineering
并行化	平行化	parallelization
并行[化]编译程序	平行編譯程序	parallelizing compiler
并行计算	平行計算	parallel computing
并行计算机	平行計算機	parallel computer
并行计算论题	平行計算理論	parallel computation thesis
并行加法	平行加法	parallel addition
并行加法器	平行加法器	parallel adder
并行建模	平行模型化	parallel modeling
并行连接(=并行联结)		
并行联结,并行连接	平行聯合	parallel join
并行模拟,并行仿真	平行模擬	parallel simulation
并行排序算法	平行排序演算法	parallel sorting algorithm
并行任务	平行任務	parallel task
并行任务派生	平行任務衍生	parallel task spawning
并行实时处理	平行即時處理	parallel real-time processing
并行数据库	平行資料庫	parallel database
并行搜索	平行搜尋,並尋	parallel search
并行算法	平行演算法	parallel algorithm
VLSI 并行算法,超大规模集成电路并行算法	VLSI 平行演算法	VLSI parallel algorithm
并行图论算法	平行圖演算法	parallel graph algorithm
并行图形算法	平行圖形算法	parallel graphic algorithm
并行推理机	平行推理機	parallel inference machine

大　陆　名	台　湾　名	英　文　名
并行外排序	平行外部排序	parallel external sorting
并行性	平行性	parallelism
并行虚拟机	平行虛擬機	parallel virtual machine
并行选择算法	平行選擇演算法	parallel selection algorithm
并行指令队列	平行指令隊列	parallel instruction queue
病毒	病毒	virus
病毒签名	病毒簽署	virus signature
病人监护仪	病患監護儀	patient monitor
拨出	撥出	dialing-out
拨号	撥號	dialing, DIAL
拨号单元	撥號單元,撥號器	dialing unit
拨号呼叫	撥號呼叫	dialing call
拨号连接	撥號接續	dial-up connection
拨号脉冲	撥號脈波	dial pulse
拨号器	撥號器	dialer
拨号音	撥號音	dialing tone
拨号终端	撥號終端	dial-up terminal
拨进,拨入	撥進,撥入	dialing-in
拨入(=拨进)		
波瓣	波瓣	lobe
波包	波封包	wave packet
波参数	波參數	wave parameter
波长	波長	wavelength
波长计	波長計	wavemeter
波长解复用	波長解多工	wavelength demultiplexing
波长滤波器移频器	波長濾波器移頻器	frequency shifter wavelength filter
波导	波導	waveguide
波导波长	波導波長	guide wavelength
波导窗	波導窗	waveguide window
波导法兰[盘]	導波法蘭盤	waveguide flange
波导负载	波導負載	waveguide load
波导开关	波導開關	waveguide switch
波导膜片	波導膜片	waveguide iris
波导色散	波導色散	waveguide dispersion
波导式气体激光器	波導式氣體雷射	waveguide gas laser
波导损耗	波導損耗	waveguide loss
波导调配器	波導調整器	waveguide tuner
波[动]方程	波[動]方程式	wave equation

大 陆 名	台 湾 名	英 文 名
波段	波段,頻帶,光帶,能帶	band
A 波段	A 頻帶	A band
B 波段	B 頻帶	B band
C 波段	C 頻帶	C band
D 波段	D 頻帶	D band
E 波段	E 頻帶	E band
F 波段	F 頻帶	F band
G 波段	G 頻帶	G band
H 波段	H 頻帶	H band
I 波段	I 頻帶	I band
IEEE 波段	IEEE 頻帶	IEEE frequency band
J 波段	J 頻帶	J band
K 波段	K 頻帶	K band
Ka 波段	Ka 頻帶	Ka band
Ku 波段	Ku 頻帶	Ku band
L 波段	L 頻帶	L band
M 波段	M 頻帶	M band
N 波段	N 頻帶	N-band
P 波段	P 頻帶	P band
Q 波段	Q 頻帶	Q band
S 波段	S 頻帶	S band
V 波段	V 頻帶	V band
W 波段	W 頻帶	W band
X 波段	X 頻帶	X band
波段开关	頻帶開關	band switch
波尔塔密码	波塔密碼	Porta's cipher
波分复用	波分復用	wavelength division multiplexing, WDM
波分复用器	波長多工器	wavelength division multiplexer
波峰(=峰[值])		
波峰焊	波峰焊	wave-soldering
波腹,腹点	波腹	antinode
波函数	波函數	wave function
波尖漏过能量	波尖漏過能量	spike leakage energy
波前	波前	wave front
波前再现	波前重建	wavefront reconstruction
[波]束波导	波束波導	beam waveguide
波束发散(=一束多用)		
波束角	波束角	beam angle

大 陆 名	台 湾 名	英 文 名
波束宽度	射束寬度	beamwidth
V 波束雷达	V 波束雷達	V-beam radar
波束立体角	波束固態角	beam solid angle
波束天线	波束天線	beam antenna
波束调向	波束控制,波束操縱	beam steering
波束效率	波束效率	beam efficiency
波束形状因数	波束形狀因數	beam shape factor
波束转换(=射束转换)		
波斯特系统	郵局系統	Post system
波特	波特	baud
波特率	鮑率,符碼率	baud rate
波纹喇叭	波狀板面號角天線	corrugated horn
波形	波形	waveform
波形编码	波形編碼	waveform coding
波形合成器	波形合成器	wave-form synthesizer
波形流水线	波形管線	wavepipeline
波形松弛法	波形鬆弛法	waveform relaxation method
波转换	波轉換	wave transformation
波阻抗	波阻抗	wave impedance
玻尔兹曼常量	波茲曼常數	Boltzmann constant
玻尔兹曼机	波茲曼機	Boltzmann machine
玻壳	玻殼	glass bulb, glass envelope
玻璃半导体	玻璃半導體	glass semiconductor
玻璃封装	玻璃封裝	glass packaging
玻璃光纤光导	玻璃光纖光導	glass fiber lightguide
玻璃环氧板	玻璃環氧板	glass epoxy board
玻特喇叭	波特喇叭	Potter horn
玻印亭定理	波英亭定理	Poynting theorem
玻印亭矢[量],能流密度矢[量]	波英亭向量	Poynting vector
玻印亭矢量法	波英亭向量法	Poynting vector method
剥离技术,浮脱工艺	剝離技術,浮脫工藝	lift-off technology
剥谱	剝譜	spectrum stripping
播音室	播音室	broadcast studio
薄雾衰减	薄霧衰減	haze attenuation
伯德图	伯德圖	Bode diagram
伯格斯矢量	伯格斯向量	Burgers vector
伯格算法	伯格算法	Burg's algorithm

大陆名	台湾名	英文名
伯勒斯型发光二极管	巴瑞斯型發光二極體	Burrus type LED
伯利坎普算法	伯力肯演算法	Berlekamp aigorithm
伯努利盘	貝努里磁碟	Bernoulli disk
泊管	泊管	platinotron
博斯－乔赫里－奥康让［纠错码］,BCH 码	BCH 碼	Bose-Chaudhuri-Hocquenghem code, BCH code
博斯－乔赫里码,BC 码	博斯－喬赫裏碼,BC 碼	Bose-Chaudhuri code
博弈,对策	博弈,對策,競賽	game
博弈论,对策论	競賽理論	game theory
博弈树	競賽樹	game tree
博弈树搜索	競賽樹搜尋	game tree search
博弈图	競賽圖	game graph
箔条包	箔條包	chaff bundle
箔条［丝］	箔條［絲］	chaff
箔条云	箔條雲	chaff cloud
箔条走廊	箔條走廊	chaff corridor
箔线	箔線	tinsel conductor
补偿	補償	compensation
补偿,后退	後退操作	back-off
补偿电离室	補償電離室	ionization chamber with compensation
补偿定理	補償定理	compensation theorem
补偿事务［元］	補償交易	compensating transaction
补偿网络	補償網路	compensating network
补充记录(＝追加记录)		
补充项,增添项	加法項	addition item
补充业务,附加业务	補充業務,附加業務	supplementary service
补孔器	點打孔	spot punch
补码	①補數 ②互補色 ③補角	complement
b 补码	b 補數	b's complement
补码器	互補器	complementer
补色	補色	complementary color
捕获范围(＝获取范围)		
捕捉	捕捉	pull-in
捕捉带	捕捉帶	pull-in range
不变代码移出	不變代碼移動	invariant code motion
S 不变量［式］	S 不變量	S-invariant
T 不变量［式］	T 不變量	T-invariant

大陆名	台湾名	英文名
不变码	不變動碼	invariant codes
不变式	不變性	invariant
不产生无线电干扰的	不產生無線電干擾的	radio-free
不重性	臨時用法	nonce
不等长编码	不等長編碼	unfixed-length coding
不等性奇偶检验码,成对不均等性码	成對不均等性[電]碼	paired-disparity code
不对称(=非对称)		
不对称边带传输	不對稱邊帶傳輸,不對稱邊帶傳送	asymmetrical sideband transmission
不对称交流充电	不對稱交流充電	asymmetric alternating current charge
不归零码	不歸零碼,非回復零碼	nonreturn-to-zero code
不归零制	不歸零,不歸零制	nonreturn-to-zero, NRZ
不归零1制,逢1变化不归零制	逢1變化不歸零制	nonreturn-to-zero change on one, NRZ1
不合格品	不合格品	defective item
不合格品率	不合格品率	fraction defective
不合逻辑	不合邏輯	illogicality
不间断电源	不中斷電力供應	uninterruptible power supply, UPS
不间断供电系统	不斷電系統	uninterruptabale power system, UPS
不交付项	不交付項	nondeliverable item
不精确推理	不確切推理	inexact reasoning
不精确中断	不精確中斷	imprecise interrupt
不可达目的地	不可及目的地	unreachable destination
不可抵赖	不可否認性	nonrepudiation
不可重复读	不可重復讀取	nonrepeatable read
不可分页动态区	不可分頁動態區	nonpageable dynamic area
不可靠进程	不可靠過程	unreliable process
不可逆加密	不可逆加密	irreversible encryption
不可判定问题	不可決策問題	undecidable problem
不可视区	不可視區	invisible range
不能工作时间	不能工作時間	down time
不平衡线	不平衡傳輸線	unbalanced line
不全位错	部分錯位	partial dislocation
不确定度	不確定度	uncertainty
不确定推理	不確定推理	uncertain reasoning
不确定性推理	不確定性推理	uncertain inference
不确定证据	不確定證據	uncertain evidence

大　陆　名	台　湾　名	英　文　名
不确定知识	不確定知識	uncertain knowledge
不确认的无连接方式传输	未確認的無連接方式傳輸	unacknowledged connectionless-mode transmission
不同相	不同相	out-of-phase
不透明度	不透明性,暗度	opacity
不透明光阴极	不透明光陰極	opaque photocathode
不完全解码	非完全解碼	incomplete decoding
不完全排错	不完全除錯	imperfect debugging
不完全数据	不完全資料	incomplete data
不完全信息	不完全資訊	incomplete information
不完全性	不完全性	incompleteness
不完全性理论	不完全性理論	incompleteness theory
不一致性	不一致性	inconsistency
不自旋卫星	不自旋衛星	nonspinning satellite
布尔表达式	布林表式	Boolean expression
布尔查找,布尔搜索	布林搜尋	Boolean search
布尔代数	布林代數,邏輯代數	Boolean algebra
布尔过程	布林程序	Boolean process
布尔函数	布林函數	Boolean function
布尔加法器	布林加法器	Boolean adder
布尔逻辑	布林邏輯	Boolean logic
布尔搜索(=布尔查找)		
布尔算子	布林運算子	Boolean operator
布尔运算	布林運算	Boolean operation
布局	佈局,佈置,列印格式	①layout ②placement
布局策略	佈局策略	placement strategy
布局对象	佈局物件	layout object
布局规则	佈局規則	layout rule
布局接地规则	佈局接地規則	layout ground rule
布局字符	佈置字元	layout character
布拉格信元	布雷格胞子	Bragg cell
布拉格元接收机(=声光接收机)		
布莱克曼窗口	布雷克門視窗	Blackman window
布里奇曼方法	布裏奇曼方法	Bridgman method
布里渊散射	布裏淵散射	Brillouin scattering
布里渊图	布裏淵圖	Brillouin diagram
布儒斯特角	布魯斯特角,無反射角	Brewster angle

大　陆　名	台　湾　名	英　文　名
布思乘法器	Booth 乘法器	Booth multiplier
布思算法	Booth 演算法	Booth's algorithm
布图规则检查	佈局規則檢查	layout rule check, LRC
布线,接线	佈線	wiring
布线程序	路由器,選路器	router
布线规则	佈線規則	wiring rule
步	步,步驟	step
L 步大数逻辑解码	L 步驟多數邏輯解碼	L-step majority-logic decoding
L 步解码	L 步驟解碼	L-step decoding
步进	步進	stepping
步进电[动]机	步進馬達	stepping motor
步进继电器	步進繼電器	stepping relay
步进角	步進角	step angle
步进控制	步進控制	step-by-step control
步进频率	步進頻率	step frequency
步进式频率[调变]波形	步進式頻率[調變]波形	frequency-stepped waveform
步进衰减器	步進衰減器	step attenuator
步进制交换	步進製交換	step-by-step switch
步进制自动电话[交换]系统	步進制自動電話[交換]系統	step-by-step automatic telephone system
步进阻抗变换器	步階阻抗變換器	stepped-impedance transformer
步距	步距	step pitch
步可达性	步驟可達性	reachability by step
步态分析系统	步態分析系統	gait analysis system
步序列	步序列	step sequence
部分沉浸式虚拟现实	部分沈浸式虛擬現實	partial immersive VR
部分带宽	部分頻寬	fractional bandwidth
部分反转	部分反轉	partial inversion
部分函数依赖	部分功能相依	partial functional dependence
部分加电	部分電力開啟	partial power on
部分进位	部分進位	partial carry
部分频带干扰	部分頻帶干擾	partial-band interference
部分时段干扰	部分時段干擾	partial-time jamming
部分正确性	部分正確性	partial correctness
部件编码	組件編碼	component coding
部件拆分	組件分解	component disassembly
部件类编程	部件類編程	family-of-parts programming

大　陆　名	台　湾　名	英　文　名
部件码	組件碼	component code
部件使用频度	組件應用頻率	utility frequency of component
部件组字频度	組件之組合率	compositive frequency of component
部首	部首	indexing component

C

大　陆　名	台　湾　名	英　文　名
擦除	抹除,擦除	erase
擦除头	消除頭	erasing head
擦地角	擦地角	grazing angle
材料色散	材料色散	material dispersion
材料吸收损耗	材料吸收損失	material absorption loss
财务主管	財務長	chief financial officer
裁剪,剪取	截割,限幅	clipping
裁剪曲面	裁剪曲面	trimmed surface
采样(=取样)		
采样插件	抽樣插件	sampling plug-in
采样方式	抽樣模式	sample mode
采样分布	抽樣分佈	sampling distribution
采样控制(=取样控制)		
采样频率	抽樣頻率	sampling frequency
采样器(=取样器)		
采样速率	抽樣率	sampling rate
采样误差	抽樣誤差	sampling error
采样系统	抽樣系統	sampling system
采样噪声	抽樣雜訊	sampling noise
采样周期	抽樣週期	sampling period
彩色,色	彩色	color
彩色打印机	彩色印表機	color printer
彩色电视	彩色電視	color TV
彩色图像	彩色影像	color image
彩色图形适配器	彩色圖形適配器	color/graphics adapter
彩色图形阵列[适配器]	多色圖形陣列	multicolor graphics array, MCGA
彩色显示	彩色顯示	color display
彩色显示器	彩色顯示器	color display
彩色显像管	彩色顯象管	color picture tube, color kinescope

大 陆 名	台 湾 名	英 文 名
彩色直方图	彩色直方圖	color histogram
彩条信号	彩條訊號	color bar signal
菜单(=选单)		
蔡司心形反射器	蔡斯心形反射器	Zeiss-cardioid reflector
参比电极	參考電極	reference electrode
参考	參考[資料]	reference
参考白	參考白	reference white
参考波束	參考波束	reference wave beam
参考场	參考場	reference field
参考成分	參考成分	reference component
参考带	參考帶	reference tape
参考当量	參考當量	reference equivalent
参考电路	參考電路	reference circuit
参考电平	基準位准	reference level
参考电源,基准电源	參考電源	reference power supply
参考监控	參考監視器	reference monitor
参考角,基准角	參考角,基準角	reference angle
参考量化器	參考量化器	reference quantizer
参考码,基准码	參考碼	reference code
参考模型	參考模型	reference model
参考频率,基准频率	參考頻率,基準頻率	reference frequency
参考天线	參考天線	reference antenna
参考图像	參考畫面	reference picture
参考载波	參考載波	reference carrier
参考帧	參考框	reference frame
参考振幅	參考振幅	reference amplitude
参量放大器	參量放大器	parametric amplifier, PA
参量估计	參數估計	parameter estimation
参量混频器	參量混頻器	parametric mixer
参量型检测	參量型檢測	parametric detection
参数,参量	參數	parameter
参数测试	參數測試	parameter testing
参数传递	參數傳遞	parameter passing
参数故障	參數故障	parameter fault
参数[化]曲面	參數曲面	parametric surface
参数[化]曲线	參數曲線	parametric curve
参数化设计	參數化設計	parametric design
参数几何	參數幾何	parametric geometry

大陆名	台湾名	英文名
参数检验	參數檢驗	parametric test
参数空间	參數空間	parametric space
参数曲面拟合	參數曲面配適	parametric surface fitting
参与者	參與者	participant
参照完整性	參考完整性	referential integrity
残边带抑止载波	殘邊帶抑止載波	vestigial sideband suppressed carrier
残边带调幅	殘邊帶調幅	vestigial sideband amplitude modulation, VSB-AM
残错率	殘餘錯誤率	residual error rate
残留边带	殘邊帶	residual sideband
残留数据	殘餘資料	residual data
残留误差率	殘餘誤差率	residual error-rate
残余边带调幅	殘邊帶調幅	amplitude modulation with vestigial sideband
残余杂波(=剩余杂波)		
操纵杆	操縱桿	joy stick
操纵性工业机器人	操縱性工業機器人	manipulating industrial robot
操作	操作,作業	
SPOOL 操作(=假脱机[操作])		
操作包	作業封包	operation packet
操作表	運算表,操作表	operation table
操作测试,运行测试	運算測試	operational testing
操作过程	操作過程	operation process
操作开关	操作開關	joyswitch
操作控制	作業控制	operational control
操作码	作業碼	operation code
操作每秒(=运算每秒)		
操作命令	操作命令	operating command
操作数	運算元	operand
操作系统	作業系統	operating system, OS
Java 操作系统	Java 作業系統	Java OS
Linux 操作系统	Linux 作業系統	Linux
OS/2 操作系统	OS/2 作業系統	operating system/2, OS/2
UNIX 操作系统	UNIX 作業系統	UNIX
操作系统病毒	作業系統病毒	operating system virus
操作系统处理器	作業系統處理器	operating system processor
操作系统功能	作業系統功能	operating system function

大　陆　名	台　湾　名	英　文　名
操作系统构件	作業系統成分,作業系統組成部分	operating system component
操作系统管理程序	作業系統監督器	operating system supervisor
操作系统监控程序	作業系統監視器	operating system monitor
操作语义	作業語意學	operational semantics
操作员命令	操作員命令	operator command
操作员手册	操作手冊	operator manual
槽,缝隙	槽,狹縫	slot
I 槽	I 型開槽	I slot
E 槽飞机天线	E 槽飛機天線	E-slot aircraft antenna
槽号	擴充槽編號	slot number
槽排序	擴充槽排序	slot sorting
槽群	擴充槽群	slot group
槽形天线(=隙缝天线)		
草稿	草稿	draft copy
草稿质量	草稿品質	draft quality
侧视雷达	側視雷達	side-looking radar
侧抑制	橫向禁止	lateral inhibition
侧音测距	側音測距	sidetone ranging
测高雷达	測高雷達	height-finding radar
测高仪(=高度表)		
测距	測距	range finding
测距码	測距碼	ranging code
测距器	測距器	distance measuring equipment, DME
测距系统	測距系統	ranging system
测量,度量	測量	measurement
测量点	量測點	measurement point, MP
测量范围	測量範圍	measuring range
测量方法	測量方法	method of measurement
测量雷达	測量雷達	instrumentation radar
测量设备	測量設備	measuring equipment
测量损耗	量測損失	measurement loss
测频	測頻	frequency measurement
测试	測試	test, testing
α 测试	α 測試	alpha test
β 测试	β 測試	beta test
测试板	測試板	test board
测试报告	測試報告	test report

大　陆　名	台　湾　名	英　文　名
测试唱片	測試唱片	test record
测试程序	測試程式	test program
测试存取端口	測試存取埠	test access port
测试带	測試帶	test tape
测试点	測試點	test point
测试覆盖[率]	測試覆蓋	test coverage
测试规约	測試規格	test specification
测试过程	測試程序	test procedure
测试环路,测试回路	測試迴路	test loop
测试回路(=测试环路)		
测试计划	測試計劃	test plan
测试阶段	測試階段	test phase
测试接收机	測試接收機	test receiver
测试卡	測試卡	test card
测试可重复性	測試可重復性	test repeatability
测试例程	測試常式	test routine
测试[码]模式	測試型樣	test pattern
测试码生成程序	測試產生器	test generator
测试驱动程序	測試驅動器	test driver
测试任务	測試任務	test task
测试日志	測試日誌	test log
测试设备	測試設備	test equipment
测试生成	測試產生	test generation
测试时间	測試時間	testing time
测试数据	測試資料	test data
测试数据生成程序	測試資料產生器	test data generator
测试顺序	測試順序	test sequence
测试台	測試桌,測試台	test desk, test bench
测试探针	測試探針	test probe
测试套具	測試套	test suite
测试文本	測試本文	test text
测试响应	測試響應	test response
测试仪	測試器	tester
测试用例	測試案例,測試彙例	test case
测试用例生成程序	測試用例產生器	test case generator
测试有效性	測試驗證	test validity
测试语言	測試語言	test language
测试谕示	測試啟示	test oracle

大 陆 名	台 湾 名	英 文 名
测试运行	測試運行	test run
测试征候	測試徵候群	test syndrome
测试指示符(=测试指示器)		
测试指示器,测试指示符	測試指示器	test indicator
测试综合	測試合成	test synthesis
测速带	測速帶	speed check tape
测速发电机	測速發電機	tachogenerator
测向	測向	direction finding, DF
测向测距系统,ρ-θ系统	測向測距系統,ρ-θ系統	direction-range measurement system
测向器(=探向器)		
测向系统	測向系統	direction-finding system
策略	策略	strategy
策略管理机构	策略管理機構	policy management authority, PMA
参差调谐	參差調諧	stagger tuning
层	層	layer
层次	階層	hierarchy
层次存储系统,分级存储系统	階層式記憶體系統	hierarchical memory system
层次分解	階層式分解	hierarchical decomposition
层次分析处理	階層分析處理	analytic hierarchy processing
层次结构	階層式結構	hierarchical structure
层次结构图	階層式圖	hierarchical chart
层次模型	階層式模型	hierarchical model
层次式文件系统	階層式檔案系統	hierarchical file system
层次数据库	階層式資料庫	hierarchical database
层次数据模型	階層式資料模型	hierarchical data model
层次序列键码	階層式順序鍵	hierarchical sequence key
层错	層錯位	fault
层迭样式表	層疊樣式表	cascading style sheet, CSS
层管理	層管理,網路層管理	layer management
层管理实体	層管理實體	layer management entity
层流电子枪	層流電子槍	laminar gun
层流电子束	層流電子束	laminar electron beam
层析成像,层析术	斷層掃描	tomography
层析术(=层析成像)		

大 陆 名	台 湾 名	英 文 名
层压板	層板	laminate
叉簧	聽筒架	cradle
叉积	交叉乘積	cross product
n 叉树	*n* 元樹	*n*-ary tree
插板阀,闸阀	插板閥,閘閥	gate valve
插补程序(=插补器)		
插补器,插补程序	內插器	interpolator
插槽	擴充槽	slot
插分复用		add/drop multiplexing, ADM
[插件]边缘连接器	邊緣連接器	edge connector
插件导轨	卡片導引	card guide
插件架	打卡架	card rack
插接兼容计算机	插接相容計算機	plug-compatible computer
插孔	插孔,插座	jack
插孔板	孔面板	jack panel
插口	插座	jack
插入	插入	plug-in
插入测试信号	插入測試訊號	insertion test signal, ITS
插入力	插入力	insertion force
插入排序	插入分類	insertion sort
插入扫描	插入掃描	incorporated scan
插入式放电管	插入式放電管	plug-in discharge tube
插入损耗,介入损耗	插入損耗	insertion loss
插入延迟时间	插入延遲時間	break-in hangover time
插入异常	插入異常	insertion anomaly
插入增益	介入增益	insertion gain
插塞	插頭	plug
插针	插針	pin
插针压力	插針壓力	pin force
插值	內插	interpolation
插值法	內插法	interpolation method
插座	插座	socket
查号台	查號台	directory information desk
查讫符号	查訖符號	checking off symbol
查色表	查色表	color look-up table, CLUT
查询优化	查詢最佳化	query optimization
查询语言	查詢語言	query language, QL
查询站	詢問站	enquiry station

大陆名	台湾名	英文名
查验	查驗	ping
查找	查找	find
查找并替换	查找和替換	find and replace
查找时间(=寻道时间)		
岔路接头	岔路接頭	hybrid junction
差	差異,差	difference
差奥米伽[系统]	差奧米伽[系統]	differential Omega
差波束	差波束	difference beam
差波束分离角	差波束分離角	separated angle of difference beam
差波束零深	差波束零深	null depth of difference beam
差错	錯誤	error
差错保护	錯誤保護	error protection
差错表	錯誤列表	error list
差错传播	差錯傳播	error propagation
差错范围	誤差範圍,錯誤範圍	error range
差错恢复	錯誤復原	error recovery
差错检测(=检错)		
差错检测码(=检错码)		
差错检验码	錯誤檢查碼,檢錯碼	error checking code
差错校验	錯誤檢查與校正	error checking and correction, ECC
差错校验系统	錯誤檢查與校正系統	error checking and correcting system
差错控制(=错误控制)		
差错控制编码	錯誤控制編碼	error control coding
差错控制码	錯誤控制碼	error control code
差错扩散	差錯擴散	error spread
差错模型(=错误模型)		
差错潜伏期	錯誤潛時	error latency
差错区段	錯誤區段	error block
差错诊断(=错误诊断)		
差错指示电路	錯誤指示電路	error indication circuit
差动电容器	差動電容	differential capacitor
差动信号驱动器	差動訊號驅動器	differential signal driver
差分编码相移键控	微分編碼式相移鍵控	differentially coded PSK, DCPSK
差分电压信号	差分電壓訊號	differential voltage signal
差分二相相移键控	微分二元相移鍵控	differential binary phase-shift keying, DBPSK
差分方式	微分模式	differential mode
差分放大器	差動放大器	differential amplifier

大 陆 名	台 湾 名	英 文 名
差分脉码调制	差動式博碼調變	differential pulse code modulation, DPCM
差分密码分析	差分密碼分析	differential cryptanalysis
差分全球定位系统（=差分 GPS 系统）		
差分双绞线	差分雙絞線	differential twisted pair
差分 GPS 系统,差分全球定位系统	差分 GPS 系統,差分全球定位系統	differential global positioning system, DGPS
差分相干相移键控	差分同調相移鍵控	differentially coherent PSK
差分相移键控	微分相移鍵控	ifferential phase-shift keying, DPSK
差分相移键控调制	差分相移鍵控調變	DPSK modulation
差分相移键控信号	微分相移鍵控訊號	DPSK signal
差分信令	差分訊號方式,微分式傳訊	differential signaling
差集码	差集碼	difference set code
差接变量器	差動轉換器	differential transformer
差拍[频]波长	拍波長	beat wavelength
差拍[频]接收	差拍接收	beat reception
差频长度（=拍长）		
差频相位延迟	差頻相位延遲	phase-delay of difference frequency
差热分析	差熱分析	differential thermal analysis, DTA
差压控制器	差壓控制器	differential pressure controller
拆分	分裂	split
拆线	拆接	disconnecting
掺铒光纤放大器	摻鉺光放大器	EDFA
掺杂	摻雜	doping
掺杂多晶硅扩散	摻雜多晶矽擴散	doped polycrystalline silicon diffusion
掺杂剂	摻雜劑	dopant
掺杂氧化物扩散	摻雜氧化物擴散	doped oxide diffusion
产品安全	產品安全	product security
产品测试	產品測試	product test
产品规格说明,产品规约	產品規格說明	product specification
产品规约（=产品规格说明）		
产品建模	產品建模	product modeling
产品库	產品庫	product library
产品认证	產品認證	product certification
产品数据管理	產品資料管理	product data management, PDM

大　陆　名	台　湾　名	英　文　名
产生式(=生成式)		
产生式规则	生產規則	production rule
产生式系统	生產系統	production system
产生式语言知识	生產語言知識	production language knowledge
颤动信号	顫動訊號	dither signal
长波	長波	long wave, LW
长波长检光器	長波長檢光器	long wavelength optical detector
长波通信(=低频通信)		
长窗口	長視窗	long window
长话中继	長途電話中繼幹線	intertoll trunk
长距离依存关系	長距離相依關係	long-distance dependent relation
长期相关性	長期相依性	long-range dependence
长事务管理	長異動管理	long transaction management
长途	長途	long haul
长途电话	長途電話	toll telephone
长途电话交换机	長途交換機	toll switch, TS
长途电话局,长途电话中心	長途電話局	toll center, TC
长途电话中心(=长途电话局)		
长途呼叫	長途電話	toll call
长途话务	長途話務	toll traffic
长途交换	長途交換,長途轉接	toll switching
长途交换台	長途交換台	long distance switchboard, LDSWBD
长途局	長途局	toll office
长途网	長途網	toll network
长途系统	長距離系統	long-haul system
长途直拨	長途直撥	direct distance dialing, DDD
长途中继线	長途中繼線	toll trunk
长线	長線	long line
长线天线	長線天線	long-wire antenna
常规充电	常規充電	normal charge
常规密码体制	慣用密碼系統	conventional cryptosystem
常规信息系统	慣用資訊系統	conventional information system
常见问题	常見問題	frequently asked questions, FAQ
常量	常數	constant
常量说明	常數宣告	constant declaration
常识	常識	commonsense

大陆名	台湾名	英文名
常识推理	常識推理	commonsense reasoning
常数传播	恆定傳播	constant propagation
常数合并	常數合併	constant folding
常用词	常用字	high-frequency word
常驻操作系统	常駐作業系統	resident operating system
常驻磁盘操作系统	常駐磁碟作業系統	resident disk operating system
常驻轨道,停泊轨道,驻留轨道	常駐軌道,停泊軌道,駐留軌道	parking orbit
常驻控制程序	常駐控制程式	resident control program
场	[圖]場	field
场地故障	現場故障	site failure
场地自治	站點自律性	site autonomy
场感应结	場感應接面	field induced junction
场函数	[電]場函數	field function
场结构图	場結構圖	field structure picture
场量	場量	field quantity
场面检测雷达	場面檢測雷達	airport surface detection radar
场频	場頻	field frequency
场强	[電磁]場之強度	field intensity
场强测量仪	場強測量儀	field strength meter
场区	場區	field region
场曲	場曲	curvature of field
场图	場圖	field picture
MOS 场效晶体管,金属-氧化物-半导体场效晶体管	MOS 場效電晶體,金屬-氧化物-半導體場效電晶體	metal-oxide-semiconductor field effect transistor, MOSFET
场效应	場效應	field effect
场效[应]晶体管	場效[應]電晶體	field effect transistor, FET
场氧化层	場氧化層	field oxide
场致发射	場致發射	field emission
场致发射显微镜[学]	場致發射顯微鏡[學]	field emission microscopy, FEM
场致离子质谱[学]	場致離子質譜[學]	field ion mass spectroscopy, FIMS
场助扩散	場助擴散	field-aided diffusion
场坐标	場坐標	field coordinates
唱碟	CD 數位音響	compact disc digital audio, CD-DA
唱片	唱片	record
唱针	唱針	stylus
抄件	副本	courtesy copy

大陆名	台湾名	英文名
超标量	超純量	superscalar
超标量体系结构	超純量架構	superscalar architecture
超长波	超長波	myriametric wave
超长波通信	超長波通訊	myriametric wave communication
超长波通信(=超低频通信)		
超长文本,超长正文	超本文	supertext
超长正文(=超长文本)		
超长指令字	超長指令字,極長指令	very-long instruction word, VLIW
超驰控制	越權控制	override control
超纯水	超純水	ultra pure water
超大规模集成电路	超大型積體電路	very lagre scale integrated circuit, VLSI
超大规模集成电路并行算法(=VLSI 并行算法)		
超导磁体	超導磁鐵	superconducting magnet
超导存储器	超導記憶體	superconducting memory
超导电子学	超導電子學	superconducting electronics
超导探测器	超導探測器	superconductor detector
超低频通信,超长波通信	超低頻通訊,超長波通訊	SLF communication
超低损失光纤	超低損失光纖	ultra-low-loss fiber
超低位速率编码	超低位元元速率編碼	very-low bit-rate coding
超短波通信(=甚高频通信)		
超短光脉冲	超短光脈衝	ultrashort light pulse
超辐射	超輻射	superradiance
超高频	超高頻	superhigh frequency, SHF
超高频波段	極高頻帶	superhigh frequency band, SHF band
超高频通信,厘米波通信	超高頻通訊,厘米波通訊	SHF communication
超高速集成电路	高速積體電路	very-high speed integrated circuit, VHSIC
超高速集成电路硬件描述语言	高速積體電路硬體描述語言	VHSIC hardware description language
超高真空	超高真空	ultra-high vacuum
超归结	超解析	hyper-resolution
超过滤	超過濾	ultrafiltration
超级编译程序,超级编	超級編譯程式	supercompiler

大陆名	台湾名	英文名
译器		
超级编译器(=超级编译程序)		
超级操作	超級操作	super operation
超级服务器	超級伺服器	superserver
超级计算	超級計算	supercomputing
超级计算机(=巨型计算机)		
超级视频图形适配器	超級視頻圖形陣列	super VGA, SVGA
超级小型计算机	超級小型計算機	super-minicomputer
超级影碟	超級影音光碟	super video compact disc, super VCD
超晶格	超晶格	superlattice
超 β 晶体管	超 β 電晶體	super β transistor
超快光电子学	極速光電子學	ultrafast opto-electronics
超类	超類	superclass
超立方体	超立方	hypercube
超链接	超連接	hyperlink
超量均方误差	超量均方誤差	excess mean-square error, excess MSE
超流水线	超級管線	superpipeline
超流水线结构	超級管線結構	superpipelined architecture
超码	超碼	supercode
超媒体	超媒體	hypermedia
超扭曲双折射效应	超扭曲雙折射效應	supertwisted birefringent effect, SBE effect
超平面	超平面	hyperplane
超前	超前	lead
超前补偿	前置補償	lead compensation
超前网络	超前網路	lead network
超群	超群	super group
超扇区	超扇區	supersector
超声波传感器	超音波感測器	ultrasonic sensor
超声导盲器	超音波導盲器	ultrasonic guides for the blind
超声多普勒血流成像	超音波多普勒血流成象	ultrasonic Doppler blood flow imaging
超声多普勒血流仪	超音波多普勒血流儀	ultrasonic Doppler blood flowmeter
超声计算机断层成像	超音波電腦斷層成象	ultrasonic computerized tomography, UCT
超声键合	超聲鍵合	ultrasonic bonding
超声心动图显像	超音波心動圖顯象	echocardiography
超时	①逾時 ②時限	timeout
超时控制	超時控制	time-out control

大 陆 名	台 湾 名	英 文 名
超视距	①超視距,視距外 ②超越地平線,越地平	over the horizon, OTH
超视距雷达	超視距雷達	over-the-horizon radar, OTH radar
超视距通信	超視距通訊	beyond-the-horizon communication
超视距无线电通信	超越地平線無線電通訊	radio communication beyond the horizon
超视频	超視頻	hypervideo
超图数据结构	超圖資料結構	hypergraphic-based data structure
超外差接收机	超外差接收機	superheterodyne receiver
超微波	超微波	ultramicrowaves, UMW
超微粒干版	超微粒干版	plate for ultra-microminiaturization
超文本	超文件	hypertext
超文本传送协议	超文件傳送協定	hypertext transfer protocol, HTTP
超文本置标语言	超文件標示語言	hypertext markup language, HTML
超演绎	超演繹	hyperdeduction
超预解式	超消解式	hyperresolvent
超再生接收机	超再生接收機	superregeneration receiver
超噪比	超噪比	excess noise ratio
超主群	超主群	super master group
朝鲜文	韓文	Korean
潮湿试验	潮濕試驗	moisture test
车辆通信	車輛通訊	vehicular communication
撤除	撤消	stripping
撤消	①降 ②偶入	drop
撤消原语	撤銷基元	destroy primitive
撤销,还原	取消,廢除	undo
沉寂室	沉寂室	dead room
沉降分析法	沉降分析法	sedimentation analysis
沉浸式虚拟现实	沉浸式虛擬實境	immersive VR
陈述性知识	宣告性知識	declarative knowledge
衬比度	襯比度	contrast
衬底	襯底	substrate
衬底馈电逻辑	基板饋電邏輯	substrate fed logic, SFL
衬底偏置	基板偏壓	substrate bias
MOSFET 衬偏效应	MOSFET 本體效應	substrate bias effect of MOSFET
成本效益分析	成本效益分析	cost-benefit analysis
成分语义学	成分語意學	compositional semantics
成核	成核	nucleation
成列直插封装开关	成列直插封裝開關	in-line package switch

大陆名	台湾名	英文名
成模	多模現象	moding
成批数据处理,批量数据处理	成批數據處理	batch data processing
成品检验	成品檢驗	product inspection
成品率	成品率	yield
成熟度	成熟度	maturity
成像	成象	imaging
成像雷达	成象雷達	imaging radar
成形电路	成形電路	forming circuit
成形时间常数	成形時間常數	shaping time constant
成型	成型	forming, shaping
成员	①成員 ②構件	member
成员问题,隶属关系问题	隸屬問題,資格問題	membership problem
成帧	①成框,定框 ②尋框	framing
成帧比特	定框位元,碼框位元	framing bit
成帧差错	框[同步]錯誤,定框誤差	framing error
成字部件	字元形成元件	character formation component
成组编码记录	群編碼記錄	group-coded recording, GCR
成组传送	塊傳送	block transfer
成组传送速率	叢發速率	burst rate
[成]组地址	群組位址	group address
成组分页	塊調頁	block paging
成组浮点	成組浮點	block floating point
成组工艺	成組工藝	group technology
[成]组进位	成組進位	group carry
承诺	承諾	commitment
承载能力	載送能力	bearer capability
承载业务	承載業務	bearer service
城域网	都會區域網路	metropolitan area network, MAN
乘法器	①乘法器 ②乘數	multiplier
乘积检波器	乘積檢波器	product detector
乘积密码	乘積加密	product cipher
乘积曲面	乘積曲面	product surface
乘商寄存器	乘數商數暫存器	multiplier-quotient register
程控(=存储程序控制)		
程控交换机	程控交換機	stored-program control exchange, SPC ex-

大陆名	台湾名	英文名
		change
程控衰减器	程控衰減器	programmable attenuator
程控信号发生器	程控訊號發生器	programmable signal generator
程控仪器	程控儀器	programmable instrument
程序	程式,節目	program
程序保护	程式保護	program protection
程序变异	程式變遷	program mutation
程序重试	程式再試	program retry
程序存储计算机	內儲程式計算機	stored program computer
程序代数	程式代數	program algebra
程序调度程序	程式排程器	program scheduler
程序段	程式段	program segment
程序段表	程式段表	program segment table
程序对换	程式調換	program swapping
程序分页功能	程式分頁功能	program paging function
程序复定位	程式再定位	program relocation
程序高手	駭客	hacker
程序格式	程式格式	program format
程序隔离	程式隔離	program isolation
程序规约	程式規格	program specification
程序划分	程式劃分	program partitioning
程序计数器	程式計數器	program counter
程序寄存器	程式暫存器	program register
程序界限监控	程式極限監控	program limit monitoring
程序局部性	程式局部性	program locality
程序控制	程式控制	programmed control
程序库	程式館,館存程式	program library
程序块	程式塊	program block
程序扩展	程式擴充	program extension
程序理解	程式理解	program understanding
程序逻辑单元	程式邏輯單元	program logical unit
程序敏感故障	程式有感故障,程式有感錯失	program-sensitive fault
程序确认	程式確認	program validation
程序设计	程式設計	program design
程序设计方法学	程式設計方法論	programming methodology
程序设计环境	程式設計環境	programming environment
程序设计技术	程式設計技術	programming technique

大陆名	台湾名	英文名
程序设计逻辑	程式設計邏輯	programming logic
程序设计语言	程式設計語言	program design language, PDL
程序设计支持环境	程式設計支援環境	programming support environment
程序生成	程式產生	program generation
程序生成程序(=程序生成器)		
程序生成器,程序生成程序	程式產生器	program generator
程序探测	程式探測	program instrumentation
程序体系结构	程式架構	program architecture
程序修改	程式修改	program modification
程序验证	程式驗證	program verification
程序验证器	程式驗證器	program verifier
程序优先级	程式優先	program priority
程序员作业	可程式員作業	programmer job
程序暂停	程式暫停	program halt
程序正确性	程式正確性	program correctness
程序正确性证明	程式正確性証明	proof of program correctness
程序支持库	程式支援館	program support library
程序指令	程式指令	program command
程序质量	程式品質	program quality
程序转换	程式轉換	program conversion
程序转换方法	程式變換方法	program transformation method
程序装入操作	程式載入操作	program loading operation
程序装入程序	程式載入器	program loader
程序状态	程式狀態	program state
程序综合	程式合成	program synthesis
池	池,集用場	pool
迟电位	遲電位	late potential
持久性	持續	persistence
尺寸共振	尺寸共振	dimensional resonance
尺寸驱动的	參數式	dimension-driven
尺度传感器	尺度轉換器	dimension transducer
尺度空间	標度空間	scale space
赤道平面	赤道平面	equatorial plane
充电	充電	charge
充电保持能力	充電保持能力	charge retention
充电接收能力	充電接收能力	charge acceptance

大 陆 名	台 湾 名	英 文 名
充电效率	充電效率	charge efficiency
充气电涌放电器	充氣電涌放電器	gas-filled surge arrester
充气阀	充氣閥	charge valve
充气管	充氣管	gas filled tube, gaseous tube
充气整流管	充氣整流管	gas-filled rectifier tube
冲淡比	衝淡比	collapsing ratio
冲击检流计	彈道式電流計	ballistic galvanometer
冲击试验	衝擊試驗	shock test
冲激	脈衝	impulse
冲激不变法	脈衝不變法	impulse invariance
冲激函数	脈衝函數	impulse function
冲激雷达	衝激雷達	impulse radar
冲激响应	脈衝響應	impulse response
冲突	衝突	conflict
冲突集	衝突集	conflict set
冲突鉴别	衝突辨別	conflict discrimination
冲突结构	衝突結構	conflict structure
冲突调解	衝突調解	conflict reconciliation
冲突向量	碰撞向量	collision vector
冲突消解	衝突分解,衝突解決	conflict resolution
虫孔寻径,虫蚀寻径	蟲洞路由	wormhole routing
虫蚀寻径(=虫孔寻径)		
虫蛀试验	蟲蛀試驗	moth bite test
重播	重播	rebroadcasting
重传	再傳輸	retransmission
重传缓冲器	重傳緩衝器	retransmission buffer
重地址检验	重復位址檢查	duplicate address check
重叠	重疊,交疊	overlap
重叠处理	重疊處理	overlap processing
重叠寄存器窗口	重疊暫存器視窗	overlapping register window
重定时	重定時	retiming
重定时变换	重定時變換	retiming transformation
重定向	重定向	redirection
重定向操作符	重定向运算符	redirection operator
重读	重讀	reread
重发	重發	resend
重放	重放	reproduction, replay
重放攻击	重播攻擊	replay attack

大陆名	台湾名	英文名
重放头	重放頭	reproducing head
重复标识	重復標示	duplicate marking
重复[次数]计数器	重復計數器	repeat counter
重复检验	重復核對	duplication check
重复率	重復率,重復頻率	repetition rate
重复频率	重復頻率,覆送頻率	repetition frequency
重复频率激光器	復發脈衝雷射	repetitive frequency laser
重复性	重復性	repetitiveness
重复选择排序	重復選擇排序	repeated selection sort
重复周期	重復區間	repetition interval
重复阻抗,累接阻抗	重復阻抗,累接阻抗	iterative impedance
重构	重建	reconstruction
重[合]码	重碼	coincident code
重汇聚扇出	再匯聚扇出,重收斂扇出	reconvergent fan-out
重建	重建	reconstruction
重建滤波器	重建濾波器	reconstruction filter
重建帧	重建之圖框	reconstructed frame
重叫,二次呼叫	重呼叫,二次呼叫	recall
重码字词数	同碼字數	amount of words in coincident code
重排序缓冲器	重排序緩衝器	reorder buffer
重配置	重組態	reconfiguration
重入监督码	重入监督码	reentrant supervisory code
重入式谐振腔	重入式諧振腔	reentrant cavity
重试,复执	再試	retry
重算,重新运行	重算,重新轉行	backroll
重现机器人	重現式機器人	playback robot
重写	重寫	rewrite
重写规则[系统]	重寫規則[系統]	rewriting rule [system]
重新安装,重装	重新安裝,重裝	reinstallation
重新编号	重行編號	renumbering
重新连接	重接,重聯	reconnection
重新排序	重新排序	reordering
重新启动,再启动	重新開始,再啟動	restart
重新运行	重作	rerun
重选路由	重編路由,重選路由	re-route
重言式	同義反復	tautology
重言式规则	同義反復規則	tautology rule

大　陆　名	台　湾　名	英　文　名
重影	重影	ghost
重影信号	鬼影訊號,鬼影訊號	ghost signal
重邮器,重邮程序	轉寄者	remailer
重运行点	重作點	rerun point
重运行例程	重作常式	rerun routine
重置载波,恢复载波	重置載波	reinserted carrier
重组	重組	reintegration
重做	重作	redo
抽取	抽取,擷取,萃取	extract
抽丝感应缺陷	抽絲引致缺陷	draw-induced defect
抽丝衰减效应,拉丝衰减效应	抽絲衰減效應	attenuation drawing effect
抽丝直径控制	抽絲直徑控制	drawing diameter control
抽象	抽象	abstraction
抽象层次	抽象層次	level of abstraction
抽象窗口工具箱	抽象視窗工具箱	abstract window toolkit, AWT
抽象方法	抽象方法	abstract method
抽象机	抽象機	abstract machine
抽象码	抽象碼	abstract code
抽象数据类型	抽象資料類型	abstract data type
抽象语言族	抽象語言系列	abstract family of languages
抽样(=取样)		
抽样保持	取樣保值	sample-and-hold
抽样定理	取樣定理	sampling theorem
抽样方案	抽樣方案	sampling plan
抽运(=泵浦)		
畴壁共振	磁牆共振	domain wall resonance
K 稠密性	*K* 稠密性	*K*-dense
N 稠密性	*N* 稠密性	*N*-dense
丑恶报文	醜惡報文	nastygram
出错处理	錯誤處置	error handling
出错处理例程	錯誤常式	error routine
出错登记程序	錯誤登入器	error logger
出错封锁	錯誤鎖定	error lock
出错概率	錯誤機率	error probability
出错率,误码率	錯誤率	error rate
出错事件	誤差事件	error event
出错条件	錯誤條件	error condition

大陆名	台湾名	英文名
出错文件	錯誤檔案	error file
出错信号	誤差訊號	error signal
出错中断	錯誤中斷	error interrupt
出错中断处理	錯誤中斷處理	error interrupt processing
出点	輸出點	out-point
出境链路	出境鏈路	outbound link
出口,退出	出口	exit
出库检验	出庫檢驗	warehouse-out inspection
出气	出氣	outgassing
出事件	輸出事件	outgoing event
出现电势谱[学]	出現電勢譜[學]	appearance potential spectroscopy, APS
出现网	出現網	occurrence net
出现序列	出現序列	occurrence sequence
初充电	初充電	initial charge
初级辐射器	主輻射器	primary radiator
初级视觉	早期視覺,初級視覺	early vision, primary vision
初级输出	主輸出	primary output
初级输入	主輸入	primary input
初检(=初始检查)		
初启程序	啟動器	initiator
初启序列	初始化序列	initializing sequence
初始标识	初始標示	initial marking
初始程序装入	初始程式載入	initial program load, IPL
初始地址拒绝信息	起始位元址拒絕信息	initial address reject message
初始地址确认信息	起始位元址回應信息	initial address acknowledgement message
初始地址信息	起始位元址信息	initial address message
初始化	初始化	initialization
初始化值(=初值)		
初始获取	初始獲取	initial acquisition
初始检查,初检	初始檢查,初檢	initial inspection
初始模型	初始模型	initial model
初始微码装入	初始微碼載入	initial microcode load, IML
初始序列	啟動器序列	initiation sequence
初始域标识	原始域識別元	initial domain identifier, IDI
初始装入	初始載入	initial load
初始状态	初始狀態	initial state
初缩	初縮	first minification
初值,初始化值	初值	initialization value

大陆名	台湾名	英文名
除错（=调试）		
除法	①除法 ②部門 ③劃分	division
除法回路	除法迴路	divide loop
除法器	①除法器 ②分割器	divider
除气	除氣	degassing
储备电池	儲備電池	reserve cell
储备式阴极	儲備式陰極	dispenser cathode
储存库	儲存庫	repository
储能电容器	儲能電容	energy storage capacitor
储频（=频率存储）		
储频行波管	儲頻行波管	storage traveling wave tube
处理单元（=处理器）		
处理单元存储器	處理元件記憶體	processing element memory, PEM
处理机（=处理器）		
处理机对	處理器對	processor pair
处理机利用率	處理器利用率	processor utilization
处理机状态字	處理器狀態字	processor status word, PSW
处理器，处理机，处理单元	處理器，處理機，處理單位	processor, processing unit
处理器调度	處理器排程	processor scheduling
处理器分配	處理器分配	processor allocation
处理器管理	處理機管理	processor management
处理器一致性模型	處理器一致性模型	processor consistency model
触点	接點，接觸	contact
触点插拔力	接頭插入與分離力	contact engaging and separating force
触点负载	接觸負載	contact load
触点间距	接觸開距	contact spacing
触点黏结	接觸粘結	contact adhesion
触点熔接	接觸熔接	contact weld
触发	觸發	triggering
触发管	觸發管	trigger tube
触发极	觸發極	trigger electrode
触发器	①觸發器，正反器 ②觸發	flip-flop, trigger
触感屏	觸敏熒幕	touch-sensitive screen
触摸屏	觸控熒幕	touch screen
穿卡机（=卡片穿孔机）		
穿孔带	打孔帶	punched tape

大陆名	台湾名	英文名
穿孔带阅读机	孔帶閱讀機	punched tape reader
穿孔机	打孔[機],打孔	punch
穿孔卡	打孔卡[片],孔卡	punched card
穿孔台	打孔站	punching station, punch station
穿孔通路	打孔路徑	punch path
穿孔位置	打孔位置	punch position
穿线二叉树	引線二元樹	thread binary tree
穿心电容器	穿越電容	feed-through capacitor
穿越辐射探测器	穿越輻射探測器	transition radiation detector
穿越序列	交叉序列	crossing sequence
传播	傳遞,傳播	propagation
传播差错	傳播錯誤	propagation error
传播常数	傳播常數	propagation constant
传播路径	傳播路徑	propagation path
传播速度	傳遞速度	propagation velocity
传播损耗	傳播損耗	propagation loss
传播条件	傳播條件	propagation condition
传播误差	傳播誤差	propagated error
传播延迟	傳播延遲	propagation delay
传承字	傳統漢字,傳統中文字元	traditional Hanzi, traditional Chinese character
传导电流	傳導電流	conduction current
传导冷却	傳導冷卻	conduction cooling
传递闭包	遞移閉包	transitive closure
传递函数	轉換函數	transfer function
传递函数依赖	傳遞函數相依	transitive functional dependence
传递简约	傳遞縮減	transitive reduction
传递相关性	遞移相依	transitive dependency
传递性	傳遞性	transitivity
传感器	傳感器	transducer
传号	傳號	mark
传号传输	傳號傳輸	mark transmission
传号电流	傳號電流,符號電流	marking current
传号和空号脉冲	傳號和空號脈衝	mark and space impulse
传号交替反转	傳號交替變換	alternate mark inversion, AMI
传号交替反转码	傳號交替反轉碼	alternate mark inversion code
传号交替反转线路编码	AMI 線編碼	AMI line encoding
传号空号比	傳號－空號比,傳號對	mark-to-space ratio

大 陆 名	台 湾 名	英 文 名
	空號比傳號	
传号码元	傳號碼元	marking element
传号偏压,传号偏移	傳號偏壓,傳號偏移	marking bias
传号偏移(=传号偏压)		
传号条件	傳號條件	marking condition
传号信号	標記訊號,傳號訊號,標記訊號	mark signal
传热	熱傳送	heat transfer
传声器	傳聲器	microphone
传输	傳輸	transmission
传输差错	傳輸錯誤	transmission errors
传输错误	傳輸錯誤	error of transmission
传输概率	傳輸機率	transmission probability
传输矩阵	傳輸矩陣	transmission matrix
传输控制协议	傳輸控制協定	transmission control protocol, TCP
传输控制字符	傳輸控制字元,傳送控制字元	transmission control character
传输路径损耗	傳輸路徑損耗	transmission path loss
传输路径终端	傳輸路徑終端	transmission path termination
传输媒体(=传输媒质)		
传输媒质,传输媒体	傳輸媒質,傳輸媒體	transmission medium
传输模式	傳輸模式,傳送樣式	transmission mode, transmission pattern
传输速率	傳輸速率	transmission rate
传输损耗	傳輸損失	transmission loss
传输损伤	傳輸損害	transmission impairment
传输通路延迟	傳輸路徑延遲	transmission path delay
传输系统(=发射系统)		
传输线	傳輸線	transmission line
[传输]线畸变	線路失真	line distortion
T1 传输线路	T1 傳輸線	T1 transionission
传输信道	傳輸通道	transmission channel
传输延迟	傳導延遲	propagation delay
传输因数	傳輸因數	transmission factor
传送	移動	move
传送层实体	傳輸層實體,傳送點	transport entity
传送服务接入点	傳輸服務進接點	transport service access point, TSAP
ATM 传送能力	ATM 傳送能力	ATM transfer capability, ATC
传送时间	傳送時間	transfer time

大陆名	台湾名	英文名
传送协议	傳送協定	transport protocol, TP
传统语法	傳統文法	traditional grammar
传真	傳真	fax, facsimile
传真传输时间	傳真傳輸時間	facsimile transmission time
传真带宽	傳真頻寬	facsimile bandwidth
传值(=[按]值调用)		
船载雷达	船載雷達	shipborne radar
串	串	string
串并[行]转换	串並聯轉換	serial-parallel conversion
串并转换器	串並聯轉換器	serial-parallel converter
串归约机	字串歸約機	string reduction machine
串化器,并串行转换器	串聯器	serializer
串级校正	串級校正	cascade compensation
串级控制	串級控制	cascade control
串接光纤	串接光纖	concatenated fiber
串联端接	串聯終止	series termination
串联端接线	串聯端接線	series-terminated line
串联匹配	串聯匹配	series match
串联阻尼	串聯阻尼	series damped
串联阻尼[传输]线	串聯阻尼傳輸線	series-damped line
串联阻尼电阻[器]	串聯阻尼電阻器	series-damping resistor
串匹配	字串匹配	string matching
串扰,串音	串擾,串音	crosstalk
串扰幅度	串音幅度	crosstalk amplitude
串文法	串文法	string grammar
串行传输	串列傳輸	serial transmission
串行存取	串列存取	serial access
串行打印机	串列列印機	serial printer
串行调度	序列排程	serial scheduling
串行端口	串行端口,串行出入口,串聯埠	serial port
串行计算机	順序計算機	sequential computer
串行加法	串列加法	serial addition
串行加法器	串列加法器	serial adder
串行排序	串列分類	serial sort
串行任务	串列任務,順序任務	serial task
串行鼠标[器]	串聯滑鼠	serial mouse
串行数模转换	串列式數位類比轉換	serial D/A conversion

大　陆　名	台　湾　名	英　文　名
串行线路网际协议	串列線網際網路協定	serial line internet protocol, SLIP
串音(=串扰)		
串语言	串語言	string language
串资源	字串資源	string resource
窗放大器	窗放大器	window amplifier
窗函数	窗函數	window function
窗孔卡	孔徑卡	aperture card
窗口	窗口,窗,視窗	window
窗口大小	視窗大小,視窗尺寸	window size
窗口式虚拟现实	視窗式虛擬實境	through-the-window VR
床旁监护仪	床旁監護儀	bedside monitor
创建日期	建立日期	creation date
创建原语	建立基元	create primitive
创作语言	創作語言	authoring language
垂面排列	垂面排列	homeotropic alignment
垂射阵列	側面陣列,垂射陣列	broadside array
垂直处理	垂直處理	vertical processing
垂直磁记录	垂直磁記錄	perpendicular magnetic recording, vertical magnetic recording
垂直分片	垂直片段	vertical fragmentation
垂直极化	垂直極化	perpendicular polarization
垂直结太阳电池	垂直接面太陽電池	vertical junction solar cell
垂直排列相畸变模式	垂直排列相畸變模式	deformation of vertically aligned phase mode
垂直注入逻辑	垂直注入邏輯	vertical injection logic, VIL
锤头	字錘	hammer
纯网	純網	pure net
纯正可归约性	純正可約性	honest reducibility
唇同步	唇同步	lip-sync, lip-synchronism
绰号	別名,暱稱	nickname
词的使用度	字的使用率	word usage
词典学	詞典學	lexicography
词法	語源學	morphology
词法分析器	詞法分析器	lexical analyzer
词范畴	詞種類	word category
词分类流通频度	字分類循環頻率	circulation frequency of the word classification
词汇	詞彙	vocabulary

大 陆 名	台 湾 名	英 文 名
词汇分析	詞法分析	lexical analysis
词汇功能语法	詞彙功能文法	lexical functional grammar
词汇学	詞彙學	lexicology
词汇语法	詞彙文法	lexicon grammar
词汇语义学	詞彙語意學	lexical semantics
词类	詞類	parts of speech
词流通频度	字循環頻率	circulation frequency of word
词码表	詞碼表	code list of words
词频	字頻	word frequency
词切分,分词	字分段	word segmentation
词使用频度	詞使用頻度	utility frequency of word
词素	詞素	lexeme
词头法同步	詞頭法同步	prefix method synchronization
词性	詞性	part of speech
词性标注	詞性加標	part-of-speech tagging
词语码	中文詞與片語碼	code for Chinese word and phrase
词语文本	正文包括詞與片語	text including words and phrases
词语信息[数据]库	詞彙資訊資料庫	lexical information database
词源学	詞源學	etymology
词专家句法分析	詞專家剖析	word expert parsing
磁摆动器	磁擺動器	magnetic wiggler
磁保持继电器	磁保持繼電器	magnetic latching relay
磁变阻头	磁電阻頭	magnetoresistive head
磁表面记录	磁表面記錄	magnetic surface recording
磁场	磁場	magnetic field
磁场强度	磁場強度	magnetic field strength
磁场丘克拉斯基法(=磁场直拉法)		
磁场直拉法,磁场丘克拉斯基法	磁場直拉法,磁場丘克拉斯基法	magnetic field Czochralski method
磁秤	磁秤	magnetic balance
磁尺	磁尺	magnescale
磁畴	磁域	magnetic domain
磁储存器	磁儲存裝置,磁存元件	magnetic storage device
磁存储器	磁性記憶體	magnetic memory
磁打印机	磁動圖形列印機	magnetographic printer
磁带	卡帶	magnetic tape
DAT 磁带(=数据数字		

大 陆 名	台 湾 名	英 文 名
音频磁带)		
磁带标号	磁帶標號	magnetic tape label
磁带传送机构	磁帶傳送機構	magnetic tape transport mechanism
磁带存储器	①磁帶儲存器 ②磁帶儲存	magnetic tape storage
磁带格式	磁帶格式	magnetic tape format
磁带后援系统	磁帶備份系統	magnetic tape back-up system
磁带机	磁帶機	tape unit
磁带奇偶检验	磁帶奇偶	magnetic tape parity
磁带控制器	磁帶控制器	magnetic tape controller
磁带库	磁帶庫,帶程式館,帶館	tape library
[磁]带驱动器	磁帶驅動	tape drive
磁带驱动器	磁帶驅動機	magnetic tape drive
磁带驱动系统	磁帶驅動系統	magnetic tape driving system
磁带头标	磁帶開始標誌	beginning-of-tape marker, BOT marker
磁带尾标	帶尾標誌,磁帶結束標誌	end-of-tape marker, EOT marker
[磁带]引导段	引導	booting, leader, pilot
磁导计	磁導計	permeameter
磁导率	導磁係數	magnetic permeability, permeability
磁道	磁軌	magnetic track
磁道格式	磁軌格式	track format
磁道跟踪伺服系统	軌隨從伺服系統	track following servo system
磁道宽度	磁軌寬度	track width
磁道中心距	磁軌中心間距	track center-to-center spacing
磁电式继电器	磁電式繼電器	magneto-electric relay
磁动势(=磁通势)		
磁轭	磁軛	magnet yoke
磁放大器	磁性放大器	magnetic amplifier
磁分离	磁分離	magnetic separation
磁粉	磁粉	magnetic powder
磁浮轴承	磁浮軸承	magnetic bearing
磁感应	磁感應	magnetic induction
磁感[应]强度	磁感應強度	magnetic induction
磁共振	磁共振	magnetic resonance
磁共振成像	磁共振成象	magnetic resonance imaging, MRI
磁鼓	磁鼓	magnetic drum
磁鼓存储器	磁鼓儲存器	magnetic drum storage

大　陆　名	台　湾　名	英　文　名
磁鼓机	磁鼓單元	magnetic drum unit, drum unit
磁光存储器	磁光記憶體	magnetic-optical memory
磁光碟	磁光碟	magnetic-optical disc
磁光盘	磁光碟	magneto-optical disk
磁光器件	磁光元件	magneto-optic device
磁光调制器	磁光調制器	magneto-optical modulator
磁光显示	磁光顯示	magneto-optic display
磁光效应	磁光效應	magneto-optical effect
磁后效	磁後效應	magnetic after effect
磁化	磁化	magnetization
磁化率	磁化率,磁化係數	magnetic susceptibility, susceptibility
磁化器	磁化器	magnetizer
磁化强度	磁化強度	magnetization
磁迹	磁軌	magnetic track
磁极	磁極	magnetic pole
磁记录	磁記錄,磁化記錄	magnetic recording
磁记录媒体(=磁记录媒质)		
磁记录媒质,磁记录媒体	磁記錄媒體	magnetic recording medium
磁记录器	磁記錄機,磁答錄器	magnetic recorder
磁矩	磁矩	magnetic moment
磁聚焦	磁聚焦	magnetic focusing
磁卡存储器	磁卡片儲存器	magnetic card storage
磁卡[片]	磁性卡片,磁卡	magnetic card
磁卡[片]机	磁卡機	magnetic card machine
磁控管	磁控管	magnetron
磁控管振荡器	磁控管振盪器	magnetron oscillator
磁控溅射	磁控濺射	magnetron sputtering
磁控注入电子枪	磁控注入電子槍	magnetic injection gun, MIG
磁老化	磁老化	magnetic aging
磁[力]疗法	磁療法	magnetotherapy
磁流	磁流	magnetic current
磁流体	磁流體	magnetic fluid
磁路	磁路	magnetic circuit
磁敏感器	磁感測器	magnetic sensor
磁膜	磁膜	magnetic film
磁墨水	①磁墨水 ②磁墨	magnetic ink

大　陆　名	台　湾　名	英　文　名
磁墨水字符	磁墨字元	magnetic ink character
磁墨水字符识别	磁墨字元辨識,磁墨字符識別	magnetic ink character recognition
磁墨水字符阅读机	磁墨字元閱讀機	magnetic ink character reader
磁能	磁能	magnetic energy
磁能积	磁能積	magnetic energy product
磁黏滞性	磁粘滯性	magnetic viscosity
磁偶极子	磁偶極	magnetic dipole
磁耦合	磁耦合	magnetic coupling
磁盘,盘	磁碟	magnetic disk
磁盘操作系统	磁碟作業系統	disk operating system, DOS
[磁]盘存储器	磁碟儲存	magnetic disk store, disk storage
磁盘高速缓存	磁碟高速緩衝記憶體	disk cache
磁盘划伤	磁碟刮傷	disk crash
磁盘机	①磁碟機 ②磁碟單位	disk unit
[磁盘]记录块	儲存片,片段儲存	fragmentation
磁盘镜像	磁碟鏡像	disk mirroring
磁盘控制器	磁碟控制器	magnetic disk controller
磁盘驱动器,盘驱	磁碟驅動器	magnetic disk drive, disk drive
磁盘冗余阵列	冗餘陣列的不貴磁碟	redundant arrays of inexpensive disks, RAID
磁盘适配器	磁碟配接器	magnetic disk adapter
磁盘数组	磁碟陣列	disk array
磁盘双工	磁碟雙工	disk duplexing
[磁盘]小车	托架	carriage
磁泡	磁泡	magnetic bubble
磁泡存储器	磁泡記憶體	bubble memory
磁平	磁平	magnetic level
磁屏蔽电子枪	磁屏蔽電子槍	magnetic shielded gun
磁铅石型铁氧体	磁鉛石型鐵氧體	magneto plumbite type ferrite
磁强计	磁強計	magnetometer
磁扰动	磁擾[動],磁騷動	magnetic disturbance
磁热效应	磁熱效應	magneto-caloric effect
磁条	磁條	magnetic stripe
磁条阅读机	磁條閱讀機	magnetic stripe reader
磁调制器	磁調制器	magnetic modulator
磁铁电铃	磁鐵電鈴	magneto bell
磁通计	磁通計	fluxmeter

大　陆　名	台　湾　名	英　文　名
磁通[量]	磁通[量]	magnetic flux
磁通密度	磁通密度	magnetic flux density
磁通势,磁动势	磁動勢	magnetomotive force, MMF
磁头	磁頭	magnetic head
磁头定位机构	磁頭機制定位	head positioning mechanism
磁头读写槽	磁頭槽	head slot
磁头缝隙	磁頭縫隙	magnetic head gap
磁头加载机构	磁頭載入機構	head loading mechanism
磁头加载区	磁頭載入區	head loading zone
磁头碰撞	頭損壞	head crash
磁头起落区	磁頭定位區	head landing zone
磁头切换	磁頭交換	head switching
磁头卸载区	磁頭卸載區	head unloading zone
磁透镜	磁透鏡	magnetic lens
磁心	磁心	magnetic core
磁性半导体	磁性半導體	magnetic semiconductor
磁性材料	磁性材料	magnetic material
磁性录制	磁性錄製	magnetic recording
磁悬浮	磁懸浮	magnetic suspension
磁悬浮转子真空计	磁懸浮轉子真空計	magnetic suspension spinning rotor vacuum gauge
磁致冷	磁致冷	magnetic cooling
磁致伸缩	磁致伸縮	magnetostriction
磁致伸缩式收发机	磁致伸縮式收發機	magnetostrictive transceiver
磁致伸缩效应	磁致伸縮效應	magnetostrictive effect
磁滞	磁滯	hysteresis
磁滞回线	磁滯迴路	magnetic hysteresis loop
磁滞损耗	磁滯損耗	magnetic hysteresis loss
磁滞同步电动机	磁滯同步馬達	hysteresis synchronous motor
磁滞[现象]	磁滯[現象]	magnetic hysteresis
磁转矩计	磁轉矩計	torque magnetometer
磁阻	磁阻	reluctance
磁阻效应	磁阻效應	magneto-resistance effect
次递归性	次遞迴性	subrecursiveness
次动作函数	下次動作函數	next move function
次级电子	次級電子	secondary electron
次级电子导电	次級電子導電	secondary electron conduction, SEC
次级电子发射	次級電子發射	secondary electron emission

大　陆　名	台　湾　名	英　文　名
次级辐射器,次级辐射体	次級輻射器	secondary radiator
次密钥(=二级密钥)		
次品	次品	degraded product
次平面	次平面	secondary flat
次同步层	次同步層	sub-synchronous layer
次站	輔助站,次要站	secondary station
丛	叢	constellation
粗糙集	粗集合	rough set
粗抽泵	粗抽幫浦	roughing vacuum pump
粗抽管路	粗抽管路	roughing line
粗抽时间	粗抽時間	time for roughing
粗定位	粗定位	coarse positioning
粗粒度	粗粒	coarse grain
粗真空	粗真空	rough vacuum
猝灭效应(=淬灭效应)		
簇射计数器	簇射計數器	shower counter
簇形晶体	簇形晶體	cluster crystal
篡改信道信息,伪造信道信息,主动搭线窃听	主動篡改線路訊息	active wiretapping
脆弱度,脆弱性	脆弱度,脆弱性	vulnerability
脆弱性(=脆弱度)		
淬灭	淬滅	quench
淬灭校正	淬滅校正	quench correction
淬灭效应,猝灭效应	淬滅效應,猝滅效應	quenching effect
存储	①儲存 ②記憶,儲存	①store ②storage
存储板	記憶板	memory board
存储保护	儲存保護	memory protection, storage protection
存储程序控制,程控	程式存儲式控制,程式控制	stored program control, SPC
存储带宽	記憶頻寬	memory bandwidth
存储单元	①儲存單元,儲存格,記憶格 ②[儲存]位置	memory cell, storage cell, storage location
[存储]单元,信元	儲存單元	cell
存储电容	儲存電容	storage capacitance
存储覆盖	儲存覆蓋	storage overlay
存储覆盖区	儲存覆蓋區	storage overlay area

大 陆 名	台 湾 名	英 文 名
存储干扰	儲存干擾	storage interference
存储管	存儲管	storage tube
存储管理	儲存管理,記憶體管理	memory management, storage management
存储管理部件	記憶體管理單元	memory management unit, MMU
存储管理策略	儲存記憶體管理策略	storage management strategy
存储管理服务	儲存器管理服務	storage management service
存储过程	存儲程序	stored procedure
存储矩阵	記憶體矩陣	memory matrix
存储空间	儲存空間	storage space
存储媒体	儲存媒體	storage media
存储密度	記憶密度	memory density
存储模块	記憶體模組	memory module
存储模块驱动器接口, SMD 接口	儲存模組驅動介面	storage module drive interface, SMD interface
存储配置	儲存器組態	storage configuration
存储器	儲存器,記憶體	memory, storage
MOS 存储器(=金属氧化物半导体存储器)		
存储器层次	記憶體階層	memory hierarchy
存储器冲突	記憶體衝突	memory conflict
存储器存取冲突	儲存器存取衝突	storage access conflict
存储器存取管理	儲存器存取管理	storage access administration
存储器存取模式	儲存器存取方案	storage access scheme
存储器带宽	記憶體頻寬	bandwidth of memory
存储器地址寄存器	記憶體位址暫存器	memory address register
存储器分配	儲存配置,儲存體配置	storage allocation
存储器分配程序	儲存器配置	storage allocator
存储器分配例程	儲存器配置常式	storage allocation routine
存储器交叉存取	記憶體交叉存取	memory across access
存储器平均访问时间	平均記憶體存取時間	average memory access time
存储器数据寄存器	記憶體資料暫存器	memory data register
存储器停顿	記憶體停頓	memory stall
存储器无冲突存取	記憶無衝突存取	memory conflict-free access
存储器压缩	儲存器壓縮	storage compaction
存储器一致性	記憶體一致性	memory consistency
存储器滞后写入	記憶體延遲寫入	posted memory write
存储器总线		rambus
存储容量	儲存容量,記憶[體]容	memory capacity, storage capacity

大陆名	台湾名	英文名
	量	
存储时间	記憶時間,存儲時間	memory time
存储示波器	存儲示波器	storage oscilloscope
存储碎片	儲存段	storage fragmentation
存储体	記憶庫	memory bank
存储体冲突	記憶庫衝突	bank conflict
[存储]位置	位置	location
存储系统	記憶系統,存儲系統	memory system
存储芯片	記憶體晶片	memory chip
存储再配置	儲存器重組態	storage reconfiguration
存储栈	儲存堆疊	storage stack
存储阵列	記憶體陣列	memory array
存储周期	記憶體週期	memory cycle
存储转发	存轉	store-and-forward
存储转发交换	存儲轉發交換	store and forward switching
存储转发网	儲存及正向網路	store-and-forward network
存储转发[型]业务	存儲轉發[型]業務	messaging service
存储组件	記憶體元件	memory element
存活路径	存活路徑	survivor path
存盘网点	歸檔地點	archive site
存取(=访问)		
存取臂	存取臂	access arm
存取表,访问表	存取串列	access list
存取冲突,访问冲突	存取衝突	access conflict
存取队列	存取隊列	access queue
存取范畴(=访问范畴)		
存取方法	存取方法	access method
存取[访问]开关,接入交换机	存取切換器,進接交換機	access switch
存取[访问]速度	存取速率,進接速率	access speed
存取管理程序	存取管理器	access manager
存取机构	存取機構	access mechanism
存取级别(=访问级别)		
存取矩阵(=访问矩阵)		
存取拒绝	存取拒絕	access denial
存取控制,访问控制	存取控制,進接控制	access control
存取控制机制	存取控制機制	access control mechanism
存取类型,访问类型	存取型式	access type

大　陆　名	台　湾　名	英　文　名
存取码(= 口令)		
存取权(= 访问权)		
存取时间	存取時間	access time
存取梳	梳	comb
存取特权,访问特权	存取特權	access privilege
存取通道(= 接入信道)		
存取透明性	存取透明性	access transparency
存取违例	存取違規	access violation
存取许可(= 访问许可)		
存取周期(= 访问周期)		
存在量词	存在量詞	existential quantifier
错接	錯接	misconnect
错乱密码	換位密碼法	transposition cipher
错误捕获例程	錯誤設陷常式	error trapping routine
错误传播受限码	錯誤傳播限制碼	error propagation limiting code
错误代码,误码	錯誤碼	error code
错误定位子	錯誤定位子	error-locator
错误分析	誤差分析	error analysis
错误恢复过程	錯誤恢復程序	error recovery procedure
错误控制,差错控制	錯誤控制,差錯控制	error control
错误跨度	誤差跨距,誤差差距	error span
错误扩散	錯誤擴散	error extension
错误类别	錯誤種類	error category
错误模式(= 错误型)		
错误模型,差错模型	錯誤模型	error model
错误撒播	錯誤播種	error seeding
错误数据	錯誤資料	error data
错误型,错误模式	錯誤型,錯誤型樣	error pattern
错误预测	錯誤預測	error prediction
错误预测模型	錯誤預測模型	error prediction model
错误诊断,差错诊断	錯誤診斷	error diagnosis
错误状态字	錯誤狀態字	error status word

D

大陆名	台湾名	英文名
达林顿功率管	達靈頓功率電晶體	Darlington power transistor
打包安全	囊封安全	encapsulating security
打印服务器	列印伺服器	print server
打印杆	印字桿	type bar
打印鼓	列印磁鼓	print drum
打印机	列印機	printer
打印机机芯	印表機引擎	printer engine
打印轮	列印輪	print wheel
打印头	列印頭	print head
打印预览	預覽列印	print preview
打印质量	列印品質	print quality
大词表语音识别	大詞彙語音識別	large-vocabulary speech recognition
大地,地球地	大地	earth ground
大地测量地球轨道卫星	大地測量地球軌道衛星	geodetic earth orbiting satellite, GEOS
大地杂波	大地雜波,地面雜波	ground clutter, terrestrial clutter
大功率传送机	大功率發射機	powerful transmitter
大功率放大器,高功率放大器	高功率放大器	high power amplifier, HPA
大功率接收机	大功率接收機	powerful receiver
大光腔激光器	大光學共振腔雷射,大光學腔雷射	large optical cavity laser
大规模并行处理	大規模平行處理	massively parallel processing, MPP
大规模并行计算机	大規模平行計算機	massively parallel computer, MPC
大规模并行人工智能	大規模平行人工智慧	massive parallel artificial intelligence
大规模集成	大型積體	large scale integration, LSI
大规模集成电路	大型積體電路	large scale integrated circuit, LSI
大孔径反射器	大孔徑反射器	large-aperture reflector
大屏幕显示	大熒幕顯示	large scale display
大屏幕显示器	大型顯示器	large scale display
大气波导	大氣波導,大氣波管	atmospheric duct
大气成分[研究]卫星	大氣成份[研究]衛星	atmospheric composition satellite
大气发射	大氣放射,大氣輻射	atmospheric emission
大气后向散射	大氣反向散射	atmospheric backscatter

大　陆　名	台　湾　名	英　文　名
大气激光通信	大氣雷射通信	atmospheric laser communication
大气路径损耗	大氣路徑損失	atmospheric path loss
大气扰动	大氣擾動,天電干擾	atmospheric disturbance
大气衰减	大氣衰減	atmospheric attenuation
大气损耗	大氣損耗	atmospheric loss
大气吸收	大氣吸收	atmospheric absorption
大气杂波	大氣雜波	atmospheric clutter
大气噪声	大氣雜訊	atmospheric noise
大区中心局	區域中心局	regional center
大容量存储器	大量記憶體	bulk memory
大数判决译码,择多译码	大數判決譯碼,擇多譯碼	majority decoding
大通路卫星地球站	大通道衛星地面站,主路徑衛星地面站	major path satellite earth station
大信号分析	大訊號分析	large-signal analysis
大型计算机	大型計算機	large scale computer
大修	大修	major overhaul
大循环,大周期	大循環,大週期	major cycle
大于搜索	大於搜尋	greater-than search
大语种	多數語言	majority language
大圆航线	大圓航線	course line of great circle
大圆距	大圓距	great circle distance
大周期(=大循环)		
呆账	呆帳	bad debt
代价函数	成本函數	cost function
代理	代理	①agent ②proxy
代理服务	代理服務	proxy service
代理服务器	代理伺服器	proxy server
[代]码	碼,編碼	code
代码表	碼表	code table
代码集	碼集	code set
代码扩充	碼延伸	code extension
代码扩充字符	碼延伸字元,碼擴充字元	code extension character
代码审查	碼檢驗	code inspection
代码审计	碼稽核	code audit
代码生成	碼產生	code generation
代码生成程序(=代码		

大陆名	台湾名	英文名
生成器)		
代码生成器,代码生成程序	代碼生成器	code generator
代码移动	碼動	code motion
代码优化	碼最佳化	code optimization
代码值	碼值	code value
代码转换器	碼轉換器	code converter
代码走查	碼走查	code walk-through
代入	替代	substitution
代入复合	替代式的合成	composition of substitution
代数规约	代數規格	algebraic specification
代数简化	代數簡化	algebraic simplification
代数逻辑	代數邏輯	algebraic logic
代数码	代數碼	algebraic code
代数数据类型	代數資料型態	algebraic data type
代数语言	代數語言	algebraic language
代数语义学	代數語意學	algebraic semantics
代谢成像	代謝成象	metabolic imaging
带	磁帶	tape
带标号复用	有標多工	labeled multiplexing
带标号信道	有標通道	labeled channel
带除滤波器	頻阻濾波器	band rejection filter
带电粒子探测器	帶電粒子探測器	charged particle detector
带电线[电]路	有源電路,帶電電路	alive circuit
带符号	帶符號	tape symbol
带行	帶列	tape row
带减少	帶縮減	tape reduction
带宽	頻寬	bandwidth
Tl 带宽	Tl 頻寬	Tl bandwidth
带宽压缩	頻寬壓縮	bandwidth compression
带内信令	帶內信令	in-band signaling
带扭斜	帶偏斜	tape skew
带碰撞避免的载波侦听多址访问网络,CSMA/CA 网	具避免碰撞的載波感測多重存取網路	carrier sense multiple access with collision avoidance network, CSMA/CA network
带碰撞检测的载波侦听多址访问网络,CSMA/CD 网	具檢測碰撞的載波感測多重存取網路	carrier sense multiple access with collision detection network, CSMA/CD network

大　陆　名	台　湾　名	英　文　名
带式打印机	帶型列印機	band [belt] printer
带式自动键合	帶式自動鍵合	tape automated bonding, TAB
带式自动键合封装	帶式自動鍵合封裝	tape automated bond package, TAB package
带通	帶通	band pass
带通放大器	帶通放大器	band pass amplifier
带通滤波器	帶通濾波器	band pass filter
带通信号	帶通訊號	band pass signal
带头	磁帶頭	tape head
带外	帶外	out of band
带外分集	帶外分集	out-band diversity
带外信令	帶外信令	out-of-band signaling
带隙,禁带	能帶隙	band gap
带隙能量	頻帶隙能量	band gap energy
带限散乱程序	有限帶寬隨機過程,有限頻寬隨機過程	band limited random process
带限信号	有限頻寬訊號	band limited signal
带压缩	帶壓縮	tape compression
带中	頻帶中心,中頻[帶]	midband
带轴	帶排存	tape spool
带注释的图像交换	註記式影像交換	annotated image exchange
带状电缆,扁平电缆	帶狀電纜,扁平電纜	flat cable, ribbon cable
带状硅太阳电池	帶狀矽太陽電池	ribbon silicon solar cell
带状结构	頻帶結構	band structure
带状熔接	帶狀熔接	ribbon splicing
带状天线	帶狀天線,條片天線	strip antenna
带[状]线	帶線	strip line
带字母表	帶字母表	tape alphabet
带阻	帶阻	band elimination
带阻滤波器	帶阻濾波器	band stop filter
待命时间	待命時間	stand-by time
待命中断	待命中斷	armed interrupt
待命状态	待命狀態	armed state
待续数据标记	待續資料標示	more-data mark
贷借对照表	資產負債表	balance sheet
戴维宁定理	戴維寧定理	Thevenin's theorem
丹倍效应	丹倍效應	Dember effect
单板计算机	單板計算機	single-board computer

大　陆　名	台　湾　名	英　文　名
单臂谱仪	單臂譜儀	single-arm spectrometer
单边 Z 变换	單邊 Z 轉換	one-side z-transform
单边带	單邊帶,單旁帶	single sideband, SSB
单边带调制	單邊帶調變	single-sideband modulation, SSB modulation
单边带通信	單邊帶通信	SSB communication
单边频谱	單邊頻譜	one-sided spectrum
单边突变结	單邊陡峭接面	single side abrupt junction
单边网络	單邊網路	one-aside network
单边序列	單邊序列	one-sided sequence
单播	單播	unicast
单步操作	單步作業	one-step operation
单步法	單步方法	one-step method
单程序流多数据流	單一程式流多重資料流	single program stream multiple data stream, SPMD
单处理器	單一處理機	uniprocessor
单纯词	簡單字	simple word
单道分析器	單道分析器	single-channel analyser
单地址计算机	單址計算機	single-address computer
单点故障	單點故障	single point of failure
单点控制	單點控制	single point of control
单调曲率螺线	單調曲率螺線	monotone curvature spiral
单调推理	單調推理	monotonic reasoning
单端端接	單端終端	single-end termination
单端方式	單端模式	single ended mode
单端口放大器	單端輸出放大器	one-port amplifier
单方向	單方向性	unidirectional
单个错误	單一誤差	single error
单[个]地址	個體位址	individual address
单工	單工	simplex
单工传输	單工傳輸	simplex transmission
单工通信	單工通訊	simplex communication
单工信号	單工訊號	simplex signal
单故障	單故障	single fault
单管单元存储器	單電晶體記憶體	single transistor memory
单光纤连接器	單光纖連接器	single fiber connector
单光仪	單光儀	monochromator
单光子发射计算机化断		

大 陆 名	台 湾 名	英 文 名
层显像(=单光子发射[型]计算机断层成像)		
单光子发射[型]计算机断层成像,单光子发射计算机化断层显像	單光子發射電腦斷層成象,單光子發射電腦化斷層顯像	single-photon emission computerized tomography, SPECT
单回路控制	單迴路控制	single-loop control
单回路数字控制器	單迴路數位控制器	single-loop digital controller
单回路调节	單迴路調整	single-loop regulation
单击	鍵音	click
单基地雷达	單基地雷達	monostatic radar
单级设备	單級裝置	single-level device
单极晶体管	單極電晶體	unipolar transistor
单极天线	單極天線	monopole antenna
单极子	單極天線	monopole
单计算机系统	單計算機系統	unicomputer system
单校双检	單錯誤校正/雙錯誤檢測	single error correction-double error detection
单节点网	單一節點網路	one-node network
单结晶体管	單接面電晶體	unijunction transistor
单晶	單晶	monocrystal
单缆宽带局域网	單電纜寬頻區域網路	single-cable broadband LAN
单列直插封装	單直插封裝	single in-line package, SIP
单列直插式内存组件	單直插記憶體模組	single in-line memory module, SIMM
单路	單通道	single-channel, SC
单路传真机	單路傳真機	mono-channel facsimile
单路单载波	單路單載波	single channel per carrier, SCPC
单脉冲	單脈波	monopulse
单脉冲激光器	單脈衝雷射	single pulse laser
单脉冲雷达	單脈波雷達	monopulse radar
单面板	單面板	single sided board
单模工作	單模工作	single mode operation
单模光纤	單模光纖	monomode fiber, single mode fiber, SMF
单模激光二极管	單模態雷射二極體	single mode laser diode
单目视觉	單目視覺	monocular vision
单片存储器	單石記憶體	monolithic memory
单片集成电路	單晶積體電路	monolithic integrated circuit

大　陆　名	台　湾　名	英　文　名
单片计算机	單晶計算機	monolithic computer
单片微波集成放大器	單晶微波積體放大器	monolithic microwave intergrated amplifier
单片系统	單晶片系統	system on a chip
单频激光器	單頻雷射	single frequency laser
单频码	單頻碼	single frequency code
单频噪声	單頻雜訊	single frequency noise
单入口点	單入口點	single entry point
单色图形适配器	單色圖形配接器	monochrome graphics adapter, MGA
单色显示	單色顯示	monochrome display
单色显示适配器	單色顯示器配接器	monochrome display adapter, MDA
单声	單聲	monophone
单事件翻转	單事件翻轉	single-event upset, SEU
单事件锁定	單事件鎖定	single-event latchup, SEL
单事件效应	單事件效應	single-event effect, SEE
单数据速率	單資料速率	single data rate, SDR
单透镜	單透鏡	einzel lens, simple lens
单推进式推进	單推進式推進	monopropellant propulsion
单位冲激函数	單位脈衝函數	unit impulse function
单位阶跃函数	單位步階函數	unit step function
单位阶跃响应	單位階躍附應	unit step response
单位取样序列	單位取樣序列	unit-sample sequence
单稳[触发]电路	單穩觸發電路	monostable trigger-action circuit
单系统映像	單系統影像	single system image, SSI
单线程	單引線	single thread
单向	單向,單路	one way
单向半双工电路	單向半雙工電路	one-way half-duplex circuit
单向传播时间	單向傳播時間	one-way propagation time
单向传输	單向傳輸	unidirectional transmission
单向工作	單向工作,單工操作	one-way only operation
单向故障	單向故障	unidirectional fault
单向函数	單向函數	one-way function
单向雷达截面	單向雷達截面積	monostatic RCS
单向密码	單向密碼	one-way cipher
单向通信	單向通信	one-way communication
单向信道	單向通道	one-way channel
单向信号	單向訊號	one-way signal
单向[性]	單向[性]	unilateral
单向栈自动机	單向棧自動機	one-way stack automaton

大 陆 名	台 湾 名	英 文 名
单向中继器	單向中繼器	one-way repeater
单项式	單項式	monomial
单选按钮	無線電鈕	radio button
单眼立体[测定方法]	單眼立體	one-eyed stereo
单页纸	單張紙	cut-sheet paper
单一编址空间	單一定址空間	single addressing space
单一生成式	單位生成式	unit production
单义	單義	monosemy
单异质结激光器	單異質接面雷射	single heterojunction laser
单音	[單]音,純音	tone
单音调制	單音調變	tone modulation
单音信号,蜂音信号	單音訊號,蜂鳴訊號	tone signal
单音振铃器	單音振鈴器,音調振鈴	tone ringer
单音指令	單音指令	single tone command
单用户操作系统	單用戶作業系統	single-user operating system
单用户计算机	單用戶計算機	single-user computer
单元	①單位 ②單元 ③部件,裝置,設備 ④器	unit
单元编码	細胞編碼	cell encoding
单元测试	單元測試	unit test
单元尺寸	單元尺寸	cell size
单元串	單元字串,單位字串,單位串,單字符串	unit string
单钥密码系统	單鍵密碼系統	one-key cryptosystem
单址	單一存取	single access
单指令[流]单数据流	單指令流單資料流	single-instruction [stream] single-data stream, SISD
单指令[流]多数据流	單一程式流多重資料流	single-instruction [stream] multiple-data stream, SIMD
单轴型铁氧体	單軸鐵氧體	uniaxial ferrite
单字节校正	單字元組校正	single-byte correction, SBC
单总线	統一匯流排	unibus
胆甾相液晶	膽甾相液晶	cholesteric liquid crystal
弹道导弹防御系统	高級彈道飛彈防衛	ballistic missile defense
弹道导弹预警系统	彈道飛彈早期警報系統	ballistic missile early warning system, BMEWS
弹道计算机	先進彈道電腦	ballistic computer
弹道晶体管	彈道電晶體	ballistic transistor

大 陆 名	台 湾 名	英 文 名
淡出	淡出	fade-out
淡入	淡入	fade-in
蛋篓式透镜	蛋簍式透鏡	egg-crate lens
氮分子激光器	氮分子雷射	nitrogen molecular laser
氮化铝瓷	氮化陶瓷	aluminum nitride ceramic
氮氧化硅	氮氧化矽	silicon oxynitride
当前行指针	現行行指標	current line pointer
当前活动栈	現行活動堆疊	current activity stack
当前默认目录	現行預設目錄	current default directory
当前目录	現行目錄	current directory
当前日期	當日	current date
当前页[面]寄存器	現行頁暫存器	current page register
当前优先级	現行優先級	current priority
挡板,障板	擋板,障板	baffle
挡板阀	擋板閥	baffle valve
档案文件	歸檔檔案	archive file
刀（= 极）		
刀刃衍射	刀刃繞射	knife-edge diffraction
刀形天线	刀型天線	blade antenna
导波	導波	guided wave
导波管移相器	導波管相移器	waveguide phase shifter
导出包络	導出包絡	derived envelope
导出表	導出表	derived table
导出规则	導出規則	derived rule
导出水平分片	導出水平片段	derived horizontal fragmentation
导[出]型滤波器	導型濾波器	derived type filter
导带	導帶	conduction band
导弹发射卫星	發射導彈衛星,飛彈發射衛星	missile-launching satellite
导弹寻的器	飛彈尋標器	missile seeker
导弹制导	飛彈導引	missile guidance
导弹制导雷达	飛彈導引雷達	missile guidance radar
导电箔	導電箔	conductive foil
导电图形	導電圖形	conductive pattern
导管电极	導管電極	catheter electrode
导航	導航	navigation
导航雷达	導航雷達	navigation radar
导航区	領航區	navigation area

大 陆 名	台 湾 名	英 文 名
导航卫星	導航衛星	navigation satellite
导航信标	導航信標,領航信標	navigation beacon
导抗	導抗	immittance, adpedance
导抗电桥	導抗電橋	immittance bridge
导孔	饋孔	feed hole
导孔道	饋軌	feed track
导孔间距	饋孔距,饋間距	feed pitch
导联系统	導聯系統	lead system
导流板	擋板	baffle
导流系数	導流係數	perveance
导纳	導納	admittance
导纳圆图	導納圖	admittance chart
导频信道	導頻通道	pilot channel
导频信道设备	導頻通道設備	pilot channel equipment
导频信道系统	導頻通道系統	pilot channel system
导频信号	導頻訊號	pilot signal
导频载波	導頻載波,指引載波	pilot carrier
导入规约,移入规约	導入規格	imported specification
导数估计	導出估計	derivative estimation
导线	導線	conductor
导线束(=多股绞线)		
到达波	來波	arrival wave
倒带	回捲	rewind
倒焊	倒裝焊接	face-down bonding
倒排索引	反向索引	reverse index
倒谱	倒譜	cepstrum
倒退字符	退格字符元	back character
倒相器(=反相器)		
倒向场聚焦	倒向場聚焦	reversed field focusing
倒向天线	倒向天線	retrodirective antenna
倒 V 形天线	倒 V 形天線	inverted V antenna
倒序	倒序	bit-reversed order
倒置磁控管	倒置磁控管	inverted magnetron
倒锥形天线	倒錐形天線	inverted-cone antenna
道	磁軌	track
道比	道比	channel ratio
道间串扰	軌間串音	inter-track crosstalk
道间距	軌距	track spacing, track pitch

大　陆　名	台　湾　名	英　文　名
道宽	道寬	channel width
道每英寸	每英吋磁軌數	tracks per inch
道密度	軌密度	track density
德拜长度	德拜長度	Debye length
灯丝	燈絲	filament
灯丝变压器	燈絲變壓器	filament transformer
灯丝电流,线电流	線電流	filament current
登录	登入	sign-on
登录脚本	登入腳本	log-in script
登录器	登入器	logger
登月飞行器	登月飛行器	lunar craft
等波纹逼近	等波紋逼近	equal ripple approximation
等长编码	等長編碼	fixed-length coding
等待	等候,等待	wait
等待避免	等待避免	latency avoidance
等待表	等待串列	wait list
等待队列	等待隊列	waiting queue
等待时间(=潜伏时间)		
等待修复时间	候修時間	awaiting repair time
等待隐藏	等待隱藏	latency hiding
等待状态	等待狀態	waiting state
等电子中心	等電子中心	isoelectronic center
等多普勒频移线	等多普勒頻移線	line of constant Doppler shift
等幅传输	等幅傳輸	flat transmission
等幅面	等幅面	equiamplitude surface
等高显示器	等高顯示器	constant altitude indicator, CAI
等级网(=分级网)		
等价标识	等效標示	equivalent marking
等价标识变量	等效標示變數	equivalent marking variable
等价关系	等價關係	equivalence relation
等价问题	等價問題	equivalence problem
等价运算	等值運算	equivalence operation
等角螺旋天线	等角螺線天線	equiangular spiral antenna
等精度曲线	等精度曲線	contours of constant geometric accuracy
等静压	等靜壓	isostatic pressing
等离子体	等離子體	plasma
等离子体不稳定性	等離子體不穩定性	plasma instability
等离子[体]溅射	等離子[體]濺射	plasma sputtering

大　陆　名	台　湾　名	英　文　名
等离子[体]刻蚀	等離子[體]刻蝕	plasma etching
等离子体耦合器件	電漿耦合元件	plasma-coupled device, PCD
等离子体频率	等離子體頻率	plasma frequency
等离子[体]去胶	等離子[體]去膠	removing of photoresist by plasma
等离子[体]显示	等離子[體]顯示	plasma display, PD
等离子[体]显示板	等離子[體]顯示板	plasma display panel, PDP
等离子[体]氧化	等離子[體]氧化	plasma oxidation
等离子[体]增强 CVD	等離子[體]增強 CVD	plasma-enhanced CVD, PECVD
等离子体诊断	等離子體診斷	plasma diagnostic
等涟漪逼近	等漣漪近似	equirriple approximation
等联结	等結合,等接	equijoin
等平面隔离	等平面隔離	isoplanar isolation
等平面工艺	等平面工藝	isoplanar process
等平面集成注入逻辑	等平面積體注入邏輯	isoplanar integrated injection logic, IIIL
等式逻辑	方程式邏輯	equational logic
等式系统	方程式系統	equation system
等位面	等位面	equipotential surface
等温逼近	等溫逼近	isothermal approximation
等温退火	等溫退火	isothermal annealing
等相面	等相面	equiphase surface
等效传输线	等效傳輸線	equivalent transmission line
等效低通脉冲响应	等效低通脈衝回應	equivalent low-pass impulse response
等效低通信号	等效低通訊號	equivalent low-pass signal
等效电路	等效電路	equivalent circuit
等效电源定理	等效電源定理	equivalent source theorem
等效独立取样	等效獨立取樣	equivalent independent sampling
等效辐射温度	等效輻射溫度	equivalent radiant temperature
等效记忆等级	等效記憶等級	equivalent memory order
等效码	等效碼	equivalent code
等效全向辐射功率	等效均元性輻射功率	equivalent isotropic radiated power, EIRP
等效调幅	等效調幅	equivalent amplitude modulation
等效网络	等效網路	equivalent network
等效无向辐射功率	等效無向輻射功率	equivalent isotropically radiated power
等效隙缝	等效隙縫	equivalent gap
等效原理	等效原理	equivalence principle
等效噪声反射率	等效噪聲反射率	noise equivalent reflectance
等效噪声功率	等效噪聲功率	noise equivalent power, NEP
等效噪声温差	等效噪聲溫差	noise equivalent temperature difference,

大陆名	台湾名	英文名
		NETD
等效噪声温度	等效雜訊溫度	equivalent noise temperature
等值线图	等高圖	contour map
等轴测投影	等角投影	isometric projection
低层兼容性	低層相容性	low layer compatibility
低层信息	低層資訊	low layer information
低成本自动化	低成本自動化	low-cost automation, LCA
低电平状态特性	低狀態特性	low-state characteristic
低电压差动信号	低電壓差動訊號	low-voltage differential signal, LVDS
低电压晶体管晶体管逻辑	低電壓電晶體－電晶體邏輯	low-voltage TTL, LVTTL
低电压正电源射极耦合逻辑	低電壓正射極耦合邏輯	low-voltage positive ECL, LVPECL
低度扩散	低度擴散	underspread
低高度卫星	低高度衛星,低空衛星	low-altitude satellite
低轨道	低軌道	low orbit
低轨道空间站	低軌道太空站	low orbit space station
低级格式化	低階格式化	low-level formatting
低级互斥	低階互斥	low-level exclusive
低级语言	低階語言,計算機導向語言	low-level language
低碱瓷	低鹼陶瓷	low alkali ceramic
低角跟踪	低角[度]追蹤	low angle tracking
低截获率雷达	低截獲率雷達	low probability of intercept radar, LP radar
低空检测,低空侦测	低空偵測	low altitude detection
低空搜索雷达	低空搜索雷達	low altitude surveillance radar, LASR
低空侦测(=低空检测)		
低拦截概率	低攔截機率	low-probability of intercept, LPI
低能电子衍射	低能電子衍射	low energy electron diffraction, LEED
低能离子散射	低能離子散射	low energy ion scattering, LEIS
低频	低頻	low frequency, LF
低频放大器	低頻放大器	low frequency amplifier
低频通信,长波通信	低頻通信,長波通信	LF communication
低气压试验	低氣壓試驗	low atmospheric pressure test
低射频	低射頻	low radio frequency
低速接口	低速介面	low speed interface
低损耗波导管	低損耗波導管,低損耗	low loss waveguide

大 陆 名	台 湾 名	英 文 名
	導波管	
低损耗线	低損耗線	low-loss line
低通	低通	low pass, LF
低通滤波器	低通濾波器	low-pass filter, LPF
低温泵,冷凝泵	低溫幫浦,冷凝幫浦	cryopump
低温存储器	低溫儲存器	cryogenic storage
低温电子学	低溫電子學	cryoelectronics
低温试验	低溫試驗	low-temperature test
低压 CVD	低壓 CVD	low pressure chemical vapor deposition, LPCVD
低压等离子[体]淀积	低壓等離子[體]澱積	low pressure plasma deposition
低优先级业务	優先等級低的業務,優先等級低的訊務	low-priority traffic
低噪声电路	低雜訊電路	low noise circuit
低噪声放大器	低雜訊放大器	low noise amplifier
低噪声接收机	低雜訊接收機	low noise receiver
低噪声前置放大器	低雜訊前置放大器	low noise preamplifier
低真空	低真空	low vacuum
迪尔-格罗夫模型	迪爾-格羅夫模型	Deal-Grove model
迪克-菲克斯电路(=宽-限-窄电路)		
敌我识别	敵我識別	identification of friend or foe, IFF
笛卡儿积	卡笛爾乘積	Cartesian product
底板	①底板,後面板 ②備份表	backplane, backboard, backing sheet, back panel
底板测试	底板測試	backplane testing
底板互连	底板互連	backplane interconnect
底板接线	底板佈線	backplane wiring
底板连接器	背板連接器,背面連接器	backplane connector
底板水平	底板位準	backplane level
底场	下圖場	bottom field
抵赖	否認	repudiation
地表路由选择	地表路由選擇	directory routing
地波	地面波	ground wave
地电阻表	地電阻表	earth resistance meter
地方注册机构	本地註冊管理局	local registration authority, LRA
地理信息系统	地理資訊系統	geographic information system, GIS

大　陆　名	台　湾　名	英　文　名
地面导航设备	地面導航設備	ground-based navigation aid
地面反射杂波	地面反射雜波	ground return clutter
地面轨迹	地面軌跡	ground track
地面绘图	地面繪圖	ground mapping
地面绘图雷达	地面繪圖雷達	ground mapping radar
地面通信线路	地面通信線路	terrestrial communication link
地面微波链路	地面微波鏈路	terrestrial microwave link
地面无线电	地面無線電	ground radio
地面效应	地面效應	ground effect
地面站	地面站	ground station, terrestrial station
地面指挥进近系统	地面指揮進近系統	ground controlled approach system
地球地(＝大地)		
地球观测系统	地球觀測系統	earth observing system, EOS
地球卫星	地球衛星	terrestrial satellite
地球站	地球站	earth station
地区[代]码(＝区号)		
地区控制中心	地區控制中心	area control center
地区散射	地面散射	area scattering
地区信号中心	地區訊號中心,地區通信中心	area signal center
地区与邮政[编]码	區域碼	area and zip code
地上线	地上線	wire over ground
地鼠损害	地鼠損害	gopher damage
地速	地速	ground speed
地图测绘雷达	地圖測繪雷達	mapping radar
地图匹配	地圖對照	map matching
地图匹配导航	地圖匹配導航	navigation by map-matching
地下电缆,埋设电缆	地下纜線	buried cable
地下铅包电缆	地下鉛包纜線	buried lead coverd cable
地下设备	地下設備	underground plant
地形跟踪雷达	地形跟蹤雷達	terrain-following radar
地形跟踪系统	地形跟蹤系統	terrain following system
地形回避雷达	地形回避雷達	terrain-avoidance radar
地震层析成像	地震斷層掃描	seismic tomography
地址	位址	address
IP 地址(＝网际协议地址)		
URL 地址(＝统一资源		

大　陆　名	台　湾　名	英　文　名
定位地址)		
地址变换	位址變換	address translation
地址不完全信号	位址不完全訊號	address-incomplete signal
地址部分	位址部分	address part
地址存取时间	位址存取時間	address access time
地址代换	位址替代	address substitution
地址格式	位址格式	address format
地址管理	位址管理	address administration
地址寄存器	位址暫存器	address register
地址解析协议	地址解析協定	address resolution protocol
地址空间	位址空間	address space
地址收全消息	位元址完全信息	address complete message, ACM
地址完全信号	位址完全訊號	address-complete signal
地址修改	位址修改	address modification
地址掩码	位址遮罩	address mask
地址映像	位址對映	address mapping
地址预约	位址預約	address subscription
地址转换	位址轉換	address conversion
[地址]转换后援缓冲器(=变换旁查缓冲器)		
地址字段	位址欄	address field
地址总线	位址匯流排	address bus
递归查询	遞迴查詢	recursive query
递归定理	遞迴定理	recursion theorem
递归估计	遞迴估計	recursive estimation
递归函数	遞迴函數	recursive function
递归计算	遞迴計算	recursive computation
递归可枚举语言	遞迴可枚舉語言	recursively enumerable language
递归块编码	遞迴區段編碼	recursive block coding
递归例程	遞迴常式	recursive routine
递归适应性算法	遞迴式適應性演算法	recursive adaptation algorithm
递归算法	遞迴演算法	recursive algorithm
递归文法	遞迴文法	recursive grammar
递归向量指令	遞迴向量指令	recursive vector instruction
递归语言	遞迴語言	recursive language
递归转移网络	遞迴變遷網路	recursive transition network
递阶控制,分级控制	階層式控制	hierarchical control

大 陆 名	台 湾 名	英 文 名
递推关系	遞迴關係	recurrence relation
第二代计算机	第二代計算機	second generation computer
第二代语言	第二代語言	second generation language
第二范式	第二正規格式	second normal form
第二类宽带网终端	寬頻網路終端 2	broadband network termination 2, B-NT2
第二者虚拟现实	第二者虛擬實境	second-person VR
第七号共路信令系统	第七號共同通道傳信系統	common channel signaling system No. 7, SS7
第三代计算机	第三代電腦	third generation computer
第三代系统	第三代系統	third generation system
第三代语言	第三代語言	third generation language
第三范式	第三正規形式	third normal form
第三方	第三團體	third party
第四代计算机	第四代計算機	fourth generation computer
第四代语言	第四代語言	fourth generation language
第四范式	第四正規形式	forth normal form
第五代计算机	第五代計算機	fifth generation computer
第五代语言	第五代語言	fifth generation language
第五范式	第五正規形式	fifth normal form
第一代计算机	第一代計算機	first generation computer
第一代语言	第一代語言	first generation language
第一范式	第一正規形式	first normal form
第一类宽带网终端	寬頻網路終端 1	broadband network termination 1, B-NT1
第一闪烁体	第一閃爍體	primary scintillator
点波束	點波束	spot beam
点波束天线	點波束天線	spot beam antenna
点播教育	隨選教育	education on demand, EOD
点播视频	隨選視訊	video on demand, VOD
点播新闻	新聞點播	news on demand, NOD
点播信息	隨選資訊	information on demand, IOD
点对点	點對點	point-to-point
点对点传递	點對點遞送	point-to-point delivery
点对点连接	點對點連接	point-to-point connection
点对点通信	點－點通信	point-to-point communication
点对点协议	點對點協定	point-to-point protocol, PPP
点对多点通信	點對多點遞送,點對多點通信	point-to-multipoint delivery, point-to-multipoint communication
点[分]地址	點地址	dot address

大　陆　名	台　湾　名	英　文　名
点分十进制记法	點十進記法	dotted decimal notation
点光源	點光源	spotlight source
点焊	點焊	spot welding
点击设备	點擊裝置	pointing device
点集	點集	point set
点检索	點檢索	point retrieval
点接触二极管	點接觸二極體	point contact diode
点接触太阳电池	點接觸太陽電池	point contact solar cell
点可见性	點可見性	visibility of point
点扩展函数	點擴展函數	point spread function
点每秒	每秒點數	dots per second
点每英寸	每英吋點數	dots per inch
点目标	點目標	point target
点缺陷	點缺陷	point defect
点图	點圖	point graph
点运算	點運算	point operation
点阵打印机	點矩陣列印機	dot matrix printer, dot printer
点阵精度	點矩陣大小	dot matrix size
点阵曲率	晶格曲率	lattice curvature
点阵图(＝梯格图)		
点阵字模	點矩陣字型	dot matrix font
碘酸锂晶体	碘酸鋰晶體	lithium iodate, LI
电按摩	電按摩	electromassage
电报	電報	telegraph, telegraphy
电报挂号	電報掛號	cable address
电报码	電報碼	telegram code
电报收妥通知(＝清欠收据)		
电报投递员	電報投遞員	cable messenger
电报网	電報網	telegraph network
电报学	電報學	telegraphy
电波暗室	電波暗室	anechoic chamber
电擦除可编程只读存储器	電可抹除唯讀記憶體	electrically-erasable programmable ROM, EEPROM
电场	電場	electric field
电场分布模态	電場分佈模態	electric field distribution mode
电场平面扇形号角	電場平面扇形號角	E-plane sectoral horn
电场强度	電場強度	electric field strength

大 陆 名	台 湾 名	英 文 名
电唱盘	電唱盤	turntable
电传(=用户电报)		
电传打字机	電傳打字機	teletypewriter, teletype
电传机	電傳機	teleprinter
电传排字机	電傳排字機,遙排字機	teletypesetter
电磁泵	電磁幫浦	electromagnetic pump
电磁波	電磁波	electromagnetic wave
电磁波传播	電磁波傳播	electromagnetic wave propagation
电磁场	電磁場	electromagnetic field
电磁脆弱度	電磁脆弱度	electromagnetic vulnerability, EMV
电磁导弹	電磁飛彈	electromagnetic missile
电磁阀	電磁閥	electromagnetically operated valve
电磁干扰	電磁干擾	electromagnetic interference, EMI
电磁继电器	電磁繼電器	electromagnetic relay
电磁兼容	電磁兼容	electromagnetic compatibility, EMC
电磁理论	電磁理論	electromagnetic theory
电磁脉冲	電磁脈波	electromagnetic pulse, EMP
电磁敏感度	電磁敏感度	electromagnetic susceptibility, EMS
电磁模态理论	電磁模態理論	electromagnetic mode theory
电磁[频]谱	電磁頻譜	electromagnetic spectrum
电磁屏蔽室	電磁屏蔽室	EM shielded room
电磁式打印头	電磁列印頭	electromagnetic print head
电磁双极	電磁雙極	electric-magnetic dipoles
电磁双极式宽带天线	電磁雙極式寬頻天線	electric-magnetic dipole broadband antenna
电磁透镜	電磁透鏡	electromagnetic lens
电刺激	電刺激	electrostimulation
电导	電導	conductance
电导率	電導率	conductivity, specific conductance
电动传声器	電動傳聲器	electrodynamic microphone, moving conductor mic
电动耳机	電動耳機	electrodynamic earphone, moving coil earphone
电动阀	電動閥	valve with electrically motorized operation
电动势	電動勢	electromotive force, EMF
电动扬声器	電動揚聲器	electrodynamic loudspeaker, moving coil loudspeaker
电镀薄膜磁盘(=电镀膜盘)		

大 陆 名	台 湾 名	英 文 名
电镀膜盘,电镀薄膜磁盘	電鍍薄膜磁碟	plating film disk, electroplated film disk
电感	電感	inductance
电感－电容－电阻	電感－電容－電阻	inductance-capacitance-resistance, ICR
电感器	電感器	inductor
电光晶体	電光晶體	electrooptic crystal
电光晶体光阀	電光晶體光閥	electrooptic crystal light valve
电光 Q 开关	電光 Q 開關	electrooptic Q-switching
电光器件	電光元件,電光裝置	electro optic device
电光陶瓷	電光陶瓷	electrooptic ceramic
电光调制	電光調制	electrooptic modulation
电光系数	電光係數	electrooptic coefficient
电光相位调制器	電光相位調變器,光電相位調變器	electrooptic phase modulator
电光效应	電光效應	electrooptic effect
电荷	電荷	electric charge
电荷泵	電荷幫浦	charge pump
电荷存储二极管	電荷存儲二極體	charge storage diode
电荷灵敏前置放大器	電荷靈敏前置放大器	charge sensitive preamplifier
电荷耦合成像器件	電荷耦合成象元件	charge-coupled imaging device
电荷耦合存储器	電荷耦合記憶體	charge-coupled memory
电荷耦合器件	電荷耦合元件	charge-coupled device, CCD
电荷耦合器件存储器	電荷耦合元件記憶體	CCD memory
电荷耦合器件延迟线	電荷耦合元件延遲線	CCD delay line
电荷引发器件	電荷引發元件	charge priming device, CPD
电荷注入器件	電荷注入元件	charge injection device, CID
电荷转移器件	電荷轉移元件	charge transfer device, CTD
电呼吸描记术	電呼吸描記術	electropneumography
电化致变色	電化致變色	electrochemichromism
电话	電話	telephone, telephony
IP 电话(＝因特网电话)		
电话按键	電話按鍵	telephone key
电话编号	電話號碼編號	telephone numbering
电话的混合线圈	電話的混合線圈,電話二線對四線轉換電路	telephone hybird coil
电话电路	電話電路	telephone circuit
电话送话器	電話發話器	telephone transmitter

大　陆　名	台　湾　名	英　文　名
电话费	電話費	telephone charges
电话费率	電話費率	telephone rate
电话分局	電話分局	branch exchange
电话号码	電話號碼	telephone number
电话号码簿	電話號碼簿	telephone directory
电话呼叫	電話呼叫	telephone call
电话回音消除	電話回音消除	telephone echo cancellation
电话机	電話機	telephone set
电话机钩键	電話機鉤鍵	telephone hook
电话交换机	電話交換機	telephone exchange
电话卡	電話卡	phonecard
电话铃	電話鈴	telephone ringer
电话留言	電話留言	telephone message
电话区号	電話區域碼	area code of telephone
电话手机	電話手機	telephone handset
电话受话器,电话听筒	電話收話器,電話聽筒	telephone receiver
电话听筒(=电话受话器)		
电话亭	電話亭	telephone booth, call box
电话网	電話網	telephone network
电话线路	電話線[路]	telephone line
电话学	電話學	telephony
电极	電極	electrode
电极化率	電極化率	electric susceptibility
电解	電解	electrolysis
电解槽	電解槽	electrolytic tank
电解电流	電解電流	electrolytic current
电解电容器	電解電容	electrolytic capacitor
[电]介质	介電質	dielectric
电介质常数	電介質常數,感應率	inductivity
电抗	電抗	reactance
电抗定理	電抗定理	reactance theorem
电抗器	電抗器	reactor
电抗网络	電抗網路	reactance network
电抗性电流(=无功电流)		
电控双折射模式	電控雙折射模式	electrically controlled birefringence mode, ECB mode

大陆名	台湾名	英文名
电缆充气设备	纜線充氣設備	cable gas-feeding equipment
电缆的陆地线路,缆线的陆地线路	纜線的陸地線路	cable land line
电缆吊线	電報投遞員	cable messenger
电缆端接架,电缆终端机架	電纜端接架,纜線端接架	cable terminal rack
电缆分布中心	纜線分佈中心	cable distribution center
电缆分线盒,缆线分线盒	纜線分線盒	cable distribution head
电缆敷设,放缆	纜線敷設,放纜	cable laying
电缆沟	纜線溝	cable trench
电缆号码	纜線號碼,電報號碼	cable number
电缆护套,缆线套	纜線護層,纜線套,纜線包皮層	cable sheath
电缆回波,缆线回波	纜線回波	cable echo
电缆卷筒(=电缆盘)		
电缆类型	纜線類型	cable type
电缆连接(=缆耦合)		
电缆盘,电缆卷筒	纜線卷盤,纜線捲筒	cable drum
电缆配线房	纜線配線房	cable hut
电缆衰减,缆线衰减	電纜衰減,纜線衰減	cable attenuation
电缆套管	纜線套管	cable sleeve
电缆调谐台,缆线转向台	纜線轉向台	cable turning station
电缆线对	對心纜線	cable pair
电缆张力,缆线应力	纜線張力,纜線應力	cable strain
电缆终端机架(=电缆端接架)		
电缆终端设备	纜線終端設備	cable terminating equipment
电缆终端网	纜線終端網路	cable termination network
电缆走线架,缆线架	纜線架	cable rack
电离	離子化	ionization
电离比	電離比	ionization ratio
电离层	電離層,游離層	ionosphere
电离层传播	電離層傳播	ionospheric propagation
电离层散射通信	電離層散射通信	ionospheric scatter communication
电离能	游離能	ionization energy
电离室	電離室	ionization chamber

大 陆 名	台 湾 名	英 文 名
电离张弛振荡	電離張弛振盪	ionization relaxation oscillation
电离真空计	電離真空計	ionization vacuum gauge
电力	電源	power
电力传输	電力傳輸	power transmission
电力传输网	電力傳輸網路	power transmission network
电力电子学(=功率电子学)		
电力设备	電源設備	power equipment
电力线	電力線,電源線	power line
电力线载波	電力線載波	power line carrier
电力线载波电话	電力線載波電話	power line carrier telephone
电力线载波通信系统	電力線載波通信系統	power line carrier communication system
电量	電量	electric quantities
电疗法	電療法	electropathy, electrotherapy
电流	電流	current
电流表,安培表	電流表,安培表	ammeter
电流重合选取法	符流選擇	coincident-current selection
电流放大器	電流放大器	current amplifier
电流分配比	電流分發比	current division ratio
电流开关型逻辑	電流開關型邏輯	current-switching mode logic, CML
电流型逻辑	電流模邏輯	current mode logic, CML
电流源	電流源	current source
电路	電路	circuit
电路保护器	電路保護器	circuit protector
电路传送模式	電路傳輸模式	circuit transfer mode
电路仿真	電路模擬	circuit simulation
电路交换	電路交換	circuit switching
电路交换公用数据网	電路交換公用資料網路	circuit switched public data network
电路交换数据网	線路交換數據網	circuit switched data network, CSDN
电路交换网	線路交換網	circuit switching network
电路内测试	內電路測試	in-circuit test
电路提取	電路萃取	circuit extraction
电路拓扑[学]	電路拓撲[學]	circuit topology
电路效率	電路效率	circuit efficiency
电路元件	電路元件	circuit element
电麻醉	電麻醉	electro-anaesthesia
电纳	電納	susceptance
电脑(=电子计算机)		

大 陆 名	台 湾 名	英 文 名
电能	電能	electric energy
电啮合长度	電嚙合長度	electrical engagement length
电凝法	電凝法	electrocoagulation
电偶极矩	電偶極矩	electric dipole moment
电偶极子	電偶極	electric dipole
电抛光	電拋光	electropolishing
电平	準位	level
电平表	電平表	level meter
电平敏感扫描设计	位準敏感掃描設計	level sensitive scan design
电平漂移二极管	直流位移二極體	level-shifting diode
电气推进器	電氣推進器	electric propulsion thruster
电迁徙	電遷徙	electromigration
电墙	電牆	electric wall
电桥	電橋	bridge
电切术	電切術	electrocision
电容	電容	capacitance
电容传声器	電容傳聲器	condenser microphone, electrostatic microphone
电容电压法	電容電壓法	capacitance voltage method, CV method
电容量允差	電容值容許公差	capacitance tolerance
电容率(=介电常数)		
电容器	電容	capacitor
电容式触摸屏	電容式觸摸熒幕	capacitive touch screen
电扫伏尔天线阵	電掃伏爾天線陣	VOR scanned array
电扫雷达	電起地雷達	electronically scanned radar
电势(=电位)		
电视	電視	television, TV
电视伴音信道	電視伴音通道	television sound channel
电视广播	電視廣播	telecast, television broadcast
电视广播卫星	電視廣播衛星	television broadcast satellite
电视广播站	電視廣播台	television broadcasting station
电视会议(=视频会议)		
电视[接收]机	電視[接收]機	television set, television receiver
电视节目	電視廣播節目	television program
电视频带	電視頻帶	television band
电视频道	電視頻道	television channel
电视墙	電視牆,視訊牆	video-wall
电视摄像机	電視攝象機	television camera

大　陆　名	台　湾　名	英　文　名
电视台	電視台	television station
电视信号	電視訊號	television signal
电视演播室	電視演播室,電視播送室,電視錄影棚	television studio
电视转播	電視轉播	television relaying
电枢控制	電樞控制	armature control
电碎石法	電碎石法	electrolithotrity
电台磁方位	電台磁方位	magnetic bearing of station
电台方位	電台方位	bearing of station
电台航向	電台航向	heading of station
电台间容许距离	電台間容許距離,電台間最大距離	allowable distance between stations
电调滤波器	電調濾波器	electrically tunable filter
电调振荡器	電調振盪器	electrically tunable oscillator
电通[量]	電通[量]	electric flux
电通[量]密度	電通[量]密度	electric flux density
电透药法	電透藥法	electromedication
电位,电势	電位,電勢	electric potential
电位差	電位差	potential difference
电位降	電位降	potential drop
电位[能]函数	電位[能]函數	electric potential function
电位器	電位器	potentiometer
电位梯度	電位梯度	electric potential gradient
电文(=报文)		
电文交换(=报文交换)		
电吸收	電吸收	electroabsorption
电细胞融合	電細胞融合	electric cell fusion
电信,远程通信	電信,遠程通信	telecommunication
电信法	電信法	telecommunication act
电信管理网	電信管理網路	telecommunication management network, TMN
电信函处理系统(=消息处理系统)		
电信缆线	電信纜線	telecommunications cable
电信系统	電信系統	telecommunication systems
电信业务	電信業務	telecommunication service
电信业务工程(=通信业务工程)		

大陆名	台湾名	英文名
电休克	電休克	electroshock
电压	電壓	voltage
电压表,伏特表	電壓表,伏特表	voltmeter
电压电流曲线	電壓電流曲線	voltage-current curve
电压放大器	電壓放大器	voltage amplifier
电压阶跃	電壓階躍,電壓步	voltage step
电压控制雪崩振荡器	電壓控制累增振盪器	voltage controlled avalanche oscillator
[电]压敏电阻器	壓敏電阻	varistor
电压敏感器	電壓感測器	voltage sensor
电压梯度	電壓梯度	voltage gradient
电压调谐磁控管	電壓調諧磁控管	voltage-tuned magnetron, VTM
电压驻波比	電壓駐波比	voltage standing wave ratio, VSWR
电液伺服电机	油壓伺服馬達	electrohydraulic servo motor
电泳显示	電泳顯示	electrophoretic display, EPD
[电]源	[電]源	power source, power supply
电源变压器	電源變壓器	power transformer
电源分配系统	電力分配系統	power distribution system
电源跟踪	電力供應追蹤	power supply trace
电源控制微码	電源控制微碼	power control microcode
电源屏幕	電力供應熒幕	power supply screen
电源设备	電源設備	power supply equipment
电源总线	電源匯流排	power bus
电晕	電暈	corona
电晕放电	電暈放電	corona discharge
电晕计数器	電暈計數器	corona counter
电针术	電針術	electropuncture
电致变色	電致變色	electrochromism
电致变色显示	電致變色顯示	electrochromic display, ECD
电致变色显示器	電變色顯示器	electrochromic display, ECD
电致发光	電致發光	electroluminescence, EL
电致发光显示	電致發光顯示	electroluminescent display, ELD
电致发光显示器	電場發光顯示器	electroluminescent display, ELD
电致伸缩陶瓷	電縮性陶瓷	electrostrictive ceramic
电轴	電軸	electrical boresight
电灼式印刷机	放電式列印機	electric discharge printer
电子	電子	electron
电子 CAD(=计算机辅助电子设计)		

大 陆 名	台 湾 名	英 文 名
电子保密	電子守密	electronic security, ELSEC
电子表格程序	試算表程式	spreadsheet program
电子测量	電子測量	electronic measurements
电子出版	電子出版	electronic publishing
电子出版系统	電子出版系統	electronic publishing system, EPS
电子电话电路	電子電話電路	electronic telephone circuit, ETC
电子电压表	電子電壓表	electronic voltmeter
电子对抗	電子對抗	electronic countermeasures, ECM
电子耳	電子耳	electronic ear
电子发射	電子發射	electron emission
电子反对抗	電子反對抗	electronic counter-countermeasures, ECCM
电子反对抗改善因子	電子反對抗改善因子	ECCM improvement factor, EIF
电子肺量计	電子肺量計	electrospirometer
电子服务	電子服務	electronic service, E-service
电子付款	電子付款	electronic billing
电子干扰	電子干擾	electronic jamming
[电子]干扰战	電子干擾戰	jamming war, JW
电子感生解吸	電子感生解吸	electron-induced desorption, EID
电子工程学	電子工程學	electronic engineering
电子光学	電子光學	electron optics
电子轨迹	電子軌跡	electron trajectory
电子核子双共振谱[学]	電子核子雙共振譜[學]	electron nuclear double resonance spectroscopy, ENDORS
电子回轰	電子回轟	electron back bombardment
电子回旋共振加热	電子迴旋共振加熱	electron cyclotron resonance heating, ECRH
电子回旋脉泽(=回旋管)		
电子会议系统	電子會議系統	electronic meeting system
电子计算机,电脑	電子計算機,電腦	electronic computer
电子监视	電子監視	electronic surveillance
电子交换系统	電子交換系統	electronic switching system, ESS
电子块	電子塊	electron block
电子媒体	電子媒體	electronic media, E-media
电子能量损失能谱[学]	電子能量損失能譜[學]	electron energy loss spectroscopy, EELS
电子欺骗	電子欺騙	electronic deception

大 陆 名	台 湾 名	英 文 名
电子签名	電子簽章	electronic signature
电子枪	電子槍	electron gun
电子亲和势	電子親和力	electron affinity
电子情报	電子情報	electronic intelligence, ELINT
电子群聚	電子群聚	electron bunching
电子扫描	電子式掃描	electronic scanning
电子商务	電子商務	electronic commerce, EC
电子设计规则	電子設計規則	electronic design rule, EDR
电子设计自动化	電子設計自動化	electronic design automation, EDA
电子渗入	電子穿透	electronic penetration
电子市场	電子市場	electronic market
电子束,电子注	電子束,電子注	electron beam
电子束半导体器件	電子束半導體元件	electron beam semiconductor device, EBS device
电子束曝光系统	電子束曝光系統	electron beam exposure system
电子束泵半导体激光器	電子束激發半導體雷射	electron beam pumped semicon ductor laser
电子束泵浦	電子束幫浦	electron beam pumping, EBP
电子束参量放大器	電子束參量放大器	electron beam parametric amplifier
电子束负载,射束负荷	電子束負載	beam loading
电子束光刻	電子束光刻	electron beam lithography
电子束光刻胶	電子束光刻膠	electron beam resist
电子束切片	電子束切片	electron beam slicing
电子束蒸发	電子束蒸發	electron beam evaporation
电子数据	電子資料	electronic data
电子数据交换	電子資料交換	electronic data interchange, EDI
电子数据交换消息,EDI 消息	電子資料交換訊息	EDI message, EDIM
电子数据交换消息处理,EDI 消息处理	電子資料交換處理	EDI messaging, EDIMG
电子双共振谱[学]	電子雙共振譜[學]	electron double resonance spectroscopy, ELDORS
电子探针	電子探針	electron microprobe
电子陶瓷	電子陶瓷	electronic ceramic
电子体温计	電子體溫計	electrothermometer
电子听诊器	電子聽診器	electrostethophone
电子透镜	電子透鏡	electron lens
电子图书馆	電子圖書館	electronic library

大 陆 名	台 湾 名	英 文 名
电子伪装	電子偽裝	electronic camouflage
电子文本	電子本文	e-text
电子物理学	電子物理學	electron physics
电子陷阱	電子陷阱	electron trap
电子相阵扇形扫描	電子相陣扇形掃描	electronically phased array sector scanning
电子消息处理	電子訊息處理	electronic messaging
电子效率	電子效率	electronic efficiency
电子学	電子學	electronics
电子血压计	電子血壓計	electrosphygmomanometer
电子眼压计	電子眼壓計	electrotonometer
电子仪器仪表	電子儀器儀表	electronic instruments
电子银行业务,电子金融	電子銀行	electronic banking
电子邮件	電子信函,電子郵件	electronic mail, E-mail
电子邮件别名	電子郵件別名	e-mail alias
电子邮件地址	電子郵件地址	e-mail address
电子邮件信箱	電子郵件信箱	electronic mail mailbox
电子远程控制	電子遙控	eletronic remote control
电子杂志	電子期刊,電子雜誌	electronic journal, e-zine
电子战	電子戰	electronic warfare
电子照相印刷机	電子照像列印機	electrophotographic printer
电子侦察	電子偵察	electronic reconnaissance
电子支援措施	電子支援措施	electronic support measures, ESM
电子注(=电子束)		
电子转账	電子轉帳	electronic funds transfer, EFT
电子资金转账系统	電子轉帳系統	electronic funds transfer system, EFTS
电子自旋共振谱[学]	電子自旋共振譜[學]	electron spin resonance spectroscopy, ESRS
电阻	電阻	resistance
电阻表,欧姆表	電阻表,歐姆表	ohmmeter
电阻-电容-晶体管逻辑	電阻-電容-電晶體邏輯	resistor-capacitor-transistor logic, RCTL
电阻负载	電阻負載	resistive load
电阻海	電阻海	resistance sea
电阻-晶体管逻辑	電阻-電晶體邏輯	resistor-transistor logic, RTL
电阻率	電阻率	resistivity
电阻排	電阻器陣列	resistor array
电阻器	電阻	resistor

大　陆　名	台　湾　名	英　文　名
电阻损耗	電阻損耗	resistive loss
电阻引线电感	電阻引線電感	inductance of the resistor lead
淀积率	澱積率	deposition rate
雕塑曲面	雕塑曲面	sculptured surface
调度	排程	scheduling
调度表	排程表	schedule table
调度策略	排程策略,排程政策	scheduling strategy, scheduling policy
调度程序	排程器	scheduler
调度程序等待队列	排程器等待隊列	scheduler waiting queue
调度程序工作区	排程器工作區	scheduler work area, SWA
调度队列	排程隊列	scheduling queue
调度方式	排程模式	scheduling mode
调度规则	排程規則	scheduling rule
调度监控计算机	排程監視器電腦	scheduling monitor computer
调度模块	排程器模組	scheduler module
调度算法	排程演算法	scheduling algorithm
调度问题	排程問題	scheduling problem
调度信息池	排程資訊集用場	scheduling information pool
调度资源	排程資源	scheduling resource
调度作业	排程工件	schedule job
调用	召用	call
调用者	呼叫程式	caller
跌落试验	跌落試驗	fall-down test
迭代	疊代	iteration
迭代调度分配方法	疊代調度配置方法	iterative scheduling and allocation method
迭代改进	疊代改進	iterate improvement
迭代搜索	疊代搜尋	iterative search
叠层干电池	疊層干電池	layer-built dry cell
叠加	疊置	superposition
叠加定理	疊加定理	superposition theorem
叠片式磁头	層版磁頭	laminated magnetic head
叠栅雪崩注入 MOS 存储器	堆疊閘極累增注入 MOS 記憶體	stack-gate avalanche injection type MOS memory, SAMOS memory
叠印	重打	overstrike
蝶式排列	蝶式排列	butterfly permutation
蝶式运算	蝶式運算	butterfly operation
蝶[形]阀	蝶[形]閥	butterfly valve
丁类放大器	D 類放大器	class D amplifier

大　陆　名	台　湾　名	英　文　名
顶点(=峰)		
顶点覆盖	頂點覆蓋	vertex cover
顶点混合	頂點混合	vertex blending
顶级结点	頂端節點	top node
顶空盲区	頂空盲區	upper space of silence
定比变换(=比例变换)		
定标器	定標器	scaler
定常系统(=时不变系统)		
定点计算机	定點計算機	fixed-point computer
定点寄存器	定點暫存器	fixed-point register
定点数	定點數	fixed-point number
定点运算	定點運算	fixed-point operation
定电流放电	定電流放電	constant-current discharge
定电阻放电	定電阻放電	constant-resistance discharge
定发射码(=发射指定码)		
定界符	定界符	delimiter, delimit
定理证明器	定理證明程式	theorem prover
定量图像分析	定量影像分析	quantitative image analysis
定片真空泵,旋转活塞真空泵	定片真空幫浦,旋轉活塞真空幫浦	rotary piston vacuum pump
定期维护	定期維護	schedule maintenance
定失效数寿命试验	定失效數壽命試驗	fixed failure number test
定时,计时	定時,計時,時序	timing
定时电路,时限电路	時限電路,時序產生電路	timing circuit
定时抖动	時序顫動	timing jitter
定时分析	定時分析	timing analysis
定时恢复	定時恢復	timing recovery
定时恢复电路	時序回復電路	timing recovery circuit
定时鉴别器	定時鑑別器	timing discriminator
定时滤波放大器	定時濾波放大器	timing filter amplifier
定时脉冲发生器	時脈產生器	timing-pulse generator
定时脉冲分配器	計時脈衝分配器	timing-pulse distributor
定时器(=计时器)		
定时任务	定時任務	timed task
定时误差	時序誤差	timing error

大 陆 名	台 湾 名	英 文 名
定时约束	定時約束	timing constraint
定时炸弹	定時炸彈	time bomb
定位	定位	①position fixing ② positioning
定位槽	定位槽	location notch
定位重复误差	定位重復誤差	position repetitive error
定位均方根误差	定位均方根誤差	position root-mean-square error
定位孔	定位孔	location hole
定位器	定位器	locator
定位时间	定位時間	positioning time
定位系统	自動位置調節系統,自動定址系統	positioning system
定位信道	定位通道	positioned channel
定向	定向	orientation
定向传声器	定向傳聲器	directional microphone
定向传输	定向傳輸,定向發射,波束傳輸	beam transmission
定向广播	定向廣播	directional broadcasting
定向接收	定向接收	directional reception, beam reception
定向接收机	定向接收機	directional receiver
定向耦合器	方向耦合器	directional coupler
定向搜索	定向搜索	beam search
定向太阳电池阵	定向太陽電池陣	oriented solar cell array
定向天线	定向天線	directional antenna
定向无线	定向無線	directional wireless
定向无线电	定向無線電	directional radio
定向无线电发射	定向無線電發射	radio-beam transmitting
定向无线电发射台	定向無線電發射台	radio-beam transmitting station
定向性	定向性	directionality
定性描述	定性描述	qualitative description
定性推理	定性推理	qualitative reasoning
定性物理	定性物理	qualitative physics
定性信息	定性資訊	qualitative information
定义阶段	定義階段	definition phase
定义性出现	定義出現	definitional occurrence
定义性[列]表	定義列表	defined list
定值指令	定值指令	constant value command
定址的接收站	定址的接收站	addressed receiving station
定制集成电路	訂製積體電路	customer designed IC

大　陆　名	台　湾　名	英　文　名
丢失中断处理程序	遺漏中斷處置器	missing interrupt handler
氡气仪	氡氣儀	radon meter
动词短语	動詞片語	verb phrase
动词语义学	動詞語義學	verb semantics
动画	動畫	animation
动量传输泵	動量傳輸幫浦	kinetic vacuum pump
动目标显示雷达	動目標顯示雷達	moving target indication radar, MTI radar
动圈传声器	動圈傳聲器	moving coil microphone
动态 GCRA	動態的 GCRA	dynamic GCRA, DGCRA
动态绑定	動態連結	dynamic binding
动态保护	動態保護	dynamic protection
动态测试	動態測試	dynamic testing
动态重定位	動態再定位,動態重定位	dynamic relocation
动态重构	動態重組	dynamic restructuring
动态重码率	動態重碼率	rate of dynamic coincident code
动态处理	動態處理	dynamic handling
动态处理器分配	動態處理器分配	dynamic processor allocation
动态串音	動態串音	dynamic crosstalk
动态存储分配	動態記憶體分配	dynamic memory allocation
动态存储管理	動態記憶體管理	dynamic memory management
动态存储器	動態儲存	dynamic storage
动态地址转换	動態位址變換	dynamic address translation
动态调度	動態排程	dynamic scheduling
动态范围	動態范圍	dynamic range
动态仿真	動態模擬	dynamic simulation
动态分派虚拟表	動態調度虛擬表	dynamic dispatch virtual table, DDTV
动态分配	動態分配	dynamic allocation
动态分析	動態分析	dynamic analysis
动态分析器,动态生成程序	動態分析程式	dynamic analyzer
动态复用	動態復用	dynamic multiplexing
动态工具显示	動態工具顯示	dynamic tool display
动态功能检查仪	動態功能檢查儀	dynamic function survey meter
动态规划[法]	動態規劃	dynamic programming
动态汉字平均码长	動態漢字平均碼長	dynamic average code length of Hanzi
动态缓冲	動態緩衝	dynamic buffering
动态缓冲区	動態緩衝區	dynamic buffer

大 陆 名	台 湾 名	英 文 名
动态缓冲区分配	動態緩衝器分配	dynamic buffer allocation
动态记忆	動態記憶體	dynamic memory
动态键位分布系数	動態鍵分佈係數	dynamic coefficient for key-element allocation
动态控制	動態控制	dynamic control
动态链接库	動態鏈接程式館	dynamic link library, DLL
动态流水线	動態管線	dynamic pipeline
动态滤波器	動態濾波器	dynamic filter
动态冒险	動態冒險	dynamic hazard
动态扭斜	動態偏斜	dynamic skew
动态冗余	動態冗餘	dynamic redundancy
动态散射模式	動態散射模式	dynamic scattering mode, DSM
动态生成程序(=动态分析器)		
动态世界规划	動態世界規劃	dynamic world planning
动态刷新	動態更新	dynamic refresh
动态随机[存取]存储器	動態隨機[存取]記憶體	dynamic random access memory, DRAM
动态停机	①動態停止 ②動態中止	dynamic stop
动态网络	動態網路	dynamic network
动态误差	動態誤差	dynamic error
动态显示	動態顯示	dynamic display, dynamic rendering
动态相关性检查	動態相關性檢查	dynamic coherence check
动态心电图监护系统,霍尔特系统	動態心電圖監護系統,霍爾特系統	dynamic ECG monitoring system, Holter system
动态优先级	動態優先級	dynamic priority
动态优先级调度	動態優先級排程	dynamic priority scheduling
动态优先级算法	動態優先級演算法	dynamic priority algorithm
动态 SQL 语言	動態 SQL 語言	dynamic SQL
动态转移预测	動態分歧預測	dynamic branch prediction
动态资源分配	動態資源分配	dynamic resource allocation
动态字词重码率	動態字詞同碼率	dynamic coincident code rate for words
动态字词平均码长	動態字詞平均碼長	dynamic average code length of words
动压[式]浮动磁头	動壓式浮動磁頭	dynamical pressure flying head
动作电位	動作電位	action potential
动作时间,致动时间	動作時間,致動時間	actuation time
冻结标记	凍結符記	frozen token
斗链器件	斗鏈元件	bucket brigade device, BBD

大陆名	台湾名	英文名
抖动	抖動,混色	jitter, dithering
抖动调谐磁控管	抖動調諧磁控管	dither tuned magnetron
抖晃	抖晃	wow and flutter
读	讀,讀出,讀取	read
读出电路	讀出電路	sense circuit
读出时间	唯讀時間	read-out time
读出线	感測線	sense line
读访问	讀取	read access
读放大器	感測放大器	sense amplifier
读后写	讀後寫	write after read, WAR
读均衡	讀均衡	read equalization
读卡机(=卡片阅读机)		
读取	讀取,提取	fetch
读取策略(=提取策略)		
读入原语	讀取基元	read primitive
读数据线	讀資料線	read data line
读锁	讀取鎖定	read lock
读写[磁]头	讀寫頭	read/write head
读写孔	存取孔	access hole
读写周期	讀寫週期	read-write cycle
读信号	讀訊號	read signal
读选择线	讀選擇線	read select line
读噪声	讀噪訊	read noise
独立程序	單獨程式	stand-alone program
独立程序装入程序	獨立程式載入器	independent program loader
独立基线	獨立基線	individual baseline
独立取样	獨立取樣	independent sampling
独立随机变量	獨立隨機變數	independent random variable
独立型故障	自律型故障	autonomous fault
独立验证和确认	獨立驗証及確認	independent verification and validation
独立于机器的操作系统	機器無關作業系統	machine-independent operating system
独石陶瓷电容器	單石陶瓷電容	monolithic ceramic capacitor
堵转励磁电流	堵轉勵磁電流	locked-rotor exciting current
堵转励磁功率	堵轉勵磁功率	locked-rotor exciting power
堵转特性	堵轉特性	locked-rotor characteristic
堵转转矩	堵轉轉矩	locked-rotor torque
度	度,階次,程度	degree
度量(=测量)		

大　陆　名	台　湾　名	英　文　名
度量空间	測量空間	measurement space
90 度相移,正交	90 度相移,正交	quadrature, Q
渡越时间	渡越時間	transit time
端泵浦	端幫浦	end-pumping
端到端	端到端	end-to-end
端点	端點	endpoint
端点编码	端點編碼	endpoint encoding
端电压	端電壓	terminal voltage
端端加密	端對端加密	end-to-end encryption
端端密钥	端對端密鑰	end-to-end key
端对端传送	端對端傳送	end-to-end transfer
端记号	端記號	endmarker
端角	端角	end angle
端接	終止	termination
端接[传输]线	終止線	terminated line
端接电压	端接電壓	termination voltage
端接电源	終止電源	termination power
端接电阻[器]	終止電阻	terminating resistor
端接二极管	終止二極體	terminating diode
端接器,终接器	終止器	terminator
端局	[終]端局,終端站,終點站	end office, EO
端口	埠	port
端面分离	端面分離	end separation
端面品质	端面品質	end-face quality
端面形成	端面形成	facet formation
端面制备	端面處理	end preparation
端射天线阵列	端射天線陣列	end-fire antennas array
端射阵列	端射陣列	end-fire array
端射阵天线	端射陣列天線	end-fire array antenna
端系统	端點系統	end system
端效应	端效應	end effect
短波	短波	short wave, SW
短波波段	短波波段	short wave band
短波定向天线	短波定向天線	short wave beam antenna
短波频率	短波頻率	short wave frequency, SF
短波天线	短波天線	short wave antenna
短波通信(＝高频通信)		

大　陆　名	台　湾　名	英　文　名
短程	短程,短距離	short haul
短程通信	短距離通訊	short-haul communication
短程透镜天线	測地線形透鏡天線	geodesic lens antenna
短沟效应	短通道效應	short channel effect
短截线	短截線	stub
短路	短路	short circuits
短路故障	短路故障	shorted fault
短路线	短路線	short-circuit line
短路终端	短路端	short-circuit termination
短期调度	短期排程	short-term scheduling
短腔选模	短腔選模	mode selection by short cavity
短缩地址,简略地址,缩址	簡略地址,簡址	abbreviated address
短缩呼叫(=简呼)		
短缩码	短縮碼	shortened code
短线	短線	short line
短语	片語	phrase
短语结构规则	片語結構規則	phrase structure rule
短语结构歧义	片語結構歧義	ambiguity of phrase structure
短语结构树	片語結構樹	phrase structure tree
短语结构语法	片語結構文法	phrase structure grammar
段表地址	段表位址	segment table address
段长度	段大小	segment size
段地址	段位址	segment address
段覆盖	段覆蓋	segment overlay
段号	段號	segment number
段式存储系统	分段記憶體系統	segmented memory system
段首大字	首字放大	drop cap
段映射	扇區對映	sector mapping
断	關起	off
断点开关	斷點開關	breakpoint switch
断开	拆接	disconnection
断开接点组	開路－接合器	break-contact unit
断开塞孔	切斷塞孔	break jack
断路故障	斷路故障	broken fault
断路器	①電路斷路器 ②斷路器	circuit breaker, breaker
断路位置	斷路位置	off position
断续指令	斷續指令	discontinuous command

大 陆 名	台 湾 名	英 文 名
断言	判定	assertion
堆	堆	heap
堆垛层错	堆疊層錯	stacking fault
堆积效应	堆積效應	pile-up effect
堆排序	錐形排序法	heap sort
队列	隊列	queue
队列表	隊列列表	queue list
队列控制块	隊列控制[方]塊,隊列控制分程序	queue control block, QCB
对比度操纵	反襯調處	contrast manipulation
对比度扩展	反襯伸展	contrast stretching
对比灵敏度	反襯敏感度	contrast sensitivity
对策(=博弈)		
对策仿真	競賽模擬	gaming simulation
对策论(=博弈论)		
对称操作系统	對稱作業系統	symmetric operating system
对称传输线	平衡線	balanced line
对称传输线	平衡傳輸線	balanced transmission line
对称[列]表	對稱串列	symmetrical list
对称密码系统	對稱密碼系統	symmetric cryptosystem
对称密码[学]	對稱密碼	symmetric cryptography
对称排序	對稱排序,對稱分類	balanced sorting
对称[式]多处理机	對稱多處理機	symmetric multiprocessor, SMP
对称[式]计算机	對稱式計算機	symmetric computer
对称天线	對稱天線	symmetrical antenna
对称网络	對稱網路	symmetrical network
对称误差范围	平衡誤差範圍	balanced error range
对称信道	對稱通道	symmetric channel
对称信源	對稱源	symmetric source
对称性	對稱性	symmetry
对称站	平衡站	balanced station
对称振子天线	對稱振子天線	doublet antenna
对等[层]实体	同級實體	peer entities
对地静止气象卫星	同步氣象衛星	geostationary meteorological satellite, GMS
对地静止卫星	地球靜止衛星	geostationary satellite, GSS
对地平衡	對地平衡	balanced to ground
对话控制块	對話控制段	session control block, SCB
对话模型	對話模型	dialog model

大　陆　名	台　湾　名	英　文　名
对话系统	對話系統	dialog system
对话[型]业务,会话型业务	對話[型]業務,交談式服務	conversational service
对换	調換	swapping
对换表	調換表	swap table
对换程序	調換程式	swapper
对换方式	調換模式	swap mode
对换分配单元	調換分配單元	swap allocation unit
对换集	調換集	swap set
对换时间	調換時間	swap time
对换优先级	調換優先級	swapping priority
对焦合成阵列	對焦合成陣列	focused synthetic array
对角化[方法]	對角化方法	diagonalization
对角线测试	對角線測試	diagonal test
对角线形号角天线	對角線形號角天線	diagonal horn antenna
对接[式]光纤	對抵連接光纖,對接光纖	butt-jointed fiber
对流	對流	convection
对流层传播	對流層傳播	tropospheric propagation
对流层的	對流層的	tropospheric
对流层散射	對流層散射	troposphere scatter
对流层散射通信	對流層散射通信	tropospheric scatter communication
对流层噪声温度	對流層雜訊溫度	troposphere noise temperature
对流层折射	對流層大氣折射	tropospheric refraction
对流性管道	對流性波導,對流性波道	advective duct
对偶产生器	配對產生器	pair generator
对偶码	對偶碼	dual code
对偶网络	對偶網路	dual network
对偶[性]	對偶	duality
对偶原理	對偶原理	duality principle
对偶运算	對偶運算,對偶作業,雙用作業	dual operation
对齐	①對準 ②安排訂單	align
对数放大器	對數放大器	logarithmic amplifier
对数检波	對數式檢波	logarithmic detection
对数率表	對數率表	logarithmic ratemeter
对数螺线天线	對數螺線天線	log-spiral antenna

大 陆 名	台 湾 名	英 文 名
对数螺线天线罩	對數螺線天線罩	log spiral radome
对数似然函数	對數似然函數,對數可能性函數,對數相似度函數	log-likelihood function
对数正态分布	對數常態分佈	log-normal distribution
对数正态分布杂波	對數常態分佈之雜波	log-normal clutter
对数周期天线	對數週期天線	logarithm periodic antenna
对象	物件	object
对象标识符	物件識別符	object identifier, OID
对象管理体系结构	物件管理架構	object management architecture, OMA
对象管理组	物件管理組	object management group, OMG
对象建模技术	物件模型化技術	object modeling technique, OMT
对象连接	物件連接	object connection
对象链接与嵌入	物件鏈接與嵌入	object link and embedding, OLE
对象模型	物件模型	object model
对象请求代理	物件請求仲介	object request broker, ORB
对象式(=面向对象的)		
对象式编程语言(=面向对象编程语言)		
对象式程序设计(=面向对象程序设计)		
对象式分析(=面向对象分析)		
对象式设计(=面向对象设计)		
对象式语言(=面向对象语言)		
对象引用	物件引用	object reference
对象字典	物件字典	object dictionary, OD
对应点	對應點	corresponding point
对准精度	對準精度	alignment precision
对准网络	調正網路	alignment network
钝化工艺	鈍化工藝	passivation technology
多八位编码字符集	多八位編碼字元集	multioctet coded character set, MOCS
多边形裁剪	多邊形剪輯	polygon clipping
多边形窗口	多邊形視窗	polygon window
多边形分解	多邊形分解	polygonal decomposition
多边形面片	多邊形面片	polygonal patch

大 陆 名	台 湾 名	英 文 名
多边形取向	多邊形定向	orientation of polygon
多边形凸分解	多邊形凸分解	polygon convex decomposition
多变量控制器	多變數控制器	multivariable controller
多遍排序	多遍分類	multipass sort
多标记树	多標號樹	multiple labeled tree
多波段接收机	多波段接收機	multiple-band receiver, multirange receiver
多波段滤波器	多頻帶濾波器,多頻段濾波器	multiband filter
多波段卫星	多頻帶衛星,多頻道衛星	multiband satellite
多波群信号	多波群訊號	multi-burst signal
多波束	多波束	multibeam
多波束反射器	多波束反射器	multiple-beam reflector
多波束雷达	多波束雷達	multiple-beam radar
多波束天线	多波束天線	multi-beam antenna
多波束卫星	多波束衛星	multi-beam satellite
多波束阵列	多波束陣列	multiple beams array
多播	多播	multicast
多播主干网	多播基幹	multicast backbone, Mbone
多步控制	多步控制	multi-step control
多步雪崩室	多步雪崩室	multi-step avalanche chamber
多策略协商	多策略協商	multistrategy negotiation
多层布线	多層佈線	multilayer wiring
多层光刻胶	多層光刻膠	multilevel resist
多层介质钝化	多層介質鈍化	multilayer dielectric passivation
多层金属化	多層金屬化	multilevel metallization
多层模式	多層模式	multilayered schema
多层配置	多層結構	multilayer configuration
多层涂覆	多層鍍膜,多層膜	multilayer coating
多层印制板	多層印刷板	multilayer printed circuit board, multilayer printed board
多程序[流]多数据[流]	多程式多資料	multiple program multiple data
多尺度分析	多尺度分析	multiscale analysis
多重程序装入	多重程式載入	multiple program loading
多重处理	多重處理	multiprocessing
多重处理操作系统	多處理作業系統	multiprocessing operating system
多重存取存储器	多存取記憶器	multiaccess memory

大 陆 名	台 湾 名	英 文 名
多重关系	多重關係	multirelation
多重回波	多重回聲,多重回音,多次反射回波	multiple echo
多重集	多[重]集	multiset
多重图	多重圖	multigraph
多处理机操作系统	多處理機作業系統	multiprocessor operating system
多处理机系统	多處理機系統	multiprocessor system
多处理器	多處理器	multiprocessor
多处理器调度	多處理器排程	scheduling of multiprocessor
多处理器分配	多處理器分配	multiprocessor allocation
多次抽样	多次抽樣	multiple sampling
多带生长	多帶生長	multiple ribbon growth
多带图灵机	多帶杜林機	multitape Turing machine
多导生理记录仪	多導生理記錄儀	polygraph
多道程序	多程式	multiprogram
多道程序分派	多道程序分派	multiprogram dispatching
多道程序设计	多程式設計	multiple programming
多道分析器	多道分析器	multichannel analyser
多地址	多[地]址	multiple address
多地址计算机	多位址計算機,多址電腦	multiple-address computer, multiaddress computer
多地址指令码	多位址指令碼	multi-address instruction code
多点	多點	multipoint
多点标记,多点记号	多點標記	polymarker
多点传输	多點傳輸	multipoint transmission
多点二进制文件传送	多點二進制檔案傳送	multipoint binary file transfer, MBFT
多点会议	多點會議	multipoint conference
多点记号(=多点标记)		
多点静止图像及注释	多點靜止影像及註解	multipoint still image and annotation, MSIA
多点控制器	多點[視訊會議]控制器	multipoint control unit, MCU
多点连接	多點[式]連接	multipoint connection
多点路由[选择]信息	多點路由資訊	multipoint routing information
多点通信	多點通訊	multipoint communication
多点通信服务	多點通訊服務	multipoint communication service, MCS
多电平码	多進制編碼,多階碼,多位准碼,多層碼	multilevel code

大 陆 名	台 湾 名	英 文 名
多电平调制	多進制調變,多位准調變	multilevel modulation
多端口存储器	多埠記憶體	multiport memory
多端网络	多端網路	multi-terminal network
多对多联系	多對多關係	many-to-many relationship
多对绞缆	多對絞纜,多對纜線	multipair cable
多对一联系	多對一關係	many-to-one relationship
多尔夫－切比雪夫分布	多孚－卻比雪夫分佈	Dolph-Chebyshev distribution
多尔夫－切比雪夫阵列	多孚－卻比雪夫陣列	Dolph-Chebyshev array
多方合用线	多用戶合用線	multi-party subcriber's line
多分辨率	多解析度	multiresolution
多分辨率分析	多解析分析	multiresolution analysis, MRA
多分辨率曲线	多解析曲線	multiresolution curve
多幅移键控	多階幅移鍵控	multi-amplitude shift keying, MASK
多工序实体造型	多處理實體模型建立	multiprocess solid modeling
多股绞线,导线束	絞合線,裸多蕊電纜	strand
多故障	多故障	multiple fault
多关联处理机	多關聯處理機	multiassociative processor, MAP
多光谱扫描仪	多光譜掃描儀	multispectral scanner, MSS
多光谱图像	多譜影像	multispectral image
多光谱相机	多光譜相機	multispectral camera
多光子吸收	多光子吸收	multi-photon absorption
多轨道－多卫星	多軌道－多衛星	multiple orbit-multiple satellite
多合一[主板]计算机	單體全備計算機	all-in-one computer
多回路控制	多迴路控制	multiloop control
多回路调节	多迴路調整	multiloop regulation
多击键字符录入	多擊鍵字元登錄	multistroke character entry
多基地雷达	多基地雷達	multistatic radar
多级	多級,多階段	multistage
多级安全	多級安全	multilevel security
多级发射机	多級發射機	multistage transmitter
多级反馈队列	多級回饋隊列	multilevel feedback queue
多级高速缓存	多級快取	multilevel cache
多级交换网	多級交換網路	multistage switching network
多级模拟	多級模擬	multilevel simulation
多级频移键控	多階頻移鍵控	multi-frequency shift keying, MFSK
多级设备	多級裝置	multilevel device
多级调谐	多級調諧,多級調整	multistage tuning

大　陆　名	台　湾　名	英　文　名
多级调制	多級調變	multistep modulation
多级网络	多階段網路	multistage network
多级卫星	多級衛星	multistage satellite
多级优先级中断	多級優先權中斷	multilevel priority interrupt
多级中断	多級中斷	multilevel interrupt
多计算机	多計算機,多重計算機	multicomputer
多计算机系统	多計算機系統	multicomputer system
多碱光阴极	多鹼光陰極	multialkali photocathode
多接入信道	多重接取通道	multiple access channel
多结太阳电池	多接面太陽電池	multijunction solar cell
多晶	多晶	polycrystal
多晶硅发射极晶体管	多晶矽射極電晶體	polysilicon emitter transistor, PET
多晶硅－硅化物栅	多晶矽－矽化物閘極	polycide gate
多晶硅太阳电池	多晶矽太陽電池	polycrystalline silicon solar cell
多径	多重路徑	multipath
多径传播	多路徑傳播	multipath propagation
多径反射	多路徑反射	multipath reflection
多径接收	多路徑[訊號]接收	multipath reception
多径扩散	多路徑擴散,多路徑之擴散	multipath spread
多径衰落	多路徑衰褪	multipath fading
多径效应	多徑效應	multipath effect
多径信号	多路徑訊號,多路徑訊號	multipath signal
多孔玻璃	多孔玻璃	porous glass
多孔硅氧化隔离	多孔矽氧化隔離	isolation by oxidized porous silicon, IOPS
多孔陶瓷	多孔陶瓷	porous ceramic
多口网络	多埠網路	multi-port network
多类逻辑	多類邏輯	many-sorted logic
多链路	多鏈路,多重連接	multilink
多量子阱	多量子井	multiquantum well, MQW
多量子阱半导体激光器	多量子井半導體雷射	MQW semiconductor laser
多路电视	多頻道電視	multichannel television
多路定标器	多路定標器	multiscaler
多路发射机	多路發射機,多通道發射機	multichannel transmitter
多路分配器	多工解訊器	demultiplexer
[多路]分用,分接	[多路]分用,分接	demultiplexing

大陆名	台湾名	英文名
[多路]复用,复接	[多路]復用,復接	multiplexing
多路复用传输	多工傳輸,多路傳輸	multiplex transmission
多路复用时分系统	分時多工系統	multiplex time-division system
多路广播	多路廣播	multiplex broadcasting
多路驱动	多路驅動	multiplexing
多路输入	多重輸入	multiple-input
多路调制	多通道調變	multichannel modulation
多路通信	多路通信	multichannel communication
多路推理	多線路推理	multiline inference
多路遥测	多路遙測	multichannel telemetry
多路载波	多路載波	multichannel carrier
多路载波电话制	多路載波電話制	multiplex carrier telephony
多路转换通道	多工器通道	multiplexer channel
多脉波编码	多脈波編碼	multiple pulse coding
多媒体	多媒體	multimedia
多媒体编目数据库	多媒體編目資料庫	multimedia cataloging database
多媒体个人计算机	多媒體個人電腦	multimedia PC, MPC
多媒体会议	多媒體會議	multimedia conferencing
多媒体计算机	多媒體計算機	multimedia computer
多媒体技术	多媒體技術	multimedia technology
多媒体扩展	多媒體延伸	multimedia extension
多媒体数据版本管理	多媒體資料版本管理	multimedia data version management
多媒体数据存储管理	多媒體資料儲存管理	multimedia data storage management
多媒体数据检索	多媒體資料檢索	multimedia data retrieval
多媒体数据库	多媒體資料庫	multimedia database
多媒体数据库管理系统	多媒體資料庫管理系統	multimedia database management system
多媒体数据类型	多媒體資料類型	multimedia data type
多媒体数据模型	多媒體資料模型	multimedia data model
多媒体通信	多媒體通訊	multimedia communication
多媒体系统	多媒體系統	mulitimedia system
多媒体信息系统	多媒體資訊系統	multimedia information system
多媒体业务	多媒體服務	multimedia service
多米诺效应	多米諾骨牌效應	Domino effect
多面体裁剪	多面體截割	polyhedron clipping
多面体简化	多面體簡化	polyhedron simplification
多面体模型	多面體模型	polyhedral model
多模波导	多模波導	multimode waveguides
多模传输	多模傳輸	multimode transmission

大 陆 名	台 湾 名	英 文 名
多模光纤	多模光纖	multimode fiber
多模激光器	多模態雷射	multimode laser
多模雷达	多模雷達	multimode radar
多模耦合器	多模耦合器	multimode coupler
多模式接口	多模式介面	multimodal interface
多模型虚拟环境	多模型虛擬環境	multimodel virtual environment
多目的地选路	多目地路由法,多重目的地路由法	multidestination routing
多片电路	多晶片電路	multichip circuit
多频按键电话机	復頻式按鍵電話	MF touch-tone
多频电路	多頻電路	multi-frequency circuit
多频发射机	多頻發射機	multi-frequency transmitter
多频键控	多頻鍵控	multi-frequency keying
多频码	多頻電碼	multi-frequency code
多频码信令	多頻電碼傳信方式,多頻碼傳訊	multi-frequency code signaling
多频卫星	多頻衛星	multi-frequency satellite
多普勒导航	多普勒導航	Doppler navigation
多普勒伏尔	多普勒伏爾	Doppler VOR, DVOR
多普勒跟踪	多普勒跟蹤	Doppler tracking
多普勒雷达	多普勒雷達	Doppler radar
多普勒盲区	多普勒[頻率]盲區	Doppler blind zone
多普勒卫导系统	多普勒衛導系統	satellite-Doppler navigation system
多普勒效应	多普勒效應	Doppler effect
多普勒展宽	多普勒展寬	Doppler broadening
多腔磁控管	多腔磁控管	multicavity magnetron
多区黑板	多區黑板	multipartitioned blackboard
多任务	多任務	multitask
多任务处理	多任務處理	multitasking
多任务管理	多任務管理	multitask management
多任务卫星	多工衛星	multimission satellite
多入户线	多重站接線路	multidrop line
多色穿透屏	多色穿透屏	multichrome penetration screen
多色色散	多色色散	chromatic dispersion
多属性决策系统	多屬性決策系統	multiattribute decision system
多数决定门	多數閘	majority gate
多数载流子	主要載子	majority carrier
多丝正比室,沙尔帕克	多絲正比室,沙爾派克	multiwire proportional chamber, Charpak

大 陆 名	台 湾 名	英 文 名
室	室	chamber
多态编程语言	多型程式設計語言	polymorphic programming language, PPL
多态性	多型	polymorphism
多跳	多重躍繼,多重中繼	multiple-hop
多跳传播	多跳躍傳播,多反射傳播,多中繼傳播	multihop propagation
多跳传输	多跳躍傳輸,多中繼傳輸	multihop transmission
多跳系统	多跳躍系統	multihop system
多通道	多通道	multichannel
多通道传输	多通道傳輸	multichannel transmission
多头图灵机	多頭杜林機	multihead Turing machine
多维编码	多維編碼	multidimensional coding
多维存取	多維存取	multidimensional access, MDA
多维分析	多維分析	multidimensional analysis
多维数据结构	多維資料結構	multidimensional data structure
多维图灵机	多維杜林機	multidimensional Turing machine
多线程	多線	multithread
多线程处理	多線處理	multithread processing
多线通道	多線通道,多線制通道	multi-wire channel
多相脉码调制	多相搏碼調變,多相脈碼調變	multiphase PCM
多相系统	多相系統	multi-phase system
多相相移键控	多相相移鍵控	multiphase-shift keying
多项式对数深度	多項式對數深度	polylog depth
多项式对数时间	多項式對數時間	polylog time
多项式可归约[的]	多項式可歸約	polynomial-reducible
多项式可转换[的]	多項式可變換	polynomial-transformable
多项式空间	多項式空間	polynomial space
多项式谱系	多項式階層	polynomial hierarchy
多项式时间	多項式定時	polynomial time
多项式时间归约	多項式時間歸約	polynomial time reduction
多项式有界[的]	多項式有界	polynomial-bounded
多协议	多協定	multiprotocol
多谐振荡器	多諧振盪器	multivibrator
多芯电缆	多芯電纜	multiconductor cable
多芯光纤	多核心光纖,多披覆層光纖	multi-core fiber

大陆名	台湾名	英文名
多[芯]片模块	多晶片模組	multichip module, MCM
多信道电话	多路電話	multi-channel telephone
多星状网	多星型網路	multistar network
多一可归性	多一可約性	many-one reducibility
多义	多義	polysemy
多义度	多義度	prevarication
多义文法	歧義文法	ambiguous grammar
多音指令	多音指令	multi-tone command
多用表	多用表	multimeter
多用户	多用戶	multiuser
多用户操作系统	多用戶作業系統	multiple user operating system
多用户控制	多用戶控制	multiple user control
多用户系统	多用戶系統	multiuser system
多用户信息论	多用戶資訊論	multiple user information theory
多用途因特网邮件扩充	多用途網際網路郵件延伸	multipurpose Internet mail-extensions, MIME
多优先级	多優先級	multipriority
多余辉穿透荧光屏	多余輝穿透熒光屏	multipersistence penetration screen
多余损失	多餘損失	excess loss
多余因数	多餘因數	surplus factor
多语种操作系统	多語言操作系統	multilingual operating system
多语种处理机	多語言處理機	multilanguage processor
多语种翻译	多語言翻譯	multilingual translation
多语种信息处理	多語言資訊處理	multilingual information processing
多语种信息处理系统	多語言資訊處理系統	multilingual information processing system
多元胞法	多元胞法	polycell method
多元随机推理	多變數隨機推理	multivariable stochastic reasoning
多元统计推理	多變數統計推理	multivariable statistic reasoning
多载波发射机	多載波發射機	multicarrier transmitter
多载波转发器	多載波轉發器,多載波轉頻器	multicarrier transponder
多站多普勒系统	多站多普勒系統	multistation Doppler system
多帧照相机	多幀照相機	multiformator
多振幅最小偏移键控	多振幅最小相移鍵控	multiamplitude minimum shift keying, MAMSK
多值逻辑	多值邏輯	multiple value logic
多值依赖	多值相依	multivalued dependence
多址	多址	multiple access

大　陆　名	台　湾　名	英　文　名
多址码	多地址碼	multiple-address code
多址通信	多址通信	multi-address communication
多址卫星系统	多重進接衛星系統	multiple-access satellite system
多指令发射	多指令發料	multiinstruction issue
多指令[流]单数据流	多指令[流]單資料流	multiple-instruction [stream] single-data stream, MISD
多指令[流]多数据流	多指令[流]多資料流	multiple-instruction [stream] multiple-data stream, MIMD
多终端监控程序	多終端監視器	multiterminal monitor
多周期实现	多循環實施	multicycle implementation
多主体	多代理	multiagent
多主体处理环境	多代理處理環境	multiagent processing environment, MAPE
多主体推理	多代理推理	multiagent reasoning
多主体系统	多代理系統	multiagent system
多字节图形字符集	多位元圖形字元集	multibyte graphic character set
多总线	多匯流排	multibus
多组多路转换通道	區塊多工通道	block multiplexer channel
多作业	多工件	multijob
多作业处理	多工件處理	multiple-job processing

E

大　陆　名	台　湾　名	英　文　名
俄歇电子能谱[学]	俄歇電子能譜[學]	Auger electron spectroscopy, AES
额定电压	定格電壓	rated voltage
额定负载	額定負載	rated load
额外磁道	額外磁軌	extra track
额外扇区	額外扇區	extra sector
厄兰	厄蘭	Erlang
扼流法兰[盘]	扼流法蘭盤	choke flange
扼流关节	扼流關節	choke joint
扼流圈	扼流圈	choke
扼流式活塞	扼流活塞	choke piston, choke plunger
恶性码	惡性碼	catastrophic code
恶意呼叫识别	惡意呼叫識別	malicious call identification
恶意逻辑	惡意邏輯	malicious logic
恶意软件	惡意軟體	malicious software
儿童语言模型	兒童語言模型	model of child language

大 陆 名	台 湾 名	英 文 名
耳机	耳機	earphone
耳蜗电描记术	耳蝸電描記術	electrocochleography
铒激光器	鉺雷射	erbium laser
二叉查找树	二元搜尋樹,二分搜尋樹	binary search tree
二叉排序树	二元排序樹	binary sort tree
二叉判定图	二元決策圖	binary decision diagram, BDD
二叉树	二元樹	binary tree
二次抽样	二次抽樣	double sampling
二次呼叫(=重叫)		
二次雷达	二次雷達	secondary radar
二次离子质谱[学]	二次離子質譜[學]	secondary ion mass spectroscopy, SIMS
二次误差函数	二次誤差函數	quadratic error function
二次相位因数	二次相位因數	secondary phase factor
二次谐波发生	二次諧波	second harmonic generation, SHG
二次型性能指针	二次型效能指標	quadratic performance index
二点透视	二點透視	two-point perspectiveness
二端网络	二端網路	two-terminal network
二分插入	二元插入	binary insertion
二分[法]搜索	二分搜尋	dichotomizing search
二分搜索	二元搜尋	binary search
二分图	偶圖	bipartite graph
二硅化物	二矽化物	disilicide
二级高速缓存	第二層快取	second-level cache
二级密钥,次密钥	①次要鍵 ②次關鍵字	secondary key
二极管	二極體	diode
二极管泵浦	二極體幫浦	diode pumping
二极管电子枪	二極體電子槍	diode gun
二极管-晶体管逻辑	二極體-電晶體邏輯	diode-transistor logic, DTL
二阶参数连续,C^2 连续	C^2 連續性	C^2 continuity
二阶几何连续	二階幾何連續	G^2 continuity
二阶逻辑	第二階邏輯	second-order logic
二阶系统	二階系統	second-order system
二进制	二進制系統	binary system
二进制编码的十进数	二進編碼十進數碼	BCD code
二[进制编码的]十进制	十進位元二元編碼	binary-coded decimal, BCD
二进制常数	二進制常數	binary constant

大 陆 名	台 湾 名	英 文 名
二进制大对象	二進制大物件	binary large object, BLOB
二进制代码	二進制編碼	binary code
二进制单元	二進制格	binary cell
二进制[的]	二進位,二元	binary
二进制对称信道	二元對稱通道,雙對稱通道	binary symmetric channel, BSC
二进制－格雷[码]转换器	二進[位]碼對格雷碼變換器	binary-to-Gray converter
二进制计算机	二進制計算機	binary computer
二进制记数法	二進制記法,二進位記法	binary notation
二进制控制	二進制控制	binary control
二进制数据	二進制資料	binary data
二进制数据模型	二進制資料模型	binary data model
二进制数字	二進位數字	binary digit
二进制数字串	二進制數字串	binary digit string
二进制同步通信	二元同步通訊	binary synchronous communication, BISYNC, BSC
二进制同步通信协议	二元同步通訊協定	BISYNC protocol
[二进制]位,比特	位元,比	bit
二进制相移键控,双相移键控	二元相移鍵控,雙相移鍵控	binary phase-shift keying, biphase-shift keying, BPSK
二进制运算	二進制作業	binary operation
二进制字符	二進制字元,二進字元	binary character
二口网络,双口网络	雙埠網路	two-port network
二路归并	二進制合併	binary merge
二难推理	兩難推理	dilemma reasoning
二维显示	二維顯示	two dimensional display
二线制	二線製	two-wire system
二项式系数	二項式係數	binomial coefficient
二项式阵列	二項式陣列	binomial array
二氧化硅	二氧化矽	silicon dioxide
二氧化硅乳胶抛光	二氧化矽乳膠拋光	silica colloidal polishing
二氧化碳激光器,CO_2激光器	二氧化碳雷射	carbon dioxide laser
二元关系	二元關係	binary relation
二元语法	雙字母組	bigram
二元预解式	二進制消解式	binary resolvent

大　陆　名	台　湾　名	英　文　名
二元字符集	二進制字元集	binary character set
二值图像	二進制影像	binary image

F

大　陆　名	台　湾　名	英　文　名
发光二极管	發光二極體	light-emitting diode, LED
发光二极管截止频率	發光二極體截止頻率	LED cutoff frequency
发光二极管显示	發光二極體顯示器	light-emitting diode display, LED display
发光二极管印刷机	發光二極體印表機	LED printer
发光强度	發光強度	luminous intensity
发光效率,光视效率	發光效率,光視效率	luminous efficiency
发散束卷积法	發散束卷積法	convolution method for divergent beams
发射	發射	emission
发射机	發射機	transmitter
发射机调制噪声	發射機之調變雜訊	transmitter modulation noise
发射激光	雷射放光	lasering
发射极点接	射極接點	emitter dotting
发射极耦合	射極耦合	emitter coupled
[发]射极耦合逻辑	射極耦合邏輯	emitter coupled logic, ECL
发射极下拉电阻[器]	射極下拉電阻	emitter pull down resistor
发射结	射極接面	emitter junction
发射频率(=辐射频率)		
发射器	反射器	reflector
发射区	射極區	emitter region
发射区陷落效应	發射區陷落效應	emitter dipping effect
发射系统,传输系统	發射系統,傳輸系統	transmission system
发射型计算机断层成像	發射型計算機斷層成象	emission computerized tomography, ECT
发射指定码,指定发射码	發射指定碼,命令傳送碼	emission designation code
发生权	特權	concession
发送端	發送端	sending terminal
发送端串音	發送端串音,發射端串音	sending-end crosstalk
发送机	發送機	sending set
发现概率,检测概率	發現機率,檢測機率	detection probability
法布里-珀罗谐振腔	法布里-珀羅共振器	Fabry-Perot resonator
法尔码	懷爾碼	Fire code

大　陆　名	台　湾　名	英　文　名
法拉	法拉	farad, F
法拉第定律	法拉第定律	Faraday's law
法拉第效应	法拉第效應	Faraday effect
法线流	正常流量,常規流	normal flow
μ 法则压扩(=μ 律压扩)		
翻板阀	翻板閥	flap valve
翻译	①翻譯 ②移位,轉換	translate
翻译程序,翻译器	翻譯程式,翻譯器	translator, translating program
翻译器(=翻译程序)		
繁体字	繁體字	unsimplified Hanzi, unsimplified Chinese character
反边带	反邊帶	antisideband
反编译程序,反编译器	反譯器	decompiler
反编译器(=反编译程序)		
反驳	反駁	refutation
反差	對比	contrast
反冲,下冲	下衝,負尖峰	undershoot
反冲洗(=回洗)		
反冲质子计数器	反沖質子計數器	recoil proton counter
反传	反向傳播	back propagation
反传网络	倒傳遞網路	back-propagation network
反读	反向讀	reverse read, backward read
反堆积	反堆積	pile-up rejection
反方位角	反方位角	back azimuth
反峰电压	反峰電壓	inverse peak voltage
反汇编程序	①反匯編程序 ②解組合器,拆卸器	disassembler
反混叠低通选频滤波器	反頻疊之低通頻率選擇濾波器	anti-aliasing lowpass frequency-selective filter
反混叠滤波器	反頻疊濾波器,去頻疊濾波器	anti-aliasing filter
反极信号	反極訊號	antipodal signal
反剪平面	後剪平面	back clipping plane
反康普顿 γ 谱仪	反康普頓 γ 譜儀	anti-Compton gamma ray spectrometer
反馈	回授	feedback
反馈边集合	①回饋邊集合 ②回饋	feedback edge set

大陆名	台湾名	英文名
	邊集合問題	
反馈补偿(=反馈校正)		
反馈差错控制	回授錯誤控制	feedback error control
反馈回路	回饋迴路	feedback loop
反馈校验	回饋校驗	feedback check
反馈校正,反馈补偿	回饋校正,回饋補償	feedback compensation
反馈控制	回饋控制	feedback control
反馈桥接故障	回饋橋接故障	feedback bridging fault
反馈信道	回饋通道	feedback channel
反扩散	反擴散	back-diffusion
反兰姆凹陷	反蘭姆凹陷	inverted Lamb dip
反雷达	反雷達	anti-radar
反雷达伪装	反雷達偽裝	radar camouflage
反例	反例	negative example
反码	數基減一補數,N-1之補數	radix-minus-one complement, complement on N-1
反迫击炮雷达	反迫擊炮雷達	counter-mortar radar
反窃听装置	反竊聽裝置	anti-eavesdrop device
反射	反射	reflection
反射边界	反射邊界	reflecting boundary
反射波	反射波	reflected wave
反射波瓣	反射波瓣	reflected lobe
反射波束波导	反射波束導波管	reflecting beam waveguide
反射层	反射層	reflecting layer
反射的面向对象编程	反射的物件導向程式設計	reflective object-oriented programming
反射电桥	反射電橋	reflection bridge
反射电压	反射电压	reflected voltage
反射定律	反射定律	reflection law
反射二进制码	反射式二元碼	reflected binary code, RBC
反射非本征衰减	反射外質衰減	reflection extrinsic attenuation
反射高能电子衍射	反射高能電子衍射	reflection high energy electron diffraction, RHEED
反射功率	反射功率	reflected power
反射回波	反射回波	reflection echo
反射极	拒斥極,反斥極	repeller
反射计	反射計	reflectometer
反射角	反射角	reflection angle, reflecting angle

大　陆　名	台　湾　名	英　文　名
反射空间	反射空間	reflection space
反射滤波器	反射濾波器	reflection filter
反射率	反射率	reflectance
反射面	反射面	reflecting surface
反射器式天线	反射器天線	reflector-type antenna
反射器天线	反射器天線	reflector antenna
反射器阻塞效率	[反射器天線孔徑遮蔽效率	blockage efficiency of reflector
反射式跟踪	反射式跟蹤	reflective tracking
反射速调管	反射速調管	reflex klystron
反射损耗	反射損耗	reflection loss
反射特性	反射特性	reflection characteristics
反射体	反射體	reflective body
反射天线	反射天線	reflecting antenna
反射卫星	反射衛星,無源轉發衛星	reflector satellite
反射卫星通信天线	反射衛星通訊天線	reflecting satellite communication antenna
反射系数	反射係數	reflection coefficient
反射线	反射線	reflected ray
反射效率	反射效率	reflection efficiency
反射效应	反射效應	reflection effect
反射形貌法	反射形貌法	reflection topography
反射性	反射性,反射率	reflectivity
反射因数	反射因數	reflection factor
反射噪声	反射雜訊	reflection noise
反射增益	反射增益	reflection gain
反渗透	反滲透	reverse osmosis
反收发	反收發	anti-TR
反斯托克斯散射	反史托克斯散射	anti-Stokes scattering
反铁磁性	反鐵磁性	anti-ferromagnetism
反铁电晶体	反鐵電晶體	antiferroelectric crystal
反铁电陶瓷	反鐵電陶瓷	antiferroelectric ceramic
反同轴磁控管	反同軸磁控管	inverse coaxial magnetron
反投影	反向投影	backprojection
反投影算子	反投影運算子	backprojection operator
反卫星	反衛星	anti-satellite
反无线电措施	無線電反制	radio counter measures, RCM
反相键控	反相鍵控	phase reversal keying

大　陆　名	台　湾　名	英　文　名
反相器,倒相器	反相器	inverter, invertor
反向	反向	reverse direction
反向重放	逆向放映	reverse playback
反向串扰	反向串音	backward crosstalk
反向电流	反向電流	backward current
反向电压	反向電壓	backward voltage
反向电阻	反向電阻	back-resistance
反向二极管	反向二極體	backward diode
反向分支	反向分支	backward branch
ATM 反向复用	ATM 反向多工	ATM inverse multiplexing
反向规则	反向規則	backward rule
反向轨道	逆行軌道	retrograde orbit
反向呼叫指示器	反向呼叫指示器	backward call indicator
反向恢复	反向恢復	backward recovery
反向击穿电压	反向崩潰電壓	reverse breakdown voltage
反向计费接受	反向計費驗收	reverse charging acceptance
反向计数器	反向計數器	backward counter
反向局域网信道	反向區域網路通道	reverse LAN channel, backward LAN channel
反向连接	反向連接	backward connection
反向连接栏	反向鏈接欄	backward link field
反向链接	反向鏈接	backward chaining, backward link
反向偏置	反向偏壓	reverse bias
反向散射	反向散射,向後散射	back scattering
反向扫描法	反向掃描技術	backward scan technique
反向搜索	反向搜索	backward search, reverse search
反向损耗	反向損耗	reverse loss
反向推理	反向推理,反向鏈接推理	backward chained reasoning, backward reasoning
反向文件	反向檔案	backward file
反向泄漏电流	反向漏電流	reverse leakage current
反向信道	反向通道	backward channel
反向信号	反向訊號	backward signal
反向选择,后向选择	反向選項	backward option
反向学习	反向學習	backward learning
反向掩蔽	反向遮罩	backward masking
反向占线	反向忙線	backward busy
反向属性	反向屬性	backward attribute

大陆名	台湾名	英文名
反向转移	反向轉移	backward transfer
反向阻抗	反向阻抗	backward impedance
反[蓄意]干扰	反[蓄意]干擾	anti-jamming
反依赖	反相依	antidependence
反绎推理	反繹推理	abductive reasoning
反隐形技术	反隱形技術	anti-stealth technology
反应堆周期仪	回應堆週期儀	period meter for reactor
反应溅射	回應濺射	reactive sputtering
反应溅射刻蚀	回應濺射刻蝕	reactive sputter etching
反应离子刻蚀	回應離子刻蝕	reactive ion etching, RIE
反应速率模型	回應速率模型	rate process model
反应性仪	回應性儀	reactivity meter
反应蒸发	回應蒸發	reactive evaporation
反应主体	反應代理者	reactive agent
反照波	反照波	albedowave
反转时间	反轉時間	reversing time
反装甲导弹	反裝甲飛彈	antiarmor missile
反作用	互作用	reaction
反作用定理	互作用定理	reaction theorem
返波	返波	backward wave
返波管	返波管	backward wave tube, BWT
返波振荡器	返波振盪器	backward wave oscillator
返回,回程	①返回,回程 ②回路,回線	return
返回电流	返回電流	return current
返回恢复	返回恢復	back recovery
返回键,回退键	退格鍵	backspace key
返回路径	回程通路,回程線路	return path
返流	返流	back-streaming
返修品	返修品	reprocessed product
泛关系	泛關係	universal relation
泛光	漫射光	floodlight
泛合一	通用統一	universal unification
泛化	一般化	generalization
泛滥	滿熒幕	flooding
泛滥式桥接选路	泛射式橋接路由法	flooding bridge routing
泛射式电子枪	泛射式電子槍	flood gun
泛搜索路由选择	泛搜索路由選擇	flooding routing

大　陆　名	台　湾　名	英　文　名
范阿塔反射器	范阿塔反射器	Van Atta reflector
范艾伦辐射带	範藹倫輻射帶,曼愛倫輻射帶	Van Allen radiation belt
范畴	種類	category
范畴分析	分類分析	categorical analysis
范畴语法	分類文法	categorical grammar
范例表示	案例表示	case representation
范例重存	案例復原	case restore
范例重用	案例再用	case reuse
范例检索	案例檢索	case retrieval
范例检索网	案例檢索網	case retrieval net
范例结构	案例結構	case structure
范例库	案例庫	case base
范例修正	案例修正	case revision
范例验证	案例驗證	case validation
范例依存相似性	案例依存相似性	case dependent similarity
范式	正常形式,正規形式	normal form
范围	①範圍 ②延伸區	extent
范围界限	範圍界限	range limit
范围盲区	信標盲區比,距離盲區	range blind zone
方波	矩形波,方波	square wave
方波发生器	方波發生器	square-wave generator
方法	方法	method
方法库	方法庫	method base
方法误差	方法誤差	methodical error
方角平屏显像管	方角平屏顯象管	flat squared picture tube, FS picture tube
方块电阻	方塊電阻	square resistance
方位标志	方位標志	bearing marker
方位范围	方位範圍	range of bearings
方位角	方位角,水平角	azimuth angle
方位角磁记录	方位磁記錄	azimuth magnetic recording
方位误差	方位誤差	azimuthal error
方位－仰角显示器	方位－仰角顯示器	azimuth-elevation display, C-scope
方位引导单元	方位引導單元	azimuth guidance unit
方向滤波器	方向濾波器	directional filter
方向向量	方向向量	direction vector
方向效应	方向效應	directive effect
方向性,指向性	方向性,導向性	directivity

大　陆　名	台　湾　名	英　文　名
方向性增益	天線導向增益	directive gain
方形蓄电池	方形蓄電池	prismatic cell
方言	方言	dialect
方言学	方言學	dialectology
防病毒	防毒	antivirus
防病毒程序	防毒程式	antivirus program
防火墙,网盾	防火牆	firewall
防空雷达	防空雷達	air defense radar
防窃听	反竊聽	anti-eavesdrop
防斜插连接器	防斜插連接器	scoop-proof connector
防信息泄漏	防訊息洩漏	Tempest
防信息泄漏测试接收机	防訊息洩漏測試接收機	Tempest test receiver
防信息泄漏控制范围	防訊息洩漏控制範圍	Tempest control zone
防疫程序	防毒程式	vaccine program
防御卫星	防禦衛星	defensive satellite
防撞雷达	防撞雷達	anticollision radar
仿白信号	仿白訊號,類比白訊號	artificial white signal
仿射变换	仿射變換	affine transformation
仿宋体	仿宋體	Fangsong Ti
仿形控制器	追蹤控制器	tracer controller
仿真	仿真,模擬	simulation, emulation
仿真程序(=仿真器)		
仿真定性推理	模擬定性推理	simulation qualitative reasoning
仿真黑电平信号	仿黑色訊號,類比黑信號	artificial black signal
仿真话务量(=人工通信量)		
仿真计算机	模擬計算機,類比電腦	simulation computer
仿真器,仿真程序	仿真器	emulator
仿真器,模拟器	模擬器	simulator
仿真线	模擬線	simulated line
仿真终端	仿真終端機	emulation terminal
访问,存取	①存取,讀取 ②進接,進出	access
访问表(=存取表)		
访问冲突(=存取冲突)		
访问范畴,存取范畴	存取種類	access category
访问共享	存取共享	access sharing

大陆名	台湾名	英文名
访问级别,存取级别	存取層次,存取等級	access level
访问局守性(=引用局部性)		
访问矩阵,存取矩阵	存取矩陣	access matrix
访问控制(=存取控制)		
访问控制字段	存取控制欄	access control field
访问类型(=存取类型)		
访问码(=口令)		
访问权,存取权	存取權,使用權限	access right
访问授权	存取授權	access authorization
访问特权(=存取特权)		
访问许可,存取许可	存取許可,存取允許	access permission
访问周期,存取周期	存取週期	access cycle, AC
放大	放大	①magnification ② zoom in ③ amplification
放大器	放大器	amplifier, AMP
放大因数	放大因數	magnification factor
放电	放電	discharge
放电率	放電率	discharge rate
放电特性曲线	放電特性曲線	discharge characteristic curve
放缆(=电缆敷设)		
放弃呼叫,呼叫失败	被放棄的呼叫,未接通的呼叫	abandoned call
放弃序列,异常中止序列	放棄序列	abort sequence
放射率(=放射性)		
放射免疫仪器	放射免疫儀器	radioimmunoassay instrument
放射性,放射率	放射性,放射率	emissivity
放射性[电离]真空计	放射性[電離]真空計	radioactive ionization gauge
放射性核素	放射性核素	radio nuclide
放射性活度测量仪	放射性活度測量儀	radioactivity meter
放射自显影	放射自顯影	autoradiography
放松管制	電信規章調整,解禁,自由化	deregulation
放缩	定標,換算	scaling
放像头	放影頭	video reproducing head
飞船载装雷达	飛船載裝雷達	aerostat radar
飞点扫描仪	飛點掃描儀	flying spot scanner, FSS

大　陆　名	台　湾　名	英　文　名
飞击式打印机	拍蠅式列印機	on-the-fly printer
飞机回波	飛行物回波,飛行物雷達回波	aircraft echo
飞机卫星[通信]链路	飛機－衛星通信鏈路,飛機－衛星通信線路	aircraft-to-satellite link
飞机站,航空电台	飛機電台	aeroplane station
飞轮	飛輪	flywheel
飞轮周期	飛輪週期	flywheel period
飞行高度	飛行高度	flight height
飞行时间质谱仪	飛行時間質譜儀	time-of-flight mass spectrometer
飞行时间中子谱仪	飛行時間中子譜儀	time-of-flight neutron spectrometer
非白化	非白化	coloured
非白噪声	非白雜訊	nonwhite noise
非半导体激光器	非半導體雷射	nonsemiconductor laser
非饱和磁记录	非飽和磁記錄[法]	nonsaturation magnetic recording
非本征半导体	非本徵半導體	extrinsic semiconductor
非常规编码	非常規編碼	extraordinary coding
非成字部件	字元非成形元件	character nonformation component
非传统计算机	非傳統電腦	nontraditional computer
非单调推理	非單調推理	nonmonotonic reasoning
非定向天线	非定向天線,無定向性天線,無方向性天線	non-directional antenna
非定向无线电信标	非定向無線電信標	non-directional radio beacon
非对称,不对称	非對稱的	asymmetric
非对称畸变(＝非对称失真)		
非对称密码系统	非對稱密碼系統	asymmetric cryptosystem
非对称密码学	非對稱密碼學	asymmetric cryptography
非对称耦合器	非對稱型耦合器	asymmetrical coupler
非对称失真,非对称畸变	不對稱失真,不對稱,不對稱畸變	asymmetrical distortion
非对称[式]多处理机	非對稱多處理機	asymmetric multiprocessor
非对称性协议	非對稱性協定	asymmetric protocol
非对称选择网	非對稱選擇網	asymmetric choice net
非二进制码	非二進位碼,非二元碼	non-binary code
非共格晶界	非同調晶界	incoherent grain boundary
非过程语言	非程序語言	nonprocedural language
非互易网络	非互易網路	nonreciprocal network

大 陆 名	台 湾 名	英 文 名
非互易移相器	非互易相移器	nonreciprocal phase-shifter
非击打式印刷机	非衝擊列印機	nonimpact printer
非机动卫星	非機動衛星	nonmaneuverable satellite
非计算延迟	非計算延遲	noncompute delay
非加权码,无加权码	非加權碼,無加權碼	nonweighted code
非交换连接	非交換連接	nonswitched connection
非接触式磁记录	非觸式磁記錄法	noncontact magnetic recording
非晶磁性材料	非晶磁性材料	amorphous magnetic material
非晶硅	非晶矽	amorphous silicon
非晶硅太阳电池	非晶矽太陽電池	amorphous silicon solar cell
非晶态半导体	非晶態半導體	amorphous semiconductor
非均一阵列	不均勻分佈陣列	nonuniform array
非均匀存储器存取	非一致記憶體存取	nonuniform memory access, NUMA
非均匀对象模型(=异构对象模型)		
非均匀量化	非均勻量化	nonuniform quantization
非均匀量化器	非均勻量化器	nonuniform quantizer
非均匀取样	非均勻取樣	nonuniform sampling
非均匀有理 B 样条	非均勻有理 B 型雲規	nonuniform rational B-spline, NURBS
非均匀展宽	非均勻展寬	inhomogeneous broadening
非均质性(=各向异性)		
非流形	非復印本	nonmanifold
非流形造型	非復印本建模	nonmanifold modeling
非门	NOT 閘	negation gate, NOT gate
非秘密性	非秘密性	nonconfidentiality
非抹除栈自动机	非抹除堆疊自動機	nonerasing stack automaton
非平凡函数依赖	非普通函數依賴	nontrivial functional dependence
非平衡树	非平衡樹	unbalanced tree
非平衡载流子	非平衡載子	non-equilibrium carrier
非平衡组态	非平衡組態	unbalanced configuration
非平面网络	非平面網路	nonplanar network
非平稳信道	非靜態通道	non-stationary channel
非屏蔽双绞线	非屏蔽雙絞線	unshielded twisted pair, UTP
非抢先调度	非預占排程	nonpreemptive scheduling
非抢先多任务处理	非搶先多工處理	nonpreemptive multitasking
非请求分页	非請求分頁	nondemand paging
非确保操作	未保證操作	unassured operation
非确定计算	非確定性計算	nondeterministic computation

大　陆　名	台　湾　名	英　文　名
非确定空间复杂性	不確定空間復雜性	nondeterministic space complexity
非确定时间复杂性	不確定時間復雜性	nondeterministic time complexity
非确定时间谱系	不確定時間階層	nondeterministic time hierarchy
非确定型图灵机	非確定性杜林機	nondeterministic Turing machine
非确定型有穷自动机	不確定有限自動機	nondeterministic finite automaton
非确定性控制系统	不確定性控制系統	nondeterministic control system
非识别型 DTE 业务	無識別 DTE 服務	nonidentified DTE service
非特	適	fit
非调谐(=非周期)		
非同步复用系统	非同步多工系統	nonsynchronous multiplex system
非同步卫星	非同步衛星,非 24 小時衛星	nonstationary satellite
非稳定谐振腔	非穩定共振器	unstable resonator
非卧床监护(=可走动病人监护)		
非系统卷积码	非系統的迴旋碼,非系統式迴旋碼	nonsystematic convolutional code
非系统式块码	非系統式區塊碼	nonsystematic block code
非线绕电位器	非線繞電位器	non-wire wound potentiometer
非线性	非線性	nonlinear
非线性编辑	非線性編排	nonlinear editing
非线性编码	非線性編碼	nonlinear encoding
非线性串扰	非線性串音	nonlinear crosstalk
非线性导航	非線性導航	nonlinear navigation
非线性放大器	非線性放大器	nonlinear amplifier
非线性估计	非線性估計	nonlinear estimation
非线性光混频	非線性光混頻	nonlinear photomixing
非线性光学	非線性光學	nonlinear optics
非线性光学晶体	非線性光學晶體	nonlinear optical crystal
非线性光学效应	非線性光學效應	nonlinear optical effect
非线性集成电路	非線性積體電路	nonlinear integrated circuit
非线性控制系统	非線性控制系統	nonlinear control system
非线性拉曼效应	非線性拉曼效應	nonlinear Raman effect
非线性量化	非線性量化	nonlinear quantization
非线性流水线	非線性流水線	nonlinear pipeline
非线性码	非線性碼	nonlinear code
非线性散射	非線性散射	nonlinear scattering
非线性失真	非線性失真	nonlinear distortion

大陆名	台湾名	英文名
非线性衰减	非線性衰減	nonlinear attenuation
非线性调频	非線性調頻	nonlinear FM
非线性网络	非線性網路	nonlinear network
非线性效应	非線性效應	nonlinear effect
非线性信道	非線性通道	nonlinear channel
非限制文法	非限制文法	unrestricted grammar
非相干检测	非相干檢測	incoherent detection
非相干接收机	非同調接收機	noncoherent receiver
非相干雷达	非同調雷達	noncoherent radar
非谐振天线	非共振型天線	nonresonant antenna
非谐振阵列	非共振陣列	nonresonant array
非易失性存储器	非易失性記憶體,非依電性記憶體	non-volatile memory
非逸失性半导体存储器	非揮發性半導體記憶體	non-volatile semiconductor memory
非预定维修	不定期維護	unscheduled maintenance
非预定维修时间	不定期維護時間	unscheduled maintenance time
非阈逻辑	非閾邏輯	non-threshold logic, NTL
非远程存储器存取	非遠端記憶體存取	noremote memory access
非匀相成核,异相成核	異相成核	heterogeneous nucleation
非终极符	非終結	nonterminal
非终结符	非終結符	nonterminal character
非周期,非调谐	非週期的	aperiodic
非周期天线	非週期天線	aperiodic antenna
非周期信号	非週期訊號	aperiodic signal
非周期[性]馈送	非循環饋送	acyclic feeding
非主属性	非主[要]屬性	nonprime attribute
非主轴天线增益	非主軸之天線增益	off-axis antenna gain
非自持放电	非自持放電	non-self-maintained discharge
非自反性	非自反性	irreflexivity
非阻塞交叉开关	無阻塞交叉開關	nonblocking crossbar
非最小相位系统	非最小相位系統	non-minimum phase system
菲涅耳等值线	弗芮耳等高線	Fresnel contour
菲涅耳反射	弗芮耳反射	Fresnel reflection
菲涅耳区	弗芮耳場區	Fresnel region
菲涅耳数	弗芮耳數	Fresnel number
菲佐干涉仪	斐索干涉儀	Fizeau interferometer
肺磁描记术	肺磁描記術	magnetopneumography
费米-狄拉克分布	費米-迪瑞克分佈	Fermi-Dirac distribution

大 陆 名	台 湾 名	英 文 名
费米能级	費米能階	Fermi energy level
费诺算法	菲諾演算法	Fano algorithm
分包商	分包商	subcontractor
分贝	分貝	decibel, dB
3 分贝带宽	3－分貝頻寬,三分貝頻寬	3-dB bandwidth
分贝每赫	分貝/赫	decibel/hertz, dB/Hz
分辨带宽	分辨帶寬	resolution bandwidth
分辨力	分辨力	resolution
分辨率	解析度	resolution
分辨时间	分辨時間	resolving time
分别编译	分離編譯	separate compilation
K 分布	K 分佈	K distribution
分布布拉格反射型激光器	分佈布拉格反射型雷射	distributed Bragg reflection type laser, DBR type laser
分布参数集成电路	分佈式參數積體電路	distributed parameter integrated circuit
分布参数控制系统	分散式參數系統	distributed parameter control system
分布参数网络	分佈參數網路	distributed parameter network
分布等待图	分散式等待圖形	distributed wait-for graph, DWFG
分布电容	分佈電容	distributed capacitance
分布发射式正交场放大管	分佈發射式正交場放大管	distributed emission crossed-field amplifier
分布反馈半导体激光器	分佈回饋半導體雷射	distributed feedback semiconductor laser, DBF semiconductor laser
分布反馈激光器	分佈回饋雷射	distributed feedback laser, DBF laser
分布负载	分散式負載	distributed load
分布模式,分配模式	分配綱目	allocation schema
分布目标	分佈目標	distributed target
分布式表示管理	分散式表達管理	distributed presentation management
分布式操作系统	分散式作業系統	distributed operating system
分布式程序设计	分散式程式設計	distributed programming
分布式处理	分散處理	decentralized processing
分布式存储器	分散式記憶體	distributed memory
分布式定序算法	分散式定序演算法	distributed ranking algorithm
分布式队列双总线	分散式隊列雙匯流排	distributed queue dual bus, DQDB
分布式对象计算	分散式物件計算	distributed object computing, DOC
分布式对象技术	分散式物件技術	distributed object technology, DOT
分布式多媒体	分散式多媒體	distributed multimedia

大 陆 名	台 湾 名	英 文 名
分布[式]多媒体系统	分散式多媒體系統	distributed multimedia system, DMS
分布式公共对象模型	分散式公共物件模型	distributed common object model, DCOM
分布[式]共享存储器	分散式共享記憶體	distributed shared memory, DSM
分布式构件对象模型	分散式組件目標模型	distributed component object model, DCOM
分布式计算环境	分散式計算環境	distributed computing environment, DCE
分布[式]计算机	分散式計算機	distributed computer
分布[式]控制	分散式控制	distributed control
分布式排序算法	分散式排序演算法	distributed sorting algorithm
分布式群体决策支持系统	分散式群組決策支援系統	distributed group decision support system
分布[式]人工智能	分散式人工智慧系統	distributed artificial intelligence, DAI
分布式容错	分散式容錯	distributed fault-tolerance
分布式时分多址	分散式分時多重進接	distributed time-division multiple-access, DTDMA
分布式数据处理	分散資料處理	decentralized data processing
分布[式]数据库	分散式資料庫	distributed database
分布[式]数据库管理系统	分散式資料庫管理系統	distributed database management system, DDBMS
分布[式]数据库系统	分散式資料庫系統	distributed database system
分布[式]刷新	分散式更新	distributed refresh
分布式算法	分散式演算法	distributed algorithm
分布式网	分散式網路	distributed network
分布[式]问题求解	分散式問題求解	distributed problem solving
分布式系统	分散式系統	distributed system
分布式系统对象模式	分散式系統物件模式	distributed system object mode, DSOM
分布式选择算法	分散式選擇演算法	distributed selection algorithm
分布式应用	分散式應用	distributed application
分布式语言翻译	分散式語言翻譯	distributed language translation
分布透明性	分佈透明性	distribution transparency
分布作用放大器	分佈作用放大器	extended interaction amplifier, EIA
分布作用速调管	分佈作用速調管	extended interaction klystron, distributed interaction klystron
分布作用振荡器	分佈作用振盪器	extended interaction oscillator, EIO
分步重复系统	分步重復系統	step-and-repeat system
分槽环网	分槽環網路	slotted-ring network
分层	分層	①delamination ②layering
分层检测	層檢測	layering detection

大 陆 名	台 湾 名	英 文 名
分层天线罩壁	多層天線罩壁	layered radome wall
分叉	叉路	fork
分叉波导[管]	分叉導波[管]	bifurcated waveguide
分程序结构,块结构	區塊結構,分組結構	block structure
分程序结构语言	區塊結構語言	block-structured language
分程序状态,阻塞状态	阻塞狀態	block state
分词(=词切分)		
分词单位	字分段單位	word-segmentation unit
分段	分段	segmentation
分段和重装	分段與重組合	segmentation and reassemble, SAR
分段确定性的	分段確定性的	piece-wise deterministic, PWD
分段信噪比	分段式訊號雜訊比	segmental SNR
分发型业务(=分配[型]业务)		
分发应用	分發應用	distribution application
分割	分割	subdivision
分隔安全	分隔安全	compartmented security
分隔安全模式	分隔安全模式	compartmented security mode
分机	分機	extension
分级存储系统(=层次存储系统)		
分级的	階層式	hierarchical
分级地址	階層式位址	hierarchical address
分级管理	階層式管理	hierarchical management
分级控制(=递阶控制)		
分级设计法	分級設計法	hierarchical design method
分级网,等级网	分級網,等級網	hierarchical network
分级选路	階層式路由法	hierarchical routing
分集	分集	diversity
分接(=[多路]分用)		
分接头	分接頭	tap
分解	分解	decomposition
分解协调	結合分解	composition decomposition
分块因子	編塊因數	blocking factor
分类	①分類 ②排序	sort
分类器	分類器	classifier
分离多径接收	分離多徑接收	Rake reception
分离力	分離力	separating force

大 陆 名	台 湾 名	英 文 名
分离连接器	分離連接器	snatch-disconnect connector, break-away connector
分离型[电离]真空计	分離型[電離]真空計	extractor vacuum gauge
分离折叠波导	分離折疊波導	split-folded wave guide
分立电路	離散電路	discrete circuit
分立组件	離散組件	discrete component
分量	組件,元件	component
分路器	分路器	splitter
分米波	分米波	decimeter wave
分米波通信(=特高频通信)		
分凝系数	分離係數	segregation coefficient
分派	①調度,配送 ②派遣	dispatch
分派表	調度表	dispatch table
分派程序	調度器,調度員,配送器	dispatcher
分派优先级	調度優先	dispatching priority
分配	分配,指定,配置	allocation
分配单位	分配單位	allocation unit
分配模式(=分布模式)		
分配通知	分配通知	advice of allotment
分配[型]业务,分发型业务	分發[型]業務	distribution service
分片模式	片段綱目	fragmentation schema
分片透明	片段透通性	fragmentation transparency
分频	分頻	frequency division
分频器	分頻器	frequency divider
[分]情况语句	CASE 敘述	CASE statement
分区	分區,分割,區間,劃分	partition
分区表	分區表	partition table
分区存取法	分區存取法	partition access method
分区恒角速度	區域常數角速率	zoned constant angular velocity, ZCAV
分区型透镜	分區型透鏡	zoned lens
分散	分散化	decentralization
分散格式	散佈格式	scatter format
分散控制	分散控制	decentralized control
分散装入	散佈載入	scatter loading
分时	分時	time-sharing
分时操作系统	分時作業系統	time-sharing operating system

大陆名	台湾名	英文名
分时处理	分時處理	time-sharing processing
分时等待方式	分時等待模式	time-sharing waiting mode
分时地址缓冲器	分時位址緩衝器	nibble address buffer
分时调度程序系统	分時排程系統	time-sharing scheduler system
分时调度规则	分時排程規則	time-sharing scheduling rule
分时动态分配程序	分時動態分配器	time-sharing dynamic allocator
分时监控系统	分時監控系統	time-sharing monitor system
分时就绪方式	分時就緒模式	time-sharing ready mode
分时控制任务	分時控制任務	time-sharing control task
分时驱动程序	分時驅動器	time-sharing driver
分时系统	時分系統,分時共用系統	time-sharing system, TSS
分时系统命令	分時系統命令	time-sharing system command
分时用户方式	分時用戶模式	time-sharing user mode
分时优先级	分時優先	time-sharing priority
分时运行方式	分時運行模式	time-sharing running mode
分束器(=束分裂器)		
分析攻击	分析攻擊	analytical attack
分析阶段	分析階段	analysis phase
分析块	分析塊	analysis block
分析模型	分析模型	analytical model
分析学习	分析學習	analytic learning
分析员	分析員	analyst
分析属性	分析屬性	analytic attribute
分相电路	分相電路	phase splitting circuit
分相器	分相器	phase splitter
分形	碎型	fractal
分形编码	碎型編碼	fractal encoding
分形几何	碎型幾何	fractal geometry
分压分析器	分壓分析器	partial pressure analyser
分压力	分壓力	partial pressure
分压真空计	分壓真空計	partial pressure vacuum gauge
分页	分頁,調頁,頁分斷	paging, page break
分页程序	頁調器	pager
分用器	分用器	demultiplexer
分支	分支,轉移	branch
分支点	分支點	breakout
分支电缆	分支電纜	drop cable

大　陆　名	台　湾　名	英　文　名
分支复接	分支復接	branch-multiple
分支光缆	分支光纜	branched optical cable
分支局	分支局	tributary station
分[支]路电流	支路電流,分支電流	branch current
分支网络	分支網路	branching network
分支限界[法]	分支定界	branch and bound
分支限界搜索	分支限界搜索	branch-and-bound search
分支指令	分支指令	branch instruction
分治[法]	各個擊破	divide and conquer
分子	分子	molecule
分子泵	分子幫浦	molecular pump
分子电子学	分子電子學	molecular electronics
分子流	分子流	molecular flow
分子气体激光器	分子氣體雷射	molecular gas laser
分子器件	分子元件	molecular device
分子筛阱	分子篩阱	molecular sieve trap
分子束外延	分子束磊晶	molecular beam epitaxy, MBE
分子泻流	分子瀉流	molecular effusion, effusive flow
分子振荡器	分子振盪器	molecular oscillator
分组	塊,[資料]段	block
分组标头	封包標頭	packet header
分组层	分封層	packet layer
分组长度	封包尺寸	packet size
分组传送模式	封包傳送模式	packet transfer mode
分组交换公用数据网(=包交换公用数据网)		
分组交换数据网(=包交换数据网)		
分组交换网(=包交换网)		
分组交换业务	分組交換業務,分組轉接服務,分封交換業務	pack switching service
分组交换业务网络	分組交換服務網路,分組轉接服務網路,分封交換業務網路	pack switching service network
分组码(=块编码)		

大 陆 名	台 湾 名	英 文 名
分组密码	分組密碼	block cipher
分组式终端(=包式终端)		
分组数据	分封資料,分封資料	packet data
分组无线电网	封包式無線[電]網路	packet radio network
分组延迟	封包延滯,封包延遲,資料包延滯	packet delay
分组装拆	分組裝拆	packet assembly and disassembly, PAD
分组装拆器(=包装拆器)		
粉末电致发光	粉末電致發光	powder electroluminescence, PEL
风道	架空線路	airline
风险分析	風險分析	risk analysis
风险接受	風險驗收	risk acceptance
风险评估	风险评价	risk assessment
风险容忍	風險容忍	risk tolerance
风险指数	风险指标	risk index
封闭安全环境	封閉安全環境	closed security environment
封闭世界假设	封閉世界假設	closed world assumption
封闭用户群(=闭合用户群)		
封口	封口	sealing
封锁	封鎖	lockout
封锁粒度	鎖顆粒度	lock granularity
封装	封裝	packaging
封装可靠性	封裝可靠性	package reliability
封装因子	封裝因子	package factor
峰,顶点,尖	①頂峰,頂點 ②反射點	apex
峰包功率	峰包功率	envelope power
峰到峰	峰間值,由極大到極小	peak-to-peak, PP
峰功率	尖峰功率	peak power
峰化器	峰化器	peaker
峰位漂移	峰值移位	peak shift
峰[值],波峰	峰值,波峰,最高點	peak
峰值堵转电流	峰值堵轉電流	peak current at locked-rotor
峰值堵转控制功率	峰值堵轉控制功率	peak control power at locked-rotor
峰值功率计	峰值功率計	peak power meter
峰值检波	峰值檢波	peak detection

大 陆 名	台 湾 名	英 文 名
峰值检测	峰值檢測	peak detection
峰值检测器	峰值檢測器	peak detector
峰值信元速率	峰值細胞速率	peak cell rate, PCR
蜂巢面板	蜂巢接線面板	honeycomb panel
蜂窝	細胞式的,蜂巢式的	cellular
蜂窝电话系统	蜂巢式電話系統	cellular telephone system
蜂窝无线电	蜂巢式無線電	cellular radio
蜂窝状无线电话	蜂窩狀無線電話	cellular radio telephone
蜂音信号(=单音信号)		
冯方法	Phong 方法	Phong method
冯模型	Phong 模型	Phong model
冯·诺依曼[计算]机	范紐曼型机器	von Neumann machine
冯·诺依曼体系结构	范紐曼型架構	von Neumann architecture
逢 1 变化不归零制(=不归零 1 制)		
逢九[跳跃]进位	跨九進位	standing-on-nines carry
缝隙(=槽)		
否认	否認	negative acknowledgement, NAK
夫琅禾费场区	法隆霍弗場區	Fraunhofer region, Fraunhofer zone
敷粉阴极	敷粉陰極	coated powder cathode, CPC
敷缆	電纜纜線,敷設纜線	cabling
弗拉索夫方程	弗拉索夫方程	Vlasov equation
弗兰克码	法蘭克碼	Frank codes
弗里斯传输方程	弗林斯傳輸方程式	Friis transmission equation
弗洛凯定理	弗羅奎茲定理	Floquet's theorem
弗洛凯周期定理	弗羅奎茲週期定理	Floquet's periodicity theorem
费马原理	弗梅原理	Fermat's principle
伏尔,甚高频全向信标	伏爾,甚高頻全向信標	very high frequency omnidirectional range, VOR
伏塔克	伏塔克	VHF omnirange and tactical air navigation system, VORTAC
伏特表(=电压表)		
服务,业务	服務	service
服务比特率	服務位元率	service bit rate
服务程序	服務程式	service program
服务等级	服務等級	grade of service, GOS
服务队列	服務隊列	service queue
服务发起者	服務發起者	service initiator

大　陆　名	台　湾　名	英　文　名
服务访问点,服务接入点	服務存取點	service access point, SAP
服务监控程序	服務監控程式	service monitor
服务接入点(=服务访问点)		
服务接受者	服務接受器	service acceptor
服务例程	服務常式	service routine
服务器	伺服器	server
Web 服务器(=万维[网]服务器)		
服务请求块	服務請求塊	service request block
服务请求中断	服務請求中斷	service request interrupt
服务数据单元	服務資料單元	service data unit, SDU
服务原语	服務基元	service primitive
服务质量	服務品質	quality of service, QoS
氟化镁	氟化鎂	magnesium fluoride
浮充电	浮充電	floating charge
IEEE754 浮点标准	IEEE754 浮點標準	IEEE 754 floating-point standard
浮点处理单元	浮點處理單元	floating-point processing unit, FPU
浮点计算机	浮點計算機	floating-point computer
浮点寄存器	浮點暫存器	floating-point register
浮点数	浮點數	floating-point number
浮点运算	浮點運算	floating-point operation
浮点运算每秒	每秒浮點運算次數	floating-point operations per second
浮动安装连接器	浮動安裝連接器	float mounting connector
浮动磁头	浮動磁頭	float head, floating head, floating magnetic head, flying head
浮动高度	浮動高度	flying height
浮动块	浮動塊	slider
浮动装入程序	再定位載入器	relocating loader
浮栅雪崩注入 MOS 场效晶体管	浮閘極累增注入 MOS 場效電晶體	floating gate avalanche injection MOSFET
浮栅雪崩注入 MOS 存储器	浮閘極累增注入 MOS 記憶體	floating gate avalanche injection type MOS memory, FAMOS memory
浮脱工艺(=剥离技术)		
符号	符號	symbol
符号编码	符號寫碼	symbolic coding
符号布图法	符號佈局法	symbolic layout method

大　陆　名	台　湾　名	英　文　名
符号操纵语言	符號調處語言	symbol manipulation language
符号串	符號串	symbol string
符号分析	符號分析	symbolic analysis
符号间干扰	符碼間干擾,符碼際干擾	intersymbol interference
符号间失真	符際失真,訊號間失真	intersymbol distortion
符号逻辑	符號邏輯	symbolic logic
符号设备	符號裝置	symbolic device
符号文件	符號檔案	symbolic file
符号演算	符號演算	symbolic calculus
符号语言	符號語言	symbolic language
符号执行	符號執行	symbolic execution
符号智能	符號智慧	symbolic intelligence
符[合]门	符合閘	coincidence gate
符合停机	匹配停機	match stop
幅度分割	調幅分段	amplitude segmentation
幅度分析器	幅度分析器	amplitude analyzer
幅度检波	振幅檢波	amplitude detection
幅度鉴别器	幅度鑑別器	amplitude discriminator
幅度－时间变换器	幅度－時間變換器	amplitude-time converter
幅度衰减效率	振幅削幅效率	amplitude taper efficiency
幅度响应	振幅回應	amplitude response
幅度噪声	幅度噪聲	amplitude noise
幅频特性	幅頻特性	amplitude-frequency characteristic
幅相图	幅相圖	amplitude-phase diagram
幅移键控	振幅移鍵	amplitude shift keying, ASK
幅移键控调制	幅移鍵控調變	amplitude shift keying modulation
幅值控制	振幅控制	amplitude control
幅值裕度	數量容限	magnitude margin
福斯特电抗定理	福斯特電抗定理	Foster's reactance theorem
福斯特扫描器,福斯特扫描仪	福斯特掃描器	Foster scanner
福斯特扫描仪(=福斯特扫描器)		
福斯特－西利检测器	Foster-Seely 檢測器	Foster-Seely detector
辐射	輻射	radiation
辐射报警装置	輻射報警裝置	radiation warning assembly
辐射波	輻射波	radiated wave

大　陆　名	台　湾　名	英　文　名
辐射测井装置	輻射測井裝置	radiation logging assembly
辐射测量技术	輻射測量技術	radiometric technology
辐射测量学	輻射測量學	radiometry
辐射测量仪	輻射測量儀	radiation meter
辐射场	輻射場	radiation field
辐射传感器	輻射傳感器	radiation transducer
辐射传输	輻射傳輸,發射傳送	radiation transmission
辐射等级	輻射等級	radiation classes
辐射电导	輻射電導	radiation conductance
辐射电阻	輻射電阻	radiation resistance
辐射度方法	輻射度方法	radiosity method
辐射复合	輻射重合	radiative recombination
辐射感生损耗	輻射引致之損失	radiation induced losses
辐射含量计	輻射含量計	radiation content meter
辐射机制	輻射機制	radiation mechanism
辐射计	輻射計	radiometer
辐射监测器	輻射監測器	radiation monitor
辐射近场区	輻射性近場區	radiating near-field region
辐射率	輻射率	radiance
辐射面	輻射區域	radiating area
辐射模	輻射模態	radiation mode
辐射能谱仪	輻射能譜儀	radiation spectrometer
辐射频率,发射频率	輻射頻率,發射頻率	radiation frequency
辐射器	輻射器	radiator
辐射强度	輻射強度	radiation intensity, radiant intensity
辐射式拓扑	中心拓蹼形狀	hub topology
辐射试验	輻射試驗	radiation test
辐射损伤	輻射損害	radiation damage
辐射探测器	輻射探測器	radiation detector
辐射天线	輻射天線	radiating antenna
辐射图	輻射圖,天線輻射方向圖,天線輻射場型	radiation pattern
辐射雾	輻射霧	radiation fog
辐射响应	輻射反應	radiation response
辐射效率	輻射效率	radiation efficiency
辐射源	輻射源	radiation sources
辐射远场区	輻射性遠場區	radiating far-field region
辐射侦测卫星	輻射偵測衛星	radiation detection satellite

大　陆　名	台　湾　名	英　文　名
辐射指示器	輻射指示器	radiation indicator
辐射主瓣	輻射主瓣	radiation main lobe
辐射阻抗	輻射阻抗	radiation impedance
辐照度	輻照度	irradiation
俯仰轴	俯仰軸	pitch axis
辅助参考脉冲	輔助參考脈波	auxiliary reference pulse
辅助操作,外部操作	輔助作業	auxiliary operation
辅助存储器	輔助記憶體	auxiliary memory, auxiliary storage
辅助段	輔助段	secondary segment
辅[助]副本	輔助副本	secondary copy
辅助集	輔助集	supplementary set
辅助空间分配	二次空間分配	secondary space allocation
辅助平面	輔助平面	supplementary plane
辅助腔	輔助腔	compensated cavity, auxiliary cavity
辅助任务	輔助任務	secondary task
辅助设备	輔助設備	ancillary equipment
辅助索引	次要索引	secondary index
辅助中继线群	輔助中繼線群	supplementary trunk group
腐蚀	侵蝕	erosion
腐蚀切割	蝕割	etch cutting
付费电话	主話付費電話	pay call
付费电视	付費電視	pay TV
付费公用电话	付費公用電話	pay public telephone
负电子亲和势	負電子親和力	negative electron affinity, NEA
负电子亲和势阴极	負電子親和勢陰極	negative electron affinity cathode, NEA cathode
负反馈	負回授	negative feedback
负反馈放大器	負回授放大器	negative feedback amplifier
负极	負極	negative electrode
负逻辑转换	負邏輯轉換	negative logic-transition, downware logic-transition
负熵	負熵	negentropy
负微分迁移率	負微分遷移率	negative differential mobility
负吸收	負吸收	negative absorption
负性光刻胶	負性光刻膠	negative photoresist
负沿	負緣	negative edge
负跃变	負變遷	downward transition
负载	負載	load

大陆名	台湾名	英文名
负载比(=占空比)		
负载电压	負載電壓	load voltage
负载电阻	負載電阻	load resistance
负载端	負載端	load end
负载规则	負載規則	loading rule
负载冒险模型	負載冒險模型	workload hazard model
负载时间	負載時間	load time
负载特性	負載特性	load characteristic
负载线	負載線	load line
负载线图	負載線路圖	load-line diagram
负载因素	負載因素,負載因數	loading factor
PNPN 负阻激光器	PNPN 負阻雷射器	PNPN negative resistance laser
负阻效应	負阻效應	dynatron effect
负阻振荡器	負阻抗振盪器	negative resistance oscillator
附加电路	附加電路,附屬電路	adjunct circuit
附加任务	附加任務	appendage task
附加维修	輔助維護	supplementary maintenance
附加文档	附加檔	attached document
附加信道广播	附加信道廣播	supplementary channel broadcasting
附加业务(=补充业务)		
附加字符	附加字元	additional character
附属处理器	附加處理機	attached processor
附着	附著	adhesion
复合	復合	recombination
复合靶	復合靶	composite target
复合标记	復合符記	compound token
复合标识	復合標示	compound marking
复合磁带	合成帶	composite tape
复合[键]码	復合鍵	compound key
复合介质电容器	復合介質電容	composite dielectric capacitor
复合控制	復合控制	compound control
复合目标	復合目標	compound target
复合信道	復合通道	compound channel
复合序列	合成序列	composite sequence
复合永磁体	復合永久磁鐵	composite permanent magnet
复极化比	復極化比	complex polarization ratio
复接(=[多路]复用)		
复频率	復頻率	complex frequency

大陆名	台湾名	英文名
复频谱	復[數]頻譜	complex spectrum
复数磁导率	復導磁係數	complex permeability
复位	重設,重新開始,重置	reset
复位力	回復力	reset force
复位脉冲	重設脈波	reset pulse
复位序列,归位序列	歸航序列	homing sequence
复现性,再现性	復現性,再現性	reproducibility
复形	復合體	complex
复印效应	復印效應	print-through
复用	多工	multiplex
复用库互操作组织	再用程式館可交互運作組	reuse library interoperability group, RLIG
复用器	復用器	multiplexer
复用转换	復用轉換	transmultiplex
复原(=恢复)		
复原请求	回復需求	resume requirement
复杂事务	復雜交易	complex transaction
复杂适应性系统	復雜可調適系統	complex adaptive system
复杂数据类型	復雜資料型態	complex data type
复杂特征集	復合體特徵集	set of complex features
复杂性	復雜性	complexity
复杂性类	復雜類別	complexity class
复杂指令集计算机	復雜指令集計算機	complex-instruction-set computer, CISC
复帧	復幀	multiframe
复执(=重试)		
复制,拷贝	①復製,拷貝 ②抄寫 ③復本	copy
复制保护	復製保護	copy protection
复制传播	復製傳播	copy propagation
复制型数据库	復製型資料庫	replicated database
副瓣	副瓣	minor lobe
副本	備份復製	backup copy
副比特码	副比特碼	sub-bit code
副反射器	副反射器	subreflector
副交换子	副交換子	subcommutator
副控台	輔助控制台	secondary console
副台	副台	slave station
副同步点	次要同步點	minor synchronization point

大　陆　名	台　湾　名	英　文　名
副载波	副載波,次載波	subcarrier
副作用	副作用,旁效應	side effect
傅里叶变换	傅立葉轉換	Fourier transform
傅里叶分析仪	傅立葉分析儀	Fourier analyzer
傅里叶级数	傅立葉級數,傅氏級數	Fourier series
傅里叶描述子	傅立葉描述符	Fourier descriptor
傅里叶逆变换	傅立葉反轉換	inverse Fourier transform
傅里叶频谱	傅立葉頻譜	Fourier spectrum
富兰克林阵列	法蘭克林陣列	Franklin array
富克斯-松德海默方程	法曲-桑黑莫方程式	Fuchs-Sondheimer equation
赋逻辑[论]	賦邏輯	eulogy
赋形波束天线	整型波束天線	shaped-beam antenna
赋值	賦值,指定	assignment
赋值语句	指定敘述	assignment statement
腹点(=波腹)		
覆箔板	覆箔板	metal-clad plate
覆盖	覆蓋	overlay
覆盖半径	涵蓋半徑	covering radius
覆盖标识	覆蓋標示	covering marking
覆盖测试	覆蓋測試	coverage test

G

大　陆　名	台　湾　名	英　文　名
伽罗瓦域	伽羅場,加洛亞場	Galois field
伽马	伽瑪	gamma
伽马函数	伽瑪函數	gamma function
伽马射线	伽瑪射線	gamma ray
改发号码	新轉接號碼	redirecting number
改发信息	新轉接資訊	redirection information
改进的化学汽相沉积法	改良化學汽相澱積法	modified chemical vapor deposition, MVCD
改进二进制码	改良二進位碼	modified binary code
改进调频[制]	修改的調頻	modified frequency modulation, MFM
改进型调频记录法, MFM 记录法	修改的調頻記錄	modified frequency modulation recording
改善性维护	完善性維護	perfective maintenance
改善因数	改善因數,改善係數,改	improvement factor

大 陆 名	台 湾 名	英 文 名
	進因素,改善因素	
改正性活动	校正動作	corrective action
改正性维护(=修复性维修)		
盖革-米勒区	蓋革-米勒區	Geiger-Müller region
盖写	重寫	overwrite
概率	機率	probability
概率并行算法	機率平行演算法	probabilistic parallel algorithm
概率测试	機率測試	probabilistic testing
概率传播	機率傳播	probability propagation
概率分布	機率分佈	probability distribution
概率分析	機率分析	probability analysis
概率函数	機率函數	probability function
概率弧	機率弧	probabilistic arc
概率加密	機率加密	probability encryption
概率逻辑	機率邏輯	probabilistic logic
概率密度	機率密度	probability density
概率密度函数	機率密度函數	probability density function
概率模型	機率模型	probability model
概率松弛法	機率鬆弛法	probabilistic relaxation
概率算法	機率演算法	probabilistic algorithm
概率推理	機率推理	probabilistic reasoning
概率误差估计	機率誤差估計	probabilistic error estimation
概率系统	機率系統	probabilistic system
概率相关	機率校正	probability correlation
概念词典	概念辭典	concept dictionary
概念发现	概念發現	concept discovery
概念分类	概念分類	concept classification
概念分析	概念分析	conceptual analysis
概念获取	概念獲取	concept acquisition
概念检索	概念檢索	conceptual retrieval
概念结点	概念節點	concept node
概念库	概念庫	conceptual base
概念模式	概念簡圖	conceptual schema
概念模型	概念模型	conceptual model
概念图	概念圖	conceptual graph
概念相关,概念依赖	概念相依	conceptual dependency
概念学习	概念學習	concept learning

大 陆 名	台 湾 名	英 文 名
概念依存	概念依存	concept dependency
概念依赖(=概念相关)		
概念因素	概念因子	conceptual factor
概要设计	初步設計	preliminary design
盖根鲍尔多项式	傑根堡多項式	Gegenbauer polynomial
干版	干版	dry plate
干充电电池	干充電電池	dry charged battery
干法刻蚀	干法刻蝕	dry etching
干放电电池	干放電電池	dry discharged battery
干封真空泵	干封真空幫浦	dry-sealed vacuum pump
干扰测量仪	干擾測量儀	interference measuring set
干扰发射机	干擾發射機	jammer
干扰方程	干擾方程	jamming equation
干扰消除,干扰注销	干擾消除	interference cancellation
干扰注销(=干扰消除)		
干涉	干擾,擁擠	jam, interference
干涉波	干涉波	interference wave
干涉技术	干擾技術	interference technique
干涉术	干涉術,干擾術	interferometry
干涉纹	干涉紋	fringe
干涉纹干扰	干涉紋干擾	fringe interference
干涉型激光二极管	干涉雷射二極體	interferometric laser diode
干涉仪	干涉儀,干擾儀	interferometer
干涉仪天线	干涉儀天線	interferometer antenna
干氧氧化	干氧氧化	dry-oxygen oxidation
杆式打印机	桿式行列印機	bar printer
感抗	感抗	inductive reactance
感应场	感應場	induction field
感应定理	感應定理,歸納定理	induction theorem
感应同步器	感應同步器	inductosyn
感应移相器	感應移相器	induction phase shifter
感知	感知	perception
感知机	感知器	perceptron
干线(=中继线)		
干线传输系统	幹線傳輸系統	trunk transmission system
干线架(=中继线架)		
干线缆线(=中继电缆)		
干线连接单元	幹線連接單元	trunk-connecting unit, TCU

大 陆 名	台 湾 名	英 文 名
干线耦合单元	幹線耦合	trunk-coupling unit, TCU
刚管调制器	剛管調制器	hard-switch modulator
刚性太阳电池阵	剛性太陽電池陣	rigid solar cell array
刚玉－莫来石瓷	剛玉－莫來石瓷	corundum-mullite ceramic
钢结构 CAD(＝计算机辅助钢结构设计)		
港口监视雷达	港口監視雷達	harbor surveillance radar
高保真	高逼真度,高傳真度	high fidelity, hi-fi
高层调度	高階排程	high-level scheduling
高层兼容性	高層相容性	high layer compatibility
高层信息	高層資訊	high layer information
高场畴雪崩振荡	高場疇雪崩振盪	high-field domain avalanche oscillation
高纯锗谱仪	高純鍺譜儀	high purity germanium spectrometer
高 Q 电感器	高 Q 電感	high Q inductor
高电平状态特性	高電平狀態特性	high-state characteristic
高电子迁移率场效晶体管	高電子遷移率場效電晶體	high electron mobility transistor, HEMT
高度表,测高仪	高度表,測高儀	altimeter
高度空穴效应	高度空穴效應	altitude-hole effect
高度平衡树	高度平衡樹	height-balanced tree
高端存储块	上層記憶體區塊	upper memory block, UMB
高端存储区	上層記憶體區	upper memory area, UMA
高分辨率版	高分辨率版	high resolution plate, HRP
高分辨率成像光谱仪	高分辨率成象光譜儀	high resolution image spectrometer, HIRIS
高峰时[间](＝忙时)		
高功率放大器(＝大功率放大器)		
高功率滤波器	高功率濾波器	high power filter
高功率振荡器	高功率振盪器	high power oscillator
高光	高光	high light
高硅光纤	高矽光纖	high silica fiber
高级佩特里网	高階佩特裏網	high-level Petri net
高级数据链路控制[规程],HDLC 规程	高級資料鏈結控制	high-level data link control [procedures], HDLC [procedures]
高级数据通信控制规程	高等資料通訊控制程式	advanced data communication control procedure, ADCCP
高级研究计划局网络,阿帕网	高級研究計劃局網路,ARPA 網路	Advanced Research Project Agency network, ARPANET

大陆名	台湾名	英文名
高级用户电报,智能用户电报	高級用戶電報,智能用戶電報	teletex
高级语言	高階語言	high-level language
高阶光孤子	高階光固子	higher-order soliton
高阶逻辑	較高階邏輯	higher-order logic
高阶模	高階模	high-order mode
高阶语言	高階語言	high-order language, HOL
高宽比	縱橫比,方向比	aspect ratio
高脉冲覆送率雷达	高脈波覆送率雷達	high-PRF radar
高密度软盘	高密度磁片	high-density diskette
高密度双极[性]码	高密度雙極碼	high-density bipolar code
高密度装配	高密度組合	high-density assembly
高密度组装	高密度封裝	high-density packaging
高能粒子谱仪	高能粒子譜儀	high energy particle spectrometer
高偏心轨道卫星	高偏心軌道衛星	highly excentric orbit satellite, HEOS
高频	高頻	high frequency, HF
高频变压器	高頻變壓器	high-frequency transformer
高频放大器	高頻放大器	high-frequency amplifier
高频放电	高頻放電	high-frequency discharge
高频建模技术	高頻模式化技術,高頻塑模型技術	high-frequency modeling technique
高频散射	高頻散射	high-frequency scattering
高频天线	高頻天線	high-frequency antenna
高频通信,短波通信	高頻通信,短波通信	HF communication
高频[字词]先见	高頻[字詞]優先	priority of high frequency [words]
高品质因数,高质量因数	高品質因數	high quality factor
高清晰度电视	高清晰度電視	high-definition TV, HDTV
高双折射性光纤	高雙折射性光纖	high birefringence fiber
高斯白噪声	高斯白雜訊	white Gaussian noise
高斯定律	高斯定律	Gauss law
高斯分布	高斯分佈	Gaussian distribution
高斯曲率逼近	高斯曲率逼近	Gaussian curvature approximation
高斯束	高斯束	Gaussian beam
高斯信道	高斯通道	Gaussian channel
高斯噪声	高斯雜訊	Gaussian noise
高速本地网	高速區域網路	high-speed local network, HSLN
高速充电	高速充電	fast charge

大　陆　名	台　湾　名	英　文　名
高速分组	高速分封	high-speed packet
高速缓冲存储器(=高速缓存)		
高速缓存,高速缓冲存储器	高速緩衝記憶體,快取	cache
高速缓存冲突	高速緩衝記憶體衝突	cache conflict
高速缓存共享	快取記憶體共享	cache memory sharing
高速缓存块	快取記憶體區塊	cacheline
高速缓存块替换	快取區塊替換	cache block replacement
高速缓存缺失	快取未中	cache miss
高速缓存一致性	高速緩衝記憶體結合	cache coherence
高速缓存一致性协议	高速緩衝記憶體一致性協議	cache coherent protocol
高速接口	高速介面	high-speed interface
高速进位	高速進位	high-speed carry
高速总线	高速匯流排	high-speed bus
高通滤波	高通濾波	high pass filtering
高通滤波器	高通濾波器	high pass filter, HPF
高通信号	高通訊號	high pass signal
高维索引	高維索引	high-dimensional indexing
高温试验	高溫試驗	high-temperature test
高效中继线	高效中繼線	high usage trunk
高性能计算和通信	高效能計算及通訊	high-performance computing and communication, HPCC
高性能计算机	高效能計算機	high-performance computer
高性能文件系统	高效能檔案系統	high-performance file system
高压电源	高壓電源供應器	high-voltage power supply, HVPS
高压电阻器	高壓電阻	high voltage resistor
高压硅堆	高壓矽堆疊	high voltage silicon stack
高压可调谐 CO_2 激光器	高壓可調波長二氧化碳雷射	high pressure tunable CO_2 laser
高压氧化	高壓氧化	high pressure oxidation
高压直流电	高壓直流電	high voltage direct current, HVDC
高优先级	高優先等級	high priority
高优先级中断	高優先等級中斷	high-priority interrupt
高阈逻辑	高閾邏輯	high threshold logic, HTL
高真空	高真空	high vacuum
高质量因数(=高品质		

大　陆　名	台　湾　名	英　文　名
因数)		
高阻抗放大器	高阻抗[式]放大器	high-impedance amplifier
高阻抗接收机前级	高阻抗接收機前級	high-impedance receiver front end
告警闹钟	警鈴,警報機	alarm, ALM
告警指令	告警指令	alarm command
告警指示信号	告警指示訊號	alarm indication signal, AIS
锆钛酸铅陶瓷	鈦鋯錫鈮酸鉛鐵電陶瓷	lead zirconate titanate ceramic
戈达德信标和信标变化率	伽達信標和信標變化率	Goddard range and range rate, GRARR
戈登曲面	歌登曲面	Gordon surface
戈帕码	迦伯碼	Goppa code
哥德尔配数	哥德數	Gödel numbering
割点	割點	cutpoint
割集码	割集碼	cutset code
格构图,篱图	柵狀圖,籬笆圖	trellis diagram
格局	組態,組態確認	configuration
格框架	格框	case frame
格拉姆-施密特正交化	格瑞姆-史密正交化	Gram-Schmidt orthogonalization
格拉斯霍夫数	格拉斯霍夫數	Grashof number
格雷巴赫范式	格里巴哈正規形式	Greibach normal form
格雷编码	葛雷編碼[法]	Gray encoding
格雷戈里反射面天线	葛雷哥來反射器天線	Gregorian reflector antenna
格雷近似法	葛雷近似法	Grey approximation
格雷-兰金界限	葛雷-蘭欽界限	Grey-Rankin bound
格雷码	葛雷碼,葛瑞碼	Gray code
格里莫界限	格裏莫界限	Griesmer bound
格林函数	格林函數	Green's function
格码	柵狀碼	trellis code
格码调制	籬笆碼調變	trellis-coded modulation, TCM
格式	格式,製作格式	format
格式化	格式化	formatting
格式化容量	格式化容量	formatted capacity
格式化实用程序	格式化公用程式	formatting utility
格式化数据	格式化資料	formatted data
格式结构	交織	trellis
格式控制符	格式控號,格式控制字元	format effector
格型滤波器	晶格濾波器	lattice filter

大 陆 名	台 湾 名	英 文 名
格语法	格位文法	case grammar
格支配理论	格支配理論	case dominance theory
格状网	格狀網	grid network
隔板	隔板	separator
隔行	交錯	interlaced
隔行扫描	交錯掃描	interlaced scanning
隔离变压器	隔離變壓器	isolating transformer
隔离度	隔離度	isolation
隔离放大器	隔離放大器	isolated amplifier
隔离工艺	隔離工藝	isolation technology
隔离级	隔離層次	isolation level
隔离孔	間隙孔	clearance hole
隔离器	隔離器,單向器	isolator
隔膜	隔膜	membrane
隔膜波导	隔膜波導	septate waveguide
隔膜真空计	隔膜真空計	diaphragm gauge
隔震器	隔震器,震動隔離器	shock isolator
隔直流电容器	隔直流電容	blocking capacitor
镉汞电池	鎘汞電池	cadmium-mercuric oxide cell
镉镍蓄电池	鎘鎳蓄電池	cadmium-nickel storage battery
镉银蓄电池	鎘銀蓄電池	cadmium-silver storage battery
个人标识号	個人識別號碼	personal identification number
个人词语[数据]库	個人詞句片語資料庫	personal word and phrase database
个人计算机	個人電腦	personal computer, PC
个人计算机存储卡国际协会	個人電腦記憶卡國際協會	Personal Computer Memory Card International Association, PCMCIA
个人数字助理	個人數位助理	personal digital assistant, PDA
个人通信网	個人通信網	personal communication network, PCN
个人通信系统	個人通信系統	personal communication system, PCS
个人移动通信	個人移動通信	personal mobile communication
个体标识	個體標示	individual marking
个性标记	個體符記	individual token
各态历经	歷經各態	ergodic
各态历经随机过程	歷經各態隨機過程	ergodic random process
各向同性辐射器	等方向性輻射器	isotropic radiator
各向同性刻蚀	各向同性刻蝕	isotropic etching
各向同性媒质	等向介質	isotropic medium
各向同性天线	均方性天線,無方向性	isotropic antenna

大陆名	台湾名	英文名
	天線	
各向异性,非均质性	各向互異性,非均向性	anisotropy
各向异性[电]介质	非等向性介質	anisotropic dielectric
各向异性刻蚀	各向異性刻蝕	anisotropic etching
各向异性媒质	異向介質	anisotropic medium
各向异性异质接面	異型異質接面	anisotype heterojunction
各向异性指数	各向[互]異性係數	anisotropy index
铬版	鉻版	chromium plate
铬带(=铬氧磁带)		
铬氧磁带,铬带	鉻氧卡帶,鉻帶	chromium-oxide tape
根	根,樹根	root
根编译程序	根編譯程式	root compiler
根轨迹法	根軌跡法	root-locus method
根目录	根目錄	root directory
根[文件]名	根名	root name
跟踪	追蹤	①tracking ②trace
跟踪雷达	跟蹤雷達	tracking radar
跟踪路由[程序]	跟蹤路由程式	traceroute
跟踪球	軌跡球	trackball
跟踪误差,循迹误差	追蹤誤差,循跡誤差	tracking error
更改方式(=修改方式)		
更改控制	變更控制	change control
更新	更新,修正	update
更新报酬	更新報酬	renewal reward
更新传播	更新傳播	update propagation
更新过程	更新過程	renewal process
更新事务处理	更新異動	update transaction
更新异常	更新異常	update anomaly
耿[氏]二极管	甘恩二極體	Gunn diode
耿氏放大器	甘恩放大器	Gunn amplifier
耿[氏]效应	甘恩效應	Gunn effect
耿[氏]效应振荡器	甘恩效應振盪器	Gunn effect oscillator
工程 CAD(=计算机辅助工程设计)		
工程数据库	工程資料庫	engineering database, EDB
工程图	工程製圖	engineering drawing
工具箱	工具箱	toolbox, toolkit
工效学	人體工學	ergonomics

大　陆　名	台　湾　名	英　文　名
工序检验	工序檢驗	process inspection
工业标准体系结构	工業標準架構	industry standard architecture, ISA
工业标准体系结构总线	工業標準架構匯流排	ISA bus
工业纯铁,阿姆可铁	阿姆科鐵	Armco iron
工业电子学	工業電子學	industrial electronics
工业计算机	工業計算機	industrial computer
工业控制计算机	工業控制計算機	industrial control computer
工业自动化	工業自動化	industrial automation
MOS 工艺	MOS 製程技術	MOS process technology
工艺过程监测	工藝過程監測	processing monitoring
工艺模拟	製程模擬	processing simulation
工艺图	原圖	artwork
工作比,占空因数	工作比,占空因數	duty cycle, duty factor
工作存储器	工作儲存器	work storage
工作存储区	工作記憶區	working memory area
工作点	工作點	working point
工作队列	工作隊列	work queue
工作队列目录	工作隊列目錄	work-queue directory
工作集	工作集	working set
工作集分派程序	工作集調度器	working-set dispatcher
工作链路	有效鏈接	active link
工作流	工作流程	workflow
工作流制定服务	工作流程制定服務	workflow-enactment service
工作频率	工作頻率,運作頻率	operating frequency
工作区	工作區	service area
工作日平均话务量	每工作日平均訊務量	average traffic per working day
工作冗余	工作冗餘	active redundancy
工作时间	工作時間	operating time
工作时间片	工作時間片	work [time] slice
工作温度	操作溫度	operating temperature
工作文件	工作檔案	working file
工作线,活动线路	①有效線 ②實線	active line
工作信道状态	現用通道狀態	active channel state
工作页[面]	工作頁	working page
工作因子	工作因子	work factor
工作站	工作站	workstation
工作站机群	群集工作站	cluster of workstations
工作站网络	工作站網路	network of workstations, NOW

大 陆 名	台 湾 名	英 文 名
工作组计算	工作群組計算	workgroup computing
弓度	弓度	bow
公告板服务	佈告欄服務	bulletin board service
公告板系统	佈告欄系統	bulletin board system, BBS
公共电视	公共電視	public television
公共对象模型	公共物件模型	common object model
公共对象请求代理体系结构	公共物件請求仲介架構	common object request broker architecture
公共服务广播	公共服務廣播	public-service broadcast
公共服务区	公用服務區域	common service area
公共接地点	公用接地點	common ground point
公共事件标志	公用事件旗標	common event flag
公共数据模型	公共資料模型	common data model
公共天线电视	社區公用天線電視,集體天線電視	community antenna television, CATV
公共网关接口	共用閘道介面	common gateway interface, CGI
公共系统区	公用系統區	common system area
公共信道局间信令	公共通道局間訊號方式	common channel interoffice signaling, CCIS
公共信道效应	共通道效應	common channel effect
公共应用服务要素	公用應用服務元件	common application service element
公共语言	公用語言	common language
公共载波	共同載波	common carrier
公共桌面环境	公共桌面環境	common desktop environment
公共资源	公用資源	common resource
公共子表达式删除	公共子表式消除	common subexpression elimination
公共总线	公用匯流排	common bus
公理复杂性	公理復雜度	axiomatic complexity
公理语义	公理語意學	axiomatic semantics
公平网	公平網	fair net
公平性	公平性	fairness
公务信道	次序維持用的通道	order wire channel
公用电话	公共電話	public telephone
公用电话亭	公用電話亭	booth
公用设施标记	公用程式標誌	utility marker
公用数据网	公用數據網路	public data network
公用网,公众网	公用網,公眾網	public network
公钥	公用金鑰	public key

大 陆 名	台 湾 名	英 文 名
公钥构架	公用金鑰架構	public-key infrastructure, PKI
X.509 公钥构架	X.509 公用金鑰架構	public-key infrastructure x.509, PKIX
公钥加密	公用鍵資料加密	public-key encryption
公钥密码	公用鍵密碼系統	public-key cryptography
公正	公證	notarization
公众传真业务(=自动传真)		
公众电话交换网	公用交換電話網路	public switched telephone network, PSTN
公众广播公司	大眾廣播公司	public broadcasting system, PBS
公众交换网	公共交換網路	public switched network
公众网(=公用网)		
功函数(=逸出功)		
功耗	功率消耗	power consumption, power dissipation
功率	功率	power
功率波	功率波	power waves
功率电子学,电力电子学	功率電子學,電力電子學	power electronics
功率反射率	功率反射率	power reflectance
功率放大器	功率放大器	power amplifier, PA
功率分发器	功率分配器	power divider, power splitter
功率管理	功率管理	power management
功率极限	功率極限	power limit
功率计	功率計	power meter
功率监视器	功率監視器	power monitor
功率密度	功率密度	power density
功率密度频谱	功率密度頻譜	power density spectrum
功率频宽	功率頻寬	power bandwidth
功率频谱	功率頻譜	power spectrum
功率谱估计	功率頻譜估計	power spectrum estimation
功率容量	功率容量	power capacity
功率容限	功率容限,功率邊際,電力邊際值	power margin
功率损耗	功率損耗	power loss
功率损耗系数	功率損失係數	power loss coefficient
功率通量	功率通量	power flow
功率透射率	功率透射率	power transmittance
功率效率	功率效率	power efficiency
功率信号	功率訊號	power signal

大陆名	台湾名	英文名
功率预算	功率預算,電力預算[表]	power budget
功率增益	功率增益	power gain
功能	功能	function
功能部件	功能單元	functional unit
功能材料	功能材料	functional material
功能测试	功能測試	functional test
功能存储器	功能記憶體	functional memory
功能单元	功能單元	function unit
功能分解	功能分解	functional decomposition
功能故障	功能故障	functional fault
功能管理数据	功能管理資料	functional management data, FMD
功能规约	功能規格	functional specification
功能块	功能塊	function block
功能码	功能碼	function code
功能模型	功能模型	functional model
功能软盘	功能軟碟	function diskette
功能设计	功能設計	functional design
功能陶瓷	功能陶瓷	functional ceramic
功能无关测试	功能無關測試	function-independent testing
功能性	功能性	functionality
功能性电刺激	功能性電刺激	functional electrostimulation, FES
功能性配置审计	功能組態稽核	functional configuration audit, FCA
功能性神经肌肉电刺激	功能性神經肌肉電刺激	functional neuromuscular stimulation, FNS
功能需求	功能需求	functional requirements
功能语法	功能文法	functional grammar
功能语言学	功能語言學	functional linguistics
攻击	攻擊	attack
攻击程序	攻擊者	attacker
攻击中心交换机(=攻击中心交换台)		
攻击中心交换台,攻击中心交换机	攻擊中心電話總機	attack center switchboard
供方	供應者	supplier
供应过程	供應過程	supply process
汞池阴极	汞池陰極	mercury-pool cathode
汞池整流管	汞池整流管	mercury-pool rectifier
汞弧整流管	汞弧整流管	mercury-arc rectifier

大　陆　名	台　湾　名	英　文　名
汞气管	汞氣管	mercury-vapor tube
共电制	共電制	C. B. system
共淀积	共澱積	codeposition
共格晶界	共格晶界	coherent grain boundary
共极化	共極化	co-polarization
共集	共集	coset
共溅射	共濺射	cosputtering
共焦谐振腔	共焦共振器	confocal resonator
共路信令	共路信令	common channel signaling, CCS
共模扼流程	公用模式阻塞	common-mode choke
共模抑制比,同相抑制比	共模排斥比	common-mode rejection ratio
共生矩阵	共生矩陣	co-occurrence matrix
共享	共享,共用	share
共享白板	共享白板	shared whiteboard
共享变量	共享變數	shared variable
共享操作系统	共享作業系統	shared operating system
共享磁盘的多处理器系统	共享磁碟的多處理機系統	shared disk multiprocessor system
共享存储器	①共享記憶體 ②共享記憶	shared memory
共享段	共享段	shared segment
共享高速缓存	共享高速快取	shared cache
共享内存的多处理器系统	共享記憶體的多處理機系統	shared memory multiprocessor system
共享软件	共用軟體	shareware
共享锁	共享鎖	shared lock
共享文件	共享檔案	shared file
共享虚拟存储器	共享虛擬記憶體	shared virtual memory, SVM
共享虚拟区	共享虛擬區域	shared virtual area
共享页表	共享頁表	shared page table
共享执行系统	共享執行系統	shared executive system
共心谐振腔	共心共振器	concentric resonator
共形插值	保形內插法	conforming interpolation
共形天线	緊靠型天線	conformal antenna
共形阵天线	緊靠型陣列天線	conformal array antenna
共用网	共用網	commonuser network
共振(=谐振)		

大陆名	台湾名	英文名
共振峰	共振峰	formant
共振腔(=谐振腔)		
共振区	共振區	resonance region
共蒸发	共蒸發	coevaporation
沟槽	溝槽	ditch groove
沟道效应	溝道效應	channeling effect
N 沟 MOS 集成电路	N 型通道 MOS 積體電路	N-channel MOS integrated circuit
P 沟 MOS 集成电路	P 型通道 MOS 積體電路	P-channel MOS integrated circuit
钩键	聽筒架	hook
构词法	構詞法	productive morphology
构件编程	組件程式設計	component programming
构件存储库	組件儲存庫	component repository
构件对象模型	組件目標模型	component object model, COM
构件库	組件程式館	component library
构件块	①構件塊 ②構建	building block
构件描述语言	組件描述語言	component description language, CKL
构件软件工程	組件軟體工程	component software engineering
构件语法	組件文法	component grammar
构造程序	構造器	builder
构造函数	構造函數	constructor
构造几何	構造幾何	constructive geometry
构造器	構造器	builder
构造性证明	構造性證明	constructive proof
估计	估計	estimation
孤儿消息	孤兒訊息	orphan message
孤立词语音识别	孤立詞語音識別	isolate word speech recognition
孤[子]波	孤[子]波	solitary wave
孤子激光器	孤立子雷射	soliton laser
骨架	骨架	grid
骨架代码	骨架代碼	skeleton code
骨架化	骨架化	skeletonization
鼓式打印机	鼓型列印機	drum printer
鼓式扫描仪	磁鼓掃描器	drum scanner
固定,平稳	固定的,穩定的,靜止的,穩態的	stationary
固定存储器	永久記憶體	permanent memory, permanent store, per-

大陆名	台湾名	英文名
		manent storage
固定电感器	固定電感	fixed inductor
固定电容器	固定電容	fixed capacitor
固定电阻器	固定電阻	fixed resistor
固定短语	固定片語	fixed phrase
固定故障(=永久故障)		
固定回波	固定回波	stationary echo
固定开路故障	固定開路故障	stuck-open fault
固定连接器	固定連接器	fixed connector
固定衰减器	定值衰減器	fixed attenuator
固定卫星业务	固定衛星服務	fixed satellite service, FSS
固定卫星业务/码分多址	固定衛星服務/分碼多重進接	FBSS/CDMA
固定型故障	固定型故障	stuck-at fault
固定型铅蓄电池	固定型鉛蓄電池	stationary lead-acid storage battery
固定性错误	固體錯誤	solid error
固定选路	固定式路由法	fixed routing
固定装置	固定裝置,止動裝置	back set
固定字长	固定字長	fixed word length
固件	韌體	firmware
固溶度	固體溶解度	solid solubility
固溶体	固溶體	solid solution
固溶体半导体	固溶體半導體	solid solution semiconductor
固态磁控管	固態磁控管	solid state magnetron
固态存储器	固態記憶體	solid state memory
固态碟	固態磁碟	solid state disc
固态敏感器	固態感測器	solid state sensor
固态调制器	固態調制器	solid state modulator
固体电路	固態電路	solid state circuit
固体电子学	固體電子學	solid electronics
固体激光器	固體雷射	solid state laser
固体继电器	固體繼電器	solid state relay
固体径迹探测器	固體徑跡探測器	solid track detector
固体钽电解电容器	固體鉭電解電容	solid tantalum electrolytic capacitor
固相外延	固相磊晶	solid phase epitaxy
固相线	固體相線	solidus
固有(=内部)		
固有多义性	固有歧義	inherent ambiguity

大 陆 名	台 湾 名	英 文 名
固有滤过	固有濾過	inherent filtration
固有品质因数	固有品性因數	intrinsic quality factor
固有误差	固有誤差	intrinsic error
固有线电容	內在線電容	intrinsic line capacitance
故事分析	故事分析	story analysis
故障	故障	fault, failure, fail
故障安全电路	故障安全電路	fault secure circuit
[故障]安全性	[故障]安全性	fail safe
故障包容	故障包容	fault containment
故障避免(=避错)		
故障测试	故障測試	fault testing
故障插入	故障插入	fault insertion
故障查找,故障排查	故障檢修	trouble-shooting
故障沉默	故障沉默	fail silent
故障处理	故障處置	fault handling
故障词典,故障字典	故障字典	fault dictionary
故障等效	故障等效	fault equivalence
故障定位	故障位置	fault location
故障定位测试	故障位置測試	fault location testing
故障定位问题	故障定位問題	fault location problem
故障冻结	故障凍結	fail-frost
故障访问	故障存取	failure access
故障分析	故障分析	fault analysis
故障覆盖	故障範圍	fault-coverage
故障覆盖率	故障範圍比率	fault-coverage rate
故障隔离	故障隔離	fault isolation
故障恢复	故障恢復	recovery from the failure
故障记录	故障登錄	failure logging
故障检测	故障檢測	fault detection
故障禁闭	故障禁閉	fault confinement
故障矩阵	故障矩陣	fault matrix
故障控制	故障控制	failure control
故障类别	故障種類	fault category
故障率	故障率	failure rate
故障密度函数	故障密度函數	failure density function
故障模拟	故障模擬	fault simulation
故障模型	故障模型	fault model
故障排查(=故障查找)		

大 陆 名	台 湾 名	英 文 名
故障屏蔽	故障遮罩	fault masking
故障前平均时间	故障前平均時間	mean time before failure
故障切换	故障復原	fail-over
故障弱化	故障弱化	fail-soft
故障弱化逻辑	故障弱化邏輯	fail-soft logic
故障弱化能力	故障弱化能力	fail-soft capability
故障撒播	故障播種	fault seeding
故障时间	故障時間	fault time
故障收缩	故障解析	fault collapsing
故障树分析	故障樹分析	fault tree analysis, FTA
故障特征	故障表徵	fault signature
故障停止失效	故障停止失效	fail-stop failure
故障维修	故障維修	breakdown maintenance
故障信号,击穿信号	故障訊號,擊穿訊號,故障訊號,擊穿訊號	breakdown signal
故障信号灯,故障指示灯	故障訊號燈	abort light
故障诊断	故障診斷	fault diagnosis, failure diagnosis
故障诊断程序	故障診斷程式	fault diagnostic program
故障诊断例程	故障診斷常式	fault diagnostic routine
故障诊断试验	故障診斷測試	fault diagnostic test
故障支配	故障支配	fault dominance
故障指示灯(=故障信号灯)		
故障注入	故障注入	fault injection
故障字典(=故障词典)		
挂断	掛機,收線	hanging up, on-hook
挂起	懸置	suspension
挂起进程	懸置過程	suspend process
挂起时间	懸置時間	suspension time
挂起原语	懸置基元	suspended primitive
挂起状态,暂停状态	懸置狀態	suspend state
挂胸式电话机	掛胸式電話機	breast telephone
拐点灵敏度	拐點靈敏度	knee sensitivity
关机	關機	shut down
关键部分优先	關鍵部分優先	critical piece first
关键成功因素	關鍵成功因素	critical success factor
关键程度	危急度	criticality

大 陆 名	台 湾 名	英 文 名
关键词,关键字	關鍵字,保留字	keyword
关键计算	關鍵計算	critical computation
关键路径	關鍵路徑	critical path
关键帧	關鍵框	key frame
关键字(=关键词)		
关节点	肢接點	articulation point
关联	關聯	incident
关联处理机	相聯處理機	associative processor
关联矩阵	關聯矩陣	incident matrix
关联失效	相關失效	relevant failure
关系	關係	relation
关系代数	關連式代數	relational algebra
关系逻辑	關係邏輯	relational logic
关系模式分解	關係綱目分解	decomposition of relation schema
关系数据库	關連式資料庫	relational database
关系数据模型	關連式資料模型	relational data model
关系网	關係網	relation net
关系系统	關係系統	relation system
关系演算	關連式微積分	relational calculus
观测器	觀測器	observer
观测值	觀測值	measured value
观察卫星	觀察衛星	observation satellite
观察学习	觀察學習	learning by observation
[观察]允许角	[觀察]允許角	acceptance angle
观察者系数	觀察者係數	operator factor
ATR 管,阻塞放电管	ATR 管,阻塞放電管	ATR tube
TR 管,保护放电管	TR 管,保護放電管	TR tube
管道	管,導管	pipe
管道通信机制	管道通信機制	pipe communication mechanism
管道同步	管線同步	pipe synchronization
管道文件	管線檔案	pipe file
管壳	管殼	package
管理	管理	management
管理程序	監督程式,督導程式,監督器	supervisor, supervisory program
管理程序调用	監督器呼叫	supervisor call
管理程序调用中断	監督器呼叫中斷	supervisor call interrupt
管理过程	管理過程	management process

大陆名	台湾名	英文名
管理计算机	監督計算機	supervisory computer
管理控制	管理控制	management control
管理例程	監督常式	supervisory routine
管理图	管理圖	control chart
管理信息系统	管理資訊系統	management information system, MIS
管芯	管芯	die
冠心病监护病房	冠心病監護病室	coronary care unit, CCU
惯态面	慣態面	habit face
惯性导航系统	慣性領航系統	inertial navigation system, INS
惯性矩	慣性矩,轉動慣量	moment of inertia
惯性阻尼伺服电[动]机	慣性阻尼伺服馬達	inertial damping servomotor
惯用型词典	辭典語法	expression dictionary
光泵	光幫浦	optical pump
光泵浦	光幫浦	optical pumping
光笔	光筆	light pen
光标	游標	cursor
光波导	光導波[管]	optical waveguide
光波通信系统	光波通訊系統	lightwave communications system
光参量放大	光參量放大	optical parametric amplification
光参量振荡	光參量振盪	optical parametric oscillation
光掺杂	光摻雜	photodoping
光磁软盘	軟光磁碟	floptical disk
光磁效应	光磁效應	photomagnetic effect
光存储器	光記憶體	optical memory, photomemory
光带	光帶	optical tape
光带宽	光頻寬	optical bandwidth
光导	光波導	lightguide
光导体吸收系数	光導體吸收係數	absorption coefficient of photoconductor
光电	光電,電光	electrooptical, EO
光电池	光電池	photocell
光电导	光電導	photoconduction
光电导衰退	光電導衰退	photoconductivity decay
光电导效应	光電導效應	photoconductive effect
光电对抗	光電對抗	electrooptical countermeasures
光电二极管	光二極體	photodiode
光电发射	光電發射	photoelectric emission
光电化学电池	光電化學電池	photoelectrochemical cell

大　陆　名	台　湾　名	英　文　名
光电集成电路	光電積體電路	optoelectronic integrated circuit, optoelectronic IC, OEIC
光电晶体管	光電電晶體	phototransistor
光电离	光電離	photo ionization
光电路	光電路	photonic circuit
光[电]耦合器	光耦合器	photo-coupler
光电器件	光電元件	optoelectronic device
光电效应	光電效應	photoelectric effect
光电行波管	光電行波管	traveling wave phototube
光[电]阴极	光[電]陰極	photocathode
光电转换效率	光電轉換效率	photoelectric conversion efficiency
光电子能谱法(=化学分析电子能谱[学])		
光电子学	光電子學	optoelectronics, photoelectronics
光碟	光碟	optical disc, disc, compact disc, CD
光碟[读]头	光碟[讀]頭	optical pickup
光[碟]轨	光碟軌	optical track
光碟库	光碟庫	optical disc library
光碟驱动器	光碟驅動器	optical disc drive
光碟伺服控制系统	光碟伺服控制系統	optical disc servo control system
光碟塔	光碟塔	optical disc tower
光[碟]头	光碟讀寫頭	optical head
光碟阵列	光碟陣列	optical disc array
光度学	光度學	photometry
光发送机	光發送機	optical transmitter
光阀	光閥	light valve, LV
光反射损耗	光反射損耗	light reflection loss
光放大	光放大	optical amplification
光分接器,光分接头	光分接器	optical taps
光分接头(=光分接器)		
光伏器件	光壓器件	photovoltaic device
光伏效应	光伏效應	photovoltaic effect
光伏型太阳能源系统	光壓型太陽能源系統	solar photovoltaic energy system
光隔离器	光隔絕器	optical isolator
光功率	光功率	optical power
光功率计	光功率計	optical power meter
光孤子	光孤立子	optical soliton
光孤子衰减	光固子衰減	soliton attenuation

大 陆 名	台 湾 名	英 文 名
光孤子通信系统	光固子通訊系統	soliton communication system
光管	光管	light pipe
光轨间距	光軌間距	optical track pitch
光回波损耗	光回波損失	optical return loss
光机扫描仪	光機掃描儀	optical-mechanical scanner
光机械鼠标[器]	光學機械滑鼠	optomechanical mouse
光计算机	光學電腦	optical computer
光记录	光學記錄	optical recording
光记录介质	光學記錄媒體	optical recording media
光检测	光檢測	optical detection
光接收机	光接收機	optical receiver
光晶体管	光電晶體	optical transistor
光径长度	光徑長度	optical length
光开关	光開關	optical switch
光刻	光刻	photolithography
光刻机	光刻機	mask aligner
光刻胶,光致抗蚀剂	光刻膠,光致抗蝕劑	photoresist
光缆	光纜	optical fiber cable
光缆连接器	光纜連接器	optical cable connector
光缆线束	光纜線束	stranded cable fiber
光亮度	強度	intensity
光零差探测	光內差偵測	optical homodyne detection
光流	光流	optic flow
光流场	光流場	optic flow field
光滤波器,滤光器	光濾波器,濾光器	optical filter
光逻辑	光邏輯	optical logic
光脉冲压缩技术	光脈衝壓縮技術	compression technique of light pulse
光敏感器	光感測器	photo-sensor, optical sensor
光敏微晶玻璃	光敏微晶玻璃	photaceram
光能	光能	light energy
光钮	光[按]鈕	light button
光耦合器	光耦合器	optical coupler
光偏置	光偏壓	optical biasing
光偏转	光偏轉	light deflection
光频标	光頻率標準	optical frequency standard
光频分复用	光頻域多工	optical frequency division multiplexing
光谱衰减	光頻譜衰減	optical spectral attenuation
光强	光強度	light intensity

大　陆　名	台　湾　名	英　文　名
光强调制	光強度調變	optical intensity modulation, OIM
光扫描仪	光掃描器	optical scanner
光栅	光柵	grating
光栅滤波器	光柵濾波器	grating filter
光栅扫描	光閘極掃描	raster scan
光栅扫描	行式掃描	raster scanning
光栅显示	光柵顯示器	raster display
光声光谱[学]	光聲光譜[學]	photoacoustic spectroscopy, PAS
光声拉曼谱[学]	光聲拉曼譜[學]	photoacoustic Raman spectroscopy, PARS
光时域反射仪	光時域反射儀	optical time domain reflectometer, OTDR
光视效率(=发光效率)		
光视效能	光視效能	luminous efficacy
光鼠标[器]	光學式滑鼠	optical mouse
光束缚因子	光束縛因數	optical confinement factor
光衰减	光衰減	optical attenuation
光衰减器	光衰減器	optical attenuator
光损耗	光損失	optical loss
光弹性效应	光彈性效應	elastooptic effect
光调制器	光調變器	optical modulator
光通量	光通量	luminous flux
光通信	光通信	optical communication
光通信接收机	光通訊接收機,光學通信接收器	optical communication receiver
光同步网(=同步光纤网)		
光外差探测	光外差偵測	optical heterodyne detection
光纤	光纖	optical fiber
光纤半径转换器	光纖半徑轉換器	fiber taper
光纤包层	光纖包層	fiber cladding
光纤波导	光纖波導	fiber waveguide
光纤抽丝	光纖抽絲	fiber drawing
光纤带宽	光纖頻寬	fiber bandwidth
光纤断裂,光纤分裂	光纖斷裂,光纖分裂	fiber cleaving
光纤分布式数据接口	光纖分散式資料介面,光纖分散式數據介面	fiber distributed data interface, FDDI
光纤分裂(=光纤断裂)		
光纤骨干网	光纖網路骨幹	fiber optic networks backbone
光纤固定接头	光纖固定接頭	optical fiber splice

大陆名	台湾名	英文名
光纤环路	光纖迴路	fiber loop
光纤激光器	光纖雷射	fiber laser
光纤连接器	光纖連接器	optical fiber connector
光纤敏感器	光纖感測器	optical fiber sensor, fiberoptic sensor
光纤抛光	光纖磨光	fiber polishing
光纤强度	光纖強度	fiber strength
光纤色散	光纖色散	optical fiber dispersion
光纤色散	光纖波散	fiber dispersion
光纤寿命期	光纖生命期,光纖生命週期	fiber lifetime
光纤束	光纖束	fiber bundle
光纤衰减	光纖衰減	attenuation of optical fiber
光纤松缓器	光纖松緩器	fiber loose buffer
光纤损耗	光纖損失	fiber loss
光纤通信	光纖通信	optical fiber communication
光纤陀螺	光纖陀螺器	optic fiber gyroscope
光纤陀螺仪	光纖陀螺儀	fiber optic gyro, FOG
光纤网	光纖網路	fibernet
光纤吸收损耗衰减测量	光纖吸收損失之衰減量測	attenuation measurement of absorption loss in fiber
光纤系统	光纖系統	fiber optic system
光纤杨氏模量	光纖楊氏模量	Young's modulus for fiber
光纤以太网	光纖乙太網路	fiber Ethernet
光纤应变	光纖張力	fiber strain
光纤轴向压缩	光纖軸向壓縮	fiber axial compression
光线跟踪，光线追踪	射線追蹤	ray tracing
光线投射	光線投射	ray cast
光线追踪(=光线跟踪)		
光相位	光相位	optical phase
光信息处理	光訊號處理	optical information processing
光[学]标记阅读机	光標示閱讀機	optical mark reader, OMR
光学部件(=光学元件)		
光学存储	光學儲存	optical storage
光学双稳态器件	光學雙穩態元件	optical bistable device
光学投影曝光法	光學投影曝光法	optical projection exposure method
光学图像	光學影像	optical image
光学谐振腔	光學共振器	optical resonator, optical cavity
光学元件,光学部件	光組件	optical component

大　陆　名	台　湾　名	英　文　名
光学章动	光學章動	optical nutation
光[学]字符	光學字元	optical character
光学字符识别	光學字元辨識,感光字元辨識	optical character recognition
光[学]字符阅读机	光學字元閱讀器,感光字元閱讀機	optical character reader, OCR
光源	光源	optical source, light source
光晕	光暈	halation, halo
光增益	光增益	optical gain
光照级	照度位准	illumination level
光照模型	光照模型	illumination model
光致变色玻璃	光互變性玻璃	photochromic glass
光致变色性	光互變性	photochromism
光致发光剂量计	光致發光劑量計	photoluminescent dosemeter
光致发光探测器	光致發光探測器	photoluminescence detector
光致抗蚀剂(=光刻胶)		
光注入器	光注入器	optical injector
光子	光子	photon
光子回波	光子回波	photon echo
光[子]交换	光[子]交換	photonic switching
光子网络	光網路	photonic network
光自陷	光自捕捉	light self-trapping
广播	廣播	broadcasting
广播地址	廣播位址	broadcast address
广播识别存取法协议,广播识别存取访问法协议	廣播認知擷取法協定	broadcast recognition access method protocol, BRAM
广播识别存取访问法协议(=广播识别存取法协议)		
[广播]收音机	[廣播]收音機	broadcast receiver
广播[通信]	廣播	broadcast
广播卫星业务	衛星廣播服務	broadcast satellite service, BSS
广播型图文(=图文电视)		
广播业务	廣播業務	broadcast service
广度优先搜索	先寬搜尋	breadth-first search
广延X射线吸收精细	廣延X射線吸收精細	extended X-ray absorption fine structure,

大陆名	台湾名	英文名
结构	架構	EXAFS
广义短语结构语法	通用片語結構文法	general phrase structure grammar
广义仿射群	廣義仿射群	general affine group
广义随机佩特里网	一般化隨機佩特裏網	generalized stochastic Petri net
广义相容运算	一般化相容運算	generalized compatible operation
广义序列机	一般化順序機	generalized sequential machine
广域网	廣域網路	wide area network, WAN
广域信息服务系统	廣域資訊服務系統	wide area information server, WAIS
归并	①歸併,合併 ②拼接	merge
归并插入	合併插入	merge insertion
归并排序	合併排序,以合併法排序	merge sort, order by merging
归并扫描法,合并扫描法	合併掃描法	merged scanning method
归档文件	歸檔檔案	archived file
归结原理	分解原理	resolution principle
归结主体	分解代理	resolution agent
归零[道]	歸零	return to zero, RTZ [track]
归零码	歸零碼	return-to-zero code
归零制	歸零	return-to-zero, RZ
归纳断言	歸納斷言	inductive assertion
归纳断言法	歸納斷言法	inductive assertion method
归纳泛化	歸納概括	inductive generalization
归纳公理	歸納公理	induction axiom
归纳逻辑	歸納邏輯	inductive logic
归纳逻辑程序设计	歸納邏輯程式設計	inductive logic programming
归纳命题	歸納命題	inductive proposition
归纳推理	歸納推論	inductive reasoning, inductive inferenec
归纳学习	歸納學習	inductive learning
归纳综合方法	歸納合成法	inductive synthesis method
归位序列(=复位序列)		
归一化频率	正規化頻率	normalized frequency
归一化探测率	歸一化探測率	normalized detectivity
归一化阻抗	正歸化阻抗	normalized impedance
归约	歸約,縮減,簡化	reduction
归约机	歸約機	reduction machine
龟标,画笔	龜圖	turtle graphics
规程	程序	procedure

大 陆 名	台 湾 名	英 文 名
规范化	規範化	normalization
规范化处理	常規化處理	normalizing processing
规范化语言	正規化語言	normalized language
规范名	正準名稱	canonical name
规范文法	規範文法	canonical grammar
规格化	規格化	normalization
规格化设备坐标	正規化裝置坐標,常態化裝置坐標	normalized device coordinate
规格说明(=规约)		
规划	規劃	planning
规划库	規劃庫	planning library
规划生成	規劃產生	planning generation
规划失败	規劃失敗	planning failure
规划系统	規劃系統	planning system
规约,规格说明	規格,說明書	specification
规约验证	規格驗證	specification verification
规约语言	規格語言	specification language
规则	規則,尺,律	rule
B 规则	B 規則	B-rule
ECA 规则(=事件-条件-动作规则)		
规则集	規則集	rule set
规则库	規則庫	rule base
规则推理	規則推理	rule-based reasoning
规则子句	規則子句	rule clause
硅靶视像管	矽靶視象管	silicon target vidicon
硅编译器	矽編譯器	silicon compiler
硅带生长	矽帶成長	silicon ribbon growth
硅化物	矽化物	silicide
硅汇编程序	矽組合語言	silicon assembler
硅[锂]探测器	矽[鋰]探測器	Si [Li] detector
硅栅	矽閘極	silicon gate
硅栅 N 沟道技术	矽閘極 N 溝道技術	silicon gate N-channel technique
硅栅 MOS 集成电路	矽閘極 MOS 積體電路	silicon gate MOS integrated circuit
硅栅自对准工艺	矽閘極自對準工藝	silicon gate self-aligned technology
硅太阳电池	矽太陽電池	silicon solar cell
轨道	軌道	orbit
轨道飞行器	軌道飛行器	orbiting craft

大　陆　名	台　湾　名	英　文　名
轨道高度	軌道高度	orbit altitude
轨道管	軌道管	orbitron
轨道校正	軌道調整	orbit correction
轨道控制	軌道控制	orbit control
轨道倾斜度	軌道傾斜度	orbital inclination
轨道试验卫星	軌道試驗衛星	orbital test satellite
轨道速度	軌道速度	orbital velocity
轨道太空站	軌道太空站	orbital space station
轨道天线场	軌道天線場	orbital antenna farm
轨道预报	軌道預報	orbit prediction
轨道周期	軌道週期	orbital period
轨道助推器	軌道助推器	orbital booster
轨迹曲线	軌跡曲線	trajectory curve
滚槽法	滾槽法	rolled groove method
滚动	捲動,卷軸	scrolling
滚动补偿	滾動補償	roll compensation
滚动校正	滾動校正	roll correction
滚动控制	滾動控制	roll control
滚动条	捲棒	scroll bar
滚降	滾降	roll-off
滚筒绘图机	圓筒繪圖器	drum plotter
滚珠支枢打印头	點列印頭	ball point print head
郭柏天线	郭柏天線	Goubau antenna
国际长途直拨	國際直接長途撥號	international direct distance dialing, IDDD
国际电话	國際電話	international call
国际电信计费卡	國際通信計費卡	International Telecomm charge card
国际海事卫星	國際海事衛星	international maritime satellite, INMARSAT
国际呼救频率	國際遇險頻率	international distress frequency, IDF
国际交换中心	國際交換中心	International Switching Center, ISC
国际通信卫星	國際電信衛星	international telecommunicatons satellite, INTELSAT
国际用户拨号	國際用戶撥號電話,國際直撥電話	international subscriber dialing, ISD
国际转接区段	國際轉接區段	international transit portion, ITP
国家空管系统	國家空管系統	national airspace system, NAS
国家信息基础设施	國家資訊基礎建設	national information infrastructure, NII
过程	①程序 ②過程	①procedure ② process

大　陆　名	台　湾　名	英　文　名
过程程序设计	程序程式設計	procedural programming
过程重构	處理再工程	process reengineering
过程分析	程序分析	procedure analysis
过程间数据流分析	程序間資料流程分析	interprocedural data flow analysis
过程控制	過程控制	process control
过程控制软件	過程控制軟體	process control software
过程逻辑	過程邏輯	process logic
过程模型	處理模型	process model
过程平均	過程平均	process average
过程实现方法	程序實施方法	procedural implementation method
过程数据	程序資料	procedure data
过程同步	程序同步	procedure synchronization
过程性知识	程序知識	procedural knowledge
过程语言	程序語言	procedural language
过程语义	程序語意	procedural semantics
过冲(=上冲)		
过渡	過渡	transition
过渡带	過渡帶	transition band
过渡曲面	過渡曲面	transition surface
过渡曲线	過渡曲線	transition curve
过渡效果	過渡效果	transition effect
过负荷(=过载)		
过会聚	過會聚	over-convergence
过磷酸钕激光器	過磷酸釹雷射	neodymium pentaphosphate laser
过零检测器	零交點檢測器,零交越檢波器	zero-crossing detector
过零鉴别器	過零鑑别器	zero-crossing discriminator
过期检查点	過期檢查點	obsolete checkpoint
过期数据	過期數據	stale data
过期杂志	過期期刊號	back number
过群聚	過群聚	overbunching
过剩载流子	過量載子	excess carrier
过载,过负荷	超載,負荷過重	overloading
过阻尼	過阻尼	overdamping

H

大陆名	台湾名	英文名
哈尔截止电压	哈爾截止電壓	Hull cutoff voltage
哈佛结构	哈佛結構	Harvard structure
哈密顿回路	漢米爾頓迴路	Hamilton circuit
哈密顿回路问题	漢米爾頓迴路問題	Hamilton circuit problem
哈密顿路径	漢米爾頓路徑	Hamilton path
哈特里谐振量	哈崔諧振量	Hartree harmonics
海底电缆	海底纜線	submarine cable, undersea cable
海底电信(=水线电报)		
海底光波系统	海底光波系統	submarine lightwave system
海底通信	海底通信	submarine communication
海底中继增益	海底中繼增益	undersea repeater gain
海军卫导系统(=子午仪卫导系统)		
海缆中继器	海纜中繼器	submarine cable repeater
海量存储器	大量儲存器	mass storage
海绵镍阴极	海綿鎳陰極	nickel matrix cathode
海上轨道试验卫星	海上軌道試驗衛星	maritime orbital test satellite
海上雷达	海上雷達	maritime radar
海上目标	海上目標	marine target
海上通信	海上通信,越洋通信,航海通訊	overocean communications
海上通信卫星	海上通信衛星	marine communication satellite, MARISAT
海上无线电导航陆地电台,水上无线电导航陆地电台	海上無線電導航陸地電台,水上無線電導航陸地電台	maritime radio navigation land station
海上无线电导航移动电台	海上無線電導航移動電台	maritime radio navigation mobile station
海上无线电通信	海上無線電通信	marine radio communication
海上无线电信标	海上無線電信標	maritime radio beacon
海上移动无线电话设备	海上行動無線電話設備	maritime mobile radio telephone equipment
海事通信卫星系统	海事通信衛星系統	maritime communications satellite system
海事卫星系统	海事衛星系統	maritime satellite system, MARSAT

大　陆　名	台　湾　名	英　文　名
海水激活电池	海水激活電池	sea-water activated battery
海洋卫星	海洋衛星	sea satellite, SEASAT
海洋研究卫星	海洋研究衛星	oceanographic satellite
海域侦察卫星	海域偵察衛星	ocean area reconnaissance satellite
亥姆霍兹方程	漢姆霍茲方程式,赫姆霍茲方程式	Helmholtz equation
氦镉激光器	氦鎘雷射	helium cadmium laser
氦-3 计数器	氦-3 計數器	helium-3 counter
氦氖激光器	氦氖雷射	helium neon laser
函数	函數	function
函数程序设计	函數程式設計	functional programming
函数调用	函數呼叫	function call
函数发生器	函數發生器	function generator
函数[式]语言	函數式語言	functional language
函数依赖	函數相依	functional dependence
函数依赖闭包	函數相依閉包	functional dependence closure
函数依赖分解律	函數相依分解規則	decomposition rule of functional dependencies
函数依赖合并律	函數相依合併律	union rule of functional dependencies
函数依赖伪传递规则	函數相依偽傳遞法則	pseudotransitive rule of functional dependencies
汉恩窗口	韓恩視窗	Hann window
汉卡	漢卡,中文字卡	Hanzi card, Chinese character card
汉克尔函数	漢克爾函數	Hankel function
汉明窗	漢明窗	Hamming window
汉明加权	漢明加權	Hamming weighting
汉明界	漢明界	Hamming bound
汉明距离	漢明距離	Hamming distance
汉明码	漢明碼	Hamming code
汉明权[重]	漢明權[重]	Hamming weight
汉森孔径分布	韓森孔徑分佈	Hansen aperture distribution
汉森圆形分布	韓森圓形分佈	Hansen circular distribution
汉语词语编码	中文字詞編碼	Chinese word and phrase coding
汉语词语处理机	中文文書處理器	Chinese word processor
汉语词语库	中文字與片語館	Chinese word and phrase library
汉语分析	中文分析	Chinese analysis
汉语计算机辅助教学系统	中文電腦輔助教學系統	Chinese computer-aided instruction system

大 陆 名	台 湾 名	英 文 名
汉语理解	中文語言理解	Chinese language understanding
汉语拼音[方案]	漢語拼音[方案]	Pinyin, scheme of the Chinese phonetic alphabet
汉语人机界面	中文人機介面	man-machine interface for Chinese
汉语生成	中文產生	Chinese generation
汉语信息处理	中文資訊處理	Chinese information processing
汉语言语分析(=汉语语音分析)		
汉语言语合成(=汉语语音合成)		
汉语言语理解系统(=汉语语音理解系统)		
汉语言语识别(=汉语语音识别)		
汉语言语输入(=汉语语音输入)		
汉语言语数字信号(=汉语语音数字信号处理)		
汉语言语信息处理(=汉语语音信息处理)		
汉语言语信息库(=汉语语音信息库)		
汉语语音分析,汉语言语分析	中文語音分析	Chinese speech analysis
汉语语音合成,汉语言语合成	中文語音合成	Chinese speech synthesis
汉语语音理解系统,汉语言语理解系统	中文語音理解系統	Chinese speech understanding system
汉语语音识别,汉语言语识别	中文語音辨識	Chinese speech recognition
汉语语音输入,汉语言语输入	中文語音輸入	Chinese speech input
汉语语音数字信号处理,汉语言语数字信号	中文語音數位訊號處理	Chinese speech digital signal processing
汉语语音信息处理,汉语言语信息处理	中文語音資訊處理	Chinese speech information processing
汉语语音信息库,汉语	中文語音資訊館	Chinese speech information library

大　陆　名	台　湾　名	英　文　名
言语信息库		
汉语自动分词	自動中文斷詞	automatic segmentation of Chinese words
汉语自动切分	自動中文斷詞	automatic Chinese word segmentation
汉字	漢字,中文字元	Hanzi, Chinese character
汉字编码	漢字編碼,中文字元編碼	Hanzi coding, Chinese character coding
汉字编码方案	漢字編碼綱目,中文字元編碼方案	Hanzi coding scheme, Chinese character coding scheme
汉字编码技术	漢字編碼技術	Hanzi coding technique
汉字编码输入方法	漢字編碼輸入法,中文字元編碼輸入法	Hanzi coding input method, Chinese character coding input method
汉字编码输入方法评测	漢字編碼輸入法評估	evaluation of Hanzi coding input method
汉字编码输入评测软件	漢字編碼輸入評估軟體	evaluation software for Hanzi coding input
汉字编码字符集	漢字編碼字元集,中文字元編碼字元集	Hanzi coded character set, Chinese character coded character set
汉字部件	漢字組件,中文字元元件	Hanzi component, Chinese character component
汉字打印机	漢字印表機,中文字元列印機	Hanzi printer, Chinese character printer
汉字激光印刷机	漢字雷射印表機,中文雷射印表機	Hanzi laser printer, Chinese character laser printer
汉字集	漢字集,中文字元集	Hanzi set, Chinese character set
汉字检字法	漢字索引系統,中文字元索引系統	Hanzi indexing system, Chinese character indexing system
汉字键盘	漢字鍵盤	Hanzi keyboard
汉字键盘输入方法	漢字鍵盤輸入法,中文鍵盤輸入法	Hanzi keyboard input method, Chinese character keyboard input method
汉字交换码	漢字交換碼,中文交換碼	Hanzi code for interchange, Chinese character code for interchange
汉字结构	漢字結構,中文字元結構	Hanzi structure, Chinese character structure
汉字控制功能码	漢字控制功能碼,中文字元控制功能碼	Hanzi control function code, Chinese character control function code
汉字扩展内码规范	漢字擴展內碼規格	Hanzi expanded internal code specification
汉字流通频度	中文字元循環頻率	circulation frequency of Chinese character
汉字内码	漢字內碼,中文字元內碼	Hanzi internal code, Chinese character internal code
汉字喷墨印刷机	漢字噴墨印表機,中文	Hanzi inkjet printer, Chinese character

大陆名	台湾名	英文名
	噴墨印表機	ink jet printer
汉字区位码	漢字區位碼	Hanzi section-position code
汉字热敏印刷机	漢字熱轉印印表機,中文字元熱感應印表機	Hanzi thermal printer, Chinese character thermal printer
汉字生成器	漢字產生器	Hanzi generator
汉字识别	漢字識別,中文字元辨識	Hanzi recognition, Chinese character recognition
汉字识别系统	漢字識別系統,中文字元辨識系統	Hanzi recognition system, Chinese character recognition system
汉字实用程序	漢字公用程式,中文字元公用程式	Hanzi utility program, Chinese character utility program
汉字使用频度	漢字使用頻度,中文字應用頻率	utility frequency of Hanzi, utility frequency of Chinese character
汉字手持终端	漢字手持式終端機,中文手持式終端機	Hanzi handheld terminal, Chinese character handheld terminal
汉字输出	漢字輸出,中文字元輸出	Hanzi output, Chinese character output
汉字输入	漢字輸入,中文字元輸入	Hanzi input, Chinese character input
汉字输入程序	漢字輸入程式	Hanzi input program
汉字输入键盘	漢字輸入鍵盤,中文字元輸入鍵盤	Hanzi input keyboard, Chinese character input keyboard
汉字输入码	漢字輸入碼,中文字元輸入碼	Hanzi input code, Chinese character input code
汉字属性	漢字屬性,中文字元屬性	Hanzi attribute, attribute of Chinese character
汉字属性字典	漢字屬性字典,中文字元編碼字元集	Hanzi attribute dictionary, Chinese character attribute dictionary
汉字特征	漢字特徵,中文字元特徵	Hanzi features, Chinese character features
汉字显示终端	漢字顯示終端機,中文字元顯示終端機	Hanzi display terminal, Chinese character display terminal
汉字信息处理	漢字資訊處理,中文字元資訊處理	Hanzi information processing, Chinese character information processing
汉字信息处理技术	漢字資訊處理技術	Hanzi information processing technology
汉字信息交换码	漢字訊息交換碼,中文資訊交換碼	Hanzi code for information interchange, Chinese character code for information interchange

大 陆 名	台 湾 名	英 文 名
汉字信息特征编码	中文字元資訊特徵編碼	information feature coding of Chinese character
汉字信息压缩技术	漢字資訊壓縮技術,中文字元壓縮技術	Hanzi information condensed technology, Chinese character condensed technology
汉字样本	漢字樣本,中文字元樣本	Hanzi specimen, Chinese character specimen
汉字样本库	漢字樣本庫,中文字元樣本庫	Hanzi specimen bank, Chinese character specimen bank
汉字针式打印机	漢字針式印表機,中文字元針式印表機	Hanzi wire impact printer, Chinese character wire impact printer
汉字终端	漢字終端,中文字元終端	Hanzi terminal, Chinese character terminal
汉字字形库	漢字字形庫,中文字元字型館	Hanzi font library, Chinese character font library
汉字字形码	漢字字形碼,中文字元字型碼	Hanzi font code, Chinese character font code
焊接面	焊接面	solder side
焊盘	焊墊	bonding pad
行	①列,行 ②列	①row ② line
行八位	行八位	row-octet
行编辑程序	列編輯器	line editor
行地址	列位址	row address
行地址选通	列位址選通	row address strobe
行间距	列間距	line space, line spacing
行每分	每分鐘列數	lines per minute, lpm
行每秒	每秒鐘列數	lines per second, lps
行每英寸	每英吋列數	lines per inch, lpi
行频	列掃描頻率	line frequency
行扫描	行掃描	line scanning
行式打印机	列式列印機	line printer
[行首]缩进	內縮	indentation
行输出变压器	線輸出變壓器	line output transformer
行位偏斜	列偏斜	line skew
行选	列選擇	row selection
行译码	列解碼	row decoding
行译码器	列解碼器	row decoder
行主向量存储	行主向量儲存	row-major vector storage
航海雷达	航海雷達	marine radar

大陆名	台湾名	英文名
航海通信	海軍通信	naval communcation
航海移动卫星	航海移動衛星	maritime mobile-satellite
航海用无线电	航海用無線電	marine radio
航空标志信标站	航空標誌信標電台	aeronautical marker beacon station
航空操作通信网	航空調度通信網路	air operational communications network
航空导航无线电业务	航空無線電導航業務	aeronautical navigational radio service
航空地面无线电台	地面無線電導航站	aeronautical ground radio station
航空电台(=飞机站)		
航空电信	航空電信	aeronautical telecommunication
航空电信机构	航空電信機構	aeronautical telecommunication agency
航空电信业务	航空電信業務	aeronautical telecommunication service
航空电子学	航空電子學	avionics
航空公用陆上电台	航空通用陸上電台	aeronautical utility land station
航空公用移动电台	航空通用行動電台,航空通用移動電台	aeronautical utility mobile station
航空固定电台	固定航空電台	aeronautical fixed station
航空固定电信网	導航用固定電信網路	aeronautical fixed telecommunication network
航空广播通信业务	航空廣播通信業務	aeronautical broadcast service
航空航天	航空與太空,航宇,航太	aeronautics and space, aerospace
航空通信	航空通信	aeronautical communication
航空通信电台(=航空通信站)		
航空通信卫星	航空通信衛星	aeronautical communications satellite
航空通信站,航空通信电台	航空通訊電台,導航通信台,導航通訊台	aeronautical communication station
航空卫星通信	航空衛星通信	aeronautical satellite communication
航空无线电	航空無線電	aerial radio, aeronautical radio, aviation radio
航空无线电报	航空無線電報	radio air letter
航空无线电导航业务	航空無線電導航業務	aeronautical radionavigation service
航空无线电导航移动电台	航空無線電導航行動電台,無線電導航流動電台	aeronautical radionavigation mobile station
航空无线电台	導航無線電台	aeronautical radio station
航空无线电通信	航空無線電通信	aviation radio communication
航空无线电信标	航空無線電信標	aeronautical radio beacon
航空无线电业务	航空無線電業務	aeronautical radio service

大 陆 名	台 湾 名	英 文 名
航空无线控制	機上無線電控制	aircraft wireless control
航空移动路线业务	航空行動無線電業務	aeronautical mobile radio service
航空移动卫星	航空移動衛星	aeronautical mobile-satellite
航空用信标	無線電信標,航空指示燈	aerophare
航天地球通信	太空－地球通訊	space-earth communication
航位推算导航(＝航位推算法)		
航位推算法,航位推算导航	航位推算法,航位推算導航	dead-reckoning
航线	架空線路	airline
航线航空通信业务	航線和航空通信業務	airway and air communication service
航线监视雷达	航線監視雷達	air route surveillance radar, ARSR
航向信标	航向信標	localizer
航行速度三角形	航行速度三角形	forward velocity triangle
巷道	巷道	lane
巷道识别	巷道識別	lane identification
巷宽	巷寬	lane width
毫	毫	milli, m
毫安	毫安[培]	milliampere
毫伏分贝	毫伏分貝	decibel-millivolt, dBmV
毫米	毫米	millimeter
毫米波	毫米波	millimeter wave, MMW
毫米波段	毫米波段,毫米波頻帶	millimeter wave band
毫米波集成电路	毫米波積體電路	millimeter wave integrated circuit, MMIC
毫米波通信(＝极高频通信)		
毫瓦分贝	毫瓦分貝	decibel referred to one milliwatt, dBm
毫瓦分贝每赫	毫瓦分貝/赫	decibel milliwatt/hertz, dBm/Hz
号角天线轴向长度	號角天線之軸向長度	axial length of horn antenna
号码簿服务器/属性	目錄伺服器,伺服器/屬性	directory server/attributes
1 号数字用户信令	數位用戶訊號第 1 號	DSS1
2 号数字用户信令	數位用戶訊號第 2 號	DSS2
耗尽层	空乏層	depletion layer
耗尽近似	空乏近似	depletion approximation
耗尽型场效晶体管	空乏型場效電晶體	depletion mode field effect transistor
耗散功率	耗散功率	dissipation power

大　陆　名	台　湾　名	英　文　名
耗散因数	損耗因數	dissipation factor
耗损失效期	耗損失效期	wear-out failure period
合并扫描法(=归并扫描法)		
合成	合成[法]	synthesis
合成部件	復合組件,合成組件	compound component, synthetic component
合成词	復合字	compound word
合成电阻器	合成電阻	composition resistor
合成环境	合成環境	synthetic environment
合成孔径	合成孔徑	synthetic aperture
合成孔径雷达	合成孔徑雷達	synthetic aperture radar, SAR
合成器	合成器	synthesizer
合成扫频发生器	合成掃頻發生器	synthesized sweep generator
合成世界	合成世界	synthetic world
合成视频	合成視訊	synthetic video
合成数字音频	合成數位聲訊	synthetic digital audio
合成碳膜电位器	合成碳膜電位器	carbon composition film potentiometer
合成橡胶	合成橡膠,彈性體	elastomer
合成信号发生器	合成訊號發生器	synthesized signal generator
合法性撤消,合法性取消	憑證撤銷	revocation
合法性取消(=合法性撤消)		
合格品	合格品	qualified product
合格性测试	資格測試	qualification testing
合金二极管	合金二極體	alloy diode
合金结	合金接面	alloy junction
合金晶体管	合金電晶體	alloy transistor
合路器	混波器	mixer
合取查询	合取查詢	conjunctive query
合取范式	合取正常形式	conjunctive normal form
合式公式	合適公式,符合語法規則的公式	well-formed formula
合同	合約	contract
合同网	合約網	contract net
合一	統一	unification
合一部件	統一單元	unification unit

大 陆 名	台 湾 名	英 文 名
合一子	①一致器,合一器 ②一致置換[符],通代[符]	unifier
合用线,同线[电话]	合用線,同線[電話]	party line
合作主体	合作代理	collaborative agent
和波束	和波束	sum beam
核泵浦	核幫浦	nuclear pumping
核磁共振	核磁共振	nulcear magnetic resonance, NMR
核磁共振计算机断层成像	核磁共振計算機斷層成象	nuclear magnetic resonance computerized tomography, NMRCT
核磁共振探测器	核磁共振探測器	nuclear magnetic resonance detector
核电池	核電池	nuclear battery
核电子学	核電子學	nuclear electronics
核动力卫星	核動力衛星	nuclear-powered satellite
核辐射	核子輻射	nuclear radiation
核基安全	核心安全	kernelized security
核乳胶	核乳膠	nuclear emulsion
核素成像	核素成象	radio nuclide imaging
核素扫描机	核素掃描機	nuclide linear scanner
核听诊器	核聽診器	nuclear stethoscope
核心网	核心網路	core network
核心映像库	磁心影像程式館	core image library
盒带	盒帶	cassette tape
盒式	匣	cartridge
盒式磁带	匣式磁帶	cartridge magnetic tape
盒式磁盘	匣式磁碟	disk cartridge, cartridge disk
盒式录像机	盒式錄象機	video cassette recorder, VCR
盒式录音机	盒式錄音機	cassette recorder
盒式透镜	盒式透鏡	box lens
盒形天线	起司天線	cheese antenna
赫尔墨斯卫星	賀姆斯衛星	Hermes satellite
赫夫曼编码	霍夫曼編碼	Huffman encoding
赫夫曼码	霍夫曼碼	Huffman code
赫兹	赫茲,每秒週	hertz, Hz
贺门转移轨道	賀門轉移軌道	Hohmann transfer orbit
黑白电视	黑白電視	black and white TV, monochrome TV
黑白显像管	黑白顯象管	black and white picture tube
黑板	黑板	blackboard

大　陆　名	台　湾　名	英　文　名
黑板策略	黑板策略	blackboard strategy
黑板记忆组织	黑板記憶體組織	blackboard memory organization
黑板结构	黑板結構	blackboard structure
黑板模型	黑板模型	blackboard model
黑板体系结构	黑板架構	blackboard architecture
黑板系统	黑板系統	blackboard system
黑板协商	黑板協商	blackboard negotiation
黑板协调	黑板協調	blackboard coordination
黑底	黑底	black matrix
黑底屏	黑底屏	black matrix screen
黑洞	黑洞	black hole
黑客	駭客	hacker
黑体	黑體	Hei Ti
黑田恒等式	庫羅塔相等律	Kuroda's identities
黑箱	黑箱	black box
黑箱测试	黑箱測試	black-box testing
黑信号	黑色訊號	black signal
黑晕	黑暈	black halo
亨[利]	亨[利]	henry, H
恒比鉴别器	恆比鑑別器	constant-fraction discriminator
恒参信道	參數穩定[化]通道	parametric stabilization channel
恒定比特率	恆定位元率	constant bit rate
恒定比特率业务	恆定位元率服務	constant bit rate service
恒定信噪比	固定訊號雜訊比	constant signal-to-noise ratio
恒角速度	①常數角速度 ②常數角速率	constant angular velocity
恒温恒湿试验	恆溫恆濕試驗	constant temperature and moisture test
恒线速度	恆定線性速度	constant linear velocity
恒向线	恆向線	rthumb line
恒虚警率	恆虚警率	constant false alarm rate, CFAR
横波	橫向波	transversal wave
横磁模,TM 模	橫向電磁模態,TM 模, E 模	transverse magnetic mode, TM mode
横电磁波室	橫電磁波室	TEM cell
横电磁模,TEM 模	TEM 模態	transverse electric and magnetic mode, TEM mode
横电模,TE 模	橫向電磁模態,TE 模, H 模	transverse electric mode, TE mode

大　陆　名	台　湾　名	英　文　名
横跨边	交叉緣	cross edge
横模	横模	transverse mode
横模锁定	横模鎖定	transverse mode-locking
横模选择	横模選擇	transverse mode selection
横排	横向合成	horizontal composition
横向	横向排法,風景排法	landscape
横向电磁波	横向電磁波	TEM wave
横向格式	横向格式	horizontal format, landscape format
横向激励大气压 CO_2 激光器,TEA CO_2 激光器	横激大氣壓二氧化碳雷射	transversely excited atmospheric pressure CO_2 laser
横向寄生晶体管	横向寄生電晶體	lateral parasitic transistor
横向检验	横向檢查	horizontal check
横向滤波器	横向濾波器	transversal filter
横向冗余检验	水平冗餘檢查	horizontal redundancy check
横向扫描	横向掃描	transverse scan
横越大西洋电话线路	横越大西洋電話線路	trans-Atlantic telephone circuits
横越太平洋电话线路	横越太平洋電話線路	trans-Pacific telephone circuits
衡稳温度,均衡温度	衡穩溫度	equilibrium temperature
衡重(=加权)		
轰炸雷达	轟炸雷達	bombing radar
红宝石激光器	紅寶石雷射	ruby laser
红黑工程	紅黑工程	red/black engineering
红色	紅色	red
红外干涉法	紅外干涉法	infrared interference method
红外行扫描仪	紅外行掃描儀	infrared line scanner
红外键合	紅外鍵合	infrared bonding
红外频谱	紅外線頻譜	infrared spectrum
红外前视系统	紅外前視系統	forward-looking infrared system, FLIS
红外线	紅外線	infrared, IR
红外[线]器件	紅外線元件	infrared device
红外线源	紅外線光源	infrared source
红外夜视系统	紅外夜視系統	infrared night-vision system
红信号	紅色訊號	red signal
宏病毒	巨集病毒	macrovirus
宏处理程序	巨集處理器	macroprocessor
宏单元	巨單元	macro cell
宏观计量经济模型	宏觀計量經濟模型	macroeconometric model

大 陆 名	台 湾 名	英 文 名
宏观经济模型	宏觀經濟模型	macroeconomic model
宏结点	巨節點	macronode
宏块	巨集塊	macroblock
宏理论	巨集理論	macro-theory
宏流水线算法	巨集管線演算法	macropipelining algorithm
宏任务化	巨集任務化	macrotasking
宏语言	巨集語言	macrolanguage
宏指令	巨集指令	macroinstruction, macros
后备,后援	備用[設備]	backup
后备保护	備份保護	backup protection
后备磁盘	備用磁碟	backup disk
后备存储	備份儲存	backing store
后备存储器	備份儲存器	backing storage
后备带	備份帶	backup tape
后备电路	備份電路	backup circuit
后备固定磁盘	備用固定式磁碟	backup fixed disk
后备计划	備份計劃	backup plan
后备路径	備份路徑	backup path
后备能力	備份能力	backup capability
后备软盘	備份磁片	backup diskette
后备位	備份位元	backup bit
后备系统(=后援系统)		
后备终端	後台終端設備	background terminal
后波瓣,尾波瓣	後瓣	back lobe
后处理	後處理	postprocessing
后端[处理]机	後端處理機	back-end processor
后端联网	後端網路	back-end networking
后端网	後端網[路]	back-end network
后烘	後烘	postbaking
后集	後集	post-set
后继	後續	successor
后继标识	後續標示	successor marking
后继丛	跟隨叢	follower constellation
后继站	後繼子	successor
后加安全	附加保全措施	add-on security
后夹板,信号板	底板	backplate
后进先出	後進先出	last-in-first-out, LIFO
后精简指令集计算机	後精簡指令集計算機	post-RISC

大陆名	台湾名	英文名
后连杆,回指连接	反向鏈接	back link
后门	後門	backdoor
后台	後台	background
后台编译程序	後台編譯程式	background compiler
后台操作方式	後台模式	background mode
后台程序	背景程式	background program
后台初启程序	背景啟動器	background initiator
后台处理	背景處理	background processing
后台存储器	後台儲存器	background storage
后台打印	後台列印	background printing
后台调度程序	背景排程器	background scheduler
后台分区	背景分區	background partition
后台分页	背景分頁	background paging
后台干扰	背景雜訊	background noise
后台计算机	後台計算機	background computer
后台监控程序	後台監視器	background monitor
后台流	後台流	background stream
后台区	後台區域	background region
后台任务	背景任務	background task
后台系统	後台系統	background system
后台研究	背景研究	background research
后台作业	背景工件	background job
后同步码	後同步碼	postamble
后退差值(=后向差分)		
后退差值法(=后向差分法)		
后向插值	反向內插	backward interpolation
后向差分,后退差值	反向差分	backward difference
后向差分法,后退差值法	反向差分法	backward difference method
后向适应量化	向後調適量化,向後適應性量化	backward adaptive quantization, AQB
后向适应预测	向後調適預測,向後適應性預估	backward adaptive prediction, APB
后向算子	反向差分運算子	backward difference operator
后向微分法	反向微分法	backward differentiation method
后向误差	反向誤差	backward error
后向误差分析	反向誤差分析	backward error analysis

大 陆 名	台 湾 名	英 文 名
后向显式拥塞通知	反向顯式擁塞通知	backward explicit congestion notification, BECN
后向选择(=反向选择)		
后向移位算子	反向移位運算子	backward shift operator
后像	後像,餘像,殘留影像	after-image
后援(=后备)		
后援存储器	備份儲存器	backup storage
后援电池	備份電池	backup battery
后援法	備份方法	backup method
后援方式	備用模態	backup mode
后援高速缓存	備援快取	backup cache
后援通信处理机	備份通信處理機	backup communication processor
后援系统,后备系统	備用系統	backup system
后[置]条件	後置條件	postcondition
后缀	後置	postfix
后缀码	後置碼	suffix code
厚层压板	厚層板	thick laminated plate
厚度计	厚度計	thickness meter
厚膜	厚膜	thick film
厚膜电路	厚膜電路	thick film circuit
厚膜混合集成电路	厚膜混合積體電路	thick film hybrid integrated circuit
厚膜[集成]电路	厚膜[積體]電路	thick film [integrated] circuit
厚膜浆料	厚膜漿汁	thick film ink
候选[键]码	候選鍵	candidate key
候选解	候選解	candidate solution
呼叫	呼叫,撥叫	
呼叫保持	通話保留	call hold
呼叫标记	呼叫符號	call sign
呼叫重定向	呼叫重定向	call redirection
呼叫单音	呼叫音	calling tone
呼叫等待	話中插接	call waiting
呼叫地址	呼叫地址,傳呼地址	call address
呼叫改发	呼叫改發	call deflection
呼叫号码	呼叫號碼	call number
呼叫建立	呼叫建立	call establishment
呼叫接通分组	呼叫連接封包	call connected packet
呼叫接通信号	呼叫接通訊號,呼叫接通訊號	call connected signal

大 陆 名	台 湾 名	英 文 名
呼叫进行信号	呼叫進展訊號	call progress signal
呼叫经历信息	呼叫經歷資訊	call history information
呼叫控制	呼叫控制	call control
呼叫控制规程	呼叫控制程序	call control procedure
呼叫铃,信号铃	呼叫鈴,訊號鈴	call bell
呼叫率	呼叫率	calling rate
呼叫碰撞	呼叫碰撞	call collision
呼叫频率	呼叫頻率	calling frequency
呼叫失败(=放弃呼叫)		
呼叫失败信号	呼叫失敗訊號,呼叫不成功訊號	call-failure signal
呼叫信号	呼叫訊號,叫通訊號,呼叫訊號	calling signal
呼叫信息	呼叫資訊	calling information
呼叫证实信号	呼叫證實訊號,呼叫證實訊號	call-confirmation signal
呼叫指示器	呼叫指示器	call indicator
呼叫转移	呼叫轉送	call transfer
呼损	呼損	call loss
呼损率	呼損率,呼叫損失率	rate of lost call
弧光放电	弧光放電	arc discharge
弧光放电管	弧光放電管	arc discharge tube
互补 MOS 集成电路(=CMOS 集成电路)		
互补晶体管逻辑	互補電晶體邏輯	complementary transistor logic, CTL
互操作性	可交互運作性	interoperability
互斥变迁	互斥變遷	exclusive transition
互斥使用方式	互斥使用模	exclusive usage mode
互感[应]	互感	mutual induction
互换	交換	interchange
互换电路	交換電路	interchange circuit
互换性	互換性	interchangeability
互连	互連	interconnection
互连网[络](= 互联网[络])		
互联网安全	網際網路安全	internet security
互联网[络],互连网[络]	互連網路	internet

大陆名	台湾名	英文名
互联网子层	網際連結子層	internet sublayer
互谱	互譜	cross spectrum
互熵	互熵	cross entropy
互通功能	網接功能	interworking function, IWF
互通性	互通性	interoperability
互同步网	互同步網	mutually synchronized network
互相怀疑	互疑	mutual suspicion
互信息	互資訊	mutual information
互易定理	互易定理	reciprocity theorem
互易网络	互易網路	reciprocal network
互易[性]	互易[性]	reciprocity
互指	互相參考	coreference
互阻抗	互阻抗	mutual impedance
户外天线	室外天線	outdoor antenna
护尾雷达	護尾雷達	tail warning radar
花园路径句子	花園路徑句子	garden path sentence
华莱士树	華萊士樹	Wallace tree
滑动负载	滑動負載	sliding load
滑动接点	滑動接點	sliding contact
滑动螺钉调配器	滑動螺釘調整器	slide screw tuner
滑行时间	滑行時間	slipping time
滑行斜坡天线	滑行[斜]坡形天線	glide-slope antenna
滑移带	滑移帶	slip band
滑移脉冲产生器	滑移脈波產生器	sliding pulser
滑移面	滑移面	slip plane
化合物半导体	化合物半導體	compound semiconductor
化合物半导体太阳电池	化合物半導體太陽電池	compound semiconductor solar cell
化合物半导体探测器	化合物半導體探測器	compound semiconductor detector
化学泵浦	化學幫浦	chemical pumping
化学电源	化學電源	electrochemical power source, electrochemical cell
化学分析电子能谱[学],光电子能谱法	化學分析電子能譜[學],光電子能譜法	electron spectroscopy for chemical analysis, ESCA
化学共沉淀工艺	化學共沉澱工藝	chemical coprecipitation process
化学机械抛光	化學機械拋光	chemico-mechanical polishing
化学激光器	化學雷射	chemical laser
化学计量		stoichiometry
化学敏感器	化學感測器	chemical sensor

大　陆　名	台　湾　名	英　文　名
化学抛光	化學拋光	chemical polishing
化学汽相淀积	化學汽相沈積	chemical vapor deposition, CVD
化学液相淀积	化學液相澱積	chemical liquid deposition, CLD
划分	①劃分,分區,分割 ②區間	partitioning
划分-交换排序	區分-交換排序	partition-exchange sort
划分算法	分區算法	partitioning algorithm
划片	劃片	scribing
画笔(=色标)		
画家算法	畫家演算法	painter's algorithm
画中画	畫中畫,尖波	picture in picture, PIP
话传电报	話傳電報	telephone telegram
话路	話路,電話通道,電話聲道	telephone channel
话内数据	語音中之資料	data in-voice, DIV
话题小组,课题小组	主題群組	topic group
话务量	電話業務,話務	telephone traffic
话务容量,业务容量,通信能力	話務容量,訊務容量,報務容量,通話能力	traffic capacity
话务台	轉接台	attendant's desk
话音	語音	voice
话音带宽数据通信	語音頻帶資料通訊	voiceband data communication
话音激活	話音激活	voice activation
话音频带数据传输	語音頻帶資料傳輸	voiceband data transmission
话音数据自动替代	自動交替電話/資料	automatic alternate voice/data
话音邮件	語音郵件	voice mail
话语	話語	discourse
话语分析	話語分析	utterance analysis
话语模型	話語模型	discourse model
话语生成	話語產出	discourse generation
话终信号灯,全清除信号灯	清理完畢訊號燈	all-clear signal lamp
坏块	壞塊	bad block
坏块表	壞塊表	bad block table
坏扇区法	壞分區	bad sectoring
还原(=撤销)		
环	環[狀]	ring
环磁导率	環導磁率	toroidal permeability

大　陆　名	台　湾　名	英　文　名
环等待时间	環潛時	ring latency
环回点	回送點	loopback point
环境光	周圍光	ambient light
环境剂量计	環境劑量計	environmental dosemeter
环境控制表	環境控制表	environment control table
环境湿度	周圍濕度	ambient humidity
环境试验	環境試驗	environmental test
环境温度	周圍溫度	ambient temperature
环境稳定性	環境穩定性	environmental stability
环境因数	環境因數	environment factor
环境映射	環境對映	environment mapping
环境噪声	環境雜訊	ambient noise
环路	迴路	loop
环路电路	環路	loop circuit
环路检验	環路校驗	loop checking
环路增益	環路增益	loop gain
环面反射器	環形反射器	toroidal reflector
环天线	迴路天線	loop antenna
环行器	環行器	circulator
环形缝隙天线	環形開槽天線	annular slot antenna
环形盒式磁带	循環迴路匣磁帶	endless loop cartridge tape
环形缓冲(=循环缓冲)		
环形解调器	環形解調器	ring demodulator
环形天线	環狀天線	ring antenna
环形调制器	環形調變器	ring modulator
环形拓扑	環狀拓撲	ring topology
环形阵	環形陣列	ring array
环形振荡器	環形振盪器	ring oscillator
环站	環站	ring station
环状网	環類網	ring network
缓冲	緩衝	buffering
缓冲场效晶体管逻辑	緩衝場效電晶體邏輯	buffered FET logic, BFL
缓冲池	集用場	buffer pool
缓冲存储器,缓存	緩衝區記憶體	buffer memory
缓冲放大器	緩衝放大器	buffer amplifier
缓冲寄存器	緩衝儲存	buffer storage
缓冲器	①緩衝器,緩衝區 ②緩衝	buffer

大 陆 名	台 湾 名	英 文 名
Z 缓冲器算法	Z 緩衝器演算法	Z-buffer algorithm
缓冲区分配	緩衝區分配	buffer allocation
缓冲区管理	緩衝區管理	buffer management
缓冲区释放	釋放緩衝器	buffer release, BR
缓冲区预分配	緩衝區預分配	buffer preallocation
缓存(=缓冲存储器)		
缓存器(=便笺式存储器)		
幻影	幻影,幻覺,幻象	phantom
唤名(=[按]名调用)		
唤醒	喚醒	wake-up
唤醒等待	喚醒等待	wake-up waiting
唤醒原语	喚醒基元	wake-up primitive
唤醒字符	喚醒字元	wake-up character
换出	換出	swap-out
换行	換行,饋行	line feed
换进	換進	swap-in
换名缓冲器	換名緩衝器	rename buffer
换模器(=模式变换器)		
换能器	換能器	transducer
换页	跳頁	form feed
黄页	黄頁簿	yellow pages
谎报电话	謊報電話	hoax call
灰度	灰度	gradation
灰度变换	灰階標度轉換	gray scale transformation
灰度级	灰度級	gray scale
灰度图像	灰階圖像	gray level image
灰度影像	灰度影像	grayscale image
灰度阈值	灰階定限	gray threshold
灰体	灰體	grey body
恢复,复原	回復	recovery
恢复电路	恢復電路	restore circuit
恢复块	恢復塊	recovery block
恢复能力	恢復能力	recovery capability
恢复删除	恢復刪除	undeletion
恢复时间	恢復時間	recovery time
恢复消息	回復信息	resume message
恢复载波(=重置载波)		

大 陆 名	台 湾 名	英 文 名
辉光放电	輝光放電	glow discharge
辉光放电管	輝光放電管	glow discharge tube
回边	回邊	back edge
回拨	回撥	dial-back
回波	回波	echo
回波抵消	回音消除	echo cancellation
回波抵消器	回波抵消器	echo canceller
回波放大器	回波放大器,反向波放大器	backward wave amplifier, BWA
回波宽度	回波寬度	echo width
回波损耗(=回损)		
回波箱	回波箱	echo box
回波抑制器	回波抑制器	echo suppressor
回差现象	回差現象	backlash phenomena
回车	①回車 ②輸送筒轉回	carriage return
回程(=返回)		
回程时间	回程時間,回復時間	return time
回程通路	反向路徑	backward path
回程信号通路	反向發訊號路徑	backward signaling path
回答模式	回答概要	answer schema
回复	答覆	reply
回复磁导率	回復導磁率	recoil permeability
回归	回歸	regression
回归测试	回歸測試	regression test
回叫	回叫	call-back
回铃音	回鈴音	ringback tone
回流	回流	reflow
回路测试	本地迴路[測試],自發自收[測試]	back to back
回扫时间	回掃時間	flyback time, retrace time
回收	回復	recovery
回收程序	回收器	reclaimer
回收指令	回收指令	recovery command
回送	回應,回音	echo
回送测试	回送測試,迴路返回測試	loopback test
回送方式	回送方式	echoplex
回送关闭	回送關閉	echo off

大陆名	台湾名	英文名
回送检验	回波核對,回送檢查	echo check, loopback checking
回送检验系统	回送檢查系統	loopback checking system
回送开放	回送開放	echo on
回溯	回溯	backtracking
回溯操作	回溯操作	backtracking operation
回溯点	回溯點	backtracking point
回溯法	回溯法	backtracking method
回溯算法	回溯演算法	backtracking algorithm
回损,回波损耗	回波損失,回波損耗	return loss
回弹力	彈力	resilience
回退,卷回	回轉,轉返	rollback
回退键(=返回键)		
回洗,反冲洗	逆算法	backflush
回旋磁控管	迴旋磁控管	gyro-magnetron
回旋放大管	迴旋放大管	gyro amplifier
回旋共振加热	迴旋共振加熱	cyclotron resonance heating
回旋管,电子回旋脉泽	迴旋管,電子迴旋脈澤	gyrotron, electron cyclotron maser, ECM
回旋潘尼管	迴旋潘尼管	gyro-peniotron
回旋频率	迴旋頻率	cyclotron frequency
回旋器,回转器	迴旋器	gyrator
回旋速调管	迴旋速調管	gyroklystron
回旋行波放大管	迴旋行波放大管	gyro-TWA
回旋振荡管	迴旋振盪管	gyro oscillator
回旋质谱仪	迴旋質譜儀	omegatron mass spectrometer
回指连接(=后连杆)		
回转器(=回旋器)		
汇编	組合	assemble
汇编表	組合列表	assembly list
汇编程序	組合程式,組譯器	assembler program
汇编程序伪操作	組合程式僞操作	assembler pseudooperation
汇编控制语句	組合控制敘述	assembly control statement
汇编命令	組合程式指引命令	assembler directive command
汇编系统	組合系統	assembly system
汇编语言	組合語言	assembly language
汇点	槽,接收點	sink
汇接	匯接	tandem
汇接局	匯接[交換]局,轉接局	tandem office, tandem exchange
汇接中继线	匯接中繼線,轉接中繼	tandem trunk

大陆名	台湾名	英文名
	線	
汇流条	匯流排條	bus bar
会话	交談,對話	conversation
会话层	會話層	session layer
会话密钥	對話鍵	session key
会话式分时	交談式分時	conversational time-sharing
会话型业务(=对话[型]业务)		
会聚	會聚	convergence
会聚子层	聚合副[階]層	convergence sublayer
会面时间	會面時間	face time
会晤层实体	會談層實體	session entity
会议电话	會議電話	conference call
会议连接	會議連接	conference connection
[会议]主持人	導體,導線	conductor
绘图	繪圖	plot
绘图机	繪圖器	plotter
XY 绘图机	X－Y 繪圖機,X－Y 繪圖器	X-Y plotter
绘图字符	圖像字元	pictorial character
绘制	轉列	rendering
彗差,彗形像差	彗差,彗形象差	coma aberration
彗形像差(=彗差)		
惠更斯源	惠更斯等效電源	Huygens source
惠能分解	惠能分解	Huynen decomposition
混叠	混疊	aliasing
混沌	混沌	chaos
混沌动力学	混沌動力學	chaotic dynamics
混光器	光混合器	optical mixer
混合	混合,併合	blendinghy, brid
混合编码	混合編碼	hybrid coding
混合电磁	混合電磁	hybrid electro-magnetic, HEM
混合电磁波	混合電磁波	HEM wave
混合动态系统	併合動態系統	hybrid dynamic system, HDS
混合光纤同轴电缆		hybrid fiber cable, HFC
混合环	①混成環 ②岔路環,環狀混波器	hybrid ring
混合集成电路	併合積體電路	hybrid integrated circuit, HIC

大 陆 名	台 湾 名	英 文 名
混合计算机,数字模拟计算机	併合計算機	hybrid computer
混合继电器	混合繼電器	hybrid relay
混合交换	混合交換	hybrid switching
混合接入	混合接入	hybrid access
混合接头	混合接頭	hybrid junction
混合结构	併合結構	hybrid structure
混合解码器	混合式解碼器	hybrid decoder
混合可扩缩性	混合可調能力	hybrid scalability
混合路径	混合路徑	mixed path
混合模拟	併合模擬	hybrid simulation
混合模态	混成模態	hybrid, HE, EH mode
混合排列向列模式	混合排列向列模式	hybrid aligned nematic display structure mode, HAN display structure mode
混合双稳光学器件	混成式雙穩態光元件	hybrid bistable optical device, BOD
混合网络	混合網路	mixing network
混合系统	併合系統	hybrid system
混合[型]关联处理机	併合關聯處理機	hybrid associative processor
混合主体	併合代理	hybrid agent
混乱性	混淆	confusion
混模器	模態混合器	mode mixer
混频	混頻	mixing
混频器	混頻器	mixer
混频器波导	混頻器波導管,混頻器導波管	mixer waveguide
混频器谐波	混頻器諧波	mixer harmonics
混频前置放大器	混頻前置放大器	mixer preamplifier
混洗	混洗	shuffle
混洗交换	混洗交換	shuffle-exchange
混洗交换网络	混洗交換網路	shuffle-exchange network
混响室	混響室	reverberation room
混淆区	混淆區	confusion region
混音器	混音器	audio mixer
混杂(=污染)		
活变迁	活變遷	live transition
活动	①活動率 ②活動性	activity
活动地板	①活動地板,假地板 ②高架地板	①false floor, free access floor ② elevated floor, raised floor

大　陆　名	台　湾　名	英　文　名
活动地址码	活動位址代號,單位位址代號	activity address code
活动分区	現用分區	active partition
活动进程	活動中的作業元	active process
活动率	活動比	activity ratio
活动驱动器	主動式驅動器	active driver
活动文件	現用檔案	active file
活动线路(=工作线)		
活动页	現用頁	active page
活动主体	主動代理	active agent
活动状态	活動狀態	active state
活化边表	現行邊串列	active edge list
活塞	活塞	piston, plunger
活时间	活時間	live time
活锁	活鎖	livelock
活性	活性	liveness
活性物质	活性物質	active material
火花检漏仪	火花檢漏儀	spark leak detector
火花室	火花室	spark chamber
火花探测器	火花探測器	spark detector
火花源质谱[术]	火花源質譜[術]	spark source mass spectrometry, SSMS
火箭	火箭	rocket
火控雷达	火控雷達	fire control radar
火力控制	火力管制,發射管制	fire control
火焰熔接	火焰熔接	flame fusion
伙伴系统	伙伴系統	buddy system
或非门	NOR 閘	NOR gate
或门	或閘	OR gate
获能腔	獲能腔	catcher resonator
获取	獲取,擷取	acquisition
获取范围,捕获范围	①獲取範圍 ②探測信標	acquisition range
获取过程	獲取過程	acquisition process
霍恩子句	霍恩子句	Horn clause
霍尔逻辑	霍爾邏輯	Hoare logic
霍尔特系统(=动态心电图监护系统)		
霍耳迁移率	霍爾遷移率	Hall mobility
霍耳效应	霍爾效應	Hall effect

大　陆　名	台　湾　名	英　文　名
霍耳效应器件	霍爾效應裝置	Hall-effect device
霍夫变换	霍夫變換	Hough transformation
霍普菲尔德神经网络	霍普菲爾類神經網絡	Hopfield neural network
霍特林变换	哈特林轉換	Hotelling transform

J

大　陆　名	台　湾　名	英　文　名
击穿	崩潰	breakdown, puncture
击穿电压	崩潰電壓	breakdown voltage
击穿强度	崩潰強度	breakdown strength
击穿信号(=故障信号)		
击打式打印机	撞擊式列印機	impact printer
击打噪声	擊打雜訊	hit noise
击键时间当量	打字時間當量	typing time equivalent
击键验证	擊鍵驗證	keystroke verification
LISP 机	LISP 機器	LISP machine
机场管制通信	機場指揮通信	airfield control communication
机场监视雷达	機場監視雷達	airport surveillance radar, ASR
机场控制无线电	機場控制無線電,機場管制無線電	aerodrome control radio
机电交换系统	機械電子交換系統	mechano-electronic switching system
机电耦合系数	機電耦合係數	electromechanical coupling factor
机电式扫描	電機機械式掃描	electromechanical scanning
机电调向	電子式機械掃描	electronic mechanically steering
机顶盒	①轉頻器 ②數控器	set-top box, STB
机动卫星	機動衛星	maneuvering satellite
机房	機房	machine room
机房管理	機房管理	room management
机房维护	機房維護	room maintenance
机柜连接器	機柜連接器	rack-and-panel connector
机密级	秘密	secret
机内测试(=内部测试)		
机内测试装置	機內測試裝置	built-in test equipment, BITE
机内通话系统	機內通話系統	aircraft interphone system
机器词典	機器字典	machine dictionary
机器发现	機器發現	machine discovery
机器翻译	機器翻譯	machine translation, MT

大　陆　名	台　湾　名	英　文　名
机器翻译评价	機器翻譯評估	evaluation of machine translation
机器检查中断	機器檢查中斷	machine check interrupt
机器浪费时间	機器浪費時間	machine-spoiled time
机器码	機器碼	machine code
机器人	機器人	robot
机器人工程	機器人工程	robot engineering
机器人学	機器人學	robotics
机器视觉	機器視覺	machine vision
机器学习	機器學習	machine learning
机器语言	機器語言	machine language
机器运行	機器運行	machine run
机器指令	機器指令	machine instruction
机器智能	機器智慧	machine intelligence
机器周期	機器週期	machine cycle
机器字	機器字,計算機字	machine word
机群,群集	群集	cluster
机上处理(=星上处理)		
机箱,机柜	①機櫃 ②底盤	chassis, case, cabinet
机械 CAD(=计算机辅助机械设计)		
机械电子学	機械電子學	mechatronics
机械激活电池	機械激活電池	mechanically activated battery
机械接头	機械熔接	mechanical splice
机械抛光	機械拋光	mechanical polishing
机械品质因数	機械品質因子	mechanical quality factor
机械扫描	機械掃描	mechanical scanning
机械扇形扫描	機械扇形掃描	mechanical sector scan
机械式翻译	機械式翻譯	mechanical translation
机械手	調處器	manipulator
机械鼠标[器]	機械式滑鼠	mechanical mouse
机械消旋天线	機械消旋天線	machanically despun antenna
机械学习	死記硬背的學習	rote learning
机译峰会	機器翻譯最高研討會	machine translation summit, MT summit
机载发射卫星	機載發射衛星,從飛行器上發射的人造衛星	aircraft launching satellite
机载雷达	機載雷達	airborne radar
机载盘锥形天线	機載盤錐形天線	aerodiscone antenna
机载收发信机	機載收發兩用機	aircraft transmitter-receiver

大陆名	台湾名	英文名
机载通信装置	機載通信裝置	airborne communicator
机制	機構	mechanism
机助翻译	機器輔助翻譯	machine-aided translation
机助人译	機器輔助人工翻譯	machine-aided human translation, MAHT
肌磁描记术	肌磁描記術	magnetomyography
肌电描记术	肌電描記術	electromyography
鸡尾酒会效应	雞尾酒會效應	cocktail party effect
迹线	軌跡	trajectory
迹语言	追蹤語言	trace language
积丢滤波器	積丟濾波器,積傾濾波器,積分後倒卸濾波器	integrate-and-dump filter
积分电路	積分電路	integrating circuit
积分控制	積分控制	integral control
积木世界	塊世界	blocks world
积木式布图系统	堆積式佈局系統	building-block layout system
基板	基板	plaque
基本部件	基本元件	basic component
基本操作	基本操作	basic operation
基本超群	基本超群	basic supergroup
基本词	基本詞	primary word
基本单元	基本元素	base element
基本多语种平面	基本多語文平面	basic multilingual plane
基本符号	基本符號	basic symbol
基本集	主集	primary set
基本接入	基本接入	basic access
基本块	基本塊	basic block
基本密钥	基本密鑰	basic key
基本模式,基模	主要模態	fundamental mode
基本平台	基本平台	basic platform
基本输入输出系统	基本輸出輸入系統	basic I/O system, BIOS
基本网系统	基本網路系統	elementary net system
基本位图	基本位元圖	basic bit-map
基本线路均衡器	基本線路等化器	basic line equalizer
基本信号	基本訊號	basic signal
基本优先级	基本優先	base priority
基本元素	根本元素	primitive element
基表	基本表	base table

大 陆 名	台 湾 名	英 文 名
基波	基波	fundamental wave
基场	基場,基地場	ground field
基础号(=基数)		
Java 基础类[库]	Java 基礎類別	Java foundation class
基础设施	基礎建設	infrastructure
基础网	基礎網	infranet
基带	基帶	baseband
基带传输	基帶傳輸	baseband transmission
基带局域网	基頻區域網路	baseband LAN
基带频率	基頻	base band frequency
基带信号	基帶訊號	baseband signal
基底反光能力(=背景反射性能)		
基地站,基台	基地站,基台	base station
基尔霍夫电流定律	克希荷夫電流定律	Kirchhoff's current law
基尔霍夫定律	克希荷夫定律	Kirchhoff's law
基干,主干	基幹	backbone
基函数	基礎函數	basis function
基极	基極	base
基间平面	基間平面	intercardinal plane
基模(=基本模式)		
基片	基板	substrate
基频	基本頻率,基頻	basic frequency, fundamental frequency
基平面	基平面	cardinal plane
基区	基極區	base region
基群	基群	basic group
基色单元	基色單元	primary color unit
基数,基础号	基數	base number
基数排序	基數排序	radix sorting
基台(=基地站)		
基网	基本網	underlying net
基线	基線	baseline
基线恢复	基線恢復	baseline restorer
基线漂移	基線漂移	baseline shift
基页	基頁	base page
基于博弈论协商	競賽理論為主協商	game theory-based negotiation
基于代价的查询优化	成本為本的查詢最佳化	cost-based query optimization
基于构件的软件工程	組件為本的軟體工程	component-based software engineering

大　陆　名	台　湾　名	英　文　名
基于构件的软件开发	組件為本的軟體開發	component-based software development
基于规划的协商	基於規劃的協商	plan-based negotiation
基于规则的程序	規則爲本的程式	rule-based program
基于规则的系统	規則爲本的系統	rule-based system
基于规则的演绎系统	規則爲本的演繹系統	rule-based deduction system
基于规则的语言	規則爲本的程式	rule-based language
基于规则的专家系统	規則爲本的專家系統	rule-based expert system
基于合一[的]语法	統一為主的語法	unification-based grammar
基于解释[的]学习	說明為本的學習	explanation-based learning, EBL
基于类型理论的方法	類型理論為主的方法	type theory-based method
基于流量的选路	流量基礎路由法	flow-based routing
基于面的表示	以面為主的表示	face-based representation
基于内容的检索	內容為本的檢索	content-based retrieval
基于内容的图像检索	內容為本的影像檢索	content-based image retrieval
基于实例[的]学习	實例為主的學習	instance-based learning
基于特征的逆向工程	特徵為本反向工程	feature-based reverse engineering
基于特征的设计	特徵為本設計	feature-based design
基于特征的造型	特徵為本模型化	feature-based modeling
基于特征的制造	特徵為本製造	feature-based manufacturing
基于物理的造型	基於物理的造型	physically based modeling
基于语法的查询优化	語法為本的查詢最佳化	syntax-based query optimization
基于语义的查询优化	語意為主的查詢最佳化	semantics-based query optimization
基于知识的仿真系统	知識為主的模擬系統	knowledge-based simulation system
基于知识的机器翻译	知識為主的機器翻譯	knowledge-based machine translation
基于知识[的]推理	知識為主的推理	knowledge-based inference
基于知识[的]推理系统	知識為主的推理系統	knowledge-based inference system
基于知识的问答系统	知識為本的問答系統	knowledge-based question answering system
基于知识的咨询系统	知識為本的諮詢系統	knowledge-based consultation system
基于主体[的]软件工程	代理式軟體工程	agent-based software engineering
基于主体[的]系统	代理式系統	agent-based system
基于资源的调度	資源為基的排程	resource-based scheduling
基址寄存器	基址暫存器,基底暫存器	base address register, base register
基准	①參考[資料] ②基準	①reference ②benchmark
基准测试	基準測試	benchmark test

大陆名	台湾名	英文名
基准程序	基準程式	benchmark program
基准电源(=参考电源)		
基准角(=参考角)		
基准码(=参考码)		
基准频率(=参考频率)		
基准网络	基線網路	baseline network
基准线	導引線	guide line
基子句	基本子句	ground clause
奇点	奇異點	singularity
奇函数	奇函數	odd function
奇检验	奇同位檢查	odd-parity check
奇模	奇模[態]	odd mode
奇偶归并排序	奇偶合併排序	odd-even merge sort
奇偶检查制,同位检查制	奇偶檢查制,同位檢查制	parity check system
奇偶检验	①奇偶檢驗 ②奇偶檢查,奇偶核對,同位核對	parity detection
奇偶检验符号	奇偶檢驗符號,同位元檢查符元	parity check symbol
奇偶检验矩阵	奇偶檢驗矩陣	parity check matrix
奇偶检验码	奇偶檢驗碼	parity check code
奇偶[检验]位	奇偶檢驗位元,同位位元	parity bit
奇偶检验字符	奇偶檢核字元,同位檢核字元	parity check character
奇偶校验	奇偶校驗	parity check
奇偶违例	同位違反	parity violation
奇偶[性]	奇偶,同位	parity
奇偶字符	奇偶字元,同位字元	parity character
畸变,失真	畸變,失真	distortion
激发	激發	excitation
激光	雷射	laser
激光泵	雷射幫浦	laser pump
激光泵浦	雷射幫浦	laser pumping
激光测距	雷射測距	laser ranging
激光测云仪	雷射雲罩測高儀	laser ceilometer
激光传输	雷射傳輸	laser transmission

大　陆　名	台　湾　名	英　文　名
激光存储器	雷射記憶體	laser memory
激光打孔	雷射鑽孔	laser drilling
激光打印机	雷射束列印機	laser beam printer
激光淀积	雷射沈積	laser deposition
激光多普勒测速仪	雷射多普勒測速計	laser Doppler velocimeter, LDV
激光多普勒雷达	雷射多普勒雷達	laser Doppler radar
激光二极管	雷射二極體	laser diode
激光二极管带宽	雷射二極體頻寬	laser diode bandwidth
激光二极管扭折	雷射二極體跳動	laser diode kink
激光二极体驱动电路	雷射二極體驅動電路	laser diode drive circuit
激光放大器	雷射放大器	laser amplifier
激光分离同位素	雷射分離同位素	laser isotope separation
激光干涉仪	雷射干涉儀	laser interferometer
激光感生 CVD	雷射感生 CVD	laser-induced chemical vapor deposition, LICVD
激光光谱[学]	雷射光譜[學]	laser spectroscopy
激光焊接	雷射焊接	laser welding
激光航道标	雷射航道標	laser channel marker
激光核聚度	雷射融合	laser fusion
激光加工	雷射加工	laser processing
激光键合	雷射鍵合	laser bonding
激光刻槽	雷射刻槽	laser grooving
激光雷达	雷射雷達	laser radar
激光破碎	雷射破碎	laser fracturing
激光器	雷射	laser
CO_2 激光器(=二氧化碳激光器)		
TEA CO_2 激光器(=横向激励大气压 CO_2 激光器)		
激光切割	雷射切割	laser cutting
激光染料	雷射染料	laser dye
激光损伤	雷射破壞	laser damage
激光探针质量分析仪	雷射探針質量分析儀	laser microprobe mass analyser, LAMMA
激光通信	雷射通信	laser communication
激光退火	雷射退火	laser annealing
激光陀螺	雷射儀	laser gyro
激光显示	雷射顯示	laser display

大 陆 名	台 湾 名	英 文 名
激光线宽	雷射線寬	laser linewidth
激光引发等离子体	雷射引發致電漿	laser-produced plasma
激光印刷机	雷射束列印機	laser printer
激光影碟	雷射影碟	laser vision, LV
激光再结晶	雷射再結晶	laser recrystallization
激光照排机	雷射排版機	laser typesetter
激光振荡	雷射振盪	laser oscillation
激光振荡器	雷射振盪器	laser oscillator
激光振荡条件	雷射振盪條件	laser oscillation condition
激光蒸发	雷射蒸發	laser evaporation
激活,使能	賦能,啟動	enable, activate
激活光纤	激活光纖	active optical fiber
激活函数	啟動函數	activation function
激活机制	啟動機制	activate mechanism
激活键(=启动键)		
激活媒质	活性介質	active medium
激活能	激活能	activation energy
激活信号(=启动信号)		
激活原语	啟動基元	activate primitive
激励[单]元	激勵元	driving element
激励函数	激勵函數	excitation function
激励器	激勵器	exciter, driver
及时编译程序	即時編譯程式	just-in-time compiler, JIT compiler
及时生产	即時生產	just-in-time production, JIT
吉	千兆,十億	giga, G
吉比特以太网,千兆位以太网	高速乙太網路	gigabit Ethernet
吉布森混合法	吉布森混合法	Gibson mix
吉布斯现象	吉普現象,古普效應	Gibbs phenomena
吉次浮点运算每秒(=十亿次浮点运算每秒)		
吉次运算每秒(=十亿次运算每秒)		
吉条指令每秒(=十亿条指令每秒)		
吉位(=十亿位)		
吉位每秒(=十亿位		

大　陆　名	台　湾　名	英　文　名
每秒)		
吉周期	千兆週	gigacycle
吉字节(＝十亿字节)		
吉字节每秒(＝十亿字节每秒)		
级	級	class
级控	階段控制	stage control
级联	級聯連接	cascade connection
级联码	疊接碼	cascaded code
级联综合法,链接综合法	級聯綜合法,鏈接綜合法	cascade synthesis
即插即用	隨插即用	plug and play
即插即用操作系统	隨插即用作業系統	plug and play operating system
即插即用程序设计	隨插即用程式設計	plug and play programming
即时解压缩(＝实时解压缩)		
即时压缩(＝实时压缩)		
极,刀	極	pole
极长波通信(＝极低频通信)		
极大值原理	極大值原理	maximum principle
极低频	至低頻	extremely low frequency, ELF
极低频通信,极长波通信	極低頻通信,極長波通信	ELF communication
极高频	至高頻	extremely high frequency, EHF
极高频通信,毫米波通信	極高頻通信,毫米波通信	EHF communication
极化,偏振	極化	polarization
极化分集,偏振分集	極化分集,偏振分集	polarization diversity
极化归零制记录法	極化歸零記錄	polarized return-to-zero recording
极化继电器	極化繼電器	polarized relay
极化滤波器,偏振滤光器	極化濾波器,極化濾光器	polarization filter
极化率	極化率	polarization ratio
极化面	極化面	polarization plane
极化效率	偏極效率	polarization efficiency
极化轴[向]比	極化橢圓長短軸比	axial ratio of polarization
极间电容	極間電容	interelectrode capacitance

大 陆 名	台 湾 名	英 文 名
极零[点]相消,零极点相消	極零[點]相消,零極點相消	pole-zero cancellation
极限环	極限環	limit cycle
极限优先级	極限優先權	limit priority
极限真空	極限真空	ultimate vacuum
极限质量	極限質量	limiting quality
极性半导体	極性半導體	polar semiconductor
极性电容器	極性電容	polar capacitor
极值控制	極值控制	extremum control
集成	整合,積體,積分	integration
集成电感器	積體化電感	integrated inductor
集成电路	積體電路	integrated circuit, IC
CMOS 集成电路,互补 MOS 集成电路	CMOS 積體電路,互補式 MOS 積體電路	complementary MOS intergrated circuit, CMOSIC
集成电路存储器	積體電路記憶體	integrated circuit memory
集成电路技术	積體電路技術	IC technology
集成电路阵列	積體電路陣列	IC array
集成电源	整合電源	integrated power supply
集成度	積體度	①integrity ②integration level
集成二极管太阳电池	積體化二極體太陽電池	integrated diode solar cell
集成光电子电路	積體光電電路	integrated optoelectronics circuits
集成光电子学	積體光電子學	integrated optoelectronics
集成光学	積體光學	integrated optics
集成光学滤波器	積體光濾波器	integrated optical filter
集成光学蚀刻印制	積體光學蝕刻	integrated optics lithography
集成光学条状波导	積體光學條狀波導	integrated optics strip waveguide
集成光学调制器	積體光學調變器	integrated optical modulator
集成敏感器	積體化感測器	integrated sensor
集成数控	積體數字控制	integrated numerical control, INC
集成注入逻辑	積體注入邏輯	integrated injection logic, I^2L
集成注入逻辑电路	積體注入邏輯電路	integrated injection logic circuit, IILC
集成自动化	整合自動化	integrated automation
集电极	集極	collector
集电结	集極接面	collector junction
集电区	集極區	collector region
集肤深度	集膚深度	skin depth
集肤效应(=趋肤效应)		
集合语言	集合語言	set language

大 陆 名	台 湾 名	英 文 名
集群	中繼、鏈路聚集	trunking
集散控制	總體分散式控制	total distributed control
集散控制系统	分散控制系統	distributed control system, DCS
集团口令	群組密碼	group password
集线器	集線器	hub
集中电容	集總電容	lumped capacitance
集中负载	集總負載	lumped load
集中监控	集中監控	centralized monitor
集中控制	集中控制	centralized control
集中器	集中器	concentrator
集中[式]处理	集中式處理	centralized processing
集中式缓冲池	集中式緩衝池	centralized buffer pool
集中[式]刷新	集中式更新	centralized refresh
集中式网	集中式網路	centralized network
集中式自动通话计费系统	集中式自動通話記帳系統	centralized automatic message accounting system, CAMA
集中衰减器	集中衰減器	concentrated attenuator
集总参数网络	集總參數網路	lumped parameter network
集总电极	塊狀電極	lumped electrodes
几何变换	幾何變換	geometric transformation
几何变形	幾何變形	geometry deformation
几何校正	幾何校正	geometric correction
几何连续性	幾何連續性	geometric continuity
几何码	幾何碼	geometric code
几何平均	幾何平均	geometric mean
几何形状量测	幾何形狀量測	geometric measurement
几何因子(=误差几何放大因子)		
几何造型	幾何模型化	geometric modeling
挤压	擠壓	extrusion
脊髓电描记术	脊髓電描記術	electromyelography
脊[形]波导	內脊波導	ridge waveguide
脊形喇叭	脊形喇叭	ridged horn
计费	計費	charging
计费通知	計費資料顯示	advice of charge
计量	計量	metrology
计量标准	計量標準	measurement standard
计量单位	計量單位	unit of measurement

大陆名	台湾名	英文名
计量经济模型	計量經濟模型	econometric model
计量型检查	計量型檢查	inspection by variables
计量语言学	計量語言學	quantitative linguistics
计时(=定时)		
计时分析程序	定時分析器	timing analyzer
计时器,定时器	計時器	timer
计时页	時控頁	clocked page
计数触发器	計數正反器	trigger flip-flop
计数管(=计数器)		
计数率表	計數率表	counting ratemeter
计数瓶	計數瓶	counting vial
计数器,计数管	計數器	counter
计数器描迹仪	計數器描跡儀	counter hodoscope
计数器望远镜	計數器望遠鏡	counter telescope
计数型检查	計數型檢查	inspection by attributes
计数选择弧	計數選擇弧	counter-alternate arc
计算	計算	computation
计算包封	計算包封	computational envelope
计算复杂度	計算復雜性	computation complexity
计算复杂性	計算復雜性	computation complexity
计算机	計算機,電腦	computer
计算机安全	計算機安全性	computer security
计算机安全与保密	計算機安全私密	computer security and privacy
计算机病毒	電腦病毒	computer virus
计算机操作指导	計算機操作導引	computer operational guidance
计算机层析成像	電腦化斷層掃描	computerized tomography
计算机产业	計算機工業	computer industry
计算机程序	電腦程式	computer program
计算机程序开发计划	電腦程式開發計劃	computer program development plan
计算机程序配置标识	電腦程式組態識別	computer program configuration identification
计算机程序确认	電腦程式驗證	computer program validation
计算机程序认证	電腦程式認證	computer program certification
计算机程序验证	電腦程式驗證	computer program verification
计算机程序摘要	電腦程式摘要	computer program abstract
计算机程序注释	電腦程式注釋	computer program annotation
计算机代	電腦世代	computer generations
计算机动画	電腦動畫	computer animation

大 陆 名	台 湾 名	英 文 名
计算机犯罪	計算機犯罪,電腦犯罪	computer crime
计算机辅助	電腦輔助	computer aided
计算机辅助测试	電腦輔助測試	computer-aided testing, CAT
计算机辅助出版	電腦輔助出版	computer-aided publishing, computer-assisted publishing
计算机辅助电子设计,电子 CAD	電腦輔助電子設計	computer-aided electronic design
计算机辅助翻译系统	電腦輔助翻譯系統	computer-aided translation system
计算机辅助分析	電腦輔助分析	computer-aided analysis
计算机辅助钢结构设计,钢结构 CAD	電腦輔助鋼鐵結構設計	computer-aided steelwork design
计算机辅助工程	電腦輔助工程	computer-aided engineering, CAE
计算机辅助工程设计,工程 CAD	電腦輔助工程設計	computer-aided engineering design
计算机辅助工艺规划	電腦輔助過程計劃	computer-aided process planning, CAPP
计算机辅助后勤保障	電腦輔助後勤支援	computer-aided logistic support, CALS
计算机辅助机械设计,机械 CAD	電腦輔助機械設計	computer-aided mechanical design
计算机辅助几何设计	電腦輔助幾何設計	computer-aided geometry design, CAGD
计算机辅助计划	電腦輔助計劃	computer-aided planning
计算机辅助建筑设计,建筑 CAD	電腦輔助建築設計	computer-aided building design
计算机辅助教学	電腦輔助教學	computer-aided instruction, CAI
计算机辅助配管设计,配管 CAD	電腦輔助管線設計	computer-aided piping design
计算机辅助软件工程	電腦輔助軟體工程	computer-aided software engineering
计算机辅助设计	電腦輔助設計	computer-aided design, CAD
计算机辅助设计与制造	電腦輔助設計及製造	computer-aided design and manufacturing, CAD/CAM
计算机辅助生产管理	電腦輔助生產管理	computer-aided production management
计算机辅助系统工程	電腦輔助系統工程	computer-aided system engineering
计算机辅助语法标注	電腦輔助文法加標	computer-aided grammatical tagging
计算机辅助制图	電腦輔助製圖	computer-aided drafting
计算机辅助制造	電腦輔助製造	computer-aided manufacturing, CAM
计算机辅助质量保证	電腦輔助品質保證	computer-aided quality assurance
计算机工程	計算機工程	computer engineering
计算机管理	計算機管理	computer management
计算机化	計算機化	computerization

大 陆 名	台 湾 名	英 文 名
计算机化小交换机	電腦化分局交換機	computerized branch exchange
计算机集成制造	電腦輔助整合製造	computer-integrated manufacturing
计算机集成制造系统	電腦整合製造系統	computer-integrated manufacturing system
计算机技术	電腦技術	computer technology
计算机间谍	電腦間諜	computer espionage
计算机监控系统	計算機監控系統	supervisory computer control system
计算机科学	計算機科學	computer science
计算机可靠性	計算機可靠性	computer reliability
计算机控制	計算機控制	computer control
计算机类型,计算机型谱	電腦種類	computer category
计算机理解	電腦理解	computer understanding
计算机乱用	電腦誤用	computer abuse
计算机密码学	電腦密碼術	computer cryptology
计算机软件	電腦軟體	computer software
计算机软件的法律保护	計算機軟體的合法保護	legal protection of computer software
计算机实现	計算機實施	computer implementation
计算机视觉	電腦視覺	computer vision
计算机输出缩微胶卷打印机	計算機輸出微縮膠卷列印機	computer output microfilm printer
计算机数据	電腦資料	computer data
计算机数控	計算機數值控制	computer numerical control, CNC
计算机体系结构	電腦架構	computer architecture
计算机通信	電腦通信,電腦通訊	computer communication
计算机通信网	計算機通信網	computer communication network
计算机图形学	①計算機圖學 ②電腦圖形	computer graphics
计算机网络	計算機網路,電腦網路	computer network
计算机维护与管埋	計算機維護與管理	computer maintenance and management
计算机系统	計算機系統	computer system
计算机系统审计	電腦系統稽核	computer system audit
计算机下棋	電腦下棋	computer chess
计算机显示	電腦顯示	computer display
计算机型谱(=计算机类型)		
计算机性能	計算機效能	computer performance
计算机性能评价	計算機效能評估	computer performance evaluation
计算机艺术	電腦藝術	computer art

大　陆　名	台　湾　名	英　文　名
计算机疫苗	電腦疫苗	computer vaccine
计算机应用	電腦應用	computer application
计算机应用技术	電腦應用技術	computer application technology
计算机硬件	計算機硬體	computer hardware
计算机语言	計算機語言,電腦語言,機器語言	computer language
计算机诈骗	電腦詐欺	computer fraud
计算机支持协同工作	計算機支援協同工作	computer-supported cooperative work, CSCW
计算机制图	電腦製圖	computer draft
计算[机]中心	計算機中心	computer center
计算机资源	計算機資源	computer resource
计算机字	計算機字	computer word, compuword
计算机自动控制的用户电报系统	電腦自動電傳打字電報系統	automatic computer telex system
计算机自动控制的用户电报业务	電腦自動電傳打字電報服務	automatic computer telex service
计算几何[学]	計算幾何	computational geometry
计算技术	計算技術	computing technology
计算零知识	計算零知識	computational zero-knowledge
计算逻辑	計算邏輯	computational logic
计算器	計算器	calculator
计算使用	計算使用	computation use
计算系统	計算系統	computing system
计算语言学	計算語言學	computational linguistics
计算语义学	計算語意學	computational semantics
计算语音学	計算語音學	computational phonetics
计算智能	計算人工智慧	computational intelligence
记法	①記法,表示法 ②記號,符號	notation
记录	記錄	record
FM 记录法(=调频记录法)		
MFM 记录法(=改进型调频记录法)		
记录方式	記錄模式	recording mode
记录间间隙	記錄間間隙	interrecord gap
记录密度	記錄密度	recording density

大 陆 名	台 湾 名	英 文 名
X-Y 记录器	X-Y 記錄器	X-Y recorder
记录锁定	記錄鎖定	record lock
记录头	記錄頭	recording head
记录系统,录音系统	記錄系統,記錄裝置	recording system
记忆保持度	歷時記憶	duration of remembering
记忆表示	記憶體表示	memory representation
记忆电路	記憶電路	memory circuit
记忆效应	記憶效應	memory effect
记忆裕度	記憶裕度	memory margin
记忆组织包	記憶體組織封包	memory organization packet, MOP
记账策略	帳號原則	account policy
记账码	會計碼	accounting code
技术可行性	技術可行性	technical feasibility
技术与办公协议	技術及辦公室協定	technical and office protocol, TOP
技术主管	技術長	chief technology officer, CTO
剂量计	劑量計	dosemeter
剂量率计	劑量率計	dose ratemeter
继承	繼承	inheritance
继承误差	繼承誤差	inhibited error
继电控制	起停式控制	bang-bang control
继电器	繼電器	relay
寂静时间	寂靜時間	dead time
寄存器	暫存器	register
寄存器长度	暫存器長度	register length
寄存器着色	寄存器著色	register coloring
寄生[单]元(=无源[单]元)		
寄生电容	寄生電容	parasitic capacitance
寄生发射	寄生發射	parasitic emission
寄生反馈	寄生回授	parasitic feedback
寄生回波	寄生回波	parasitic echo
寄生目标,天使回波	天使回波	angel
寄生频率	寄生頻率	parasitic frequency
寄生调幅	寄生調幅	parasitic amplitude modulation
寄生噪声	寄生雜訊	spurious noise
寄生振荡	寄生振盪	parasitic oscillation
加标图	標示圖	marked graph
加标循环,标号循环	加標迴圈,標號迴圈	marked cycle

大 陆 名	台 湾 名	英 文 名
加博变换	加博變換	Gabor transformation
加法定理,相加定理	相加定理	addition theorem
加法器	加法器	adder
加急传送	緊急傳送	urgent transfer
加急数据	加速遞送之資料	expedited data
加减器	加減器	adder-subtracter
加亮	①高亮度 ②特殊效果	highlight
加密	加密	encryption, encipherment
加密算法	密碼演算法	cryptographic algorithm
加密协议	密碼協定	cryptographic protocol
加密钥	加密鑰	encrypting key
加权,衡重	重量	weight, WT
加权曲线	加權曲線	weighted curve
加权同步距离	加權同步距離	weighted synchronic distance
加权图	加權圖形	weighted graph
加权 S 图	加權 S 圖	weighted S-graph
加权 T 图	加權 T 圖	weighted T-graph
加热合成氧化技术	加熱合成氧化技術	pyrogenic technique of oxidation
加斯特森码	加斯特森碼	Justesen code
加速比	加速比	speed-up ratio
加速测试	加速測試	accelerated test
加速常数	加速常數	acceleration constant
加速电容	加速電容	speed-up capacitor
加速定理	加速定理	speed-up theorem
加速键	加速鍵	accelerator key
加速时间	加速時間	acceleration time
[加]锁	鎖定	lock
加性高斯白噪声	加成性白高斯雜訊	additive white Gaussian noise, AWGN
加性高斯白噪声通道	加成性白高斯雜訊通道	additive white Gaussian noise channel
加载－存储体系结构	載入/儲存架構	load/store architecture
加载点	載入點	load point
加载品质因数	載入品質因數	loaded Q
加载线	載入線	loaded line
加重传输(＝提升传输)		
加重电路,振幅加强线路	增強器,頻率校正線路,音頻強化器	accentuator
加重网络	加重網路	emphasis network
夹断电压	夾止電壓	pinch-off voltage

大　陆　名	台　湾　名	英　文　名
夹具	夾具,固定物	fixture
家态	家態	home state
家庭办公	遠程交換	telecommuting
贾布洛夫界限	吉伯洛界限	Zyablov bound
甲类放大器	A 類放大器	class A amplifier
甲状腺功能仪	甲狀腺功能儀	thyroid function meter
假负载	假負載	dummy load
假冒攻击	冒名攻擊	impersonation attack
假目标	假目標	false target
假色	假色	pseudocolor
假设	假設,假說	hypothesis
假设小数点	假設小數點	assumed decimal point
假设验证	假設驗證	hypothesis verification
假脱机[操作],SPOOL 操作	①線上週邊同時作業,排存 ②捲軸	simultaneous peripheral operations on line, SPOOL
假脱机操作员特权级别	排存操作員特權階級	spooling operator privilege class
假脱机队列	排存隊列	spool queue
假脱机管理	排存管理	spool management
假脱机文件	排存檔案	spool file
假脱机文件标志	排存檔案標籤閘	spool file tag
假脱机文件级别	排存檔案類型	spool file class
假脱机系统	排存系統	spooling system
假脱机作业	排存作業	spool job
假想参考连接	假想參考連接	hypothetical reference connection
假信号	故障	glitch
价带	價帶	valence band
驾驶员告警指示器	駕駛員告警指示器	pilot warning indicator, PWI
架空,空中	架空的	aerial
架空电缆	架空纜線,高架纜線,天線纜線	aerial cable, overhead cable
架空电缆线路,架空缆线线路	架空纜線線路	cable pole line
架空缆线线路(=架空电缆线路)		
架空明线	架空明線,架空裸線	aerial bare line
架空网(=天线网)		
架空线	架空[明]線	aerial line
架空引入	架空吊入,架空引入	aerial lead-in

大　陆　名	台　湾　名	英　文　名
架装安装	框架安裝	rackmount
架装结构	框架構造	rack construction
尖(=峰)		
尖晶石型铁氧体	尖晶石型鐵氧體	spinel type ferrite
兼容计算机	相容計算機	compatible computer
兼容性,相容性	兼容性,相容性	compatibility
TTL 兼容性	TTL 並容性	TTL compatibility
兼容字符	相容性字元	compatibility character
监督控制	監督控制	supervisory control
监督学习	監督學習	supervised learning
监护病房	監護病室	intensive care unit, ICU
监控	監控,監視,監督	monitoring
监控程序	監視程式	monitor, monitor program
监控方式	監視器模	monitor mode
监控任务	監視器任務	monitor task
监控台	監控台	control and monitor console
监控系统,监视系统	監控系統,監視系統,監聽系統	monitoring system
监控与数据采集系统	監控與資料獲取系統	supervisory control and data acquisition system, SCADAS
监视定时器(=把关[定时]器)		
监视雷达(=搜索雷达)		
监视器	①監視器 ②監督	monitor
监视系统(=监控系统)		
监视信元	監控單元	monitoring cell
监视状态	監視狀態	monitored state
监听	監聽	snoop
监听电话机	監聽電話機	detectophone
拣取设备,拾取设备	撿取裝置	pick device
减法器	減法器	subtracter
减价电话	減價電話	reduced-rate call
减落因数	衰落因子	disaccommodation factor
减速时间	減速時間	deceleration time
减压氧化	減壓氧化	reduced pressure oxidation
减震器	減震器,震動吸收器	shock absorber
剪裁	裁剪	tailoring
剪裁过程	裁剪過程	tailoring process

大 陆 名	台 湾 名	英 文 名
剪切变换	剪切變換	shear transformation
剪取(=裁剪)		
剪贴	剪貼	cut and paste
剪贴板	剪輯板	clipboard
检波(=检测)		
检波器(=检测器)		
检测,检波	檢波	detection
检测概率(=发现概率)		
检测能力	檢測能力,檢測靈敏度	detectivity
检测器,检波器	檢測器,檢波器	detector
APD 检测器(=雪崩光电二极管检光器)		
PIN 检测器	PIN 檢測器	PIN detector
检查(=检验)		
检查表	檢查表	checklist
检查程序	核對器	checker
检查点	檢查點,核對點,查驗點	checkpoint
检查点再启动	檢查點再啟動	checkpoint restart
检查和	檢查和	checksum
检查批	檢查批	inspection lot
检错,差错检测	錯誤檢測	error detection, error detecting
检错例程	偵錯常式	error detecting routine
检错率	錯誤偵碼	error detection rate
检错码,差错检测码	錯誤檢測碼	error detection code, EDC
检错停机	核對停機	check stop
检定,验证	檢定,驗証	verification
检流计,灵敏电流计	檢流計,靈敏電流計	galvanometer
检漏	檢漏	leak detection
检漏气体	檢漏氣體	search gas
检漏试验	檢漏試驗	leakage-check test
检漏仪	檢漏儀	leak detector
检索	檢索器	retrieve
检索树	檢索樹	trie tree
检索[型]业务	檢索服務	retrieval service
检相,鉴相	檢相	phase detection
检相器	檢相器	phase detector
检验,检查	核對	check
检验板测试	核對器板測試	checkboard test

大　陆　名	台　湾　名	英　文　名
检验步骤	檢查程序	checking procedure
检验程序	核對程式	check program
检验电路	檢查電路	checking circuit
检验计算,验算	檢查計算	checking computation
检验例程	核對常式	check routine
检验码	檢查碼	checking code
检验位	核對數位,核對位元	check bit, check digit
检验序列	檢查順序	checking sequence
检验装置	驗證裝置	verifying unit
检验总线	核對匯流排,核對中繼線	check bus, check trunk
简便的目录访问协议	輕型目錄存取協定	lightweight DAP, LDAP
简并半导体	簡併半導體	degenerate semiconductor
简并模[式]	簡併模態	degenerate mode
简单安全性质	簡單安全特性	simple security property
简单多边形	簡單多邊形	simple polygon
简单链表	簡單鏈接串列	simply linked list
简单网	簡單網	simple net
简单网关监视协议	簡單閘道監控協定	simple gateway monitoring protocol, SGMP
简单网[络]管[理]协议	簡單網路管理協定	simple network management protocol, SNMP
简单邮件传送协议	簡單郵件轉移協定	simple mail transfer protocol, SMTP
简呼,短缩呼叫	簡呼,簡碼呼叫	abbreviated call
简[化]码,缩语,缩码	簡碼	brevity code
简化字	簡體字	simplified Hanzi, simplified Chinese character
简洁性	簡潔性	conciseness
简略拨号系统(=缩位拨号系统)		
简略地址(=短缩地址)		
简码	簡碼	brief-code
简约信道	衰減通道	reduced channel
碱性锌空气电池	鹼性鋅空氣電池	alkaline zinc-air battery
碱性锌锰电池	鹼性鋅錳電池	alkaline zinc-manganese dioxide cell
碱性蓄电池	鹼性蓄電池	alkaline storage battery
间断观察	間斷觀察	look-through
间发错误	間歇性錯誤	intermittent error
间隔标准	間隔標準	separation standard

大 陆 名	台 湾 名	英 文 名
间隔定时器	間隔計時器	interval timer
间隔量化	區間量化	interval quantization
间隔字符	空格字元	space character
间接带隙	間接能隙,間接頻帶間隙	indirect bandgap
间接带隙半导体	間接能帶隙半導體	indirect gap semiconductor
间接地址	間接位址	indirect address
间接复合	間接能隙復合	indirect recombination
间热[式]阴极,旁热[式]阴极	間熱[式]陰極,旁熱[式]陰極	indirectly heated cathode
间隙	間隙	①gap ②interstice
间隙定理	間隙定理	gap theorem
间隙宽度	間隙寬度	gap width
间隙扩散	間隙擴散	interstitial diffusion
间隙[缺陷]团	間隙[缺陷]團	interstitial cluster
间歇放电	間歇放電	intermittent discharge
间歇故障	間歇性故障	intermittent fault
间歇振荡器	阻隔振盪器	blocking oscillator
建立(=设置)		
建立时间	設置時間	setup time
建模,造形	①模型建立,成型 ②模型化	modeling
建议路由	建議採取的路由,諮詢路由	advisory route
建造,装配,拼装	組成,安裝	build-up
建筑 CAD(=计算机辅助建筑设计)		
剑桥环	劍橋環	cambridge ring
舰船停靠系统	艦船停靠系統	vessel approach and berthing system
舰队卫星通信系统	艦隊衛星通信系統	fleet satellite communication system, FLEETSATCOM
渐变光纤	漸變光纖	graded index fiber
渐变[截面]波导,锥面波导	漸變波導,錐面波導	tapered waveguide
渐变折射率	漸變折射率	graded index
渐近编码增益	編碼近似增益,漸近編碼增益	asymptotic coding gain
渐近稳定性	漸近穩定性	asymptotic stability

大 陆 名	台 湾 名	英 文 名
渐增导纳	漸增阻納	incremental admittance
溅射	濺射	sputtering
溅射薄膜磁盘(=溅射膜盘)		
溅射离子泵	濺射離子幫浦	sputter ion pump
溅射膜盘,溅射薄膜磁盘	濺射膜磁碟	sputtered film disk
鉴别	鑑別,鑑定,鑑認	authentication
鉴别比,消失比	鑑別比,消失比	extinction ratio
鉴别交换	鑑別交換	authentication exchange
鉴别逻辑	鑑別邏輯	logic of authentication
鉴别码,鉴定符	文電鑑別碼	authenticator
鉴别数据	鑑別資料	authentication data
鉴别头	鑑別標頭	authentication header
鉴别信息	鑑別資訊	authentication information
鉴定	①合格性,資格,限定,②技能	qualification
鉴定符(=鉴别码)		
鉴定试验	鑑定試驗	qualification test
鉴定需求	資格需求	qualification requirement
鉴频	鑑頻	frequency discrimination
鉴频器,甄频器	鑑頻器,甄頻器	frequency discriminator
键控穿孔机	①鍵打孔機,打孔機 ②鍵打孔,按鍵打孔	keypunch
键码	鍵碼	key code
键帽	鍵帽	key cap
键盘	鍵盤	keyboard
键盘穿孔机	鍵盤打孔	keyboard punch
键盘打印机	鍵盤列印機	keyboard printer
键盘开关	鍵盤開關	keyboard switch
键位	鍵對映	key mapping
键位表	鍵對映表	key mapping table
键位布局	鍵盤佈局	keyboard layout
键元	鍵元素,鍵元件	key-element
键元串	鍵元素串	key-element string
键元集	鍵元素集	key-element set
讲授学习	講授學習	learning by being told
降额因数	降額因數	derating factor

大陆名	台湾名	英文名
降负荷曲线	降負荷曲線	derating curve
降混	降混	downmix
降级	降格,退化	degradation
降级恢复	降級恢復	degraded recovery
降级运行	降級運行	degraded running
降阶状态观测器	降階狀態觀測器	reduced-order state observer
降取样滤波器	降取樣濾波器	downsampling filter
降维	降維	dimension reduction
降雨后向散射	降雨之反向散射,雨滴反向散射	rain backscatter
降雨衰减,雨滴衰减	降雨衰減,雨滴衰減	rain attenuation
交	①相交 ②交集	intersection
交变潮热试验	交變潮熱試驗	alternate humidity test
交叉编译	交叉編譯	cross compiling
交叉存储器	交插記憶體	interleaved memory
交叉存取	交插存取	interleaving access
交叉[点],交迭点	交叉[點],交迭點	crossover
交叉感染	交叉傳染	cross infection
交叉功率谱	交叉功率頻譜,相互功率頻譜	cross-power spectrum
交叉汇编程序	交叉組合程式	cross assembler
交叉极化	交叉極化	cross polarization
交叉极化干扰	交叉極化干擾	crossed polarization jamming
交叉极化鉴别	交叉極化鑑別	cross-polarization discrimination
交叉开槽	交叉開槽	crossed slot
交叉开关	交叉開關	crossbar
交叉开关网	交叉開關網路	crossbar network
交叉连接[单元]	交叉連接	cross connect
交叉链接文件	交叉鏈接文件	cross-linked file
交叉耦合	交叉耦合	cross coupling
交叉耦合噪声	交叉耦合雜訊	cross coupling noise
交叉搜索	交叉搜尋	intersection search
交叉调制	交越調變	cross modulation
交叉指形滤波器	交叉指形濾波器	interdigital filter
交错	交錯	interlace
交错定理	交錯定理	alternation theorem
交错二次型	交錯二次式	alternating quadratic form
交错路径	交錯路徑	zig-zag path

大陆名	台湾名	英文名
交错码	交錯碼	interleased code
交错双线性形式	交錯雙線性形式,交錯雙線性格式	alternating bilinear form
交错因子	交插因子	interleave factor
交迭点(=交叉[点])		
交迭脉冲列	交迭脈波列	interleaved pulse train
交付,投递	①遞送 ②交貨	delivery
交付批	交付批	consignment lot
交互常量	交互作用常數	interaction constant
交互错误	交互錯誤	interaction error
交互的	交互型	interactive
交互方式	交談模式,交作模	interactive mode
交互工作(=交互运作)		
交互故障	交互作用故障	interaction fault
交互极化干扰	交叉極化干擾,交互極化干擾	cross polarization interference
交互技术	交互技術	interactive technique
交互设备	交互裝置	interactive device
交互式布图系统	交互式佈局系統	interactive layout system
交互式查找	交互搜尋	interactive searching
交互式处理	交談式處理	interactive processing
交互式电视	交互式電視	interactive television, ITV
交互式翻译系统	交互式翻譯系統	interactive translation system
交互式分时	交互式分時	interactive time-sharing
交互式论证	交互式論證	interactive argument
交互式批处理	交談批次處理	interactive batch processing
交互[式]系统	交互系統	interactive system
交互式协议	交互式協定	interactive protocol
交互式语言	交互式語言	interactive language
交互式 SQL 语言	交互式 SQL 語言	interactive SQL
交互式证明	交互式證明	interactive proof
交互式证明协议	交互式證明協定	interactive proof protocol
交互式终端	交談型終端機	interactive terminal
交互图形系统	交互式圖形系統	interactive graphic system
交互型图文(=可视图文)		
交互[型]业务	交互[型]業務	interactive service
交互运作,交互工作	交互工作	interworking

大陆名	台湾名	英文名
交互主体	交互代理	interaction agent
交互[作用]	交互作用	interaction
交换	交換	exchange, switch, EX
交换电路	交換電路	switching circuit
交换分机	交換分機	branch exchange
交换格式	交換格式	interchange format
交换机	交換機	exchange, EX, switch
ATM 交换机	非同步傳輸模式交換機	asynchronous transfer mode switch, ATM switch
交换局	交換局	exchange, EX
交换码	交換碼	code for interchange
交换排列	交換排列	exchange permutation
交换排序	交換分類	exchange sort
交换设备	交換設備	switching facility
交换台接线员	交換台操作員	switchboard operator
交换网络	交換網路	switching network, SN
交换系统	交換系統	switching system
交换线路	交換線路	switched line
交换虚电路	交換虛擬電路	switched virtual circuit, SVC
交换虚拟网	交換虛擬網路	switched virtual network
交换中心	交換中心,交換台,交換機房	switching center
交换子	交換子	commutator
交会雷达	交會雷達	rendezvous radar
交流	交流	alternating current, AC
交流拨号	交流撥號	alternating current dialing
交流电铃	交流電鈴	AC ringer
交流干扰	交流干擾	AC interference
交流或直流,交直流两用	交流電/直流電	alternating current/direct current, AC/DC
交流抹去(=交流清洗)		
交流清洗,交流抹去	交流清除法	AC erasing
交流伺服系统	交流伺服系統	AC servo
交流信令	交流振鈴	AC signaling
交流信令系统	交流訊號系統,交流傳訊系統	AC signaling system
交流选择	交流撥號,交流選擇	alternating current selection
交收检查	交收檢查	receiving inspection

大陆名	台湾名	英文名
交谈[服务]	通話	talk
交替二进制[代]码	交替二進[制]編碼,交變二進[制]碼	alternate binary code
交替码	交替碼	alternate code
交替数字反转码	數字交替反轉碼	alternate digital conversion code
交调	交互調變,相互調變	intermodulation, IM
交钥匙系统(=整套承包系统)		
交织	交錯	interleaving
交织码	交錯碼	interlaced code, interleaved code
交织文法	交織文法	plex grammar
交直流两用(=流或直流)		
胶片剂量计	膠片劑量計	film dosemeter, film badge
焦耳定律	焦耳定律	Joule's law
焦距	焦距	focal length
焦面场	焦面場	focal plane field
焦平面阵列	聚焦面陣列	focal plane array
角度鉴别[装置]	角度鑑別[裝置]	angle discriminant
角度位置传感器	角位轉換器	angular position transducer
角[度]噪声	角[度]噪聲	angle noise
角分集	角度分集	angle diversity
角跟踪	角追蹤	angle tracking
角位移,失调角	角位移	angular displacement
角[形]反射器	牆角形反射器	corner reflector
角锥喇叭天线	金字塔形號角天線	pyramidal horn antenna
绞合导线	絞合導線	stranded conductor
绞合缆线	絞合纜線,吊線	strand cable
绞合线	絞合線,綱絞線	stranded wire
矫顽[磁]力	矯頑[磁]力	coercive force
脚本	腳本,手跡,原本	script
Java 脚本	Java 腳本	Java script
脚本知识表示	劇本知識表示	script knowledge representation
搅模器	攪模器	mode scrambler
校验指令	校驗指令	checking command
校正(=修正)		
校正网络	校正網路	correcting network
校正信号	校正訊號	correcting signal

大陆名	台湾名	英文名
校正子	校正子	syndrome
校准,标定	校準,標定	calibration
校准带	校準帶	calibration tape
校准漏孔	校準漏孔	calibrated leak
校准信号	校準訊號,校準訊號	calibrated signal
校准因数	校準因數	calibration factor
校准帧	校準框	alignment frame
叫人电话	指名電話	person-to-person call
叫通	接通	call through
叫通信号	叫通訊號,叫通訊號	calling-on signal
较低指令字部	下階指令部	lower instruction parcel
阶层[类]状态管理程序	括號狀態管理器	bracket state manager
阶梯式波导管	多級波導,階梯形波導	stepped waveguide
阶梯天线	步階天線	stepped antenna
阶跃电压	步階電壓	step voltage
阶跃发生器	階躍產生器	step generator
阶跃函数	階躍函數	step function
阶跃恢复二极管	階躍恢復二極體	step recovery diode
阶跃折射率	階躍折射率	step index
接触电阻	接觸電阻	contact resistance
接触件	接點,接觸	contact
接触起停	接觸起動止	contact start stop
接触式曝光法	接觸式曝光法	contact exposure method
接触式磁记录	觸式磁記錄法	contact magnetic recording
接触式活塞	接觸式活塞	contact piston, contact plunger
接触压力	接觸力	contact force
接地	①接地 ②大地	ground, GND
接地平面	接地面	ground plane
接地系统	接地系統	grounding system
接点损失	接點損失	joint loss
接合	鏈接,鏈結	linkage
接近式曝光法	接近式曝光法	proximity exposure method
接卡箱	卡堆疊器	card stacker
ESDI 接口(=增强型小设备接口)		
IPI 接口(=智能外围接口)		

大 陆 名	台 湾 名	英 文 名
SCSI 接口(＝小计算机系统接口)		
SMD 接口(＝存储模块驱动器接口)		
接口测试	介面測試	interface testing
接口定义语言	介面定義語言	interface definition language, IDL
接口分析	介面分析	interface analysis
接口规约	介面規格	interface specification
接口净荷	介面承載	interface payload
接口开销	介面間接費用	interface overhead
接口描述语言	介面描述語言	interface description language, IDL
接口数据单元	介面信息單元	interface data unit, IDU
接口速率	介面速率	interface rate
接口消息处理器	介面信息處理器	interface message processor, IMP
接口需求	介面需求	interface requirements
接口主体	介面代理	interface agent
接力站(＝中继站)		
接入	接入	access
接入传送	接取傳送	access transport
接入点	進接點	access point
接入冠字(＝接入首字)		
接入规约	接入規約	access protocol
接入交换机(＝存取[访问]开关)		
接入节点	接入節點	access node
接入控制	接入控制	access control, AC
接入首字,接入冠字	存取字頭	access prefix
接入投送信息	接取傳送資訊	access delivery information
接入网	接取網路	access network
接入线路	接入線路	access line
接入信道,存取通道	進接通道	access channel
接收	接收	acceptance
接收端	接收端	receiving end
接收端带宽(＝接收机带宽)		
接收方向图	接收場型	receiving pattern
接收机	接收機	receiver
接收机保护装置	接收機保護裝置	receiver protection device

大　陆　名	台　湾　名	英　文　名
接收机串音	接收機串音	receiver crosstalk
接收机带宽,接收端带宽	接收機頻寬,接收器頻寬	receiver bandwidth
接收机隔离	接收機隔離	receiver isolation
接收机功能退化	接收機功能退化	receiver degradation
接收机灵敏度	接收機靈敏度,接收器靈敏度	receiver sensitivity
接收机输出波形	接收機輸出波形	receiver output waveform
接收机噪声温度	接收機雜訊溫度	receiver noise temperature
接收门	接收閘	receiving gate
接收器电路	接受器電路	acceptor circuit
接收器噪声	接收器雜訊,接收機雜訊	receiver noise
接收天线	接收天線	pick-up antenna
接收证实	接收確認	confirmation of receipt
接受器	接收器	acceptor
接受者	接受者	recipient
接受状态	接受狀態	accepting state
接通	接入,接通	switch on
接通率	接通率	call completing rate
接头	接合面,接頭	junction
T 接头	T 接頭,T 型接合點	T junction
Y 接头	Y 接頭,Y 型接合點	Y junction
接线(=布线)		
接线机端口	交換機埠	switch ports
揭露	①解密 ②分佈	disclosure
节点(=结点)		
节点插值	結點內插值	knot interpolation
节点删除	結點刪除	knot removal
节点时延	節點延遲	node delay
洁净室	潔淨室	clean room
洁净台	潔淨台	clean bench
PN 结	PN 接面	PN junction
结点,节点	節點	node
结点分析法	節點分析法	nodal analysis method
结点关系度	節點關係度	relation degree of node
结电容	接面電容	junction capacitance
结电阻	接面電阻	junction resistance

大 陆 名	台 湾 名	英 文 名
PIN 结二极管	PIN 接面二極體	PIN junction diode
PN 结二极管	PN 接面二極體	PN junction diode
PN 结隔离	PN 結隔離	PN junction isolation
结构	結構	structure
结构查询语言,SQL 语言	結構查詢語言	structure query language, SQL
结构冲突	結構危障	structural hazard
结构存储器	結構記憶體	structural memory
结构分页系统	結構化分頁系統	structured paging system
结构化保护	結構化保護	structured protection
结构化编辑程序,结构化编辑器	結構化編輯器	structured editor
结构化编辑器(=结构化编辑程序)		
结构化操作系统	結構化作業系統	structured operating system
结构化程序	結構化程式	structured program
结构化程序设计	結構化程式設計	structured programming
结构化程序设计语言	結構化程式設計語言	structured programming language
结构化方法	結構化方法	structured method
结构化分析	結構化分析	structured analysis
结构化分析与设计技术	結構化分析與設計技術	structured analysis and design technique, SADT
结构化规约	結構化規格	structured specification
结构化设计	結構化程式設計	structured design
结构理据	結構原點	structure origin
结构模式识别	結構型樣識別	structural pattern recognition
结构式传感器	架構式傳感器	structural type transducer
结构式多处理机系统	結構化多處理機系統	structured multiprocessor system
结构图	結構圖	structure chart
结构性	結構性	structuredness
结构有界性	結構有界性	structural boundedness
结构主义语言学	結構主義語言學	structuralism linguistics
结环行器	接面環行器	junction circulator
结深	結深	junction depth
PN 结探测器	PN 結探測器	PN junction detector
结温	接點溫度	junction temperature
结型场效晶体管	接面型場效電晶體	junction field effect transistor
结至环境热阻	結至環境熱阻	junction-to-ambient thermal resistance

大陆名	台湾名	英文名
捷变频磁控管	捷變頻磁控管	frequency agile magnetron
截除	切割	cut
截断二进制指数退避［算法］	截短二進制指數退避	truncated binary exponential backoff
截断误差	截斷誤差,截尾誤差	truncation error
截获概率	截獲機率	intercept probability
截击时间,拦截时间	截擊時間,攔截時間	time to intercept, TTI
截面	截面,對照參考	cross section
截面曲线	截面曲線	cross section curve
截尾检查	截尾檢查	curtailed inspection
截止波长	截止波長	cut-off wavelength
截止波导	截止波導	cut-off waveguide
截止电压	截止電壓	cut-off voltage
截止阀	截止閥	break valve
截止频率	截止頻率	cut-off frequency
截止式衰减器	截止式衰減器	cut-off attenuator
解除分配	解除配置	deallocation
解答抽取	回答擷取	answer extraction
解卷积,退卷积	解褶積	deconvolution
解理	解理	cleavage
解码(＝译码)		
解码器(＝译码器)		
解密	解密	deciphering
解模电路	解模電路,解碼電路	demoding circuit
解耦	解耦	decoupling
解扰［码］器	解擾［碼］器	descrambler
解释	解譯	interpret
解释程序,解释器	解譯器	interpreter
Java 解释程序	Java 解譯器	Java interpreter
解释器(＝解释程序)		
解树	解樹	solution tree
解锁	解鎖,解除鎖定,開鎖,開啟	unlock
解调	解調	demodulation
解调－重调转发器	解調－重調轉發器	demodulation-remodulation transponder
解调器	解調器	demodulator, DEMOD
解图	解圖	solution graph
解吸,脱附	解吸,脫附	desorption

大陆名	台湾名	英文名
解压缩	解壓縮	decompress
介电常数,电容率	介電常數,介電係數	dielectric constant, permittivity
介电强度(=介质强度)		
介电损耗	介電質損耗	dielectric loss
介电陶瓷	介電陶瓷	dielectric ceramic
介入损耗(=插入损耗)		
介质,媒体	[傳輸]介質,媒體	media
介质波导	介電質波導	dielectric waveguide
介质隔离	介質隔離,電介質隔離	dielectric isolation
介质共振腔振荡器	介質共振腔振盪器	dielectric resonator oscillato, DRO
介质故障	媒體故障	media failure
介质击穿	介質擊穿	dielectric breakdown
介质极化	介電質極化	dielectric polarization
介质强度,介电强度	介質強度,介電強度	dielectric strength
介质天线	介質天線	dielectric antenna
介质吸收	介電質吸收	dielectric absorption
介质转换	介質轉換,媒體轉換	media conversion
界面	介面	interface
界面反应率常数	介面回應率常數	interface reaction-rate constant
界面态	介面態	interfacial state
界面陷阱电荷	介面陷阱電荷	interface trapped charge
借线进入	揹負進入	piggyback entry
金红石瓷	金紅石瓷	rutile ceramic
金属-半导体场效晶体管	金屬-半導體場效電晶體	metal-semiconductor field effect transistor, MESFET
金属-半导体场效应管放大器	金屬-半導體場效電晶體放大器	MESFET amplifier
金属玻璃釉电位器	金屬玻璃釉電位器	metal glaze potentiometer
金属玻璃釉电阻器	金屬玻璃釉電阻	metal glaze resistor
金属带	金屬帶	metal tape
金属-氮化物-氧化物-半导体场效晶体管	金屬-氮化物-氧化物-半導體場效電晶體	metal-nitride-oxide-semiconductor field effect transistor, MNOSFET
金属粉末磁带	合金粒子磁帶	alloy magnetic particle tape
金属封装	金屬封裝	metallic packaging
金属化	金屬化	metallization
金属化孔	鍍通孔	plated-through hole
金属[化]陶瓷模块	金屬陶瓷模組	metallized ceramic module

大 陆 名	台 湾 名	英 文 名
金属化纸介电容器	金屬化紙介電容	metallized paper capacitor
金属集成半导体场效晶体管	金屬積體半導體場效電晶體	metal integrated-semiconductor field effect transistor, MISFET
金属间化合物半导体	金屬間化合物半導體	intermetallic compound semiconductor
金属-绝缘体-半导体太阳电池	金屬-絕緣體-半導體太陽電池	metal-isolator-semiconductor solar cell, MIS solar cell
金属空气电池	金屬空氣電池	metal-air cell
金属膜电位器	金屬膜電位器	metal film potentiometer
金属膜电阻器	金屬膜電阻	metal film resistor
金属软磁材料	金屬軟磁材料	metal soft magnetic material
金属-氧化铝-氧化物-半导体场效晶体管	金屬-氧化鋁-氧化物-半導體場效電晶體	metal-Al_2O_3-oxide-semiconductor field effect transistor, MAOSFET
金属-氧化物-半导体场效晶体管(=MOS场效晶体管)		
金属氧化物半导体存储器,MOS存储器	金屬氧半導體記憶體	metal-oxide-semiconductor memory, MOS memory
金属有机[化合物]CVD(=有机金属化学汽相沉积法)		
金属蒸气激光器	金屬蒸氣雷射	metal vapor laser
金字塔结构	金字塔結構	pyramid structure
紧包缓冲层缆线	緊緩衝裝填纜線	tight buffer cable
紧充码	緊充碼	closely packed code
紧缚波	緊縛波	tightly bond wave
紧急断电	緊急斷電	emergency-off
紧急呼叫	緊急呼叫	emergency call
紧急开关	緊急開關,應急鈕	emergency switch, panic button
紧[密]耦合系统	緊耦合系統	tightly coupled system
紧密一致性	緊密一致性	tight consistency
紧耦合系统	緊密耦合系統	closely coupled system
紧排	字母緊排,疊置	kerning
紧缩	①壓縮,縮緊 ②包裹 ③包裝,組裝,封裝	pack
紧致测试	緊縮測試	compact testing
锦标赛算法	錦標賽演算法	tournament algorithm
尽力投递	盡力投遞	best-effort delivery

大　陆　名	台　湾　名	英　文　名
近场	近場	near field
近场强度分布	近場強度分佈	near field intensity distribution
近场区	近場區	near-field region
近场式卡塞格林天线	近場式卡塞葛籣天線	near-field Cassegrain antenna
近场效应	近場效應	near-field effect
近程回波	近程回波,近回波	near echo
近地点	近地點	perigee
近地轨道	近地軌道	near-earth orbit
近端串音	近端串話,本端串話	near-end crosstalk
近端耦合噪声	近端耦合雜訊	near-end coupled noise
近高斯脉冲成形	近高斯脈波成形	near-Gaussian pulse shaping
近毫米波	近毫米波	near-millimeter wave
近红外通信	近紅外通信	near-infrared communication
近晶相液晶	近晶相液晶	smectic liquid crystal
近静止轨道	近同步軌道,近靜止軌道	near-geostationary orbit
近邻	鄰	neighbor
近区	近區	near zone
近似算法,逼近算法	近似演算法	approximation algorithm
近似推理	近似推理	approximate reasoning
近贴聚焦	近貼聚焦	proximity focusing
近同步赤道轨道	[接]近同步赤道軌道	near synchronous equatorial orbit
近线	近線	near line
进程	處理	process
进程变迁	過程變遷	process transition
进程存储器开关表示,PMS 表示	過程記憶器開關表示	process-memory-switch representation, PMS representation
进程调度	過程排程	process scheduling
进程定性推理	過程定性推理	process qualitative reasoning
进程间通信	過程間通訊	interprocess communication, IPC
进程迁移	處理遷移	process migration
进程同步	過程同步	process synchronization
进程优先级	過程優先	process priority
进程状态	處理狀態	process state
进化	進化	evolution
进化策略	進化策略	evolution strategy
进化程序	進化程式	evolution program
进化程序设计	進化程式設計	evolution programming

大 陆 名	台 湾 名	英 文 名
进化发展	進化發展	evolutionary development
进化机制	演化機制	evolutionism
进化计算	進化計算	evolutionary computing
进化检查	進化檢查	evolution checking
进化优化	進化最佳化	evolutionary optimization
进近窗口	進近窗口	approach aperture
进近着陆系统	進近著陸系統	approach and landing system
进位	進位	carry
进位传递加法器	進位傳遞加法器	carry-propagation adder
进栈	推,放入	push
浸焊	浸焊	dip-soldering
浸没式电子枪	浸沒式電子槍	immersed electron gun
浸没透镜	浸沒透鏡	immersion lens
浸没物镜	浸沒物鏡	immersion objective lens
禁闭	禁閉	confinement
禁带(=带隙)		
禁集	禁集	immune set
禁用字符	禁用字元	forbidden character
禁用组合	禁用組合	forbidden combination
禁用组合检验	禁用組合核對	forbidden combination check
禁止	①禁止 ②使失效,去能	disable, inhibition
禁止表	禁用表	forbidden list
禁止电路	禁止電路	inhibit circuit
禁止脉冲	禁止脈衝	inhibit pulse
禁[止]门	禁止閘	inhibit gate
禁止输入	禁止輸入	inhibiting input
禁止信号	禁止訊號	inhibit signal
禁止中断	中斷去能	interrupt disable
禁止状态	禁用狀態	forbidden state
经典逻辑	經典邏輯	classical logic
经济可行性	經濟可行性	economic feasibility
经济模型	經濟模型	economic model
经济信息系统	經濟資訊系統	economic information system, EIS
经理信息系统	主管資訊系統	executive information system, EIS
经理支持系统	主管支援系統	executive support system, ESS
经皮电刺激	經皮電刺激	transcutaneous electrostimulation
[经]认可的运营机构	經認可營運機構	recognized operating agency, ROA
经验法则	經驗法則	empirical law

大陆名	台湾名	英文名
经验系统	經驗系統	empirical system
经验杂波模式	經驗雜波模式	empirical clutter model
晶胞	單位晶胞	unit cell
晶锭研磨	晶柱研磨	ingot grinding
晶格	晶格	lattice
晶格参数	晶格參數	lattice parameter
晶格常数	晶格常數	lattice constant
晶格结构	晶格結構	lattice structure
晶格匹配	晶格匹配	lattice match
晶格缺陷	晶格缺陷	lattice defect
晶面	晶面	lattice plane
晶片,圆片	晶片,圓片	wafer
晶体	晶體	crystal
晶体管	電晶體	transistor
晶体管－晶体管逻辑	電晶體－電晶體邏輯	transistor-transistor logic, TTL
晶体光纤	晶體光纖	crystal fiber
晶体混频器	晶體混頻器	crystal mixer
晶体滤波器	晶體濾波器	crystal filter
晶体生长	晶體生長	crystal growth
晶体生长提拉法(＝直拉法)		
晶体振荡器	晶體振盪器	crystal oscillator
晶向	晶向	lattice orientation
晶闸管	晶閘管	thyristor
精定位	精定位	fine positioning
精化	精化	refinement
精化策略	精化策略	refinement strategy
精化准则	精化準則	refinement criterion
精简指令	精简指令	reduced instruction
精简指令集计算机	精簡指令集電腦	reduced-instruction-set computer, RISC
精密测距器	精密測距器	precision distance measuring equipment, PDME
精密电位器	精密電位器	precision potentiometer
精密电阻器	精密電阻	precision resistor
精[密]度	精[密]度	precision
精密伏尔	精密伏爾	precise VOR, PVOR
精密进场雷达	精密進場雷達	precision approach radar, PAR
精缩	精縮	final minification

大 陆 名	台 湾 名	英 文 名
精调同轴磁控管	精調同軸磁控管	accutuned coaxial magnetron
井型闪烁计数器	井型閃爍計數器	well-type scintillation counter
N 阱 CMOS	N 型井 CMOS	N-well CMOS
P 阱 CMOS	P 型井 CMOS	P-well CMOS
肼空气燃料电池	肼空氣燃料電池	hydrazine-air fuel cell
景物	景物	scene
景物分析	景物分析	scenic analysis
警告	告警	alert
警旗	警旗	flag alarm
净荷	酬載,有效載量	payload
净化电源	淨化電源	power conditioner
净面积	淨面積	net area
净室软件工程	無塵室軟體工程	cleanroom software engineering
净损耗	淨損耗,淨衰減	net loss
径迹探测器	徑跡探測器	track detector
径向导波管	輻射狀導波管	radial waveguide
径向伺服	徑向伺服	radial servo
径向线	徑向傳輸線	radial transmission line
竞争变迁	競爭變遷	competitive transition
竞争网络	競爭網路	competition network
静磁泵	靜磁幫浦	magnetostatic pump
静磁表面波	靜磁表面波	magnetostatic surface wave
静磁波	靜磁波	magnetostatic wave
静电保护	靜電保護	electrostatic protection
静态重定位	靜態再定位	static relocation
静电磁场	靜電磁場	electromagnetostatic field
静电存储管	靜電存儲管	electrostatic storage tube
静电存储器	靜電儲存	electrostatic storage
静电放电损伤	靜電放電損傷	electrostatic discharge damage
静电绘图机	靜電繪圖器	electrostatic plotter
静电计	靜電計	electrometer
静电聚焦速调管	靜電聚焦速調管	electrostatically focused klystron
静电控制	靜電控制	electrostatic control
静电透镜	靜電透鏡	electrostatic lens
静电印刷机	靜電列印機	electrostatic printer
静摩擦力矩	靜摩擦力矩	static friction torque
静启动	靜啟動	dead start
静区	靜區	quiet zone, silence zone

大　陆　名	台　湾　名	英　文　名
静态绑定	靜態連結	static binding
静态测试	靜態測試	static testing
静态处理器分配	靜態處理器分配	static processor allocation
静态存储分配	靜態記憶體分配	static memory allocation
静态存储器	①靜態儲存器，靜態記憶體 ②靜態儲存	static memory, static storage
静态的	靜態的	static
静态调度	靜態排程	static scheduling
静态多功能流水线	靜態多功能管線	static multifunctional pipeline
静态分析	靜態分析	static analysis
静态分析程序	靜態分析程式	static analyzer
静态负载	靜態負載	static load
静态汉字重码率	靜態漢字重碼率	static coincident code rate for Hanzi
静态汉字平均码长	靜態漢字平均碼長	static average code length of Hanzi
静态缓冲	靜態緩衝	static buffering
静态缓冲区	靜態緩衝區	static buffer
静态缓冲区分配	靜態緩衝區分配	static buffer allocation
静态检验	靜態檢查	static check
静态键位分布系数	靜態鍵位分佈係數	static coefficient for code element allocation
静态流水线	靜態管線	static pipeline
静态冒险	靜態冒險	static hazard
静态扭斜	靜態偏斜	static skew
静态冗余	靜態冗餘	static redundancy
静态数据区	靜態資料區	static data area
静态刷新	靜態更新	static refresh
静态随机[存取]存储器	靜態隨機存取記憶體	static random access memory, SRAM
静态网络	靜態網路	static network
静态相关性检查	靜態相關性檢查	static coherence check
静态整步转矩特性	靜態同步轉矩特性	static synchronizing torque characteristic
静态知识	靜態知識	static knowledge
静态字词重码率	靜態字詞重碼率	static coincident code rate for words
静态字词平均码长	靜態字詞平均碼長	static average code length of words
静压[式]浮动磁头	靜態壓力浮動磁頭	static pressure flying head
静音	靜音	muting
静音状态，静止状态	靜音狀態，靜止狀態	quiescent state
静止图像	靜止影像	still image

大　陆　名	台　湾　名	英　文　名
静止图像广播	静止圖象廣播	still picture broadcasting
JPEG[静止图像压缩]标准	①聯合影像專家小組 ②静止影像壓縮標準	Joint Photographic Experts Group, JPEG
静止卫星	同步衛星	stationary satellite
静止状态(=静音状态)		
镜面反射光	鏡面反射光	specular reflection light
镜频干扰	鏡頻干擾	image frequency interference
镜频回收混频器	鏡頻回收混頻器	image recovery mixer
镜像	鏡	mirror
镜像参数(=影像参数)		
镜像平面	鏡像平面	imaging plane
镜像抑制比	鏡像排斥比	image rejection ratio
镜像原理	鏡像原理	image theory
纠错	錯誤更正	error correction
纠错编码	糾錯編碼	error correction coding
纠错例程	改錯常式,錯誤校正常式	error correcting routine
纠错码	錯誤校正碼	error correction code, ECC
纠突发错误码	糾突發錯誤碼	burst [error] correcting code
就绪	就绪	ready
就绪状态	就绪状态	ready state
居里点(=居里温度)		
居里温度,居里点	居里溫度,居里點	Curie temperature, Curie point
局,署,主管部门	主管部門,管理局	administration
局部变量	局部變數	local variable
局部存储[器]	局部記憶體	local memory
局部等待图	局部等待圖	local wait-for graph, LWFG
局部故障	局部故障	local fault
局部光照模型	局部光照模型	local illumination model, local light model
局部模式	局部綱目	local schema
局部确定[性]公理	局部確定性公理	local-deterministic axiom
局部失效	局部失效	local failure
局部死锁	局部死鎖	local deadlock
局部性	局部性	locality
局部应用	局部應用	local application
PCI 局部总线	PCI 區域匯流排	peripheral component interconnection local bus
局部坐标系	區域坐標系統	local coordinate system

大　陆　名	台　湾　名	英　文　名
局间传输系统	局間傳輸系統	interoffice transmission system
局间电话	局間電話,室內電話	interoffice phone
局间网	局間網路	interoffice network
局间中继系统	局間幹線系統	interoffice trunking system
局内呼叫	內部交互呼叫	intraexchange calls
局域网	局域網	local area network, LAN
局域网[成]组地址	區域網路群組位址	LAN group address
局域网单[个]地址	區域網路個別位址	LAN individual address
局域网多播	區域網路多播	LAN multicast
局域网多播地址	區域網路多播位址	LAN multicast address
局域网服务器	區域網路伺服器	LAN server
局域网管理程序	區域網路管理器	LAN manager
局域网广播	區域網路廣播	LAN broadcast
局域网广播地址	區域網路廣播位址	LAN broadcast address
局域网交换机	區域網路交換機	LAN switch
局域网全球地址	區域網路全球位址	LAN global address
局域网网关	區域網路閘道	LAN gateway
局域网协议	區域網路協定	local area network protocols
菊花链	菊鏈	daisy chain
橘皮书	橘皮書	orange book
矩角位移特性	矩角位移特性	torque-angular displacement characteristic
矩描述子	矩描述符	moment descriptor
矩形波导	矩形波導	rectangular waveguide
矩形波导管	矩形導波管	rectangular waveguide
矩形窗	矩形窗	rectangular window
矩形孔径天线	矩形孔徑天線	rectangular aperture antenna
矩形脉冲	矩形脈波	rectangular pulse
矩形谐振腔器	矩形空腔諧振器	rectangular cavity
矩形阵列	矩形陣列	rectangular array
矩阵接收机	矩陣接收機	matrix receiver
矩阵接线器(=矩阵开关)		
矩阵开关,矩阵接线器	矩陣式交換	matrix switch
矩阵显示	矩陣顯示	matrix display
句柄	①柄 ②處置	handle
句法,语构	語法	syntax
句法范畴	語法種類	syntax category
句法分析	語法分析	syntax analysis

大陆名	台湾名	英文名
句法关系	語法關係	syntactic relation
句法规则	語法規則	syntactic rule
句法结构	語法結構	syntactic structure
句法理论	語法理論	syntax theory
句法模式识别	語法型樣辨識	syntactic pattern recognition
句法歧义	語法歧義	syntax ambiguity, syntactic ambiguity
句法生成	語法產生	syntax generation
句法树	句法樹	syntactic tree
句法语义学	語法語意學	syntactic semantics
句法制导编辑程序,句法制导编辑器	語法引導編輯器	syntax-directed editor
句法制导编辑器(=句法制导编辑程序)		
句型	句型	sentential form, sentence pattern
句子	句	sentence
句子片段	句子片段	sentence fragment
句子歧义消除	句子歧義消除	sentence disambiguation
巨脉冲激光器	巨脈衝雷射	giant pulse laser
巨脉冲技术	巨脈衝技術	giant pulse technique
巨屏幕显示	巨熒幕顯示	giant scale display
巨群	巨群	giant group
巨型计算机,超级计算机	超級電腦	supercomputer
拒绝服务	拒絕服務	denial of service
拒绝域	拒絕域	critical region
拒收	拒收	rejection
距离标志	距離標志	range marker
距离-方位显示器	距離-方位顯示器	range-azimuth display, B-scope
距离分辨率	距離解析度	range resolution
距离分辨装置	距離鑑別裝置	range discriminant
距离高度显示器	距離高度顯示器	range-height indicator, RHI
距离高分辨技术	高距離解析度技術	high range resolution technique
距离[门]欺骗	距離[門]欺騙	range gate deception
距离模糊	距離含糊度	range ambiguity
距离向量	距離向量	distance vector
距离选通脉冲	距離閘	range gate
距离-仰角显示器	距離-仰角顯示器	range-elevation display, E-scope
距离与多普勒耦合	距離與多普勒耦合	range Doppler coupling

大 陆 名	台 湾 名	英 文 名
距离噪声	距離噪聲	range noise
距离追踪	距離追蹤	range tracking
锯齿波形	鋸齒波形	sawtooth waveform
锯齿形天线	鋸齒形天線	zigzag antenna
聚簇索引	群集索引	clustered index
聚光	聚光	spotlight
聚光太阳电池	聚光太陽電池	concentrator solar cell
聚合速度	集合速度	aggregate speed
聚合信道	組合通道	aggregate channel, AC
聚合信号	集合訊號,集成訊號,集合訊號,組合訊號	aggregate signal
聚合亚碲酸晶体	聚合亞碲酸晶體	para-tellurite crystal
聚集	聚合	aggregation
聚焦	聚焦	focusing
聚焦伺服	聚焦伺服	focus servo
聚类分析	群集分析	cluster analysis
聚束管,黎帕管	聚束管,黎帕管	rebatron
聚酯色带	聚酯色帶	mylar ribbon
涓流充电	涓流充電	trickle charge
卷	①卷 ②容體,容量	volume
卷包式太阳电池	卷包式太陽電池	wrap-around type solar cell
卷回(=回退)		
卷回传播	回轉傳播	rollback propagation
卷回恢复	轉返恢復,轉返復原	rollback recovery
卷积,褶积	褶積	convolution
卷积定理	褶積定理	convolution theorem
卷积核	卷積核心	convolution kernel
卷积码	褶積碼	convolution code
卷积投影数据	卷積投影數據	convolved projection data
卷折	卷折	foldover
角色模型	角色模型	actor model
决策(=判决)		
决策表	決策表	decision table
决策规则	決策規則	decision rule
决策过程	決策程序	decision procedure
决策函数	決策函數	decision function
决策计划	決策計劃	decision plan
决策矩阵	決策矩陣	decision matrix

大 陆 名	台 湾 名	英 文 名
决策空间	決策空間	decision space
决策控制	決策控制	decision-making control
决策论	決策理論	decision theory
决策模型	決策模型	decision-making model
决策树	決策樹	decision tree
决策树系统	決策樹系統	decision tree system
决策问题	決策問題	decision problem
决策支持系统	決策支援系統	decision support system, DSS
决策支持中心	決策支援中心	decision support center
决策制定	決策	decision making
决策准则	決策準則	decision criteria
决断高度	決斷高度	decision height
绝对编址	絕對定址	absolute addressing
绝对地址	絕對位址	absolute address
绝对地址装入程序	絕對載入器	absolute loader
绝对分辨率	絕對解析度	absolute resolution
绝对高度	絕對高度	absolute altitude
绝对机器代码	絕對機器碼	absolute machine code
绝对真空计	絕對真空計	absolute vacuum gauge
绝对最大额定值	絕對最大額定值	absolute maximum rating
绝密级	最高機密	top secret
绝缘电阻	絕緣電阻	insulation resistance
绝缘电阻表	絕緣電阻表	insulation resistance meter
绝缘栅场效晶体管	絕緣閘極場效電晶體	insulated gate field effect transistor, IGFET
绝缘体	絕緣體	insulator
绝缘体上硅薄膜	絕緣體上矽薄膜	silicon on insulator, SOI
军用雷达	軍用雷達	military radar
军用通信设备	軍用通信設備	military communications equipment
均方误差	均方誤差	mean square error, MSE
均方误差准则	均方[根]誤差準則	mean square error criterion
均衡电路	平衡電路	balanced circuit
均衡调度	平衡調變	balanced modulation
均衡放大器	平衡放大器	balanced amplifier
均衡滤波器	等化濾波器	equalization filter
均衡器	等化器	equalizer
均衡误差解	平衡誤差解	balanced error solution
均衡运算放大器	平衡運算放大器	balancing operational amplifier

大 陆 名	台 湾 名	英 文 名
均匀存储器访问	均勻記憶體存取	uniform memory access
均匀分布	均勻分佈	uniform distribution
均匀线	均勻線	uniform line
均匀展宽	均勻展寬	homogeneous broadening
均质的	均勻的	homogeneous
均质结	同質接面	homojunction
均质杂波	均勻雜波,同質雜波	homogeneous clutter

K

大 陆 名	台 湾 名	英 文 名
卡	卡,板	card
PCMCIA 卡	PCMCIA 卡	PCMCIA card
卡尔曼滤波	卡爾曼濾波	Kalman filtering
卡尔曼滤波器	卡爾曼濾波器	Kalman filter
卡－洛展开	卡忽南－拉維展開式	Karhunen-Loeve expansion
卡－洛变换	卡忽南－拉維變換	Karhunen-Loeve transformation, KLT
卡皮管	卡皮管	carpitron
卡片穿孔	打卡	card punch
卡片穿孔机,穿卡机	打卡機	card puncher
卡片叠	卡疊	card deck, card pack
卡片分类机	卡片分類機	card sorter
[卡片]复孔机	卡片復製機	card copier, card duplicator
卡片行	卡列	card row
卡片列	卡片行	card column
卡片匣	袋	pocket
卡片阅读机,读卡机	讀卡機	card reader
卡普可归约性	卡普可約性	Karp reducibility
卡普线	卡普線	Karp line
卡塞格伦反射面天线	卡塞格倫反射器天線	Cassegrain reflector antenna
卡式磁带	卡式磁帶	cassette magnetic tape
卡纸	夾紙	paper jam
开窗口	開視窗	windowing, open window
开尔文温度	凱文溫度	Kelvin temperature
开发方法学	開發方法學	development methodology
Java 开发工具箱	Java 開發套件	Java development kit
开发规约	開發規格	development specification
开发过程	開發過程	development process

大 陆 名	台 湾 名	英 文 名
开发环境模型	開發環境模型	development environment model
开发进展	開發進展	development progress
开发生存周期	發展生命週期	development life cycle
开发者	開發者	developer
开发者合同管理员	開發合約管理員	developer contract administrator
开发周期	開發週期	development cycle
开放安全环境	開放安全環境	open security environment
开放式图形库	開放式圖形庫	open GL
开放数据库连接,开放数据库连通性	開放資料庫連接性	open database connectivity, ODBC
开放数据库连通性(=开放数据库连接)		
开放体系结构框架	開放架構框架	open architecture framework, OAF
开放系统	開放[型]系統	open system
开放系统互连	開放系統互連	open systems interconnection, OSI
开放系统互连参考模型	開放系統互連參考模型	open systems interconnection reference model
开放系统环境	開放系統環境	open system environment
开放信道	開放通道,開路通道	open channel
Q 开关	Q 開關	Q-switching
开关电流	開關電流	switched current
开关电路	開關電路	switching circuit
开关电容滤波器	開關電容濾波器	switching capacity filter
开关电容器	開關電容器	switched capacitor
开关电源变压器	開關電源變壓器	switching mode power supply transformer
开关二极管	開關二極體	switching diode
开关晶体管	交換電晶體	switching transistor
开关时间	開關時間	switching time
开关枢纽	開關樞紐	switching tie
开关损耗	開關損耗	switching loss
开关网格	開關晶格	switch lattice
开关网络	開關網路	switching network
开关箱	開關箱	switch box
开关噪声	開關雜訊	switching noise
开关指令	開關指令	switch command
开花	開花	blooming
开环	開迴路	open loop
开环控制	開環控制	open-loop control

大 陆 名	台 湾 名	英 文 名
开环控制系统	開迴路控制系統	open-loop control system
开环频率响应	開環頻率附應	open-loop frequency response
开环适配	開迴路調適,開迴路適應	open-loop adaptation
开路电压	開路電壓	open circuit voltage
开路故障	開路故障	open fault
开路线	開路線	open-circuit line
开路终端	開路端	open circuit termination
开普勒定律	刻蔔勒定律	Kepler's law
开普勒方程	刻蔔勒方程式	Kepler's equation
开启引信	開啟引信	fuzing
开始符号	開始符號	start symbol
开始-结束块	開始-結束塊	begin-end block
开销	間接費用,負擔	overhead
凯尔系数	凱爾係數	Kell factor
凯莱-哈密顿	開立-漢彌頓定理	Cayley-Hamilton theorem
凯勒锥	凱勒錐	Keller cone
凯撒密码	凱撒加密法	Caesar cipher
凯泽视窗	凱斯視窗	Kaiser window
铠甲	鎧甲	harness
铠装电缆	鎧裝的電纜,鎧裝纜線,裝甲的電纜	armored cable
楷体	楷體	Kai Ti
坎尼算子	坎尼運算子	Canny operator
看打	邊看邊打	typing by looking
康复工程	康復工程	rehabilitation engineering
康普顿效应	康普頓效應	Compton effect
康索尔系统,扇区无线电指向标	康索爾系統,扇區無線電指向標	Consol sector radio marker
抗饱和型逻辑	抗飽和型邏輯	anti-saturated logic
抗剥强度	剝離強度	peel strength
抗磁场强度	抗磁場強度	coercive field intensity
抗磁性	反磁性	diamagnetism
抗错鲁棒性(=抗错强韧性)		
抗错强韧性,抗错鲁棒性	抗錯強韌性	error robustness
抗恶劣环境计算机	嚴苛環境計算機	severe environment computer

大　陆　名	台　湾　名	英　文　名
抗反射涂层,增透膜	防止反射保護膜,抗反射膜	antireflection coating
抗干扰	抗干擾,反干擾	anti-jam, AJ, anti-interference
抗干扰接收机	抗干擾接收機	anti-jam receiver
抗干扰频率	抗干擾頻率	anti-jam frequency
抗彗尾枪	抗彗尾槍	anti-comet-tail gun, ACT gun
抗烧毁能量	燒毀能量	burn-out energy
抗衰落天线	抗衰褪天線	anti-fading antenna
抗杂波接收机	抗雜波接收機	anticlutter receiver
抗噪声传声器	抗噪聲傳聲器	anti-noise microphone, noise-cancelling mic
抗噪声电路	抗雜訊電路	anti-noise circuit
抗震	抗震	antivibration
考比次振荡器	考比次振盪器	Colpitts oscillator
拷贝(=复制)		
科尔莫戈罗夫复杂性	Kolmogrov 復雜性	Kolmogrov complexity
科学计算可视化	科學計算視覺化	visualization in scientific computing, VISC
科学数据库	科學資料庫	scientific database
颗粒噪声	粒狀雜訊	granular noise
壳体太阳电池阵	殼體太陽電池陣	body mounted type solar cell array
壳站点	外殼站點	shell site
可安装设备驱动程序	可安裝裝置驅動程式	installable device driver
可安装输入输出过程	可安裝輸入輸出程序	installable I/O procedure
可安装文件系统	可安裝檔案系統	installable file system, IFS
可安装性	可安裝性	installability
可按址访问的寄存器,编址寄存器,寻址寄存器	可定址暫存器	addressable register
可饱和吸收 Q 开关	可飽和吸收 Q 開關	saturable absorption Q-switching
可编程横向滤波器	可程式化横向濾波器	programmable transversal filter, PTF
可编程控制计算机	可程式控制計算機	programmable control computer
可编程逻辑控制器	可程式邏輯控制器	programmable logic controller, PLC
可编程逻辑器件	可程式化邏輯元件	programmable logic device, PLD
可编程逻辑阵列	可程式化邏輯陣列	programmable logic array, PLA
可编程通信接口	可程式通信介面	programmable communication interface
可编程遥测	可編程遙測	programmable telemetry
可编程阵列逻辑[电路]	可程式陣列邏輯	programmable array logic, PAL

大　陆　名	台　湾　名	英　文　名
可编程只读存储器	可程式化唯讀記憶體	programmable read only memory, PROM
可编程终端	可程式終端	programmable terminal
可变比特分配	可變位元分配	variable bit allocation
可变比特率	可變位元率	variable bit rate, VBR
可变比特率业务	可變位元率服務	variable bit rate service
可变电感器	可變電感	variable inductor, variometer
可变电容器	可變電容	variable capacitor
可变分区	可變分區	variable partition
可变结构系统	可變結構系統	variable-structured system
可变匹配网络	可變匹配網路	variable matching network
可变阈逻辑	可變閾邏輯	variable threshold logic, VTL
可变字长	可變字長	variable word length
可擦编程只读存储器	可抹程式化唯讀記憶體	erasable programmable read only memory, EPROM
可擦存储器	①可抹除儲存器 ②可抹除儲存	erasable storage
可测试性	可測試性	testability
可测试性设计	可測試性設計	design for testability
可承受风险级	可承受風險級	acceptable level of risk
可持续信元速率	持續單元速率	sustainable cell rate, SCR
可重定位机器代码	可再定位機器碼	relocatable machine code
可重定位库	可再定位程式庫	relocatable library
可重定位库模块	可再定位程式庫模組	relocatable library module
可重复向量	重复向量	repetitive vector
[可]重复性	可重復性	repeatability
可重构系统	可重組態系統	reconfigurable system
可重排网	可重安排網路	rearrangeable network
可重生标识	可再生標示	reproducible markings
可重写光碟	可重寫光碟	CD-rewritable, CD-RW
可穿戴计算机	可穿戴計算機	wearable computer
可串行性	可串聯性	serializability
可达标识	可達標示	reachable marking
可达标识集	可達標示集	set of reachable markings
可达标识图	可達標示圖	reachable marking graph
可达率	可達率	achievable rate
可达区域	可達區域	achievable region
可达森林	可達資料林	reachable forest
可达树	可達樹	reachability tree

大 陆 名	台 湾 名	英 文 名
可达图	可達性圖	reachability graph
可达性	可達性	reachability
可达性关系	可達性關係	reachability relation
可调度性,易调度性	可排程性	schedulability
可懂度	可懂度	intelligibility
可动缺陷	可動缺陷	mobile defect
可分页动态区	可分頁動態區	pageable dynamic area
可分页分区	可分頁分區	pageable partition
可分页区域	可分頁區域	pageable region
可服务时间	可服務時間	serviceable time
可服务性	可服務性	serviceability
可复用构件	可再用組件	reusable component
可复用性	可再用性	reusability
可覆盖树	可覆蓋樹	coverability tree
可覆盖图	可覆蓋圖	coverability graph
可观测误差	可觀察誤差	observable error
可观测性	可觀測性	observability
可观察性	可觀察性	observability
可管理性,易管理性	可管理性	manageability
可归约性	可約性	reducibility
可焊性	可焊性	solderability
可焊性试验	可焊性試驗	solderability test
可恢复性	可恢復性	recoverability
可回收卫星	可回收衛星	recoverable satellite
可计算函数	可算函數	computable function
可检测性	可檢查性	detectability
可见点	可見點	visible point
可见度系数	可見度係數	visibility factor
可见多边形	可見多邊形	visible polygon
可见空间	可見空間	visible space
可见性	可見性	visibility
可见性问题	可見性問題	visibility problem
可接收质量水平	可接收質量水準	acceptable quality level
可靠度	可靠度	reliability
可靠寿命	可靠壽命	Q-percentile life
可靠性	可靠性	reliability
可靠性度量	可靠度測量	reliability measurement
可靠性分析	可靠性分析	reliability analysis

大 陆 名	台 湾 名	英 文 名
可靠性工程	可靠性工程	reliability engineering
可靠性模型	可靠性模型	reliability model
可靠性评价	可靠性評估	reliability evaluation
可靠性认证	可靠性認証	reliability certification
可靠性设计	可靠性設計	reliability design
可靠性试验	可靠性試驗	reliability test
可靠性数据	可靠性資料	reliability data
可靠性统计	可靠性統計	reliability statistics
可靠性预计	可靠性預測	reliability prediction
可靠性增长	可靠性成長	reliability growth
可空运地球站	可空運地面站	air transportable earth station
可控硅整流器	矽控整流器	silicon controlled rectifier
可控[制]性	可控性	controllability
可扩充性,易扩充性	擴充性	expandability
可扩缩性,易扩缩性	可擴縮性	scalability
可扩缩一致性接口	可擴縮一致性介面	scalable coherent interface, SCI
可扩展的,易扩展的	可延伸	extensible
可扩展链接语言	可延伸鏈接語言	extensible link language, XLL
可扩展性,易扩展性	可延伸	extensibility
可扩展样式语言	可延伸樣式語言	extensible stylesheet language, XSL
可扩展语言	可延伸語言	extensible language
可扩展置标语言	可延伸性標示語言	extensible markup language, XML
可理解性	可理解性	understandability
可录光碟	可錄光碟	compact disc-recordable, CD-R
可满足性问题	滿足性問題	satisfiability problem
可能性理论	可能性理論	possibility theory
可逆定标器	可逆定標器	reversible scaler
可逆计数器	可逆計數器	reversible counter
可逆码	可逆碼	invertible code, reversible code
可逆区块码	可逆式區塊碼	invertable block code
可屏蔽中断	可屏蔽中斷	maskable interrupt
可区别状态	可區別狀態	distinguishable state
可渗基区晶体管	可滲基極電晶體	permeable base transistor
可实现性	可實現性	realizability
可视编程语言	視覺程式設計語言	visual programming language
可视程序设计	視覺規劃	visual programming
可视电话	可視電話	video telephone
可视化	視覺化	visualization

大 陆 名	台 湾 名	英 文 名
可视区	可視區	visible range
可视图文,交互型图文	可視圖文,交互型圖文	videotex
可视现象	視覺現象	visual phenomena
可视语言	視覺語言	visual language
可替换参数	可替換參數	replaceable parameter
可调整视频	可調整視訊	scalable video
[可听]清晰度	[可聽]清晰度	articulation
可维护性(=维修性)		
[可闻]忙音信号	可聞忙音訊號,可聞忙音訊號	audible busy signal
可闻音	可聞純音	audible tone
可信代理	可信賴代理	trusted agent
可信度函数	可信度函數	belief function
可信计算	可信計算	dependable computing
可信计算机系统	可信賴的電腦系統	trusted computer system
可信计算基	可信賴的計算庫	trusted computing base
可信进程	可信賴過程	trusted process
可信时间戳	可信賴時間戳記	trusted timestamp
可信性	可信性	dependability
可行解	可行解	feasible solution
可行性	可行性	feasibility
可行性研究	可行性研究	feasibility study
可修改性,易修改性	可修改性	modifiability
可选的	可選的	optional
可移动式业余电台	可移動式業餘電台,業餘可攜式行動電台	amateur portable mobile station
可移植的操作系统	可攜作業系統	portable operating system
可移植性,易移植性	可攜性	portability
可用比特率	可用位元速率	available bit rate, ABR
可用电路	可用電路,現有電路	available circuit
可用输出信号功率	可用輸出訊號功率	available output signal power
可用输入信号功率	可用輸入訊號功率	available input signal power
可用信道	可用通道	available channel
可用性,易用性	可用性	availability, usability
可用性模型	可用性模型	availability model
可用噪声功率	匹配時雜訊功率	available noise power
可再充电电池	充電式電池	rechargeable battery
可诊断性	可診斷性	diagnosability

大 陆 名	台 湾 名	英 文 名
可执行程序	可執行程式	executable program
可执行文件	可執行檔	executable file
可转换签名	可轉換簽名	convertible signature
可装入模块	可載入模組	loadable module
可走动病人监护,非卧床监护	可走動病患監護,非臥床監護	ambulatory monitoring
克尔盒	克爾盒	Kerr cell
克尔效应	克爾效應	Kerr effect
克劳修斯－莫索提理论	克露西斯－莫索第理論,克露西斯－莫索第原理	Clausius-Mossotti theory
克林闭包	克林閉包	Kleene closure
克罗内克积	克洛涅克積	Kronecker product
克努森数	克努森數	Knudsen number
克努森真空计(＝热分子真空计)		
刻面	小平面	facet
刻蚀	刻蝕	etching
客户	客戶	customer
客户对客户	客戶對客戶	customer to customer, C to C
客户服务	客戶服務	customer service
客户－服务器模型	主從模型	client/server model
客户化	客戶規格設定	customization
客体	物件	object
课件	①教學軟體 ②教材	courseware
课题小组(＝话题小组)		
空操作指令	空操作指令,無作指令	no op instruction, NOP
空串	空串	empty string
空地址	空位址	null address
空对地通信	空對地通信	air-to-ground communication, space-to-ground communication
空对地[通信]代码	空對地通信電碼	air-to-ground code, AGC
空对地通信网	地空通信網[路]	air-ground communication network
空对空通信	空對空通信	air-to-air communication
空对空通信链路	太空對太空通訊鏈路	space-to-space link
空分多址	空分多址	space division multiple access, SDMA
空分复用	空分復用	space division multiplexing, SDM
空分复用时隙交换器	分空間多工時槽交換器	space division multiplexing time-slot inter-

大陆名	台湾名	英文名
		changer
空分数字交换	分空間數位式交換	space-division digital switching
空分制交换	空分製交換	space division switching
空管(=空中交通管制)		
空管波导	空管波導	hollow-tube waveguides
空管雷达	空管雷達	air traffic control radar, ATC radar
空号	空號	space
空基导航	空基導航	airborne-based navigation
空集	空集[合]	empty set
K 空间	K 空間	K space
空间布局	空間佈局	spatial layout
空间点阵	空間晶格	space lattice
空间电荷	空間電荷	space charge
空间电荷波	空間電荷波	space charge wave
空间电荷栅极	空間電荷閘極極	space-charge grid
空间电荷限制电流	空間電荷限制電流	space-charge-limited current
空间电子学	空間電子學	space electronics
空间分割	空間分割	spatial subdivision
空间分集	空間分集	space diversity
空间复杂度	空間復雜度	space complexity
空间检索	空間檢索	spatial retrieval
空间局部性	空間局部化	spatial locality
空间控制	空間控制	space control
空间频率调制	空間頻率調變	space frequency modulation, SFM
空间谱系	空間階層	space hierarchy
空间数据库	空間資料庫	spatial database
空间衰减	空間衰減	space attenuation
空间索引	空間索引	spatial index
空间通信	空間通信	space communication
空间推理	空間推理	spatial reasoning
空间拓扑关系	空間拓蹼關係	spatial topological relation
空间相干	空間一致	spatial coherence
空间相关性	空間相關性	spatial correlation
空间谐波	空間諧波	space harmonics
空间需要[量]	空間需求	space requirement
空间有界图灵机	空間有界杜林機	space-bounded Turing machine
空间知识	空間知識	spatial knowledge
空军通信台,空军通信	空軍通信站,空軍通訊	air force communication station

大 陆 名	台 湾 名	英 文 名
站	站	
空军通信系统	空軍通信系統	air force communications system, aircom system
空军通信业务	空軍通信業務	air force communication service, AFCS
空军通信站(=空军通信台)		
空媒体	空媒體	empty medium
空密码	空暗碼	null cipher
空气浮动磁头	氣浮頭	air floating head
空气过滤器	空氣過濾器	air filter
空气流	氣流	airflow
空气流速	氣流率	air flow rate
空气支撑天线罩	空氣支撐天線罩	air-supported radome
空气阻隔	空氣阻隔	gas blocking
空腔耦合	空腔耦合	cavity coupling
空速	空速	air speed
空调制解调器	虛擬調變解調器,虛擬數據機	null modem
空位	空位	vacancy
空位流	空位流	vacancy flow
空位团	空位團	vacancy cluster
空心导线	空心導線	hollow conductor
空心电子束	空心電子束	hollow electron beam
空心字型	輪廓字型	outline font
空穴	電洞	hole
空穴陷阱	電洞陷阱	hole trap
空域划分	空域劃分	division of airspace
空载电路	空載電路,無效電路	idling circuit
空载频率	空載頻率,無效頻率	idler frequency
空栈	空堆疊	empty stack
空[值]	空	null
空中电报线	架空電報線	aerial telegraph conductor
空中监视雷达	空中監視雷達	air-surveillance radar
空中交通管制,空管	空中交通管製,空管	air traffic control, ATC
孔槽形谐振腔	孔槽形諧振腔	hole and slot resonator
孔径	孔徑	aperture
孔径场	孔徑[電]場	aperture field
孔径分布	孔徑分佈	aperture distribution

大 陆 名	台 湾 名	英 文 名
孔径畸变(=孔径失真)		
孔径失真,孔径畸变	孔徑失真,孔徑畸變,孔徑變形	aperture distortion
孔径天线波束效率	孔徑天線之主/副波束效率	beam efficiency of aperture antenna
孔模[式]	孔型樣,排孔型樣	hole pattern
孔斯曲面	孔斯表面	Coons surface
孔屑	孔屑	chad
空白[符]	空白字元	blank
空白媒体	空白媒體	blank medium
空白软盘	空白磁片	blank diskette
空白字符	空白字元	blank character
[空]闲	閒置	idle
空闲信道状态	閒置通道狀態	idle channel state
控制	控制	control
PID 控制(=比例积分微分控制)		
控制板	控制板	control board
控制变量	控制變數	control variable
控制策略	控制策略	control strategy
控制冲突	控制危障	control hazard
控制顶点	控制頂點	control vertex
控制多边形	控制多邊形	control polygon
控制工程	控制工程	control engineering
控制关系	控制關係	control relationship
控制规程	控制規程	control procedure
控制柜	控制櫃	control cabinet
控制回路	控制迴路	control loop
控制机	控制機	controlling machine
控制计算机接口	控制計算機介面	control computer interface
控制技术	控制技術	control technique
控制结构	控制結構	control structure
控制精度	控制準確度	control accuracy
控制开发工具箱	控制開發套件	control development kit
控制块	控制[區]塊	control block
控制理论	控制理論	control theory
控制流	控制流	control flow
控制流程图	控制流程圖	control-flow chart

大　陆　名	台　湾　名	英　文　名
控制流分析	控制流程分析	control-flow analysis
控制流计算机	控制流計算機	control-flow computer
控制论	控制論	cybernetics
控制媒体	控制媒體	control medium
控制面板	控制面板	control panel
控制模块	控制模組	control module
控制屏	控制畫面	control screen
控制器	①控制器 ②控制單元	①controller ②control unit
控制器接口	控制單元介面	control unit interface
控制驱动的	控制驅動	control-driven
控制软件	控制軟體	control software
控制栅极	控制閘極極	control grid
控制式自整角机	控制式自整角機	control synchro
控制输入位置	控制輸入位置	control input place
控制数据	控制資料	control data
控制算法	控制演算法	control algorithm
控制台	控制台	control console, control desk
控制台命令处理程序	控制台命令處理機	console command processor
控制通道	控制通道	control channel
控制网格	控制網	control mesh
控制系统	控制系統	control system
控制箱	控制箱	control box
控制依赖	控制相關	control dependence
控制语句	控制敘述	control statement
控制站	控制站	control station
控制帧	控制框	control frame
控制指令	控制指令	control command
控制字段	控制欄	control field
控制字符	控制字元	control character
控制总线	控制匯流排	control bus
口令,存取码,访问码	選取碼,進接碼	access code, AC
口令攻击	密碼攻擊	password attack
口令句	通行片語	passphrases
口令[字]	密碼	password
口语	口語	spoken language
扣式电池(=扁形电池)		
库	程式館	library
库克可归约性	庫克可約性	Cook reducibility

大陆名	台湾名	英文名
库仑定律	庫侖定律	Coulomb's law
跨步测试	跨步測試	marching test
跨导	跨導	transconductance
跨行业电子数据交换[标准](=政商运电子数据交换[标准])		
跨接线	跳線器	jumper
块	塊,[資料]段	block
块编码,分组码	區塊編碼,分組編碼	block encoding
块标志	[區]塊標誌	block mark
块差错概率	字組錯誤率	block error rate
块长度	塊長,段長	block length
块大小	塊大小,塊度	block size
块封锁状态	塊鎖定狀態	block lock state
块号,码组编号	組號,分程式編號	block number
块奇偶检验法	字組奇偶檢驗,區塊同位	block parity
块间间隙	區塊間隙	interblock gap
块交织	交插的區塊	block-interleaved
块结构(=分程序结构)		
块净荷	區塊承載	block payload
块卷积	區塊折積	block convolution
块拷贝	塊復製	block copy
块列	區塊列	block row
块码	區塊碼,組碼	block code
块信号	阻塞訊號,阻塞訊號,閉塞訊號	block signal
块信元速率	訊息塊細胞[速]率	block cell rate, BCR
块压扩	區塊壓伸	block companding
块移动	塊移動	block movement
块优先级控制	塊優先權控制	block priority control
块再同步	訊號組再同步,字組再同步	block resynchronization
块状微带天线,曲面微带天线	塊狀微帶天線	microstrip patch antenna
快波	快波	fast wave
快波器件	快波元件,快波裝置	fast wave device
快波天线	快波天線	fast wave antenna

大 陆 名	台 湾 名	英 文 名
快波行波天线	快波行波天線	fast wave traveling wave antenna
快[可]擦编程只读存储器	快可抹除唯讀記憶體	flash EPROM
快离子导电	快離子導電	fast ion conduction
快时间控制	快時間控制	fast time control, FTC
快速阿达马转换	快速哈德瑪轉換	fast Hadamard transform
Java 快速编译程序	Java 快速編譯程式	Java flash compiler
快速充电	快速充電	quick charge
快速反应能力	快速回應能力	quick reaction capability, QRC
快速分组交换	快速分組交換	fast packet switching
快速傅里叶变换	快速傅立葉轉換	fast Fourier transform, FFT
快速卡尔曼算法	快速卡門演算法	fast Kalman algorithm
快速逆向放映	快速逆向放映	fast reverse playback
快速排序	快速排序	quick sort
快速频移键控	快速頻移鍵控	fast frequency-shift keying, FFSK
快速消息	快速訊息	fast message
快速选择	①快速選擇 ②簡便通信	fast select
快速以太网	快速乙太網路	fast Ethernet
快速有序运输	快速依序傳送	fast sequenced transport, FST
快速正向放映	快速順向放映	fast forward playback
快速资源管理	快速資源管理	Fast Resource Management
快照	快照	snapshot
宽磁道	寬磁軌	wide track
宽带	寬頻[帶],寬波段	wide band, WB, broadband
宽带传输	寬頻帶傳輸,寬頻帶發射	broadband transmission
宽带放大器	寬頻放大器	wide-band amplifier
宽带接入	寬頻存取	broadband access
宽带局[域]网	寬頻區域網路	broadband LAN
宽带滤波器	寬頻[帶]濾波器	wideband filter
宽带数据通信	寬頻資料通訊	wideband data communication
宽带通信网	寬頻通信網[路],寬頻通訊網路	broadband communication network
宽带无线电接力系统	寬頻無線電中繼系統	broadband radio relay system
宽带终端设备	寬頻終端設備	broadband terminal equipment, B-TE
宽带综合业务数字网,B-ISDN 网	寬帶綜合業務數字網	broadband integrated services digital network, B-ISDN
宽带综合业务数字网用	寬頻整合服務數位網路	roadband integrated services digital net-

大陆名	台湾名	英文名
户部分	用戶部	work user part, B-ISUP
宽度优先分析	先寬分析	breadth first analysis
宽频带	寬頻帶	wide frequency band, WF
宽频频谱图	寬頻頻譜圖	wideband spectrogram
宽频数据传输	寬頻資料傳輸	wideband data transmission
宽频调制	寬頻調變	wideband modulation
宽-限-窄电路,迪克-菲克斯电路	寬-限-窄電路,狄克-菲克斯電路	Dicke-Fix circuit
框架	框架	framework
框架理论	框理論	frame theory
框架语法	框文法	frame grammar
框架知识表示	框知識表示	frame knowledge representation
框图	方塊圖	block diagram, diagram block
窥孔优化	窺孔最佳化	peephole optimization
馈送缆线	饋送纜線	feeder cable
馈线	饋送線	feed line
馈源	饋送源	feed source
昆虫雷达截面积	昆蟲雷達截面積	insects radar cross section
NP 困难问题	NP-困難問題	NP-hard problem
扩充	①擴充,擴展 ②膨脹	expansion
扩充槽	擴充槽	expansion slot
扩充的工业标准体系结构	擴充的工業標準結構	extended industry standard architecture, EISA
扩充的工业标准体系结构总线	擴充的工業標準結構匯流排	EISA bus
扩充数据输出	擴充資料輸出	expanded data out, EDO
扩充转移网络	增加變遷網路	augmented transition network, ATN
扩充转移网络语法,ATN 语法	增加變遷網路文法	augmented transition network grammar, ATN grammar
扩频,扩展频谱	展頻,擴散頻譜	spread spectrum
扩频多址	擴頻多址	spread spectrum multiple access, SSMA
扩频调制	展頻調變	spread spectrum modulation, SSM
扩频通信	擴頻通信	spread spectrum communication
扩频遥控	擴頻遙控	spread spectrum remote control
扩散	擴散	diffusion
扩散泵	擴散幫浦	diffusion pump
扩散电容	擴散電容	diffusion capacitance
扩散工艺	擴散工藝	diffusion technology

大　陆　名	台　湾　名	英　文　名
扩散激活能	擴散活化能	activation energy of diffusion
扩散控制	擴散控制	diffusion control
扩散势	擴散電位	diffusion potential
扩散系数	擴散係數	diffusion coefficient
扩散性	擴散性	diffusion
扩音电话	擴音電話	amplified phone
扩音器,无线电话机	空中電話	aerophone
扩展操作	延伸作業	extended operation
扩展电阻	擴展電阻	spreading resistance
扩展戈莱码	延伸的格雷碼	extended Golay code
扩展函数	擴展函數	spreading function
扩展块码	延伸式區塊碼	extended block code
扩展码	延伸碼	extended code
扩展频谱(=扩频)		
扩展器	擴充器,擴張器,伸幅器	expander
扩展视频图形适配器	延伸視頻圖形陣列	extended VGA, XVGA
扩展随机佩特里网	延伸隨機佩特裏網	extended stochastic Petri net
扩展语义网络	延伸語義網路	extended semantic network
扩展字段	延伸場	extension field
扩张规则	擴展規則	expansion rule

L

大　陆　名	台　湾　名	英　文　名
拉东变换	拉東變換	Radon transform
拉曼放大器	拉曼放大器	Raman amplifier
拉曼光纤	拉曼光纖	Raman fiber
拉曼激光器	拉曼雷射	Raman laser
拉曼散射	拉曼散射	Raman scattering
拉曼效应	拉曼效應	Raman effect
拉莫尔旋动	拉莫爾旋動	Larmor rotation
拉偏测试	高低偏移測試	high-low bias test
拉平计算器	拉平計算機	flare computer
拉平引导单元	拉平引導單元	flare-out guidance unit
拉普拉斯变换	拉普拉斯轉換	Laplace transform
拉普拉斯方程	拉普拉斯方程式	Laplace equation
拉普拉斯分布	拉普拉斯分佈	Laplacian distribution
拉普拉斯算子	拉普拉斯運算子	Laplacian operator

大 陆 名	台 湾 名	英 文 名
拉普拉斯源	拉普拉斯[雜訊]源	Laplacian source
拉丝衰减效应(=抽丝衰减效应)		
拉脱强度	拉拔強度	pull-off strength
喇叭	喇叭	horn
喇叭反射天线	喇叭反射天線	horn reflector antenna
喇叭天线,号角天线	喇叭天線,號角[形]天線	horn antenna
来复接收机	來復接收機	reflex receiver
来话恢复暂挂	來話復原擱置狀態	incoming recovery pending
来话连接暂挂	來話連接擱置狀態	incoming connection pending
赖斯分布	萊斯分佈	Rice distribution, Rician distribution
赖斯衰落信道	萊斯衰褪通道	Ricean fading channel, Rician fading channel
兰姆凹陷	蘭姆凹陷	Lamb dip
兰姆消噪电路	蘭姆消噪電路	Lamb noise silencing circuit
拦截时间(=截击时间)		
栏(=列)		
蓝宝石上硅薄膜	藍寶石上矽薄膜	silicon on sapphire, SOS
缆扣	纜扣	cable buckling
缆耦合,电缆连接	纜線聯接裝置,纜線耦合	cable coupling
缆线的陆地线路(=电缆的陆地线路)		
缆线分线盒(=电缆分线盒)		
缆线回波(=电缆回波)		
缆线架(=电缆走线架)		
缆线衰减(=电缆衰减)		
缆线套(=电缆护套)		
缆线应力(=电缆张力)		
缆线终端网络	纜線終端網路	cable tremination network
缆线转向台(=电缆调谐台)		
缆芯	纜線核心	cables core
朗道阻尼	朗道阻尼	Landau damping
朗斯基行列式	讓斯金行列式	Wronskian determinant
浪涌电流	突波電流	surge current

大　陆　名	台　湾　名	英　文　名
浪涌电压	突波電壓	surge voltage
劳德埃－马克思量化	羅依－麥斯量化	Lloyd-Max quantization
劳森判据	勞森判據	Lawson criterion
劳斯－赫尔维茨判据	勞斯－赫爾維茨判據	Routh-Hurwitz criterion
老化	①老化 ②預燒,燒入	①ageing ②burn-in
老化故障,老化失效	老化故障	aging failure
老化失效(＝老化故障)		
老化试验	退化測試	degradation testing
乐器数字接口	樂器數位介面	music instrument digital interface, MIDI
勒夫场等效原理	拉夫場等效定理,拉夫場等效原理	Love's field equivalence principle
勒让德函数	雷建德函數	Legendre function
勒文海姆－斯科伦定理	Löwenheim-Skolem 定理	Löwenheim-Skolem theorem
雷达	雷達	radar
雷达地平线	雷達地平線	radar horizon
雷达点迹	雷達點跡	radar plot
雷达对抗	雷達對抗	radar countermeasures
雷达反侦察	雷達反偵察	radar anti-reconnaissance
雷达方程	雷達方程	radar equation
雷达仿真器,雷达模拟器	雷達仿真器,雷達類比器	radar simulator
雷达分辨力	雷達分辨力	radar resolution
雷达航迹	雷達航跡	radar track
雷达回波	雷達回波	radar echo
雷达接收机	雷達接收機	radar receiver
雷达截面积	雷達截面積	radar cross section, RCS
雷达进近管制系统	雷達進近管製系統	radar approach control system, RAPCON
雷达距离方程式,侦测范围方程式	雷達距離方程式,偵測範圍方程式	radar range equation
雷达领航	雷達領航	radar pilotage
雷达领航装置	雷達領航裝置	radar navigator
雷达模拟	雷達訊號模擬,雷達系統類比	radar simulation
雷达模拟器(＝雷达仿真器)		
雷达目标	雷達目標	radar target
雷达数据库	雷達數據庫	radar database

大陆名	台湾名	英文名
雷达探测距离	雷達探測距離	radar range
雷达天文学	雷達天文學	radar astronomy
雷达天线	雷達天線	radar antenna
雷达网	雷達網	radar net
雷达威力图	雷達威力圖	radar coverage diagram
雷达吸收材料	雷達吸收材料	radar absorbing material
雷达显示器	雷達顯示器	radar indicator, radar scope
雷达信号	雷達訊號	radar signal
雷达寻的器	雷達尋的器	radar seeker
雷达诱饵	雷達誘餌	radar decoy
雷达站	雷達站	radar station
雷达中继	雷達中繼	radar link, radar relay
雷达转发器	雷達轉發器	radar repeater
雷诺数	雷諾數	Reynolds number
类	類,類別	class
类别电压	類別電壓	category voltage
类规则表示	類似規則表示法	rule-like representation
类属词典	同義詞典	thesaurus
类属号码	通用號碼	generic number
类属流量控制	通用流量控制	generic flow control
类属通知	通用通知	generic notification
类属细胞速率算法	通用細胞速率演算法	generic cell rate algorithm, GCRA
C 类线	C 類線	C-line
类型	類型	type
类型论	類型論	type theory
类 SQL 语言	類 SQL 語言	SQL-like language
累积故障概率,累积失效概率	累積故障機率,累積失效機率	cumulative failure probability
累积和图	累積和圖	cumulative sum chart, cusum chart
累积频数	累積頻數	cumulative frequency
累积失效概率(=累积故障概率)		
累加分配器	累加分配器	accumulation distribution unit
累加寄存器	累加暫存器	accumulator register
累加器	累加器	accumulator
累加器转移指令	累積器跳越指令	accumulator jump instruction
累接阻抗(=重复阻抗)		
棱镜	棱鏡	prism

大　陆　名	台　湾　名	英　文　名
棱柱形位错环	棱柱形錯位環	prismatic dislocation loop
冷备份	冷備份	cold back-up
冷壁响应器	冷壁回應器	cold wall reactor
冷冻升华阱	冷凍升華阱	cryosublimation trap
冷焊	冷焊	cold welding
冷阱	冷阱	cold trap
冷凝泵(＝低温泵)		
冷启动	冷起動,冷開機	cold start
冷却	冷卻	cooling
冷却剂	冷卻劑	coolant
冷阴极	冷陰極	cold cathode
冷阴极磁控真空计	冷陰極磁控真空計	cold cathode magnetron gauge
冷站点	冷站點	cold site
楞勃透镜	盧芮柏透鏡	Luneburg lens
厘米波	厘米波	centimeter wave
厘米波通信(＝超高频通信)		
离散阿达马变换	數位哈達瑪轉換	discrete Hadamard transform, DHT
离散重建问题	離散重建問題	discrete reconstruction problem
离散的	離散	discrete
离散地址信标系统	離散位址信標系統	discrete-address beacon system, DABS
离散对数	離散對數	discrete logarithm
离散对数问题	離散對數問題	discrete logarithm problem, DLP
离散分布	離散分佈	discrete distribution
离散傅里叶变换	離散傅立葉轉換	discrete Fourier transform, DFT
离散傅里叶级数	離散傅立葉序列	discrete Fourier series, DFS
离散傅里叶逆变换	離散傅立葉反轉換	inverse DFT, IDFT
离散哈特莱变换	離散哈特萊轉換	discrete Hartley transform, DHT
离散卷积	離散卷積	discrete convolution
离散控制系统	離散控制系統	discrete control system
离散耦合	離散式耦合	discrete coupling
离散频率编码	離散頻率編碼	discrete frequency coding
离散时间算法	離散時間演算法	discrete-time algorithm
离散时间系统	離散時間系統	discrete-time system
离散时域信号	離散時域訊號	discrete-time signal
离散事件动态系统	離散事件動態系統	discrete event dynamic system, DEDS
离散松弛法	離散鬆弛法	discrete relaxation
离散文本	離散本文	discrete text

大　陆　名	台　湾　名	英　文　名
离散沃尔什变换	離散沃爾什轉換	discrete Walsh transform, DWT
离散希尔伯特变换	離散希爾伯特轉換	discrete Hilbert transform
离散信号	離散訊號,離散訊號	discrete signal
离散余弦变换	離散餘弦轉換	discrete cosine transform, DCT
离散指令	離散指令	discrete command
离线(=脱机)		
离线图灵机	離線杜林機	offline Turing machine
离心试验	離心試驗	centrifugal test
离轴光线	離軸光線	off-axis rays
离轴全息术	離軸全象術	off-axis holography
离子	離子	ion
离子斑	離子斑	ion burn
离子沉积印刷机	離子沉積印表機	ion-deposition printer
离子镀	離子鍍	ion plating
离子管	離子管	ionic tube
离子轰击	離子轟擊	ion bombardment
离子回旋共振加热	離子迴旋共振加熱	ion cyclotron resonance heating, ICRH
离子交换膜氢氧燃料电池	離子交換膜氫氧燃料電池	ion-exchange membrane hydrogen-oxygen fuel cell
离子晶体半导体	離子晶體半導體	ionic crystal semiconductor
离子敏场效晶体管	離子選擇性場效電晶體	ion sensitive FET, ISFET
离子敏感器	離子感測器	ion sensor
离子磨削(=离子铣)		
离子气体激光器	離子氣體雷射	ion gas laser
离子散射谱[学]	離子散射譜[學]	ion scattering spectroscopy, ISS
离子声激波	離子聲激波	ion-sound shock-wave
离子束淀积	離子束澱積	ion beam deposition, IBD
离子束镀	離子束鍍	ion beam coating, IBC
离子束光刻	離子束光刻	ion beam lithography
离子束抛光	離子束拋光	ion beam polishing
离子束外延	離子束外延	ion beam epitaxy, IBE
离子束蒸发	離子束蒸發	ion beam evaporation
离子探针	離子探針	ion microprobe
离子团束淀积	離子團束澱積	ionized-cluster beam deposition, ICBD
离子团束外延	離子團束外延	ionized-cluster beam epitaxy, ICBE
离子微分析	離子微分析	ion microanalysis
离子铣,离子磨削	離子銑,離子磨削	ion beam milling
离子源	離子源	ion source

大 陆 名	台 湾 名	英 文 名
离子振荡	離子振盪	ion oscillation
离子中和谱[学]	離子中和譜[學]	ion neutralization spectroscopy, INS
离子注入	離子注入	ion implantation
离子注入机	離子注入機	ion implanter
黎帕管(=聚束管)		
篱图(=格构图)		
李普曼全息术	李普曼全象術	Lippmann holography
李雅普诺夫定理	李雅普諾夫定理	Lyapunov theorem
李雅普诺夫稳定性判据	李雅普諾夫穩定性判據	Lyapunov's stability criterion
里程碑	里程碑	milestone
里德二极管	里德二極體	Read diode
里德解码算法	雷得解碼演算法	Reed decoding algorithm
里德－米勒码	雷德－穆勒碼	Reed-Müller code
里德－所罗门码	雷德－所羅門碼	Reed-Solomon codes
里卡蒂方程	裡卡蒂方程	Riccati equation
理查德变换	瑞查德轉換	Richards' transformation
DS 理论	DS 理論	Dempster-Shafer theory
LSS 理论,林汉德－斯卡夫－斯高特理论	LSS 理論,林漢德－斯卡夫－斯高特理論	Lindhand Scharff and Schiott theory
理论语言学	理論語言學	theoretical linguistics
理想媒质	理想介質	perfect medium
理想频域滤波器	理想頻域濾波器	ideal frequency domain filter, IFDF
理想取样	理想取樣	ideal sampling
理想时域滤波器	理想時域濾波器	ideal time domain filter, ITDF
理性	理性	rationality
理性主体	合法代理者	rational agent
锂碘电池	鋰碘電池	lithium-iodine cell
锂电池	鋰電池	lithium battery
锂蓄电池	鋰蓄電池	lithium storage battery
力矩电[动]机	力矩馬達	torque motor
力矩式自整角机	力矩式自整角機	torque synchro
力敏感器	力感測器	force sensor
力学试验	力學試驗	mechanical test
历史规则	歷史規則	historical rule
历史数据	歷史資料	historical data
历史数据库	歷史資料庫	historical database
利特尔公式	立特公式,立特氏公式	Little's formula
利特罗配置	李特羅型態	Littrow configuration

大陆名	台湾名	英文名
立方[连接]环	立方連接環	cube-connected cycles
立方连接结构	立方連接結構	cube-connected structure
n 立方体网	n 方體網路	n-cube network
立即传输	立即式傳送	immediate transmission
立即地址	立即位址,即時位址	immediate address
[立体]波束效率	固體波束效率	solid-beam efficiency
立体电视	立體電視	stereoscopic TV
立体匹配	立體匹配	stereo matching
立体声	身歷聲	stereophone
立体声唱片	身歷聲唱片	stereophonic record
立体声电视	身歷聲電視	stereophonic TV
立体声广播	身歷聲廣播	stereophonic broadcasting
立体声合并编码	身歷聲合併編碼	joint stereo coding
立体视觉	立體視覺	stereo vision
立体显示	立體顯示	stereo display
立体印刷设备	立體印刷設備	stereo lithography apparatus
立体影像	立體影像	stereopsis
立体映射	立體對映	stereomapping
立体字	立體字	shaded font
励磁电压	激勵電壓	exciting voltage
励弧管	勵弧管	excitron
例程	子程式,常式	routine
例示	舉例說明	instantiation
例图	實例	instance
例行试验	例行試驗	routine test
隶属关系问题(=成员问题)		
粒度	顆粒度	granularity
粒子数反转	粒子數反轉	population inversion
粒子数反转分布		distribution for population inversion
粒子系统	粒子系統	particle system
连贯性	連貫性	coherence
连环码	連環碼	recurrent code
连接	連接	connection
连接编辑程序	鏈接編輯器	linkage editor
连接单元接口	附接單元介面	attachment unit interface
连接端点	連接終點	connection end-point, CEP
连接[方]式	連接模	connection mode

大　陆　名	台　湾　名	英　文　名
连接方式传输	連接方式傳輸	connection-mode transmission
连接机	連接機器	connection machine
连接机制	連接機制	connectionism
连接机制神经网络	連接機制類神經網路	connectionist neural network
连接机制体系结构	連接機制架構	connectionist architecture
连接[机制]学习	連接學習	connectionist learning
连接建立	連接建立	connection establishment
连接接纳控制	連接容許控制	connection admission control
连接力矩	耦合接力矩	coupling torque
连接器	連接器	connector
连接时间	連接時間	connect time
连接释放	連接釋放	connection release
连接原语	鏈接基元	link primitive
连接装配区	鏈接包區	link pack area
连接装入程序	鏈接載入器	linking loader
k 连通度	k 連通度	k-connectivity
连通分支	連接組件	connected components
连通网	連接網	connected net
连通性	連接性	connectivity, connectedness
连通域	連接域	connected domain
连网	網路連結	networking
连线表	網路連線表	netlist
C^1 连续(=一阶参数连续)		
C^2 连续(=二阶参数连续)		
连续变量动态系统	連續變數動態系統	continuous variable dynamic system, CVDS
连续波磁控管	連續波磁控管	continuous wave magnetron
连续波发射机	連續波發射機	continuous wave transmitter, CW transmitter
连续波雷达	連續波雷達	continuous wave radar, CW radar
连续波调制	連續波調制	continuous wave modulation
连续堵转电流	連續堵轉電流	continuous current at locked-rotor
连续仿真语言	連續模擬語言	continuous simulation language
连续分布	連續分佈	continuous distribution
连续格式	①連續形式 ②報表連續	continuous form
连续[格式]纸	連續報表紙	continuous form paper
连续控制	連續控制	continuous control

大陆名	台湾名	英文名
连续控制系统	連續控制系統	continuous control system
连续算子	連續運算子	continuous operator
连续文本	連續文本	continuous text
连续性检验	連續性檢查	continuity check
连续语音识别	連續語音識別	continuous speech recognition
连续增量调制	連續之增量調變	continuous delta modulation
连续指令	連續指令	continuous command
连字符消去	連字符消去	hyphen drop
联邦模式	聯邦模式	federated schema
联邦数据库	聯邦資料庫	federative database
联编(=装订)		
联合迭代重建法	同時疊代重建技術	simultaneous iterative reconstruction technique
联合控制服务要素	結合控制服務元件	association control service element, ACSE
联机,在线	連線	online
联机测试	連線測試	online test
联机测试例程	連線測試常式	online test routine
联机测试执行程序	連線測試執行程式	online test executive program, OLTEP
联机处理	線上處理	online processing
联机存储器	連線記憶體	online memory
联机分析处理	連線分析處理	online analytical processing, OLAP
联机分析过程	連線分析過程	online analysis process, OLAP
联机分析挖掘	連線分析探勘	online analytical mining, OLAM
联机故障检测	連線故障檢測	online fault detection
联机命令语言	連線命令語言	online command language
联机排错(=联机调试)		
联机任务处理	連線任務處理	online task processing
联机设备	連線裝置	online unit, online equipment
联机事务处理	線上異動處理	online transaction processing, OLTP
联机数据处理	線上資料處理	online data processing
联机调试,联机排错	連線除錯	online debug
联机系统	連線系統	online system
联机诊断	連線診斷	online diagnostics
联机作业控制	連線工件控制	online job control
联结	聯合,結合	join
联络,信号交换	交握	handshaking
联赛排序	錦標賽排序	tournament sort
联系	關聯	relationship

大　陆　名	台　湾　名	英　文　名
联想存储器	相聯記憶體	associative memory
联想输入	聯想輸入	associating input
联想网络	相聯網路	associative network
链	①鏈 ②鏈接	chain
链表	鏈接串列	linked list
链接	鏈接	link
链[接]表	鏈接串列,鏈結串列	chained list
链接表搜索	鏈接串列搜尋	chained list search
链接码	鏈結碼	concatenated code
链接综合法(=级联综合法)		
链路	鏈路	link
链路层	鏈結層	link layer
链路管理	鏈接管理	link management
链路加密	鏈接加密	link encryption
链路接入规程	鏈結進接程式	link access procedure, LAP
链路控制规程	鏈接控制程序	link control procedures
链路协议	鏈結協定	link protocol
链路预算	連線預算表	link budget
链轮输纸	鏈齒饋送	sprocket feed
链码	鏈碼	chain code
链码跟踪	鏈碼跟隨	chain code following
链式打印机	鏈式列印機	chain line printer, chain printer
链式调度	鏈排程	chain scheduling
链式感染	鏈式感染	chain infection
链式连接	鏈式連接	chain connection
链式文件	鏈檔案	chain file
链式文件分配	鏈接檔案分配	chained file allocation
链式邮件	鏈式郵件	chain letter
链式栈	鏈接堆疊	chained stack
链式作业	鏈工件	chain job
良构程序	良構程式	well-structured program
梁式引线	梁式引線	beam lead
两倍线路	雙向線路	two-way line
两[阶]段锁	雙相鎖定	two-phase lock
两[阶]段提交协议	兩階段提交協定	two-phase commitment protocol
两相(=双相)		
两性杂质	兩性雜質	amphoteric impurity

大 陆 名	台 湾 名	英 文 名
亮带,亮区	明亮帶	bright band
亮度	亮度	①brightness ② luminance
亮度比	亮度比	brightness ratio
亮度分量	亮度分量	luminance component
亮度温度	亮度溫度	brightness temperature
亮度信号	亮度訊號	luminance signal
量程	量程	span, range
量词	量詞	quantifier
量化	量化	quantization
量化比特率	量化位元率	quantization bit rate
量化表	量化表	quantization table
量化的抽样	量化過之取樣	quantized samples
量化级	量化間距	quantization step
量化矩阵	量化矩陣	quantization matrix
量化器	量化器	quantizer
量化器过荷噪声	量化器過荷雜訊	quantizer overload noise
量化器粒状噪声	量化器粒狀雜訊	quantizer granular noise
量化区间	量化區間	quantization interval
量化损耗	量化損耗	quantization losses
量化误差	量化誤差	quantization error
量化误差波形	量化誤差波形	quantization error waveform
量化误差反馈	量化誤差回饋	quantization error feedback
量化信号	量化過之訊號	quantized signal
量化噪声	量化雜訊	quantization noise
量化知识复杂度	量化知識復雜度	quantified knowledge complexity
量化值	量化值	quantization value
量子电子固态元件	量子電子固態元件	quantum electronic solid-state devices
量子电子学	量子電子學	quantum electronics
量子化	量子化	quantization
量子计算机	量子計算機	quantum computer
量子阱异质结激光器	量子井異質接面雷射器	quantum well heterojunction laser
量子理论	量子理論	quantum theory
量子密码	量子密碼	quantum cryptography
量子效率	量子效率	quantum efficiency
量子噪声	量子雜訊	quantum noise
列,栏	行,直行	column
[列]表	列表,串列,顯示	list
列表码	列表碼	list code

大 陆 名	台 湾 名	英 文 名
列地址	行位址	column address
列地址选通	行位址選通	column address strobe
列选	行選擇	column selection
列译码	行解碼	column decoding
列译码器	行解碼器	column decoder
邻接(=邻近)		
邻接表结构	相鄰串列結構	adjacency list structure
邻接关系	相鄰關系	adjacency relation
邻接矩阵	相鄰矩陣	adjacency matrix
邻近,邻接	相鄰	adjacency
邻近查找, 邻近搜索	最近相鄰者搜尋	nearest neighbor search
邻近回波	鄰近回波,鄰近回聲	near-by echo
邻近搜索(=邻近查找)		
邻域	鄰域	neighborhood
邻域分类规则	鄰域分類規則	neighborhood classification rule
邻域运算	鄰域作業	neighborhood operation
邻站通知	鄰通知	neighbor notification
林汉德-斯卡夫-斯高特理论(=LSS 理论)		
临界波长	臨界波長	critical wavelength
临界负载线	臨界負載線	critical load line
临界功率	臨界功率	critical power
临界角	臨界角	critical angle
临界控制	臨界控制	critical control
临界频率	臨界頻率	critical frequency
临界区	臨界區域,臨界區段,緊要區段	critical region, critical section
临界停闪频率	臨界頻率	critical fusion frequency
临界通路测试生成法	要徑測試產生	critical path test generation
临界资源	臨界資源	critical resource
临界阻尼	臨界阻尼	critical damping
临时表	暫時表	temporary table
临时对换文件	臨時調換檔	temporary swap file
临时文件	暫時檔案	temporary file
磷光	磷光	phosphorescence
磷硅玻璃	磷矽玻璃	phosphorosilicate glass
磷酸二氘钾	磷酸二氘鉀	potassium dideuterium phosphate, DKDP
磷酸二氢铵	磷酸二氫銨	ammonium dihydrogen phosphate, ADP

大 陆 名	台 湾 名	英 文 名
磷酸二氢钾	磷酸二氫鉀	potassium dihydrogen phosphate, KDP
磷酸燃料电池	磷酸燃料電池	phosphoric acid fuel cell
灵活性	彈性,柔性	flexibility
灵敏电流计(=检流计)		
灵敏度,敏感性	靈敏度,敏感性	sensitivity
灵敏度时间控制	靈敏度時間控制	sensitivity-time control, STC
灵巧敏感器	智慧型感測器	smart sensor
铃电缆	訊號纜線	bell cable
菱形天线	菱形天線	rhombic antenna
菱形天线阵	菱形天線陣列	rhombic array
零	零	null
零波散	零波散	zero dispersion
零差检测	零差檢測	homodyne detection
零带隙半导体	零能帶隙半導體	zero gap semiconductor
零道	零軌	zero track
零道阈	零道閾	zero channel threshold
零点	零點	zero
零[点]极点法	零[點]極點法	pole-zero method
零点图	零點圖	zero plot
零点型测向	零點型測向	null-type direction finding
零点移位法	零點移位法	zero-shifting technique
零极点相消(=极零[点]相消)		
零记忆信道	零記憶通道	zero-memory channel
零记忆信源	零記憶源	zero-memory source
零假设	零假設	null hypothesis
零件库	元件庫	element library
零件图	零件圖	part drawing
零阶保持器	零階保持器	zero-order holder
零阶保值	零階保值	zero-order hold
零阶保值滤波器	零階保值濾波器	zero-order-hold filter
零阶外插法	零階外插法	zero-order extrapolation
零拷贝协议	零拷貝協定	zero copy protocol
零平均信号	零平均訊號,平均值為零之訊號	zero-mean signal
零任偶	零任偶	nullor
零散	零散	spread
零声母	零聲母	zero initial

大陆名	台湾名	英文名
零探测概率	零探測機率	zero detection probability
零位电压	零位電壓	null voltage
零位误差	零位誤差	electrical error of null position
零温度系数点	零溫度係數點	zero temperature coefficient point
零稳态误差系统	零穩態誤差系統	zero steady-state error system
零误差系统	零誤差系統	zero-error system
零相位系统	零相位系統	zero-phase system
零相位向应	零相位向應	zero-phase response
零向量	零向量	zero vector
零知识	零知識	zero-knowledge
零知识交互式论证	零知識交互式論證	zero-knowledge interactive argument
零知识交互式证明系统	零知識交互式證明系統	zero-knowledge interactive proof system
零知识证明	零知識證明	zero-knowledge proof
零子	零子	nullator
领域工程师	領域工程師	domain engineer
领域规约	領域規格	domain specification
领域建模	領域模型化	domain modeling, DM
领域模型	領域模型	domain model
领域无关	領域無關	field independence
领域无关规则	領域無關規則	domain-independent rule
领域相关	領域相關	field dependence
领域知识	領域知識	domain knowledge
领域主体	領域代理	domain agent
领域专家	領域專家	domain expert
领域专指性	領域特定性	domain specificity
令牌(=权标)		
令牌持有站(=权标持有站)		
令牌传递(=权标传递)		
令牌传递规程	符記傳遞程序	token passing procedure
令牌传递协议	符記傳遞通訊協定	token passing protocol
令牌环	訊標環	token ring
令牌环网(=权标环网)		
令牌轮转时间(=权标轮转时间)		
令牌总线	訊標匯流排	token bus
令牌总线网(=权标总线网)		

大 陆 名	台 湾 名	英 文 名
浏览	瀏覽	browsing
浏览器	瀏覽器	browser
流	①流 ②流程 ③流動	stream, flow
流程模型	程序模型	procedural model
流程图	流程圖,流向圖	flowchart, flow diagram
流导	流導	flow conductance
流导法	流導法	flow conductance method
流动式 CO_2 激光器	流動式二氧化碳雷射	flowing gas CO_2 laser
流方式	資料流模式	streaming mode
流关系	流程關係	flow relation
流光室	流光室	streamer chamber
流过时间	通過時間	flushing time
流控制	流程控制	flow control
流量,业务量	①流量 ②業務量	traffic
流量管理(= 业务量管理)		
流量控制	流量控制	flow control
流量控制中心	訊務量控制中心	traffic control center
流率	流率	flow rate
流[密]码	流密碼,串加密	stream cipher
流式磁带机	數據流磁帶器	streamer
流式磁带驱动器	流線磁帶驅動器	streaming tape drive
流水线	管線	pipeline
流水线处理	管線處理	pipeline processing
流水线处理器	管線處理機	pipeline processor
流水线互锁控制	管線互鎖控制	pipeline interlock control
流水线计算机	管線計算機	pipeline computer
流水线控制	管線控制	pipeline control
流水线排空	管線排空	draining of pipeline
流水线数据冲突	管線資料危障	pipeline data hazard
流水线算法	管線演算法	pipelining algorithm
流水线停顿	管線停頓	pipeline stall
流水线效率	管線效率	pipeline efficiency
流向图分析	流向圖分析	flow graph analysis
流星电离	流星電離	meteoric ionization
流星反射	流星反射	meteoric reflection
流星反射通信	流星反射通信	meteor reflection communication
流星散射通信	流星散射通信	meteor scatter communication

大陆名	台湾名	英文名
流星余迹通信	流星餘跡通信	meteoric trail communication, meteor trail communication
流星侦测卫星	流星偵測衛星	meteoroid detection satellite
流依赖	流程相依	flow dependence
流源	流源	flow sources
流阻	流阻	flow resistance
硫化镉太阳电池	硫化鎘太陽電池	cadmium sulfide solar cell
硫化锑视像管	硫化銻視象管	antimony sulfide vidicon
硫酸三甘肽	硫酸三甘肽	triglycine sulfide, TGS
六端口自动网络分析仪	六端口自動網路分析儀	six-port automatic network analyzer, SPANA
六角晶系铁氧体	六角晶系鐵氧體	hexagonal ferrite
笼形天线	籠形天線	cage antenna
漏	漏	leak
漏波	漏溢波	leaky wave
漏波损耗,溢波损耗	漏波損耗,溢波損耗	spillover loss
漏波天线	漏波天線	leaky-wave antenna
漏洞	漏洞	loophole
漏感	漏感	leakage inductance
漏过功率	漏過功率	leakage power
漏极电导	汲極電導	drain conductance
漏警概率	漏警機率	alarm dismissal probability
漏率	漏率	leak rate
漏码	漏碼,偶出	drop-out
漏脉冲	遺漏脈波	missing pulse
漏模	漏失模態,漏溢模態	leaky mode
漏漂移模式	漏漂移模式	drift-leakage model
漏失	漏失	spillover
漏同步	漏同步	missed synchronization
漏桶	漏桶子	leaky bucket
漏泄同轴电缆	漏溢同軸電纜	leaky coaxial cable
漏指令	漏指令	missing command
卢瑟福背散射谱[学]	路德福背散射譜[學]	Rutherford backscattering spectroscopy, RBS
卤素计数器	鹵素計數器	halogen counter
卤素检漏仪	鹵素檢漏儀	halide leak detector
鲁棒辨识	堅固識別	robust identification
鲁棒控制	堅固控制	robust control
鲁棒性(=稳健性)		

大 陆 名	台 湾 名	英 文 名
陆地后向散射信号	陸地反向散射訊號	land backscatter
陆地卫星	陸地衛星	land satellite, LANDSAT
陆地移动卫星	地面行動衛星	land mobile satellite
陆地杂波	地面雜波,陸地雜波	land clutter
陆基雷达	陸基雷達	ground-based radar
录取标志	錄取標志	extraction mark
录取显示器	錄取顯示器	indicator with extractor
录像带	錄影帶	video tape
录像机	錄象機	video tape recorder, VTR
录像头	錄影頭	video recording head
录音电话	錄音電話	record telephone
录音电话机	速記答錄機	dictaphone
录音工作室	錄音工作室	recording studio
录音机	錄音機	recorder
录音通知,录音播放	錄音之聲明,錄音之公告	recorded announcement
录音系统(=记录系统)		
录制	錄製	recording
路径(=通道)		
路径表达式	路徑表式	path expression
路径分集	路徑分集	path diversity
路径分析	路徑分析	path analysis
路径控制	路徑控制	path control
路径敏化(=通路敏化)		
路径名	路徑名	path name
路径命令	路徑命令	path command
路径搜索	路徑搜尋	path search
路径损耗	路徑損耗	path loss
路径条件	路徑條件	path condition
路径折叠技术	路徑折疊技術	path-doubling technique
路由	路由,通路,路線	route
路由标志器控制	路由標接控制	route marker control
路由规划	路由規劃	route planning
路由控制中心	路由控制中心	routing control center, RCC
路由忙时	路由忙時	route busy hours
路由器	路由器,選路器	router
路由选择,选路	選路	routing
路由选择控制	路由控制	routing control

大 陆 名	台 湾 名	英 文 名
路由[选择]算法	選路演算法	routing algorithm
路由[选择]信息协议	選路資訊協定	routing information protocol, RIP
路由选择制	路由選擇制	route selection system
露点	露點	dew point
露点试验	露點試驗	dew point test
旅行商问题	銷售員旅行問題	traveling salesman problem
铝电解电容器	鋁電解電容	aluminum electrolytic capacitor
铝空气电池	鋁空氣電池	aluminum-air cell
铝镍钴永磁体	鋁鎳鈷永久磁鐵	Al-Ni-Co permanent magnet
铝酸钇激光器	鋁酸釔雷射	yttrium aluminate laser
A 律量[子]化	A 法則量化	A-law quantization
A 律压扩	A 律壓伸	A-law companding
μ 律压扩,μ 法则压扩	μ 律壓伸,μ 法則壓伸	μ-law companding
绿色计算机	綠色計算機	green computer
氯化锌型干电池	氯化鋅型干電池	zinc chloride type dry cell
滤波电容器	濾波電容	filtering capacitor
滤波器	①濾波器 ②過濾器	filter
滤波器组	濾波器組	filter bank
滤光器(= 光滤波器)		
孪晶	孿晶	twin crystal
孪晶间界	孿晶間界	twin boundary
乱散射(=随机散射)		
乱序提交	失序交付	out-of-order commit
乱序执行	失序執行	out-of-order execution
轮叫	輪流呼叫	roll-call
轮叫探询	輪流呼叫詢問	roll-call polling
轮廓	①輪廓,外形 ②設定檔	profile, contour outline
轮廓编码	輪廓編碼	contour coding
轮廓跟踪	等高追蹤	contour tracing
轮廓控制系统	輪廓控制系統	contouring control system
轮廓生成	骨架產生	skeleton generation
轮廓识别	輪廓識別,輪廓辨識	contour recognition, outline recognition
轮廓线	輪廓線	profile curve, silhouette curve
轮廓预测	輪廓預測	contour prediction
DTE 轮廓指定符	DTE 設定指定符	DTE profile designator
轮廓字型	輪廓字型	outlined font
轮流传输	輪流傳輸	alternate transmission

大　陆　名	台　湾　名	英　文　名
轮转法调度	循環算法排程,循環算法	round-robin scheduling
论坛	論壇	forum
论题选择器	主題選擇器	subject selector
罗茨真空泵	羅茨真空幫浦	Roots vacuum pump
罗尔特(=罗兰转发)		
罗兰,远程[无线电]导航	羅蘭,遠程[無線電]導航	long range navigation, LORAN
罗兰 - C	羅蘭 - C	Loran-C
罗兰 - C 授时	羅蘭 - C 授時	Loran-C timing
罗兰台	羅蘭台,羅蘭站	Loran station
罗兰通信	羅蘭通信	Loran communication
罗兰转发,罗尔特	羅蘭轉發,羅爾特	Loran retransmission, LORET
罗坦系统,远程战术导航系统	羅坦系統,遠程戰術導航系統	long range and tactical navigation system, LORTAN
罗特曼透镜	羅特曼透鏡	Rotman lens
罗谢尔盐	羅謝爾鹽	Rochelle salt, RS
逻辑摆幅	邏輯擺幅	logic swing
逻辑编程语言	邏輯程式設計語言	logic programming language
逻辑布局	邏輯佈局	logic placement
逻辑布线	邏輯佈線	logic routing
逻辑部件	邏輯單元	logic unit
逻辑测试	邏輯測試	logic testing
逻辑测试笔	邏輯測試筆	logic test pen
逻辑程序	邏輯程式	logic program
逻辑程序设计	邏輯程式設計	logic programming
逻辑单元	邏輯單元	logical unit
逻辑地	邏輯接地	logic ground
逻辑地址	邏輯位址	logical address
逻辑电路	邏輯電路	logical circuit
逻辑定时分析仪	邏輯定時分析儀	logic timing analyzer
逻辑对象	邏輯目標	logical object
逻辑访问控制	邏輯存取控制	logical access control
逻辑分析	邏輯分析	logic analysis
逻辑分析仪	邏輯分析儀	logic analyzer
逻辑分页	邏輯分頁	logical paging
逻辑格式化	邏輯格式化	logical formatting
逻辑跟踪	邏輯追蹤	logical tracing

大　陆　名	台　湾　名	英　文　名
逻辑工作单元	工作邏輯單元	logical unit of work
逻辑故障	邏輯故障	logic fault
逻辑故障测试器	邏輯故障測試器	logic trouble-shooting tool
逻辑划分	邏輯劃分	logic partitioning
逻辑环	邏輯環	logical ring
逻辑记录	邏輯記錄	logical record, logic record
逻辑接口	邏輯介面	logic interface
逻辑句法分析系统	邏輯剖析系統	logic parsing system
逻辑控制	邏輯控制	logical control
逻辑库	邏輯庫	logical base, LB
逻辑链路控制	邏輯鏈接控制	logic link control, LLC
逻辑链路控制协议, LLC 协议	邏輯鏈接控制協定	logical link control protocol, LLC protocol
逻辑链路控制子层	邏輯鏈控制子層	logical link control sublayer
逻辑冒险	邏輯冒險	logic hazard
逻辑模拟	邏輯模擬	logic simulation
逻辑驱动器	邏輯驅動器	logical driver
逻辑设备	邏輯裝置	logical device
逻辑设备表	邏輯裝置表	logic device list
逻辑设备名	邏輯裝置名	logical device name
逻辑输入设备	邏輯輸入裝置	logical input device
逻辑输入输出设备	邏輯輸入輸出裝置	logical I/O device
逻辑数据独立性	邏輯資料獨立性	logical data independence
逻辑探头	邏輯探針	logic probe
逻辑探头指示器	邏輯探針指示器	logic probe indicator
逻辑特征分析仪	邏輯特徵分析儀	logic signature analyzer
逻辑推理	邏輯推理	logical reasoning
逻辑推理每秒	每秒邏輯推論數	logical inferences per second
逻辑文件	邏輯檔案	logical file
逻辑系统	邏輯系統	logical system
逻辑信令信道	邏輯訊號通道	logical signaling channel
逻辑演算	邏輯演算	logic calculus
逻辑验证系统	邏輯驗證系統	logic verification system
逻辑页	邏輯頁[面]	logical page
逻辑移位	邏輯移位	logical shift
逻辑语法	邏輯文法	logic grammar
逻辑运算	邏輯運算	logic operation
逻辑蕴涵	邏輯蘊含	logical implication

大　陆　名	台　湾　名	英　文　名
逻辑炸弹	邏輯炸彈	logic bomb
逻辑状态分析仪	邏輯狀態分析儀	logic state analyzer
逻辑综合	邏輯合成	logic synthesis
逻辑综合自动化	邏輯合成自動化	logic synthesis automation
逻辑坐标	邏輯坐標	logical coordinates
螺线	螺線	helical ray
螺线行波管	螺線行波管	helix TWT
螺线形宽带天线	螺線形寬頻天線	helical broadband antenna
螺形位错	螺形錯位	screw dislocation
螺旋磁道	螺旋磁軌	spiral track
螺旋电位器	螺旋電位器	helical potentiometer
螺旋慢波线	螺旋慢波線	helix slow wave line
螺旋模型	螺旋模型	spiral model
螺旋扫描	螺旋掃描	helical scan
螺旋天线	螺線天線	spiral antenna
螺旋透镜	螺旋透鏡	spiral lens
螺旋线	螺旋[傳輸]線	helical line
螺旋线模态	螺旋線模態	helical wire mode
螺旋线耦合叶片线路	螺旋線耦合葉片線路	helix-coupled vane circuit
螺旋线天线	螺旋線天線	helical wire antenna
螺旋线天线轴向方式	螺旋線天線之軸向模態	axial mode of helical antenna
螺旋相位天线	螺旋相位天線	spiral-phase antenna
螺旋锥	螺旋錐	helicone
裸导线	裸導線	plain conductor
裸规	裸規	nude gauge
裸线	裸線,明線	bare wire
洛伦兹条件	勞倫茲條件	Lorentz condition
络合物	復合物	complex

M

大　陆　名	台　湾　名	英　文　名
麻醉深度监护仪	麻醉深度監護儀	anesthesia depth monitor
马尔可夫过程	馬可夫[隨機]過程	Markov process
马赫带	馬赫帶	Mach band
马赫带效应	馬赫帶效應	Mach band effect
马赫－曾德尔干涉仪	馬赫－陳爾德干涉儀	Mach-Zehnder interferometer
马可尼天线	馬可尼天線	Marconi antenna

大　陆　名	台　湾　名	英　文　名
马歇尔－帕尔默分布	馬歇爾－帕門分佈	Marshall-Palmer distribution
ASCII 码（＝美国信息交换标准代码）		
BC 码（＝博斯－乔赫里码）		
BCH 码（＝博斯－乔赫里－霍克文黑姆［纠错码］）		
PN 码（＝伪噪声码）		
码本（＝码表）		
码表，码本	碼表	code list
码长	碼長	code length
码独立数据通信	獨立碼數據通信	code-independent data communication
码分多址	碼分多址	code division multiple access, CDMA
码分复用	碼分復用	code division multiplexing, CDM
码间干扰	碼間干擾	intersymbol interference
码率	碼率	code rate
码矢［量］	碼向量	code vector
码树	碼樹	code tree
码透明数据通信	透明碼數據通信	code-transparent data communication
码元	碼元	code-element
码元串	碼元串	code-element string
码元集	碼元集	code-element set
码元同步	碼元同步	symbol synchronization
码转换	碼轉換	code conversion
码字	碼字	code word
码字同步	碼字同步	code word synchronization
码组	碼組	code block
码组编号（＝块号）		
埋层	埋層	buried layer
埋层伺服	埋伺服	buried servo
埋沟 MOS 场效晶体管	埋通道 MOS 場效電晶體	buried-channel MOSFET
埋设电缆（＝地下电缆）		
迈克耳孙干涉仪	邁克耳遜干涉儀	Michelson interferometer
迈耶图	梅爾圖	Meyer plot
麦克斯韦方程式	馬克斯威爾方程式	Maxwell's equations
麦克威廉斯变换	馬克威廉斯轉換	MacWilliams transform

大 陆 名	台 湾 名	英 文 名
麦克威廉斯等式	馬克威廉斯等式	MacWilliams identity
脉搏描记术	脈搏描記術	sphygmography
脉冲	脈波,脈衝	pulse
脉冲变压器	脈衝變壓器	pulse transformer
脉冲波形	脈波波形	pulse waveform
脉冲步进	脈衝步進	pulse step
脉冲长度	脈波長度	pulse length
脉冲充电	脈波充電	pulse current charge
脉冲重复频率	脈波重復頻率	pulse repetition frequency, PRF
脉冲重复频率调制	脈波重復率調變	pulse repetition rate modulation, PRM
脉冲传播	脈波傳播	pulse propagation
脉冲串	脈波串	pulse train
脉冲磁控管	脈波磁控管	pulsed magnetron
脉冲电容器	脈衝電容	pulse capacitor
脉冲多普勒雷达	脈波多普勒雷達	pulse Doppler radar, PD radar
脉冲发射机	脈波發射機	pulse transmitter
脉冲发生器	脈波發生器	pulse generator
脉冲放大器	脈波放大器	pulse amplifier
脉冲幅度	脈波振幅	pulse amplitude
脉冲功率	脈波功率	pulse power
脉冲后沿	脈波後緣	pulse back edge
脉冲尖峰	脈衝尖峰	pulse spike
脉冲间距调制	脈波間距調變	pulse spacing modulation
脉冲检波	脈波檢波	pulse detection
脉冲控制技术	脈衝控制技術	pulse control technique
脉冲宽度,脉宽	脈波寬度,脈寬	pulse width
脉冲雷达	脈波雷達	pulse radar
脉冲内编码	脈波內編碼	intrapulse coding
脉冲内调制	脈波內調變	intrapulse modulation
脉冲能量	脈波能量	pulse energy
脉冲频率	脈衝頻率	pulse frequency
脉冲频率调制	脈波頻率調變	pulse frequency modulation, PFM
脉冲气动激光器	脈衝氣動雷射	pulsed gasdynamic laser
脉冲前沿	脈波前緣	pulse front edge
脉冲调制	脈波調變	pulse modulation, PM
脉冲调制载波	脈波調變載波	pulse modulated carrier
脉冲响应	脈波回應	pulse response
脉冲效应	脈衝效應	pulse effect

大 陆 名	台 湾 名	英 文 名
脉冲形状鉴别器	脈波形狀鑑別器	pulse shape discriminator
脉冲压缩雷达	脈波壓縮雷達	pulse compression radar
脉冲延迟	脈波延遲	pulse delay
脉冲引导电路	脈波引導電路	pulse steering circuit
脉冲噪声	脈衝噪音	pulse noise
脉冲振幅编码调制	脈波振幅編碼調變,脈幅碼調變	pulse amplitude code modulation, PACM
脉冲振幅调制,脉幅调制	脈波振幅調變,搏幅調變	pulse amplitude modulation, PAM
脉动场磁控管	脈動場磁控管	rippled field magnetron
脉动算法	脈動演算法	systolic algorithm
脉动阵列	脈動陣列	systolic arrays
脉动阵列结构	脈動陣列架構	systolic array architecture
脉幅调制(=脉冲振幅调制)		
脉宽(=脉冲宽度)		
脉宽调制	脈寬調變	pulse-width modulation, PWM
脉码调制	脈碼調變	pulse-code modulation, PCM
脉码调制遥测	脈碼調制遙測	pulse-code modulation telemetry, PCM telemetry
脉时调制	脈時調變	pulse-time modulation
脉位调制	脈位調變	pulse-position modulation, PPM
脉相系统	脈相系統	pulse-phase system
脉压接收机	脈壓接收機	pulse compression receiver
脉泽,微波激射[器]	實射	maser, microwave amplification by stimulated emission of radiation
蛮干攻击	暴力攻擊	brute-force attack
曼彻斯特编码	曼徹斯特編碼,曼徹斯特編碼法	Manchester encoding
曼彻斯特码	曼徹斯特碼	Manchester code
曼彻斯特双相码	曼徹斯特雙相位碼	Manchester biphase code
曼哈顿距离	曼哈坦距離	Manhattan distance
曼利-罗功率关系	曼利-羅伊功率關係	Manley-Rowe power relation
慢波	慢波	slow wave
慢波比	慢波比	delay ratio
慢波结构	慢波架構	slow wave structure
慢波线	慢波線	slow wave line
慢漂移	緩慢漂移	slow drift

大陆名	台湾名	英文名
慢衰落	緩慢衰褪	slow fading
慢速率成形法	慢速率成形法	gentle slope formation method
慢速邮递	慢速郵遞,蝸牛郵件	slow mail, snail mail
漫反射光	漫反射光	diffuse reflection light
漫游	漫遊	roaming
忙等待	忙等待	busy waiting
忙蜂音,占线蜂音	忙蜂音,占線蜂音	busy-buzz
忙接点	忙接點	busy contact
忙[碌]	忙,工作中	busy
忙闪信号	占線閃光訊號,占線閃光訊號	busy-flash signal
忙时,高峰时[间]	忙時,繁忙小時	busy hour
忙时串音噪声	忙時串雜訊,忙時串雜音	busy hour crosstalk noise
忙时呼叫	忙時呼叫	busy hour call, BHC
忙线(=占用线[路])		
忙音,占线音	忙[回]音,占線[忙]音	busy tone, busy-back tone
忙音信号(=占线信号)		
盲打	盲打	touch typing
盲均衡	盲均衡	blind equalization
盲目搜索	盲目搜尋	blind search
盲签	盲目簽章	blind signature
盲速	盲速	blind speed
盲相	盲相	blind phase
毛刺	尖波	spike
毛细成形技术	毛細成形技術	capillary action-shaping technique, CAST
冒充	冒充	masquerade
冒码	冒碼,偶入	drop-in
冒脉冲	冒脈衝,多出之脈衝	extra pulse
冒名	冒名頂替	impersonation
冒泡排序	泡式排序,浮泡分類法,泡沫排序	bubble sort
冒险	冒險	hazard
枚举	枚舉,列舉	enumeration
梅森增益公式	梅森增益公式	Mason's gain formula
媒介语	中間語言	intermediate language
媒体(=介质)		
媒体访问控制	媒體存取控制	media access control, MAC

大陆名	台湾名	英文名
媒体访问控制协议，MAC 协议	媒體存取控制協定	media access control protocol, MAC protocol
媒体访问控制子层	媒體存取控制子層	medium access control sublayer
媒体接口连接器	媒體接口連接器	medium interface connector, MIC
媒体控制接口	媒體控制介面	media control interface, MCI
媒体控制驱动器	媒體控制驅動器	media control driver
媒体连接单元	媒體附件裝置	medium attachment unit
媒体相关接口	媒體相依介面	medium-dependent interface, MDI
媒质	介質	medium
酶电极	酵素電極	enzyme electrode
酶敏感器	酵素感測器	enzyme sensor
霉菌试验	霉菌試驗	mould test
每载波多路	每一載波多通道	multiple channel per carrier, MCPC
每载波多路传输	每一載波多通道傳輸	multichannel per carrier transmission
每转发器多路	每一轉頻器多頻道	multiple channel per transponder, MCPT
美国线规	美國線規	American wire gauge, AWG
美国信息交换标准代码，ASCII 码	美國資訊交換標準碼，ASCII 碼	American Standard Code for Information Interchange, ASCII code
镁橄榄石瓷	鎂橄欖石瓷	forsterite ceramic
镁-镧-钛系陶瓷	鎂-鑭-鈦系陶瓷	magnesia-lanthana-titania system ceramic
门	閘	gate
门传输延迟	閘傳輸延遲	gate propagation delay
门海	閘海	sea of gate
门控积分器	門控積分器	gated integrator
门限（=阈[值]）		
门延迟	閘延遲	gate delay
门阵列	閘陣列	gate array
门阵列法	閘陣列法	gate array method
蒙古文	蒙古文	Mongolian
蒙塔古语法	蒙塔古文法	Montague grammar
蒙特卡罗法	蒙地卡羅[模擬]法	Monte Carlo method
迷失消息	遺漏訊息	missing message
米尔斯交叉天线	密爾斯交叉天線	Mills cross antenna
米勒积分电路	米勒積分電路	Miller integrating circuit
米勒码	米勒碼	Miller code
米勒密度矩阵	繆勒密度矩陣	Müeller density matrix
米利机[器]	米利機	Mealy machine
米氏共振区	米氏散射共振區	Mie resonance region

大陆名	台湾名	英文名
米氏散射	米氏散射	Mie scattering
米氏散射激光雷达	米氏散射雷射雷達	Mie's scattering laser radar
米氏散射理论	米氏散射理論	Mie scattering theory
米氏散射区	米氏散射區	Mie scattering region
米夏埃利等效电流	邁可利等效電流	Michaeli's equivalent current
秘密级	機密	confidential
秘密密钥	秘密密鑰	①privacy key ②secret key
秘密性	機密性	confidentiality
密度比率	密度比	density ratio
密度递减阵天线	密度錐形陣列天線	density-tapered array antenna
密封	①密封 ②封條	seal
密封激光器包装	密封雷射包裝	hermetic laser packaging
密封胶	①密封劑 ②密封層	sealant
密封连接器	密封連接器	sealed connector
密封器	①密封器 ②保護層	sealer
密封涂层	密封[式]鍍膜	hermetic coating
密封性试验	密封性試驗	seal tightness test
密级	等級	classification
密级数据	保密資料	classified data
密级信息	保密資訊	classified information
密集波分复用	高密度分波長多	dense wavelength division multiplexing
密集多路通信	密集多路通信	densely packed multichannel communication
密码	密碼	cipher code, cipher
密码保密	保密措施,密碼保全	cryptosecurity
密[码]本	密碼本	codebook
密码分析	密碼分析	cryptanalysis
密码分析攻击	密碼分析攻擊	cryptanalytical attack
密码检验和	密碼核對和	cryptographic checksum
密码界	密碼社群	cryptography community
密码模件	密碼模組	cryptographic module
密码设施	加密設施	cryptographic facility
密码体制(=密码系统)		
密码系统,密码体制	密碼系統	cryptosystem, cryptographic system
密码学	密碼學,密碼術	cryptology
密切平面	密切平面	osculating plane
密文	密文	ciphertext
密文反馈	密碼回饋	cipher feedback

大 陆 名	台 湾 名	英 文 名
密文分组链接	密碼區塊鏈接	cipher block chaining
密纹唱片	密紋唱片	microgroove record, long playing record
密钥	密鑰	cipher key
密钥长度	密鑰長度	key size
密钥短语	鍵片語	key phrase
密钥对	密鑰對	key pair
密钥分级架构	密鑰分級架構	key hierarchy
密钥分配中心	密鑰分配中心	key distribution center, KDC
密钥服务器	密鑰伺服器	key server
密钥公证	密鑰公證	key notarization
密钥管理	鍵管理	key management
密钥环	密鑰環	key ring
密钥恢复	密鑰恢復	key recovery
密钥加密密钥	密鑰加密密鑰	key-encryption key
密钥建立	密鑰建立	key establishment
密钥交换	密鑰交換	key exchange
密钥流	密鑰流	key stream
密钥搜索攻击	密鑰搜尋攻擊	key search attack
密钥托管	密鑰託管	key escrow
密钥证书	密鑰認證	key certificate
免费软件	免費軟體	freeware
免费网	免費網	free-net
免疫敏感器	免疫感測器	immune sensor
面板天线,嵌板式天线	嵌板式天線	panel antenna
面泵浦	面幫浦	face pumping
面表	曲面列表	surface list
面光源	區域光源	area light source
面记录密度	面記錄密度	areal recording density
面检索	區域檢索	area retrieval, region retrieval
面接触二极管	面接觸二極體	surface contact diode
面垒探测器	面壘探測器	surface barrier detector
面密度	面密度,區域密度	area density, areal density
面缺陷	面缺陷	planar defect
面伺服	表面伺服裝置	surface servo
面天线	面天線	surface antenna
面微带天线(=块状微带天线)		
面向比特协议	位元導向協定	bit-oriented protocol

大　陆　名	台　湾　名	英　文　名
面向代数语言	代數導向語言	ALGebraic-Oriented Language
面向对话模型	對話導向模型	dialogue-oriented model
面向对象编程语言,对象式编程语言	物件導向程式設計語言	Object-Oriented Programming Language, OOPL
面向对象表示	物件導向表示式	object-oriented representation
面向对象操作系统	物件導向作業系統	object-oriented operating system
面向对象测试	物件導向測試	object-oriented test
面向对象程序设计,对象式程序设计	物件導向程式設計	object-oriented programming, OOP
面向对象的,对象式	物件導向	object-oriented
面向对象的体系结构	物件導向架構	object-oriented architecture
面向对象方法,对象式方法	物件導向方法	object-oriented method
面向对象分析,对象式分析	物件導向分析	object-oriented analysis, OOA
面向对象建模	物件導向模型化	object-oriented modeling
面向对象设计,对象式设计	物件導向設計	object-oriented design, OOD
面向对象数据库	物件導向資料庫	object-oriented database
面向对象数据库管理系统	物件導向資料庫管理系統	object-oriented database management system, OODBMS
面向对象数据库语言	物件導向資料庫語言	object-oriented database language
面向对象数据模型	物件導向資料模型	object-oriented data model
面向对象语言,对象式语言	物件導向語言	object-oriented language
面向分析的设计	分析設計	design for analysis, DFA
面向功能的层次模型	功能導向階層式模型	function-oriented hierarchical model
面向过程模型	程序導向模型	process-oriented model
面向过程语言	程序導向語言	procedure-oriented language
面向机器语言	機器導向語言	machine-oriented language
面向控制的体系结构	控制導向結構	control-oriented architecture
面向连接	連結導向式	connection-oriented
面向连接协议	連接導向協定	connection-oriented protocol
面向数据结构的方法	資料結構導向方法	data structure-oriented method
面向特征的领域分析方法	特徵導向的領域分析方法	feature-oriented domain analysis method, FODA
面向位的传输	位元導向式傳輸	bit-oriented transmission
面向问题语言	問題導向語言	problem-oriented language

大陆名	台湾名	英文名
面向消息的正文交换系统	訊息導向的正文交換系統	message-oriented text interchange system, MOTIS
面向应用语言	應用導向語言	application-oriented language
面向用户的测试	用戶導向測試	user-oriented test
面向知识[的]体系结构	知識導向架構	knowledge-oriented architecture
面向制造的设计	製造設計	design for manufacturing, DFM
面向主体[的]程序设计	代理導向程式設計	agent-oriented programming
面向装配的设计	裝配設計	design for assembly, DFA
面向字符协议	字元導向協定	character-oriented protocol
面型图像传感器	區域影像感測器	area image sensor
面阵	面陣	area array
描述符表	描述符表	descriptor table
描述函数	描述函數	describing function
描写语言学	描述語言學	descriptive linguistics
瞄准干扰	瞄準干擾	spot jamming
瞄准误差	准向偏差	boresight error
瞄准增益天线	天線正角放大增益,正角增益天線	boresight gain antenna
灭点	消失點	vanishing point
民用电台波段	民用電台頻帶	citizens band, CB
民族语言支撑[能力]	國家語言支援	national language support
敏感故障	①敏感故障,敏急故障 ②有感故障,有感錯失	sensitive fault, anaphylaxis failure
敏感器,敏感元件	感測器	sensor
pH 敏感器	pH 感測器	pH sensor
敏感数据	敏感資料	sensitive data
敏感图案	敏感型樣	sensitivity pattern
敏感元	感測體	sensing element
敏感元件(=敏感器)		
敏感组件接口	感測器介面	sensor interface
敏化	敏化	sensitization
名词短语	名詞片語	noun phrase
名录服务(=目录服务)		
名字抽取	名稱萃取	names extraction
明暗处理	遮掩,阻蔽	shading

大陆名	台湾名	英文名
明视觉	明視覺	photopic vision
明文	明文	plaintext, cleartex
命令	命令	command
命令重试	命令再試	command retry
命令处理程序	命令處理機	command processor
命令行接口	命令行介面	command line interface
命令缓冲区	命令緩衝區	command buffer
命令级语言	命令級語言	command-level language
命令接口	命令介面	command interface
命令解释程序	命令解譯器	command interpreter
UNIX 命令解释程序 (= UNIX 外壳)		
命令控制块	命令控制塊	command control block
命令控制系统	命令控制系統	command control system
命令语言	命令語言	command language
命令作业	命令工件	command job
命名机构	命名機構	naming authority
命名约定	命名規約	naming convention
命题逻辑	命題邏輯	propositional logic
命题演算	命題演算	propositional calculus
命中率	命中率	hit ratio
E 模	E 模	E mode
H 模	H 模	H mode
HE 模	HE 模態	HE mode
TE 模(= 横电模)		
TEM 模(= 横电磁模)		
TM 模(= 横磁模)		
模边界	模態邊界	mode boundary
模场	模態場	mode field
模电流	模態電流	mode current
模函数	模態[分佈]函數	mode function
模糊	模糊	blur
模糊查询语言	模糊查詢語言	fuzzy query language
模糊度	模糊度	ambiguity
模糊函数	模糊函數	ambiguity function
模糊化	模糊化	fuzzification
模糊集	乏晰集合	fuzzy set
模糊集合论	乏晰集合論	fuzzy set theory

大　陆　名	台　湾　名	英　文　名
模糊控制	乏晰控制	fuzzy control
模糊逻辑	模糊邏輯	fuzzy logic
模糊神经网络	模糊類神經網路	fuzzy-neural network
模糊数据	乏晰資料	fuzzy data
模糊数据库	模糊資料庫	fuzzy database
模糊数学	乏晰數學	fuzzy mathematics
模糊松弛法	模糊鬆弛法	fuzzy relaxation
模糊搜索	模糊查詢	fuzzy search
模糊图	模糊圖	ambiguity diagram
模糊推理	乏晰推理	fuzzy reasoning
模糊信息	模糊資訊	fuzzy information
模糊遗传系统	模糊遺傳系統	fuzzily-genetic system
模 *n* 计数器	*n* 模[數]計數器	modulo-*n* counter
模间色散	模間色散	inter-modal dispersion
模界	模態界限	mode bound
模块	模組,程序塊	module
模块测试	模組測試	module testing
模块分解	模組分解	modular decomposition
模块化	模組化,積木化	modularization
模块化程序设计	模組程式設計	modular programming
模块化方法	模組法	modular method
模块化交换机体系结构	模組化交換架構	modular switch architecture
模块强度	模組強度	module strength
模块性	模組性,積木性	modularity
模内色散	模內色散	intra-modal dispersion
模拟	類比	simulation, analogy
模拟备份(=模拟后援)		
模拟表示法	類比表示式	analog representation
模拟波形	類比波形	analog waveform
模拟乘法器	類比乘法器	analog multiplier
模拟传输	類比傳輸	analog transmission
模拟分量录像机	類比分量錄象機	analog component VTR
模拟后援,模拟备份	類比備份	analog back-up
模拟集成电路	類比積體電路	analog integrated circuit
模拟计算机	類比計算機,類比電腦	analog computer
模拟交换	類比交換	analog switching
模拟控制技术	類比[電腦]控制技術	analog control technique
模拟器(=仿真器)		

大陆名	台湾名	英文名
模拟示波器	類比示波器	analog oscilloscope
模拟输出	類比輸出	analog output
模拟输入	類比輸入	analog input
模拟通信	類比通信	analog communication
模拟推理	類比推理	analogical inference
模拟退火	模擬退火	simulated annealing
模拟网络	類比網路	analog network
模拟系统	①類比系統 ②模擬系統	①analog system ②simulation system
模拟信道	類比通道	analog channel
模拟信号	類比訊號	analog signal
模拟学习	類比學習	analogical learning
模拟验证方法	模擬驗證方法	simulation verification method
模拟仪器	類比儀器	analog instrument
模拟语言	模擬語言	simulation language
模拟装置	類比裝置	analog device
N 模冗余	*N* 模冗餘	*N*-modular redundancy, NMR
模[式]	模[態]	mode
模式	①型樣,圖型,簡圖 ②概要,綱目	①pattern ②schema
模式变换器,换模器	模態變換器,變模器	mode converter, mode transducer
模[式]分隔	模[式]分隔	mode separation
模式分类	型樣分類	pattern classification
模式分析	型樣分析	pattern analysis
模式概念	綱目概念	schema concept
模式基元	型樣基元	pattern primitive
模[式]简并	模簡併	mode degeneracy
模[式]竞争	模競爭	mode competition
模式滤波器	模態濾波器	mode filter
模式描述	型樣描述	pattern description
模式敏感故障	型樣敏感故障	pattern-sensitive fault
模式敏感性	型樣敏感度	pattern sensitivity
模[式]耦合	模耦合	mode coupling
模式匹配	圖形匹配,模式匹配,型樣匹配	pattern matching
模[式]牵引效应	模牽引效應	mode pulling effect
模[式]色散	模[式]色散	modal dispersion
模式识别	圖形識別	pattern recognition
模式搜索	型樣搜尋	pattern search

大 陆 名	台 湾 名	英 文 名
模[式]跳变	模躍動	mode hopping
模式噪声	模式噪聲	modal noise
模数	模態數	mode number
模数编码器	類比/數位編碼器	A/D encoder
模数转换	類比數位轉換	analog-to-digital conversion
模数转换器,A/D 转换器	A/D 轉換器	analog-to-digital converter, A/D converter
模态	模態	modality
模态逻辑	模態邏輯	modal logic
模态匹配	模態匹配	mode matching
模态双折射性	模態雙折射性	modal birefringence
模态展开	模態展開	modal expansion
模体积	模體積	mode volume
模完整性	模態完整性	mode completeness
模型	①模型 ②型號	model
3C 模型	3C 模型	3C model
模型变换	模型變換	model transfer
模型表示	模型表示	model representation
模型参考自适应	模型參考自適應	model reference adaption
模型参数提取	模型參數萃取	extraction of model parameters
模型定性推理	模型定性推理	model qualitative reasoning
模型简化	模型簡化	model simplification
模型库	模型庫	model base
模型库管理系统	模型庫管理系統	model-base management system
模型论	模型理論	model theory
模型论语义[学]	模型理論語意	model-theoretic semantics
模型驱动	模型驅動	model driven
模型驱动方法	模型驅動方法	model-driven method
模型生成器	模型產生器	model generator
模型识别	模型識別	model recognition
模型引导推理	模型導向推理	model-directed inference
模转换干扰	模轉換干擾	modes change-over disturbance
L–B 膜	L–B 膜	Langmuir-Blodgett film
膜电阻	膜電阻	film resistance
膜过滤	膜過濾	membrane filtration
膜环滤波器	膜環濾波器	diaphragm-ring filter
摩擦输纸	摩擦供紙	friction feed
摩尔定比码	莫爾定比碼	Moore constant ratio code

大陆名	台湾名	英文名
摩尔定律	莫爾定律	Moore law
摩尔机[器]	莫爾機	Moore machine
磨边	磨邊	edging
磨角染色法	磨角染色法	angle lap-stain method
磨球面	磨球面	contouring
磨损失效	磨損失效	wearout failure
磨圆	磨圓	rounding
魔 T	魔術 T 型匯流裝置	magic T
魔集	魔術集	magic set
末端电池	末端電池	end cell
末端器	末端執行器	end-effector
末端设备	末端設備	end-equipment
莫尔斯码	摩斯碼	Morse code
莫雷诺十字体波导耦合器	莫侖諾十字形波導耦合器	Moreno cross-guide coupler
墨水罐	墨水罐	ink tank
墨[水]盒	墨水匣	ink cartridge
默认	預設,內定	default
默认格式	內定格式	default format
默认推理	缺陷推理	default reasoning
模板方法	模板方法	template method
模具设计	模具設計	mould design
母板,主板	母板,主板,主機板	motherboard, mainboard, masterboard
母函数	生成函數	generating function
母片	母片	master slice
母语	①本國語言 ②本機語言	native language
目标	目標	target
目标捕获	目標捕獲	target acquisition
目标程序	目標程式,目的程式,靶標程式	target program, object program
目标[代]码	目標碼,目的碼	target code, object code
目标导向推理	目標導向推理	goal-directed reasoning
目标电磁特征	目標電磁特征	target electromagnetic signature
目标对象	目標物件	goal object
目标范例库	目標案例庫	goal case base
目标函数	目標函數	target function
目标回归	目標回歸	goal regression
目标机	目標機	target machine

大陆名	台湾名	英文名
目标集	目標集合	goal set
目标计算机	靶標計算機	target computer
目标目录	目標目錄	target directory
目标起伏	目標起伏	target fluctuation
目标驱动	目標驅動	goal-driven
目标容量	目標容量	target capacity
目标散射矩阵	目標散射矩陣	target scattering matrix
目标闪烁	目標閃爍	target glint
目标识别	目標識別	target identification
目标系统	目標系統	target system
目标[显示]标志	目標[顯示]標誌	blip
目标引导行为	目標導向行為	goal-directed behavior
目标语生成	目標語言產生	target language generation
目标语输出	目標語言輸出	target language output
目标语言	目標語言	target language
目标语言词典	目標語言詞典	target language dictionary
目标噪声	目標噪聲	target noise
目标照射雷达	目標照射雷達	target illumination radar
目标子句	目標子句	goal clause
目的地址,终点地址	目的地位址	destination address
目录服务,名录服务	目錄服務	directory service
目录排序	目錄排序	directory sorting
目视飞行规则	目視飛行規則	visual flight rules, VFR
钼栅工艺	鉬閘極工藝	molybdenum gate technology
钼栅 MOS 集成电路	鉬晶閘極 MOS 積體電路	molybdenum gate MOS integrated circuit

N

大陆名	台湾名	英文名
奈耳点(=奈耳温度)		
奈耳温度,奈耳点	奈耳溫度,奈耳點	Neel temperature, Neel point
奈奎斯特采样频率	奈奎斯特抽樣頻率	Nyquist sampling frequency
奈奎斯特带宽	奈奎斯特頻寬	Nyquist bandwidth
奈奎斯特定理	奈奎斯特定理	Nyquist's theorem
奈奎斯特滤波器	奈奎斯特濾波器	Nyquist filter
奈奎斯特判据	奈奎斯特判據	Nyquist criterion

大　陆　名	台　湾　名	英　文　名
奈奎斯特频率	奈奎斯特頻率	Nyquist frequency
奈奎斯特取样	奈奎斯特取樣	Nyquist sampling
奈奎斯特取样定理	奈奎斯特取樣定理	Nyquist sampling theorem
奈奎斯特取样率	奈奎斯特取樣速率	Nyquist sampling rate
奈奎斯特速率	奈奎斯特速率	Nyquist rate
奈奎斯特图	奈奎斯特圖	Nyquist diagram
奈培	奈培	neper, NP
奈特	奈特	nat
耐久性	耐久性	durability
耐久性试验	耐久性試驗	endurance test
难解型问题	難解型問題	intractable problem
难熔金属硅化物	難熔金屬矽化物	refractory metal silicide
难熔金属栅 MOS 集成电路	高熔點金屬閘極 MOS 積體電路	refractory metal gate MOS integrated circuit
挠进程	偏斜過程	skew process
脑成像	腦成像	brain imaging
脑磁描记术	腦磁描記術	magnetoencephalography
脑电分布图测量	腦電分佈圖測量	electroencephalic mapping
脑电描记术	腦電描記術	electroencephalography
脑功能模块	腦功能模組	brain function module
脑功能仪	腦功能儀	brain function meter
脑科学	腦科學	brain science
脑模型	腦模型	brain model
内标准化	內標準化	internal standardization
内部,内置,内装,固有	內裝的,固定的,內建的	build-in
内部测试, 机内测试	內裝式測試	built-in test, BIT
内部存储器,内存	①內部儲存器,內記憶體 ②內儲存	internal storage, internal memory
内部对象	內部物件	internal object
内部发光	內部發光	internal photoemission
内部函数	內在函數	intrinsic function
内部级	限制	restricted
内部碎片	內部片段	internal fragmentation
内部网关协议	內部閘道協定	interior gateway protocol, IGP
内部威胁	內部威脅	inside threat
内[部]中断	內中斷	internal interrupt
内部转发	內部轉接	interior forwarding
内裁剪	內部截割	interior clipping

大　陆　名	台　湾　名	英　文　名
内差	內差	interpolation
内存(＝内部存储器)		
内存保护	記憶體保護	memory protection
内存分配覆盖	記憶體分配重疊	memory allocation overlay
内存碎片	記憶體片段	memory fragmentation
内反射	內部反射	internal reflcction
内反射谱[学]	內反射譜[學]	internal reflection spectroscopy, IRS
内分布	內分佈	inner distribution
内光电效应	內光電效應	internal photoelectric effect
内涵数据库	內涵資料庫	intensional database
内核	核心	kernel
内核程序	核心程式	kernel program
内核服务	核心服務	kernel service
内核进程	核心過程	kernel process
内核码	核心碼	kernel code
内核模块	核心模組	kernel module
内核数据结构	核心資料結構	kernel data structure
内核语言	核心語言	kernel language
内核原语	核心基元	kernel primitive
内核栈	核心堆疊	kernel stack
内环	內環	interior ring
内积	內積	inner product
内建函数	內建函數	built-in function
内建势	內建位能	built-in potential
内建诊断电路	內建診斷電路	built-in diagnostic circuit
内建自测试	內建式自我測試	built-in self-test, BIST
内聚性	內聚性	cohesion
内连网(＝内联网)		
内联网,内连网	企業網路	intranet
内联网安全	內部網路安全	intranet security
内量子效率	內量子效率	internal quantum efficiency
内码	內碼	inner code
内模式	內部綱目	internal schema
内排序	內部排序	internal sort
内气体探测器	內氣體探測器	internal gas detector
内腔式气体激光器	內腔式氣體雷射	intracavity gas laser
内热阻	內熱阻	internal thermal resistance
内务操作	內務處理作業	housekeeping operation

大　陆　名	台　湾　名	英　文　名
内务处理程序	内務處理程式	housekeeping program
内像素	内像素	interior pixel
内引线焊接	内引線焊接	inner lead bonding
内在故障	内在故障	indigenous fault
内置(=内部)		
内置式可编程逻辑控制器	内建式可程式邏輯控制器	build-in PLC
内装(=内部)		
内阻	内阻	internal resistance
能带结构	能帶結構	energy band structure
能带理论	頻帶理論	band theory
能工作时间	能工作時間	up time
能阶	能階	energy state
能力	能力	capability
能力表	能力表	capability list
能力成熟[度]模型	能力成熟度模型	capability maturity model, CMM
能[量]带间隙	能[量]帶間隙	energy bandgap
能量刻度	能量刻度	energy calibration
能量扩散波形	能量展散波形	energy dispersion waveform, EDW
能量密度	能量密度	energy density
能量密度频谱	能量密度頻譜	energy density spectrum
能量频谱	能量頻譜	energy spectrum
能量频谱密度	能量頻譜密度	energy spectral density, ESD
能量噪声比	能量雜訊比	energy to noise ratio, E/N
能流密度矢[量](=玻印亭矢[量])		
能听度	可聞度	audibleness
能隙	能隙	energy gap
能行性	效用,有效	effectiveness
铌酸钡钠	鈮酸鋇鈉	barium sodium niobate, BNN
铌酸钡锶	鈮酸鋇鍶	strontium barium niobate, SBN
铌酸钾	鈮酸鉀	potassium niobate, KN
铌酸锂	鈮酸鋰	lithium niobate, LN
铌酸盐系陶瓷	鈮酸鹽系陶瓷	niobate system ceramic
铌钽酸钾	鈮鉭酸鉀	potassium tantalate niobate, KTN
你见即我见	你見即我見	what-you-see-is-what-I-see, WYSIWIS
拟合	適	fitting
Z 逆变换	Z 反轉換,反 Z 轉換	inverse Z-transform

大 陆 名	台 湾 名	英 文 名
逆变换缓冲器	反向變換緩衝	inverse translation buffer, ITB
逆变迁	反向變遷	reverse transition
逆程率	逆程率	retrace ratio
逆代换	反替代	inverse substitution
逆地址解析协议	反轉位址解析協定	reverse address resolution protocol, RARP
逆合成孔径雷达	逆合成孔徑雷達	inverse synthetic aperture radar, ISAR
逆矩阵	反矩陣	inverse matrix
逆拉东变换	反氡變換	inverse Radon transformation
逆流问题	反向流問題	backward flow problem
逆滤波器	逆濾波器	inverse filter
逆散射	逆散射	inverse scattering
逆式塔康	逆式塔康	inverse TACAN
逆同态	逆同態	inverse homomorphism
逆完全混洗	反向完全混洗	inverse perfect shuffle
逆网	反向網路	reverse net
逆向产生式系统	反向生成系統	backward production system
逆向工程	反向工程	reverse engineering
逆向滤波	反向濾波,倒轉濾波	inverse filtering
逆信道	逆通道	inverse channel
逆增益干扰	逆增益干擾	inverse gain jamming
逆转	①逆轉 ②備份	backing
匿名登录	匿名式登錄	anonymous login
匿名服务器	匿名式伺服器	anonymous server
匿名文件传送协议	匿名式檔案傳輸協定	anonymous FTP
匿名性	匿名性	anonymity
匿名转账	匿名式退費	anonymous refund
2000 年问题	2000 年問題	Year 2000 Problem, Y2K
黏附概率	粘附機率	sticking probability
黏结磁体	粘結磁體	bonded permanent magnet
黏滞流	粘滯流	viscous flow
黏滞真空计	粘滯真空計	viscosity vacuum gauge
黏着位	粘著位	sticky bit
捏练	捏練	pugging
凝聚	濃縮	condensation
扭波导	波導扭導接頭	waveguide twist
扭曲	扭曲	twist
扭曲向列模式	扭曲向列模式	twisted nematic mode, TN mode
扭斜	偏斜	skew

大　陆　名	台　湾　名	英　文　名
扭折	扭折	kink
钮子开关	把手式開關	toggle switch
农村电话	鄉村電話	rural telephone
农村电话系统	鄉村電話系統	rural telephone system
农话局	鄉村自動電話交換	rural automatic exchange
浓度[剖面]分布	濃度[剖面]分佈	concentration profile
努德斯特伦－鲁滨逊码	諾斯姆－羅賓遜碼,諾斯壯－羅賓遜碼	Nordstrom-Robinson code
钕玻璃激光器	釹玻璃雷射	neodymium glass laser
钕晶体激光器	釹晶體雷射	neodymium crystal laser
钕钇铝石榴子石激光	釹釔鋁石榴石雷射	NdYAG laser
诺亚效应	諾亞效應	Noah effect
诺依曼常数	諾曼常數	Neumann's number

O

大　陆　名	台　湾　名	英　文　名
欧几里得算法,欧氏算法	歐氏演算法	Euclidean algorithm
欧拉不稳定性	歐拉不穩定性	Euler instability
欧拉回路	歐拉電路	Euler circuit
欧拉－拉格朗日方程	歐拉－拉格藍基方程式	Euler-Lagrange equation
欧拉路径	歐拉路徑	Euler path
欧姆表(＝电阻表)		
欧姆定律	歐姆定律	Ohm's law
欧姆加热	歐姆加熱	ohmic heating
欧姆接触	歐姆接觸	ohmic contact
欧氏距离	歐氏距離	Euclidean distance
欧氏算法(＝欧几里得算法)		
偶发故障	機遇故障	chance fault
偶极	偶極[的],雙極	dipolar
偶极子	偶極	dipole
偶极子天线	偶極天線	dipole antenna
偶检验	偶檢驗	even-parity check
偶模	偶模	even mode
偶然失效期	偶然失效期	accidental failure period
偶然威胁	非限定威脅	accidental threat

大　陆　名	台　湾　名	英　文　名
偶然中断	偶發中斷	contingency interrupt
耦合	耦合	coupling
耦合传输线	耦合傳輸線	coupled transmission line
耦合电容器	耦合電容	coupling capacitor
耦合度	耦合度	coupling degree
耦合环	耦合迴路	coupling loop
耦合孔	耦合孔	coupling aperture, coupling hole
耦合偶极子	耦合雙極	coupled dipole
耦合器	耦合器,因數	coupler
耦合腔技术	耦合腔技術	coupled cavity technique
耦合腔慢波线	耦合腔慢波線	coupled cavity slow wave line
耦合探针	耦合探針	coupling probe
耦合阻抗	耦合阻抗	coupling impedance

P

大　陆　名	台　湾　名	英　文　名
爬山法	登山法	hill-climbing method
帕塞瓦尔定理	帕什法耳定理	Parseval's theorem
帕邢曲线	帕邢曲線	Paschen curve
拍[差]频	拍頻,差頻	beat frequency
拍长,差频长度	拍長	beat length
拍频振荡器	拍頻振盪器	beat frequency oscillator
拍[它]次浮点运算每秒(=千万亿次浮点运算每秒)		
拍[它]次运算每秒(=千万亿次运算每秒)		
拍[它]条指令每秒(=千万亿条指令每秒)		
拍[它]字节(=千万亿字节)		
排错(=调试)		
排队	排隊,隊列	queuing
排队表	隊列表	queuing list
排队进程	隊列過程	queuing process
排队理论	排隊理論,隊列理論	queueing theory
排队模型	隊列模型	queuing model

大 陆 名	台 湾 名	英 文 名
排队系统	排隊系統,隊列系統	queueing system
排队延迟	排隊延遲,隊列延遲	queueing delay
排队原则	隊列規則,排隊紀律	queuing discipline
排队注册请求	隊列登入請求	queued logon request
排列	排列,置換	permutation
排气	排氣	evacuating
排他锁	互斥型鎖	exclusive lock
排序	①排序,定序 ②分類	sorting, ordering
排序策略	定序策略	ordering strategy
排序网络	排序網絡	sorting network
潘尼管	潘尼管	peniotron
盘(=磁盘)		
盘[片]组	磁碟包,磁碟組	disk pack
盘驱(=光盘驱动器)		
盘形激光器	碟式雷射	disk laser
盘锥天线	碟錐形雙極天線	discone antenna
判别函数	判別函數	discriminant function
判定表语言	決策表語言	decision table language
判定符号	決策符號	decision symbol
判定逻辑	決策邏輯	decision logic
判定使用	判定使用,述詞使用	predicate use, p-use
判决,决策	判決,決策	decision
膀胱电描记术	膀胱電描記術	electrocystography
庞加莱球	波因卡球	Poincare sphere
旁瓣	旁瓣	side lobe
旁瓣对消	旁瓣對消	sidelobe cancellation
旁瓣回波	旁回波	side echo
旁瓣消隐	旁瓣消隱	sidelobe blanking
旁联系统	旁聯系統	standby system
旁路	旁路	bypassing
旁路电容[器]	旁路電容	bypass capacitor
旁热[式]阴极(=间热[式]阴极)		
旁通阀	旁通閥	by-pass valve
抛物面反射器阵列馈电	拋物面反射器陣列饋伺	array feed of paraboloidal reflector
抛光	拋光	polishing
抛物环面天线	拋物環面天線	parabolic torus antenna
抛物面反射器	拋物面反射器	paraboloidal reflector

大 陆 名	台 湾 名	英 文 名
抛物面天线	抛物線形天線,抛物面天線	parabolic antenna, paraboloid antenna
抛物状轨道	抛物狀軌道	parabolic orbit
跑道视距	跑道視距	runway visual range
跑纸	跑紙,紙張空移	paper throw, paper skip
炮兵侦察校射雷达	炮兵偵察校射雷達	artillery reconnaissance and fire-directing radar
炮位侦察雷达	炮位偵察雷達	artillery location radar
泡径	泡徑	bubble diameter
泡克耳斯盒	普克耳斯盒	Pockels cell
泡迁移率	泡遷移率	bubble [domain] mobility
陪集首	陪集首	coset leader
培训	訓練	training
培训时限	訓練時間極限	training time limit
裴波那契立方体	費布那西立方體	Fibonacci cube
裴波那契搜索	費布那西搜尋	Fibonacci search
佩特里网	佩特裏網	Petri net
配管 CAD(=计算机辅助配管设计)		
配价	價位,配價	valency
配线架	配線架,分配框	distribution frame
配置	組態,組態確認	configuration
配置标识	組態識別	configuration identification
配置管理	組態管理	configuration management
配置控制	組態控制	configuration control
配置控制委员会	組態控制板	configuration control board
配置审核	組態稽核	configuration audit
配置项	組態項目	configuration item
配置状态	組態狀態	configuration status
配置状态报告	組態狀態報告	configuration status accounting
喷墨打印机	噴墨列印機	ink fog printer
喷墨绘图机	噴墨繪圖器	ink jet plotter
喷墨印刷机	噴墨列印機	ink jet printer
喷泉模型	噴泉模型	fountain model
喷射真空泵	噴射真空幫浦	ejector vacuum pump
喷雾干燥	噴霧干燥	spray drying
喷嘴	噴嘴	nozzle
彭宁真空计	潘寧真空計	Penning vacuum gauge

大　陆　名	台　湾　名	英　文　名
硼磷硅玻璃	硼磷矽玻璃	boron-phosphorosilicate glass
膨胀	擴張	dilatation
碰撞	碰撞	collision
碰撞检测	碰撞檢測	collision detection
碰撞强制[处理]	強制碰撞	collision enforcement
碰撞雪崩渡越时间二极管(=崩越二极管)		
碰撞展宽	碰撞展寬	collision broadening
批	批	lot, batch
批处理	批次處理,整批處理	batch processing
批处理操作系统	批次處理作業系統	batch processing operating system
批处理文件	批次檔案	batch file
批处理系统	批次處理系統	batch processing system
批量	批量	lot size, batch size
批量控制	批次控制	batch control
批量数据处理(=成批数据处理)		
批容许不合格率	批容許不合格率	lot tolerance percent defective
批作业	批次工件	batch job
劈	楔型	wedge
劈形终端	楔型端	wedge termination
皮层电描记术	皮層電描記術	electrocorticography
皮肤电阻描记术	皮膚電阻描記術	electrodermography
皮拉尼真空规(=皮氏计)		
皮氏计,皮拉尼真空规	皮氏計,皮拉尼真空規	Pirani gauge
匹配	匹配	match
匹配包层光纤	匹配披覆層光纖	matched clad fiber
匹配段	匹配段	matching section
匹配负载	匹配負載	matched load
匹配滤波	匹配過濾	matched filtering
匹配滤波器	匹配濾波器	matched filter
匹配滤波器接收机	匹配濾波器接收機	matched-filter receiver
匹配模板	匹配模板	matching template
匹配筛选器	匹配濾波器	matched filter
匹配算法	匹配演算法	matching algorithm
匹配网络	匹配網路	matching network
匹配误差	匹配誤差	matching error

大　陆　名	台　湾　名	英　文　名
匹配－选择－连接器	匹配－選擇－連接器	matcher-selector-connector, MACTOR
匹配终端	匹配端	matched termination
片	①片 ②截割	slice
片段	片段	fragment
片断	①剪輯 ②夾子	clip
片式电感器	晶片電感	chip inductor
片式电容器	晶片電容	chip capacitor
片式电阻器	晶片電阻	chip resistor
片式元件	晶片元件	chip component
片选	晶片選擇	chip selection
偏差,偏移	偏差,偏移,偏位,偏向	deviation, DEV
偏差比(＝偏移比)		
偏差控制	偏差控制	deviation control
偏磁	偏磁	biasing
偏离指示器	偏離指示器	deviation indicator
偏旁	基本的,主要的	radical
偏压	偏壓	bias
偏移(＝偏差)		
偏移比,偏差比	偏移比,偏差比	deviation ratio
偏移磁道	位移磁軌	offset track
偏移电压(＝失调电压)		
偏移量	①偏移,偏置 ②殘留誤差 ③推移	offset
偏振(＝极化)		
偏振分集(＝极化分集)		
偏振滤光器(＝极化滤波器)		
偏置控制	偏壓控制	bias control
偏置四相相移键控	偏移式四相移鍵控	offset QPSK, OQPSK
偏转	偏轉	deflection
偏转电极	偏轉電極	deflecting electrode
偏转后加速	偏轉後加速	post-deflection acceleration
偏转畸变	偏轉畸變	deflection distortion
偏转系数	偏轉係數	deflection coefficient
偏转线圈	磁頭組,磁軛	yoke
篇章分析	正文分析	text analysis
篇章理解	正文理解	text understanding
篇章生成	正文產生	text generation

大陆名	台湾名	英文名
篇章语言学	本文語言學	text linguistics
漂浮牌组调制器	漂浮牌組調變器	floating deck modulator
漂移	漂移	drift
漂移空间	漂移空間	drift space
漂移迁移率	漂移遷移率	drift mobility
漂移区	漂移區	drift region
漂移失效	浮動失效	floating failure
漂移室	漂移室	drift chamber
漂移速度	漂移速度	drift velocity
漂移速度饱和	漂移速度飽和	drift velocity saturation
漂移速调管	漂移速調管	drift klystron
漂移误差补偿	漂移誤差補償	drift error compensation
飘移(＝摆动)		
拼接	序連連接	concatenation
拼写检查程序	拼字檢查器	spelling checker
拼音编码	拼音編碼,字音編碼	Pinyin coding, phonological coding
拼装(＝建造)		
频带	頻帶	frequency band
频带边缘	頻帶邊緣,能帶邊緣	band edge
频带边缘振荡	頻帶邊緣振盪	band edge oscillation
频带标志	頻帶標誌,頻帶代號	band designation
频带参差	頻帶參差	frequency staggering
频带倒置	頻帶倒置	frequency inversion
频带分裂	頻帶分割	band splitting
频带清晰度	頻帶清晰度,波段清晰度	band articulation
频带展宽系数	帶擴展因數	band expansion factor
频分多址	頻分多址	frequency division multiple access, FDMA
频分复用	頻分復用	frequency division multiplexing, FDM
频分码分多址	分頻分碼多重進接	FDCDMA
频分调制	分頻調變	frequency division modulation
频分遥测	頻分遙測	frequency division telemetry
频分指令	頻分指令	frequency division command
频宽扩增	頻寬擴增	broadbanding
频率	頻率	frequency
频率编码	頻率編碼	frequency coding
频率变换	頻率變換	frequency translation
频率不变式线性滤波	頻率不變線性濾波	frequency-invariant linear filtering

大 陆 名	台 湾 名	英 文 名
频率步进	步進頻率	frequency stepping
频率传递函数	頻率轉移函數	frequency transfer function
频率存储,储频	頻率存儲,儲頻	frequency memory
频率抖动	頻率抖動	frequency jitter
频率非选择性信道	非頻率選擇性通道	frequency nonselective channel
频率分辨率	頻率解析度	frequency resolution
频率分集	頻率分集	frequency diversity
频率分集雷达	頻率分集雷達	frequency diversity radar
频率分配	頻率指配	frequency allocation
频率－功率限制	頻寬－功率限制	frequency-power limitation
频率规划	頻率規劃	frequency planning
频率合成器	頻率合成器	frequency synthesizer
频率获取	頻率獲取	frequency acquisition
频率计	頻率計	frequency meter
频率交错	頻率交錯	frequency interlacing
频率阶跃	頻率步階	frequency step
频率捷变	頻率捷變	frequency agility
频率捷变雷达	頻率捷變雷達	frequency-agile radar
频率偏置	頻率差距,頻率偏差值	frequency offset
频率牵引	頻率牽引	frequency pulling
频率去相关	頻率去相關	frequency decorrelation
频率扫描	頻率掃描	frequency scan
频率上限	頻率上限	upper frequency limit
频率上转换	升頻率轉換	frequency up-conversion
频率失真	頻率失真	frequency distortion
频率时间标准	頻率時間標準	frequency time standard, FTS
频率锁定	頻率鎖定	frequency lock
频率特性	頻率特性	frequency characteristic
频率跳变,跳频	頻率跳變,跳頻	frequency hopping
频率稳定度	頻率穩定度	frequency stability
频率稳定[化]	頻率穩定[化]	frequency stabilization
频率相干	頻率同調	frequency coherence
频率相关	頻率關聯	frequency correlation
频率响应	頻率附應	frequency response
频率响应补偿	頻率回應補償	frequency-response compensation
频率选择性信道	頻率選擇性通道	frequency selective channel
频率再用	頻率再使用,頻道復用	frequency reuse
频率指配	頻率指配	frequency assignment

大 陆 名	台 湾 名	英 文 名
频敏反射器	頻率敏感反射器	frequency-sensitive reflector
频偏	頻偏	frequency deviation
频偏比	頻率偏移比	frequency deviation ratio
频偏表	頻偏表	frequency deviation meter
频谱	頻譜	frequency spectrum
频谱纯度	頻譜純度	spectral purity
频谱分析	頻譜分析	spectral analysis
频谱分析仪	頻譜分析儀	spectrum analyzer
频谱宽度	頻譜寬度	spectral width
频谱密度	頻譜密度	spectral density
频谱线	頻譜線	frequency line
频谱响应	頻譜回應	spectral response
频谱效率	頻譜效率	spectral efficiency
频扫雷达	頻起地雷達	frequency-scan radar
频数直方图	頻數直方圖	frequency histogram
频移键控	頻率移鍵	frequency shift keying, FSK
频域	頻域	frequency domain
频域编码	頻域編碼	frequency domain coding
频域测量	頻域測量	frequency domain measurement
频域均衡器	頻域均衡器	frequency-domain equalizer
频域自动网络分析仪	頻域自動網路分析儀	frequency-domain automatic network analyzer, FDANA
品质	品質	quality, Q
品质属性	公制屬性	metric attribute
品质因数	品質因子	quality factor, Q-factor
乒乓过程	乒乓程序	ping-pong procedure
乒乓模式	乒乓方式	ping-pong scheme
乒乓协议	乒乓協定	ping-pong protocol
平板	平板	flat plate
平板电视	平板電視	panel TV
平板法兰[盘]	平板法蘭盤	flat flange, plain flange
平板绘图机	平床繪圖機	flat-bed plotter
平板扫描仪	平板掃描器	flat-bed scanner
平板天线	[金屬]平板天線	flat plate antenna
平板显示	平板顯示	flat panel display
平板显示器	平板顯示器,扁平面顯示器	flat panel display
平带电压	平帶電壓	flat-band voltage

大　陆　名	台　湾　名	英　文　名
平等传输(=并行传输)		
平顶天线	平頂天線	flattop antenna
平凡函数依赖	普通函數相依	trivial functional dependence
平方非剩余	平方非殘餘	quadratic nonresidue
平方律检波	平方律檢波	square-law detection
平方剩余	平方殘餘	quadratic residue
平方剩余交互式证明系统	平方殘餘交互式證明系統	quadratic residue interactive proof system
平方余割天线	餘割平方形天線	cosecant-squared antenna
平衡	平衡	balance
平衡-不平衡	平衡-不平衡	balanced-unbalanced, BALUN
平衡不平衡变换器	平衡不平衡變換器	balanced to unbalanced transformer
平衡磁声迹	平衡條	balance stripe
平衡的	平衡的	balanced
平衡点	平衡點	balance point
平衡二进制	平衡二進制系統	balanced binary system
平衡二元树	平衡二元樹	balanced binary tree
平衡方程	平衡方程式	balance equation
平衡方法	平衡法	balancing method
平衡方式,平衡模式	平衡模態	balanced mode
平衡分布模态	平衡狀態分佈模態	equilibrium distribution mode
平衡归并排序	平衡合併分類	balanced merge sort
平衡混频器	平衡混頻器	balanced mixer
平衡检波器	平衡檢波器	balanced detector
平衡检验方式	平衡檢查模式	balanced check mode
平衡码	平衡碼	balanced code
平衡模式(=平衡方式)		
平衡模态	平衡模態	equilibrium mode
平衡模态分布,稳定模态分布	平衡模態分佈,穩定模態分佈	equilibrium mode distribution
平衡器	平衡器	balancer
平衡树	平衡樹	balanced tree
平衡数组	平衡陣列	balanced array
平衡网络	平衡網路	balanced network
平衡文件	平衡檔	balanced file
平衡误差	平衡誤差	balanced error
平衡系统	平衡系統	balanced system
平衡型链路接入规程	平衡型鏈接存取程序	link access procedure balanced, LAPB

大陆名	台湾名	英文名
平衡载流子	平衡載子	equilibrium carrier
平滑	平滑	smoothing
平接关节	平接頭	plain joint
平均报文长度	平均信息長度,平均電報長度	average message length
平均处理时间	平均處理時間	average handling time
平均传输率	平均傳送資訊率	average transmission rate
平均传送率	平均傳送率	average transfer rate
平均存取时间,平均访问时间	平均存取時間	average access time, mean access time
平均等待时间	平均等待時間	average waiting time
平均发话[人]音量	平均發話人音量	average talker volume
平均访问时间(=平均存取时间)		
平均峰值小时线路负荷	平均峰時線路負載	average peak-hour line loading
平均服务等级	平均服務等級	average grade of service
平均服务率	平均服務率	average service rate
平均功率	平均功率	average power, mean power
平均功率反馈控制,平均功率回馈控制	平均功率回饋控制	mean power feedback control
平均功率回馈控制(=平均功率反馈控制)		
平均功率计	平均功率計	average power meter
平均故障间隔时间(=平均无故障工作时间)		
平均归约[性]	平均可約性	average reducibility
平均呼叫率	平均呼叫率	average calling rate
平均回波平衡回损	平均回波平衡返回損耗	mean echo balance return loss
平均检出质量	平均檢出質量	average outgoing quality
平均忙时呼叫	尖峰時間平呼叫	equated busy hour call, EBHC
平均频率	平均頻率,中頻	mean frequency
平均评定评分	平均意見分數	mean opinion score
平均日负荷	平均日負載	average daily load
平均日呼叫率	平均每日呼叫率	average daily calling rate
平均室内噪声	平均室內雜訊	average room noise
平均太阳时	平均太陽時	mean solar time
平均调制率	平均調變[速]率	mean modulation rate

大 陆 名	台 湾 名	英 文 名
平均停机时间	平均停機時間,平均空閒時間,平均中斷時間	mean down time
平均图片电平	平均圖像位元階	average picture level
平均维修间隔时间	平均維護間隔時間	mean time between maintenance
平均未崩溃时间	平均未當機時間	mean time to crash, MTTC
平均无故障工作时间,平均故障间隔时间	平均無故障工作時間,平均故障間隔時間	mean time between failures, MTBF
平均无故障时间(=失效前平均时间)		
平均误差	平均誤差	mean error
平均线路负荷,平均线路负载	平均線路負荷,平均線路負載	average line load
平均线路负载(=平均线路负荷)		
平均相互信息	平均相互消息,平均相互消息量	average mutual information
平均效率因数	平均效率因數,平均有效因數	mean efficiency factor
平均信息	平均消息量,平均資訊量	average information
平均性态分析	平均行為分析	average-behavior analysis
平均修复时间	平均修復時間,平均修理時間	mean time to repair, MTTR
平均寻道时间	平均尋覓時間	average seek time
平均延迟[时间]	平均延遲	average delay
平均业务流量	平均業務流量,平均訊務流量	average traffic flow
平均有效输入噪声温度	平均有效輸入雜訊溫度	average effective input-noise temperature
平均占用时间	平均持有時間	average holding time
平均指令周期数	平均指令週期數	cycles per instruction, CPI
平均中继[器]段衰减	平均中繼段衰減	average repeater section attenuation
平均自含信息	平均自有消息量	average self-information
平均自由[飞行]时间	平均自由[飞行]時間	mean free time
平均自由路程	平均自由路程	mean free path
平流层	同溫層,平流層	stratosphere
平流层传播	平流層傳播	stratospheric propagation
平流层顶	平流層頂	stratopause

大　陆　名	台　湾　名	英　文　名
平面	平面	plane
平面八位	平面八位	plane-octet
平面波	平面波	plane wave
平面地址空间	平面位址空間	flat address space
平面点集	平面點集	planar point set
平面二极管	平面二極體	planar diode
平面工艺	平面工藝	planar technology
平面极化	平面極化	plane polarization
E 平面截止滤波器	E 平面截止濾波器	E-plane cutoff filter
平面晶体管	平面電晶體	planar transistor
平面网络	平面網路	planar network
平面位置显示器	平面位置顯示器	plan position indicator, PPI
平面文件	平面檔,平坦檔	flat file
平面文件系统	平面檔案系統	flat file system
平面向量场	平面向量場	plane vector field
平面型铁氧体	平面型鐵氧體	planar ferrite
平面性	平面性	planarity
平面阵	平面陣列	planar array
平嵌天线	平嵌天線	flush-mounted antenna
平视显示器	平視顯示器	head-up indicator
平视型透镜	平視型透鏡	emmetropia lens
平台	平台	platform
平稳(=固定)		
平稳点	穩定點	stationary point
平稳随机过程	穩態隨機過程	stationary random processes
平稳信道	平穩通道	stationary channel
平稳性	穩定性	stationarity
平行[处理]系统(=并联系统)		
平行极化	平行極化	parallel polarization
平行束卷积法	平行束卷積法	convolution method for parallel beams
平行投影	平行投影	parallel projection
平移变换	翻譯變換	translation transformation
平置小天线	平置式小型天線	flush small antenna
评测(=评价)		
评测规则	評估規則	evaluation rule
评估(=评价)		
评价,评估,评测	①評估 ②求值	evaluation

大　陆　名	台　湾　名	英　文　名
评价函数	評估函數	evaluation function
评审	查核,評審	review
凭证	憑證	credentials
坪	坪	plateau
坪斜	坪斜	plateau slope
屏蔽	遮罩	masking
屏蔽寄存器	遮罩暫存器	masking register
屏蔽双绞线	屏蔽雙絞線	shielded twisted pair, STP
屏蔽系数	屏蔽係數	shielding factor
屏蔽向量	遮罩向量	masking vector
屏幕	①熒幕,屏幕 ②篩選	screen
屏幕共享	熒幕共享	screen sharing
屏幕坐标	熒幕坐標	screen coordinate
屏栅极	屏閘極極	screen grid
破坏性读出	破壞性閱讀	destructive reading, destructive read
破译时间	破譯時間	break time
破译者	破譯者	code-breaker
普遍服务	普及服務	universal service
普朗克定律	普蘭克定律	Planck's law
普通端射线性阵列	普通端射線性陣列	end-fire ordinary linear array
普通端射阵列[天线]	普通端射陣列[天線]	end-fire ordinary array
普通话	國語	Putonghua
普通文件传送协议	普通檔案傳送協定	trivial file transfer protocol, TFTP
普通语言学	普通語言學	general linguistics
谱分析	頻譜分析	spectrum analysis
谱估计	頻譜估計	spectrum estimation
α 谱仪	α 譜儀	alpha spectrometer
谱仪放大器	譜儀放大器	spectroscope amplifier
谱指数	譜指數	spectrum index
蹼状晶体	網狀晶體	web crystal
瀑布模型	瀑布模型	waterfall model

Q

大陆名	台湾名	英文名
期望	期望	desire
期望驱动型推理	預期驅動推理	expectation driven reasoning
期望速度因子	期望速率因子	expected velocity factor
期望值	期望值	expected value
欺骗	欺騙	cheating
欺骗性干扰	欺騙性干擾	deception jamming
齐次坐标系	同質坐標系統	homogeneous coordinate system
齐纳二极管	齊納二極體	Zener diode
齐纳击穿	齊納崩潰	Zener breakdown
奇异系	奇異集	singular set
歧义	歧義	ambiguity
歧义消解	歧義解析	ambiguity resolution
旗标	旗標	flag
旗标比特	旗標位元	flag bit
旗标寄存器(=标志寄存器)		
旗标字段	旗標欄位	flag field
鳍线	鰭狀線	fin line
鳍线波导	鰭線波導	fin-line waveguide
企业对客户	企業對客戶	business to customer, B to C
企业对企业	企業對企業	business to business, B to B
企业对政府	企業對政府	business to government, B to G
企业过程建模	業務流程模型化	business process modeling
企业过程再工程	業務流程再造工程	business process reengineering, BPR
企业模型	企業模型	enterprise model, business model
企业网	企業網路	enterprise network
企业系统规划	業務系統規劃	business system planning
企业资源规划	企業資源規劃	enterprise resource planning, ERP
企业 Java 组件	企業 Java 組件	enterprise Java bean, EJB
启动	①啟動 ②開始,起始	start
启动键,激活键	起動鍵,工作鍵	activate key
启动输入输出	啟動輸入輸出	start I/O
启动输入输出指令	啟動輸入輸出指令	start I/O instruction
启动系统,驱动系统	致動系統	actuating system

大 陆 名	台 湾 名	英 文 名
启动信号,激活信号	起動訊號	activating signal
启发式布线	啟發式佈線	heuristic routing
启发式程序	試探程式	heuristic program
启发式方法	試探途徑	heuristic approach
启发式规则	試探規則	heuristic rule
启发式函数	試探函數	heuristic function
启发式技术	試探技術	heuristic technique
启发式搜索	試探式搜尋	heuristic search
启发式算法	試探演算法	heuristic algorithm
启发式推理	試探推理	heuristic inference
启发式信息	試探訊息	heuristic information
启发式知识	試探知識	heuristic knowledge
启用	調用	invocation
起动惯频特性	起動慣頻特性	starting inertial-frequency characteristic
起动矩频特性	起動矩頻特性	starting torque-frequency characteristic
起动隙缝	起動隙縫	starter gap, trigger gap
起伏干扰	起伏干擾	scintillation interference
起伏误差	起伏誤差	scintillation error
起始符	起始符	starting symbol
起始间隔集合	啟動間隔集合	initiation interval set
起始目录(=主目录)		
起始信号	啟動訊號	start signal
起止[脉冲]比	起止脈衝比,空號/傳號脈衝比	A/Z ratio
起止式传输	起停傳輸	start-stop transmission
气动激光器	氣體動力雷射	gasdynamic laser
气冷	氣冷	air cooling
气流探测器	氣流探測器	gas flow detector
气泡室	氣泡室	bubble chamber
气态源扩散	氣態源擴散	gas source diffusion
气体电离	氣體電離	gas ionization
气体电离电位	氣體電離電位	gas ionization potential
气体放大	氣體放大	gas amplification
气体放电	氣體放電	gas discharge
气体放电辐射计数管	氣體放電輻射計數管	gas discharging radiation counter tube
气体放电管	氣體放電管	gas discharge tube
气体激光器	氣體雷射	gas laser
气[体]敏感器	氣體感測器	gas sensor

大陆名	台湾名	英文名
气相传质系数(=气相质量转移系数)		
气相质量转移系数,气相传质系数	氣相質量轉移係數,氣相傳質係數	gas-phase mass transfer coefficient
气象穿越	氣象穿越	weather penetration
气象回避	氣象回避	weather avoidance
气象雷达	氣象雷達	meteorological radar, weather radar
气象台	氣象台	meteorological station
气象卫星	氣象衛星	METEOrological SATellite, METEOSAT
气压计	氣壓計	manometer
气镇真空泵	氣鎮真空幫浦	gas ballast vacuum pump
汽车无线电装置	汽車無線電裝置	autocar radio installation
汽相外延	氣相磊晶	vapor phase epitaxy, VPE
器件	裝置,設備	device
恰当覆盖问题	恰當覆蓋問題	exact cover problem
千伏安	千伏安	kilovolt-ampere, kVA
千赫兹	千赫[茲]	kilohertz, kHz
千万亿次浮点运算每秒,拍[它]次浮点运算每秒	每秒千萬億次浮點運算	peta floating point operations per second, petaflops, PFLOPS
千万亿次运算每秒,拍[它]次运算每秒	每秒千萬億指令	peta instructions per second, PIPS
千万亿条指令每秒,拍[它]条指令每秒	每秒千萬億次運算	peta operations per second, POPS
千万亿位,拍[它]位	千萬位元	petabit, Pb
千万亿字节	千萬億位元組	petabyte, PB
千位	千位元,千比	kilobit, Kb
千位每秒	每秒千比	kilobits per second, Kbps
千兆位以太网(=吉比特以太网)		
千字节	千位元組,千拜	kilobyte, KB
千字节每秒	每秒千位元組	kilobytes per second, KBps
迁徙	遷徙	migration
迁移开销	遷移費用	migration overhead
迁移率	遷移率,移動率	mobility
牵引分子泵	牽引分子幫浦	molecular drag pump
牵引式输纸器	牽引送紙器	tractor feeder
铅蓄电池	鉛蓄電池	lead accumulator, lead storage battery

大 陆 名	台 湾 名	英 文 名
铅字	鉛字	letter
铅字质量	信件品質	letter quality
签名模式	簽名方案	signature scheme
签名算法	簽名演算法	signature algorithm
签名文件	簽名檔案	signature file
签名验证	簽名驗證	signature verification
前导	前導	predecessor
前导码	前導碼	lead code
前端	前級	front end
前端处理器	前端處理機	front-end processor
前级管路	前級管路	backing line
前级压力	前級壓力	backing pressure
前集	前集	pre-set
前景色	前景顏色	foreground color
前馈反射器	前面饋伺之反射器,正面饋伺之反射器	front feed reflector
前馈控制	前饋控制	feedfoward control
前驱站	前導子	predecessor
前视红外线	前視紅外線	forward-looking infrared, FLIR
前束范式	前束正規形式	prenex normal form
前台	①前台 ②前景	foreground
前台操作方式	前台模式	foreground mode
前台初启程序	前台初啟程式	foreground initiator
前台调度程序	前台排程器	foreground scheduler
前台分区	前台分區	foreground partition
前台分页	前台分頁	foreground paging
前台监控程序	前台監視器	foreground monitor
前台区	前台區域	foreground region
前台任务	前台任務	foreground task
前台作业	前台工件	foreground job
前提	①前提 ②先行	antecedent, premise
前同步码	前文	preamble
前向波	前向波	forward wave
前向传移信号	正向傳送信息	forward transfer message
前向串扰	正向串音	forward crosstalk
前向回叫指示	正向呼叫指示元	forward call indicator
前向纠错	前向糾錯	forward error correction, FEC
前向散射	前向散射	forward scatter

大陆名	台湾名	英文名
前向搜索式算法,向前搜寻式算法	向前搜尋式演算法	forward-search algorithm
前向显式拥塞指示	正向顯式擁塞指示	forward explicit congestion indication, FECI
前像	前像	before-image
前序	前序	preorder
前沿	前緣	leading edge
前沿追踪器	前緣追蹤器	leading-edge tracker
前移向量	前向移動向量	forward motion vector
前置保护放电管	前置保護放電管	pre-TR tube
前置放大器	前置放大器	preamplifier
前[置]条件	先決條件	precondition
前缀	前置,前綴	prefix
前缀码	前置碼,字首碼	prefix code
前缀性质	前置性質	prefix property
前缀组合词	縮寫字,字首[語],頭字語	acronym
箝位	箝位	clamping
箝位二极管	箝位二極體	clamping diode
箝位器	箝位器	clamper
潜伏时间,等待时间	潛伏	latency
潜望镜天线	潛望鏡天線	periscope antenna
浅结工艺	淺結工藝	shallow junction technology
浅能级	淺能階	shallow energy level
浅涅克波	惹奈克波	Zenneck wave
欠费用户	呆帳用戶	defaulting subscriber
欠会聚	欠會聚	under-convergence
欠热发射	欠熱發射	underheated emission
欠阻尼响应	欠阻尼附應	underdamped response
嵌板式天线(=面板天线)		
嵌入式计算机	嵌式電腦	embedded computer
嵌入式控制器	嵌式控制器	embedded controller
嵌入式命令	嵌式命令	embedded command
嵌入式软件	內建軟體	embedded software
嵌入式伺服	嵌式伺服	embedded servo
嵌入式条状波导	包覆式條狀波導	embedded strip guide
嵌入式语言	嵌式語言	embedded language
嵌入式 SQL 语言	嵌式 SQL 語言	embedded SQL

大陆名	台湾名	英文名
嵌套	巢	nest
嵌套事务	巢套異動	nested transaction
嵌套循环	巢套迴路	nested loop
嵌套循环法	巢狀迴路法	nested-loop method
嵌套中断	巢套中斷	nested interrupt
腔倒空	光腔傾輸	cavity dumping
强度削弱	強度縮減	strength reduction
强反型	強反轉	strong inversion
强类型	強類型	strong type
强连通分支	強連通組件	strongly connected components
强连通图	強連接圖	strongly connected graph
强连通问题	強連接問題	strong connectivity problem
强流电子光学	強流電子光學	high density electron beam optics
强迫振荡	強迫振盪	forced oscillation
强行显示	強制顯示	forced display
强一致性	強一致性	strong consistency
强制保护	強制保護	mandatory protection
强制对流	強制對流	forced convection
强制访问控制	強制存取控制	mandatory access control
强制干扰信号	擁塞訊號	jamming signal
强制冷却	強制冷卻	forced cooling
强制气冷	強制空氣冷卻	forced air cooling
抢先	佔先	preemption
抢先调度	佔先排程	preemptive scheduling
抢先多任务处理	佔先式多任務	preemptive multitasking
乔赫拉尔斯基法(=直拉法)		
乔姆斯基范式	喬姆斯基正規形式	Chomsky normal form
乔姆斯基谱系	喬姆斯基階層	Chomsky hierarchy
桥接故障	橋接故障	bridging fault
桥接结点	橋接結點	bridging node
桥接线路(=桥式电路)		
桥路由器	橋路由器	brouter
桥式电路,桥接线路	橋路,橋接電路,電橋電路	bridge circuit
翘曲	翹曲	warp
切比雪夫多项式	契比雪夫多項式,卻比雪夫多項式	Chebyschev polynomial

大　陆　名	台　湾　名	英　文　名
切比雪夫分布	契比雪夫分佈,卻比雪夫分佈	Chebyschev distribution
切比雪夫滤波器	契比雪夫濾波器	Chebyshev filter
切除滤波器	切除濾波器	excision filter
切连科夫辐射	切連科夫輻射	Cerenkov radiation
切连科夫探测器	切連科夫探測器	Cerenkov detector
切片	切片	slicing
窃取程序	竊取程式	snooper
窃取信道信息,被动搭线窃听	被動竊聽,從電話或電報線路上竊取情報,搭線	passive wiretapping, wiretapping
窃听	竊聽	eavesdropping
氢闸流管	氫閘流管	hydrogen thyratron
轻掺杂漏极技术	輕摻雜汲極技術	lightly doped drain technology, LDD technology
倾斜度	傾斜度	inclination
倾斜摄动	傾斜攝動	inclination perturbation
清除	清除	clear, cleaning, litter out, clean out
清除请求	清除請求	clear request
清洁盘(=清洁软盘)		
清洁软盘,清洁盘	清潔磁片	cleaning diskette
清洁真空	清潔真空	clean vacuum
清欠收据,电报收妥通知	清欠收據,清償、電報收妥通知	acquittance
清算中心		clear house
清晰	清晰	sharp
清晰度	清晰度	definition
清晰度降低	清晰度降低	articulation reduction
清晰度指数	清晰度指數	articulation index
清晰效率	清晰效率	articulation efficiency
清晰性	清晰性	legibility
情报检索语言	資訊檢索語言	information retrieval language
情感符	①情感符號 ②情緒圖標	emoticon, smiley
情感建模	情緒模型化	emotion modeling
情景记忆	情節記憶	episodic memory
情景行动系统	情境行動系統	situation-action system
情景演算	情境演算	situation calculus
情景主体	情節代理	scenario agent

大 陆 名	台 湾 名	英 文 名
情景自动机	情境自動機	situated automaton
情态公理	案例公理	case axiom
情态集	案例類別	case class
晴空衰减	晴空衰減	clear air attenuation
请求	請求,要求,申請	request
请求参数表	請求參數表	request parameter list
请求处理	應需處理	demand processing
请求分时处理	需求分時處理	demand time-sharing processing
请求分页	需求分頁	demand paging
请求评论[文档], RFC[文档]	請求評論	request for comment, RFC
请求－应答服务	要求－應答服務	request-reply service
穷举测试	窮譽測試	exhaustive testing
穷举攻击	窮舉攻擊	exhaustive attack
穷举搜索	竭盡式搜尋,徹查	exhaustive search
琼斯矢量,琼斯向量	鐘斯向量	Jones vector
琼斯向量(＝琼斯矢量)		
丘奇论题	丘奇論點	Church thesis
求解路径学习	從解題路徑中學習	learning from solution path
球差	球差	spherical aberration
球焊	球焊	ball bonding
球面波	球面波	spherical wave
球面阵	球面陣列	spherical array
球面坐标	球面坐標	spherical coordinate
球形解算器	球坐標分解儀	ball resolver
球阵列封装	球柵陣列	ball grid array, BGA
区	①區[段],儲存區 ②區域,範圍	zone
区段孔	①區域打孔 ②頂部打孔 ③三行區打孔	zone punch
区分序列	辨別序列	distinguishing sequence
区号,区域[代]码,地区[代]码	區域碼,地區碼	area code
区间	跨距,張拓	span
区间查询	區間查詢	interval query
区间时态逻辑	區間時序邏輯	interval temporal logic
区位记录	區位記錄	zone bit recording, ZBR
区位码	區位碼	code by section-position

大陆名	台湾名	英文名
区域	區域	region
区域保护	區域保護	area protection
区域标定	區域標號	region labeling
区域[代]码(=区号)		
区[域]地址	區域[位]址	regional address
区域分割	區域分段	region segmentation
区域合并	區域合併	region merging
区域检索	區域搜索	area search
区域聚类	區域聚類	region clustering
区域控制频率	地區控制頻率	area control frequency
区域控制任务	區域控制任务	region control task
区域描绘(=区域描述)		
区域描述,区域描绘	區域描述,區域描繪	region description
区域熔炼	區域熔解	zone melting
区域生长	區域增长	region growing
区域填充	區域填充	area filling
区域通信	地區通信,區域通話	area communication
区域通信系统	地區通信系統	area signal system
区域卫星通信	區域衛星通訊	regional satellite communication
曲面	曲面	surface
曲面逼近	曲面逼近	surface approximation
曲面插值	曲面內插	surface interpolation
曲面重构	曲面重構	surface reconstruction
曲面分割	曲面分割	surface subdivision
曲面光顺	曲面平滑	surface smoothing
曲面模型	曲面模型	surface model
曲面拟合	曲面配適	surface fitting
曲面匹配	曲面匹配	surface matching
曲[面]片	①修補 ②插線	patch
曲面拼接	曲面結合	surface joining
曲面求交	曲面求交	surface intersection
曲面造型	表面模型建立	surface modeling
曲线跟随器	曲線隨動器	curve follower
曲线光顺	曲線平滑	curve smoothing
曲线拟合	曲線配適	curve fitting
曲折滤波器	曲折濾波器	zigzag filter
曲折线慢波线	曲折線慢波線	folded slow wave line, zigzag slow wave line

大 陆 名	台 湾 名	英 文 名
驱动安全	驅動安全	drive security
驱动电流	驅動電流	drive current
驱动力	驅動力	actuating force
驱动脉冲	驅動脈波	drive pulse
驱动门	驅動閘	driving gate
驱动器	驅動器	driver
驱动系统(=启动系统)		
趋肤效应,集肤效应	集膚效應	skin effect
取景变换	景轉換	viewing transformation
取轮廓	取輪廓	contouring
取数扫描	存取掃描	access scan
取消	廢止	revoke
取消指令	取消指令	cancelling command
取样,抽样,采样	取樣,抽樣	sampling
取样控制,采样控制	取樣控制,抽樣控制,采樣控制	sampling control
取样器,采样器	取樣器,采樣器	sampler, sampling head
取样示波器	取樣示波器	sampling oscilloscope
取样数据系统	取樣數據系統	sampled data system
去焊枪	去焊槍	desoldering gun
去话载波	去話載波	outgoing carrier
去极化(=退极化)		
去加重网络	去加重網路	de-emphasis network
去胶	去膠	stripping of photoresist
去扩频	解展頻	despreading
去蜡	去蠟	dewaxing
去离子水	去離子水	deionized water
去量化	反量化,解量化	dequantization
去模糊	解模糊	deblurring
去耦滤波器	去耦濾波器	decoupling filter
去相关	去關聯	decorrelation
全波	全波,全波無線電接收機	all wave
全波段	全波段,全頻帶	all band
全波[段]接收机	全波接收機	all-wave receiver
全波[段]天线	全波天線	all-wave antenna
全沉浸式虚拟现实	全沉浸式虛擬實境	full immersive VR
全称量词	全稱量詞	universal quantifier

大　陆　名	台　湾　名	英　文　名
全称域名(=全限定域名)		
全程查找与替换	全程查找與替換	global find and replace
全程搜索并替换	總體查尋並替換	global search-and-replace
全动感视频,全动感影像	全熒幕視訊訊號	full motion video
全动感影像(=全动感视频)		
全反射	全反射	total reflection
全反转	全反轉	total inversion, complete inversion
全干扰	全干擾	total-dose
全高速缓存存取	全快取記憶體存取	cache-only memory access, COMA
全共享的多处理器系统	全共享的多處理機系統	shared-everything multiprocessor system
全号呼叫	全體呼叫	all numbers calling
全耗尽半导体探测器	全耗盡半導體探測器	totally depleted semiconductor detector
全混洗	完全打亂,洗[牌]	perfect shuffle
全极滤波器	全極濾波器	all-pole filter
全继电器制自动电话系统	全繼電器制自動電話系統	all relay automatic telephone system
全加器	全加器	full adder
全减器	全減法器,全減器	full subtracter
全景接收机	全景接收機	panoramic receiver
全景频谱分析仪	全景頻譜分析儀	panoramic spectrum analyzer
全景显示器	全景顯示器	panoramic indicator
全局变量	總體變數	global variable
全局查询	全局查詢	global query
全局查询优化	全局查詢最佳化	global query optimization
全局存储器	總體記憶	global memory
全局共享资源	總體共享資源	global shared resource
全局故障	總體故障	global fault
全局事务	總體異動	global transaction
全局死锁	總體死鎖	global deadlock
全局搜索	總體搜尋	global search
全局一致性存储器	總體一致性記憶體	global coherent memory, GCM
全局应用	全局應用程式	global application
全局优化	全局最佳化	global optimization
全局知识	總體知識	global knowledge
全可变按需接入	完全可變需要進接	fully variable demand access, FVDA

大陆名	台湾名	英文名
全空号,全空白	全空號	all-space
全空白(=全空号)		
全宽半功率点	全寬半功率點	full width half power points
全连接网	全連接網絡	fully connected network
全连通拓扑	完全連接之拓撲	fully connected topology
全零滤波器	全零濾波器	all-zero filter
全零字符信号	全零字元訊號,全零字元訊號	all zero character signal
全忙电路	全忙電路	all busy circuit
全面质量管理	總體品質管理	total quality management, TQM
全名	全名	full name
全屏编辑程序	熒幕編輯器	screen editor
全屏幕	全熒幕	full screen
全清除信号灯(=话终信号灯)		
全球波束集	球狀光束叢集	global beam cluster
全球波束天线	球狀波束天線,球狀光束天線	global beam antenna
全球地址	全球位址	global address
全球地址管理	全球位址管理	global address administration, universal address administration
全球定位卫星	全球定位衛星	global positioning satellite, GPS
全球定位系统,GPS 系统	全球定位系統,GPS 系統	global positioning system, GPS
全球通信系统	全球通信系統,環球電信系統	global telecommunications system, GTS
全球信息基础设施	全球資訊基礎建設	global information infrastructure, GII
全球移动卫星系统		global mobile satellite system, GMPCS
全色显示	全色顯示	full color display
全身辐射计	全身輻射計	whole-body radiation meter
全身 γ 谱分析器	全身 γ 譜分析器	whole-body gamma spectrum analyser
全数字拨号	全數字撥號	all-numerical dialling
全数字接入	全數字接入	total digital access
全双工	全雙工	full duplex
全双工传输	全雙工傳輸	full-duplex transmission
全双工信道	全雙工通道	full-duplex channel
全水上传播	全水上傳播	all-over-water propagation
全天候自动着陆	全天候自動著陸	all-weather automatic landing

大陆名	台湾名	英文名
全通滤波器	全通濾波器	all-pass filter
全通网络	全通網路	all-pass network
全文检索	全文檢索	full-text retrieval
全文索引	全文索引	full-text indexing
全息存储器	全像記憶體	holographic memory
全息术	全象術	holography
全息图	全象圖	hologram
全息显示	全息顯示	holographical display
全息信息存储	全象訊號儲存	holographic information storage
全息掩模技术	全象光罩技術	holographic mask technology
全限定域名,全称域名	全限定域名	fully qualified domain name, FQDN
全相联高速缓存	全相聯高速緩存快取	fully-associative cache
全相联映射	全相聯對映	fully-associative mapping
全向传声器	全向傳聲器	omnidirectional microphone
全向天线	全向天線,無向性天線	omnidirectional antenna, omni-antenna
全向信标,中波导航台	全向信標,中波導航台	omnidirectional range
全信道解码器	全通道解碼器	all channel decoder
全域增益	全域增益	global gain
全自检查电路	總體自檢電路	totally self-checking circuit
权	重量	weight, WT
权标,令牌	訊標,符記	token
权标持有站,令牌持有站	符記持有者	token holder
权标传递,令牌传递	符記傳遞	token passing
权标环网,令牌环网	符記環[形]網路	token-ring network
权标轮转时间,令牌轮转时间	符記旋轉時間	token rotation time
权标总线网,令牌总线网	符記匯流排網路	token-bus network
权函数	加權函數	weight function
权衡	折衷	trade-off
权利管理信息	權利管理信息	entitlement management message
权利控制信息	權利控制信息	entitlement control message
权限	權限,權力	①authority ②right
权宜状态	權宜狀態	expedient state
权重分布	權重分佈	weight distribution
缺失率	漏失率	miss rate
缺失损失	漏失懲罰	miss penalty

大 陆 名	台 湾 名	英 文 名
缺陷	缺陷	defect
缺陷管理	缺陷管理	defect management
缺陷跳越	缺陷跨越	defect skip
缺页	尋頁錯失	page fault
缺页频率	尋頁錯失頻率	page fault frequency
缺页中断	缺頁中斷	missing page interrupt
确保	保證	assurance
确保操作	保證操作	assured operation
确保等级	保證等級	assurance level
确保数据传送	保證式資料傳送	assured data transfer
确定比特率	固定位元率	deterministic bit rate, DBR
确定和随机佩特里网	確定性隨機佩特裏網	deterministic and stochastic Petri net
确定型上下文有关语言	確定性上下文有關語言	deterministic CSL
确定型图灵机	確定性杜林機	deterministic Turing machine
确定型下推自动机	確定性下推自動機	deterministic pushdown automaton
确定型有穷自动机	確定性有限自動機	deterministic finite automaton
确定性变迁	確定性變遷	deterministic transition
确定性调度	確定性排程	deterministic scheduling
确定性控制系统	確定性控制系統	deterministic control system
确定性算法	演算法確定性	deterministic algorithm
确认	確認	acknowledgement, ACK, validation
确认比特,确认位	確認位元	acknowledgement bit
确认的无连接方式传输	確認的無連接方式傳輸	acknowledged connectionless-mode transmission
确认收妥	確認收妥	acknowledge receipt
确认位(=确认比特)		
确认帧	回報框,確認框,認可框	acknowledgement frame
确信度	確定[性]因子	certainty factor, CF
确证	確證	corroborate
群	群	group
群集(=机群)		
群聚空间	群聚空間	bunching space
群控	群控	group control
群路信令	群路信令	group signaling
群时延	群延遲	group delay
群时延均衡	群延遲等化	group delay equalization
群速	群速度	group velocity
群体决策支持系统	群組決策支援系統	group decision support system, GDSS

大陆名	台湾名	英文名
群体智能	群體智慧	swarm intelligence
群同步	群同步	group synchronization
群折射率	群折射率	group index

R

大陆名	台湾名	英文名
燃料电池	燃料電池	fuel cell
燃料耗尽	燃料耗盡	fuel depletion
燃料寿命期	燃料生命期	fuel lifetime
染料池	染料池	dye cell
染料激光器	染料雷射	dye laser
染料 Q 开关	染料 Q 開關	dye Q-switching
染料升华印刷机	熱昇華列印機	dye sublimation printer
扰码器	擾碼器	scrambler
绕杆式天线	繞杆式天線	turnstile antenna
绕接	繞接	wire wrap
绕接接触件	纏繞接點	wrap contact
绕月飞行卫星	繞月飛行衛星	moon-go-round satellite
热备份	暖備份	warm back-up
热备份机群	熱備份叢級	hot standby cluster
热壁响应器	熱壁回應器	hot wall reactor
热表	熱表	hotlist
热补偿合金	熱補償合金	thermal compensation alloy
热插拔	熱插拔	hot plug
热超声焊	熱超聲焊	thermosonic bonding
热冲击	熱衝擊	thermal shock
热冲击试验	熱衝擊試驗	thermal shock test
热传导	熱傳導	heat conduction
热传导真空计	熱傳導真空計	thermal conductivity vacuum gauge
热磁写入	熱磁寫入	thermomagnetic writing
热导模块	熱傳導模組	thermal conduction module
热点缺陷	熱點缺陷	thermal point defect
热电器件	熱電元件	thermoelectric device
热电效应,温差电效应	熱電效應	thermoelectric effect
热电子	熱電子	hot electron
热电子晶体管	熱電子電晶體	hot electron transistor
热对流	熱對流	thermal convection, heat convection

大　陆　名	台　湾　名	英　文　名
热分解淀积	熱分解澱積	thermal decomposition deposition
热分子真空计,克努森真空计	熱分子真空計,克努森真空計	thermo-molecular vacuum gauge
热辐射	熱輻射	thermal radiation, heat radiation
热感器	熱感測器	thermal sensor
热[固化]环氧黏合剂	熱環氧	thermabond epoxy
热管	熱管	heat pipe
热光伏器件	熱光壓器件	thermo-photovoltaic device
热击穿	熱崩潰	thermal breakdown
热激活电池	熱激活電池	thermally activated battery
热挤压	熱擠壓	hot extrusion
热继电器	熱繼電器	thermal relay
热交换	熱調換	hot swapping
热校准	熱再校正	thermal recalibration
热解外延	熱解磊晶	thermal decomposition epitaxy
热解吸质谱[术]	熱解吸質譜[術]	thermal desorption mass spectrometry, TDMS
热控制	熱控制	thermal control
热蜡转印印刷机	熱轉式列印機	thermal wax-transfer printer
热离子发电器	熱離子發電器	thermionic energy generator
热离子阴极	熱離子陰極	thermionic cathode
热量输运	熱量輸送	heat transportation
热流	熱流	heat flow
热流逸	熱流逸	thermal transpiration
热敏成像法(=热像图成像)		
热敏电阻	熱感測器	thermistor
热敏铁氧体	熱敏鐵氧體	heat sensitive ferrite
热敏印刷机	熱列印機	thermal printer
热偶真空计,温差热偶真空规	熱偶真空計,溫差熱偶真空規	thermocouple vacuum gauge
热疲劳	熱疲勞	thermal fatigue
热平衡	熱平衡	thermal equilibrium
热屏阴极,保温阴极	熱屏陰極,保溫陰極	heat-shielded cathode
热启动	暖起動,暖開機	warm start
热设计	熱設計	thermal design
热[释]电晶体	焦電晶體	pyroelectric crystal
热[释]电视像管	熱[釋]電視象管	pyroelectric vidicon

大 陆 名	台 湾 名	英 文 名
热[释]电陶瓷	焦電陶瓷	pyroelectric ceramic
热探针法	熱探針法	thermoprobe method
热特性	熱特性	thermal characteristic
热梯度	熱梯度	heat gradient
热通量	熱通量	heat flux
热透镜补偿	熱透鏡補償	thermal-lensing compensation
热土豆算法	燙山芋演算法	hot potato algorithm
热像图成像,热敏成像法	熱象圖成象,熱敏成象法	thermography
热像仪	熱象儀	thermal imager
热压	熱壓	hot pressing
热压焊	熱壓焊	thermocompression bonding
热压铸	熱壓鑄	injection moulding
热氧化	熱氧化	thermal oxidation
热阴极磁控真空计	熱陰極磁控真空計	hot cathode magnetron gauge
热阴极电离真空计	熱陰極電離真空計	hot cathode ionization gauge
热源	熱源	heat source
热载流子二极管	熱載子二極體	hot carrier diode
热噪声	熱雜訊	thermal noise
热站点	熱站點	hot site
热致变色	熱致變色	thermochromism
热致发光剂量计	熱致發光劑量計	thermoluminescent dosemeter
热致发光探测器	熱致發光探測器	thermoluminescence detector
热转印印刷机	熱轉印印表機	heat transfer printer
热子	熱子	heater
热阻	熱阻	thermal resistance
人工测试	人工測試	manual testing
人工传输线	仿真傳輸線	artificial transmission line
人工的	①人工的 ②手動的,手控的 ③手冊,指南	manual
人工反射层通信	人造反射層通信	artificial reflection communication
人工干预	人工介入	manual intervention
人工话音	仿真語聲,類比語聲,仿真語音,人造語音	artificial voice
人工交换局	①人工電話局 ②人工電話交換機 ③人工交換,人工交接	manual exchange
人工介质透镜天线	人工介質透鏡天線	artificial dielectrics lens antenna

大 陆 名	台 湾 名	英 文 名
人工进化	人工進化	artificial evolution
人工控制	人工控制,手控	manual control
人工录入	人工登錄	manual entry
人工模拟	人工模擬	manual simulation
人工认知	人工認知	artificial cognition
人工神经网络	人工神經網路	artificial neural net, artificial neural network, ANN
人工神经元	類神經元	artificial neuron
人工生命	人工生命	artificial life
人工世界	人工世界	artificial world
人工天线	仿真天線,假天線	artificial antenna
人工通信量,仿真话务量	模擬訊務	artificial traffic
人工通信设备	類比訊務設備	artificial traffic equipment
人工纹理	人工紋理	artificial texture
人工现实	人工實境	artificial reality
人工线	人工線,仿真線,類比線	artificial line
人工信息系统	人工資訊系統	manual information system
人工语言	人造語言	artificial language
人工约束	人工約束	artificial constraint
人工指令	人工指令	manual command
人工智能	人工智慧	artificial intelligence, AI
人工智能程序设计	人工智慧程式設計	artificial intelligence programming
人工智能学	人工智慧	artificial intelligence, AI
人工智能语言	人工智慧語言	artificial intelligence language, AI language
人工专门知识	人工專業知識	artificial expertise
人机对话	人機對話	human-computer dialogue, man-machine dialogue
人机工程	人機工程	man-machine engineering
人机环境	人機環境	man-machine environment
人机环境系统	人機環境系統	man-machine-environment system
人机交互	①人機交互 ②人機交互作用	human-computer interaction, man-machine interaction
人机接口(=人机界面)		
人机界面,人机接口	人機界面	human-machine interface
人机控制系统	人機控制系統	man-machine control system
人机模拟	人機模擬	man-machine simulation

大 陆 名	台 湾 名	英 文 名
人机权衡	人機折衷	man-machine trade-off
人机通信	人機通信	man-machine communication
人机系统	人機系統	man-machine system
人际消息	人際訊息	interpersonal message, IP-message
人际消息处理	人際訊息處理	interpersonal messaging, IPM
人为电离[化]	①人為電離 ②人造電離層	artificial ionization
人为干扰	人為干擾,故意干擾,工業干擾	man-made interference, deliberate interference
[人为]干扰信号	擁塞訊號	jam signal
人为故障	人為故障	human-made fault
人为误差信号	人造誤差訊號	artificial error signal
人造介质	人造介質	artificial dielectrics
人造太阳卫星	人造太陽衛星	man-made sun satellite
人造卫星	人造衛星	man-made satellite
人主体	人工代理	human agent
人助机译	人工輔助機器翻譯	human-aided machine translation, HAMT
刃形位错	刃形錯位	edge dislocation
认可模型	認可模型	model of endorsement
认识学	認識學	epistemology
认证	認證	certification
认证机构	認證權限,認證代理	certification authority, CA
认证链	認證鏈	certification chain
认知	認知	cognition
认知仿真	認知模擬	cognitive simulation
认知过程	認知過程	cognitive process
认知机	認知機	cognitron
认知科学	認知科學	cognitive science
认知模型	認知模型	cognitive model
认知系统	認知系統	cognitive system
认知心理学	認知心理學	cognitive psychology
认知映射	認知映射	cognitive mapping
认知映射系统	認知映像系統	cognitive mapping system
认知主体	認知代理	cognitive agent
任务	任務	task
任务池	任務池	task pool
任务处理	任務處理	task processing
任务代码字	任務代碼字	task code word

大　陆　名	台　湾　名	英　文　名
任务调度	任務排程	task scheduling
任务调度程序	任務排程器	task scheduler
任务调度优先级	任務排程優先級	task scheduling priority
任务队列	任務隊列	task queue
任务对换	任務調換	task swapping
任务范畴	任務種類	mission category
任务分担	任務分擔	task-sharing
任务分派程序	任務調度器	task dispatcher
任务分配	任務分配	task allocation
任务故障率	任務故障率	mission failure rate
任务管理	任務管理	task management
任务管理程序	任務監督器	task supervisor, task manager
任务集	任務集	task set
任务集库	任務集庫	task set library
任务集装入模块	任務集載入模組	task set load module
任务交换	任務交換	task switching
任务控制块	任務控制塊	task control block, TCB
任务描述符	任務描述符	task descriptor
任务模型	任務模型	task model
任务启动	任務開始	task start
任务迁移	任務遷移	task immigration
任务输出队列	任務輸出隊列	task output queue
任务输入队列	任務輸入隊列	task input queue
任务输入输出表	任務輸入輸出表	task I/O table
任务图	任務圖	task graph
任务协调	任務協調	task coordination
任务虚拟存储器	任務虛擬儲存器	task virtual storage
任务异步出口	任務異步出口	task asynchronous exit
任务栈描述符	任務堆疊描述符	task stack descriptor
任务执行区	任務執行區	task execution area
任务终止	任務終止	task termination
任选的预约时可选业务	任選預約時間可選業務	optional subscription-time selectable service
任选用户设施	任選使用者設施	optional user facility
任意单元法	隨機單元法	arbitrary cell method
任意子	任意子	norator
轫致辐射	軔致輻射	bremsstrahlung
日光泵浦	日光幫浦	solar pumping

大　陆　名	台　湾　名	英　文　名
日期提示符	日期提示符	date prompt
日志	①日誌 ②期刊	journal
绒面电池	絨面電池	textured cell
容差(=容限)		
容错	容錯	fault tolerant
容错计算	容錯計算	fault-tolerant computing
容错计算机	容錯計算機	fault-tolerant computer
容错控制	容錯控制	fault-tolerant control
容积扫描系统,沃尔斯康系统	容積掃描系統,沃爾斯康系統	VOLSCAN system
容抗	容抗	capacitive reactance
容量	①容量 ②產能	capacity
容量函数	容量函數	capacity function
容量区域	容量區域	capacity region
容器类	容器類	container class
容限,容差	容限,容許偏差	tolerance
熔断电阻器	熔斷電阻	fusing resistor
熔断丝	已熔斷的保險絲	blown fuse
熔接	熔合熔接[器]	fusion splice
熔丝[可]编程只读存储器	可熔鏈接可程式化唯讀記憶體	fusible link PROM
熔丝连接	可熔鏈接	fusible link
熔盐法	熔鹽法	molten-salt growth method
融合	融合	fusion
冗余编码	冗餘編碼	redundant coding
冗余存储器	冗餘記憶體	redundant memory
冗余[度]	冗餘[度]	redundancy
冗余技术	冗餘技術	redundant technique
冗余检验	冗餘核對	redundancy check
冗余位	冗餘位元	redundant bits
冗余信息	冗餘資訊	redundant information
柔韧印制板	可折疊印刷板	flexible printed board
柔性连接器	彎曲連接器	flexure connector
柔性太阳电池阵	柔性太陽電池陣	flexible solar cell array
柔性制造系统	彈性製造系統	flexible manufacturing system, flexible manufacture system, FMS
蠕虫	蟲	worm
乳胶版	乳膠版	emulsion plate

大陆名	台湾名	英文名
入点	輸入點	enter-point
入呼叫	入局呼叫	incoming call
入境链路	入境鏈路	inbound link
入库检验	入庫檢驗	warehouse-in inspection
入侵检测系统	入侵檢測系統	intrusion detection system, IDS
入侵者	入侵者	intruder
入射	入射	incidence
入射场	入射場	incident field
入射电压	發送電壓	sending voltage
入射角	入射角	incidence angle
入事件	入事件	incoming event
软波导	可變曲波導	flexible waveguide
软差错	軟性誤差	soft error
软磁材料	軟磁材料	soft magnetic material
软磁盘,软盘	軟磁碟,磁片	floppy disk, flexible disk, diskette
软磁铁氧体材料	軟磁鐵氧體材料	soft magnetic ferrite
软导线	軟導線	flexible conductor
软分扇区	軟分區	soft sectoring
软分页	軟分頁	soft page break
软故障	軟故障	soft fault
软管调制器	軟管調制器	soft-switch modulator
软计算	軟計算	soft computing
软件	軟體	software
软件安全	軟體安全	software security
软件安全性	軟體安全性	software safety
软件版权	軟體版權	software copyright
软件包	套裝軟體	software package
软件保护	軟體保護	software protection
软件采购员	軟體購買者	software purchaser
软件操作员	軟體操作員	software operator
软件测试	軟體測試	software testing
软件产品	軟體產品	software product
软件产品维护	軟體產品維護	software product maintenance
软件储藏库	軟體儲存庫	software repository
软件错误	軟體錯誤	software error
软件单元	軟體單元	software unit
软件盗窃	軟體盜版	software piracy
软件定义网	軟體定義網	software defined network

大 陆 名	台 湾 名	英 文 名
软件度量学	軟體度量學	software metrics
软件方法学	軟體方法論	software methodology
软件风险	軟體危障	software hazard
软件复用	軟體再用	software reuse
软件更改报告	軟體變更報表	software change report
软件工程	軟體工程	software engineering, SE
软件工程方法学	軟體工程方法論	software engineering methodology
软件工程环境	軟體工程環境	software engineering environment
软件工程经济学	軟體工程經濟學	software engineering economics
软件工具	軟體工具	software tool
软件构件	軟體組件	software component
软件故障	軟體錯失	software fault
软件过程	軟體處理	software process
软件获取	軟體獲取	software acquisition
软件监控程序	軟體監視程式	software monitor
软件结构	軟體結構	software structure
软件经验数据	軟體經驗資料	software experience data
软件开发方法	軟體開發方法	software development method
软件开发过程	軟體開發過程	software development process
软件开发环境	軟體開發環境	software development environment
软件开发计划	軟體開發計劃	software development plan
软件开发库	軟體開發庫	software development library
软件开发模型	軟體開發模型	software development model
软件开发手册	軟體開發記錄簿	software development notebook
软件开发周期	軟體開發週期	software development cycle
软件可靠性	軟體可靠度	software reliability
软件可靠性工程	軟體可靠度工程	software reliability engineering
软件可维护性,软件易维护性	軟體可維護性	software maintainability
软件可移植性,软件易移植性	軟體可攜性	software portability
软件库	軟體程式館	software library
软件库管理员	軟體程式館管理器	software librarian
软件量度	軟體度量	software metric
软件轮廓	軟體設定檔	software profile
软件配置	軟體組態	software configuration
软件配置管理	軟體組態管理	software configuration management
软件平台	軟體平台	software platform

大　陆　名	台　湾　名	英　文　名
软件评测	軟體評估	software evaluation
软件潜行分析	軟體潛行分析	software sneak analysis
软件缺陷	軟體缺陷	software defect
软件容错策略	軟體容錯策略	software fault-tolerance strategy
软件冗余检验	軟體冗餘檢驗	software redundancy check
软件生产率	軟體生產力	software productivity
软件生存周期	軟體生命週期	software life cycle
软件失效	軟體故障	software failure
软件事故	軟體災變	software disaster
软件数据库	軟體資料庫	software database
软件体系结构	軟體架構	software architecture
软件体系结构风格	軟體架構風格	software architectural style, SAS
软件维护	軟體維護	software maintenance
软件维护环境	軟體維護環境	software maintenance environment
软件维护员	軟體維護者	software maintainer
软件文档	軟體文件製作	software documentation
软件陷阱	軟體陷阱	software trap
软件性能	軟體效能	software performance
软件验收	軟體驗收	software acceptance
软件验证程序	軟體驗證器	software verifier
软件易维护性(=软件可维护性)		
软件易移植性(=软件可移植性)		
软件再工程	軟體再造工程	software reengineering
软件质量	軟體品質	software quality
软件质量保证	軟體品質保證	software quality assurance
软件质量评判准则	軟體品質評判準則	software quality criteria
软件中断	軟體中斷	software interruption
软件主体	軟體代理	software agent
软件注册员	軟體註冊者	software registrar
软件资产管理程序	軟體資產管理器	software asset manager
软件资源	軟體資源	software resource
软件自动化方法	軟體自動化方法	software automation method
软件总线	軟體匯流排	software bus
软交换	軟交換	softswitch
软拷贝	軟拷貝,軟複製	soft copy
软连字符	軟連字符	soft hyphen

大　陆　名	台　湾　名	英　文　名
软盘(＝软磁盘)		
软盘抖动	軟碟顫動	floppy disk flutter
软盘驱动器,软驱	軟式磁碟驅動機	floppy disk drive, FDD
软盘套	軟碟套	disk jacket
软盘纸套	軟碟封套	disk envelop
软判决	軟式決定	soft decision
软驱(＝软盘驱动器)		
软扇区格式	軟扇區格式	soft sectored format
软失效率	軟錯誤率	soft error rate
软停机	軟停機	soft stop
软硬件协同设计	軟硬體協同設計	hardware/software co-design
软中断,陷阱	軟中斷,陷阱	soft interrupt, trap
软中断处理方式	軟中斷處理模式	soft interrupt processing mode
软中断机制	軟中斷機制	soft interrupt mechanism
软中断信号	軟中斷訊號	soft interrupt signal
锐化	銳化	sharpening
瑞利分布	瑞雷分佈	Rayleigh distribution
瑞利概率密度函数	瑞雷機率密度函數	Rayleigh probability density function
瑞利区	瑞雷區	Rayleigh region
瑞利散射	瑞雷散射	Rayleigh scattering
瑞利散射衰减	瑞雷散射衰減	Rayleigh scattering attenuation
瑞利数	瑞雷數	Rayleigh number
瑞利衰落	瑞雷衰褪,瑞雷衰落	Rayleigh fading
瑞利衰落通道	瑞雷衰褪通道	Rayleigh fading channel
瑞利准则	瑞雷準則	Rayleigh criterion
弱方法	弱方法	weak method
弱连通图	弱連接圖	weakly connected graph
弱流电子光学	弱流電子光學	low density electron beam optics
弱密钥	弱密鍵	weak key
弱位	弱位技術	weak bit
弱一致性模型	弱一致性模型	weak-consistency model

S

大　陆　名	台　湾　名	英　文　名
撒播	播種,種晶技術	seeding
三倍长寄存器	三倍長度暫存器	triple-length register
三倍寄存器	三倍暫存器	triple register

大　陆　名	台　湾　名	英　文　名
三重数据加密标准	三重資料加密標準	triple-DES
三点透视	三點透視	three-point perspectiveness
三端网络	三端網路	three-terminal network
三段论	三段論	syllogism
三方通话业务	三方通信服務	three-party service
三氟化硼计数器	三氟化硼計數器	boron trifluoride counter
三基色	三基色	three primary colors
三级网络	三級網路	three-stage network
三角测距	三角測距	range of triangle
三角面片	三角曲面片	triangular patch
三角[形]窗	三角[形]窗	triangular window
三[阶]段提交协议	三階段提交協定	three-phase commitment protocol
三连通分支	三連接組件	triconnected component
三模冗余	三模組冗餘	triple modular redundancy, TMR
三能级系统	三能階系統	three-level system
三态缓冲器	三態緩衝器	tristate buffer
三态逻辑	三態邏輯	tristate logic,TSL
三态门	三態閘	tristate gate
三探针法	三點探針法	three-probe method
三天线法	三天線式	three-antenna method
三通道单脉冲	三通道單脈波	three-channel monopulse
三维窗口	三維視窗	three-dimensional window
三维集成电路	三維積體電路	three dimensional integrated circuits
三维扫描仪	三維掃描儀	three-dimensional scanner
三维显示	三維顯示	three dimensional display
三位编码	三位編碼	tribit encoding
三叶草慢波线	三葉草慢波線	cloverleaf slow wave line
三元组	三元	triple
三坐标雷达	三坐標雷達	three-dimensional radar, 3-D radar
伞形反射天线	傘形反射天線	umbrella reflector antenna
伞形天线	傘形天線	umbrella antenna
散度	散度	divergence
散焦	散焦	defocusing
散焦测距	散焦範圍	range of defocusing
散粒噪声	散粒雜訊	shot noise
散列表搜索	散列表搜尋	hash table search
散列函数	散列函數	hash function
散列索引	散列索引	hash index

大　陆　名	台　湾　名	英　文　名
散乱数据点	散佈資料點	scattered data points
散热技术	散熱技術	heat dissipation techniques
散热片	散熱片	thermal fin
散热器	散熱器,熱槽	heat dissipator, heat sink
散射	散射	scatter
散射层	散射層	scattering layer
散射计	散射計	scatterometer
散射角	散射角	scatter angle
散射通信	散射通信	scatter communication
散射系数	散射係數	scattering coefficient
骚动误差	騷動誤差	agitation error
扫成曲面(=扫描曲面)		
扫描	掃描	sweep, scan
扫描电子显微镜[学]	掃描電子顯微鏡[學]	scanning electron microscopy, SEM
扫描多边形	掃描多邊形	sweep polygon
扫描俄歇电子能谱[学]	掃描俄歇電子能譜[學]	scanning Auger electron spectroscopy, SAES
扫描发生器	掃描產生器	sweeping generator
扫描角	掃描角	scan angle
扫描扩展透镜	掃描擴展透鏡	scan expansion lens
扫描密度	掃描密度	scanning density
扫描模式	掃描型樣	scanning pattern
扫描平面	掃描平面	scan plane
扫描曲面,扫成曲面	掃描曲面	sweep surface
扫描扇形	掃描扇形	scan sector
扫描设计	掃描設計	scan design
扫描时间	掃描時間	sweep time
扫描时自动跟踪	掃描時自動追蹤	automatic track while scanning, ATWS
扫描输出	掃描輸出	scan-out
扫描输入	掃描輸入	scan-in
扫描体	掃描體	sweep volume
扫描天线	掃描天線	scanning antenna
扫描微波频谱仪	掃描微波頻譜儀	scanning microwave spectrometer, SCAMS
扫描线算法	掃描線演算法	scan line algorithm
扫描选择器	掃描器選擇器	scanner selector
扫描仪	①掃描器 ②掃描程序	scanner
扫描转换	掃描轉換	scan conversion
扫描转换管	掃描轉換管	scan converter tube

大　陆　名	台　湾　名	英　文　名
扫频发生器	掃頻發生器	swept [frequency] generator
扫频反射计	掃頻反射計	swept frequency reflectometer
扫频干涉仪	掃頻干涉儀	swept frequency interferometer
扫频宽度	掃頻寬度	scan width, frequency span
扫频振荡器	掃頻振盪器	sweep frequency oscillator
色(=彩色)		
色饱和度,色彰度	彩色飽和度	color saturation
色差信号	色差訊號	color difference signal
色场	色場	color field
色纯度	彩色純度	color purity
色纯度容差	色純度容差	color purity allowance
色带	著色帶	inked ribbon
色调	色調	hue
色度	色度	chromaticity
色度图	色度圖	chromaticity diagram
色度学	色度學	colorimetry
色度坐标	色度坐標	chromaticity coordinate
色粉	①色劑 ②碳粉	toner
色粉盒	碳粉匣	toner cartridge
色集	色集	color set
色键	色鍵	chroma key
色矩	色矩	color moment
色空间	色空間	color space
色模型	彩色模型	color model
色匹配	彩色匹配	color matching
色匹配函数	色匹配函數	color-matching function
色平衡	色彩平衡	color balance
色散	波散,色散	dispersion
色散模式	波散模式,波散模型	dispersion model
色散偏移光纤	波散平移光纖,波散遷移光纖	dispersion-shifted fiber
色散平坦光纤	波散平坦化光纖	dispersion-flattened fiber
色散特性	色散特性	dispersion characteristics
色深度	色深度	color depth
色适应性	色彩適應性	chromatic adaption
色同步信号	色同步訊號	burst signal
色温	色溫	color temperature
色[像]差	色[象]差	chromatic aberration

大 陆 名	台 湾 名	英 文 名
色映射	彩色對映	color mapping
色元	色元	color cell
色彰度(=色饱和度)		
沙尘试验	沙塵試驗	sand and dust test
沙尔帕克室(=多丝正比室)		
沙漏形反射器	沙漏形反射器	hourglass reflector
筛分析法	篩分析法	sieve analysis
筛选	篩選	screening
筛选主体	過濾代理	filtering agent
栅瓣	閘極瓣	grating lobe
栅格数据结构	光栅资料结构	raster data structure
栅极控制管	柵極控制管	grid-controlled tube
删除	刪除	delete
删除信道	刪除通道	erasure channel
删除异常	刪除異常	deletion anomaly
删信码	刪減碼	expurgated code
钐钴磁体	釤鈷磁鐵	samarium-cobalt magnet
闪电保护	雷擊保護	lightening protection
闪烁	閃爍	flicker, scintillation
闪烁谱仪	閃爍譜儀	scintillation spectrometer
闪烁探测器	閃爍探測器	scintillation detector
闪烁体	閃爍體	scintillator
闪烁体溶液	閃爍體溶液	scintillator solution
闪烁误差	閃爍誤差	glint error
闪烁正比探测器	閃爍正比探測器	scintillation proportional detector
闪速存储器	快閃記憶體	flash memory
闪锌矿晶格结构	閃鋅礦晶格結構	zinc blende lattice structure
扇出	扇出	fan-out
扇出模块	扇出模組	fan-out modular
扇出限制	扇出限制	fan-out limit
扇段(=扇区)		
扇区,扇段	扇區	sector
扇区对准	扇區對準	sector alignment
扇区伺服	扇區伺服	sector servo
扇区无线电指向标(=康索尔系统)		
扇入	扇入	fan-in

大 陆 名	台 湾 名	英 文 名
扇形波束	扇形波束	fan beam
扇形波束天线	扇形波束天線	fan-beam antenna
扇形偶极子	扇形雙極	fan dipole
扇形塔康	扇形塔康	sector TACAN, SETAC
扇形天线	扇形天線	fan antenna
扇形显示	扇形顯示	sector display
商务访问提供者	商務存取提供者	commercial access provider
商务因特网交换中心	商用網際網路交換中心	commercial Internet exchange, CIX
商业数据交换	商業數據交換	business data interchange, BDI
熵	熵	entropy
熵编码	熵編碼	entropy coding, entropy encoding
熵编码段指针	熵編碼段指標	entropy-coded segment pointer
熵编码器	熵編碼器	entropy encoder
熵编码数据段	熵編碼資料段	entropy-coded data segment
熵功率	熵功率	entropy power
熵函数	熵函數	entropy function
熵解码	熵解碼	entropy decoding
熵解码器	熵解碼器	entropy decoder
熵量编码量[子]化	熵量編碼量化	entropy-coded quantization
上边带	上邊帶	upper sideband
上变频	上變頻	up-conversion
上播状态	上播狀態	upper broadcast state
上冲,过冲	過沖	overshoot
ATM 上的多协议	ATM 上的多協定	multiprotocol over ATM, MPOA
ATM 上的网际协议	ATM 上的網際協定	internet protocol over ATM, IPOA
上升时间	上升時間	rise time
上升网点	下降點	ascending node
上升沿	上升邊緣	rising edge
上推	上推	push-up
上推存储器	①上推儲存器 ②上推儲存	pushup storage
上推队列	上推隊列	push-up queue
上推[列]表	上推串列	pushup list
上推排序	移位排序	shifting sort
上下界限	上下界限,上下限	upper and lower bounds
上下位关系	上下位關係	hyponymy
上下文(=语境)		
上下文分析(=语境分		

大陆名	台湾名	英文名
析）		
上下文内关键词	上下文中關鍵字	keyword in context
上下文切换	上下文交換	context switch
上下文外关键词	上下文外關鍵字	keyword out of context
上下文无关文法	上下文無關文法	context-free grammar, CFG
上下文无关语言	上下文無關語言	context-free language, CFL
上下文有关文法	上下文有關文法	context-sensitive grammar, CSG
上下文有关语言	上下文有關語言	context-sensitive language, CSL
上限类别温度	上限類別溫度	upper category temperature
上行链路	上行鏈路	earth-to-space link, up-link
上行数据流	上游	upstream
上釉	上釉	glazing
上阈	上閾	upper-level threshold
上载	上傳	upload
烧穿距离	燒穿距離	burn-through range
烧结	燒結	sintering
烧孔效应	燒洞效應	hole-burning effect
少数载流子	少數載子	minority carrier
舌簧继电器	簧片繼電器	reed relay
蛇形行主编号	蛇形列主次序索引	snake-like row-major indexing
舍入	捨入	rounding
舍入误差	捨入誤差	rounding error
舍入噪声效应	捨入雜訊效應	roundoff noise effect
设备管理	裝置管理	device management
设备控制字符	裝置控制字元	device control character
设备描述	裝置描述	device description
设备描述语言	裝置描述語言	device description language
设备名	裝置名稱	device name
设备驱动程序	裝置驅動器	device driver
设备指派	設備指派,裝置指派	device assignment
设备坐标	裝置坐標	device coordinate
设备坐标系	裝置坐標系統	device coordinate system
设定点控制	設定點控制	set-point control
设计编辑程序,设计编辑器	設計編輯器	design editor
设计编辑器（=设计编辑程序）		
设计差错	設計差错	design error

大　陆　名	台　湾　名	英　文　名
设计多样性	設計多樣性	design diversity
设计方法学	設計方法學	design methodology
设计分析	設計分析	design analysis
设计分析程序(=设计分析器)		
设计分析器,设计分析程序	設計分析程式	design analyzer
设计规划	設計計劃	design plan
设计规约	設計規格	design specification
设计阶段	設計階段	design phase
设计库	設計庫	design library
设计评审	設計評審	design review
设计审查	設計檢驗	design inspection
设计需求	設計需求	design requirement
设计验证	設計驗證	design verification
设计语言	設計語言	design language
设计约束	設計約束	design constraint
设计自动化	設計自動化	design automation, DA
设计走查	設計全程復查	design walk-through
设施	設施,設備	facility
设施分配	設施分配	facility allocation
设施管理	設施管理	facility management
设施请求	設施請求	facility request
设施请求消息	機能要求信息	facility request message, FAR
设施主体	設施代理	facilitation agent
设陷方式	設陷模式	trapping mode
设置,建立	設置,建立,整備	setup
射程分布	射程分佈	range distribution
射极输出器	射極追隨器	emitter follower
射频,无线电频率	射頻,無線電頻率	radio frequency, RF
射频波道(=射频信道)		
射频波接收	射頻波接收	radio-wave reception
射频波束	射頻波束	RF beam
射频参数	射頻參數	RF parameter
射频传输系统	射頻傳輸系統	RF transmission system
射频传输线	射頻傳輸線	radio-frequency line
射频电缆	射頻纜線	radio-frequency cable
射频段(=天线电频段)		

大 陆 名	台 湾 名	英 文 名
射频扼流圈	射頻扼流圈	radio frequency choke, RFC
射频放大器	射頻放大器	radio-frequency amplifier, RF amplifier, RFA
射频干扰	射頻干擾,無線電波干擾	radio frequency interference, RFI
射频监测接收机	射頻監測接收機	radio-frequency check receiver
射频溅射	射頻濺射	radio frequency sputtering
射频交流发电机	射頻交流發電機	radio-frequency alternator
射频离子镀	射頻離子鍍	RF ion plating
射频频谱,无线电频谱	射頻頻譜,無線電頻譜	radio-frequency spectrum
射频信道,射频波道	射頻通道,射頻波道	radio-frequency channel
射频信号	射頻訊號	radio-frequency signal
射频振荡器	射頻振盪器	RF oscillator
射频质谱仪	射頻質譜儀	radio frequency mass spectrometer
射入低轨道	射入低軌道	low-orbit injection
射束负荷(=电子束负载)		
射束控制	波束控制	beam control
射束扫描	波束掃描	beam scanning
射束整形综合技巧	波束整形合成技巧	beam shaping synthesis
射束转换,波束转换	波束切換,波束轉換,電子注轉換	beam switching
X 射线管	X 射線管	X-ray tube
X 射线光电子能谱[学]	X 射線光電子能譜[學]	X-ray photoelectron spectroscopy, XPS
X 射线光刻	X 射線光刻	X-ray lithography
X 射线光刻胶	X 射線光刻膠	X-ray resist
X 射线激光器	X 射線雷射	X-ray laser
X 射线计算机断层成像	X 射線電腦斷層成象	X-ray computerized tomography, X-CT
γ 射线谱仪	γ 射線譜儀	gamma-ray spectrometer
X 射线探测器	X 射線探測器	X-ray detector
α 射线探测器	α 射線探測器	α-ray detector
β 射线探测器	β 射線探測器	β-ray detector
γ 射线探测器	γ 射線探測器	γ-ray detector
X 射线微分析	X 射線微分析	X-ray microanalysis
X 射线形貌法	X 射線形貌術	X-ray topography
X 射线正比计数器	X 射線正比計數器	X-ray proportional counter
射线准直器	射線準直器	ray collimator

大 陆 名	台 湾 名	英 文 名
涉密范畴	敏感度類別	sensitivity category
摄像管	攝象管	camera tube, pickup tube
摄像机	視訊攝影机	video camera
摄像机标定	攝影機校準	camera calibration
申请令牌帧(=申请权标帧)		
申请权标帧,申请令牌帧	宣示符記框	claim-token frame
申请栈	請求堆疊	request stack
申述性语言(=编译程序规约语言)		
身份	識別	identity
DTE 身份	DTE 識別	DTE identity
身份验证者	文電鑑別碼	authenticator
砷化镓场效应晶体管	砷化鎵場效電晶體	GaAs FET
砷化镓 PN 结注入式激光器	砷化鎵 PN 接面注入式雷射	GaAs PN junction injection laser
砷化镓铝发光二极管	砷化鎵鋁發光二極體	GaAlAs LED
砷化镓太阳电池	砷化鎵太陽電池	gallium arsenide solar cell
砷化镓铟雪崩光电二极管	砷化鎵銦崩潰光二極體	InGaAs avalanche photodiode
砷化铟	砷化銦	indium arsenide, InAs
砷磷化镓铟激光	砷磷化鎵銦雷射	GaInAsP laser
砷磷化镓铟-磷化铟激光	砷磷化鎵銦/磷化銦雷射	GaInAsP/InP laser
砷酸二氘铯	砷酸二氘銫	cesium dideuterium arsenate, DCSDA
深层格	深層格	deep case
深度暗示	深度暗示	depth cueing
深度分布	深度分佈	depth distribution
深度缓存	深度緩衝	depth buffer
深度计算	深度計算	depth calculation
深度图	深度圖	depth map
深度优先分析	深度優先分析	depth first analysis
深度优先搜索	深先搜尋	depth-first search
深海电缆	深海纜線	deep sea cable
深能级	深能階	deep energy level
深能级瞬态谱[学]	深能級瞬態譜[學]	deep level transient spectroscopy, DLTS
深能级中心	深能階中心	deep level center

大陆名	台湾名	英文名
深太空通信	深太空通信,太空通信,深空通信	deep space communication
深太空卫星	深太空衛星,太空衛星	deep space satellite
深紫外光刻	深紫外光刻	deep-UV lithography
神经电描记术	神經電描記術	electroneurography
神经计算	類神經計算	neural computing
神经计算机	類神經電腦	neural computer
神经模糊主体	類神經模糊代理者	neural fuzzy agent
神经网络	類神經網路	neural net, neural network
神经网络计算器	神經網路計算機	neural network computer
神经网络模型	神經網路模型	neural network model
神经元	神經元	neuron
神经元仿真	神經元模擬	neuron simulation
神经元函数	神經元函數	neuron function
神经元模型	神經元模型	neuron model
神经元网络	神經元網路	neuron network
神经专家系统	類神經專家系統	neural expert system
审查	檢驗	inspection
审查程序	審計程式	audit program
审计	審計,稽核,查帳	audit
审计跟踪	①審計追蹤 ②審計存底,審計軌跡	audit trail
肾功能仪	腎功能儀	nephros function meter
甚长波通信(=甚低频通信)		
甚长基线干涉仪	甚長基線干涉儀	very long baseline interferometer, VLBI
甚低频	特低頻,超低頻	very low frequency, VLF
甚低频通信,甚长波通信	甚低頻通信,甚長波通信	VLF communication
甚短波	甚短波	very short wave, VSW
甚高级语言	高階語言	very high level language
甚高频	特高頻,超高頻	very high frequency, VHF
甚高频全向信标(=伏尔)		
甚高频通信,超短波通信	甚高頻通信,超短波通信	VHF communication
甚小[孔径]地球站	甚小[孔徑]地球站	very small aperture terminal, VSAT
渗入测试	滲透測試	penetration test

大 陆 名	台 湾 名	英 文 名
渗透	滲透	permeation
渗透率	滲透率	permeability
升华泵	升華幫浦	sublimation pump
升取样器	升取樣器	upsampler
升序排序	升序排序	ascending sort
升余弦	上升余弦	raised cosine
升余弦滚降滤波器	上升余弦滾落濾波器	raised cosine-rolloff filter
升余弦脉波形状	上升余弦脈波形狀	raised cosine pulse shape
升正弦波频谱	升正弦波頻譜	raised sine spectrum
生产计划控制系统	生產計劃控制系統	production planning control system
生产批	生產批	production lot
生产线方法	生產線方法	production line method
生成多项式	生成多項式	generator polynomial
生成矩阵	生成矩陣	generator matrix
生成式,产生式	①生成 ②生產	production
生成树	跨距樹	spanning tree
生成树问题	生成樹問題	spanning-tree problem
生成态晶体	剛長成晶體	as-grown crystal
生成语言学	生成語言學	generative linguistics
生存性	生存性	survivability
生存周期	生命週期	life cycle
生存周期模型	生命週期模型	life-cycle model
生日攻击	生日攻擊	birthday attack
生物测定	生物統計	biometric
生物磁学	生物磁學	biomagnetics
生物电	生物電	bioelectricity
生物电池	生物電池	bio-battery
生物电放大器	生物電放大器	bioelectric amplifier
生物电子学	生物電子學	bioelectronics
生物电阻抗	生物電阻抗	bio-electrical impedance
生物反馈	生物回饋	bio-feedback
生物分子电子学	生物分子電子學	biomolecular electronics
生物分子器件	生物分子元件	biomolecular device
生物光电元件	生物光電元件	biophotoelement
生物计算机	生物電腦	bio-computer
生物控制论	生物控制論	biological cybernetics
生物敏感器	生物感測器	biosensor
生物芯片	生物晶片	biochip

大　陆　名	台　湾　名	英　文　名
生物遥测	生物遙測	biotelemetry
生物医学传感器	生物醫學感測器	biomedical transducer
生物医学电子学	生物醫學電子學	biomedical electronics
生物医学换能器	生物醫學換能器	biomedical transducer
生长率	生長率	growth rate
生长丘	生長丘	growth hillock
生长取向	生長方向	growth orientation
声存储器	聲響記憶體	acoustic memory
声道	聲音通道	sound channel
声调	音調	tone
声光接收机,布拉格元接收机	聲光接收機,布拉格元接收機	acoustooptical receiver, Bragg-cell receiver
声光晶体	聲光晶體	acoustooptic crystal
声光 Q 开关	聲光 Q 開關	acoustooptic Q-switching
声光器件	聲光元件	acoustooptic devices
声光陶瓷	聲光陶瓷	acoustooptic ceramic
声光调制	聲光調制	acoustooptic modulation
声光效应	聲光效應	acoustooptic effect
声卡	音效卡	sound card
声码器	聲碼器	vocoder
声敏感器	聲感測器	acoustic sensor
声明,说明	宣告	declaration
声呐	聲納	sonar
声呐通信	聲納通訊	sonar communication
声频	聲頻,音頻	acoustic frequency, tone frequency
声频存储器	聲頻記憶體	audio memory
声频带宽	聲頻帶寬	sound bandwidth
声图会议	聲圖會議	audiographic conferencing
声学模型	聲響模型	acoustic model
声音	聲音	sound
声音合成	語音合成	voice synthesis
声音检索型业务	聲音檢索服務	sound retrieval service
声音识别	語音辨識	voice recognition
声音输出设备	聲音輸出設備	audio output device
声音输入设备	聲頻輸入裝置	audio input device
声阻抗测听术	聲阻抗測聽術	acoustic impedance audiometry
绳	繩,線	rope
剩磁	殘留磁力	residual magnetism

大　陆　名	台　湾　名	英　文　名
剩余磁通密度	剩餘磁通密度	residual flux density, remanent flux density
剩余电压	殘存電壓	residual voltage
剩余响应	剩餘附應	residual response
剩余杂波,残余杂波	殘留雜波,殘餘雜波	residue clutter
失步	失調	[falling] out of synchronism
失会聚	失會聚	misconvergence
失落	失落	dropout
失配	不匹配	mismatch
失配损耗	失配損耗,不匹配損耗	mismatch loss
失配误差	失配誤差	mismatch error
失配终端	不匹配端	mismatched termination
失锁	失鎖	losing lock
失调(=失谐)		
失调电压,偏移电压	偏移電壓	offset voltage
失调角(=角位移)		
失同步	失同步	loss of synchronism
失效	失效	failure
失效比	故障比率	failure ratio
失效测试	故障測試	failure testing
失效分布	故障分佈	failure distribution
失效概率	失敗率	failure probability
失效恢复	故障恢復	failure recovery
失效检测	故障檢測	failure detection
失效节点	故障節點	failure node
失效类别	故障種類	failure category
失效率	失效率	failure rate
失效模式效应与危害度分析	故障模式影響與嚴重性分析	failure mode effect and criticality analysis
失效前平均时间,平均无故障时间	失效前平均時間,平均無故障時間	mean time to failure, MTTF
失效时间	故障時間	failure time
失效数据	故障資料	failure data
失效预测	故障預測	failure prediction
失谐,失调	失諧,失調	detuning
失序	失序	out-of-sequence
失真(=畸变)		
失真测度	失真測度	distortion measure
失真分析仪	失真分析儀	distortion analyzer

大 陆 名	台 湾 名	英 文 名
失真函数	失真函數	distortion function
失真信息率函数	失真訊息率函數	distortion rate function
施密特触发器	施密特正反器	Schmidt trigger
施密特透镜	施密特透鏡	Schmidt lens
施瓦茨反射原理	舒瓦兹反射原理	Schwarz reflection principle
施威林模型	史厄林模式	Swerling model
施主	施體	donor
湿[度]敏感器	濕度感測器	humidity sensor
湿度试验	濕度試驗	humid test
湿热试验	濕熱試驗	humid heat test
湿氧氧化	濕氧氧化	wet-oxygen oxidation
十进制	十進位制,十進位系統	decimal system
十进制数字	十進數位,十進位元	decimal digit
十六进制	十六進系統	hexadecimal system
十六进制数字	十六進數位	hexadecimal digit
十亿次浮点运算每秒,吉次浮点运算每秒	每秒億浮點運算	giga floating-point operations per second, gigaflops
十亿次运算每秒,吉次运算每秒	每秒十億次運算	giga operations per second
十亿条指令每秒,吉条指令每秒	每秒十億條指令	giga instructions per second
十亿位,吉位	十億位元	gigabit
十亿位每秒,吉位每秒	每秒十億位元	gigabits per second
十亿字节,吉字节	十億位元組	gigabyte
十亿字节每秒,吉字节每秒	每秒十億位元組數	gigabytes per second
十字线形馈线	十字線形饋線	crisscross feeder
石墨承热器	石墨承熱器	graphite susceptor
石英反应室	石英回應室	quartz reaction chamber
石英光纤	二氧化矽光纖	silica fiber
石英晶体	石英晶體	quartz crystal
石英谐振器	石英諧振器	quartz resonator
时变布尔函数	時變布林函數	timed Boolean function
时变参数	時變參數	time-variant parameter
时变系统	時變系統	time-varying system
时不变系统,定常系统	時不變系統,定常系統	time-invariant system
时槽(=时隙)		
时槽间隔(=时隙间隔)		

大陆名	台湾名	英文名
时差定位	時差定位	time-of-arrival location, TOA location
时分	時間分割,時間區分,分時	time division, TD
时分多址	時分多址	time division multiple access TDMA
时分复用	時分復用	time division multiplexing, TDM
时分复用交换	時間多工交換	time-multiplexed switching, TMS
时分话音内插	時分話音內插	time assignment speech interpolation, TASI
时分数字交换	分時數位式交換,時間區分數位式交換	time-division digital switching
时分遥测	時分遙測	time-division telemetry
时分指令	時分指令	time-division command
时分制交换	時分製交換	time-division switching
时基	時基	time base
时基电路	時基電路	time-base circuit
时间	時間	time
时间变迁	時間變遷	timed transition
时间常数	時間常數	time constant
时间重叠	時間重疊	time overlapping
时间戳	時間戳記	timestamp
时间动作研究	時間動作研究	time and motion studies
时间抖动	時間抖動	time jitter
时间分集	時間分集	time diversity
时间分片	時間截分	time slicing
时间分析器	時間分析器	time analyser
时间符合指令	時間符合指令	time-coincidence command
时间－幅度变换器	時間－幅度變換器	time-amplitude converter, TAC
时间复杂度	時間復雜度	time complexity
时间继电器	時間繼電器	time relay
时间局部性	時序局部性	temporal locality
时间扩展室	時間擴展室	time expansion chamber
时间量子	時間量子	time quantum
时间佩特里网	時間佩特裏網	timed Petri net, time Petri net
时间片	時間片斷	time slice
时间谱系	時間階層	time hierarchy
时间同步问题	時間同步問題	time synchronization problem
时间投影室	時間投影室	time projection chamber
时间消隐	時間消隱	time blanking

大 陆 名	台 湾 名	英 文 名
时间序列模型	時間序列模型	time sequence model
时间压缩	時間壓縮	time compression
时间压缩复用	時間壓縮多工法,壓時多工法	time compression multiplexing
时间有界图灵机	時間有界杜林機	time-bounded Turing machine
时间约束	時間約束	time constraint
时间最优控制	時間最優控制	time optimal control
时空权衡	空間與時間取捨	space versus time trade-offs
时空图	時空圖	space-time diagram
时频码	時頻碼	time-frequency code
时-频调制	時-頻調變	time-frequency modulation
时态查询语言	時序查詢語言	temporal query language, TQUEL
时态关系代数	時序關係代數	temporal relational algebra
时态数据库	時序資料庫	temporal database
时隙,时槽	時間槽	time slot
时隙互换	時槽交換	time-slot interchange, TSI
时隙间隔,时槽间隔	槽時間	slot time
时隙内信令	時隙內信令	in-slot signaling
时隙外信令	時隙外信令	out-slot signaling
时限电路(=定时电路)		
时序波瓣控制	時序波瓣控制	sequential lobing
时序模拟	時序模擬	timing simulation
时序综合	順序合成	sequential synthesis
时延	時延	time delay
时延常数	延遲常數	delay constant
时延分配	延遲指定	delay assignment
时延均衡器	時延均衡器	delay equalizer
时延偏差大小	延遲偏差大小	delay defect size
时延失真	延時失真,時間延遲失真	time-delay distortion
时移键控	時移鍵控	time shift keying, TSK
时域	時域	time domain
时域编码	時域編碼	time-domain coding
时域测量	時域測量	time-domain measurement
时域反射仪	時域反射計	time-domain reflectometer, TDR
时域均衡器	時域均衡器	time-domain equalizer
时域可扩缩性	時域可調能力	temporal scalability
时域响应	時域附應	time-domain response

大 陆 名	台 湾 名	英 文 名
时域自动网络分析仪	時域自動網路分析儀	time-domain automatic network analyzer, TDANA
时滞系统	時滯系統	time-lag system
时钟	時鐘	clock
时钟步进	時鐘步進	clock step
时钟道	時鐘軌	clock track
时钟定时抖动	時脈擾動,時序顫動	clock timing jitter
时钟发生器	時脈產生器	clock generator
时钟分配驱动器	時鐘分配驅動器	clock distribution driver
时钟寄存器	時鐘暫存器	clock register
时钟脉冲	時脈	clock pulse
时钟脉冲发生器	時鐘脈衝產生器	clock-pulse generator
时钟驱动器	時鐘驅動器	clock driver
时钟周期	時鐘週期,時鐘刻點	clock cycle, clock tick, clock period
识别	識別	recognition
识别型 DTE 业务	識別型 DTE 服務	identified DTE service
识别置信度	識別置信度	recognition confidence
实参	實際參數	actual parameter
实存状态	有形狀態	tangible state
实地址,物理地址	實體位址	physical address
实分区	實分區	real partition
实际存储页表	實儲存頁表	real storage page table
实际页数	實際頁數	real page number
实践学习	實踐學習	learning by doing
实例学习	從實例學習	learning from example
实名	實名	real name
实施规则	點火規則	firing rule
实时	即時	real-time
实时并发操作	即時同作作業	real-time concurrency operation
实时操作系统	即時作業系統	real-time operating system
实时处理	即時處理	real-time processing
实时多媒体	即時多媒體	real-time multimedia
实时计算机	即時計算機	real-time computer
实时监控程序	即時監視程式	real-time monitor
实时解压缩,即时解压缩	即時解壓縮	on-the-fly decompression
实时控制	即時控制	real-time control
实时批处理	即時批次處理	real-time batch processing

大　陆　名	台　湾　名	英　文　名
实时批处理监控程序	即時批次處理監視程式	real-time batch monitor
实时时钟分时	即時時鐘分時	real-time clock time-sharing
实时示波器	實時示波器	real time oscilloscope
实时视频	即時視頻	real-time video, RTV
实时输出	即時輸出	real-time output
实时输入	即時輸入	real-time input
实时数据库	即時資料庫	real-time database, RTDB
实时通信	實時通信	real-time communication
实时系统	即時系統	real-time system
实时系统执行程序	即時系統執行程式	real-time system executive
实时信号处理	實時訊號處理	real-time signal processing
实时压缩,即时压缩	即時壓縮	on-the-fly compression
实时遥测	實時遙測	real-time telemetry
实时约束	即時約束	real-time constraint
实时执行程序	即時執行程序	real-time executive
实时执行例程	即時執行常式	real-time executive routine
实时执行系统	即時執行系統	real-time executive system
实时指令	實時指令	real-time command
实时主体	即時代理者	real-time agent
实体	實體物	entity
实体鉴别	實體鑑別	entity authentication
实体联系图,E－R 图	實體關係圖,E－R 圖	entity-relationship diagram, E-R diagram
实体模型	實體模型	solid model
实体完整性	實體完整性	entity integrity
实体造型	實體模型建立	solid modeling
实现	實施	implementation
实现阶段	實施階段	implementation phase
实现需求	實施需求	implementation requirements
实线	實線	solid line
实心导线	實心導線	solid conductor
实心电子束	實心電子束	solid electron beam
实寻址高速缓存	實體定址快取	physically addressing cache
实验电路板	試驗電路板	breadboard
实验学习	實驗式學習	learning by experimentation
实用程序	公用程式,公用常式	utility program, utility
实用程序包	公用套裝軟體	utility package
实用功能	公用程式功能	utility function
实用软件	公用程式軟體	utility software

大　陆　名	台　湾　名	英　文　名
拾取设备(=拣取设备)		
拾音器	拾音器	pick-up
史密斯-珀塞尔效应	史密斯-珀塞爾效應	Smith-Purcell effect
史密斯圆图	史密斯圖	Smith chart
矢量导抗测量仪	矢量導抗測量儀	vector immittance meter
矢量发生器	矢量發生器	vector generator
矢量网络分析仪	矢量網路分析儀	vector network analyzer, VNA
矢列式	順序,循序	sequent
使能(=激活)		
使用参数控制	使用參數控制	usage parameter control, UPC
使用寿命	使用壽命	useful life
始发者	發起者	originator
世界知识	世界知識	world knowledge
世界坐标	世界坐標	world coordinate
世界坐标系	世界坐標系統	world coordinate system
市话交换机	本地交換台,用戶交換台	local switch, LS
市话通话自动计费	本地自動通話付費計算	local automatic message accounting, LAMA
市郊电话线	市郊電話線	suburban telephone line
市内电话	市內電話	local telephone
示波管	示波管	oscilloscope tube
示波器	示波器	oscilloscope
示教学习	從教育中學習	learning from instruction
示值	示值	indication, indicated value
事故变迁	事故變遷,違規變遷	violation transition
事件	事件	event
事件报告	事件報告	event report
事件表	事件表	event table
事件处理	事件處理	event processing
事件定义语言	事件定義語言	event definition language, EDL
事件独立性	事件獨立性	event independence
事件队列	事件隊列	event queue
事件方式	事件模式	event mode
事件过滤器	事件過濾器	event filter
事件检测程序(=事件检测器)		
事件检测器,事件检测	事件檢測器	event detector

大　陆　名	台　湾　名	英　文　名
程序		
事件控制块	事件控制塊	event control block, ECB
事件描述	事件描述	event description
事件驱动程序	事件驅動程式	event-driven program
事件驱动的	事件驅動	event-driven
事件驱动任务调度	事件驅動任務排程	event-driven task scheduling
事件驱动语言	事件驅動語言	event-driven language
事件驱动执行程序	事件驅動執行	event-driven executive
事件－条件－动作规则,ECA 规则	事件－條件－動作規則	event-condition-action rule, ECA rule
事件依赖性	事件依賴性	event dependence
事件源	事件源	event source
事实	事實	fact
事实标准	實際的標準	de facto standard
事实库	事實庫	fact base
事务处理每秒	每秒交易數	transactions per second
事务处理吞吐量	交易通量	transaction throughput
事务处理系统	異動處理系統	transaction processing system, TPS
事务调度	異動排程	transaction scheduling
事务分析	交易分析	transaction analysis
事务故障	交易失敗	transaction failure
事务驱动系统	交易驅動系統	transaction-driven system
事务时间	交易時間	transaction time
事务消息传递	交易訊息處理	transactional messaging, TM
事务[元]	交易,異動	transaction
势垒	位壘	potential barrier
势垒高度	位壘高度	barrier height
视参考点	視野參考點	view reference point
视差梯度	視差梯度	gradient of disparity
视场	視場	visual field
视点	視點	viewpoint, eyepoint
视角	視角	visual angle
视距	①視距 ②視線	line-of-sight, LOS
视觉	視域	vision
视觉模型	視覺模型	vision model
视口,视区	視域	view port
视框	視框	view box
视盘	視盤	video disk

大陆名	台湾名	英文名
视频	視頻	video frequency, VF
视频处理器	視頻處理器	video processor
视频传输	視訊傳輸	video transmission
视频磁迹	影像軌	video track
视频磁头	視頻磁頭	video head
视频存储器	視訊記憶體	video memory
视频放大器	視頻放大器	video amplifier
视频缓冲查证器	視訊緩衝查證器	video buffering verifier
视频缓冲区	視訊緩衝區	video buffer
视频会议,电视会议	視訊會議	video conferencing
视频卡	視訊卡,視訊配接器	video card, video adapter
视频[媒体](=视像)		
视频模式	視訊模式	video mode
视频随机存储器	視覺記憶體	video RAM, VRAM
视频图形阵列[适配器]	視頻圖形陣列	video graphics array, VGA
视频消息[处理]型业务	視頻通信報服務	videomessaging service
视频信号	視頻訊號	video signal
视频信号处理电路	視頻訊號處理電路	video processing circuit
视频压缩	視頻壓縮	video compression
视频业务	視訊服務	video services
视平面	投影平面	view plane
视区(=视口)		
视体	視野卷	view volume
视听信息	視聽資訊	audiovisual information
视图	視野,觀點	view
视网膜电描记术	視網膜電描記術	electroretinography
视线	視域	view ray
视向	視野方向	view direction
视像,视频[媒体]	視頻	video
视像管	視象管	vidicon
视轴	準向	boresight
视锥	視錐	viewing pyramid
试凑搜索	試誤搜尋	trial-and-error search
试呼	試叫	attempted call
试探法	試探法	heuristic method
试探性路由选择	試探性路由選擇	heuristic routing

大　陆　名	台　湾　名	英　文　名
试验场	測試場	trial field
试验信道	測試通道	test channel
试验样品	試驗樣品	test piece
适当自动化	適當自動化	appropriate automation
ATM 适配层	ATM 調適層	ATM adaptive layer, AAL
适配层控制器	適配層控制器	adaptive layer controller
适配器	①配接器 ②附加卡 ③整流器	adapter
适应电平	適應位准	adaptation level
适应系数	適應係數	accommodation factor
适应性维护	適應維護	adaptive maintenance
释放	釋放,鬆開	release
释放保护	釋放防護	release guard
释放力	釋放力	release force
释放一致性模型	釋放一致性模型	release consistency model
收发两用机	收發兩用機	transmitter-receiver, TR
收发器	資料收發器	transceiver
收发信机	無線電收發兩用機	transceiver, TC
收发转换开关	收發轉換開關	TR switch
收附	收附	sorption
收集时间	獲取時間,探測時間	acquisition time
收件人付费	收訊者付費,收訊者記帳	addressee's credit
收音机,无线电接收机	無線電收音機,無線電接收機	radio receiver
手持计算机	手持計算機	handheld computer
手持游标器	定位盤	puck
手动输入	人工輸入	manual input
手动装入键	人工載入鍵	manual load key
手段目的分析	手段目的分析	means-end analysis
手机	聽筒	handset
手势识别	手勢識別	gesture recognition
手势消息	手勢訊息	gesture message
手术室监护仪	手術室監護儀	operational room monitor
手提无线电话	手提無線電話	walky-talky
手写汉字输入	手寫漢字輸入	handwriting Hanzi input
手写体	手寫體	handwritten form
手写体汉字识别	手寫體漢字識別	handwritten Hanzi recognition

大陆名	台湾名	英文名
手眼系统	眼手系統	eye-on-hand system
守恒性	守恆性	conservativeness
守护程序	常駐服務程式	damon
守卫	防護	guard
首部,头部	標頭	header
首席执行官(=执行主管)		
寿命试验	壽命試驗	life test
受保护资源	保護資源	protected resource
受激布里渊散射	受激布里淵散射	stimulated Brillouin scattering, SBS
受激发射	受激輻射	stimulated emission
受激拉曼散射	受激拉曼散射	stimulated Raman scattering, SRS
受激吸收	受激吸收	stimulated absorption
受夹介电常量	受夾介電常數	clamped dielectric constant
受控安全	受控安全	controlled security
受控安全模式	受控安全模式	controlled security mode
受控标识图	受控標示圖	controlled marking graphs
受控存取(=受控访问)		
受控对象	受控對象	controlled object
受控访问,受控存取	受控存取	controlled access
受控访问区	受控存取區	controlled access area
受控访问系统	受控存取系統	controlled access system
受控空间	受控空間	controlled space
受控佩特里网	受控佩特裏網	controlled Petri net
受控事件	受控事件	controlled event
受控系统	受控系統	controlled system
受控装置	受控廠	controlled plant
受限访问	有限存取	limited access
受限禁区,受限排他区	有限互斥區	limited exclusion area
受限排他区(=受限禁区)		
受限语言	受限语言	restricted language, controlled language
受遮蔽之孔径	受遮蔽之孔徑	aperture blockage
受主	受體	acceptor
授权	授與,允許	grant
授权表	授權表	authorization list
书面语	書面語言	written language
书面自然语言处理	書面自然語言處理	written natural language processing

大陆名	台湾名	英文名
书签	書籤	bookmark
书写电话机	書寫電話機	telemail-telephone set
书写方向	書寫方向	presentation direction
梳齿滤波器	梳齒濾波器	comb filter
疏化阵天线	疏化陣列天線	thinned array antenna
输出	輸出,產出	output
输出带	輸出磁帶	output tape
输出电阻	輸出電阻	output resistance
[输]出度	輸出度	output degree
输出断言	輸出判定	output assertion
输出分组反馈	輸出塊回饋	output block feedback, OBF
输出功率	輸出功率	output power
输出进程	輸出過程,輸出程序	output process
输出流	輸出流	output stream
输出脉冲	輸出脈衝	output pulse
输出模式	輸出概要	export schema
输出腔	輸出腔	output cavity
输出设备	①輸出設備 ②輸出裝置 ③輸出單元,輸出單位	output device, output equipment, output unit
输出数据	輸出資料	output data
输出特性	輸出特性	output characteristic
输出提交	輸出交付	output commitment
输出下拉电阻	輸出下拉電阻	output pull-down resistor
输出信道	輸出通道	output channel
输出信噪比	輸出訊號對雜訊比	output signal-to-noise ratio
输出依赖	輸出相依	output dependence
输出优先级	輸出優先	output priority
输出字母表	輸出字母表	output alphabet
输出阻抗	輸出阻抗	output impedance
输卡装置	饋卡	card feed, feed card
输入	輸入	input
输入补偿点	輸入退據點	input backoff
输入错误率	輸入錯誤率	error rate for input
输入带	輸入帶	input tape
输入电抗	輸入電抗	input reactance
输入电阻	輸入電阻	input resistance
[输]入度	輸入度	input degree

大 陆 名	台 湾 名	英 文 名
输入断言	輸入斷言	input assertion
输入方式转换键	輸入模態移位鍵	input mode shift key
输入符号	輸入符號	input symbol
输入规模	輸入大小	input size
输入进程	輸入過程	input process
输入流	輸入流	input stream
输入脉冲	輸入脈衝	input pulse
输入模式	輸入綱目	import schema
输入设备	①輸入設備 ②輸入裝置	input device, input equipment, input unit
输入输出处理器	輸入輸出處理機	I/O processor
输入输出[的]	輸入輸出	input/output
输入输出队列	輸入輸出隊列	I/O queue
输入输出管理	輸入輸出管理	I/O management
输入输出设备	①輸入輸出設備 ②輸入輸出裝置	input-output device, input-output equipment, input-output unit
输入输出设备指派	輸入輸出裝置指定	I/O device assignment
输入输出适配器	輸入輸出配接器	input/output adaptor
输入输出通道	輸入輸出通道	input/output channel, I/O channel
输入数据	輸入資料	input data, enter data
输入速率	輸入速率	input velocity
输入特性	輸入特性	input characteristic
输入文本类型	輸入本文類型	input text type
输入相关矩阵	輸入相關矩陣	input correlation matrix
输入依赖	輸入相依	input dependence
输入优先级	輸入優先等級	input priority
输入正确率	輸入正確率	correct rate for input
输入字母表	輸入字母表	input alphabet
输入阻抗	輸入阻抗	input impedance
输纸孔	鏈齒孔	sprocket hole
输纸器	輸紙	paper transport
署(=局)		
属性	屬性	attribute
属性闭包	屬性閉包	attribute closure
属性语法	屬性文法	attribute grammar
署名用户	用戶	subscriber
鼠标[器]	鼠標器,游標控制器,滑鼠	mouse
术语抽取	術語擷取	terminology extraction

大 陆 名	台 湾 名	英 文 名
术语词典,专业词典	術語詞典	terminological dictionary
术语空间	術語空間	term space
术语[数据]库,专业词库	術語資料庫	terminological database
束	束	beam
束点	束點	spot
束分裂器,分束器,析光镜	光束分離器	beam splitter
束缚电荷密度	束縛電荷密度	bound-charge densities
束射屏	束射屏	beam confining electrode
束引示管	束引示管	beam index tube
束注入正交场放大管	束注入正交場放大管	beam-injected crossed-field amplifier
束着屏误差	束著屏誤差	beam-landing screen error
树	樹	tree
B 树	*B* 樹	*B* tree
B + 树	*B* + 樹	*B* + tree
树表示	樹狀表示法	tree representation
树的平衡	樹的平衡	balance of tree
树根	樹根	tree root
树架构	樹狀架構	tree structure
树结构变换语法	樹結構變換文法	tree structure transformation grammar
树连接结构	樹連接結構	tree-connected structure
树连接语法	樹毗連文法	tree-adjoining grammar
树码	樹狀碼	tree code
树网[格]	樹網目	mesh of trees
树形搜索	樹狀搜尋	tree search
树压缩技术	樹壓縮技術	tree contraction technique
树叶	樹葉	tree leaves
树语法	樹文法	tree grammar
树语言	樹語言	tree language
树缘	樹緣	tree frontier
树状网	樹狀網路	tree network
竖排	垂直組版	vertical composition
竖向	①直擺 ②肖像	portrait
H 数	H 數	H number
数传机	數傳機	data set
数据	數據,資料	data
数据安全	數據安全	data security

大 陆 名	台 湾 名	英 文 名
数据保护	資料保護	data protection
数据报	數據報	datagram
IP 数据报	IP 資料包	IP datagram
数据编码	資料編碼	data encoding
数据并行性	資料數據平行性	data parallelism
数据采集系统	數據采集系統	data acquisition system
数据采掘,数据挖掘	資料探勘	data mining
数据仓库	資料倉庫	data warehouse
数据操纵网	資料調處器網路	data-manipulator network
数据操纵语言	資料調處語言	data manipulation language, DML
数据测试	資料測試	data test
数据差错	資料誤差	data error
数据冲突	資料冒險	data hazard
数据重建	資料重建	data reconstruction
数据抽象	資料抽象化	data abstraction
数据初始加工	資料起源	data origination
数据处理	資料處理	data processing, data handling, DP
数据处理单元	資料處理裝置	data processing unit, DPU
数据处理系统	資料處理系統	data processing system, DPS
数据处理中心	資料處理中心	data processing center
数据传输	數據傳輸,資料傳輸	data transmission
数据传送指令	資料傳送指令	data transfer instruction
数据[磁]头	資料頭	data head
数据存取路径,数据访问路径	資料存取路徑	data access path
数据单元	資料單元	data unit, DU
数据电话机	數據電話機	data phone
数据电话数字服务	資料電話數位服務	dataphone digital service, DDS
数据电路端接设备,数据电路终接设备	數據電路端接設備,數據電路終接設備	data circuit terminating equipment, DCE
数据电路透明性	數據電路透通性	data circuit transparency
数据电路终接设备(=数据电路端接设备)		
数据定义语言(=数据描述语言)		
数据独立性	資料獨立性	data independence
数据[多路]复用器	數據多工器,資料多工器	data multiplexer

大 陆 名	台 湾 名	英 文 名
数据多样性	資料多樣性	data diversity
数据发生器	數據發生器	data generator
数据访问路径(=数据存取路径)		
数据分布	資料分配	data distribution
数据分析	資料分析	data analysis
数据分析系统	資料分析系統	data analysis system
数据分析仪	數據分析儀	data analyzer
数据封装	資料封閉性	data encapsulation
数据服装	資料服裝	data clothes
数据腐烂	資料惡化	data corruption
数据高速缓存	資料快取記憶區	data cache
数据高速信道	資料高速公路	data highway
数据格式	資料格式	data format
数据格式转换	資料格式轉換	data format conversion
数据共享	資料共享	data sharing
数据管理	資料管理	data management, data administration
数据管理程序	資料管理程式	data management program
数据广播	數據廣播	data broadcasting
数据划分	資料數據劃分	data partitioning
数据环境	資料環境	data environment
数据恢复	資料復原	data restoration
数据汇,数据宿	數據槽,資料槽,資料接收器	data sink
数据汇集	資料收集	data gathering, data collection
数据获取	數據獲取,資料獲取	data acquisition
数据集市	資料市場	data mart
数据集中器	數據集中機,資料集中器	data concentrator
数据记录仪	數據記錄儀	data logger
数据加密标准	數據加密標準	data encryption standard, DES
数据加密密钥	資料加密鍵	data encryption key
数据加密算法	資料加密演算法	data encryption algorithm, DEA
数据交换机	資料交換機,資料交換器	data switching exchange, DSE
数据结构	資料結構	data structure
数据局部性	資料局部性	data locality
数据空间	資料空間	data space

大 陆 名	台 湾 名	英 文 名
数据控制语言	資料控制語言	data control language, DCL
数据库	數據庫,資料庫	database
数据库安全	資料庫安全性	database security
数据库保密	資料庫私密	database privacy
数据库重构	資料庫重構	database restructuring
数据库重组	資料庫重組	database reorganization
数据库管理系统	資料庫管理系統	database management system, DBMS
数据库管理员	資料庫管理者	database administrator
数据库环境	資料庫環境	database environment
数据库机	資料庫機	database machine
数据库集成	資料庫整合	database integration
数据库[键]码	資料庫鍵	database key
Java 数据库连接	Java 資料庫連接	Java DataBase Connectivity, JDBC
数据库模型	資料庫模型	database model
数据库完整性	資料庫完整性	database integrity
数据库系统	資料庫系統	database system
数据库知识发现	資料庫知識發現	knowledge discovery in database, KDD
数据类型	資料類型	data type
数据链路	數據鏈路,資料鏈	data link
数据链路层	數據鏈路層	data link layer
数据链路[层]连接	資料鏈路連接	data link connection
数据链路控制规程	數據鏈路控制規程	data link control procedure
数据流	資料流,資料流程	data flow
数据流分析	資料流分析	data flow analysis
数据流计算机	資料流電腦	data flow computer
数据流控制	資料流量控制	data flow control
数据流图	資料流程圖	data flow graph
数据流语言	資料流語言	data flow language
数据录入	資料登錄	data entry, data logging
数据媒体	資料媒體	data medium
数据媒体保护装置	資料媒體保護裝置	data medium protection device
数据密度	資料密度	data density
数据描述语言,数据定义语言	資料描述語言,資料定義語言	data description language, data definition language, DDL
数据模件	資料模組	data module
数据模型	資料模型	data model
数据目录	資料目錄	data directory
数据偏斜	資料偏斜	data skew

大 陆 名	台 湾 名	英 文 名
数据欺诈	資料欺騙	data diddling
数据驱动的	資料驅動	data-driven
数据驱动型分析	資料驅動分析	data-driven analysis
数据权标	資料符記	data token
数据确认	資料驗證	data validation
数据冗余	資料冗餘	data redundancy
数据收集站	資料收集站	data collection station
数据手套	資料手套	data glove
数据输入站	資料輸入站	data input station
数据属性	數據屬性,資料屬性	data attribute
数据数字音频磁带,DAT 磁带	DAT 磁帶	data digital audio tape, DAT
数据速率	資料[傳輸]率	data rate
数据宿(=数据汇)		
数据调制率	資料[之]調變率	data modulation rate
数据通路	資料路徑	data path
数据通信	數據通信	data communication
数据通信网	數據通信網	data communication network
数据挖掘(=数据采掘)		
数据完整性	數據完整性	data integrity
数据完整性保护	資料完整性保護	data integrity protection
数据网	數據網路,資料網路	data network
数据网标识码	數據網路識別碼	data network identification code, DNIC
数据稳定平台	數據穩定平台	data stable platform
数据误差分析仪	數據誤差分析儀	data error analyzer
数据相关冲突[危险]	資料相依冒險	data-dependent hazard
数据项	資料項	data item
数据信道	資料通道	data channel
数据信号[传送]速率	資料發訊號率,資料發送率	data signaling rate
数据压缩	數據壓縮	data compression
数据一致性	資料一致性	data consistency
数据依赖	資料相依	data dependence
数据有效性	資料驗證	data validity
数[据]域测量	數[據]域測量	data domain measurement
数据元	資料元	data element
数据源	數據源,資料源	data source
数据站	數據站,資料站	data station

大　陆　名	台　湾　名	英　文　名
数据帧	資料框	data frame
数据指令	數據指令	data command
数据中继卫星系统	資料中繼衛星系統	data relay satellite system, DRSS
数据终端	資料終端機	data terminal, DT
数据终端设备	數據終端設備	data terminal equipment, DTE
数据字典	資料字典	data dictionary, DD
数据总线	資料匯流排	data bus
数据组织	資料組織	data organization
数控系统	數控系統,數值控制系統	numerical control system, NCS
数理语言学	數學語言學	mathematical linguistics
数模转换	數位類比轉換	digital-to-analog convertion
数模转换器,D/A 转换器	D/A 轉換器	digital-to-analog converter, D/A converter
数学发现	數學發現	mathematical discovery
数学公理	數學公理	mathematical axiom
数学归纳	數學歸納法	mathematical induction
数学形态学	數學形態學	mathematical morphology
数值精度	數值精確度	numerical precision
数值孔径	數值孔徑	numerical aperture, NA
数值数据	數值資料	numerical data
数制	數目系統,記數系統	number system
数字	數位	digit
数字比较器	數位比較器	digital comparator
数字编码	數位編碼	digit coding
数字编码器	數位編碼器	digital encoder
数字拨号	數位撥號	digit dialing
数字补码	數位補數	digital complement
数字传号反转编码,CMI 编码	數位傳號反轉編碼,CMI 編碼	digital-coded mark inversion coding
数字传输	數位式傳輸	digital transmission
数字传输通路	數字傳輸路徑	digital transmission path
数字磁记录	數位磁記錄	digital magnetic recording
数字代码	數字編碼	numeric code
数字的	數位[的]	digital
数字地球	數位地球	digital Earth
数字电话学	數位電話學	digital telephony
数字电路	數位電路	digital circuit

大 陆 名	台 湾 名	英 文 名
数字电路测试器	數字電路測試器	digital circuit tester
数字电视	數位電視	digital television
数字电压表	數字電壓表	digital voltmeter, DVM
数字读出示波器	數字讀出示波器	digital readout oscilloscope, DRO
数字段	數位區段	digital section
数字对象	數位物件	digital object
数字[多功能光]碟	多樣化數位光碟	digital versatile disc, DVD
数字多用表	數字多用表	digital multimeter, DMM
数字发送器	數位傳送器	digital transmitter
数字仿形控制	數位追蹤器控制	numeric tracer control, NTC
数字仿真	數位模擬	digital simulation
数字分用器	數字分用器	digital demultiplexer
数字复用	數字復用	digital multiplexing
数字复用器	數字復用器	digital multiplexer
数字复用同步器	數位多工同步器	digital multiplexing synchronizer
数字复用系列	數字復用系列	digital multiplexing hierarchy
数字化	數位化	digitization
数字化仪	數化器	digitizer
数字话音内插	數字話音內插	digital speech interpolation, DSI
数字话音系统	數位語音系統	digital voice system
数字环载波路系统	數位載波迴路系統	digital loop carrier system
数字回波抵消器	數位回聲抵消器,數位回聲消除器	digital echo canceller
数字回波抑制器	數位回聲抑制器	digital echo suppressor
数字积分器	數位積分器	digital integrator
数字集成电路	數位積體電路	digital integrated circuit
数字计算机	數位計算機,數位電腦	digital computer
数字交换	數字交換	digital switching
数字交换器件	數位式交換元件	digital switching device
数字接收机	數位接收機	digital receiver
数字解码器	數位解碼器	digital decoder
数字控制技术	數位控制技術	digital control technique
数字录像机	數字錄象機	digital VTR
数字录音机	數字錄音機	digital recorder
数字滤波器	數位濾波器	digital filter
数字模拟计算机(=混合计算机)		
数字配线架	數位配線框架	digital distribution frame

大 陆 名	台 湾 名	英 文 名
数字频率分析仪	數位頻率分析器	digital frequency analyzer
数字频率合成器	數位頻率合成器	digital frequency synthesizer, DFS
数字频率计	數位頻率計	digital frequency meter, DFM
数字签名	數位化簽字,數位簽章	digital signature
数字签名标准	數位簽章標準	digital signature standard, DSS
数字强度调制	數位強度調變	digital intensity modulation
数字扫描变换器	數字掃描變換器	digital scan convertor, DSC
数字示波器	數字示波器	digital oscilloscope
数字视频特技机	數位影像特效產生器	digital video effect generator
数字输出	數位輸出	digital output
数字输入	數位輸入	digital input
数字数据传输	數位資料傳輸	digital data transmission
数字数据通信系统	數位資料通信系統	digital data communication system
数字数据网	數位數據網路	digital data network, DDN
数字水印	數位浮水印	digital watermarking
数字锁相环	數位式鎖相迴路	digital phase-locked loop, DPLL
数字调制	數位調變,數字調變	digital modulation
数字调制器	數位調變器,數字調變器	digital modulator
数字通信	數字通信	digital communication
数字图书馆	數位圖書館	digital library, DL
数字图像	數位影像	digital image
数字图像处理	數位影像處理	digital image processing
数字网	數位網路	digital network
数字微波接力系统	數位式微波中繼通信系統	digital microwave relay system
数字系统损伤	數字系統損傷	digital system impairment
数字显示	數字顯示	digital display
数字信道	數位通道	digital channel
数字信封	數字包封	digital envelope
数字信号	數位訊號	digital signal
数字信号处理	數位訊號處理	digital signal processing, DSP
数字信号处理器	數位訊號處理器	digital signal processor, DSP
数字信号同步器	數位訊號同步器	digital signal synchronizer
数字选择器	數位選擇器	digital selector
数字压扩	數位壓伸	digital companding
数字延迟发生器	數位延遲產生器	digital delay generator
数字仪器	數字儀器	digital instrument

大 陆 名	台 湾 名	英 文 名
数字移相器	數位移相器	digital phase shifter
数字影碟	數位影碟	digital video disc, DVD
数字影碟[播放]机	數位影音光碟機	DVD player
数字用户线	數字用戶迴路	digital subscriber line, DSL
数字用户线滤波器	數位用戶濾波器	digital subscriber filter
数字照相机	數位攝影機	digital camera
数字政府	數位政府	digital government
数字指令	數字指令	digital command
数字指令系统	數位指令系統	digital command system
数字专用小交换机系统	數位式專用交換系統	digital PBX system
数字字符	數字符元,位元	numeric character
数字字符集	數字字元集,數值字元集	numeric character set
数组	陣列,行列	array
数组处理	陣列處理	array processing
数组处理器	陣列處理機	array processor
数组多项式	陣列多項式	array polynomial
数组控制部件	陣列控制單元	array control unit
刷洗	刷洗	scrubbing
刷新	再新,重清,復新	refresh
刷新测试	再新測試	refresh testing
刷新电路	再新電路	refresh circuit
刷新[速]率	再新率,復新率	refresh rate
刷新周期	更新週期	refresh cycle
衰变失效	衰減失效	decay failure
衰减	衰減	attenuation
衰减常数	衰減常數	attenuation constant
衰减畸变(=衰减失真)		
衰减截止波长	衰減截止波長	attenuation cutoff wavelength
衰减器	衰減器	attenuator, attenuation pad
衰减失真,衰减畸变	衰減畸變,衰減失真	attenuation distortion
衰减时间	衰減時間	decay time
衰减系数	衰減係數,衰減常數	attenuation coefficeint
衰落	衰褪	fading
衰落失真	衰褪失真	fading distortion
衰落信道	衰落信道	fading channel
衰落裕量	衰落裕量	fading margin
甩胶	甩膠	spinning

大 陆 名	台 湾 名	英 文 名
闩锁效应	閂鎖效應	latch-up
双伴音电视	雙伴音電視	TV with dual sound programmes
双倍长寄存器	雙倍長度暫存器	double length register
双倍寄存器	雙倍暫存器	double register
双倍频器	雙倍頻器	frequency doubler
双臂谱仪	雙臂譜儀	double-arm spectrometer
双边闭合用户群	雙閉合用戶組	bilateral closed user group
双边带	雙邊帶	double sideband, twin sideband
双边带传输载波	雙邊帶傳輸載波	double sideband transmitted carrier, DSBTC
双边带调幅	雙邊帶調幅	double sideband amplitude modulation, DSB-AM
双边带调制	雙邊帶調制	double-sideband modulation
双边带抑制载波	雙邊帶抑制載波	double sideband suppressed carrier, DSBSC
双边带噪声系数	雙邊帶雜訊指數	double-sideband noise figure
双边网络	二邊網路	two-side network
双边序列	雙邊序列	two-sided sequence
双侧 Z 变换	雙向 Z 轉換,雙邊 Z-轉換	bilateral Z-transform
双重口令	雙重密碼	double password
双重数据加密标准	雙資料加密標準	double-DES
双处理器	雙處理器	dual processor
双带图灵机	雙帶杜林機	two-tape Turing machine
双带有穷自动机	雙帶有限自動機	two-tape finite automaton
双刀单掷	雙刀單擲	double-pole single-throw, DPST
双刀三掷	雙刀三擲	double-pole three-throw, DPTT
双刀双掷	雙刀雙擲	double-pole double-throw, DPDT
双电层电容器	雙電層電容	double electric layer capacitor
双分支	雙組件	bicomponent
双份编码	雙重編碼	dual coding
双工	雙工	duplex
双工传输	雙工傳輸	duplex transmission
双工器	雙工器	duplexer
双光子吸收	雙光子吸收	two-photon absorption
双光子荧光法	雙光子熒光法	two-photon fluorescence method
双环网	雙環[形]網路	dual ring network
双机协同	雙機合作	double computer cooperation

大陆名	台湾名	英文名
双基地雷达	雙基地雷達	bistatic radar
双极存储器	雙載子記憶體	bipolar memory
双极化	雙[重]極化	dual polarization
双极晶体管	雙極性電晶體	bipolar transistor
双极型电池	雙極型電池	bipolar cell
双极型集成电路	雙載子型積體電路	bipolar integrated circuit
双极性	雙極性	bipolar
双极性码	雙極性碼	bipolar code
双焦点均匀天线	雙焦點均勻天線	bifocal aplanatic antenna
双绞线	雙絞線	twisted pair
双校三验	雙錯校正三錯檢測	double error correction-three error detection
双精度	雙倍精度,雙精確度	double precision
双阱 CMOS	雙井 CMOS	dual-well CMOS
双径干扰	雙路徑干擾	dual path interference
双聚焦质谱仪	雙聚焦質譜儀	double-focusing mass spectrometer
双口网络(=二口网络)		
双扩散	雙擴散	double diffusion
双缆宽带局域网	雙電纜寬頻帶區域網路	dual-cable broadband LAN
双连通分支	雙連組件	biconnected components
双连通性	雙連通性	biconnectivity
双列直插式封装	雙列直插式封裝	dual in-line package, DIP
双列直插式内存组件	雙面記憶體模組	double in-line memory module, DIMM
双路码	雙軌碼	two-rail code
双码	雙碼	dicode
双脉冲	雙脈波	dipulse
双脉冲记录法	雙脈波記錄	double pulse recording
双脉冲码	雙脈波碼	dipulse code
双面板	雙面板	double sided board
双面研磨	雙面研磨	two-sided lapping
双面印制板	雙面印刷電路板	two-sided printed circuit board
双明线	雙明線,開路雙線	open two-wire line
双模传输	雙模態傳輸	bimodal transmission
双模冗余	重復冗餘	duplication redundancy
双模行波管	雙模行波管	dual-mode traveling wave tube
双模转换器	雙模轉換器	dual-mode transducer
双目成像	雙目成像	binocular imaging
双拼	雙拼	binary syllabification

大 陆 名	台 湾 名	英 文 名
双频气体激光器	雙頻氣體雷射	two-frequency gas laser
双频移键控	雙移頻鍵控	double frequency shift keying, DFSK
双平衡混频器	雙平衡混頻器	double-balanced mixer
双鳍对数周期天线	雙鰭對數週期天線	bifin log-periodic antenna
双曲轨道	雙曲線軌道	hyperbolic orbit
双曲函数	雙曲線函數	hyperbolic function
双曲面反射器	雙曲面形反射器	hyperbolical reflector
双曲透镜	雙曲透鏡	hyperbolic lens
双曲线导航系统	雙曲線導航系統	hyperbolic navigation system
双三次曲面	雙三次曲面	bicubic surface
双三次曲面片	雙三次曲面片	bicubic patch
双三进制	雙三進制	biternary
双三进制码	雙三進制碼	biternary code
双栅场效晶体管	雙閘極場效電晶體	dual gate field effect transistor
双数据速率	雙資料速率	double data rate, DDR
双探针法	雙探針法	two-probe method
双通道单脉冲	雙通道單脈波	two-channel monopulse
双位编码	雙位元編碼	dibit encoding
双稳[触发]电路	雙穩[觸發]電路	flip-flop circuit, bistable triggeraction circuit
双稳态信道	雙穩態通道	bistable channel
双线性变换	雙線性變換	bilinear transformation
双线性内插	雙線性內插	bilinear interpolation
双线性曲面	雙線性曲面	bilinear surface
双线性系统	雙線性系統	bilinear system
双相,两相	雙相	biphase
双相码	雙相碼	biphase code
双相曼彻斯特码	雙相曼徹斯持碼	biphase Manchester code
双相调制	二元相位調變,雙相角調變	biphase modulation
双相移键控调制	二元相移鍵控調變,雙相移鍵控調變	BPSK modulation
双向	雙向	both-way
双向传输	雙向傳輸	bidirectional transmission
双向打印	雙向列印	bidirectional printing
双向二极管	雙向二極體	bidirectional diode
双向交替通信	雙向交替通訊	two-way alternate communication
双向晶闸管	雙向晶閘體	bidirectional thyristor

大 陆 名	台 湾 名	英 文 名
双向链表	雙鏈接串列	doubly linked list
双向搜索	雙向搜尋	bidirectional search
双向通信	雙向通信	both-way communication
双向同时通信	雙向同時通信	two-way simultaneous communication
双向推理	雙向推理	bidirection reasoning
双向无穷带	雙向無限帶	two-way infinite tape
双向下推自动机	雙向下推自動機	two-way push-down automaton
双向[性]	雙向	bilateral
双向有穷自动机	雙向有限自動機	two-way finite automaton
双向总线	雙向匯流排	bidirectional bus
双信道单工	雙通道單工	double-channel simplex, DCS
双星拓扑	雙星型態	double star topology
双异质结激光器	雙異質接面雷射	double heterojunction laser
双音多频	雙音多頻	dual-tone multifrequency, DTMF
双语对齐	雙語對齊	bilingual alignment
双语机器可读词典	雙語機器可讀詞典	bilingual machine readable dictionary
双元小波变换	二元小波變換	dyadic wavelet transformation
双钥密码系统	雙鍵密碼系統	two-key cryptosystem
双栈机	雙堆疊機	two-stack machine
双栈系统	雙堆疊系統	dual stack system
双折射	雙折射	birefringence
双正交码	雙正交碼	biorthogonal code
双正交调制	雙正交調變	biorthogonal modulation
双正交小波变换	雙正交小波變換	biorthogonal wavelet transformation
双正交信号	雙正交訊號,雙正交訊號	biorthogonal signal
双枝调谐器	雙枝調諧器,雙株調諧器	double-stub tuner
双枝阻抗匹配	雙枝阻抗匹配	double-stub impedance matching
双锥天线	雙錐天線	biconical antenna
水负载	水負載	water load
水平处理	水平處理	horizontal processing
水平传感器	水準感測器,視感測器	horizon sensor
水平分片	水平分片	horizontal fragmentation
水平格式化	橫向格式化	horizontal formatting
水平极化	水準極化	horizontal polarization, HP
水平空白脉冲	水準空白脈波	horizontal blanking pulse
水平菱形天线	水準菱形天線	horizontal rhombic antenna

大陆名	台湾名	英文名
水平取样因数	水準取樣因數	horizontal sampling factor
水平制表	横向製表	horizontal tabulation
水气衰减	水氣衰減	hydrometor attenuation
水汽氧化	水汽氧化	steam oxidation
水热法	水熱法	hydro-thermal method
水上无线电导航陆地电台(=海上无线电导航陆地电台)		
水下激光雷达	水下雷射雷達	underwater laser radar
水线电报,海底电信	水線電報,海底電信	cablegram
顺串	運行,執行,運轉	run
顺磁性	順磁性	paramagnetism
顺时针极化	順時鐘方向之電波偏極	clockwise polarization
顺序编码	依序編碼法	sequential coding
顺序操作	順序操作	sequential operation
顺序程序设计	順序程式設計	sequential programming
顺序处理	順序處理	sequential processing
顺序存取	順序存取	sequence access, sequential accessing
顺序调度	順序排程	sequential scheduling
顺序调度系统	順序排程系統	sequential scheduling system
顺序调用	順序呼叫	sequence call
顺序发生	順序出現	sequential occurrence
顺序号(=序列号)		
顺序基线	基線順序式	baseline sequential
顺序加电	順序電力開啟	sequence power on
顺序进程	順序過程	sequential processes
顺序局部性	順序局部性	sequential locality
顺序控制	順序控制	sequential control
顺序批处理	順序批次處理	sequential batch processing
顺序搜索	順序搜尋	sequential search, sequence search, serial search
顺序索引	順序索引	sequential index
顺序推理机	順序推理機	sequential inference machine
顺序文件	順序檔[案]	sequential file
顺序一致性模型	順序一致性模型	sequential consistency model
顺序栈式作业控制	順序堆疊作業控制	sequential-stacked job control
瞬间充电	瞬間充電	momentary charge
瞬时变迁	立即變遷	immediate transition

大陆名	台湾名	英文名
瞬时测频接收机	瞬時測頻接收機	instantaneous frequency measurement receiver, IFM receiver
瞬时动态范围	瞬間動態範圍	instantaneous dynamic range
瞬时功率	瞬時功率	instantaneous power
瞬时功率密度	瞬間功率密度	instantaneous power density
瞬时故障	暫態故障	transient fault
瞬时冒险	暫態冒險	transient hazard
瞬时描述	瞬時描述	instantaneous description
瞬时频率偏移	瞬間頻率偏移	instantaneous frequency deviation
瞬时视场	瞬時視場	instantaneous field of view, IFOV
瞬时相位	瞬間相位	instantaneous phase
瞬态,暂态	暫態	transient state
瞬态分析	瞬時分析	transient analysis
瞬态误差	暫態誤差	transient error
说话人确认	說話人確認	speaker verification
说话人识别	說話人識別	speaker recognition
说明(=声明)		
说明性语言	宣告語言	declarative language
说明语义学	宣告語意學	declarative semantics
丝网印刷	網版印刷	screen printing
私用,专用	私用,專用	private
私有高速缓存	私有快取	private cache
私钥	專用鍵	private key
思维科学	純理性科學	noetic science
思想生成系统	概念產生系統	idea generation system
斯特藩-玻尔兹曼法则	史提芬-波茲曼法則	Stefan-Boltzmann law
斯特林公式	司特寧公式	Stirling's formula
斯托克斯定理	史托克斯定理	Stokes' theorem
死变迁	死變遷	dead transition
死标识	死標示	dead marking
死[代]码删除	死終止碼刪除	dead code elimination
死区	死區	dead zone
死锁	死鎖	deadlock
死锁避免	死鎖避免	deadlock avoidance
死锁恢复	死鎖恢復	deadlock recovery
死锁检测	死鎖測試	deadlock test
死锁消除	死鎖消除	deadlock absence
死锁预防	死鎖預防	deadlock prevention

大陆名	台湾名	英文名
四包层光纤	四包層光纖	quadruple clad fiber
四倍长寄存器	四倍長度暫存器	quadruple-length register
四倍寄存器	四倍暫存器	quadruple register
四波混频	四波混頻	four-wave mixing
四叉树	四叉樹	quadtree
四端网络	四端網路	four-terminal network
四分之一波长变换器	四分之一波長阻抗轉換器	quarter-wave transformer
四极透镜	四極透鏡	quadrupole lens
四极质谱仪	四極質譜儀	quadrupole mass spectrometer, QMS
四极子	四極	quadrupole
四面扁平封装	四面扁平封裝	quad flat package, QFP
四能级系统	四能階系統	four-level system
四探针法	四點探針法	four-probe method
四线制	四線製	four-wire system
四相移相键控	四相移鍵控,二維相移鍵控	quadrature phase-shift keying, QPSK
四元组	①四元組 ②四倍,四元的	quadruple
伺服[磁]头	伺服頭	servo head
伺服道录写器	伺服式軌道寫入器	servo track writer, STW
伺服电机	伺服馬達	servo motor
伺服放大器	伺服放大器	servo amplifier
伺服环路	伺服迴路	servo loop
伺服机构	伺服機構	servomechanism
伺服系统	伺服系統	servo system
似然比	似然比	likelihood ratio
似然方程	似然方程式	likelihood equation
似然函数	似然函數,可能性函數,相似度函數	likelihood function
似真推理	似真推理	plausible reasoning
似真性排序	似真定序	plausibility ordering
松弛法	鬆弛	relaxation
松弛算法	鬆弛算法	relaxed algorithm
松缚波	鬆縛波	loosely bound wave
松管	鬆管	loose tube
松光纤束	鬆光纖束	loose fiber-bundle
松[散]耦合系统	鬆耦合系統	loosely coupled system

大　陆　名	台　湾　名	英　文　名
松散时间约束	鬆弛時間約束	loose time constraint
松散一致性	鬆弛一致性	loose consistency
嵩忠雄解码器	凱西米解碼器	Kasami decoder
宋体	宋體	Song Ti
送话器	送話筒,話筒	transmitter
送卡箱	載卡器,饋卡槽	card hopper
搜救雷达	搜索與救援雷達	search and rescue radar
搜索	搜索,搜尋	search
搜索表	搜尋串列	search list
搜索并替换	搜尋與取代	search and replace
搜索博弈树	搜尋競賽樹	search game tree
搜索策略	搜尋策略	search strategy
搜索关键词	搜尋鍵	search key
搜索规则	搜尋規則	search rule
搜索机,搜索引擎	搜尋引擎	search engine
搜索空间	搜尋空間	search space
搜索雷达,监视雷达	搜索雷達,監視雷達	surveillance radar, search radar
搜索求解	搜尋求解	search finding
搜索时间	搜尋時間	search time
搜索树	搜尋樹	search tree
搜索算法	搜尋演算法	search algorithm
搜索图	搜尋圖	search graph
搜索引擎(=搜索机)		
搜索周期	搜尋週期	search cycle
速度	速度	velocity
速度传感器	速度轉換器	velocity transducer
速度渐变	速度漸變	velocity tapering
速度控制	速度控制	speed control
速度[门]欺骗	速度[門]欺騙	velocity gate deception
速度跳变	速度跳變	velocity jump
速度跳变电子枪	速度跳變電子槍	velocity jump gun
速高比	速高比	velocity/height ratio
速率控制	速率控制	rate control
速调管	速調管	klystron
速调管放大器	[電子]調速管放大器,克來斯壯放大器	klystron amplifier
[宿]主机	主機	host machine
宿主系统	主機系統	host system

大陆名	台湾名	英文名
[宿]主语言	主機語言	host language
塑封	塑封	plastic package
塑封晶体管	塑封電晶體	epoxy transistor
塑胶光纤	塑膠光纖	plastic optical fiber
塑料膜电容器	塑膠膜電容	plastic film capacitor
酸性蓄电池	酸性蓄電池	acid storage battery
算法	演算法	algorithm
A 算法	A 演算法	A algorithm
CYK 算法	CYK 演算法	CYK algorithm
KMP 算法	KMP 演算法	KMP algorithm
算法保密	演算法保密	algorithm secrecy
算法分析	演算法分析	algorithm analysis
算法收敛	演算法收斂	algorithm convergence
算法语言	演算法語言	algorithmic language
算法正确性	演算法正確性	correctness of algorithm
算术表达式	算術表式	arithmetic expression
算术乘积	算術乘積	arithmetic product
算术检验	算術檢查	arithmetic check
算术逻辑部件	算術邏輯單元	arithmetic and logic unit, ALU
算术码	算術碼	arithmetic code
算术平均	算術平均值	arithmetic mean
算术平均测试	算術平均測試	arithmetical mean test
算术上溢	算術溢位	arithmetic overflow
算术下溢	算術欠位	arithmetic underflow
算术移位	算術移位	arithmetic shift
算术运算	算術運算	arithmetic operation
随动控制	跟隨控制	follow-up control
随机编码	隨機編碼	random coding
随机变化	隨機變動	random variation
随机变量	隨機變數	random variables
随机波极化	隨機波極化	random wave polarization
随机波形	隨機波形	random waveform
随机测试	隨機測試	random testing
随机测试生成	隨機測試產生	random test generation
随机查找	隨機搜尋	random searching
随机差错(=随机误差)		
随机场	隨機場	random field
随机抽样	隨機取樣	random sampling

大　陆　名	台　湾　名	英　文　名
随机处理	隨機處理	random processing
随机存储器	隨機存取記憶體	random-asccess memory, RAM
随机存取	隨機存取	random access
随机存取机器	隨機存取機	random-access machine
随机调度	隨機排程	random schedule
随机多路访问	隨機多路存取	random multiple access
随机多路接入	隨機多重進接	random multiple access, RMA
随机高级佩特里网	隨機高階佩特裏網	stochastic high-level Petri net
随机故障	隨機故障	random fault
随机归约[性]	隨機可約性	random reducibility
随机过程	隨機過程,隨機程式	random process, stochastic processes
随机接入技术	隨機進階技術	random access technique
随机接入直接序列码分多址	隨機存取直接序列－分碼多重進接,隨機進階之直接序列分碼多重進階	random access DS-CDMA
随机纠错码	隨機錯誤更正碼	random-error-correcting code
随机开关	隨機開關	random switching
随机控制系统	隨機控制系統	stochastic control system
随机离散时间信号	隨機離散時間訊號	random discrete-time signal
随机码	隨機碼	random code
随机脉冲产生器	隨機脈波產生器	random pulser
随机佩特里网	隨機佩特裏網	stochastic Petri net
随机散射,乱散射	隨機散射,亂散射	random scatter
随机扫描	隨機掃描	random scan
随机失效	隨機失效,隨機故障	random failure
随机数	隨機數,亂數	random number
随机数发生器	亂數產生	random number generation
随机数生成程序	隨機數產生器	random number generator
随机数生成器	隨機數產生器	random number generator
随机数算法	亂數演算法	random number algorithm
随机数序列	隨機數順序,隨機數數序	random number sequence
随机搜索	隨機搜尋	random search
随机搜寻算法	隨機搜尋演算法	random-search algorithm
随机文件	隨機檔案	random file
随机误差,随机差错	隨機誤差	random error
随机相位误差	隨機相角誤差	random phase error

大 陆 名	台 湾 名	英 文 名
随机信号	隨機訊號	random signal, stochastic signal
随机序列	隨機序列	random sequence
随机页替换	隨機頁面替換	random page replacement
随机噪声	隨機雜訊	random noise
随机自归约[性]	隨機可自約性	random self-reducibility
随机走动	隨機漫步	random walk
随路信令	隨路信令	channel associated signaling
随身计算	隨身計算	wearable computing
隧穿	穿隧	tunneling
隧道二极管	隧道二極體	tunnel diode
隧道效应	隧道效應	tunnel effect
燧石玻璃	燧石玻璃	flint glass
损耗(=损失)		
损耗概率	損耗機率,損失機率,呼叫消失率	loss probability
损耗函数	損耗函數	loss function
损耗角	損耗角	loss angle
损耗因数	損耗因數	loss factor
损坏	缺陷	defective
损伤	損害	damage
损伤感生缺陷	損傷感生缺陷	damage induced defect
损伤吸杂工艺	損傷吸雜工藝	damage gettering technology
损失	損耗	loss
缩进	內縮	indent
缩码(=简[化]码)		
缩微胶卷	微縮膠卷	microfilm
缩微胶片(=缩微平片)		
缩微平片,缩微胶片	微縮膠片	microfiche
缩位拨号	簡碼撥號,簡縮撥號	abbreviated dialing
缩位拨号系统,简略拨号系统	簡縮撥號系統,簡碼撥號系統	abbreviated dial system
缩小	縮小	zoom out
缩写抽取	縮寫擷取	abbreviation extraction
缩语(=简[化]码)		
缩址(=短缩地址)		
缩址呼叫	簡碼呼叫	abbreviated address calling
所见即所得	所見即所得,即視即所得,直接可視數據,幕	what-you-see-is-what-you-get, WYSIWYG

大陆名	台湾名	英文名
	前排版	
所有各方均已通知	通知所有電台,所有的電台已通知	all advised
索引标志	索引標誌	index marker
索引道	索引軌	index track
索引孔	索引孔	index hole
锁步	鎖步	lock-step
锁步操作	鎖步操作	lock-step operation
锁存器	鎖存器,閂	latch
锁定	鎖定,鎖	locking, lock-in
锁定范围	鎖定範圍	lock range
锁归结	鎖分解	lock resolution
锁兼容性	鎖相容性	lock compatibility
锁模	鎖模	mode locking
锁死	鎖死	lockup
锁相	鎖相	phase-lock
锁相环[路]	鎖相迴路	phase-locked loop, PLL
锁相鉴频器	鎖相頻率	phase-locked frequency discriminator
锁相振荡器	鎖相振盪器	phase-locked oscillator
锁演绎	鎖演繹	lock deduction

T

大陆名	台湾名	英文名
他激振荡器	被激振盪器	driven oscillator
塔康,战术空中导航系统	塔康,戰術空中導航系統	tactical air navigation system, TACAN
踏步测试	跛足跳位測試	crippled leapfrog test
胎儿监护仪	胎兒監護儀	fetal monitor
台(=站)		
台对	台對	pair of stations
台阶覆盖	台階覆蓋	step-coverage
台卡	台卡	Decca
台卡计	台卡計	decometer
台面晶体管	台面電晶體	mesa transistor
台式计算机	桌上計算機	desktop computer
太	兆	tera, T
太空雷达	太空雷達	space radar

大陆名	台湾名	英文名
太[拉]次浮点运算每秒(=万亿次浮点运算每秒)		
太[拉]次运算每秒(=万亿次运算每秒)		
太[拉]条指令每秒(=万亿条指令每秒)		
太平洋通信卫星	太平洋通信衛星	Pacific Ocean Satellite, POS
太平洋卫星	太平洋衛星,太平洋區域國際通信衛星	Pacific Satellite
太位(=万亿位)		
太阳电池组合板	太陽電池組合板	solar cell panel
太阳电池组合件	太陽電池組合件	solar cell module
太阳级硅太阳电池	太陽級矽太陽電池	solar grade silicon solar cell
太阳[能]电池	太陽[能]電池	solar cell
太阳能电池阵列	太陽能電池陣列	solar array
太阳能供电卫星	太陽能動力衛星	solar-powered satellite
太阳射电噪声	日光雜訊	solar noise
太阳微波干涉成像系统	太陽微波干涉成象系統	solar microwave interferometer imaging system, SMIIS
太字节(=万亿字节)		
钛酸钡	鈦酸鋇	barium titanate, BT
钛酸钡陶瓷	鈦酸鋇陶瓷	barium titanate ceramic
钛酸镧	鈦酸鑭	lanthanium titanate, LT
泰勒分布	泰勒分佈	Taylor distribution
贪婪三角剖分	貪心三角剖分	greedy triangulation
贪心[法]	貪心[法]	greedy
贪心周期	貪心週期	greedy cycle
弹出式选单	爆出選項單	pop-up menu
弹性	彈性	resilience
弹性接续	彈性熔接	elastic splicing
弹性劲度常量	彈性勁度常數	elastic stiffness constant
弹性模量(=杨氏模量)		
弹性熔接	彈性熔接	elastomeric splice
弹性顺服常量	彈性屈從常數	elastic compliance constant
钽酸锂晶体	鉭酸鋰晶體	lithium tantalate, LT
探测	儀表	instrumentation

大 陆 名	台 湾 名	英 文 名
探测跟踪分系统	獲取追蹤子系統,探測跟蹤子系統	acquisition tracking subsystem
探测工具	儀表工具	instrumentation tool
探测雷达	獲取雷達,探測雷達	acquisition radar
探测率	探測率	detectivity
探测器	偵測器	detector
探查	探查	probe
探头	探針	probe
探向器,测向器	探向器,測向器	direction finder, DF
探询	輪詢	polling
碳膜电阻器	碳膜電阻	carbon film resistor
碳膜色带	碳色帶	carbon ribbon
炭粒传声器	炭粒傳聲器	carbon microphone
汤姆孙定理	湯姆遜定理	Thomson's theorem
汤森放电	湯森放電	Townsend discharge
羰基铁	羰基鐵	carbonyl iron
趟(=遍)		
逃逸速度	逸出速度,逃脫速度	escape velocity
陶瓷电容器	陶瓷電容	ceramic capacitor
陶瓷封装	陶瓷封裝	ceramic packaging
陶瓷换能器	陶瓷換能器	ceramic transducer
陶瓷滤波器	陶瓷濾波器	ceramic filter
陶瓷敏感器	陶瓷感測器	ceramic sensor
套具	套件	suite
套具驱动器	套件驅動器	suite driver
套筒短柱天线	套筒短截天線	sleeve-stub antenna
套筒偶极子天线	袖套雙極天線	sleeve-dipole antenna
特别委员会	特設委員會	ad hoc committee
特长波通信(=特低频通信)		
特大型机(=主机)		
特低频	超低頻	ultra-low frequency, ULF
特低频通信,特长波通信	特低頻通信,特長波通信	ULF communication
特定领域软件体系结构	特定領域軟體結構	domain-specific software architecture, DSSA
特定人言语识别(=特定人语音识别)		
特定人语音识别,特定	特定人語音辨識	speaker-dependent speech recognition

大陆名	台湾名	英文名
人言语识别		
特定应用服务要素	特定應用服務元件	special-application service element, SASE
特高频	超高頻	ultra-high frequency, UHF
特高频通信,分米波通信	特高頻通信,分米波通信	UHF communication
特洛伊木马攻击	特洛伊木馬攻擊	Trojan horse attack
特权	特權	privilege
特权方式	特權模式	privileged mode
特权命令	特權命令	privileged command
特权指令	特權指令	privileged instruction
特殊网论	專門網路理論	special net theory
特殊字符	特殊字元,特別字元	special character
特斯拉计	特斯拉計	teslameter
特性(=性能)		
特性阻抗	特性阻抗	characteristic impedance
特许	特許,授權	special permit, authorization
特许状态	特許狀態	authorized state
特征	特徵	feature
特征编码	特徵編碼	feature coding
特征参数	特徵參數	characteristic parameter
特征抽取(=特征提取)		
特征方程	特性方程式	characteristic equation
特征分析	簽章分析	signature analysis
特征函数	特性函數	characteristic function
特征集成	特徵整合	feature integration
特征检测	特徵檢測	feature detection
特征交互	特徵交互	feature interaction
特征空间	特徵空間	feature space
特征轮廓	特徵輪廓	feature contour
特征模型转换	特徵模型轉換	feature model conversion
特征频率	特徵頻率	characteristic frequency
特征生成	特徵產生	feature generation
特征识别	特徵識別	feature recognition
特征提取,特征抽取	特徵提取,特徵抽取	feature extraction
特征文法	特徵文法	characteristic grammar
特征选择	特徵選擇	feature selection
梯度	梯度	gradient
梯度模板	梯度模板	gradient template

大　陆　名	台　湾　名	英　文　名
梯度折射率透镜	梯度折射率透鏡棒	GRIN-rod lens
梯格图,点阵图	晶格圖	lattice diagram
梯形波	梯形波	trapezoidal wave
梯形畸变	梯形畸變	trapezoidal distortion, keystone distortion
梯形图	梯形圖	ladder diagram
梯型网络	梯型網路	ladder network
提交	①提交,確定 ②承諾	submission
提交单元	承諾單元	commit unit
提交状态	提交狀態	submit state
提取	清掃	scavenge
提取策略,读取策略	提取策略	fetch strategy
提升传输,加重传输	提升傳輸,加重傳輸	emphasis transmission, slope transmission
提示	提示號,提示符號,提示字元,候答訊號	prompt
提醒	振鈴	alerting, ALERT
体表电位分布图测量	體表電位分佈圖測量	body surface potential mapping
体绘制	容體繪製	volume rendering
体积比功率	體積比功率	volumetric specific power
体积比能量	體積比能量	volumetric specific energy
体矩阵	容體矩陣,容量矩陣	volume matrix
体可视化	容體視覺化	volume visualization
体模型	容體模型	volume model
体内复合	體內復合	bulk recombination
N 体问题	*N* 體問題	*N*-body problem
体系结构,系统结构	結構,架構	architecture
体系结构建模	結構模式	architecture modeling
体效应	體效應	bulk effect
体元	三維像素	voxel
体姿识别	姿態識別	posture recognition
替代攻击	替代攻擊	substitution attack
替代密码	代換密碼	substitution cipher
替代误差	替代誤差	substitution error
替代选择	替換選擇	replacement selection
替换	替換	replacement
替换策略	替換策略	replacement policy
替换磁道	替用軌	alternate track
替换频率	備用頻率	alternate frequency
替换算法	替換演算法	replacement algorithm

大 陆 名	台 湾 名	英 文 名
替位扩散	替位擴散	substitutional diffusion
替位杂质	替代雜質	substitutional impurity
天波	天波	sky wave
天电干扰	大氣干擾	atmospheric interference
天然气候试验	天然氣候試驗	natural climate test
天使回波(=寄生目标)		
天线	天線	antenna
天线波导段	天線波導部分	antenna waveguide section
天线波导开关	天線波導轉換	antenna waveguide switch
天线波束	天線波束	antenna beam
天线波束成形	天線波束整形	antenna beam shaping
天线波束形状因数	天線波束形狀因數	antenna beam shape factor
天线捕获区	天線截捕面積	antenna capture area
天线测量量程	天線量測設施	antenna measurement range
天线插座	天線插座	antenna socket
天线带宽	天線頻寬	antenna bandwidth
天线电频段,射频段	無線電頻帶	radio-frequency band
天线电寻呼业务	無線電傳呼業務,無線電呼叫業務	radio-paging service
天线方向图	天線輻射圖形,天線場形	antenna pattern
天线方向性	天線指向性	antenna directivity
天线方向性测量	天線指向性量測	antenna directivity measurement
天线方向性图	天線方向性圖	antenna directivity diagram
天线分割装置	天線共用器	antenna-splitting device
天线辐射机理	天線輻射機制	antenna radiation mechanism
天线辐射图	天線輻射圖,天線輻射場型	antenna radiation pattern
天线辐射效率测量	天線輻射效率量測	antenna radiation efficiency measurement
天线副瓣(=天线旁瓣)		
天线高度	天線高度	antenna highness
天线跟踪器	天線跟蹤器	antenna follower
天线跟踪稳定系统	天線跟蹤與穩定系統	antenna tracking and stabilization system
天线功率增益	天線功率增益	antenna power gain
天线共用器	天線共用器	antenna multicoupler
天线基准轴	天線參考準向	reference boresight of antenna
天线基座	天線基座,天線地基	antenna foundation
天线极化	天線極化	antenna polarization

大 陆 名	台 湾 名	英 文 名
天线极化测量	天線極化特性量測	antenna polarization measurement
天线极化失调	天線極化失准	antenna polarization misalignment
天线极坐标场图测量	天線極坐標場型量測	antenna polar pattern measurement
天线交换器	天線交換器	antenna exchanger
天线焦距	天線焦距	antenna focal length
天线校准测试仪	天線校準儀	antenna alignment test set
天线绝对增益测量	天線絕對增益量測	antenna absolute-gain measurement
天线开关	天線轉換開關	antenna switch
天线孔径	天線孔徑	antenna aperture
天线孔径分布	天線孔徑分佈	antenna aperture distribution
天线孔径效率	天線孔徑效率	antenna aperture efficiency
天线馈线	天線饋電	antenna feed
天线量程	天線量測設施	antenna range
天线偶极子	偶極天線,半波天線	antenna dipole
天线旁瓣,天线副瓣	天線旁瓣,天線副瓣	antenna side lobe
天线匹配装置	天線匹配裝置,天線匹配單元	antenna matching unit
天线平衡	天線平衡	aerial balance
天线平台	天線平台	antenna platform
天线切换	天線轉換	aerial switching
天线去极化,天线消偏振	天線之去偏極效應	antenna depolarization
天线射束分集	天線波束分集	antenna beams diversity
天线适配器	天線適配器,天線轉接器	antenna adapter
天线输出	天線輸出	antenna output
天线输出阻抗	天線輸出阻抗	antenna output impedance
天线输入阻抗	天線輸入阻抗	antenna input impedance
天线束宽	天線束寬,天線波束寬度	antenna beamwidth
天线衰减器	天線衰減器	aerial attenuator
天线伺服	天線伺服	antenna servo
天线塔	天線塔	antenna tower
天线调谐器	天線調諧器	antenna tuner
天线网,架空网	天線網,架空網路	aerial network
天线温度	天線溫度	antenna temperature
天线系统	天線系統	aerial system
天线相位测量	天線相角量測	antenna phase measurement

大　陆　名	台　湾　名	英　文　名
天线消偏振(＝天线去极化)		
天线效率	天線效率	antenna efficiency
天线行波比,天线行波系数	天線行波比,天線行波係數	antenna traveling wave ratio
天线行波系数(＝天线行波比)		
天线旋转设备	天線旋轉設備,天線轉動設備	antenna rotating equipment, aerial rotating equipment
天线仰角	天線仰角	antenna elevation angle
天线噪声	天線雜訊	antenna noise
天线噪声温度	天線雜訊溫度	antenna noise temperature
天线增益	天線增益	antenna gain
天线增益测量	天線增益量測	antenna gain measurement
天线罩	天線罩	radome
天线阵	天線陣列	antenna array, aerial array
天线振幅图测量	天線振幅場型量測	antenna amplitude pattern measurement
天线支架	天線杆	antenna support
天线指向损耗	天線指向損失	antenna pointing loss
天线终端	天線接頭	antenna terminal
天线驻波比	天線駐波比	antenna standing wave ratio
天线转换	天線轉換,波瓣轉換	antenna switching
天线转换开关	天線轉換開關,收發轉換開關	ATR switch
天线双工器	天線轉換開關	antenna duplexer
天线阻抗	天線阻抗	antenna impedance
天线阻抗测量	天線阻抗量測	antenna impedance measurement
天线座	天線架	antenna mount
填充	填充	fill, filling
填充脉冲	填充脈波	filler pulse
填充区	填充區	fill area
填充因数	填充因數	fill factor
填零	填零,零填充,補零	zerofill
填塞	填充	stuffing
填塞比特	填充位元	stuffing bits
条件	條件,情況	condition
条件冲突	分歧危障	branch hazard
条件断点	條件斷點	conditional breakpoint

大陆名	台湾名	英文名
条件控制结构	有條件控制結構	conditional control structure
条件临界段	條件臨界區段	conditional critical section
条件逻辑	條件邏輯	conditional logic
条件熵	條件熵	conditional entropy
条件式	條件式	conditions
条件-事件系统	條件-事件系統	condition/event system, C/E system
条件同步	條件同步	conditional synchronization
条件项重写系统	條件項重寫系統	conditional term rewriting system
条码	條碼	bar code
条码扫描器	條碼掃描器	bar code scanner
条码阅读器	條碼閱讀機	bar code reader
条形激光器	板雷射	slab laser, stripe type laser
条形图	條狀圖,長條圖	bar chart
条柱显示	條柱顯示	bargraph display
条状波导	條狀波導	strip guide
调幅	調幅	amplitude modulation, AM
调幅度表	調幅度表	amplitude modulation meter
调幅发射机	調幅發射機	amplitude modulated transmitter, AM transmitter
调幅广播	調幅廣播	AM broadcasting
调幅器	調幅器	amplitude modulator
调幅调频变换器	調幅-調頻變換器	AM-to-FM converter
调幅调相	調幅-調相	amplitude modulation phase modulation, AM-PM
调幅移相键控	調幅相移鍵控	amplitude modulation phase-shift keying, AM-PSK
调角	調角	angle modulation
调节	①調整 ②調整率	regulation
调节控制器	調節控制單元	conditioning controller
调配反射计	調配反射計	tuned reflectometer
E-H 调配器	E-H 調整器	E-H tuner
调频	調頻	frequency modulation, FM
调频捕获效果,调频捕获效应	調頻捕獲效應	FM capture effect
调频捕获效应(=调频捕获效果)		
调频测距法	調頻測距法	FM ranging
调频发射机	調頻發射機	frequency modulated transmitter, FM

大 陆 名	台 湾 名	英 文 名
		transmitter
调频发射天线	調頻發射天線	FM transmitting antenna
调频广播	調頻廣播	FM broadcasting
调频激光器	調頻雷射	frequency-modulating laser
调频记录法,FM 记录法	調頻記錄	frequency modulation recording
调频检测器	調頻檢測器	FM detector
调频接收机	調頻接收機	FM receiver
调频雷达	調頻雷達	frequency-modulation radar
调频立体声	調頻身歷聲道,調頻雙聲道;調頻	FM stereo
调频连续波	調頻連續波	FM continuous-wave, FM-CW
调频连续波波形	調頻連續波波形	FMCW waveform
调频连续波雷达	調頻連續波雷達	FM continuous-wave radar, FM-CW radar
调频－频分多路复用	調頻－分頻多工	frequency modulation/frequency division mutiplex, FM/FDM
调频－频分多址	調頻－分頻多重進接	frequency modulation/frequency division multiple access, FM/FDMA
调频器	調頻器	frequency modulator
调频失真	調頻失真	frequency modulation distortion
调频锁相环解调器	調頻鎖相迴路解解調器,調頻鎖相迴路調變器	FM PLL demodulator
调频信号	調頻訊號	FM signal
调频噪声	調頻雜訊	FM noise
调频指数	調頻指數,頻率調變係數	frequency modulation index
调色板	調色	palette
调试,排错,除错	除錯	debug
调试程序	除錯程式	debugging program
调试程序包	除錯套裝軟體	debugging package
调试工具	除錯工具	debugging aids
调试例程	除錯常式	debugging routine
调试模型	除錯模型	debugging model
调相,相位调制	調相,相位調變	phase modulation, PM
调相的	調相的	phase modulated
调相发射机	調相發射機	phase modulated transmitter, PM transmitter

大陆名	台湾名	英文名
调相记录法	相位調變記錄	phase modulation recording
调相器	調相器	phase modulator
调谐	調諧	tuning
调谐电路(=调谐器)		
调谐放大器	調諧放大器	tuned amplifier
调谐器,调谐电路	調諧器,選台器	tuner
调谐销钉	調諧銷釘	tuning screw pin
调谐振荡器	調諧振盪器	tuned oscillator
调压器	穩壓器	voltage regulator
调压自耦变压器	調壓自耦變壓器	regulating autotransformer
调整	調整,對齊	①justification ② adjustment
调整带	調整帶	alignment tape
调整电路,稳压电路	調整電路,穩壓電路	regulator circuit
调整器	調整器	regulator
调整时间(=稳定时间)		
调整文本方式	調整正文模態	adjust text mode
调整用软盘	調正磁片	alignment diskette
调整用硬盘	調正磁碟	alignment disk
调制	調變	modulation
调制包络	調變包絡線	modulation envelope
调制波	調變波	modulating wave
调制参数	調變參數	modulation parameter
调制掺杂场效晶体管	調制摻雜場效電晶體	modulation-doped field effect transistor, MODFET
调制传递函数	調制傳遞函數	modulation transfer function, MTF
调制解调器	調變解調器,數據機	modulator-demodulator, modem
调制脉冲放大器	調變脈波放大器,脈波調變放大器	modulated pulse amplifier
调制器	調變器	modulator
调制强度	調變強度	modulation intensity
调制失真	調制失真	modulation distortion
调制速率	調變率	modulation rate
调制信号	調變訊號,調變訊號,調制訊號	modulating signal
调制型[电离]真空计	調制型[電離]真空計	modulator vacuum gauge
调制因数	調變因數,調變係數	modulation factor
调制噪声	調變雜訊	modulation noise
调制振荡器	調變振盪器	modulator oscillator, MODOSC

大　陆　名	台　湾　名	英　文　名
调制指数	調變指數	modulation index
跳	①跳位 ②跳越	jump
跳,中继段	跳,中繼段	hop
跳步测试	躍步測試	galloping test, leapfrog test
跳过	跨越	skip
跳模	跳模	mode jump
跳频(=频率跳变)		
跳频多址	跳頻多重進接	frequency hopping multiple access, FHMA
跳频扩频信号	跳頻展頻訊號,跳頻展頻訊號	frequency-hopped spread spectrum signal, FH spread spectrum signal
跳频－码分多址	跳頻分碼多重進接	FH-CDMA
跳频式扩频	跳頻式展頻	frequency-hopped spread spectrum
跳时式	跳時式	time-hopped, TH
跳束	跳躍波束,躍繼波束	hopping beam
跳周	跳週	cyclic skipping
铁磁共振	鐵磁共振	ferromagnetic resonance
铁磁共振线宽	鐵磁共振線寬	ferromagnetic resonance linewidth
铁磁弹性体	鐵磁彈性體	ferromagneto-elastic
铁磁显示	鐵磁顯示	ferromagnetic display
铁磁性	鐵磁性	ferromagnetism
铁电半导体釉	鐵電半導體釉	ferroelectric semiconducting glaze
铁电场效晶体管	鐵電場效電晶體	ferroelectric field effect transistor, FEFET
铁电电滞回线	鐵電電滯曲線	ferroelectric hysteresis loop
铁电非易失存储器	鐵電不變性記憶體	ferroelectric nonvolatile memory
铁电晶体	鐵電晶體	ferroelectric crystal
铁电陶瓷	鐵電陶瓷	ferroelectric ceramic
铁电显示	鐵電顯示	ferroelectric display
铁镍蓄电池	鐵鎳蓄電池	iron-nickel storage battery
铁塔天线	塔式天線	tower radiator
铁氧磁带	鐵氧卡帶	ferrooxide tape
铁氧体	鐵氧體	ferrite
铁氧体薄膜[磁]盘	鐵磁體膜磁碟	ferrite film disk
铁氧体磁头	鐵磁體頭	ferrite magnetic head
铁氧体磁芯存储器	鐵氧體磁芯記憶體	ferrite core memory
铁氧体记忆磁芯	鐵氧體記憶磁芯	ferrite memory core
铁氧体天线	鐵氧體天線	ferrite antenna
铁氧体永磁体	鐵氧體永久磁鐵	ferrite permanent magnet
听打	邊聽邊打	typing by listening

大 陆 名	台 湾 名	英 文 名
听觉掩蔽阈值	聽覺遮蔽臨界	auditory masking threshold
听力测试室	聽力測試室	audiometric room
停泊轨道(=常驻轨道)		
停等式	暫停並等待	stop-and-wait
停机	停止	stop
停机问题	[自動機]停機問題	halting problem
停靠表	停靠表	parking meter
停用页	停用頁	stop page
停止信号	停止訊號	stop signal
通	打開	on
通带	帶通	pass band
通导孔	通導孔	access hole
通道和仲裁开关	通道及仲裁交換器	channel and arbiter switch
通道接口	通道介面	channel interface
通道控制器	通道控制器	channel controller
通道命令	通道命令	channel command
通道命令字	通道命令字	channel command word
通道[式]电子倍增器	通道[式]電子倍增器	channel electron multiplier
通道适配器	通道轉接器	channel adapter
通断比	斷續比	break-make ratio
通断键控	on-off 移鍵	on-off keying, OOK
通过式功率计	透過式功率計	feed-through type power meter
通过延迟,转接延迟	轉接延遲	transit delay
通话费	通話費	call charge
通话时长	通話時間,呼叫時間	call duration
通孔	①介層引洞,貫穿孔 ②通孔,饋通	①via hole, through hole ② pin-through-hole, feed-through
通量密度	通量密度	flux density
通量线	通量線	flux lines
通路(=信道)		
通路,路径	通路,路徑	path
通路架	通道[排]組	channel bank
通路敏化,路径敏化	路徑敏化	path sensitization
通配符	①通配符 ②通配	wildcard
通信安全	通信安全	communications security
通信保密	通信守密	communication security
通信保密设备	通信守密設備	communication security equipment
通信处理机	通訊處理機	communication processor

大　陆　名	台　湾　名	英　文　名
通信[端]口	通訊埠	communication port
通信对抗	通信對抗	communication countermeasures
通信故障	通訊故障	communication failure
通信接口	通信介面	communication interface
通信控制器	通信控制器	communication controller
通信控制字符	通信控制字元,通訊控制字元	communication control character
通信量分析	流量分析	traffic analysis
通信量填充	流量填充	traffic padding
通信流量分析	通信流量分析	traffic flow analysis
通信媒介	通信媒介	communication medium
通信模型	通訊模型	communication model
通信能力(=话务容量)		
通信情报	通信情報	communication intelligence, COMINT
通信软件	通信軟體	communication software
通信适配器	通信配接器,通信轉接器	communication adapter
通信网[络]	通信網[絡]	communication network
通信卫星	通信衛星	communication satellite
通信系统	通信系統	communication system
通信系统工程	通信系統工程	communication system engineering
通信协议	通訊協定	communication protocol
通信信道	通訊通道	communication channel
通信性	通訊性	communicativeness
通信[学]	通信[學],通訊	communication
通信业务工程,电信业务工程	通信業務工程,電信業務工程	teletraffic engineering
通信中用以代表字母“B”的词	通信中用以代表字“B”的詞	bravo
通信中用以代表字母“P”的词	通訊中用以代表字母“P”的詞	papa
通信子网	通信子網	communication subnet
通用安装程序	通用安裝程式	universal installer
通用编程语言	通用程式設計語言	general-purpose programming language
通用操作系统	通用作業系統	general-purpose operating system
通用串行总线	通用串列匯流排	universal serial bus, USB
通用词	常用字	commonly-used word
通用词语[数据]库	通用詞句片語資料庫	general word and phrase database

大 陆 名	台 湾 名	英 文 名
通用多八位编码字符集	通用多八位編碼字元集	universal multiple-octet coded character set, UCS
通用广播信令虚拟通道	通用廣播訊號虛擬通道	general broadcast signaling virtual channel
通用计数器	通用計數器	universal counter
通用计算机	通用計算機	general-purpose computer
通用寄存器	通用暫存器	general-purpose register
通用键盘	通用鍵盤	universal keyboard
通用接口总线	通用界面匯流排	general-purpose interface bus, GPIB
通用示波器	通用示波器	general-purpose oscilloscope
通用图灵机	通用杜林機	universal Turing machine
通用网论	通用網路理論	general net theory
通用问题求解程序	通用問題解答器	general-problem solver, GPS
通用系统模拟语言	通用系統模擬語言	general-purpose systems simulation, GPSS
通用消息事务协议	通用訊息交易協定	versatile message transaction protocol, VMTP
通用异步接收发送设备,通用异步收发机	通用非同步收發機	universal asynchronous receiver/transmitter, UART
通用异步收发机(=通用异步接收发送设备)		
通用阵列逻辑[电路]	同屬陣列邏輯	generic array logic, GAL
通知	通知	notification
同步	同步	synchronism, synchronization
同步并行算法	同步平行演算法	synchronized parallel algorithm
同步操作	同步作業	synchronous operation
同步赤道轨道	同步赤道軌道	synchronous equatorial orbit
同步传递模式,同步转移模式	同步傳遞模式,同步轉移模式	synchronous transfer mode, STM
同步传输	同步傳輸	synchronous transmission
同步带	同步帶	hold-in range
同步的	同步的	synchronous
同步多媒体集成语言	同步多媒體整合語言	synchronized multimedia integration language, SMIL
同步光纤网,光同步网	同步光纖網,光同步網	synchronous optical network, SONET
同步广播	同步廣播	synchronized broadcasting
同步轨道	同步軌道	geosynchronous orbit, synchronous orbit
同步和会聚功能	同步和收斂功能	synchronization and convergence function, SCF

大陆名	台湾名	英文名
同步缓冲区队列	同步緩衝區隊列	synchronizing buffer queue
同步基线	同步基線	synchronous baseline
同步检波器	同步檢波器	synchronous detector
同步静态随机存储器	同步靜態隨機存取記憶體	synchronized SRAM, SSRAM
同步距离	同步距離	synchronic distance
同步控制	同步控制	synchronous control
同步离散地址信标系统	同步離散位址信標系統	synchronized discrete address beacon system
同步[论]	同步	synchrony
同步码	同步電碼	sync code
同步器	同步器	synchronizer
同步时分复用	同步時分多工	synchronous time-division multiplexing
同步数字系列	同步數字系列	synchronous digital hierarchy, SDH
同步刷新	同步更新	synchronous refresh
同步速度	同步速度	synchronizing speed
同步算法	同步演算法	synchronized algorithm
同步通信	同步通信	synchronous communication
同步通信卫星	同步通訊衛星	synchronous communication satellite
同步卫星	同步通訊衛星	syncom satellite
同步卫星导航系统	同步衛星導航系統	navigation system of synchronous satellite
同步信号	同步訊號	synchronization signal
同步序列	同步序列	synchronizing sequence
同步原语	同步基元	synchronization primitive
同步终端	同步終端機	synchronous terminal
同步转移轨道	同步轉移軌道	synchronous transfer orbit
同步转移模式(=同步传递模式)		
同步总线	同步匯流排	synchronous bus
同差	同差	homodyne
同构[型]多处理机	同質多處理機	homogeneous multiprocessor
同构型系统	同質系統	homogeneous system
同焦透镜	同焦透鏡	lens confocal
同时性	同時性	simultaneity
同态	同態	homomorphism
同态处理	同態處理	homomorphic processing
同态去卷积	同型態反折積,何莫非克反折積	homomorphic deconvolution

大 陆 名	台 湾 名	英 文 名
同态系统	同態系統	homomorphic system
同位检查制(=奇偶检查制)		
同线电话	同線電話	party line telephone
同线[电话](=合用线)		
同相	同相	in-phase
同相视频	同相視訊	in-phase video
同相信道	同相通道	in-phase channel
同相信号	同相訊號,同相訊號	in-phase signal
同相抑制比(=共模抑制比)		
同向双工法	同向雙工法	diplexing
同心导线	同心導線	concentric conductor
同信道干扰	同通道干擾	cochannel interference
同形词(=同形异义词)		
同形异义词,同形词	同形異義詞	homograph
同址计算	同址計算	in-place computation
同质结激光器	同質接面雷射	homojunction laser
同质结太阳电池	同質接面太陽電池	homojunction solar cell
同质外延	同質磊晶	homoepitaxy
同质性	同質性	homogeneity property
同轴磁控管	同軸磁控管	coaxial magnetron
同轴电缆	同軸電纜	coaxial cable
同轴电缆衰减,同轴缆线衰减	同軸纜線衰減	coaxial cable attenuation
同轴继电器	同軸繼電器	coaxial relay
同轴缆线衰减(=同轴电缆衰减)		
同轴连接器	同軸連接器	coaxial connector
同轴全息术	同軸全象術	in-line holography
同轴天线	同軸天線	coaxial antenna
同轴线	同軸線	coaxial line
铜线分布式数据接口	銅線分佈式資料介面	copper distributed data interface
统计比特率	統計位元率	statistic bit rate, SBR
统计编码	統計編碼	statistical coding
统计测试模型	統計測試模型	statistical test model
统计独立	統計獨立	statistical independence

大 陆 名	台 湾 名	英 文 名
统计复用	統計式多工機	statistical multiplexer
统计假设	統計假設	statistical hypothesis
统计检验	統計檢驗	statistical test
统计决策方法	統計決策方法	statistical decision method
统计决策理论	統計決策理論	statistical decision theory
统计零知识	統計零知識	statistic zero-knowledge
统计模式识别	統計型樣識別	statistical pattern recognition
统计模型	統計模型	statistical model
统计判决	統計判決	statistical decision
统计平均	統計平均	statistical average
统计区	統計區	statistics area
统计容许区间	統計容許區間	statistical tolerance interval
统计容许限	統計容許限	statistical tolerance limits
统计时分复用	統計時分多工	statistical time-division multiplexing, STDM
统计时分复用器	統計時分復用器	statistical time division multiplexer
统计数据库	統計資料庫	statistical database
统计通信理论	統計通信理論	statistical communication theory
统计推理	統計推理	statistic inference
统计语言学	統計語言學	statistical linguistics
统计仲裁	統計仲裁	statistical arbitration
统一建模语言	統一模型化語言	unified modeling language, UML
统一资源定位地址, URL 地址	統一資源定位器	uniform resource locater, URL
桶链算法	特遣演算法	brigade algorithm
桶排序	桶排序,儲存區排序	bucket sort
桶形畸变	桶形畸變	barrel distortion
头部(=首部)		
头戴式显示器	頭戴式顯示器	head-mounted display, HMD
头端[器]	頭端	headend
头盔	頭盔	helmet
头盔显示	頭盔顯示	helmet-mounted display
头盘界面	磁頭/磁碟介面	head/disk interface
头盘组合件	磁頭磁碟組合	head disk assembly, HDA
投币电话呼叫	投硬幣電話	coin call
投递(=交付)		
投递证实	投遞確認	delivery confirmation
投放器	拋放器	dispenser

大 陆 名	台 湾 名	英 文 名
投影	投影	project
投影变换	投影變換	projective transformation
投影电视	投影電視	projection TV
投影管	投影管	projection tube
投影光刻机	投影光刻機	projection mask aligner
投影平面	投影平面	projection plane
投影射程	投影射程	projected range
投影中心	投影中心	center of projection
透红外晶体	紅外透過晶體	infrared transmitting crystal
透红外陶瓷	紅外透過陶瓷	infrared transmitting ceramic
透镜表面分区	透鏡表面分區	zoning of lens
透镜光纤组件	透鏡光纖元件	lensed-fiber component
透镜天线	透鏡天線	lens antenna
透录	列印通過	print-through
透明版	透明版	see-through plate
透明传送	透通傳送	transparent transfer
透明度(=透明[性])		
透明桥接	透通橋接	transparent bridging
透明刷新	透通更新	transparent refresh
透明陶瓷	透明陶瓷	transparent ceramic
透明铁电陶瓷	透明鐵電陶瓷	transparent ferroelectric ceramic
透明网关	透通閘道	transparent gateway
透明[性],透明度	透明[性],透明度	transparency
透射高能电子衍射	透射高能電子衍射	transmission high energy electron diffraction, THEED
透视变换	透視變換	perspective transformation
透视投影	透視投影	perspective projection
透水深度	透水深度	underwater penetration
凸凹性	凸凹性	convexity-concavity
凸包	凸包	convex hull
凸包逼近	凸包逼近	convex-hull approximation
凸多边形	凸多邊形	convex polygon
凸分解	凸分解	convex decomposition
凸体	凸體	convex volume
凸缘	凸緣	flange
突变光纤	步變光纖	step index fiber
突变结	突陡接面	abrupt junction
突触	突觸,神經結	synapse

大　陆　名	台　湾　名	英　文　名
突发差错	突發差錯	burst error
突发长度	突發長度	burst length
突发传输	叢發傳輸	burst transmission
突发错误控制	叢發錯誤控制,錯誤叢發控制	error burst control
突发信号间干扰	叢間干擾	interburst interference
突发性	叢發性	bursty
突发性通信量	叢發性業務,叢發性訊務	bursty traffic
突发噪声	突發雜訊	noise burst
突然失效	突然失效	sudden failure
图	圖形,圖	graph
E－R 图(＝实体联系图)		
图标	圖像,圖符	icon
图表句法分析程序	圖表剖析器	chart parser
图表语法	圖表文法	chart grammar
图的遍历	圖的遍歷	traverse of graphs
图的非同构	圖形非同構	graph non-isomorphism
图的着色	圖形著色	graph coloring
图段	段,片段,片	segment
图归约机	圖形歸約機	graph reduction machine
图例查询	圖例查詢	query by pictorial example
图灵机	杜林機	Turing machine
图灵可归约性	杜林可歸約性	Turing reducibility
图片	圖畫,圖	picture
图片处理	圖象處理	picture processing
图示化工具	圖示化工具	diagrammer
图搜索	圖形搜尋	graph search
图同构	圖形同構	graph isomorphism
图同构的交互式证明系统	圖形同構的交互式證明系統	graph isomorphism interactive proof system
图文电视,广播型图文	圖文電視,廣播型圖文	teletext
图文电视广播	圖文電視廣播	teletext broadcasting
图像	影像	image
图像逼真[度]	影像保真度	image fidelity
图像编码	影像編碼	image encoding
图像变换	影像變換	image transform

大　陆　名	台　湾　名	英　文　名
图像并行处理	影像平行處理	image parallel processing
图像重建	影像重建	image reconstruction
图像处理	影像處理	image processing
图像分割	影像分割	image segmentation
图像分类	影像分類	image classification
图像复原	影像復原	image restoration
图像函数	影像函數	image function
图像畸变	圖象畸變	picture distortion
图像几何学	影像幾何學	image geometry
图像检索	影像檢索	image retrieval
图像空间	影像空間	image space
图像理解	影像理解	image understanding
图像匹配	影像匹配	image matching
图像拼接,图像镶嵌	影像鑲嵌	image mosaicking
图像平滑	影像平滑	image smoothing
图像平均	影像平均	image averaging
图像平面	影像平面	image plane
图像去噪	影像去雜訊	image denoising
图像锐化	影像銳化	image sharpening
图像识别	影像識別	image recognition
图像输入设备	影像輸入裝置	image input device
图像数据库	影像資料庫	image database
图像通道	圖象通道	image channel
图像退化	影像退化	image degradation
图像显示	圖象顯示	image display
图像镶嵌(=图像拼接)		
图像形成	影像形成	image formation
图像序列	影像序列	image sequence
图像旋转	影像旋轉	image rotation
图像压缩	影像壓縮	image compression
图像抑制混频器	鏡面抑制混頻器	image rejection mixer
图像元	影像基元	image primitive
图像运动补偿	圖象運動補償	image motion compensation
图像增强	影像增強	image enhancement
图像质量	影像品質	image quality
图形	圖形,圖示	graphic
图形包	圖形套裝軟體	graphic package
图形保真	抗混淆,防止別名	anti-aliasing

大　陆　名	台　湾　名	英　文　名
图形处理	圖形處理	graphic processing
图形打印机	圖形列印機	graphic printer
图形发生器	圖形發生器	pattern generator
图形符号	圖形符號,圖示	graphic symbol
图形工作站	圖形工作站	graphic workstation
图形核心系统	圖形核心系統	graphical kernel system, GKS
图形畸变	圖形畸變	pattern distortion
图形结构	圖形結構	graphical structure
图形库	圖形庫	graphic library, GL
图形设备	圖形裝置	graphics device
图形失真	別名,混淆現象	aliasing
图形识别	圖形識別	graphical recognition
图形输入板	繪圖輸入板	plotting tablet
图形数据库	圖形資料庫	graphics database
图形系统	圖形系統	graphic system
图形显示	圖形顯示	graphical display
图形学	①圖形 ②圖學	graphics
图形用户界面	圖形使用者介面	graphic user interface, GUI
图形语言	圖形語言	graphic language
图形字符	圖號,圖形字元,圖示字元	graphic character
图形字符合成	圖形字元組合	graphic character combination
图语法	圖形文法	graph grammar
图元	①基元 ②原始	primitive
涂覆磁盘	塗層磁碟	coating disk
涂胶	涂膠	photoresist coating
团集	集團型	clique
团集覆盖问题	團集覆蓋問題	clique cover problem
团块理论	團塊理論	clumps theory
推迟	推遲	deference
推迟势	延遲位能	retarded potential
推迟转移技术	延遲跳躍技術	postponed-jump technique
推导树	導出樹	derivation tree
推理	推理	inference, reasoning
推理步	推理步驟	inference step
推理策略	推理策略	inference strategy
推理层次	推理階層	inference hierarchy
推理程序	推理程式	inference program

大 陆 名	台 湾 名	英 文 名
推理方法	推理方法	inference method
推理规则	推理規則	inference rule
推理过程	推理程序	inference procedure
推理机	推理機	inference machine
推理结点	推理節點	inference node
推理链	推理鏈	inference chain
推理每秒	每秒推理	inferences per second, IPS
推理模型	推理模型	inference model, reasoning model
推理网络	推理網路	inference network
推理子句	推理子句	inference clause
推挽功率放大器	推挽功率放大器	push-pull power amplifier
退出(=出口)		
退出配置	解除組態	deconfiguration
退磁器,消磁器	消磁器	demagnetizer
退磁曲线	退磁曲線	demagnetization curve
退格	退格	backspace
退化失效	退化失效	degeneracy failure
退火	退火	annealing
退极化,去极化	退極化	depolarization
退卷积(=解卷积)		
退缩性溶解度	退縮性溶解度	retrograde solubility
退役	退役	retirement
退役阶段	退役階段	retirement phase
吞吐量	流量	throughput
吞吐能力	通量容量	throughput capacity
托管	代管	hosting
托管加密标准	託管加密標準	escrowed encryption standard, EES
拖动	拖曳	dragging
拖放	拖曳及放下	dragging and dropping
脱附(=解吸)		
脱机,离线	離線,離機	offline
脱机测试	離線測試	offline test
脱机处理	離線處理	offline processing
脱机存储器	離線記憶體	offline memory
脱机故障检测	離線故障檢測	offline fault detection
脱机设备	離線設備,線外設備	offline equipment
脱机邮件阅读器	離線郵件閱讀機	offline mail reader
脱机作业控制	離線工件控制	offline job control

大　陆　名	台　湾　名	英　文　名
脱密	解密	decryption, decipherment
陀螺仪	陀螺儀	gyroscope, gyro
陀螺仪噪声	陀螺儀雜訊	gyro noise
椭偏仪法	橢偏儀法	ellipsometry method
椭球面反射器	橢圓體反射器	ellipsoidal reflector
椭圆逼近方法	橢圓近似方法	elliptic approximation method
椭圆波导	橢圓波導	elliptic waveguide
椭圆波极化	橢圓波極化	elliptical wave polarization
椭圆函数滤波器	橢圓函數濾波器	elliptic-function filter
椭圆极化	橢圓極化	elliptical polarization
椭圆极化波	橢圓極化波	elliptic polarized wave
椭圆率	橢圓率,橢圓度	ellipticity
椭圆曲线密码体制	橢圓曲線密碼系統	elliptic curve cryptosystem, ECC
椭圆形导波管	橢圓形導波管	elliptical waveguide
椭圆形反射器	橢圓形反射器	elliptical reflector
椭圆形光纤	橢圓形光纖	elliptical fiber
拓扑	拓撲,形狀結構	topology
拓扑检索	拓蹼檢索	topological retrieval
拓扑属性	拓蹼屬性	topological attribute

W

大　陆　名	台　湾　名	英　文　名
瓦克斯界限	威克斯界限	Wax bound
外标准	外標準	external standard
外部操作(=辅助操作)		
外部的(=外围的)		
外部接口	外部界面	peripheral interface
外部码	外碼	outer code
外部设备(=外围设备)		
外部通信	周邊通信	peripheral communication
外部威胁	外部威脅	outside threat
外部页表	外部頁表	external page table
外[部]中断	外中斷	external interrupt
外裁剪	外部截割	exterior clipping
外层轨道	外層軌道	outer orbit
外插方法式天线测量	外差式天線量測	extrapolation method antenna measurement
外差	外差	heterodyne

大　陆　名	台　湾　名	英　文　名
外差检测	外差檢測	heterodyne detection
外差接收机	外差接收機	heterodyne receiver
外差接收机灵敏度	外差式接收機靈敏度	heterodyne receiver sensitivity
外差振荡器	外差振盪器	heterodyne oscillator
外存（＝外存储器）		
外存储器,外存	①外部儲存器 ②外儲存	external storage
外反射谱[学]	外反射譜[學]	external reflection spectroscopy, ERS
外附	外插	build-out
外光电效应	外在光電效應	external photoelectric effect
外环	外環	exterior ring
外加电流	外加電流	impressed current
外[键]码	外區鍵,外來關鍵碼	foreign key
外壳	外殼,殼	shell
UNIX 外壳,UNIX 命令解释程序	UNIX 指令外殼	UNIX Shell
外壳脚本	外殼手跡	shell script
外壳进程	外殼過程	shell process
外壳命令	外殼命令	shell command
外壳提示符	外殼提示[符]	shell prompt
外壳语言	外殼語言	shell language
外扩散	外擴散	outdiffusion
外连网(＝外联网)		
外联结	外聯結	outer join
外联网,外连网	外聯網	extranet
外量子效率	外量子效率	external quantum efficiency
外路长度	外路徑長度	external path length
外模式	外綱目	external schema
外排序	外部排序	external sorting
外热阻	外熱阻	external thermal resistance
外设(＝外围设备)		
外太空	外太空,外層空間	outer space
外太空通信	外太空通訊	outer-space communication
外围处理机	週邊處理器	peripheral processor
外围的,外部的	週邊	peripheral
外围计算机	週邊計算機	peripheral computer
外围设备,外部设备,外设	週邊設備,週邊裝置	peripheral equipment, peripheral device, peripherals
外像素	外像素	exterior pixel

大陆名	台湾名	英文名
外延	①磊晶 ②延伸	①epitaxy ② extension
外延堆垛层错	磊晶堆疊層缺陷	epitaxy stacking fault, ESF
外延隔离	外延隔離	epitaxial isolation
外延公理	延伸公理	extension axiom
外延缺陷	磊晶缺陷	epitaxy defect
外延生长	晶膜生長	epitaxial growth
外延数据库	延伸資料庫	extensional database
外延网	延伸網	extension net
外引线焊接	外引線焊接	outer lead bonding
外在散射	外質散射	extrinsic scattering
外在衰减	外質衰減	extrinsic attenuation
外在损失	外在損失	extrinsic loss
外在吸收	外質吸收	extrinsic absorption
弯曲走线槽天线	豬槽形天線	hog-trough antenna
弯束型[电离]真空计	彎束型[電離]真空計	bent beam ionization gauge
弯月面	彎月面	meniscus
S 完备化	S 完備化	S completion
T 完备化	T 完備化	T-completion
完美晶体	完美晶體	perfect crystal
完美零知识	完美零知識	perfect zero-knowledge
完美零知识证明	完美零知識證明	perfect zero-knowledge proof
完全保密	完全保密	perfect secrecy
完全二叉树	完全二元樹	complete binary tree
完全函数依赖	全功能相依	full functional dependence
完全恢复	[完]全恢復	full recovery
完全集	完全集	complete set
完全渐进式	完全漸進式	full progression
完全进位	完全進位	complete carry
完全图	完全圖	complete graph
完全位错	完全錯位	perfect dislocation
完全问题	完全問題	complete problem
NP 完全问题	非決定性多項式完整問題	NP-complete problems
P 完全问题	P 完全問題	P-complete problem
完全性	完整性	completeness
完全正确性	完全正確性	total correctness
完全自检验	總體自檢	totally self-checking, TSC
完整性检查	完整性檢查	integrity checking

大 陆 名	台 湾 名	英 文 名
完整性检验	完整性檢查	integrity check
完整性控制	完整性控制	integrity control
完整性约束	完整性約束	integrity constraint
万维网	全球資訊網	Web, world wide web, WWW
[万维]网[地]址	網址	Web address
万维[网]服务器,Web 服务器	網頁伺服器	Web server
[万维]网页	網頁	Web page
万维网站,万维站点	網站	Web site
万维站点(=万维网站)		
万亿次浮点运算每秒,太[拉]次浮点运算每秒	每秒萬億次浮作業數	tera-floating-point operations per second, teraflops, TFLOPS
万亿次运算每秒,太[拉]次运算每秒	每秒萬億次運算	tera operations per second
万亿条指令每秒,太[拉]条指令每秒	每秒萬億次指令	tera instructions per second
万亿位,太位	萬億位元	terabit, Tb
万亿字节,太字节	萬億位元組	terabyte, TB
网	網	net
B-ISDN 网(=宽带综合业务数字网)		
CSMA/CA 网(=带碰撞避免的载波侦听多址访问网络)		
CSMA/CD 网(=带碰撞检测的载波侦听多址访问网络)	具檢測碰撞的載波感測多重存取網路	
ISDN 网(=综合业务数字网)		
网变换	網路變換	net transformation
ISDN 网标识码	ISDN 網路識別碼	ISDN network identification code
网层次	網層次	level of net
网盾(=防火墙)		
网格	網[目]	mesh
网格化	網目化	meshing
网格曲面	柵曲面	grid surface, mesh surface
网格栅	格子式閘極	grid

大 陆 名	台 湾 名	英 文 名
网格生成	網目產生	mesh generation
网关,信关	通訊閘,信關	gateway
网关到网关协议	閘道到閘道協定	gateway to gateway protocol, GGP
网合成	網路合成	net composition
网化简	網路歸約	net reduction
网际呼叫重定向或改发	網際網路呼叫重定向或改發	internetwork call redirection/deflection, ICRD
网际互连,网络互连	網間網路	internetworking
网际互连协议	網際網路協定	internetworking protocol
网际 ORB 间协议	網際 ORB 間協定	internet inter-ORB protocol, IIOP
网际桥接器	網際橋接器	internetworking bridge
网际协议	網際網路協定	internet protocol, IP
网际协议地址,IP 地址	網際網際協定位址,IP 位址	IP address
网件	網路作業系統	netware
网卡(=网络适配器)		
网论	網路理論	net theory
网[络]	網路	network
网络参数控制	網路參數控制	network parameter control, NPC
网络操作控制中心	網路作業控制中心	network operations control center, NOCC
网络操作系统	網路作業系統	network operating system
网络层	網路層	network layer
网络带宽	網路頻寬	network bandwidth
网[络单]元	網路元件	network element, NE
网络地址	網路位址	net address
网络电视	網路電視	network television
网络分割	網路分割	network partitioning
网络分析仪	網路分析儀	network analyzer, NA
网络公用设施	網路公用程式	network utility
网络攻击	網路攻擊	network attack
网络管理	網路管理	network management
网络函数	網路函數	network function
网络互连(=网际互连)		
网络计算机	網路電腦	network computer, NC
网络交换中心	網路交換中心	network switching center, NSC
网络接口	網路間介面	network interface
网络接入协议	網路進接協定	network access protocol
网络结点接口	網路節點介面	network node interface, NNI

大　陆　名	台　湾　名	英　文　名
网络控制中心	網路控制中心	network control center, NCC
网络乱用	網路濫用	net. abuse
网络平台	網路平台	network platform
网络驱动程序接口规范	網路驅動器介面規格	network driver interface specification, NDIS
网络蠕虫	網路蠕蟲	network worm
网络设施	網路設施	network facility
网络时间协议	網路時間協定	network time protocol, NTP
网络适配器,网卡	網路配接器	network adapter
网络体系结构	網路架構	network architecture
网络通信	網路通信	network communication
网络拓扑	網路佈局,網路拓樸	network topology
网络外围设备	網路週邊設備	network peripheral
网络-网络接口	網路節點介面	network-network interface, NNI
网络文件传送	網路檔案傳送	network file transfer
网络文件系统	網路檔案系統	network file system, NFS
网络系统	網路系統	network system
网络新闻	網路新聞	network news, netnews
网络新闻传送协议	網路新聞傳送協定	network news transfer protocol, NNTP
网络信息服务	網路信息服務	network information service, NIS
网络信息中心	網路資訊中心	network information center, NIC
网络性能	網路性能	network performance, NP
网络虚拟终端	網路虛擬終端機	network virtual terminal, NVT
网络业务接入点	網路服務進接點	network service access point, NSAP
网络应用	網路應用	network application
网络拥塞	網路擁擠	network congestion
网络迂回	網路迂回	network weaving
网络运行中心	網路操作中心,網路營運中心	network operation center, NOC
网络质量	網路品質	network quality
网络终端	網路終端[器]	network termination
网络资源管理	網路資源管理	network resource management, NRM
网络字节顺序	網路位元組次序	network byte order
网络综合	網路	network synthesis
网民	網路族群	net. citizen
网桥	網橋	bridge
网上新手	網絡新手	newbie
网射	網同型	net morphism

大 陆 名	台 湾 名	英 文 名
网同构	網路同構	net isomorphism
网拓扑	網路拓撲	net topology
网文法	網文法	web grammar
网纹干扰	網紋干擾	moire
网系统	網路系統	net system
网语言	網路語言	net language
网元	網路元件	net element
网运算	網路運算	net operation
网展开	網路展開	net unfolding
网站(=站点)		
网站名(=站点名)		
网折叠	網路摺疊	net folding
网知计算	網路知覺計算	network-aware computing
网状数据库	網路資料庫	network database
网状数据模型	網路資料模型	network data model
网状拓扑	網狀拓撲	mesh topology
网状网	網狀網	mesh network
网状阴极	網狀陰極	mesh cathode
往返传播时间	往返傳播時間	round-trip propagation time
往返延迟	往返延遲	round-trip delay
往复寻道[测试]	往復尋覓	accordion seek
往复真空泵	往復真空幫浦	piston vacuum pump
危险测试	危險測試	hazard testing
危重病人监护系统	危重病患監護系統	critical patient care system
威尔金森功率分配器	威爾金生功率分配器	Wilkinson power divider
威胁	威脅	threat
威胁等级	威脅等級	threat level
威胁分析	威脅分析	threat analysis
威胁监控	威脅監控	threat monitoring
微	微	micro
微奥米伽[系统]	微奥米伽[系統]	micro Omega
微编程语言	微程式設計語言	microprogramming language
微波	微波	microwave, MW
微波传播	微波傳播	microwave propagation
微波传输电路	微波傳輸電路	microwave transmission circuit
微波传输线	微波傳輸線	microwave transmission line
微波磁学	微波磁學	microwave magnetics
微波单片集成电路	單晶微波積體電路	monolithic microwave integrated circuit,

大陆名	台湾名	英文名
		MMIC
微波电信系统	微波電信系統	microwave telecommunication system
微波电子学	微波電子學	microwave electronics
微波发射机	微波發射機	microwave transmitter
微波辐射计	微波輻射計	microwave radiometer, MR
微波辐射衰减	微波輻射衰減,微波輻射損耗	microwave radiation attenuation
微波管	微波管	microwave tube
微波管线	微波管線	microwave plumbing
微波航道信标	微波航道信標	microwave course beacon
微波混合集成电路	微波混合積體電路	microwave hybrid integrated circuit
微波激射[器](=脉泽)		
微波集成电路	微波積體電路	microwave integrated circuit, MIC
微波接力通信(=微波中继通信)		
微波接收机	微波接收機	microwave receiver
微波链路	微波鏈路	microwave link
微波滤波器	微波濾波器	microwave filter
微波脉冲发生器	微波脈波產生器	microwave pulse generator, MPG
微波频带	微波頻帶	microwave band
微波频率	微波頻率	microwave frequency
微波频谱	微波頻譜	microwave spectrum
微波频谱学	微波頻譜學	microwave spectroscopy
微波屏蔽室	微波隔絕室	microwave-shielded room
微波气体放电天线开关	微波氣體放電天線開關	microwave gas discharge duplexer
微波全息雷达	微波全息雷達	microwave hologram radar
微波热像图成像	微波熱象圖成象	microwave thermography
微波散射计	微波散射計	microwave scatterometer
微波伤害	微波傷害	microwave hazard
微波生物效应	微波生物效應	microwave biological effect
微波收发两用机	微波收發兩用機	microwave transmitter-receiver
微波天线	微波天線	microwave antenna
微波调制器	微波調變器	microwave modulator
微波铁氧体	微波鐵氧體	microwave ferrite
微波通道	微波通道	microwave channel
微波通信	微波通信	microwave communication
微波通信设备	微波通信設備	microwave communication equipment

大 陆 名	台 湾 名	英 文 名
微波统一载波系统	微波統一載波系統	microwave united carrier system
微波网络	微波網路	microwave network
微波无线电	微波無線電	microwave radio
微波无线[电]中继	微波無線電中繼,無線電微波轉播	microwave radio relay
微波无线[电]中继设备	微波無線電中繼設備	microwave radio relay equipment
微波无线链路	微波無線電鏈路,微波無線電通信線路	microwave radio link
[微波]吸收材料	[微波]吸收材料	microwave absorbing material
微波系统	微波系統	microwave system
微波相位均衡器	微波相位等化器	microwave phase equalizer
微波信标天线	微波信標天線	microwave beacon antenna
微波有源频谱仪	微波有源頻譜儀	microwave active spectrometer, MAS
微波站	微波[通信]站	microwave station
微波中继链路	微波中繼[通信]鏈路	microwave relay link
微波中继天线	微波中繼天線	microwave-relay antenna
微波中继通信,微波接力通信	微波中繼通信,微波接力通信	microwave radio relay communication
微波终端站	微波終端站	microwave terminal station
微波着陆系统	微波著陸系統	microwave landing system, MLS
微程序	微程式	microprogram
微程序控制	微程式控制	microprogrammed control
微程序设计	微程式設計,微程式規劃	microprogramming
微程序只读存储器	微程式唯讀記憶體	microm
微处理器	微處理器	microprocessor
微带	微帶	microstrip
微带偶极子	微帶雙極	microstrip dipole
微带天线	微帶天線	microstrip antenna
微带天线阵列	微帶天線陣列	microstrip antenna array
微带线	微帶	microstrip
微带阵	微帶陣列	microstrip array
微等离子体效应	微電漿效應	microplasma effect
微电机	微電機	electrical micro-machine
微电子学	微電子學	microelectronics
微动开关	微動開關	sensitive switch
微分电路	微分電路	differential circuit

大 陆 名	台 湾 名	英 文 名
微分控制	微分控制	differential control
微分器	微分器	differentiator
微分迁移率	微分遷移率	differential mobility
微分相位	微分相位	differential phase
微分增益	微分增益	differential gain
微封装,微组装	微封裝,微組裝	micropackaging
微伏	微伏[特]	microvolt
微功耗集成电路	微功耗積體電路	micropower integrated circuit
微观经济模型	微觀經濟模型	microeconomic model
微光电视	微光電視	low-light level television, LLLTV
微光夜视仪	微光夜視儀	low-light level night vision device
微机(=微型计算机)		
微结构	微結構	microstructure
微截,微裂	微截,微裂	micro-cleaving
微理论	微理論	micro-theory
微裂(=微截)		
微逻辑	微邏輯	micrologic
微码	微代碼	microcode
1.55 微米波长传输衰减	1.55 微米波長傳輸衰減	attenuation of 1.55 μm transmission
微秒	微秒	microsecond
微命令	微命令	microcommand
微模块	微模組	micromodule
微内核操作系统	微核心作業系統	microkernel OS
微曲传感器	微曲感測器	microbending sensor
微缺陷	微缺陷	microdefect
微任务化	微任務化	microtasking
微扫接收机	微掃接收機	microscan receiver
微生物敏感器	微生物感測器	microbial sensor
微调电感器	微調電感	trimming inductor
微调电容器	微調電容	trimmer capacitor
微调电位器	微調電位器	trimmer potentiometer
微调阀	微調閥	micro-adjustable valve
微通道板	微通道板	microchannel plate, MCP
微通道板示波管	微通道板示波管	microchannel plate cathode-ray tube, MCPCRT
微通道板探测器	微通道板探測器	micro-channel plate detector
微透镜	顯微透鏡	microlens

大 陆 名	台 湾 名	英 文 名
微瓦秒	微瓦秒	microwatt second
微瓦小时	微瓦小時	microwatt hour
微弯曲	微曲	microbend
微弯曲损耗	微曲損失	microbending loss
微微	微微	pico, p
微微米	微微米	micromicron
微像数据	微像資料	micro-image data
微型计算机,微机	微[型]計算機,微電腦,微算機	microcomputer
微型芯片	微晶片	microchip
微诊断	微診斷	microdiagnosis
微诊断微程序	微診斷微程式	microdiagnostic microprogram
微诊断装入程序(=微诊断装入器)		
微诊断装入器,微诊断装入程序	微診斷載入器	microdiagnostic loader
微指令	微指令	microinstruction, micros
微中断	微中斷	microinterrupt
微组装	微組裝	micropackage
微组装(=微封装)		
韦伯效应	韋伯效應	Weber effect
韦布尔分布	魏普分佈	Weibull distribution
韦尔蒂码	韋悌碼	Welti code
韦尔奇界限	威爾屈界限	Welch bound
围产期监护仪	圍產期監護儀	perinatal monitor
违背	違反,破壞	breach
违章者	違規者	violator
唯密文攻击	唯密文攻擊	cipher text-only attack
维持	維持	sustaining
维持真空泵	維持真空幫浦	holding vacuum pump
维护(=维修)		
维护测试	維護測試	maintenance test
维护程序	維護程式	maintenance program
维护费用	維護成本,維護費用	maintenance cost, maintenance charge
维护分析过程	維護分析程序	maintenance analysis procedure
维护服务程序	維護服務程式	maintenance service program
维护过程	維護過程	maintenance process
维护计划	維護計劃	maintenance plan

大　陆　名	台　湾　名	英　文　名
维护阶段	維護階段	maintenance phase
维护控制面板	維護控制面板	maintenance control panel
维护面板	維護面板	maintenance panel
维护屏幕	維護熒幕	maintenance screen
维护时间	維護時間	preventive maintenance time
维护陷阱	維護陷阱	maintenance hook
维护延期	維護延期	maintenance postponement
维护者	維護者	maintainer
维护准备时间	維護待命時間	maintenance standby time
维纳-霍普夫方程式	威能-霍樸方程式	Wiener-Hopf equation
维纳滤波	維納濾波	Wiener filtering
维纳滤波器	維納濾波器	Wiener filter
q 维网格	q 維晶格	q-dimensional lattice
维吾尔文	維吾爾文	Uighur
维修,维护	維修,維護	maintenance
维修策略	維修政策	maintenance policy
维修性,可维护性	維修性,可維護性	maintainability
维也纳定义方法	維也納發展方法	Vienna definition method, VDM
维也纳定义语言	維也納定義語言	Vienna definition language, VDL
维也纳开发方法	維也納發展方法	Vienna development method, VDM
伪彩色[密度]分割	偽彩色[密度]分割	pseudo-color slicing
伪[代]码	偽[代]碼	pseudocode
伪多色射线和	偽多色射線和	pseudopolychromatic ray sum
伪多项式变换	偽多項式變換	pseudopolynomial transformation
伪随机码测距	偽隨機碼測距	pseudo-random code ranging
伪随机序列	偽隨機序列	pseudo-random sequence
伪微分算子	偽微分運算子	pseudodifferential operator
伪像	人工因素	artifact
伪语义树	偽語意樹	pseudosemantic tree
伪造	偽造	forge
伪造检测	調處檢測	manipulation detection
伪造检测码	調處檢測碼	manipulation detection code, MDC
伪造码字	偽造碼字	fraudulent codeword
伪造算法	偽造演算法	forging algorithm
伪造算法证明	偽造演算法證明	proof of forgery algorithm
伪造信道信息(=篡改信道信息)		
伪噪声码,PN 码	偽噪聲碼,PN 碼	pseudo noise code, PN code

大 陆 名	台 湾 名	英 文 名
伪噪声序列	擬似雜訊序列	pseudo-noise sequence
伪指令	僞指令	pseudo-instruction
伪装码	僞裝碼	camouflage code
尾波瓣(=后波瓣)		
尾部	尾部,標尾	trailer
尾递归	尾遞迴	tail recursion
尾递归删除	尾遞迴刪除	tail recursion elimination
纬度	緯度	latitude
魏斯弗洛克法	惠斯富拉克法	Weissfloch method
卫导(=卫星导航)		
卫星	衛星	satellite, SAT
卫星长途中继线	衛星長途中繼線	satellite toll trunk
卫星导航,卫导	衛星導航,衛導	satellite navigation
卫星地面链路	衛星地面鏈路	satellite terrestrial links
卫星定位及跟踪	人造衛星定位及跟蹤	Satellite POsitioning and Tracking, SPOT
卫星覆盖区	衛星覆蓋區	satellite coverage
卫星跟踪站	衛星跟蹤站	satellite tracking station
卫星广播	衛星廣播	satellite broadcasting
卫星轨道	衛星軌道	satellite orbit
卫星间频率分配	衛星間的[通訊]頻率分配	intersatellite frequency allocations
卫星间时延	衛星間之[通訊]延遲	intersatellite delay
卫星监视雷达	衛星監視雷達	satellite surveillance radar
卫星配置图	衛星配置圖	satellite deployment pattern
卫星天线	衛星天線	satellite antenna
卫星跳跃	衛星中繼段,衛星中繼器	satellite hop
卫星通信	衛星通信	satellite communication
卫星通信网	衛星網路	satellite network
卫星线路	衛星[通訊]線路	satellite line
卫星信道	衛星通道	satellite channel
卫星噪声	飛鳥雜波	bird clutter
卫星中继器	衛星中繼器	satellite repeater
卫星中继站	衛星中繼站	satellite relay station
[未穿孔]带	磁帶	mag tape
未穿孔卡	打孔卡片	punch card
未登录词	未登錄字	unlisted word
未负载时间	未負載時間	unload time

大　陆　名	台　湾　名	英　文　名
未格式化容量	未格式化容量	unformatted capacity
位标识	位元識別	bit-identify
位差错,比特差错	位元錯誤	bit error
位差错概率,比特差错概率	位元錯誤機率	bit error probability
位差错率测试装置,比特差错率测试装置	位元錯誤率測試裝置	bit error rate test set
位错	錯位	dislocation
位错环	錯位環	dislocation loop
位错密度	錯位密度	dislocation density
位错敏感性	位元敏感度	bit sensitivity to errors
位抖动,比特抖动	位元跳動	bit-jitter
位分配	位元分配,位元配置	bit allocation
位间隔,比特间隔	二進位碼脈衝時間,[二]位元時寬,位元區間	bit interval
位减缩法,比特压缩技术	位元減少技術	bit reduction technique
位交织,比特交织	位元交錯	bit interleaving
位交织奇偶性,比特交织奇偶性	位元交插同位	bit interleaved parity, BIP
位交织时分复用,比特交织时分复用	位元交錯分時多工	bit interleaved TDM
位流,比特流	位元流	bit stream
位流符合性,比特流符合性	位元流符合性	bitstream compliance
位流格式器,比特流格式器	位元流格式器	bitstream formatter
位流句法,比特流句法	位元流語法	bitstream syntax
位流特性,比特流特性	位元流特性	bitstream characteristic
位率,比特率	位元率	bit rate
位率指标,比特率指标	位元率指標	bit rate index
位脉冲拥挤	位元脈衝擁擠	bit pulse crowding
位每秒,比特每秒	每秒位元數	bits per second, bps
位每英寸	每英吋位元數	bits per inch, bpi
位密度	位元密度	bit density
位模式	位元組合型態,位元樣型	bit pattern

大　陆　名	台　湾　名	英　文　名
位片计算机	位元片計算機	bit-slice computer
位平面	位元平面	bitplane
位驱动	位元驅動	bit drive
位时间	位元時間	bit time
位提交	位元交付	bit commitment
位同步	位同步	bit synchronization
位同步时钟信号	位元同步時鐘訊號	bit synchronous clock signal
位图	位元映像	bitmap
位误差率	位元錯誤率,位元誤碼率	bit error rate
位线	位元線	bit line
位移传感器	位移傳感器	displacement transducer
位移电流	位移電流	displacement current
位置	位置,地位,位	place, position
位置报告系统	位置報告系統	position location reporting system
位置编码器	位置編碼器	position coder
位置－变迁系统	位置/遷移系統	place/transition system, P/T system
位置传感器	位置傳感器	position transducer
位置检测器	位置檢測器	position detector
位置控制系统	位置控制系統	position control system
位置灵敏探测器	位置靈敏探測器	position sensitive detector
位置偏差信号	位置誤差訊號	position error signal, PES
位置透明性	位置透明性	location transparency
位置线	位置線	position line, PL, line of position, LOP
位置子网	位置子網	subnet of place
位姿定位	位姿定位	pose determination
胃电描记术	胃電描記術	electrogastrography
谓词	述詞	predicate
谓词变量	述詞變數	predicate variable
谓词－变迁系统	述詞/遷移系統	predicate/transition system
谓词符号	述詞符號	predicate symbol
谓词逻辑	述詞邏輯	predicate logic
谓词演算	述詞演算	predicate calculus
谓词转换器	述詞轉換器	predicate converter
温差电效应(＝热电效应)		
温差电致冷器	溫差電致冷器	thermoelectric refrigerator
温差发电器	溫差發電器	thermoelectric generator

大陆名	台湾名	英文名
温差热偶真空规(=热偶真空计)		
温度变送器	溫度傳輸器	temperature transmitter
温度补偿电容器	溫度補償電容	temperature compensating capacitor
温度传感器	溫度感測器,溫度轉換器	temperature transducer, temperature sensor
温度-电压切转充电	溫度-電壓切轉充電	temperature voltage cut-off charge
温度控制	溫度控制	temperature control
温度控制器	溫度控制器	temperature controller
温度湿度红外辐射计	溫度濕度紅外輻射計	temperature humidity infrared radiometer, THIR
温度循环试验	溫度循環試驗	temperature cycling test
温切斯特技术	溫徹斯特技術	Winchester technology
温[切斯特]盘驱动器	溫徹斯特磁碟機	Winchester disk drive
文本	正文,本文	text
文本编辑,正文编辑	正文編輯	text editing
文本编辑程序	文字編輯器	text editor
文本采掘,文本挖掘	本文探勘	text mining
文本处理	正文處理	text processing
文本处理器	正文處理機	text processor
文本检索,正文检索	正文檢索	text retrieval
文本校对	文本校對	text proofreading
文本库,正文库	正文程式館	text library
文本区	本文區	text area
文本数据库(=正文数据库)		
文本挖掘(=文本采掘)		
文档	文件	document
RFC[文档](=请求评论[文档])		
文档编制	文件,文件製作,文件化,文件組	documentation
文档等级	文件等級	level of documentation
文档翻译	文件翻譯	document translation
文档格式化程序	文件格式化程序	document formatter
文档归并	文件合併	document merge
文档级别	文件等級	documentation level
文档检索	文件檢索	document retrieval

大 陆 名	台 湾 名	英 文 名
文档轮廓	文件設定檔	document profile
文档数据库(= 文献数据库)		
文档体系结构	文件架構	document architecture
文档阅读机	文件閱讀機	document reader
文档主体	文件本體	document body
LR(k)文法	LR(k)文法	LR(k) grammar
LR(0)文法	LR(0)文法	LR(0) grammar
文法推断	文法推斷	grammatical inference
文化程序设计	文獻程式設計	literate programming
文件	檔案,歸檔	file
文件安全	檔案安全	file security
文件保护	檔案保護	file protection
文件保护环	護檔環	file protection ring, file protect ring
文件备份	檔案備份	file buckup
文件传送	檔案傳送	file transfer
文件传送、存取和管理	檔案傳送、存取和管理	file transfer, access and management; FTAM
文件传送存取方法	檔案傳送存取方法	file transfer-access method, FTAM
文件传送协议	檔案傳送協定	file transfer protocol, FTP
文件创建	檔案建立	file creation
文件存储器	檔案記憶體	file memory
文件存取	檔案存取	file access
文件存取数据单元	檔案存取資料單元	file access data unit
文件大小	檔案大小	file size
文件定义	檔案定義	file definition
文件分段	檔案片段	file fragmentation
文件分配	檔案配置	file allocation
文件分配表	檔案配置表	file allocation table, FAT
文件分配时间	檔案分配時間	file allocation time
文件服务器	檔案伺服器,檔案伺服站	file server
文件更新	檔案更新	file updating
文件共享	檔案分享	file sharing
文件管理	檔案管理	file management
文件管理系统	檔案管理系統	file management system, FMS
文件管理协议	檔案管理協定	file management protocol
文件规约	檔案規格	file specification

大 陆 名	台 湾 名	英 文 名
文件检验程序	檔案檢驗程式	file checking program
文件结构	檔案結構	file structure
文件句柄	檔案處置	file handle
文件空间	檔案空間	file space
文件控制	檔案控制	file control
文件控制块	檔案控制區塊,檔案控制段	file control block, FCB
文件名	檔案名稱	file name
文件名扩展	檔案延伸名稱	file name extension
文件目录	檔案目錄	file directory
文件事件	檔案事件	file event
文件属性	檔案屬性	file attribute
文件锁	檔案鎖	file lock
文件维护	檔案維護	file maintenance
文件系统	檔案系統	file system
Web 文件系统	Web 檔案系統	Web file system
文件争用	檔案爭用	file contention
文件状态表	檔案狀態表	file status table, FST
文件子系统	檔案子系統	file subsystem
文件组织	檔案組織	file organization
文献分析	文件分析	document analysis
文献数据库,文档数据库	文件資料庫	document database
文语转换	正文至語音轉換	text-to-speech convert
文语转换系统	文字至語音系統	text-to-speech system
文摘服务	摘要服務	abstracting service
文摘服务处	摘要服務	abstracting service
文章理解	文章理解	article understanding
文章生成	文章產生	article generation
文字	文字	literal, script
纹波	漣波	ripple
纹波电流	漣波電流	ripple current
纹波电压	漣波電壓	ripple voltage
纹理	紋理	texture
纹理编码	紋理編碼	texture coding
纹理分割	紋理分段	texture segmentation
纹理分析	紋理分析	texture analysis
纹理图像	紋理影像	texture image

大 陆 名	台 湾 名	英 文 名
纹理映射	紋理映射	texture mapping
稳定	穩定	stabilization
稳定的排序算法	穩定的排序演算法	stable sorting algorithm
稳定电源	穩定電源	stabilized power supply
稳定度衰减	穩定度衰減	stability attenuation
稳定化协议	穩定化協定	stabilizing protocol
稳定模态分布(=平衡模态分布)		
稳定模态模拟	穩定模態模擬	equilibrium mode simulation
稳定模态模拟器	穩定模態模擬器	equilibrium mode simulator
稳定时间,调整时间	安頓時間,調整時間	settling time
稳定数值孔径,稳态数值孔径	穩定數值孔徑	equilibrium numerical aperture
稳定谐振腔	穩定共振器	stable resonator
稳定性	穩定性,穩定度	stability
稳定裕度	穩定容限	stability margin
稳健性,鲁棒性	堅固性	robustness
稳频电路	穩頻電路	frequency stabilization circuits
稳频管	穩頻管	stabilitron
稳谱器	穩譜器	spectrum stabilizer
稳态冒险	穩態冒險	steady state hazard
稳态数值孔径(=稳定数值孔径)		
稳态误差	穩態誤差	steady state error
稳态信号	穩態訊號	steady state signal
稳压变压器	穩壓變壓器	voltage stabilizing transformer
稳压电路(=调整电路)		
稳压电源	穩壓電源	constant voltage power supply
稳压二极管	穩壓二極體	voltage stabilizing didoe
稳压稳频电源	穩壓穩頻電源	constant voltage and constant frequency power
问答式标识	問答式識別	challenge-response identification
问题	問題	problem
问题报告	問題報告	problem report
问题陈述分析程序	問題敘述分析器	problem statement analyzer, PSA
问题陈述语言	問題敘述語言	problem statement language, PSL
问题归约	問題歸納	problem reduction
问题回答系统	問題回答系統,問答系	question answering system

大陆名	台湾名	英文名
	統	
问题空间	問題空間	problem space
问题求解	問題求解	problem solving
问题求解系统	問題求解系統	problem solving system
问题诊断	問題診斷	problem diagnosis
问题状态	問題態	problem state
涡流	渦流	eddy current
涡轮分子泵	渦輪分子幫浦	turbomolecular pump
沃尔斯康系统(=容积扫描系统)		
沃伦抽象机	沃伦抽象機	Warren abstract machine
乌兰韦伯天线	伍倫韋伯天線	Wullenweber antenna
乌兰韦伯天线阵	伍倫韋伯[天線]陣列	Wullenweber array
污染,混杂	污染	contamination
无差错信道	無差錯通道	error free channel
无错操作	無錯操作	error-free operation
无错误	無錯	error free
无错运行期	無錯運行週期	error-free running period
无定向传声器	無向傳聲器,無定向話筒,無向麥克風	astatic microphone
无逗点码	無逗點碼	comma-free code
无端接[传输]线	無端接線,未終接線路	unterminated line
无方向性信标	無方向性信標	nondirectional beacon, NDB
无放回抽样	無放回抽樣	sampling without replacement
无辐射复合	非輻射復合	nonradiative recombination
无功电流,电抗性电流	無功電流,電抗性電流,虛部電流	reactive current
无功功率	無效功率	reactive power
无功近场区	電抗性近場區	reactive near-field region
无共享的多处理器系统	無共享的多處理機系統	shared nothing multiprocessor system
无故障	無故障	fault-free
无故障运行,正常运行	無故障作業	failure-free operation
无惯性扫描	非慣性掃描	inertialess scanning
无耗网络	無損耗網路	lossless network
无饥饿性	無飢餓性	starvation-free
无机光刻胶	無機光刻膠	inorganic resist
无级网	無級網	non-hierarchical network
无极性接触件	無極性接點	hermaphroditic contact

大 陆 名	台 湾 名	英 文 名
无极性连接器	無極性連接器	hermaphroditic connector
无记忆信道	無記憶性通道	memoryless channel
无记忆信源	無記憶源	memoryless source
无加权码(=非加权码)		
无监督学习	無監督學習	unsupervised learning
无类别域际路由选择	無類別域際選路	classless interdomain routing, CIDR
无连接	非連接性,免接續式	connectionless, CL
无连接[方]式	無連接模態	connectionless mode
无连接业务	無連接服務	connectionless service
无偏估计	無偏估計	unbiased estimation
H 无穷辨识	H 無窮識别	H ∞ identification
无穷集	無限集	infinite set
无穷目标	無限目標	infinite goal
无人操作地面台	無人操作地面台	unmanned earth station
无人增音站	無人增音站	unattended repeater
无人值守	無人值守	unattended operation
无伤害测试	非破壞性測試	nondestructive testing
无绳电话	無繩電話	cordless telephone
无失真图像压缩	無損影像壓縮	lossless image compression
无失真线	無失真線	distortionless line
无死锁的	無死鎖性	deadlock-free
无损	無損	lossless
无损编码	無損編碼	lossless coding
无损分解	無損分解	nonloss decomposition
无损联结	無損結合	lossless join
无损压缩	無損壓縮	lossless compression
无条件呼叫转移	無條件指定轉接	call forwarding unconditional
无透镜组件	無透鏡元件	lensless component
无位错晶体	無錯位晶體	dislocation free crystal
无我程序设计	無自我程式設計	egoless programming
无误码秒	無誤碼秒	error-free-seconds
无险触发器	無險正反器	hazard-free flip-flop
无线	無線	wireless
无线传声器	無線傳聲器	radio microphone
无线电	無線電	radio
无线电[报务]员	無線電[報務]員	radiop
无线电暴	無線電風暴	radio storm
无线电波	無線電波	radio wave

大陆名	台湾名	英文名
无线电波传播	無線電波傳播	radio wave propagation
无线电波导管	無線電導波管	radio waveguide
无线电波道(=无线电信道)		
无线电波辐射(=无线电发射)		
无线电波散射	無線電波散射	radio scattering
无线电波消失	無線電波消失	radio fade-out
无线电操作人员	無線電操作人員,無線電話務員,無線電報務員	radio operator
无线电测定	無線電測定,無線電定位	radio determination
无线电测定台	無線電定位台	radio determination station
无线电测高计	無線電高度計	radio altimeter
无线电测距	無線電測距	radio range finding
无线电测向台	無線電測向電台,無線電定向台	radio direction-finding station
无线电测向仪	無線電測向機	radio direction finder, radio directional finder
无线电传播	無線電傳播	radio propagation
无线电传播路径	無線電波路徑,無線電傳播路徑	radio path
无线电传播预测	無線電傳播預測	radio propagation prediction
无线电传输	無線電發射	radio transmission
无线电传真	無線電傳真	radio facsimile
无线电窗口	無線電窗	radio window
无线电磁指示器	無線電磁指示器	radio magnetic indicator
无线电导航辅助设备	無線電導航輔助設備	radio navigational aids
无线电导航台	無線電導航台	radio navigation station
无线电导航移动台	無線電導航行動台	radio navigation mobile station
无线电电传	無線電電傳	radio teletype
无线电电传机	無線電電傳機	radio teletype
无线电电话	無線電電話	radio telephone
无线电电路	無線電電路	radio circuit
无线电电子学	無線電電子學	radioelectronics
无线电定位	無線電定位,無線電測位	radio location

大陆名	台湾名	英文名
无线电定位辅助设备	無線電定位輔助設備	radio-fixing aid
无线电定位台	無線電定位台	radio location station
无线电定位业务	無線電測位業務	radio location service
无线电定向射束	定向無線電射束	radio directional beam
无线电对讲机	無線電對講機	wireless transceiver
无线电发射,无线电波辐射	無線電發射,無線電波輻射	radio radiation
无线电发射机	無線電發射機	radio transmitter
无线电发射台	無線電發射台	radio-transmitting station
无线电发射装置	無線電發射機	radio-transmitting set
无线电方位信标台	無線電方位指示台	radio-compass station
无线电浮标	無線電浮標	radio-beacon buoy
无线电辅助设备	無線電輔助設備	radio aids
无线电干涉仪	無線電干涉儀	radio interferometer
无线电告警信号	無線電報警訊號	radio alarm signal
无线电工程	無線電工程	radio engineering
无线电公共信道	無線電公共通道,共用無線電頻道	radio common channel, RCC
无线电公共载波	無線電共用載波	radio common carriers, RCC
无线电观测	無線電觀測	radio observation
无线电广播发射机	無線電廣播發射機	radio broadcast transmitter
无线电广播发射台	無線電廣播發射台	radio broadcast transmitting station
无线电广播台	無線電廣播台	radio broadcasting station
无线电广播通信	無線[電]廣播通訊	radio broadcast communication
无线电归航	無線電導航,無線電探向	radio homing
无线电呼叫信号	無線電呼叫訊號	radio call signal
无线电话机	無線電話機	radiophone
无线电回波	無線電回波	radio echo
无线电技术	無線電技術	radiotechnics
无线电寂静	無線電寂靜,停止發報時期	radio silence
无线电接收机(=收音机)		
无线电控制	無線電控制,無線電操縱	radio control
无线电控制信号接收机	無線電控制訊號接收機	radio control receiver
无线电联络	無線電接觸	radio contact

大 陆 名	台 湾 名	英 文 名
无线电罗盘	無線電羅盤	radio compass
无线电频段	無線電頻帶	radio frequency band
无线电频率(=射频)		
无线电频谱(=射频频谱)		
无线电窃听	無線電截收	radio intercept
无线电人员	無線電人員	radioman
无线电骚扰	無線電波擾動	radio disturbance
无线电设备	無線電設備	radio apparatus
无线电设施	無線電設施	radio installation
无线电射束	無線電射束	radio frequency beam
无线电室	無線電[機械]室	radio cabin
无线电收发信机	無線電收發機	radio transceiver
无线电台	無線電台	radio station
无线电台日志	無線電通訊記錄表	radio log
无线电探测	無線電偵測	radio-detection
无线电探测设备	無線電檢測設備	radio detector equipment
无线电天文望远镜天线	無線電天文望遠鏡天線	radio-telescope antenna
无线电天文卫星	無線電天文衛星	radio astronomy satellite
无线电天文学	無線電天文學	radio astronomy
无线[电]通信	無線電通訊	radio communication
无线电通信车	無線電通訊車	radio car
无线电通信规则	無線電通訊規範	radio communication regulation
无线电通信检查	無線電通訊檢查	radio check
无线电通信频率	無線電通訊頻率	radio communication frequency
无线电通信网	無線電通訊網	radio communication net
无线电通信业务	無線電通訊業務	radio communication service
无线电通信中断	無線電通訊暫時中斷,無線電管制	radio blackout
无线电网	廣播網	radio network
无线电系统	無線電系統	radio system
无线电信标	無線電信標	radio beacon
无线电信标台	無線電信標台	radio-beacon station
无线电信道,无线电波道	無線電通道,無線電波道,無線電頻道,射頻波道	radio channel
无线电信号	無線電訊號	radio signal
无线电信号窃听器	無線電訊截收器	radio signal interceptor

大 陆 名	台 湾 名	英 文 名
无线电寻呼	無線電尋呼	radio paging
无线电遥测	無線電遙測	radio telemetry
无线电遥测信道	無線電遙測通道	telemeter channel
无线电仪器	無線電儀器	radio instrument
无线电噪声	無線電雜訊	radio noise
无线电中继(=无线电转播)		
无线电中继台(=无线电中继站)		
无线电中继站,无线电中继台	無線電中繼站,無線電中繼台	radio-relay set
无线电中心	無線電中心	radio center
无线电中央室	無線電中央局	radio central office
无线电终端	無線電終端機	radio terminal
无线电转播,无线电中继	無線電轉播,無線電中繼	radio repeating
无线电追踪站	無線電追蹤站	radio tracking station
无线电自动控制	無線電自動控制,無線電自動調整	radio autocontrol
无线接入	無線接入	tetherless access
无线数据链路	無線電資料傳輸鏈路	radio data link
无线置标语言	無線標示語言	wireless markup language, WML
无限冲激响应	無限脈衝反應	infinite impulse response, IIR
无限网	無限網	infinite net
无向网	無向網	indirected net
无效信元	無效格	invalid cell
无效[状态]	無效[狀態]	invalid [state]
无序[列]表	無序列表	unordered list
无循环设置	無循環配置	cycle-free allocation
无引线芯片载体	無引線晶片載體	leadless chip carrier, LLCC
无应答呼叫转移	未回應指定轉接	call forwarding no reply
无用符[号]	無用符號	useless symbol
无用信息	廢料	garbage
无用信息区	廢料區	garbage area
无用信息收集程序	廢料收集器	garbage collector
无油真空	無油真空	oil-free vacuum
无油真空系统	無油真空系統	oil-free pump system
无源[单]元,寄生[单]	寄生[單]元	parasitic element

大陆名	台湾名	英文名
元		
无源底板	無源底板	passive backplane
无源底板总线	無源底板匯流排	passive backplane bus
无源反射波损耗,无源回波损耗	無源反射波損耗	passive return loss
无源干扰	無源干擾	passive jamming
无源跟踪	無源跟蹤	passive tracking
无源光网络	被動式光纖網路	passive optical network, PON
无源海底电缆	無源海底纜線	passive submarine cable
无源回波损耗(=无源反射波损耗)		
无源均衡反射波损耗	無源均衡反射波損耗	passive balance return loss
无源探测	無源探測	passive detection
无源天线	無源天線,寄生天線,被動天線	parasitic antenna, passive antenna
无源天线阵	無源天線陣列,被動陣列	passive array
无源网络	被動網路	passive network
无源卫星	無源衛星	passive satellite
无源卫星通信	無源式衛星通信	passive satellite communication
无源谐振腔	被動共振器	passive cavity
无源元件	被動元件	passive component
无源制导	無源製導	passive guidance
无源中继站	無源中繼站,被動式中繼站	passive relay station
无噪编码定理	無雜訊編碼理論	noiseless coding theorem
无噪声的	無雜訊的	noise-free
无噪信道	無噪音通道	noiseless channel
无纸办公室	無紙辦公室	paperless office
无阻塞交换	無阻塞交換	non-blocking switch
无阻塞网络	無阻塞網路,完全不阻塞網路	nonblocking network
伍德沃德式线性连续辐射源	伍德華式線性連續輻射源	Woodward line source apertures
戊类放大器	E 類放大器	class E amplifier
物理安全	實體安全性	physical security
物理布局	物理佈局	physical placement
物理布线	實體選路	physical routing

大 陆 名	台 湾 名	英 文 名
物理层	實體層	physical layer, PHY, PL
物理地址(=实地址)		
物理电源	物理電源	physical power source
物理电子学	物理電子學	physical electronics
物理访问控制	實體存取控制	physical access control
物理分页	實體分頁	physical paging
物理符号系统	實體符號系統	physical symbol system
物理隔绝网络	實體隔絕網路	physically isolated network
物理故障	實體故障	physical fault
物理记录	實體記錄	physical record
物理记录密度	實體記錄密度	physical recording density
物理媒体连接	實體媒體附件	physical medium attachment, PMA
物理媒体连接子层	實體媒體附接子層	physical medium attachment sublayer
物理敏感器	物理感測器	physical sensor
物理模拟	實體模擬	physical simulation
物理模式	實體綱目	physical schema
物理配置审计	實體組態稽核	physical configuration audit, PCA
物理汽相淀积	物理汽相沈積	physical vapor deposition, PVD
物理设备	實體裝置	physical device
物理设备表	實體裝置表	physical device table
物理数据独立性	實體資料獨立性	physical data independence
物理信令信道	實體訊號通道	physical signaling channel
物理信令子层,PLS 子层	實體發信子層	physical signaling sublayer, PLS sublayer
物理需求	實體需求	physical requirements
物体波	物質波	object wave
物体空间	物件空間	object space
物位开关	位準開關	level switch
物资需求规划	材料需求規劃,物料需求規劃	materials requirements planning, MRP
误差	誤差	error
误差场	誤差場	error field
误差传播	錯誤傳延,錯誤擴散	error propagation
误差估计	誤差估計	error estimation
误差函数	誤差函數	error function
误差几何放大因子,几何因子	誤差幾何放大因子,幾何因子	geometric dilution of precision
误差椭圆	誤差橢圓	error ellipse

大 陆 名	台 湾 名	英 文 名
误差显示器	誤差顯示器	error display, F-scope
误差序列	誤差序列	error sequence
误差圆半径	誤差圓半徑	error-circular radius
误动作	失靈	malfunction
误分类	誤分類,錯分類	misclassification
误符	誤符	erratum
误检	誤檢,誤降	false drop
误检测	[錯]誤偵測	false detection
误警	誤警	false alarm
误警概率	誤警率	false alarm probability
误警率	誤警率	false alarm rate
误句概率	誤句機率	sentence error probability
误码(=错误代码)		
误码率(=出错率)		
误判失效	誤判失效	misjudgement failure
误用失效	誤用失效	misuse failure
误置错位	誤置缺陷	misfit dislocation
误字概率	誤字機率	word error probability
雾	霧,感光過度	fog
雾气衰减	霧氣衰減	fog attenuation

X

大 陆 名	台 湾 名	英 文 名
吸除(=吸杂)		
吸附	吸附	adsorption
吸附泵	吸附幫浦	sorption pump
吸附阱	吸附阱	sorption trap
吸墨性	吸墨性	absorbency
吸气剂泵	吸氣劑幫浦	getter pump
吸气剂离子泵	吸氣劑離子幫浦	getter ion pump
吸热率	吸收率,吸收力,吸收性	absorptivity
吸收	吸收	absorption
吸收带	吸收頻帶	absorption band
吸收极限频率	吸收極限頻率,吸收截止頻率,吸收限制頻率	absorption limiting frequency
吸收力(=吸收率)		

大 陆 名	台 湾 名	英 文 名
吸收率,吸收性,吸收力	吸收率,吸收力,吸收性	absorptivity
吸收率波长计	吸收率波長計,吸收式波長計	absorptivity wave-meter
吸收频率	吸收頻率	absorption frequency
吸收区	吸收區域	absorption region
吸收损耗	吸收損耗	absorption loss
吸收性(=吸收率)		
吸收性衰减(=吸收性衰落)		
吸收性衰落,吸收性衰减	吸收衰褪,吸收性衰落	absorption fading
吸锡器	吸錫器	solder sucker
吸杂,吸除	吸雜,吸除	gettering
希尔伯特变换	希爾伯特變換	Hilbert transform, HT
析构函数	破壞者	destructor
析光镜(=束分裂器)		
析取范式	析取正規形式	disjunctive normal form
稀路由	稀路由	thin route
稀疏集	稀疏集	sparse set
稀疏数据	稀疏資料	sparse data
稀土半导体	稀土半導體	rare earth semiconductor
稀土磁体	稀土磁鐵	rare earth magnet
稀土钴永磁体	稀土鈷永磁體	rare earth-cobalt permanent magnet
熄光系数	熄光係數	extinction index
熄火	熄火	extinction
膝上计算机	膝上型電腦	laptop computer
C^3 系统(=指挥、控制与通信系统)		
C^3I 系统(=指挥、控制通信与情报系统)		
GPS 系统(=全球定位系统)		
T1 系统	T1 系統	Tl system
ρ-θ 系统(=测向测距系统)		
系统安装	系統安裝	system installation
系统边界	系統邊界	system boundary

大 陆 名	台 湾 名	英 文 名
系统编程语言	系統程式設計語言	system programming language
系统辨识	系統識別	system identification
系统测试	系統測試	system test
系统测试方式	系統測試模式	system test mode
系统错误	系統錯誤	system error
系统地	系統地	system ground
系统颠簸	系統顛簸,猛移,往復移動	churning, thrashing
系统电压表	系統電壓表	system voltmeter
系统调查	系統調查	system investigation
系统调度	系統排程	system scheduling
系统调度程序	系統排程器	system scheduler
系统调度检查点	系統排程檢查點	system schedule checkpoint
系统调用	系統呼叫	system call
系统动力模型	系統動力模型	system dynamics model
系统队列区	系統隊列區	system queue area, SAQ
系统对	系統對	system pair
系统仿真	系統模擬	system simulation
系统分派	系統調度	system dispatching
系统分析	系統分析	system analysis
系统服务	系統服務	system service
系统辅助连接	系統輔助鏈接	system assisted linkage
系统概述	系統調查	system survey
系统高安全	系統高安全	system high security
系统高安全方式	系統高安全方式	system high-security mode
系统工作栈	系統工作堆疊	system work stack
系统功能	系統功能	system function
系统攻击	系統攻擊	system attack
系统故障	系統故障	system failure
系统管理	系統管理	system management, system administration
系统管理监控程序	系統管理監控程式	system management monitor
系统管理设施	系統管理設施	system management facility
系统管理文件	系統管理檔案	system management file
系统管理员	系統管理者	system administrator
系统核心	系統核心	system nucleus
系统互连	系統互連	system interconnection
系统环境	系統環境	system environment
系统活动	系統活動	system activity

大　陆　名	台　湾　名	英　文　名
系统级综合	系統位準合成	system level synthesis
系统集成	系統整合	system integration
系统兼容性	系統相容性	system compatibility
系统降级(=系统退化)		
系统结构(=体系结构)		
系统进程	系統處理	system process
系统开销	系統管理負擔	system overhead
系统可靠性	系統可靠度	system reliability
系统可行性	系統可行性	system feasibility
系统可用性	系統可用性	system availability
系统控制	系統控制	system control
系统控制程序	系統控制程式	system control program
系统控制文件	系統控制檔	system control file
系统库	系統程式館	system library
系统扩充	系統擴充	system expansion
系统密钥	系統鍵	system key
系统命令	系統命令	system command
系统命令解释程序	系統命令解譯器	system command interpreter
系统目标	系統目標	system objective
系统目录	系統目錄	system directory
系统目录表	系統目錄列表	system directory list
系统内核	系統核心	system kernel
系统盘	系統磁碟	system disk
系统盘组	系統磁碟組	system disk pack
系统配置	系統組態	system configuration
系统评价	系統評估	system evaluation
系统破坏者	蓄意破壞系統者	system saboteur
系统启动	系統啟動	system start-up
系统确认	系統驗證	system validation
系统任务	系統任務	system task
系统任务集	系統任務集	system task set
系统日志	系統日誌	system journal
系统软件	系統軟體	system software
系统设计	系統設計	system design
系统设计规格说明	系統設計規格	system design specification
系统渗入	系統穿透	system penetration
系统升级	系統升級	system upgrade
系统生成	系統產生	system generation

大 陆 名	台 湾 名	英 文 名
系统生存周期	系統生命週期	system life cycle
系统 CPU 时间(= 系统中央处理器时间)		
系统实施	系統實施	system implementation
系统实用程序	系統公用程式	system utility program
系统死锁	系統死鎖	system deadlock
系统锁	系統鎖	system lock
系统提示符	系統提示符	system prompt
系统体系结构	系統架構	system architecture
系统退化,系统降级	系統退化	system degradation
系统完整性	系統完整性	system integrity
系统维护	系統維護	system maintenance
系统维护处理机	系統維護處理機	system maintenance processor
系统文档	系統文件製作	system documentation
系统文件	系統檔案	system file
系统文件夹	系統文件夾	system folder
系统误差	系統誤差	systematic error
系统性能	系統效能	system performance
系统性能监视器	系統效能監視器	system performance monitor
系统需求	系統需求	system requirements
系统验证	系統驗證	system verification
系统页表	系統頁表	system page table
系统优化	系統最佳化	system optimization
系统再启动	系統再啟動	system restart
系统诊断	系統診斷	system diagnosis
系统执行程序	系統執行	system executive
系统中断	系統中斷	system interrupt
系统中断请求	系統中斷請求	system interrupt request
系统中央处理器时间,系统 CPU 时间	系統中央處理器時間	system CPU time
系统驻留卷	系統常駐卷	system resident volume
系统驻留区	系統常駐區	system residence area
系统转轨	系統轉換	system conversion
系统装配	系統組合	system assembly
系统装入程序	系統載入器	system loader
系统状况	系統狀態	system status
系统资源	系統資源	system resource
系统资源管理	系統資源管理	system resource management

大 陆 名	台 湾 名	英 文 名
系统资源管理程序	系統資源管理器	system resource manager
系序	集合次序	set order
系值	集值,集合出現值	set occurrence
系主	擁有者,所有者,文件主編人	owner
细胞自动机	格狀自動機	cellular automaton
细分	細分	refinement
细化	細化	thinning
细节层次	明細層次	level of detail, LOD
细菌	細菌	bacterium
细菌程序	細箘程式	bacteria
细粒度	細粒度	fine grain
细索引	微索引	fine index
细线以太网	細線以太網	thin-wire Ethernet
隙缝天线,槽形天线	縫隙天線,槽形天線	slot antenna
隙缝天线阵	開槽天線陣列	slot array
隙含金属磁头	MIG 磁頭	metal-in-gap head, MIG head
匣钵	匣缽	sagger
瑕点	缺陷	flaw
下边带	下邊帶	lower sideband, LSB
下边带通信	下邊帶通信	LSB communication
下变频	下變頻	down-conversion
下变频器	降頻器	down converter
下播状态	下播狀態	lower broadcast state
下冲(= 反冲)		
下滑信标	下滑信標	glide path beacon
下划线	底線	bottom lineunderline
下降时间	下降時間	fall time
下降沿	下降邊緣	falling edge
下拉式选单	下拉項目表,懸垂功能表	pull-down menu
下推	下推	push-down
下推表	下推列表,下推串列	push-down list
下推队列	下推隊列	push-down queue
下推式存储器	下推儲存器	push-down storage
下推自动机	下推自動機	push-down automaton, PDA
下限类别温度	下限類別溫度	lower category temperature
下行链路,下行线路	下行鏈路,下行線路	downlink

大 陆 名	台 湾 名	英 文 名
下行线路(=下行链路)		
下一状态计数器	下次狀態計數器	next-state counter
下溢	①下溢,欠位 ②低於下限	underflow
下阈	下閾	lower-level threshold
下载	下載	download
下指令字部	下個指令字部	next instruction parcel, NIP
先辈	①上代 ②源始	ancestor
先进操作环境	先進作業環境	advanced operating environment
先进操作系统	高級作業系統	advanced operating system
先进后出	先進後出	first-in-last-out, FILO
先进先出	先進先出	first-in-first-out, FIFO
先行分页	先行分頁	anticipatory paging
先行控制	前置控制,預看控制	advanced control, look ahead control
先行算法	預看演算法	look ahead algorithm
先行预约呼叫	預約呼叫	advance call
先行指令站	先進指令站	advanced instruction station
纤分复用	光纖分類多工	fiber division multipexing, FDM
纤芯	纖芯	fiber core
纤芯偏心率	核心偏心率	core eccentricity
纤芯直径	核心直徑	core diameter
闲线	空線	idle line
闲置时间	閒置時間	standby unattended time
闲置状态	閒置狀態	idle state
衔铁	電樞	armature
显示	顯示	display
显示板	顯示板	display panel
显示方式	顯示模式	display mode
显示格式	顯示格式	display format
显示屏	顯示幕	display screen
显示器	顯示器	display
CRT 显示器(=阴极射线管显示器)		
显示器件	顯示器件	display device
显示算法	顯示演算法	display algorithm
显示文件	顯示檔案	display file
显示终端	顯示終端機	display terminal
显式并行性	外顯平行性	explicit parallelism

大　陆　名	台　湾　名	英　文　名
显式路由	外顯路由,顯見路由	explicit route
显式请求	明顯型請求	explicit request
显式预约	顯見預約	explicit reservation
显微光学	顯微光學	optical microscopy
显微光学技术	顯微光學技術	microoptic technology
显像管	顯象管	picture tube, kinescope
显影	顯影	development
显著性结果	顯著性結果	significant result
显著性水准	顯著性水準	significance level
现场可编程逻辑阵列	現場可程式邏輯陣列	field programmable logic array, FPLA
现场可编程门阵列	現場可程式閘陣列	field programmable gate array, FPGA
现场可换单元	現場可替換單位,欄位可更換單元	field replaceable unit
现场可换件	現場可替換零件,欄位可更換零件	field replaceable part
现场控制站	現場控制站	field control station
现场设备	現場裝置	field devices
现场升级	現場升級	field upgrade
现场试验	現場試驗	field test
现场置换单元	現場可替換單位,欄位可更換單元	field replacement unit
现场主体	現場代理	field agent
现场总线	現場匯流排	field bus
现场总线控制系统	現場匯流排控制系統	field bus control system, FCS
现货产品	現成產品	off-the-shelf product
现用目录	主動式目錄	active directory
现用信道,占用信道	占用通道,占線頻道,佔線通道	active channel
线	線路	line
线表	線路表	line list
线程	①線 ②穿線,引線	thread
线程调度	引線排程	thread scheduling
线程结构	引線結構	thread structure
线程控制块	引線控制塊	thread control block, TCB
线电流(=灯丝电流)		
线电阻	線路電阻	line resistance
线[段]裁剪	線截割	line clipping
线对	線對	line pairs

大　陆　名	台　湾　名	英　文　名
线光源	線性光源	linear light source
线或	線或	wired-OR
线间变压器	線變壓器	line transformer
线间进入	線間進入	between-the-lines entry
线检索	線路檢索	line retrieval
线宽	線寬	linewidth
线框	線框	wireframe
线框建模	線框建模	wireframe modeling
线扩展函数	線擴展函數	line spread function
线缆	[電]纜	cable
线缆调制解调器	有線電視數據機	cable modem
线路参数	[傳輸]線參數	line parameter
线路码	線編碼	line code
线路损耗	線上耗損	line loss
线路噪声	線路雜訊	line noise
线路增强器	單頻率[訊號]提升器	line enhancer
线密度	列密度	line density
线缺陷	線缺陷	line defect
线确认	列對齊	line justification
线栅透镜天线	線閘極透鏡天線	wire-grid lens antenna
线衰减	線路衰減	line attenuation
线天线	線天線	wire antenna
线条检测	線路檢測	line detection
线形阵列天线	線形陣列天線	linear array antenna
线型	線型,線式樣	line style
线性逼零均衡	線性逼零等化	linear zero-forcing equalization
线性编码	線性編碼	linear encoding
线性变换	線性轉換	linear transformation
线性迟滞	線性遲滯	linear retardation
线性的	線性	linear
线性定常控制系统	線性時間不變控制系統	linear time-invariant control system
线性独立	線性獨立	linear independence
线性度	線性度	linearity
线性－对数检测器	線性－對數檢測器	lin-log detector
线性分布	線性分佈	linear distribution
线性估测	線性估測,線性估計	linear estimation
线性归结	線性分解	linear resolution
线性规划	線性規劃	linear programming

大　陆　名	台　湾　名	英　文　名
线性缓变结	線性緩變接面	linear graded junction
线[性]极化	線性極化	linear polarization
线性极化波	線性極化波	linear polarized wave
线性集成电路	線性積體電路	linear integrated circuit
线性加速定理	線性加速定理	linear speed-up theorem
线性检波	線性檢波	linear detection
线性检波器,线性检测器	線性檢波器,線性檢測器	linear detector
线性检测	線性檢測	linear detection
线性检测器(=线性检波器)		
线性接收器	線性接收機	linear receiver
线性卷积	線性折積	linear convolution
线性均衡	線性等化	linear equalization
线性孔径分布	線性孔徑分佈	linear aperture distribution
线性控制系统	線性控制系統	linear control system
线性块编码	線性區塊編碼	linear block coding
线性块码	線性塊碼,線性區塊碼	linear block code
线性量化器	線性量化器	linear quantizer
线性[列]表	線性串列	linear list
线性流水线	線性管線	linear pipeline
线性滤波器	線性濾波器	linear filter
线性率表	線性率表	linear ratemeter
线性码	線性碼	linear code
线性平面波极化	線性平面波極化	linear plane wave polarization
线性散射	線性散射	linear scattering
线性失真	線性失真	linear distortion
线性时变控制系统	線性時間變動控制系統	linear time-varying control system
线性适配	線性調適,線性適應	linear adaptation
线性搜索	線性搜尋	linear search
线性泰勒分布	線性泰勒分佈	linear Taylor distribution
线性探查	線性探測	linear probing
线性天线	線性天線	linear antenna
线性调频	線性調頻	linear frequency modulation, LFM, chirp
线性调频 Z 变换	線性調頻 Z 變換	chirp Z-transform
线性调制	線性調變	linear modulation
线性图像传感器	線性影像感測器	linear image sensor
线性网络	線性網路	linear network

大陆名	台湾名	英文名
线性文法	線性文法	linear grammar
线性系统	線性系統	linear system
线性相关	線性相依	linear dependence
线性相位	線性相位	linear phase
线性相位滤波器	線性相位濾波器	linear phase filter
线性信道接收机	線性通道接收機	linear channel receiver
线性旋转变压器	線性旋轉器	linear revolver
线性演绎	線性演繹	linear deduction
线性有界自动机	線性界限自動機	linear bounded automaton
线性语言	線性語言	linear language
线性预测	線性預測	linear prediction
线性预测编码	線性預估編碼	linear predictive coding, LPC
线性阵列,[直]线阵	線性陣列	linear array
线延迟	線延遲	wire delay
线源	線源	line source
线状网	線狀網	linear network
限边馈膜生长	限邊饋膜生長	edge defined film-fed growth, EFG
限带	有限頻寬	limited bandwidth
限带高斯信道	帶限高斯通道,高斯帶限通道	band-limited Gaussian channel
限定推理	限定推理	circumscription reasoning
限幅	限幅	amplitude limiting, limiting
限幅放大器	限制放大器	limiting amplifier
限幅器	限幅器	amplitude limiter, limiter, amplitude lopper
限累模式		limited space charge accumulation mode, LSA mode
限制空间电荷累积二极管	限制空間電荷累積二極體	limited space-charge accumulation diode
限制器	限流器	restrictor
陷阱(=软中断)		
陷门	陷阱門	trapdoor
陷门单向函数	陷阱門單向函數	trapdoor one-way function
陷门密码体制	陷阱門密碼系統	trapdoor cryptosystem
相对地址	相對位址	relative address
相对地址编码	相對位元址編碼	relative address coding, RAC
相对高度	相對高度	relative altitude
相对化	相對化	relativization

大 陆 名	台 湾 名	英 文 名
相对校准	相對校準	relative calibratiion
相对论磁控管	相對論磁控管	relativistic magnetron
相对论群聚	相對論群聚	relativistic bunching
相对弦长参数化	相對弦長參數化	relative chord length parameterization
相对像素选位编码	相對元素位元址指定編碼	relative element address designate coding
相对增益	相對增益	relative gain
相对真空计	相對真空計	relative vacuum gauge
相干长度	同調長度	coherence length
相干带宽	同調頻寬	coherence bandwidth
相干光通信	相干光通信	coherent optical communication
相干光系统	同調光系統	coherent light system
相干检波器	同調檢波器	coherent detector
相干检测	相干檢測	coherent detection
相干雷达	同調雷達	coherent radar
相干脉冲雷达	相干脈波雷達	coherent pulse radar
相干频移键控	同調頻移鍵控	coherent frequency-shift keying
相干时间	同調時間	coherence time
相干探测	相干檢測	coherent detection
相干调制	同調調變	coherence modulation
相干性	同調,同調度	coherence
相干移动目标指示	同調移動目標顯示[雷達]	coherent MTI
相干应答器	相干應答器	coherent transponder
相干载波恢复	同調載波回復	coherent carrier recovery
相关测试	相依測試	dependence test
相关分析独立生成	相依分析獨立產生	dependent analysis and independent generation
相关规则	相依規則	dependency rule
相关检测器	相關檢測器	correlation detector
相关检查	相關檢查	coherence check
相关接收机	相關接收機	correlation receiver
相关控制部件	相關控制單元	correlation control unit
相关匹配	相關匹配	correlation matching
相关驱动	相關驅動	dependence-driven
相关探测	相關檢測	correlation detection
相关型故障	相關型故障	dependence fault
相加定理(=加法定理)		

大陆名	台湾名	英文名
相间信道干扰	相間通道干擾	alternate channel interference
相联存储器	結合儲存	associative storage
[相]邻层	相鄰層	adjacent layer
B 相邻码	B 鄰接碼	B-adjacent code
相邻信道	相鄰通道	adjacent channel, AC
相邻信道选择性	相鄰通道選擇性	adjacent channel selectivity
相容收敛	相容收斂	consistency-convergent
相容性(=①兼容性 ②一致性)		
相似性	相似性	similarity
相似性测度	相似性量測	similarity measure
相似[性]查找,相似[性]搜索	相似性搜尋	similarity search
相似性度量	相似性量測	similarity measurement
相似性弧	相似性弧	similarity arc
相似[性]搜索(=相似[性]查找)		
相信逻辑	可信度邏輯	belief logic
香蕉插头	香蕉插頭	banana plug
香农采样定理	夏農抽樣定理	Shannon's sampling theorem
香农定理	夏農定理	Shannon's theorem
香农理论	夏農理論	Shannon theory
香农熵	夏農熵	Shannon entropy
香脂,橡胶	軟樹脂	balsam
箱法扩散	箱法擴散	box diffusion
详细设计	細節設計	detailed design
响铃字符(=报警字符)		
响应	回應	response
响应窗口	回應視窗	response window
响应度	反應率	responsivity
响应分析	回應分析	response analysis
响应函数	響應函數	response function
响应时间	附應時間	response time
响应时间窗口	回應時間視窗	response time window
响应式干扰	附應式干擾	responsive jamming, adaptive jamming
响应者,应答机	應答機,回答機	responder
想打	邊想邊打	typing by thinking
向导	精靈	wizard

大陆名	台湾名	英文名
向后兼容性	反向相容能力	backward compatibility
向后可达性	反向可達性	backward reachability
向后引用	向後引用	backward reference
向量	向量	vector
向量编码	向量編碼	vector coding
向量查找,向量搜索	向量搜尋	vector search
向量超级计算机	向量超級計算機,向量超級電腦	vector supercomputer
向量处理器	向量處理器	vector processor
向量电势	向量電位能	electric vector potential
向量化	向量化	vectorization
向量化编译器	向量化編譯器	vectorizing compiler
向量化率	向量化率	vectorization ratio
向量计算机	向量電腦	vector computer
向量量化	向量量化	vector quantization
向量流水线	向量管線	vector pipeline
向量屏蔽	向量遮罩	vector mask
向量数据结构	向量資料結構	vector data structure
向量搜索(=向量查找)		
向量显示	向量顯示	vector display
向量循环方法	向量迴圈方法	vector looping method
向量优先级中断	向量優先順序中斷	vector priority interrupt
向量与栅格混合数据结构	組合向量與光柵資料結構	combined vector and raster data structure
向量指令	向量指令	vector instruction
向量中断	向量中斷	vector interrupt
向列相液晶	向列相液晶	nematic liquid crystal
向前可达性	正向可達性	forward reachability
向前搜寻式算法(=前向搜索式算法)		
向上兼容	向上相容性	upward compatibility
向下复用	向下多工	downward multiplexing
向下兼容	向下相容性	downward compatibility
向心模型	向心模型	centripetal model
项	項,項目	term, item
项目	專案	project
项目簿	專案紀錄簿	project notebook
项目管理	專案管理	project management

大　陆　名	台　湾　名	英　文　名
项目计划	專案規劃	project plan
项目进度[表]	專案進度表	project schedule
项目文件	專案文件	project file
相变碟	相變碟	phase change disc
相控通信卫星系统	相控通信衛星系統	phased communication satellite system
相控阵	相位陣列	phase array
相控阵雷达	相控陣雷達	phased array radar
相敏放大器	相敏放大器	phase sensitive amplifier
相频特性	相頻特性	phase-frequency characteristic
相扫雷达	相起地雷達	phase-scan radar
相时延,相位延迟	相位延遲	phase delay
相速	相速度	phase velocity
相位	相位	phase
相位比较器	相位比較器	phase comparator
相位编码	相位編碼	phase encoding, PE
相位编码调制	相位編碼調變	phase encoding modulation, PEM
相位补偿器	相位補償器	phase compensator
相位超前网络	相位超前網路	phase-lead network
相位抖动	相位抖動	phase jitter
相位共轭	相位共軛	phase conjugation
相位滚动	相位滾動	phase roll
相位基准电压	定相位電壓	phase reference voltage
相位计	相位計	phase meter
相位校正	相位校正	phase correction
相位校准	相位校準	phase calibration
相位阶跃	相位步階	phase step
相位解调	相位解調	phase demodulation
相位均衡器	相位均衡器	phase equalizer
相位码	相位碼	phase code
相位匹配角	相位匹配角	phase matching angle
相位偏移	相位偏移	phase deviation
相位频谱	相位頻譜	phase spectrum
相位谱估计	相位譜估計	phase spectrum estimation
相位全通系统	相位全通系統	phase allpass system
相位群聚	相位群聚	phase bunching
相位失真	相位失真	phase distortion
相位调整	相位調整	phase adjustment
相位同步性	相位同步性	phase synchronism

大 陆 名	台 湾 名	英 文 名
相位稳定度	相位穩定度	phase stability
相位误差	相位誤差	phase error
相位响应	相位回應	phase response
相位延迟（＝相时延）		
相位裕度(＝相位裕量)		
相位裕量,相位裕度	相位裕量	phase margin
相位噪声	相位噪聲	phase noise
相位阵列天线	相位陣列天線	phase array antenna
相位滞后网络	相位滯后網路	phase-lag network
相移	相移	phase shift
相移常数	相移常數	phase-shift constant
相移鉴频器	相移鑑頻器	phase-shift discriminator
相移键控	相位移鍵	phase shift keying, PSK
相移网络	相移網路	phase-shift network
象征	識別證	badge
像差	象差	aberration
像散	象散	astigmation
像素	象素	pixel, picture element
像素属性	基元屬性	primitive attribute
像增强器	象增強器	image intensifier
橡胶(＝香脂)		
橡皮筋方法	橡皮筋方法	rubber band method
肖特基二极管端接	蕭特基二極體終止	Schottky diode termination
肖特基集成注入逻辑	蕭特基積體注入邏輯	Schottky integrated injection logic, SIIL
肖特基势垒	蕭特基位壘	Schottky barrier
肖特基势垒二极管	蕭特基位障二極體	Schottky barrier diode
肖特基太阳电池	蕭特基太陽電池	Schottky solar cell
削波	截波	clipping
削波器	截波器	clipper
消侧音	消側音	anti-side-tone
消侧音电话机	消側音電話機	antisidetone set
消磁	消磁器	degauss
消磁器(＝退磁器)		
消电离	去離子化	deionization
消费者应用	消費者應用	consumer application
消耗功率	消耗功率	dissipated power
消耗件	消耗零件	consumptive part
消解规则	分解規則	resolution rule

大陆名	台湾名	英文名
消喀喇音电路	消喀嚦音電路	anti-click circuit
消零	消零,零抑制	zero suppression
消密	消毒	sanitizing
消声室	消聲室	anechoic chamber
消失比(=鉴别比)		
消失状态	消失狀態	vanishing state
消逝场	衰減場,消逝場	evanescent field
消息	消息	message
EDI 消息(=电子数据交换消息)		
消息编排器	信息編排器	message composer
消息处理	訊息處置	message handling, MH
EDI 消息处理(=电子数据交换消息处理)		
消息处理系统,电信函处理系统	消息處理系統,電信函處理系統	message handling system, MHS
消息[处理]型业务	訊息服務	messaging service
消息传递	訊息傳遞	message passing
消息传递接口[标准]	訊息傳遞介面	message passing interface, MPI
消息传递库	訊息傳遞庫	message passing library, MPL
消息传送代理	訊息傳送代理	message transfer agent, MTA
消息传送系统	訊息傳送系統	message transfer system, MTS
消息存储[单元]	訊息儲存器	message storage
消息方式	訊息模式	message mode
消息排队	訊息隊列	message queueing
消息日志	訊息日誌	message logging
消息同步	信息同步,信息同步定址	message synchronization
消旋天线	迴旋天線	despun antenna
消隐	留空白	blanking
销售点	銷售點	point of sale, POS
小波包基	小波封包基礎	wavelet packet basis
小波变换	小波變換	wavelet transformation
小波基	小波基礎	wavelet basis
小岛效应	小島效應	island effect
小服务程序	小服務程式	servlet
小规模集成电路	小型積體電路	small scale integrated circuit, SSI
小计算机系统接口,	小電腦系統介面	small computer system interface, SCSI

大陆名	台湾名	英文名
SCSI 接口		
小键盘	小鍵盤	keypad
小巨型计算机	小型超級電腦	mini-supercomputer
小平面	小平面	facet
小扰动理论	小擾動理論	small perturbance theory
小软盘	磁片	diskette sheet
小信号分析	小訊號分析	small-signal analysis
小信号增益	小訊號增益	small-signal gain
小型计算机	迷你電腦	minicomputer
小型无线电接收机	小型無線電接收機,袖珍型無線電接收機	miniature radio receiver
小引出线封装	小尺寸封裝	small outline package, SOP
Java 小应用程序	Java 小應用程式	Java applet
小应用程序	獨立應用程式	applet
小语种	少數語言	minority language
效率	效率	efficiency
楔焊	楔焊	wedge bonding
楔形传输线	楔形傳輸線	wedge transmission line
协处理器	共處理機	coprocessor
协商	協商	negotiation
协商支持系统	協商支援系統	negotiation support system
协调	協調	coordination
协调公式	一致公式	consistent formula
协调控制	協調控制	coordinated control
协调世界时	協調世界時間	coordinated universal time, UTC
协调位置	協調位置	aligned position
协调者	協調者	coordinator
协同操作程序	合作程式	cooperating program
协同操作进程	合作處理	cooperating process
协同处理	共處理	coprocessing
协同多媒体	合作多媒體	collaborative multimedia
协同多任务处理	協調式多任務	cooperative multitasking
协同工作	合作工作	collaborative work
协同计算	合作計算	cooperative computing
协同检查点	合作檢查點	cooperative checkpoint
协同例程	共常式相關	coroutine
协同著作	合作著作	collaborative authoring
协议	協議	protocol

大 陆 名	台 湾 名	英 文 名
LLC 协议(=逻辑链路控制协议)		
MAC 协议(=媒体访问控制协议)		
TCP/IP 协议	傳輸控制協定/網際網路協定	transmission control protocol/internet protocol, TCP/IP
协议版本	協定版本	protocol version, PV
协议分析仪	協議分析儀	protocol analyzer
协议规范	協定規格	protocol specifications
协议鉴别符	協定鑑別器	protocol discriminator
协议控制信息	協定控制資訊	protocol control information, PCI
协议失败	協定失敗	protocol failure
协议实体	協定實體	protocol entity
ATM 协议数据单元	ATM 規約資料單元	ATM protocol data unit, ATM-PDU
协议数据单元	協定資料單元	protocol data unit, PDU
协议套	協定套	protocol suite
协议映像	協定對映	protocol mapping
协议栈	協定堆疊	protocol stack
协议转换	協定轉換	protocol conversion
协作	合作	cooperation
协作处理	合作處理	cooperative processing
协作对象	合作目標	collaboration object
协作分布[式]问题求解	分散式合作求解	cooperative distributed problem solving
协作环境	合作環境	cooperation environment
协作事务处理	合作交易處理	cooperative transaction processing
协作体系结构	合作體系架構	cooperation architecture
协作信息系统开发	合作資訊系統開發	collaborative information system development
协作信息主体	合作資訊代理	cooperative information agent
协作知识库系统	合作知識庫系統	cooperating knowledge base system
斜等轴测投影	斜等軸測投影	cavalier projection
斜二轴测投影	斜二軸測投影	cabinet projection
斜率鉴频器	斜率鑑頻器	slope discriminator
斜率效率	斜率效率	slope efficiency
斜坡函数	斜波函數	ramp function
斜视	斜視,偏斜	squint
斜体	斜體	inclined form

大　陆　名	台　湾　名	英　文　名
斜投影	斜投影	oblique projection
谐波	諧波	harmonic
谐波发生器	諧波產生器	harmonic generator
谐波分析	諧波分析	harmonic analysis
谐波函数	諧波函數	harmonic function
谐波混频器	諧波混頻器	harmonic mixer
谐波失真	諧波失真	harmonic distortion, HD
谐波信号	諧波訊號	harmonic signal
谐波振荡	諧波振盪,諧波震盪	harmonic oscillation
谐振,共振	諧振,共振	resonance
谐振波长	共振波長	resonance wavelength
谐振槽	諧振槽孔	resonant slot
谐振电路	諧振電路	resonant circuit
谐振环	共振迴路,共振圈	resonant loop
谐振器	諧振器,共振器	resonator
谐振腔,共振腔	諧振腔,共振腔	resonant cavity
谐振[式]天线	共振[式]天線	resonant antenna
写	寫	write
写保护	寫保護	write protection
写保护条	防寫標籤	write-protection label
写磁头	寫頭	writing head, write head
写访问	寫入存取	write access
写更新协议	寫更新協定	write update protocol
写广播	寫廣播	write broadcast
写后读	寫後讀出	read after write, RAW
写后写	寫後寫	write after write, WAW
写回	寫回	write back
写前补偿	寫前補償,預寫補償	write precompensation, prewrite compensation
写任务	寫任務	writing task
写入	寫入	writing
写数据线	寫資料線	write data line
写锁	寫鎖	write lock
写通过(=写直达)		
写无效	寫無效	write invalidation
写选择线	寫選擇線	write select line
写直达,写通过	寫入	write through
写周期	寫週期	write cycle

大　陆　名	台　湾　名	英　文　名
泄漏式最小均方算法	漏逸式最小均方演算法,漏溢式最小均方演算法	leaky LMS algorithm
泄密	折衷	compromise
泄密发射	折衷發射	compromising emanation
卸载	卸載	uninstallation
卸载区	卸載區	unload zone
谢尔排序	希爾排序,外殼排序	Shell sort
心磁描记术	心磁描記術	magnetocardiography
心电监护仪	心電監護儀	ECG monitor
心电描记术	心電描記術	electrocardiography
心电矢量描记术	心電向量描記術	electrovectocardiography
心功能仪	心功能儀	cardio function meter
心尖心动描记术	心尖心動描記術	apex cardiography
心理主体	心理代理	psychological agent
心形传声器	心形傳聲器	cardioid microphone
心音图仪	心音圖儀	electrophonocardiograph
心脏除颤器	心臟除顫器	cardiac defibrillator
心脏起搏器	心臟起搏器	cardiac pacemaker
心智机理	心理機制	mental mechanism
心智能力	心理能力	mental ability
心智图像	心理影像	mental image
心智心理学	心智心理學	mental psychology
心智信息传送	心理資訊傳送	mental information transfer
心智状态	心理狀態	mental state
芯件	晶片體	chipware
芯片	晶片	chip
Java 芯片	Java 晶片	Java chip
芯片尺寸	晶片尺寸	chip size
芯柱	芯柱	stem
辛格尔顿界限	辛格頓界限	Singleton bound
锌银蓄电池	鋅銀蓄電池	zinc-silver storage battery
新认知机	新認知機	neocognitron
新生儿监护仪	新生兒監護儀	neonatal monitor
新闻群种类	新聞群種類	newsgroups categories
新因特网知识系统	新網際網路知識系統	new Internet knowledge system
信标	信標	beacon
信标跟踪	信標跟蹤	beacon tracking

大 陆 名	台 湾 名	英 文 名
信标器	信標器,標誌	marker
信道,通路	信道,通路	channel
B 信道	B 通道	B channel
D 信道	D 通道	D channel
信道编码	通道編碼	channel coding
信道编码器	通道編碼器	channel encoder
信道调度程序	通道排程器	channel scheduler
信道化接收机	信道化接收機	channelized receiver
信道解码器	通道解碼器	channel decoder
信道容量	通道容量	channel capacity
信道压缩	頻道壓縮,通道壓縮	channel compression
信道噪声	通道雜訊,通道之雜訊	channel noise
信道噪声因子	通道雜訊因數	channel-noise factor
信道指配	通道指配	channel assignment
信干比(=信号干扰比)		
信号	訊號,訊號	signal
β 信号	β 訊號	Beta signal
信号摆幅	訊號擺動	signal swing
信号板(=后夹板)		
信号重构	訊號重建	signal reconstruction
信号处理	訊號處理,訊號處理	signal processing
信号传输	訊號傳輸	signal transmission
信号串音比	訊號對串音比	signal to crosstalk ratio, S/X
信号电压降	訊號電壓降	signal voltage drop
信号发生器	訊號發生器	signal generator
信号房,中央操纵室	訊號房,中央操縱室	cabin
信号分类	訊號分類	signal sorting
信号分析仪	訊號分析儀	signal analyzer
信号干扰比,信干比	訊號干擾比,信干比	signal to jamming ratio
信号格式	訊號格式	signal format
信号环境密度	訊號環境密度	signal environment density
信号间隔	訊號間隔	signal interval
信号交换(=联络)		
信号空间	訊號空間	signal space
信号量	旗號	semaphore
信号量化噪声比	訊號對量化雜訊比	signal-to-quantization noise ratio, SQR
信号铃(=呼叫铃)		

大　陆　名	台　湾　名	英　文　名
信号流图	訊號流圖	signal flow graph
信号能量	訊號能量	signal energy
信号频谱	訊號頻譜	signal spectrum
信号情报	訊號情報	signal intelligence
信号失真	訊號失真	signal distortion
信号失真比	訊號對失真比	signal-to-distrotion ratio, S/D
信号识别	訊號識別	signal identification
信号退化	訊號退化	signal degradation
信号线	訊號線	signal line
信号延迟时间	訊號延遲時間	signal delay time
信号与遮蔽比	訊號對遮蔽比	signal-to-masking ratio
信号预处理	訊號預處理	signal pretreatment
[信号]源阻抗	原始阻抗	source impedance
信号杂波比,信杂比	訊號雜波比,信雜比	signal to clutter ratio
信令	信令	signaling
信令发送速率	發碼率,傳訊率	signaling rate
信令链路	訊號鏈路	signaling link
信令网	傳訊網路	signaling network
信令信道	傳訊通道	signaling channel
信令虚通道	發信虛擬通道	signaling virtual channel
信令音	訊號純音	signaling tone, ST
信令终端	發信終端機	signaling terminal
信念－期望－意图模型	信念－期望－意圖模型	belief-desire-intention model
信念修正	信念修正	belief revision
信任	信任	trust
信任链	信任鏈接	trust chain
信任逻辑	信任邏輯	trust logic
信息	資訊	information
信息编码	資訊編碼	information coding
信息采集	資訊獲取	information acquisition
信息产业	資訊工業	information industry
信息处理	資訊處理	information processing, IP
信息处理系统	資訊處理系統	information processing system, IPS
信息处理语言	資訊處理語言	information processing language, IPL
信息存储技术	資訊儲存技術	information storage technology
信息反馈	資訊回饋	information feedback
信息分发系统	訊息分發系統	information distribution system
信息分类	資訊分類	information classification

大 陆 名	台 湾 名	英 文 名
信息符号	資訊符號	information symbol
信息工程	資訊工程	information engineering
信息估计	資訊估計	information estimation
信息管理	資訊管理	information management, IM
信息管理系统	資訊管理系統	information management system, IMS
信息技术	資訊技術	information technology, IT
信息检索	資訊檢索	information retrieval
信息结构	資訊結構	information structure
信息净荷容量	資訊承載容量	information payload capacity
信息科学	訊息科學	information science
信息客体	資訊物件	information object
信息空间	異度空間	cyberspace
信息量	資訊量	amount of information
信息浏览服务	資訊瀏覽服務	information browsing service
信息流	資訊流	information flow
信息流模型	資訊流模型	information flow model
信息流[向]控制	資訊流程控制	information flow control
[信息]率失真函数	[訊息]率失真函數	rate distortion function
[信息]率失真理论	[訊息]率失真理論	rate distortion theory
信息论	資訊理論	information theory
信息码	訊息碼	information code
信息码区段	資訊碼區段	information code sector
信息模型	資訊模型	information model
信息内容	資訊內容,資訊內涵	information content
信息容量	資訊容量	information capacity
信息冗余	資訊冗餘	information redundancy
信息冗余检验	資訊冗餘檢查	information redundancy check
信息守恒	訊息守恆	conservation of information
信息速率	訊息率,資訊率	information rate
信息提取	資訊萃取	information extraction
信息网	訊息網	information network
信息系统	資訊系統	information system
信息系统安全官	資訊系統安全性官	information system security officer, ISSO
信息显示	訊息顯示	information display
信息序列	訊息序列,資訊序列	information sequence
信息隐蔽	資訊隱藏	information hiding
信息隐形性	資訊隱形性	information invisibility
信[息]源	資訊源	information source

大 陆 名	台 湾 名	英 文 名
信息中心	資訊中心	information center
信息主管	首席資訊長	chief information officer, CIO
信息主体	資訊代理	information agent
信息资源管理	資訊資源管理	information resource management, IRM
信息字段	資訊欄	information field
信箱	信箱	mailbox
信元(=[存储]单元)		
信元差错率	細胞錯誤比率	cell error rate, CER
信元传送延迟	細胞傳輸延遲	cell transfer delay
信元丢失率	細胞損耗率	cell loss ratio
信元丢失优先级	細胞漏失優先權	cell loss priority, CLP
信元划界	細胞劃界	cell delineation
信元速率	細胞速率	cell rate
信元头	細胞表頭	cell header
信元误插率	細胞誤插率	cell misinsertion rate
信元延迟变动量	細胞延遲變動量	cell delay variation
信源	信息源	message source
信源编码	源編碼	source coding
信杂比(=信号杂波比)		
信噪比	訊號雜訊比	singal to noise ratio, SNR
星号信护	星號保護	asterisk protection
星环网	星狀/環狀網路	star/ring network
星基导航	星基導航	satellite-based navigation
星际激光通信	星際鐳射通信	intersatellite laser communication
星际链路	衛星間[之]連線,衛星間鏈路	intersatellite link, ISL
星际通信	衛星間通訊	satellite-to-satellite communication
星历	星歷	ephemeris
星内交换	衛星內部交換	intrasatellite switching
星上处理,机上处理	衛星上訊理,飛機上處理	on-board processing
星上交换	星上交換	satellite switch
星上交换多址联接	衛星交換多重進接	satellite switch multiple access, SSMA
星上交换/时分多址	衛星交換/分時多重進接	satellite-switched time-division multiple access, SS/TDMA
星下点	星下點	substar
星下点轨迹,子轨迹	星下點軌跡,子軌跡	subtrack
星载雷达	星載雷達	spaceborne radar

大 陆 名	台 湾 名	英 文 名
星状环体系结构	星狀環架構	star-ring architecture
星状拓扑	星狀拓撲,放射狀拓撲	star topology
星状网	星狀網路,星形網路	star network
行波	行進波	traveling wave
行波管	行波管	traveling wave tube, TWT
行波速调管	行波速調管	twystron
行波天线	行波天線	traveling-wave antenna
行程编码	執行編碼	run coding
行程长度	執行長度	run length
行程长度编码	運行長度編碼	run-length encoding
行程长度受限码,游程长度受限码	運行長度限制碼	run-length limited code, RLLC
行管网	行政網[路]	administrative network
行为动画	行為動畫	behavioral animation
行为模型	行為模型	behavioral model
行为主体	行為代理	behavioral agent
行政安全	行政管理安全性	administrative security
形参	形式參數	formal parameter
V 形槽 MOS 场效晶体管	V 形槽 MOS 場效電晶體	V-groove MOS field effect transistor, VMOSFET
V 形槽隔离	V 形槽隔離	V-groove isolation
形式方法	形式方法	formal method
形式规约	形式規格	formal specification
形式规则	成形規則	formation rule
形式描述	形式描述	formal description
形式推理	形式推理	formal reasoning
形式系统	形式系統	formal system
形式信件	表格字母	form letter
形式演算	形式演算	formal calculus
形式语言	形式語言	formal language
形式语义学	形式語意	formal semantics
V 形天线	V 形天線	V antenna
Z 形折叠纸	Z 形摺疊紙	zig-zag fold paper, z-fold paper
形状分割	形狀分段	shape segmentation
形状描述	形狀描述	shape description
形状曲线	型樣曲線	pattern curve
形状特征	形狀特徵	form feature
形状推理	形狀推理	shape reasoning

大陆名	台湾名	英文名
形状因子	形狀因數	form factor
N 型半导体	N 型半導體	N type semiconductor
P 型半导体	P 型半導體	P type semiconductor
A 型超声扫描	A 型超音波掃描	A-mode ultrasonic scanning
B 型超声扫描	B 型超音波掃描	B-mode ultrasonic scanning
M 型超声扫描	M 型超音波掃描	M-mode ultrasonic scanning
T 型匹配衰减器	T 型匹配衰減器	matched-tee attenuator
E 型器件	E 型器件	E-type device
M 型器件	M 型器件	M-type device
O 型器件	O 型器件	O-type device
T 型天线	T 型天線	T antenna
0 型语言	型 0 語言	type 0 language
1 型语言	型 1 語言	type 1 language
2 型语言	型 2 語言	type 2 language
3 型语言	型 3 語言	type 3 language
性能,特性	性能	performance
性能保证	效能保証	performance guarantee
性能比	性能比率	performance ratio
性能测量	效能測量	measurement of performance
性能管理	效能管理	performance management
性能规约	效能說明書	performance specification
性能回馈	性能回饋	performance feedback
性能监控	效能監督	performance monitoring, PM
性能评价	效能評估	performance evaluation
性能特性	性能特性	performance characteristic
性能需求	效能需求	performance requirements
性态	行為	behavior
休眠	休眠	sleep
休眠队列	休眠隊列	sleep queue
休眠方式	休眠模式	sleep mode
休眠状态	休眠狀態	sleep state
修复率	修復率	repair rate
修复时间	修復時間	repair time
修复性维修,改正性维护	修復性維修,改正性維護	corrective maintenance
修改	①修改 ②修飾	modify
修改方式,更改方式	變更模式	alter mode
修改检测	修改檢測	modification detection

大 陆 名	台 湾 名	英 文 名
修改检测码	修改檢測碼	modification detection code, MDC
修改型离散余弦逆变换	修改型離散余弦反轉換	IMDCT
修剪	修剪	prune
修理	修復	repair
修理实施时间	修理實施時間	active repair time
修理延误时间	修復延遲時間	repair delay time
修理准备时间	修理準備時間	administrative time
修整	修整	trimming
修正,校正	修正,校正	correction
修正贝塞尔函数	修正貝索函數	modified Bessel function
袖套校准	袖套校準	alignment of sleeve
袖珍式收音机(=袖珍式无线电设备)		
袖珍式无线电设备,袖珍式收音机	袖珍式無線電設備,袖珍式收音機	pocket radio
锈污	鏽污	tarnishing
虚表	虛擬表	virtual table
虚参数	虛擬參數	dummy parameter
虚存(=虚拟存储[器])		
虚存操作系统	虛擬記憶體作業系統	virtual memory operating system, VMOS
虚存策略	虛擬記憶體策略	virtual memory strategy
虚存管理	虛擬記憶體管理	virtual memory management
虚存机制	虛擬記憶體机制	virtual memory mechanism
虚存结构(=虚拟存储结构)		
虚存系统	虛擬記憶體系統	virtual memory system
虚存页面对换	虛擬記憶體頁調換	virtual memory page swap
虚电路	虛擬電路	virtual circuit
虚段	虛擬段	virtual segment
虚段结构	虛擬段結構	virtual segment structure
虚呼叫	虛呼叫	virtual call
虚呼叫设施	虛擬呼叫設施	virtual call facility
虚假扇区	偽扇區	fake sector
虚警概率	虛警機率	false alarm probability
虚警时间	虛警時間	false alarm time
虚跨步	虛擬跨步	virtual cut-through
虚漏	虛漏	virtual leak

大 陆 名	台 湾 名	英 文 名
虚拟安全网络	虛擬安全網路	virtual security network, VSN
虚拟操作系统	虛擬作業系統	virtual operating system
虚拟成员	虛擬成員	virtual member
虚拟处理器	虛擬處理器	virtual processor
虚拟磁盘系统	虛擬磁碟系統	virtual disk system
虚拟存储结构,虚存结构	虛擬記憶體结构	virtual memory structure
虚拟存储[器],虚存	虛擬記憶體	virtual memory
虚拟存储栈	虛擬記憶體堆疊	virtual memory stack
虚拟[的]	虛擬	virtual
虚拟地址	虛擬位址	virtual address
虚拟方式	虛擬模式	virtual mode
虚拟环境	虛擬環境	virtual environment
虚拟机	虛擬機器	virtual machine
Java 虚拟机	Java 虛擬機	Java virtual machine, JVM
虚拟计算机	虛擬電腦	virtual computer
虚拟教室	虛擬教室	virtual classroom
虚拟局域网	虛擬區域網	virtual local area network, virtual LAN
虚拟空间	虛擬空間	virtual space
虚拟控制程序接口	虛擬控制程式介面	virtual control program interface
虚拟控制台	虛擬控制台	virtual console
虚拟控制台假脱机操作	虛擬控制台排存	virtual console spooling
虚拟库	虛擬程式館	virtual library
虚拟路由	虛擬路由	virtual route
虚拟盘	虛擬磁碟	virtual disk
虚拟盘初始化程序	虛擬磁碟初始化程式	virtual disk initialization program
虚拟企业	虛擬企業	virtual enterprise
虚拟人	虛擬人	virtual human
虚拟软盘	虛擬軟磁碟	virtual floppy disk
虚拟设备驱动程序	虛擬裝置驅動器	virtual device driver
虚拟世界	虛擬世界	virtual world
虚拟输入输出设备	虛擬輸入輸出裝置	virtual I/O device
虚拟图书馆	虛擬圖書館	virtual library
虚拟系统	虛擬系統	virtual system
虚拟现场设备	虛擬現場裝置	virtual field device
虚拟现实	虛擬實境	virtual reality, VR
虚拟现实建模语言	虛擬現實建模語言	virtual reality modeling language, VRML
虚拟现实界面	虛擬實境介面	virtual-reality interface

大陆名	台湾名	英文名
虚拟寻址	虛擬定址	virtual addressing
虚拟寻址机制	虛擬定址機制	virtual addressing mechanism
虚拟原型制作	虛擬原型設計	virtual prototyping
虚拟制造	虛擬製造	virtual manufacturing
虚拟终端	虛擬終端機	virtual terminal, VT
虚拟终端服务	虛擬終端服務	virtual terminal service, VTS
虚拟专用网	虛擬專屬網路,虛擬私有網路	virtual private networ, VPN
虚拟装配	虛擬裝配	virtual assembly
虚区域	虛擬區域	virtual region
虚设单元	虛設單元	dummy cell
虚顺串	虛擬運行	dummy run
虚通道链路	虛擬通道鏈接	virtual channel link
虚通路	虛擬路徑	virtual path, VP
虚通路连接	虛通路徑連接	virtual path connection
虚通路链路	虛通路徑鏈接	virtual path link
虚同步	虛同步	false synchronization
虚线	虛線	dashed line
虚信道	虛擬通道	virtual channel, VC
虚信道标识符	虛擬通道識別碼	virtual channel identifier, VCI
虚信道连接	虛擬通道連接	virtual channel connection, VCC
虚寻址高速缓存	虛擬定址高速緩衝記憶體	virtually addressing cache
虚页	虛擬頁	virtual page
虚页号	虛擬頁碼	virtual page number
虚阴极	虛陰極	virtual cathode
虚指令	虛指令	false command
需方	獲取者	acquirer
需求	需求	requirement
需求分析	需求分析	requirements analysis
需求工程	需求工程	requirements engineering
需求规约	需求說明書	requirements specification
需求规约语言	需求規格語言	requirement specification language
需求函数	需求函數	demand function
需求阶段	需求階段	requirements phase
需求驱动的	需求驅動	demand-driven
需求审查	需求檢驗	requirements inspection
需求时间	需求時間	required time

大陆名	台湾名	英文名
需求验证	需求驗證	requirements verification
许可	允許	permission
许可权清单	允許日誌	permission log
旭日式谐振腔系统	旭日式諧振腔系統	rising-sun resonator system
序贯检测器	序列檢測器	sequential detector
序贯取样	序貫取樣	sequential sampling
序贯译码	順序碼	sequential decoding
M 序列	M 序列	M-sequence
序列	序列,順序	sequence
序列分割调制遥测	序列分割調制遙測	sequence division modulation telemetry
序列号,顺序号	順序號碼	sequence number, SN
序列密码	順序密碼	sequential cipher
蓄电池	蓄電池	storage battery, secondary battery
[蓄意]干扰	[蓄意]干擾	jamming
悬边	搖擺邊	dangling edge
悬浮区熔法	浮懸區熔法	floating-zone method
悬浮区熔硅	浮懸區熔矽	floating-zone grown silicon, FZ-Si
旋磁比	迴磁比	gyromagnetic ratio
旋磁滤波器	迴磁濾波器	gyromagnetic filter
旋磁媒质	迴轉磁介質	gyromagnetic medium
旋磁器件	迴旋磁元件	gyromagnetic device
旋磁限幅器	迴磁限幅器	gyromagnetic limiter
旋磁效应	迴磁效應	gyromagnetic effect
旋磁振荡器	迴磁振盪器	gyromagnetic oscillator
旋电媒质	迴轉電介質	gyroelectric medium
旋片真空泵	旋片真空幫浦	sliding vane rotary vacuum pump
旋转	旋轉	revolution, rotation
旋转变换	旋轉變換	rotation transformation
旋转变压器	旋轉器	revolver
旋转关节,旋转接头	旋轉接頭	rotary joint, rotating joint
旋转环形天线	旋轉環形天線	rotating-loop antenna
旋转活塞真空泵(=定片真空泵)		
旋转接头(=旋转关节)		
旋转开关	旋轉開關	rotary switch
旋转曲面	旋轉面	rotating surface, surface of revolution
旋转熔接	旋轉熔接	rotary splice
旋转式拨号盘	旋轉式撥號盤	rotary dailer

大　陆　名	台　湾　名	英　文　名
旋转调谐磁控管	旋轉調諧磁控管	spin tuned magnetron
旋转投射技术	旋轉投射技術	rotational casting technique
旋转卫星	旋轉衛星	spinning satellite
旋转制交换机	旋轉製交換機	rotary switch
漩涡缺陷	漩渦缺陷	swirl defect
迭代算法	反復演算法	iterative algorithm
选单,菜单	選項單,菜單,功能表	menu
选件	選項,任選	option
选粒	選粒	granulation
选路(=路由选择)		
选模技术	選模技術	mode selection technique
选频电平表	選頻電平表	selective level meter
选频放大器	選頻放大器	frequency selective amplifier
选取,选择	選擇	select
选通	閘控	gating
选通标志	選通標志	strobe marker
选通脉冲	選通脈波	strobe pulse
选通信号	選通訊號	strobe signal
选择(=选取)		
选择掺杂	選擇摻雜	selective doping
选择扩散	選擇擴散	selective diffusion
选择密文攻击	選擇密文攻擊	chosen-cipher text attack
选择明文攻击	選擇明文攻擊	chosen-plain text attack
选择通道	選擇器通道	selector channel
选择外延	選擇磊晶	selective epitaxy
选择网络	選擇網路	selection network
选择性	選擇性	selectivity
选择氧化	選擇氧化	selective oxidation
选择注意	選擇注意	selective attention
选址	選址	site selection
学习策略	學習策略	learning strategy
学习程序	學習程式	learning program
学习风范	學習範例	learning paradigm
学习功能	學習功能	learning function
学习简单概念	學習簡單概念	learning simple conception
学习理论	學習理論	learning theory
学习模式	學習模式	learning mode
学习曲线	學習曲線	learning curve

大陆名	台湾名	英文名
学习主体	學習代理	learning agent
学习自动机	學習自動機	learning automaton
雪崩倍增	崩潰乘積	avalanche multiplication
雪崩多余噪声	崩潰多餘雜訊	avalanche excess noise
雪崩多余噪声因子	崩潰多餘雜訊因數	avalanche excess noise factor
雪崩光电二极管	崩潰光二極體	avalanche photodiode, APD
雪崩光电二极管检光器,APD 检测器	崩潰光二極體檢光器,APD 檢測器	avalanche photodiode optical detector, APD detector
雪崩击穿	累增崩潰	avalanche breakdown
雪崩形成时间	崩潰形成時間	avalanche buildup time
雪花衰减	雪花衰減	snow attenuation
寻标器	尋標器	seeker
寻标器天线	尋標器天線	seeker antenna
寻道	尋找磁軌,尋找,尋覓	seek, track seeking
寻道时间,查找时间	尋覓時間	seek time
寻峰	尋峰	peak searching
寻径函数	選路函數	routing function
寻线	自動尋線	line hunting
寻线方式	尋線狀態,待獵狀態	hunt mode
寻线机,寻线器	尋線機,尋線器	call finder
寻线器(=寻线机)		
寻像管	尋象管	view finder tube
寻像器	尋象器	view-finder
寻址(=编址)		
寻址方式	定址模式	addressing mode
寻址级	定址位準	addressing level
寻址寄存(=可按址访问的寄存器)		
寻址能力	定址能力	addressing capability
询问模式	詢問模式	interrogation mode
询问器	詢問器	interrogator
询问站	詢問站	inquiry station
循环	循環	loop
循环不变式	迴路不變量	loop invariant
循环测试	迴路測試	loop testing
循环乘积码	循環乘積碼	cyclic product code
循环重构技术	迴路重構技術	loop restructuring technique
循环调度	循環排程	cyclic scheduling

大 陆 名	台 湾 名	英 文 名
循环缓冲,环形缓冲	循環緩衝	circular buffering
循环借位	循環借位,端迴借位	end-around borrow
循环进位	端迴進位	end-around carry
循环卷积	循環摺積	circular convolution
循环链表	循環鏈接串列	circular linked list
循环码	循環碼	cyclic code
循环冗余检验	循環冗餘檢查	cycle redundancy check, CRC
循环冗余码	循環冗餘碼	cyclic redundancy code, CRC
循环寿命	循環壽命	cycle life
循环图	循環圖	cycle graph
循环网	再循環網路	recirculating network
循环移位	循環移位,端迴移位,端迴進位移位	cyclic shift, end-around shift
循环展开	迴路展開	loop unrolling
循迹误差(=跟踪误差)		
循纹失真	循紋失真	tracking distortion

Y

大 陆 名	台 湾 名	英 文 名
压差式真空计	壓差式真空計	differential vacuum gauge
压磁材料	壓磁材料	piezomagnetic material
压磁效应	壓磁效應	piezomagnetic effect
压电常量	壓電係數	piezoelectric constant
压电传声器	壓電傳聲器	piezoelectric microphone
压电加速度计	壓電加速計	piezoelectric accelerometer
压电晶体	壓電晶體	piezoelectric crystal
压电流量计	壓電流量計	piezoelectric flowmeter
压电式打印头	壓電式列印頭	piezoelectric print head
压电式力传感器	壓電式力轉換器	piezoelectric force transducer
压电式敏感器	壓電感測器	piezoelectric sensor
压电陶瓷	壓電陶瓷	piezoelectric ceramic
压电陶瓷延迟线	壓電陶瓷延遲線	piezoelectric ceramic delay line
压电陀螺	壓電陀螺	piezoelectric gyroscope
压电效应	壓電效應	piezoelectric effect
压电压力敏感器	壓電式壓力感測器	piezoelectric pressure sensor
压电音叉	壓電音叉	piezoelectric tuning fork
压电振子	壓電振動器	piezoelectric vibrator

大 陆 名	台 湾 名	英 文 名
压感纸	壓感紙	action paper
压焊	壓焊	bonding
压接接触件	壓接接點	crimp contact
压控振荡器	壓控振盪器	voltage controlled oscillator, VCO
压扩	壓擴	companding
压力变送器	壓力傳輸器	pressure transmitter
压力敏感器	壓力感測器	pressure sensor
压滤	壓濾	filter-press
压缩	壓縮	compress
压缩比	壓縮比	compression ratio
压缩函数	壓縮函數	compression function
压缩式真空计	壓縮式真空計	compression vacuum gauge
压缩态	壓縮態	squeezed state
压制性干扰	壓製性干擾	blanketing jamming
压皱	壓皺	corrosion stress
哑终端	啞終端機	dumb terminal
雅可比函数	捷可比函數	Jacobian function
雅可比矩阵	捷可比矩陣	Jacobian matrix
亚毫米波	次毫米波	submillimeter wave, SMMW
亚铁磁性	亞鐵磁性	ferrimagnetism
亚铁盐隔离器	亞鐵鹽隔離器,亞鐵鹽單向器	ferrite isolator
亚铁盐调制器	亞鐵鹽調變器	ferrite modulator
亚铁盐心环	亞鐵鹽[心]迴路	ferrite loop
亚铁盐心转换电路	亞鐵鹽心轉換電路	ferrite core transformer
氩离子激光器	氬離子雷射	argon ion laser
烟雾衰减	煙霧衰減	smoke attenuation
延长码	延長碼	lengthened code
延迟呼叫	延遲呼叫	delayed call
延迟加载	延遲負載	delayed load
延迟控制模式	延遲控制模式	delayed control mode
延迟任务	延遲任務	delay task
延迟时间	延遲時間	delay time
延迟锁定技术	延遲鎖定技術	delay lock technique
延迟线	延遲線	delay line
延迟转移	延遲分支	delayed branch
延期处理	延緩處理	deferred processing
延伸线	延伸線	line stretcher

大 陆 名	台 湾 名	英 文 名
延时电路	延時電路	time-delay circuit
延时遥测	延時遙測	time-delay telemetry
延时指令	延時指令	time-delay command
严重差错信元块	嚴重錯誤細胞區塊	severely erred cell block, SECB
严重错误	總誤差	gross error
严重误码秒	嚴重誤碼秒	severe-erred-seconds
严重性	嚴重性	severity
言语	語音,語言,話音	speech
言语合成(=语音合成)		
言语行为理论	言語行為理論	speech act theory
沿轨道飞行时间	沿軌道飛行時間	orbit time
沿面排列	沿面排列	homogeneous alignment
盐雾试验	鹽霧試驗	salt atmosphere test
颜色系统	彩色系統	color system
衍射	繞射	diffraction
衍射损耗	繞射損耗	diffraction loss
掩蔽扩散	掩蔽擴散	masked diffusion
掩码	遮罩,遮蔽	mask
掩模	掩模	mask
掩模对准	掩模對準	mask alignment
掩模图	遮罩原圖	mask artwork
掩模型只读存储器	遮罩唯讀記憶體	mask ROM
眼磁描记术	眼磁描記術	magnetooculography
眼电描记术	眼電描記術	electrooculography
眼图	眼圖	eye pattern, eye diagram
眼震电描记术	眼震電描記術	electronystagmography
演播室	演播室	studio
演化模型	演化模型	evolutionary model
演示程序	示範[程式]	demonstration program, demo
演绎	演繹	deduce
演绎规则	演繹規則	deduction rule
演绎模拟	演繹模擬	deductive simulation
演绎树	演繹樹	deduction tree
演绎数据	演繹資料	deductive data
演绎数据库	演繹資料庫	deductive database
演绎数学	演繹數學	deductive mathematics
演绎推理	演繹推理	deductive inference
演绎综合方法	演繹合成法	deductive synthesis method

大 陆 名	台 湾 名	英 文 名
验收	驗收	acceptance
验收测试	驗收測試	acceptance testing
验收检查	驗收檢驗	acceptance inspection
验收试验	驗收試驗	acceptance test
验收准则	驗收準則	acceptance criterion
验算(=检验计算)		
验证(=检定)		
验证化保护	驗證化保護	verified protection
验证化设计	驗證化設計	verified design
验证算法	驗證演算法	verification algorithm
验证系统	驗證系統	verification system
验证者	驗孔機,驗證器	verifier
扬声器	揚聲器	loud speaker
羊角形螺线	羊角形螺線	cornu spiral
阳极	陽極	anode
阳极氧化法	陽極氧化法	anode oxidation method
阳接触件	陽接點	male contact
杨氏模量,弹性模量	楊氏模量	Young's modulus
仰角	仰角	elevation angle, EL
仰角范围	仰角範圍	elevation range
仰角引导单元	仰角引導單元	elevation guidance unit
仰角追踪	仰角追蹤	elevation tracking
氧化层陷阱电荷	氧化層陷阱電荷	oxide trapped charge
氧化感生堆垛层错	氧化感生堆垛層錯	oxidation-induced stacking fault
氧化感生缺陷	氧化感生缺陷	oxidation-induced defect
氧化还原电池	氧化還原電池	redox cell
氧化铝瓷	氧化陶瓷	alumina ceramic
氧化铍瓷	氧化鈹瓷	beryllia ceramic
氧化去胶	氧化去膠	removing of photoresist by oxidation
氧化物半导体	氧化物半導體	oxide semiconductor
氧化物阴极	氧化物陰極	oxide coated cathode
氧化掩模	氧化掩模	oxidation mask
氧化铟锡	氧化銦錫	tin indium oxide
氧化增强扩散	氧化增強擴散	oxidation-enhanced diffusion, OED
样本	樣本	sample
样本分布	樣本分佈	sample distribution
样本集	樣本集	sample set
样本矩	樣本矩	sample moment

大陆名	台湾名	英文名
样本均值	樣本均值	sample mean
样本空间	樣本空間	sample space
样本离差	樣本分散	sample dispersion
样本区间	樣本區間	sample interval
样本协方差	樣本協方差	sample covariance
样品	樣品	specimen
样式	式樣	style
样式单	式樣單	style sheet
样式检查程序	式樣檢查程序	style checker
样条	樣條,雲規	spline
B 样条	*B* 雲規函數	*B*-spline
样条拟合	樣條配適	spline fitting
样条曲面	樣條曲面	spline surface
B 样条曲面	*B* 雲規曲面	*B*-spline surface
样条曲线	樣條曲線	spline curve
B 样条曲线	*B* 雲規曲線	*B*-spline curve
遥测	遙測	telemetry
遥测和指令	遙測和指令	telemetry and command, T/C
遥测及指令天线	遙測及指令天線	telemetry and command antenna
遥测计	遙測計,測遠計	telemeter
遥测数据	遙測資料	telemetry data
遥测天线	遙測天線	telemetry antenna
遥测指令	遙測指令	telemetry command
遥感	遙感	remote sensing
遥控	遙控	remote control
遥控变换器	遙控電話機	remote mate
遥控动力学	遙控動力學	remote control dynamics
遥控机械手	遙控機械手	remotely controlled extraman
遥控运载器	遙控運載器	remotely controlled vehicle
遥控站	遙控站	remote control station
遥控指令	遙控指令	remote control command
遥调	遙調	remote regulating
冶金级硅	冶金級矽	metallurgical-grade silicon
野外电话	野外電話,野戰電話	field telephone
业务(=服务)		
业务负荷	訊務負載,業務負載	traffic load
业务量(=流量)		
业务量管理,流量管理	流量管理	traffic management, TM

大 陆 名	台 湾 名	英 文 名
业务量合同	流量合約	traffic contract
业务量控制	流量控制	traffic control
业务量描述词	流量描述符	traffic descriptor
业务量自动分配器	話務自動分配器	automatic traffic distributor
业务容量(=话务容量)		
业务特定协调功能	業務特定協調功能	service-specific coordination function, SSCF
业务信道	業務通道,業務波道	service channel
业余爱好者	業餘報務員,業餘話務員	amateur operator
业余波段	業餘頻帶	amateur band
业余电台	業餘電台	amateur station, AT
业余电台呼号	業餘電台呼號	amateur station call letter
业余通信卫星	業餘衛星	amateur satellite
业余无线电	業餘無線電	amateur radio
业余无线电通信	業餘無線電通信,業餘無線電通訊	amateur radio communication
叶式衰减	樹葉衰減	foliage attenuation
页边空白	①版邊,留白 ②端距,邊距 ③邊緣,界線,邊界係數	margin
页表	頁表	page table
页表查看	查頁表	page table lookat
页表项	頁表項,頁表入口	page table entry, PTE
页长	頁面長度	page depth
页长控制	頁面長度控制	page depth control
页池	頁[面]池,頁面共用區	page pool
页等待	頁面等待	page wait
页地址	頁面位址	page address
页调出	頁出,出頁面	page-out
页调入	頁入	page-in
页分配表	頁面指定表	page assignment table, PAT
页回收	頁面回收	page reclamation
页脚	註腳	footnote, footing, footer
页控制块	頁面控制塊	page control block, PCB
页眉,页头	頁標頭	page header
页[面]	①頁[面],版面 ②頁式	page

大陆名	台湾名	英文名
页面存取时间	頁面存取時間	page access time
页面描述语言	頁描述語言	page description language
页[面]替换	頁面替換	page replacement
页面替换策略	頁面替換策略	page replacement strategy
页模式	頁模式	page mode
页式存储系统	分頁記憶體系統	paged memory system
页式打印机	頁式列印機	page printer
页式阅读机	頁閱讀機	page reader
页头(=页眉)		
页映射表	頁面映射表	page map table, PMT
页帧	頁框	page frame
页帧表	頁框表	page frame table, PFT
夜间通信频率	夜間通信頻率	night frequency
液封技术	液封技術	liquid encapsulation technique
液封真空泵	液封真空幫浦	liquid-sealed vacuum pump
液封直拉法	液封直拉法	liquid encapsulation Czochralski method, LEC method
液环真空泵	液環真空幫浦	liquid ring vacuum pump
液晶光阀	液晶光閥	liquid crystal light valve, LCLV
液晶显示	液晶顯示	liquid-crystal display, LCD
液晶印刷机	液晶印表機	liquid-crystal printer
液冷	液態冷卻	liquid cooling
液态源扩散	液態源擴散	liquid source diffusion
液体激光器	液體雷射	liquid laser
液位压力计	液位壓力計	liquid level manometer
液相外延	液相磊晶	liquid phase epitaxy, LPE
一般用户	一般使用者	general user
一次抽样	一次抽樣	single sampling
一次电池	一次電池	primary cell
一次雷达	一次雷達	primary radar
一次显示	一次顯示	primary display
一次一密随机数本	一次插入,一次填充	one-time pad
一次指令	一次指令	once command
一点透视	一點透視	one-point perspectiveness
一对一联系	一對一關係	one to one relationship
一阶参数连续,C^1 连续	C^1 連續性	C^1 continuity
一阶几何连续	一階幾何連續	G^1 continuity
一阶矩	一階矩	first moment

大陆名	台湾名	英文名
一阶理论	一階理論	first-order theory
一阶逻辑	一階邏輯	first-order logic
一阶系统	一階系統	first-order system
一列式电子枪	一列式電子槍	in-line gun
一束多用,波束发散	波束分集,多波束重復	beam diversity
一位编码	一位元編碼	one-bit coding
一氧化碳激光器	一氧化碳雷射	CO laser
一致估计	一致估計	consistent estimation
一致性,相容性	一致	consistency
一致性测试	符合測試	conformance testing
一致性重演	一致性重放	consistent replay
一致性检验	一致檢查	consistency check
一致性强制器	一致性執行器	consistency enforcer
一致性约束	一致性約束	consistency constraint
医学成像	醫學成像	medical imaging
医学电子学	醫學電子學	medical electronics
医用电子直线加速器	醫用電子直線加速器	medical electron linear accelerator
医用回旋加速器	醫用迴旋加速器	medical cyclotron
依存[关系]	相依	dependency
依存关系合一语法	相依統一文法	dependency unification grammar
依存关系句法分析	相依關係剖析	dependency parsing
依存关系树	相依存關係樹	dependency tree, dependent tree
依存结构	相依結構	dependency structure
依存语法	相依文法	dependency grammar
依赖保持	相依保持	dependence preservation
依赖边	相依邊	dependence edge
依赖方	依賴方	relying party
依赖弧	相依弧	dependence arc
依赖集的覆盖	相依集的覆蓋	cover of set of dependencies
依赖集的最小覆盖	最小相依集的覆蓋	minimum cover of set of dependencies
依赖集的最优覆盖	最佳相依集的覆蓋	optimal cover of set of dependencies
依赖图	相依圖	dependency graph
依赖学习	依賴學習	dependent learning
依频编码	依頻編碼法	frequency-dependent coding
仪表	儀表	instrumentation
仪表飞行规则	儀表飛行規則	instrument flight rules, IFR
仪表级雷达	儀錶級雷達	instrumentation radar
仪表误差	儀表誤差	instrumental error

大 陆 名	台 湾 名	英 文 名
仪表着陆系统	儀表著陸系統	instrument landing system, ILS
移出	移出	shift-out
移动代理	移動式代理	mobile agent
移动地球站	行動式地面站,移動式地面站	mobile earth station
移动电话	行動電話	mobile telephone
移动电话系统	行動電話系統	mobile telephone system
移动电视	行動式電視設備,移動式電視設備,可移電視	mobile television
移动发射机	移動式發射機,行動式發射機,可攜式發射機	mobile transmitter
移动机器人	移動式機器人	mobile robot
移动计算	移動計算	mobile computing
移动计算机	移動式計算機	mobile computer
移动接收机	輕便接收機,可攜式接收機,行動式接收機	mobile receiver
移动镜头	①攝像機水平移動 ②平移	panning
移动溶液区熔法	移動溶液區熔法	traveling solvent zone method
移动散射通信设备	移動式散射通信設備	mobile scatter communication equipment
移动台(=移动站)		
移动通信	移動通信	mobile communication
移动卫星	行動通訊[用]衛星	mobile satellite
移动卫星通信	移動衛星通信	mobile satellite communication
移动无线电	行動無線電	mobile radio
移动无线电蜂窝电话	行動無線電峰巢式電話	mobile radio cellular telephone
移动无线电台	移動無線電台,流動無線電台	mobile radio unit, MRU
移动性	機動性,流動性	mobility
移动业务卫星通信	行動業務衛星通信	mobile service satellite communication
移动站,移动台	移動站,移動台	mobile radio station
移动主体	移動式主體	mobile agent
移频器	移頻器	frequency shifter
移入	移入	shift-in
移入规约(=导入规约)		
移位寄存器	移位暫存器	shift register, shifting register, SR

大陆名	台湾名	英文名
移位器	移位器	shifter
移位网	移位網路	shift network
移位指令	移位指令	shift instruction
移相器	相移器	phase shifter
移相振荡器	相移振盪器	phase shift oscillator
遗传操作	遺傳操作	genetic operation
遗传规划算法	遺傳程式設計演算法	genetic programming algorithm
遗传计算	遺傳計算	genetic computing
遗传算法	遺傳演算法	genetic algorithm
遗传学习	遺傳學習	genetic learning
遗忘因子	遺忘因子	forgetting factor
疑符	擦失	erasure
疑义度	疑義度	equivocation
乙类放大器	B 類放大器	class B amplifier
已闭文件	閉合檔案	closed file
已分配业务	分配通信業務,預分配通信業務	allocated service
已付费电话	自付電話	paid call
已解调信号	已解調訊號,已解調訊號	demodulated signal
已开文件	已開檔案	opened file
已配准图像	已註冊圖像	registered images
已调连续波	已調連續波	modulated continuous wave
已调载波	已調載波	modulated carrier
已知明文攻击	已知明文攻擊	known-plaintext attack
以太网	乙太網路	Ethernet
钇铝石榴子石激光器	釔鋁石榴石雷射	yttrium aluminum garnet laser, YAG laser
义务	義務	obligation
异步	異步	asynchronization
异步并行算法	異步平行演算法	asynchronous parallel algorithm
异步并行性	非同步平行性	asynchronous parallelism
异步操作	異步作業	asynchronous operation
异步传递方式,异步转移方式	異步傳遞模式,異步轉移模式	asychronous transfer mode, ATM
异步传输	異步傳輸	asynchronous transmission
异步的直接序列码分多址系统	非同步直接序列-分碼多重進接系統	asynchronous DS-CDMA system
异步过程调用	非同步程序呼叫	asynchronous procedure call

大陆名	台湾名	英文名
异步机	異步機	asynchronous machine
异步计算机	異步計算機	asynchronous computer
异步接口	非同步介面	asynchronous interface
异步控制	異步控制	asynchronous control
异步块传输	非同步塊碼傳輸,非同步區塊傳輸	asynchronous block transmission
异步密码装置	非同步密碼裝置	asynchronous crypto unit
异步平衡方式	非同步平衡模式	asynchronous balanced mode, ABM
异步起停式电传机	非同步起止式電傳打字機	asynchronous start-stop teletypewriter
异步时分复用	非同步分時多工	asynchronous time-division multiplexing
异步时分复用器	非同步型分時多工器	asynchronous time-division multiplexer, ATDM
异步数据传输	非同步資料傳輸	asynchronous data transmission
异步刷新	非同步更新	asynchronous refresh
异步算法	非同步演算法	asynchronous algorithm
异步通信	異步通信	asynchronous communication
异步通信接口适配器	非同步通訊介面配接器	asynchronous communication interface adapter
异步通信卫星	非同步通信衛星,非同步通訊衛星	asynchronous communication satellite
异步系统	非同步系統	asynchronous system
异步系统自陷	異步系統陷阱	asynchronous system trap
异步响应方式	非同步反應模式	asynchronous response mode, ARM
异步信号	非同步訊號	asynchronous signal
异步信号发送(=异步信令)		
异步信令,异步信号发送	非同步傳信,非同步傳訊	asynchronous signaling
异步直接序列码分多址	非同步 DS-CDMA	asynchronous DS-CDMA
异步终端[机]	非同步終端機	asynchronous terminal
异步转移方式(=异步传递方式)		
异步总线	異步匯流排	asynchronous bus
异常	異常,例外	exception
异常处理	異常處置	exception handling
异常处理程序	異常處置器	exception handler
异常调度程序	異常排程程式	exception scheduling program

大陆名	台湾名	英文名
异常分派程序	異常調度器	exception dispatcher
异常辉光放电	異常輝光放電	abnormal glow discharge
异常透射法	異常透射法	anomalous transmission method
异常中止	①異常中止 ②打斷 ③放棄	abort
异常中止序列(=放弃序列)		
异常终止出口	異常跳出	abend exit
异常终止转储	異常終止傾印	abend dump
异构对象模型,非均匀对象模型	異質物件模型	heterogeneous object model
异构机群	異質叢集	heterogeneous cluster
异构计算	異質計算	heterogeneous computing
异构[型]多处理机	異質多處理機	heterogeneous multiprocessor
异构[型]系统	異質系統	heterogeneous system
异构主体	異質代理	heterogeneous agent
异或门	互斥或閘	exclusive-OR gate
异体	變體	variant
异体字	變體漢字,變體中文字	variant Hanzi, variant Chinese character
异相成核(=非匀相成核)		
异质结	異質接面	heterojunction
异质结构	異質結構	heterostructure
异质结晶体管	異質接面電晶體	heterojunction transistor
异质结双极晶体管	異質接面雙極性電晶體	heterojunction bipolar transistor, HBT
异质结太阳电池	異質接面太陽電池	heterojunction solar cell
异质双极晶体管	異質雙極電晶體	heterobipolar transistor
异质外延	異質磊晶	heteroepitaxy
抑止弧	禁止弧	inhibitor arc
抑止频率	抑制頻率	blanketing frequency
抑制器	抑制器,遏抑器,抑制柵極	suppressor
抑制栅极	抑制閘極極	suppressor grid
抑制射频干扰电容器	抑制射頻干擾電容	RFI suppression capacitor
抑制型[电离]真空计	抑制型[電離]真空計	suppressor vacuum gauge
抑制载波式正交调幅	載波抑制式正交調變	quadrature amplitude modulation/suppressed carrier, QAM/SC
译词选择	字選擇	word selection

大陆名	台湾名	英文名
译码,解码	解碼	decoding
译码器,解码器	解碼器	decoder
易调度性(=可调度性)		
易管理性(=可管理性)		
易扩充性(=可扩充性)		
易扩缩性(=可扩缩性)		
易扩展的(=可扩展的)		
易扩展性(=可扩展性)		
易燃性	易燃性	flammability
易失性存储器	依電性記憶體	volatile memory
易失性检查点	易失性檢查點,易失性核對點	volatile checkpoint
易修改性(=可修改性)		
易移植性(=可移植性)		
易用性(=可用性)		
疫苗[程序]	疫苗程式	vaccine
逸出功,功函数	逸出功,功函數	work function
逸出深度	逸出深度	escaped depth
逸出轴传感器	逸出軸感測器	yaw sensor
逸出轴控制	逸出軸控制	yaw control
逸出轴误差	逸出軸誤差	yaw error
意识	意識	consciousness
意图(=意向)		
意外停机	意外停機	hang up
意向,意图	意向	intention
意向锁	意向鎖	intention lock
意向系统	意向系統	intentional system
意义域	意義域	meaning domain
溢波损耗(=漏波损耗)		
溢出	溢位,超限	overflow
溢出检查	溢位檢查	overflow check
溢出控制程序	溢位控制器	overflow controller
溢出区	溢位區域,溢位區	overflow area
溢出桶	溢位[儲存]桶,溢位位址	overflow bucket
溢流	溢流	overflowing
因果分析系统	因果分析系統	causal analysis system
因果律,因果性	因果律	causality

大 陆 名	台 湾 名	英 文 名
因果逻辑	因果邏輯	causal logic
因果图	因果圖	cause effect graph
因果推理	因果推理	causal reasoning
因果系统	因果系統	causal system
因果消息日志	因果訊息日誌	causal message logging
因果性(=因果律)		
因特网	網際網路	Internet
因特网编号管理局	網際網路編號管理局	Internet Assigned Numbers Authority, IANA
因特网电话,IP 电话	網際網路電話	Internet phone, IP phone
因特网服务清单	網際網路服務清單	Internet services list
因特网服务提供者	網際網路服務提供者	Internet service provider, ISP
因特网工程备忘录	網際網路工程備忘錄	Internet engineering note, IEN
因特网工程[任务]部	網際網路工程任務編組	Internet Engineering Task Force, IETF
因特网工程指导组	網際網路工程指導組	Internet Engineering Steering Group, IESG
因特网接力闲谈	多人線上即時交談系統	Internet relay chat, IRC
因特网接入提供者	網際網路連線服務提供者	Internet access provider, IAP
因特网控制消息协议	網際連結控制信息協定	Internet Control Message Protocol, ICMP
因特网内容提供者	網際網路內容提供者	Internet content provider, ICP
因特网平台提供者	網際網路平台提供者	Internet presence provider, IPP
因特网商务提供者	網際網路商務提供者	Internet business provider, IBP
因特网商业中心	網際網路商業中心	Internet Business Center, IBC
因特网[体系]结构委员会	網際網路架構委員會	Internet Architecture Board, IAB
因特网协会	網際網路協會	Internet Society, ISOC
因特网信息服务器	網際網路資訊伺服器	Internet information server, IIS
因特网研究[任务]部	網際網路研究任務編組	Internet Research Task Force, IRTF
因特网研究指导组	網際網路研究指導組	Internet Research Steering Group, IRSG
因特网主体	網際網路代理	Internet agent
因子分解法	因子分解法	factoring method
阴极	陰極	cathode
阴极辉光	陰極輝光	cathode glow
阴极疲劳	陰極疲勞	cathode fatigue
阴极射线管	陰極射線管	cathode-ray tube, CRT
阴极射线管显示器,CRT 显示器	陰極射線管顯示器	CRT display

大 陆 名	台 湾 名	英 文 名
阴极射线致变色	陰極射線致變色	cathodochromism
阴极射线致发光	陰極射線致發光	cathodeluminescence
阴极寿命	陰極壽命	cathode life
阴极输出器	陰極追隨器	cathode follower
阴极有效系数	陰極有效係數	cathode active coefficient
阴极中毒	陰極中毒	poisoning of cathode
阴接触件	陰接點	female contact
阴影	陰影,影子	shadow
荫栅	蔭閘極	aperture grille
荫罩	蔭罩	shadow mask
音调信号发生器	音頻產生器,純音產生器	tone generator
音轨	音軌	audio track
音节	音節	syllable
音控防鸣器	音控防鳴器	voice-operated device anti-singing, VODAS
音乐	音樂	music
音频	音頻,聲頻	audio frequency, AF
音频变压器	音頻變壓器	audio frequency transformer
音频放大器	聲頻放大器	audio frequency amplifier, AFA
音频合成	聲頻合成	audio synthesis
音频流	聲頻流	audio stream
音频数据库	聲頻資料庫	audio database
音频载波,伴音载波	音頻訊號載波,聲音載波	sound carrier
音频振荡器	音頻振盪器	audio frequency oscillator
音圈电机	語音線圈馬達	voice coil motor
音箱	音箱	acoustic enclosure
音响差拍	可聞差拍	audible beat
音响呼叫	聲響呼叫	audible call
音响振铃	聲響振鈴,可聞振鈴	audible ring
音效	音效	sound effect
音形结合编码	音形綜合編碼	phonological and calligraphical synthesize coding
银河天空噪声	銀河天空雜訊	Galactic [sky] noise
银河噪声温度	星河雜訊溫度,銀河雜訊溫度	Galactic noise temperature
银河噪声源	銀河雜訊源	Milky Way noise source

大 陆 名	台 湾 名	英 文 名
引导程序	①啟動程式,自我啟動 ②引導,啟動,自舉	bootstrap, boot
引导口令	啟動密碼	boot password
引导雷达	引導雷達	directing radar
引导式干扰	引導式干擾	directed jamming
引导装入程序	啟動載入程式,自舉載入器	bootstrap loader
引火	引火	priming
引脚	插針	pin
引脚分配	插腳指定	pin assignment
引脚阵列封装	針柵陣列	pin grid array, PGA
引起注意装置	警示裝置	attention device
引燃电流	引燃電流	ignition current
引燃管	引燃管	ignitron
引燃极	引燃極	ignitor
引燃时间	引燃時間	ignitor firing time
引入呼叫	呼叫引入[點]	call entry
引线	①引出線 ②[輸]出口 ③電源插座 ④輸出,流出	outlet
引线电感效应	接頭電感效應	lead inductance effect
引线键合	引線鍵合	lead bonding
引线框式键合	引線框式鍵合	lead frame bonding
引用局部性,访问局守性	參考局部性	locality of reference
引址调用	傳參考呼叫	call by reference
隐蔽接收	隱蔽接收	lobe-on-receive only, LORO
隐蔽信道	隱蔽信道	covert channel
隐藏面消除	隱藏面移去	hidden surface removal
隐藏文件	隱藏式檔案	hidden file
隐藏线消除	隱藏線移去	hidden line removal
隐藏字符	隱藏字元	hidden character
隐错	錯誤	bug
隐错撒播	錯誤播種	bug seeding
隐含属性	隱含屬性	hidden attribute
隐马尔可夫模型	隱馬可夫模型	hidden Markov model
隐面	隱藏面	hidden surface
隐失模[式]	衰減模態	evanescent mode

大　陆　名	台　湾　名	英　文　名
隐式标记	隱含型標注	implicit tag
隐式并行性	隱含平行性	implicit parallelism
隐式立体模型（=隐式实体模型）		
隐式请求	內顯[型]請求	implicit request
隐式实体模型,隐式立体模型	隱含實體模型	implicit solid model
隐式栈	隱藏堆疊	hidden stack
隐线	隱藏線	hidden line
隐形目标	隱形目標	stealth target
印刷电路板	印刷電路板	printed wiring boar, PWB
印刷机	列印機	printer
印刷体	列印表格	print form
印刷体汉字识别	印刷體漢字識別	printed Hanzi recognition
印压	印壓	indentation
印制板	印刷板	printed board
印制板布局	印刷電路板佈局	PCB layout
印制板布线	印刷電路板佈線	PCB routing
印制板测试	印刷電路板測試	PCB testing
印制板连接器	印刷電路板連接器	printed board connector
印制板组装件	印製板組裝件	printed board assembly
印制电路	電路板	printed circuit
印制[电路]板	印刷電路板	printed-circuit board, PCB
印制线路	印刷線路	printed wiring
印制元件	印刷元件	printed component
应变过程	偶發事故程序	contingency procedure
应变计划	應急計劃	contingency plan
应答	應答,回應,回答	answering, answer back
应答机（=响应者）		
应答器	應答器	transponder
应答式干扰	應答式干擾	transponder jamming
应急按钮	緊急按鈕	emergency button
应急备用设备	待用設備	on-premise standby equipment
应急计划	應急計劃,緊急計劃	contingency planning, emergency plan
应急维修	緊急維護	emergency maintenance
应急转储	應急傾印	panic dump
应力	①應力 ②壓力	stress
应力腐蚀	應力腐蝕	stress corrosion

大陆名	台湾名	英文名
应力感生缺陷	應力感生缺陷	stress-induced defect
应用	①應用 ②應用程式,應用軟體	application
Java 应用	Java 應用程式	Java application
应用层	應用層	application layer
应用层实体	應用層實體	application entity
应用程序	應用程式	application program
应用程序包	應用套裝軟體	application package
应用程序接口	應用程式介面	application program interface
应用服务	應用服務	application service
应用服务提供者	應用服務提供者	application service provider, ASP
应用服务要素	應用服務元件	application service element
应用环境	應用環境	application environment
应用进程	應用程式	application process, AP
应用开发工具	應用開發工具	application development tool
应用领域	應用領域	application domain
应用软件	應用軟體	application software
应用生成程序(=应用生成器)		
应用生成器,应用生成程序	應用程式產生器	application generator
1/4 英寸盒式磁带	1/4 英吋盒式磁帶	quarter inch cartridge tape, QIC
英国无线电工程师学会	英國無線電工程師學會	British Institution of Radio Engineers, BIRE
英语化	英語化	anglicize
荧光	熒光	fluorescence
荧光屏	熒光屏	phosphor screen
荧光数码管	熒光數位顯示管	fluorescent character display tube
荧光线宽	熒光線寬	fluorescence linewidth
影碟	影碟	video CD, VCD
影响量	影響量	influence quantity
影像参数,镜像参数	鏡像參數	image parameter
映射	映射,對映,映像,互映	mapping
映射程序	映射程式	map program
映射地址	對映位址	mapping address
映射方式	對映模式	mapping mode
映射函数	映像函數	mapping function
硬磁盘,硬盘	硬磁碟	hard disk, rigid disk

大　陆　名	台　湾　名	英　文　名
硬错误	硬體錯誤	hard error
硬分扇区	硬分區	hard sectoring
硬分页	硬分頁	hard page break
硬故障	硬故障	hard fault
硬管调制器	硬管式調變器	hard-tube modulator
硬间隔	硬間隔	hard space
硬件	硬體	hardware
硬件安全	硬體安全	hardware security
硬件测试	硬體測試	hardware testing
硬件错误	硬體錯誤	hardware error
硬件多线程	硬體多線執行	hardware multithreading
硬件故障	硬體故障	hardware fault
硬件监控器	硬體監視器	hardware monitor
硬件检验	硬體檢查	hardware check
硬件描述语言	硬體描述語言	hardware description language, HDL
硬件配置项	硬體組態表項	hardware configuration item, HCI
硬件平台	硬體平台	hardware platform
硬件冗余	硬體冗餘	hardware redundancy
硬件冗余检验	硬體冗餘檢查	hardware redundancy check
硬件设计语言	硬體設計語言	hardware design language, HDL
硬件验证	硬體驗證	hardware verification
硬件资源	硬體資源	hardware resource
硬拷贝,硬复制	硬拷貝,硬復製	hard copy
硬连字符	硬性	hard hyphen
硬联线控制	硬線控制	hard-wired control
硬联线逻辑[电路]	硬線邏輯	hard-wired logic
硬盘(=硬磁盘)		
硬盘驱动器	硬磁碟驅動機	hard disk drive, HDD
硬判决	硬式決定,硬式判定	hard decision
硬泡	硬泡	hard bubble
硬扇区格式	硬扇區格式	hard sectored format
硬停机	硬停機	hard stop
硬限幅器	硬式限制器	hard limiter
拥塞	擁塞	congestion
拥塞控制	擁塞控制	congestion control
永磁材料	永久磁性材料	permanent magnetic material
永磁体	永久磁鐵	permanent magnet
永久对换文件	永久交換檔案	permanent swap file

大陆名	台湾名	英文名
永久故障,固定故障	永久故障	permanent fault
永久虚电路	永久虛擬電路	permanent virtual circuit, PVC
用户	用戶,使用者	user
用户标识	使用者識別	user identity
用户标识码	使用者識別碼	user identification code
用户标识专用	用戶識別隱私	privacy of user's identity
用户部分	用戶部	user part
用户产权设备,用户建筑群设备	用戶端設備	customer premises equipment, CPE
用户产权网络,用户建筑群网络	用戶端設備網路	customer premises network, CPN
用户代理	使用者代理	user agent, UA
用户登录号(=用户账号)		
用户电报,电传	用戶電報,電傳	telex
用户定义的消息	使用者定義訊息	user-defined message
用户分区	用戶分區	user partition
用户分时	用戶分時	user time-sharing
用户合同管理员	用戶合約管理員	user contract administrator
用户环路	用戶端迴路	subscriber loop
用户环路多路复用	用戶環路多工	subscriber loop multiplex, SLM
用户加密	用戶加密	user encryption
用户简介	①用戶簡要,用者概況 ②用戶設定檔	user profile
用户建筑群设备(=用户产权设备)		
用户建筑群网络(=用户产权网络)		
用户界面	使用者介面,用戶介面	user interface
用户界面管理系统	使用者介面管理系統	user interface management system, UIMS
用户进入时间	用戶登錄時間	user entry time
用户密钥	用戶鬬鍵字	user key
用户内存	使用者記憶體	user memory
用户区	用戶區	user area, UA
用户任务	用戶任務,使用者任務	user task
用户任务集	用戶任務集	user task set
用户日志	用戶日誌	user journal
用户设备	用戶設備	customer equipment, CEQ

大 陆 名	台 湾 名	英 文 名
用户 CPU 时间(=用户中央处理器时间)		
用户数据报协议	用戶數據報協定	user datagram protocol, UDP
用户特许文件	使用者授權檔案	user authorization file
用户/网络	用戶/網路	user/network, U/N
用户-网络接口	用戶-網路介面	user-network interface, UNI
用户文档	用戶文件檔	user documentation
用户文件目录	使用者檔案目錄	user file directory
用户线路	用戶線路	subscriber's line, subscriber's loop
用户线自动测试设备	用戶線自動測試設備	automatic subscriber line testing equipment
用户小交换机(=专用小交换机)		
用户兴趣	用戶興趣	user interest
用户需求	用戶需求	user requirements
用户选项	用戶任選項	user option
用户友好的	使用者親和性,用戶滿意介面	user-friendly
用户载波电话系统	用戶載波電話系統	subscriber carrier telephone system
用户造词程序	使用者定義造詞程式	user-defined word-formation program
用户造字程序	使用者定義造字程式	user-defined character-formation program
用户栈	用戶堆疊	user stack
用户栈指针	用戶堆疊指標	user stack pointer
用户账号,用户登录号	使用者帳戶	user account
用户指定型 DTE 业务	自定 DTE 業務	customized DTE service
用户中央处理器时间,用户 CPU 时间	用戶中央處理器時間	user CPU time
用户终端	用戶終端,使用者終端機	user terminal
用户终端业务(=远程服务)		
用户注册	使用者登入	user log-on, user log-in
用户注销	使用者登出	user log-off
用户专线接口电路	用戶專線界面濾波電路	subscriber line interface circuit
用户状态表	用戶狀態表	user state table
用户[自]定义的数据类型	使用者定義資料型態	user-defined data type
用户自动小交换机(=		

大 陆 名	台 湾 名	英 文 名
专用自动小交换)		
用户作业	用戶工件	user job
用户坐标	用戶坐標	user coordinate
用户坐标系	用戶坐標系	user coordinate system
优化	最佳化	optimization
优化操作	最佳化操作	optimization operation
优先队列	優先隊列	priority queue
优先级	優先	priority
优先级表	優先表	priority list
优先级调度	優先排程	priority scheduling
优先级控制	優先控制	priority control, PC
优先级调整	優先調整	priority adjustment
优先级选择	優先選擇	priority selection
优先级中断	優先中斷	priority interrupt
优先级作业	優先作業	priority job
优先权	優先權	priority
优先数	優先數	priority number
优先约束	居先約束	precedence constraint
优质因数	優質因數	figure of merit, G/T
尤尔－沃克方程式	尤爾－沃克方程式	Yule-Walker equation
邮件发送清单	郵遞列表	mailing list, maillist
邮件分发器	郵件分發器	mail exploder
邮件管理员,邮政局长	郵件管理員	postmaster
邮局协议	郵局協定	post-office protocol, POP
邮政局长(＝邮件管理员)		
油封真空泵	油封真空幫浦	oil-sealed vacuum pump
油膜光阀	油膜光閥	oil film light valve
游标	游標	①vernier ②cursor
游程长度受限码(＝行程长度受限码)		
游动时间	游動時間	walk time
有放回抽样	有放回抽樣	sampling with replacement
有机螯合物液体激光器	有機螯合物液體雷射	organic chelate liquid laser
有机半导体	有機半導體	organic semiconductor
有机计数器	有機計數器	organic counter
有机金属化学汽相沉积法,金属有机[化合	有機金屬化學氣相沈積	metalorganic chemical vapor deposition, metallorganic CVD, MOCVD

大 陆 名	台 湾 名	英 文 名
物]CVD		
有界网	有界網	bounded net
K 有界网	*K* 有界網	*K*-bounded net
有界性	有界性	boundedness
有理贝济埃曲线	有理貝齊爾曲線	rational Bezier curve
有理几何设计	有理几何设计	rational geometric design
有理据拆分	原始分解	original disassembly
有理系统函数	有理系統函數	rational system function
有穷性问题	有限性問題	finiteness problem
有穷转向下推自动机	有限轉向下推自動機	finite-turn PDA
有穷状态系统	有限狀態系統	finite state system
有穷自动机,有限自动机	有限自動機	finite automaton
有穷自动机最小化	最小化有限自動機	minimization of finite automaton
有人增音站	有人增音站	attended repeater
有人值守边境站	有人值守邊境站	attended frontier station
有入口的闭合用户群	有進入存取的閉合用戶群	closed user group with incoming access
有声语音	有聲語音	voiced speech
有失真图像压缩	有損影像壓縮	lossy image compression
有损耗介电质	有損耗介質	lossy dielectric
有损压缩	有損壓縮	loss compression
有线电报发报机	有線電報發報機	cable transmitter
有线电视	有線電視	cable TV, CATV
有线通信	有線通信	wire communication
有线遥测	有線遙測	wired telemetry
有线遥控	有線遙控	wired remote control
有线载波链路	有線載波鏈路	carrier line link
有限场	有限場	finite field
有限冲激响应	有限脈衝反應	finite impulse response, FIR
有限带宽	有限頻寬	bandwidth limited
有限带宽函数	①有限帶寬函數 ②有限頻寬功能	band limited function
有限带宽信道	①有限帶寬通道 ②有限頻寬通道	band limited channel
有限点集	有限點集	finite point set
有限分割场	有限分割場	finite splitting field
有限几何尺寸块码	有限幾何區塊碼	finite geometry block code

大　陆　名	台　湾　名	英　文　名
有限控制器	有限控制器	finite controller
有限力矩电[动]机	有限力矩馬達	limited torque motor
有限滤波器长度效应	有限濾波器長度效應	finite filter length effect
有限轮转法调度	有限循環排程器	limited round-robin scheduling
有限目标	有限目標	finite goal
有限群	有限群	finite group
有限网	有限網	finite net
有限元法	有限元素法	finite element method, FEM
有限元分析	有限元素分析	finite element analysis, FEA
有限元建模	有限元素模型化	finite element modeling
有限正比区	有限正比區	region of limited proportionality
有限状态机	有限態機器	finite state machine
有限状态向量量[子]化器	有限狀態之向量量化器	finite state vector quantizer, FSVQ
有限状态语法	有限狀態文法	finite state grammar
有限自动机(=有穷自动机)		
有向弧	有向弧	directed arc
有向图	有向圖	digraph, directed graph
有效传送率	有效轉移率	effective transfer rate
有效磁导率	有效導磁率	effective permeability
有效带宽	有效頻寬	effective bandwidth
有效发射率	有效的發射係數	effective emissivity
有效辐射功率	有效輻射功率	effective radiated power, ERP
有效功率	可用功率	available power
有效功率增益	可用功率增益	available power gain
有效过程	有效程序	effective procedure
有效介电常数	有效介電常數,有效介質常數	effective dielectric constant
有效孔径	有效孔徑	effective aperture
有效请求	有效請求	valid request
有效全向辐射功率	有效全向輻射功率	effective isotropic radiated power, EIRP
有效扫描行数每帧	每框有效掃描行數	active lines per frame
有效扫描时间间隔	有效掃描間隔時間,活動掃描間隔時間	active scanning interval
有效时间	有效時間	valid time
有效输入	有效輸入	valid input
有效数字	①有效數位 ②有效位元	significant digit

大 陆 名	台 湾 名	英 文 名
有效位	有效位元	significant bit
有效纤芯	有效芯	effective core
有效线路时间	可用線路時間	available line time
有效项	有效項	valid item
有效效率	有效效率	effective efficiency
有效信令点	主動振鳴點	active singing point
有效信元	有效單元	valid cell
有效性	確認,驗證	validity
有效性检查	確認核對	validity check
有效噪声带宽	有效雜訊頻寬	effective noise bandwidth, ENB
有效折射率	有效折射率	effective refractive index
有效值	有效值	effective value
有效状态	有效,合法	valid state
有效字	有效字	significant word
有效字符	有效字元	significant character
有效字符数	有效字元數	effective character number
有序搜索	有序搜尋	ordered search
有源底板	有源底板	active backplane
有源电路	有源電路,主動電路	active circuit
有源干扰	有源干擾	active jamming
有源跟踪	有源跟蹤	active tracking
有源换能器	有源換能器,主動換能器	active transducer
有源回波损耗	主動回波損耗	active return loss
有源矩阵	有源矩陣	active matrix
有源滤波器	主動濾波器	active filter
有源平衡回波损耗	主動平衡回波損耗	active balance return loss
有源探测	有源探測	active detection
有源天线	有源天線,主動天線,輻射天線	active antenna
有源通信卫星	有源通訊衛星,主動通訊衛星	active communication satellite
有源网络	主動網路	active network
有源微波遥感	有源微波遙感	active microwave remote sensing
有源卫星	有源衛星,主動衛星	active satellite
有源卫星姿态控制	主動衛星姿態控制	active satellite attitude control
有源系统	有源系統,主動系統	active system
有源星状拓扑	主動星狀拓撲	active star topology

大陆名	台湾名	英文名
有源星状网	主動星形連接網路,主動星形網路	active star network
有源元件	主動元件	active component
有源阵	有源陣列	active array
有源阵列天线	主動式陣列天線	active array antenna
有源制导	有源製導	active guidance
有源中继卫星	有源中繼衛星,有源轉發衛星,主動中繼衛星	active repeater satellite
有源中继站	主動[式]中繼台,主動[式]中繼站	active relay station, ARS
有源转换器	有源變換器,主動轉換器	active transducer
有源阻抗	主動阻抗	active impedance
有源组件	主動元件	active element
有载品质因数	有載品性因數	loaded quality factor
有噪声信道	干擾通道,具雜訊之通道	noise channel
有质动力	有質動力	ponderomotive force
有仲裁的新闻组	有管理人的新聞群組	moderated newsgroup
右对齐	右邊排齊	flush right
右句型	右句型	right sentential form
右匹配	右匹配	right-matching
右手定则	右手法則	right-hand rule
右手极化	右手極化	right-hand polarization
右特性	右特性	right characteristic
右线性文法	右線性文法	right-linear grammar
右移	右移	shift right
诱发电位	誘發電位	evoked potential
诱发故障	導出故障	induced fault
迂回电路路由	替代線路繞線	alternate circuit route
迂回路由	迂迴路由,替代路由,備用路由	alternate route, alternative route
迂回选路	迂迴路由法,交替路由法,更替通路法	alternate routing, alternative routing
迂回选路码	迂迴路由碼	alternate routing code
迂回中继	迂回[長途]中繼法	alternative trunking
余摆线聚焦质谱仪	餘擺線聚焦質譜儀	trochoidal focusing mass spectrometer

大　陆　名	台　湾　名	英　文　名
余摆线真空泵	餘擺線真空幫浦	trochoidal vacuum pump
余辉	餘輝	persistence, after glow
余脉冲	餘脈波	after pulse
余误差函数分布	餘誤差函數分佈	complementary error function distribution
余隙	餘隙	clearance
鱼骨天线	魚骨天線	fishbone antenna
逾限[传输]	傳輸超長	jabber
逾限控制	傳輸超長控制	jabber control
与非门	NAND 閘	NAND gate
与或堆堆寄存器	且或堆疊暫存器	and/or stack register
与或门	AND－OR 閘	AND-OR gate
与门	AND 閘	AND gate
与频率无关的天线	與頻率無關之天線,非特定頻率天線	frequency-independent antenna
与算符	及運算子	AND operator
宇田－八木宽带天线	宇田－八夫寬頻天線	Yagi-Uda broadband antenna
宇田－八木行波天线	宇田－八夫行波天線	Yagi-Uda traveling wave antenna
宇宙射线探测器	宇宙射線探測器	cosmic ray detector
雨滴反射率	雨水反射係數	rain reflectivity
雨滴衰减(＝降雨衰减)		
雨滴杂波	雨水雜波	rain clutter
雨滴噪声温度	雨水雜訊溫度	rain noise temperature
雨致衰减	下雨造成的[額外]衰減	rain-induced attenuation
语法	文法	grammar
ATN 语法(＝扩充转移网络语法)		
语法范畴	文法種類	grammatical category
语法分析	文法分析,剖析	grammatical analysis, parsing
语法分析程序	剖析器	parser
语法关系	文法關係	grammatical relation
语法检查程序	文法檢查器	grammar checker
语法描述语言	文法描述語言	grammar description language
语法属性	文法屬性	grammatical attribute
语构(＝句法)		
语境,上下文	上下文	context
语境分析,上下文分析	上下文分析	context analysis
语境机制	上下文機制	context mechanism

大陆名	台湾名	英文名
语句	敘述,陳述	statement
语料库	語料庫	corpus
语料库语言学	語言學語料庫	corpus linguistics
语声信号处理	語聲訊號處理	speech signal processing
语素分解	構詞分解	morphological decomposition
语素分析	語素分析	morpheme analysis
语素生成	語素產生	morphemic generation
语言	語言	language
Ada 语言	ADA 程式語言	Ada
Alpha 语言	ALPHA 程式規劃語言	ALPHA
APL 语言	APL 程式設計語言	A programming language, APL
C 语言	C 語言	C
COBOL 语言	COBOL 程式語言,商用語言	COmmon Business-Oriented language, COBOL
CommonLISP 语言	共用 LISP 語言	common LISP
Java 语言	Java 程式語言,爪哇程式語言	Java
LISP 语言	LISP 語言	LISt Processing, LISP
LOGO 语言	LOGO 語言	LOGO
PL/1 语言	PL/1 程式語言	Programming Language/1, PL/1
Smalltalk 语言	Smalltalk 物件導向語言	Smalltalk
SQL 语言(=结构查询语言)		
语言标准	語言標準	language standard
语言成员证明系统	語言隸屬證明系統	language membership proof system
语言处理程序	語言處理器	language processor
语言串理论	語言字串理論	linguistics string theory
语言获取	語言獲取	language acquisition
语言描述语言	語言描述語言	language-description language
语言模型	語言模型	language model
语言识别	語言識別	language recognition
语言信息	語言資訊	language information
语言学理论	語言學理論	linguistic theory
语言学模型	語言模型	linguistic model
语言知识库	語言知識庫	language knowledge base
语义	語意	semantic
语义场	語意場	semantic field
语义词典	語意詞典	semantic dictionary

大陆名	台湾名	英文名
语义分析	語意分析	semantic analysis
语义合一	語意統一	semantic unification
语义记忆	語意記憶體	semantic memory
语义检查	語意檢查	semantic test
语义距离	語意距離	semantic distance
语义理论	語意理論	semantic theory
语义属性	語意屬性	semantic attribute
语义树	語意樹	semantic tree
语义数据模型	語意資料模型	semantic data model
语义网络	語意網路	semantic network
语义相关性	語義相關性	semantic dependency
语义信息	語意資訊	semantic information
语义学	①語意學 ②語意	semantics
语音	語音	speech sound
语音编码	語音編碼	speech coding
语音处理	話音處理	speech processing
语音带宽	語音頻寬	speech bandwidth
语音合成,言语合成	話音合成	speech synthesis
语音识别	話音辨識	speech recognition
语音网络	語音網路	speech network
语用分析	實用分析	pragmatic analysis
语用学	語用學,實際學	pragmatics
浴盆曲线	浴缸曲線	bathtub curve
预编码	預編碼	precoding
预编译程序	預編譯器	precompiler
预测编码	預測編碼	predictive coding
预测控制	預測控制	predicted control
预测模型	預測模型	forecasting model
预充电	①預充電 ②預收費	precharge
预充电周期	預先充電週期	precharge cycle
预处理	預處理	pretreatment
预处理程序	預處理機,前置處理器	preprocessor
预调度算法	預排程演算法	prescheduled algorithm
预订维修时间	例行維護時間,預定維護時間,定期維護時間	scheduled maintenance time
预定故障检测	預定故障檢測	scheduled fault detection
预定维修	預定維修	scheduled maintenance

大 陆 名	台 湾 名	英 文 名
预读磁头	預讀頭	preread head
预防性维护(=预防性维修)		
预防性维修,预防性维护	預防性維修,預防性維護	preventive maintenance
预分配	①預分發 ②預分配	①preassignment ②preallocation
预分配多址	預先指定式的多重進接,預先指配多重接取	preassigned multiple access, PAMA
预加重	預強調	pre-emphasis
预加重网络	預加重網路	preemphasis network
预警雷达	預警雷達	early warning radar
预扩散	預擴散	prediffusion
预览程序	預驗程序	previewer
预取	預取	prefetch
预取技术	預取技術	prefetching technique
预热时间	預熱時間	warm-up time
预烧	預燒	calcination
预生成操作系统	預生作業系統	pregenerated operating system
预调电容器	預調電容	pre-set capacitor
预先计划分配	預先計劃分配	preplanned allocation
预先准备业务	預約準備制,提前準備制	advance-preparation service
预压	預壓	prepressing
预约表	預訂表	reservation table
预约呼叫	定人定時呼叫	appointment call
预约业务	備用服務	reservation services
预指配信道	預先指定通道	preassigned channel
域	域,領域,定域	domain
域分解	域分解	domain decomposition
域[关系]演算	域演算	domain calculus
域际策略路由选择	域際策略選路	interdomain policy routing, IDPR
域名	領域名稱	domain name, DN
域名服务	領域名稱服務	domain name service, DNS
域名服务器	領域名稱伺服器	domain name server
域名解析	領域名稱解析	domain name resolution
域名系统	領域名稱系統	domain name system, DNS
谕示	Oracle 資料庫軟體	oracle

大 陆 名	台 湾 名	英 文 名
谕示机	啟示機	oracle machine
阈电流密度	臨界電流密度	threshold current density
阈逻辑电路	閾邏輯電路	threshold logic circuit, TLC
阈探测器	閾探測器	threshold detector
阈下信道	閾下通道	subliminal channel
阈译码	門檻碼	threshold decoding
阈[值],门限	門檻,臨界[值]	threshold
阈值波长	閾值波長	threshold wavelength
阈值电流	臨界電流	threshold current
阈值电压	臨界電壓	threshold voltage
阈值逻辑	定限邏輯	threshold logic
阈值搜索	閥值搜尋	threshold search
遇忙呼叫转移	忙線時指定轉接	call forwarding busy
M 元,*M* 进制	*M* 階	*M*-ary
N 元	*N* 元	*N*-ary
元编译程序	元編譯器	metacompiler
元规划	元規劃	metaplanning
元规则	元規則	metarule
元件	元件	element
元件面	元件面	component side
3 元可满足性	3 元可滿足性	three-satisfiability
N 元码	*N* 元碼,*N* 元代碼	*N*-ary code
M 元频移键控	*M* 階頻移鍵控	*M*-ary frequency-shift keying, MFSK
元数据	元數據,元資料,解釋用資料	metadata
元数据库	元資料庫,解釋用資料庫	metadatabase
元素靶	元素靶	element target
元素半导体	元素型半導體	elemental semiconductor
元推理	元推理	metareasoning
元文件	元檔案	metafile
M 元相移键控	*M* 階相移鍵控	*M*-ary phase-shift keying, MPSK
元信令	元訊號	meta-signaling
元信令协议实体	前置訊號協定實體	meta-signaling protocol entity
n 元语法	*n* 元語法	*n*-gram
元语言	元語言	metalanguage
M 元正交调制	*M* 階正交調變,*M* – 維正交調變	*M*-ary orthogonal modulation

大 陆 名	台 湾 名	英 文 名
元知识	元知識	metaknowledge
元综合	元合成	metasynthesis
元组	元組,元	tuple
元组[关系]演算	元組演算	tuple calculus
园区网	校園網路	campus network
原地	原地	in-place
原电池	原電池	galvanic cell
原电子	原電子	primary electron
原理图	示意圖,簡圖	schematic
原色	原色	primary color
原始场	原始場	prime field
原始递归函数	原始遞迴函數	primitive recursive function
原始数据	原始資料	raw data
原始信息	原始訊息	raw information
原数据鉴别	原資料鉴别	origin data authentication
原型	①原型,標準型態,雛型, ②試作	prototype
原型构造(=原型结构)		
原型结构,原型构造	原型構造	prototype construction
原型滤波器	原型濾波器	prototype filter
原型速成	快速原型設計	rapid prototyping
原型制作	原型設計	prototyping
原语	①基元 ②原始	primitive
原子	原子	atom
原子操作	基元操作	atomicity operation
原子层外延	原子層磊晶	atomic layer epitaxy, ALE
原子公式	基元公式	atomic formula
原子广播	基元廣播	atomic broadcasting
原子频标	原子頻標準	atomic frequency standard
原子性	不可分割性	atomicity
圆顶天线	圓頂天線	dome antenna
圆顶相控阵天线	圓頂相位陣列天線	dome phase array antenna
圆弧插补	循環內插	circular interpolation
圆极化	圓極化	circular polarization
圆角	修邊	fillet
圆片(=晶片)		
圆片规模集成	晶片積體電路	wafer-scale integration
圆扫描	圓[形]掃描	circular scanning

大 陆 名	台 湾 名	英 文 名
圆 - 双曲线系统	圓 - 雙曲線系統	circle-hyperbolic system
圆[形]波导	圓形波導	circular waveguide
圆柱形蓄电池	圓柱形蓄電池	cylindrical cell
圆锥号角	圓錐號角	conical horn
圆锥阵	圓錐形陣列	conical array
源	源	source
源程序	原始程式,根源程式	source program
源[代]码	原始碼	source code
源到源转换	源到源變換	source to source transformation
源地址	源位址	source address
源范例库	源案庫	source case base
源路由桥接	源路由橋接	source-route bridging, SRB
源路由算法	源路由算法	source-route algorithm
源语言	原始語言,根源語言	source language
源语言词典	原始語言詞典	source language dictionary
源语言分析	原始語言分析	source language analysis
远场	遠場區	far field
远场区	遠場區	far-field region
远程查询	遠程詢問	remote inquiry
远程处理信息	電傳資訊	telematic information
远程登录协议	遠端登錄協定	TELNET protocol
远程方法调用	遠程方法調用	remote method invocation, RMI
远程访问	遠程存取	remote access
远程访问服务器	遠程存取伺服器	remote access server
远程服务,用户终端业务	電傳服務	teleservice
远程购物	電傳購物	teleshopping
远程过程调用	遠程程序呼叫	remote procedure call, RPC
远程呼叫系统	遙控呼叫系統	remote calling system
远程会议	遠程會議	teleconference
远程集线	遠距用戶集線	remote concentration
远程加电	遠程加電	remote power on
远程教学	遠程教學	remote instruction
远程教育	遠距教育,電傳教學	teleeducation, distance education
远程进程调用		remote process call, RPC
远程控制	遠距離控制,遙控	telecontrol
远程数据库访问	遠程資料庫存取	remote database access, RDA
远程通信(=电信)		

大 陆 名	台 湾 名	英 文 名
远程[无线电]导航(=罗兰)		
远程预警	遠程預警	distant early waring, DEW
远程预警线通信系统	遠端預警線通信系統	distant early waring line communication system
远程战术导航系统(=罗坦系统)		
远程站	遠端站	remote terminal
远程诊断	遠程診斷	remote diagnosis
远程支持设施	遠程支援設施	remote support facility
远程终端	遠程終端	remote terminal
远程咨询	遠程參考	telereference
远程作业处理程序	遠程工件處理器	remote job processor
远程作业输出	遠程工件輸出	remote job output
远程作业输入	遠程工件輸入	remote job input
远动学	遠動學	telemechanics
远端告警指示	遠端告警指示	remote alarm indication
远端耦合噪声	遠端耦合噪聲	far-end coupled noise
远端缺陷指示	遠程缺陷指示	remote defect indication, RDI
远端数据站	遠端數據站	remote data station
远红外激光器	遠紅外線雷射	far infrared laser
远区	遠區	far zone
远视性透镜	遠視型透鏡	farsightedness lens
约定	約定,規約,慣例	convention
约定真值	約定真值	conventional true value
约翰孙噪声	強森雜訊,鐘斯雜訊	Johnson noise
约瑟夫森隧道逻辑	約瑟夫森隧道邏輯	Josephson tunneling logic
约瑟夫效应	約瑟夫效應	Joseph effect
约束	約束	constraint
约束长度	限制長度	constraint length
约束传播	約束傳播	constraint propagation
约束方程	約束方程式	constraint equation
约束规则	約束規則	constraint rule
约束函数	約束函數	constraint function
约束矩阵	約束矩陣	constraint matrix
约束满足	約束滿足	constraint satisfaction
约束条件	約束條件	constraint condition
约束推理	約束推理	constraint reasoning

大陆名	台湾名	英文名
约束知识	約束知識	constraint knowledge
月球飞船运载火箭	月球飛船運載火箭	lunar booster
月球轨道标准岁差	月球軌道標準歲差	lunar orbit normal precession
月球通信卫星	月球通信衛星,月球通訊衛星	moon communications satellite
月球卫星	月球衛星	lunar satellite
月球在轨卫星	月球軌道衛星	moon-orbiting satellite
月球中继设备	月球中繼設備	moon relay equipment
月租费	電話月租費	monthly rental
[阅]读任务		reading task
越界记录	跨區記錄	spanned record
越洋电话	越洋電話	overseas call
云雾室	雲霧室	cloud chamber
匀相成核	同相成核	homogeneous nucleation
允写环	寫環	write ring
允许频率	可用頻率	allowed frequency
允许误差	允許誤差	permissible error
允许信元速率	允許單元速率	allowed cell rate, ACR
允许中断	中斷賦能	interrupt enable
运动	運動	motion
运动补偿	運轉補償	motion compensation
运动补偿编码	移動補償編碼	motion compensated coding
运动重建	運動重建	restructure from motion
运动分析	運轉分析	motion analysis
运动估计	運轉估計	motion estimation
运动检测	運轉檢測	motion detection
运动控制	運轉控制,傳動控制	motion control
运动图像	運轉影像	motion image
MPEG[运动图像压缩]标准	①動畫專家群 ②動畫壓縮標準	Motion Picture Experts Group, MPEG
运动向量	運轉向量	motion vector
运动预测	運轉預測	motion prediction
运流电流	對流電流	convection current
运输	傳送	transport
运输层	運輸層	transport layer
运输[层]服务	傳送服務	transport service, TS
运输[层]连接	傳送連接	transport connection, TC
运输试验	運輸試驗	transport test

大　陆　名	台　湾　名	英　文　名
运算	運算	operation
运算放大器	運算放大器	operational amplifier
运算寄存器	算術暫存器	arithmetic register
运算控制器	運算控制裝置,作業控制單元	operation control unit
运算流水线	算術管線	arithmetic pipeline
运算每秒,操作每秒	運算每秒,操作每秒	operations per second
运算器	①運算單元,算術單元 ②算術區段	arithmetic unit, arithmetic section
运算速度	算術速率	arithmetic speed
运算速度评价	算術速率評估	arithmetic speed evaluation
运行	運行,執行,運轉	run
运行测试(＝操作测试)		
运行方式	運行模式	run mode
运行和维护阶段	操作與維護階段	operation and maintenance phase
运行矩频特性	操作矩頻特性	running torque-frequency characteristic
运行可靠性	作業可靠性,工作可靠性	operational reliability
运行可行性	作業可行性	operational feasibility
运行剖面	操作設定檔	operational profile
[运行]日志	日誌,對數	log
运行时间	執行歷時,運行時間	running time
运行时诊断	運行時間診斷	run-time diagnosis
运行条件	運行條件,工作條件,工作狀態	operation condition
运行系统	運行系統,運行時間係統	run-time system, running system
运行与维护	操作和維護	operation and maintenance
运作主管	事務長	chief operation officer
晕光放电管	暈光放電管	corona discharge tube

Z

大　陆　名	台　湾　名	英　文　名
匝比	匝枚比	turn ratio
杂波	雜波	clutter
杂波间可见度	雜波間可見度	inter-clutter visibility
杂波内可见度	雜波内可見度	intra-clutter visibility

大陆名	台湾名	英文名
杂波图	雜波圖	clutter map
杂波下可见度	雜波下可見度	subclutter visibility
杂化频率	雜化頻率	hybridization frequency
杂交	雜交	crossover
杂散附应	雜散附應	spurious response
杂质半导体	雜質半導體	impurity semiconductor
杂质带	雜質帶	impurity band
杂质扩散	雜質擴散	diffusion of impurities
杂质能级	雜質能階	impurity energy level
杂质浓度	雜質濃度	impurity concentration
杂质团	雜質團	impurity cluster
杂质吸收	雜質吸收	impurity absorption
灾难恢复	災難恢復	disaster recovery
灾难恢复计划	災難恢復計劃	disaster recovery plan
载波	載波	carrier
载波传输	載波傳輸	carrier transmission
载波电报	載波電報	carrier telegraph
载波电话	載波電話	carrier telephone
载波电话电路	載波電話電路	carrier telephone circuit
载波电话多路系统	載波電話多工系統	carrier telephone multiplex system
载波电话信道	載波電話通道	carrier telephone channel
载波电话学	載波電話[學]	carrier telephony
载波电话增音机	載波電話增音機,載波電話中繼器	carrier telephone repeater
载波多路通信	載波多路通信,載波多工通信	carrier multiplex communication
载波/多通道比	載波/多通道比	carrier to multipath, C/M
载波放大器	載波放大器,載頻放大器	carrier amplifier
载波功率	載波功率	carrier power
载波互调变比	載波互調變比	C/IM
载波间距	載波間隔	carrier spacing
载波链路	載波鏈路	carrier link
载波频移	載波頻移	carrier frequency shift
T 载波设备	T－載波設備	T-carrier equipment
载波提取	載波提取	carrier extract
载波通道,载波信道	載波通道	carrier channel
载波通信	載波通信	carrier communication

大陆名	台湾名	英文名
载波通信系统	載波通信系統	carrier communication system
载波同步	載波同步	carrier synchronization
载波线路	載波線路	carrier line
载波线路段	有線載波鏈路段	carrier line section
载波信道(=载波通道)		
载波抑制	載波抑制	carrier suppression
载波与时钟脉冲恢复	載波及時序再生	carrier and clock recovery, CCR
载波噪声	載波雜訊	carrier noise
载波侦听	載波感測	carrier sense
载波侦听多址访问	載波感測多重存取	carrier sense multiple access, CSMA
载波振幅	載波振幅	carrier amplitude
载流子	載子	carrier
载漏	載漏	carrier leak
载频	載頻	carrier frequency, FC
载频纯度	載頻純度	purity of carrier frequency
载频恢复	載頻恢復	carrier recovery
载频同步	載頻同步	carrier frequency synchronization
载人轨道太空站	載人軌道太空站	manned orbital space station
载噪比	載噪比	carrier-to-noise ratio
再辐射	再輻射	reradiate
再工程	再造工程	re-engineering
再规一化	再正規化	renormalization
再建图像	重建之畫面	reconstructed picture
再聚合	再聚合	reintegration
再量化	再量化	requantization
再流焊	迴焊,錫膏熔焊	reflow welding
再启动(=重新启动)		
再生	①復原 ②再生	①restore ②regeneration
再生段	再生器區段	regenerator section
再生接收机	再生接收機	regenerative receiver
再生器	再生器	regenerator
再生燃料电池	再生燃料電池	regenerative fuel cell, RFC
再生中继器	再生中繼器,再生轉發器	regenerative repeater
再调制	再調變	remodulation
再同步	再同步	resynchronization
再现性(=复现性)		
再压缩	再緊湊法	recompaction

大陆名	台湾名	英文名
在轨测试	軌道上測試	in-orbit test
在轨卫星	軌道運行衛星	orbiting satellite
在线(=联机)		
暂时故障	暫時故障	temporary fault
暂态(=瞬态)		
暂停	①暫停,暫息 ②停止	pause, halt
暂停状态(=挂起状态)		
暂驻命令	暫駐命令	transient command
脏读	髒讀	dirty read
藏文	藏文	Tibetan
早期失效	早期失效	early failure
早期失效期	早期失效期	early failure period
造形(=建模)		
造形变换	模型化轉換	modeling transformation
噪声	雜訊	noise
噪声带宽	雜訊頻寬	noise bandwidth
噪声等效带宽	雜訊等效頻寬	noise equivalent bandwidth
噪声电平	雜訊位准	noise level
噪声发生器	噪聲發生器	noise generator
噪声放大器	雜訊放大器	noise amplifier
噪声分析仪	雜訊分析儀	noise analyzer
噪声干扰	噪聲干擾	noise jamming
噪声管	噪聲管	noise tube
噪声抗扰度	雜訊抗擾性	noise immunity
噪声雷达	噪聲雷達	noise radar
噪声类型	雜訊型式	noise type
噪声模型	雜訊模式	noise model
噪声清除	雜訊清除	noise cleaning
噪声容限	雜訊容限	noise margin
噪声衰减	雜訊衰減	attenuation of noise
噪声特性	雜訊特性	noise characteristic
噪声温度	雜訊溫度	noise temperature
噪声系数	雜訊因素,雜訊指數	noise factor, noise figure
噪声系数测试仪	噪聲係數測試儀	noise figure meter
噪声消除器	雜訊消除器	noise killer
噪声信号	雜訊訊號	noise signal
噪声抑制	雜訊抑制	noise reduction
噪声预算	雜訊預算	noise budget

大陆名	台湾名	英文名
噪声自相关	雜訊自相關	autocorrelation of noise
择多解码逻辑	擇多解碼邏輯	majority decoding logic
择多逻辑可解码	擇多邏輯可解碼	majority logic decodable code
择多译码(=大数判决译码)		
择优取向	擇優取向	preferred orientation
增幅管	增幅管	amplitron
增量编译	遞增編譯	incremental compilation
增量函数	德爾塔函數	delta function
增量精化	遞增精化	incremental refinement
增量调制	增量調變	delta modulation, DM
增量学习	遞增學習	incremental learning
增量转储,增殖转储	遞增傾印	incremental dump
增密工艺	增密工藝	thickening technology
增强[彩色]图形适配器	增強型圖形配接器,增強型繪圖介面卡	enhanced graphics adapter, EGA
增强发射机	輔助發射機	booster transmitter
增强-耗尽型逻辑	增強-空乏型邏輯	enhancement-depletion mode logic
增强现实	增強實境	augment reality
增强型场效晶体管	增強型場效電晶體	enhancement mode field effect transistor
增强型小设备接口,ESDI 接口	增強型小型裝置介面	enhanced small device interface, ESDI
增添项(=补充项)		
增透膜(=抗反射涂层)		
增消系统	生滅性系統	birth-death system
增信码	擴增碼	augmented code
增压真空泵	增壓真空幫浦	booster vacuum pump
增益	增益	gain
增益饱和	增益飽和	gain saturation
增益带宽积	增益-頻寬乘積	gain-bandwidth product
增益裕量	增益裕量	gain margin
增益噪声温度比	增益與雜訊溫度比	gain/noise temperature, G/T
增值网	加值網路	value-added network, VAN
增殖转储(=增量转储)		
轧膜	軋膜	roll forming
闸阀(=插板阀)		
闸流管	閘流管	thyratron
诈骗	欺詐	fraud

大　陆　名	台　湾　名	英　文　名
摘机状态	拿起話筒	off-hook
窄带	窄頻	narrow band, NB
窄带传输	窄頻帶傳輸	narrow-band transmission
窄带电路	窄頻帶電路	narrow band circuit
窄带电视	窄頻電視	narrow-band TV
窄带放大器	窄頻放大器	narrow-band amplifier
窄带干扰	窄頻[帶]干擾	narrowband interference
窄带接收机	窄頻[帶]接收機	narrow-band receiver
窄带链路	窄頻[帶]鏈路,窄頻[帶]線路	narrow-band link
窄带滤波器	窄頻濾波器	narrow band filter
窄带三进制	窄頻[帶]三進制	narrow band ternary
窄带三元码	窄頻[帶]三進制碼	narrow band ternary code
窄带调频	窄頻[帶]調頻	narrowband frequency modulation, narrowband FM, NBFM
窄带通信系统	窄頻[帶]通信系統	narrow-band communication system
窄带隙半导体	窄能帶隙半導體	narrow gap semiconductor
窄带信道	窄頻[帶]通道	narrow-band channel
窄带信号	窄頻[帶]訊號	narrow-band signal
窄带噪声	窄頻[帶]雜訊	narrow band noise
窄沟效应	窄通道效應	narrow channel effect
窄频带有源中继卫星	窄頻[帶]有源中繼衛星,窄頻[帶]主動中繼衛星	narrow-band active repeater satellite
斩波器	截波器	chopper
展开	展開	unfold
展开处理	伸張式訊號處理	stretch processing
占空比,负载比	工作週期比	duty ratio
占空因数(=工作比)		
占线蜂音(=忙蜂音)		
占线信号,忙音信号	佔線訊號,忙回訊號	busy signal, busy back
占线音(=忙音)		
占用空间	空間使用	space usage
占用频段	佔用頻帶,佔有頻帶	occupied frequency band
占用时间	獲取時間,探測時間	acquisition time
占用线[路],忙线	佔用線路,忙線	busy line
占用信道(=现用信道)		
战场侦察雷达	戰場偵察雷達	battlefield search radar

大 陆 名	台 湾 名	英 文 名
战略规划	策略計劃	strategic planning
战略情报	戰略情報	strategic intelligence
战略数据规划	戰略資料規劃	strategic data planning
战术空中导航系统(=塔康)		
战术情报	戰術情報	tactical intelligence
栈	堆疊,疊列	stack
栈标记	堆疊標誌	stack marker
栈单元	堆疊單元	stack cell
栈底	堆疊底	stack bottom
栈地址	堆疊位址	stack address
栈机制	堆疊機制	stack mechanism
栈控制	堆疊控制	stack control
栈内容	堆疊內容	stack content
栈区	堆疊區	stack area
栈容量	堆疊容量	stack capability
栈上托	堆疊爆出	stack pop-up
栈设施	堆疊設施	stack facility
栈算法	堆疊演算法	stack algorithm
栈桶式算法	堆疊桶式演算法	stack bucket algorithm
栈下推	堆疊下推	stack pushdown
栈向量	堆疊向量	stack vector
栈寻址	堆疊定址	stack addressing
栈溢出	堆疊溢出	stack overflow
栈溢出中断	堆疊溢出中斷	stack overflow interrupt
栈元素	堆疊元件	stack element
栈指示器	堆疊指示器	stack indicator
栈指针	堆疊指標	stack pointer
栈字母表	堆疊字母表	stack alphabet
栈自动机	堆疊自動機	stack automaton
栈组合	堆疊組合	stack combination
栈作业处理	堆疊工件處理	stack job processing
站,台	站,局	station
站点,网站	站點	site
站点保护	站點保護	site protection
站点名,网站名	站點名	site name
张弛频率	鬆弛頻率	relaxation frequency
张弛时间	鬆弛時間	relaxation time

大陆名	台湾名	英文名
张弛振荡	鬆弛振盪	relaxation oscillation
张弛振荡器	張弛振盪器	relaxation oscillator
张量磁导率	張量磁導率	tensor permeability
掌上计算机	掌上計算機	palmtop computer
障板(=挡板)		
障栅同步	隔離同步	barrier synchronization
招标	建議書請求	request for proposal
着火	著火	firing
着火电压	著火電壓	firing voltage, ignition voltage
着火时间	著火時間	ignition time
兆比特(=百万位)		
兆比特每秒(=兆位每秒)		
兆赫	百萬赫,兆赫	megahertz, MHz
兆位(=百万位)		
兆位每秒,兆比特每秒	每秒百萬位元,百萬位元/秒	megabits per second, Mbps
兆周每秒	百萬週/秒	megacycles per second, MCPS
兆周期	百萬週	megacycle, MC
兆字节(=百万字节)		
兆字节每秒	每秒百萬位元組,百萬拜/秒,百萬字元/秒	megabytes per second, MBps
照片	圖畫,圖像	picture
照射量计	照射量計	exposure meter
照射量率计	照射量率計	exposure ratemeter
γ照相机	γ照相機	gamma camera
遮蔽效应	遮蔽效應	eclipsing
遮光器	遮光器	chopper
折点频率	折點頻率,拐點頻率	break frequency
折叠波导电路	折疊波導電路	folded-waveguide circuit
折叠频谱	折疊頻譜	folded spectrum
折叠[式打印]纸	扇折紙,折疊式報表紙,折疊式記錄紙	fan-fold paper
折叠式太阳电池阵	折疊式太陽電池陣	fold-out type solar cell array
折叠双极天线方式	回紋針形雙極天線模態,折疊雙極天線模態	antenna mode of folded dipole
折合振子	折疊雙極	folded dipole

大 陆 名	台 湾 名	英 文 名
折合振子天线	折疊雙極天線	folded dipole antenna
折射	折射	refraction
折射层	折射層	refracting layer
折射角	折射角	refraction angle
折射近场法	折射近場方法	refracted near-field method
折射镜(=折射器)		
折射率	折射率,折射係數	refractive index
折射率分布	折射率分佈	refractive index distribution
折射率分布图	折射率剖面圖	refractive index profile
折射率光孤子	折射率光固子	refractive index soliton
折射率张量	折射率張量	refractive index tensor
折射器,折射镜	折射器,折射鏡	refractor
折射型透镜	折射型透鏡	refractive lens
折射性	折射性,折射率	refractivity
折线	折線	polyline
锗铋氧化物	鍺鉍氧化物	bismuth germanium oxide, BGO
锗光电二极管	鍺[檢]光二極體	germanium photodiode
锗检光器	鍺檢光器	germanium optical detector
锗[锂]探测器	鍺[鋰]探測器	Ge [Li] detector
锗锂氧化物	鍺鋰氧化物	lithium germanium oxide, LGO
锗缺陷	鍺缺陷	germanium defect
锗酸铋	鍺酸鉍	bismuth germanate
锗酸锂	鍺酸鋰	lithium germanate
锗吸收	鍺吸收	germanium absorption
褶积(=卷积)		
针孔	針孔	pinhole
针孔透镜	針孔透鏡	pinhole lens
针式打印机	尖筆列印機	stylus printer
针式输纸	針式饋送	pin feed
侦测范围方程式(=雷达距离方程式)		
侦察卫星	間諜衛星	spy satellite
帧	框,資訊框	frame
帧定时	框時序	frame timing
帧定位	幀定位	frame alignment
帧封装	框封裝	frame encapsulation
帧格式	框格式	frame format
帧缓存器	碼框緩衝器	frame buffer

大 陆 名	台 湾 名	英 文 名
帧间编码	框間編碼	interframe coding
帧间时间填充	框間時間填充	interframe time fill
帧间压缩	框間壓縮	interframe compression
帧间预测器	框間預估器,連續畫面預估器	interframe predictor
帧间－帧内混合编码	框內/框間混合編碼,固定畫面/連續畫面混合編碼	intraframe/interframe hybrid coding
帧检验序列	框檢查順序	frame check sequence, FCS
帧[结构]接口	框介面	framed interface
帧控制字段	框控制欄位	frame control field
帧率	框速率	frame rate
帧每秒	每秒框數	frames per second, fps
帧面问题	框問題	frame problem
帧内编码	框內編碼	intraframe coding
帧内编码预测器	框內編碼預估器,畫面內視訊預估器	intraframe predictor
帧内压缩	框內壓縮	intraframe compression
帧频	框頻	frame frequency
帧首定界符	開始框架定界符,框起始定界符	frame-start delimiter, starting-frame delimiter
帧输出变压器	訊框輸出變壓器	frame output transformer
帧同步	[碼]框同步	frame synchronization
帧头	框標頭	frame header
帧尾定界符	結束框架定界符,框端定界符	frame end delimiter, ending-frame delimiter
帧中继	迅框中繼	frame relay
帧中继网	訊框中繼網路	frame relaying network, FRN
帧周期	框週期	frame period
真点播电视	真實點播電視	real video on demand, RVOD
真空	真空	vacuum
真空泵	真空幫浦	vacuum pump
真空电容器	真空電容	vacuum capacitor
真空电子器件	真空電子器件	vacuum electron device
真空电子学	真空電子學	vacuum electronics
真空度	真空度	degree of vacuum
真空规(＝真空计)		
真空击穿	真空擊穿	vacuum breakdown

大 陆 名	台 湾 名	英 文 名
真空计,真空规	真空計,真空規	vacuum gauge
B-A 真空计	B-A 真空計	Bayard-Alpert vacuum gauge
真空继电器	真空繼電器	vacuum relay
真空微电子学	真空微電子學	vacuum microelectronics
真空系统	真空系統	vacuum system
真空荧光显示	真空熒光顯示	vacuum fluorescent display, VFD
真空蒸发	真空蒸發	vacuum evaporation
真实感图形	真實感圖形	photo-realism graphic
真实感显示	真實感顯示	realism display, realism rendering
真实高度	真實高度	true altitude
真实世界	真實世界	real world
真依赖	真相依	true dependence
真值	真值	true value
真值表	真值表	truth table
真值表归约	真值表歸約	truth-table reduction
真值表可归约性	真值表可歸約性	truth-table reducibility
真值维护系统	真實維護系統	truth maintenance system, TMS
诊断	診斷	diagnosis
诊断测试	診斷測試	diagnosis testing
诊断程序	診斷程式,偵錯程式	diagnostic program
诊断错误处理	診斷錯誤處理	diagnostic error processing
诊断分辨率	診斷解析度	diagnosis resolution
诊断检验	診斷檢查	diagnostic check
PMC 诊断模型	PMC 模型	PMC model
诊断屏幕	診斷熒幕	diagnostic screen
诊断软盘	偵錯磁片	diagnostic diskette
诊断系统	診斷系統	diagnostic system
诊断注销	診斷註銷	diagnostic logout
枕盒天线	藥筒形天線	pillbox antenna
枕形畸变	枕形畸變	pincushion distortion
阵[单]元	陣列單元	array element
阵列	陣列,行列	array
阵列带宽	陣列頻寬	array bandwidth
阵列的方向性	陣列的方向性	array directivity
阵列合成	陣列合成	array synthesis
阵列计算机	陣列計算機,陣列電腦	array computer
阵列馈电网	陣列饋伺網路	array feed network
阵[列]天线	陣列天線	array antenna

大 陆 名	台 湾 名	英 文 名
阵[列]因子	陣列係數,陣列因數	array factor
振荡	振盪	oscillation
振荡模[式]	振盪模[式]	oscillation mode
振荡器同步	振盪器同步	oscillator synchronization
振荡系统	振盪系統	oscillating system
振荡周期	振盪週期	oscillating period
振动磨	振動磨	vibration milling
振动试验	振動試驗	vibration test
振幅	振幅	amplitude, magnitude
振幅加强线路(=加重电路)		
振幅频谱	振幅頻譜	amplitude spectrum
振幅起伏	振幅擾動	amplitude fluctuation
振幅全通滤波器	振幅全通濾波器	magnitude allpass filter
振幅图型天线测量	天線振幅場型量測	amplitude pattern antenna measurement
振幅稳定性	振幅穩定度	amplitude stability
振幅响应	振幅回應	magnitude response
振幅域多路接入	振幅域多重進接	amplitude domain multiple access
振铃	振鈴	ringing, ring
振铃电路	振鈴電路	ringing circuit
振铃呼叫	振鈴呼叫	bell call
振铃码	振鈴電碼,呼叫訊號電碼	ringing code
振铃塞环	環[狀]	ring
振铃信号	振鈴訊號,振鈴訊號	bell signal
振铃音	振鈴音	ringing tone
争用	爭用	contention
争用时间间隔	競爭間隔	contention interval
征兆	徵兆	symptom
征兆测试	徵候測試	syndrome testing
蒸发冷却	蒸發冷卻	evaporative cooling
蒸发离子泵	蒸發離子幫浦	evaporation ion pump
整步转矩	整步轉矩	synchronizing torque
整流变压器	整流變壓器	rectifier transformer
整流二极管	整流二極體	rectifier diode
整流器	整流器	rectifier
整数线性规划	整數線性規劃	integer linear programming
整数因子分解难题	整數因式分解難題	integer factorization problem, IFP

大陆名	台湾名	英文名
整套承包系统,交钥匙系统	啟鑰式系統	turn-key system
整体磁头	單石磁頭	monolithic magnetic head
整体光照模型	總體光照模型	global illumination model, global light model
整体失效	總體失效	global failure
整形电路	整形電路	shaping circuit
整页显示	整頁顯示	full-page display
整直器	對準儀	aligner
整字分解	分解中文字為組件	decomposing Chinese character to component
正比计数器	正比計數器	proportional counter
正比区	正比區	proportional region
正闭包	正閉包	positive closure
正常关断器件	正常關閉元件	normally off device
正常辉光放电	正常輝光放電	normal glow discharge
正常开启器件	正常開啟元件	normally on device
正常凝固	正常凝固	normal freezing
正常响应	正常回應,正規回應	normal response
正常运行(=无故障运行)		
正电压射极耦合逻辑	正電壓射極耦合邏輯	positive voltage ECL, PECL
正电子	正電子,陽電子	positron
正电子发射[型]计算机断层成像	正電子發射[型]電腦斷層成象	positron emission computerized tomography, PECT
正电子谱仪	正電子譜儀	positron spectroscope
正二测投影	二角投影	dimetric projection
正反馈	正回授	positive feedback
正方形天线	四邊形天線	quad antenna
正规文法	正規文法	regular grammar
正硅酸乙酯	正矽酸乙酯	tetraethoxysilane, TEOS
正极	正極	positive electrode
正交(=90度相移)		
正交变换	正交變換	orthogonal transform
正交波形	正交波形	orthogonal waveform
正交场放大管	正交場放大管	crossed-field amplifier, CFA
正交场器件	正交場器件	crossed-field device, CFD
正交分量	正交分量,90度相移分	quadrature component

大陆名	台湾名	英文名
	量,轉像差成分	
正交函数	正交函數	orthogonal function
正交化	正交化	orthogonalization
正交混合网络	90 度相移岔路接頭	quadrature hybrid
正交极化	正交極化	orthogonal polarization
正交镜像滤波器	正交鏡像濾波器	quadrature mirror filter
正交码	正交碼	orthogonal code
正交视像	90 度相移視訊	quadrature video
正交树	正交樹	orthogonal tree
正交调幅	正交調幅,二維振幅調變	quadrature amplitude modulation, QAM
正交调制	正交振幅調變	quadrature modulation, QAM
正交误差	正交誤差	orthogonal error
正交向量	正交向量	orthogonal vectors
正交小波变换	正交小波變換	orthogonal wavelet transformation
正交信道	90 度相移通道	quadrature channel
正交信号	正交訊號,正交訊號	orthogonal signal
正交[性]	正交[性]	orthogonality
正交移幅键控	二維幅移鍵控	quadrature amplitude shift keying, QASK
正例	正例	positive example
正逻辑转换	正邏輯變遷	positive logic-transition, upward logic-transition
正切灵敏度	正切靈敏度	tangential sensitivity
正确性	正確性	correctness
正确性证明	正確性證明	correctness proof
正式测试	形式測試	formal testing
正态的	常態	normal
正态分布	常態分佈	normal distribution
正体	標準格式	standardized form
正铁氧体	正鐵氧體	orthoferrite
正投影	正投影	orthographic projection
正文	正文,本文	text
正文编辑(=文本编辑)		
正文格式[化]语言	正文格式語言	text formatting language
正文检索(=文本检索)		
正文库(=文本库)		
正文数据库,文本数据库	正文資料庫	text database

大　陆　名	台　湾　名	英　文　名
正向传送信息	正向傳送信息	forward transfer message, FOT
正向恢复	正向恢復	forward recovery
正向恢复时间	正向恢復時間	forward recovery time
正向兼容性	正向相容能力	forward compatibility
正向局域网信道	正向區域網路通道	forward LAN channel
正向离散余弦变换	正向離散餘弦轉換	forward discrete cosine transform, FDCT
正向偏压 P－N 结	前向偏壓 P－N 接面	forward biased P-N junction
正向损耗	正向損耗	forward loss
正向推理	正向推理,正向鏈接推理	forward reasoning, forward chained reasoning
正向信道	正向通道	forward channel
正性光刻胶	正性光刻膠	positive photoresist
正沿	正邊緣	positive edge
正余弦旋转变压器	正餘弦旋轉器	sine-cosine revolver
正跃变	向上變遷	upward transition
正在广播	正在廣播,正在發射	on-the-air
正则表达式	正規表式	regular expression
正则化	正則化	regularization
正则集	正規集	regular set
正则形式	正準形式	canonical form
正则序	正準次序	canonical order
正则语言	正規語言	regular language
证据理论	證據理論	evidence theory
证据推理	證據推理	evidential reasoning
证明	證明	proof
证明策略	證明策略	proof strategy
证明树	證明樹	proof tree
证明者	證明者	prover
证实	証實	①authentication, verification ② confirm, certify
证书	證書	certificate
证书[代理]机构	認證機構	certificate agency, CA
证书废除	認證廢除	certificate revocation
证书管理机构	認證管理權限	certificate management authority, CMA
证书鉴别	認證鉴別	certificate authentication
证书链	認證鏈	certificate chain
证书状态机构	認證狀態權限	certificate status authority
证书作废表	認證作廢表	certificate revocation list, CRL

大 陆 名	台 湾 名	英 文 名
证伪	反駁	refutation
政商运电子数据交换[标准],跨行业电子数据交换[标准]	行政商業運輸電子數據交換標準	EDI for administration, commerce and transport
支持	支援	support
支持程序	支援程式	support program
支持过程	支援過程	supporting process
支持集	支援集	support set
支持软件	支援軟體	support software
支持系统	支援系統	support system
支站	支流站,受控站	tributary station
枝蔓晶体(=枝状生长晶体)		
枝状生长晶体,枝蔓晶体	枝狀生長晶體	dendritic crystal
知识	知識	knowledge
知识编辑器	知識編輯器	knowledge editor
知识编译	知識編譯	knowledge compilation
知识表示	知識表示	knowledge representation, KR
知识表示方式	知識表示模式	knowledge representation mode
知识操作化	知識操作化	knowledge operationalization
知识查询操纵语言	知識查詢調處語言	knowledge query manipulation language, KQML
知识产业	知識工業	knowledge industry
知识处理	知識處理	knowledge processing
知识单元	知識區塊	blocks of knowledge
知识发现	知識發現	knowledge discovery
知识复杂性	知識復雜性	knowledge complexity
知识工程	知識工程	knowledge engineering, KE
知识工程师	知識工程師	knowledge engineer
知识获取	知識獲取	knowledge acquisition, KA
知识交互式证明系统	知識交互式證明系統	knowledge interactive proof system
知识结构	知識結構	knowledge structure
知识精化	知識精化	knowledge refinement
知识库	知識庫	knowledge base, knowledge bank, KB
知识库管理系统	知識庫管理系統	knowledge base management system, KBMS
知识库机	知識庫機	knowledge base machine

大陆名	台湾名	英文名
知识库系统	知識庫系統	knowledge base system
知识块	大塊,大量	chunk
知识利用系统	知識利用系統	knowledge utilization system
知识密集型产业	知識密集型產業	knowledge-concentrated industry
知识模式	知識綱目	knowledge schema
知识模型	知識模型	knowledge model
知识冗余	知識冗餘	knowledge redundancy
知识提取	知識萃取	knowledge extraction
知识提取器	知識萃取器	knowledge extractor
知识同化	知識同化	knowledge assimilation
知识图像编码	知識影像編碼	knowledge image coding
知识推理	知識推理	knowledge reasoning
知识相容性	知識相容性	consistency of knowledge
知识信息处理	知識資訊處理	knowledge information processing
知识信息处理系统	知識資訊處理系統	knowledge information processing system
知识信息格式	知識資訊格式	knowledge information format, KIF
知识引导[的]数据库	知識導向資料庫	knowledge-directed data base
知识源	知識源	knowledge source
知识证明	知識證明	knowledge proof
知识主管	知識長	chief knowledge officer, CKO
知识主体	知識代理	knowledge agent
知识子系统	知識子系統	knowledge subsystem
知识组织	知識組織	knowledge organization
执法访问区	執法存取區	law enforcement access area
执行	①執行 ②執行過程	execution
执行程序	執行程式	executive program
执行调度维护	執行排程維護	executive schedule maintenance
执行管理程序	執行監督器	executive supervisor
执行机构	執行機構	actuator
执行开销	執行間接費用	executive overhead
执行控制程序	執行控制程式	executive control program
执行例程	執行常式	executive routine
执行流	執行流	executive stream
执行码	執行碼	actuating code
执行器	執行器	actuator
执行时间	執行時間	execution time
执行时间理论	執行時間理論	execution time theory
执行系统	執行系統	executive system

大　陆　名	台　湾　名	英　文　名
执行裕量	執行邊際	implementation margin
执行栈	執行堆疊器	execution stack
执行支持	執行支援	executive support
执行指令	執行指令	execution command
执行主管,首席执行官	執行長	chief executive officer, CEO
执行主体	執行代理	executive agent
执行状态	執行者狀態	executive state
执行作业调度	執行作業排程	executive job scheduling
直拨外线	直接外線撥號	direct outward dialling, DOD
直播卫星	衛星直播	direct broadcast satellite, DBS
直达信道	直達通道	direct channel
直方图	直方圖	histogram
直方图修正	直方圖修改	histogram modification
直观存储管	直觀存儲管	direct viewing storage tube
直和码	直和碼	direct sum code
直滑电位器	直滑電位器	linear sliding potentiometer
直积码	直積碼	direct product code
直角平面显像管	直角平面映像管	flat squared picture tube
直角坐标	直角坐標	rectangular coordinate
直角坐标机器人	矩形機器人,卡氏坐標機器人	rectangular robot, Cartesian robot
直接拨号	直接撥號	direct dialing
直接拨号电话系统	直接撥號電話系統	direct dial telephone system
直接拨入	直接撥入分機	direct dialing-in
直接插入	直接插入	inlining
直接插入次例程,直接塞入副例程	直接插入次常式,直接塞入副常式	direct insert subroutine
直接成分语法	直接成分文法	immediate constituent grammar
直接存储器存取	直接記憶體存取	direct memory access, DMA
直接存取	直接存取	direct access
直接带隙半导体,直接禁带半导体	直接能帶隙半導體	direct gap semiconductor
直接复合	直接能隙復合	direct recombination
直接呼叫设施	直接呼叫設施	direct call facility
直接检波式接收机	直接檢波式接收機	direct-detection receiver
直接检测	直接檢測	direct detection
直接接入能力	直接通話的能力	direct access capability
直接禁带半导体(=直		

大陆名	台湾名	英文名
接带隙半导体)		
直接耦合	直接耦合	direct coupling
直接耦合放大器,直耦放大器	直接耦合放大器	direct coupled amplifier
直接耦合晶体管逻辑	直接耦合電晶體邏輯	direct-coupled transistor logic, DCTL
直接配线	直接配線	direct distribution
直接强度调制	直接強度調變	direct intensity modulation, DIM
直接塞入副例程(=直接插入次例程)		
直接式频率合成器	直接式頻率合成器	direct frequency synthesizer
直接数字控制	直接數位控制	direct digital control, DDC
直接相联高速缓存	直接相聯快取	direct-associative cache
直接向内拨入	直接內線撥號	direct inward dialing, DID
直接序列	直接序列	direct sequence
直接序列码分多址	直接序列分碼多重進接,直接序列分碼多重擷取	direct sequence CDMA
直接液冷	直接液冷	direct liquid cooling
直接映像	直接對映	direct mapping
直接组织	直接組織	direct organization
直径研磨	直徑研磨	diameter grinding
直觉主义逻辑	直觀邏輯	intuitionistic logic
直拉法,乔赫拉尔斯基法,晶体生长提拉法	直拉法,丘克拉斯基法	Czochralski method
直流	直流	direct current, DC
直流放大器	直流放大器	direct current amplifier
直流继电器	直流繼電器	direct current relay
直流溅射	直流濺射	direct current sputtering
直漏干扰	直漏干擾	leakage noise
直埋电缆	直接埋設纜線	direct burial cable
直耦放大器(=直接耦合放大器)		
直热[式]阴极	直熱[式]陰極	directly-heated cathode
直射速调管	直射速調管	straight advancing klystron
直线位移传感器	線性位移轉換器	linear displacement transducer
[直]线阵(=线性阵列)		
直线阵列扫描	線性陣列掃描	linear array scan

大 陆 名	台 湾 名	英 文 名
直译	直譯	transliterate, literal translation
值参	價值參數	value parameter
值守台	轉接台	attendant board
职责分开	職責分散	separation of duties
植入式电极	植入式電極	implanted electrode
只读	唯讀	read-only
只读存储器	唯讀記憶體	read-only memory, ROM
只读碟	唯讀光碟	compact disc-read only memory, CD-ROM
只读属性	唯讀屬性	read-only attribute
只收地球站	只收地面站	receive-only earth station
纸板干电池	紙板干電池	paper-lined dry cell
纸带穿孔	紙帶打孔	tape punch, paper tape punch
纸带穿孔机	紙帶打孔機	tape unit perforator
纸带读入机	帶閱讀機	tape reader
纸带复凿机	紙帶復鑿機	paper tape reperforator
纸带复制机	帶再製器	tape reproducer
纸带键盘凿孔机	紙帶鍵盤鑿孔機	keyboard tape punch
指称语义学	標誌語意	denotational semantics
指点信标	指點信標	marker beacon
指挥、控制、通信与情报系统，C^3I 系统	指揮、控制、通信與情報系統，C^3I 系統	command, control, communication and intelligence system, C^3I system
指挥、控制与通信	指揮、控制與通信	command, control and communications, C^3
指挥、控制与通信系统，C^3 系统	指揮、控制與通信系統，C^3 系統	command, control and communication system, C^3 system
指令	指令	①command ②instruction
指令编码	指令編碼	command coding
指令表	指令表	command list
指令步进	指令步驟	instruction step
指令产生器	指令產生器	command generator
指令长度	指令長度	command length
指令重试	指令再試	instruction retry
指令处理部件	指令處理裝置	instruction processing unit, IPU
指令地址寄存器	指令位址暫存器	instruction address register
指令调度程序	指令排程器	instruction scheduler
指令队列	指令隊列	instruction queue
指令高速缓存	指令高速緩衝記憶體	instruction cache
指令格式	指令格式	instruction format

大 陆 名	台 湾 名	英 文 名
指令跟踪	指令追蹤	instruction trace
指令功能	指令功能	command function
指令级并行性	指令層次平行性	instruction level parallelism, ILP
指令集,指令系统	指令集	instruction set
指令集体系结构	指令集架構	instruction set architecture, ISA
指令计数器	指令計數器	instruction counter
指令寄存器	指令暫存器	instruction register
指令间隔	指令間隔	command interval
指令监测	指令監測	command monitoring
指令控制器	指令控制單元	instruction control unit
指令类型	指令類型	instruction type
指令链	指令鏈	command chain
指令流	指令流	instruction stream
指令流水线	指令管線	instruction pipeline
指令码	指令[代]碼	instruction code
指令码元	指令碼元	command code element
指令每秒	每秒指令	instructions per second
指令容量	指令容量	command capacity
指令时延	指令時延	command time delay
指令停机	指令停機	instruction stop
指令误差	指令誤差	command error
指令系统(=指令集)		
指令相关性	指令相依	instruction dependency
指令遥控	指令遙控	command remote control
指令预取	指令預取	instruction prefetch
指令栈	指令堆疊	instruction stack
指令周期	指令週期	instruction cycle
指令字	指令字	instruction word
指派优先级	指定優先	assigned priority
指配频带	指配頻帶	assigned frequency band
指配频率	指配頻率	assigned frequency
指配信道	指配通道	assigned channel
指示符	指示器	indicator
指示管	指示管	indicator tube
指数变迁	指數變遷	exponential transition
指数分布	指數式分佈	exponential distribution
指数密码体制	指數密碼系統	exponential cryptosystem
指数时间	指數時間	exponential time

大陆名	台湾名	英文名
指数线	指數線	exponential line
指数序列	指數序列	exponential sequence
指纹	指紋	fingerprint
指纹分析	指紋分析	fingerprint analysis
指向性(=方向性)		
指引元(=指针)		
指针,指引元	指標	pointer
NTSC 制	NTSC 製	National Television System Committee system, NTSC system
PAL 制	PAL 製	Phase Alternation Line system, PAL system
SECAM 制	SECAM 製	Sequential Color and Memory system, SECAM system
制版工艺	製版工藝	mask-making technology
制表机	製表器	tabulator
制导技术	導引技術	guidance technique
制导雷达	製導雷達	guidance radar
制导系统	導引系統	guidance system
制造单元	製造單元	manufacturing cell
制造消息服务	生產信息服務	manufacturing message service, MMS
制造执行系统	製造執行系統	manufacturing execution system
制造资源规划	製造資源規劃	manufacturing resource planning, MRP-Ⅱ
制造自动化协议	製造自動化協定	manufacturing automation protocol, MAP
质量保证	質量保證	quality assurance
质量度量学	質量度量學	quality metrics
质量反馈	質量回饋	quality feedback
质量工程	品質工程	quality engineering
质量管理	質量管理	quality management
质量和性能测试	質量和效能測試	quality and performance test
质量控制	質量控制	quality control
质量输运	質量輸送	mass transportation
质量指标	質量指標	quality index
质子	質子	proton
质子层析成像	質子斷層掃描	proton tomography
致动时间(=动作时间)		
致命错误	嚴重錯誤	fatal error
致命缺陷	致命缺陷	critical defect
掷	擲	throw

大 陆 名	台 湾 名	英 文 名
智力犯罪	智慧犯罪	intellectual crime
智能	智慧	intelligence
智能仿真	智慧模擬	intelligence simulation
智能仿真支持系统	智慧模擬支援系統	intelligent simulation support system
智能放大器	智慧型放大器	intelligence amplifier
智能机器人	智能機器人	intelligent robot
智能计算机	智慧型電腦	intelligent computer
智能计算机辅助设计	智慧電腦輔助設計	intelligent computer-aided design
智能检索	智慧檢索	intelligent retrieval
智能决策系统	智慧決策系統	intelligent decision system
智能卡	精明卡,積體電路卡,IC卡	IC card, smart cart
智能科学	智慧科學	intelligent science
智能控制	智慧控制	intelligent control
智能敏感器	智慧型感測器	intelligent sensor
智能时分复用器	智能時分復用器	intelligent time division multiplexer
智能输入输出接口	智慧輸入輸出介面	intelligent I/O interface
智能外围接口,IPI 接口	智慧型週邊介面	intelligent peripheral interface, IPI
智能网	智能網	intelligent network
智能系统	智慧系統	intelligent system
智能线	智慧線	smart line
智能型插线板	智慧型插線板	intelligent patch panel
智能[型]交互式集成决策支持系统	智慧型交互式整合決策支援系統	intelligent interactive and integrated decision support system, IDSS
智能仪表(=智能仪器)		
智能仪器,智能仪表	智能儀器,智能儀表	intelligent instrument, smart instrument
智能用户电报(=高级用户电报)		
智能支持系统	智慧支援系統	intelligent support system, ISS
智能终端	智能終端	intelligent terminal
智能主体	智慧代理	intelligent agent
智能自动机	智慧自動機	intelligent automaton
滞后	滯後	lag
滞后输出	潛輸出	latent output
滞留时间	滯留時間	residence time
置标语言	排版語言	markup language
置换密码	置換密碼	permutation cipher
置乱	置亂	scrambling

大 陆 名	台 湾 名	英 文 名
置位－复位触发器	置位－復位正反器	set-reset flip-flop
置位脉冲	置定脈衝，設定脈波	set pulse
置信测度	可信量度	confidence measure
中波	中波	medium wave, MW
中波导航台（=全向信标）		
中波段	中頻帶	MF band
中波发射机	中波發射機	medium wave transmitter
中波广播发射机	中波廣播發射機	medium-wave broadcast transmitter
中波天线	中波天線	medium wave antenna
中波通信（=中频通信）		
中度衰落	中度衰褪	moderate fading
中断	中斷，岔斷	interrupt
中断处理	中斷處置	interrupt handling, interrupt processing
中断队列	中斷隊列	interrupt queue
中断机制	中斷機制	interrupt mechanism
中断寄存器	中斷暫存器	interrupt register
中断屏蔽	中斷遮罩	interrupt mask
中断请求	中斷請求	interrupt request
中断驱动	中斷驅動	interrupt driven
中断驱动输入输出	中斷驅動輸入輸出	interrupt-driven I/O
中断事件	中斷事件	interrupt event
中断向量	中斷向量	interrupt vector
中断向量表	中斷向量表	interrupt vector table
中断信号互连网络	中斷訊號互連網路	interrupt-signal interconnection network, ISIN
中断优先级	中斷優先權	interrupt priority
中分定理（=中剖定理）		
中高度通信卫星	中高度通信衛星	medium altitude communications satellite, MACS
中高度卫星	中高度衛星	medium-altitude satellite
中规模集成电路	中型積體電路	medium scale integrated circuit, MSI
中红外光纤	中紅外光纖	mid-infrared fiber
中红外激光	中紅外雷射	mid-infrared laser
中继传输	中繼傳輸	relay transmission
中继电缆，干线缆线	幹線纜線	trunk cable
中继段（=跳）		
中继话务	幹線話務	trunk traffic

大陆名	台湾名	英文名
中继器	中繼器	repeater
中继网	幹線網路	trunk network
中继卫星	中繼衛星	relay satellite
中继线,干线	中繼線,幹線	trunk
中继线架,干线架	中繼線架	trunk bay
中继线全忙	全途全線忙線	all-trunks-busy
中继线全忙寄存器	長途全線忙線記錄器	all-trunks-busy register
中继线全忙循环重复测试	長途全忙迴圈重復測試	all trunks-busy cyclic retest
中继站,接力站	中繼站,接力站	relay station
中继站间距	中繼站距離	repeater spacing
中继中心,转接中心	中繼中心,轉播中心,轉報中心	relay center
中间层	中間層	intermediate layer
中间代码	中間代碼	intermediate code
中间检查,中检	中間檢查,中檢	middle inspection
中间件	中間軟體	middleware
中间结点	中間結點,中間節點	intermediate node
中间流	中間流	intermediate flow
中间设备	中間設備	intermediate equipment
中间语言	中間語言,國際語言	interlingua
中检(=中间检查)		
中介视觉	仲介視覺	mesomeric vision
中介主体	中介代理	mediation agent
中距离通信	中距離通信	medium-distance communication
中能电子衍射	中能電子衍射	medium energy electron diffraction, MEED
中频	中頻	medium frequency, MF, intermediate frequency, IF
中频变压器	中頻變壓器	intermediate frequency transformer, IF transformer
中频放大器	中頻放大器	intermediate frequency amplifier, intermediate frequency amplifier, IF amplifier
中频广播天线	中頻廣播天線	medium-frequency broadcast antenna
中频通信,中波通信	中頻通信,中波通信	MF communication
中频抑制比	中頻排斥比	IF rejection ratio
中剖定理,中分定理	中分定理	bisection theorem
中期调度	中期調度	medium-term scheduling

大 陆 名	台 湾 名	英 文 名
中日韩统一汉字	中日韓統一漢字	CJK unified ideograph
中文	中文	Chinese
中文操作系统	中文作業系統	Chinese operating system
中文平台	中文平台	Chinese platform
中文文本校改系统	中文本文校正系統	Chinese text correcting system
中文信息处理设备	中文資訊處理設備	Chinese information processing equipment
中文信息检索系统	中文資訊檢索系統	Chinese information retrieval system
中文语料库	中文語料庫	Chinese corpus
中心词	①中心詞 ②頭,磁頭	head
中心词驱动短语结构语法	磁頭驅動片語結構文法	head driven phrase structure grammar
中心动词	中心動詞	head verb
中心互连	中心互連	hub interconnection
中心机构	中心權限	central authority
中心监护系统	中心監護系統	central monitoring system
中心局	中心局	central office,CO
中心矩	中央矩	central moment
中心名词	中心名詞	head noun
中型计算机	中型計算機	medium-scale computer
中央操纵室(=信号房)		
中央处理机(=中央处理器)		
中央处理器,中央处理机	中央處理單元	central processing unit, CPU
中央队列	中央隊列	central queue
中央局干线	交換局幹線	central office trunk
中值滤波	中值濾波	median filtering
中值滤波器	中值濾波器	median filter
中值噪声	中值雜訊	median noise
中值振幅	中值振幅	median amplitude
中止键	中止鍵	abort key
中缀	中綴	infix
中子	中子	neutron
中子活化分析	中子活化分析	neutron activation analysis, NAA
中子计数管	中子計數管	neutron counter tube
中子监测器	中子監測器	neutron monitor
中子嬗变掺杂	中子嬗變摻雜	neutron transmutation doping, NTD
中子探测器	中子探測器	neutron detector

大陆名	台湾名	英文名
终点地址(=目的地址)		
终点监测	終點監測	endpoint monitoring
终端(=终端设备)		
终端电压	終端電壓	end voltage
终端访问控制器,终端接入控制器	終端存取控制器	terminal access controller, TAC
终端伏尔	終端伏爾	terminal VOR, TVOR
终端负载	終端負載	terminate load
终端机	終端機	terminal machine
终端机轮询	終端機輪詢	terminal polling
终端接入控制器(=终端访问控制器)		
终端局	終端局	terminal office
终端可携带性	終端設備可攜性	terminal portability
终端控制系统	終端控制系統	terminal control system
终端设备,终端	終端設備,終端裝置	terminal device, terminal equipment
终端式功率计	終端式功率計	termination type power meter
终端衰减器	終端衰減器	terminal attenuator
终端用户	終端用戶	terminal user
终端作业	終端工件	terminal job
终端作业标识	終端作業標識	terminal job identification
终检(=最终检查)		
终接传输线	終止傳輸線	terminated transmission line
终接器(=端接器)		
终结符	終結符	terminal character
终结模型	最終模型	final model
终结状态	終態	final state
终止码	終止碼,結束符號	stop code
终止性证明	終止證明	termination proof
种群	①群體 ②人口	population
种子填充算法	種子填充演算法	seed fill algorithm
仲裁	仲裁	arbitration
仲裁单元	仲裁單位	arbitration unit
仲裁系统	仲裁系統	arbitration system
仲裁员	仲裁者	moderator
重掺杂半导体	重摻雜半導體	heavily doped semiconductor
重大阻断	重大阻斷,嚴重當機	major breakdown
重力波	重力波	gravity wave

大 陆 名	台 湾 名	英 文 名
重量	重量	weight, WT
重量比功率	重量比功率	gravimetric specific power
重量比能量	重量比能量	gravimetric specific energy
重量枚举器	權數枚舉器	weight enumerator
重尾分布	重尾分佈	heavy-tailed distribution
重心坐标	重心坐標	barycentric coordinate
重载	重載	overloading
周期	週期	①period ②cycle
周期函数	週期函數	periodic function
周期结构	週期結構	periodic structure
周期窃取	週期竊用	cycle stealing
周期时间	循環時間	cycle time
周期图	週期圖	periodogram
周期信号	週期訊號,週期訊號	periodic signal
周期性定义	週期性定義	period definition
周期性中断	週期性中斷	cyclic interrupt
周期序列	週期序列	periodic sequence
周期帧	週期框	periodic frame
洲际通信	橫貫大陸之通訊	transcontinental communication
轴比	長短軸比	axial ratio
轴测投影	軸測投影	axonometric projection
轴向传播常数	軸向傳播常數	axial propagation constant
轴向进给	軸向饋送	axial feed
轴向散焦	軸向去焦	axial defocusing
帚状喇叭天线	帚狀喇叭天線	hoghorn antenna
逐步截尾试验	逐步截尾試驗	step-by-step cut-off test
逐步求精	步進式精化法	step-wise refinement
逐行	非交錯	noninterlaced
逐行扫描	非交錯掃描	noninterlaced scanning
逐面分类[法]	分面分類	faceted classification
逐位检测	逐位元檢測,依位元偵測	bit-by-bit detection
逐位进位	逐級進位	cascaded carry
主板(=母板)		
主瓣	主瓣	main lobe, major lobe
主瓣依序切换	主瓣依序切換式	lobe switching
主瓣杂波	主瓣雜波	mainlobe clutter
主瓣杂波抑制	主瓣雜波抑制	mainlobe clutter rejection

大 陆 名	台 湾 名	英 文 名
主泵	主幫浦	main pump
主边带	主邊帶,主旁波帶	main sideband
主波	主波	principal wave
主波束	主波束,主射束	main beam
主从触发器	主從正反器	master-slave flip-flop
主从调度	主從調度	master-slave scheduling
主从方式	主從方式,主從系統	master-slave system
主从复制	主從復製	leader-follower replication
主从计算机	主從計算機	master-slave computer
主从[式]操作系统	主從式作業系統	master-slave operating system
主从同步	主從同步	master-slave synchronization
主存(=主存储器)		
主存储器,主存	主儲存器,主記憶體	main memory, main storage
主存储器分区	主儲存器分區	main storage partition
主存数据库	主記憶體資料庫	main memory database, MMDB
主存栈	主記憶堆疊	main memory stack
主地球站	主地面站	main earth station
主地址	起始位址	home address
主调度程序	主排程器,主調度程序	master scheduler
主动查询	主動查詢	active query
主动搭线窃听(=篡改信道信息)		
主动导引,主动寻的	主動尋標	active homing
主动攻击	主動攻擊	active attack
主动校准	主動校準	active alignment
主动决策支持系统	主動決策支援系統	active decision-support system
主动轮	絞盤	capstan
主动视觉	主動視覺	active vision
主动数据库	現用資料庫	active database
主动锁模	主動鎖模	active mode-locking
主动威胁	主動威脅	active threat
主动显示	主動顯示	active display
主动寻的(=主动导引)		
主段	主段	primary segment
主反射器	主反射器	main reflector
主分页设备	主分頁裝置	primary paging device
主副本	主副本	primary copy
主干(=基干)		

大　陆　名	台　湾　名	英　文　名
主干缆线	主幹纜線,幹線纜線	main cable
主干网	基幹網路	backbone network
主干总线	主幹匯流排	backbone bus
主观信息	主觀資訊	subjective information
主管部门(＝局)		
主话务站	主話務站,主通信站	main traffic station
主机	主機	host
主机,特大型机	主機,大型電腦	mainframe
主机操作系统	主機作業系統	host operating system
主机传送文件	主機傳送檔案	host transfer file
主机密钥	主機密鑰	host key
主[键]码	主鍵	primary key
主交换子	主交換子	prime commutator
主叫拨号	呼叫撥號	calling dial
主叫次序	呼叫程式	calling order
主叫电话局	主叫電話局,主叫交換局	calling exchange
主叫吊牌	呼叫取消	calling drop
主叫端	主叫端,呼叫端	calling terminal
主叫方	主叫方	calling party
主叫方号码	主叫號碼	calling party number
主叫局	呼叫局	calling office
主叫码	呼叫電碼	calling code
主叫人	主叫用戶,發話人	caller
主叫线路	呼叫線[路]	calling line
主叫线识别显示	發話號碼顯示	calling line identification presentation
主叫线识别限制	發話號碼不顯示	calling line identification restriction
主叫用户	主叫用戶,呼叫者	calling subscriber
主控板	主控板	master control board
主控程序	主控程式	master control program
主控台	主控制台	primary console
主控站	主控制站	master control station
主控制器	主控制單元	main control unit, master control unit, primary control unit
主控制室	主控制室,中心控制室,中央控制室,總控制室	master control room
主控制台	主控制台,中央控制台,	main control console

大陆名	台湾名	英文名
	主調整台	
主库	主程式館	master library
主密钥	主鑰,主鍵	master key
主模[式]	主模態	dominant mode
主目录,起始目录	起始目錄	home directory
主配线架	總配線架,主配線架	main distribution frame
主频	主[振]頻率,基本頻率	master frequency
主平面	主平面	primary flat
主腔	主腔	main cavity
主群	主群	master group
主群链路	主群鏈路,主群線路	master group link
主群调制	主群調變	master group modulation
主任务	主任務	main task
主时间片	主時間片	major time slice
主时钟	主時鐘,主時鐘脈衝	master clock
主属性	主屬性	prime attribute
主台	主台	master station
主题探查	主題探查	subject probe
主体	代理	agent
主体技术	代理技術	agent technology
主体间活动	代理間活動	inter-agent activity
主体体系结构	代理架構	agent architecture
主体通信语言	代理通信語言	agent communication language
主体组	代理團隊	agent team
主天线	主天線	main antenna
主天线分配系统	主天線分配系統	master antenna distribution system
主文件	主檔案	master file
主线	主線	main line
主信道	主通道,主用波道	main channel
主信号	主訊號,主訊號	main signal, master signal
主页	首頁	homepage
主页池	主頁池	main page pool
主用频率	主要頻率,第一選用頻率	primary frequency
主载波	主載波	main carrier
主站	主站,主要站	master station, primary station
主振荡器	主振盪器	master oscillator, MO
主轴	轉軸	spindle

大陆名	台湾名	英文名
主轴速度控制单元	轉軸速度控制單元	spindle speed control unit
住宅电话	住宅電話	residence telephone
助视器	助視器	visual aids
助听器	助聽器	hearing aids
助行器	助行器	mobility aids
助忆符号	助憶符號,助記符號	mnemonic symbol
注册	登記	registration
注册过程	註冊過程	registration process
注册机构	註冊機構	registration authority, RA
注浆	注漿	slip-casting
注入	注入	injection
注入电致发光	注入電致發光	injection electroluminescence
注入式泵浦	注入式幫浦	injection pumping
注入式激光二极管	注入[式]雷射二極體	injection laser diode, ILD
注入式激光器	注入式雷射	injection laser
注入式激光输出频谱	注入式雷射輸出頻譜	injection laser output spectrum
注入锁定	注入鎖定方式	injection locking
注入锁定技术	注入鎖定技術	injection locking technique
注入锁定振荡器	注入鎖定式振盪器	injection-locked oscillator, ILO
注入效率	注入效率	injection efficiency
注入引发	注入引發點	injection priming
注入站	注入站	injection station
注释	詮釋,註解,註	remark, comment
注销	①註銷,登出 ②消去,相消	log-out, log-off, cancellation
注意力聚焦	注意聚焦	attention focusing
贮藏寿命	貯藏壽命	shelf life
贮存期	貯存期	storage period
贮存寿命	貯存壽命	storage life
驻波	駐波	standing wave
驻波比	駐波比	standing-wave ratio, SWR
驻波比表	駐波比表	standing-wave meter
驻波电流	駐波電流	standing-wave current
驻波天线	駐波天線	standing-wave antenna
驻极体传声器	駐極體傳聲器	electret microphone
驻留轨道(=常驻轨道)		
柱面	①圓柱 ②磁柱	cylinder
柱面波	柱面波	cylindrical wave

大陆名	台湾名	英文名
柱面阵	圓柱形陣列	cylindrical array
柱面坐标[型]机器人	柱面坐標型機器人	cylindrical robot
著作	著作	authoring
著作工具	著作工具	authoring tool
专家经验	專家經驗	expertise
专家问题求解	專家問題求解	expert problem solving
专家系统	專家系統	expert system, ES
专家系统工具	專家系統工具	expert system tool
专家系统外壳	專家系統	expert system shell
专线(=专用线路)		
专线接入	專屬存取	dedicated access
专线业务	專線業務	private line service
专业词典(=术语词典)		
专用(=私用)		
专用安全模式	專屬安全模式	dedicated security mode
专用保护	隱私保護	privacy protection
专用编号方案	私有網路編號計劃	private numbering plan
专用词	專用詞	special term
专用集成电路	專用積體電路	application specific integrated circuit, application specific IC, ASIC
专用计算机	特別用途計算機	special-purpose computer
专用交换机	專用交換機	private exchange
专用平面	專用平面	private use plane
专用数据网	專用數據網路,專屬數據網	private data network, dedicated data network
专用通信信道	專用通信通道	private communication channel
专用网	專用網	private network
专用文件	專屬檔案	dedicated file
专用线路,专线	專[屬]線	private line, dedicated line
专用小交换机,用户小交换机	專用小交換機,用戶小交換機	private branch exchange, PBX
专用自动小交换,用户自动小交换机	專用自動小交換,用戶自動交換機	private automatic branch exchange, PABX
专职操作员	專業操作員	professional operator
转播	轉播	relay broadcasting
转播车	轉播車	outside broadcast van, OB van
转播权	轉播權	broadcasting right
转插[头]	插頭	patch plug

大陆名	台湾名	英文名
转储	傾印,倒出	dump
转储清除	①清除 ②排齊	flush
转发	轉發	forwarding
转发器	轉發器	transponder
转发式干扰	轉發式干擾	repeater jamming
转换	轉換	conversion, flipping
转换率	轉換率	transfer ratio
转换器	①轉換器 ②變換器	①transducer ②converter
A/D 转换器(=模数转换器)		
D/A 转换器(=数模转换器)		
转换时间	①轉換時間間隔 ②穿流時間	①switching interval ② transit time
转接板	插線面板	patch panel
转接连接器	轉接連接器	adaptor connector
转接网	轉接網路	transit network
转接线	插線,插線電線	patch cord
转接延迟(=通过延迟)		
转接中心(=中继中心)		
转录	轉錄	transcription
转路	轉路	alterroute
转轮密码	轉輪密碼	rotor cipher
转入转出	轉入轉出	roll-in/roll-out
转移电子器件	轉移電子元件	transferred electron device, TED
转移轨道	轉移軌道	transfer orbit
转移历史表	分歧歷史表	branch history table
转移目标地址	分歧目標位址	branch target address
转移网络语法	變遷網路文法	transition network grammar
转移延迟槽	轉移延遲插槽	branch delay slot
转移预测	分歧預測	branch prediction
转移预测缓冲器	分歧預測緩衝器	branch prediction buffer
转移指令	跳越指令,跳位指令	jump instruction
转义	逸出	escape
转义序列	逸出順序	escape sequence
转置	換位	transposition
转镜式 Q 开关	轉鏡式 Q 開關	rotating mirror Q-switching
转速传感器	轉速轉換器	revolution speed transducer

大 陆 名	台 湾 名	英 文 名
装订,联编	界限	bound
装架工艺	裝架工藝	mounting technology
装配(=建造)		
装配件	組件	subassembly
装配图	裝配圖	assembly drawing
装入	載入	load
装入程序	載入器	loader
装入例程	載入器常式	loader routine
装入模块	載入模組	load module
装入映射[表]	載入映像	load map
装箱问题	裝箱問題	bin packing
状态	①狀態,態 ②地位	state
状态爆炸	狀態爆炸	state explosion
状态变量	狀態變數	state variable
状态队列	狀態隊列	state queue
状态反馈	狀態回饋	state feedback
状态方程	狀態方程	state equation
状态机	狀態機	state machine
状态空间	狀態空間	state space
状态空间表示	狀態空間表示	state space representation
状态空间法	狀態空間法	state space method
状态空间搜索	狀態空間搜尋	state space search
状态图	狀態圖	state graph
状态栈	狀態堆疊	state stack
状态转移矩阵	狀態轉移矩陣	state-transition matrix
追加	附加	append
追加记录,补充记录	增加記錄,補充記錄	addition record
追踪程序	追蹤器	tracer
锥面波导(=渐变[截面]波导)		
锥扫跟踪	錐掃跟蹤	conical-scan tracking
准点播电视	准點播電視	near video on demand, NVOD
准分子激光器	準分子雷射	excimer laser
准光学器件	准光學元件	quasioptical device
准静态	准靜態	quasi-static
准静态条件	准靜態條件	quasi-static condition
准铅字质量	近字母品質,近鉛字品質	near letter quality, NLQ

大 陆 名	台 湾 名	英 文 名
准确度	準確度	accuracy
准确度控制系统	準確度控制系統	accuracy control system
准同步的	非同步的	plesiochronous
准同步数字阶层	近似同步數位階層	plesiochronous digital hierarchy, PDH
准稳态	準穩態	quasi-stable state
准许	清除	clearing
准循环码	類迴圈碼,准迴圈碼	quasi-cyclic code
准沿面排列	準沿面排列	quasi-homogeneous alignment
准直透镜	準直透鏡	collimating lens
桌面	桌上	desktop
桌面操作系统	桌面作業系統	desktop operating system
桌面出版	桌上出版	desktop publishing
桌面出版系统	桌上出版系統	desktop publishing system, DPS
桌面会议	桌面會議	desktop conferencing
桌面检查	桌上檢查	desk checking
桌面文件	桌上文件	desk file
酌情连字符	自由選定連字符	discretionary hyphen
着陆标准	著陸標準	landing standard
着陆雷达	著陸雷達	landing radar
着色佩特里网	著色佩特裏網	coloured Petri net
着色数	著色數	chromatic number
着色数目问题	著色數目問題	chromatic number problem
咨询系统	顧問系統	consulting system
姿态	高度	attitude
姿态轨道控制电路	姿態軌道控制電路	attitude and orbit control electronics
姿态控制	姿態控制	attitude control
姿态控制误差	高度控制誤差	attitude control error
资费,资率	資費	tariff
资费表	資費表,價目表	tariff
资料员	程式館管理器	librarian
资率(=资费)		
资源	資源	resource
资源池	資源集用場	resource pool
资源重复	資源重復	resource replication
资源调度	資源排程	resource scheduling
资源分配	資源分配,資源配置	resource allocation
资源分配表	資源分配表	resource allocation table
资源共享	資源共享	resource sharing

大陆名	台湾名	英文名
资源共享分时系统	资源共享分时系统	resource sharing time-sharing system
资源共享控制	资源共享控制	resource sharing control
资源管理	资源管理	resource management
资源管理程序	資源管理器	resource manager
资源子网	资源子网	resource subnet
籽晶	籽晶	seed crystal
子板	子板	daughterboard
子步	子步	substep
PLS 子层(=物理信令子层)		
子插件板	子卡	daughtercard
子程序	子程式	subprogram
子池	子池	subpool
子池队列	子池隊列	subpool queue
子抽样	次取樣	subsampling
子带	副波段,次頻帶	sub-band
子带编码	次頻帶編碼	sub-band coding, SBC
子地址	副址	sub-addressing
子段	子段	subsegment
子队列	子隊列	subqueue
子分配	子分配	suballocation
子分配文件	子分配檔案	suballocation file
子宫电描记术	子宮電描記術	electrohysterography
子轨迹(=星下点轨迹)		
子集	子集	subset
子集覆盖	子集覆蓋	subset cover
子监控程序	子監視器	submonitor
子进程	子過程	subprocess
子句	子句	clause
子句语法	子句語法	clause grammar
子块编码	子塊編碼	subblock coding
子类	子類	subclass
子例程	次常式,副常式	subroutine
子码	子碼	subcode
子模式	子綱目	subschema
子目标	子目標	subgoal
子任务	子任務	subtask

大 陆 名	台 湾 名	英 文 名
子任务处理	子任務處理	subtasking
子孙	下代,後裔	descendant
子图	子圖	subgraph
子网	子網	subnet
子网层次	子網階層	hierarchy of subnet
子网度	子網度	degree of subnet
子网访问协议	子網存取協定	subnetwork access protocol, SNAP
子网门	子網門	door of subnet
子网掩码	子網遮罩	subnet mask
子午仪卫导系统,海军卫导系统	子午儀衛導系統,海軍衛導系統	transit navigation system
子系统	子系統	subsystem
子样本	子樣本	subsample
子语言	子語言	sublanguage
子作业	子作業	subjob
紫光太阳电池	紫光太陽電池	violet solar cell
紫外光电子能谱[学]	紫外光電子能譜[學]	UV photoelectron spectroscopy, UPS
紫外激光器	紫外光雷射	ultraviolet laser, UV laser
字	①字,單詞 ②字組 ③文字	word
字并行位并行	字平位元平行	word-parallel and bit-parallel, WPBP
字并行位串行	字平行位元串列	word-parallel and bit-serial, WPBS
字长	字長	word length
字处理	[文]字處理	word processing
字[词]处理器	文字處理機	word processor
字词绕转	字環繞,字回繞,字返轉	word wrap
字段	欄位	field
字符	字符,字元	character
字符边界	字元邊界	character boundary
字符串	字串,字元字串	character string
字符串行位并行	字串列位元平行	word-serial and bit-parallel, WSBP
字符串行位串行	字串列位元串列	word-serial and bit-serial, WSBS
字符打印机	字元列印機	character printer
字符发生器	字元產生器	character generator
字符集	字元集	character set
字符每秒	每秒字元數	characters per second, cps
字符识别	字元識別,字元辨識	character recognition
字符[式]终端	字元模式終端機	character mode terminal

大　陆　名	台　湾　名	英　文　名
字符输入设备	字元輸入設備	character input device
字符显示器	字符顯示器	character indicator
字符显示设备	字元顯示裝置	character display device
字符相关	字元相關	character dependence
字符阅读机	字元閱讀機	character reader
字号	字號,字元數	Hanzi number, character number
字汇	指令表	repertoire
字计数	字計數	word count
字节	位元組	byte
字节对准	位元組對齊	byte aligned
字节多路转换通道	位元組多工通道	byte multiplexer channel
字节每秒	每秒位元組數	bytes per second, Bps
字节每英寸	每英吋位元組數	bytes per inch, Bpi
字节填充	位元組填充,位元組填塞	byte stuffing
字量	字元量,字量	Hanzi quantity, character quantity
字每分	每分鐘字數,字/分	words per minute, wpm
字每秒	每秒鐘字數,字/秒	words per second, wps
字面常量	文字常數	literal constant
字母	字母	letter
字母编码	字母編碼	alphabetic coding
字母编码集	字母編碼集	alphabetic coded set
字母编址	字母定址	alphabetic addressing
字母表	字母,字符	alphabet
字母串	字母串	alphabetic string
字母代码	字母編碼	alphabetic code
字母数字代码	文數編碼	alphanumeric code
字母数字的	文數	alphanumeric, alphameric
字母数字显示	字符顯示	alphanumeric display
字母数字阅读机	文數閱讀機	alphanumeric reader
字母-数字字符	文數字元	alphameric character
字母数字字符集	文數字元集	alphanumeric character set, alphameric character set
字母字	字母字,字符字	alphabetic word
字母字符集	字母字元集	alphabetic character set
字片	字片	word slice
字频	字頻,字元頻率	Hanzi frequency, character frequency
字驱动	字驅動	word drive

大陆名	台湾名	英文名
字冗余	字冗餘	word redundancy
字体	字體,字元式樣	Hanzi style, character style
字位八位	八位元組格	cell-octet
字线	字組線	word line
字形	字形,字元表格	Hanzi form, character form
字形编码	書寫編碼	calligraphical coding
字型	字型	font type, font
字序	字序,字元順序	Hanzi order, character order
字选存储器	字組成儲存器	word-organized storage
字音	字音	Hanzi pronunciation, character pronunciation
自保持继电器	自保持繼電器	latching relay
自变量,变元	引數	argument
自测试	自測	self-testing
自差接收机	自差接收機	autodyne receiver
自差式接收	自差接收法	autodyne reception
自掺杂	自摻雜	autodoping
自持放电	自持放電	self-maintained discharge
自重定位	自再定位	self-relocation
自淬灭计数器	自淬滅計數器	self-quenched counter
自底向上	由下而上	bottom-up
自底向上方法	由下而上法	bottom-up method
自底向上句法分析	由下而上剖析	bottom-up parsing
自底向上设计	由下而上設計	bottom-up design
自底向上推理	由下而上推理	bottom-up reasoning
自调度	自排程	self-scheduling
自调度算法	自排程演算法	self-scheduled algorithm
自顶向下	自上而下	top-down
自顶向下测试	自上而下測試	top-down testing
自顶向下方法	自上而下方法	top-down method
自顶向下句法分析	自上而下剖析	top-down parsing
自顶向下设计	自上而下設計	top-down design
自顶向下推理	自上而下推理	top-down reasoning
自定标	自校準	self-calibration
自定格式	自訂格式	free format
自动	①自動 ②自動化	automate
自动安全监控器	自動化安全監控	automated security monitor
自动版图设计系统(=		

大陆名	台湾名	英文名
自动布图设计系统)		
自动保持	自動保持	automatic holding
自动保密话音通信	自動保密電話通信	automatic secure voice communication
自动报告	自動陳報	automatic reporting
自动报警接收机	自動警報接收機	automatic alarm receiver
自动报警信号键控装置	自動警報訊號鍵控裝置	automatic-alarm-signal keying device
自动报文操作系统	自動信息處理系統	automatic message handling system
自动报文处理系统	自動信息處理系統	automatic message processing system
自动报文处理中心	自動信息處理中心	automatic message processing center
自动报文地址路由系统	自動電文位址路由系統	automatic message address routing system
自动报文分发系统	自動信息分發系統	automatic message distribution system
自动报文交换网	自动信息交換網路	automatic message switching network
自动报文交换系统	自動信息交換系統	automatic message exchange system
自动本机频率控制	自動本地頻率控制	automatic local frequency control
自动闭塞制	自動閉塞系統	automatic block system
自动编段号	自動編段號	automatic paragraph numbering
自动编号机	自動編號機	automatic numbering machine
自动编号设备	自動編號設備,自動發號設備	automatic numbering equipment
自动编码	自動編碼	automatic coding
自动编码机	自動編碼機	automatic code machine
自动编码器	自動編碼器	autocoder
自动编页	自動編頁,自動標定頁數	automatic pagination
自动编页号	自動編頁號	automatic page numbering
自动编译程序	自動堆積器	autopiler
自动标引	自動索引	automatic indexing
自动并行化	自動平行化	automatic parallelization
自动拨号	自動撥號	autodial
自动补偿	自動補償	autocompensation
自动布局	自動佈局	autoplacement
自动布局布线	自動佈局佈線	automatic placement and routing
自动布图设计系统,自动版图设计系统	自動佈局設計系統	layout design automation system, DA system
自动布线	自動選路	autorouting
自动测量系统	自動測量系統	automatic measuring system
自动测试	自動測試	automatic testing, autotest
自动测试[模式]生成	自動測試形樣產生	automatic test pattern generation, ATPG

大 陆 名	台 湾 名	英 文 名
自动测试设备	自動測試設備	automatic test equipment
自动测试生成器	自動化測試產生器	automated test generator
自动测试数据生成器	自動化測試資料產生器	automated test data generator
自动测试用例生成器	自動化測試用例產生器	automated test case generator
自动测试用语发射机	自動測試用語發射機	automatic test-phrase transmitter
自动测向	自動測向	automatic direction finding, ADF
自动差错指示	自動錯誤指示	automatic error indication
自动程序设计	自動程式設計	automatic programming
自动程序设计语言	自動程式設計語言	automatic programming language
自动程序中断	自動程式中斷	automatic program interrupt
自动尺寸标注	自動標註尺寸	automatic dimensioning
自动重传	自動重傳	automatic retransmission
自动重发	自動重發,自動重復	automatic repetition
自动重复请求差错控制	ARQ 錯誤控制	ARQ error control
自动重选路由	自動重選路由,自動重編路由	automatic re-routing
自动处理系统	自動處理系統	automatic handling system
自动穿孔机	自動打孔機	automatic punch
自动传真,公众传真业务	自動傳真	autofax
自动存储重传设备	自動儲存與重傳設備	automatic storage and retransmission equipment
自动存储设备	自動存儲設備	automatic storage equipment
自动错综编码器	自動錯綜編碼器	automatic plexicoder
自动[代]码	自動編碼	autocode
自动带宽控制	自動帶寬控制	automatic bandwidth control
自动的	自動的	automatic
自动低速数据输入	自動低速資料登錄	automatic low data rate input
自动低音补偿	自動低音補償	automatic bass compensation
自动点键控器	自動點鍵控制	automatic dot keyer
自动电话	自動電話	automatic telephone
自动电话翻译系统	自動電話翻譯系統	automatic telephone translation system
自动电平控制	自動位元准控制	automatic level control, ALC
自动电子交换中心	自動電子交換中心	automatic electronic switching center
自动电子数据交换中心	自動電子資料交換中心	automatic electronic data switching center
自[动定]相阵	自相位陣列	self-phasing array
自动定序	自動定序	automatic sequencing
自动断路器	自動斷路器	automatic circuit breaker

大陆名	台湾名	英文名
自动多媒体交换[机]	自動多媒體交換[機]	automatic multimedia exchange
自动多址转报系统	自動多址轉報系統	automatic multiple address relay system
自动二进制数据链路	自動二元資料連結	automatic binary data link
自动翻译	自動翻譯	automatic translation
自动分段和控制	自動分段與控制	automatic segmentation and control
自动分页	自動調頁	automatic paging
自动跟踪	自動追蹤	automatic tracking, autotracking
自动功率控制	自動功率控制	automatic power control
自动国际交换局,自动国际交换台	自動國際交換局,自動國際交換台	automatic international exchange
自动国际交换台(=自动国际交换局)		
自动国际去话设备	國際自動去話設備	automatic outgoing international equipment
自动国内长途网	自動國內長途網[路]	automatic national trunk network
自动号码辨识	自動號碼識別	automatic number identification
自动号码辨识设备	自動號碼識別裝置	automatic number identification equipment
自动呼叫分配	自動呼叫分配	automatic call distribution
自动呼叫分配器	自動呼叫分配器	automatic call distributor
自动呼叫模拟装置	自動呼叫類比裝置	automatic call simulator
自动呼叫器	自動呼叫器	automatic call unit
自动呼叫应答设备	自動呼叫應答設備	automatic calling and answering equipment
自动化	自動化,自動作業	automation
自动化孤岛	自動化孤島	island of automation
自动化指挥系统	自動化指揮系統	automated command system
自动换碟机	光學記錄庫	optical jukebox
自动换行	①環繞式處理[程式] ②繞回,返轉,環繞	wraparound
自动换向天线走向设备	轉向天線自動定向設備	automatic gimbaled-antenna vectoring equipment
自动回归过程	自回歸過程	autoregressive process
自动汇接联网	自動匯接網路	automatic tandem networking
自动绘图	自動化製圖	automated drafting
自动机	自動機	automaton
自动激活电池	自動激活電池	automatically activated battery
自动集中器	自動集中器	automatic concentrator
自动计时校正器	自動時序校正器	automatic timing corrector
自动记录印刷装置	自動電話記錄摘要印刷裝置	automatic docket-printing facility

大陆名	台湾名	英文名
自动记忆	自動記憶	automatic memory
自动加入脚注	自動加入腳注	automatic footnote tie-in
自动驾驶[导航](=自动驾驶仪)		
自动驾驶仪,自动驾驶[导航]	自動駕駛裝置	autopilot
自动监督	自動監視器	automonitor
自动监督程序	自動監視器	automonitor
自动监控	自動監控	automatic supervisory control
自动监视,自动监听	自動監聽	automatic monitoring
自动监听(=自动监视)		
自动检测器	自動檢測器	automatic detector
自动检查	自動檢查	automatic inspection
自动检错	自動檢錯,自動錯誤偵測,自動錯誤檢測	automatic error detection
自动检错重发	自動檢錯重發	automatic error request,ARQ
自动检错与重传	自動偵錯與重傳	automatic error detection and retransmission
自动检验	自動檢查	automatic check
自动键	自動鍵	automatic key
自动交换操作	自動交換操作	automatic exchange operation
自动交换局	①自動交換局 ②自動交換機	automatic exchange
自动进给	自饋	automatic feed
自动纠错	自動錯誤更正	automatic error correction
自动纠错码	自動錯誤更正碼	automatic error-correcting code
自动纠错设备(=自动纠错装置)		
自动纠错系统	自動錯誤更正系統	automatic error correction system
自动纠错装置,自动纠错设备	自動錯誤更正裝置	automatic error correction device
自动均衡器	自動等化器	automatic equalizer
自动抗干扰电路,自动抗干扰线路	自動抗干擾電路,自動抗干擾線路	automatic antijam circuit
自动抗干扰线路(=自动抗干扰电路)		
自动空对地通信系统	自動空中地面通信系統	automatic air-gronud communication system
自动控制	自動控制	automatic control

大 陆 名	台 湾 名	英 文 名
自动拦截	自動截收	automatic intercept
自动灵敏度控制	自動靈敏度控制	automatic sensitivity control
自动逻辑推理	自動化邏輯推理	automated logic inference
自动码	自動編碼	automatic code
自动密钥密码	自動密鑰密碼	autokey cipher
自动模型获取	自動模型獲取	automatic model acquisition
自动莫尔斯电码操作	摩斯電碼自動操作	automatic Morse code operation
自动目标检测	自動目標偵測	automatic target detection
自动偏压控制	自動偏壓控制	automatic bias control
自动频率校正	自動頻率校正	automatic frequency correction
自动频率控制	自動頻率控制	automatic frequency control, AFC
自动频率控制系统	自動頻率控制系統	automatic-frequency-control system
自动频率调谐器	自動頻率調諧器	automatic frequency tuner
自动频率稳定	自動頻率穩定	automatic frequency stabilization
自动启动	自動啟動	autostart
自动清除键	自動拆線按鍵,報終信號自動鍵	automatic clearing key
自动清除装置	自動拆線裝置	automatic clearing apparatus
自动请求重发	自動請求重發	automatic repeat request, ARQ, automatic request for repetition
自动请求系统	自動回詢系統	automatic request system
自动群忙设施	自動群忙設備	automatic group-busying facility
自动任务化	自動任務化	autotasking
自动设计工具	自動化設計工具	automated design tool
自动时元补偿器	自動延時補償器	automatic time element compensator
自动收发器	自動收發設備,自動收發報機	automatic sender-receiver
自动数据处理	自動資料處理	automatic data processing
自动数据处理机	自動資料處理機	automatic data processor
自动数据翻译机	自動資料解碼器	automatic data translator
自动数据服务中心	自動資料業務中心	automatic data service center
自动数据互换系统	自動資料互換系統	automatic data interchange system
自动数据简化器	自動資料簡化器	automatic data reducer
自动数据交换系统	自動資料交換系統	automatic data exchange system
自动数据交换中心	自動資料交換中心	automatic data switching center
自动数据链路	自動資料傳輸鏈路	automatic data link
自动数据速率变换器	自動資料速率變換器	automatic data rate changer
自动数字报文交换中心	自動數位電文交換中心	automatic digital message switching center

大陆名	台湾名	英文名
自动数字编码系统	自動數位編碼系統	automatic digital encoding system
自动数字式报文交换[机]	自動數位電文交換[機]	automatic digital message switch
自动数字数据获取和记录	自動數位資料獲取與記錄	automatic digital data acquisition and recording
自动数字网络	自動數位網路	automatic digital network
自动送纸器	自動表單饋送器	automatic sheet feeder
自动搜索服务	自動化搜索服務	automated search service
自动替代路由,自动迂回路由	自動交替路由,自動迂迴路由	automatic alternate route
自动天线调谐器	自動天線調諧器	automatic antenna tuner
自动调节	自動調節	automatic regulation
自动调谐	自動調諧	autotune
自动调谐短波发射机	自動調諧短波發射機	automatically tuned shortwave transmitter
自动停机	自動停止	automatic stop
自动通信监控器	自動通信監聽器	automatic communication monitor
自动同步	自動同步	autosync
自动同步机	自動同步機,自動同步裝置	automatic synchronizer
自动同步器	自動同步器	autosyn
自动同步系统	自動同步系統	automatic synchronizing system
自动图片传输系统	自動圖像傳輸系統,自動傳真系統	automatic picture transmission system
自动推理	自動化推理	automated reasoning
自动托架	自動托架	automatic carriage
自动微调	自動微調	automatic fine tuning
自动文摘	自動節略文摘	automatic abstract, automatic abstracting
自动无线电测向系统	自動無線電定向系統	automatic radio direction finding system
自动线路交换	線路自動交換,線路自動轉接	automatic line switching
自动线路交换机	自動電路交換	automatic circuit exchange
自动相位控制系统	自動相位控制系統	automatic phase control system
自动响应询问	自動回應詢問	automatic response query
自动选路	自動路徑選擇,自動路由法	automatic routing
自动寻线	自動尋線	automatic hunting
自动寻址系统	自動定址系統	automatic addressing system, AAS
自动演绎	自動演繹	automatic deduction

大　陆　名	台　湾　名	英　文　名
自动验证工具	自動化驗証工具	automated verification tools
自动验证系统	自動化驗證系統	automated verification system
自动译码	自動解碼	automatic code translation
自动音调调整	自動音調校正	automatic tone correction
自动音量控制	自動音量控制	automatic volume control, AVC
自动音频交换系统	自動音頻交換系統	automatic audio switching system, AASS
自动应答器	自動回應器	automatic-answer back unit
自动应答中继线	自動回應中繼線	automatic answer trunk
自动邮寄	自動郵寄	robopost
自动迂回路由(=自动替代路由)		
自动迂回路由选择	自動尋找迂迴路由,自動迂回接續	automatic alternative routing
自动增益控制	自動增益控制	automatic gain control, AGC
自动增益控制双极放大器	自動增益控制雙極放大器	automatic gain-controlled bipolar amplifier
自动增益稳定	自動增益穩定	automatic gain stabilization
自动摘要	自動摘要	auto abstract
自动振铃	自動振鈴	automatic ringing
自动直接连接制	自動直接連接制	automatic direct connection system
自动指令	自動指令	automatic command
自动转接	自動轉接	automatic switchover
自动着陆	自動著陸	automatic landing
自动字典	自動字典	automatic dictionary
自对准隔离工艺	自對準隔離工藝	self-aligned isolation process
自对准 MOS 集成电路	自我對準 MOS 積體電路	self-aligned MOS integrated circuit
自发发射	自發輻射	spontaneous emission
自发辐射放大	自發輻射放大	amplification of spontaneous emission
自反传递闭包	反身遞移閉包	reflexive and transitive closure
自放电	自放電	self-discharge
自感[应]	自感	self induction
自隔离	自隔離	self-isolation
自规划	自規劃	self-planning
自划界块	自劃界塊	self-delineating block
自恢复自举驱动电路	自恢復自舉驅動電路	self-restoring bootstrapped drive circuit
自回归的	自回歸	autoregressive, AR
自回归过程	自回歸過程	AR process

大 陆 名	台 湾 名	英 文 名
自会聚	自會聚	auto-convergence
自激振荡	自激振盪	self-oscillation
自给能中子探测器	自給能中子探測器	self-powered neutron detector
自检电路	自檢電路	self-checking circuit
自检验	自檢	self-checking
自建电场	內建電場	built-in field
自校正控制	自調諧控制	self-tuning control
自聚焦	自聚焦	self-focusing
自聚焦光纤	自聚焦光纖	self-focusing optical fiber
自扩散	自擴散	self-diffusion
自连接(=自联结)		
自联结,自连接	自聯合	self-join
自描述	自描述	self-description
自描述性	自描述性	self-descriptiveness
自模型	自模型	self-model
自耦变压器	自耦變壓器	autotransformer
自嵌[入]	自嵌入	self-embedding
自圈	自迴路	selfloop
自然对流	自然對流	natural convection, free convection
自然二进制代码	普通二進位碼	natural binary code, NBC
自然非序	自然非序	natural disorder
自然干扰	自然干擾	natural interference
自然景物	自然物件,自然場景	natural object, natural scene
自然联结	自然結合	natural join
自然频率	自然頻率,固有頻率	natural frequency
自然取样	自然取樣	natural sampling
自然推理	自然推理	natural inference
自然纹理	自然紋理	natural texture
自然线宽	自然線寬	natural linewidth
自然序	自然次序	natural order
自然语言	自然語言	natural language
自然语言处理	自然語言處理	natural language processing
自然语言概念分析	自然語言概念分析	conceptual analysis of natural language
自然语言理解	自然語言理解	natural language understanding
自然语言生成	自然語言產生	natural language generation
自然语言数据库	自然語言資料庫	database for natural language
自然语言语法	自然語言文法	grammar for natural language
自适应	自適	self-adapting

大 陆 名	台 湾 名	英 文 名
自适应变换编码	適應性轉換編碼	adaptive transform coding, ATC
自适应差分脉码调制	自適應差分脈碼調制	adaptive differential pulse-code modulation, ADPCM
自适应检测器	自適性檢測器	adaptive detector
自适应均衡	自適應均衡	adaptive equalization
自适应控制	自適應控制	adaptive control
自适应雷达	自適應雷達	adaptive radar
自适应路由选择	自適應路由選擇	adaptive routing
自适应神经网络	可調適類神經網絡	adaptive neural network
自适应天线	適應性天線	adaptive antenna
自适应通信	適應式通信,適應性通信	adaptive communication
自适应系统	適應性系統	adaptive system
[自]适应小波(=[自]适应子波)		
自适应性	適應性	adaptability
[自]适应学习	適應學習	adaptive learning
自适应遥测	自適應遙測	adaptive telemetry
自适应遥控	自適應遙控	adaptive remote control
自适应用户界面	適應用戶介面	adaptive user interface
自适应预测编码	適應性預估編碼	adaptive predictive coding, APC
自适应预测编码子带混合编码	適應性預估編碼/次頻域編碼混合編碼	APC/SBC hybrid coding
自适应增量调制	自適應增量調制	adaptive delta modulation
[自]适应子波,[自]适应小波	適應子波	adaptive wavelet
自锁模	自鎖模	self mode-locking
自调整	自調節	self-regulating
自调制	自調變	self modulation
自同步	自行同步	self-synchronization
自同步密码	自同步密碼	self-synchronous cipher
自同步[时钟]	自計時	self-clocking
自相关	自相關聯	autocorrelation
自相关函数	自相關函數	autocorrelation function
自相交	自相交	self-intersection
自相似网络业务	自相似網路流量	self-similar network traffic
自协方差函数	自變異函數	autocovariance function
自信息	自資訊	self information

大 陆 名	台 湾 名	英 文 名
自省知识	自身知識	self-knowledge
自修理	自修復	self-repair
自旋反转拉曼激光器	自旋取向拉曼雷射	spin-flip Raman laser
自旋稳定卫星	自旋轉穩定衛星	spin-stabilized satellite
自学习	自學	self-learning
自寻优控制	自行最佳化控制	self-optimizing control
自引导	自啟動	self-booting
自引用	自引用,自參考	self-reference
自由表	自由表	free list
自由词检索	自由詞檢索	free-word retrieval
自由电子激光器	自由電子雷射	free electron laser, FEL
自由端连接器	自由端連接器	free connector
自由距离	自由距離	free distance
自由空间	自由空間	free space
自由空间表	自由空間表	free space list
自由空间波长	自由空間波長	free space wavelength
自由空间传输	自由空間傳輸	free space transmission
自由空间衰减	自由空間衰減	free-space attenuation
自由空间损耗	自由空間損耗	free-space loss
自由模式	自由綱目	free schema
自由曲面	自由形式曲面	free-form surface
自由曲线	自由形式曲線	free-form curve
自由软件	自由軟體	free software
自由选择网	自由選擇網	free choice net
自由振荡	自由振盪	free oscillation
自由主体	自由代理	free agent
自诊断功能	自診斷功能	self-diagnosis function
自整角变压器	自整角變壓器	synchro transformer
自整角发送机	自整角發送機	synchro transmitter
自整角机	自整角機	synchro
自整角接收机	自整角接收機	synchro receiver
自治系统,自主系统	自律系統	autonomous system
自主安全	自由選定安全	discretionary security
自主保护	自由選定保護	discretionary protection
自主导航	自主導航	self-contained navigation
自主访问控制	自由選定存取控制	discretionary access control
自主系统(=自治系统)		
自主信道操作	自律通道操作	autonomous channel operation

大 陆 名	台 湾 名	英 文 名
自阻抗	自阻抗	self impedance
自组织神经网络	自組織類神經網絡	self-organizing neural network
自组织系统	自組織系統	self-organizing system
自组织映像	自組織映射	self-organization mapping
自作用	自作用	self-acting
综合编辑修改	綜合編輯與更新	synthesized editing and updating
综合操作系统	整合作業系統	integrated operating system
综合测试	整合測試	integration testing
综合测试系统	整合測試系統	integrated test system
综合话音－数据系统	整合語音/資料系統	integrated voice/data system
综合决策支持系统	合成決策支持系統	synthetic decision support system
综合旁瓣	總旁瓣強度	integrated sidelobes
[综合]数据库	資料銀行,資料庫	data bank
综合数字网	綜合數字網	integrated digital network, IDN
综合卫星系统	綜合衛星系統	hybrid satellite system
综合显示	綜合顯示	synthetic display
综合业务数字网,ISDN 网	整體服務數位網路	integrated service digital network, ISDN
[踪]迹	追蹤	trace
总带宽	總帶寬,總頻寬	total bandwidth, TWB
总计穿孔机	彙總打孔	summary punch
总损耗	總損失,總消耗	overall loss
总体模型	總體模型	overall model
总线	匯流排	bus
总线隔离模式	匯流排隔離模式	bus isolation mode
总线寂静信号	匯流排寂靜訊號	bus-quiet signal
总线接口板	匯流排介面板	bus interface board, BIB
总线结构	匯流排結構	bus structure
总线鼠标[器]	匯流排滑鼠	bus mouse
总线－树拓扑	匯流排/樹狀拓撲	bus/tree topology
总线网	匯流排網路	bus network
总线仲裁	匯流排仲裁	bus arbitration
总压力	總壓力	total pressure
总用户话机	總用戶話機	main subscriber station
总噪声功率	總雜訊功率	total noise power
纵波	縱向波	longitudinal wave
纵长格式	垂直格式	portrait format, vertical format
纵横杆式变换器	縱橫制阻抗轉換器	crossbar transformer

大　陆　名	台　湾　名	英　文　名
纵横交换机	縱橫交換機	crossbar switch
纵模	縱模	longitudinal mode
纵模选择	縱模選擇	longitudinal mode selection
纵向	縱向	longitudinal
纵向并联开槽	縱向並聯開槽	longitudinal shunt slot
纵向波导开槽	縱向波導開槽	longitudinal waveguide slot
纵向磁记录	縱向磁記錄	longitudinal magnetic recording
纵向奇偶检验	①縱向奇偶檢查 ②垂直奇偶檢查	①longitudinal parity check ② vertical parity check
纵向检验	垂直檢查,縱向核對	vertical check, longitudinal check
纵向冗余检验	縱向冗餘查核	longitudinal redundancy check, LRC, vertical redundancy check, VRC
纵向扫描	縱向掃描	longitudinal scan
走步测试	走步測試	walking test
走查	走查	walk-through
租用线路	租用線路	leased line
Ⅲ－Ⅴ族化合物半导体	三五族化合物半導體	Ⅲ-Ⅴ compound semiconductor
阻带	阻帶	stop band
阻火	阻火	fire retardance
阻抗	阻抗	impedance
阻抗常数	阻抗常數	impedivity
阻抗带宽	阻抗頻寬,阻抗頻寬	impedance bandwidth
阻抗矩阵	阻抗矩陣	impedance matrix
阻抗匹配	阻抗匹配	impedance matching
阻抗匹配变压器	阻抗匹配變壓器	impedance matching transformer
阻抗容积描记术	阻抗容積描記術	impedance plethysmography
阻抗心动描记术	阻抗心動描記術	impedance cardiography
阻抗圆图	阻抗圖	impedance chart
阻尼系数	阻尼係數	damping factor
阻尼振荡	阻尼振盪	damped oscillation
阻尼作用	阻尼作用	damping action
阻容耦合放大器	RC 耦合放大器	RC coupling amplifier
阻塞放电管(＝ATR 管)		
阻塞干扰	阻塞干擾	barrage jamming
阻塞区段(＝闭塞区间)		
阻塞网络	阻塞網路	blocking network
阻塞效率	[受]遮蔽效率	blockage efficiency
阻塞信号	阻塞訊號,阻塞訊號,閉	block signal

大陆名	台湾名	英文名
	塞訊號	
阻塞信号系统	阻塞訊號設備系統	block signal system
阻塞原语	區塊基元	block primitive
阻塞状态	受阻狀態	blocked state
阻塞状态(=分程序状态)		
阻值微调	阻值微調	resistance trimming
阻值允差	電阻值容許公差	resistance tolerance
阻止本地计费	預防本地計費	local charging prevention
阻止本领	阻止本領	stopping power
阻止距离	阻止距離	stopping distance
组八位	八位元群組	group-octet
组重复间隔	組重復間隔	group repetition interval, GRI
组合策略	組合策略	combined strategy
组合[磁]头	組合磁頭	combined head
组合干扰	組合干擾	combination interference
组合[键]码	合成鍵	composite key
组合逻辑电路	組合邏輯電路	combinational logic circuit
组合逻辑综合	組合邏輯合成	combinational logic synthesis
组合器	結合器	combiner
组合曲面	合成曲面	composite surface
组合曲线	合成曲線	composite curve
组合用字符	組合字元	combining character
组合站	組合站	combined station
组合指令	組合指令	combined command
Java 组件	Java 組件	Java bean
组相联高速缓存	集合相聯快取記憶體	set-associative cache
组相联映射	集合相聯對映	set-associative mapping
组织过程	組織過程	organizational process
组织界面	組織介面	organizational interface
组织唯一标识符	組織唯一識別符	organization unique identifier, OUI
组装技术	封裝技術	packaging technology, packaging technique
组装密度	封裝密度	packaging density
钻取[查询]	鑽取查詢	drill down query
钻蚀	鑽蝕	undercutting
最大超调量	最大超調量	maximum overshoot
最大低阈值输入电压	最大低定限輸入電壓	maximum low-threshold input-voltage

大　陆　名	台　湾　名	英　文　名
最大功率传输定理	最大功率轉換定理	maximum power transfer theorem
最大后验概率	最大後驗機率	maximum a posteriori probability, MAP
最大开路线长	最大明線長度	maximum open line length
最大频移	最大頻率偏移	peak-frequency deviation
最大熵估计	最大熵估計	maximum entropy estimation
最大线长	最大行長度	maximum line length
最大相位系统	最大相位系統	maximum phase system
最大延迟路径	最大延遲路徑	maximum delay path
最大允许偏差	最大允許偏差	maximum allowed deviation
最大最小测试,最小化最大测试	最小極大測試	minimax test
最低保护	最小保護	minimal protection
最低成本选路算法	最少成本擇路法則	least-cost routing algorithm
最低轨道运行的无人卫星	最低軌道運行的無人衛星	minimum orbital unmanned satellite
最低可用频率	最低可用頻率	lowest usable frequency, LUF
最低有效位	最低次位元	least significant bit, LSB
最短路径	最短路徑	shortest path
最短作业优先法	最短工件優先	shortest job first, SJF
最高优先级	最高優先等級	highest priority
最高优先级优先法	最高優先級優先法	highest priority-first, HPF
最高优先数	最高優先數	highest priority number
最高允许结温	最高允許結溫	maximum allowable junction temperature
最广合一子	最廣合一器	most general unifier
最后优先级	最後優先等級	last priority
最坏模式测试	最壞型樣測試	worst pattern test
最坏情况分析	最壞情況分析	worst-case analysis
最坏[情况]模式	最壞型樣	worst pattern
最坏情况输入逻辑电平	最壞情況輸入邏輯位準	worst-case input logic level
最佳接收机	最佳接收機	optimum receiver
最佳滤波器	最佳濾波器	optimum filter
最佳适配[法]	最適	best-fit
最佳优先搜索	最佳優先搜尋	best-first search
最近使用字词先见	最近使用字詞先見	priority of the latest used words
最近最少使用	最近最少使用	least recently used, LRU
最近最少使用替换算法	最近最少使用的替換演算法	least recently used replacement algorithm
最平幅度逼近	最平幅度逼近	maximally flat amplitude approximation

大　陆　名	台　湾　名	英　文　名
最平时延逼近	最平時延逼近	maximally flat delay approximation
最先事件错误概率	最先事件錯誤機率	first event error probability
最小编码单元	最小編碼單元	MCU
最小二乘[方]逼近	最小平方差近似	least square error approximation
最小范围	最小區域	minimum zone
最小峰值旁瓣	最小峰值旁瓣,最小峰值邊帶	minimum peak sidelobe
最小高阈值输入电压	最小高定限輸入電壓	minimum high-threshold input-voltage
最小化最大测试（=最大最小测试）		
最小回路	最小迴路	minimal tour
最小检测信噪比	最小檢測信噪比	minimum detectable signal-to-noise ratio
最小均方差	最小均方誤差	minimum mean-square error, MMSE
最小可探测温差	最小可探測溫差	minimum detectable temperature difference
最小偏移键控	最小相移鍵控	minimum shift keying, MSK
最小容许距离	最小容許距離	allowable minimum distance
最小冗余码	最小冗餘碼	minimum redundancy code
最小熵估计	最小熵估計	minimum-entropy estimation
最小熵译码	最小熵譯碼	minimum-entropy decoding
最小生成树	最小生成樹	minimal spanning tree
最小时间问题	最小時間問題	minimum-time problem
最小特权	最小特權	minimum privilege
最小特权原则	最小特權原則	principle of least privilege
最小相位网络	最小相位網路	minimum phase network
最小相位系统	最小相位系統	minimum phase system
最小相位滞后系统	最小相位落後系統	minimum phase-lag system
最小相移键控	最小相移鍵控	minimum phase-shift keying, MSK
最小相移网络	最小相移網路	minimum phase-shift network
最优编码	最佳編碼	optimum coding
最优并行算法	最佳平行演算法	optimal parallel algorithm
最优估计	最佳估計	optimal estimation
最优归并树	最佳歸併樹,最佳合併樹	optimal merge tree
最优控制	最佳控制	optimal control
最优控制理论	最優控制理論	optimal control theory
最优凸分解	最佳凸分解	optimal convex decomposition
最优性	最佳性	optimality
最优圆弧插值	最佳圓弧内插	optimal circular arc interpolation

大　陆　名	台　湾　名	英　文　名
最右派生	最右導出	rightmost derivation
最终检查,终检	最終檢查,終檢	final inspection
最终用户编程	終端用戶程式設計	end user programming
最左派生	最左導出	leftmost derivation
左对齐	左邊排齊	flush left
左匹配	左匹配	left-matching
左特性	左特性	left characteristic
左线性文法	左線性文法	left-linear grammar
左移	左移	shift left
佐洛塔寥夫函数	柔羅塔瑞函數	Zolotarev function
作业	工件	job
作业表	工件表	job table, JT
作业步	工件步驟	job step
作业处理	工件處理	job processing
作业调度	工件排程	job scheduling
作业队列	工件隊列	job queue
作业分割处理	分割工件處理	divided job processing
作业分类	工件分類	job classification
作业管理	工件管理	job management
作业控制	工件控制	job control
作业控制程序	工件控制器	job controller
作业控制块	工件控制塊	job control block, JCB
作业控制语言	工件控制語言	job control language, JCL
作业流	工件流,工件流程	job stream, job flow
作业录入	工件登錄	job entry
作业描述	工件描述	job description
作业名	工件名稱	job name
作业目录	工件目錄	job catalog
作业吞吐量	工件通量	job throughput
作业文件	工件檔案	job file
作业优先级	工件優先	job priority
作业栈	工件堆疊	job stack
作业周期	工件週期	job cycle
作业状态	工件狀態	job state
作用点	作用點	action spot
作用域	範疇顯示器,示波器	scope
坐标转换计算器	坐標轉換計算機	coordinate conversion computer

副　篇

A

英文名	大陆名	台湾名
A (=ampere)	安[培]	安培
AAL (=ATM adaptive layer)	ATM 适配层	ATM 調適層
A algorithm	A 算法	A 演算法
AAS (=automatic addressing system)	自动寻址系统	自動定址系統
AASS (=automatic audio switching system)	自动音频交换系统	自動音頻交換系統
A band	A 波段	A 頻帶
abandoned call	放弃呼叫,呼叫失败	被放棄的呼叫,未接通的呼叫
abbreviated address	短缩地址,简略地址,缩址	簡略地址,簡址
abbreviated address calling	缩址呼叫	簡碼呼叫
abbreviated call	简呼,短缩呼叫	簡呼,簡碼呼叫
abbreviated dialing	缩位拨号	簡碼撥號,簡縮撥號
abbreviated dial system	缩位拨号系统,简略拨号系统	簡縮撥號系統,簡碼撥號系統
abbreviation extraction	缩写抽取	縮寫擷取
abductive reasoning	反绎推理	反繹推理
abend dump	异常终止转储	異常終止傾印
abend exit	异常终止出口	異常跳出
aberration	像差	象差
ABM (=asynchronous balanced mode)	异步平衡方式	非同步平衡模式
abnormal glow discharge	异常辉光放电	異常輝光放電
abort	异常中止	①異常中止 ②打斷 ③放棄
abort key	中止键	中止鍵
abort light	故障信号灯,故障指示灯	故障訊號燈

英　文　名	大　陆　名	台　湾　名
abort sequence	放弃序列,异常中止序列	放棄序列
ABR (=available bit rate)	可用比特率	可用位元速率
abrupt junction	突变结	突陡接面
absolute address	绝对地址	絕對位址
absolute addressing	绝对编址	絕對定址
absolute altitude	绝对高度	絕對高度
absolute loader	绝对地址装入程序	絕對載入器
absolute machine code	绝对机器代码	絕對機器碼
absolute maximum rating	绝对最大额定值	絕對最大額定值
absolute resolution	绝对分辨率	絕對解析度
absolute vacuum gauge	绝对真空计	絕對真空計
absorbency	吸墨性	吸墨性
absorption	吸收	吸收
absorption band	吸收带	吸收頻帶
absorption coefficient of photoconductor	光导体吸收系数	光導體吸收係數
absorption fading	吸收性衰落,吸收性衰減	吸收衰褪,吸收性衰落
absorption frequency	吸收频率	吸收頻率
absorption limiting frequency	吸收极限频率	吸收極限頻率,吸收截止頻率,吸收限制頻率
absorption loss	吸收损耗	吸收損耗
absorption region	吸收区	吸收區域
absorptivity	①吸热率 ②吸收率,吸收性,吸收力	吸收率,吸收力,吸收性
absorptivity wave-meter	吸收率波长计	吸收率波長計,吸收式波長計
abstract code	抽象码	抽象碼
abstract data type	抽象数据类型	抽象資料類型
abstract family of languages	抽象语言族	抽象語言系列
abstracting service	①文摘服务 ②文摘服务处	摘要服務
abstraction	抽象	抽象
abstract machine	抽象机	抽象機
abstract method	抽象方法	抽象方法
abstract window toolkit (AWT)	抽象窗口工具箱	抽象視窗工具箱
ABT (=ATM block transfer)	ATM 报文块传送	ATM 訊息塊傳送

英 文 名	大 陆 名	台 湾 名
AC (=①access code ②access control ③access cycle ④adjacent channel ⑤aggregate channel ⑥alternating current)	①口令,存取码,访问码 ②接入控制;存取控制,访问控制 ③访问周期,存取周期 ④相邻信道 ⑤聚合信道 ⑥交流	①選取碼,進接碼 ②接入控制;存取控制,進接控制 ③存取週期 ④相鄰通道 ⑤組合通道 ⑥交流
accelerated test	加速测试	加速測試
acceleration constant	加速常数	加速常數
acceleration time	加速时间	加速時間
accelerator key	加速键	加速鍵
accentuator	加重电路,振幅加强线路	增強器,頻率校正線路,音頻強化器
acceptable level of risk	可承受风险级	可承受風險級
acceptable quality level	可接收质量水平	可接收質量水準
acceptance	①验收 ②接收	①驗收 ②接收
acceptance angle	[观察]允许角	[觀察]允許角
acceptance criterion	验收准则	驗收準則
acceptance inspection	验收检查	驗收檢驗
acceptance test	验收试验	驗收試驗
acceptance testing	验收测试	驗收測試
accepting state	接受状态	接受狀態
acceptor	①受主 ②接受器	①受體 ②接收器
acceptor circuit	接收器电路	接受器電路
access	①访问,存取 ②接入	①存取,讀取 ②接入 ③進接,進出
access arm	存取臂	存取臂
access authorization	访问授权	存取授權
access category	访问范畴,存取范畴	存取種類
access channel	接入信道,存取通道	進接通道
access code (AC)	口令,存取码,访问码	選取碼,進接碼
access conflict	存取冲突,访问冲突	存取衝突
access control (AC)	①接入控制 ②存取控制,访问控制	①接入控制 ②存取控制,進接控制
access control field	访问控制字段	存取控制欄
access control mechanism	存取控制机制	存取控制機制
access cycle (AC)	访问周期,存取周期	存取週期
access delivery information	接入投送信息	接取傳送資訊
access denial	存取拒绝	存取拒絕

英 文 名	大 陆 名	台 湾 名
access hole	①读写孔 ②通导孔	①存取孔 ②通導孔
accessibility	可存取性	可存取性
access level	访问级别,存取级别	存取層次,存取等級
access line	接入线路	接入線路
access list	存取表,访问表	存取串列
access manager	存取管理程序	存取管理器
access matrix	访问矩阵,存取矩阵	存取矩陣
access mechanism	存取机构	存取機構
access method	存取方法	存取方法
access network	接入网	接取網路
access node	接入节点	接入節點
access permission	访问许可,存取许可	存取許可,存取允許
access point	接入点	進接點
access prefix	接入首字,接入冠字	存取字頭
access privilege	存取特权,访问特权	存取特權
access protocol	接入规约	接入規約
access queue	存取队列	存取隊列
access right	访问权,存取权	存取權,使用權限
access scan	取数扫描	存取掃描
access sharing	访问共享	存取共享
access speed	存取[访问]速度	存取速率,進接速率
access switch	存取[访问]开关,接入交换机	存取切換器,進接交換機
access time	存取时间	存取時間
access transparency	存取透明性	存取透明性
access transport	接入传送	接取傳送
access type	存取类型,访问类型	存取型式
access violation	存取违例	存取違規
accidental failure period	偶然失效期	偶然失效期
accidental threat	偶然威胁	非限定威脅
accommodation factor	适应系数	適應係數
accompanying sound trap	伴音陷波器	伴音陷波器
accordion seek	往复寻道[测试]	往復尋覓
accounting code	记账码	會計碼
account policy	记账策略	帳號原則
accumulation distribution unit	累加分配器	累加分配器
accumulator	累加器	累加器
accumulator jump instruction	累加器转移指令	累積器跳越指令

英　文　名	大　陆　名	台　湾　名
accumulator register	累加寄存器	累加暫存器
accuracy	准确度	準確度
accuracy control system	准确度控制系统	準確度控制系統
accutuned coaxial magnetron	精调同轴磁控管	精調同軸磁控管
AC erasing	交流清洗,交流抹去	交流清除法
achievable rate	可达率	可達率
achievable region	可达区域	可達區域
acid storage battery	酸性蓄电池	酸性蓄電池
AC interference	交流干扰	交流干擾
ACK (=acknowledgement)	确认	確認
acknowledged connectionless-mode transmission	确认的无连接方式传输	確認的無連接方式傳輸
acknowledgement (ACK)	确认	確認
acknowledgement bit	确认比特,确认位	確認位元
acknowledgement frame	确认帧	回報框,確認框,認可框
acknowledge receipt	确认收妥	確認收妥
ACM (=address complete message)	地址收全消息	位元址完全信息
acoustic enclosure	音箱	音箱
acoustic frequency	声频	聲頻,音頻
acoustic impedance audiometry	声阻抗测听术	聲阻抗測聽術
acoustic memory	声存储器	聲響記憶體
acoustic model	声学模型	聲響模型
acoustic sensor	声敏感器	聲感測器
acoustooptical receiver	声光接收机,布拉格元接收机	聲光接收機,布拉格元接收機
acoustooptic ceramic	声光陶瓷	聲光陶瓷
acoustooptic crystal	声光晶体	聲光晶體
acoustooptic devices	声光器件	聲光元件
acoustooptic effect	声光效应	聲光效應
acoustooptic modulation	声光调制	聲光調制
acoustooptic Q-switching	声光 Q 开关	聲光 Q 開關
acquirer	需方	獲取者
acquisition	获取	獲取,擷取
acquisition process	获取过程	獲取過程
acquisition radar	探测雷达	獲取雷達,探測雷達
acquisition range	获取范围,捕获范围	①獲取範圍 ②探測信標
acquisition time	①收集时间 ②占用时间	獲取時間,探測時間
acquisition tracking subsystem	探测跟踪分系统	獲取追蹤子系統,探測

英 文 名	大 陆 名	台 湾 名
		跟蹤子系統
acquittance	清欠收据,电报收妥通知	清欠收據,清償、電報收妥通知
ACR (=allowed cell rate)	允许信元速率	允許單元速率
AC ringer	交流电铃	交流電鈴
acronym	前缀组合词	縮寫字,字首[語],頭字語
ACSE (=association control service element)	联合控制服务要素	應用控制服務元件
AC servo	交流伺服系统	交流伺服系統
AC signaling	交流信令	交流振鈴
AC signaling system	交流信令系统	交流訊號系統,交流傳訊系統
ACT gun (=anti-comet-tail gun)	抗彗尾枪	抗彗尾槍
action paper	压感纸	壓感紙
action potential	动作电位	動作電位
action spot	作用点	作用點
activate (=enable)	激活,使能	賦能,啟動
activate key	启动键,激活键	起動鍵,工作鍵
activate mechanism	激活机制	啟動機制
activate primitive	激活原语	啟動基元
activating signal	启动信号,激活信号	起動訊號
activation energy	激活能	激活能
activation energy of diffusion	扩散激活能	擴散活化能
activation function	激活函数	啟動函數
active agent	活动主体	主動代理
active alignment	主动校准	主動校準
active antenna	有源天线	有源天線,主動天線,輻射天線
active array	有源阵	有源陣列
active array antenna	有源阵列天线	主動式陣列天線
active attack	主动攻击	主動攻擊
active backplane	有源底板	有源底板
active balance return loss	有源平衡回波损耗	主動平衡回波損耗
active channel	现用信道,占用信道	占用通道,占線頻道,佔線通道
active channel state	工作信道状态	現用通道狀態
active circuit	有源电路	有源電路,主動電路

英　文　名	大　陆　名	台　湾　名
active communication satellite	有源通信卫星	有源通訊衛星,主動通訊衛星
active component	有源元件	主動元件
active database	主动数据库	現用資料庫
active decision-support system	主动决策支持系统	主動決策支援系統
active detection	有源探测	有源探測
active directory	现用目录	主動式目錄
active display	主动显示	主動顯示
active driver	活动驱动器	主動式驅動器
active edge list	活化边表	現行邊串列
active element	有源组件	主動元件
active file	活动文件	現用檔案
active filter	有源滤波器	主動濾波器
active guidance	有源制导	有源製導
active homing	主动导引,主动寻的	主動尋標
active impedance	有源阻抗	主動阻抗
active jamming	有源干扰	有源干擾
active line	工作线,活动线路	①有效線 ②實線
active lines per frame	有效扫描行数每帧	每框有效掃描行數
active link	工作链路	有效鏈接
active material	活性物质	活性物質
active matrix	有源矩阵	有源矩陣
active medium	激活媒质	活性介質
active microwave remote sensing	有源微波遥感	有源微波遙感
active mode-locking	主动锁模	主動鎖模
active network	有源网络	主動網路
active optical fiber	激活光纤	激活光纖
active page	活动页	現用頁
active partition	活动分区	現用分區
active process	活动进程	活動中的作業元
active query	主动查询	主動查詢
active redundancy	工作冗余	工作冗余
active relay station (ARS)	有源中继站	主動[式]中繼台,主動[式]中繼站
active repair time	修理实施时间	修理實施時間
active repeater satellite	有源中继卫星	有源中繼衛星,有源轉發衛星,主動中繼衛星

英 文 名	大 陆 名	台 湾 名
active return loss	有源回波损耗	主動回波損耗
active satellite	有源卫星	有源衛星,主動衛星
active satellite attitude control	有源卫星姿态控制	主動衛星姿態控制
active scanning interval	有效扫描时间间隔	有效掃描間隔時間,活動掃描間隔時間
active singing point	有效信令点	主動振鳴點
active star network	有源星状网	主動星形連接網路,主動星形網路
active star topology	有源星状拓扑	主動星狀拓撲
active state	活动状态	活動狀態
active system	有源系统	有源系統,主動系統
active threat	主动威胁	主動威脅
active tracking	有源跟踪	有源跟蹤
active transducer	①有源转换器 ②有源换能器	①有源變換器,主動轉換器 ②有源換能器,主動換能器
active vision	主动视觉	主動視覺
active wiretapping	篡改信道信息,伪造信道信息,主动搭线窃听	主動篡改線路訊息
activity	活动	①活動率 ②活動性
activity address code	活动地址码	活動位址代號,單位位址代號
activity ratio	活动率	活動比
actor model	角色模型	角色模型
actual parameter	实参	實際參數
actuating code	执行码	執行碼
actuating force	驱动力	驅動力
actuating system	启动系统,驱动系统	致動系統
actuation time	动作时间,致动时间	動作時間,致動時間
actuator	①执行器 ②执行机构	①執行器 ②執行機構
acyclic feeding	非周期[性]馈送	非循環饋送
Ada	Ada 语言	ADA 程式語言
adaptability	自适应性	適應性
adaptation level	适应电平	適應位准
adapter	适配器	①配接器 ②附加卡 ③整流器
adaptive antenna	自适应天线	適應性天線

英　文　名	大　陆　名	台　湾　名
adaptive communication	自适应通信	適應式通信,適應性通信
adaptive control	自适应控制	自適應控制
adaptive delta modulation	自适应增量调制	自適應增量調制
adaptive detector	自适应检测器	自適性檢測器
adaptive differential pulse-code modulation (ADPCM)	自适应差分脉码调制	自適應差分脈碼調制
adaptive equalization	自适应均衡	自適應均衡
adaptive jamming (= responsive jamming)	响应式干扰	附應式干擾
adaptive layer controller	适配层控制器	適配層控制器
adaptive learning	[自]适应学习	適應學習
adaptive maintenance	适应性维护	適應維護
adaptive neural network	自适应神经网络	可調適類神經網絡
adaptive predictive coding (APC)	自适应预测编码	適應性預估編碼
adaptive radar	自适应雷达	自適應雷達
adaptive remote control	自适应遥控	自適應遙控
adaptive routing	自适应路由选择	自適應路由選擇
adaptive system	自适应系统	適應性系統
adaptive telemetry	自适应遥测	自適應遙測
adaptive transform coding (ATC)	自适应变换编码	適應性轉換編碼
adaptive user interface	自适应用户界面	適應用戶介面
adaptive wavelet	[自]适应子波,[自]适应小波	適應子波
adaptor connector	转接连接器	轉接連接器
ADCCP (= advanced data communication control procedure)	高级数据通信控制规程	高等資料通訊控制程式
Adcock array	阿德科克阵列	亞德克陣列
A/D converter (= analog-to-digital converter)	模数转换器,A/D 转换器	A/D 轉換器
add/drop multiplexing (ADM)	插分复用	
adder	加法器	加法器
adder-subtracter	加减器	加減器
additional character	附加字符	附加字元
addition item	补充项,增添项	加法項
addition record	追加记录,补充记录	增加記錄,補充記錄
addition theorem	加法定理,相加定理	相加定理
additive links online Hawaii area	阿罗哈	一種隨機擷取協定

英 文 名	大 陆 名	台 湾 名
(ALOHA)		
additive white Gaussian noise (AWGN)	加性高斯白噪声	加成性白高斯雜訊
additive white Gaussian noise channel	加性高斯白噪声通道	加成性白高斯雜訊通道
add-on security	后加安全	附加保全措施
address	地址	位址
addressable register	可按址访问的寄存器,编址寄存器,寻址寄存器	可定址暫存器
address access time	地址存取时间	位址存取時間
address administration	地址管理	位址管理
address bus	地址总线	位址匯流排
address complete message (ACM)	地址收全消息	位元址完全信息
address-complete signal	地址完全信号	位址完全訊號
address conversion	地址转换	位址轉換
addressed receiving station	定址的接收站	定址的接收站
addressee's credit	收件人付费	收訊者付費,收訊者記帳
address field	地址字段	位址欄
address format	地址格式	位址格式
address-incomplete signal	地址不完全信号	位址不完全訊號
addressing	编址,寻址	定址
addressing capability	寻址能力	定址能力
addressing level	寻址级	定址位準
addressing mode	寻址方式	定址模式
address mapping	地址映像	位址對映
address mask	地址掩码	位址遮罩
address modification	地址修改	位址修改
address part	地址部分	位址部分
address register	地址寄存器	位址暫存器
address resolution protocol	地址解析协议	地址解析協定
address space	地址空间	位址空間
address subscription	地址预约	位址預約
address substitution	地址代换	位址替代
address translation	地址变换	位址變換
A/D encoder	模数编码器	類比/數位編碼器
ADF (=automatic direction finding)	自动测向	自動測向
adhesion	附着	附著
ad hoc committee	特别委员会	特設委員會

英 文 名	大 陆 名	台 湾 名
adjacency	邻近,邻接	相鄰
adjacency list structure	邻接表结构	相鄰串列結構
adjacency matrix	邻接矩阵	相鄰矩陣
adjacency relation	邻接关系	相鄰關系
adjacent channel (AC)	相邻信道	相鄰通道
adjacent channel selectivity	相邻信道选择性	相鄰通道選擇性
adjacent layer	[相]邻层	相鄰層
adjoint source	伴随信源	伴隨源
adjunct circuit	附加电路	附加電路,附屬電路
adjustment	调整	調整
adjust text mode	调整文本方式	調整正文模態
ADM (= add/drop multiplexing)	插分复用	
administration	局,署,主管部门	主管部門,管理局
administrative network	行管网	行政網[路]
administrative security	行政安全	行政管理安全性
administrative time	修理准备时间	修理準備時間
admittance	导纳	導納
admittance chart	导纳圆图	導納圖
ADP (= ammonium dihydrogen phosphate)	磷酸二氢铵	磷酸二氫銨
ADPCM (= adaptive differential pulse-code modulation)	自适应差分脉码调制	自適應差分脈碼調制
adpedance (= immittance)	导抗	導抗
adsorption	吸附	吸附
advance call	先行预约呼叫	預約呼叫
advanced control	先行控制	前置控制,預看控制
advanced data communication control procedure (ADCCP)	高级数据通信控制规程	高等資料通訊控制程式
advanced instruction station	先行指令站	先進指令站
advanced operating environment	先进操作环境	先進作業環境
advanced operating system	先进操作系统	高級作業系統
Advanced Research Project Agency network (ARPANET)	高级研究计划局网络,阿帕网	高級研究計劃局網路,ARPA 網路
advance-preparation service	预先准备业务	預約準備制,提前準備制
advective duct	对流性管道	對流性波導,對流性波道
advice of allotment	分配通知	分配通知

英 文 名	大 陆 名	台 湾 名
advice of charge	计费通知	計費資料顯示
advisory route	建议路由	建議採取的路由,諮詢路由
aerial	架空,空中	架空的
aerial array (=antenna array)	天线阵	天線陣列
aerial attenuator	天线衰减器	天線衰減器
aerial balance	天线平衡	天線平衡
aerial bare line	架空明线	架空明線,架空裸線
aerial cable	架空电缆	架空纜線,高架纜線,天線纜線
aerial lead-in	架空引入	架空吊入,架空引入
aerial line	架空线	架空[明]線
aerial network	天线网,架空网	天線網,架空網路
aerial radio	航空无线电	航空無線電
aerial rotating equipment (=antenna rotating equipment)	天线旋转设备	天線旋轉設備,天線轉動設備
aerial switching	天线切换	天線轉換
aerial system	天线系统	天線系統
aerial telegraph conductor	空中电报线	架空電報線
aerodiscone antenna	机载盘锥形天线	機載盤錐形天線
aerodrome control radio	机场控制无线电	機場控制無線電,機場管制無線電
aeronautical broadcast service	航空广播通信业务	航空廣播通信業務
aeronautical communication	航空通信	航空通信
aeronautical communications satellite	航空通信卫星	航空通信衛星
aeronautical communication station	航空通信站,航空通信电台	航空通訊電台,導航通信台,導航通訊台
aeronautical fixed station	航空固定电台	固定航空電台
aeronautical fixed telecommunication network	航空固定电信网	導航用固定電信網路
aeronautical ground radio station	航空地面无线电台	地面無線電導航站
aeronautical marker beacon station	航空标志信标站	航空標誌信標電台
aeronautical mobile radio service	航空移动路线业务	航空行動無線電業務
aeronautical mobile-satellite	航空移动卫星	航空移動衛星
aeronautical navigational radio service	航空导航无线电业务	航空無線電導航業務
aeronautical radio (=aerial radio)	航空无线电	航空無線電
aeronautical radio beacon	航空无线电信标	航空無線電信標
aeronautical radionavigation mobile station	航空无线电导航移动电	航空無線電導航行動電

英 文 名	大 陆 名	台 湾 名
	台	台,無線電導航流動電台
aeronautical radionavigation service	航空无线电导航业务	航空無線電導航業務
aeronautical radio service	航空无线电业务	航空無線電業務
aeronautical radio station	航空无线电台	導航無線電台
aeronautical satellite communication	航空卫星通信	航空衛星通信
aeronautical telecommunication	航空电信	航空電信
aeronautical telecommunication agency	航空电信机构	航空電信機構
aeronautical telecommunication service	航空电信业务	航空電信業務
aeronautical utility land station	航空公用陆上电台	航空通用陸上電台
aeronautical utility mobile station	航空公用移动电台	航空通用行動電台,航空通用移動電台
aerophare	航空用信标	無線電信標,航空指示燈
aerophone	扩音器,无线电话机	空中電話
aeroplane station	飞机站,航空电台	飛機電台
aerospace (=aeronautics and space)	航空航天	航空與太空,航宇,航太
aerostat radar	飞船载装雷达	飛船載裝雷達
AES (=Auger electron spectroscopy)	俄歇电子能谱[学]	俄歇電子能譜[學]
AF (=audio frequency)	音频	音頻,聲頻
AFA (=audio frequency amplifier)	音频放大器	聲頻放大器
AFC (=automatic frequency control)	自动频率控制	自動頻率控制
AFCS (=air force communication service)	空军通信业务	空軍通信業務
affine transformation	仿射变换	仿射變換
after glow (=persistence)	余辉	餘輝
after-image	后像	後像,餘像,殘留影像
after pulse	余脉冲	餘脈波
AGC (=①automatic gain control ②air-to-ground code)	①自动增益控制 ②空对地[通信]代码	①自動增益控制 ②空對地通信電碼
ageing	老化	老化
agent	①主体 ②代理	代理
agent architecture	主体体系结构	代理架構
agent-based software engineering	基于主体[的]软件工程	代理式軟體工程
agent-based system	基于主体[的]系统	代理式系統
agent communication language	主体通信语言	代理通信語言
agent-oriented programming	面向主体[的]程序设	代理導向程式設計

英 文 名	大 陆 名	台 湾 名
	计	
agent team	主体组	代理團隊
agent technology	主体技术	代理技術
aggregate channel (AC)	聚合信道	組合通道
aggregate signal	聚合信号	集合訊號,集成訊號,集合訊號,組合訊號
aggregate speed	聚合速度	集合速度
aggregation	聚集	聚合
aging failure	老化故障,老化失效	老化故障
agitation error	骚动误差	騷動誤差
AI (= artificial intelligence)	①人工智能 ②人工智能学	人工智慧
AI language (= artificial intelligence language)	人工智能语言	人工智慧語言
airborne-based navigation	空基导航	空基導航
airborne communicator	机载通信装置	機載通信裝置
airborne radar	机载雷达	機載雷達
aircom system (= air force communications system)	空军通信系统	空軍通信系統
air cooling	气冷	氣冷
aircraft echo	飞机回波	飛行物回波,飛行物雷達回波
aircraft interphone system	机内通话系统	機內通話系統
aircraft launching satellite	机载发射卫星	機載發射衛星,從飛行器上發射的人造衛星
aircraft-to-satellite link	飞机卫星[通信]链路	飛機-衛星通信鏈路,飛機-衛星通信線路
aircraft transmitter-receiver	机载收发信机	機載收發兩用機
aircraft wireless control	航空无线控制	機上無線電控制
air defense radar	防空雷达	防空雷達
airfield control communication	机场管制通信	機場指揮通信
air filter	空气过滤器	空氣過濾器
air floating head	空气浮动磁头	氣浮頭
airflow	空气流	氣流
air flow rate	空气流速	氣流率
air force communication service (AFCS)	空军通信业务	空軍通信業務
air force communications system	空军通信系统	空軍通信系統
air force communication station	空军通信台,空军通信	空軍通信站,空軍通訊

英文名	大陆名	台湾名
	站	站
air-ground communication network	空对地通信网	地空通信網[路]
airline	①航线 ②风道	架空線路
air operational communications network	航空操作通信网	航空調度通信網路
airport surface detection radar	场面检测雷达	場面檢測雷達
airport surveillance radar (ASR)	机场监视雷达	機場監視雷達
air route surveillance radar (ARSR)	航线监视雷达	航線監視雷達
air speed	空速	空速
air-supported radome	空气支撑天线罩	空氣支撐天線罩
air-surveillance radar	空中监视雷达	空中監視雷達
air-to-air communication	空对空通信	空對空通信
air-to-ground code (AGC)	空对地[通信]代码	空對地通信電碼
air-to-ground communication	空对地通信	空對地通信
air traffic control (ATC)	空中交通管制,空管	空中交通管製,空管
air traffic control radar (ATC radar)	空管雷达	空管雷達
air transportable earth station	可空运地球站	可空運地面站
airway and air communication service	航线航空通信业务	航線和航空通信業務
airway station	航线电台	①航空電台 ②沿航線的通信站,沿航線的通訊站
AIS (=alarm indication signal)	告警指示信号	告警指示訊號
AJ (=anti-jam)	抗干扰	抗干擾,反干擾
alarm (ALM)	①报警[信号],告警 ②闹钟	①警報訊號 ②警鈴,警報機
alarm circuit	报警电路	告警電路,警報電路
alarm command	告警指令	告警指令
alarm device	报警装置	告警裝置,警報裝置
alarm dismissal probability	漏警概率	漏警機率
alarm display	报警显示	警報顯示
alarm indication signal (AIS)	告警指示信号	告警指示訊號
alarm signal	报警信号	警報訊號
A-law companding	A律压扩	A律壓伸
A-law quantization	A律量[子]化	A法則量化
albedowave	反照波	反照波
ALC (=automatic level control)	自动电平控制	自動位[元]准控制
ALE (=atomic layer epitaxy)	原子层外延	原子層磊晶
alert	警告	告警
ALERT (=①alerting ② alerting mes-	①提醒 ②报警消息	①振鈴 ②告警信息

英　文　名	大　陆　名	台　湾　名
sage)		
alert frequency	报警频率	報警頻率
alerting (ALERT)	提醒	振鈴
alerting message (ALERT)	报警消息	告警信息
alerting signal	报警信号	告警訊號
alertor	报警器	警報器
algebraic code	代数码	代數碼
algebraic data type	代数数据类型	代數資料型態
algebraic language	代数语言	代數語言
algebraic logic	代数逻辑	代數邏輯
ALGebraic-Oriented Language	面向代数语言	代數導向語言
algebraic semantics	代数语义学	代數語意學
algebraic simplification	代数简化	代數簡化
algebraic specification	代数规约	代數規格
algorithm	算法	演算法
algorithm analysis	算法分析	演算法分析
algorithm convergence	算法收敛	演算法收斂
algorithmic language	算法语言	演算法語言
algorithm secrecy	算法保密	演算法保密
alias	别名	別名
alias analysis	别名分析	別名分析
aliasing	①图形失真 ②混叠	①別名,混淆現象 ②混疊
align	对齐	①對準 ②安排訂單
aligned position	协调位置	協調位置
aligner	整直器	對準儀
alignment disk	调整用硬盘	調正磁碟
alignment diskette	调整用软盘	調正磁片
alignment frame	校准帧	校準框
alignment network	对准网络	調正網路
alignment of sleeve	袖套校准	袖套校準
alignment precision	对准精度	對準精度
alignment tape	调整带	調整帶
alive circuit	带电线[电]路	有源電路,帶電電路
alkaline storage battery	碱性蓄电池	鹼性蓄電池
alkaline zinc-air battery	碱性锌空气电池	鹼性鋅空氣電池
alkaline zinc-manganese dioxide cell	碱性锌锰电池	鹼性鋅錳電池
all advised	所有各方均已通知	通知所有電台,所有的

英文名	大陆名	台湾名
		電台已通知
Allan variance	阿伦方差	艾倫方差
all band	全波段	全波段,全頻帶
all busy circuit	全忙电路	全忙電路
all channel decoder	全信道解码器	全通道解碼器
all-clear signal lamp	话终信号灯,全清除信号灯	清理完畢訊號燈
all-in-one computer	多合一[主板]计算机	單體全備計算機
all numbers calling	全号呼叫	全體呼叫
all-numerical dialling	全数字拨号	全數字撥號
allocated service	已分配业务	分配通信業務,預分配通信業務
allocation	分配	分配,指定,配置
allocation schema	分布模式,分配模式	分配綱目
allocation unit	分配单位	分配單位
all-over-water propagation	全水上传播	全水上傳播
allowable distance between stations	电台间容许距离	電台間容許距離,電台間最大距離
allowable minimum distance	最小容许距离	最小容許距離
allowed cell rate (ACR)	允许信元速率	允許單元速率
allowed frequency	允许频率	可用頻率
alloy diode	合金二极管	合金二極體
alloy junction	合金结	合金接面
alloy magnetic particle tape	金属粉末磁带	合金粒子磁帶
alloy transistor	合金晶体管	合金電晶體
all-pass filter	全通滤波器	全通濾波器
all-pass network	全通网络	全通網路
all-pole filter	全极滤波器	全極濾波器
all relay automatic telephone system	全继电器制自动电话系统	全繼電器制自動電話系統
all-space	全空号,全空白	全空號
all-trunks-busy	中继线全忙	全途全線忙線
all trunks-busy cyclic retest	中继线全忙循环重复测试	長途全忙迴圈重復測試
all-trunks-busy register	中继线全忙寄存器	長途全線忙線記錄器
all wave	全波	全波,全波無線電接收機
all-wave antenna	全波[段]天线	全波天線

英　文　名	大　陆　名	台　湾　名
all-wave receiver	全波[段]接收机	全波接收機
all-weather automatic landing	全天候自动着陆	全天候自動著陸
all zero character signal	全零字符信号	全零字元訊號,全零字元訊號
all-zero filter	全零滤波器	全零濾波器
ALM (=alarm)	闹钟	警鈴,警報機
Al-Ni-Co permanent magnet	铝镍钴永磁体	鋁鎳鈷永久磁鐵
ALOHA (=additive links online Hawaii area)	阿罗哈	一種隨機擷取協定
ALPHA	Alpha 语言	ALPHA 程式規劃語言
alphabet	字母表	字母,字符
alphabetic addressing	字母编址	字母定址
alphabetic character set	字母字符集	字母字元集
alphabetic code	字母代码	字母編碼
alphabetic coded set	字母编码集	字母編碼集
alphabetic coding	字母编码	字母編碼
alphabetic-numeric	字母-数字的	字母數字的
alphabetic string	字母串	字母串
alphabetic word	字母字	字母字,字符字
alphameric (=alphanumeric)	字母数字的	文數
alphameric character	字母-数字字符	文數字元
alphameric character set (=alphanumeric character set)	字母数字字符集	文數字元集
alphanumeric	字母数字的	文數
alphanumeric character set	字母数字字符集	文數字元集
alphanumeric code	字母数字代码	文數編碼
alphanumeric display	字母数字显示	字符顯示
alphanumeric reader	字母数字阅读机	文數閱讀機
Alpha Omega	阿尔法奥米伽[系统]	阿爾法奧米伽[系統]
alpha spectrometer	α 谱仪	α 譜儀
alpha test	α 测试	α 測試
altering	变更	變更
alter mode	修改方式,更改方式	變更模式
alternate binary code	交替二进制[代]码	交替二進[制]編碼,交變二進[制]碼
alternate channel	备用信道	備用通道
alternate channel interference	相间信道干扰	相間通道干擾
alternate circuit route	迂回电路路由	替代線路繞線

英文名	大陆名	台湾名
alternate code	交替码	交替碼
alternate coding key	备用编码键	換用碼鍵
alternate communications facility	备用通信设施	替用通信設備
alternate digital conversion code	交替数字反转码	數字交替反轉碼
alternate frequency	替换频率	備用頻率
alternate humidity test	交变潮热试验	交變潮熱試驗
alternate mark inversion (AMI)	传号交替反转	傳號交替變換
alternate mark inversion code	传号交替反转码	傳號交替反轉碼
alternate routing	迂回选路	迂迴路由法,交替路由法,更替通路法
alternate routing code	迂回选路码	迂迴路由碼
alternate track	替换磁道	替用軌
alternate transmission	轮流传输	輪流傳輸
alternating bilinear form	交错双线性形式	交錯雙線性形式,交錯雙線性格式
alternating current (AC)	交流	交流
alternating current dialing	交流拨号	交流撥號
alternating current/direct current (AC/DC)	交流或直流,交直流两用	交流電/直流電
alternating current selection	交流选择	交流撥號,交流選擇
alternating quadratic form	交错二次型	交錯二次式
alternation theorem	交错定理	交錯定理
alternative path	备用通路	備用通路
alternative route (= alternate route)	迂回路由	迂迴路由,替代路由,備用路由
alternative routing (= alternate routing)	迂回选路	迂迴路由法,交替路由法,更替通路法
alternative trunking	迂回中继	迂迴[長途]中繼法
alterroute	转路	轉路
altimeter	高度表,测高仪	高度表,測高儀
altitude-hole effect	高度空穴效应	高度空穴效應
ALU (= arithmetic and logic unit)	算术逻辑部件,运算器	算術邏輯單元
alumina ceramic	氧化铝瓷	氧化陶瓷
aluminum-air cell	铝空气电池	鋁空氣電池
aluminum electrolytic capacitor	铝电解电容器	鋁電解電容
aluminum nitride ceramic	氮化铝瓷	氮化陶瓷
AM (= amplitude modulation)	调幅	調幅
amateur band	业余波段	業餘頻帶

英文名	大陆名	台湾名
amateur operator	业余爱好者	業餘報務員,業餘話務員
amateur portable mobile station	可移动式业余电台	可移動式業餘電台,業餘可攜式行動電台
amateur radio	业余无线电	業餘無線電
amateur radio communication	业余无线电通信	業餘無線電通信,業餘無線電通訊
amateur satellite	业余通信卫星	業餘衛星
amateur station (AT)	业余电台	業餘電台
amateur station call letter	业余电台呼号	業餘電台呼號
ambient humidity	环境湿度	周圍濕度
ambient light	环境光	周圍光
ambient noise	环境噪声	環境雜訊
ambient temperature	环境温度	周圍溫度
ambiguity	①歧义 ②模糊度	①歧義 ②模糊度
ambiguity diagram	模糊图	模糊圖
ambiguity function	模糊函数	模糊函數
ambiguity of phrase structure	短语结构歧义	片語結構歧義
ambiguity resolution	歧义消解	歧義解析
ambiguous grammar	多义文法	歧義文法
AM broadcasting	调幅广播	調幅廣播
ambulatory monitoring	可走动病人监护,非卧床监护	可走動病患監護,非臥床監護
Amdahl's law	阿姆达尔定律	Amdahl 定律
American Standard Code for Information Interchange (ASCII code)	美国信息交换标准代码,ASCII 码	美國資訊交換標準碼,ASCII 碼
American wire gauge (AWG)	美国线规	美國線規
AM/FM (=amplitude modulation/frequency modulation)	调幅与调频	調幅/調頻
AMI (=alternate mark inversion)	传号交替反转	傳號交替變換
AMI line encoding	传号交替反转线路编码	AMI 線編碼
ammeter	电流表,安培表	電流表,安培表
ammonia-air fuel cell	氨空气燃料电池	氨空氣燃料電池
ammonium dihydrogen phosphate (ADP)	磷酸二氢铵	磷酸二氫銨
A-mode ultrasonic scanning	A 型超声扫描	A 型超音波掃描
amorphous magnetic material	非晶磁性材料	非晶磁性材料
amorphous semiconductor	非晶态半导体	非晶態半導體
amorphous silicon	非晶硅	非晶矽

英 文 名	大 陆 名	台 湾 名
amorphous silicon solar cell	非晶硅太阳电池	非晶矽太陽電池
amount of information	信息量	資訊量
amount of secrecy	保密量	守密量
amount of words in coincident code	重码字词数	同碼字數
amp (= ampere)	安[培]	安培
AMP (= amplifier)	放大器	放大器
ampere (A, amp)	安[培]	安培
ampere per meter, A/M	安培每米	安培/米
Ampere's circuit law	安培电路定律	安培電路定律
Ampere's law	安培定律	安培定律
ampere-turns (AT)	安培匝数	安培匝數
amphoteric impurity	两性杂质	兩性雜質
amplification	放大	放大
amplification of spontaneous emission	自发辐射放大	自發輻射放大
amplified phone	扩音电话	擴音電話
amplifier (AMP)	放大器	放大器
amplitron	增幅管	增幅管
amplitude analyzer	幅度分析器	幅度分析器
amplitude comparison monopulse	比幅单脉冲	比幅單脈波
amplitude control	幅值控制	振幅控制
amplitude detection	幅度检波	振幅檢波
amplitude discriminator	幅度鉴别器	幅度鑑別器
amplitude domain multiple access	振幅域多路接入	振幅域多重進接
amplitude fluctuation	振幅起伏	振幅擾動
amplitude-frequency characteristic	幅频特性	幅頻特性
amplitude limiter	限幅器	限幅器
amplitude limiting	限幅	限幅
amplitude lopper (= amplitude limiter)	限幅器	限幅器
amplitude modulated transmitter (AM transmitter)	调幅发射机	調幅發射機
amplitude modulation (AM)	调幅	調幅
amplitude modulation meter	调幅度表	調幅度表
amplitude modulation phase modulation (AM-PM)	调幅调相	調幅－調相
amplitude modulation phase-shift keying (AM-PSK)	调幅移相键控	調幅相移鍵控
amplitude modulation with vestigial side-band	残余边带调幅	殘邊帶調幅

英　文　名	大　陆　名	台　湾　名
amplitude modulator	调幅器	調幅器
amplitude noise	幅度噪声	幅度噪聲
amplitude pattern antenna measurement	振幅图型天线测量	天線振幅場型量測
amplitude-phase diagram	幅相图	幅相圖
amplitude response	幅度响应	振幅回應
amplitude segmentation	幅度分割	調幅分段
amplitude shift keying (ASK)	幅移键控	振幅移鍵
amplitude shift keying modulation	幅移键控调制	幅移鍵控調變
amplitude spectrum	振幅频谱	振幅頻譜
amplitude stability	振幅稳定性	振幅穩定度
amplitude taper efficiency	幅度衰减效率	振幅削幅效率
amplitude-time converter	幅度－时间变换器	幅度－時間變換器
AM-PM (＝amplitude modulation phase modulation)	调幅调相	調幅－調相
AM-PSK (＝amplitude modulation phase-shift keying)	调幅移相键控	調幅相移鍵控
AM-to-FM converter	调幅调频变换器	調幅－調頻變換器
AM transmitter (＝amplitude modulated transmitter)	调幅发射机	調幅發射機
analog back-up	模拟后援,模拟备分	類比備份
analog channel	模拟信道	類比通道
analog communication	模拟通信	類比通信
analog component VTR	模拟分量录像机	類比分量錄象機
analog computer	模拟计算机	類比計算機,類比電腦
analog control technique	模拟控制技术	類比[電腦]控制技術
analog device	模拟装置	類比裝置
analogical inference	模拟推理	類比推理
analogical learning	模拟学习	類比學習
analog input	模拟输入	類比輸入
analog instrument	模拟仪器	類比儀器
analog integrated circuit	模拟集成电路	類比積體電路
analog multiplier	模拟乘法器	類比乘法器
analog network	模拟网络	類比網路
analog oscilloscope	模拟示波器	類比示波器
analog output	模拟输出	類比輸出
analog representation	模拟表示法	類比表示式
analog signal	模拟信号	類比訊號
analog switching	模拟交换	類比交換

英 文 名	大 陆 名	台 湾 名
analog system	模拟系统	類比系統
analog-to-digital conversion	模数转换	類比數位轉換
analog-to-digital converter (A/D converter)	模数转换器,A/D 转换器	A/D 轉換器
analog transmission	模拟传输	類比傳輸
analog waveform	模拟波形	類比波形
analogy	模拟	類比
analysis block	分析块	分析塊
analysis phase	分析阶段	分析階段
analyst	分析员	分析員
analytical attack	分析攻击	分析攻擊
analytical model	分析模型	分析模型
analytic attribute	分析属性	分析屬性
analytic hierarchy processing	层次分析处理	階層分析處理
analytic learning	分析学习	分析學習
anaphylaxis failure (=sensitive fault)	敏感故障	①敏感故障,敏急故障 ②有感故障,有感錯失
ancestor	先辈	①上代 ②源始
ancillary equipment	辅助设备	輔助設備
AND gate	与门	AND 閘
AND operator	与算符	及運算子
AND-OR gate	与或门	AND-OR 閘
and/or stack register	与或堆堆寄存器	且或堆疊暫存器
anechoic chamber	①电波暗室 ②消声室	①電波暗室 ②消聲室
anesthesia depth monitor	麻醉深度监护仪	麻醉深度監護儀
angel	寄生目标,天使回波	天使回波
angle discriminant	角度鉴别[装置]	角度鑑別[裝置]
angle diversity	角分集	角度分集
angle lap-stain method	磨角染色法	磨角染色法
angle modulation	调角	調角
angle noise	角[度]噪声	角[度]噪聲
angle tracking	角跟踪	角追蹤
anglicize	英语化	英語化
angular displacement	角位移,失调角	角位移
angular position transducer	角度位置传感器	角位轉換器
animation	动画	動畫
anisotropic dielectric	各向异性[电]介质	非等向性介質

英 文 名	大 陆 名	台 湾 名
anisotropic etching	各向异性刻蚀	各向異性刻蝕
anisotropic medium	各向异性媒质	異向介質
anisotropy	各向异性,非均质性	各向互異性,非均向性
anisotropy index	各向异性指数	各向[互]異性係數
anisotype heterojunction	各向异性异质接面	異型異質接面
ANN (=artificial neural net, artificial neural network)	人工神经网络	人工神經網路
annealing	退火	退火
annotated image exchange	带注释的图像交换	註記式影像交換
annular slot antenna	环形缝隙天线	環形開槽天線
anode	阳极	陽極
anode oxidation method	阳极氧化法	陽極氧化法
anomalous transmission method	异常透射法	異常透射法
anonymity	匿名性	匿名性
anonymous FTP	匿名文件传送协议	匿名式檔案傳輸協定
anonymous login	匿名登录	匿名式登錄
anonymous refund	匿名转账	匿名式退費
anonymous server	匿名服务器	匿名式伺服器
answer back (=answering)	应答	應答,回應,回答
answer extraction	解答抽取	回答擷取
answering	应答	應答,回應,回答
answer schema	回答模式	回答概要
antecedent	前提	①前提 ②先行
antenna	天线	天線
antenna absolute-gain measurement	天线绝对增益测量	天線絕對增益量測
antenna adapter	天线适配器	天線適配器,天線轉接器
antenna alignment test set	天线校准测试仪	天線校準儀
antenna amplitude pattern measurement	天线振幅图测量	天線振幅場型量測
antenna aperture	天线孔径	天線孔徑
antenna aperture distribution	天线孔径分布	天線孔徑分佈
antenna aperture efficiency	天线孔径效率	天線孔徑效率
antenna array	天线阵	天線陣列
antenna array of Alford loops	奥尔福德天线阵	奧爾福德天線陣
antenna bandwidth	天线带宽	天線頻寬
antenna beam	天线波束	天線波束
antenna beams diversity	天线射束分集	天線波束分集
antenna beam shape factor	天线波束形状因数	天線波束形狀因數

英 文 名	大 陆 名	台 湾 名
antenna beam shaping	天线波束成形	天線波束整形
antenna beamwidth	天线束宽	天線束寬,天線波束寬度
antenna capture area	天线捕获区	天線截捕面積
antenna depolarization	天线去极化,天线消偏振	天線之去偏極效應
antenna dipole	天线偶极子	偶極天線,半波天線
antenna directivity	天线方向性	天線指向性
antenna directivity diagram	天线方向性图	天線方向性圖
antenna directivity measurement	天线方向性测量	天線指向性量測
antenna duplexer	天线双工器	天線轉換開關
antenna efficiency	天线效率	天線效率
antenna elevation angle	天线仰角	天線仰角
antenna exchanger	天线交换器	天線交換器
antenna feed	天线馈线	天線饋電
antenna focal length	天线焦距	天線焦距
antenna follower	天线跟踪器	天線跟蹤器
antenna foundation	天线基座	天線基座,天線地基
antenna gain	天线增益	天線增益
antenna gain measurement	天线增益测量	天線增益量測
antenna highness	天线高度	天線高度
antenna impedance	天线阻抗	天線阻抗
antenna impedance measurement	天线阻抗测量	天線阻抗量測
antenna input impedance	天线输入阻抗	天線輸入阻抗
antenna matching unit	天线匹配装置	天線匹配裝置,天線匹配單元
antenna measurement range	天线测量量程	天線量測設施
antenna mode of folded dipole	折叠双极天线方式	回紋針形雙極天線模態,折疊雙極天線模態
antenna mount	天线座	天線架
antenna multicoupler	天线共用器	天線共用器
antenna noise	天线噪声	天線雜訊
antenna noise temperature	天线噪声温度	天線雜訊溫度
antenna output	天线输出	天線輸出
antenna output impedance	天线输出阻抗	天線輸出阻抗
antenna pattern	天线方向图	天線輻射圖形,天線場形

英文名	大陆名	台湾名
antenna phase measurement	天线相位测量	天線相角量測
antenna platform	天线平台	天線平台
antenna pointing loss	天线指向损耗	天線指向損失
antenna polarization	天线极化	天線極化
antenna polarization measurement	天线极化测量	天線極化特性量測
antenna polarization misalignment	天线极化失调	天線極化失准
antenna polar pattern measurement	天线极坐标场图测量	天線極坐標場型量測
antenna power gain	天线功率增益	天線功率增益
antenna radiation efficiency measurement	天线辐射效率测量	天線輻射效率量測
antenna radiation mechanism	天线辐射机理	天線輻射機制
antenna radiation pattern	天线辐射图	天線輻射圖,天線輻射場型
antenna range	天线量程	天線量測設施
antenna rotating equipment	天线旋转设备	天線旋轉設備,天線轉動設備
antenna servo	天线伺服	天線伺服
antenna side lobe	天线旁瓣,天线副瓣	天線旁瓣,天線副瓣
antenna socket	天线插座	天線插座
antenna-splitting device	天线分割装置	天線共用器
antenna standing wave ratio	天线驻波比	天線駐波比
antenna support	天线支架	天線杆
antenna switch	天线开关	天線轉換開關
antenna switching	天线转换	天線轉換,波瓣轉換
antenna temperature	天线温度	天線溫度
antenna terminal	天线终端	天線接頭
antenna tower	天线塔	天線塔
antenna tracking and stabilization system	天线跟踪稳定系统	天線跟蹤與穩定系統
antenna traveling wave ratio	天线行波比,天线行波系数	天線行波比,天線行波係數
antenna tuner	天线调谐器	天線調諧器
antenna waveguide section	天线波导段	天線波導部分
antenna waveguide switch	天线波导开关	天線波導轉換
anti-aliasing	图形保真	抗混淆,防止別名
anti-aliasing filter	反混叠滤波器	反頻疊濾波器,去頻疊濾波器
anti-aliasing lowpass frequency-selective filter	反混叠低通选频滤波器	反頻疊之低通頻率選擇濾波器
antiarmor missile	反装甲导弹	反裝甲飛彈

英 文 名	大 陆 名	台 湾 名
anticipatory paging	先行分页	先行分頁
anti-click circuit	消喀喇音电路	消喀壢音電路
anticlutter receiver	抗杂波接收机	抗雜波接收機
anticollision radar	防撞雷达	防撞雷達
anti-comet-tail gun (ACT gun)	抗彗尾枪	抗彗尾槍
anti-Compton gamma ray spectrometer	反康普顿 γ 谱仪	反康普頓 γ 譜儀
antidependence	反依赖	反相依
anti-eavesdrop	防窃听	反竊聽
anti-eavesdrop device	反窃听装置	反竊聽裝置
anti-fading antenna	抗衰落天线	抗衰褪天線
antiferroelectric ceramic	反铁电陶瓷	反鐵電陶瓷
antiferroelectric crystal	反铁电晶体	反鐵電晶體
anti-ferromagnetism	反铁磁性	反鐵磁性
anti-interference (=anti-jam)	抗干扰	抗干擾,反干擾
anti-jam (AJ)	抗干扰	抗干擾,反干擾
anti-jam frequency	抗干扰频率	抗干擾頻率
anti-jamming	反[蓄意]干扰	反[蓄意]干擾
anti-jam receiver	抗干扰接收机	抗干擾接收機
antimony sulfide vidicon	硫化锑视像管	硫化銻視象管
antinode	波腹,腹点	波腹
anti-noise circuit	抗噪声电路	抗雜訊電路
anti-noise microphone	抗噪声传声器	抗噪聲傳聲器
antipodal signal	反极信号	反極訊號
anti-radar	反雷达	反雷達
antireflection coating	抗反射涂层,增透膜	防止反射保護膜,抗反射膜
anti-satellite	反卫星	反衛星
anti-saturated logic	抗饱和型逻辑	抗飽和型邏輯
antisideband	反边带	反邊帶
anti-side-tone	消侧音	消側音
antisidetone set	消侧音电话机	消側音電話機
anti-stealth technology	反隐形技术	反隱形技術
anti-Stokes scattering	反斯托克斯散射	反史托克斯散射
anti-TR	反收发	反收發
antivibration	抗震	抗震
antivirus	防病毒	防毒
antivirus program	防病毒程序	防毒程式
AP (=application process)	应用进程	應用程式

英文名	大陆名	台湾名
APB (=backward adaptive prediction)	后向适应预测	向後調適預測,向後適應性預估
APC (=adaptive predictive coding)	自适应预测编码	適應性預估編碼
APC/SBC hybrid coding	自适应预测编码子带混合编码	適應性預估編碼/次頻域編碼混合編碼
APD (=avalanche photodiode)	雪崩光电二极管	崩潰光二極體
APD detector (=avalanche photodiode optical detector)	雪崩光电二极管检光器,APD 检测器	崩潰光二極體檢光器,APD 檢測器
aperiodic	非周期,非调谐	非週期的
aperiodic antenna	非周期天线	非週期天線
aperiodic signal	非周期信号	非週期訊號
aperture	孔径	孔徑
aperture blockage	受遮蔽之孔径	受遮蔽之孔徑
aperture card	窗孔卡	孔徑卡
aperture distortion	孔径失真,孔径畸变	孔徑失真,孔徑畸變,孔徑變形
aperture distribution	孔径分布	孔徑分佈
aperture field	孔径场	孔徑[電]場
aperture grille	荫栅	蔭閘極
apex	峰,顶点,尖	①頂峰,頂點 ②反射點
apex cardiography	心尖心动描记术	心尖心動描記術
APL (=A programming language)	APL 语言	APL 程式設計語言
apparent permeability	表观磁导率	表觀導磁率
apparent quality factor	表观品质因数	表觀品性因數
appearance potential spectroscopy (APS)	出现电势谱[学]	出現電勢譜[學]
append	追加	附加
appendage task	附加任务	附加任務
applet	小应用程序	獨立應用程式
application	应用	①應用 ②應用程式,應用軟體
application development tool	应用开发工具	應用開發工具
application domain	应用领域	應用領域
application entity	应用层实体	應用層實體
application environment	应用环境	應用環境
application generator	应用生成器,应用生成程序	應用程式產生器
application layer	应用层	應用層
application-oriented language	面向应用语言	應用導向語言

英 文 名	大 陆 名	台 湾 名
application package	应用程序包	應用套裝軟體
application process (AP)	应用进程	應用程式
application program	应用程序	應用程式
application program interface	应用程序接口	應用程式介面
application service	应用服务	應用服務
application service element	应用服务要素	應用服務元件
application service provider (ASP)	应用服务提供者	應用服務提供者
application software	应用软件	應用軟體
application specific IC (ASIC) (= application specific integrated circuit)	专用集成电路	專用積體電路
application specific integrated circuit	专用集成电路	專用積體電路
appointment call	预约呼叫	定人定時呼叫
approach and landing system	进近着陆系统	進近著陸系統
approach aperture	进近窗口	進近窗口
appropriate automation	适当自动化	適當自動化
approximate reasoning	近似推理	近似推理
approximation	逼近	逼近
approximation algorithm	近似算法,逼近算法	近似演算法
A programming language (APL)	APL 语言	APL 程式設計語言
APS (= appearance potential spectroscopy)	出现电势谱[学]	出現電勢譜[學]
AQB (= backward adaptive quantization)	后向适应量化	向後調適量化,向後適應性量化
AR (= autoregressive)	自回归的	自回歸
arbitrary cell method	任意单元法	隨機單元法
arbitration	仲裁	仲裁
arbitration system	仲裁系统	仲裁系統
arbitration unit	仲裁单元	仲裁單位
arc discharge	弧光放电	弧光放電
arc discharge tube	弧光放电管	弧光放電管
Archimedian spiral antenna	阿基米德螺线[形]天线	阿基米德螺線天線
architecture	体系结构,系统结构	結構,架構
architecture modeling	体系结构建模	結構模式
archived file	归档文件	歸檔檔案
archive file	档案文件	歸檔檔案
archive site	存盘网点	歸檔地點
area and zip code	地区与邮政[编]码	區域碼

英文名	大陆名	台湾名
area array	面阵	面陣
area code	区号,区域[代]码,地区[代]码	區域碼,地區碼
area code of telephone	电话区号	電話區域碼
area communication	区域通信	地區通信,區域通話
area control center	地区控制中心	地區控制中心
area control frequency	区域控制频率	地區控制頻率
area density	面密度	面密度,區域密度,面記錄密度
area filling	区域填充	區域填充
area image sensor	面型图像传感器	區域影像感測器
areal density (=area density)	面密度	面密度,區域密度,面記錄密度
area light source	面光源	區域光源
areal recording density	面记录密度	面記錄密度
area protection	区域保护	區域保護
area retrieval	面检索	區域檢索
area scattering	地区散射	地面散射
area search	区域搜索	區域搜尋
area signal center	地区信号中心	地區訊號中心,地區通信中心
area signal system	区域通信系统	地區通信系統
Arecibo reflector	阿雷西沃反射器	厄瑞西柏反射器
argon ion laser	氩离子激光器	氬離子雷射
argument	自变量,变元	引數
arithmetical mean test	算术平均测试	算術平均測試
arithmetic and logic unit (ALU)	算术逻辑部件,运算器	算術邏輯單元
arithmetic check	算术检验	算術檢查
arithmetic code	算术码	算術碼
arithmetic expression	算术表达式	算術表式
arithmetic mean	算术平均	算術平均值
arithmetic operation	算术运算	算術運算
arithmetic overflow	算术上溢	算術溢位
arithmetic pipeline	运算流水线	算術管線
arithmetic product	算术乘积	算術乘積
arithmetic register	运算寄存器	算術暫存器
arithmetic section (= arithmetic unit)	运算器	①運算單元,算術單元 ②算術區段

英文名	大陆名	台湾名
arithmetic shift	算术移位	算術移位
arithmetic speed	运算速度	算術速率
arithmetic speed evaluation	运算速度评价	算術速率評估
arithmetic underflow	算术下溢	算術欠位
arithmetic unit	运算器	①運算單元,算術單元 ②算術區段
ARM (=asynchronous response mode)	异步响应方式	非同步反應模式
armature	衔铁	電樞
armature control	电枢控制	電樞控制
Armco iron	工业纯铁,阿姆可铁	阿姆科鐵
armed interrupt	待命中断	待命中斷
armed state	待命状态	待命狀態
armored cable	铠装电缆	鎧裝的電纜,鎧裝纜線,裝甲的電纜
Armstrong axioms	阿姆斯特朗公理	Armstrong 公理
ARPANET (=Advanced Research Project Agency network)	高级研究计划局网络,阿帕网	高級研究計劃局網路,ARPA 網路
AR process	自回归过程	自回歸過程
ARQ (=①automatic error request ②automatic repeat request)	①自动检错重发 ②自动请求重发	①自動檢錯重發 ②自動請求重發
ARQ error control	自动重复请求差错控制	ARQ 錯誤控制
array	①阵列 ②数组	陣列,行列
array antenna	阵[列]天线	陣列天線
array bandwidth	阵列带宽	陣列頻寬
array computer	阵列计算机	陣列計算機,陣列電腦
array control unit	数组控制部件	陣列控制單元
array directivity	阵列的方向性	陣列的方向性
array element	阵[单]元	陣列單元
array factor	阵[列]因子	陣列係數,陣列因數
array feed network	阵列馈电网	陣列饋伺網路
array feed of paraboloidal reflector	抛物面反射器阵列馈电	拋物面反射器陣列饋伺
array polynomial	数组多项式	陣列多項式
array processing	数组处理	陣列處理
array processor	数组处理器	陣列處理機
array synthesis	阵列合成	陣列合成
arrival wave	到达波	來波
ARS (=active relay statio)	有源中继站	主動[式]中繼台,主動[式]中繼站

英 文 名	大 陆 名	台 湾 名
ARSR (=air route surveillance radar)	航线监视雷达	航線監視雷達
article generation	文章生成	文章產生
article understanding	文章理解	文章理解
articulation	[可听]清晰度	[可聽]清晰度
articulation efficiency	清晰效率	清晰效率
articulation index	清晰度指数	清晰度指數
articulation point	关节点	肢接點
articulation reduction	清晰度降低	清晰度降低
artifact	伪像	人工因素
artificial antenna	人工天线	仿真天線,假天線
artificial black signal	仿真黑电平信号	仿黑色訊號,類比黑信號
artificial cognition	人工认知	人工認知
artificial constraint	人工约束	人工約束
artificial dielectrics	人造介质	人造介質
artificial dielectrics lens antenna	人工介质透镜天线	人工介質透鏡天線
artificial error signal	人为误差信号	人造誤差訊號
artificial evolution	人工进化	人工進化
artificial expertise	人工专门知识	人工專業知識
artificial intelligence (AI)	①人工智能 ②人工智能学	人工智慧
artificial intelligence language (AI language)	人工智能语言	人工智慧語言
artificial intelligence programming	人工智能程序设计	人工智慧程式設計
artificial ionization	人为电离[化]	①人為電離 ②人造電離層
artificial language	人工语言	人造語言
artificial life	人工生命	人工生命
artificial line	人工线	人工線,仿真線,類比線
artificial neural net (ANN)	人工神经网络	人工神經網路
artificial neural network (ANN) (=artificial neural net)	人工神经网络	人工神經網路
artificial neuron	人工神经元	類神經元
artificial reality	人工现实	人工實境
artificial reflection communication	人工反射层通信	人造反射層通信
artificial texture	人工纹理	人工紋理
artificial traffic	人工通信量,仿真话务量	模擬訊務

英 文 名	大 陆 名	台 湾 名
artificial traffic equipment	人工通信设备	類比訊務設備
artificial transmission line	人工传输线	仿真傳輸線
artificial voice	人工话音	仿真語聲,類比語聲,仿真語音,人造語音
artificial white signal	仿白信号	仿白訊號,類比白訊號
artificial world	人工世界	人工世界
artillery location radar	炮位侦察雷达	炮位偵察雷達
artillery reconnaissance and fire-directing radar	炮兵侦察校射雷达	炮兵偵察校射雷達
artwork	工艺图	原圖
ascending node	上升网点	下降點
ascending sort	升序排序	升序排序
ASCII code (=American Standard Code for Information Interchange)	美国信息交换标准码,ASCII 码	美國資訊交換標準碼,ASCII 碼
as-grown crystal	生成态晶体	剛長成晶體
ASIC (=application specific integrated circuit, application specific IC)	专用集成电路	專用積體電路,應用導向積體電路
ASK (=amplitude shift keying)	幅移键控	振幅移鍵
ASP (=application service provider)	应用服务提供者	應用服務提供者
aspect ratio	高宽比	縱橫比,方向比
ASR (=airport surveillance radar)	机场监视雷达	機場監視雷達
assemble	汇编	組合
assembler directive command	汇编命令	組合程式指引命令
assembler program	汇编程序	組合程式,組譯器
assembler pseudooperation	汇编程序伪操作	組合程式偽操作
assembling technology (=packaging technology)	组装技术	封裝技術
assembly control statement	汇编控制语句	組合控制敘述
assembly drawing	装配图	裝配圖
assembly language	汇编语言	組合語言
assembly list	汇编表	組合列表
assembly system	汇编系统	組合系統
assertion	断言	判定
assigned channel	指配信道	指配通道
assigned frequency	指配频率	指配頻率
assigned frequency band	指配频带	指配頻帶
assigned priority	指派优先级	指定優先
assignment	赋值	賦值,指定

英 文 名	大 陆 名	台 湾 名
assignment statement	赋值语句	指定敘述
associating input	联想输入	聯想輸入
association control service element(ACSE)	联合控制服务要素	結合控制服務元件
associative memory	联想存储器	相聯記憶體
associative network	联想网络	相聯網路
associative processor	关联处理机	相聯處理機
associative storage	相联存储器	結合儲存
assumed decimal point	假设小数点	假設小數點
assurance	确保	保證
assurance level	确保等级	保證等級
assured data transfer	确保数据传送	保證式資料傳送
assured operation	确保操作	保證操作
astatic microphone	无定向传声器	無向傳聲器,無定向話筒,無向麥克風
asterisk protection	星号信护	星號保護
astigmation	像散	象散
asychronous transfer mode (ATM)	异步传递方式,异步转移方式	異步傳遞模式,異步轉移模式
asymmetric	非对称,不对称	非對稱的
asymmetrical coupler	非对称耦合器	非對稱型耦合器
asymmetrical distortion	非对称失真,非对称畸变	不對稱失真,不對稱,不對稱畸變
asymmetrical sideband transmission	不对称边带传输	不對稱邊帶傳輸,不對稱邊帶傳送
asymmetric alternating current charge	不对称交流充电	不對稱交流充電
asymmetric choice net	非对称选择网	非對稱選擇網
asymmetric cryptography	非对称密码学	非對稱密碼學
asymmetric cryptosystem	非对称密码系统	非對稱密碼系統
asymmetric multiprocessor	非对称[式]多处理机	非對稱多處理機
asymmetric protocol	非对称性协议	非對稱性協定
asymptotic coding gain	渐近编码增益	編碼近似增益,漸近編碼增益
asymptotic stability	渐近稳定性	漸近穩定性
asynchronization	异步	異步
asynchronous algorithm	异步算法	非同步演算法
asynchronous balanced mode (ABM)	异步平衡方式	非同步平衡模式
asynchronous block transmission	异步块传输	非同步塊碼傳輸,非同步區塊傳輸

英 文 名	大 陆 名	台 湾 名
asynchronous bus	异步总线	異步匯流排
asynchronous communication	异步通信	異步通信
asynchronous communication interface adapter	异步通信接口适配器	非同步通訊介面配接器
asynchronous communication satellite	异步通信卫星	非同步通信衛星,非同步通訊衛星
asynchronous computer	异步计算机	異步計算機
asynchronous control	异步控制	異步控制
asynchronous crypto unit	异步密码装置	非同步密碼裝置
asynchronous data transmission	异步数据传输	非同步資料傳輸
asynchronous DS-CDMA	异步直接序列码分多址	非同步 DS-CDMA
asynchronous DS-CDMA system	异步的直接序列码分多址系统	非同步直接序列－分碼多重進接系統
asynchronous interface	异步接口	非同步介面
asynchronous machine	异步机	異步機
asynchronous operation	异步操作	異步作業
asynchronous parallel algorithm	异步并行算法	異步平行演算法
asynchronous parallelism	异步并行性	非同步平行性
asynchronous procedure call	异步过程调用	非同步程序呼叫
asynchronous refresh	异步刷新	非同步更新
asynchronous response mode (ARM)	异步响应方式	非同步反應模式
asynchronous signal	异步信号	非同步訊號
asynchronous signaling	异步信令,异步信号发送	非同步傳信,非同步傳訊
asynchronous start-stop teletypewriter	异步起停式电传机	非同步起止式電傳打字機
asynchronous system	异步系统	非同步系統
asynchronous system trap	异步系统自陷	異步系統陷阱
asynchronous terminal	异步终端[机]	非同步終端機
asynchronous time-division multiplexer (ATDM)	异步时分复用器	非同步型分時多工器
asynchronous time-division multiplexing	异步时分复用	非同步分時多工
asynchronous transfer mode switch (ATM switch)	ATM 交换机	非同步傳輸模式交換機
asynchronous transmission	异步传输	異步傳輸
AT (=①ampere-turns ② amateur station)	①安培匝数 ②业余电台	①安培匝數 ②業餘電台
ATC (=①adaptive transform coding ②	①自适应变换编码 ②	①適應性轉換編碼 ②

英　文　名	大　陆　名	台　湾　名
air traffic control ③ATM transfer capability)	空中交通管制,空管 ③ATM 传送能力	空中交通管製,空管 ③ATM 傳送能力
ATC radar (=air traffic control radar)	空管雷达	空管雷達
ATDM (=asynchronous time-division multiplexer)	异步时分复用器	非同步型分時多工器
ATM (=asychronous transfer mode)	异步传递方式,异步转移方式	異步傳遞模式,異步轉移模式
ATM adaptive layer (AAL)	ATM 适配层	ATM 調適層
ATM block transfer (ABT)	ATM 报文块传送	ATM 訊息塊傳送
ATM inverse multiplexing	ATM 反向复用	ATM 反向多工
atmospheric absorption	大气吸收	大氣吸收
atmospheric attenuation	大气衰减	大氣衰減
atmospheric backscatter	大气后向散射	大氣反向散射
atmospheric clutter	大气杂波	大氣雜波
atmospheric composition satellite	大气成分[研究]卫星	大氣成份[研究]衛星
atmospheric disturbance	大气扰动	大氣擾動,天電干擾
atmospheric duct	大气波导	大氣波導,大氣波管
atmospheric emission	大气发射	大氣放射,大氣輻射
atmospheric interference	天电干扰	大氣干擾
atmospheric laser communication	大气激光通信	大氣雷射通信
atmospheric loss	大气损耗	大氣損耗
atmospheric noise	大气噪声	大氣雜訊
atmospheric path loss	大气路径损耗	大氣路徑損失
ATM-PDU (=ATM protocol data unit)	ATM 协议数据单元	ATM 規約資料單元
ATM protocol data unit (ATM-PDU)	ATM 协议数据单元	ATM 規約資料單元
ATM switch (=asynchronous transfer mode switch)	ATM 交换机	非同步傳輸技術交換機
ATM transfer capability (ATC)	ATM 传送能力	ATM 傳送能力
ATN (=augmented transition network)	扩充转移网络	增加變遷網路
ATN grammar (=augmented transition network grammar)	扩充转移网络语法,ATN 语法	增加變遷網路文法
atom	原子	原子
atomic broadcasting	原子广播	基元廣播
atomic formula	原子公式	基元公式
atomic frequency standard	原子频标	原子頻標準
atomicity	原子性	不可分割性
atomicity operation	原子操作	基元操作
atomic layer epitaxy (ALE)	原子层外延	原子層磊晶

英　文　名	大　陆　名	台　湾　名
ATPG (=automatic test pattern generation)	自动测试[模式]生成	自動測試形樣產生
ATR switch	天线转换开关	天線轉換開關,收發轉換開關
ATR tube	ATR 管,阻塞放电管	ATR 管,阻塞放電管
attached document	附加文档	附加檔
attached processor	附属处理器	附加處理機
attachment unit interface	连接单元接口	附接單元介面
attack	攻击	攻擊
attack center switchboard	攻击中心交换台,攻击中心交换机	攻擊中心電話總機
attacker	攻击程序	攻擊者
attempted call	试呼	試叫
attendant board	值守台	轉接台
attendant's desk	话务台	轉接台
attended frontier station	有人值守边境站	有人值守邊境站
attended repeater	有人增音站	有人增音站
attention device	引起注意装置	警示裝置
attention focusing	注意力聚焦	注意聚焦
attenuation	衰减	衰減
attenuation coefficeint	衰减系数	衰減係數,衰減常數
attenuation constant	衰减常数	衰減常數
attenuation cutoff wavelength	衰减截止波长	衰減截止波長
attenuation distortion	衰减失真,衰减畸变	衰減畸變,衰減失真
attenuation drawing effect	抽丝衰减效应,拉丝衰减效应	抽絲衰減效應
attenuation measurement of absorption loss in fiber	光纤吸收损耗衰减测量	光纖吸收損失之衰減量測
attenuation of noise	噪声衰减	雜訊衰減
attenuation of optical fiber	光纤衰减	光纖衰減
attenuation of 1.55 μm transmission	1.55 微米波长传输衰减	1.55 微米波長傳輸衰減
attenuation pad (=attenuator)	衰减器	衰減器
attitude	姿态	高度
attitude and orbit control electronics	姿态轨道控制电路	姿態軌道控制電路
attitude control	姿态控制	姿態控制
attitude control error	姿态控制误差	高度控制誤差
attribute	属性	屬性

英 文 名	大 陆 名	台 湾 名
attribute closure	属性闭包	屬性閉包
attribute grammar	属性语法	屬性文法
ATWS (= automatic track while scanning)	扫描时自动跟踪	掃描時自動跟蹤
audible beat	音响差拍	可聞差拍
audible busy signal	[可闻]忙音信号	可聞忙音訊號,可聞忙音訊號
audible call	音响呼叫	聲響呼叫
audibleness	能听度	可聞度
audible ring	音响振铃	聲響振鈴,可聞振鈴
audible tone	可闻音	可聞純音
audio database	音频数据库	聲頻資料庫
audio frequency (AF)	音频	音頻,聲頻
audio frequency amplifier (AFA)	音频放大器	聲頻放大器
audio frequency oscillator	音频振荡器	音頻振盪器
audio frequency transformer	音频变压器	音頻變壓器
audiographic conferencing	声图会议	聲圖會議
audio input device	声音输入设备	聲頻輸入裝置
audio memory	声频存储器	聲頻記憶體
audiometric room	听力测试室	聽力測試室
audio mixer	混音器	混音器
audio output device	声音输出设备	聲音輸出設備
audio stream	音频流	聲頻流
audio synthesis	音频合成	聲頻合成
audio track	音轨	音軌
audiovisual information	视听信息	視聽資訊
audit	审计	審計,稽核,查帳
auditory masking threshold	听觉掩蔽阈值	聽覺遮蔽臨界
audit program	审查程序	審計程式
audit trail	审计跟踪	①審計追蹤 ②審計存底,審計軌跡
Auger electron spectroscopy (AES)	俄歇电子能谱[学]	俄歇電子能譜[學]
augmented code	增信码	擴增碼
augmented transition network (ATN)	扩充转移网络	增加變遷網路
augmented transition network grammar (ATN grammar)	扩充转移网络语法,ATN 语法	增加變遷網路文法
augment reality	增强现实	增強實境
authentication	①证实 ②鉴别	①証實 ②鑑别,鑑定,

英 文 名	大 陆 名	台 湾 名
		鑑認
authentication data	鉴别数据	鑑別資料
authentication exchange	鉴别交换	鑑別交換
authentication header	鉴别头	鑑別標頭
authentication information	鉴别信息	鑑別資訊
authenticator	①鉴别码,鉴定符 ②身份验证者	文電鑑別碼
authoring	著作	著作
authoring language	创作语言	創作語言
authoring tool	著作工具	著作工具
authority	权限	權限,權力
authorization (=special permit)	特许	授權
authorization list	授权表	授權表
authorized state	特许状态	特許狀態
auto abstract	自动摘要	自動摘要
autocar radio installation	汽车无线电装置	汽車無線電裝置
autocode	自动[代]码	自動編碼
autocoder	自动编码器	自動編碼器
autocompensation	自动补偿	自動補償
auto-convergence	自会聚	自會聚
autocorrelation	自相关	自相關聯
autocorrelation function	自相关函数	自相關函數
autocorrelation of noise	噪声自相关	雜訊自相關
autocovariance function	自协方差函数	自變異函數
autodial	自动拨号	自動撥號
autodoping	自掺杂	自摻雜
autodyne receiver	自差接收机	自差接收機
autodyne reception	自差式接收	自差接收法
autofax	自动传真,公众传真业务	自動傳真
autokey cipher	自动密钥密码	自動密鑰密碼
automate	自动	①自動 ②自動化
automated command system	自动化指挥系统	自動化指揮系統
automated design tool	自动设计工具	自動化設計工具
automated drafting	自动绘图	自動化製圖
automated logic inference	自动逻辑推理	自動化邏輯推理
automated reasoning	自动推理	自動化推理
automated search service	自动搜索服务	自動化搜索服務

英 文 名	大 陆 名	台 湾 名
automated security monitor	自动安全监控器	自動化安全監控
automated test case generator	自动测试用例生成器	自動化測試用例產生器
automated test data generator	自动测试数据生成器	自動化測試資料產生器
automated test generator	自动测试生成器	自動化測試產生器
automated verification system	自动验证系统	自動化驗證系統
automated verification tools	自动验证工具	自動化驗証工具
automatic	自动的	自動的
automatic abstract	自动文摘	自動節略文摘
automatic abstracting (=automatic abstract)	自动文摘	自動節略文摘
automatic addressing system (AAS)	自动寻址系统	自動定址系統
automatic air-gronud communication system	自动空对地通信系统	自動空中地面通信系統
automatic alarm receiver	自动报警接收机	自動警報接收機
automatic-alarm-signal keying device	自动报警信号键控装置	自動警報訊號鍵控裝置
automatically activated battery	自动激活电池	自動激活電池
automatically tuned shortwave transmitter	自动调谐短波发射机	自動調諧短波發射機
automatic alternate route	自动替代路由,自动迂回路由	自動交替路由,自動迂迴路由
automatic alternate voice/data	话音数据自动替代	自動交替電話/資料
automatic alternative routing	自动迂回路由选择	自動尋找迂迴路由,自動迂迴接續
automatic-answer back unit	自动应答器	自動回應器
automatic answer trunk	自动应答中继线	自動回應中繼線
automatic antenna tuner	自动天线调谐器	自動天線調諧器
automatic antijam circuit	自动抗干扰电路,自动抗干扰线路	自動抗干擾電路,自動抗干擾線路
automatic audio switching system (AASS)	自动音频交换系统	自動音頻交換系統
automatic bandwidth control	自动带宽控制	自動帶寬控制
automatic bass compensation	自动低音补偿	自動低音補償
automatic bias control	自动偏压控制	自動偏壓控制
automatic binary data link	自动二进制数据链路	自動二元資料連結
automatic block system	自动闭塞制	自動閉塞系統
automatic call distribution	自动呼叫分配	自動呼叫分配
automatic call distributor	自动呼叫分配器	自動呼叫分配器
automatic calling and answering equipment	自动呼叫应答设备	自動呼叫應答設備
automatic call simulator	自动呼叫模拟装置	自動呼叫類比裝置
automatic call unit	自动呼叫器	自動呼叫器

英文名	大陆名	台湾名
automatic carriage	自动托架	自動托架
automatic check	自动检验	自動檢查
automatic Chinese word segmentation	汉语自动切分	自動中文斷詞
automatic circuit breaker	自动断路器	自動斷路器
automatic circuit exchange	自动线路交换机	自動電路交換
automatic clearing apparatus	自动清除装置	自動拆線裝置
automatic clearing key	自动清除键	自動拆線按鍵,報終信號自動鍵
automatic code	自动码	自動編碼
automatic code machine	自动编码机	自動編碼機
automatic code translation	自动译码	自動解碼
automatic coding	自动编码	自動編碼
automatic command	自动指令	自動指令
automatic communication monitor	自动通信监控器	自動通信監聽器
automatic computer telex service	计算机自动控制的用户电报业务	電腦自動電傳打字電報服務
automatic computer telex system	计算机自动控制的用户电报系统	電腦自動電傳打字電報系統
automatic concentrator	自动集中器	自動集中器
automatic control	自动控制	自動控制
automatic data exchange system	自动数据交换系统	自動資料交換系統
automatic data interchange system	自动数据互换系统	自動資料互換系統
automatic data link	自动数据链路	自動資料傳輸鏈路
automatic data processing	自动数据处理	自動資料處理
automatic data processor	自动数据处理机	自動資料處理機
automatic data rate changer	自动数据速率变换器	自動資料速率變換器
automatic data reducer	自动数据简化器	自動資料簡化器
automatic data service center	自动数据服务中心	自動資料業務中心
automatic data switching center	自动数据交换中心	自動資料交換中心
automatic data translator	自动数据翻译机	自動資料解碼器
automatic deduction	自动演绎	自動演繹
automatic detector	自动检测器	自動檢測器
automatic dictionary	自动字典	自動字典
automatic digital data acquisition and recording	自动数字数据获取和记录	自動數位資料獲取與記錄
automatic digital encoding system	自动数字编码系统	自動數位編碼系統
automatic digital message switch	自动数字式报文交换[机]	自動數位電文交換[機]

英 文 名	大 陆 名	台 湾 名
automatic digital message switching center	自动数字报文交换中心	自動數位電文交換中心
automatic digital network	自动数字网络	自動數位網路
automatic dimensioning	自动尺寸标注	自動標註尺寸
automatic direct connection system	自动直接连接制	自動直接連接制
automatic direction finding (ADF)	自动测向	自動測向
automatic docket-printing facility	自动记录印刷装置	自動電話記錄摘要印刷装置
automatic dot keyer	自动点键控器	自動點鍵控制
automatic electronic data switching center	自动电子数据交换中心	自動電子資料交換中心
automatic electronic switching center	自动电子交换中心	自動電子交換中心
automatic equalizer	自动均衡器	自動等化器
automatic error-correcting code	自动纠错码	自動錯誤更正碼
automatic error correction	自动纠错	自動錯誤更正
automatic error correction device	自动纠错装置,自动纠错设备	自動錯誤更正裝置
automatic error correction system	自动纠错系统	自動錯誤更正系統
automatic error detection	自动检错	自動檢錯,自動錯誤偵測,自動錯誤檢測
automatic error detection and retransmission	自动检错与重传	自動偵錯與重傳
automatic error indication	自动差错指示	自動錯誤指示
automatic error request (ARQ)	自动检错重发	自動檢錯重發
automatic exchange	自动交换局	①自動交換局 ②自動交換機
automatic exchange operation	自动交换操作	自動交換操作
automatic feed	自动进给	自饋
automatic fine tuning	自动微调	自動微調
automatic footnote tie-in	自动加入脚注	自動加入腳注
automatic frequency control (AFC)	自动频率控制	自動頻率控制
automatic-frequency-control system	自动频率控制系统	自動頻率控制系統
automatic frequency correction	自动频率校正	自動頻率校正
automatic frequency stabilization	自动频率稳定	自動頻率穩定
automatic frequency tuner	自动频率调谐器	自動頻率調諧器
automatic gain control (AGC)	自动增益控制	自動增益控制
automatic gain-controlled bipolar amplifier	自动增益控制双极放大器	自動增益控制雙極放大器
automatic gain stabilization	自动增益稳定	自動增益穩定
automatic gimbaled-antenna vectoring	自动换向天线走向设备	轉向天線自動定向設備

英 文 名	大 陆 名	台 湾 名
equipment		
automatic group-busying facility	自动群忙设施	自動群忙設備
automatic handling system	自动处理系统	自動處理系統
automatic holding	自动保持	自動保持
automatic hunting	自动寻线	自動尋線
automatic indexing	自动标引	自動索引
automatic inspection	自动检查	自動檢查
automatic intercept	自动拦截	自動截收
automatic international exchange	自动国际交换局,自动国际交换台	自動國際交換局,自動國際交換台
automatic key	自动键	自動鍵
automatic landing	自动着陆	自動著陸
automatic level control (ALC)	自动电平控制	自動位[元]准控制
automatic line switching	自动线路交换	線路自動交換,線路自動轉接
automatic local frequency control	自动本机频率控制	自動本地頻率控制
automatic low data rate input	自动低速数据输入	自動低速資料登錄
automatic measuring system	自动测量系统	自動測量系統
automatic memory	自动记忆	自動記憶
automatic message address routing system	自动报文地址路由系统	自動電文位址路由系統
automatic message distribution system	自动报文分发系统	自動信息分發系統
automatic message exchange system	自动报文交换系统	自動信息交換系統
automatic message handling system	自动报文操作系统	自動信息處理系統
automatic message processing center	自动报文处理中心	自動信息處理中心
automatic message processing system	自动报文处理系统	自動信息處理系統
automatic message switching network	自动报文交换网	自动信息交換網路
automatic model acquisition	自动模型获取	自動模型獲取
automatic monitoring	自动监视,自动监听	自動監聽
automatic Morse code operation	自动莫尔斯电码操作	摩斯電碼自動操作
automatic multimedia exchange	自动多媒体交换[机]	自動多媒體交換[機]
automatic multiple address relay system	自动多址转报系统	自動多址轉報系統
automatic national trunk network	自动国内长途网	自動國內長途網[路]
automatic number identification	自动号码辨识	自動號碼識別
automatic number identification equipment	自动号码辨识设备	自動號碼識別裝置
automatic numbering equipment	自动编号设备	自動編號設備,自動發號設備
automatic numbering machine	自动编号机	自動編號機
automatic outgoing international equipment	自动国际去话设备	國際自動去話設備

英 文 名	大 陆 名	台 湾 名
automatic page numbering	自动编页号	自動編頁號
automatic pagination	自动编页	自動編頁,自動標定頁數
automatic paging	自动分页	自動調頁
automatic paragraph numbering	自动编段号	自動編段號
automatic parallelization	自动并行化	自動平行化
automatic phase control system	自动相位控制系统	自動相位控制系統
automatic picture transmission system	自动图片传输系统	自動圖像傳輸系統,自動傳真系統
automatic placement and routing	自动布局布线	自動佈局佈線
automatic plexicoder	自动错综编码器	自動錯綜編碼器
automatic power control	自动功率控制	自動功率控制
automatic program interrupt	自动程序中断	自動程式中斷
automatic programming	自动程序设计	自動程式設計
automatic programming language	自动程序设计语言	自動程式設計語言
automatic punch	自动穿孔机	自動打孔機
automatic radio direction finding system	自动无线电测向系统	自動無線電定向系統
automatic regulation	自动调节	自動調節
automatic repeat request (ARQ)	自动请求重发	自動請求重發
automatic repetition	自动重发	自動重發,自動重復
automatic reporting	自动报告	自動陳報
automatic request for repetition (=automatic repeat request)	自动请求重发	自動請求重發
automatic request system	自动请求系统	自動回詢系統
automatic re-routing	自动重选路由	自動重選路由,自動重編路由
automatic response query	自动响应询问	自動回應詢問
automatic retransmission	自动重传	自動重傳
automatic ringing	自动振铃	自動振鈴
automatic routing	自动选路	自動路徑選擇,自動路由法
automatic secure voice communication	自动保密话音通信	自動保密電話通信
automatic segmentation and control	自动分段和控制	自動分段與控制
automatic segmentation of Chinese words	汉语自动分词	自動中文斷詞
automatic sender-receiver	自动收发器	自動收發設備,自動收發報機
automatic sensitivity control	自动灵敏度控制	自動靈敏度控制
automatic sequencing	自动定序	自動定序

英 文 名	大 陆 名	台 湾 名
automatic sheet feeder	自动送纸器	自動表單饋送器
automatic stop	自动停机	自動停止
automatic storage and retransmission equipment	自动存储重传设备	自動儲存與重傳設備
automatic storage equipment	自动存储设备	自動存儲設備
automatic subscriber line testing equipment	用户线自动测试设备	用戶線自動測試設備
automatic supervisory control	自动监控	自動監控
automatic switchover	自动转接	自動轉接
automatic synchronizer	自动同步机	自動同步機,自動同步裝置
automatic synchronizing system	自动同步系统	自動同步系統
automatic tandem networking	自动汇接联网	自動匯接網路
automatic target detection	自动目标检测	自動目標偵測
automatic telephone	自动电话	自動電話
automatic telephone translation system	自动电话翻译系统	自動電話翻譯系統
automatic test equipment	自动测试设备	自動測試設備
automatic testing	自动测试	自動測試
automatic test pattern generation (ATPG)	自动测试[模式]生成	自動測試形樣產生
automatic test-phrase transmitter	自动测试用语发射机	自動測試用語發射機
automatic time element compensator	自动时元补偿器	自動延時補償器
automatic timing corrector	自动计时校正器	自動時序校正器
automatic tone correction	自动音调调整	自動音調校正
automatic tracking	自动跟踪	自動追蹤
automatic track while scanning (ATWS)	扫描时自动跟踪	掃描時自動追蹤
automatic traffic distributor	业务量自动分配器	話務自動分配器
automatic translation	自动翻译	自動翻譯
automatic volume control (AVC)	自动音量控制	自動音量控制
automation	自动化	自動化,自動作業
automaton	自动机	自動機
automonitor	①自动监督 ②自动监督程序	自動監視器
autonomous channel operation	自主信道操作	自律通道操作
autonomous fault	独立型故障	自律型故障
autonomous system	自治系统,自主系统	自律系統
autopiler	自动编译程序	自動堆積器
autopilot	自动驾驶仪,自动驾驶[导航]	自動駕駛裝置

英　文　名	大　陆　名	台　湾　名
autoplacement	自动布局	自動佈局
autoradiography	放射自显影	放射自顯影
autoregressive (AR)	自回归的	自回歸
autoregressive process	自动回归过程	自回歸過程
autorouting	自动布线	自動選路
autostart	自动启动	自動啟動
autosyn	自动同步器	自動同步器
autosync	自动同步	自動同步
autotasking	自动任务化	自動任務化
autotest (= automatic testing)	自动测试	自動測試
autotracking (= automatic tracking)	自动跟踪	自動追縱
autotransformer	自耦变压器	自耦變壓器
autotune	自动调谐	自動調諧
auxiliary cavity (= compensated cavity)	辅助腔	輔助腔
auxiliary memory	辅助存储器	輔助記憶體
auxiliary operation	辅助操作,外部操作	輔助作業
auxiliary reference pulse	辅助参考脉冲	輔助參考脈波
auxiliary storage (= auxiliary memory)	辅助存储器	輔助記憶體
availability	可用性,易用性	可用性
availability model	可用性模型	可用性模型
available bit rate (ABR)	可用比特率	可用位元速率
available channel	可用信道	可用通道
available circuit	可用电路	可用電路,現有電路
available input signal power	可用输入信号功率	可用輸入訊號功率
available line time	有效线路时间	可用線路時間
available noise power	可用噪声功率	匹配時雜訊功率
available output signal power	可用输出信号功率	可用輸出訊號功率
available power	有效功率	可用功率
available power gain	有效功率增益	可用功率增益
avalanche breakdown	雪崩击穿	累增崩潰
avalanche buildup time	雪崩形成时间	崩潰形成時間
avalanche excess noise	雪崩多余噪声	崩潰多餘雜訊
avalanche excess noise factor	雪崩多余噪声因子	崩潰多餘雜訊因數
avalanche multiplication	雪崩倍增	崩潰乘積
avalanche photodiode (APD)	雪崩光电二极管	崩潰光二極體
avalanche photodiode optical detector (APD detector)	雪崩光电二极管检光器,APD 检测器	崩潰光二極體檢光器,APD 檢測器
AVC (= automatic volume control)	自动音量控制	自動音量控制

英　文　名	大　陆　名	台　湾　名
average access time	平均存取时间,平均访问时间	平均存取時間
average-behavior analysis	平均性态分析	平均行為分析
average calling rate	平均呼叫率	平均呼叫率
average daily calling rate	平均日呼叫率	平均每日呼叫率
average daily load	平均日负荷	平均日負載
average delay	平均延迟[时间]	平均延遲
average effective input-noise temperature	平均有效输入噪声温度	平均有效輸入雜訊溫度
average grade of service	平均服务等级	平均服務等級
average handling time	平均处理时间	平均處理時間
average holding time	平均占用时间	平均持有時間
average information	平均信息	平均消息量,平均資訊量
average line load	平均线路负荷,平均线路负载	平均線路負荷,平均線路負載
average memory access time	存储器平均访问时间	平均記憶體存取時間
average message length	平均报文长度	平均信息長度,平均電報長度
average mutual information	平均相互信息	平均相互消息,平均相互消息量
average outgoing quality	平均检出质量	平均檢出質量
average peak-hour line loading	平均峰值小时线路负荷	平均峰時線路負載
average picture level	平均图片电平	平均圖像位元階
average power meter	平均功率计	平均功率計
average reducibility	平均归约[性]	平均可約性
average repeater section attenuation	平均中继[器]段衰减	平均中繼段衰減
average room noise	平均室内噪声	平均室內雜訊
average seek time	平均寻道时间	平均尋覓時間
average self-information	平均自含信息	平均自有消息量
average service rate	平均服务率	平均服務率
average talker volume	平均发话[人]音量	平均發話人音量
average traffic flow	平均业务流量	平均業務流量,平均訊務流量
average traffic per working day	工作日平均话务量	每工作日平均訊務量
average transfer rate	平均传送率	平均傳送率
average transmission rate	平均传输率	平均傳送資訊率
average waiting time	平均等待时间	平均等待時間
aviation radio (= aerial radio)	航空无线电	航空無線電

英　文　名	大　陆　名	台　湾　名
aviation radio communication	航空无线电通信	航空無線電通信
avionics	航空电子学	航空電子學
awaiting repair time	等待修复时间	候修時間
AWG (= American Wire Gauge)	美国线规	美國線規
AWGN (= additive white Gaussian noise)	加性白高斯噪声	加成性白高斯雜訊
AWT (= abstract window toolkit)	抽象窗口工具箱	抽象視窗工具
axial defocusing	轴向散焦	軸向去焦
axial feed	轴向进给	軸向饋送
axial length of horn antenna	号角天线轴向长度	號角天線之軸向長度
axial mode of helical antenna	螺旋线天线轴向方式	螺旋線天線之軸向模態
axial propagation constant	轴向传播常数	軸向傳播常數
axial ratio	轴比	長短軸比
axial ratio of polarization	极化轴[向]比	極化橢圓長短軸比
axiomatic complexity	公理复杂性	公理復雜度
axiomatic semantics	公理语义	公理語意學
axonometric projection	轴测投影	軸測投影
azimuthal error	方位误差	方位誤差
azimuth angle	方位角	方位角,水平角
azimuth-elevation display (C-scope)	方位－仰角显示器	方位－仰角顯示器
azimuth guidance unit	方位引导单元	方位引導單元
azimuth magnetic recording	方位角磁记录	方位磁記錄
A/Z ratio	起止[脉冲]比	起止脈衝比,空號/傳號脈衝比

B

英　文　名	大　陆　名	台　湾　名
Babinet-Booker principle	贝比芮－布克原理	貝比芮－布克原理
Babinet's principle	贝比芮原理	貝比芮原理
back	背面	背面
back azimuth	反方位角	反方位角
backboard (= backplane)	底板	①底板,後面板 ②備份表
backbone	基干,主干	基幹
backbone bus	主干总线	主幹匯流排
backbone network	主干网	基幹網路
back character	倒退字符	退格字符元
back clipping plane	反剪平面	後剪平面

英文名	大陆名	台湾名
back-diffusion	反扩散	反擴散
backdoor	后门	後門
back edge	回边	回邊
back-end network	后端网	後端網[路]
back-end networking	后端联网	後端網路
back-end processor	后端[处理]机	後端處理機
back file (=backup file)	备份文件	備份檔案,備用檔
backfire antenna	背射天线	逆火式天線
backflush	回洗,反冲洗	逆算法
background	①后台 ②背景	①後台 ②背景
background border	背景边界	背景邊界
background color	背景色	底色
background compiler	后台编译程序	後台編譯程式
background computer	后台计算机	後台計算機
background data	背景数据	背景資料
background data terminal	背景数据终端	背景資料終端機
background display image	背景显示图像	背景顯示影像
background emission	背景辐射	背景輻射
background fluctuation	背景起伏	背景起伏
background image	背景图像	背景影像
background initiator	后台初启程序	背景啟動器
background ink	背景墨水	背景墨水
background job	后台作业	背景工件
background limited infrared detector	背景限红外光检波器	背景限制紅外線檢測器
background mode	后台操作方式	後台模式
background monitor	后台监控程序	後台監視器
background noise	①背景噪音 ②后台干扰	背景雜訊
background paging	后台分页	背景分頁
background partition	后台分区	背景分區
background printing	后台打印	後台列印
background processing	①背景处理 ②后台处理	背景處理
background program	后台程序	背景程式
background projection	背景投影	背景投影
background reflectance	背景反射性能,基底反光能力	底色反射
background region	后台区	後台區域

英 文 名	大 陆 名	台 湾 名
background research	后台研究	背景研究
background scheduler	后台调度程序	背景排程器
background storage	后台存储器	後台儲存器
background stream	后台流	後台流
background system	后台系统	後台系統
background task	后台任务	背景任務
background terminal	后备终端	後台終端設備
backing	逆转	①逆轉 ②備份
backing line	前级管路	前級管路
backing pressure	前级压力	前級壓力
backing sheet (=backplane)	底板	①底板,後面板 ②備份表
backing storage	后备存储器	備份儲存器
backing store	后备存储	備份儲存
backlash phenomena	回差现象	回差現象
back link	后连杆,回指连接	反向鏈接
back lobe	后波瓣,尾波瓣	後瓣
back number	过期杂志	過期期刊號
back-off	补偿,后退	後退操作
backpack transmitter	背负式发射机,便携式发射机	背負式發射機,可攜式發射機
back panel (=backplane)	底板	①底板,後面板 ②備份表
backplane	底板	①底板,後面板 ②備份表
backplane connector	底板连接器	背板連接器,背面連接器
backplane interconnect	底板互连	底板互連
backplane level	底板水平	底板位準
backplane testing	底板测试	底板測試
backplane wiring	底板接线	底板佈線
backplate	后夹板,信号板	底板
back projection	反投影	反向投影
backprojection operator	反投影算子	反投影運算子
back propagation	反传	反向傳播
back-propagation network	反传网络	倒傳遞網路
back recovery	返回恢复	返回恢復
back-resistance	反向电阻	反向電阻

英 文 名	大 陆 名	台 湾 名
backroll	重算,重新运行	重算,重新轉行
back scattering	反向散射	反向散射,向後散射
back set	固定装置	固定裝置,止動裝置
backspace	退格(位置)	退格
backspace key	返回键,回退键	退格鍵
back-streaming	返流	返流
back surface field solar cell (BSF solar cell)	背场太阳电池	背場太陽電池
back surface reflection and back surface field solar cell	背场背反射太阳电池	背場背反射太陽電池
back surface reflection solar cell (BSR solar cell)	背反射太阳电池	背反射太陽電池
back to back	①回路测试 ②背对背式	本地迴路[測試],自發自收[測試]
backtracking	回溯	回溯
backtracking algorithm	回溯算法	回溯演算法
backtracking method	回溯法	回溯法
backtracking operation	回溯操作	回溯操作
backtracking point	回溯点	回溯點
backup	①备份 ②后备,后援	①後備,備用,備份,備製 ②備用[設備]
backup and recovery	备份与恢复	備份與復原
backup battery	后援电池	備份電池
backup bit	后备位	備份位元
backup cache	后援高速缓存	備援快取
backup capability	后备能力	備份能力
backup circuit	后备电路	備份電路
backup communication processor	后援通信处理机	備份通信處理機
backup copy	副本	備份復製
backup disk	后备磁盘	備用磁碟
backup diskette	后备软盘	備份磁片
backup file	备份文件	備份檔案,備用檔
backup fixed disk	后备固定磁盘	備用固定式磁碟
backup frequency	备用频率	備用頻率
backup method	后援法	備份方法
backup mode	后援方式	備用模態
backup path	后备路径	備份路徑
backup plan	后备计划	備份計劃

英　文　名	大　陆　名	台　湾　名
backup procedure	备份过程	備用程序
backup protection	后备保护	備份保護
backup storage	后援存储器	備份儲存器
backup system	后援系统,后备系统	備援系統
backup tape	后备带	備份帶
Backus-Naur form	巴克斯－诺尔形式	巴科斯－諾爾形式
Backus-Naur formalism	巴克斯－诺尔论	巴科斯－諾爾形式論
Backus normal form	巴克斯范式	巴科斯正規形式
backward adaptive prediction (APB)	后向适应预测	向後調適預測,向後適應性預估
backward adaptive quantization (AQB)	后向适应量化	向後調適量化,向後適應性量化
backward attribute	反向属性	反向屬性
backward branch	反向分支	反向分支
backward busy	反向占线	反向忙線
backward call indicator	反向呼叫指示器	反向呼叫指示器
backward chained reasoning	反向推理	反向推理,反向鏈接推理
backward chaining	反向链接	反向鏈接
backward channel	反向信道	反向通道
backward compatibility	向后兼容性	反向相容能力
backward connection	反向连接	反向連接
backward counter	反向计数器	反向計數器
backward crosstalk	反向串扰	反向串音
backward current	反向电流	反向電流
backward difference	后向差分,后退差值	反向差分
backward difference method	后向差分法,后退差值法	反向差分法
backward difference operator	后向算子	反向差分運算子
backward differentiation method	后向微分法	反向微分法
backward diode	反向二极管	反向二極體
backward error	后向误差	反向誤差
backward error analysis	后向误差分析	反向誤差分析
backward explicit congestion notification (BECN)	后向显式拥塞通知	反向顯式擁塞通知
backward file	反向文件	反向檔案
backward flow problem	逆流问题	反向流問題
backward impedance	反向阻抗	反向阻抗

英文名	大陆名	台湾名
backward interpolation	后向插值	反向內插
backward LAN channel (=reverse LAN channel)	反向局域网信道	反向區域網路通道
backward learning	反向学习	反向學習
backward link (=backward chaining)	反向链接	反向鏈接
backward link field	反向连接栏	反向鏈接欄
backward masking	反向掩蔽	反向遮罩
backward option	反向选择,后向选择	反向選項
backward path	回程通路	反向路徑
backward production system	逆向产生式系统	反向生成系統
backward reachability	向后可达性	反向可達性
backward read	反读	反向讀
backward reasoning (=backward chained reasoning)	反向推理	反向推理,反向鏈接推理
backward recovery	反向恢复	反向恢復
backward reference	向后引用	向後引用
backward rule	反向规则	反向規則
backward scan technique	反向扫描法	反向掃描技術
backward search;reverse search	反向搜索	反向搜索
backward shift operator	后向移位算子	反向移位運算子
backward signal	反向信号	反向訊號
backward signaling path	回程信号通路	反向發訊號路徑
backward transfer	反向转移	反向轉移
backward voltage	反向电压	反向電壓
backward wave	返波	返波
backward wave amplifier (BWA)	回波放大器	回波放大器,反向波放大器
backward wave oscillator	返波振荡器	返波振盪器
backward wave tube (BWT)	返波管	返波管
back wiring operation	背面布线操作	反面佈線作業
bacteria	细菌程序	細菌程式
bacterium	细菌	細菌
bad block	坏块	壞塊
bad block table	坏块表	壞塊表
bad debt	呆账	呆帳
badge	象征	識別證
badge reader	标记阅读器	識別證閱讀機
B-adjacent code	B 相邻码	B 鄰接碼

英 文 名	大 陆 名	台 湾 名
bad sectoring	坏扇区法	壞分區
baffle	①挡板,障板 ②导流板	①擋板,障板 ②擋板
baffle valve	挡板阀	擋板閥
balance	平衡	平衡
balanced	平衡的	平衡的
balanced amplifier	均衡放大器	平衡放大器
balanced array	平衡数组	平衡陣列
balanced binary system	平衡二进制	平衡二進制系統
balanced binary tree	平衡二元树	平衡二元樹
balanced check mode	平衡检验方式	平衡檢查模式
balanced circuit	均衡电路	平衡電路
balanced code	平衡码	平衡碼
balanced detector	平衡检波器	平衡檢波器
balanced error	平衡误差	平衡誤差
balanced error range	对称误差范围	平衡誤差範圍
balanced error solution	均衡误差解	平衡誤差解
balanced file	平衡文件	平衡檔
balanced line	对称传输线	平衡線
balanced merge sort	平衡归并排序	平衡合併分類
balanced mixer	平衡混频器	平衡混頻器
balanced mode	平衡方式,平衡模式	平衡模態
balanced modulation	均衡调度	平衡調變
balanced network	平衡网络	平衡網路
balanced sorting	对称排序	對稱排序,對稱分類
balanced station	对称站	平衡站
balanced system	平衡系统	平衡系統
balanced to ground	对地平衡	對地平衡
balanced to unbalanced transformer	平衡不平衡变换器	平衡不平衡變換器
balanced transmission line	对称传输线	平衡傳輸線
balanced tree	平衡树	平衡樹
balanced-unbalanced (BALUN)	平衡-不平衡	平衡-不平衡
balance equation	平衡方程	平衡方程式
balance of tree	树的平衡	樹的平衡
balance point	平衡点	平衡點
balancer	平衡器	平衡器
balance sheet	贷借对照表	資產負債表
balance stripe	平衡磁声迹	平衡條
balancing method	平衡方法	平衡法

英 文 名	大 陆 名	台 湾 名
balancing operational amplifier	均衡运算放大器	平衡運算放大器
ball bonding	球焊	球焊
ball grid array (BGA)	球阵列封装	球柵陣列
ballistic computer	弹道计算机	先進彈道電腦
ballistic galvanometer	冲击检流计	彈道式電流計
ballistic missile defense	弹道导弹防御系统	高級彈道飛彈防衛
ballistic missile early warning system (BMEWS)	弹道导弹预警系统	彈道飛彈早期警報系統
ballistic transistor	弹道晶体管	彈道電晶體
ball point print head	滚珠支枢打印头	點列印頭
ball resolver	球形解算器	球坐標分解儀
balsam	香脂,橡胶	軟樹脂
BALUN (=balanced-unbalanced)	平衡-不平衡	平衡-不平衡
Banach space	巴拿赫空间	巴拿赫空間
banana plug	香蕉插头	香蕉插頭
band	波段	波段,頻帶,光帶,能帶
band articulation	频带清晰度	頻帶清晰度,波段清晰度
band [belt] printer	带式打印机	帶型列印機
band designation	频带标志	頻帶標誌,頻帶代號
band edge	频带边缘	頻帶邊緣,能帶邊緣
band edge oscillation	频带边缘振荡	頻帶邊緣振盪
band elimination	带阻	帶阻
band expansion factor	频带展宽系数	帶擴展因數
band gap	带隙,禁带	能帶隙
band gap energy	带隙能量	頻帶隙能量
band limited channel	有限带宽信道	①有限帶寬通道 ②有限頻寬通道
band limited function	有限带宽函数	①有限帶寬函數 ②有限頻寬功能
band-limited Gaussian channel	限带高斯信道	帶限高斯通道,高斯帶限通道
band limited random process	带限散乱程序	有限帶寬隨機過程,有限頻寬隨機過程
band limited signal	带限信号	有限頻寬訊號
band pass	带通	帶通
band pass amplifier	带通放大器	帶通放大器
band pass filter	带通滤波器	帶通濾波器

英 文 名	大 陆 名	台 湾 名
band pass signal	带通信号	帶通訊號
band rejection filter	带除滤波器	頻阻濾波器
band splitting	频带分裂	頻帶分割
band stop filter	带阻滤波器	帶阻濾波器
band structure	带状结构	頻帶結構
band switch	波段开关	頻帶開關
band theory	能带理论	頻帶理論
bandwidth	带宽	頻寬
bandwidth compression	带宽压缩	頻寬壓縮
bandwidth limited	有限带宽	有限頻寬
bandwidth of memory	存储器带宽	記憶體頻寬
bang-bang control	继电控制	起停式控制
bank conflict	存储体冲突	記憶庫衝突
bar chart	条形图	條狀圖,長條圖
bar code	条码	條碼
bar code reader	条码阅读器	條碼閱讀機
bar code scanner	条码扫描器	條碼掃描器
bare wire	裸线	裸線,明線
bargraph display	条柱显示	條柱顯示
barium sodium niobate (BNN)	铌酸钡钠	鈮酸鋇鈉
barium titanate (BT)	钛酸钡	鈦酸鋇
barium titanate ceramic	钛酸钡陶瓷	鈦酸鋇陶瓷
bar printer	杆式打印机	桿式行列印機
barrage jamming	阻塞干扰	阻塞干擾
barrel distortion	桶形畸变	桶形畸變
barrier height	势垒高度	位壘高度
barrier synchronization	障栅同步	隔離同步
barycentric coordinate	重心坐标	重心坐標
base	基极	基極
base address register	基址寄存器	基址暫存器,基底暫存器
baseband	基带	基帶
base band frequency	基带频率	基頻
baseband LAN	基带局域网	基頻區域網路
baseband signal	基带信号	基帶訊號
baseband transmission	基带传输	基帶傳輸
base element	基本单元	基本元素
baseline	基线	基線

英 文 名	大 陆 名	台 湾 名
baseline network	基准网络	基線網路
baseline restorer	基线恢复	基線恢復
baseline sequential	顺序基线	基線順序式
baseline shift	基线漂移	基線漂移
base number	基数,基础号	基數
base page	基页	基頁
base priority	基本优先级	基本優先
base region	基区	基極區
base register (=base address register)	基址寄存器	基址暫存器,基底暫存器
base station	基地站,基台	基地站,基台
base table	基表	基本表
basic access	基本接入	基本接入
basic bit-map	基本位图	基本位元圖
basic block	基本块	基本塊
basic component	基本部件	基本元件
basic frequency	基频	基頻,基本頻率
basic group	基群	基群
basic I/O system (BIOS)	基本输入输出系统	基本輸出輸入系統
basic key	基本密钥	基本密鑰
basic line equalizer	基本线路均衡器	基本線路等化器
basic multilingual plane	基本多语种平面	基本多語文平面
basic operation	基本操作	基本操作
basic platform	基本平台	基本平台
basic signal	基本信号	基本訊號
basic supergroup	基本超群	基本超群
basic symbol	基本符号	基本符號
basis function	基函数	基礎函數
bastion host	堡垒主机	堡壘主機
batch (=lot)	批	批
batch control	批量控制	批次控制
batch data processing	成批数据处理,批量数据处理	成批數據處理
batch file	批处理文件	批次檔案
batch job	批作业	批次工件
batch processing	批处理	批次處理,整批處理
batch processing operating system	批处理操作系统	批次處理作業系統
batch processing system	批处理系统	批次處理系統

英　文　名	大　陆　名	台　湾　名
batch size（=lot size）	批量	批量
bathtub curve	浴盆曲线	浴缸曲線
battlefield search radar	战场侦察雷达	戰場偵察雷達
batwing antenna	蝙蝠翼[式]天线	蝙蝠翼形天線
baud	波特	波特
baud rate	波特率	鮑率,符碼率
Bayard-Alpert vacuum gauge	B－A 真空计	B－A 真空計
Bayes analysis	贝叶斯分析	貝斯分析
Bayesian classifier	贝叶斯分类器	貝斯分類器
Bayesian decision method	贝叶斯决策方法	貝斯決策方法
Bayesian decision rule	贝叶斯决策规则	貝斯決策規則
Bayesian inference	贝叶斯推理	貝斯推理
Bayesian inference network	贝叶斯推理网络	貝斯推理網絡
Bayesian logic	贝叶斯逻辑	貝斯邏輯
Bayesian theorem	贝叶斯定理	貝斯定理
Bayliss distribution	贝里斯分布	貝里斯分佈
B band	B 波段	B 頻帶
BBD（=bucket brigade device）	斗链器件	斗鏈元件
BBS（=①broadcasting satellite service ② bulletin board system）	①广播卫星业务 ②公告板系统	①衛星廣播服務 ②佈告欄系統
BCD（=binary-coded decimal）	二[进制编码的]十进制	十進位元二元編碼
BCD code	二进制编码的十进数	二進編碼十進數碼
BCH（=Bose-Chaudhuri-Hocquenghem）	博斯－乔赫里－奥康让[纠错码],BCH 码	BCH 碼
B channel	B 信道	B 通道
BCR（=block cell rate）	块信元速率	訊息塊細胞[速]率
BDD（=binary decision diagram）	二叉判定图	二元決策圖
BDI（=business data interchange）	商业数据交换	商業數據交換
beacon	信标	信標
beaconing station	报警站	報警站
beacon tracking	信标跟踪	信標跟蹤
beam	束	束
beam angle	波束角	波束角
beam antenna	波束天线	波束天線
beam confining electrode	束射屏	束射屏
beam control	射束控制	波束控制
beam diversity	一束多用,波束发散	波束分集,多波束重復

英　文　名	大　陆　名	台　湾　名
beam efficiency	波束效率	波束效率
beam efficiency of aperture antenna	孔径天线波束效率	孔徑天線之主/副波束效率
beam index tube	束引示管	束引示管
beam-injected crossed-field amplifier	束注入正交场放大管	束注入正交場放大管
beam-landing screen error	束着屏误差	束著屏誤差
beam lead	梁式引线	梁式引線
beam loading	电子束负载,射束负荷	電子束負載
beam reception (= directional reception)	定向接收	定向接收
beam scanning	射束扫描	波束掃描
beam search	定向搜索	定向搜索
beam shape factor	波束形状因数	波束形狀因數
beam shaping synthesis	射束整形综合技巧	波束整形合成技巧
beam solid angle	波束立体角	波束固態角
beam splitter	束分裂器,分束器,析光镜	光束分離器
beam steering	波束调向	波束控制,波束操縱
beam switching	射束转换,波束转换	波束切換,波束轉換,電子注轉換
beam transmission	定向传输	定向傳輸,定向發射,波束傳輸
beam waveguide	[波]束波导	波束波導
beamwidth	波束宽度	射束寬度
bearer capability	承载能力	載送能力
bearer service	承载业务	承載業務
bearing marker	方位标志	方位標志
bearing of station	电台方位	電台方位
beat frequency	拍[差]频	拍頻,差頻
beat frequency oscillator	拍频振荡器	拍頻振盪器
beat length	拍长,差频长度	拍長
beat reception	差拍[频]接收	差拍接收
beat wavelength	差拍[频]波长	拍波長
BECN (= backward explicit congestion notification)	后向显式拥塞通知	反向顯式擁塞通知
bedside monitor	床旁监护仪	床旁監護儀
before-image	前像	前像
begin-end block	开始-结束块	開始-結束塊
beginning-of-tape marker (BOT marker)	磁带头标	磁帶開始標誌

英文名	大陆名	台湾名
behavior	性态	行為
behavioral agent	行为主体	行為代理
behavioral animation	行为动画	行為動畫
behavioral model	行为模型	行為模型
belief-desire-intention model	信念-期望-意图模型	信念-期望-意圖模型
belief function	可信度函数	可信度函數
belief logic	相信逻辑	可信度邏輯
belief revision	信念修正	信念修正
bell cable	铃电缆	訊號纜線
bell call	振铃呼叫	振鈴呼叫
bell character	报警字符,响铃字符	振鈴符元
Bell-Lapadula model	贝尔-拉帕杜拉模型	Bell-Lapadula 模型
bell signal	振铃信号	振鈴訊號,振鈴訊號
Bell system	贝尔系统	貝爾系統
benchmark	基准	基準
benchmark program	基准程序	基準程式
benchmark test	基准测试	基準測試
bent beam ionization gauge	弯束型[电离]真空计	彎束型[電離]真空計
Berlekamp aigorithm	伯利坎普算法	伯力肯演算法
Bernoulli disk	伯努利盘	貝努里磁碟
beryllia ceramic	氧化铍瓷	氧化鈹瓷
Bessel function	贝塞尔函数	貝索函數
best-effort delivery	尽力投递	盡力投遞
best-first search	最佳优先搜索	最佳優先搜尋
best-fit	最佳适配[法]	最適
BETA signal	β 信号	β 訊號
beta test	β 测试	β 測試
Bethe-hole coupler	贝特孔耦合器	倍茲孔耦合器
between-the-lines entry	线间进入	線間進入
Beverage antenna	贝弗里奇天线	貝佛瑞奇天線
beyond-the-horizon communication	超视距通信	超視距通訊
Bezier curve	贝济埃曲线	貝齊爾曲線
Bezier surface	贝济埃曲面	貝齊爾曲面
BFL (= buffered FET logic)	缓冲场效晶体管逻辑	緩衝場效電晶體邏輯
BGA (= ball grid array)	球阵列封装	球陣列封裝
BGO (= bismuth germanium oxide)	锗铋氧化物	鍺鉍氧化物
BGP (= border gateway protocol)	边界网关协议	邊界閘道協定
BHC (= busy hour call)	忙时呼叫	忙時呼叫

英 文 名	大 陆 名	台 湾 名
bias	偏压	偏壓
bias control	偏置控制	偏壓控制
biasing	偏磁	偏磁
BIB (=bus interface board)	总线接口板	匯流排介面板
Bickmore-Spellmire distribution	比克莫尔-斯佩尔迈尔分布	畢克摩-史培邁分佈
bicomponent	双分支	雙組件
biconical antenna	双锥天线	雙錐天線
biconnected components	双连通分支	雙連組件
biconnectivity	双连通性	雙連通性
bicubic patch	双三次曲面片	雙三次曲面片
bicubic surface	双三次曲面	雙三次曲面
bidirectional bus	双向总线	雙向匯流排
bidirectional diode	双向二极管	雙向二極體
bidirectional printing	双向打印	雙向列印
bidirectional search	双向搜索	雙向搜尋
bidirectional thyristor	双向晶闸管	雙向晶閘體
bidirectional transmission	双向传输	雙向傳輸
bidirection reasoning	双向推理	雙向推理
bifin log-periodic antenna	双鳍对数周期天线	雙鰭對數週期天線
bifocal aplanatic antenna	双焦点均匀天线	雙焦點均勻天線
bifurcated waveguide	分叉波导[管]	分叉導波[管]
bigram	二元语法	雙字母組
bilateral	双向[性]	雙向
bilateral closed user group	双边闭合用户群	雙閉合用戶組
bilateral Z-transform	双侧 Z 变换	雙向 Z 轉換,雙邊 Z-轉換
bilinear interpolation	双线性内插	雙線性內插
bilinear surface	双线性曲面	雙線性曲面
bilinear system	双线性系统	雙線性系統
bilinear transformation	双线性变换	雙線性變換
bilingual alignment	双语对齐	雙語對齊
bilingual machine readable dictionary	双语机器可读词典	雙語機器可讀詞典
bimodal transmission	双模传输	雙模態傳輸
binary	二进制[的]	二進位,二元
binary cell	二进制单元	二進制格
binary character	二进制字符	二進制字元,二進字元
binary character set	二元字符集	二進制字元集

英文名	大陆名	台湾名
binary code	二进制代码	二進制編碼
binary-coded decimal (BCD)	二[进制编码的]十进制	十進位元二元編碼
binary computer	二进制计算机	二進制計算機
binary constant	二进制常数	二進制常數
binary control	二进制控制	二進制控制
binary data	二进制数据	二進制資料
binary data model	二进制数据模型	二進制資料模型
binary decision diagram (BDD)	二叉判定图	二元決策圖
binary digit	二进制数字	①二進位數字 ②二進數位,二進位元
binary digit string	二进制数字串	二進制數字串
binary image	二值图像	二進制影像
binary insertion	二分插入	二元插入
binary large object (BLOB)	二进制大对象	二進制大物件
binary merge	二路归并	二進制合併
binary notation	二进制记数法	二進制記法,二進位記法
binary operation	二进制运算	二進制作業
binary phase-shift keying (BPSK)	二进制相移键控,双相移键控	二元相移鍵控,雙相移鍵控
binary relation	二元关系	二元關係
binary resolvent	二元预解式	二進制消解式
binary search	二分搜索	二元搜尋
binary search tree	二叉查找树	二元搜尋樹,二分搜尋樹
binary sort tree	二叉排序树	二元排序樹
binary syllabification	双拼	雙拼
binary symmetric channel (BSC)	二进制对称信道	二元對稱通道,雙對稱通道
binary synchronous communication (BSC)	二进制同步通信	二元同步通訊
binary system	二进制	二進制系統
binary-to-Gray converter	二进制－格雷[码]转换器	二進[位]碼對格雷碼變換器
binary tree	二叉树	二元樹
binding	绑定	連結
binocular imaging	双目成像	雙目成像
binomial array	二项式阵列	二項式陣列

英 文 名	大 陆 名	台 湾 名
binomial coefficient	二项式系数	二項式係數
bin packing	装箱问题	裝箱問題
bio-battery	生物电池	生物電池
biochip	生物芯片	生物晶片
bio-computer	生物计算机	生物電腦
bio-electrical impedance	生物电阻抗	生物電阻抗
bioelectric amplifier	生物电放大器	生物電放大器
bioelectricity	生物电	生物電
bioelectronics	生物电子学	生物電子學
bio-feedback	生物反馈	生物回饋
biological cybernetics	生物控制论	生物控制論
biomagnetics	生物磁学	生物磁學
biomedical electronics	生物医学电子学	生物醫學電子學
biomedical transducer	①生物医学换能器 ②生物医学传感器	①生物醫學換能器 ②生物醫學感測器
biometric	生物测定	生物統計
biomolecular device	生物分子器件	生物分子元件
biomolecular electronics	生物分子电子学	生物分子電子學
biophotoelement	生物光电元件	生物光電元件
biorthogonal code	双正交码	雙正交碼
biorthogonal modulation	双正交调制	雙正交調變
biorthogonal signal	双正交信号	雙正交訊號,雙正交訊號
biorthogonal wavelet transformation	双正交小波变换	雙正交小波變換
BIOS (=basic I/O system)	基本输入输出系统	基本輸出輸入系統
biosensor	生物敏感器	生物感測器
biotelemetry	生物遥测	生物遙測
Biot-Savart law	毕奥－萨瓦特定律	畢歐沙瓦定律
BIP-8 (=bit interleaved parity-8)	8 比特交错奇偶性	8 位元交插同位元碼
bipartite graph	二分图	偶圖
biphase	双相的	雙相
biphase code	双相码	雙相碼
biphase Manchester code	双相曼彻斯特码	雙相曼徹斯持碼
biphase modulation	双相调制	二元相位調變,雙相角調變
biphase-shift keying (BPSK) (=binary phase-shift keying)	二进制相移键控,双相移键控	二元相移鍵控,雙相移鍵控
bipolar	双极性	雙極性

英 文 名	大 陆 名	台 湾 名
bipolar cell	双极型电池	雙極型電池
bipolar code	双极性码	雙極性碼
bipolar integrated circuit	双极型集成电路	雙載子型積體電路
bipolar memory	双极存储器	雙載子記憶體
bipolar transistor	双极晶体管	雙極性電晶體
bird clutter	卫星噪声	飛鳥雜波
BIRE (=British Institution of Radio Engineers)	英国无线电工程师学会	英國無線電工程師學會
birefringence	双折射	雙折射
birthday attack	生日攻击	生日攻擊
birth-death system	增消系统	生滅性系統
B-ISDN (=broadband integrated services digital network)	宽带综合业务数字网, B-ISDN 网	寬帶綜合業務數字網
bisection theorem	中剖定理,中分定理	中分定理
bismuth germanate	锗酸铋	鍺酸鉍
bismuth germanium oxide (BGO)	锗铋氧化物	鍺鉍氧化物
BIST (=built-in self-test)	内建自测试	內建式自我測試
bistable channel	双稳态信道	雙穩態通道
bistable triggeraction circuit (=flip-flop circuit)	双稳[触发]电路	雙穩[觸發]電路
bistatic radar	双基地雷达	雙基地雷達
B-ISUP (=broadband integrated services digital network user part)	宽带综合业务数字网用户部分	寬頻整合服務數位網路用戶部
bit	[二进制]位,比特	位元,比
BIT (=built-in test)	内部测试, 机内测试	內裝式測試
bit allocation	位分配	位元分配,位元配置
bit-by-bit detection	逐位检测	逐位元檢測,依位元偵測
bit commitment	位提交	位元交付
bit density	位密度	位元密度
bit drive	位驱动	位元驅動
BITE (=built-in test equipment)	机内测试装置	機內測試裝置
biternary	双三进制	雙三進制
biternary code	双三进制码	雙三進制碼
bit error	位差错,比特差错	位元錯誤
bit error probability	位差错概率,比特差错概率	位元錯誤機率
bit error rate	位误差率	位元錯誤率,位元誤碼

英文名	大陆名	台湾名
		率
bit error rate test set	位差错率测试装置,比特差错率测试装置	位元錯誤率測試裝置
bit-identify	位标识	位元識別
bit interleaved parity (BIP)	位交织奇偶性,比特交织奇偶性	位元交插同位
bit interleaved parity 8 (BIP-8)	8 比特交错奇偶性	8 位元交插同位元碼
bit interleaved TDM	位交织时分复用,比特交织时分复用	位元交錯分時多工
bit interleaving	位交织,比特交织	位元交錯
bit interval	位间隔,比特间隔	二進位碼脈衝時間,[二]位元時寬,位元區間
bit-jitter	位抖动,比特抖动	位元跳動
bit line	位线	位元線
bitmap	位图	位元映像
bit-oriented protocol	面向比特协议	位元導向協定
bit-oriented transmission	面向位的传输	位元導向式傳輸
bit pattern	位模式	位元組合型態,位元樣型
bitplane	位平面	位元平面
bit pulse crowding	位脉冲拥挤	位元脈衝擁擠
bit rate	位率,比特率	位元率
bit rate hierarchies	比特率层次	位元率階層
bit rate index	位率指标,比特率指标	位元率指標
bit reduction technique	位减缩法,比特压缩技术	位元減少技術
bit reservoir	比特储存器	位元累積
bit-reversed order	倒序	倒序
bit sensitivity to errors	位错敏感性	位元敏感度
bit-slice computer	位片计算机	位元片計算機
bits per inch (bpi)	位每英寸	每英吋位元數
bits per second (bps)	位每秒,比特每秒	每秒位元數
bit stream	位流,比特流	位元流
bitstream characteristic	位流特性,比特流特性	位元流特性
bitstream compliance	位流符合性,比特流符合性	位元流符合性
bitstream formatter	位流格式器,比特流格	位元流格式器

英文名	大陆名	台湾名
	式器	
bitstream syntax	位流句法,比特流句法	位元流語法
bit stuffing	比特填塞	位元填塞,位元填充
bit switch	[按]位开关	位元交換
bit synchronization	位同步	位同步
bit synchronous clock signal	位同步时钟信号	位元同步時鐘訊號
bit time	位时间	位元時間
bitwise operator	按[逐]位运算符	位元運算子
black and white picture tube	黑白显像管	黑白顯象管
black and white TV	黑白电视	黑白電視
blackboard	黑板	黑板
blackboard architecture	黑板体系结构	黑板架構
blackboard coordination	黑板协调	黑板協調
blackboard memory organization	黑板记忆组织	黑板記憶體組織
blackboard model	黑板模型	黑板模型
blackboard negotiation	黑板协商	黑板協商
blackboard strategy	黑板策略	黑板策略
blackboard structure	黑板结构	黑板結構
blackboard system	黑板系统	黑板系統
black box	黑箱	黑箱
black-box testing	黑箱测试	黑箱測試
black halo	黑晕	黑暈
black hole	黑洞	黑洞
black level	暗电平	暗電平
Blackman window	布莱克曼窗口	佈雷克門視窗
black matrix	黑底	黑底
black matrix screen	黑底屏	黑底屏
black signal	黑信号	黑色訊號
blade antenna	刀形天线	刀型天線
blank	空白[符]	空白字元
blank character	空白字符	空白字元
blank diskette	空白软盘	空白磁片
blanketing frequency	抑止频率	抑制頻率
blanketing jamming	压制性干扰	壓製性干擾
blanking	消隐	留空白
blank medium	空白媒体	空白媒體
blending (=hybrid)	混合	混合,併合
blind equalization	盲均衡	盲均衡

英文名	大陆名	台湾名
blind phase	盲相	盲相
blind search	盲目搜索	盲目搜尋
blind signature	盲签	盲目簽章
blind speed	盲速	盲速
blip	目标[显示]标志	目標[顯示]標誌
BLOB (=binary large object)	二进制大对象	二進位大物件
block	①块 ②分组	塊,[資料]段
blockage efficiency	阻塞效率	[受]遮蔽效率
blockage efficiency of reflector	反射器阻塞效率	[反射器天線)孔徑遮蔽效率
block cell rate (BCR)	块信元速率	訊息塊細胞[速]率
block cipher	分组密码	分組密碼
block code	块码	區塊碼,組碼
block companding	块压扩	區塊壓伸
block convolution	块卷积	區塊折積
block copy	块拷贝	塊復製
block diagram	框图	方塊圖
blocked state	阻塞状态	受阻狀態
block encoding	块编码,分组码	區塊編碼,分組編碼
block error rate	块差错概率	字組錯誤率
block floating point	成组浮点	成組浮點
blocking capacitor	隔直流电容器	隔直流電容
blocking factor	分块因子	編塊因數
blocking network	阻塞网络	阻塞網路
blocking oscillator	间歇振荡器	阻隔振盪器
block-interleaved	块交织	交插的區塊
block length	块长度	塊長,段長
block lock state	块封锁状态	塊鎖定狀態
block mark	块标志	[區]塊標誌
block movement	块移动	塊移動
block multiplexer channel	分组多路转换通道	區塊多工通道
block number	块号,码组编号	組號,分程式編號
block paging	成组分页	塊調頁
block parity	块奇偶检验法	字組奇偶檢驗,區塊同位
block payload	块净荷	區塊承載
block primitive	阻塞原语	區塊基元
block priority control	块优先级控制	塊優先權控制

英 文 名	大 陆 名	台 湾 名
block resynchronization	块再同步	訊號組再同步,字組再同步
block row	块列	區塊列
block section	闭塞区间,阻塞区段	阻塞區段
block signal	①阻塞信号 ②块信号	阻塞訊號,阻塞訊號,閉塞訊號
block signal system	阻塞信号系统	阻塞訊號設備系統
block size	块大小	塊大小,塊度
blocks of knowledge	知识单元	知識區塊
block state	分程序状态,阻塞状态	阻塞狀態
block structure	分程序结构,块结构	區塊結構,分組結構
block-structured language	分程序结构语言	區塊結構語言
blocks world	积木世界	塊世界
block transfer	成组传送	塊傳送
blooming	开花	開花
blown fuse	熔断丝	已熔斷的保險絲
BISYNC protocol	二进制同步通信协议	二元同步通訊協定
blur	模糊	模糊
BM EWS (= ballistic missile early warning system)	弹道导弹预警系统	彈道飛彈早期警報系統
B-mode ultrasonic scanning	B 型超声扫描	B 型超音波掃描
BNN (= barium sodium niobate)	铌酸钡钠	鈮酸鋇鈉
B-NT1(= broadband network termination 1)	第一类宽带网终端	寬頻網路終端 1
B-NT2(= broadband network termination 2)	第二类宽带网终端	寬頻網路終端 2
board	板	板,接線板,交換台
board-mounted connector	板装连接器	電路板黏著連接器
BOD (= hybrid bistable optical device)	混合双稳光学器件	混成式雙穩態光元件
Bode diagram	伯德图	伯德圖
body mounted type solar cell array	壳体太阳电池阵	殼體太陽電池陣
body surface potential mapping	体表电位分布图测量	體表電位分佈圖測量
Boltzmann constant	玻尔兹曼常量	波茲曼常數
Boltzmann machine	玻尔兹曼机	波茲曼機
bombing radar	轰炸雷达	轟炸雷達
bonded permanent magnet	黏结磁体	粘結磁體
bonding	压焊	壓焊
bonding pad	焊盘	焊墊
bookmark	书签	書籤
Boolean adder	布尔加法器	布林加法器

英 文 名	大 陆 名	台 湾 名
Boolean algebra	布尔代数	布林代數,邏輯代數
Boolean expression	布尔表达式	布林表式
Boolean function	布尔函数	布林函數
Boolean logic	布尔逻辑	布林邏輯
Boolean operation	布尔运算	布林運算
Boolean operator	布尔算子	布林運算子
Boolean process	布尔过程	布林程序
Boolean search	布尔查找,布尔搜索	布林搜尋
booster transmitter	增强发射机	輔助發射機
booster vacuum pump	增压真空泵	增壓真空幫浦
boot (=bootstrap)	引导程序	①啟動程式,自我啟動 ②引導,啟動,自舉
booth	公用电话亭	公用電話亭
Booth multiplier	布思乘法器	Booth 乘法器
Booth's algorithm	布思算法	Booth 演算法
booting	[磁带]引导段	引導
boot password	引导口令	啟動密碼
bootstrap	引导程序	①啟動程式,自我啟動 ②引導,啟動,自舉
bootstrap loader	引导装入程序	啟動載入程式,自舉載入器
border gateway protocol (BGP)	边界网关协议	邊界閘道協定
boresight	视轴	準向
boresight error	瞄准误差	准向偏差
boresight gain antenna	瞄准增益天线	天線正角放大增益,正角增益天線
boron-phosphorosilicate glass	硼磷硅玻璃	硼磷矽玻璃
boron trifluoride counter	三氟化硼计数器	三氟化硼計數器
Bose-Chaudhuri code	博斯-乔赫里码,BC 码	博斯-喬赫裏碼,BC 碼
Bose-Chaudhuri-Hochquenghem (BCH)	博斯-乔赫里-霍克文黑姆[纠错码],BCH 码	BCH 碼
both-way	双向	雙向
both-way communication	双向通信	雙向通信
BOT marker (=beginning-of-tape marker)	磁带始标,BOT 标记	磁帶開始標誌
bottom field	底场	下圖場

英 文 名	大 陆 名	台 湾 名
bottom line (= underline)	下划线	底線
bottom-up	自底向上	由下而上
bottom-up design	自底向上设计	由下而上設計
bottom-up method	自底向上方法	由下而上法
bottom-up parsing	自底向上句法分析	由下而上剖析
bottom-up reasoning	自底向上推理	由下而上推理
bound	装订,联编	界限
boundary	边界	邊界
boundary condition	边界条件	邊界條件
boundary detection	边界检测	邊界檢測
boundary error	边界错误	邊界誤差
boundary frequency	边界频率	邊界頻率,臨界頻率
boundary layer	边界层	邊界層
boundary model	边界模型	邊界模型
boundary modeling	边界建模	邊界建模
boundary pixel	边界像素	邊界像素
boundary representation	边界表示	邊界表示法
boundary scan	边界扫描	邊界掃描
boundary tracking	边界跟踪	邊界追蹤
bound-charge densities	束缚电荷密度	束縛電荷密度
boundedness	有界性	有界性
bounded net	有界网	有界網
bounding box	包围盒	邊界框
bounding box test	包围盒测试	包圍盒測試
bow	弓度	弓度
box diffusion	箱法扩散	箱法擴散
box lens	盒式透镜	盒式透鏡
bpi (= bits per inch)	位每英寸	每英吋位元數
Bpi (= bytes per inch)	字节每英寸	每英吋位元組數
BPR (= business process reengineering)	企业过程再工程	企業程序再造工程
bps (= bits per second)	位每秒,比特每秒	每秒位元數
Bps (= bytes per second)	字节每秒	每秒位元組數
BPSK (= binary phase-shift keying)	二进制相移键控,双相移键控	二元相移鍵控,雙相移鍵控
BPSK modulation	双相移键控调制	二元相移鍵控調變,雙相移鍵控調變
BR (= buffer release)	缓冲区释放	釋放緩衝器
bracket state manager	阶层[类]状态管理程	括號狀態管理器

英文名	大陆名	台湾名
	序	
Bragg cell	布拉格信元	布拉格胞子
Bragg-cell receiver (=acoustooptical receiver)	声光接收机,布拉格元接收机	聲光接收機,布拉格元接收機
brain function meter	脑功能仪	腦功能儀
brain function module	脑功能模块	腦功能模組
brain imaging	脑成像	腦成像
brain model	脑模型	腦模型
brain science	脑科学	腦科學
BRAM (=broadcast recognition access method protocol)	广播识别存取法协议,广播识别存取访问法协议	廣播認知擷取法協定
branch	分支	分支,轉移
branch and bound	分支限界[法]	分支定界
branch-and-bound search	分支限界搜索	分支限界搜索
branch current	分[支]路电流	支路電流,分支電流
branch delay slot	转移延迟槽	轉移延遲插槽
branched optical cable	分支光缆	分支光纜
branch exchange	①电话分局 ②交换分机	①電話分局 ②交換分機
branch hazard	条件冲突	分歧危障
branch history table	转移历史表	分歧歷史表
branching network	分支网络	分支網路
branch instruction	分支指令	分支指令
branch-multiple	分支复接	分支復接
branch prediction	转移预测	分歧預測
branch prediction buffer	转移预测缓冲器	分歧預測緩衝器
branch target address	转移目标地址	分歧目標位址
bravo	通信中用以代表字母“B”的词	通信中用以代表字“B”的詞
breach	违背	違反,破壞
breadboard	实验电路板	試驗電路板
breadth first analysis	宽度优先分析	先寬分析
breadth-first search	广度优先搜索	先寬搜尋
break-away connector (=snatch-disconnect connector)	分离连接器	分離連接器
break-contact unit	断开接点组	開路-接合器
breakdown	击穿	崩潰
breakdown maintenance	故障维修	故障維修

英 文 名	大 陆 名	台 湾 名
breakdown signal	故障信号,击穿信号	故障訊號,擊穿訊號,故障訊號,擊穿訊號
breakdown strength	击穿强度	崩潰強度
breakdown voltage	击穿电压	崩潰電壓
breaker (=circuit breaker)	断路器	①電路斷路器 ②斷路器
break frequency	折点频率	折點頻率,拐點頻率
break-in hangover time	插入延迟时间	插入延遲時間
break jack	断开塞孔	切斷塞孔
break-make ratio	通断比	斷續比
breakout	分支点	分支點
breakpoint switch	断点开关	斷點開關
break time	破译时间	破譯時間
break valve	截止阀	截止閥
breast telephone	挂胸式电话机	掛胸式電話機
bremsstrahlung	轫致辐射	軔致輻射
brevity code	简[化]码,缩语,缩码	簡碼
Brewster angle	布儒斯特角	布魯斯特角,無反射角
bridge	①电桥 ②网桥	①電橋 ②網橋
bridge circuit	桥式电路,桥接线路	橋路,橋接電路,電橋電路
bridging fault	桥接故障	橋接故障
bridging node	桥接结点	橋接結點
Bridgman method	布里奇曼方法	布裏奇曼方法
brief-code	简码	簡碼
brigade algorithm	桶链算法	特遣演算法
bright band	亮带,亮区	明亮帶
brightness	亮度	亮度
brightness ratio	亮度比	亮度比
brightness temperature	亮度温度	亮度溫度
Brillouin diagram	布里渊图	布裏淵圖
Brillouin scattering	布里渊散射	布裏淵散射
British Institution of Radio Engineers (BIRE)	英国无线电工程师学会	英國無線電工程師學會
broadband (=wide band)	宽带	寬頻[帶],寬波段
broadband access	宽带接入	寬頻存取
broadband communication network	宽带通信网	寬頻通信網[路],寬頻通訊網路

英　文　名	大　陆　名	台　湾　名
broadbanding	频宽扩增	頻寬擴增
broadband integrated services digital network (B-ISDN)	宽带综合业务数字网，B-ISDN 网	寬帶綜合業務數字網
broadband LAN	宽带局[域]网	寬頻區域網路
broadband network termination 1 (B-NT1)	第一类宽带网终端	寬頻網路終端 1
broadband network termination 2 (B-NT2)	第二类宽带网终端	寬頻網路終端 2
broadband radio relay system	宽带无线电接力系统	寬頻無線電中繼系統
broadband terminal equipment (B-TE)	宽带终端设备	寬頻終端設備
broadband transmission	宽带传输	寬頻帶傳輸，寬頻帶發射
broadcast	广播[通信]	廣播
broadcast address	广播地址	廣播位址
broadcasting	广播	廣播
broadcasting right	转播权	轉播權
broadcast receiver	[广播]收音机	[廣播]收音機
broadcast recognition access method protocol (BRAM)	广播识别存取法协议，广播识别存取访问法协议	廣播認知擷取法協定
broadcast satellite service (BSS)	广播卫星业务	衛星廣播服務
broadcast service	广播业务	廣播業務
broadcast studio	播音室	播音室
broadside array	垂射阵列	側面陣列，垂射陣列
broken fault	断路故障	斷路故障
brouter	桥路由器	橋路由器
browser	浏览器	瀏覽器
browsing	浏览	瀏覽
B-rule	B 规则	B 規則
brute-force attack	蛮干攻击	暴力攻擊
brute force focusing	暴力式聚焦	暴力式聚焦
BSC (=①binary symmetric channel ②binary synchronous communication)	①二进制对称信道 ②二进制同步通信	①二元對稱通道，雙對稱通道 ②二元同步通訊
b's complement	b 补码	b 補數
B-scope (=range-azimuth display)	距离－方位显示器	距離－方位顯示器
BSF solar cell (=back surface field solar cell)	背场太阳电池	背場太陽電池

英 文 名	大 陆 名	台 湾 名
B-spline	B 样条	B 雲規函數
B-spline curve	B 样条曲线	B 雲規曲線
B-spline surface	B 样条曲面	B 雲規曲面
BSR solar cell (= back surface reflection solar cell)	背反射太阳电池	背反射太陽電池
BT (= barium titanate)	钛酸钡	鈦酸鋇
B-TE (= broadband terminal equipment)	宽带终端设备	寬頻終端設備
B to B (= business to business)	企业对企业	企業對企業
B to C (= business to customer)	企业对客户	企業對客戶
B to G (= business to government)	企业对政府	企業對政府
B tree	B 树	B 樹
B + tree	B + 树	B + 樹
bubble [domain] mobility	泡迁移率	泡遷移率
bubble chamber	气泡室	氣泡室
bubble diameter	泡径	泡徑
bubble memory	磁泡存储器	磁泡記憶體
bubble sort	冒泡排序	泡式排序,浮泡分類法,泡沫排序
bucket brigade device (BBD)	斗链器件	斗鏈元件
bucket sort	桶排序	桶排序,儲存區排序
buddy system	伙伴系统	伙伴系統
buffer	缓冲器	①緩衝器,緩衝區 ②緩衝
buffer allocation	缓冲区分配	緩衝區分配
buffer amplifier	缓冲放大器	緩衝放大器
buffered FET logic (BFL)	缓冲场效晶体管逻辑	緩衝場效電晶體邏輯
buffering	缓冲	緩衝
buffer management	缓冲区管理	緩衝區管理
buffer memory	缓冲存储器,缓存	緩衝區記憶體
buffer pool	缓冲池	集用場
buffer preallocation	缓冲区预分配	緩衝區預分配
buffer release (BR)	缓冲区释放	釋放緩衝器
buffer storage	缓冲寄存器	緩衝儲存
bug	隐错	錯誤
bug seeding	隐错撒播	錯誤播種
builder	①构造程序 ②构造器	構造器
build-in	内部,内置,内装,固有	內裝的,固定的,內建的
building block	构件块	①構件塊 ②構建

英 文 名	大 陆 名	台 湾 名
building-block layout system	积木式布图系统	堆積式佈局系統
build-in PLC	内置式可编程逻辑控制器	内建式可程式邏輯控制器
build-out	外附	外插
build-up	建造,装配,拼装	組成,安裝
built-in diagnostic circuit	内建诊断电路	内建診斷電路
built-in field	自建电场	内建電場
built-in function	内建函数	内建函數
built-in potential	内建势	内建位能
built-in self-test (BIST)	内建自测试	内建式自我測試
built-in test (BIT)	内部测试, 机内测试	内裝式測試
built-in test equipment (BITE)	机内测试装置	機内測試裝置
bulk effect	体效应	體效應
bulk memory	大容量存储器	大量記憶體
bulk recombination	体内复合	體内復合
bulletin board service	公告板服务	佈告欄服務
bulletin board system (BBS)	公告板系统	佈告欄系統
bumping	爆腾,暴沸	爆騰,暴沸
bunching space	群聚空间	群聚空間
Burgers vector	伯格斯矢量	伯格斯向量
Burg's algorithm	伯格算法	伯格算法
buried cable	地下电缆,埋设电缆	地下纜線
buried-channel MOSFET	埋沟 MOS 场效晶体管	埋通道 MOS 場效電晶體
buried layer	埋层	埋層
buried lead coverd cable	地下铅包电缆	地下鉛包纜線
buried servo	埋层伺服	埋伺服
burn-in	老化	預燒,燒入
burn-out energy	抗烧毁能量	燒毀能量
burn-through range	烧穿距离	燒穿距離
Burrus type LED	伯勒斯型发光二极管	巴瑞斯型發光二極體
burst error	突发差错	突發差錯
burst [error] correcting code	纠突发错误码	糾突發錯誤碼
burst length	突发长度	突發長度
burst rate	成组传送速率	叢發速率
burst signal	色同步信号	色同步訊號
burst transmission	突发传输	叢發傳輸
bursty	突发性	叢發性

英文名	大陆名	台湾名
bursty traffic	突发性通信量	叢發性業務,叢發性訊務
bus	总线	匯流排
bus arbitration	总线仲裁	匯流排仲裁
bus bar	汇流条	匯流排條
business data interchange (BDI)	商业数据交换	商業數據交換
business model (=enterprise model)	企业模型	企業模型
business process modeling	企业过程建模	業務流程模型化
business process reengineering (BPR)	企业过程再工程	業務流程再造工程
business system planning	企业系统规划	業務系統規劃
business to business (B to B)	企业对企业	企業對企業
business to customer (B to C)	企业对客户	企業對客戶
business to government (B to G)	企业对政府	企業對政府
bus interface board (BIB)	总线接口板	匯流排介面板
bus isolation mode	总线隔离模式	匯流排隔離模式
bus mouse	总线鼠标[器]	匯流排滑鼠
bus network	总线网	匯流排網路
bus-quiet signal	总线寂静信号	匯流排寂靜訊號
bus structure	总线结构	匯流排結構
bus/tree topology	总线-树拓扑	匯流排/樹狀拓撲
busy	忙[碌]	忙,工作中
busy back (=busy signal)	占线信号,忙音信号	占線訊號,忙回訊號
busy-back tone (=busy tone)	忙音,占线音	忙[回]音,占線[忙]音
busy-buzz	忙蜂音,占线蜂音	忙蜂音,占線蜂音
busy contact	忙接点	忙接點
busy-flash signal	忙闪信号	占線閃光訊號,占線閃光訊號
busy hour	忙时,高峰时[间]	忙時,繁忙小時
busy hour call (BHC)	忙时呼叫	忙時呼叫
busy hour crosstalk noise	忙时串音噪声	忙時串雜訊,忙時串雜音
busy line	占用线[路],忙线	佔用線路,忙線
busy signal	占线信号,忙音信号	佔線訊號,忙回訊號
busy tone	忙音,占线音	忙[回]音,佔線[忙]音
busy waiting	忙等待	忙等待
butterfly operation	蝶式运算	蝶式運算
butterfly permutation	蝶式排列	蝶式排列
butterfly valve	蝶[形]阀	蝶[形]閥

英 文 名	大 陆 名	台 湾 名
Butterworth approximation method	巴特沃思近似方法	巴特沃思趨近法
Butterworth filter	巴特沃思滤波器	巴特沃思濾波器
butt-jointed fiber	对接[式]光纤	對抵連接光纖,對接光纖
button	按钮	按鈕
button cell	扁形电池,扣式电池	扁形電池,扣式電池
BWA (=backward wave amplifier)	回波放大器	回波放大器,反向波放大器
BWT (=backward wave tube)	返波管	返波管
bypass capacitor	旁路电容[器]	旁路電容
bypassing	旁路	旁路
by-pass valve	旁通阀	旁通閥
byte	字节	位元組
byte aligned	字节对准	位元組對齊
byte multiplexer channel	字节多路转换通道	位元組多工通道
bytes per inch (Bpi)	字节每英寸	每英吋位元組數
bytes per second (Bps)	字节每秒	每秒位元組數
byte stuffing	字节填充	位元組填充,位元組填塞
Byzantine resilience	拜占庭弹回	拜占庭彈回

C

英 文 名	大 陆 名	台 湾 名
C	C 语言	C 語言
C^3 (=command, control and communications)	指挥、控制与通信	指揮、控制與通信
3C model	3C 模型	3C 模型
CA (=①certificate agency ② certification authority)	①证书[代理]机构 ②认证机构	①認證機構 ②認證權限,認證代理
cabin	信号房,中央操纵室	訊號房,中央操縱室
cabinet (=chassis)	机箱,机柜	①機櫃 ②底盤
cabinet projection	斜二轴测投影	斜二軸測投影
cable	线缆	[電]纜
cable address	电报挂号	電報掛號
cable attenuation	电缆衰减,缆线衰减	電纜衰減,纜線衰減
cable buckling	缆扣	纜扣
cable coupling	缆耦合,电缆连接	纜線聯接裝置,纜線耦

英文名	大陆名	台湾名
		合
cable distribution center	电缆分布中心	纜線分佈中心
cable distribution head	电缆分线盒,缆线分线盒	纜線分線盒
cable drum	电缆盘,电缆卷筒	纜線卷盤,纜線捲筒
cable echo	电缆回波,缆线回波	纜線回波
cable gas-feeding equipment	电缆充气设备	纜線充氣設備
cablegram	水线电报,海底电信	水線電報,海底電信
cable hut	电缆配线房	纜線配線房
cable land line	电缆的陆地线路,缆线的陆地线路	纜線的陸地線路
cable laying	电缆敷设,放缆	纜線敷設,放纜
cable messenger	①电报投递员 ②电缆吊线	電報投遞員
cable modem	线缆调制解调器	有線電視數據機
cable number	电缆号码	纜線號碼,電報號碼
cable pair	电缆线对	對心纜線
cable pole line	架空电缆线路,架空缆线线路	架空纜線線路
cable rack	电缆走线架,缆线架	纜線架
cables core	缆芯	纜線核心
cable sheath	电缆护套,缆线套	纜線護層,纜線套,纜線包皮層
cable sleeve	电缆套管	纜線套管
cable strain	电缆张力,缆线应力	纜線張力,纜線應力
cable terminal rack	电缆端接架,电缆终端机架	電纜端接架,纜線端接架
cable terminating equipment	电缆终端设备	纜線終端設備
cable termination network	电缆终端网	纜線終端網路
cable transmitter	有线电报发报机	有線電報發報機
cable tremination network	缆线终端网络	纜線終端網路
cable trench	电缆沟	纜線溝
cable turning station	电缆调谐台,缆线转向台	纜線轉向台
cable TV (CATV)	有线电视	有線電視
cable type	电缆类型	纜線類型
cabling	敷缆	電纜纜線,敷設纜線
cache	高速缓存,高速缓冲存	高速緩衝記憶體,快取

英文名	大陆名	台湾名
	储器	
cache block replacement	高速缓存块替换	快取區塊替換
cache coherence	高速缓存一致性	高速緩衝記憶體結合
cache coherent protocol	高速缓存一致性协议	高速緩衝記憶體一致性協議
cache conflict	高速缓存冲突	高速緩衝記憶體衝突
cacheline	高速缓存块	快取記憶體區塊
cache memory sharing	高速缓存共享	快取記憶體共享
cache miss	高速缓存缺失	快取未中
cache-only memory access (COMA)	全高速缓存存取	全快取記憶體存取
CAD (=computer-aided design)	计算机辅助设计	電腦輔助設計
CAD/CAM (=computer-aided design and manufacturing)	计算机辅助设计与制造	電腦輔助設計與制造
cadmium-mercuric oxide cell	镉汞电池	鎘汞電池
cadmium-nickel storage battery	镉镍蓄电池	鎘鎳蓄電池
cadmium-silver storage battery	镉银蓄电池	鎘銀蓄電池
cadmium sulfide solar cell	硫化镉太阳电池	硫化鎘太陽電池
CAE (=computer-aided engineering)	计算机辅助工程	電腦輔助工程
Caesar cipher	凯撒密码	凱撒加密法
CAGD (=computer-aided geometry design)	计算机辅助几何设计	電腦輔助幾何設計
cage antenna	笼形天线	籠形天線
CAI (=①constant altitude indicator ②computer-aided instruction)	①等高显示器 ②计算机辅助教学	①等高顯示器 ②電腦輔助教學
calcination	预烧	預燒
calculator	计算器	計算器
calibrated leak	校准漏孔	校準漏孔
calibrated signal	校准信号	校準訊號,校準訊號
calibration	校准,标定	校準,標定
calibration factor	校准因数	校準因數
calibration tape	校准带	校準帶
call	①调用 ②呼叫	①召用 ②呼叫,撥叫
call address	呼叫地址	呼叫地址,傳呼地址
call-back	回叫	回叫
call bell	呼叫铃,信号铃	呼叫鈴,訊號鈴
call box (=telephone booth)	电话亭	電話亭
call by name	[按]名调用,换名	傳名稱呼叫
call by reference	引址调用	傳參考呼叫

英 文 名	大 陆 名	台 湾 名
call by value	[按]值调用,传值	傳值呼叫
call charge	通话费	通話費
call collision	呼叫碰撞	呼叫碰撞
call completing rate	接通率	接通率
call-confirmation signal	呼叫证实信号	呼叫證實訊號,呼叫證實訊號
call connected packet	呼叫接通分组	呼叫連接封包
call connected signal	呼叫接通信号	呼叫接通訊號,呼叫接通訊號
call control	呼叫控制	呼叫控制
call control procedure	呼叫控制规程	呼叫控制程序
call deflection	呼叫改发	呼叫改發
call duration	通话时长	通話時間,呼叫時間
called exchange	被叫电话局	被叫電話局
called number	被叫号码	被叫號碼,被呼號碼,受話號碼
called office	被叫局	被叫局
called party	被叫方	被叫方,受話人
called station	被叫话机	被叫台,被叫站
called subscriber	被叫用户	被叫用戶
called subscriber release	被叫用户单方拆线	被叫用戶拆線
called terminal	被叫端	被叫端
callee	被调用者	被呼叫程式
call entry	引入呼叫	呼叫引入[點]
caller	①主叫人 ②调用者	①主叫用戶,發話人 ②呼叫程式
call establishment	呼叫建立	呼叫建立
call-failure signal	呼叫失败信号	呼叫失敗訊號,呼叫不成功訊號
call finder	寻线机,寻线器	尋線機,尋線器
call forwarding busy	遇忙呼叫转移	忙線時指定轉接
call forwarding no reply	无应答呼叫转移	未回應指定轉接
call forwarding unconditional	无条件呼叫转移	無條件指定轉接
call history information	呼叫经历信息	呼叫經歷資訊
call hold	呼叫保持	通話保留
calligraphical coding	字形编码	書寫編碼
call indicator	呼叫指示器	呼叫指示器
calling code	主叫码	呼叫電碼

英文名	大陆名	台湾名
calling dial	主叫拨号	呼叫撥號
calling drop	主叫吊牌	呼叫取消
calling exchange	主叫电话局	主叫電話局,主叫交換局
calling frequency	呼叫频率	呼叫頻率
calling information	呼叫信息	呼叫資訊
calling line	主叫线路	呼叫線[路]
calling line identification presentation	主叫线识别显示	發話號碼顯示
calling line identification restriction	主叫线识别限制	發話號碼不顯示
calling office	主叫局	呼叫局
calling-on signal	叫通信号	叫通訊號,叫通訊號
calling order	主叫次序	呼叫程式
calling party	主叫方	主叫方
calling party number	主叫方号码	主叫號碼
calling rate	呼叫率	呼叫率
calling signal	呼叫信号	呼叫訊號,叫通訊號,呼叫訊號
calling subscriber	主叫用户	主叫用戶,呼叫者
calling terminal	主叫端	主叫端,呼叫端
calling tone	呼叫单音	呼叫音
call loss	呼损	呼損
call number	呼叫号码	呼叫號碼
call progress signal	呼叫进行信号	呼叫進展訊號
call redirection	呼叫重定向	呼叫重定向
call sign	呼叫标记	呼叫符號
call through	叫通	接通
call transfer	呼叫转移	呼叫轉送
call waiting	呼叫等待	話中插接
CALS (=computer-aided logistic support)	计算机辅助后勤保障	電腦輔助後勤支援
CAM (=computer-aided manufacturing)	计算机辅助制造	電腦輔助製造
CAMA (=centralized automatic message accounting system)	集中式自动通话计费系统	集中式自動通話記帳系統
cambridge ring	剑桥环	劍橋環
camera calibration	摄像机标定	攝影機校準
camera tube	摄像管	攝象管
camouflage code	伪装码	偽裝碼
campus network	园区网	校園網路

英文名	大陆名	台湾名
cancellation (=log-out)	注销	①註銷,登出 ②消去,相消
cancelling command	取消指令	取消指令
candidate key	候选[键]码	候選鍵
candidate solution	候选解	候選解
Canny operator	坎尼算子	坎尼運算子
canonical form	正则形式	正準形式
canonical grammar	规范文法	規範文法
canonical name	规范名	正準名稱
canonical order	正则序	正準次序
capability	能力	能力
capability list	能力表	能力表
capability maturity model (CMM)	能力成熟[度]模型	能力成熟度模型
capacitance	电容	電容
capacitance tolerance	电容量允差	電容值容許公差
capacitance voltage method (CV method)	电容电压法	電容電壓法
capacitive reactance	容抗	容抗
capacitive touch screen	电容式触摸屏	電容式觸摸熒幕
capacitor	电容器	電容
capacity	容量	①容量 ②產能
capacity function	容量函数	容量函數
capacity region	容量区域	容量區域
capillary action-shaping technique (CAST)	毛细成形技术	毛細成形技術
CAPP (=computer-aided process planning)	计算机辅助工艺规划	電腦輔助過程計劃
capstan	主动轮	絞盤
carbon composition film potentiometer	合成碳膜电位器	合成碳膜電位器
carbon dioxide laser	二氧化碳激光器,CO_2激光器	二氧化碳雷射
carbon film resistor	碳膜电阻器	碳膜電阻
carbon microphone	炭粒传声器	炭粒傳聲器
carbon ribbon	碳膜色带	碳色帶
carbonyl iron	羰基铁	羰基鐵
card	卡	卡,板
card column	卡片列	卡片行
card copier	[卡片]复孔机	卡片復製機
card deck	卡片叠	卡疊

英文名	大陆名	台湾名
card duplicator (=card copier)	[卡片]复孔机	卡片復製機
card feed	输卡装置	饋卡
card guide	插件导轨	卡片導引
card hopper	送卡箱	載卡器,饋卡槽
cardiac defibrillator	心脏除颤器	心臟除顫器
cardiac pacemaker	心脏起搏器	心臟起搏器
cardinal plane	基平面	基平面
cardio function meter	心功能仪	心功能儀
cardioid microphone	心形传声器	心形傳聲器
card pack (=card deck)	卡片叠	卡疊
card punch	卡片穿孔	打卡
card puncher	卡片穿孔机,穿卡机	打卡機
card rack	插件架	打卡架
card reader	卡片阅读机,读卡机	讀卡機
card row	卡片行	卡列
card sorter	卡片分类机	卡片分類機
card stacker	接卡箱	卡堆疊器
carpitron	卡皮管	卡皮管
carriage	[磁盘]小车	托架
carriage return	回车	①回車 ②輸送筒轉回
carrier	①载波 ②载流子	①載波 ②載子
carrier amplifier	载波放大器	載波放大器,載頻放大器
carrier amplitude	载波振幅	載波振幅
carrier and clock recovery (CCR)	载波与时钟脉冲恢复	載波及時序再生
carrier channel	载波通道,载波信道	載波通道
carrier communication	载波通信	載波通信
carrier communication system	载波通信系统	載波通信系統
carrier extract	载波提取	載波提取
carrier frequency (FC)	载频	載頻
carrier frequency shift	载波频移	載波頻移
carrier frequency synchronization	载频同步	載頻同步
carrier leak	载漏	載漏
carrier line	载波线路	載波線路
carrier line link	有线载波链路	有線載波鏈路
carrier line section	载波线路段	有線載波鏈路段
carrier link	载波链路	載波鏈路
carrier multiplex communication	载波多路通信	載波多路通信,載波多

英 文 名	大 陆 名	台 湾 名
		工通信
carrier noise	载波噪声	載波雜訊
carrier power	载波功率	載波功率
carrier recovery	载频恢复	載頻恢復
carrier sense	载波侦听	載波感測
carrier sense multiple access (CSMA)	载波侦听多址访问	載波感測多重存取
carrier sense multiple access with collision avoidance network (CSMA/CA network)	带碰撞避免的载波侦听多址访问网络,CSMA/CA 网	具避免碰撞的載波感測多重存取網路
carrier sense multiple access with collision detection network (CSMA/CD network)	带碰撞检测的载波侦听多址访问网络,CSMA/CD 网	具檢測碰撞的載波感測多重存取網路
carrier spacing	载波间距	載波間隔
carrier suppression	载波抑制	載波抑制
carrier synchronization	载波同步	載波同步
carrier telegraph	载波电报	載波電報
carrier telephone	载波电话	載波電話
carrier telephone channel	载波电话信道	載波電話通道
carrier telephone circuit	载波电话电路	載波電話電路
carrier telephone multiplex system	载波电话多路系统	載波電話多工系統
carrier telephone repeater	载波电话增音机	載波電話增音機,載波電話中繼器
carrier telephony	载波电话学	載波電話[學]
carrier to multipath (C/M)	载波/多通道比	載波/多通道比
carrier-to-noise ratio	载噪比	載噪比
carrier transmission	载波传输	載波傳輸
carry	进位	進位
carry-propagation adder	进位传递加法器	進位傳遞加法器
carry-save adder	保留进位加法器	節省進位之加法器
Cartesian product	笛卡儿积	卡笛爾乘積
Cartesian robot (=rectangular robot)	直角坐标型机器人	矩形機器人,卡氏坐標機器人
cartridge	盒式	匣
cartridge disk	盒式磁盘	匣式磁碟
cartridge magnetic tape	盒式磁带	匣式磁帶
cascade compensation	串级校正	串級校正
cascade connection	级联	級聯連接
cascade control	串级控制	串級控制

英文名	大陆名	台湾名
cascaded carry	逐位进位	逐級進位
cascaded code	级联码	疊接碼
cascade synthesis	级联综合法,链接综合法	級聯綜合法,鏈接綜合法
cascading style sheet (CSS)	层迭样式表	層疊樣式表
case (=chassis)	机箱,机柜	①機櫃 ②底盤
case axiom	情态公理	案例公理
case base	范例库	案例庫
case class	情态集	案例類別
case dependent similarity	范例依存相似性	案例依存相似性
case dominance theory	格支配理论	格支配理論
case frame	格框架	格框
case grammar	格语法	格位文法
case representation	范例表示	案例表示
case restore	范例重存	案例復原
case retrieval	范例检索	案例檢索
case retrieval net	范例检索网	案例檢索網
case reuse	范例重用	案例再用
case revision	范例修正	案例修正
CASE statement	[分]情况语句	CASE 敘述
case structure	范例结构	案例結構
case validation	范例验证	案例驗證
Cassegrain reflector antenna	卡塞格伦反射面天线	卡塞格倫反射器天線
cassette magnetic tape	卡式磁带	卡式磁帶
cassette recorder	盒式录音机	盒式錄音機
cassette tape	盒带	盒帶
CAST (=capillary action-shaping technique)	毛细成形技术	毛細成形技術
CAT (=computer-aided testing)	计算机辅助测试	電腦輔助測試
catastrophic code	恶性码	惡性碼
catcher resonator	获能腔	獲能腔
categorical analysis	范畴分析	分類分析
categorical grammar	范畴语法	分類文法
category	范畴	種類
category voltage	类别电压	類別電壓
catheter electrode	导管电极	導管電極
cathode	阴极	陰極
cathode active coefficient	阴极有效系数	陰極有效係數

英 文 名	大 陆 名	台 湾 名
cathode fatigue	阴极疲劳	陰極疲勞
cathode follower	阴极输出器	陰極追隨器
cathode glow	阴极辉光	陰極輝光
cathode life	阴极寿命	陰極壽命
cathodeluminescence	阴极射线致发光	陰極射線致發光
cathode-ray tube (CRT)	阴极射线管	陰極射線管
cathodochromism	阴极射线致变色	陰極射線致變色
CATV (=①cable TV ② community antenna television)	①有线电视 ②公共天线电视	①有線電視 ②社區公用天線電視,集體天線電視
causal analysis system	因果分析系统	因果分析系統
causality	因果律,因果性	因果律
causal logic	因果逻辑	因果邏輯
causal message logging	因果消息日志	因果訊息日誌
causal reasoning	因果推理	因果推理
causal system	因果系统	因果系統
cause effect graph	因果图	因果圖
cavalier projection	斜等轴测投影	斜等軸測投影
cavity coupling	空腔耦合	空腔耦合
cavity dumping	腔倒空	光腔傾輸
Cayley-Hamilton theorem	凯莱 - 哈密顿定理	開立 - 漢彌頓定理
CB (=citizens band)	民用电台波段	民用電台頻帶
C band	C 波段	C 頻帶
C. B. system	共电制	共電制
CCD (=charge coupled device)	电荷耦合器件	電荷耦合元件
CCD delay line	电荷耦合器件延迟线	電荷耦合元件延遲線
CCD memory	电荷耦合器件存储器	電荷耦合元件記憶體
CCIS (=common channel interoffice signaling)	公共信道局间信令	公共通道局間訊號方式
C^1 continuity	一阶参数连续,C^1 连续	C^1 連續性
C^2 continuity	二阶参数连续,C^2 连续	C^2 連續性
CCR (=carrier and clock recovery)	载波与时钟脉冲恢复	載波及時序再生
CCS (=common channel signaling)	共路信令	共路信令
CCTV (=closed-circuit television)	闭路电视	閉路式電視
CCU (=coronary care unit)	冠心病监护病房	冠心病監護病室
CD (=optical disc)	光碟	光碟
CDDA (=compact disc digital audio)	唱碟	CD 數位音響
CDL (=component description language)	构件描述语言	組件描述語言

英 文 名	大 陆 名	台 湾 名
CDM (=code division multiplexing)	码分复用	碼分復用
CDMA (=code division multiple access)	码分多址	碼分多址
CD-R (=compact disc-recordable)	可录光碟	可錄光碟
CD-rewritable (CD-RW)	可重写光碟	可重寫光碟
CD-ROM (=compact disc-read only memory)	只读碟	光碟
CD-RW (=CD-rewritable)	可重写光碟	可重寫光碟
cell	[存储]单元,信元	細胞
cell delay variation	信元延迟变动量	細胞延遲變動量
cell delineation	信元划界	細胞劃界
cell encoding	单元编码	細胞編碼
cell error rate (CER)	信元差错率	細胞錯誤比率
cell header	信元头	細胞表頭
cell loss priority (CLP)	信元丢失优先级	細胞漏失優先權
cell loss ratio	信元丢失率	細胞損耗率
cell misinsertion rate	信元误插率	細胞誤插率
cell-octet	字位八位	八位元組格
cell rate	信元速率	細胞速率
cell size	单元尺寸	單元尺寸
cell transfer delay	信元传送延迟	細胞傳輸延遲
cellular	蜂窝	細胞式的,蜂巢式的
cellular automaton	细胞自动机	格狀自動機
cellular radio	蜂窝无线电	蜂巢式無線電
cellular radio telephone	蜂窝状无线电话	蜂窩狀無線電話
cellular telephone system	蜂窝电话系统	蜂巢式電話系統
celsian ceramic	钡长石瓷	鋇長石瓷
center of projection	投影中心	投影中心
centimeter wave	厘米波	厘米波
central authority	中心机构	中心權限
centralized automatic message accounting system (CAMA)	集中式自动通话计费系统	集中式自動通話記帳系統
centralized buffer pool	集中式缓冲池	集中式緩衝池
centralized control	集中控制	集中控制
centralized monitor	集中监控	集中監控
centralized network	集中式网	集中式網路
centralized processing	集中[式]处理	集中式處理
centralized refresh	集中[式]刷新	集中式更新

英文名	大陆名	台湾名
central moment	中心矩	中央矩
central monitoring system	中心监护系统	中心監護系統
central office (CO)	中心局	中心局
central office trunk	中央局干线	交換局幹線
central processing unit (CPU)	中央处理器,中央处理机	中央處理單元
central queue	中央队列	中央隊列
centrifugal test	离心试验	離心試驗
centripetal model	向心模型	向心模型
CEO (= chief executive officer)	执行主管,首席执行官	執行長
CEP (= connection end-point)	连接端点	連接終點
cepstrum	倒谱	倒譜
CEQ (= customer equipment)	用户设备	用戶設備
CER (= cell error rate)	信元差错率	細胞錯誤比率
ceramic capacitor	陶瓷电容器	陶瓷電容
ceramic filter	陶瓷滤波器	陶瓷濾波器
ceramic packaging	陶瓷封装	陶瓷封裝
ceramic sensor	陶瓷敏感器	陶瓷感測器
ceramic transducer	陶瓷换能器	陶瓷換能器
Cerenkov detector	切连科夫探测器	切連科夫探測器
Cerenkov radiation	切连科夫辐射	切連科夫輻射
certainty factor (CF)	确信度	確定[性]因子
certificate	证书	證書
certificate agency (CA)	证书[代理]机构	認證機構
certificate authentication	证书鉴别	認證鑑別
certificate chain	证书链	認證鏈
certificate management authority (CMA)	证书管理机构	認證管理權限
certificate revocation	证书废除	認證廢除
certificate revocation list (CRL)	证书作废表	認證作廢表
certificate status authority	证书状态机构	認證狀態權限
certification	认证	認證
certification authority (CA)	认证机构	認證權限,認證代理
certification chain	认证链	認證鏈
certify (= confirm)	证实	證實
cesium dideuterium arsenate (DCSDA)	砷酸二氘铯	砷酸二氘銫
C/E system (= condition/event system)	条件 - 事件系统	條件 - 事件系統
CF (= certainty factor)	确信度	可信度
CFA (= crossed-field amplifier)	正交场放大管	正交場放大管

英 文 名	大 陆 名	台 湾 名
CFAR (=constant false alarm rate)	恒虚警率	恆虛警率
CFD (=crossed-field device)	正交场器件	正交場器件
CFG (=context-free grammar)	上下文无关文法	上下文無關文法
CFL (=context-free language)	上下文无关语言	上下文無關語言
CGI (=common gateway interface)	公共网关接口	共用閘道介面
chad	孔屑	孔屑
chaff	箔条[丝]	箔條[絲]
chaff bundle	箔条包	箔條包
chaff cloud	箔条云	箔條雲
chaff corridor	箔条走廊	箔條走廊
chain	链	①鏈 ②鏈接
chain code	链码	鏈碼
chain code following	链码跟踪	鏈碼跟隨
chain connection	链式连接	鏈式連接
chained file allocation	链式文件分配	鏈接檔案分配
chained list	链[接]表	鏈接串列,鏈結串列
chained list search	链接表搜索	鏈接串列搜尋
chained stack	链式栈	鏈接堆疊
chain file	链式文件	鏈檔案
chain infection	链式感染	鏈式感染
chain job	链式作业	鏈工件
chain letter	链式邮件	鏈式郵件
chain line printer	链式打印机	鏈式列印機
chain printer (=chain line printer)	链式打印机	鏈式列印機
chain scheduling	链式调度	鏈排程
challenge-response identification	问答式标识	問答式識別
chance fault	偶发故障	機遇故障
change control	更改控制	變更控制
change detection	变化检测	變更檢測
change dump	变更转储	變更傾印,交換傾印
channel	信道,通路	信道,通路
channel adapter	通道适配器	通道轉接器
channel and arbiter switch	通道和仲裁开关	通道及仲裁交換器
channel assignment	信道指配	通道指配
channel associated signaling	随路信令	隨路信令
channel bank	通路架	通道[排]組
channel capacity	信道容量	通道容量
channel coding	信道编码	通道編碼

英文名	大陆名	台湾名
channel command	通道命令	通道命令
channel command word	通道命令字	通道命令字
channel compression	信道压缩	頻道壓縮,通道壓縮
channel controller	通道控制器	通道控制器
channel decoder	信道解码器	通道解碼器
channel electron multiplier	通道[式]电子倍增器	通道[式]電子倍增器
channel encoder	信道编码器	通道編碼器
channeling effect	沟道效应	溝道效應
channel interface	通道接口	通道介面
channelized receiver	信道化接收机	信道化接收機
channel noise	信道噪声	通道雜訊,通道之雜訊
channel-noise factor	信道噪声因子	通道雜訊因數
channel ratio	道比	道比
channel scheduler	信道调度程序	通道排程器
channel width	道宽	道寬
chaos	混沌	混沌
chaotic dynamics	混沌动力学	混沌動力學
character	字符	字符,字元
character boundary	字符边界	字元邊界
character dependence	字符相关	字元相關
character display device	字符显示设备	字元顯示裝置
character form (=Hanzi form)	字形	字形,字元表格
character formation component	成字部件	字元形成元件
character frequency (=Hanzi frequency)	字频	字頻,字元頻率
character generator	字符发生器	字元產生器
character indicator	字符显示器	字符顯示器
character input device	字符输入设备	字元輸入設備
characteristic equation	特征方程	特性方程式
characteristic frequency	特征频率	特徵頻率
characteristic function	特征函数	特性函數
characteristic grammar	特征文法	特徵文法
characteristic impedance	特性阻抗	特性阻抗
characteristic parameter	特征参数	特徵參數
character mode terminal	字符[式]终端	字元模式終端機
character non-formation component	非成字部件	字元非成形元件
character number (=Hanzi number)	字号	字號,字元數
character order (=Hanzi order)	字序	字序,字元順序
character-oriented protocol	面向字符协议	字元導向協定

英 文 名	大 陆 名	台 湾 名
character printer	字符打印机	字元列印機
character pronunciation (=Hanzi pronunciation)	字音	字音
character quantity (=Hanzi quantity)	字量	字元量,字量
character reader	字符阅读机	字元閱讀機
character recognition	字符识别	字元識別,字元辨識
character set	字符集	字元集
characters per second (cps)	字符每秒	每秒字元數
character string	字符串	字串,字元字串
character style (=Hanzi style)	字体	字體,字元式樣
charge	充电	充電
charge acceptance	充电接收能力	充電接收能力
charge-coupled device (CCD)	电荷耦合器件	電荷耦合元件
charge-coupled imaging device	电荷耦合成像器件	電荷耦合成象元件
charge-coupled memory	电荷耦合存储器	電荷耦合記憶體
charged particle detector	带电粒子探测器	帶電粒子探測器
charge efficiency	充电效率	充電效率
charge injection device (CID)	电荷注入器件	電荷注入元件
charge priming device (CPD)	电荷引发器件	電荷引發元件
charge pump	电荷泵	電荷幫浦
charge retention	充电保持能力	充電保持能力
charge sensitive preamplifier	电荷灵敏前置放大器	電荷靈敏前置放大器
charge storage diode	电荷存储二极管	電荷存儲二極體
charge transfer device (CTD)	电荷转移器件	電荷轉移元件
charge valve	充气阀	充氣閥
charging	计费	計費
Charpak chamber (=multiwire proportional chamber)	多丝正比室,沙尔帕克室	多絲正比室,沙爾派克室
chart grammar	图表语法	圖表文法
chart parser	图表句法分析程序	圖表剖析器
chassis	机箱,机柜	①機櫃 ②底盤
cheating	欺骗	欺騙
Chebyschev distribution	切比雪夫分布	契比雪夫分佈,卻比雪夫分佈
Chebyschev polynomial	切比雪夫多项式	契比雪夫多項式,卻比雪夫多項式
Chebyshev filter	切比雪夫滤波器	契比雪夫濾波器
check	检验,检查	核對

英文名	大陆名	台湾名
check bit	检验位	核對數位,核對位元
checkboard test	检验板测试	核對器板測試
check bus	检验总线	核對匯流排,核對中繼線
check digit (=check bit)	检验位	核對數位,核對位元
checker	检查程序	核對器
checking circuit	检验电路	檢查電路
checking code	检验码	檢查碼
checking command	校验指令	校驗指令
checking computation	检验计算,验算	檢查計算
checking off symbol	查讫符号	查訖符號
checking procedure	检验步骤	檢查程序
checking sequence	检验序列	檢查順序
checklist	检查表	檢查表
checkpoint	检查点	檢查點,核對點,查驗點
checkpoint restart	检查点再启动	檢查點再啟動
check program	检验程序	核對程式
check routine	检验例程	核對常式
check stop	检错停机	核對停機
checksum	检查和	檢查和
check trunk (=check bus)	检验总线	核對匯流排,核對中繼線
cheese antenna	盒形天线	起司天線
chemical coprecipitation process	化学共沉淀工艺	化學共沉澱工藝
chemical laser	化学激光器	化學雷射
chemical liquid deposition (CLD)	化学液相淀积	化學液相澱積
chemical polishing	化学抛光	化學拋光
chemical pumping	化学泵浦	化學幫浦
chemical sensor	化学敏感器	化學感測器
chemical vapor deposition (CVD)	化学汽相淀积	化學汽相沈積
chemico-mechanical polishing	化学机械抛光	化學機械拋光
chief executive officer (CEO)	执行主管,首席执行官	執行長
chief financial officer	财务主管	財務長
chief information officer (CIO)	信息主管	首席資訊長
chief knowledge officer (CKO)	知识主管	知識長
chief operation officer (COO)	运作主管	事務長
chief technology officer (CTO)	技术主管	技術長
Chinese	中文	中文

英文名	大陆名	台湾名
Chinese analysis	汉语分析	中文分析
Chinese character (=Hanzi)	汉字	漢字,中文字元
Chinese character attribute dictionary (=Hanzi attribute dictionary)	汉字属性字典	漢字屬性字典,中文字元編碼字元集
Chinese character card (=Hanzi card)	汉卡	漢卡,中文字卡
Chinese character coded character set (=Hanzi coded character set)	汉字编码字符集	漢字編碼字元集,中文字元編碼字元集
Chinese character code for information interchange (=Hanzi code for information interchange)	汉字信息交换码	漢字訊息交換碼,中文資訊交換碼
Chinese character code for interchange (=Hanzi code for interchange)	汉字交换码	漢字交換碼,中文交換碼
Chinese character coding (=Hanzi coding)	汉字编码	漢字編碼,中文字元編碼
Chinese character coding input method (=Hanzi coding input method)	汉字编码输入方法	漢字編碼輸入法,中文字元編碼輸入法
Chinese character coding scheme (=Hanzi coding scheme)	汉字编码方案	漢字編碼綱目,中文字元編碼方案
Chinese character component (=Hanzi component)	汉字部件	漢字組件,中文字元元件
Chinese character condensed technology (=Hanzi information condensed technology)	汉字信息压缩技术	漢字資訊壓縮技術,中文字元壓縮技術
Chinese character control function code (=Hanzi control function code)	汉字控制功能码	漢字控制功能碼,中文字元控制功能碼
Chinese character display terminal (=Hanzi display terminal)	汉字显示终端	漢字顯示終端機,中文字元顯示終端機
Chinese character features (=Hanzi features)	汉字特征	漢字特徵,中文字元特徵
Chinese character font code (=Hanzi font code)	汉字字形码	漢字字形碼,中文字元字型碼
Chinese character font library (=Hanzi font library)	汉字字形库	漢字字形庫,中文字元字型館
Chinese character handheld terminal (=Hanzi handheld terminal)	汉字手持终端	漢字手持式終端機,中文手持式終端機
Chinese character indexing system (=Hanzi indexing system)	汉字检字法	漢字索引系統,中文字元索引系統
Chinese character information processing	汉字信息处理	漢字資訊處理,中文字

英 文 名	大 陆 名	台 湾 名
(= Hanzi information processing)		元資訊處理
Chinese character ink jet printer (= Hanzi ink jet printer)	汉字喷墨印刷机	漢字噴墨印表機,中文噴墨印表機
Chinese character input (= Hanzi input)	汉字输入	漢字輸入,中文字元輸入
Chinese character inputing code (= Hanzi input code)	汉字输入码	漢字輸入碼,中文字元輸入碼
Chinese character input keyboard (= Hanzi input keyboard)	汉字输入键盘	漢字輸入鍵盤,中文字元輸入鍵盤
Chinese character internal code (= Hanzi internal code)	汉字内码	漢字內碼,中文字元內碼
Chinese character keyboard input method (= Hanzi keyboard input method)	汉字键盘输入方法	漢字鍵盤輸入法,中文鍵盤輸入法
Chinese character laser printer (= Hanzi laser printer)	汉字激光印刷机	漢字雷射印表機,中文雷射印表機
Chinese character output (= Hanzi output)	汉字输出	漢字輸出,中文字元輸出
Chinese character printer (= Hanzi printer)	汉字打印机	漢字印表機,中文字元列印機
Chinese character recognition (= Hanzi recognition)	汉字识别	漢字識別,中文字元辨
Chinese character recognition system (= Hanzi recognition system)	汉字识别系统	漢字識別系統,中文字元辨識系統
Chinese character set (= Hanzi set)	汉字集	漢字集,中文字元集
Chinese character specimen (= Hanzi specimen)	汉字样本	漢字樣本,中文字元樣本
Chinese character specimen bank (= Hanzi specimen bank)	汉字样本库	漢字樣本庫,中文字元樣本庫
Chinese character structure (= Hanzi structure)	汉字结构	漢字結構,中文字元結構
Chinese character terminal (= Hanzi terminal)	汉字终端	漢字終端,中文字元終端
Chinese character thermal printer (= Hanzi thermal printer)	汉字热敏印刷机	漢字熱轉印印表機,中文字元熱感應印表機
Chinese character utility program (= Hanzi utility program)	汉字实用程序	漢字公用程式,中文字元公用程式
Chinese character wire impact printer (= Hanzi wire impact printer)	汉字针式打印机	漢字針式印表機,中文字元針式印表機

英　文　名	大　陆　名	台　湾　名
Chinese computer-aided instruction system	汉语计算机辅助教学系统	中文電腦輔助教學系統
Chinese corpus	中文语料库	中文語料庫
Chinese generation	汉语生成	中文產生
Chinese information processing	汉语信息处理	中文資訊處理
Chinese information processing equipment	中文信息处理设备	中文資訊處理設備
Chinese information retrieval system	中文信息检索系统	中文資訊檢索系統
Chinese language understanding	汉语理解	中文語言理解
Chinese operating system	中文操作系统	中文作業系統
Chinese platform	中文平台	中文平台
Chinese speech analysis	汉语语音分析,汉语言语分析	中文語音分析
Chinese speech digital signal processing	汉语语音数字信号处理,汉语言语数字信号	中文語音數位訊號處理
Chinese speech information library	汉语语音信息库,汉语言语信息库	中文語音資訊館
Chinese speech information processing	汉语语音信息处理,汉语言语信息处理	中文語音資訊處理
Chinese speech input	汉语语音输入,汉语言语输入	中文語音輸入
Chinese speech recognition	汉语语音识别,汉语言语识别	中文語音辨識
Chinese speech synthesis	汉语语音合成,汉语言语合成	中文語音合成
Chinese speech understanding system	汉语语音理解系统,汉语言语理解系统	中文語音理解系統
Chinese text correcting system	中文文本校改系统	中文本文校正系統
Chinese word and phrase coding	汉语词语编码	中文字詞編碼
Chinese word and phrase library	汉语词语库	中文字與片語館
Chinese word processor	汉语词语处理机	中文文書處理器
chip	芯片	晶片
chip capacitor	片式电容器	晶片電容
chip component	片式元件	晶片元件
chip inductor	片式电感器	晶片電感
chip resistor	片式电阻器	晶片電阻
chip selection	片选	晶片選擇
chip size	芯片尺寸	晶片尺寸
chipware	芯件	晶片體

英 文 名	大 陆 名	台 湾 名
chirp (= linear frequency modulation)	线性调频	線性調頻
chirp Z-transform	线性调频 Z 变换	線性調頻 Z 變換
choke	扼流圈	扼流圈
choke flange	扼流法兰[盘]	扼流法蘭盤
choke joint	扼流关节	扼流關節
choke piston	扼流式活塞	扼流活塞
choke plunger (= choke piston)	扼流式活塞	扼流活塞
cholesteric liquid crystal	胆甾相液晶	膽甾相液晶
Chomsky hierarchy	乔姆斯基谱系	喬姆斯基階層
Chomsky normal form	乔姆斯基范式	喬姆斯基正規形式
chopper	①斩波器 ②遮光器	①截波器 ②遮光器
chosen-cipher text attack	选择密文攻击	選擇密文攻擊
chosen-plain text attack	选择明文攻击	選擇明文攻擊
chroma key	色键	色鍵
chromatic aberration	色[像]差	色[象]差
chromatic adaption	色适应性	色彩適應性
chromatic dispersion	多色色散	多色色散
chromaticity	色度	色度
chromaticity coordinate	色度坐标	色度坐標
chromaticity diagram	色度图	色度圖
chromatic number	着色数	著色數
chromatic number problem	着色数目问题	著色數目問題
chromium-oxide tape	铬氧磁带,铬带	鉻氧卡帶,鉻帶
chromium plate	铬版	鉻版
chunk	知识块	大塊,大量
Church thesis	丘奇论题	丘奇論點
churning	系统颠簸	系統顛簸,猛移,往復移動
CID (= charge injection device)	电荷注入器件	電荷注入元件
CIDR (= classless interdomain routing)	无类别域际路由选择	無類別域際選路
C/IM	载波互调变比	載波互調變比
CIO (= chief information officer)	信息主管	資訊長
cipher (= cipher code)	密码	密碼
cipher block chaining	密文分组链接	密碼區塊鏈接
cipher code	密码	密碼
cipher feedback	密文反馈	密碼回饋
cipher key	密钥	密鑰
ciphertext	密文	密文

英　文　名	大　陆　名	台　湾　名
cipher text-only attack	唯密文攻击	唯密文攻擊
circle-hyperbolic system	圆 - 双曲线系统	圓 - 雙曲線系統
circuit breaker	断路器	①電路斷路器 ②斷路器
circuit efficiency	电路效率	電路效率
circuit element	电路元件	電路元件
circuit extraction	电路提取	電路萃取
circuit protector	电路保护器	電路保護器
circuit simulation	电路仿真	電路模擬
circuit switched data network (CSDN)	电路交换数据网	線路交換數據網
circuit switched public data network	电路交换公用数据网	電路交換公用資料網路
circuit switching	电路交换	電路交換
circuit topology	电路拓扑[学]	電路拓撲[學]
circuit transfer mode	电路传送模式	電路傳輸模式
circular buffering	循环缓冲,环形缓冲	循環緩衝
circular convolution	循环卷积	循環褶積
circular interpolation	圆弧插补	循環內插
circular linked list	循环链表	循環鏈接串列
circular polarization	圆极化	圓極化
circular scanning	圆扫描	圓[形]掃描
circular waveguide	圆[形]波导	圓形波導
circulation frequency of Chinese character	汉字流通频度	中文字元循環頻率
circulation frequency of the word classification	词分类流通频度	字分類循環頻率
circulation frequency of word	词流通频度	字循環頻率
circulator	环行器	環行器
circumscription reasoning	限定推理	限定推理
CISC (= complex-instruction-set computer)	复杂指令集计算机	復雜指令集計算機
C^3I system (= command, control, communication and intelligence system)	指挥、控制、通信与情报系统,C^3I 系统	指揮、控制、通信與情報系統,C^3I 系統
citizens band (CB)	民用电台波段	民用電台頻帶
CIX (= commercial Internet exchange)	商务因特网交换中心	商用網際網路交換中心
CJK unified ideograph	中日韩统一汉字	中日韓統一漢字
CKO (= chief knowledge officer)	知识主管	知識主管
CL (= connectionless)	无连接	非連接性,免接續式
cladding mode	包层模	披覆層模態
cladding mode stripper	包层模消除器	包層模消除器

英 文 名	大 陆 名	台 湾 名
claim-token frame	申请权标帧,申请令牌帧	宣示符記框
clamped dielectric constant	受夹介电常量	受夾介電常數
clamper	箝位器	箝位器
clamping	箝位	箝位
clamping diode	箝位二极管	箝位二極體
class	①类 ②级	①類,類别 ②級
class A amplifier	甲类放大器	A 類放大器
class B amplifier	乙类放大器	B 類放大器
class C amplifier	丙类放大器	C 類放大器
class D amplifier	丁类放大器	D 類放大器
class E amplifier	戊类放大器	E 類放大器
classical logic	经典逻辑	經典邏輯
classification	密级	等級
classified data	密级数据	保密資料
classified information	密级信息	保密資訊
classifier	分类器	分類器
classless interdomain routing (CIDR)	无类别域际路由选择	無類别域際選路
clause	子句	子句
clause grammar	子句语法	子句語法
Clausius-Mossotti theory	克劳修斯－莫索提理论	克露西斯－莫索第理論,克露西斯－莫索第原理
CLD (=chemical liquid deposition)	化学液相淀积	化學液相澱積
clean bench	洁净台	潔淨台
cleaning (=clear)	清除	清除
cleaning diskette	清洁软盘,清洁盘	清潔磁片
clean out (=clear)	清除	清除
clean room	洁净室	潔淨室
cleanroom software engineering	净室软件工程	無塵室軟體工程
clean vacuum	清洁真空	清潔真空
clear	清除	清除
clear air attenuation	晴空衰减	晴空衰減
clearance	余隙	餘隙
clearance hole	隔离孔	間隙孔
clear house	清算中心	
clearing	准许	清除
clear request	清除请求	清除請求

英　文　名	大　陆　名	台　湾　名
cleartext (=plaintext)	明文	明文
cleavage	解理	解理
click	单击	鍵音
client/server model	客户－服务器模型	主從模型
C-line	C 类线	C 類線
clip	片断	①剪輯 ②夾子
clipboard	剪贴板	剪輯板
clipper	削波器	截波器
clipping	①裁剪,剪取 ②削波	①截割,限幅 ②截波
clique	团集	集團型
clique cover problem	团集覆盖问题	團集覆蓋問題
clock	时钟	時鐘
clock cycle	时钟周期	時鐘週期,時鐘刻點
clock distribution driver	时钟分配驱动器	時鐘分配驅動器
clock driver	时钟驱动器	時鐘驅動器
clocked page	计时页	時控頁
clock generator	时钟发生器	時脈產生器
clock period (=clock cycle)	时钟周期	時鐘週期,時鐘刻點
clock pulse	时钟脉冲	時脈
clock-pulse generator	时钟脉冲发生器	時鐘脈衝產生器
clock register	时钟寄存器	時鐘暫存器
clock step	时钟步进	時鐘步進
clock tick (=clock cycle)	时钟周期	時鐘週期,時鐘刻點
clock timing jitter	时钟定时抖动	時脈擾動,時序顫動
clock track	时钟道	時鐘軌
clockwise polarization	顺时针极化	順時鐘方向之電波偏極
closed ampoule vacuum diffusion	闭管真空扩散	閉管真空擴散
closed-circuit television (CCTV)	闭路电视	閉路式電視
closed file	已闭文件	閉合檔案
closed form	闭合式	閉合形式
closed loop	闭循环	閉迴路
closed-loop control	闭环控制	閉環控制
closed-loop frequency response	闭环频率响应	閉環頻率附應
closed-loop radar	闭环电波探测器	閉環雷達
closed security environment	封闭安全环境	封閉安全環境
closed system	闭合系统	封閉性系統
closed user group(CUG)	闭合用户群,封闭用户群	閉合用戶群

英 文 名	大 陆 名	台 湾 名
closed user group with incoming access	有入口的闭合用户群	有進入存取的閉合用戶群
closed world assumption	封闭世界假设	封閉世界假設
closely coupled system	紧耦合系统	緊密耦合系統
closely packed code	紧充码	緊充碼
closure	闭包	閉包
cloud chamber	云雾室	雲霧室
cloverleaf slow wave line	三叶草慢波线	三葉草慢波線
CLP (=cell loss priority)	信元丢失优先级	細胞漏失優先權
clumps theory	团块理论	團塊理論
cluster	机群,群集	群集
cluster analysis	聚类分析	群集分析
cluster crystal	簇形晶体	簇形晶體
clustered index	聚簇索引	群集索引
cluster of workstations	工作站机群	群集工作站
CLUT (=color look-up table)	查色表	查色表
clutter	杂波	雜波
clutter map	杂波图	雜波圖
C/M (=carrier to multipath)	载波/多通道比	載波/多通道比
CMA (=certificate management authority)	证书管理机构	認證管理權限
CML (=①current mode logic ② current-switching mode logic)	①电流型逻辑 ②电流开关型逻辑	①電流模邏輯 ②電流開關型邏輯
CMM (=capability maturity model)	能力成熟[度]模型	能力成熟度模型
CMOSIC (=complementary MOS intergrated circuit)	CMOS 集成电路,互补 MOS 集成电路	CMOS 積體電路,互補式 MOS 積體電路
CNC (=computer numerical control)	计算机数控	計算機數值控制
CO (=central office)	中心局	中心局
coarse grain	粗粒度	粗粒
coarse positioning	粗定位	粗定位
coated powder cathode (CPC)	敷粉阴极	敷粉陰極
coating disk	涂覆磁盘	塗層磁碟
coaxial antenna	同轴天线	同軸天線
coaxial cable	同轴电缆	同軸電纜
coaxial cable attenuation	同轴电缆衰减,同轴缆线衰减	同軸纜線衰減
coaxial connector	同轴连接器	同軸連接器
coaxial line	同轴线	同軸線

英 文 名	大 陆 名	台 湾 名
coaxial magnetron	同轴磁控管	同軸磁控管
coaxial relay	同轴继电器	同軸繼電器
COBOL (= COmmon Business-Oriented language)	COBOL 语言	COBOL 程式語言,商用語言
cochannel interference	同信道干扰	同通道干擾
cocktail party effect	鸡尾酒会效应	雞尾酒會效應
code	[代]码	碼,編碼
code audit	代码审计	碼稽核
code block	码组	碼組
codebook	密[码]本	密碼本
code-breaker	破译者	破譯者
code by section-position	区位码	區位碼
codec	编解码器	編解碼器
code conversion	码转换	碼轉換
code converter	代码转换器	碼轉換器
coded character	编码字符	編碼字元
coded character set	编码字符集	編碼字元集
coded frame	编码帧	碼化圖框
code division multiple access (CDMA)	码分多址	碼分多址
code division multiplexing (CDM)	码分复用	碼分復用
coded representation	编码表示	編碼表示,碼表示
coded set	编码集	編碼集
coded transmitter	编码发射机	編碼發射機
code-element	码元	碼元
code-element set	码元集	碼元集
code-element string	码元串	碼元串
code extension	代码扩充	碼延伸
code extension character	代码扩充字符	碼延伸字元,碼擴充字元
code for Chinese word and phrase	词语码	中文詞與片語碼
code for interchange	交换码	交換碼
code generation	代码生成	碼產生
code generator	代码生成器,代码生成程序	代碼生成器
code-independent data communication	码独立数据通信	獨立碼數據通信
code inspection	代码审查	碼檢驗
code length	码长	碼長
code list	码表,码本	碼表

英 文 名	大 陆 名	台 湾 名
code list of words	词码表	詞碼表
code motion	代码移动	碼動
code optimization	代码优化	碼最佳化
codeposition	共淀积	共澱積
coder (=encoder)	编码器	編碼器
code rate	码率	碼率
code set	代码集	碼集
code table	代码表	碼表
code-transparent data communication	码透明数据通信	透明碼數據通信
code tree	码树	碼樹
code value	代码值	碼值
code vector	码矢[量]	碼向量
code walk-through	代码走查	碼走查
code word	码字	碼字
code word synchronization	码字同步	碼字同步
coding	编码	編碼,寫碼
coding efficiency	编码效率	編碼效率
coding scheme (=encoding scheme)	编码方案	編碼方案
coding theorem	编码定理	編碼定理
coercive field intensity	抗磁场强度	抗磁場強度
coercive force	矫顽[磁]力	矯頑[磁]力
coevaporation	共蒸发	共蒸發
cognition	认知	認知
cognitive agent	认知主体	認知代理
cognitive mapping	认知映射	認知映射
cognitive mapping system	认知映射系统	認知映像系統
cognitive model	认知模型	認知模型
cognitive process	认知过程	認知過程
cognitive psychology	认知心理学	認知心理學
cognitive science	认知科学	認知科學
cognitive simulation	认知仿真	認知模擬
cognitive system	认知系统	認知系統
cognitron	认知机	認知機
coherence	①连贯性 ②相干性	①連貫性 ②同調,同調度
coherence bandwidth	相干带宽	同調頻寬
coherence check	相关检查	相關檢查
coherence length	相干长度	同調長度

英文名	大陆名	台湾名
coherence modulation	相干调制	同調調變
coherence time	相干时间	同調時間
coherent carrier recovery	相干载波恢复	同調載波回復
coherent detection	①相干探测 ②相干检测	相干檢測
coherent detector	相干检波器	同調檢波器
coherent frequency-shift keying	相干频移键控	同調頻移鍵控
coherent grain boundary	共格晶界	共格晶界
coherent light system	相干光系统	同調光系統
coherent MTI	相干移动目标指示	同調移動目標顯示[雷達]
coherent optical communication	相干光通信	相干光通信
coherent pulse radar	相干脉冲雷达	相干脈波雷達
coherent radar	相干雷达	同調雷達
coherent transponder	相干应答器	相干應答器
cohesion	内聚性	內聚性
coin call	投币电话呼叫	投硬幣電話
coincidence gate	符[合]门	符合閘
coincident code	重[合]码	重碼
coincident-current selection	电流重合选取法	符流選擇
CO laser	一氧化碳激光器	一氧化碳雷射
cold back-up	冷备份	冷備份
cold cathode	冷阴极	冷陰極
cold cathode magnetron gauge	冷阴极磁控真空计	冷陰極磁控真空計
cold site	冷站点	冷站點
cold start	冷启动	冷起動,冷開機
cold trap	冷阱	冷阱
cold wall reactor	冷壁响应器	冷壁回應器
cold welding	冷焊	冷焊
collaboration object	协作对象	合作目標
collaborative agent	合作主体	合作代理
collaborative authoring	协同著作	合作著作
collaborative information system development	协作信息系统开发	合作資訊系統開發
collaborative multimedia	协同多媒体	合作多媒體
collaborative work	协同工作	合作工作
collapsing ratio	冲淡比	衝淡比
collect call	被叫方付费呼叫	受話人付費通話
collector	集电极	集極

英 文 名	大 陆 名	台 湾 名
collector junction	集电结	集極接面
collector region	集电区	集極區
collimating lens	准直透镜	準直透鏡
collision	碰撞	碰撞
collision broadening	碰撞展宽	碰撞展寬
collision detection	碰撞检测	碰撞檢測
collision enforcement	碰撞强制[处理]	強制碰撞
collision vector	冲突向量	碰撞向量
color	彩色,色	彩色
color balance	色平衡	色彩平衡
color bar signal	彩条信号	彩條訊號
color cell	色元	色元
color depth	色深度	色深度
color difference signal	色差信号	色差訊號
color display	①彩色显示器 ②彩色显示	①彩色顯示器 ②彩色顯示
color field	色场	色場
color/graphics adapter	彩色图形适配器	彩色圖形適配器
color histogram	彩色直方图	彩色直方圖
color image	彩色图像	彩色影像
colorimetry	色度学	色度學
color kinescope (=color picture tube)	彩色显像管	彩色顯象管
color look-up table (CLUT)	查色表	查色表
color mapping	色映射	彩色對映
color matching	色匹配	彩色匹配
color-matching function	色匹配函数	色匹配函數
color model	色模型	彩色模型
color moment	色矩	色矩
color picture tube	彩色显像管	彩色顯象管
color printer	彩色打印机	彩色印表機
color purity	色纯度	彩色純度
color purity allowance	色纯度容差	色純度容差
color saturation	色饱和度,色彰度	彩色飽和度
color set	色集	色集
color space	色空间	色空間
color system	颜色系统	彩色系統
color temperature	色温	色溫
color TV	彩色电视	彩色電視

英 文 名	大 陆 名	台 湾 名
coloured	非白化	非白化
coloured Petri net	着色佩特里网	著色佩特裏網
Colpitts oscillator	考比次振荡器	考比次振盪器
column	列,栏	行,直行
column address	列地址	行位址
column address strobe	列地址选通	行位址選通
column decoder	列译码器	行解碼器
column decoding	列译码	行解碼
column selection	列选	行選擇
COM (= component object model)	构件对象模型	組件目標模型
COMA (= cache-only memory access)	全高速缓存存取	全快取記憶體存取
coma aberration	彗差,彗形像差	彗差,彗形象差
comb	存取梳	梳
comb filter	梳齿滤波器	梳齒濾波器
combinational logic circuit	组合逻辑电路	組合邏輯電路
combinational logic synthesis	组合逻辑综合	組合邏輯合成
combination interference	组合干扰	組合干擾
combined command	组合指令	組合指令
combined head	组合[磁]头	組合磁頭
combined station	组合站	組合站
combined strategy	组合策略	組合策略
combined vector and raster data structure	向量与栅格混合数据结构	組合向量與光柵資料結構
combiner	组合器	結合器
combining character	组合用字符	組合字元
COMINT (= communication intelligence)	通信情报	通信情報
comma-free code	无逗点码	無逗點碼
command	①命令 ②指令	①命令 ②指令
command, control, communication and intelligence system (C^3I system)	指挥、控制、通信与情报系统,C^3I 系统	指揮、控制、通信與情報系統,C^3I 系統
command, control and communications (C^3)	指挥、控制与通信	指揮、控制與通信
command, control and communication system (C^3 system)	指挥、控制与通信系统,C^3 系统	指揮、控制與通信系統,C^3 系統
command buffer	命令缓冲区	命令緩衝區
command capacity	指令容量	指令容量
command chain	指令链	指令鏈
command code element	指令码元	指令碼元

英 文 名	大 陆 名	台 湾 名
command coding	指令编码	指令編碼
command control block	命令控制块	命令控制塊
command control system	命令控制系统	命令控制系統
command error	指令误差	指令誤差
command function	指令功能	指令功能
command generator	指令产生器	指令產生器
command interface	命令接口	命令介面
command interpreter	命令解释程序	命令解譯器
command interval	指令间隔	指令間隔
command job	命令作业	命令工件
command language	命令语言	命令語言
command length	指令长度	指令長度
command-level language	命令级语言	命令級語言
command line interface	命令行接口	命令行介面
command list	指令表	指令表
command monitoring	指令监测	指令監測
command processor	命令处理程序	命令處理機
command remote control	指令遥控	指令遙控
command retry	命令重试	命令再試
command time delay	指令时延	指令時延
comment (= remark)	注释	詮釋,註解,註
commercial access provider	商务访问提供者	商務存取提供者
commercial Internet exchange (CIX)	商务因特网交换中心	商用網際網路交換中心
commitment	承诺	承諾
commit unit	提交单元	承諾單元
common application service element	公共应用服务要素	公用應用服務元件
common bus	公共总线	公用匯流排
COmmon Business-Oriented language (COBOL)	COBOL 语言	COBOL 程式語言,商用語言
common carrier	公共载波	共同載波
common channel effect	公共信道效应	共通道效應
common channel interoffice signaling (CCIS)	公共信道局间信令	公共通道局間訊號方式
common channel signaling (CCS)	共路信令	共路信令
common channel signaling system No. 7 (SS7)	第七号共路信令系统	第七號共同通道傳信系統
common data model	公共数据模型	公共資料模型
common desktop environment	公共桌面环境	公共桌面環境

英文名	大陆名	台湾名
common event flag	公共事件标志	公用事件旗標
common gateway interface (CGI)	公共网关接口	共用閘道介面
common ground point	公共接地点	公用接地點
common language	公共语言	公用語言
common LISP	CommonLISP 语言	共用 LISP 語言
commonly-used word	通用词	常用字
common-mode choke	共模扼流程	公用模式阻塞
common-mode rejection ratio	共模抑制比,同相抑制比	共模排斥比
common object model	公共对象模型	公共物件模型
common object request broker architecture	公共对象请求代理体系结构	公共物件請求仲介架構
common resource	公共资源	公用資源
commonsense	常识	常識
commonsense reasoning	常识推理	常識推理
common service area	公共服务区	公用服務區域
common subexpression elimination	公共子表达式删除	公共子表达式消除
common system area	公共系统区	公用系統區
commonuser network	共用网	共用網
communication	通信[学]	通信[學],通訊
communication adapter	通信适配器	通信配接器,通信轉接器
communication channel	通信信道	通訊通道
communication control character	通信控制字符	通信控制字元,通訊控制字元
communication controller	通信控制器	通信控制器
communication countermeasures	通信对抗	通信對抗
communication failure	通信故障	通訊故障
communication intelligence (COMINT)	通信情报	通信情報
communication interface	通信接口	通信介面
communication medium	通信媒介	通信媒介
communication model	通信模型	通訊模型
communication network	通信网[络]	通信網[絡]
communication port	通信[端]口	通訊埠
communication processor	通信处理机	通訊處理機
communication protocol	通信协议	通訊協定
communication satellite	通信卫星	通信衛星
communication security	通信保密	通信守密

英 文 名	大 陆 名	台 湾 名
communication security equipment	通信保密设备	通信守密設備
communication software	通信软件	通信軟體
communications security	通信安全	通信安全
communication subnet	通信子网	通信子網
communication system	通信系统	通信系統
communication system engineering	通信系统工程	通信系統工程
communicativeness	通信性	通訊性
community antenna television (CATV)	公共天线电视	社區公用天線電視,集體天線電視
commutator	交换子	交換子
compact disc (=optical disc)	光碟	光碟
compact disc digital audio (CD-DA)	唱碟	CD 數位音響
compact disc-read only memory (CD-ROM)	只读碟	唯讀光碟
compact disc-recordable (CD-R)	可录光盘	可錄光碟
compact testing	紧致测试	緊縮測試
companding	压扩	壓擴
companion model	伴随模型	伴隨模型
comparative linguistics	比较语言学	比較語言學
comparator	比较器	比較器
comparator network	比较器网络	比較器網路
compare and swap	比较并交换	比較交換
compare-exchange	比较 - 交换	比較 - 交換
compartmented security	分隔安全	分隔安全
compartmented security mode	分隔安全模式	分隔安全模式
compatibility	兼容性,相容性	兼容性,相容性
compatibility character	兼容字符	相容性字元
compatible computer	兼容计算机	相容計算機
compensated cavity	辅助腔	輔助腔
compensating network	补偿网络	補償網路
compensating transaction	补偿事务[元]	補償交易
compensation	补偿	補償
compensation theorem	补偿定理	補償定理
competition network	竞争网络	競爭網路
competitive transition	竞争变迁	競爭變遷
compile	编译	編譯
compiler	编译程序,编译器	編譯程式,編譯器
compiler-compiler	编译程序的编译程序	編譯程式的編譯程式

英 文 名	大 陆 名	台 湾 名
compiler generator	编译程序的生成程序	編譯器產生器,編譯產生器
compiler specification language	编译程序规约语言,申述性语言	編譯程式規格語言
complement	补码	①補數 ②互補色 ③補角
complementary color	补色	補色
complementary error function distribution	余误差函数分布	餘誤差函數分佈
complementary MOS intergrated circuit (CMOSIC)	CMOS 集成电路,互补 MOS 集成电路	CMOS 積體電路,互補式 MOS 積體電路
complementary transistor logic (CTL)	互补晶体管逻辑	互補電晶體邏輯
complementer	补码器	互補器
complement on N－1 (＝radix-minus-one complement)	反码	數基減一補數,N－1 之補數
complete binary tree	完全二叉树	完全二元樹
complete carry	完全进位	完全進位
complete graph	完全图	完全圖
complete inversion (＝total inversion)	全反转	全反轉
completeness	完全性	完整性
complete problem	完全问题	完全問題
complete set	完全集	完全集
complex	①络合物 ②复形	①復合物 ②復合體
complex adaptive system	复杂适应性系统	復雜可調適系統
complex data type	复杂数据类型	復雜資料型態
complex frequency	复频率	復頻率
complex-instruction-set computer (CISC)	复杂指令集计算机	復雜指令集計算機
complexity	复杂性	復雜性
complexity class	复杂性类	復雜類別
complex permeability	复数磁导率	復導磁係數
complex polarization ratio	复极化比	復極化比
complex spectrum	复频谱	復[數]頻譜
complex transaction	复杂事务	復雜交易
component	分量	組件,元件
component-based software development	基于构件的软件开发	組件為本的軟體開發
component-based software engineering	基于构件的软件工程	組件為本的軟體工程
component code	部件码	組件碼
component coding	部件编码	組件編碼
component description language (CDL)	构件描述语言	組件描述語言

英 文 名	大 陆 名	台 湾 名
component disassembly	部件拆分	組件分解
component grammar	构件语法	組件文法
component library	构件库	組件程式館
component object model (COM)	构件对象模型	組件目標模型
component programming	构件编程	組件程式設計
component repository	构件存储库	組件儲存庫
component side	元件面	元件面
component software engineering	构件软件工程	組件軟體工程
composite curve	组合曲线	合成曲線
composite dielectric capacitor	复合介质电容器	復合介質電容
composite key	组合[键]码	合成鍵
composite permanent magnet	复合永磁体	復合永久磁鐵
composite sequence	复合序列	合成序列
composite surface	组合曲面	合成曲面
composite tape	复合磁带	合成帶
composite target	复合靶	復合靶
compositional semantics	成分语义学	成分語意學
composition decomposition	分解协调	結合分解
composition of substitution	代入复合	替代式的合成
composition resistor	合成电阻器	合成電阻
compositive frequency of component	部件组字频度	組件之組合率
compound channel	复合信道	復合通道
compound component	合成部件	復合組件,合成組件
compound control	复合控制	復合控制
compound key	复合[键]码	復合鍵
compound marking	复合标识	復合標示
Ⅲ－Ⅴ compound semiconductor	Ⅲ－Ⅴ族化合物半导体	三五族化合物半導體
compound semiconductor	化合物半导体	化合物半導體
compound semiconductor detector	化合物半导体探测器	化合物半導體探測器
compound semiconductor solar cell	化合物半导体太阳电池	化合物半導體太陽電池
compound target	复合目标	復合目標
compound token	复合标记	復合符記
compound word	合成词	復合字
compress	压缩	壓縮
compression function	压缩函数	壓縮函數
compression ratio	压缩比	壓縮比
compression technique of light pulse	光脉冲压缩技术	光脈衝壓縮技術
compression vacuum gauge	压缩式真空计	壓縮式真空計

英 文 名	大 陆 名	台 湾 名
compromise	泄密	折衷
compromising emanation	泄密发射	折衷發射
Compton effect	康普顿效应	康普頓效應
computable function	可计算函数	可算函數
computation	计算	計算
computational envelope	计算包封	計算包封
computational geometry	计算几何[学]	計算幾何
computational intelligence	计算智能	計算人工智慧
computational linguistics	计算语言学	計算語言學
computational logic	计算逻辑	計算邏輯
computational phonetics	计算语音学	計算語音學
computational semantics	计算语义学	計算語意學
computational zero-knowledge	计算零知识	計算零知識
computation complexity	①计算复杂度 ②计算复杂性	計算復雜性
computation use	计算使用	計算使用
computer	计算机	計算機,電腦
computer abuse	计算机乱用	電腦誤用
computer aided	计算机辅助	電腦輔助
computer-aided analysis	计算机辅助分析	電腦輔助分析
computer-aided building design	计算机辅助建筑设计,建筑 CAD	電腦輔助建築設計
computer-aided design (CAD)	计算机辅助设计	電腦輔助設計
computer-aided design and manufacturing (CAD/CAM)	计算机辅助设计与制造	電腦輔助設計及製造
computer-aided drafting	计算机辅助制图	電腦輔助製圖
computer-aided electronic design	计算机辅助电子设计,电子 CAD	電腦輔助電子設計
computer-aided engineering (CAE)	计算机辅助工程	電腦輔助工程
computer-aided engineering design	计算机辅助工程设计,工程 CAD	電腦輔助工程設計
computer-aided geometry design (CAGD)	计算机辅助几何设计	電腦輔助幾何設計
computer-aided grammatical tagging	计算机辅助语法标注	電腦輔助文法加標
computer-aided instruction (CAI)	计算机辅助教学	電腦輔助教學
computer-aided logistic support (CALS)	计算机辅助后勤保障	電腦輔助後勤支援
computer-aided manufacturing (CAM)	计算机辅助制造	電腦輔助製造
computer-aided mechanical design	计算机辅助机械设计,机械 CAD	電腦輔助機械設計

英 文 名	大 陆 名	台 湾 名
computer-aided piping design	计算机辅助配管设计，配管 CAD	電腦輔助管線設計
computer-aided planning	计算机辅助计划	電腦輔助計劃
computer-aided process planning (CAPP)	计算机辅助工艺规划	電腦輔助過程計劃
computer-aided production management	计算机辅助生产管理	電腦輔助生產管理
computer-aided publishing	计算机辅助出版	電腦輔助出版
computer-aided quality assurance	计算机辅助质量保证	電腦輔助品質保證
computer-aided software engineering	计算机辅助软件工程	電腦輔助軟體工程
computer-aided steelwork design	计算机辅助钢结构设计，钢结构 CAD	電腦輔助鋼鐵結構設計
computer-aided system engineering	计算机辅助系统工程	電腦輔助系統工程
computer-aided testing (CAT)	计算机辅助测试	電腦輔助測試
computer-aided translation system	计算机辅助翻译系统	電腦輔助翻譯系統
computer animation	计算机动画	電腦動畫
computer application	计算机应用	電腦應用
computer application technology	计算机应用技术	電腦應用技術
computer architecture	计算机体系结构	電腦架構
computer art	计算机艺术	電腦藝術
computer-assisted publishing (=computer-aided publishing)	计算机辅助出版	電腦輔助出版
computer category	计算机类型，计算机型谱	電腦種類
computer center	计算[机]中心	計算機中心
computer chess	计算机下棋	電腦下棋
computer communication	计算机通信	電腦通信，電腦通訊
computer communication network	计算机通信网	計算機通信網
computer control	计算机控制	計算機控制
computer crime	计算机犯罪	計算機犯罪，電腦犯罪
computer cryptology	计算机密码学	電腦密碼術
computer data	计算机数据	電腦資料
computer display	计算机显示	電腦顯示
computer draft	计算机制图	電腦製圖
computer engineering	计算机工程	計算機工程
computer espionage	计算机间谍	電腦間諜
computer fraud	计算机诈骗	電腦詐欺
computer generations	计算机代	電腦世代
computer graphics	计算机图形学	①計算機圖學 ②電腦圖形

英　文　名	大　陆　名	台　湾　名
computer hardware	计算机硬件	計算機硬體
computer implementation	计算机实现	計算機實施
computer industry	计算机产业	計算機工業
computer-integrated manufacturing	计算机集成制造	電腦輔助整合製造
computer-integrated manufacturing system	计算机集成制造系统	電腦整合製造系統
computerization	计算机化	計算機化
computerized branch exchange	计算机化小交换机	電腦化分局交換機
computerized tomography	计算机层析成像	電腦化斷層掃描
computer language	计算机语言	計算機語言,電腦語言,機器語言
computer maintenance and management	计算机维护与管理	計算機維護與管理
computer management	计算机管理	計算機管理
computer network	计算机网络	計算機網路,電腦網路
computer numerical control (CNC)	计算机数控	計算機數值控制
computer operational guidance	计算机操作指导	計算機操作導引
computer output microfilm printer	计算机输出缩微胶卷打印机	計算機輸出微縮膠卷列印機
computer performance	计算机性能	計算機效能
computer performance evaluation	计算机性能评价	計算機效能評估
computer program	计算机程序	電腦程式
computer program abstract	计算机程序摘要	電腦程式摘要
computer program annotation	计算机程序注释	電腦程式注釋
computer program certification	计算机程序认证	電腦程式認證
computer program configuration identification	计算机程序配置标识	電腦程式組態識別
computer program development plan	计算机程序开发计划	電腦程式開發計劃
computer program validation	计算机程序确认	電腦程式驗證
computer program verification	计算机程序验证	電腦程式驗證
computer reliability	计算机可靠性	計算機可靠性
computer resource	计算机资源	計算機資源
computer science	计算机科学	計算機科學
computer security	计算机安全	計算機安全性
computer security and privacy	计算机安全与保密	計算機安全私密
computer software	计算机软件	電腦軟體
computer-supported cooperative work (CSCW)	计算机支持协同工作	計算機支援協同工作
computer system	计算机系统	計算機系統
computer system audit	计算机系统审计	電腦系統稽核

英　文　名	大　陆　名	台　湾　名
computer technology	计算机技术	電腦技術
computer understanding	计算机理解	電腦理解
computer vaccine	计算机疫苗	電腦疫苗
computer virus	计算机病毒	電腦病毒
computer vision	计算机视觉	電腦視覺
computer word	计算机字	計算機字
computing system	计算系统	計算系統
computing technology	计算技术	計算技術
compuword (= computer word)	计算机字	計算機字
concatenated code	链接码	鏈結碼
concatenated fiber	串接光纤	串接光纖
concatenation	拼接	序連連接
concave polygon	凹多边形	凹多邊形
concave volume	凹体	凹體
concentrated attenuator	集中衰减器	集中衰減器
concentration profile	浓度[剖面]分布	濃度[剖面]分佈
concentrator	集中器	集中器
concentrator solar cell	聚光太阳电池	聚光太陽電池
concentric conductor	同心导线	同心導線
concentric resonator	共心谐振腔	共心共振器
concept acquisition	概念获取	概念獲取
concept classification	概念分类	概念分類
concept dependency	概念依存	概念依存
concept dictionary	概念词典	概念辭典
concept discovery	概念发现	概念發現
concept learning	概念学习	概念學習
concept node	概念结点	概念節點
conceptual analysis	概念分析	概念分析
conceptual analysis of natural language	自然语言概念分析	自然語言概念分析
conceptual base	概念库	概念庫
conceptual dependency	概念相关,概念依赖	概念相依
conceptual factor	概念因素	概念因子
conceptual graph	概念图	概念圖
conceptual model	概念模型	概念模型
conceptual retrieval	概念检索	概念檢索
conceptual schema	概念模式	概念簡圖
concession	发生权	特權
conciseness	简洁性	簡潔性

英文名	大陆名	台湾名
concurrency	并发[性]	同作,並行
concurrency axiom	并发公理	並行公理
concurrency control	并发控制	並行控制
concurrency relation	并发关系	同作關係
concurrent control mechanism	并发控制机制	同作控制機制
concurrent control system	并发控制系统	同作控制系統
concurrent engineering	并行工程	並行工程
concurrent fault detection	并发故障检测	同作故障檢測
concurrent information system	并发信息系统	並行資訊系統
concurrent operating system	并发操作系统	並行作業系統
concurrent process	并发进程	同作處理
concurrent processing	并发处理	並行處理,同作處理
concurrent programming	并发程序设计	並行規劃
concurrent read and concurrent write (CRCW)	并发读[并发]写	並行讀寫
concurrent simulation	并发模拟,并发仿真	同作模擬
concurrent transition	并发变迁	並行變遷
condensation	凝聚	濃縮
condenser microphone	电容传声器	電容傳聲器
condition	条件	條件,情況
conditional breakpoint	条件断点	條件斷點
conditional control structure	条件控制结构	有條件控制結構
conditional critical section	条件临界段	條件臨界區段
conditional entropy	条件熵	條件熵
conditional logic	条件逻辑	條件邏輯
conditional synchronization	条件同步	條件同步
conditional term rewriting system	条件项重写系统	條件項重寫系統
condition/event system (C/E system)	条件-事件系统	條件-事件系統
conditioning controller	调节控制器	調節控制單元
conditions	条件式	條件式
conductance	电导	電導
conduction band	导带	導帶
conduction cooling	传导冷却	傳導冷卻
conduction current	传导电流	傳導電流
conductive foil	导电箔	導電箔
conductive pattern	导电图形	導電圖形
conductivity	电导率	電導率
conductor	①导线 ②[会议]主持	導線,導體

英 文 名	大 陆 名	台 湾 名
	人	
conference call	会议电话	會議電話
conference connection	会议连接	會議連接
confidence measure	置信测度	可信量度
confidential	秘密级	機密
confidentiality	秘密性	機密性
configuration	①格局 ②配置	組態,組態確認
configuration audit	配置审核	組態稽核
configuration control	配置控制	組態控制
configuration control board	配置控制委员会	組態控制板
configuration identification	配置标识	組態識別
configuration item	配置项	組態項目
configuration management	配置管理	組態管理
configuration status	配置状态	組態狀態
configuration status accounting	配置状态报告	組態狀態報告
confinement	禁闭	禁閉
confirm	证实	證實
confirmation of receipt	接收证实	接收確認
conflict	冲突	衝突
conflict discrimination	冲突鉴别	衝突辨別
conflict reconciliation	冲突调解	衝突調解
conflict resolution	冲突消解	衝突分解,衝突解決
conflict set	冲突集	衝突集
conflict structure	冲突结构	衝突結構
confocal resonator	共焦谐振腔	共焦共振器
conformal antenna	共形天线	緊靠型天線
conformal array antenna	共形阵天线	緊靠型陣列天線
conformance testing	一致性测试	符合測試
conforming interpolation	共形插值	保形內插法
confusion	混乱性	混淆
confusion region	混淆区	混淆區
congestion	拥塞	擁塞
congestion control	拥塞控制	擁塞控制
conical array	圆锥阵	圓錐形陣列
conical horn	圆锥号角	圓錐號角
conical-scan tracking	锥扫跟踪	錐掃跟蹤
conjunctive normal form	合取范式	合取正常形式
conjunctive query	合取查询	合取查詢

英文名	大陆名	台湾名
connected components	连通分支	連接組件
connected domain	连通域	連接域
connectedness (=connectivity)	连通性	連接性
connected net	连通网	連接網
connection	连接	連接
connection admission control	连接接纳控制	連接容許控制
connection end-point (CEP)	连接端点	連接終點
connection establishment	连接建立	連接建立
connectionism	连接机制	連接機制
connectionist architecture	连接机制体系结构	連接機制架構
connectionist learning	连接[机制]学习	連接學習
connectionist neural network	连接机制神经网络	連接機制類神經網路
connectionless (CL)	无连接	非連接性,免接續式
connectionless mode	无连接[方]式	無連接模態
connectionless service	无连接业务	無連接服務
connection machine	连接机	連接機器
connection mode	连接[方]式	連接模
connection-mode transmission	连接方式传输	連接方式傳輸
connection-oriented	面向连接	連結導向式
connection-oriented protocol	面向连接协议	連接導向協定
connection release	连接释放	連接釋放
connectivity	连通性	連接性
connector	连接器	連接器
connect time	连接时间	連接時間
consciousness	意识	意識
conservation of information	信息守恒	訊息守恆
conservativeness	守恒性	守恆性
consignment lot	交付批	交付批
consistency	一致性,相容性	一致
consistency check	一致性检验	一致檢查
consistency constraint	一致性约束	一致性約束
consistency-convergent	相容收敛	相容收斂
consistency enforcer	一致性强制器	一致性執行器
consistency of knowledge	知识相容性	知識相容性
consistent estimation	一致估计	一致估計
consistent formula	协调公式	一致公式
consistent replay	一致性重演	一致性重放
console command processor	控制台命令处理程序	控制台命令處理機

英 文 名	大 陆 名	台 湾 名
Consol sector radio marker	康索尔系统,扇区无线电指向标	康索爾系統,扇區無線電指向標
constant	常量	常數
constant altitude indicator (CAI)	等高显示器	等高顯示器
constant angular velocity	恒角速度	①常數角速度 ②常數角速率
constant bit rate	恒定比特率	恆定位元率
constant bit rate service	恒定比特率业务	恆定位元率服務
constant-current discharge	定电流放电	定電流放電
constant declaration	常量说明	常數宣告
constant false alarm rate (CFAR)	恒虚警率	恆虛警率
constant folding	常数合并	常數合併
constant-fraction discriminator	恒比鉴别器	恆比鑑別器
constant linear velocity	恒线速度	恆定線性速度
constant propagation	常数传播	恆定傳播
constant-resistance discharge	定电阻放电	定電阻放電
constant signal-to-noise ratio	恒定信噪比	固定訊號雜訊比
constant temperature and moisture test	恒温恒湿试验	恆溫恆濕試驗
constant value command	定值指令	定值指令
constant voltage and constant frequency power	稳压稳频电源	穩壓穩頻電源
constant voltage power supply	稳压电源	穩壓電源
constellation	丛	叢
constraint	约束	約束
constraint condition	约束条件	約束條件
constraint equation	约束方程	約束方程式
constraint function	约束函数	約束函數
constraint knowledge	约束知识	約束知識
constraint length	约束长度	限制長度
constraint matrix	约束矩阵	約束矩陣
constraint propagation	约束传播	約束傳播
constraint reasoning	约束推理	約束推理
constraint rule	约束规则	約束規則
constraint satisfaction	约束满足	約束滿足
constructive geometry	构造几何	構造幾何
constructive proof	构造性证明	構造性證明
constructor	构造函数	構造函數
consulting system	咨询系统	顧問系統

英文名	大陆名	台湾名
consumer application	消费者应用	消費者應用
consumptive part	消耗件	消耗零件
contact	①接触件 ②触点	接觸,接點
contact adhesion	触点黏结	接觸粘結
contact engaging and separating force	触点插拔力	接頭插入與分離力
contact exposure method	接触式曝光法	接觸式曝光法
contact force	接触压力	接觸力
contact load	触点负载	接觸負載
contact magnetic recording	接触式磁记录	觸式磁記錄法
contact piston	接触式活塞	接觸式活塞
contact plunger (= contact piston)	接触式活塞	接觸式活塞
contact resistance	接触电阻	接觸電阻
contact spacing	触点间距	接觸開距
contact start stop	接触起停	接觸起動止
contact weld	触点熔接	接觸熔接
container class	容器类	容器類
contamination	污染,混杂	污染
content-accessable memory	按内容存取存储器	按內容存取存記憶體
content-addressable storage	按内容寻址存储器	內容可定址儲存
content-based image retrieval	基于内容的图像检索	內容為本的影像檢索
content-based retrieval	基于内容的检索	內容為本的檢索
contention	争用	爭用
contention interval	争用时间间隔	競爭間隔
context	语境,上下文	上下文
context analysis	语境分析,上下文分析	上下文分析
context-free grammar (CFG)	上下文无关文法	上下文無關文法
context-free language (CFL)	上下文无关语言	上下文無關語言
context mechanism	语境机制	上下文機制
context-sensitive grammar (CSG)	上下文有关文法	上下文有關文法
context-sensitive language (CSL)	上下文有关语言	上下文有關語言
context switch	上下文切换	上下文交換
contingency interrupt	偶然中断	偶發中斷
contingency plan	应变计划	應急計劃
contingency planning	应急计划	應急計劃,緊急計劃
contingency procedure	应变过程	偶發事故程序
continuity check	连续性检验	連續性檢查
continuous command	连续指令	連續指令
continuous control	连续控制	連續控制

英　文　名	大　陆　名	台　湾　名
continuous control system	连续控制系统	連續控制系統
continuous current at locked-rotor	连续堵转电流	連續堵轉電流
continuous delta modulation	连续增量调制	連續之增量調變
continuous distribution	连续分布	連續分佈
continuous form	连续格式	①連續形式 ②連續報表
continuous form paper	连续[格式]纸	連續報表紙
continuous operator	连续算子	連續運算子
continuous simulation language	连续仿真语言	連續模擬語言
continuous speech recognition	连续语音识别	連續語音識別
continuous text	连续文本	連續文本
continuous variable dynamic system(CVDS)	连续变量动态系统	連續變數動態系統
continuous wave magnetron	连续波磁控管	連續波磁控管
continuous wave modulation	连续波调制	連續波調制
continuous wave radar (CW radar)	连续波雷达	連續波雷達
continuous wave transmitter (CW transmitter)	连续波发射机	連續波發射機
contour coding	轮廓编码	輪廓編碼
contouring	①取轮廓 ②磨球面	①取輪廓 ②磨球面
contouring control system	轮廓控制系统	輪廓控制系統
contour map	等值线图	等高圖
contour outline (=profile)	轮廓	①輪廓,外形 ②設定檔
contour prediction	轮廓预测	輪廓預測
contour recognition	轮廓识别	輪廓識別,輪廓辨識
contours of constant geometric accuracy	等精度曲线	等精度曲線
contour tracing	轮廓跟踪	等高追蹤
contract	合同	合約
contract net	合同网	合約網
contrast	①反差 ②衬比度	①對比 ②襯比度
contrast manipulation	对比度操纵	反襯調處
contrast sensitivity	对比灵敏度	反襯敏感度
contrast stretching	对比度扩展	反襯伸展
control	控制	控制
control accuracy	控制精度	控制準確度
control algorithm	控制算法	控制演算法
control and monitor console	监控台	監控台
control block	控制块	控制[區]塊
control board	控制板	控制板

英 文 名	大 陆 名	台 湾 名
control box	控制箱	控制箱
control bus	控制总线	控制匯流排
control cabinet	控制柜	控制櫃
control channel	控制通道	控制通道
control character	控制字符	控制字元
control chart	管理图	管理圖
control command	控制指令	控制指令
control computer interface	控制计算机接口	控制計算機介面
control console	控制台	控制台
control data	控制数据	控制資料
control dependence	控制依赖	控制相關
control desk (=control console)	控制台	控制台
control development kit	控制开发工具箱	控制開發套件
control-driven	控制驱动的	控制驅動
control engineering	控制工程	控制工程
control field	控制字段	控制欄
control flow	控制流	控制流
control-flow analysis	控制流分析	控制流程分析
control-flow chart	控制流程图	控制流程圖
control-flow computer	控制流计算机	控制流計算機
control frame	控制帧	控制框
control grid	控制栅极	控制閘極極
control hazard	控制冲突	控制危障
control input place	控制输入位置	控制輸入位置
controllability	可控[制]性	可控性
controlled access	受控访问,受控存取	受控存取
controlled access area	受控访问区	受控存取區
controlled access system	受控访问系统	受控存取系統
controlled event	受控事件	受控事件
controlled language (=restricted language)	受限语言	受控語言
controlled marking graphs	受控标识图	受控標示圖
controlled object	受控对象	受控對象
controlled Petri net	受控佩特里网	受控佩特裏網
controlled plant	受控装置	受控廠
controlled security	受控安全	受控安全
controlled security mode	受控安全模式	受控安全模式
controlled space	受控空间	受控空間

英　文　名	大　陆　名	台　湾　名
controlled system	受控系统	受控系統
controller	控制器	控制器
controlling machine	控制机	控制機
control loop	控制回路	控制迴路
control medium	控制媒体	控制媒體
control mesh	控制网格	控制網
control module	控制模块	控制模組
control-oriented architecture	面向控制的体系结构	控制導向結構
control panel	控制面板	控制面板
control polygon	控制多边形	控制多邊形
control procedure	控制规程	控制規程
control relationship	控制关系	控制關係
control screen	控制屏	控制畫面
control software	控制软件	控制軟體
control statement	控制语句	控制敘述
control station	控制站	控制站
control strategy	控制策略	控制策略
control structure	控制结构	控制結構
control synchro	控制式自整角机	控制式自整角機
control system	控制系统	控制系統
control technique	控制技术	控制技術
control theory	控制理论	控制理論
control unit	控制器	控制單元
control unit interface	控制器接口	控制單元介面
control variable	控制变量	控制變數
control vertex	控制顶点	控制頂點
convection	对流	對流
convection current	运流电流	對流電流
convention	约定	約定,規約,慣例
conventional cryptosystem	常规密码体制	慣用密碼系統
conventional information system	常规信息系统	慣用資訊系統
conventional true value	约定真值	約定真值
convergence	会聚	會聚
convergence sublayer	会聚子层	聚合副[階]層
conversation	会话	交談,對話
conversational service	对话[型]业务,会话型业务	對話[型]業務,交談式服務
conversational time-sharing	会话式分时	交談式分時

英文名	大陆名	台湾名
conversion	转换	轉換
conversion gain	变换增益	變換增益
converter	①转换器 ②变流器	①變換器 ②換流器
convertible signature	可转换签名	可轉換簽名
convex decomposition	凸分解	凸分解
convex hull	凸包	凸包
convex-hull approximation	凸包逼近	凸包逼近
convexity-concavity	凸凹性	凸凹性
convex polygon	凸多边形	凸多邊形
convex volume	凸体	凸體
convolution	卷积,褶积	褶積
convolution code	卷积码	褶積碼
convolution kernel	卷积核	卷積核心
convolution method for divergent beams	发散束卷积法	發散束卷積法
convolution method for parallel beams	平行束卷积法	平行束卷積法
convolution theorem	卷积定理	褶積定理
convolved projection data	卷积投影数据	卷積投影數據
COO (=chief operation officer)	运作主管	事務長
co-occurrence matrix	共生矩阵	共生矩陣
Cook reducibility	库克可归约性	庫克可約性
coolant	冷却剂	冷卻劑
cooling	冷却	冷卻
Coons surface	孔斯曲面	孔斯表面
cooperating knowledge base system	协作知识库系统	合作知識庫系統
cooperating process	协同操作进程	合作處理
cooperating program	协同操作程序	合作程式
cooperation	协作	合作
cooperation architecture	协作体系结构	合作體系架構
cooperation environment	协作环境	合作環境
cooperative checkpoint	协同检查点	合作檢查點
cooperative computing	协同计算	合作計算
cooperative distributed problem solving	协作分布[式]问题求解	分散式合作求解
cooperative information agent	协作信息主体	合作資訊代理
cooperative multitasking	协同多任务处理	協調式多任務
cooperative processing	协作处理	合作處理
cooperative transaction processing	协作事务处理	合作交易處理
coordinate conversion computer	坐标转换计算器	坐標轉換計算機

英　文　名	大　陆　名	台　湾　名
coordinated control	协调控制	協調控制
coordinated universal time (UTC)	协调世界时	協調世界時間
coordination	协调	協調
coordinator	协调者	協調者
co-polarization	共极化	共極化
copper distributed data interface	铜线分布式数据接口	銅線分佈式資料介面
coprocessing	协同处理	共處理
coprocessor	协处理器	共處理機
copy	复制,拷贝	①復製,拷貝 ②抄寫 ③復本
copy propagation	复制传播	復製傳播
copy protection	复制保护	復製保護
cordless telephone	无绳电话	無繩電話
core diameter	纤芯直径	核心直徑
core eccentricity	纤芯偏心率	核心偏心率
coreference	互指	互相參考
core image library	核心映像库	磁心影像程式館
core network	核心网	核心網路
corner reflector	角[形]反射器	牆角形反射器
cornu spiral	羊角形螺线	羊角形螺線
corona	电晕	電暈
corona counter	电晕计数器	電暈計數器
corona discharge	电晕放电	電暈放電
corona discharge tube	晕光放电管	暈光放電管
coronary care unit (CCU)	冠心病监护病房	冠心病監護病室
coroutine	协同例程	共常式相關
corpus	语料库	語料庫
corpus linguistics	语料库语言学	語言學語料庫
correcting network	校正网络	校正網路
correcting signal	校正信号	校正訊號
correction	修正,校正	修正,校正
corrective action	改正性活动	校正動作
corrective maintenance	修复性维修,改正性维护	修復性維修,改正性維護
correctness	正确性	正確性
correctness of algorithm	算法正确性	演算法正確性
correctness proof	正确性证明	正確性證明
correct rate for input	输入正确率	輸入正確率

英 文 名	大 陆 名	台 湾 名
correlation control unit	相关控制部件	相關控制單元
correlation detection	相关探测	相關檢測
correlation detector	相关检测器	相關檢測器
correlation matching	相关匹配	相關匹配
correlation receiver	相关接收机	相關接收機
corresponding point	对应点	對應點
corroborate	确证	確證
corrosion stress	压皱	壓皺
corrugated horn	波纹喇叭	波狀板面號角天線
corundum-mullite ceramic	刚玉－莫来石瓷	剛玉－莫來石瓷
cosecant-squared antenna	平方余割天线	餘割平方形天線
coset	共集	共集
coset leader	陪集首	陪集首
cosmic ray detector	宇宙射线探测器	宇宙射線探測器
cosputtering	共溅射	共濺射
cost-based query optimization	基于代价的查询优化	成本為本的查詢最佳化
cost-benefit analysis	成本效益分析	成本效益分析
cost function	代价函数	成本函數
Coulomb's law	库仑定律	庫侖定律
counter	计数器,计数管	計數器
counter-alternate arc	计数选择弧	計數選擇弧
counter hodoscope	计数器描迹仪	計數器描跡儀
counter-mortar radar	反迫击炮雷达	反迫擊炮雷達
counter telescope	计数器望远镜	計數器望遠鏡
counting ratemeter	计数率表	計數率表
counting vial	计数瓶	計數瓶
coupled cavity slow wave line	耦合腔慢波线	耦合腔慢波線
coupled cavity technique	耦合腔技术	耦合腔技術
coupled dipole	耦合偶极子	耦合雙極
coupled transmission line	耦合传输线	耦合傳輸線
coupler	耦合器	耦合器,因數
coupling	耦合	耦合
coupling aperture	耦合孔	耦合孔
coupling capacitor	耦合电容器	耦合電容
coupling degree	耦合度	耦合度
coupling hole (= coupling aperture)	耦合孔	耦合孔
coupling impedance	耦合阻抗	耦合阻抗
coupling loop	耦合环	耦合迴路

英文名	大陆名	台湾名
coupling probe	耦合探针	耦合探針
coupling torque	连接力矩	耦合接力矩
course line of great circle	大圆航线	大圓航線
courseware	课件	①教學軟體 ②教材
courtesy copy	抄件	副本
coverability graph	可覆盖图	可覆蓋圖
coverability tree	可覆盖树	可覆蓋樹
coverage test	覆盖测试	覆蓋測試
covering marking	覆盖标识	覆蓋標示
covering radius	覆盖半径	涵蓋半徑
cover of set of dependencies	依赖集的覆盖	相依集的覆蓋
covert channel	隐蔽信道	隱蔽信道
CPC (=coated powder cathode)	敷粉阴极	敷粉陰極
CPD (=charge priming device)	电荷引发器件	電荷引發元件
CPE (=customer premises equipment)	用户产权设备,用户建筑群设备	用戶端設備
CPI (=cycles per instruction)	平均指令周期数	平均指令週期數
CPN (=customer premises network)	用户产权网络,用户建筑群网络	用戶端設備網路
cps (=characters per second)	字符每秒	每秒字元數
CPU (=central processing unit)	中央处理器,中央处理机	中央處理單元
cradle	叉簧	聽筒架
crash	崩溃	當機,系統故障
CRC (=①cycle redundancy check ②cyclic redundancy code)	①循环冗余检验 ②循环冗余码	①循環冗餘檢查 ②循環冗餘碼
CRCW (=concurrent read and concurrent write)	并发读[并发]写	並行讀寫
create primitive	创建原语	建立基元
creation date	创建日期	建立日期
credentials	凭证	憑證
crimp contact	压接接触件	壓接接點
crippled leapfrog test	踏步测试	跛足跳位測試
crisscross feeder	十字线形馈线	十字線形饋線
critical angle	临界角	臨界角
critical computation	关键计算	關鍵計算
critical control	临界控制	臨界控制
critical damping	临界阻尼	臨界阻尼

英 文 名	大 陆 名	台 湾 名
critical defect	致命缺陷	致命缺陷
critical frequency	临界频率	臨界頻率
critical fusion frequency	临界停闪频率	臨界頻率
criticality	关键程度	危急度
critical load line	临界负载线	臨界負載線
critical path	关键路径	關鍵路徑
critical path test generation	临界通路测试生成法	要徑測試產生
critical patient care system	危重病人监护系统	危重病患監護系統
critical piece first	关键部分优先	關鍵部分優先
critical power	临界功率	臨界功率
critical region	①临界区 ②拒绝域	①臨界區域,臨界區段,緊要區段 ②拒絕域
critical resource	临界资源	臨界資源
critical section (=critical region)	临界区	臨界區域,臨界區段,緊要區段
critical success factor	关键成功因素	關鍵成功因素
critical wavelength	临界波长	臨界波長
CRL (=certificate revocation list)	证书作废表	認證作廢表
cross assembler	交叉汇编程序	交叉組合程式
crossbar	交叉开关	交叉開關
crossbar network	交叉开关网	交叉開關網路
crossbar switch	纵横交换机	縱橫交換機
crossbar transformer	纵横杆式变换器	縱橫制阻抗轉換器
cross compiling	交叉编译	交叉編譯
cross connect	交叉连接[单元]	交叉連接
cross coupling	交叉耦合	交叉耦合
cross coupling noise	交叉耦合噪声	交叉耦合雜訊
crossed-field amplifier (CFA)	正交场放大管	正交場放大管
crossed-field device (CFD)	正交场器件	正交場器件
cross edge	横跨边	交叉緣
crossed polarization jamming	交叉极化干扰	交叉極化干擾
crossed slot	交叉开槽	交叉開槽
cross entropy	互熵	互熵
cross infection	交叉感染	交叉傳染
crossing sequence	穿越序列	交叉序列
cross-linked file	交叉链接文件	交叉鏈接文件
cross modulation	交叉调制	交越調變
crossover	①交叉[点],交迭点 ②	①交叉[點],交迭點 ②

英文名	大陆名	台湾名
	杂交	雜交
cross polarization	交叉极化	交叉極化
cross-polarization discrimination	交叉极化鉴别	交叉極化鑑別
cross polarization interference	交互极化干扰	交叉極化干擾,交互極化干擾
cross-power spectrum	交叉功率谱	交叉功率頻譜,相互功率頻譜
cross product	叉积	交叉乘積
cross section	截面	截面,對照參考
cross section curve	截面曲线	截面曲線
cross spectrum	互谱	互譜
crosstalk	串扰,串音	串擾,串音
crosstalk amplitude	串扰幅度	串音幅度
CRT (=cathode-ray tube)	阴极射线管	陰極射線管
CRT display	阴极射线管显示器,CRT 显示器	陰極射線管顯示器
cryoelectronics	低温电子学	低溫電子學
cryogenic storage	低温存储器	低溫儲存器
cryopump	低温泵,冷凝泵	低溫幫浦,冷凝幫浦
cryosublimation trap	冷冻升华阱	冷凍升華阱
cryptanalysis	密码分析	密碼分析
cryptanalytical attack	密码分析攻击	密碼分析攻擊
cryptographic algorithm	加密算法	密碼演算法
cryptographic checksum	密码检验和	密碼核對和
cryptographic facility	密码设施	加密設施
cryptographic module	密码模件	密碼模組
cryptographic protocol	加密协议	密碼協定
cryptographic system (=cryptosystem)	密码系统,密码体制	密碼系統
cryptography (=cryptology)	保密学	①守密學 ②密碼學,密碼術
cryptography community	密码界	密碼社群
cryptology	①保密学 ②密码学	①守密學 ②密碼學,密碼術
cryptosecurity	密码保密	保密措施,密碼保全
cryptosystem	密码系统,密码体制	密碼系統
crystal	晶体	晶體
crystal fiber	晶体光纤	晶體光纖
crystal filter	晶体滤波器	晶體濾波器

英 文 名	大 陆 名	台 湾 名
crystal growth	晶体生长	晶體生長
crystal mixer	晶体混频器	晶體混頻器
crystal oscillator	晶体振荡器	晶體振盪器
C-scope (= azimuth-elevation display)	方位－仰角显示器	方位－仰角顯示器
CSCW (= computer-supported cooperative work)	计算机支持协同工作	計算機支援協同工作
CSDN (= circuit switched data network)	电路交换数据网	線路交換數據網
CSG (= context-sensitive grammar)	上下文有关文法	上下文有關文法
CSL (= context-sensitive language)	上下文有关语言	上下文有關語言
CSMA (= carrier sense multiple access)	载波侦听多址访问	具避免碰撞的載波感測多重存取網路
CSMA/CA network (= carrier sense multiple access with collision avoidance network)	带碰撞避免的载波侦听多址访问网络	具避免碰撞的載波感測多重存取網路
CSMA/CD network (= carrier sense multiple access with collision detection network)	带碰撞检测的载波侦听多址访问网络, CSMA/CD 网	具檢測碰撞的載波感測多重存取網路
CSS (= cascading style sheet)	层迭样式表	層疊樣式表
C^3 system (= command, control and communication system)	指挥、控制与通信系统, C^3 系统	指揮、控制與通信系統, C^3 系統
CTD (= charge transfer device)	电荷转移器件	電荷轉移元件
CTL (= complementary transistor logic)	互补晶体管逻辑	互補電晶體邏輯
CTO (= chief technology officer)	技术主管	技術主管
C to C (= customer to customer)	客户对客户	客戶對客戶
cube-connected cycles	立方[连接]环	立方連接環
cube-connected structure	立方连接结构	立方連接結構
CUG (= closed user group)	闭合用户群,封闭用户群	閉合用戶群
cumulative failure probability	累积故障概率,累积失效概率	累積故障機率,累積失效機率
cumulative frequency	累积频数	累積頻數
cumulative sum chart	累积和图	累積和圖
Curie point (= Curie temperature)	居里温度,居里点	居里溫度,居里點
Curie temperature	居里温度,居里点	居里溫度,居里點
current	电流	電流
current activity stack	当前活动栈	現行活動堆疊
current amplifier	电流放大器	電流放大器
current date	当前日期	當日

英 文 名	大 陆 名	台 湾 名
current default directory	当前默认目录	現行預設目錄
current directory	当前目录	現行目錄
current division ratio	电流分配比	電流分發比
current line pointer	当前行指针	現行行指標
current mode logic (CML)	电流型逻辑	電流模邏輯
current page register	当前页[面]寄存器	現行頁暫存器
current priority	当前优先级	現行優先級
current-switching mode logic (CML)	电流开关型逻辑	電流開關型邏輯
cursor	①光标 ②游标	游標
curtailed inspection	截尾检查	截尾檢查
curvature of field	场曲	場曲
curve fitting	曲线拟合	曲線配適
curve follower	曲线跟随器	曲線隨動器
curve smoothing	曲线光顺	曲線平滑
customer	客户	客戶
customer designed IC	定制集成电路	訂製積體電路
customer equipment (CEQ)	用户设备	用戶設備
customer premises equipment (CPE)	用户产权设备,用户建筑群设备	用戶端設備
customer premises network (CPN)	用户产权网络,用户建筑群网络	用戶端設備網路
customer service	客户服务	客戶服務
customer to customer (C to C)	客户对客户	客戶對客戶
customization	客户化	客戶規格設定
customized DTE service	用户指定型 DTE 业务	自定 DTE 業務
cusum chart (= cumulative sum chart)	累积和图	累積和圖
cut	截除	切割
cut and paste	剪贴	剪貼
cut-off attenuator	截止式衰减器	截止式衰減器
cut-off frequency	截止频率	截止頻率
cut-off voltage	截止电压	截止電壓
cut-off waveguide	截止波导	截止波導
cut-off wavelength	截止波长	截止波長
cutpoint	割点	割點
cutset code	割集码	割集碼
cut-sheet paper	单页纸	單張紙
CVD (= chemical vapor deposition)	化学汽相淀积	化學汽相沈積
CVDS (= continuous variable dynamic	连续变量动态系统	連續變數動態系統

英 文 名	大 陆 名	台 湾 名
system)		
CV method (= capacitance voltage method)	电容电压法	電容電壓法
CW radar (= continuous wave radar)	连续波雷达	連續波雷達
CW transmitter (= continuous wave transmitter)	连续波发射机	連續波發射機
cybernetics	控制论	控制論
cyberspace	信息空间	異度空間
cycle	周期	週期
cycle-free allocation	无循环设置	無循環配置
cycle graph	循环图	循環圖
cycle life	循环寿命	循環壽命
cycle redundancy check (CRC)	循环冗余检验	循環冗餘檢查
cycles per instruction (CPI)	平均指令周期数	平均指令週期數
cycle stealing	周期窃取	週期竊用
cycle time	周期时间	循環時間
cyclic code	循环码	循環碼
cyclic interrupt	周期性中断	週期性中斷
cyclic product code	循环乘积码	循環乘積碼
cyclic redundancy code (CRC)	循环冗余码	循環冗餘碼
cyclic scheduling	循环调度	循環排程
cyclic shift	循环移位	循環移位,端迴移位,端迴進位移位
cyclic skipping	跳周	跳週
cyclotron frequency	回旋频率	迴旋頻率
cyclotron resonance heating	回旋共振加热	迴旋共振加熱
CYK algorithm	CYK 算法	CYK 演算法
cylinder	柱面	①圓柱 ②磁柱
cylindrical array	柱面阵	圓柱形陣列
cylindrical cell	圆柱形蓄电池	圓柱形蓄電池
cylindrical robot	柱面坐标[型]机器人	柱面坐標型機器人
cylindrical wave	柱面波	柱面波
Czochralski method	直拉法,乔赫拉尔斯基法,晶体生长提拉法	直拉法,丘克拉斯基法

D

英 文 名	大 陆 名	台 湾 名
DA (= design automation)	设计自动化	設計自動化
DABS (= discrete-address beacon system)	离散地址信标系统	離散位址信標系統
D/A converter (= digital-to-analog converter)	数模转换器,D/A 转换器	D/A 轉換器
DAI (= distributed artificial intelligence)	分布[式]人工智能	分散式人工智慧
daisy chain	菊花链	菊鏈
DAMA (= demand assigned multiple access satellite system)	按需分配多址卫星系统	按需指配多重接取衛星系統
damage	损伤	損害
damage gettering technology	损伤吸杂工艺	損傷吸雜工藝
damage induced defect	损伤感生缺陷	損傷感生缺陷
damon	守护程序	常駐服務程式
damped oscillation	阻尼振荡	阻尼振盪
damping action	阻尼作用	阻尼作用
damping factor	阻尼系数	阻尼係數
dangling edge	悬边	搖擺邊
dark burn	暗伤	暗傷
dark current	暗电流	暗電流
dark discharge	暗放电	暗放電
dark fiber	暗光纤	暗光纖
Darlington power transistor	达林顿功率管	達靈頓功率電晶體
dashed line	虚线	虛線
DA system (= layout design automation system)	自动布图设计系统,自动版图设计系统	自動佈局設計系統
DAT (= data digital audio tape)	数据数字音频磁带,DAT 磁带	DAT 磁帶
data	数据	數據,資料
data abstraction	数据抽象	資料抽象化
data access path	数据存取路径,数据访问路径	資料存取路徑
data acquisition	数据获取	數據獲取,資料獲取
data acquisition system	数据采集系统	數據采集系統
data administration (= data management)	数据管理	資料管理

英 文 名	大 陆 名	台 湾 名
data analysis	数据分析	資料分析
data analysis system	数据分析系统	資料分析系統
data analyzer	数据分析仪	數據分析儀
data attribute	数据属性	數據屬性,資料屬性
data bank	[综合]数据库	資料銀行,資料庫
database	数据库	數據庫,資料庫
database administrator	数据库管理员	資料庫管理者
database environment	数据库环境	資料庫環境
database for natural language	自然语言数据库	自然語言資料庫
database integration	数据库集成	資料庫整合
database integrity	数据库完整性	資料庫完整性
database key	数据库[键]码	資料庫鍵
database machine	数据库机	資料庫機
database management system (DBMS)	数据库管理系统	資料庫管理系統
database model	数据库模型	資料庫模型
database privacy	数据库保密	資料庫私密
database reorganization	数据库重组	資料庫重組
database restructuring	数据库重构	資料庫重構
database security	数据库安全	資料庫安全性
database system	数据库系统	資料庫系統
data broadcasting	数据广播	數據廣播
data bus	数据总线	資料匯流排
data cache	数据高速缓存	資料快取記憶區
data channel	数据信道	資料通道
data circuit terminating equipment (DCE)	数据电路端接设备,数据电路终接设备	數據電路端接設備,數據電路終接設備
data circuit transparency	数据电路透明性	數據電路透通性
data clothes	数据服装	資料服裝
data collection (=data gathering)	数据汇集	資料收集
data collection station	数据收集站	資料收集站
data command	数据指令	數據指令
data communication	数据通信	數據通信
data communication network	数据通信网	數據通信網
data compression	数据压缩	數據壓縮
data concentrator	数据集中器	數據集中機,資料集中器
data consistency	数据一致性	資料一致性
data control language (DCL)	数据控制语言	資料控制語言

英 文 名	大 陆 名	台 湾 名
data corruption	数据腐烂	資料惡化
data definition language (= data description language)	数据描述语言,数据定义语言	資料描述語言,資料定義語言
data density	数据密度	資料密度
data dependence	数据依赖	資料相依
data-dependent hazard	数据相关冲突[危险]	資料相依冒險
data description language (DDL)	数据描述语言,数据定义语言	資料描述語言,資料定義語言
data dictionary (DD)	数据字典	資料字典
data diddling	数据欺诈	資料欺騙
data digital audio tape (DAT)	数据数字音频磁带,DAT 磁带	DAT 磁帶
data directory	数据目录	資料目錄
data distribution	数据分布	資料分配
data diversity	数据多样性	資料多樣性
data domain measurement	数[据]域测量	數[據]域測量
data-driven	数据驱动的	資料驅動
data-driven analysis	数据驱动型分析	資料驅動分析
data element	数据元	資料元
data encapsulation	数据封装	資料封閉性
data encoding	数据编码	資料編碼
data encryption algorithm (DEA)	数据加密算法	資料加密演算法
data encryption key	数据加密密钥	資料加密鍵
data encryption standard (DES)	数据加密标准	數據加密標準
data entry	数据录入	資料登錄
data environment	数据环境	資料環境
data error	数据差错	資料誤差
data error analyzer	数据误差分析仪	數據誤差分析儀
data flow	数据流	資料流,資料流程
data flow analysis	数据流分析	資料流分析
data-flow computer	数据流计算机	資料流電腦
data flow control	数据流控制	資料流量控制
data flow graph	数据流图	資料流程圖
data flow language	数据流语言	資料流語言
data format	数据格式	資料格式
data format conversion	数据格式转换	資料格式轉換
data frame	数据帧	資料框
data gathering	数据汇集	資料收集

英　文　名	大　陆　名	台　湾　名
data generator	数据发生器	數據發生器
data glove	数据手套	資料手套
datagram	数据报	數據報
data handling (=data processing)	数据处理	資料處理
data hazard	数据冲突	資料冒險
data head	数据[磁]头	資料頭
data highway	数据高速信道	資料高速公路
data independence	数据独立性	資料獨立性
data input station	数据输入站	資料輸入站
data integrity	数据完整性	數據完整性
data integrity protection	数据完整性保护	資料完整性保護
data in-voice (DIV)	话内数据	語音中之資料
data item	数据项	資料項
data link	数据链路	數據鏈路,資料鏈
data link connection	数据链路[层]连接	資料鏈路連接
data link control procedure	数据链路控制规程	數據鏈路控制規程
data link layer	数据链路层	數據鏈路層
data locality	数据局部性	資料局部性
data logger	数据记录仪	數據記錄儀
data logging (=data entry)	数据录入	資料登錄
data management	数据管理	資料管理
data management program	数据管理程序	資料管理程式
data manipulation language (DML)	数据操纵语言	資料調處語言
data-manipulator network	数据操纵网	資料調處器網路
data mart	数据集市	資料市場
data medium	数据媒体	資料媒體
data medium protection device	数据媒体保护装置	資料媒體保護裝置
data mining	数据采掘,数据挖掘	資料探勘
data model	数据模型	資料模型
data modulation rate	数据调制率	資料[之]調變率
data module	数据模件	資料模組
data multiplexer	数据[多路]复用器	數據多工器,資料多工器
data network	数据网	數據網路,資料網路
data network identification code (DNIC)	数据网标识码	數據網路識別碼
data organization	数据组织	資料組織
data origination	数据初始加工	資料起源
data parallelism	数据并行性	資料數據平行性

英文名	大陆名	台湾名
data partitioning	数据划分	資料數據劃分
data path	数据通路	資料路徑
data phone	数据电话机	數據電話機
dataphone digital service (DDS)	数据电话数字服务	資料電話數位服務
data processing (DP)	数据处理	資料處理
data processing center	数据处理中心	資料處理中心
data processing system (DPS)	数据处理系统	資料處理系統
data processing unit (DPU)	数据处理单元	資料處理裝置
data protection	数据保护	資料保護
data rate	数据速率	資料[傳輸]率
data reconstruction	数据重建	資料重建
data redundancy	数据冗余	資料冗餘
data relay satellite system (DRSS)	数据中继卫星系统	資料中繼衛星系統
data restoration	数据恢复	資料復原
data security	数据安全	數據安全
data set	数传机	數傳機
data sharing	数据共享	資料共享
data signaling rate	数据信号[传送]速率	資料發訊號率,資料發送率
data sink	数据汇,数据宿	數據槽,資料槽,資料接收器
data skew	数据偏斜	資料偏斜
data source	数据源	數據源,資料源
data space	数据空间	資料空間
data stable platform	数据稳定平台	數據穩定平台
data station	数据站	數據站,資料站
data structure	数据结构	資料結構
data structure-oriented method	面向数据结构的方法	資料結構導向方法
data switching exchange (DSE)	数据交换机	資料交換機,資料交換器
data terminal (DT)	数据终端	資料終端機
data terminal equipment (DTE)	数据终端设备	數據終端設備
data test	数据测试	資料測試
data token	数据权标	資料符記
data transfer instruction	数据传送指令	資料傳送指令
data transmission	数据传输	數據傳輸,資料傳輸
data type	数据类型	資料類型
data unit (DU)	数据单元	資料單元

英 文 名	大 陆 名	台 湾 名
data validation	数据确认	資料驗證
data validity	数据有效性	資料驗證
data warehouse	数据仓库	資料倉庫
DA-TDMA (=demand-assignment time-division multiple-access)	按需分配时分多址	按需指配時分多重接取
date prompt	日期提示符	日期提示符
daughterboard	子板	子板
daughtercard	子插件板	子卡
dB (=decibel)	分贝	分貝
D band	D 波段	D 頻帶
3-dB bandwidth	3 分贝带宽	3－分貝頻寬,三分貝頻寬
DBF laser (=distributed feedback laser)	分布反馈激光器	分佈回饋雷射
DBF semiconductor laser (=distributed feedback semiconductor laser)	分布反馈半导体激光器	分佈回饋半導體雷射
dB/Hz (=decibel/hertz)	分贝每赫	分貝/赫
dBm (=decibel referred to one milliwatt)	毫瓦分贝	毫瓦分貝
dBm/Hz (=decibel milliwatt/hertz)	毫瓦分贝每赫	毫瓦分貝/赫
DBMS (=database management system)	数据库管理系统	資料庫管理系統
dBmV (=decibel-millivolt)	毫伏分贝	毫伏分貝
DBPSK (=differential binary phase-shift keying)	差分二相相移键控	微分二元相移鍵控
dBR (=decibel relative)	相对分贝数	相對分貝數
DBR (=deterministic bit rate)	确定比特率	固定位元率
DBR type laser (=distributed Bragg reflection type laser)	分布布拉格反射型激光器	分佈布拉格反射型雷射
DBS (=direct broadcast satellite)	直播卫星	衛星直播
DC (=direct current)	直流	直流
DCE (=①data circuit terminating equipment ② distributed computing environment)	①数据电路端接设备,数据电路终接设备 ②分布式计算环境	①數據電路端接設備,數據電路終接設備 ②分散式計算環境
D channel	D 信道	D 通道
DCL (=data control language)	数据控制语言	資料控制語言
DCOM (=distributed common object model, distributed component object model)	①分布式公共对象模型 ②分布式构件对象模型	①分散式公共物件模型 ②分散式組件目標模型
DCPSK (=differentially coded PSK)	差分编码相移键控	微分編碼式相移鍵控
DCS (=①distributed control system ②	①集散控制系统 ②双	①分散控制系統 ②雙

英 文 名	大 陆 名	台 湾 名
double-channel simplex)	信道单工	通道單工
DCSDA (=cesium dideuterium arsenate)	砷酸二氘铯	砷酸二氘銫
DCT (=discrete cosine transform)	离散余弦变换	離散餘弦轉換
DCTL (=direct-coupled transistor logic)	直接耦合晶体管逻辑	直接耦合電晶體邏輯
DD (=data dictionary)	数据字典	資料字典
DDBMS (=distributed database management system)	分布[式]数据库管理系统	分散式資料庫管理系統
DDC (=direct digital control)	直接数字控制	直接數位控制
DDD (=direct distance dialing)	长途直拨	長途直撥
DDL (=data description language, data definition language)	数据描述语言,数据定义语言	資料描述語言,資料定義語言
DDN (=digital data network)	数字数据网	數位數據網路
DDR (=double data rate)	双数据速率	雙資料速率
DDS (=①dataphone digital service ②direct dialing system)	①数据电话数字服务 ②直拨系统	①資料電話數位服務 ②直接撥號系統
DDVT (=dynamic dispatch virtual table)	动态分派虚拟表	動態調度虛擬表
DEA (=data encryption algorithm)	数据加密算法	資料加密演算法
dead code elimination	死[代]码删除	死終止碼刪除
deadlock	死锁	死鎖
deadlock absence	死锁消除	死鎖消除
deadlock avoidance	死锁避免	死鎖避免
deadlock-free	无死锁的	無死鎖性
deadlock prevention	死锁预防	死鎖預防
deadlock recovery	死锁恢复	死鎖恢復
deadlock test	死锁检测	死鎖測試
dead marking	死标识	死標示
dead-reckoning	航位推算法,航位推算导航	航位推算法,航位推算導航
dead room	沉寂室	沉寂室
dead start	静启动	靜啟動
dead time	寂静时间	寂靜時間
dead transition	死变迁	死變遷
dead zone	死区	死區
Deal-Grove model	迪尔-格罗夫模型	迪爾-格羅夫模型
deallocation	解除分配	解除配置
deblurring	去模糊	解模糊
debug	调试,排错,除错	除錯
debugging aids	调试工具	除錯工具

英 文 名	大 陆 名	台 湾 名
debugging model	调试模型	除錯模型
debugging package	调试程序包	除錯套裝軟體
debugging program	调试程序	除錯程式
debugging routine	调试例程	除錯常式
Debye length	德拜长度	德拜長度
decay failure	衰变失效	衰減失效
decay time	衰减时间	衰減時間
Decca	台卡	台卡
deceleration time	减速时间	減速時間
decentralization	分散	分散化
decentralized control	分散控制	分散控制
decentralized data processing	分布式数据处理	分散資料處理
decentralized processing	分布式处理	分散處理
deception jamming	欺骗性干扰	欺騙性干擾
decibel (dB)	分贝	分貝
decibel/hertz (dB/Hz)	分贝每赫	分貝/赫
decibel-millivolt (dBmV)	毫伏分贝	毫伏分貝
decibel milliwatt/hertz (dBm/Hz)	毫瓦分贝每赫	毫瓦分貝/赫
decibel referred to one milliwatt (dBm)	毫瓦分贝	毫瓦分貝
decimal digit	十进制数字	十進數位,十進位元
decimal system	十进制	十進位制,十進位系統
decimeter wave	分米波	分米波
deciphering	解密	解密
decipherment (=decryption)	脱密	解密
decision	判决,决策	判決,決策
decision criteria	决策准则	決策準則
decision function	决策函数	決策函數
decision height	决断高度	決斷高度
decision logic	判定逻辑	決策邏輯
decision making	决策制定	決策
decision-making control	决策控制	決策控制
decision-making model	决策模型	決策模型
decision matrix	决策矩阵	決策矩陣
decision plan	决策计划	決策計劃
decision problem	决策问题	決策問題
decision procedure	决策过程	決策程序
decision rule	决策规则	決策規則
decision space	决策空间	決策空間

英 文 名	大 陆 名	台 湾 名
decision support center	决策支持中心	決策支援中心
decision support system (DSS)	决策支持系统	決策支援系統
decision symbol	判定符号	決策符號
decision table	决策表	決策表
decision table language	判定表语言	決策表語言
decision theory	决策论	決策理論
decision tree	决策树	決策樹
decision tree system	决策树系统	決策樹系統
declaration	声明,说明	宣告
declarative knowledge	陈述性知识	宣告性知識
declarative language	说明性语言	宣告語言
declarative semantics	说明语义学	宣告語意學
decoder	译码器,解码器	解碼器
decoding	译码,解码	解碼
decometer	台卡计	台卡計
decompiler	反编译程序,反编译器	反譯器
decomposing Chinese character to component	整字分解	分解中文字為組件
decomposition	分解	分解
decomposition of relation schema	关系模式分解	關係綱目分解
decomposition rule of functional dependencies	函数依赖分解律	函數相依分解規則
decompress	解压缩	解壓縮
deconfiguration	退出配置	解除組態
deconvolution	解卷积,退卷积	解褶積
decorrelation	去相关	去關聯
decoupling	解耦	解耦
decoupling filter	去耦滤波器	去耦濾波器
decryption	脱密	解密
dedicated access	专线接入	專屬存取
dedicated data network (=private data network)	专用数据网	專用數據網路,專屬數據網
dedicated file	专用文件	專屬檔案
dedicated line	专用线路,专线	專屬線
dedicated security mode	专用安全模式	專屬安全模式
DEDS (=discrete event dynamic system)	离散事件动态系统	離散事件動態系統
deduce	演绎	演繹
deduction rule	演绎规则	演繹規則

英文名	大陆名	台湾名
deduction tree	演绎树	演繹樹
deductive data	演绎数据	演繹資料
deductive database	演绎数据库	演繹資料庫
deductive inference	演绎推理	演繹推理
deductive mathematics	演绎数学	演繹數學
deductive simulation	演绎模拟	演繹模擬
deductive synthesis method	演绎综合方法	演繹合成法
de-emphasis network	去加重网络	去加重網路
deep case	深层格	深層格
deep energy level	深能级	深能階
deep level center	深能级中心	深能階中心
deep level transient spectroscopy (DLTS)	深能级瞬态谱[学]	深能級瞬態譜[學]
deep sea cable	深海电缆	深海纜線
deep space communication	深太空通信	深太空通信,太空通信,深空通信
deep space satellite	深太空卫星	深太空衛星,太空衛星
deep-UV lithography	深紫外光刻	深紫外光刻
de facto standard	事实标准	實際的標準
default	默认	預設,内定
default format	默认格式	内定格式
defaulting subscriber	欠费用户	呆帳用戶
default reasoning	默认推理	缺陷推理
defect	缺陷	缺陷
defective	损坏	缺陷
defective item	不合格品	不合格品
defect management	缺陷管理	缺陷管理
defect skip	缺陷跳越	缺陷跨越
defensive satellite	防御卫星	防禦衛星
deference	推迟	推遲
deferred processing	延期处理	延緩處理
defined list	定义性[列]表	定義列表
definition	清晰度	清晰度
definitional occurrence	定义性出现	定義出現
definition phase	定义阶段	定義階段
deflecting electrode	偏转电极	偏轉電極
deflection	偏转	偏轉
deflection coefficient	偏转系数	偏轉係數
deflection distortion	偏转畸变	偏轉畸變

英 文 名	大 陆 名	台 湾 名
defocusing	散焦	散焦
deformation of vertically aligned phase mode	垂直排列相畸变模式	垂直排列相畸變模式
degassing	除气	除氣
degauss	消磁	消磁器
degeneracy failure	退化失效	退化失效
degenerate mode	简并模[式]	簡併模態
degenerate semiconductor	简并半导体	簡併半導體
degradation	降级	降格,退化
degradation testing	老化试验	退化測試
degraded product	次品	次品
degraded recovery	降级恢复	降級恢復
degraded running	降级运行	降級運行
degree	度	度,階次,程度
degree of parallelism	并行度	平行度
degree of subnet	子网度	子網度
degree of vacuum	真空度	真空度
deionization	消电离	去離子化
deionized water	去离子水	去離子水
delamination	分层	分層
delay assignment	时延分配	延遲指定
delay constant	时延常数	延遲常數
delay defect size	时延偏差大小	延遲偏差大小
delayed branch	延迟转移	延遲分支
delayed call	延迟呼叫	延遲呼叫
delayed control mode	延迟控制模式	延遲控制模式
delayed load	延迟加载	延遲負載
delay equalizer	时延均衡器	時延均衡器
delay line	延迟线	延遲線
delay lock technique	延迟锁定技术	延遲鎖定技術
delay ratio	慢波比	慢波比
delay task	延迟任务	延遲任務
delay time	延迟时间	延遲時間
delete	删除	刪除
deletion anomaly	删除异常	刪除異常
deliberate interference (=man-made interference)	人为干扰	人為干擾,故意干擾,工業干擾
delimit (=delimiter)	定界符	定界符

英 文 名	大 陆 名	台 湾 名
delimiter	定界符	定界符
delivery	交付,投递	①遞送 ②交貨
delivery confirmation	投递证实	投遞確認
delta function	增量函数	德爾塔函數
delta modulation (DM)	增量调制	增量調變
demagnetization curve	退磁曲线	退磁曲線
demagnetizer	退磁器,消磁器	消磁器
demand assigned multiple access satellite system (DAMA)	按需分配多址卫星系统	按需指配多重接取衛星系統
demand assignment	按需分发	按需分發
demand-assignment time-division multiple-access (DA-TDMA)	按需分配时分多址	按需指配時分多重接取
demand-driven	需求驱动的	需求驅動
demand function	需求函数	需求函數
demand paging	请求分页	需求分頁
demand processing	请求处理	應需處理
demand time-sharing processing	请求分时处理	需求分時處理
Dember effect	丹倍效应	丹倍效應
demo (= demonstration program)	演示程序	示範[程式]
DEMOD (= demodulator)	解调器	解調器
demoding circuit	解模电路	解模電路,解碼電路
demodulated signal	已解调信号	已解調訊號,已解調訊號
demodulation	解调	解調
demodulation-remodulation transponder	解调－重调转发器	解調－重調轉發器
demodulator (DEMOD)	解调器	解調器
demonstration program	演示程序	示範[程式]
Dempster-Shafer theory	DS 理论	DS 理論
demultiplexer	①分用器 ②多路分配器	①分用器 ②多工解訊器
demultiplexing	[多路]分用,分接	[多路]分用,分接
dendritic crystal	枝状生长晶体,枝蔓晶体	枝狀生長晶體
denial of service	拒绝服务	拒絕服務
denotational semantics	指称语义学	標誌語意
densely packed multichannel communication	密集多路通信	密集多路通信
dense wavelength division multiplexing	密集波分复用	高密度分波長多
density ratio	密度比率	密度比

英　文　名	大　陆　名	台　湾　名
density-tapered array antenna	密度递减阵天线	密度錐形陣列天線
dependability	可信性	可信性
dependable computing	可信计算	可信計算
dependence arc	依赖弧	相依弧
dependence-driven	相关驱动	相關驅動
dependence edge	依赖边	相依邊
dependence fault	相关型故障	相關型故障
dependence preservation	依赖保持	相依保持
dependence test	相关测试	相依測試
dependency	依存[关系]	相依
dependency grammar	依存语法	相依文法
dependency graph	依赖图	相依圖
dependency parsing	依存关系句法分析	相依關係剖析
dependency-reserving decomposition	保持依赖分解	保持分解
dependency rule	相关规则	相依規則
dependency structure	依存结构	相依結構
dependency tree	依存关系树	相依存關係樹
dependency unification grammar	依存关系合一语法	相依統一文法
dependent analysis and independent generation	相关分析独立生成	相依分析獨立產生
dependent learning	依赖学习	依賴學習
dependent tree (=dependency tree)	依存关系树	相依存關係樹
depletion approximation	耗尽近似	空乏近似
depletion layer	耗尽层	空乏層
depletion mode field effect transistor	耗尽型场效晶体管	空乏型場效電晶體
depolarization	退极化,去极化	退極化
deposition rate	淀积率	澱積率
depth buffer	深度缓存	深度緩衝
depth calculation	深度计算	深度計算
depth cueing	深度暗示	深度暗示
depth distribution	深度分布	深度分佈
depth first analysis	深度优先分析	深度優先分析
depth-first search	深度优先搜索	深先搜尋
depth map	深度图	深度圖
dequantization	去量化	反量化,解量化
derating curve	降负荷曲线	降負荷曲線
derating factor	降额因数	降額因數
deregulation	放松管制	電信規章調整,解禁,自

英文名	大陆名	台湾名
		由化
derivation tree	推导树	導出樹
derivative estimation	导数估计	導出估計
derived envelope	导出包络	導出包絡
derived horizontal fragmentation	导出水平分片	導出水平片段
derived rule	导出规则	導出規則
derived table	导出表	導出表
derived type filter	导[出]型滤波器	導型濾波器
DES (=data encryption standard)	数据加密标准	數據加密標準
descendant	子孙	下代,後裔
descrambler	解扰[码]器	解擾[碼]器
describing function	描述函数	描述函數
descriptive linguistics	描写语言学	描述語言學
descriptor table	描述符表	描述符表
design analysis	设计分析	設計分析
design analyzer	设计分析器,设计分析程序	設計分析程式
design automation (DA)	设计自动化	設計自動化
design constraint	设计约束	設計約束
design diversity	设计多样性	設計多樣性
design editor	设计编辑程序,设计编辑器	設計編輯器
design error	设计差错	設計差错
design for analysis (DFA)	面向分析的设计	分析設計
design for assembly (DFA)	面向装配的设计	裝配設計
design for manufacturing (DFM)	面向制造的设计	製造設計
design for testability	可测试性设计	可測試性設計
design inspection	设计审查	設計檢驗
design language	设计语言	設計語言
design library	设计库	設計庫
design methodology	设计方法学	設計方法學
design phase	设计阶段	設計階段
design plan	设计规划	設計計劃
design requirement	设计需求	設計需求
design review	设计评审	設計評審
design specification	设计规约	設計規格
design verification	设计验证	設計驗證
design walk-through	设计走查	設計全程復查

英 文 名	大 陆 名	台 湾 名
desire	期望	期望
desk checking	桌面检查	桌上檢查
desk file	桌面文件	桌上文件
desktop	桌面	桌上
desktop computer	台式计算机	桌上計算機
desktop conferencing	桌面会议	桌面會議
desktop operating system	桌面操作系统	桌面作業系統
desktop publishing	桌面出版	桌上出版
desktop publishing system (DPS)	桌面出版系统	桌上出版系統
desoldering gun	去焊枪	去焊槍
desorption	解吸,脱附	解吸,脫附
despreading	去扩频	解展頻
despun antenna	消旋天线	迴旋天線
destination address	目的地址,终点地址	目的地位址
destroy primitive	撤消原语	撤銷基元
destructive read (=destructive reading)	破坏性读出	破壞性閱讀
destructive reading	破坏性读出	破壞性閱讀
destructor	析构函数	破壞者
detailed design	详细设计	細節設計
detectability	可检测性	可檢查性
detection	检测,检波	檢波
detection probability	发现概率,检测概率	發現機率,檢測機率
detectivity	①探测率 ②检测能力	①探測率 ②檢測能力,檢測靈敏度
detectophone	监听电话机	監聽電話機
detector	①检测器,检波器 ②探测器	①檢測器,檢波器 ②偵測器
deterministic algorithm	确定性算法	演算法確定性
deterministic and stochastic Petri net	确定和随机佩特里网	確定性隨機佩特裏網
deterministic bit rate (DBR)	确定比特率	固定位元率
deterministic control system	确定性控制系统	確定性控制系統
deterministic CSL	确定型上下文有关语言	確定性上下文有關語言
deterministic finite automaton	确定型有穷自动机	確定性有限自動機
deterministic pushdown automaton	确定型下推自动机	確定性下推自動機
deterministic scheduling	确定性调度	確定性排程
deterministic transition	确定性变迁	確定性變遷
deterministic Turing machine	确定型图灵机	確定性杜林機
detuning	失谐,失调	失諧,失調

英 文 名	大 陆 名	台 湾 名
DEV (= deviation)	偏差,偏移	偏差,偏移,偏位,偏向
developer	开发者	開發者
developer contract administrator	开发者合同管理员	開發合約管理員
development	显影	顯影
development cycle	开发周期	開發週期
development environment model	开发环境模型	開發環境模型
development life cycle	开发生存周期	發展生命週期
development methodology	开发方法学	開發方法學
development process	开发过程	開發過程
development progress	开发进展	開發進展
development specification	开发规约	開發規格
deviation (DEV)	偏差,偏移	偏差,偏移,偏位,偏向
deviation control	偏差控制	偏差控制
deviation indicator	偏离指示器	偏離指示器
deviation ratio	偏移比,偏差比	偏移比,偏差比
device	器件	裝置,設備
device assignment	设备指派	設備指派,裝置指派
device control character	设备控制字符	裝置控制字元
device coordinate	设备坐标	裝置坐標
device coordinate system	设备坐标系	裝置坐標系統
device description	设备描述	裝置描述
device description language	设备描述语言	裝置描述語言
device driver	设备驱动程序	裝置驅動器
device management	设备管理	裝置管理
device name	设备名	裝置名稱
DEW (= distant early waring)	远程预警	遠程預警
dewaxing	去蜡	去蠟
dew point	露点	露點
dew point test	露点试验	露點試驗
DF (= ①direction finding ② direction finder)	①测向 ②探向器,测向器	①測向 ②探向器,測向器
DFA (= ①design for analysis ② design for assembly)	①面向分析的设计 ②面向装配的设计	①分析設計 ②裝配設計
DFM (= ①design for manufacturing ② digital frequency meter)	①面向制造的设计 ②数字频率计	①製造設計 ②數位頻率計
DFS (= ①discrete Fourier series ② digital frequency synthesizer)	①离散傅里叶级数 ②数字频率合成器	①離散傅立葉序列 ②數位頻率合成器
DFSK (= double frequency shift keying)	双频移键控	雙移頻鍵控

英 文 名	大 陆 名	台 湾 名
DFT (=discrete Fourier transform)	离散傅里叶变换	離散傅立葉轉換
DGCRA (=dynamic GCRA)	动态 GCRA	動態的 GCRA
DGPS (=differential global positioning system)	差分 GPS 系统,差分全球定位系统	差分 GPS 系統,差分全球定位系統
DHT (=①discrete Hartley transform ② discrete Hadamard transform)	①离散哈特莱变换 ②离散阿达马变换	①離散哈特萊轉換 ②數位哈達瑪轉換
diagnosability	可诊断性	可診斷性
diagnosis	诊断	診斷
diagnosis resolution	诊断分辨率	診斷解析度
diagnosis testing	诊断测试	診斷測試
diagnostic check	诊断检验	診斷檢查
diagnostic diskette	诊断软盘	偵錯磁片
diagnostic error processing	诊断错误处理	診斷錯誤處理
diagnostic logout	诊断注销	診斷註銷
diagnostic program	诊断程序	診斷程式,偵錯程式
diagnostic screen	诊断屏幕	診斷熒幕
diagnostic system	诊断系统	診斷系統
diagonal horn antenna	对角线形号角天线	對角線形號角天線
diagonalization	对角化[方法]	對角化方法
diagonal test	对角线测试	對角線測試
diagram block (=block diagram)	框图	方塊圖
diagrammer	图示化工具	圖示化工具
DIAL (=dialing)	拨号	撥號
dial-back	回拨	回撥
dialect	方言	方言
dialectology	方言学	方言學
dialer	拨号器	撥號器
dialing (DIAL)	拨号	撥號
dialing call	拨号呼叫	撥號呼叫
dialing-in	拨进,拨入	撥進,撥入
dialing-out	拨出	撥出
dialing tone	拨号音	撥號音
dialing unit	拨号单元	撥號單元,撥號器
dialog model	对话模型	對話模型
dialog system	对话系统	對話系統
dialogue-oriented model	面向对话模型	對話導向模型
dial pulse	拨号脉冲	撥號脈波
dial-up connection	拨号连接	撥號接續

英文名	大陆名	台湾名
dial-up terminal	拨号终端	撥號終端
diamagnetism	抗磁性	反磁性
diameter grinding	直径研磨	直徑研磨
diaphragm gauge	隔膜真空计	隔膜真空計
diaphragm-ring filter	膜环滤波器	膜環濾波器
dibit encoding	双位编码	雙位元編碼
dichotomizing search	二分[法]搜索	二分搜尋
Dicke-Fix circuit	宽－限－窄电路,迪克－菲克斯电路	寬－限－窄電路,狄克－菲克斯電路
dicode	双码	雙碼
dictaphone	录音电话机	速記答錄機
DID (=direct inward dialing)	直接向内拨入	直接內線撥號
die	管芯	管芯
dielectric	[电]介质	介電質
dielectric absorption	介质吸收	介電質吸收
dielectric antenna	介质天线	介質天線
dielectric breakdown	介质击穿	介質擊穿
dielectric ceramic	介电陶瓷	介電陶瓷
dielectric constant	介电常数,电容率	介電常數,介電係數
dielectric isolation	介质隔离	介質隔離,電介質隔離
dielectric loss	介电损耗	介電質損耗
dielectric polarization	介质极化	介電質極化
dielectric resonator oscillator (DRO)	介质共振腔振荡器	介質共振腔振盪器
dielectric strength	介质强度,介电强度	介質強度,介電強度
dielectric waveguide	介质波导	介電質波導
difference	差	差異,差
difference beam	差波束	差波束
difference set code	差集码	差集碼
differential amplifier	差分放大器	差動放大器
differential binary phase-shift keying (DB-PSK)	差分二相相移键控	微分二元相移鍵控
differential capacitor	差动电容器	差動電容
differential circuit	微分电路	微分電路
differential control	微分控制	微分控制
differential cryptanalysis	差分密码分析	差分密碼分析
differential gain	微分增益	微分增益
differential global positioning system (DGPS)	差分 GPS 系统,差分全球定位系统	差分 GPS 系統,差分全球定位系統

英　文　名	大　陆　名	台　湾　名
differentially coded PSK (DCPSK)	差分编码相移键控	微分編碼式相移鍵控
differentially coherent PSK	差分相干相移键控	差分同調相移鍵控
differential mobility	微分迁移率	微分遷移率
differential mode	差分方式	微分模式
differential Omega	差奥米伽[系统]	差奥米伽[系統]
differential phase	微分相位	微分相位
differential pressure controller	差压控制器	差壓控制器
differential pulse code modulation (DPCM)	差分脉码调制	差動式博碼調變
differential signal driver	差动信号驱动器	差動訊號驅動器
differential signaling	差分信令	差分訊號方式,微分式傳訊
differential thermal analysis (DTA)	差热分析	差熱分析
differential transformer	差接变量器	差動轉換器
differential twisted pair	差分双绞线	差分雙絞線
differential vacuum gauge	压差式真空计	壓差式真空計
differential voltage signal	差分电压信号	差分電壓訊號
differentiator	微分器	微分器
diffraction	衍射	繞射
diffraction loss	衍射损耗	繞射損耗
diffuse reflection light	漫反射光	漫反射光
diffusion	①扩散性 ②扩散	①擴散性 ②擴散
diffusion capacitance	扩散电容	擴散電容
diffusion coefficient	扩散系数	擴散係數
diffusion control	扩散控制	擴散控制
diffusion of impurities	杂质扩散	雜質擴散
diffusion potential	扩散势	擴散電位
diffusion pump	扩散泵	擴散幫浦
diffusion technology	扩散工艺	擴散工藝
digit	数字	數位
digital	数字的	數位[的]
digital camera	数字照相机	數位攝影機
digital channel	数字信道	數位通道
digital circuit	数字电路	數位電路
digital circuit tester	数字电路测试器	數字電路測試器
digital-coded mark inversion coding	数字传号反转编码,CMI 编码	數位傳號反轉編碼,CMI 編碼
digital command	数字指令	數字指令

英 文 名	大 陆 名	台 湾 名
digital command system	数字指令系统	數位指令系統
digital communication	数字通信	數字通信
digital companding	数字压扩	數位壓伸
digital comparator	数字比较器	數位比較器
digital complement	数字补码	數位補數
digital computer	数字计算机	數位計算機,數位電腦
digital control technique	数字控制技术	數位控制技術
digital data communication system	数字数据通信系统	數位資料通信系統
digital data network (DDN)	数字数据网	數位數據網路
digital data transmission	数字数据传输	數位資料傳輸
digital decoder	数字解码器	數位解碼器
digital delay generator	数字延迟发生器	數位延遲產生器
digital demultiplexer	数字分用器	數字分用器
digital display	数字显示	數字顯示
digital distribution frame	数字配线架	數位配線框架
digital Earth	数字地球	數位地球
digital echo canceller	数字回波抵消器	數位回聲抵消器,數位回聲消除器
digital echo suppressor	数字回波抑制器	數位回聲抑制器
digital encoder	数字编码器	數位編碼器
digital envelope	数字信封	數字包封
digital filter	数字滤波器	數位濾波器
digital frequency analyzer	数字频率分析仪	數位頻率分析器
digital frequency meter (DFM)	数字频率计	數位頻率計
digital frequency synthesizer (DFS)	数字频率合成器	數位頻率合成器
digital government	数字政府	數位政府
digital image	数字图像	數位影像
digital image processing	数字图像处理	數位影像處理
digital input	数字输入	數位輸入
digital instrument	数字仪器	數字儀器
digital integrated circuit	数字集成电路	數位積體電路
digital integrator	数字积分器	數位積分器
digital intensity modulation	数字强度调制	數位強度調變
digital library (DL)	数字图书馆	數位圖書館
digital loop carrier system	数字环载波路系统	數位載波迴路系統
digital magnetic recording	数字磁记录	數位磁記錄
digital microwave relay system	数字微波接力系统	數位式微波中繼通信系統

英 文 名	大 陆 名	台 湾 名
digital modulation	数字调制	數位調變,數字調變
digital modulator	数字调制器	數位調變器,數字調變器
digital multimeter (DMM)	数字多用表	數字多用表
digital multiplexer	数字复用器	數字復用器
digital multiplexing	数字复用	數字復用
digital multiplexing hierarchy	数字复用系列	數字復用系列
digital multiplexing synchronizer	数字复用同步器	數位多工同步器
digital network	数字网	數位網路
digital object	数字对象	數位物件
digital oscilloscope	数字示波器	數字示波器
digital output	数字输出	數位輸出
digital PBX system	数字专用小交换机系统	數位式專用交換系統
digital phase-locked loop (DPLL)	数字锁相环	數位式鎖相迴路
digital phase shifter	数字移相器	數位移相器
digital readout oscilloscope (DRO)	数字读出示波器	數字讀出示波器
digital receiver	数字接收机	數位接收機
digital recorder	数字录音机	數字錄音機
digital scan convertor (DSC)	数字扫描变换器	數字掃描變換器
digital section	数字段	數位區段
digital selector	数字选择器	數位選擇器
digital signal	数字信号	數位訊號
digital signal processing (DSP)	数字信号处理	數位訊號處理
digital signal processor (DSP)	数字信号处理器	數位訊號處理器
digital signal synchronizer	数字信号同步器	數位訊號同步器
digital signature	数字签名	數位簽章,數位化簽字
digital signature standard (DSS)	数字签名标准	數位簽章標準
digital simulation	数字仿真	數位模擬
digital speech interpolation (DSI)	数字话音内插	數字話音內插
digital subscriber filter	数字用户线滤波器	數位用戶濾波器
digital subscriber line (DSL)	数字用户线	數字所迴路
digital switching	数字交换	數字交換
digital switching device	数字交换器件	數位式交換元件
digital system impairment	数字系统损伤	數字系統損傷
digital telephony	数字电话学	數位電話學
digital television	数字电视	數位電視
digital-to-analog converter (D/A converter)	数模转换器,D/A 转换器	D/A 轉換器

英 文 名	大 陆 名	台 湾 名
digital-to-analog convertion	数模转换	數位類比轉換
digital transmission	数字传输	數位式傳輸
digital transmission path	数字传输通路	數字傳輸路徑
digital transmitter	数字发送器	數位傳送器
digital versatile disc (DVD)	数字[多功能光]碟	多樣化數位光碟
digital video disc (DVD)	数字影碟	數位影音光碟
digital video effect generator	数字视频特技机	數位影像特效產生器
digital voice system	数字话音系统	數位語音系統
digital voltmeter (DVM)	数字电压表	數字電壓表
digital VTR	数字录像机	數字錄象機
digital watermarking	数字水印	數位浮水印
digit coding	数字编码	數位編碼
digit dialing	数字拨号	數位撥號
digitization	数字化	數位化
digitizer	数字化仪	數化器
digraph	有向图	有向圖
dilatation	膨胀	擴張
dilemma reasoning	二难推理	兩難推理
DIM (= direct intensity modulation)	直接强度调制	直接強度調變
dimensional resonance	尺寸共振	尺寸共振
dimension-driven	尺寸驱动的	參數式
dimension reduction	降维	降維
dimension transducer	尺度传感器	尺度轉換器
dimetric projection	正二测投影	二角投影
DIMM (= double in-line memory module)	双列直插式内存组件	雙面記憶體模組
diode	二极管	二極體
diode gun	二极管电子枪	二極體電子槍
diode pumping	二极管泵浦	二極體幫浦
diode-transistor logic (DTL)	二极管 - 晶体管逻辑	二極體 - 電晶體邏輯
DIP (= dual in-line package)	双列直插式封装	雙列直插式封裝
diplexing	同向双工法	同向雙工法
dipolar	偶极	偶極[的],雙極
dipole	偶极子	偶極
dipole antenna	偶极子天线	偶極天線
dip-soldering	浸焊	浸焊
dipulse	双脉冲	雙脈波
dipulse code	双脉冲码	雙脈波碼
direct access	直接存取	直接存取

英文名	大陆名	台湾名
direct access capability	直接接入能力	直接通話的能力
direct-associative cache	直接相联高速缓存	直接相聯快取
direct broadcast satellite (DBS)	直播卫星	衛星直播
direct burial cable	直埋电缆	直接埋設纜線
direct call facility	直接呼叫设施	直接呼叫設施
direct channel	直达信道	直達通道
direct coupled amplifier	直接耦合放大器,直耦放大器	直接耦合放大器
direct-coupled transistor logic (DCTL)	直接耦合晶体管逻辑	直接耦合電晶體邏輯
direct coupling	直接耦合	直接耦合
direct current (DC)	直流	直流
direct current amplifier	直流放大器	直流放大器
direct current relay	直流继电器	直流繼電器
direct current sputtering	直流溅射	直流濺射
direct detection	直接检测	直接檢測
direct-detection receiver	直接检波式接收机	直接檢波式接收機
direct dialing	直接拨号	直接撥號
direct dialing-in	直接拨入	直接撥入分機
direct dialing system (DDS)	直拨系统	直接撥號系統
direct dial telephone system	直接拨号电话系统	直接撥號電話系統
direct digital control (DDC)	直接数字控制	直接數位控制
direct distance dialing (DDD)	长途直拨	長途直撥
direct distribution	直接配线	直接配線
directed arc	有向弧	有向弧
directed graph (=digraph)	有向图	有向圖
directed jamming	引导式干扰	引導式干擾
direct frequency synthesizer	直接式频率合成器	直接式頻率合成器
direct gap semiconductor	直接带隙半导体,直接禁带半导体	直接能帶隙半導體
directing radar	引导雷达	引導雷達
direct insert subroutine	直接插入次例程,直接塞入副例程	直接插入次常式,直接塞入副常式
direct intensity modulation (DIM)	直接强度调制	直接強度調變
direct inward dialing (DID)	直接向内拨入	直接內線撥號
directional antenna	定向天线	定向天線
directional broadcasting	定向广播	定向廣播
directional coupler	定向耦合器	方向耦合器
directional filter	方向滤波器	方向濾波器

英 文 名	大 陆 名	台 湾 名
directionality	定向性	定向性
directional microphone	定向传声器	定向傳聲器
directional radio	定向无线电	定向無線電
directional receiver	定向接收机	定向接收機
directional reception	定向接收	定向接收
directional wireless	定向无线	定向無線
direction finder (DF)	探向器,测向器	探向器,測向器
direction finding (DF)	测向	測向
direction-finding system	测向系统	測向系統
direction-range measurement system	测向测距系统,ρ-θ系统	測向測距系統,ρ-θ系統
direction vector	方向向量	方向向量
directive effect	方向效应	方向效應
directive gain	方向性增益	天線導向增益
directivity	方向性,指向性	方向性,導向性
direct liquid cooling	直接液冷	直接液冷
directly-heated cathode	直热[式]阴极	直熱[式]陰極
direct mapping	直接映像	直接對映
direct memory access (DMA)	直接存储器存取	直接記憶體存取
direct organization	直接组织	直接組織
directory information desk	查号台	查號台
directory routing	地表路由选择	地表路由選擇
directory server/attributes	号码簿服务器/属性	目錄伺服器,伺服器/屬性
directory service	目录服务,名录服务	目錄服務
directory sorting	目录排序	目錄排序
direct outward dialling (DOD)	直拨外线	直接外線撥號
direct product code	直积码	直積碼
direct recombination	直接复合	直接能隙復合
direct sequence	直接序列	直接序列
direct sequence CDMA	直接序列码分多址	直接序列分碼多重進接,直接序列分碼多重擷取
direct sum code	直和码	直和碼
direct viewing storage tube	直观存储管	直觀存儲管
dirty read	脏读	髒讀
disable	禁止	①禁止 ②使失效,去能
disaccommodation factor	减落因数	衰落因子

英 文 名	大 陆 名	台 湾 名
disassembler	反汇编程序	①反匯編程序 ②解組合器,拆卸器
disaster recovery	灾难恢复	災難恢復
disaster recovery plan	灾难恢复计划	災難恢復計劃
disc (= optical disc)	光碟	光碟
disc drive (= disk drive)	光碟驱动器	磁碟驅動器
discharge	放电	放電
discharge characteristic curve	放电特性曲线	放電特性曲線
discharge rate	放电率	放電率
disclosure	揭露	①解密 ②分佈
discone antenna	盘锥天线	碟錐形雙極天線
disconnecting	拆线	拆接
disconnection	断开	拆接
discontinuous command	断续指令	斷續指令
discourse	话语	話語
discourse generation	话语生成	話語產出
discourse model	话语模型	話語模型
discrete	离散的	離散
discrete-address beacon system (DABS)	离散地址信标系统	離散位址信標系統
discrete circuit	分立电路	離散電路
discrete command	离散指令	離散指令
discrete component	分立组件	離散組件
discrete control system	离散控制系统	離散控制系統
discrete convolution	离散卷积	離散卷積
discrete cosine transform (DCT)	离散余弦变换	離散餘弦轉換
discrete coupling	离散耦合	離散式耦合
discrete distribution	离散分布	離散分佈
discrete event dynamic system (DEDS)	离散事件动态系统	離散事件動態系統
discrete Fourier series (DFS)	离散傅里叶级数	離散傅立葉序列
discrete Fourier transform (DFT)	离散傅里叶变换	離散傅立葉轉換
discrete frequency coding	离散频率编码	離散頻率編碼
discrete Hadamard transform (DHT)	离散阿达马变换	數位哈達瑪轉換
discrete Hartley transform (DHT)	离散哈特莱变换	離散哈特萊轉換
discrete Hilbert transform	离散希尔伯特变换	離散希爾伯特轉換
discrete logarithm	离散对数	離散對數
discrete logarithm problem (DLP)	离散对数问题	離散對數問題
discrete reconstruction problem	离散重建问题	離散重建問題
discrete relaxation	离散松弛法	離散鬆弛法

英 文 名	大 陆 名	台 湾 名
discrete signal	离散信号	離散訊號,離散訊號
discrete text	离散文本	離散本文
discrete-time algorithm	离散时间算法	離散時間演算法
discrete-time signal	离散时域信号	離散時域訊號
discrete-time system	离散时间系统	離散時間系統
discrete Walsh transform (DWT)	离散沃尔什变换	離散沃爾什轉換
discretionary access control	自主访问控制	自由選定存取控制
discretionary hyphen	酌情连字符	自由選定連字符
discretionary protection	自主保护	自由選定保護
discretionary security	自主安全	自由選定安全
discriminant function	判别函数	判別函數
disilicide	二硅化物	二矽化物
disjunctive normal form	析取范式	析取正規形式
disk array	磁盘数组	磁碟陣列
disk cache	磁盘高速缓存	磁碟高速緩衝記憶體
disk cartridge (=cartridge disk)	盒式磁盘	匣式磁碟
disk crash	磁盘划伤	磁碟刮傷
disk drive (=magnetic disk drive)	磁盘驱动器,盘驱	磁碟驅動器
disk duplexing	磁盘双工	磁碟雙工
disk envelop	软盘纸套	軟碟封套
diskette (=floppy disk)	软磁盘,软盘	軟磁碟,磁片
diskette sheet	小软盘	磁片
disk jacket	软盘套	軟碟套
disk laser	盘形激光器	碟式雷射
disk mirroring	磁盘镜像	磁碟鏡像
disk operating system (DOS)	磁盘操作系统	磁碟作業系統
disk pack	盘[片]组	磁碟包,磁碟組
disk storage (=magnetic disk store)	[磁]盘存储器	磁碟儲存
disk unit	磁盘机	①磁碟機 ②磁碟單位
dislocation	位错	錯位
dislocation density	位错密度	錯位密度
dislocation free crystal	无位错晶体	無錯位晶體
dislocation loop	位错环	錯位環
dispatch	分派	①調度,配送 ②派遣
dispatcher	分派程序	調度器,調度員,配送器
dispatching priority	分派优先级	調度優先
dispatch table	分派表	調度表
dispenser	投放器	拋放器

英 文 名	大 陆 名	台 湾 名
dispenser cathode	储备式阴极	儲備式陰極
dispersion	色散	波散,色散
dispersion characteristics	色散特性	色散特性
dispersion-flattened fiber	色散平坦光纤	波散平坦化光纖
dispersion model	色散模式	波散模式,波散模型
dispersion-shifted fiber	色散偏移光纤	波散平移光纖,波散遷移光纖
displacement current	位移电流	位移電流
displacement transducer	位移传感器	位移傳感器
display	①显示器 ②显示	①顯示器 ②顯示
display algorithm	显示算法	顯示演算法
display device	显示器件	顯示器件
display file	显示文件	顯示檔案
display format	显示格式	顯示格式
display mode	显示方式	顯示模式
display panel	显示板	顯示板
display screen	显示屏	顯示幕
display terminal	显示终端	顯示終端機
dissipated power	消耗功率	消耗功率
dissipation factor	耗散因数	損耗因數
dissipation power	耗散功率	耗散功率
distance education (=teleeducation)	远程教育	遠距教育,電傳教學
distance measuring equipment (DME)	测距器	測距器
distance vector	距离向量	距離向量
distant early waring (DEW)	远程预警	遠程預警
distant early waring line communication system	远程预警线通信系统	遠端預警線通信系統
distinguishable state	可区别状态	可區別狀態
distinguishing sequence	区分序列	辨別序列
distortion	畸变,失真	畸變,失真
distortion analyzer	失真分析仪	失真分析儀
distortion function	失真函数	失真函數
distortionless line	无失真线	無失真線
distortion measure	失真测度	失真測度
distortion rate function	失真信息率函数	失真訊息率函數
distributed algorithm	分布式算法	分散式演算法
distributed application	分布式应用	分散式應用
distributed artificial intelligence (DAI)	分布[式]人工智能	分散式人工智慧系統

英 文 名	大 陆 名	台 湾 名
distributed Bragg reflection type laser (DBR type laser)	分布布拉格反射型激光器	分佈布拉格反射型雷射
distributed capacitance	分布电容	分佈電容
distributed common object model (DCOM)	分布式公共对象模型	分散式公共物件模型
distributed component object model (DCOM)	分布式构件对象模型	分散式組件目標模型
distributed computer	分布[式]计算机	分散式計算機
distributed computing environment (DCE)	分布式计算环境	分散式計算環境
distributed control	分布[式]控制	分散式控制
distributed control system (DCS)	集散控制系统	分散控制系統
distributed database	分布[式]数据库	分散式資料庫
distributed database management system (DDBMS)	分布[式]数据库管理系统	分散式資料庫管理系統
distributed database system	分布[式]数据库系统	分散式資料庫系統
distributed emission crossed-field amplifier	分布发射式正交场放大管	分佈發射式正交場放大管
distributed fault-tolerance	分布式容错	分散式容錯
distributed feedback laser (DBF laser)	分布反馈激光器	分佈回饋雷射
distributed feedback semiconductor laser (DBF semiconductor laser)	分布反馈半导体激光器	分佈回饋半導體雷射
distributed group decision support system	分布式群体决策支持系统	分散式群組決策支援系統
distributed interaction klystron (=extended interaction klystron)	分布作用速调管	分佈作用速調管
distributed language translation	分布式语言翻译	分散式語言翻譯
distributed load	分布负载	分散式負載
distributed memory	分布式存储器	分散式記憶體
distributed multimedia	分布式多媒体	分散式多媒體
distributed multimedia system (DMS)	分布[式]多媒体系统	分散式多媒體系統
distributed network	分布式网	分散式網路
distributed object computing (DOC)	分布式对象计算	分散式物件計算
distributed object technology (DOT)	分布式对象技术	分散式物件技術
distributed operating system	分布式操作系统	分散式作業系統
distributed parameter control system	分布参数控制系统	分散式參數系統
distributed parameter integrated circuit	分布参数集成电路	分佈式參數積體電路
distributed parameter network	分布参数网络	分佈參數網路
distributed presentation management	分布式表示管理	分散式表達管理

英文名	大陆名	台湾名
distributed problem solving	分布[式]问题求解	分散式問題求解
distributed programming	分布式程序设计	分散式程式設計
distributed queue dual bus (DQDB)	分布式队列双总线	分散式隊列雙匯流排
distributed ranking algorithm	分布式定序算法	分散式定序演算法
distributed refresh	分布[式]刷新	分散式更新
distributed selection algorithm	分布式选择算法	分散式選擇演算法
distributed shared memory (DSM)	分布[式]共享存储器	分散式共享記憶體
distributed sorting algorithm	分布式排序算法	分散式排序演算法
distributed system	分布式系统	分散式系統
distributed system object mode (DSOM)	分布式系统对象模式	分散式系統物件模式
distributed target	分布目标	分佈目標
distributed time-division multiple-access (DTDMA)	分布式时分多址	分散式分時多重進接
distributed wait-for graph (DWFG)	分布等待图	分散式等待圖形
distribution application	分发应用	分發應用
distribution for population inversion	粒子数反转分布	
distribution frame	配线架	配線架,分配框
distribution service	分配[型]业务,分发型业务	分發[型]業務
distribution transparency	分布透明性	分佈透明性
ditch groove	沟槽	溝槽
dithering (=jitter)	抖动	抖動,混色
dither signal	颤动信号	顫動訊號
dither tuned magnetron	抖动调谐磁控管	抖動調諧磁控管
DIV (=data in-voice)	话内数据	語音中之資料
divergence	散度	散度
diversity	分集	分集
divide and conquer	分治[法]	各個擊破
divided job processing	作业分割处理	分割工件處理
divide loop	除法回路	除法迴路
divider	除法器	①除法器 ②分割器
division	除法	①除法 ②部門 ③劃分
division of airspace	空域划分	空域劃分
DKDP (=potassium dideuterium phosphate)	磷酸二氘钾	磷酸二氘鉀
DL (=digital library)	数字图书馆	數位圖書館
DLL (=dynamic link library)	动态链接库	動態鏈接庫
DLP (=discrete logarithm problem)	离散对数问题	離散對數問題

英 文 名	大 陆 名	台 湾 名
DLTS (= deep level transient spectroscopy)	深能级瞬态谱[学]	深能級瞬態譜[學]
DM (= ①domain modeling ② delta modulation)	①领域建模 ②增量调制	①領域模型化 ②增量調變
DMA (= direct memory access)	直接存储器存取	直接記憶體存取
DME (= distance measuring equipment)	测距器	測距器
DML (= data manipulation language)	数据操纵语言	資料調處語言
DMM (= digital multimeter)	数字多用表	數字多用表
DMS (= distributed multimedia system)	分布[式]多媒体系统	分散式多媒體系統
DN (= domain name)	域名	領域名稱
DNIC (= data network identification code)	数据网标识码	數據網路識別碼
DNS (= ①domain name service ② domain name system)	①域名服务 ②域名系统	①領域名稱服務 ②領域名稱伺服器
DOC (= distributed object computing)	分布式对象计算	分散式物件計算
document	文档	文件
document analysis	文献分析	文件分析
document architecture	文档体系结构	文件架構
documentation	文档编制	文件,文件製作,文件化,文件組
documentation level	文档级别	文件等級
document body	文档主体	文件本體
document database	文献数据库,文档数据库	文件資料庫
document formatter	文档格式化程序	文件格式化程序
document merge	文档归并	文件合併
document profile	文档轮廓	文件設定檔
document reader	文档阅读机	文件閱讀機
document retrieval	文档检索	文件檢索
document translation	文档翻译	文件翻譯
Dolph-Chebyshev array	多尔夫 - 切比雪夫阵列	多孚 - 卻比雪夫陣列
Dolph-Chebyshev distribution	多尔夫 - 切比雪夫分布	多孚 - 卻比雪夫分佈
domain	域	域,領域,定域
domain agent	领域主体	領域代理
domain calculus	域[关系]演算	域演算
domain decomposition	域分解	域分解
domain engineer	领域工程师	領域工程師
domain expert	领域专家	領域專家

英 文 名	大 陆 名	台 湾 名
domain-independent rule	领域无关规则	領域無關規則
domain knowledge	领域知识	領域知識
domain model	领域模型	領域模型
domain modeling (DM)	领域建模	領域模型化
domain name (DN)	域名	領域名稱
domain name resolution	域名解析	領域名稱解析
domain name server	域名服务器	領域名稱伺服器
domain name service (DNS)	域名服务	領域名稱服務
domain name system (DNS)	域名系统	領域名稱系統
domain specification	领域规约	領域規格
domain specificity	领域专指性	領域特定性
domain-specific software architecture (DSSA)	特定领域软件体系结构	特定領域軟體結構
domain wall resonance	畴壁共振	磁牆共振
dome antenna	圆顶天线	圓頂天線
dome phase array antenna	圆顶相控阵天线	圓頂相位陣列天線
dominant mode	主模[式]	主模態
Domino effect	多米诺效应	多米諾骨牌效應
donor	施主	施體
door of subnet	子网门	子網門
dopant	掺杂剂	摻雜劑
doped oxide diffusion	掺杂氧化物扩散	摻雜氧化物擴散
doped polycrystalline silicon diffusion	掺杂多晶硅扩散	摻雜多晶矽擴散
doping	掺杂	摻雜
Doppler blind zone	多普勒盲区	多普勒[頻率]盲區
Doppler broadening	多普勒展宽	多普勒展寬
Doppler effect	多普勒效应	多普勒效應
Doppler navigation	多普勒导航	多普勒導航
Doppler radar	多普勒雷达	多普勒雷達
Doppler tracking	多普勒跟踪	多普勒跟蹤
Doppler VOR (DVOR)	多普勒伏尔	多普勒伏爾
DOS (=disk operating system)	磁盘操作系统	磁碟作業系統
dosemeter	剂量计	劑量計
dose ratemeter	剂量率计	劑量率計
DOT (=distributed object technology)	分布式对象技术	分散式物件技術
dot address	点[分]地址	點地址
dot matrix font	点阵字模	點矩陣字型
dot matrix printer	点阵打印机	點矩陣列印機

英　文　名	大　陆　名	台　湾　名
dot matrix size	点阵精度	點矩陣大小
dot printer (=dot matrix printer)	点阵打印机	點矩陣列印機
dots per inch	点每英寸	每英吋點數
dots per second	点每秒	每秒點數
dotted decimal notation	点分十进制记法	點十進記法
double-arm spectrometer	双臂谱仪	雙臂譜儀
double-balanced mixer	双平衡混频器	雙平衡混頻器
double-channel simplex (DCS)	双信道单工	雙通道單工
double computer cooperation	双机协同	雙機合作
double data rate (DDR)	双数据速率	雙資料速率
double-density diskette	倍密度软盘	雙倍密度軟碟
double-DES	双重数据加密标准	雙資料加密標準
double diffusion	双扩散	雙擴散
double electric layer capacitor	双电层电容器	雙電層電容
double error correction-three error detection	双校三验	雙錯校正三錯檢測
double-focusing mass spectrometer	双聚焦质谱仪	雙聚焦質譜儀
double frequency shift keying (DFSK)	双频移键控	雙移頻鍵控
double heterojunction laser	双异质结激光器	雙異質接面雷射
double in-line memory module (DIMM)	双列直插式内存组件	雙面記憶體模組
double length register	双倍长寄存器	雙倍長度暫存器
double password	双重口令	雙重密碼
double-pole double-throw (DPDT)	双刀双掷	雙刀雙擲
double-pole single-throw (DPST)	双刀单掷	雙刀單擲
double-pole three-throw (DPTT)	双刀三掷	雙刀三擲
double precision	双精度	雙倍精度,雙精確度
double pulse recording	双脉冲记录法	雙脈波記錄
double register	双倍寄存器	雙倍暫存器
double sampling	二次抽样	二次抽樣
double sideband	双边带	雙邊帶
double sideband amplitude modulation (DSB-AM)	双边带调幅	雙邊帶調幅
double-sideband modulation	双边带调制	雙邊帶調制
double-sideband noise figure	双边带噪声系数	雙邊帶雜訊指數
double sideband suppressed carrier (DSBSC)	双边带抑制载波	雙邊帶抑制載波
double sideband transmitted carrier (DSBTC)	双边带传输载波	雙邊帶傳輸載波

英　文　名	大　陆　名	台　湾　名
double sided board	双面板	雙面板
double star topology	双星拓扑	雙星型態
double-stub impedance matching	双枝阻抗匹配	雙枝阻抗匹配
double-stub tuner	双枝调谐器	雙枝調諧器,雙株調諧器
doublet antenna	对称振子天线	對稱振子天線
doubly linked list	双向链表	雙鏈接串列
down-conversion	下变频	下變頻
down converter	下变频器	降頻器
downlink	下行链路,下行线路	下行鏈路,下行線路
download	下载	下載
downmix	降混	降混
downsampling filter	降取样滤波器	降取樣濾波器
down time	不能工作时间	不能工作時間
downward compatibility	向下兼容	向下相容性
downward multiplexing	向下复用	向下多工
downward transition	负跃变	負變遷
downware logic-transition (= negative logic-transition)	负逻辑转换	負邏輯轉換
DP (= data processing)	数据处理	資料處理
DPCM (= differential pulse code modulation)	差分脉码调制	差動式博碼調變
DPDT (= double-pole double-throw)	双刀双掷	雙刀雙擲
DPLL (= digital phase-locked loop)	数字锁相环	數位式鎖相迴路
DPS (= ①data processing system ②desktop publishing system)	①数据处理系统 ②桌面出版系统	①資料處理系統 ②桌上出版系統
DPSK (= differential phase-shift keying)	差分相移键控	微分相移鍵控
DPSK modulation	差分相移键控调制	差分相移鍵控調變
DPSK signal	差分相移键控信号	微分相移鍵控訊號
DPST (= double-pole single-throw)	双刀单掷	雙刀單擲
DPTT (= double-pole three-throw)	双刀三掷	雙刀三擲
DPU (= data processing unit)	数据处理单元	資料處理裝置
DQDB (= distributed queue dual bus)	分布式队列双总线	分散式隊列雙匯流排
3-D radar (= three-dimensional radar)	三坐标雷达	三坐標雷達
draft copy	草稿	草稿
draft quality	草稿质量	草稿品質
dragging	拖动	拖曳
dragging and dropping	拖放	拖曳及放下

英 文 名	大 陆 名	台 湾 名
drain conductance	漏极电导	汲極電導
draining of pipeline	流水线排空	管線排空
DRAM (=dynamic random access memory)	动态随机[存取]存储器	動態隨機[存取]記憶體
draw-induced defect	抽丝感应缺陷	抽絲引致缺陷
drawing diameter control	抽丝直径控制	抽絲直徑控制
drift	漂移	漂移
drift chamber	漂移室	漂移室
drift error compensation	漂移误差补偿	漂移誤差補償
drift klystron	漂移速调管	漂移速調管
drift-leakage model	漏漂移模式	漏漂移模式
drift mobility	漂移迁移率	漂移遷移率
drift region	漂移区	漂移區
drift space	漂移空间	漂移空間
drift velocity	漂移速度	漂移速度
drift velocity saturation	漂移速度饱和	漂移速度飽和
drill down query	钻取[查询]	鑽取查詢
drive current	驱动电流	驅動電流
driven oscillator	他激振荡器	被激振盪器
drive pulse	驱动脉冲	驅動脈波
driver (=exciter)	①激励器 ②驱动器	①激勵器 ②驅動器
drive security	驱动安全	驅動安全
driving element	激励[单]元	激勵元
driving gate	驱动门	驅動閘
DRO (=①dielectric resonator oscillator ②digital readout oscilloscope)	①介质共振腔振荡器 ②数字读出示波器	①介質共振腔振盪器 ②數字讀出示波器
drop	撤消	①降 ②偶入
drop cable	分支电缆	分支電纜
drop cap	段首大字	首字放大
drop-in	冒码	冒碼,偶入
dropout	失落	失落
drop-out	漏码	漏碼,偶出
DRSS (=data relay satellite system)	数据中继卫星系统	資料中繼衛星系統
drum plotter	滚筒绘图机	圓筒繪圖器
drum printer	鼓式打印机	鼓型列印機
drum scanner	鼓式扫描仪	磁鼓掃描器
drum unit (=magnetic drum unit)	磁鼓机	磁鼓單元
dry charged battery	干充电电池	干充電電池

英 文 名	大 陆 名	台 湾 名
dry discharged battery	干放电电池	干放電電池
dry etching	干法刻蚀	干法刻蝕
dry-oxygen oxidation	干氧氧化	干氧氧化
dry plate	干版	干版
dry-sealed vacuum pump	干封真空泵	干封真空幫浦
DSB-AM (=double sideband amplitude modulation)	双边带调幅	雙邊帶調幅
DSBSC (=double sideband suppressed carrier)	双边带抑制载波	雙邊帶抑制載波
DSBTC (=double sideband transmitted carrier)	双边带传输载波	雙邊帶傳輸載波
DSC (=digital scan convertor)	数字扫描变换器	數字掃描變換器
DSE (=data switching exchange)	①数据交换机 ②数据交换局	①資料交換機,資料交換器 ②資料交換局
DSI (=digital speech interpolation)	数字话音内插	數字話音內插
DSL (=digital subscriber line)	数字用户线	數字用戶迴路
DSM (=distributed shared memory)	分布[式]共享存储器	分散式共享記憶體
DSM (=dynamic scattering mode)	动态散射模式	動態散射模式
DSOM (=distributed system object mode)	分布式系统对象模式	分散式系統物件模式
DSP (=①digital signal processing ②digital signal processor)	①数字信号处理 ②数字信号处理器	①數位訊號處理 ②數位訊號處理
DSS1	1 号数字用户信令	數位用戶訊號第 1 號
DSS2	2 号数字用户信令	數位用戶訊號第 2 號
DSS (=①decision support system ② digital signature standard)	①决策支持系统 ②数字签名标准	①決策支援系統 ②數位簽章標準
DSSA (=domain-specific software architecture)	特定领域软件体系结构	特定領域軟體結構
DT (=data terminal)	数据终端	資料終端機
DTA (=differential thermal analysis)	差热分析	差熱分析
DTDMA (=distributed time-division multiple-access)	分布式时分多址	分散式分時多重進接
DTE (=data terminal equipment)	数据终端设备	數據終端設備
DTE identity	DTE 身份	DTE 識別
DTE profile designator	DTE 轮廓指定符	DTE 設定指定符
DTL (=diode-transistor logic)	二极管－晶体管逻辑	二極體－電晶體邏輯
DTMF (=dual-tone multifrequency)	双音多频	雙音多頻
DU (=data unit)	数据单元	資料單元

英 文 名	大 陆 名	台 湾 名
dual-cable broadband LAN	双缆宽带局域网	雙電纜寬頻帶區域網路
dual code	对偶码	對偶碼
dual coding	双份编码	雙重編碼
dual gate field effect transistor	双栅场效晶体管	雙閘極場效電晶體
dual in-line package (DIP)	双列直插式封装	雙列直插式封裝
duality	对偶[性]	對偶
duality principle	对偶原理	對偶原理
dual-mode transducer	双模转换器	雙模轉換器
dual-mode traveling wave tube	双模行波管	雙模行波管
dual network	对偶网络	對偶網路
dual operation	对偶运算	對偶運算,對偶作業,雙用作業
dual path interference	双径干扰	雙路徑干擾
dual polarization	双极化	雙[重]極化
dual processor	双处理器	雙處理器
dual ring network	双环网	雙環[形]網路
dual stack system	双栈系统	雙堆疊系統
dual-tone multifrequency (DTMF)	双音多频	雙音多頻
dual-well CMOS	双阱 CMOS	雙井 CMOS
dumb terminal	哑终端	啞終端機
dummy cell	虚设单元	虛設單元
dummy load	假负载	假負載
dummy parameter	虚参数	虛擬參數
dummy run	虚顺串	虛擬運行
dump	转储	傾印,倒出
duplex	双工	雙工
duplexer	双工器	雙工器
duplex transmission	双工传输	雙工傳輸
duplicate address check	重地址检验	重復位址檢查
duplicate marking	重复标识	重復標示
duplication check	重复检验	重復核對
duplication redundancy	双模冗余	重復冗餘
durability	耐久性	耐久性
duration of remembering	记忆保持度	歷時記憶
duty cycle	工作比,占空因数	工作比,占空因數
duty factor (=duty cycle)	工作比,占空因数	工作比,占空因數
duty ratio	占空比,负载比	工作週期比
DVD (=①digital versatile disc ② digital	①数字[多功能光]碟	①數位影音光碟 ②數

英 文 名	大 陆 名	台 湾 名
video disc)	②数字影碟	位光碟
DVD player	数字影碟[播放]机	數位影音光碟機
DVM (=digital voltmeter)	数字电压表	數字電壓表
DVOR (=Doppler VOR)	多普勒伏尔	多普勒伏爾
DWFG (=distributed wait-for graph)	分布等待图	分散式等待圖形
DWT (=discrete Walsh transform)	离散沃尔什变换	離散沃爾什轉換
dyadic wavelet transformation	双元小波变换	二元小波變換
dye cell	染料池	染料池
dye laser	染料激光器	染料雷射
dye Q-switching	染料 Q 开关	染料 Q 開關
dye sublimation printer	染料升华印刷机	熱昇華列印機
dynamic address translation	动态地址转换	動態位址變換
dynamic allocation	动态分配	動態分配
dynamical pressure flying head	动压[式]浮动磁头	動壓式浮動磁頭
dynamic analysis	动态分析	動態分析
dynamic analyzer	动态分析器,动态生成程序	動態分析程式
dynamic average code length of Hanzi	动态汉字平均码长	動態漢字平均碼長
dynamic average code length of words	动态字词平均码长	動態字詞平均碼長
dynamic binding	动态绑定	動態連結
dynamic branch prediction	动态转移预测	動態分歧預測
dynamic buffer	动态缓冲区	動態緩衝區
dynamic buffer allocation	动态缓冲区分配	動態緩衝器分配
dynamic buffering	动态缓冲	動態緩衝
dynamic coefficient for key-element allocation	动态键位分布系数	動態鍵分佈係數
dynamic coherence check	动态相关性检查	動態相關性檢查
dynamic coincident code rate for words	动态字词重码率	動態字詞同碼率
dynamic control	动态控制	動態控制
dynamic crosstalk	动态串音	動態串音
dynamic dispatch virtual table (DDTV)	动态分派虚拟表	動態調度虛擬表
dynamic display	动态显示	動態顯示
dynamic ECG monitoring system	动态心电图监护系统,霍尔特系统	動態心電圖監護系統,霍爾特系統
dynamic error	动态误差	動態誤差
dynamic filter	动态滤波器	動態濾波器
dynamic function survey meter	动态功能检查仪	動態功能檢查儀
dynamic GCRA (DGCRA)	动态 GCRA	動態的 GCRA

英文名	大陆名	台湾名
dynamic handling	动态处理	動態處理
dynamic hazard	动态冒险	動態冒險
dynamic link library (DLL)	动态链接库	動態鏈接程式館
dynamic memory	动态记忆	動態記憶體
dynamic memory allocation	动态存储分配	動態記憶體分配
dynamic memory management	动态存储管理	動態記憶體管理
dynamic multiplexing	动态复用	動態復用
dynamic network	动态网络	動態網路
dynamic pipeline	动态流水线	動態管線
dynamic priority	动态优先级	動態優先級
dynamic priority algorithm	动态优先级算法	動態優先級演算法
dynamic priority scheduling	动态优先级调度	動態優先級排程
dynamic processor allocation	动态处理器分配	動態處理器分配
dynamic programming	动态规划[法]	動態規劃
dynamic protection	动态保护	動態保護
dynamic random access memory (DRAM)	动态随机[存取]存储器	動態隨機[存取]記憶體
dynamic range	动态范围	動態范圍
dynamic redundancy	动态冗余	動態冗餘
dynamic refresh	动态刷新	動態更新
dynamic relocation	动态重定位	動態再定位,動態重定位
dynamic rendering (=dynamic display)	动态显示	動態顯示
dynamic resource allocation	动态资源分配	動態資源分配
dynamic restructuring	动态重构	動態重組
dynamic scattering mode (DSM)	动态散射模式	動態散射模式
dynamic scheduling	动态调度	動態排程
dynamic simulation	动态仿真	動態模擬
dynamic skew	动态扭斜	動態偏斜
dynamic SQL	动态 SQL 语言	動態 SQL 語言
dynamic stop	动态停机	①動態停止 ②動態中止
dynamic storage	动态存储器	動態儲存
dynamic testing	动态测试	動態測試
dynamic tool display	动态工具显示	動態工具顯示
dynamic world planning	动态世界规划	動態世界規劃
dynatron effect	负阻效应	負阻效應
dynode	倍增极	倍增極

英文名	大陆名	台湾名
dynode system	倍增系统	倍增系統

E

英文名	大陆名	台湾名
early failure	早期失效	早期失效
early failure period	早期失效期	早期失效期
early vision	初级视觉	早期視覺
early warning radar	预警雷达	預警雷達
earphone	耳机	耳機
earth ground	大地,地球地	大地
earth observing system (EOS)	地球观测系统	地球觀測系統
earth resistance meter	地电阻表	地電阻表
earth station	地球站	地球站
earth-to-space link	上行链路	上行鏈路
eavesdropping	窃听	竊聽
E band	E 波段	E 頻帶
EBHC (= equated busy hour call)	平均忙时呼叫	尖峰時間平呼叫
EBL (= explanation-based learning)	基于解释[的]学习	說明為本的學習
EBP (= electron beam pumping)	电子束泵浦	電子束幫浦
EBS device (= electron beam semiconductor device)	电子束半导体器件	電子束半導體元件
EC (= electronic commerce)	电子商务	電子商務
ECA rule (= event-condition-action rule)	事件－条件－动作规则,ECA 规则	事件－條件－動作規則
ECB (= event control block)	事件控制块	事件控制塊
ECB mode (= electrically controlled birefringence mode)	电控双折射模式	電控雙折射模式
ECC (= ①elliptic curve cryptosystem ② error checking and correction ③ error correction code)	①椭圆曲线密码体制 ②差错校验 ③纠错码	①橢圓曲線密碼系統 ②錯誤檢查與校正 ③錯誤校正碼
ECCM (= electronic counter-countermeasures)	电子反对抗	電子反對抗
ECCM improvement factor (EIF)	电子反对抗改善因子	電子反對抗改善因子
ECD (= electrochromic display)	①电致变色显示 ②电致变色显示器	①電致變色顯示 ②電致變色顯示器
ECG monitor	心电监护仪	心電監護儀
echo	①回送 ②回波	①回應,回音 ②迴波

英 文 名	大 陆 名	台 湾 名
echo box	回波箱	迴波箱
echo cancellation	回波抵消	回音消除
echo canceller	回波抵消器	迴波抵消器
echocardiography	超声心动图显像	超音波心動圖顯象
echo check	回送检验	回波核對,回送檢查
echo off	回送关闭	回送關閉
echo on	回送开放	回送開放
echoplex	回送方式	回送方式
echo suppressor	回波抑制器	回波抑製器
echo width	回波宽度	回波寬度
ECL (=emitter coupled logic)	[发]射极耦合逻辑	射極耦合邏輯
eclipsing	遮蔽效应	遮蔽效應
ECM (=①electron cyclotron maser ②electronic countermeasures)	①回旋管,电子回旋脉泽 ②电子对抗	①迴旋管,電子迴旋脈澤 ②電子對抗
econometric model	计量经济模型	計量經濟模型
economic feasibility	经济可行性	經濟可行性
economic information system (EIS)	经济信息系统	經濟資訊系統
economic model	经济模型	經濟模型
ECRH (=electron cyclotron resonance heating)	电子回旋共振加热	電子迴旋共振加熱
ECT (=emission computerized tomography)	发射型计算机断层成像	發射型計算機斷層成象
EDA (=electronic design automation)	电子设计自动化	電子設計自動化
EDB (=engineering database)	工程数据库	工程資料庫
EDC (=error detection code)	检错码,差错检测码	錯誤檢測碼
eddy current	涡流	渦流
EDFA	掺铒光纤放大器	摻鉺光放大器
edge	边缘	邊緣
edge absorption	边缘吸收	邊緣吸收
edge condition	边缘条件	邊緣條件
edge connector	[插件]边缘连接器	邊緣連接器
edge cover	边覆盖	邊覆蓋
edge defined film-fed growth (EFG)	限边馈膜生长	限邊饋膜生長
edge detection	边缘检测	邊緣檢測
edge dislocation	刃形位错	刃形錯位
edge effect	①边缘效应 ②副作用	①邊緣效應 ②副作用,旁效應
edge emitter	边缘发光器	邊緣發光器

英 文 名	大 陆 名	台 湾 名
edge enhancement	边缘增强	邊緣增強
edge extracting	边缘提取	邊緣擷取
edge fault	边缘故障	邊緣故障
edge fitting	边缘拟合	邊緣配適
edge focusing	边缘聚焦	邊緣聚焦
edge generalization	边缘泛化	邊緣概括
edge graph	边图	邊圖
edge illusion	边缘错觉	邊緣錯覺
edge image	边缘图像	邊緣圖像
edge linking	边缘连接	邊緣連接
edge matching	边缘匹配	邊緣匹配
edge operator	边缘算子	邊緣運算子
edge pixel	边缘像素	邊緣像素
edge scattering	边缘散射	邊緣散射
edge segmentation	边缘分割	邊緣分段
edge slot	边缘开槽	邊緣開槽
edge-socket connector	边缘插座连接器	邊緣插座連接器
edge-triggered clocking	边缘触发时钟	邊緣觸發計時
edge triggering	边沿触发	邊緣觸發
edging	磨边	磨邊
EDI (=electronic data interchange)	电子数据交换	電子資料交換
EDI for administration, commerce and transport	政商运电子数据交换［标准］,跨行业电子数	行政商業運輸電子數據交換標準
EDIM (=EDI message)	电子数据交换消息,EDI 消息	電子資料交換訊息
EDI message (EDIM)	电子数据交换消息,EDI 消息	電子資料交換訊息
EDI messaging (EDIMG)	电子数据交换消息处理,EDI 消息处理	電子資料交換處理
EDIMG (=EDI messaging)	电子数据交换消息处理,EDI 消息处理	電子資料交換訊息
edit	编辑	編輯
editor	编辑程序,编辑器	編輯器,編輯程式
EDL (=event definition language)	事件定义语言	事件定義語言
EDO (=expanded data out)	扩充数据输出	擴充資料輸出
EDR (=electronic design rule)	电子设计规则	電子設計規則
education on demand (EOD)	教育点播	隨選教育

英文名	大陆名	台湾名
EDW (=energy dispersion waveform)	能量扩散波形	能量展散波形
EELS (=electron energy loss spectroscopy)	电子能量损失能谱[学]	電子能量損失能譜[學]
EEPROM (=electrically-erasable programmable ROM)	电擦除可编程只读存储器	電可抹除唯讀記憶體
EES (=escrowed encryption standard)	托管加密标准	託管加密標準
effective aperture	有效孔径	有效孔徑
effective bandwidth	有效带宽	有效頻寬
effective character number	有效字符数	有效字元數
effective core	有效纤芯	有效芯
effective dielectric constant	有效介电常数	有效介電常數,有效介質常數
effective efficiency	有效效率	有效效率
effective emissivity	有效发射率	有效的發射係數
effective isotropic radiated power (EIRP)	有效全向辐射功率	有效全向輻射功率
effectiveness	能行性	效用,有效
effective noise bandwidth (ENB)	有效噪声带宽	有效雜訊頻寬
effective permeability	有效磁导率	有效導磁率
effective procedure	有效过程	有效程序
effective radiated power (ERP)	有效辐射功率	有效輻射功率
effective refractive index	有效折射率	有效折射率
effective transfer rate	有效传送率	有效轉移率
effective value	有效值	有效值
efficiency	效率	效率
effusive flow (=molecular effusion)	分子泻流	分子瀉流
EFG (=edge defined film fed growth)	限边馈膜生长	限邊饋膜生長
EFT (=electronic funds transfer)	电子转账	電子轉帳
EFTS (=electronic funds transfer system)	电子资金转账系统	電子轉帳系統
EGA (=enhanced graphics adapter)	增强[彩色]图形适配器	彩色圖形適配器
egg-crate lens	蛋篓式透镜	蛋簍式透鏡
egoless programming	无我程序设计	無自我程式設計
EHF (=extremely high frequency)	极高频	至高頻
EHF communication	极高频通信,毫米波通信	極高頻通信,毫米波通信
E-H tuner	E-H 调配器	E-H 調整器
EIA (=extended interaction amplifier)	分布作用放大器	分佈作用放大器

英　文　名	大　陆　名	台　湾　名
EID (= electron-induced desorption)	电子感生解吸	電子感生解吸
EIF (= ECCM improvement factor)	电子反对抗改善因子	電子反對抗改善因子
Eiffel	Eiffel 语言	Eiffel 語言
eigen frequencies	本征频率	特徵頻率
eigenfunction	本征函数	特徵函數
eigenspace	本征向量空间	特徵向量空間
eigenvalue	本征值	特徵值
eight queens problem	八皇后问题	八皇后問題
Einstein coefficient	爱因斯坦系数	愛因斯坦係數
einzel lens	单透镜	單透鏡
EIO (= extended interaction oscillator)	分布作用振荡器	分佈作用振盪器
EIRP (= ①effective isotropic radiated power ②equivalent isotropic radiated power)	①有效全向辐射功率 ②等效全向辐射功率	①有效全向輻射功率 ②等效均元性輻射功率
EIS (= ①economic information system ②executive information system)	①经济信息系统 ②经理信息系统	①經濟資訊系統 ②主管資訊系統
EISA (= extended industry standard architecture)	扩充的工业标准体系结构	擴充的工業標準結構
EISA bus	扩充的工业标准体系结构总线	擴充的工業標準結構匯流排
EJB (= enterprise Java bean)	企业 Java 组件	企業 Java Bean
ejector vacuum pump	喷射真空泵	噴射真空幫浦
EL (= ①electroluminescence ②elevation angle)	①电致发光 ②仰角	①電致發光 ②仰角
elastic compliance constant	弹性顺服常量	彈性屈從常數
elastic splicing	弹性接续	彈性熔接
elastic stiffness constant	弹性劲度常量	彈性勁度常數
elastomer	合成橡胶	合成橡膠,彈性體
elastomeric splice	弹性熔接	彈性熔接
elastooptic effect	光弹性效应	光彈性效應
ELD (= electroluminescent display)	①电致发光显示 ②电致发光显示器	①電致發光顯示 ②電致發光顯示器
ELDORS (= electron double resonance spectroscopy)	电子双共振谱[学]	電子雙共振譜[學]
electret microphone	驻极体传声器	駐極體傳聲器
electrical and optical containment of semiconductor laser	半导体激光电光容纳度	半導體雷射電光容納度
electrical boresight	电轴	電軸

英 文 名	大 陆 名	台 湾 名
electrical engagement length	电啮合长度	電嚙合長度
electrical error of null position	零位误差	零位誤差
electrically controlled birefringence mode (ECB mode)	电控双折射模式	電控雙折射模式
electrically-erasable programmable ROM (EEPROM)	电擦除可编程只读存储器	電可抹除唯讀記憶體
electrically tunable filter	电调滤波器	電調濾波器
electrically tunable oscillator	电调振荡器	電調振盪器
electrical micro-machine	微电机	微電機
electric cell fusion	电细胞融合	電細胞融合
electric charge	电荷	電荷
electric circuit	电路	電路
electric dipole	电偶极子	電偶極
electric dipole moment	电偶极矩	電偶極矩
electric discharge printer	电灼式印刷机	放電式列印機
electric energy	电能	電能
electric field	电场	電場
electric field distribution mode	电场分布模态	電場分佈模態
electric field strength	电场强度	電場強度
electric flux	电通[量]	電通[量]
electric flux density	电通[量]密度	電通[量]密度
electric-magnetic dipole broadband antenna	电磁双极式宽带天线	電磁雙極式寬頻天線
electric-magnetic dipoles	电磁双极	電磁雙極
electric potential	电位,电势	電位,電勢
electric potential function	电位[能]函数	電位[能]函數
electric potential gradient	电位梯度	電位梯度
electric propulsion thruster	电气推进器	電氣推進器
electric quantities	电量	電量
electric susceptibility	电极化率	電極化率
electric vector potential	向量电势	向量電位能
electric wall	电墙	電牆
electroabsorption	电吸收	電吸收
electro anaesthesia	电麻醉	電麻醉
electrocardiography	心电描记术	心電描記術
electrochemical cell (=electrochemical power source)	化学电源	化學電源
electrochemical power source	化学电源	化學電源

英 文 名	大 陆 名	台 湾 名
electrochemichromism	电化致变色	電化致變色
electrochromic display (ECD)	①电致变色显示 ②电致变色显示器	①電致變色顯示 ②電致變色顯示器
electrochromism	电致变色	電致變色
electrocision	电切术	電切術
electrocoagulation	电凝法	電凝法
electrocochleography	耳蜗电描记术	耳蝸電描記術
electrocorticography	皮层电描记术	皮層電描記術
electrocystography	膀胱电描记术	膀胱電描記術
electrode	电极	電極
electrodermography	皮肤电阻描记术	皮膚電阻描記術
electrodynamic earphone	电动耳机	電動耳機
electrodynamic loudspeaker	电动扬声器	電動揚聲器
electrodynamic microphone	电动传声器	電動傳聲器
electroencephalic mapping	脑电分布图测量	腦電分佈圖測量
electroencephalography	脑电描记术	腦電描記術
electrogastrography	胃电描记术	胃電描記術
electrohydraulic servo motor	电液伺服电机	油壓伺服馬達
electrohysterography	子宫电描记术	子宮電描記術
electrolithotrity	电碎石法	電碎石法
electroluminescence (EL)	电致发光	電致發光
electroluminescent display (ELD)	①电致发光显示 ②电致发光显示器	①電致發光顯示 ②電致發光顯示器
electrolysis	电解	電解
electrolytic capacitor	电解电容器	電解電容
electrolytic current	电解电流	電解電流
electrolytic tank	电解槽	電解槽
electromagnetically operated valve	电磁阀	電磁閥
electromagnetic compatibility (EMC)	电磁兼容	電磁兼容
electromagnetic field	电磁场	電磁場
electromagnetic interference (EMI)	电磁干扰	電磁干擾
electromagnetic lens	电磁透镜	電磁透鏡
electromagnetic missile	电磁导弹	電磁飛彈
electromagnetic mode theory	电磁模态理论	電磁模態理論
electromagnetic print head	电磁式打印头	電磁列印頭
electromagnetic pulse (EMP)	电磁脉冲	電磁脈波
electromagnetic pump	电磁泵	電磁幫浦
electromagnetic relay	电磁继电器	電磁繼電器

英 文 名	大 陆 名	台 湾 名
electromagnetic spectrum	电磁[频]谱	電磁頻譜
electromagnetic susceptibility (EMS)	电磁敏感度	電磁敏感度
electromagnetic theory	电磁理论	電磁理論
electromagnetic vulnerability (EMV)	电磁脆弱度	電磁脆弱度
electromagnetic wave	电磁波	電磁波
electromagnetic wave propagation	电磁波传播	電磁波傳播
electromagnetostatic field	静电磁场	靜電磁場
electromassage	电按摩	電按摩
electromechanical coupling factor	机电耦合系数	機電耦合係數
electromechanical scanning	机电式扫描	電機機械式掃描
electromedication	电透药法	電透藥法
electrometer	静电计	靜電計
electromigration	电迁徙	電遷徙
electromotive force (EMF)	电动势	電動勢
electromyelography	脊髓电描记术	脊髓電描記術
electromyography	肌电描记术	肌電描記術
electron	电子	電子
electron affinity	电子亲和势	電子親和力
electron back bombardment	电子回轰	電子回轟
electron beam	电子束,电子注	電子束,電子注
electron beam evaporation	电子束蒸发	電子束蒸發
electron beam exposure system	电子束曝光系统	電子束曝光系統
electron beam lithography	电子束光刻	電子束光刻
electron beam parametric amplifier	电子束参量放大器	電子束參量放大器
electron beam pumped semicon ductor laser	电子束泵半导体激光器	電子束激發半導體雷射
electron beam pumping (EBP)	电子束泵浦	電子束幫浦
electron beam resist	电子束光刻胶	電子束光刻膠
electron beam semiconductor device (EBS device)	电子束半导体器件	電子束半導體元件
electron beam slicing	电子束切片	電子束切片
electron block	电子块	電子塊
electron bunching	电子群聚	電子群聚
electron cyclotron maser (ECM) (=gyrotron)	回旋管,电子回旋脉泽	迴旋管,電子迴旋脈澤
electron cyclotron resonance heating (ECRH)	电子回旋共振加热	電子迴旋共振加熱
electron double resonance spectroscopy	电子双共振谱[学]	電子雙共振譜[學]

英文名	大陆名	台湾名
(ELDORS)		
electron emission	电子发射	電子發射
electron energy loss spectroscopy (EELS)	电子能量损失能谱[学]	電子能量損失能譜[學]
electroneurography	神经电描记术	神經電描記術
electron gun	电子枪	電子槍
electronically phased array sector scanning	电子相阵扇形扫描	電子相陣扇形掃描
electronically scanned radar	电扫雷达	電起地雷達
electronic banking	电子银行业务,电子金融	電子銀行
electronic billing	电子付款	電子付款
electronic camouflage	电子伪装	電子偽裝
electronic ceramic	电子陶瓷	電子陶瓷
electronic commerce (EC)	电子商务	電子商務
electronic computer	电子计算机,电脑	電子計算機,電腦
electronic counter-countermeasures (ECCM)	电子反对抗	電子反對抗
electronic countermeasures (ECM)	电子对抗	電子對抗
electronic data	电子数据	電子資料
electronic data Interchange (EDI)	电子数据交换	電子資料交換
electronic deception	电子欺骗	電子欺騙
electronic design automation (EDA)	电子设计自动化	電子設計自動化
electronic design rule (EDR)	电子设计规则	電子設計規則
electronic ear	电子耳	電子耳
electronic efficiency	电子效率	電子效率
electronic engineering	电子工程学	電子工程學
electronic funds transfer (EFT)	电子转账	電子轉帳
electronic funds transfer system (EFTS)	电子资金转账系统	電子轉帳系統
electronic instruments	电子仪器仪表	電子儀器儀表
electronic intelligence (ELINT)	电子情报	電子情報
electronic jamming	电子干扰	電子干擾
electronic journal	电子杂志	電子期刊,電子雜誌
electronic library	电子图书馆	電子圖書館
electronic mail (E-mail)	电子邮件	電子郵件,電子信函
electronic mail mailbox	电子邮件信箱	電子郵件信箱
electronic market	电子市场	電子市場
electronic measurements	电子测量	電子測量
electronic mechanically steering	机电调向	電子式機械掃描

英 文 名	大 陆 名	台 湾 名
electronic media (E-media)	电子媒体	電子媒體
electronic meeting system	电子会议系统	電子會議系統
electronic messaging	电子消息处理	電子訊息處理
electronic penetration	电子渗入	電子穿透
electronic publishing	电子出版	電子出版
electronic publishing system (EPS)	电子出版系统	電子出版系統
electronic reconnaissance	电子侦察	電子偵察
electronics	电子学	電子學
electronic scanning	电子扫描	電子式掃描
electronic security (ELSEC)	电子保密	電子守密
electronic service (E-service)	电子服务	電子服務
electronic signature	电子签名	電子簽章
electronic support measures (ESM)	电子支援措施	電子支援措施
electronic surveillance	电子监视	電子監視
electronic switching system (ESS)	电子交换系统	電子交換系統
electronic telephone circuit (ETC)	电子电话电路	電子電話電路
electronic voltmeter	电子电压表	電子電壓表
electronic warfare	电子战	電子戰
electron-induced desorption (EID)	电子感生解吸	電子感生解吸
electron lens	电子透镜	電子透鏡
electron microprobe	电子探针	電子探針
electron nuclear double resonance spectroscopy (ENDORS)	电子核子双共振谱[学]	電子核子雙共振譜[學]
electron optics	电子光学	電子光學
electron physics	电子物理学	電子物理學
electron spectroscopy for chemical analysis (ESCA)	化学分析电子能谱[学],光电子能谱法	化學分析電子能譜[學],光電子能譜法
electron spin resonance spectroscopy (ESRS)	电子自旋共振谱[学]	電子自旋共振譜[學]
electron trajectory	电子轨迹	電子軌跡
electron trap	电子陷阱	電子陷阱
electronystagmography	眼震电描记术	眼震電描記術
electrooculography	眼电描记术	眼電描記術
electrooptical (EO)	光电	光電,電光
electrooptical countermeasures	光电对抗	光電對抗
electrooptic ceramic	电光陶瓷	電光陶瓷
electrooptic coefficient	电光系数	電光係數
electrooptic crystal	电光晶体	電光晶體

英文名	大陆名	台湾名
electrooptic crystal light valve	电光晶体光阀	電光晶體光閥
electrooptic device	电光器件	電光元件,電光裝置
electrooptic effect	电光效应	電光效應
electrooptic modulation	电光调制	電光調制
electrooptic phase modulator	电光相位调制器	電光相位調變器,光電相位調變器
electrooptic Q-switching	电光 Q 开关	電光 Q 開關
electropathy	电疗法	電療法
electrophonocardiograph	心音图仪	心音圖儀
electrophoretic display (EPD)	电泳显示	電泳顯示
electrophotographic printer	电子照相印刷机	電子照像列印機
electroplated film disk (= plating film disk)	电镀膜盘,电镀薄膜磁盘	電鍍薄膜磁碟
electropneumography	电呼吸描记术	電呼吸描記術
electropolishing	电抛光	電拋光
electropuncture	电针术	電針術
electroretinography	视网膜电描记术	視網膜電描記術
electroshock	电休克	電休克
electrosphygmomanometer	电子血压计	電子血壓計
electrospirometer	电子肺量计	電子肺量計
electrostatically focused klystron	静电聚焦速调管	靜電聚焦速調管
electrostatic control	静电控制	靜電控制
electrostatic discharge damage	静电放电损伤	靜電放電損傷
electrostatic lens	静电透镜	靜電透鏡
electrostatic microphone (= condenser microphone)	电容传声器	電容傳聲器
electrostatic plotter	静电绘图机	靜電繪圖器
electrostatic printer	静电印刷机	靜電列印機
electrostatic protection	静电保护	靜電保護
electrostatic storage	静电存储器	靜電儲存
electrostatic storage tube	静电存储管	靜電存儲管
electrostethophone	电子听诊器	電子聽診器
electrostimulation	电刺激	電刺激
electrostrictive ceramic	电致伸缩陶瓷	電縮性陶瓷
electrotherapy (= electropathy)	电疗法	電療法
electrothermometer	电子体温计	電子體溫計
electrotonometer	电子眼压计	電子眼壓計
electrovectocardiography	心电矢量描记术	心電向量描記術

英 文 名	大 陆 名	台 湾 名
element	元件	元件
elemental semiconductor	元素半导体	元素型半導體
elementary net system	基本网系统	基本網路系統
element library	零件库	元件庫
element target	元素靶	元素靶
eletronic remote control	电子远程控制	電子遙控
elevated floor	活动地板	高架地板
elevation angle (EL)	仰角	仰角
elevation guidance unit	仰角引导单元	仰角引導單元
elevation range	仰角范围	仰角範圍
elevation tracking	仰角追踪	仰角追蹤
ELF (= extremely low frequency)	极低频	至低頻
ELF communication	极低频通信,极长波通信	極低頻通信,極長波通信
Elias bound	埃力斯界限	埃力斯界限,埃力斯上限
ELINT (= electronic intelligence)	电子情报	電子情報
ellipsoidal reflector	椭球面反射器	橢圓體反射器
ellipsometry method	椭偏仪法	橢偏儀法
elliptical fiber	椭圆形光纤	橢圓形光纖
elliptical polarization	椭圆极化	橢圓極化
elliptical reflector	椭圆形反射器	橢圓形反射器
elliptical waveguide	椭圆形导波管	橢圓形導波管
elliptical wave polarization	椭圆波极化	橢圓波極化
elliptic approximation method	椭圆逼近方法	橢圓近似方法
elliptic curve cryptosystem (ECC)	椭圆曲线密码体制	橢圓曲線密碼系統
elliptic-function filter	椭圆函数滤波器	橢圓函數濾波器
ellipticity	椭圆率	橢圓率,橢圓度
elliptic polarized wave	椭圆极化波	橢圓極化波
elliptic waveguide	椭圆波导	橢圓波導
ELSEC (= electronic security)	电子保密	電子守密
E-mail (= electronic mail)	电子邮件	電子郵件,電子信函
e-mail address	电子邮件地址	電子郵件地址
e-mail alias	电子邮件别名	電子郵件別名
embedded command	嵌入式命令	嵌式命令
embedded computer	嵌入式计算机	嵌式電腦
embedded controller	嵌入式控制器	嵌式控制器
embedded language	嵌入式语言	嵌式語言

英 文 名	大 陆 名	台 湾 名
embedded servo	嵌入式伺服	嵌式伺服
embedded software	嵌入式软件	內建軟體
embedded SQL	嵌入式 SQL 语言	嵌式 SQL 語言
embedded strip guide	嵌入式条状波导	包覆式條狀波導
EMC (= electromagnetic compatibility)	电磁兼容	電磁兼容
E-media (= electronic media)	电子媒体	電子媒體
emergency button	应急按钮	緊急按鈕
emergency call	紧急呼叫	緊急呼叫
emergency maintenance	应急维修	緊急維護
emergency-off	紧急断电	緊急斷電
emergency plan (= contingency planning)	应急计划	應急計劃,緊急計劃
emergency switch	紧急开关	緊急開關,應急鈕
EMF (= electromotive force)	电动势	電動勢
EMI (= electromagnetic interference)	电磁干扰	電磁干擾
emission	发射	發射
emission computerized tomography (ECT)	发射型计算机断层成像	發射型計算機斷層成象
emission designation code	发射指定码,指定发射码	發射指定碼,命令傳送碼
emissivity	放射性,放射率	放射性,放射率
emitter coupled	发射极耦合	射極耦合
emitter coupled logic (ECL)	[发]射极耦合逻辑	射極耦合邏輯
emitter dipping effect	发射区陷落效应	發射區陷落效應
emitter dotting	发射极点接	射極接點
emitter follower	射极输出器	射極追隨器
emitter junction	发射结	射極接面
emitter pull down resistor	发射极下拉电阻[器]	射極下拉電阻
emitter region	发射区	射極區
emmetropia lens	平视型透镜	平視型透鏡
E mode	E 模	E 模
emoticon	情感符	①情感符號 ②情緒圖標
emotion modeling	情感建模	情緒模型化
EMP (= electromagnetic pulse)	电磁脉冲	電磁脈波
emphasis network	加重网络	加重網路
emphasis transmission	提升传输,加重传输	提升傳輸,加重傳輸
empirical clutter model	经验杂波模式	經驗雜波模式
empirical law	经验法则	經驗法則
empirical system	经验系统	經驗系統

英 文 名	大 陆 名	台 湾 名
empty medium	空媒体	空媒體
empty set	空集	空集[合]
empty stack	空栈	空堆疊
empty string	空串	空串
EMS (=electromagnetic susceptibility)	电磁敏感度	電磁敏感度
EM shielded room	电磁屏蔽室	電磁屏蔽室
emulation	仿真	仿真,模擬
emulation terminal	仿真终端	仿真終端機
emulator	仿真器,仿真程序	仿真器
emulsion plate	乳胶版	乳膠版
EMV (=electromagnetic vulnerability)	电磁脆弱度	電磁脆弱度
E/N (=energy to noise ratio)	能量噪声比	能量雜訊比
enable	激活,使能	賦能,啟動
ENB (=effective noise bandwidth)	有效噪声带宽	有效雜訊頻寬
encapsulating security	打包安全	囊封安全
encapsulation (=packaging)	封装	封閉,封裝
encipherment (=encryption)	加密	加密
encoder	编码器	編碼器
encoder state diagram	编码器状态图	編碼器狀態圖
encoding (=coding)	编码	編碼,寫碼
encoding method	编码方法	編碼方法
encoding process	编码过程	編碼過程
encoding scheme	编码方案	編碼方案
encoding system	编码系统	編碼系統
encrypting key	加密钥	加密鑰
encryption	加密	加密
end angle	端角	端角
end-around borrow	循环借位	循環借位,端迴借位
end-around carry	循环进位	端迴進位
end-around shift (=cyclic shift)	循环移位	循環移位,端迴移位,端迴進位移位
end cell	末端电池	末端電池
end effect	端效应	端效應
end-effector	末端器	末端執行器
end-equipment	末端设备	末端設備
end-face quality	端面品质	端面品質
end-fire antennas array	端射天线阵列	端射天線陣列
end-fire array	端射阵列	端射陣列

英文名	大陆名	台湾名
end-fire array antenna	端射阵天线	端射陣列天線
end-fire ordinary array	普通端射阵列[天线]	普通端射陣列[天線]
end-fire ordinary linear array	普通端射[天线]线性阵列	普通端射線性[天線]陣列
ending-frame delimiter (=frame end delimiter)	帧尾定界符	結束框架定界符,框端定界符
endless loop cartridge tape	环形盒式磁带	循環迴路匣磁帶
endmarker	端记号	端記號
end office (EO)	端局	[終]端局,終端站,終點站
end-of-tape marker (EOT marker)	磁带尾标,EOT 标记	帶尾標誌,磁帶結束標誌
ENDORS (=electron nuclear double resonance spectroscopy)	电子核子双共振谱[学]	電子核子雙共振譜[學]
endpoint	端点	端點
endpoint encoding	端点编码	端點編碼
endpoint monitoring	终点监测	終點監測
end preparation	端面制备	端面處理
end-pumping	端泵浦	端幫浦
end separation	端面分离	端面分離
end system	端系统	端點系統
end-to-end	端到端	端到端
end-to-end encryption	端端加密	端對端加密
end-to-end key	端端密钥	端對端密鑰
end-to-end transfer	端对端传送	端對端傳送
endurance test	耐久性试验	耐久性試驗
end user programming	最终用户编程	終端用戶程式設計
end voltage	终端电压	終端電壓
energy bandgap	能[量]带间隙	能[量]帶間隙
energy band structure	能带结构	能帶結構
energy calibration	能量刻度	能量刻度
energy density	能量密度	能量密度
energy density spectrum	能量密度频谱	能量密度頻譜
energy dispersion waveform (EDW)	能量扩散波形	能量展散波形
energy gap	能隙	能隙
energy spectral density (ESD)	能量频谱密度	能量頻譜密度
energy spectrum	能量频谱	能量頻譜
energy state	能阶	能階

英 文 名	大 陆 名	台 湾 名
energy storage capacitor	储能电容器	儲能電容
energy to noise ratio (E/N)	能量噪声比	能量雜訊比
engineering database (EDB)	工程数据库	工程資料庫
engineering drawing	工程图	工程製圖
enhanced graphics adapter (EGA)	增强[彩色]图形适配器	增強型圖形配接器,增強型繪圖介面卡
enhanced small device interface (ESDI)	增强型小设备接口,ESDI 接口	增強型小型裝置介面
enhancement-depletion mode logic	增强 – 耗尽型逻辑	增強 – 空乏型邏輯
enhancement mode field effect transistor	增强型场效晶体管	增強型場效電晶體
enquiry station	查询站	詢問站
enter data (=input data)	输入数据	輸入資料
enter-point	入点	輸入點
enterprise Java bean (EJB)	企业 Java 组件	企業 Java 組件
enterprise model	企业模型	企業模型
enterprise network	企业网	企業網路
enterprise resource planning (ERP)	企业资源规划	企業資源規劃
entitlement control message	权利控制信息	權利控制信息
entitlement management message	权利管理信息	權利管理信息
entity	实体	實體物
entity authentication	实体鉴别	實體鑑別
entity integrity	实体完整性	實體完整性
entity-relationship diagram (E-R diagram)	实体联系图,E – R 图	實體關係圖,E – R 圖
entropy	熵	熵
entropy-coded data segment	熵编码数据段	熵編碼資料段
entropy-coded quantization	熵量编码量[子]化	熵量編碼量化
entropy-coded segment pointer	熵编码段指针	熵編碼段指標
entropy decoder	熵解码器	熵解碼器
entropy decoding	熵解码	熵解碼
entropy encoder	熵编码器	熵編碼器
entropy encoding (=entropy coding)	熵编码	熵編碼
entropy function	熵函数	熵函數
entropy power	熵功率	熵功率
enumeration	枚举	枚舉,列舉
envelope	①包络 ②包封	①封包 ②包封
envelope delay distortion	包封延迟失真	波封延遲失真
envelope detection	包络检波	封包檢波

英 文 名	大 陆 名	台 湾 名
envelope field	包封字段	封頭區
envelope modulation	包络调制	包絡線調變
envelope power	峰包功率	峰包功率
environmental dosemeter	环境剂量计	環境劑量計
environmental stability	环境稳定性	環境穩定性
environmental test	环境试验	環境試驗
environment control table	环境控制表	環境控制表
environment factor	环境因数	環境因數
environment mapping	环境映射	環境對映
enzyme electrode	酶电极	酵素電極
enzyme sensor	酶敏感器	酵素感測器
EO (=①electro-optical ② end office)	①光电 ②端局	①光電,電光 ②[終]端局,終端站,終點站
EOD (=education on demand)	点播教育	隨選教育
EOS (=earth observing system)	地球观测系统	地球觀測系統
EOT marker (=end-of-tape marker)	磁带尾标,EOT 标记	帶尾標誌,磁帶結束標誌
EPD (=electrophoretic display)	电泳显示	電泳顯示
ephemeris	星历	星歷
episodic memory	情景记忆	情節記憶
epistemology	认识学	認識學
epitaxial growth	外延生长	晶膜生長
epitaxial isolation	外延隔离	外延隔離
epitaxy	外延	磊晶
epitaxy defect	外延缺陷	磊晶缺陷
epitaxy stacking fault (ESF)	外延堆垛层错	磊晶堆疊層缺陷
E-plane cutoff filter	E 平面截止滤波器	E 平面截止濾波器
E-plane sectoral horn	电场平面扇形号角	電場平面扇形號角
epoxy transistor	塑封晶体管	塑封電晶體
EPROM (=erasable programmable read only memory)	可擦编程只读存储器	可抹程式化唯讀記憶體
EPS (=electronic publishing system)	电子出版系统	電子出版系統
equalization filter	均衡滤波器	等化濾波器
equalizer	均衡器	等化器
equal ripple approximation	等波纹逼近	等波紋逼近
equated busy hour call (EBHC)	平均忙时呼叫	尖峰時間平呼叫
equational logic	等式逻辑	方程式邏輯
equation system	等式系统	方程式系統

英文名	大陆名	台湾名
equatorial plane	赤道平面	赤道平面
equiamplitude surface	等幅面	等幅面
equiangular spiral antenna	等角螺旋天线	等角螺線天線
equijoin	等联结	等結合,等接
equilibrium carrier	平衡载流子	平衡載子
equilibrium distribution mode	平衡分布模态	平衡狀態分佈模態
equilibrium mode	平衡模态	平衡模態
equilibrium mode distribution	平衡模态分布,稳定模态分布	平衡模態分佈,穩定模態分佈
equilibrium mode simulation	稳定模态模拟	穩定模態模擬
equilibrium mode simulator	稳定模态模拟器	穩定模態模擬器
equilibrium numerical aperture	稳定数值孔径,稳态数值孔径	穩定數值孔徑
equilibrium temperature	衡稳温度,均衡温度	衡穩溫度
equiphase surface	等相面	等相面
equipotential surface	等位面	等位面
equirriple approximation	等涟漪逼近	等漣漪近似
equivalence operation	等价运算	等值運算
equivalence principle	等效原理	等效原理
equivalence problem	等价问题	等價問題
equivalence relation	等价关系	等價關係
equivalent amplitude modulation	等效调幅	等效調幅
equivalent circuit	等效电路	等效電路
equivalent code	等效码	等效碼
equivalent gap	等效隙缝	等效隙縫
equivalent independent sampling	等效独立取样	等效獨立取樣
equivalent isotropically radiated power	等效无向辐射功率	等效無向輻射功率
equivalent isotropic radiated power (EIRP)	等效全向辐射功率	等效均元性輻射功率
equivalent low-pass impulse response	等效低通脉冲响应	等效低通脈衝回應
equivalent low-pass signal	等效低通信号	等效低通訊號
equivalent marking	等价标识	等效標示
equivalent marking variable	等价标识变量	等效標示變數
equivalent memory order	等效记忆等级	等效記憶等級
equivalent network	等效网络	等效網路
equivalent noise temperature	等效噪声温度	等效雜訊溫度
equivalent radiant temperature	等效辐射温度	等效輻射溫度
equivalent source theorem	等效电源定理	等效電源定理

英 文 名	大 陆 名	台 湾 名
equivalent transmission line	等效传输线	等效傳輸線
equivocation	疑义度	疑義度
erasable programmable read only memory (EPROM)	可擦编程只读存储器	可抹程式化唯讀記憶體
erasable storage	可擦存储器	①可抹除儲存器 ②可抹除儲存
erase	擦除	抹除,擦除
erasing head	擦除头	消除頭
erasure	疑符	擦失
erasure channel	删除信道	刪除通道
erbium laser	铒激光器	鉺雷射
E-R diagram (=entity-relationship diagram)	实体联系图,E-R 图	實體關係圖,E-R 圖
ergodic	各态历经	歷經各態
ergodic random process	各态历经随机过程	歷經各態隨機過程
ergodic source	遍历信源	遍歷源
ergonomics	工效学	人體工學
Erlang	厄兰	厄蘭
erosion	腐蚀	侵蝕
ERP (=①effective radiated power ②enterprise resource planning)	①有效辐射功率 ②企业资源规划	①有效輻射功率 ②企業資源規劃
erratum	误符	誤符
error	①差错 ②误差	①錯誤 ②誤差
error analysis	错误分析	誤差分析
error block	差错区段	錯誤區段
error burst control	突发错误控制	叢發錯誤控制,錯誤叢發控制
error category	错误类别	錯誤種類
error checking and correcting system	差错校验系统	錯誤檢查與校正系統
error checking and correction (ECC)	差错校验	錯誤檢查與校正
error checking code	差错检验码	錯誤檢查碼,檢錯碼
error-circular radius	误差圆半径	誤差圓半徑
error code	错误代码,误码	錯誤碼
error condition	出错条件	錯誤條件
error control	错误控制,差错控制	錯誤控制,差錯控制
error control code	差错控制码	錯誤控制碼
error control coding	差错控制编码	錯誤控制編碼
error correcting routine	纠错例程	改錯常式,錯誤校正常

英文名	大陆名	台湾名
		式
error correction	纠错	錯誤更正
error correction code (ECC)	纠错码	錯誤校正碼
error correction coding	纠错编码	糾錯編碼
error data	错误数据	錯誤資料
error detecting (=error detection)	检错,差错检测	錯誤檢測
error detecting routine	检错例程	偵錯常式
error detection	检错,差错检测	錯誤檢測
error detection code (EDC)	检错码,差错检测码	錯誤檢測碼
error detection rate	检错率	錯誤偵碼
error diagnosis	错误诊断,差错诊断	錯誤診斷
error display	误差显示器	誤差顯示器
error ellipse	误差椭圆	誤差橢圓
error estimation	误差估计	誤差估計
error event	出错事件	誤差事件
error extension	错误扩散	錯誤擴散
error field	误差场	誤差場
error file	出错文件	錯誤檔案
error free	①无错误 ②无差错	①無錯 ②無錯誤
error free channel	无差错信道	無差錯通道
error-free operation	无错操作	無錯操作
error-free running period	无错运行期	無錯運行週期
error-free-seconds	无误码秒	無誤碼秒
error function	误差函数	誤差函數
error handling	出错处理	錯誤處置
error indication circuit	差错指示电路	錯誤指示電路
error interrupt	出错中断	錯誤中斷
error interrupt processing	出错中断处理	錯誤中斷處理
error latency	差错潜伏期	錯誤潛時
error list	差错表	錯誤列表
error-locator	错误定位子	錯誤定位子
error lock	出错封锁	錯誤鎖定
error logger	出错登记程序	錯誤登入器
error model	错误模型,差错模型	錯誤模型
error of transmission	传输错误	傳輸錯誤
error pattern	错误型,错误模式	錯誤型,錯誤型樣
error prediction	错误预测	錯誤預測
error prediction model	错误预测模型	錯誤預測模型

英 文 名	大 陆 名	台 湾 名
error probability	出错概率	錯誤機率
error propagation	①差错传播 ②误差传播	①差錯傳播 ②錯誤傳延,錯誤擴散
error propagation limiting code	错误传播受限码	錯誤傳播限制碼
error protection	差错保护	錯誤保護
error range	差错范围	誤差範圍,錯誤範圍
error rate	出错率,误码率	錯誤率
error rate for input	输入错误率	輸入錯誤率
error recovery	差错恢复	錯誤復原
error recovery procedure	错误恢复过程	錯誤恢復程序
error robustness	抗错强韧性,抗错鲁棒性	抗錯強韌性
error routine	出错处理例程	錯誤常式
error seeding	错误撒播	錯誤播種
error sequence	误差序列	誤差序列
error signal	出错信号	誤差訊號
error span	错误跨度	誤差跨距,誤差差距
error spread	差错扩散	差錯擴散
error status word	错误状态字	錯誤狀態字
error trapping routine	错误捕获例程	錯誤設陷常式
ERS (= external reflection spectroscopy)	外反射谱[学]	外反射譜[學]
ES (= expert system)	专家系统	專家系統
ESCA (= electron spectroscopy for chemical analysis)	化学分析电子能谱[学],光电子能谱法	化學分析電子能譜[學],光電子能譜法
escape	转义	逸出
escaped depth	逸出深度	逸出深度
escape sequence	转义序列	逸出順序
escape velocity	逃逸速度	逸出速度,逃脫速度
E-scope (= range-elevation display)	距离 - 仰角显示器	距離 - 仰角顯示器
escrowed encryption standard (EES)	托管加密标准	託管加密標準
ESD (= energy spectral density)	能量频谱密度	能量頻譜密度
ESDI (= enhanced small device interface)	增强型小设备接口,ESDI 接口	增強型小型裝置介面
E-service (= electronic service)	电子服务	電子服務
ESF (= epitaxy stacking fault)	外延堆垛层错	磊晶堆疊層缺陷
E-slot aircraft antenna	E 槽飞机天线	E 槽飛機天線
ESM (= electronic support measures)	电子支援措施	電子支援措施
ESRS (= electron spin resonance spec-	电子自旋共振谱[学]	電子自旋共振譜[學]

英　文　名	大　陆　名	台　湾　名
troscopy)		
ESS (=①electronic switching system ②executive support system)	①电子交换系统 ②经理支持系统	①電子交換系統 ②主管支援系統
estimation	估计	估計
ETC (=electronic telephone circuit)	电子电话电路	電子電話電路
etch cutting	腐蚀切割	蝕割
etching	刻蚀	刻蝕
e-text	电子文本	電子本文
Ethernet	以太网	乙太網路
etymology	词源学	詞源學
E-type device	E 型器件	E 型器件
Euclidean algorithm	欧几里得算法,欧氏算法	歐氏演算法
Euclidean distance	欧氏距离	歐氏距離
Euler circuit	欧拉回路	歐拉電路
Euler instability	欧拉不稳定性	歐拉不穩定性
Euler-Lagrange equation	欧拉－拉格朗日方程	歐拉－拉格藍基方程式
Euler path	欧拉路径	歐拉路徑
eulogy	赋逻辑[论]	賦邏輯
evacuating	排气	排氣
evaluation	评价,评估,评测	①評估 ②求值
evaluation function	评价函数	評估函數
evaluation of Hanzi coding input method	汉字编码输入方法评测	漢字編碼輸入法評估
evaluation of machine translation	机器翻译评价	機器翻譯評估
evaluation rule	评测规则	評估規則
evaluation software for Hanzi coding input	汉字编码输入评测软件	漢字編碼輸入評估軟體
evanescent field	消逝场	衰減場,消逝場
evanescent mode	隐失模[式]	衰減模態
evaporation ion pump	蒸发离子泵	蒸發離子幫浦
evaporative cooling	蒸发冷却	蒸發冷卻
even mode	偶模	偶模
even-parity check	偶检验	偶檢驗
event	事件	事件
event-condition-action rule (ECA rule)	事件－条件－动作规则,ECA 规则	事件－條件－動作規則
event control block (ECB)	事件控制块	事件控制塊
event definition language (EDL)	事件定义语言	事件定義語言
event dependence	事件依赖性	事件依賴性

英 文 名	大 陆 名	台 湾 名
event description	事件描述	事件描述
event detector	事件检测器,事件检测程序	事件檢測器
event-driven	事件驱动的	事件驅動
event-driven executive	事件驱动执行程序	事件驅動執行
event-driven language	事件驱动语言	事件驅動語言
event-driven program	事件驱动程序	事件驅動程式
event-driven task scheduling	事件驱动任务调度	事件驅動任務排程
event filter	事件过滤器	事件過濾器
event independence	事件独立性	事件獨立性
event mode	事件方式	事件模式
event processing	事件处理	事件處理
event queue	事件队列	事件隊列
event report	事件报告	事件報告
event source	事件源	事件源
event table	事件表	事件表
evidence theory	证据理论	證據理論
evidential reasoning	证据推理	證據推理
evoked potential	诱发电位	誘發電位
evolution	进化	進化
evolutionary computing	进化计算	進化計算
evolutionary development	进化发展	進化發展
evolutionary model	演化模型	演化模型
evolutionary optimization	进化优化	進化最佳化
evolution checking	进化检查	進化檢查
evolutionism	进化机制	演化機制
evolution program	进化程序	進化程式
evolution programming	进化程序设计	進化程式設計
evolution strategy	进化策略	進化策略
EX (= exchange)	①交换 ②交换机 ③交换局	①交換 ②交換機 ③交換局
exact cover problem	恰当覆盖问题	恰當覆蓋問題
EXAFS (= extended X-ray absorption fine structure)	广延 X 射线吸收精细结构	廣延 X 射線吸收精細架構
exception	异常	異常,例外
exception dispatcher	异常分派程序	異常調度器
exception handler	异常处理程序	異常處置器
exception handling	异常处理	異常處置

英 文 名	大 陆 名	台 湾 名
exception scheduling program	异常调度程序	異常排程程式
excess carrier	过剩载流子	過量載子
excess loss	多余损失	多餘損失
excess mean-square error (excess MSE)	超量均方误差	超量均方誤差
excess MSE (=excess mean-square error)	超量均方误差	超量均方誤差
excess noise ratio	超噪比	超噪比
exchange	①交换 ②交换机 ③交换局	①交換 ②交換機 ③交換局
exchange permutation	交换排列	交換排列
exchange sort	交换排序	交換分類
excimer laser	准分子激光器	準分子雷射
excision filter	切除滤波器	切除濾波器
excitation	激发	激發
excitation function	激励函数	激勵函數
exciter	激励器	激勵器
exciting voltage	励磁电压	激勵電壓
excitron	励弧管	勵弧管
exclusive lock	排他锁	互斥型鎖
exclusive-OR gate	异或门	互斥或閘
exclusive transition	互斥变迁	互斥變遷
exclusive usage mode	互斥使用方式	互斥使用模
executable file	可执行文件	可執行檔
executable program	可执行程序	可執行程式
execution	执行	①執行 ②執行過程
execution command	执行指令	執行指令
execution stack	执行栈	執行堆疊器
execution time	执行时间	執行時間
execution time theory	执行时间理论	執行時間理論
executive agent	执行主体	執行代理
executive control program	执行控制程序	執行控制程式
executive information system (EIS)	经理信息系统	主管資訊系統
executive job scheduling	执行作业调度	執行作業排程
executive overhead	执行开销	執行間接費用
executive program	执行程序	執行程式
executive routine	执行例程	執行常式
executive schedule maintenance	执行调度维护	執行排程維護
executive state	执行状态	執行者狀態

英 文 名	大 陆 名	台 湾 名
executive stream	执行流	執行流
executive supervisor	执行管理程序	執行監督器
executive support	执行支持	執行支援
executive support system (ESS)	经理支持系统	主管支援系統
executive system	执行系统	執行系統
exhaustive attack	穷举攻击	窮舉攻擊
exhaustive search	穷举搜索	竭盡式搜尋,徹查
exhaustive testing	穷举测试	窮礐測試
existential quantifier	存在量词	存在量詞
exit	出口,退出	出口
expandability	可扩充性,易扩充性	擴充性
expanded data out (EDO)	扩充数据输出	擴充資料輸出
expander	扩展器	擴充器,擴張器,伸幅器
expansion	扩充	①擴充,擴展 ②膨脹
expansion rule	扩张规则	擴展規則
expansion slot	扩充槽	擴充槽
expectation driven reasoning	期望驱动型推理	預期驅動推理
expected value	期望值	期望值
expected velocity factor	期望速率因子	期望速度因子
expedient state	权宜状态	權宜狀態
expedited data	加急数据	加速遞送之資料
expertise	专家经验	專家經驗
expert problem solving	专家问题求解	專家問題求解
expert system (ES)	专家系统	專家系統
expert system shell	专家系统外壳	專家系統外殼
expert system tool	专家系统工具	專家系統工具
explanation-based learning (EBL)	基于解释[的]学习	說明為本的學習
explicit parallelism	显式并行性	外顯平行性
explicit request	显式请求	明顯型請求
explicit reservation	显式预约	顯見預約
explicit route	显式路由	外顯路由,顯見路由
exponential cryptosystem	指数密码体制	指數密碼系統
exponential distribution	指数分布	指數式分佈
exponential line	指数线	指數線
exponential sequence	指数序列	指數序列
exponential time	指数时间	指數時間
exponential transition	指数变迁	指數變遷
export schema	输出模式	輸出概要

英 文 名	大 陆 名	台 湾 名
exposure	曝光	曝光
exposure meter	照射量计	照射量計
exposure ratemeter	照射量率计	照射量率計
expression dictionary	惯用型词典	辭典語法
expurgated code	删信码	刪減碼
extended block code	扩展块码	延伸式區塊碼
extended code	扩展码	延伸碼
extended Golay code	扩展戈莱码	延伸的格雷碼
extended industry standard architecture (EISA)	扩充的工业标准体系结构	擴充的工業標準結構
extended interaction amplifier (EIA)	分布作用放大器	分佈作用放大器
extended interaction klystron	分布作用速调管	分佈作用速調管
extended interaction oscillator (EIO)	分布作用振荡器	分佈作用振盪器
extended operation	扩展操作	延伸作業
extended semantic network	扩展语义网络	延伸語義網路
extended stochastic Petri net	扩展随机佩特里网	延伸隨機佩特裏網
extended VGA (XVGA)	扩展视频图形适配器	延伸視頻圖形陣列
extended X-ray absorption fine structure (EXAFS)	广延 X 射线吸收精细结构	廣延 X 射線吸收精細架構
extensibility	可扩展性,易扩展性	可延伸
extensible	可扩展的,易扩展的	可延伸
extensible language	可扩展语言	可延伸語言
extensible link language (XLL)	可扩展链接语言	可延伸鏈接語言
extensible markup language (XML)	可扩展置标语言	可延伸性標示語言
extensible stylesheet language (XSL)	可扩展样式语言	可延伸樣式語言
extension	①外延 ②分机	①延伸 ②分機
extensional database	外延数据库	延伸資料庫
extension axiom	外延公理	延伸公理
extension field	扩展字段	延伸場
extension net	外延网	延伸網
extent	范围	①範圍 ②延伸區
exterior clipping	外裁剪	外部截割
exterior pixel	外像素	外像素
exterior ring	外环	外環
external interrupt	外[部]中断	外中斷
external page table	外部页表	外部頁表
external path length	外路长度	外路徑長度
external photoelectric effect	外光电效应	外在光電效應

英 文 名	大 陆 名	台 湾 名
external quantum efficiency	外量子效率	外量子效率
external reflection spectroscopy (ERS)	外反射谱[学]	外反射譜[學]
external schema	外模式	外綱目
external sorting	外排序	外部排序
external standard	外标准	外標準
external storage	外存储器,外存	①外部儲存器 ②外儲存
external thermal resistance	外热阻	外熱阻
extinction	熄火	熄火
extinction index	熄光系数	熄光係數
extinction ratio	鉴别比,消失比	鑑別比,消失比
extract	抽取	抽取,擷取,萃取
extraction mark	录取标志	錄取標志
extraction of model parameters	模型参数提取	模型參數萃取
extractor vacuum gauge	分离型[电离]真空计	分離型[電離]真空計
extranet	外联网,外连网	外聯網
extraordinary coding	非常规编码	非常規編碼
extrapolation method antenna measurement	外插方法式天线测量	外差式天線量測
extra pulse	冒脉冲	冒脈衝,多出之脈衝
extra sector	额外扇区	額外扇區
extra track	额外磁道	額外磁軌
extremely high frequency (EHF)	极高频	至高頻
extremely low frequency (ELF)	极低频	至低頻
extremum control	极值控制	極值控制
extrinsic absorption	外在吸收	外質吸收
extrinsic attenuation	外在衰减	外質衰減
extrinsic loss	外在损失	外在損失
extrinsic scattering	外在散射	外質散射
extrinsic semiconductor	非本征半导体	非本徵半導體
extrusion	挤压	擠壓
eye diagram (=eye pattern)	眼图	眼圖
eye-on-hand system	手眼系统	眼手系統
eye pattern	眼图	眼圖
eyepoint (=viewpoint)	视点	視點
e-zine (=electronic journal)	电子杂志	電子期刊,電子雜誌

F

英文名	大陆名	台湾名
F (=farad)	法拉	法拉
Fabry-Perot resonator	法布里－珀罗谐振腔	法布里－珀羅共振器
face-based representation	基于面的表示	以面為主的表示
face-down bonding	倒焊	倒裝焊接
face pumping	面泵浦	面幫浦
facet	①小平面 ②刻面	小平面
faceted classification	逐面分类[法]	分面分類
facet formation	端面形成	端面形成
face time	会面时间	會面時間
facilitation agent	设施主体	設施代理
facility	设施	設施,設備
facility allocation	设施分配	設施分配
facility management	设施管理	設施管理
facility request	设施请求	設施請求
facility request message (FAR)	设施请求消息	機能要求信息
facsimile (=fax)	传真	傳真
facsimile bandwidth	传真带宽	傳真頻寬
facsimile transmission time	传真传输时间	傳真傳輸時間
fact	事实	事實
fact base	事实库	事實庫
factoring method	因子分解法	因子分解法
fade-in	淡入	淡入
fade-out	淡出	淡出
fading	衰落	衰褪
fading channel	衰落信道	衰落信道
fading distortion	衰落失真	衰褪失真
fading margin	衰落裕量	衰落裕量
fail-frost	故障冻结	故障凍結
fail-over	故障切换	故障復原
fail safe	[故障]安全性	[故障]安全性
fail silent	故障沉默	故障沉默
fail-soft	故障弱化	故障弱化
fail-soft capability	故障弱化能力	故障弱化能力
fail-soft logic	故障弱化逻辑	故障弱化邏輯

英　文　名	大　陆　名	台　湾　名
fail-stop failure	故障停止失效	故障停止失效
failure	①失效 ②故障	①失效 ②故障
failure access	故障访问	故障存取
failure category	失效类别	故障種類
failure control	故障控制	故障控制
failure data	失效数据	故障資料
failure density function	故障密度函数	故障密度函數
failure detection	失效检测	故障檢測
failure diagnosis (=fault diagnosis)	故障诊断	故障診斷
failure distribution	失效分布	故障分佈
failure-free operation	无故障运行,正常运行	無故障作業
failure logging	故障记录	故障登錄
failure mode effect and criticality analysis	失效模式效应与危害度分析	故障模式影響與嚴重性分析
failure node	失效节点	故障節點
failure prediction	失效预测	故障預測
failure probability	失效概率	失敗率
failure rate	①故障率 ②失效率	①故障率 ②失效率
failure ratio	失效比	故障比率
failure recovery	失效恢复	故障恢復
failure testing	失效测试	故障測試
failure time	失效时间	故障時間
fairness	公平性	公平性
fair net	公平网	公平網
fake sector	虚假扇区	偽扇區
fall-down test	跌落试验	跌落試驗
falling edge	下降沿	下降邊緣
[falling] out of synchronism	失步	失調
fall time	下降时间	下降時間
false alarm	误警	誤警
false alarm probability	虚警概率	虛警機率
false alarm probability	误警概率	誤警率
false alarm rate	误警率	誤警率
false alarm time	虚警时间	虛警時間
false command	虚指令	虛指令
false detection	误检测	[錯]誤偵測
false drop	误检	誤檢,誤降
false floor	活动地板	活動地板,假地板

英文名	大陆名	台湾名
false synchronization	虚同步	虛同步
false target	假目标	假目標
family-of-parts programming	部件类编程	部件類編程
FAMOS memory (floating gate avalanche injection type MOS memory)	浮栅雪崩注入 MOS 存储器	浮閘極累增注入 MOS 記憶體
fan antenna	扇形天线	扇形天線
fan beam	扇形波束	扇形波束
fan-beam antenna	扇形波束天线	扇形波束天線
fan dipole	扇形偶极子	扇形雙極
fan-fold paper	折叠[式打印]纸	扇折紙,折疊式報表紙,折疊式記錄紙
Fangsong Ti	仿宋体	仿宋體
fan-in	扇入	扇入
Fano algorithm	费诺算法	菲諾演算法
fan-out	扇出	扇出
fan-out limit	扇出限制	扇出限制
fan-out modular	扇出模块	扇出模組
FAQ (=frequently asked questions)	常见问题	常見問題
FAR (=facility request message)	设施请求消息	機能要求信息
farad (F)	法拉	法拉
Faraday effect	法拉第效应	法拉第效應
Faraday's law	法拉第定律	法拉第定律
far-end coupled noise	远端耦合噪声	遠端耦合噪聲
far field	远场	遠場區
far-field region	远场区	遠場區
far infrared laser	远红外激光器	遠紅外線雷射
farsightedness lens	远视性透镜	遠視型透鏡
far zone	远区	遠區
fast charge	高速充电	高速充電
fast Ethernet	快速以太网	快速乙太網路
fast forward playback	快速正向放映	快速順向放映
fast Fourier transform (FFT)	快速傅里叶变换	快速傅立葉轉換
fast frequency-shift keying (FFSK)	快速频移键控	快速頻移鍵控
fast Hadamard transform	快速阿达马转换	快速哈德瑪轉換
fast ion conduction	快离子导电	快離子導電
fast Kalman algorithm	快速卡尔曼算法	快速卡門演算法
fast message	快速消息	快速訊息
fast packet switching	快速分组交换	快速分組交換

英 文 名	大 陆 名	台 湾 名
Fast Resource Management	快速资源管理	快速資源管理
fast reverse playback	快速逆向放映	快速逆向放映
fast select	快速选择	①快速選擇 ②簡便通信
fast sequenced transport (FST)	快速有序运输	快速依序傳送
fast time control (FTC)	快时间控制	快時間控制
fast wave	快波	快波
fast wave antenna	快波天线	快波天線
fast wave device	快波器件	快波元件,快波裝置
fast wave traveling wave antenna	快波行波天线	快波行波天線
FAT (=file allocation table)	文件分配表	檔案配置表
fatal error	致命错误	嚴重錯誤
fault	①层错 ②故障	①層錯位 ②故障
fault analysis	故障分析	故障分析
fault avoidance	避错,故障避免	故障避免
fault category	故障类别	故障種類
fault collapsing	故障收缩	故障解析
fault confinement	故障禁闭	故障禁閉
fault containment	故障包容	故障包容
fault-coverage	故障覆盖	故障範圍
fault-coverage rate	故障覆盖率	故障範圍比率
fault detection	故障检测	故障檢測
fault diagnosis	故障诊断	故障診斷
fault diagnostic program	故障诊断程序	故障診斷程式
fault diagnostic routine	故障诊断例程	故障診斷常式
fault diagnostic test	故障诊断试验	故障診斷測試
fault dictionary	故障词典,故障字典	故障字典
fault dominance	故障支配	故障支配
fault equivalence	故障等效	故障等效
fault-free	无故障	無故障
fault handling	故障处理	故障處置
fault injection	故障注入	故障注入
fault insertion	故障插入	故障插入
fault isolation	故障隔离	故障隔離
fault location	故障定位	故障位置
fault location problem	故障定位问题	故障定位問題
fault location testing	故障定位测试	故障位置測試
fault masking	故障屏蔽	故障遮罩

英 文 名	大 陆 名	台 湾 名
fault matrix	故障矩阵	故障矩陣
fault model	故障模型	故障模型
fault secure circuit	故障安全电路	故障安全電路
fault seeding	故障撒播	故障播種
fault signature	故障特征	故障表徵
fault simulation	故障模拟	故障模擬
fault testing	故障测试	故障測試
fault time	故障时间	故障時間
fault tolerant	容错	容錯
fault-tolerant computer	容错计算机	容錯計算機
fault-tolerant computing	容错计算	容錯計算
fault-tolerant control	容错控制	容錯控制
fault tree analysis (FTA)	故障树分析	故障樹分析
fax	传真	傳真
F band	F 波段	F 頻帶
FBSS/CDMA	固定卫星业务/码分多址	固定衛星服務/分碼多重進接
FC (=carrier frequency)	载频	載頻
FCA (=functional configuration audit)	功能性配置审计	功能組態稽核
FCB (=file control block)	文件控制块	檔案控制區塊,檔案控制段
FCS (=①field bus control system ②frame check sequence)	①现场总线控制系统 ②帧检验序列	①現場匯流排控制系統 ②框檢查順序
FDANA (=frequency-domain automatic network analyzer)	频域自动网络分析仪	頻域自動網路分析儀
FDCDMA	频分码分多址	分頻分碼多重進接
FDCT (=forward discrete cosine transform)	正向离散余弦转换	正向離散余弦轉換
FDD (=floppy disk drive)	软盘驱动器,软驱	軟式磁碟驅動機
FDDI (=fiber distributed data interface)	光纤分布式数据接口	光纖分散式資料介面,光纖分散式數據介面
FDM (=①fiber division multipexing ②frequency division multiplexing)	①纤分复用 ②频分复用	①光纖分類多工 ②頻分復用
FDMA (=frequency division multiple access)	频分多址	頻分多址
FEA (=finite element analysis)	有限元分析	有限元素分析
feasibility	可行性	可行性
feasibility study	可行性研究	可行性研究

英 文 名	大 陆 名	台 湾 名
feasible solution	可行解	可行解
feature	特征	特徵
feature-based design	基于特征的设计	特徵為本設計
feature-based manufacturing	基于特征的制造	特徵為本製造
feature-based modeling	基于特征的造型	特徵為本模型化
feature-based reverse engineering	基于特征的逆向工程	特徵為本反向工程
feature coding	特征编码	特徵編碼
feature contour	特征轮廓	特徵輪廓
feature detection	特征检测	特徵檢測
feature extraction	特征提取,特征抽取	特徵提取,特徵抽取
feature generation	特征生成	特徵產生
feature integration	特征集成	特徵整合
feature interaction	特征交互	特徵交互
feature model conversion	特征模型转换	特徵模型轉換
feature-oriented domain analysis method (FODA)	面向特征的领域分析方法	特徵導向的領域分析方法
feature recognition	特征识别	特徵識別
feature selection	特征选择	特徵選擇
feature space	特征空间	特徵空間
FEC (=forward error correction)	前向纠错	前向糾錯
FECI (=forward explicit congestion indication)	前向显式拥塞指示	正向顯式擁塞指示
federated schema	联邦模式	聯邦模式
federative database	联邦数据库	聯邦資料庫
feedback	反馈	回授
feedback bridging fault	反馈桥接故障	回饋橋接故障
feedback channel	反馈信道	回饋通道
feedback check	反馈校验	回饋校驗
feedback compensation	反馈校正,反馈补偿	回饋校正,回饋補償
feedback control	反馈控制	回饋控制
feedback edge set	反馈边集合	①回饋邊集合 ②回饋邊集合問題
feedback error control	反馈差错控制	回授錯誤控制
feedback loop	反馈回路	回饋迴路
feed card (=card feed)	输卡装置	饋卡
feeder cable	馈送缆线	饋送纜線
feedfoward control	前馈控制	前饋控制
feed hole	导孔	饋孔

英 文 名	大 陆 名	台 湾 名
feed line	馈线	饋送線
feed pitch	导孔间距	饋孔距,饋間距
feed source	馈源	饋送源
feed-through (= pin-through-hole)	通孔	通孔,饋通
feed-through capacitor	穿心电容器	穿越電容
feed-through type power meter	通过式功率计	透過式功率計
feed track	导孔道	饋軌
FEFET (= ferro-electric field effect transistor)	铁电场效晶体管	鐵電場效電晶體
FEL (= free electron laser)	自由电子激光器	自由電子雷射
FEM (= ①field emission microscopy ②finite element method)	①场致发射显微镜[学] ② 有限元法	①場致發射顯微鏡[學] ② 有限元素法
female contact	阴接触件	陰接點
Fermat's principle	费马原理	弗梅原理
Fermi-Dirac distribution	费米-狄拉克分布	費米-迪瑞克分佈
Fermi energy level	费米能级	費米能階
ferrimagnetism	亚铁磁性	亞鐵磁性
ferrite	铁氧体	鐵氧體
ferrite antenna	铁氧体天线	鐵氧體天線
ferrite core memory	铁氧体磁芯存储器	鐵氧體磁芯記憶體
ferrite core transformer	亚铁盐心转换电路	亞鐵鹽心轉換電路
ferrite film disk	铁氧体薄膜[磁]盘	鐵磁體膜磁碟
ferrite isolator	亚铁盐隔离器	亞鐵鹽隔離器,亞鐵鹽單向器
ferrite loop	亚铁盐心环	亞鐵鹽[心]迴路
ferrite magnetic head	铁氧体磁头	鐵磁體頭
ferrite memory core	铁氧体记忆磁芯	鐵氧體記憶磁芯
ferrite modulator	亚铁盐调制器	亞鐵鹽調變器
ferrite permanent magnet	铁氧体永磁体	鐵氧體永久磁鐵
ferroelectric ceramic	铁电陶瓷	鐵電陶瓷
ferroelectric crystal	铁电晶体	鐵電晶體
ferroelectric display	铁电显示	鐵電顯示
ferroelectric field effect transistor (FEFET)	铁电场效晶体管	鐵電場效電晶體
ferroelectric hysteresis loop	铁电电滞回线	鐵電電滯曲線
ferroelectric nonvolatile memory	铁电非易失存储器	鐵電不變性記憶體
ferroelectric semiconducting glaze	铁电半导体釉	鐵電半導體釉
ferromagnetic display	铁磁显示	鐵磁顯示

英 文 名	大 陆 名	台 湾 名
ferromagnetic resonance	铁磁共振	鐵磁共振
ferromagnetic resonance linewidth	铁磁共振线宽	鐵磁共振線寬
ferromagnetism	铁磁性	鐵磁性
ferromagneto-elastic	铁磁弹性体	鐵磁彈性體
ferrooxide tape	铁氧磁带	鐵氧卡帶
FES (= functional electrostimulation)	功能性电刺激	功能性電刺激
FET (= field effect transistor)	场效[应]晶体管	場效[應]電晶體
fetal monitor	胎儿监护仪	胎兒監護儀
fetch	读取	讀取,提取
fetch strategy	提取策略,读取策略	提取策略
FFSK (= fast frequency-shift keying)	快速频位移键	快速頻移鍵控
FFT (= fast Fourier transform)	快速傅里叶变换	快速傅立葉轉換
FH-CDMA	跳频-码分多址	跳頻分碼多重進接
FHMA (= frequency hopping multiple access)	跳频多址	跳頻多重進接
FH spread spectrum signal (= frequency-hopped spread spectrum signal)	跳频扩频信号	跳頻展頻訊號,跳頻展頻訊號
fiber axial compression	光纤轴向压缩	光纖軸向壓縮
fiber bandwidth	光纤带宽	光纖頻寬
fiber bundle	光纤束	光纖束
fiber cladding	光纤包层	光纖包層
fiber cleaving	光纤断裂,光纤分裂	光纖斷裂,光纖分裂
fiber core	纤芯	纖芯
fiber dispersion	光纤色散	光纖波散
fiber distributed data interface (FDDI)	光纤分布式数据接口	光纖分散式資料介面,光纖分散式數據介面
fiber division multipexing (FDM)	纤分复用	光纖分類多工
fiber drawing	光纤抽丝	光纖抽絲
fiber Ethernet	光纤以太网	光纖乙太網路
fiber laser	光纤激光器	光纖雷射
fiber lifetime	光纤寿命期	光纖生命期,光纖生命週期
fiber loop	光纤环路	光纖迴路
fiber loose buffer	光纤松缓器	光纖松緩器
fiber loss	光纤损耗	光纖損失
fibernet	光纤网	光纖網路
fiber optic gyro (FOG)	光纤陀螺仪	光纖陀螺儀
fiber optic networks backbone	光纤骨干网	光纖網路骨幹

英文名	大陆名	台湾名
fiber optic sensor (=optical fiber sensor)	光纤敏感器	光纖感測器
fiber optic system	光纤系统	光纖系統
fiber polishing	光纤抛光	光纖磨光
fiber strain	光纤应变	光纖張力
fiber strength	光纤强度	光纖強度
fiber taper	光纤半径转换器	光纖半徑轉換器
fiber waveguide	光纤波导	光纖波導
Fibonacci cube	裴波那契立方体	費布那西立方體
Fibonacci search	裴波那契搜索	費布那西搜尋
fidelity	保真度,逼真度	逼真度
field	①场 ②字段	①[圖]場 ②欄位
field agent	现场主体	現場代理
field-aided diffusion	场助扩散	場助擴散
field bus	现场总线	現場匯流排
field bus control system (FCS)	现场总线控制系统	現場匯流排控制系統
field control station	现场控制站	現場控制站
field coordinates	场坐标	場坐標
field dependence	领域相关	領域相關
field devices	现场设备	現場裝置
field effect	场效应	場效應
field effect transistor (FET)	场效[应]晶体管	場效[應]電晶體
field emission	场致发射	場致發射
field emission microscopy (FEM)	场致发射显微镜[学]	場致發射顯微鏡[學]
field frequency	场频	場頻
field function	场函数	[電]場函數
field independence	领域无关	領域無關
field induced junction	场感应结	場感應接面
field intensity	场强	[電磁]場之強度
field ion mass spectroscopy (FIMS)	场致离子质谱[学]	場致離子質譜[學]
field oxide	场氧化层	場氧化層
field picture	场图	場圖
field programmable gate array (FPGA)	现场可编程门阵列	現場可程式閘陣列
field programmable logic array (FPLA)	现场可编程逻辑阵列	現場可程式邏輯陣列
field quantity	场量	場量
field region	场区	場區
field replaceable part	现场可换件	現場可替換零件,欄位可更換零件
field replaceable unit	现场可换单元	現場可替換單位,欄位

英 文 名	大 陆 名	台 湾 名
		可更換單元
field replacement unit	现场置换单元	現場可替換單位,欄位可更換單元
field strength meter	场强测量仪	場強測量儀
field structure picture	场结构图	場結構圖
field telephone	野外电话	野外電話,野戰電話
field test	现场试验	現場試驗
field upgrade	现场升级	現場升級
FIFO (=first-in-first-out)	先进先出	先進先出
fifth generation computer	第五代计算机	第五代計算機
fifth generation language	第五代语言	第五代語言
fifth normal form	第五范式	第五正規形式
figure of merit (G/T)	优质因数	優質因數
filament	灯丝	燈絲
filament current	灯丝电流,线电流	線電流
filament transformer	灯丝变压器	燈絲變壓器
file	文件	檔案,歸檔
file access	文件存取	檔案存取
file access data unit	文件存取数据单元	檔案存取資料單元
file allocation	文件分配	檔案配置
file allocation table (FAT)	文件分配表	檔案配置表
file allocation time	文件分配时间	檔案分配時間
file attribute	文件属性	檔案屬性
file buckup	文件备份	檔案備份
file checking program	文件检验程序	檔案檢驗程式
file contention	文件争用	檔案爭用
file control	文件控制	檔案控制
file control block (FCB)	文件控制块	檔案控制區塊,檔案控制段
file creation	文件创建	檔案建立
file definition	文件定义	檔案定義
file directory	文件目录	檔案目錄
file event	文件事件	檔案事件
file fragmentation	文件分段	檔案片段
file handle	文件句柄	檔案處置
file lock	文件锁	檔案鎖
file maintenance	文件维护	檔案維護
file management	文件管理	檔案管理

英 文 名	大 陆 名	台 湾 名
file management protocol	文件管理协议	檔案管理協定
file management system (FMS)	文件管理系统	檔案管理系統
file memory	文件存储器	檔案記憶體
file name	文件名	檔案名稱
file name extension	文件名扩展	檔案延伸名稱
file organization	文件组织	檔案組織
file protection	文件保护	檔案保護
file protection ring	文件保护环	護檔環
file protect ring (=file protection ring)	文件保护环	護檔環
file security	文件安全	檔案安全
file server	文件服务器	檔案伺服器,檔案伺服站
file sharing	文件共享	檔案分享
file size	文件大小	檔案大小
file space	文件空间	檔案空間
file specification	文件规约	檔案規格
file status table (FST)	文件状态表	檔案狀態表
file structure	文件结构	檔案結構
file subsystem	文件子系统	檔案子系統
file system	文件系统	檔案系統
file transfer	文件传送	檔案傳送
file transfer, access and management (FTAM)	文件传送、存取和管理	檔案傳送、存取和管理
file transfer-access method (FTAM)	文件传送存取方法	檔案傳送存取方法
file transfer protocol (FTP)	文件传送协议	檔案傳送協定
file updating	文件更新	檔案更新
fill	填充	填充
fill area	填充区	填充區
filler pulse	填充脉冲	填充脈波
fillet	圆角	修邊
fill factor	填充因数	填充因數
filling (=fill)	填充	填充
film badge (=film dosemeter)	胶片剂量计	膠片劑量計
film cathode	薄膜阴极	薄膜陰極
film disk	①薄膜唱片 ②薄膜磁盘	①薄膜唱片 ②薄膜磁碟
film dosemeter	胶片剂量计	膠片劑量計
film inductor	薄膜电感器	薄膜電感
film resistance	膜电阻	膜電阻

英 文 名	大 陆 名	台 湾 名
FILO (=first-in last-out)	先进后出	先進後出
filter	滤波器	①濾波器 ②過濾器
filter bank	滤波器组	濾波器組
filtering agent	筛选主体	過濾代理
filtering capacitor	滤波电容器	濾波電容
filter-press	压滤	壓濾
FIMS (=field ion mass spectroscopy)	场致离子质谱[学]	場致離子質譜[學]
final inspection	最终检查,终检	最終檢查,終檢
final minification	精缩	精縮
final model	终结模型	最終模型
final state	终结状态	終態
find	查找,搜索	查找
find and replace	查找并替换	查找和替換
fine grain	细粒度	細粒度
fine index	细索引	微索引
fine positioning	精定位	精定位
fingerprint	指纹	指紋
fingerprint analysis	指纹分析	指紋分析
finite automaton	有穷自动机,有限自动机	有限自動機
finite controller	有限控制器	有限控制器
finite element analysis (FEA)	有限元分析	有限元素分析
finite element method (FEM)	有限元法	有限元素法
finite element modeling	有限元建模	有限元素模型化
finite field	有限场	有限場
finite filter length effect	有限滤波器长度效应	有限濾波器長度效應
finite geometry block code	有限几何尺寸块码	有限幾何區塊碼
finite goal	有限目标	有限目標
finite group	有限群	有限群
finite impulse response (FIR)	有限冲激响应	有限脈衝反應
finiteness problem	有穷性问题	有限性問題
finite net	有限网	有限網
finite point set	有限点集	有限點集
finite splitting field	有限分割场	有限分割場
finite state grammar	有限状态语法	有限狀態文法
finite state machine	有限状态机	有限態機器
finite state system	有穷状态系统	有限狀態系統
finite state vector quantizer (FSVQ)	有限状态向量量[子]	有限狀態之向量量化器

英 文 名	大 陆 名	台 湾 名
	化器	
finite-turn PDA	有穷转向下推自动机	有限轉向下推自動機
fin line	鳍线	鰭狀線
fin-line waveguide	鳍线波导	鰭線波導
FIR (=finite impulse response)	有限冲激响应	有限脈衝反應
Fire code	法尔码	懷爾碼
fire control	火力控制	火力管制,發射管制
fire control radar	火控雷达	火控雷達
fire retardance	阻火	阻火
firewall	防火墙,网盾	防火牆
firing	着火	著火
firing rule	实施规则	點火規則
firing voltage	着火电压	著火電壓
firmware	固件	韌體
first event error probability	最先事件错误概率	最先事件錯誤機率
first generation computer	第一代计算机	第一代計算機
first generation language	第一代语言	第一代語言
first-in-first-out (FIFO)	先进先出	先進先出
first-in-last-out (FILO)	先进后出	先進後出
first minification	初缩	初縮
first moment	一阶矩	一階矩
first normal form	第一范式	第一正規形式
first-order logic	一阶逻辑	一階邏輯
first-order system	一阶系统	一階系統
first-order theory	一阶理论	一階理論
fishbone antenna	鱼骨天线	魚骨天線
fit	非特	適
fitting	拟合	適
fixed attenuator	固定衰减器	定值衰減器
fixed capacitor	固定电容器	固定電容
fixed connector	固定连接器	固定連接器
fixed failure number test	定失效数寿命试验	定失效數壽命試驗
fixed inductor	固定电感器	固定電感
fixed-length coding	等长编码	等長編碼
fixed phrase	固定短语	固定片語
fixed-point computer	定点计算机	定點計算機
fixed-point number	定点数	定點數
fixed-point operation	定点运算	定點運算

英文名	大陆名	台湾名
fixed-point register	定点寄存器	定點暫存器
fixed resistor	固定电阻器	固定電阻
fixed routing	固定选路	固定式路由法
fixed satellite service (FSS)	固定卫星业务	固定衛星服務
fixed word length	固定字长	固定字長
fixture	夹具	夾具,固定物
Fizeau interferometer	菲佐干涉仪	斐索干涉儀
flag	旗标	旗標
flag alarm	警旗	警旗
flag bit	旗标比特	旗標位元
flag field	旗标字段	旗標欄位
flag register	标志寄存器;旗标寄存器	旗標暫存器
flag sequence	标志序列	旗標序列
flame fusion	火焰熔接	火焰熔接
flammability	易燃性	易燃性
flange	凸缘	凸緣
flap valve	翻板阀	翻板閥
flare computer	拉平计算器	拉平計算機
flare-out guidance unit	拉平引导单元	拉平引導單元
flash EPROM	快[可]擦编程只读存储器	快可抹除唯讀記憶體
flash memory	闪速存储器	快閃記憶體
flat address space	平面地址空间	平面位址空間
Flat-band voltage	平带电压	平帶電壓
flat-bed plotter	平板绘图机	平床繪圖機
flat-bed scanner	平板扫描仪	平板掃描器
flat cable	带状电缆,扁平电缆	帶狀電纜,扁平電纜
flat cathode-ray tube	扁平阴极射线管	扁平陰極射線管
flat file	平面文件	平面檔,平坦檔
flat file system	平面文件系统	平面檔案系統
flat flange	平板法兰[盘]	平板法蘭盤
flat packaging	扁平封装	扁平封裝
flat panel display	①平板显示器 ②平板显示	①平板顯示器,扁平面顯示器 ②平板顯示
flat plate	平板	平板
flat plate antenna	平板天线	[金屬]平板天線
flat squared picture tube (FS picture	方角平屏显像管	方角平屏顯象管

英 文 名	大 陆 名	台 湾 名
tube)		
flattop antenna	平顶天线	平頂天線
flat transmission	等幅传输	等幅傳輸
flaw	瑕点	缺陷
FLEETSATCOM (=fleet satellite communication system)	舰队卫星通信系统	艦隊衛星通信系統
fleet satellite communication system (FLEETSATCOM)	舰队卫星通信系统	艦隊衛星通信系統
flexibility	灵活性	彈性,柔性
flexible conductor	软导线	軟導線
flexible disk (=floppy disk)	软磁盘,软盘	軟磁碟,磁片
flexible manufacture system (FMS) (=flexible manufacturing system)	柔性制造系统	彈性製造系統
flexible manufacturing system (FMS)	柔性制造系统	彈性製造系統
flexible printed board	柔韧印制板	可折疊印刷板
flexible solar cell array	柔性太阳电池阵	柔性太陽電池陣
flexible waveguide	软波导	可變曲波導
flexure connector	柔性连接器	彎曲連接器
flicker	闪烁	閃爍
flight height	飞行高度	飛行高度
flint glass	燧石玻璃	燧石玻璃
flip-flop	触发器	①觸發器,正反器 ②觸發
flip-flop circuit	双稳[触发]电路	雙穩[觸發]電路
flipping (=conversion)	转换	轉換
FLIR (=forward-looking infrared)	前视红外线	前視紅外線
FLIS (=forward-looking infrared system)	红外前视系统	紅外前視系統
float head	浮动磁头	浮動磁頭
floating charge	浮充电	浮充電
floating deck modulator	漂浮牌组调制器	漂浮牌組調變器
floating failure	漂移失效	浮動失效
floating gate avalanche injection MOSFET	浮栅雪崩注入 MOS 场效晶体管	浮閘極累增注入 MOS 場效電晶體
floating gate avalanche injection type MOS memory (FAMOS memory)	浮栅雪崩注入 MOS 存储器	浮閘極累增注入 MOS 記憶體
floating head (=float head)	浮动磁头	浮動磁頭
floating magnetic head (=float head)	浮动磁头	浮動磁頭
floating-point computer	浮点计算机	浮點計算機

英文名	大陆名	台湾名
floating-point number	浮点数	浮點數
floating-point operation	浮点运算	浮點運算
floating-point operations per second	浮点运算每秒	每秒浮點運算次數
floating-point processing unit (FPU)	浮点处理单元	浮點處理單元
floating-point register	浮点寄存器	浮點暫存器
floating-zone grown silicon (FZ-Si)	悬浮区熔硅	浮懸區熔矽
floating-zone method	悬浮区熔法	浮懸區熔法
float mounting connector	浮动安装连接器	浮動安裝連接器
flood gun	泛射式电子枪	泛射式電子槍
flooding	泛滥	滿熒幕
flooding bridge routing	泛滥式桥接选路	泛射式橋接路由法
flooding routing	泛搜索路由选择	泛搜索路由選擇
floodlight	泛光	漫射光
floppy disk	软磁盘,软盘	軟磁碟,磁片
floppy disk drive (FDD)	软盘驱动器,软驱	軟式磁碟驅動機
floppy disk flutter	软盘抖动	軟碟顫動
floptical disk	光磁软盘	軟光磁碟
Floquet's periodicity theorem	弗洛凯周期定理	弗羅奎茲週期定理
Floquet's theorem	弗洛凯定理	弗羅奎茲定理
flow (= stream)	流	①流 ②流程 ③流動
flow-based routing	基于流量的选路	流量基礎路由法
flowchart	流程图	流程圖,流向圖
flow conductance	流导	流導
flow conductance method	流导法	流導法
flow control	①流量控制 ②流控制	①流量控制 ②流程控制
flow dependence	流依赖	流程相依
flow diagram (= flowchart)	流程图	流程圖,流向圖
flow graph analysis	流向图分析	流向圖分析
flowing gas CO_2 laser	流动式 CO_2 激光器	流動式二氧化碳雷射
flow rate	流率	流率
flow relation	流关系	流程關係
flow resistance	流阻	流阻
flow sources	流源	流源
fluorescence	荧光	熒光
fluorescence linewidth	荧光线宽	熒光線寬
fluorescent character display tube	荧光数码管	熒光數位顯示管
flush	转储清除	①清除 ②排齊
flushing time	流过时间	通過時間

英 文 名	大 陆 名	台 湾 名
flush left	左对齐	左邊排齊
flush-mounted antenna	平嵌天线	平嵌天線
flush right	右对齐	右邊排齊
flush small antenna	平置小天线	平置式小型天線
flux density	通量密度	通量密度
flux lines	通量线	通量線
fluxmeter	磁通计	磁通計
flyback time	回扫时间	回掃時間
flying head (=float head)	浮动磁头	浮動磁頭
flying height	浮动高度	浮動高度
flying spot scanner (FSS)	飞点扫描仪	飛點掃描儀
flywheel	飞轮	飛輪
flywheel period	飞轮周期	飛輪週期
FM (=frequency modulation)	调频	調頻
FM broadcasting	调频广播	調頻廣播
FM capture effect	调频捕获效果,调频捕获效应	調頻捕獲效應
FM continuous-wave (FM-CW)	调频连续波	調頻連續波
FM continuous-wave radar (FM-CW radar)	调频连续波雷达	調頻連續波雷達
FM-CW radar (=FM continuous-wave radar)	调频连续波雷达	調頻連續波雷達
FMCW waveform	调频连续波波形	調頻連續波波形
FMD (=functional management data)	功能管理数据	功能管理資料
FM detector	调频检测器	調頻檢測器
FM/FDM (=frequency modulation/frequency division mutiplex)	调频－频分多路复用	調頻－頻分多工
FM/FDMA (=frequency modulation/frequency division multiple access)	调频－频分多址	調頻－頻分多重進接
FM noise	调频噪声	調頻雜訊
FM PLL demodulator	调频锁相环解调器	調頻鎖相迴路解解調器,調頻鎖相迴路調變器
FM ranging	调频测距法	調頻測距法
FM receiver	调频接收机	調頻接收機
FMS (=①file management system ②flexible manufacturing system, flexible manufacture system)	①文件管理系统 ②柔性制造系统	①檔案管理系統 ②彈性製造系統

英 文 名	大 陆 名	台 湾 名
FM signal	调频信号	調頻訊號
FM stereo	调频立体声	調頻身歷聲道,調頻雙聲道;調頻
FM transmitter (=frequency modulated transmitter)	调频发射机	調頻發射機
FM transmitting antenna	调频发射天线	調頻發射天線
FNS (=functional neuromuscular stimulation)	功能性神经肌肉电刺激	功能性神經肌肉電刺激
focal length	焦距	焦距
focal plane array	焦平面阵列	聚焦面陣列
focal plane field	焦面场	焦面場
focused synthetic array	对焦合成阵列	對焦合成陣列
focusing	聚焦	聚焦
focus servo	聚焦伺服	聚焦伺服
FODA (=feature-oriented domain analysis method)	面向特征的领域分析方法	特徵導向的領域分析方法
fog	雾	霧,感光過度
FOG (=fiber optic gyro)	光纤陀螺仪	光纖陀螺儀
fog attenuation	雾气衰减	霧氣衰減
folded dipole	折合振子	折疊雙極
folded dipole antenna	折合振子天线	折疊雙極天線
folded slow wave line	曲折线慢波线	曲折線慢波線
folded spectrum	折叠频谱	折疊頻譜
folded-waveguide circuit	折叠波导电路	折疊波導電路
fold-out type solar cell array	折叠式太阳电池阵	折疊式太陽電池陣
foldover	卷折	卷折
foliage attenuation	叶式衰减	樹葉衰減
foliage penetration	电波穿透树叶的能力	電波穿透樹葉的能力
follower constellation	后继丛	跟隨叢
follow-up control	随动控制	跟隨控制
font (=font type)	字型	字型
font type	字型	字型
footer (=footnote)	页脚	註腳
footing (=footnote)	页脚	註腳
footnote	页脚	註腳
forbidden character	禁用字符	禁用字元
forbidden combination	禁用组合	禁用組合
forbidden combination check	禁用组合检验	禁用組合核對

英 文 名	大 陆 名	台 湾 名
forbidden list	禁止表	禁用表
forbidden state	禁止状态	禁用狀態
forced air cooling	强制气冷	強制空氣冷卻
forced convection	强制对流	強制對流
forced cooling	强制冷却	強制冷卻
forced display	强行显示	強制顯示
forced oscillation	强迫振荡	強迫振盪
force sensor	力敏感器	力感測器
forecasting model	预测模型	預測模型
foreground	前台	①前台 ②前景
foreground color	前景色	前景顏色
foreground initiator	前台初启程序	前台初啟程式
foreground job	前台作业	前台工件
foreground mode	前台操作方式	前台模式
foreground monitor	前台监控程序	前台監視器
foreground paging	前台分页	前台分頁
foreground partition	前台分区	前台分區
foreground region	前台区	前台區域
foreground scheduler	前台调度程序	前台排程器
foreground task	前台任务	前台任務
foreign key	外[键]码	外區鍵,外來關鍵碼
forge	伪造	偽造
forgetting factor	遗忘因子	遺忘因子
forging algorithm	伪造算法	偽造演算法
fork	分叉	叉路
formal calculus	形式演算	形式演算
formal description	形式描述	形式描述
formal language	形式语言	形式語言
formal method	形式方法	形式方法
formal parameter	形参	形式參數
formal reasoning	形式推理	形式推理
formal semantics	形式语义学	形式語意
formal specification	形式规约	形式規格
formal system	形式系统	形式系統
formal testing	正式测试	形式測試
formant	共振峰	共振峰
format	格式	格式,製作格式
format effector	格式控制符	格式控號,格式控制字

英 文 名	大 陆 名	台 湾 名
		元
formation rule	形式规则	成形規則
formatted capacity	格式化容量	格式化容量
formatted data	格式化数据	格式化資料
formatting	格式化	格式化
formatting utility	格式化实用程序	格式化公用程式
form factor	形状因子	形狀因數
form feature	形状特征	形狀特徵
form feed	换页	跳頁
forming	成型	成型
forming circuit	成形电路	成形電路
form letter	形式信件	表格字母
forsterite ceramic	镁橄榄石瓷	鎂橄欖石瓷
Forth	Forth 语言	Forth 語言
forth normal form	第四范式	第四正規形式
forum	论坛	論壇
forward biased P-N junction	正向偏压 P－N 结	前向偏壓 P－N 接面
forward call indicator	前向回叫指示	正向呼叫指示元
forward chained reasoning (=forward reasoning)	正向推理	正向推理,正向鏈接推理
forward channel	正向信道	正向通道
forward compatibility	正向兼容性	正向相容能力
forward crosstalk	前向串扰	正向串音
forward discrete cosine transform (FDCT)	正向离散余弦变换	正向離散餘弦轉換
forward error correction (FEC)	前向纠错	前向糾錯
forward explicit congestion indication (FECI)	前向显式拥塞指示	正向顯式擁塞指示
forwarding	转发	轉發
forward LAN channel	正向局域网信道	正向區域網路通道
forward-looking infrared (FLIR)	前视红外线	前視紅外線
forward-looking infrared system (FLIS)	红外前视系统	紅外前視系統
forward loss	正向损耗	正向損耗
forward motion vector	前移向量	前向移動向量
forward reachability	向前可达性	正向可達性
forward reasoning	正向推理	正向推理,正向鏈接推理
forward recovery	正向恢复	正向恢復
forward recovery time	正向恢复时间	正向恢復時間

英　文　名	大　陆　名	台　湾　名
forward scatter	前向散射	前向散射
forward-search algorithm	前向搜索式算法,向前搜寻式算法	向前搜尋式演算法
forward transfer message (FOT)	正向传送信息	正向傳送信息
forward velocity triangle	航行速度三角形	航行速度三角形
forward wave	前向波	前向波
Foster scanner	福斯特扫描器,福斯特扫描仪	福斯特掃描器
Foster-Seely detector	福斯特－西利检测器	Foster Seely 檢測器
Foster's reactance theorem	福斯特电抗定理	福斯特電抗定理
FOT (= forward transfer message)	正向传送信息	正向傳送信息
fountain model	喷泉模型	噴泉模型
Fourier analyzer	傅里叶分析仪	傅立葉分析儀
Fourier descriptor	傅里叶描述子	傅立葉描述符
Fourier series	傅里叶级数	傅立葉級數,傅氏級數
Fourier spectrum	傅里叶频谱	傅立葉頻譜
Fourier transform	傅里叶变换	傅立葉轉換
four-level system	四能级系统	四能階系統
four-probe method	四探针法	四點探針法
four-terminal network	四端网络	四端網路
fourth generation computer	第四代计算机	第四代計算機
fourth generation language	第四代语言	第四代語言
four-wave mixing	四波混频	四波混頻
four-wire system	四线制	四線製
FPGA (= field programmable gate array)	现场可编程门阵列	現場可程式閘陣列
FPLA (= field programmable logic array)	现场可编程逻辑阵列	現場可程式邏輯陣列
F-preserve mapping	保 F 映射	保留 F 對映
fps (= frames per second)	帧每秒	每秒框數
FPU (= floating-point processing unit)	浮点处理单元	浮點處理單元
FQDN (= fully qualified domain name)	全限定域名,全称域名	全限定域名
fractal	分形	碎型
fractal encoding	分形编码	碎型編碼
fractal geometry	分形几何	碎型幾何
fractional bandwidth	部分带宽	部分頻寬
fraction defective	不合格品率	不合格品率
fragment	片段	片段
fragmentation	[磁盘]记录块	儲存片,片段儲存
fragmentation schema	分片模式	片段綱目

英 文 名	大 陆 名	台 湾 名
fragmentation transparency	分片透明	片段透通性
frame	帧	框,資訊框
frame alignment	帧定位	幀定位
frame buffer	帧缓存器	碼框緩衝器
frame check sequence (FCS)	帧检验序列	框檢查順序
frame control field	帧控制字段	框控制欄位
framed interface	帧[结构]接口	框介面
frame encapsulation	帧封装	框封裝
frame end delimiter	帧尾定界符	結束框架定界符,框端定界符
frame format	帧格式	框格式
frame frequency	帧频	框頻
frame grammar	框架语法	框文法
frame header	帧头	框標頭
frame knowledge representation	框架知识表示	框知識表示
frame output transformer	帧输出变压器	訊框輸出變壓器
frame period	帧周期	框週期
frame problem	帧面问题	框問題
frame rate	帧率	框速率
frame relay	帧中继	迅框中繼
frame relaying network (FRN)	帧中继网	訊框中繼網路
frames per second (fps)	帧每秒	每秒框數
frame-start delimiter	帧首定界符	開始框架定界符,框起始定界符
frame synchronization	帧同步	[碼]框同步
frame theory	框架理论	框理論
frame timing	帧定时	框時序
framework	框架	框架
framing	成帧	①成框,定框 ②尋框
framing bit	成帧比特	定框位元,碼框位元
framing error	成帧差错	框[同步]錯誤,定框誤差
Frank codes	弗兰克码	法蘭克碼
Franklin array	富兰克林阵列	法蘭克林陣列
fraud	诈骗	欺詐
fraudulent codeword	伪造码字	偽造碼字
Fraunhofer region	夫琅禾费场区	法隆霍弗場區
Fraunhofer zone (=Fraunhofer region)	夫琅禾费场区	法隆霍弗場區

英 文 名	大 陆 名	台 湾 名
free access floor (=false floor)	活动地板	活動地板,假地板
free agent	自由主体	自由代理
free choice net	自由选择网	自由選擇網
free connector	自由端连接器	自由端連接器
free convection (=natural convection)	自然对流	自然對流
free distance	自由距离	自由距離
free electron laser (FEL)	自由电子激光器	自由電子雷射
free format	自定格式	自訂格式
free-form curve	自由曲线	自由形式曲線
free-form surface	自由曲面	自由形式曲面
free list	自由表	自由表
free-net	免费网	免費網
free oscillation	自由振荡	自由振盪
free schema	自由模式	自由綱目
free software	自由软件	自由軟體
free space	自由空间	自由空間
free-space attenuation	自由空间衰减	自由空間衰減
free space list	自由空间表	自由空間表
free-space loss	自由空间损耗	自由空間損耗
free space transmission	自由空间传输	自由空間傳輸
free space wavelength	自由空间波长	自由空間波長
freeware	免费软件	免費軟體
free-word retrieval	自由词检索	自由詞檢索
frequency	频率	頻率
frequency acquisition	频率获取	頻率獲取
frequency agile magnetron	捷变频磁控管	捷變頻磁控管
frequency-agile radar	频率捷变雷达	頻率捷變雷達
frequency agility	频率捷变	頻率捷變
frequency allocation	频率分配	頻率指配
frequency assignment	频率指配	頻率指配
frequency band	频带	頻帶
frequency characteristic	频率特性	頻率特性
frequency coding	频率编码	頻率編碼
frequency coherence	频率相干	頻率同調
frequency conversion	变频	變頻
frequency converter	变频器	變頻器
frequency correlation	频率相关	頻率關聯
frequency decorrelation	频率去相关	頻率去相關

英 文 名	大 陆 名	台 湾 名
frequency-dependent coding	依频编码	依頻編碼法
frequency deviation	频偏	頻偏
frequency deviation meter	频偏表	頻偏表
frequency deviation ratio	频偏比	頻率偏移比
frequency discrimination	鉴频	鑑頻
frequency discriminator	鉴频器,甄频器	鑑頻器,甄頻器
frequency distortion	频率失真	頻率失真
frequency diversity	频率分集	頻率分集
frequency diversity radar	频率分集雷达	頻率分集雷達
frequency divider	分频器	分頻器
frequency division	分频	分頻
frequency division command	频分指令	頻分指令
frequency division modulation	频分调制	分頻調變
frequency division multiple access (FDMA)	频分多址	頻分多址
frequency division multiplexing (FDM)	频分复用	頻分復用
frequency division telemetry	频分遥测	頻分遙測
frequency domain	频域	頻域
frequency-domain automatic network analyzer (FDANA)	频域自动网络分析仪	頻域自動網路分析儀
frequency domain coding	频域编码	頻域編碼
frequency-domain equalizer	频域均衡器	頻域均衡器
frequency domain measurement	频域测量	頻域測量
frequency doubler	双倍频器	雙倍頻器
frequency histogram	频数直方图	頻數直方圖
frequency-hopped spread spectrum	跳频式扩频	跳頻式展頻
frequency-hopped spread spectrum signal	跳频扩频信号	跳頻展頻訊號,跳頻展頻訊號
frequency hopping	频率跳变,跳频	頻率跳變,跳頻
frequency hopping multiple access (FHMA)	跳频多址	跳頻多重進接
frequency-independent antenna	与频率无关的天线	與頻率無關之天線,非特定頻率天線
frequency interlacing	频率交错	頻率交錯
frequency-invariant linear filtering	频率不变式线性滤波	頻率不變線性濾波
frequency inversion	频带倒置	頻帶倒置
frequency jitter	频率抖动	頻率抖動
frequency line	频谱线	頻譜線

英　文　名	大　陆　名	台　湾　名
frequency lock	频率锁定	頻率鎖定
frequency measurement	测频	測頻
frequency memory	频率存储,储频	頻率存儲,儲頻
frequency meter	频率计	頻率計
frequency modulated transmitter (FM transmitter)	调频发射机	調頻發射機
frequency-modulating laser	调频激光器	調頻雷射
frequency modulation (FM)	调频	調頻
frequency modulation distortion	调频失真	調頻失真
frequency modulation/frequency division multiple access (FM/FDMA)	调频－频分多址	調頻－分頻多重進接
frequency modulation/frequency division mutiplex (FM/FDM)	调频－频分多路复用	調頻－分頻多工
frequency modulation index	调频指数	調頻指數,頻率調變係數
frequency-modulation radar	调频雷达	調頻雷達
frequency modulation recording	调频记录法,FM 记录法	調頻記錄
frequency modulator	调频器	調頻器
frequency multiplication	倍频	倍頻
frequency multiplier	倍频器	倍頻器
frequency multiplier chain	倍频链	倍頻鏈
frequency nonselective channel	频率非选择性信道	非頻率選擇性通道
frequency offset	频率偏置	頻率差距,頻率偏差值
frequency planning	频率规划	頻率規劃
frequency-power limitation	频率－功率限制	頻寬－功率限制
frequency pulling	频率牵引	頻率牽引
frequency resolution	频率分辨率	頻率解析度
frequency response	频率响应	頻率附應
frequency-response compensation	频率响应补偿	頻率回應補償
frequency reuse	频率再用	頻率再使用,頻道復用
frequency scan	频率扫描	頻率掃描
frequency-scan radar	频扫雷达	頻起地雷達
frequency selective amplifier	选频放大器	選頻放大器
frequency selective channel	频率选择性信道	頻率選擇性通道
frequency-sensitive reflector	频敏反射器	頻率敏感反射器
frequency shifter	移频器	移頻器
frequency shifter wavelength filter	波长滤波器移频器	波長濾波器移頻器

英 文 名	大 陆 名	台 湾 名
frequency shift keying (FSK)	频移键控	頻率移鍵
frequency span (=scan width)	扫频宽度	掃頻寬度
frequency spectrum	频谱	頻譜
frequency stability	频率稳定度	頻率穩定度
frequency stabilization	频率稳定[化]	頻率穩定[化]
frequency stabilization circuits	稳频电路	穩頻電路
frequency staggering	频带参差	頻帶參差
frequency step	频率阶跃	頻率步階
frequency-stepped waveform	步进式频率[调变]波形	步進式頻率[調變]波形
frequency stepping	频率步进	步進頻率
frequency synthesizer	频率合成器	頻率合成器
frequency time standard (FTS)	频率时间标准	頻率時間標準
frequency transfer function	频率传递函数	頻率轉移函數
frequency translation	频率变换	頻率變換
frequency up-conversion	频率上转换	升頻率轉換
frequently asked questions (FAQ)	常见问题	常見問題
Fresnel contour	菲涅耳等值线	弗芮耳等高線
Fresnel number	菲涅耳数	弗芮耳數
Fresnel reflection	菲涅耳反射	弗芮耳反射
Fresnel region	菲涅耳区	弗芮耳場區
friction feed	摩擦输纸	摩擦供紙
Friis transmission equation	弗里斯传输方程	弗林斯傳輸方程式
fringe	干涉纹	干涉紋
fringe interference	干涉纹干扰	干涉紋干擾
FRN (=frame relaying network)	帧中继网	訊框中繼網路
front end	前端	前級
front-end processor	前端处理器	前端處理機
front feed reflector	前馈反射器	前面饋伺之反射器,正面饋伺之反射器
frozen token	冻结标记	凍結符記
F-scope (=error display)	误差显示器	誤差顯示器
FSK (=frequency shift keying)	频移键控	頻率移鍵
FS picture tube (=flat squared picture tube)	方角平屏显像管	方角平屏顯象管
FSS (=①fixed satellite service ②flying spot scanner)	①固定卫星业务 ②飞点扫描仪	①固定衛星服務 ②飛點掃描儀
FST (=①fast sequenced transport ② file	①快速有序运输 ②文	①快速依序傳送 ②檔

英 文 名	大 陆 名	台 湾 名
status table)	件状态表	案狀態表
FSVQ (=finite state vector quantizer)	有限状态向量量[子]化器	有限狀態之向量量化器
FTA (=fault tree analysis)	故障树分析	故障樹分析
FTAM (=file transfer, access and management)	文件传送、存取和管理	檔案傳送、存取和管理
FT-AM (=file transfer-access method)	文件传送存取方法	檔案傳送存取方法
FTC (=fast time control)	快时间控制	快時間控制
FTP (=file transfer protocol)	文件传送协议	檔案傳送協定
Fuchs-Sondheimer equation	富克斯－松德海默方程	法曲－桑黑莫方程式
fuel cell	燃料电池	燃料電池
fuel depletion	燃料耗尽	燃料耗盡
fuel lifetime	燃料寿命期	燃料生命期
full adder	全加器	全加器
full color display	全色显示	全色顯示
full duplex	全双工	全雙工
full-duplex channel	全双工信道	全雙工通道
full-duplex transmission	全双工传输	全雙工傳輸
full functional dependence	完全函数依赖	全功能相依
full immersive VR	全沉浸式虚拟现实	全沉浸式虛擬實境
full motion video	全动感视频,全动感影像	全熒幕視訊訊號
full name	全名	全名
full-page display	整页显示	整頁顯示
full progression	完全渐进式	完全漸進式
full recovery	完全恢复	[完]全恢復
full screen	全屏幕	全熒幕
full subtracter	全减器	全減法器,全減器
full-text indexing	全文索引	全文索引
full-text retrieval	全文检索	全文檢索
full width half power points	全宽半功率点	全寬半功率點
fully-associative cache	全相联高速缓存	全相聯高速緩存快取
fully associative mapping	全相联映射	全相聯對映
fully connected network	全连接网	全連接網絡
fully connected topology	全连通拓扑	完全連接之拓撲
fully qualified domain name (FQDN)	全限定域名,全称域名	全限定域名
fully variable demand access (FVDA)	全可变按需接入	完全可變需要進接
function	①功能 ②函数	①功能 ②函數

英 文 名	大 陆 名	台 湾 名
functional ceramic	功能陶瓷	功能陶瓷
functional configuration audit (FCA)	功能性配置审计	功能組態稽核
functional decomposition	功能分解	功能分解
functional dependence	函数依赖	函數相依
functional dependence closure	函数依赖闭包	函數相依閉包
functional design	功能设计	功能設計
functional electrostimulation (FES)	功能性电刺激	功能性電刺激
functional fault	功能故障	功能故障
functional grammar	功能语法	功能文法
functionality	功能性	功能性
functional language	函数[式]语言	函數式語言
functional linguistics	功能语言学	功能語言學
functional management data (FMD)	功能管理数据	功能管理資料
functional material	功能材料	功能材料
functional memory	功能存储器	功能記憶體
functional model	功能模型	功能模型
functional neuromuscular stimulation (FNS)	功能性神经肌肉电刺激	功能性神經肌肉電刺激
functional programming	函数程序设计	函數程式設計
functional requirements	功能需求	功能需求
functional specification	功能规约	功能規格
functional test	功能测试	功能測試
functional unit	功能部件	功能單元
function block	功能块	功能塊
function call	函数调用	函數呼叫
function code	功能码	功能碼
function diskette	功能软盘	功能軟碟
function generator	函数发生器	函數發生器
function-independent testing	功能无关测试	功能無關測試
function-oriented hierarchical model	面向功能的层次模型	功能導向階層式模型
function unit	功能单元	功能單元
fundamental frequency (=basic frequency)	基频	基頻,基本頻率
fundamental mode	基本模式,基模	主要模態
fundamental wave	基波	基波
fusible link	熔丝连接	可熔鏈接
fusible link PROM	熔丝[可]编程只读存储器	可熔鏈接可程式化唯讀記憶體

英　文　名	大　陆　名	台　湾　名
fusing resistor	熔断电阻器	熔斷電阻
fusion	融合	融合
fusion splice	熔接	熔合熔接[器]
fuzing	开启引信	開啟引信
fuzzification	模糊化	模糊化
fuzzily-genetic system	模糊遗传系统	模糊遺傳系統
fuzzy control	模糊控制	乏晰控制
fuzzy data	模糊数据	乏晰資料
fuzzy database	模糊数据库	模糊資料庫
fuzzy information	模糊信息	模糊資訊
fuzzy logic	模糊逻辑	模糊邏輯
fuzzy mathematics	模糊数学	乏晰數學
fuzzy-neural network	模糊神经网络	模糊類神經網路
fuzzy query language	模糊查询语言	模糊查詢語言
fuzzy reasoning	模糊推理	乏晰推理
fuzzy relaxation	模糊松弛法	模糊鬆弛法
fuzzy search	模糊搜索	模糊查詢
fuzzy set	模糊集	乏晰集合
fuzzy set theory	模糊集合论	乏晰集合論
FVDA (=fully variable demand access)	全可变按需接入	完全可變需要進接
FZ-Si (=floating-zone grown silicon)	悬浮区熔硅	浮懸區熔矽

G

英　文　名	大　陆　名	台　湾　名
G (=giga)	吉	千兆,十億
GaAlAs LED	砷化镓铝发光二极管	砷化鎵鋁發光二極體
GaAs FET	砷化镓场效应晶体管	砷化鎵場效電晶體
GaAs PN junction injection laser	砷化镓 PN 结注入式激光器	砷化鎵 PN 接面注入式雷射
Gabor transformation	加博变换	加博變換
gain	增益	增益
GaInAsP/InP laser	砷磷化镓铟－磷化铟激光	砷磷化鎵銦/磷化銦雷射
GaInAsP laser	砷磷化镓铟激光	砷磷化鎵銦雷射
gain-bandwidth product	增益带宽积	增益－頻寬乘積
gain margin	增益裕量	增益裕量
gain/noise temperature (G/T)	增益噪声温度比	增益與雜訊溫度比

英 文 名	大 陆 名	台 湾 名
gain saturation	增益饱和	增益飽和
gait analysis system	步态分析系统	步態分析系統
GAL (=generic array logic)	通用阵列逻辑[电路]	同屬陣列邏輯
Galactic noise temperature	银河噪声温度	星河雜訊溫度,銀河雜訊溫度
Galactic [sky] noise	银河天空噪声	銀河天空雜訊
gallium arsenide solar cell	砷化镓太阳电池	砷化鎵太陽電池
galloping test	跳步测试	躍步測試
Galois field	伽罗瓦域	伽羅場,加洛亞場
galvanic cell	原电池	原電池
galvanometer	检流计,灵敏电流计	檢流計,靈敏電流計
game	博弈,对策	博弈,對策,競賽
game graph	博弈图	競賽圖
game theory	博弈论	競賽理論
game theory-based negotiation	基于博弈论协商	競賽理論為主協商
game tree	博弈树	競賽樹
game tree search	博弈树搜索	競賽樹搜尋
gaming simulation	对策仿真	競賽模擬
gamma	伽马	伽瑪
gamma camera	γ照相机	γ照相機
gamma function	伽马函数	伽瑪函數
gamma ray	伽马射线	伽瑪射線
gamma-ray spectrometer	γ射线谱仪	γ射線譜儀
gap	间隙	間隙
gap theorem	间隙定理	間隙定理
gap width	间隙宽度	間隙寬度
garbage	无用信息	廢料
garbage area	无用信息区	廢料區
garbage collector	无用信息收集程序	廢料收集器
garden path sentence	花园路径句子	花園路徑句子
gas amplification	气体放大	氣體放大
gas ballast vacuum pump	气镇真空泵	氣鎮真空幫浦
gas blocking	空气阻隔	空氣阻隔
gas discharge	气体放电	氣體放電
gas discharge tube	气体放电管	氣體放電管
gas discharging radiation counter tube	气体放电辐射计数管	氣體放電輻射計數管
gasdynamic laser	气动激光器	氣體動力雷射
gaseous tube (=gas filled tube)	充气管	充氣管

英 文 名	大 陆 名	台 湾 名
gas-filled rectifier tube	充气整流管	充氣整流管
gas-filled surge arrester	充气电涌放电器	充氣電涌放電器
gas filled tube	充气管	充氣管
gas flow detector	气流探测器	氣流探測器
gas ionization	气体电离	氣體電離
gas ionization potential	气体电离电位	氣體電離電位
gas laser	气体激光器	氣體雷射
gas-phase mass transfer coefficient	气相质量转移系数,气相传质系数	氣相質量轉移係數,氣相傳質係數
gas sensor	气[体]敏感器	氣體感測器
gas source diffusion	气态源扩散	氣態源擴散
gate	门	閘
gate array	门阵列	閘陣列
gate array method	门阵列法	閘陣列法
gate delay	门延迟	閘延遲
gated integrator	门控积分器	門控積分器
gate propagation delay	门传输延迟	閘傳輸延遲
gate valve	插板阀,闸阀	插板閥,閘閥
gateway	网关,信关	通訊閘,信關
gateway to gateway protocol (GGP)	网关到网关协议	閘道到閘道協定
gating	选通	閘控
Gaussian beam	高斯束	高斯束
Gaussian channel	高斯信道	高斯通道
Gaussian curvature approximation	高斯曲率逼近	高斯曲率逼近
Gaussian distribution	高斯分布	高斯分佈
Gaussian noise	高斯噪声	高斯雜訊
Gaussian white noise	高斯白噪声	高斯白雜訊
Gauss law	高斯定律	高斯定律
G band	G 波段	G 頻帶
GCM (=global coherent memory)	全局一致性存储器	總體一致性記憶體
G^1 continuity	一阶几何连续	一階幾何連續
G^2 continuity	二阶几何连续	二階幾何連續
GCR (=group-coded recording)	成组编码记录	群編碼記錄
GCRA (=generic cell rate algorithm)	类属细胞速率算法	通用細胞速率演算法
GDSS (=group decision support system)	群体决策支持系统	群組決策支援系統
Gegenbauer polynomial	盖根鲍尔多项式	傑根堡多項式
Geiger-Müller region	盖革-米勒区	蓋革-米勒區
Ge[Li] detector	锗[锂]探测器	鍺[鋰]探測器

英 文 名	大 陆 名	台 湾 名
general affine group	广义仿射群	廣義仿射群
general broadcast signaling virtual channel	通用广播信令虚拟通道	通用廣播訊號虛擬通道
generalization	泛化	一般化
generalized compatible operation	广义相容运算	一般化相容運算
generalized sequential machine	广义序列机	一般化順序機
generalized stochastic Petri net	广义随机佩特里网	一般化隨機佩特裏網
general linguistics	普通语言学	普通語言學
general net theory	通用网论	通用網路理論
general phrase structure grammar	广义短语结构语法	通用片語結構文法
general-problem solver (GPS)	通用问题求解程序	通用問題解答器
general-purpose computer	通用计算机	通用計算機
general-purpose interface bus (GPIB)	通用接口总线	通用界面匯流排
general-purpose operating system	通用操作系统	通用作業系統
general-purpose oscilloscope	通用示波器	通用示波器
general-purpose programming language	通用编程语言	通用程式設計語言
general-purpose register	通用寄存器	通用暫存器
general-purpose systems simulation (GPSS)	通用系统模拟语言	通用系統模擬語言
general user	一般用户	一般使用者
general word and phrase database	通用词语[数据]库	通用詞句片語資料庫
generating function	母函数	生成函數
generative linguistics	生成语言学	生成語言學
generator matrix	生成矩阵	生成矩陣
generator polynomial	生成多项式	生成多項式
generic array logic (GAL)	通用阵列逻辑[电路]	同屬陣列邏輯
generic cell rate algorithm (GCRA)	类属细胞速率算法	通用細胞速率演算法
generic flow control	类属流量控制	通用流量控制
generic notification	类属通知	通用通知
generic number	类属号码	通用號碼
genetic algorithm	遗传算法	遺傳演算法
genetic computing	遗传计算	遺傳計算
genetic learning	遗传学习	遺傳學習
genetic operation	遗传操作	遺傳操作
genetic programming algorithm	遗传规划算法	遺傳程式設計演算法
gentle slope formation method	慢速率成形法	慢速率成形法
geodesic lens antenna	短程透镜天线	測地線形透鏡天線
geodetic earth orbiting satellite (GEOS)	大地测量地球轨道卫星	大地測量地球軌道衛星
geographic information system (GIS)	地理信息系统	地理資訊系統

英 文 名	大 陆 名	台 湾 名
geometric code	几何码	幾何碼
geometric continuity	几何连续性	幾何連續性
geometric correction	几何校正	幾何校正
geometric dilution of precision	误差几何放大因子,几何因子	誤差幾何放大因子,幾何因子
geometric mean	几何平均	幾何平均
geometric measurement	几何形状量测	幾何形狀量測
geometric modeling	几何造型	幾何模型化
geometric transformation	几何变换	幾何變換
geometry deformation	几何变形	幾何變形
GEOS (= geodetic earth orbiting satellite)	大地测量地球轨道卫星	大地測量地球軌道衛星
geostationary meteorological satellite (GMS)	对地静止气象卫星	同步氣象衛星
geostationary satellite (GSS)	对地静止卫星	地球靜止衛星
geosynchronous orbit	同步轨道	同步軌道
germanium absorption	锗吸收	鍺吸收
germanium defect	锗缺陷	鍺缺陷
germanium optical detector	锗检光器	鍺檢光器
germanium photodiode	锗光电二极管	鍺[檢]光二極體
gesture message	手势消息	手勢訊息
gesture recognition	手势识别	手勢識別
gettering	吸杂,吸除	吸雜,吸除
getter ion pump	吸气剂离子泵	吸氣劑離子幫浦
getter pump	吸气剂泵	吸氣劑幫浦
GGP (= gateway to gateway protocol)	网关到网关协议	閘道到閘道協定
GH effect (= guest host effect)	宾主效应	賓主效應
ghost	重影	重影
ghost signal	重影信号	鬼影訊號,鬼影訊號
giant group	巨群	巨群
giant pulse laser	巨脉冲激光器	巨脈衝雷射
giant pulse technique	巨脉冲技术	巨脈衝技術
giant scale display	巨屏幕显示	巨熒幕顯示
Gibbs phenomena	吉布斯现象	吉普現象,吉普效應
Gibson mix	吉布森混合法	吉布森混合法
giga (G)	吉	千兆,十億
gigabit	十亿位,吉位	十億位元
gigabit Ethernet	吉比特以太网,千兆位以太网	高速乙太網路

英文名	大陆名	台湾名
gigabits per second	十亿位每秒,吉位每秒	每秒十億位元
gigabyte	十亿字节,吉字节	十億位元組
gigabytes per second	十亿字节每秒,吉字节每秒	每秒十億位元組數
gigacycle	吉周期	千兆週
giga floating-point operations per second (gigaflops)	十亿次浮点运算每秒,吉次浮点运算每秒	每秒億浮點運算
gigaflops (=giga floating point operations per second)	十亿次浮点运算每秒,吉次浮点运算每秒	每秒億浮點運算
giga instructions per second	十亿条指令每秒,吉条指令每秒	每秒十億條指令
giga operations per second	十亿次运算每秒,吉次运算每秒	每秒十億次運算
GII (=global information infrastructure)	全球信息基础设施	全球資訊基礎建設
GIS (=geographic information system)	地理信息系统	地理資訊系統
GKS (=graphical kernel system)	图形核心系统	圖形核心系統
GL (=graphic library)	图形库	圖形庫
glass bulb	玻壳	玻殼
glass envelope (=glass bulb)	玻壳	玻殼
glass epoxy board	玻璃环氧板	玻璃環氧板
glass fiber lightguide	玻璃光纤光导	玻璃光纖光導
glass packaging	玻璃封装	玻璃封裝
glass semiconductor	玻璃半导体	玻璃半導體
glazing	上釉	上釉
glide path beacon	下滑信标	下滑信標
glide-slope antenna	滑行斜坡天线	滑行[斜]坡形天線
glint error	闪烁误差	閃爍誤差
glitch	假信号	故障
global address	全球地址	全球位址
global address administration	全球地址管理	通用位址管理
global application	全局应用	全局應用程式
global beam antenna	全球波束天线	球狀波束天線,球狀光束天線
global beam cluster	全球波束集	球狀光束叢集
global coherent memory (GCM)	全局一致性存储器	總體一致性記憶體
global deadlock	全局死锁	總體死鎖
global failure	整体失效	總體失效
global fault	全局故障	總體故障

英文名	大陆名	台湾名
global find and replace	全程查找与替换	全程查找與替換
global gain	全域增益	全域增益
global illumination model	整体光照模型	總體光照模型
global information infrastructure (GII)	全球信息基础设施	全球資訊基礎建設
global knowledge	全局知识	總體知識
global light model (=global illumination model)	整体光照模型	總體光照模型
global memory	全局存储器	總體記憶
global mobile satellite system (GMPCS)	全球移动卫星系统	
global optimization	全局优化	全局最佳化
global positioning satellite (GPS)	全球定位卫星	全球定位衛星
global positioning system (GPS)	全球定位系统,GPS 系统	全球定位系統,GPS 系統
global query	全局查询	全局查詢
global query optimization	全局查询优化	全局查詢最佳化
global search	全局搜索	總體搜尋
global search-and-replace	全程搜索并替换	總體查尋並替換
global shared resource	全局共享资源	總體共享資源
global telecommunications system (GTS)	全球通信系统	全球通信系統,環球電信系統
global transaction	全局事务	總體異動
global variable	全局变量	總體變數
glow discharge	辉光放电	輝光放電
glow discharge tube	辉光放电管	輝光放電管
GMPCS (=global mobile satellite system)	全球移动卫星系统	
GMS (=geostationary meteorological satellite)	对地静止气象卫星	同步氣象衛星
GND (=ground)	接地	①接地 ②大地
goal case base	目标范例库	目標案例庫
goal clause	目标子句	目標子句
goal-directed behavior	目标引导行为	目標導向行為
goal-directed reasoning	目标导向推理	目標導向推理
goal-driven	目标驱动	目標驅動
goal object	目标对象	目標物件
goal regression	目标回归	目標回歸
goal set	目标集	目標集合
Goddard range and range rate (GRARR)	戈达德信标和信标变化	伽達信標和信標變化率

英 文 名	大 陆 名	台 湾 名
	率	
Gödel numbering	哥德尔配数	哥德數
gopher damage	地鼠损害	地鼠損害
Goppa code	戈帕码	迦伯碼
Gordon surface	戈登曲面	歌登曲面
GOS (= grade of service)	服务等级	服務等級
Goubau antenna	郭柏天线	郭柏天線
GPIB (= general-purpose interface bus)	通用界面总线	通用界面匯流排
GPS (= ①general-problem solver ② global positioning system ③ global positioning satellite)	①通用问题求解程序 ②全球定位系统, GPS 系统 ③全球定位卫星	①通用問題解答器 ②全球定位系統,GPS 系統 ③全球定位衛星
GPSS (= general-purpose systems simulation)	通用系统模拟语言	通用系統模擬語言
gradation	灰度	灰度
graded index	渐变折射率	漸變折射率
graded index fiber	渐变光纤	漸變光纖
grade of service (GOS)	服务等级	服務等級
gradient	梯度	梯度
gradient of disparity	视差梯度	視差梯度
gradient template	梯度模板	梯度模板
grammar	语法	文法
grammar checker	语法检查程序	文法檢查器
grammar description language	语法描述语言	文法描述語言
grammar for natural language	自然语言语法	自然語言文法
grammatical analysis	语法分析	文法分析
grammatical attribute	语法属性	文法屬性
grammatical category	语法范畴	文法種類
grammatical inference	文法推断	文法推斷
grammatical relation	语法关系	文法關係
Gram-Schmidt orthogonalization	格拉姆-施密特正交化	格瑞姆-史密正交化
grant	授权	授與,允許
granularity	粒度	顆粒度
granular noise	颗粒噪声	粒狀雜訊
granulation	选粒	選粒
graph	图	圖形,圖
graph coloring	图的着色	圖形著色
graph grammar	图语法	圖形文法

英 文 名	大 陆 名	台 湾 名
graphic	图形	圖形,圖示
graphical display	图形显示	圖形顯示
graphical kernel system (GKS)	图形核心系统	圖形核心系統
graphical recognition	图形识别	圖形識別
graphical structure	图形结构	圖形結構
graphic character	图形字符	圖號,圖形字元,圖示字元
graphic character combination	图形字符合成	圖形字元組合
graphic language	图形语言	圖形語言
graphic library (GL)	图形库	圖形庫
graphic package	图形包	圖形套裝軟體
graphic printer	图形打印机	圖形列印機
graphic processing	图形处理	圖形處理
graphics	图形学	①圖形 ②圖學
graphics database	图形数据库	圖形資料庫
graphics device	图形设备	圖形裝置
graphic symbol	图形符号	圖形符號,圖示
graphic system	图形系统	圖形系統
graphic user interface (GUI)	图形用户界面	圖形使用者介面
graphic workstation	图形工作站	圖形工作站
graph isomorphism	图同构	圖形同構
graph isomorphism interactive proof system	图同构的交互式证明系统	圖形同構的交互式證明系統
graphite susceptor	石墨承热器	石墨承熱器
graph non-isomorphism	图的非同构	圖形非同構
graph reduction machine	图归约机	圖形歸約機
graph search	图搜索	圖形搜尋
GRARR (=Goddard range and range rate)	戈达德信标和信标变化率	伽達信標和信標變化率
Grashof number	格拉斯霍夫数	格拉斯霍夫數
grating	光栅	光柵
grating filter	光栅滤波器	光柵濾波器
grating lobe	栅瓣	閘極瓣
gravimetric specific energy	重量比能量	重量比能量
gravimetric specific power	重量比功率	重量比功率
gravity wave	重力波	重力波
Gray code	格雷码	葛雷碼,葛瑞碼
Gray encoding	格雷编码	葛雷編碼[法]

英　文　名	大　陆　名	台　湾　名
gray level image	灰度图像	灰階圖像
gray scale	灰度级	灰度級
grayscale image	灰度影像	灰度影像
grayscale transformation	灰度变换	灰階標度轉換
gray threshold	灰度阈值	灰階定限
grazing angle	擦地角	擦地角
great circle distance	大圆距	大圓距
greater-than search	大于搜索	大於搜尋
greedy	贪心[法]	貪心[法]
greedy cycle	贪心周期	貪心週期
greedy triangulation	贪婪三角剖分	貪心三角剖分
green computer	绿色计算机	綠色計算機
Green's function	格林函数	格林函數
Gregorian reflector antenna	格雷戈里反射面天线	葛雷哥來反射器天線
Greibach normal form	格雷巴赫范式	格里巴哈正規形式
Grey approximation	格雷近似法	葛雷近似法
grey body	灰体	灰體
Grey-Rankin bound	格雷－兰金界限	葛雷－蘭欽界限
GRI (=group repetition interval)	组重复间隔	組重復間隔
grid	①网格栅 ②骨架	①格子式閘極 ②骨架
grid-controlled tube	栅极控制管	柵極控制管
grid network	格状网	格狀網
grid surface	网格曲面	柵曲面
Griesmer bound	格里莫界限	格裏莫界限
GRIN-rod lens	梯度折射率透镜	梯度折射率透鏡棒
grooved radome wall	凹槽型天线罩壁	凹槽型天線罩壁
gross error	严重错误	總誤差
ground (GND)	接地	①接地 ②大地
ground-based navigation aid	地面导航设备	地面導航設備
ground-based radar	陆基雷达	陸基雷達
ground clause	基子句	基本子句
ground clutter	大地杂波	大地雜波,地面雜波
ground controlled approach system	地面指挥进近系统	地面指揮進近系統
ground effect	地面效应	地面效應
ground field	基场	基場,基地場
grounding system	接地系统	接地系統
ground mapping	地面绘图	地面繪圖
ground mapping radar	地面绘图雷达	地面繪圖雷達

英 文 名	大 陆 名	台 湾 名
ground plane	接地平面	接地面
ground radio	地面无线电	地面無線電
ground return clutter	地面反射杂波	地面反射雜波
ground speed	地速	地速
ground station	地面站	地面站
ground track	地面轨迹	地面軌跡
ground wave	地波	地面波
group	群	群
group address	[成]组地址	群組位址
group carry	[成]组进位	成組進位
group coded recording (GCR)	成组编码记录	群編碼記錄
group control	群控	群控
group decision support system (GDSS)	群体决策支持系统	群組決策支援系統
group delay	群时延	群延遲
group delay equalization	群时延均衡	群延遲等化
group index	群折射率	群折射率
group-octet	组八位	八位元群組
group password	集团口令	群組密碼
group repetition interval (GRI)	组重复间隔	組重復間隔
group signaling	群路信令	群路信令
group synchronization	群同步	群同步
group technology	成组工艺	成組工藝
group velocity	群速	群速度
growth hillock	生长丘	生長丘
growth orientation	生长取向	生長方向
growth rate	生长率	生長率
GSS (=geostationary satellite)	对地静止卫星	地球靜止衛星
G/T (=①figure of merit ②gain/noise temperature)	①优质因数 ②增益噪声温度比	①優質因數 ②增益與雜訊溫度比
guard	守卫	防護
guard band	保护带	保護帶,防護帶
guard band frequency	保护带频率	保護帶頻率,保護頻帶
guard ring	保护环	保護環
guard ring structure	保护环结构	保護環結構
guard space	保护空间	保護區間
guard time	保护时间	保護時段,保護時間
guest host effect (GH effect)	宾主效应	賓主效應
GUI (=graphic user interface)	图形用户界面	圖形使用者介面

英 文 名	大 陆 名	台 湾 名
guidance radar	制导雷达	製導雷達
guidance system	制导系统	導引系統
guidance technique	制导技术	導引技術
guided wave	导波	導波
guide line	基准线	導引線
guide wavelength	波导波长	波導波長
Gunn amplifier	耿氏放大器	甘恩放大器
Gunn diode	耿[氏]二极管	甘恩二極體
Gunn effect	耿[氏]效应	甘恩效應
Gunn effect oscillator	耿[氏]效应振荡器	甘恩效應振盪器
gyrator	回旋器,回转器	迴旋器
gyro（=gyroscope）	陀螺仪	陀螺儀
gyro amplifier	回旋放大管	迴旋放大管
gyroelectric medium	旋电媒质	迴轉電介質
gyroklystron	回旋速调管	迴旋速調管
gyromagnetic device	旋磁器件	迴旋磁元件
gyromagnetic effect	旋磁效应	迴磁效應
gyromagnetic filter	旋磁滤波器	迴磁濾波器
gyromagnetic limiter	旋磁限幅器	迴磁限幅器
gyromagnetic medium	旋磁媒质	迴轉磁介質
gyromagnetic oscillator	旋磁振荡器	迴磁振盪器
gyromagnetic ratio	旋磁比	迴磁比
gyro-magnetron	回旋磁控管	迴旋磁控管
gyro noise	陀螺仪噪声	陀螺儀雜訊
gyro oscillator	回旋振荡管	迴旋振盪管
gyro-peniotron	回旋潘尼管	迴旋潘尼管
gyroscope（gyro）	陀螺仪	陀螺儀
gyrotron	回旋管,电子回旋脉泽	迴旋管,電子迴旋脈澤
gyro-TWA	回旋行波放大管	迴旋行波放大管

H

英 文 名	大 陆 名	台 湾 名
H（=henry）	亨[利]	亨[利]
H ∞ identification	H 无穷辨识	H 無窮識別
habit face	惯态面	慣態面
hacker	①程序高手 ②黑客	駭客
Hadamard code	阿达马码	哈德瑪得碼

英 文 名	大 陆 名	台 湾 名
Hadamard matrix	阿达马矩阵	哈德瑪得矩陣
Hadamard transform	阿达马变换	哈德瑪得轉換
hail attenuation	冰雹衰减	冰雹衰減
halation	光晕	光暈
half-adder	半加器	半加器
half-concentric resonator	半共心谐振腔	半共心共振器
half-confocal resonator	半共焦谐振腔	半共焦共振器
half-duplex	半双工	半雙工
half-duplex channel	半双工信道	半雙工通道
half-duplex transmission	半双工传输	半雙工傳輸
half-power beamwidth	半功率束宽	半功率束寬
half-power point	半功率点	半功率點
half-section network	半节网络	半節網路
half-subtracter	半减器	半減器
halftone	半色调	半色調
halftone image	半色调图像	半色調圖像
half-wavelength balun	半波长均衡器	半波長貝楞
half-wavelength dipole	半波长偶极子	半波長雙極
half-wave slot	半波开槽	半波開槽
halide leak detector	卤素检漏仪	鹵素檢漏儀
Hall effect	霍耳效应	霍爾效應
Hall-effect device	霍耳效应器件	霍爾效應裝置
Hall mobility	霍耳迁移率	霍爾遷移率
halo (=halation)	光晕	光暈
halogen counter	卤素计数器	鹵素計數器
halt (=pause)	暂停	①暫停,暫息 ②停止
halting problem	停机问题	[自動機]停機問題
Hamilton circuit	哈密顿回路	漢米爾頓迴路
Hamilton circuit problem	哈密顿回路问题	漢米爾頓迴路問題
Hamilton path	哈密顿路径	漢米爾頓路徑
hammer	锤头	字錘
Hamming bound	汉明界	漢明界
Hamming code	汉明码	漢明碼
Hamming distance	汉明距离	漢明距離
Hamming weight	汉明权[重]	漢明權[重]
Hamming weighting	汉明加权	漢明加權
Hamming window	汉明窗	漢明窗
HAMT (=human-aided machine transla-	人助机译	人工輔助機器翻譯

英 文 名	大 陆 名	台 湾 名
tion)		
handheld computer	手持计算机	手持計算機
HAN display structure mode (=hybrid aligned nematic display structure mode)	混合排列向列模式	混合排列向列模式
handle	句柄	①柄 ②處置
handset	手机	聽筒
handshaking	联络,信号交换	交握
handwriting Hanzi input	手写汉字输入	手寫漢字輸入
handwritten form	手写体	手寫體
handwritten Hanzi recognition	手写体汉字识别	手寫體漢字識別
hanging up	挂断	掛機,收線
hang up	意外停机	意外停機
Hankel function	汉克尔函数	漢克爾函數
Hann window	汉恩窗口	韓恩視窗
Hansen aperture distribution	汉森孔径分布	韓森孔徑分佈
Hansen circular distribution	汉森圆形分布	韓森圓形分佈
Hanzi	汉字	漢字,中文字元
Hanzi attribute, attribute of Chinese character	汉字属性,中文字元屬性	漢字屬性,中文字元屬性
Hanzi attribute dictionary	汉字属性字典	漢字屬性字典,中文字元編碼字元集
Hanzi card	汉卡	漢卡,中文字卡
Hanzi coded character set	汉字编码字符集	漢字編碼字元集,中文字元編碼字元集
Hanzi code for information interchange	汉字信息交换码	漢字訊息交換碼,中文資訊交換碼
Hanzi code for interchange	汉字交换码	漢字交換碼,中文交換碼
Hanzi coding	汉字编码	漢字編碼,中文字元編碼
Hanzi coding input method	汉字编码输入方法	漢字編碼輸入法,中文字元編碼輸入法
Hanzi coding scheme	汉字编码方案	漢字編碼綱目,中文字元編碼方案
Hanzi coding technique	汉字编码技术	漢字編碼技術
Hanzi component	汉字部件	漢字組件,中文字元元件
Hanzi control function code	汉字控制功能码	漢字控制功能碼,中文

英文名	大陆名	台湾名
		字元控制功能碼
Hanzi display terminal	汉字显示终端	漢字顯示終端機,中文字元顯示終端機
Hanzi expanded internal code specification	汉字扩展内码规范	漢字擴展內碼規格
Hanzi features	汉字特征	漢字特徵,中文字元特徵
Hanzi font code	汉字字形码	漢字字形碼,中文字元字型碼
Hanzi font library	汉字字形库	漢字字形庫,中文字元字型館
Hanzi form	字形	字形,字元表格
Hanzi frequency	字频	字頻,字元頻率
Hanzi generator	汉字生成器	漢字產生器
Hanzi handheld terminal	汉字手持终端	漢字手持式終端機,中文手持式終端機
Hanzi indexing system	汉字检字法	漢字索引系統,中文字元索引系統
Hanzi information condensed technology	汉字信息压缩技术	漢字資訊壓縮技術,中文字元壓縮技術
Hanzi information processing	汉字信息处理	漢字資訊處理,中文字元資訊處理
Hanzi information processing technology	汉字信息处理技术	漢字資訊處理技術
Hanzi inkjet printer	汉字喷墨印刷机	漢字噴墨印表機,中文噴墨印表機
Hanzi input	汉字输入	漢字輸入,中文字元輸入
Hanzi input code	汉字输入码	漢字輸入碼,中文字元輸入碼
Hanzi input keyboard	汉字输入键盘	漢字輸入鍵盤,中文字元輸入鍵盤
Hanzi input program	汉字输入程序	漢字輸入程式
Hanzi internal code	汉字内码	漢字內碼,中文字元內碼
Hanzi keyboard	汉字键盘	漢字鍵盤
Hanzi keyboard input method	汉字键盘输入方法	漢字鍵盤輸入法,中文鍵盤輸入法
Hanzi laser printer	汉字激光印刷机	漢字雷射印表機,中文雷射印表機

英 文 名	大 陆 名	台 湾 名
Hanzi number	字号	字號,字元數
Hanzi order	字序	字序,字元順序
Hanzi output	汉字输出	漢字輸出,中文字元輸出
Hanzi printer	汉字打印机	漢字印表機,中文字元列印機
Hanzi pronunciation	字音	字音
Hanzi quantity	字量	字元量,字量
Hanzi recognition	汉字识别	漢字識別,中文字元辨
Hanzi recognition system	汉字识别系统	漢字識別系統,中文字元辨識系統
Hanzi section-position code	汉字区位码	漢字區位碼
Hanzi set	汉字集	漢字集,中文字元集
Hanzi specimen	汉字样本	漢字樣本,中文字元樣本
Hanzi specimen bank	汉字样本库	漢字樣本庫,中文字元樣本庫
Hanzi structure	汉字结构	漢字結構,中文字元結構
Hanzi style	字体	字體,字元式樣
Hanzi terminal	汉字终端	漢字終端,中文字元終端
Hanzi thermal printer	汉字热敏印刷机	漢字熱轉印印表機,中文字元熱感應印表機
Hanzi utility program	汉字实用程序	漢字公用程式,中文字元公用程式
Hanzi wire impact printer	汉字针式打印机	漢字針式印表機,中文字元針式印表機
harbor surveillance radar	港口监视雷达	港口監視雷達
hard bubble	硬泡	硬泡
hard copy	硬拷贝,硬复制	硬拷貝,硬復製
hard decision	硬判决	硬式決定,硬式判定
hard disk	硬磁盘,硬盘	硬碟
hard disk drive (HDD)	硬盘驱动器	硬磁碟驅動機
hard error	硬错误	硬體錯誤
hard fault	硬故障	硬故障
hard hyphen	硬连字符	硬性
hard limiter	硬限幅器	硬式限制器

英　文　名	大　陆　名	台　湾　名
hard page break	硬分页	硬分頁
hard sectored format	硬扇区格式	硬扇區格式
hard sectoring	硬分扇区	硬分區
hard space	硬间隔	硬間隔
hard stop	硬停机	硬停機
hard-switch modulator	刚管调制器	剛管調制器
hard-tube modulator	硬管调制器	硬管式調變器
hardware	硬件	硬體
hardware check	硬件检验	硬體檢查
hardware configuration item (HCI)	硬件配置项	硬體組態表項
hardware description language (HDL)	硬件描述语言	硬體描述語言
hardware design language (HDL)	硬件设计语言	硬體設計語言
hardware error	硬件错误	硬體錯誤
hardware fault	硬件故障	硬體故障
hardware monitor	硬件监控器	硬體監視器
hardware multithreading	硬件多线程	硬體多線執行
hardware platform	硬件平台	硬體平台
hardware redundancy	硬件冗余	硬體冗餘
hardware redundancy check	硬件冗余检验	硬體冗餘檢查
hardware resource	硬件资源	硬體資源
hardware security	硬件安全	硬體安全
hardware/software co-design	软硬件协同设计	軟硬體協同設計
hardware testing	硬件测试	硬體測試
hardware verification	硬件验证	硬體驗證
hard-wired control	硬联线控制	硬線控制
hard-wired logic	硬联线逻辑[电路]	硬線邏輯
harmonic	谐波	諧波
harmonic analysis	谐波分析	諧波分析
harmonic distortion (HD)	谐波失真	諧波失真
harmonic function	谐波函数	諧波函數
harmonic generator	谐波发生器	諧波產生器
harmonic mixer	谐波混频器	諧波混頻器
harmonic oscillation	谐波振荡	諧波振盪,諧波震盪
harmonic signal	谐波信号	諧波訊號
harness	铠甲	鎧甲
Hartree harmonics	哈特里谐振量	哈崔諧振量
Harvard structure	哈佛结构	哈佛結構
hash function	散列函数	散列函數

英文名	大陆名	台湾名
hash index	散列索引	散列索引
hash table search	散列表搜索	散列表搜尋
hazard	冒险	冒險
hazard-free flip-flop	无险触发器	無險正反器
hazard testing	危险测试	危險測試
haze attenuation	薄雾衰减	薄霧衰減
H band	H 波段	H 頻帶
HBT (= heterojunction bipolar transistor)	异质结双极晶体管	異質接面雙極性電晶體
HCI (= hardware configuration item)	硬件配置项	硬體組態表項
HD (= harmonic distortion)	谐波失真	諧波失真
HDA (= head/disk assembly)	头盘组合件	磁頭磁碟組合
HDD (= hard disk drive)	硬盘驱动器	硬磁碟驅動機
HDL (= ①hardware description language ② hardware design language)	①硬件描述语言 ②硬件设计语言	①硬體描述語言 ②硬體設計語言
HDLC [procedures] (= high-level data link control [procedures])	高级数据链路控制[规程],HDLC 规程	高級資料鏈結控制
HDS (= hybrid dynamic system)	混合动态系统	併合動態系統
HDTV (= high-definition TV)	高清晰度电视	高清晰度電視
head	中心词	①中心詞 ②頭,磁頭
head crash	磁头碰撞	頭損壞
head/disk assembly (HDA)	头盘组合件	磁頭磁碟組合
head/disk interface	头盘界面	磁頭/磁碟介面
head driven phrase structure grammar	中心词驱动短语结构语法	磁頭驅動片語結構文法
headend	头端[器]	頭端
header	①首部,头部 ②报头	①標頭 ②訊頭,欄頭
header error control (HEC)	报头差错控制	標頭錯誤控制
header field	报头字段	訊頭欄區
header information	报头信息	欄頭信息
heading of station	电台航向	電台航向
head landing zone	磁头起落区	磁頭定位區
head loading mechanism	磁头加载机构	磁頭載入機構
head loading zone	磁头加载区	磁頭載入區
head-mounted display (HMD)	头戴式显示器	頭戴式顯示器
head noun	中心名词	中心名詞
head positioning mechanism	磁头定位机构	磁頭機制定位
head slot	磁头读写槽	磁頭槽
head switching	磁头切换	磁頭交換

英 文 名	大 陆 名	台 湾 名
head unloading zone	磁头卸载区	磁頭卸載區
head-up indicator	平视显示器	平視顯示器
head verb	中心动词	中心動詞
heap	堆	堆
heap sort	堆排序	錐形排序法
hearing aids	助听器	助聽器
heat conduction	热传导	熱傳導
heat convection (=thermal convection)	热对流	熱對流
heat dissipation techniques	散热技术	散熱技術
heat dissipator	散热器	散熱器,熱槽
heater	热子	熱子
heat flow	热流	熱流
heat flux	热通量	熱通量
heat gradient	热梯度	熱梯度
heat pipe	热管	熱管
heat radiation (=thermal radiation)	热辐射	熱輻射
heat sensitive ferrite	热敏铁氧体	熱敏鐵氧體
heat-shielded cathode	热屏阴极,保温阴极	熱屏陰極,保溫陰極
heat sink (=heat dissipator)	散热器	散熱器,熱槽
heat source	热源	熱源
heat transfer	传热	熱傳送
heat transfer printer	热转印印刷机	熱轉印印表機
heat transportation	热量输运	熱量輸送
heavily doped semiconductor	重掺杂半导体	重掺雜半導體
heavy-tailed distribution	重尾分布	重尾分佈
HEC (=header error control)	报头差错控制	標頭錯誤控制
height-balanced tree	高度平衡树	高度平衡樹
height-finding radar	测高雷达	測高雷達
Hei Ti	黑体	黑體
helical broadband antenna	螺线形宽带天线	螺線形寬頻天線
helical line	螺旋线	螺旋[傳輸]線
helical potentiometer	螺旋电位器	螺旋電位器
helical ray	螺线	螺線
helical scan	螺旋扫描	螺旋掃描
helical wire antenna	螺旋线天线	螺旋線天線
helical wire mode	螺旋线模态	螺旋線模態
helicone	螺旋锥	螺旋錐
helium cadmium laser	氦镉激光器	氦鎘雷射

英 文 名	大 陆 名	台 湾 名
helium-3 counter	氦 -3 计数器	氦 -3 計數器
helium neon laser	氦氖激光器	氦氖雷射
helix-coupled vane circuit	螺旋线耦合叶片线路	螺旋線耦合葉片線路
helix slow wave line	螺旋慢波线	螺旋慢波線
helix TWT	螺线行波管	螺線行波管
helmet	头盔	頭盔
helmet-mounted display	头盔显示	頭盔顯示
Helmholtz equation	亥姆霍兹方程	漢姆霍茲方程式,赫姆霍茲方程式
help agent	帮助主体,帮手主体	幫助代理
HEM (=hybrid electro-magnetic)	混合电磁	混合電磁
hemispherical cavity	半球体空腔	半球體空腔
hemispherical lens	半球型透镜	半球型透鏡
HE mode	HE 模	HE 模態
HEMT (=high electron mobility transistor)	高电子迁移率场效晶体管	高電子遷移率場效電晶體
HEM wave	混合电磁波	混合電磁波
henry (H)	亨[利]	亨[利]
HEOS (=highly excentric orbit satellite)	高偏心轨道卫星	高偏心軌道衛星
Herbrand base	埃尔布朗基	埃爾布朗基
hermaphroditic connector	无极性连接器	無極性連接器
hermaphroditic contact	无极性接触件	無極性接點
Hermes satellite	赫尔墨斯卫星	賀姆斯衛星
hermetic coating	密封涂层	密封[式]鍍膜
hermetic laser packaging	密封激光器包装	密封雷射包裝
Hermite function	埃尔米特函数	埃爾米特函數
hertz (Hz)	赫兹	赫茲,每秒週
heterobipolar transistor	异质双极晶体管	異質雙極電晶體
heterodyne	外差	外差
heterodyne detection	外差检测	外差檢測
heterodyne oscillator	外差振荡器	外差振盪器
heterodyne receiver	外差接收机	外差接收機
heterodyne receiver sensitivity	外差接收机灵敏度	外差式接收機靈敏度
heteroepitaxy	异质外延	異質磊晶
heterogeneous agent	异构主体	異質代理
heterogeneous cluster	异构机群	異質叢集
heterogeneous computing	异构计算	異質計算
heterogeneous multiprocessor	异构[型]多处理机	異質多處理機

英 文 名	大 陆 名	台 湾 名
heterogeneous nucleation	非匀相成核,异相成核	異相成核
heterogeneous object model	异构对象模型,非均匀对象模型	異質物件模型
heterogeneous system	异构[型]系统	異質系統
heterojunction	异质结	異質接面
heterojunction bipolar transistor (HBT)	异质结双极晶体管	異質接面雙極性電晶體
heterojunction solar cell	异质结太阳电池	異質接面太陽電池
heterojunction transistor	异质结晶体管	異質接面電晶體
heterostructure	异质结构	異質結構
heuristic algorithm	启发式算法	試探演算法
heuristic approach	启发式方法	試探途徑
heuristic function	启发式函数	試探函數
heuristic inference	启发式推理	試探推理
heuristic information	启发式信息	試探訊息
heuristic knowledge	启发式知识	試探知識
heuristic method	试探法	試探法
heuristic program	启发式程序	試探程式
heuristic routing	①启发式布线 ②试探性路由选择	①啟發式佈線 ②試探性路由選擇
heuristic rule	启发式规则	試探規則
heuristic search	启发式搜索	試探式搜尋
heuristic technique	启发式技术	試探技術
hexadecimal digit	十六进制数字	十六進數位
hexadecimal system	十六进制	十六進系統
hexagonal ferrite	六角晶系铁氧体	六角晶系鐵氧體
HF(=high frequency)	高频	高頻
HFC (=hybrid fiber cable)	混合光纤同轴电缆	
HF communication	高频通信,短波通信	高頻通信,短波通信
HIC (=hybrid integrated circuit)	混合集成电路	併合積體電路
hidden attribute	隐含属性	隱含屬性
hidden character	隐藏字符	隱藏字元
hidden file	隐藏文件	隱藏式檔案
hidden line	隐线	隱藏線
hidden line removal	隐藏线消除	隱藏線移去
hidden Markov model	隐马尔可夫模型	隱馬可夫模型
hidden stack	隐式栈	隱藏堆疊
hidden surface	隐面	隱藏面
hidden surface removal	隐藏面消除	隱藏面移去

英 文 名	大 陆 名	台 湾 名
hierarchical	分级的	階層式
hierarchical address	分级地址	階層式位址
hierarchical chart	层次结构图	階層式圖
hierarchical control	递阶控制,分级控制	階層式控制
hierarchical database	层次数据库	階層式資料庫
hierarchical data model	层次数据模型	階層式資料模型
hierarchical decomposition	层次分解	階層式分解
hierarchical design method	分级设计法	分級設計法
hierarchical file system	层次式文件系统	階層式檔案系統
hierarchical management	分级管理	階層式管理
hierarchical memory system	层次存储系统,分级存储系统	階層式記憶體系統
hierarchical model	层次模型	階層式模型
hierarchical network	分级网,等级网	分級網,等級網
hierarchical routing	分级选路	階層式路由法
hierarchical sequence key	层次序列键码	階層式順序鍵
hierarchical structure	层次结构	階層式結構
hierarchy	层次	階層
hierarchy of subnet	子网层次	子網階層
hi-fi (=high fidelity)	高保真	高逼真度,高傳真度
high birefringence fiber	高双折射性光纤	高雙折射性光纖
high-definition TV (HDTV)	高清晰度电视	高清晰度電視
high-density assembly	高密度装配	高密度組合
high-density bipolar code	高密度双极[性]码	高密度雙極碼
high-density diskette	高密度软盘	高密度磁片
high density electron beam optics	强流电子光学	強流電子光學
high-density packaging	高密度组装	高密度封裝
high-dimensional indexing	高维索引	高維索引
high electron mobility transistor (HEMT)	高电子迁移率场效晶体管	高電子遷移率場效電晶體
high energy particle spectrometer	高能粒子谱仪	高能粒子譜儀
higher-order logic	高阶逻辑	較高階邏輯
higher-order soliton	高阶光孤子	高階光固子
highest priority	最高优先级	最高優先等級
highest priority-first (HPF)	最高优先级优先法	最高優先級優先法
highest priority number	最高优先数	最高優先數
high fidelity (hi-fi)	高保真	高逼真度,高傳真度
high-field domain avalanche oscillation	高场畴雪崩振荡	高場疇雪崩振盪

英 文 名	大 陆 名	台 湾 名
high frequency (HF)	高频	高頻
high-frequency amplifier	高频放大器	高頻放大器
high-frequency antenna	高频天线	高頻天線
high-frequency discharge	高频放电	高頻放電
high-frequency modeling technique	高频建模技术	高頻模式化技術,高頻塑模型技術
high-frequency scattering	高频散射	高頻散射
high-frequency transformer	高频变压器	高頻變壓器
high frequency word	常用词	常用字
high-impedance amplifier	高阻抗放大器	高阻抗[式]放大器
high-impedance receiver front end	高阻抗接收机前级	高阻抗接收機前級
high layer compatibility	高层兼容性	高層相容性
high layer information	高层信息	高層資訊
high-level data link control [procedures] (HDLC [procedures])	高级数据链路控制[规程],HDLC 规程	高級資料鏈結控制
high-level language	高级语言	高階語言
high-level Petri net	高级佩特里网	高階佩特裏網
high-level scheduling	高层调度	高階排程
high light	高光	高光
highlight	加亮	①高亮度 ②特殊效果
high-low bias test	拉偏测试	高低偏移測試
highly excentric orbit satellite (HEOS)	高偏心轨道卫星	高偏心軌道衛星
high-order language (HOL)	高阶语言	高階語言
high-order mode	高阶模	高階模
high pass filter (HPF)	高通滤波器	高通濾波器
high pass filtering	高通滤波	高通濾波
high pass signal	高通信号	高通訊號
high-performance computer	高性能计算机	高效能計算機
high-performance computing and communication (HPCC)	高性能计算和通信	高效能計算及通訊
high-performance file system	高性能文件系统	高效能檔案系統
high power amplifier (HPA)	大功率放大器,高功率放大器	高功率放大器
high power filter	高功率滤波器	高功率濾波器
high power oscillator	高功率振荡器	高功率振盪器
high pressure oxidation	高压氧化	高壓氧化
high pressure tunable CO_2 laser	高压可调谐 CO_2 激光器	高壓可調波長二氧化碳雷射

英 文 名	大 陆 名	台 湾 名
high-PRF radar	高脉冲覆送率雷达	高脈波覆送率雷達
high priority	高优先级	高優先等級
high-priority interrupt	高优先级中断	高優先等級中斷
high purity germanium spectrometer	高纯锗谱仪	高純鍺譜儀
high Q inductor	高 Q 电感器	高 Q 電感
high quality factor	高品质因数,高质量因数	高品質因數
high range resolution technique	距离高分辨技术	高距離解析度技術
high resolution image spectrometer (HIRIS)	高分辨率成像光谱仪	高分辨率成象光譜儀
high resolution plate (HRP)	高分辨率版	高分辨率版
high silica fiber	高硅光纤	高矽光纖
high-speed bus	高速总线	高速匯流排
high-speed carry	高速进位	高速進位
high-speed interface	高速接口	高速介面
high-speed local network (HSLN)	高速本地网	高速區域網路
high-speed packet	高速分组	高速分封
high-state characteristic	高电平状态特性	高電平狀態特性
high-temperature test	高温试验	高溫試驗
high threshold logic (HTL)	高阈逻辑	高閾邏輯
high usage trunk	高效中继线	高效中繼線
high vacuum	高真空	高真空
high voltage direct current (HVDC)	高压直流电	高壓直流電
high-voltage power supply (HVPS)	高压电源	高壓電源供應器
high voltage resistor	高压电阻器	高壓電阻
high voltage silicon stack	高压硅堆	高壓矽堆疊
Hilbert transform (HT)	希尔伯特变换	希爾伯特變換
hill-climbing method	爬山法	登山法
HIRIS (=high resolution image spectrometer)	高分辨率成像光谱仪	高分辨率成象光譜儀
histogram	直方图	直方圖
histogram modification	直方图修正	直方圖修改
historical data	历史数据	歷史資料
historical database	历史数据库	歷史資料庫
historical rule	历史规则	歷史規則
hit noise	击打噪声	擊打雜訊
hit ratio	命中率	命中率
HMD (=head-mounted display)	头戴式显示器	頭戴式顯示器

英　文　名	大　陆　名	台　湾　名
H mode	H 模	H 模
H number	H 数	H 數
Hoare logic	霍尔逻辑	霍爾邏輯
hoax call	谎报电话	謊報電話
hoghorn antenna	帚状喇叭天线	帚狀喇叭天線
hog-trough antenna	弯曲走线槽天线	豬槽形天線
Hohmann transfer orbit	贺门转移轨道	賀門轉移軌道
HOL (= high-order language)	高阶语言	高階語言
holding time	保持时间	持住時間
holding vacuum pump	维持真空泵	維持真空幫浦
hold-in range	同步带	同步帶
hole	空穴	電洞
hole and slot resonator	孔槽形谐振腔	孔槽形諧振腔
hole-burning effect	烧孔效应	燒洞效應
hole pattern	孔模[式]	孔型樣,排孔型樣
hole trap	空穴陷阱	電洞陷阱
hollow conductor	空心导线	空心導線
hollow electron beam	空心电子束	空心電子束
hollow-tube waveguides	空管波导	空管波導
hologram	全息[图]	全象[圖]
holographical display	全息显示	全息顯示
holographic information storage	全息信息存储	全象訊號儲存
holographic mask technology	全息掩模技术	全象光罩技術
holographic memory	全息存储器	全像記憶體
holography	全息术	全象術
Holter system (= dynamic ECG monitoring system)	动态心电图监护系统,霍尔特系统	動態心電圖監護系統,霍爾特系統
home address	主地址	起始位址
home directory	主目录,起始目录	起始目錄
homeotropic alignment	垂面排列	垂面排列
homepage	主页	首頁
home state	家态	家態
homing sequence	复位序列,归位序列	歸航序列
homodyne	同差	同差
homodyne detection	零差检测	零差檢測
homoepitaxy	同质外延	同質磊晶
homogeneity property	同质性	同質性
homogeneous	均质的	均勻的

英 文 名	大 陆 名	台 湾 名
homogeneous alignment	沿面排列	沿面排列
homogeneous broadening	均匀展宽	均勻展寬
homogeneous clutter	均质杂波	均勻雜波,同質雜波
homogeneous coordinate system	齐次坐标系	同質坐標系統
homogeneous multiprocessor	同构[型]多处理机	同質多處理機
homogeneous nucleation	匀相成核	同相成核
homogeneous system	同构型系统	同質系統
homograph	同形异义词,同形词	同形異義詞
homojunction	均质结	同質接面
homojunction laser	同质结激光器	同質接面雷射
homojunction solar cell	同质结太阳电池	同質接面太陽電池
homomorphic deconvolution	同态去卷积	同型態反折積,何莫非克反折積
homomorphic processing	同态处理	同態處理
homomorphic system	同态系统	同態系統
homomorphism	同态	同態
honest reducibility	纯正可归约性	純正可約性
honeycomb panel	蜂巢面板	蜂巢接線面板
hook	钩键	聽筒架
hop	跳,中继段	跳,中繼段
Hopfield neural network	霍普菲尔德神经网络	霍普菲爾類神經網絡
hopping beam	跳束	跳躍波束,躍繼波束
horizon sensor	水平传感器	水準感測器,視感測器
horizontal blanking pulse	水平空白脉冲	水準空白脈波
horizontal check	横向检验	橫向檢查
horizontal composition	横排	橫向合成
horizontal format	横向格式	橫向格式
horizontal formatting	水平格式化	橫向格式化
horizontal fragmentation	水平分片	水平分片
horizontal polarization (HP)	水平极化	水準極化
horizontal processing	水平处理	水平處理
horizontal redundancy check	横向冗余检验	水平冗餘檢查
horizontal rhombic antenna	水平菱形天线	水準菱形天線
horizontal sampling factor	水平取样因数	水準取樣因數
horizontal tabulation	水平制表	橫向製表
horn	喇叭	喇叭
horn antenna	喇叭天线,号角天线	喇叭天線,號角[形]天線

英　文　名	大　陆　名	台　湾　名
Horn clause	霍恩子句	霍恩子句
horn reflector antenna	喇叭反射天线	喇叭反射天線
host	主机	主機
hosting	托管	代管
host key	主机密钥	主機密鑰
host language	[宿]主语言	主機語言
host machine	[宿]主机	主機
host operating system	主机操作系统	主機作業系統
host system	宿主系统	主機系統
host transfer file	主机传送文件	主機傳送檔案
hot carrier diode	热载流子二极管	熱載子二極體
hot cathode ionization gauge	热阴极电离真空计	熱陰極電離真空計
hot cathode magnetron gauge	热阴极磁控真空计	熱陰極磁控真空計
hot electron	热电子	熱電子
hot electron transistor	热电子晶体管	熱電子電晶體
Hotelling transform	霍特林变换	哈特林轉換
hot extrusion	热挤压	熱擠壓
hotlist	热表	熱表
hot plug	热插拔	熱插拔
hot potato algorithm	热土豆算法	燙山芋演算法
hot pressing	热压	熱壓
hot site	热站点	熱站點
hot standby cluster	热备份机群	熱備份叢級
hot swapping	热交换	熱調換
hot wall reactor	热壁响应器	熱壁回應器
Hough transformation	霍夫变换	霍夫變換
hourglass reflector	沙漏形反射器	沙漏形反射器
housekeeping operation	内务操作	內務處理作業
housekeeping program	内务处理程序	內務處理程式
HP (= horizontal polarization)	水平极化	水準極化
HPA (= high power amplifier)	大功率放大器,高功率放大器	高功率放大器
HPCC (= high-performance computing and communication)	高性能计算和通信	高效能計算及通訊
HPF (= ①highest priority-first ②high pass filter)	①最高优先级优先法 ②高通滤波器	①最高優先級優先法 ②高通濾波器
HRP (= high resolution plate)	高分辨率版	高分辨率版
HSLN (= high-speed local network)	高速本地网	高速區域網路

英文名	大陆名	台湾名
HT (=Hilbert transform)	希尔伯特变换	希爾伯特變換
HTL (=high threshold logic)	高阈逻辑	高閾邏輯
HTML (=hypertext markup language)	超文本置标语言	超文件標示語言
HTTP (=hypertext transfer protocol)	超文本传送协议	超文件傳送協定
hub	集线器	集線器
hub interconnection	中心互连	中心互連
hub topology	辐射式拓扑	中心拓蹼形狀
hue	色调	色調
Huffman code	赫夫曼码	霍夫曼碼
Huffman encoding	赫夫曼编码	霍夫曼編碼
Hull cutoff voltage	哈尔截止电压	哈爾截止電壓
human agent	人主体	人工代理
human-aided machine translation (HAMT)	人助机译	人工輔助機器翻譯
human-computer dialogue	人机对话	人機對話
human-computer interaction	人机交互	①人機交互 ②人機交互作用
human-machine interface	人机界面,人机接口	人機界面
human-made fault	人为故障	人為故障
humid heat test	湿热试验	濕熱試驗
humidity sensor	湿[度]敏感器	濕度感測器
humid test	湿度试验	濕度試驗
hunt mode	寻线方式	尋線狀態,待獵狀態
Huygens source	惠更斯源	惠更斯等效電源
Huynen decomposition	惠能分解	惠能分解
HVDC (=high voltage direct current)	高压直流电	高壓直流電
HVPS (=high-voltage power supply)	高压电源	高壓電源供應器
hybrid	混合	混合,併合
hybrid (HE, EH) mode	混合模态	混成模態
hybrid access	混合接入	混合接入
hybrid agent	混合主体	併合代理
hybrid aligned nematic display structure mode (HAN display structure mode)	混合排列向列模式	混合排列向列模式
hybrid associative processor	混合[型]关联处理机	併合關聯處理機
hybrid bistable optical device (BOD)	混合双稳光学器件	混成式雙穩態光元件
hybrid coding	混合编码	混合編碼
hybrid computer	混合计算机,数字模拟计算机	併合計算機

英 文 名	大 陆 名	台 湾 名
hybrid decoder	混合解码器	混合式解碼器
hybrid dynamic system (HDS)	混合动态系统	併合動態系統
hybrid electro-magnetic (HEM)	混合电磁	混合電磁
hybrid fiber cable (HFC)	混合光纤同轴电缆	
hybrid integrated circuit (HIC)	混合集成电路	併合積體電路
hybridization frequency	杂化频率	雜化頻率
hybrid junction	①混合接头 ②岔路接头	①混合接頭 ②岔路接頭
hybrid relay	混合继电器	混合繼電器
hybrid ring	混合环	①混成環 ②岔路環,環狀混波器
hybrid satellite system	综合卫星系统	綜合衛星系統
hybrid scalability	混合可扩缩性	混合可調能力
hybrid simulation	混合模拟	併合模擬
hybrid structure	混合结构	併合結構
hybrid switching	混合交换	混合交換
hybrid system	混合系统	併合系統
hydrazine-air fuel cell	肼空气燃料电池	肼空氣燃料電池
hydrogen thyratron	氢闸流管	氫閘流管
hydrometor attenuation	水气衰减	水氣衰減
hydro-thermal method	水热法	水熱法
hyperbolical reflector	双曲面反射器	雙曲面形反射器
hyperbolic function	双曲函数	雙曲線函數
hyperbolic lens	双曲透镜	雙曲透鏡
hyperbolic navigation system	双曲线导航系统	雙曲線導航系統
hyperbolic orbit	双曲轨道	雙曲線軌道
hypercube	超立方体	超立方
hyperdeduction	超演绎	超演繹
hypergraphic-based data structure	超图数据结构	超圖資料結構
hyperlink	超链接	超連接
hypermedia	超媒体	超媒體
hyperplane	超平面	超平面
hyper-resolution	超归结	超解析
hyperresolvent	超预解式	超消解式
hypertext	超文本	超文件
hypertext markup language (HTML)	超文本置标语言	超文件標示語言
hypertext transfer protocol (HTTP)	超文本传送协议	超文件傳送協定
hypervideo	超视频	超視頻
hyphen drop	连字符消去	連字符消去

英文名	大陆名	台湾名
hyponymy	上下位关系	上下位關係
hypothesis	假设	假設,假說
hypothesis verification	假设验证	假設驗證
hypothetical reference connection	假想参考连接	假想參考連接
hysteresis	磁滞	磁滯
hysteresis synchronous motor	磁滞同步电动机	磁滯同步馬達

I

英文名	大陆名	台湾名
IAB (= Internet Architecture Board)	因特网[体系]结构委员会	網際網路架構委員會
IANA (= Internet Assigned Numbers Authority)	因特网编号管理局	網際網路編號管理局
IAP (= ①Internet access provider ② ion beam coating)	①因特网接入提供者 ②离子束镀	①網際網路連線服務提供者 ②離子束鍍
I band	I 波段	I 頻帶
IBC (= ①Internet Business Center ②ion beam coating)	①因特网商业中心 ②离子束镀	①網際網路商業中心 ②離子束鍍
IBD (= ion beam deposition)	离子束淀积	離子束澱積
IBE (= ion beam epitaxy)	离子束外延	離子束外延
IBP (= Internet business provider)	因特网商务提供者	網際網路商務提供者
IBT (= intrinsic burst tolerance)	本征突发容限	本質突發容忍度
IC (= integrated circuit)	集成电路	積體電路
IC array	集成电路阵列	積體電路陣列
ICBD (= ionized-cluster beam deposition)	离子团束淀积	離子團束澱積
ICBE (= ionized-cluster beam epitaxy)	离子团束外延	離子團束外延
IC card	智能卡	精明卡,積體電路卡,IC 卡
ICMP (= Internet Control Message Protocol)	因特网控制消息协议	網際連結控制信息協定
icon	图标	圖像,圖符
ICP (= Internet content provider)	因特网内容提供者	網際網路內容提供者
ICR (= inductance-capacitance-resistance)	电感－电容－电阻	電感－電容－電阻
ICRD (= internetwork call redirection/deflection)	网际呼叫重定向或改发	網際網路呼叫重定向或改發

英 文 名	大 陆 名	台 湾 名
ICRH (= ion cyclotron resonance heating)	离子回旋共振加热	離子迴旋共振加熱
IC technology	集成电路技术	積體電路技術
ICU (= intensive care unit)	监护病房	監護病室
IDDD (= international direct distance dialing)	国际长途直拨	國際直接長途撥號
idea generation system	思想生成系统	概念產生系統
ideal frequency domain filter (IFDF)	理想频域滤波器	理想頻域濾波器
ideal sampling	理想取样	理想取樣
ideal time domain filter (ITDF)	理想时域滤波器	理想時域濾波器
identification	①辨识 ②标识	①辨識 ②識別
identification of friend or foe (IFF)	敌我识别	敵我識別
identified DTE service	识别型 DTE 业务	識別型 DTE 服務
identifier	标识符	識別符,標識符號
identity	身份	識別
identity authentication	标识鉴别	身份鑑別
identity token	标识权标	身份符記
identity validation	标识确认	身份確認
ideogram (= ideographic)	表意字	表意文字
ideogram entry	表意文字录入	表意文字登入點
ideographic	表意字	表意文字
ideographic character	表意字符	表意字元
IDF (= international distress frequency)	国际呼救频率	國際遇險頻率
IDFT (= inverse DFT)	离散傅里叶逆变换	離散傅立葉反轉換
IDI (= initial domain identifier)	初始域标识	原始域識別元
IDL (= ①interface definition language ②interface description language)	①接口定义语言 ②接口描述语言	①介面定義語言 ②介面描述語言
idle	[空]闲	閒置
idle channel state	空闲信道状态	閒置通道狀態
idle line	闲线	空線
idler frequency	空载频率	空載頻率,無效頻率
idle state	闲置状态	閒置狀態
idling circuit	空载电路	空載電路,無效電路
IDN (= integrated digital network)	综合数字网	綜合數字網
IDPR (= interdomain policy routing)	域际策略路由选择	域際策略選路
IDS (= intrusion detection system)	入侵检测系统	入侵檢測系統
IDSS (= intelligent interactive and integrated decision support system)	智能[型]交互式集成决策支持系统	智慧型交互式整合決策支援系統

英　文　名	大　陆　名	台　湾　名
IDU (= interface data unit)	接口数据单元	介面信息單元
IEEE 754 floating-point standard	IEEE754 浮点标准	IEEE 754 浮點標準
IEEE frequency band	IEEE 波段	IEEE 頻帶
IEN (= Internet engineering note)	因特网工程备忘录	網際網路工程備忘錄
IESG (= Internet Engineering Steering Group)	因特网工程指导组	網際網路工程指導組
IETF (= Internet Engineering Task Force)	因特网工程[任务]部	網際網路工程任務編組
IF (= intermediate frequency)	中频	中頻
IF amplifier (= intermediate frequency amplifier)	中频放大器	中頻放大器
IFDF (= ideal frequency domain filter)	理想频域滤波器	理想頻域濾波器
IFF (= identification of friend or foe)	敌我识别	敵我識別
ifferential phase-shift keying (DPSK)	差分相移键控	微分相移鍵控
IFM receiver (= instantaneous frequency measurement receiver)	瞬时测频接收机	瞬時測頻接收機
IFOV (= instantaneous field of view)	瞬时视场	瞬時視場
IFP (= integer factorization problem)	整数因子分解难题	整數因式分解難題
IFR (= instrument flight rules)	仪表飞行规则	儀表飛行規則
IF rejection ratio	中频抑制比	中頻排斥比
IFS (= installable file system)	可安装文件系统	可安裝檔案系統
IF transformer (= intermediate frequency transformer)	中频变压器	中頻變壓器
IGFET (= insulated gate field effect transistor)	绝缘栅场效晶体管	絕緣閘極場效電晶體
ignition current	引燃电流	引燃電流
ignition time	着火时间	著火時間
ignition voltage (= firing voltage)	着火电压	著火電壓
ignitor	引燃极	引燃極
ignitor firing time	引燃时间	引燃時間
ignitron	引燃管	引燃管
IGP (= interior gateway protocol)	内部网关协议	內部閘道協定
IIIL (= isoplanar integrated injection logic)	等平面集成注入逻辑	等平面積體注入邏輯
IILC (= integrated injection logic circuit)	集成注入逻辑电路	積體注入邏輯電路
IIOP (= internet inter-ORB protocol)	网际 ORB 间协议	網際 ORB 間協定
IIR (= infinite impulse response)	无限冲激响应	無限脈衝反應
IIS (= Internet information server)	因特网信息服务器	網際網路資訊伺服器

英 文 名	大 陆 名	台 湾 名
I^2L (=integrated injection logic)	集成注入逻辑	積體注入邏輯
ILD (=injection laser diode)	注入式激光二极管	注入[式]雷射二極體
illogicality	不合逻辑	不合邏輯
illumination level	光照级	照度位准
illumination model	光照模型	光照模型
ILO (=injection-locked oscillator)	注入锁定振荡器	注入鎖定式振盪器
ILP (=instruction level parallelism)	指令级并行性	指令層次平行性
ILS (=instrument landing system)	仪表着陆系统	儀表著陸系統
IM (=①information management ②intermodulation)	①信息管理 ②交调	①資訊管理 ②交互調變,相互調變
image	图像	影像
image averaging	图像平均	影像平均
image channel	图像通道	圖象通道
image classification	图像分类	影像分類
image compression	图像压缩	影像壓縮
image converter tube	变像管	變象管
image database	图像数据库	影像資料庫
image degradation	图像退化	影像退化
image denoising	图像去噪	影像去雜訊
image display	图像显示	圖象顯示
image encoding	图像编码	影像編碼
image enhancement	图像增强	影像增強
image fidelity	图像逼真[度]	影像保真度
image formation	图像形成	影像形成
image frequency interference	镜频干扰	鏡頻干擾
image function	图像函数	影像函數
image geometry	图像几何学	影像幾何學
image input device	图像输入设备	影像輸入裝置
image intensifier	像增强器	象增強器
image matching	图像匹配	影像匹配
image mosaicking	图像拼接,图像镶嵌	影像鑲嵌
image motion compensation	图像运动补偿	圖象運動補償
image parallel processing	图像并行处理	影像平行處理
image parameter	影像参数,镜像参数	鏡像參數
image plane	图像平面	影像平面
image primitive	图像元	影像基元
image processing	图像处理	影像處理
image quality	图像质量	影像品質

英文名	大陆名	台湾名
image recognition	图像识别	影像識別
image reconstruction	图像重建	影像重建
image recovery mixer	镜频回收混频器	鏡頻回收混頻器
image rejection mixer	图像抑制混频器	鏡面抑制混頻器
image rejection ratio	镜像抑制比	鏡像排斥比
image restoration	图像复原	影像復原
image retrieval	图像检索	影像檢索
image rotation	图像旋转	影像旋轉
image segmentation	图像分割	影像分割
image sequence	图像序列	影像序列
image sharpening	图像锐化	影像鋭化
image smoothing	图像平滑	影像平滑
image space	图像空间	影像空間
image theory	镜像原理	鏡像原理
image transform	图像变换	影像變換
image understanding	图像理解	影像理解
imaging	成像	成象
imaging plane	镜像平面	鏡像平面
imaging radar	成像雷达	成象雷達
IMDCT	修改型离散余弦逆变换	修改型離散余弦反轉換
IML (=initial microcode load)	初始微码装入	初始微碼載入
immediate address	立即地址	立即位址,即時位址
immediate constituent grammar	直接成分语法	直接成分文法
immediate transition	瞬时变迁	立即變遷
immediate transmission	立即传输	立即式傳送
immersed electron gun	浸没式电子枪	浸沒式電子槍
immersion lens	浸没透镜	浸沒透鏡
immersion objective lens	浸没物镜	浸沒物鏡
immersive VR	沉浸式虚拟现实	沉浸式虛擬實境
immittance	导抗	導抗
immittance bridge	导抗电桥	導抗電橋
immune sensor	免疫敏感器	免疫感測器
immune set	禁集	禁集
IMP (=interface message processor)	接口消息处理器	介面信息處理點
impact avalanche transit time diode (IMPATT diode)	崩越二极管,碰撞雪崩渡越时间二极管	碰撞累增過渡時間二極體
impact printer	击打式打印机	撞擊式列印機
IMPATT diode (=impact avalanche tran-	崩越二极管,碰撞雪崩	碰撞累增過渡時間二極

英文名	大陆名	台湾名
sit time diode)	渡越时间二极管	體
impedance	阻抗	阻抗
impedance bandwidth	阻抗带宽	阻抗頻寬,阻抗頻寬
impedance cardiography	阻抗心动描记术	阻抗心動描記術
impedance chart	阻抗圆图	阻抗圖
impedance matching	阻抗匹配	阻抗匹配
impedance matching transformer	阻抗匹配变压器	阻抗匹配變壓器
impedance matrix	阻抗矩阵	阻抗矩陣
impedance plethysmography	阻抗容积描记术	阻抗容積描記術
impedivity	阻抗常数	阻抗常數
imperfect debugging	不完全排错	不完全除錯
impersonation	冒名	冒名頂替
impersonation attack	假冒攻击	冒名攻擊
implanted electrode	植入式电极	植入式電極
implementation	实现	實施
implementation margin	执行裕量	執行邊際
implementation phase	实现阶段	實施階段
implementation requirements	实现需求	實施需求
implicit parallelism	隐式并行性	隱含平行性
implicit request	隐式请求	內顯[型]請求
implicit solid model	隐式实体模型,隐式立体模型	隱含實體模型
implicit tag	隐式标记	隱含型標注
imported specification	导入规约,移入规约	導入規格
import schema	输入模式	輸入綱目
imprecise interrupt	不精确中断	不精確中斷
impressed current	外加电流	外加電流
improvement factor	改善因数	改善因數,改善係數,改進因素,改善因素
impulse	冲激	脈衝
impulse function	冲激函数	脈衝函數
impulse invariance	冲激不变法	脈衝不變法
impulse radar	冲激雷达	衝激雷達
impulse response	冲激响应	脈衝響應
impurity absorption	杂质吸收	雜質吸收
impurity band	杂质带	雜質帶
impurity cluster	杂质团	雜質團
impurity concentration	杂质浓度	雜質濃度

英 文 名	大 陆 名	台 湾 名
impurity energy level	杂质能级	雜質能階
impurity semiconductor	杂质半导体	雜質半導體
IMS (= information management system)	信息管理系统	資訊管理系統
InAs (= indium arsenide)	砷化铟	砷化銦
in-band signaling	带内信令	帶內信令
inbound link	入境链路	入境鏈路
INC (= integrated numerical control)	集成数控	積體數字控制
incandescent display	白炽显示	白熾顯示
incidence	入射	入射
incidence angle	入射角	入射角
incident	关联	關聯
incident field	入射场	入射場
incident matrix	关联矩阵	關聯矩陣
in-circuit test	电路内测试	內電路測試
inclination	倾斜度	傾斜度
inclination perturbation	倾斜摄动	傾斜攝動
inclined form	斜体	斜體
incoherent detection	非相干检测	非相干檢測
incoherent grain boundary	非共格晶界	非同調晶界
incoming call	入呼叫	入局呼叫
incoming connection pending	来话连接暂挂	來話連接擱置狀態
incoming event	入事件	入事件
incoming recovery pending	来话恢复暂挂	來話復原擱置狀態
incomplete data	不完全数据	不完全資料
incomplete decoding	不完全解码	非完全解碼
incomplete information	不完全信息	不完全資訊
incompleteness	不完全性	不完全性
incompleteness theory	不完全性理论	不完全性理論
inconsistency	不一致性	不一致性
incorporated scan	插入扫描	插入掃描
incremental admittance	渐增导纳	漸增阻納
incremental compilation	增量编译	遞增編譯
incremental dump	增量转储,增殖转储	遞增傾印
incremental learning	增量学习	遞增學習
incremental refinement	增量精化	遞增精化
indent	缩进	內縮
indentation	①[行首]缩进 ②印压	①內縮 ②印壓
independent program loader	独立程序装入程序	獨立程式載入器

英 文 名	大 陆 名	台 湾 名
independent random variable	独立随机变量	獨立隨機變數
independent sampling	独立取样	獨立取樣
independent verification and validation	独立验证和确认	獨立驗証及確認
index	变址	索引,指標
index hole	索引孔	索引孔
indexing component	部首	部首
index marker	索引标志	索引標誌
index register	变址寄存器	索引暫存器,指標暫存器,修飾符暫存器
index track	索引道	索引軌
indicated value (= indication)	示值	示值
indication	示值	示值
indicator	指示符	指示器
indicator tube	指示管	指示管
indicator with extractor	录取显示器	錄取顯示器
indigenous fault	内在故障	內在故障
indirect address	间接地址	間接位址
indirect bandgap	间接带隙	間接能隙,間接頻帶間隙
indirected net	无向网	無向網
indirect gap semiconductor	间接带隙半导体	間接能帶隙半導體
indirectly heated cathode	间热[式]阴极,旁热[式]阴极	間熱[式]陰極,旁熱[式]陰極
indirect recombination	间接复合	間接能隙復合
indium arsenide (InAs)	砷化铟	砷化銦
individual address	单[个]地址	個體位址
individual baseline	独立基线	獨立基線
individual marking	个体标识	個體標示
individual token	个性标记	個體符記
induced fault	诱发故障	導出故障
inductance	电感	電感
inductance-capacitance-resistance (ICR)	电感－电容－电阻	電感－電容－電阻
inductance of the resistor lead	电阻引线电感	電阻引線電感
induction axiom	归纳公理	歸納公理
induction field	感应场	感應場
induction phase shifter	感应移相器	感應移相器
induction theorem	感应定理	感應定理,歸納定理
inductive assertion	归纳断言	歸納斷言

英 文 名	大 陆 名	台 湾 名
inductive assertion method	归纳断言法	歸納斷言法
inductive generalization	归纳泛化	歸納概括
inductive inference (=inductive reasoning)	归纳推理	歸納推論
inductive learning	归纳学习	歸納學習
inductive logic	归纳逻辑	歸納邏輯
inductive logic programming	归纳逻辑程序设计	歸納邏輯程式設計
inductive proposition	归纳命题	歸納命題
inductive reactance	感抗	感抗
inductive reasoning	归纳推理	歸納推理
inductive synthesis method	归纳综合方法	歸納合成法
inductivity	电介质常数	電介質常數,感應率
inductor	电感器	電感器
inductosyn	感应同步器	感應同步器
industrial automation	工业自动化	工業自動化
industrial computer	工业计算机	工業計算機
industrial control computer	工业控制计算机	工業控制計算機
industrial electronics	工业电子学	工業電子學
industry standard architecture (ISA)	工业标准体系结构	工業標準架構
inertial damping servomotor	惯性阻尼伺服电[动]机	慣性阻尼伺服馬達
inertialess scanning	无惯性扫描	非慣性掃描
inertial navigation system (INS)	惯性导航系统	慣性領航系統
inexact reasoning	不精确推理	不確切推理
inference	推理	推理
inference chain	推理链	推理鏈
inference clause	推理子句	推理子句
inference hierarchy	推理层次	推理階層
inference machine	推理机	推理機
inference method	推理方法	推理方法
inference model	推理模型	推理模型
inference network	推理网络	推理網路
inference node	推理结点	推理節點
inference procedure	推理过程	推理程序
inference program	推理程序	推理程式
inference rule	推理规则	推理規則
inferences per second (IPS)	推理每秒	每秒推理
inference step	推理步	推理步驟

英　文　名	大　陆　名	台　湾　名
inference strategy	推理策略	推理策略
infinite goal	无穷目标	無限目標
infinite impulse response (IIR)	无限冲激响应	無限脈衝反應
infinite net	①无限网 ②无穷集	①無限網 ②無限集
infix	中缀	中綴
influence quantity	影响量	影響量
information	信息	資訊
information acquisition	信息采集	資訊獲取
information agent	信息主体	資訊代理
information browsing service	信息浏览服务	資訊瀏覽服務
information capacity	信息容量	資訊容量
information center	信息中心	資訊中心
information classification	信息分类	資訊分類
information code	信息码	訊息碼
information code sector	信息码区段	資訊碼區段
information coding	信息编码	資訊編碼
information content	信息内容	資訊內容,資訊內涵
information display	信息显示	訊息顯示
information distribution system	信息分发系统	訊息分發系統
information engineering	信息工程	資訊工程
information estimation	信息估计	資訊估計
information extraction	信息提取	資訊萃取
information feature coding of Chinese character	汉字信息特征编码	中文字元資訊特徵編碼
information feedback	信息反馈	資訊回饋
information field	信息字段	資訊欄
information flow	信息流	資訊流
information flow control	信息流[向]控制	資訊流程控制
information flow model	信息流模型	資訊流模型
information hiding	信息隐蔽	資訊隱藏
information industry	信息产业	資訊工業
information invisibility	信息隐形性	資訊隱形性
information management (IM)	信息管理	資訊管理
information management system (IMS)	信息管理系统	資訊管理系統
information model	信息模型	資訊模型
information network	信息网	訊息網
information object	信息客体	資訊物件
information on demand (IOD)	点播信息	隨選資訊

英 文 名	大 陆 名	台 湾 名
information payload capacity	信息净荷容量	資訊承載容量
information processing (IP)	信息处理	資訊處理
information processing language (IPL)	信息处理语言	資訊處理語言
information processing system (IPS)	信息处理系统	資訊處理系統
information rate	信息速率	訊息率,資訊率
information redundancy	信息冗余	資訊冗餘
information redundancy check	信息冗余检验	資訊冗餘檢查
information resource management (IRM)	信息资源管理	資訊資源管理
information retrieval	信息检索	資訊檢索
information retrieval language	情报检索语言	資訊檢索語言
information science	信息科学	訊息科學
information sequence	信息序列	訊息序列,資訊序列
information source	信[息]源	資訊源
information storage technology	信息存储技术	資訊儲存技術
information structure	信息结构	資訊結構
information symbol	信息符号	信息符號
information system	信息系统	資訊系統
information system security officer (ISSO)	信息系统安全官	資訊系統安全性官
information technology (IT)	信息技术	資訊技術
information theory	信息论	資訊理論
infranet	基础网	基礎網
infrared (IR)	红外线	紅外線
infrared bonding	红外键合	紅外鍵合
infrared device	红外[线]器件	紅外線元件
infrared interference method	红外干涉法	紅外干涉法
infrared line scanner	红外行扫描仪	紅外行掃描儀
infrared night-vision system	红外夜视系统	紅外夜視系統
infrared source	红外线源	紅外線光源
infrared spectrum	红外频谱	紅外線頻譜
infrared transmitting ceramic	透红外陶瓷	紅外透過陶瓷
infrared transmitting crystal	透红外晶体	紅外透過晶體
infrastructure	基础设施	基礎建設
InGaAs avalanche photodiode	砷化镓铟雪崩光电二极管	砷化鎵銦崩潰光二極體
ingot grinding	晶锭研磨	晶柱研磨
inherent ambiguity	固有多义性	固有歧義
inherent filtration	固有滤过	固有濾過
inherent weakness failure	本质失效	本質失效

英 文 名	大 陆 名	台 湾 名
inheritance	继承	繼承
inhibit circuit	禁止电路	禁止電路
inhibited error	继承误差	繼承誤差
inhibit gate	禁[止]门	禁止閘
inhibiting input	禁止输入	禁止輸入
inhibition (=disable)	禁止	①禁止 ②使失效,去能
inhibitor arc	抑止弧	禁止弧
inhibit pulse	禁止脉冲	禁止脈衝
inhibit signal	禁止信号	禁止訊號
inhomogeneous broadening	非均匀展宽	非均勻展寬
initial acquisition	初始获取	初始獲取
initial address acknowledgement message	初始地址确认信息	起始位元址回應信息
initial address message	初始地址信息	起始位元址信息
initial address reject message	初始地址拒绝信息	起始位元址拒絕信息
initial charge	初充电	初充電
initial domain identifier (IDI)	初始域标识	原始域識別元
initial inspection	初始检查,初检	初始檢查,初檢
initialization	初始化	初始化
initialization value	初值,初始化值	初值
initializing sequence	初启序列	初始化序列
initial load	初始装入	初始載入
initial marking	初始标识	初始標示
initial microcode load (IML)	初始微码装入	初始微碼載入
initial model	初始模型	初始模型
initial program load (IPL)	初始程序装入	初始程式載入
initial state	初始状态	初始狀態
initiation interval set	起始间隔集合	啟動間隔集合
initiation sequence	初始序列	啟動器序列
initiator	初启程序	啟動器
injection	注入	注入
injection efficiency	注入效率	注入效率
injection electroluminescence	注入电致发光	注入電致發光
injection laser	注入式激光器	注入式雷射
injection laser diode (ILD)	注入式激光二极管	注入[式]雷射二極體
injection laser output spectrum	注入式激光输出频谱	注入式雷射輸出頻譜
injection-locked oscillator (ILO)	注入锁定振荡器	注入鎖定式振盪器
injection locking	注入锁定	注入鎖定方式
injection locking technique	注入锁定技术	注入鎖定技術

英 文 名	大 陆 名	台 湾 名
injection moulding	热压铸	熱壓鑄
injection priming	注入引发	注入引發點
injection pumping	注入式泵浦	注入式幫浦
injection station	注入站	注入站
ink cartridge	墨[水]盒	墨水匣
inked ribbon	色带	著色帶
ink fog printer	喷墨打印机	噴墨列印機
ink jet plotter	喷墨绘图机	噴墨繪圖器
ink jet printer	喷墨印刷机	噴墨列印機
ink tank	墨水罐	墨水罐
in-line gun	一列式电子枪	一列式電子槍
in-line holography	同轴全息术	同軸全象術
in-line package switch	成列直插封装开关	成列直插封裝開關
inlining	直接插入	直接插入
INMARSAT (= international maritime satellite)	国际海事卫星	國際海事衛星
inner code	内码	內碼
inner distribution	内分布	內分佈
inner lead bonding	内引线焊接	內引線焊接
inner product	内积	內積
in-orbit test	在轨测试	軌道上測試
in-order commit	按序提交	按序確認
in-order execution	按序执行	按序執行
inorganic resist	无机光刻胶	無機光刻膠
in-phase	同相	同相
in-phase channel	同相信道	同相通道
in-phase signal	同相信号	同相訊號,同相訊號
in-phase video	同相视频	同相視訊
in-place	原地	原地
in-place computation	同址计算	同址計算
input	输入	輸入
input alphabet	输入字母表	輸入字母表
input assertion	输入断言	輸入斷言
input backoff	输入补偿点	輸入退據點
input characteristic	输入特性	輸入特性
input correlation matrix	输入相关矩阵	輸入相關矩陣
input data	输入数据	輸入資料
input degree	[输]入度	輸入度

英 文 名	大 陆 名	台 湾 名
input dependence	输入依赖	輸入相依
input device	输入设备	①輸入設備 ②輸入裝置
input equipment (=input device)	输入设备	①輸入設備 ②輸入裝置
input impedance	输入阻抗	輸入阻抗
input mode shift key	输入方式转换键	輸入模態移位鍵
input/output	输入输出[的]	輸入輸出
input/output adaptor	输入输出适配器	輸入輸出配接器
input/output channel (I/O channel)	输入输出通道	輸入輸出通道
input-output device	输入输出设备	①輸入輸出設備 ②輸入輸出裝置
input-output equipment (=input-output device)	输入输出设备	①輸入輸出設備 ②輸入輸出裝置
input-output unit (=input-output device)	输入输出设备	①輸入輸出設備 ②輸入輸出裝置
input priority	输入优先级	輸入優先等級
input process	输入进程	輸入過程
input pulse	输入脉冲	輸入脈衝
input reactance	输入电抗	輸入電抗
input resistance	输入电阻	輸入電阻
input size	输入规模	輸入大小
input stream	输入流	輸入流
input symbol	输入符号	輸入符號
input tape	输入带	輸入帶
input text type	输入文本类型	輸入本文類型
input unit (=input device)	输入设备	①輸入設備 ②輸入裝置
input velocity	输入速率	輸入速率
inquiry station	询问站	詢問站
INS (=①inertial navigation system ②ion neutralization spectroscopy)	①惯性导航系统 ②离子中和谱[学]	①慣性領航系統 ②離子中和譜[學]
insects radar cross section	昆虫雷达截面积	昆蟲雷達截面積
in-sequence	按序	按序
insertion anomaly	插入异常	插入異常
insertion force	插入力	插入力
insertion gain	插入增益	介入增益
insertion loss	插入损耗,介入损耗	插入損耗

英 文 名	大 陆 名	台 湾 名
insertion sort	插入排序	插入分類
insertion test signal (ITS)	插入测试信号	插入測試訊號
inside threat	内部威胁	內部威脅
in-slot signaling	时隙内信令	時隙內信令
inspection	审查	檢驗
inspection by attributes	计数型检查	計數型檢查
inspection by variables	计量型检查	計量型檢查
inspection lot	检查批	檢查批
installability	可安装性	可安裝性
installable device driver	可安装设备驱动程序	可安裝裝置驅動程式
installable file system (IFS)	可安装文件系统	可安裝檔案系統
installable I/O procedure	可安装输入输出过程	可安裝輸入輸出程序
installation	安装	安裝
installation and check-out phase	安装和检验阶段	安裝和檢查階段
installation processing control	安装处理控制	安裝處理控制
instance	例图	實例
instance-based learning	基于实例[的]学习	實例為主的學習
instantaneous description	瞬时描述	瞬時描述
instantaneous dynamic range	瞬时动态范围	瞬間動態範圍
instantaneous field of view (IFOV)	瞬时视场	瞬時視場
instantaneous frequency deviation	瞬时频率偏移	瞬間頻率偏移
instantaneous frequency measurement receiver (IFM receiver)	瞬时测频接收机	瞬時測頻接收機
instantaneous phase	瞬时相位	瞬間相位
instantaneous power	瞬时功率	瞬時功率
instantaneous power density	瞬时功率密度	瞬間功率密度
instantiation	例示	舉例說明
instruction	指令	指令
instruction address register	指令地址寄存器	指令位址暫存器
instruction cache	指令高速缓存	指令高速緩衝記憶體
instruction code	指令码	指令代碼,指令碼
instruction control unit	指令控制器	指令控制單元
instruction counter	指令计数器	指令計數器
instruction cycle	指令周期	指令週期
instruction dependency	指令相关性	指令相依
instruction format	指令格式	指令格式
instruction level parallelism (ILP)	指令级并行性	指令層次平行性
instruction pipeline	指令流水线	指令管線

英 文 名	大 陆 名	台 湾 名
instruction prefetch	指令预取	指令預取
instruction processing unit (IPU)	指令处理部件	指令處理裝置
instruction queue	指令队列	指令隊列
instruction register	指令寄存器	指令暫存器
instruction retry	指令重试	指令再試
instruction scheduler	指令调度程序	指令排程器
instruction set	指令集,指令系统	指令集
instruction set architecture (ISA)	指令集体系结构	指令集架構
instructions per second	指令每秒	每秒指令
instruction stack	指令栈	指令堆疊
instruction step	指令步进	指令步驟
instruction stop	指令停机	指令停機
instruction stream	指令流	指令流
instruction trace	指令跟踪	指令追蹤
instruction type	指令类型	指令類型
instruction word	指令字	指令字
instrumental error	仪表误差	儀表誤差
instrumentation	①探测 ②仪表	儀表
instrumentation radar	①测量雷达 ②仪表级雷达	①測量雷達 ②儀錶級雷達
instrumentation tool	探测工具	儀表工具
instrument flight rules (IFR)	仪表飞行规则	儀表飛行規則
instrument landing system (ILS)	仪表着陆系统	儀表著陸系統
insulated gate field effect transistor (IGFET)	绝缘栅场效晶体管	絕緣閘極場效電晶體
insulation resistance	绝缘电阻	絕緣電阻
insulation resistance meter	绝缘电阻表	絕緣電阻表
insulator	绝缘体	絕緣體
insurance period	保险期	保險期
integer factorization problem (IFP)	整数因子分解难题	整數因式分解難題
integer linear programming	整数线性规划	整數線性規劃
integral control	积分控制	積分控制
integrate-and-dump filter	积丢滤波器	積丟濾波器,積傾濾波器,積分後倒卸濾波器
integrated automation	集成自动化	整合自動化
integrated circuit (IC)	集成电路	積體電路
integrated circuit memory	集成电路存储器	積體電路記憶體

英 文 名	大 陆 名	台 湾 名
integrated digital network (IDN)	综合数字网	綜合數字網
integrated diode solar cell	集成二极管太阳电池	積體化二極體太陽電池
integrated inductor	集成电感器	積體化電感
integrated injection logic (I^2L)	集成注入逻辑	積體注入邏輯
integrated injection logic circuit (IILC)	集成注入逻辑电路	積體注入邏輯電路
integrated numerical control (INC)	集成数控	積體數字控制
integrated operating system	综合操作系统	整合作業系統
integrated optical filter	集成光学滤波器	積體光濾波器
integrated optical modulator	集成光学调制器	積體光學調變器
integrated optics	集成光学	積體光學
integrated optics lithography	集成光学蚀刻印制	積體光學蝕刻
integrated optics strip waveguide	集成光学条状波导	積體光學條狀波導
integrated optoelectronics	集成光电子学	積體光電子學
integrated optoelectronics circuits	集成光电子电路	積體光電電路
integrated power supply	集成电源	整合電源
integrated sensor	集成敏感器	積體化感測器
integrated service digital network (ISDN)	综合业务数字网,ISDN 网	整體服務數位網路
integrated sidelobes	综合旁瓣	總旁瓣強度
integrated test system	综合测试系统	整合測試系統
integrated voice/data system	综合话音-数据系统	整合語音/資料系統
integrating circuit	积分电路	積分電路
integration	集成	整合,積體,積分
integration level	集成度	積體度
integration testing	综合测试	整合測試
integrity	①集成度 ②完整性	①積體度 ②完整性
integrity check	完整性检验	完整性檢查
integrity checking	完整性检查	完整性檢查
integrity constraint	完整性约束	完整性約束
integrity control	完整性控制	完整性控制
intellectual crime	智力犯罪	智慧犯罪
intelligence	智能	智慧
intelligence amplifier	智能放大器	智慧型放大器
intelligence simulation	智能仿真	智慧模擬
intelligent agent	智能代理,智能主体	智慧代理
intelligent automaton	智能自动机	智慧自動機
intelligent computer	智能计算机	智慧型電腦
intelligent computer-aided design	智能计算机辅助设计	智慧電腦輔助設計

英 文 名	大 陆 名	台 湾 名
intelligent control	智能控制	智慧控制
intelligent decision system	智能决策系统	智慧決策系統
intelligent instrument	智能仪器,智能仪表	智能儀器,智能儀表
intelligent interactive and integrated decision support system (IDSS)	智能[型]交互式集成决策支持系统	智慧型交互式整合決策支援系統
intelligent I/O interface	智能输入输出接口	智慧輸入輸出介面
intelligent network	智能网	智能網
intelligent patch panel	智能型插线板	智慧型插線板
intelligent peripheral interface (IPI)	智能外围接口,IPI 接口	智慧型週邊介面
intelligent retrieval	智能检索	智慧檢索
intelligent robot	智能机器人	智能機器人
intelligent science	智能科学	智慧科學
intelligent sensor	智能敏感器	智慧型感測器
intelligent simulation support system	智能仿真支持系统	智慧模擬支援系統
intelligent support system (ISS)	智能支持系统	智慧支援系統
intelligent system	智能系统	智慧系統
intelligent terminal	智能终端	智能終端
intelligent time division multiplexer	智能时分复用器	智能時分復用器
intelligibility	可懂度	可懂度
INTELSAT (= international telecommunicatons satellite)	国际通信卫星	國際電信衛星
intensional database	内涵数据库	內涵資料庫
intensity	光亮度	強度
intensive care unit (ICU)	监护病室	監護病室
intention	意向,意图	意向
intentional system	意向系统	意向系統
intention lock	意向锁	意向鎖
interaction	交互[作用]	交互作用
interaction agent	交互主体	交互代理
interaction constant	交互常量	交互作用常數
interaction error	交互错误	交互錯誤
interaction fault	交互故障	交互作用故障
interactive	交互的	交互型
interactive argument	交互式论证	交互式論證
interactive batch processing	交互式批处理	交談批次處理
interactive device	交互设备	交互裝置
interactive graphic system	交互图形系统	交互式圖形系統
interactive language	交互式语言	交互式語言

英 文 名	大 陆 名	台 湾 名
interactive layout system	交互式布图系统	交互式佈局系統
interactive mode	交互方式	交談模式,交作模
interactive processing	交互式处理	交談式處理
interactive proof	交互式证明	交互式證明
interactive proof protocol	交互式证明协议	交互式證明協定
interactive protocol	交互式协议	交互式協定
interactive searching	交互式查找	交互搜尋
interactive service	交互[型]业务	交互[型]業務
interactive SQL	交互式 SQL 语言	交互式 SQL 語言
interactive system	交互[式]系统	交互系統
interactive technique	交互技术	交互技術
interactive television (ITV)	交互式电视	交互式電視
interactive terminal	交互式终端	交談型終端機
interactive time-sharing	交互式分时	交互式分時
interactive translation system	交互式翻译系统	交互式翻譯系統
inter-agent activity	主体间活动	代理間活動
interblock gap	块间间隙	區塊間隙
interburst interference	突发信号间干扰	叢間干擾
intercardinal plane	基间平面	基間平面
intercept probability	截获概率	截獲機率
interchange	互换	交換
interchangeability	互换性	互換性
interchange circuit	互换电路	交換電路
interchange format	交换格式	交換格式
inter-clutter visibility	杂波间可见度	雜波間可見度
interconnection	互连	互連
interdigital filter	交叉指形滤波器	交叉指形濾波器
interdomain policy routing (IDPR)	域际策略路由选择	域際策略選路
interelectrode capacitance	极间电容	極間電容
interface	①界面 ②接口	介面
interface agent	接口主体	介面代理
interface analysis	接口分析	介面分析
interface data unit (IDU)	接口数据单元	介面信息單元
interface definition language (IDL)	接口定义语言	介面定義語言
interface description language (IDL)	接口描述语言	介面描述語言
interface message processor (IMP)	接口消息处理器	介面信息處理器
interface overhead	接口开销	介面間接費用
interface payload	接口净荷	介面承載

英　文　名	大　陆　名	台　湾　名
interface rate	接口速率	介面速率
interface reaction-rate constant	界面反应率常数	介面回應率常數
interface requirements	接口需求	介面需求
interface specification	①接口规约 ②接口规范	①介面規格 ②介面規範
interface testing	接口测试	介面測試
interface trapped charge	界面陷阱电荷	介面陷阱電荷
interfacial state	界面态	介面態
interference (=jam)	干涉	干擾,擁擠
interference cancellation	干扰消除,干扰注销	干擾消除
interference measuring set	干扰测量仪	干擾測量儀
interference technique	干涉技术	干擾技術
interference wave	干涉波	干涉波
interferometer	干涉仪	干涉儀,干擾儀
interferometer antenna	干涉仪天线	干涉儀天線
interferometric laser diode	干涉型激光二极管	干涉雷射二極體
interferometry	干涉术	干涉術,干擾術
interframe coding	帧间编码	框間編碼
interframe compression	帧间压缩	框間壓縮
interframe predictor	帧间预测器	框間預估器,連續畫面預估器
interframe time fill	帧间时间填充	框間時間填充
interior clipping	内裁剪	內部截割
interior forwarding	内部转发	內部轉接
interior gateway protocol (IGP)	内部网关协议	內部閘道協定
interior pixel	内像素	內像素
interior ring	内环	內環
interlace	交错	交錯
interlaced	隔行	交錯
interlaced code	交织码	交錯碼
interlaced scanning	隔行扫描	交錯掃描
interleased code	交错码	交錯碼
interleaved code (=interlaced code)	交织码	交錯碼
interleaved memory	交叉存储器	交插記憶體
interleaved pulse train	交迭脉冲列	交迭脈波列
interleave factor	交错因子	交插因子
interleaving	交织	交錯
interleaving access	交叉存取	交插存取
interlingua	中间语言	中間語言,國際語言

英 文 名	大 陆 名	台 湾 名
intermediate code	中间代码	中間代碼
intermediate equipment	中间设备	中間設備
intermediate flow	中间流	中間流
intermediate frequency (IF) (= medium frequency)	中频	中頻
intermediate frequency amplifier (IF amplifier)	中频放大器	中頻放大器
intermediate frequency transformer (IF transformer)	中频变压器	中頻變壓器
intermediate language	媒介语	中間語言
intermediate layer	中间层	中間層
intermediate node	中间结点	中間結點,中間節點
intermetallic compound semiconductor	金属间化合物半导体	金屬間化合物半導體
intermittent discharge	间歇放电	間歇放電
intermittent error	间发错误	間歇性錯誤
intermittent fault	间歇故障	間歇性故障
inter-modal dispersion	模间色散	模間色散
intermodulation (IM)	交调	交互調變,相互調變
internal fragmentation	内部碎片	內部片段
internal gas detector	内气体探测器	內氣體探測器
internal interrupt	内[部]中断	內中斷
internal memory (= internal storage)	内部存储器,内存	①內部儲存器,內記憶體 ②內儲存
internal object	内部对象	內部物件
internal photoelectric effect	内光电效应	內光電效應
internal photoemission	内部发光	內部發光
internal quantum efficiency	内量子效率	內量子效率
internal reflcction	内反射	內部反射
internal reflection spectroscopy (IRS)	内反射谱[学]	內反射譜[學]
internal resistance	内阻	內阻
internal schema	内模式	內部綱目
internal sort	内排序	內部排序
internal standardization	内标准化,	內標準化
internal storage	内部存储器,内存	①內部儲存器,內記憶體 ②內儲存
internal thermal resistance	内热阻	內熱阻
international call	国际电话	國際電話
international direct distance dialing	国际长途直拨	國際直接長途撥號

英 文 名	大 陆 名	台 湾 名
(IDDD)		
international distress frequency (IDF)	国际呼救频率	國際遇險頻率
international maritime satellite (INMARSAT)	国际海事卫星	國際海事衛星
international subscriber dialing (ISD)	国际用户拨号	國際用戶撥號電話,國際直撥電話
International Switching Center (ISC)	国际交换中心	國際交換中心
International Telecomm charge card	国际电信计费卡	國際通信計費卡
international telecommunicatons satellite (INTELSAT)	国际通信卫星	國際電信衛星
international transit portion (ITP)	国际转接区段	國際轉接區段
internet	互联网[络],互连网[络]	互連網路
Internet	因特网	網際網路
Internet access provider (IAP)	因特网接入提供者	網際網路連線服務提供者
Internet agent	因特网主体	網際網路代理
Internet Architecture Board (IAB)	因特网[体系]结构委员会	網際網路架構委員會
Internet Assigned Numbers Authority (IANA)	因特网编号管理局	網際網路編號管理局
Internet Business Center (IBC)	因特网商业中心	網際網路商業中心
Internet business provider (IBP)	因特网商务提供者	網際網路商務提供者
Internet content provider (ICP)	因特网内容提供者	網際網路內容提供者
Internet Control Message Protocol (ICMP)	因特网控制消息协议	網際連結控制信息協定
Internet engineering note (IEN)	因特网工程备忘录	網際網路工程備忘錄
Internet Engineering Steering Group (IESG)	因特网工程指导组	網際網路工程指導組
Internet Engineering Task Force (IETF)	因特网工程[任务]部	網際網路工程任務編組
Internet information server (IIS)	因特网信息服务器	網際網路資訊伺服器
internet inter-ORB protocol (IIOP)	网际 ORB 间协议	網際 ORB 間協定
Internet phone (IP phone)	因特网电话,IP 电话	網際網路電話
Internet presence provider (IPP)	因特网平台提供者	網際網路平台提供者
internet protocol (IP)	网际协议	網際網路協定
internet protocol over ATM (IPOA)	ATM 上的网际协议	ATM 上的網際協定
Internet relay chat (IRC)	因特网接力闲谈	多人線上即時交談系統
Internet Research Steering Group (IRSG)	因特网研究指导组	網際網路研究指導組
Internet Research Task Force (IRTF)	因特网研究[任务]部	網際網路研究任務編組

英 文 名	大 陆 名	台 湾 名
internet security	互联网安全	網際網路安全
Internet service provider (ISP)	因特网服务提供者	網際網路服務提供者
Internet services list	因特网服务清单	網際網路服務清單
Internet Society (ISOC)	因特网协会	網際網路協會
internet sublayer	互联网子层	網際連結子層
internetwork call redirection/deflection (ICRD)	网际呼叫重定向或改发	網際網路呼叫重定向或改發
internetworking	网际互连,网络互连	網間網路
internetworking bridge	网际桥接器	網際橋接器
internetworking protocol	网际互连协议	網際網路協定
interoffice network	局间网	局間網路
interoffice phone	局间电话	局間電話,室內電話
interoffice transmission system	局间传输系统	局間傳輸系統
interoffice trunking system	局间中继系统	局間幹線系統
interoperability	①互操作性 ②互通性	①可交互運作性 ②互通性
interpersonal message (IP-message)	人际消息	人際訊息
interpersonal messaging (IPM)	人际消息处理	人際訊息處理
interpolation	①插值 ②内差	①内插 ②内差
interpolation method	插值法	内插法
interpolator	插补器,插补程序	内插器
interpret	解释	解譯
interpreter	解释程序,解释器	解譯器
interprocedural data flow analysis	过程间数据流分析	程序間資料流程分析
interprocess communication (IPC)	进程间通信	過程間通訊
interrecord gap	记录间间隙	記錄間間隙
interrogation mode	询问模式	詢問模式
interrogator	询问器	詢問器
interrupt	中断	中斷,岔斷
interrupt disable	禁止中断	中斷去能
interrupt driven	中断驱动	中斷驅動
interrupt-driven I/O	中断驱动输入输出	中斷驅動輸入輸出
interrupt enable	允许中断	中斷賦能
interrupt event	中断事件	中斷事件
interrupt handling	中断处理	中斷處置
interrupt mask	中断屏蔽	中斷遮罩
interrupt mechanism	中断机制	中斷機制
interrupt priority	中断优先级	中斷優先權

英 文 名	大 陆 名	台 湾 名
interrupt processing (= interrupt handling)	中断处理	中斷處理
interrupt queue	中断队列	中斷隊列
interrupt register	中断寄存器	中斷暫存器
interrupt request	中断请求	中斷請求
interrupt-signal interconnection network (ISIN)	中断信号互连网络	中斷訊號互連網路
interrupt vector	中断向量	中斷向量
interrupt vector table	中断向量表	中斷向量表
intersatellite delay	卫星间时延	衛星間之[通訊]延遲
intersatellite frequency allocations	卫星间频率分配	衛星間的[通訊]頻率分配
intersatellite laser communication	星际激光通信	星際鐳射通信
intersatellite link (ISL)	星际链路	衛星間[之]連線,衛星間鏈路
intersection	交	①相交 ②交集
intersection search	交叉搜索	交叉搜尋
interstice	间隙	間隙
interstitial cluster	间隙[缺陷]团	間隙[缺陷]團
interstitial diffusion	间隙扩散	間隙擴散
intersymbol distortion	符号间失真	符際失真,訊號間失真
intersymbol interference	①符号间干扰 ②码间干扰	①符碼間干擾,符碼際干擾 ②碼間干擾
intertoll trunk	长话中继	長途電話中繼幹線
inter-track crosstalk	道间串扰	軌間串音
interval quantization	间隔量化	區間量化
interval query	区间查询	區間查詢
interval temporal logic	区间时态逻辑	區間時序邏輯
interval timer	间隔定时器	間隔計時器
interworking	交互运作,交互工作	交互工作
interworking function (IWF)	互通功能	網接功能
intracavity gas laser	内腔式气体激光器	內腔式氣體雷射
intra-clutter visibility	杂波内可见度	雜波內可見度
intractable problem	难解型问题	難解型問題
intraexchange calls	局内呼叫	內部交互呼叫
intraframe coding	帧内编码	框內編碼
intraframe compression	帧内压缩	框內壓縮
intraframe/interframe hybrid coding	帧间－帧内混合编码	框內/框間混合編碼,固

英文名	大陆名	台湾名
		定畫面/連續畫面混合編碼
intraframe predictor	帧内编码预测器	框內編碼預估器,畫面內視訊預估器
intra-modal dispersion	模内色散	模內色散
intranet	内联网,内连网	企業網路
intranet security	内联网安全	內部網路安全
intrapulse coding	脉冲内编码	脈波內編碼
intrapulse modulation	脉冲内调制	脈波內調變
intrasatellite switching	星内交换	衛星內部交換
intrinsic absorption	本征吸收	本質吸收
intrinsic burst tolerance (IBT)	本征突发容限	本質突發容忍度
intrinsic carrier	本征载流子	本徵載子
intrinsic coupling loss	本征耦合损耗	本質耦合損失
intrinsic electroluminescence	本征电致发光	本徵電致發光
intrinsic error	固有误差	固有誤差
intrinsic function	内部函数	內在函數
intrinsic gettering technology	本征吸杂工艺	本徵吸雜工藝
intrinsic line capacitance	固有线电容	內在線電容
intrinsic quality factor	固有品质因数	固有品性因數
intrinsic semiconductor	本征半导体	本徵半導體
intruder	入侵者	入侵者
intrusion detection system (IDS)	入侵检测系统	入侵檢測系統
intuitionistic logic	直觉主义逻辑	直觀邏輯
invalid cell	无效信元	無效格
invalid [state]	无效[状态]	無效[狀態]
invariant	不变式	不變性
invariant code motion	不变代码移出	不變代碼移動
invariant codes	不变码	不變動碼
inverse channel	逆信道	逆通道
inverse coaxial magnetron	反同轴磁控管	反同軸磁控管
inverse DFT (IDFT)	离散傅里叶逆变换	離散傅立葉反轉換
inverse filter	逆滤波器	逆濾波器
inverse filtering	逆向滤波	反向濾波,倒轉濾波
inverse Fourier transform	傅里叶逆变换	傅立葉反轉換
inverse gain jamming	逆增益干扰	逆增益干擾
inverse homomorphism	逆同态	逆同態
inverse matrix	逆矩阵	反矩陣

英 文 名	大 陆 名	台 湾 名
inverse peak voltage	反峰电压	反峰電壓
inverse perfect shuffle	逆完全混洗	反向完全混洗
inverse Radon transformation	逆拉东变换	反氡變換
inverse scattering	逆散射	逆散射
inverse substitution	逆代换	反替代
inverse synthetic aperture radar (ISAR)	逆合成孔径雷达	逆合成孔徑雷達
inverse TACAN	逆式塔康	逆式塔康
inverse translation buffer (ITB)	逆变换缓冲器	反向變換緩衝
inverse Z-transform	Z 逆变换	Z 反轉換,反 Z 轉換
invertable block code	可逆区块码	可逆式區塊碼
inverted-cone antenna	倒锥形天线	倒錐形天線
inverted Lamb dip	反兰姆凹陷	反蘭姆凹陷
inverted magnetron	倒置磁控管	倒置磁控管
inverted V antenna	倒 V 形天线	倒 V 形天線
inverter	反相器,倒相器	反相器
invertible code	可逆码	可逆碼
invertor (= inverter)	反相器,倒相器	反相器
invisible range	不可视区	不可視區
invocation	启用	調用
I/O channel (= input/output channel)	输入输出通道	輸入輸出通道
IOD (= information on demand)	点播信息	隨選資訊
I/O device assignment	输入输出设备指派	輸入輸出裝置指定
I/O management	输入输出管理	輸入輸出管理
ion	离子	離子
ion beam coating (IBC)	离子束镀	離子束鍍
ion beam deposition (IBD)	离子束淀积	離子束澱積
ion beam epitaxy (IBE)	离子束外延	離子束外延
ion beam evaporation	离子束蒸发	離子束蒸發
ion beam lithography	离子束光刻	離子束光刻
ion beam milling	离子铣,离子磨削	離子銑,離子磨削
ion beam polishing	离子束抛光	離子束拋光
ion bombardment	离子轰击	離子轟擊
ion burn	离子斑	離子斑
ion cyclotron resonance heating (ICRH)	离子回旋共振加热	離子迴旋共振加熱
ion-deposition printer	离子沉积印刷机	離子沉積印表機
ion-exchange membrane hydrogen-oxygen fuel cell	离子交换膜氢氧燃料电池	離子交換膜氫氧燃料電池
ion gas laser	离子气体激光器	離子氣體雷射

英 文 名	大 陆 名	台 湾 名
ionic crystal semiconductor	离子晶体半导体	離子晶體半導體
ionic tube	离子管	離子管
ion implantation	离子注入	離子注入
ion implanter	离子注入机	離子注入機
ionization	电离	離子化
ionization chamber	电离室	電離室
ionization chamber with compensation	补偿电离室	補償電離室
ionization energy	电离能	游離能
ionization ratio	电离比	電離比
ionization relaxation oscillation	电离张弛振荡	電離張弛振盪
ionization vacuum gauge	电离真空计	電離真空計
ionized-cluster beam deposition (ICBD)	离子团束淀积	離子團束澱積
ionized-cluster beam epitaxy (ICBE)	离子团束外延	離子團束外延
ion microanalysis	离子微分析	離子微分析
ion microprobe	离子探针	離子探針
ion neutralization spectroscopy (INS)	离子中和谱[学]	離子中和譜[學]
ion oscillation	离子振荡	離子振盪
ionosphere	电离层	電離層,游離層
ionospheric propagation	电离层传播	電離層傳播
ionospheric scatter communication	电离层散射通信	電離層散射通信
ion plating	离子镀	離子鍍
ion scattering spectroscopy (ISS)	离子散射谱[学]	離子散射譜[學]
ion sensitive FET (ISFET)	离子敏场效晶体管	離子選擇性場效電晶體
ion sensor	离子敏感器	離子感測器
ion-sound shock-wave	离子声激波	離子聲激波
ion source	离子源	離子源
I/O processor	输入输出处理器	輸入輸出處理機
IOPS (=isolation by oxidized porous silicon)	多孔硅氧化隔离	多孔矽氧化隔離
I/O queue	输入输出队列	輸入輸出隊列
IP (=①information processing ②internet protocol)	①信息处理 ②网际协议	①資訊處理 ②網際網路協定
IP address	网际协议地址,IP 地址位址	網際網際協定位址, IP
IPC (=interprocess communication)	进程间通信	過程間通訊
IP datagram	IP 数据报	IP 資料包
IPI (=intelligent peripheral interface)	智能外围接口,IPI 接口	智慧型週邊介面
IPL (=①information processing language	①信息处理语言 ②初	①資訊處理語言 ②初

英文名	大陆名	台湾名
② initial program load)	始程序装入	始程式載入
IPM (= interpersonal messaging)	人际消息处理	人際訊息處理
IP-message (= interpersonal message)	人际消息	人際訊息
IPOA (= internet protocol over ATM)	ATM 上的网际协议	ATM 上的網際協定
IPP (= Internet presence provider)	因特网平台提供者	網際網路平台提供者
IP phone (= Internet phone)	因特网电话,IP 电话	網際網路電話
IPS (= ①inferences per second ② information processing system)	①推理每秒 ②信息处理系统	①每秒推理 ②資訊處理系統
IPU (= instruction processing unit)	指令处理部件	指令處理裝置
IR (= infrared)	红外线	紅外線
IRC (= Internet relay chat)	因特网接力闲谈	多人線上即時交談系統
IRM (= information resource management)	信息资源管理	資訊資源管理
iron-nickel storage battery	铁镍蓄电池	鐵鎳蓄電池
irradiation	辐照度	輻照度
irreflexivity	非自反性	非自反性
irreversible encryption	不可逆加密	不可逆加密
IRS (= internal reflection spectroscopy)	内反射谱[学]	內反射譜[學]
IRSG (= Internet Research Steering Group)	因特网研究指导组	網際網路研究指導組
IRTF (= Internet Research Task Force)	因特网研究[任务]部	網際網路研究任務編組
ISA (= ①industry standard architecture ② instruction set architecture)	①工业标准体系结构 ②指令集体系结构	①工業標準架構 ②指令集架構
ISA bus	工业标准体系结构总线	工業標準架構匯流排
ISAR (= inverse synthetic aperture radar)	逆合成孔径雷达	逆合成孔徑雷達
ISC (= International Switching Cente)	国际交换中心	國際交換中心
ISD (= international subscriber dialing)	国际用户拨号	國際用戶撥號電話,國際直撥電話
ISDN (= integrated service digital network)	综合业务数字网,ISDN 网	整體服務數位網路
ISDN network identification code	ISDN 网标识码	ISDN 網路識別碼
ISFET (= ion sensitive FET)	离子敏场效晶体管	離子選擇性場效電晶體
ISIN (= interrupt-signal interconnection network)	中断信号互连网络	中斷訊號互連網路
island effect	小岛效应	小島效應
island of automation	自动化孤岛	自動化孤島
I slot	I 槽	I 型開槽
ISOC (= Internet Society)	因特网协会	網際網路協會

英 文 名	大 陆 名	台 湾 名
isoelectronic center	等电子中心	等電子中心
isolated amplifier	隔离放大器	隔離放大器
isolate word speech recognition	孤立词语音识别	孤立詞語音識別
isolating transformer	隔离变压器	隔離變壓器
isolation	隔离度	隔離度
isolation by oxidized porous silicon (IOPS)	多孔硅氧化隔离	多孔矽氧化隔離
isolation level	隔离级	隔離層次
isolation technology	隔离工艺	隔離工藝
isolator	隔离器	隔離器,單向器
isometric projection	等轴测投影	等角投影
isoplanar integrated injection logic (IIIL)	等平面集成注入逻辑	等平面積體注入邏輯
isoplanar isolation	等平面隔离	等平面隔離
isoplanar process	等平面工艺	等平面工藝
isostatic pressing	等静压	等靜壓
isothermal annealing	等温退火	等溫退火
isothermal approximation	等温逼近	等溫逼近
isotropic antenna	各向同性天线	均方性天線,無方向性天線
isotropic etching	各向同性刻蚀	各向同性刻蝕
isotropic medium	各向同性媒质	等向介質
isotropic radiator	各向同性辐射器	等方向性輻射器
ISP (= Internet service provider)	因特网服务提供者	網際網路服務提供者
ISS (= ①ion scattering spectroscopy ② intelligent support system)	①离子散射谱[学] ②智能支持系统	①離子散射譜[學] ②智慧支援系統
ISSO (= information system security officer)	信息系统安全官	資訊系統安全性官
IT (= information technology)	信息技术	資訊技術
ITB (= inverse translation buffer)	逆变换缓冲器	反向變換緩衝
ITDF (= ideal time domain filter)	理想时域滤波器	理想時域濾波器
item (= term)	项	項,項目
iterate improvement	迭代改进	疊代改進
iteration	迭代	疊代
iterative algorithm	迭代算法	反復演算法
iterative impedance	重复阻抗,累接阻抗	重復阻抗,累接阻抗
iterative scheduling and allocation method	迭代调度分配方法	疊代調度配置方法
iterative search	迭代搜索	疊代搜尋
ITP (= international transit portion)	国际转接区段	國際轉接區段

英　文　名	大　陆　名	台　湾　名
ITS (= insertion test signal)	插入测试信号	插入測試訊號
ITV (= interactive television)	交互式电视	交互式電視
IWF (= interworking function)	互通功能	網接功能

J

英　文　名	大　陆　名	台　湾　名
jabber	逾限[传输]	傳輸超長
jabber control	逾限控制	傳輸超長控制
jack	①插口 ②插孔	①插座 ②插孔,插座
jack panel	插孔板	孔面板
Jacobian function	雅可比函数	捷可比函數
Jacobian matrix	雅可比矩阵	捷可比矩陣
jam	干扰	干擾,擁擠
jammer	干扰发射机	干擾發射機
jamming	[蓄意]干扰	[蓄意]干擾
jamming equation	干扰方程	干擾方程
jamming signal	强制干扰信号	擁塞訊號
jamming war (JW)	[电子]干扰战	電子干擾戰
jam signal	[人为]干扰信号	擁塞訊號
Java	Java 语言	Java 程式語言,爪哇程式語言
Java applet	Java 小应用程序	Java 小應用程式
Java application	Java 应用	Java 應用程式
Java bean	Java 组件	Java 組件
Java chip	Java 芯片	Java 晶片
Java compiler	Java 编译程序	Java 編譯程式
Java DataBase Connectivity (JDBC)	Java 数据库连接	Java 資料庫連接
Java development kit	Java 开发工具箱	Java 開發套件
Java flash compiler	Java 快速编译程序	Java 快速編譯程式
Java foundation class	Java 基础类[库]	Java 基礎類別
Java interpreter	Java 解释程序	Java 解譯器
Java native interface	Java 本地接口	Java 本地介面
Java OS	Java 操作系统	Java 作業系統
Java script	Java 脚本	Java 腳本
Java virtual machine (JVM)	Java 虚拟机	Java 虛擬機
J band	J 波段	J 頻帶
JCB (= job control block)	作业控制块	工件控制塊

英　文　名	大　陆　名	台　湾　名
JCL (=job control language)	作业控制语言	工件控制語言
JDBC (=Java DataBase Connectivity)	Java 数据库连接	Java 資料庫連接
JIT (=just-in-time production)	及时生产	即時生產
JIT compiler (=just-in-time compiler)	及时编译程序	即時編譯程式
jitter	抖动	抖動,混色
job	作业	工件
job catalog	作业目录	工件目錄
job classification	作业分类	工件分類
job control	作业控制	工件控制
job control block (JCB)	作业控制块	工件控制塊
job control language (JCL)	作业控制语言	工件控制語言
job controller	作业控制程序	工件控制器
job cycle	作业周期	工件週期
job description	作业描述	工件描述
job entry	作业录入	工件登錄
job file	作业文件	工件檔案
job flow (=job stream)	作业流	工件流,工件流程
job management	作业管理	工件管理
job name	作业名	工件名稱
job priority	作业优先级	工件優先
job processing	作业处理	工件處理
job queue	作业队列	工件隊列
job scheduling	作业调度	工件排程
job stack	作业栈	工件堆疊
job state	作业状态	工件狀態
job step	作业步	工件步驟
job stream	作业流	工件流,工件流程
job table (JT)	作业表	工件表
job throughput	作业吞吐量	工件通量
Johnson noise	约翰孙噪声	強森雜訊,鐘斯雜訊
join	联结	聯合,結合
joint loss	接点损失	接點損失
Joint Photographic Experts Group (JPEG)	JPEG[静止图像压缩]标准	①聯合影像專家小組 ②靜止影像壓縮標準
joint stereo coding	立体声合并编码	身歷聲合併編碼
Jones vector	琼斯矢量,琼斯向量	鐘斯向量
Joseph effect	约瑟夫效应	約瑟夫效應
Josephson tunneling logic	约瑟夫森隧道逻辑	約瑟夫森隧道邏輯

英 文 名	大 陆 名	台 湾 名
Joule's law	焦耳定律	焦耳定律
journal	日志	①日誌 ②期刊
joy stick	操纵杆	操縱杆
joyswitch	操作开关	操作開關
JPEG (= Joint Photographic Experts Group)	JPEG[静止图像压缩]标准	①聯合影像專家小組 ②靜止影像壓縮標準
JT (= job table)	作业表	工件表
jump	跳	①跳位 ②跳越
jumper	跨接线	跳線器
jump instruction	转移指令	跳越指令,跳位指令
junction	接头	接合面,接頭
junction capacitance	结电容	接面電容
junction circulator	结环行器	接面環行器
junction depth	结深	結深
junction field effect transistor	结型场效晶体管	接面型場效電晶體
junction resistance	结电阻	接面電阻
junction temperature	结温	接點溫度
junction-to-ambient thermal resistance	结至环境热阻	結至環境熱阻
Justesen code	加斯特森码	加斯特森碼
justified margin	边缘调整	整邊
just-in-time compiler (JIT compiler)	及时编译程序	即時編譯程式
just-in-time production (JIT)	及时生产	即時生產
JVM (= Java virtual machine)	Java 虚拟机	Java 虛擬機
JW (= jamming war)	[电子]干扰战	電子干擾戰

K

英 文 名	大 陆 名	台 湾 名
KA (= knowledge acquisition)	知识获取	知識獲取
Ka band	Ka 波段	Ka 頻帶
Kaiser window	凯泽视窗	凱斯視窗
Kai Ti	楷体	楷體
Kalman filter	卡尔曼滤波器	卡爾曼濾波器
Kalman filtering	卡尔曼滤波	卡爾曼濾波
Karhunen-Loeve expansion	卡 – 洛展开	卡忽南 – 拉維展開式
Karhunen-Loeve transform (KLT)	卡 – 洛变换	卡忽南 – 拉維轉換
Karp line	卡普线	卡普線
Karp reducibility	卡普可归约性	卡普可約性

英 文 名	大 陆 名	台 湾 名
Kasami decoder	嵩忠雄解码器	凱西米解碼器
Kb (=kilobit)	千位	千位元,千比
KB (=①kilobyte ②knowledge base, knowledge bank)	①千字节 ②知识库	①千位元組,千拜 ②知識庫
K band	K 波段	K 頻帶
KBMS (=knowledge base management system)	知识库管理系统	知識庫管理系統
K-bounded net	K 有界网	K 有界網
Kbps (=kilobits per second)	千位每秒	每秒千比
KBps (=kilobytes per second)	千字节每秒	每秒千位元組
k-connectivity	*k* 连通度	*k* 連通度
KDC (=key distribution center)	密钥分配中心	密鑰分配中心
KDD (=knowledge discovery in database)	数据库知识发现	資料庫知識發現
K-dense	K 稠密性	K 稠密性
K distribution	K 分布	K-分佈
KDP (=potassium dihydrogen phosphate)	磷酸二氢钾	磷酸二氫鉀
KE (=knowledge engineering)	知识工程	知識工程
keep alive	保活	保活
Keller cone	凯勒锥	凱勒錐
Kell factor	凯尔系数	凱爾係數
Kelvin temperature	开尔文温度	凱文溫度
Kepler's equation	开普勒方程	刻蔔勒方程式
Kepler's law	开普勒定律	刻蔔勒定律
kernel	内核	核心
kernel code	内核码	核心碼
kernel data structure	内核数据结构	核心資料結構
kernelized security	核基安全	核心安全
kernel language	内核语言	核心語言
kernel module	内核模块	核心模組
kernel primitive	内核原语	核心基元
kernel process	内核进程	核心過程
kernel program	内核程序	核心程式
kernel service	内核服务	核心服務
kernel stack	内核栈	核心堆疊
kerning	紧排	字母緊排,疊置
Kerr cell	克尔盒	克爾盒
Kerr effect	克尔效应	克爾效應

英 文 名	大 陆 名	台 湾 名
keyboard	键盘	鍵盤
keyboard layout	键位布局	鍵盤佈局
keyboard printer	键盘打印机	鍵盤列印機
keyboard punch	键盘穿孔机	鍵盤打孔
keyboard switch	键盘开关	鍵盤開關
keyboard tape punch	纸带键盘凿孔机	紙帶鍵盤鑿孔機
key cap	键帽	鍵帽
key certificate	密钥证书	密鑰認證
key code	键码	鍵碼
key distribution center (KDC)	密钥分配中心	密鑰分配中心
key-element	键元	鍵元素,鍵元件
key-element set	键元集	鍵元素集
key-element string	键元串	鍵元素串
key-encryption key	密钥加密密钥	密鑰加密密鑰
key escrow	密钥托管	密鑰託管
key establishment	密钥建立	密鑰建立
key exchange	密钥交换	密鑰交換
key frame	关键帧	關鍵框
key hierarchy	密钥分级架构	密鑰分級架構
key management	密钥管理	鍵管理
key mapping	键位	鍵對映
key mapping table	键位表	鍵對映表
key notarization	密钥公证	密鑰公證
keypad	小键盘	小鍵盤
key pair	密钥对	密鑰對
key phrase	密钥短语	鍵片語
keypunch	键控穿孔机	①鍵打孔機,打孔機 ②鍵打孔,按鍵打孔
key recovery	密钥恢复	密鑰恢復
key ring	密钥环	密鑰環
key search attack	密钥搜索攻击	密鑰搜尋攻擊
key server	密钥服务器	密鑰伺服器
key size	密钥长度	密鑰長度
keystone distortion (=trapezoidal distortion)	梯形畸变	梯形畸變
key stream	密钥流	密鑰流
keystroke verification	击键验证	擊鍵驗證
keyword	关键词,关键字	關鍵字,保留字

英 文 名	大 陆 名	台 湾 名
keyword in context	上下文内关键词	上下文中關鍵字
keyword out of context	上下文外关键词	上下文外關鍵字
KHz (= kilohertz)	千赫兹	千赫[兹]
KIF (= knowledge information format)	知识信息格式	知識資訊格式
kilobit (Kb)	千位	千位元,千比
kilobits per second (Kbps)	千位每秒	每秒千比
kilobyte (KB)	千字节	千位元組,千拜
kilobytes per second (KBps)	千字节每秒	每秒千位元組
kilohertz (kHz)	千赫兹	千赫[兹]
kilovolt-ampere (kVA)	千伏安	千伏安
kinescope (= picture tube)	显像管	顯象管
kinetic vacuum pump	动量传输泵	動量傳輸幫浦
kink	扭折	扭折
Kirchhoff's current law	基尔霍夫电流定律	克希荷夫電流定律
Kirchhoff's law	基尔霍夫定律	克希荷夫定律
Kleene closure	克林闭包	克林閉包
KLT (= Karhunen-Loeve transform)	卡 - 洛变换	卡忽南 - 拉維轉換
klystron	速调管	速調管
klystron amplifier	速调管放大器	[電子]調速管放大器,克來斯壯放大器
KMP algorithm	KMP 算法	KMP 演算法
KN (potassium niobate)	铌酸钾	鈮酸鉀
knapsack problem	背包问题	背包問題
knee sensitivity	拐点灵敏度	拐點靈敏度
knife-edge diffraction	刀刃衍射	刀刃繞射
knot interpolation	节点插值	結點內插值
knot removal	节点删除	結點刪除
knowledge	知识	知識
knowledge acquisition (KA)	知识获取	知識獲取
knowledge agent	知识主体	知識代理
knowledge assimilation	知识同化	知識同化
knowledge bank (KB) (= knowledge base)	知识库	知識庫
knowledge base (KB)	知识库	知識庫
knowledge-based consultation system	基于知识的咨询系统	知識為本的諮詢系統
knowledge-based inference	基于知识[的]推理	知識為主的推理
knowledge-based inference system	基于知识[的]推理系统	知識為主的推理系統

英 文 名	大 陆 名	台 湾 名
knowledge-based machine translation	基于知识的机器翻译	知識為主的機器翻譯
knowledge-based question answering system	基于知识的问答系统	知識為本的問答系統
knowledge-based simulation system	基于知识的仿真系统	知識為主的模擬系統
knowledge base machine	知识库机	知識庫機
knowledge base management system (KBMS)	知识库管理系统	知識庫管理系統
knowledge base system	知识库系统	知識庫系統
knowledge compilation	知识编译	知識編譯
knowledge complexity	知识复杂性	知識復雜性
knowledge-concentrated industry	知识密集型产业	知識密集型產業
knowledge-directed data base	知识引导[的]数据库	知識導向資料庫
knowledge discovery	知识发现	知識發現
knowledge discovery in database (KDD)	数据库知识发现	資料庫知識發現
knowledge editor	知识编辑器	知識編輯器
knowledge engineer	知识工程师	知識工程師
knowledge engineering (KE)	知识工程	知識工程
knowledge extraction	知识提取	知識萃取
knowledge extractor	知识提取器	知識萃取器
knowledge image coding	知识图像编码	知識影像編碼
knowledge industry	知识产业	知識工業
knowledge information format (KIF)	知识信息格式	知識資訊格式
knowledge information processing	知识信息处理	知識資訊處理
knowledge information processing system	知识信息处理系统	知識資訊處理系統
knowledge interactive proof system	知识交互式证明系统	知識交互式證明系統
knowledge model	知识模型	知識模型
knowledge operationalization	知识操作化	知識操作化
knowledge organization	知识组织	知識組織
knowledge-oriented architecture	面向知识[的]体系结构	知識導向架構
knowledge processing	知识处理	知識處理
knowledge proof	知识证明	知識證明
knowledge query manipulation language (KQML)	知识查询操纵语言	知識查詢調處語言
knowledge reasoning	知识推理	知識推理
knowledge redundancy	知识冗余	知識冗餘
knowledge refinement	知识精化	知識精化
knowledge representation (KR)	知识表示	知識表示

英　文　名	大　陆　名	台　湾　名
knowledge representation mode	知识表示方式	知識表示模式
knowledge schema	知识模式	知識綱目
knowledge source	知识源	知識源
knowledge structure	知识结构	知識結構
knowledge subsystem	知识子系统	知識子系統
knowledge utilization system	知识利用系统	知識利用系統
known-plaintext attack	已知明文攻击	已知明文攻擊
Knudsen number	克努森数	克努森數
Kolmogrov complexity	科尔莫戈罗夫复杂性	Kolmogrov 復雜性
Korean	朝鲜文	韓文
k-out-of-*n* system	表决系统	表決系統
KQML (= knowledge query manipulation language)	知识查询操纵语言	知識查詢調處語言
KR (= knowledge representation)	知识表示	知識表示
Kronecker product	克罗内克积	克洛涅克積
K space	K 空间	K 空間
KTN (= potassium tantalate niobate)	铌钽酸钾	鈮鉭酸鉀
Ku band	Ku 波段	Ku 頻帶
Kuroda's identities	黑田恒等式	庫羅塔相等律
KVA (= kilovolt-ampere)	千伏安	千伏安

L

英　文　名	大　陆　名	台　湾　名
label	标号	標號,標記,標籤
labeled channel	带标号信道	有標通道
labeled multiplexing	带标号复用	有標多工
labeled Petri net	标号佩特里网	有標佩特裏網
labeled reachable tree	标号可达树	有標可達樹
labeled security	标号化安全	有標安全
ladder diagram	梯形图	梯形圖
ladder network	梯型网络	梯型網路
lag	滞后	滯後
LAMA (= local automatic message accounting)	市话通话自动计费	本地自動通話付費計算
Lamb dip	兰姆凹陷	蘭姆凹陷
Lamb noise silencing circuit	兰姆消噪电路	蘭姆消噪電路
laminar electron beam	层流电子束	層流電子束

英文名	大陆名	台湾名
laminar gun	层流电子枪	層流電子槍
laminate	层压板	層板
laminated magnetic head	叠片式磁头	層版磁頭
LAMMA (=laser microprobe mass analyzer)	激光探针质量分析仪	雷射探針質量分析儀
LAN (=local area network)	局域网	局域網
LAN broadcast	局域网广播	區域網路廣播
LAN broadcast address	局域网广播地址	區域網路廣播位址
Landau damping	朗道阻尼	朗道阻尼
land backscatter	陆地后向散射信号	陸地反向散射訊號
land clutter	陆地杂波	地面雜波,陸地雜波
landing radar	着陆雷达	著陸雷達
landing standard	着陆标准	著陸標準
land mobile satellite	陆地移动卫星	地面行動衛星
LANDSAT (=land satellite)	陆地卫星	陸地衛星
land satellite (LANDSAT)	陆地卫星	陸地衛星
landscape	横向	横向排法,風景排法
landscape format (=horizontal format)	横向格式	横向格式
lane	巷道	巷道
lane identification	巷道识别	巷道識別
lane width	巷宽	巷寬
LAN gateway	局域网网关	區域網路閘道
LAN global address	局域网全球地址	區域網路全球位址
Langmuir-Blodgett film	L-B 膜	L-B 膜
LAN group address	局域网[成]组地址	區域網路群組位址
language	语言	語言
language acquisition	语言获取	語言獲取
language-description language	语言描述语言	語言描述語言
language information	语言信息	語言資訊
language knowledge base	语言知识库	語言知識庫
language membership proof system	语言成员证明系统	語言隸屬證明系統
language model	语言模型	語言模型
language processor	语言处理程序	語言處理器
language recognition	语言识别	語言識別
language standard	语言标准	語言標準
LAN individual address	局域网单[个]地址	區域網路個別位址
LAN manager	局域网管理程序	區域網路管理器
LAN multicast	局域网多播	區域網路多播

英 文 名	大 陆 名	台 湾 名
LAN multicast address	局域网多播地址	區域網路多播位址
LAN server	局域网服务器	區域網路伺服器
LAN switch	局域网交换机	區域網路交換機
lanthanium titanate (LT)	钛酸镧	鈦酸鑭
LAP (=link access procedure)	链路接入程序	鏈結進接程式
LAPB (=link access procedure balanced)	平衡型链路接入规程	平衡型鏈接存取程序
Laplace equation	拉普拉斯方程	拉普拉斯方程式
Laplace transform	拉普拉斯变换	拉普拉斯轉換
Laplacian distribution	拉普拉斯分布	拉普拉斯分佈
Laplacian operator	拉普拉斯算子	拉普拉斯運算子
Laplacian source	拉普拉斯源	拉普拉斯[雜訊]源
laptop computer	膝上计算机	膝上型電腦
large-aperture reflector	大孔径反射器	大孔徑反射器
large optical cavity laser	大光腔激光器	大光學共振腔雷射,大光學腔雷射
large scale computer	大型计算机	大型計算機
large scale display	①大屏幕显示 ②大屏幕显示器	①大熒幕顯示 ②大型顯示器
large scale integrated circuit (LSI)	大规模集成电路	大型積體電路
large scale integration (LSI)	大规模集成	大型積體
large-signal analysis	大信号分析	大訊號分析
large-vocabulary speech recognition	大词表语音识别	大詞彙語音識別
Larmor rotation	拉莫尔旋动	拉莫爾旋動
laser	①激光 ②激光器	雷射
laser amplifier	激光放大器	雷射放大器
laser annealing	激光退火	雷射退火
laser beam printer	激光打印机	雷射束列印機
laser bonding	激光键合	雷射鍵合
laser ceilometer	激光测云仪	雷射雲罩測高儀
laser channel marker	激光航道标	雷射航道標
laser communication	激光通信	雷射通信
laser cutting	激光切割	雷射切割
laser damage	激光损伤	雷射破壞
laser deposition	激光淀积	雷射沈積
laser diode	激光二极管	雷射二極體
laser diode bandwidth	激光二极管带宽	雷射二極體頻寬
laser diode drive circuit	激光二极体驱动电路	雷射二極體驅動電路

英　文　名	大　陆　名	台　湾　名
laser diode kink	激光二极管扭折	雷射二極體跳動
laser display	激光显示	雷射顯示
laser Doppler radar	激光多普勒雷达	雷射多普勒雷達
laser Doppler velocimeter (LDV)	激光多普勒测速仪	雷射多普勒測速計
laser drilling	激光打孔	雷射鑽孔
laser dye	激光染料	雷射染料
laser evaporation	激光蒸发	雷射蒸發
laser fracturing	激光破碎	雷射破碎
laser fusion	激光核聚度	雷射融合
laser grooving	激光刻槽	雷射刻槽
laser gyro	激光陀螺	雷射儀
laser-induced chemical vapor deposition (LICVD)	激光感生 CVD	雷射感生 CVD
lasering	发射激光	雷射放光
laser interferometer	激光干涉仪	雷射干涉儀
laser isotope separation	激光分离同位素	雷射分離同位素
laser linewidth	激光线宽	雷射線寬
laser memory	激光存储器	雷射記憶體
laser microprobe mass analyser (LAMMA)	激光探针质量分析仪	雷射探針質量分析儀
laser oscillation	激光振荡	雷射振盪
laser oscillation condition	激光振荡条件	雷射振盪條件
laser oscillator	激光振荡器	雷射振盪器
laser printer	激光印刷机	雷射束列印機
laser processing	激光加工	雷射加工
laser-produced plasma	激光引发等离子体	雷射引發致電漿
laser pump	激光泵	雷射幫浦
laser pumping	激光泵浦	雷射幫浦
laser radar	激光雷达	雷射雷達
laser ranging	激光测距	雷射測距
laser recrystallization	激光再结晶	雷射再結晶
laser spectroscopy	激光光谱[学]	雷射光譜[學]
laser transmission	激光传输	雷射傳輸
laser typesetter	激光照排机	雷射排版機
laser vision (LV)	激光影碟	雷射影碟
laser welding	激光焊接	雷射焊接
LASR (=low altitude surveillance radar)	低空搜索雷达	低空搜索雷達
last-in-first-out (LIFO)	后进先出	後進先出

英文名	大陆名	台湾名
last priority	最后优先级	最後優先等級
LATA (=local access and transport area)	本地接入传送区	
latch	锁存器	鎖存器,閂
latching relay	自保持继电器	自保持繼電器
latch-up	闩锁效应	閂鎖效應
latency	潜伏时间,等待时间	潛伏
latency avoidance	等待避免	等待避免
latency hiding	等待隐藏	等待隱藏
latent output	滞后输出	潛輸出
late potential	迟电位	遲電位
lateral inhibition	侧抑制	横向禁止
lateral parasitic transistor	横向寄生晶体管	横向寄生電晶體
latitude	纬度	緯度
lattice	晶格	晶格
lattice constant	晶格常数	晶格常數
lattice curvature	点阵曲率	晶格曲率
lattice defect	晶格缺陷	晶格缺陷
lattice diagram	梯格图,点阵图	晶格圖
lattice filter	格型滤波器	晶格濾波器
lattice match	晶格匹配	晶格匹配
lattice orientation	晶向	晶向
lattice parameter	晶格参数	晶格參數
lattice plane	晶面	晶面
lattice structure	晶格结构	晶格結構
μ-law companding	μ 律压扩,μ 法则压扩	μ 律壓伸,μ 法則壓伸
law enforcement access area	执法访问区	執法存取區
Lawson criterion	劳森判据	勞森判據
layer	层	層
layer-built dry cell	叠层干电池	疊層干電池
layered radome wall	分层天线罩壁	多層天線罩壁
layering	分层	分層
layering detection	分层检测	層檢測
layer management	层管理	層管理,網路層管理
layer management entity	层管理实体	層管理實體
layout	布局	佈局,佈置,列印格式
layout character	布局字符	佈置字元
layout design automation system (DA system)	自动布图设计系统,自动版图设计系统	自動佈局設計系統

英　文　名	大　陆　名	台　湾　名
layout ground rule	布局接地规则	佈局接地規則
layout object	布局对象	佈局物件
layout rule	布局规则	佈局規則
layout rule check (LRC)	布图规则检查	佈局規則檢查
LB (= logical base)	逻辑库	邏輯庫
L band	L 波段	L 頻帶
LCA (= low-cost automation)	低成本自动化	低成本自動化
LCD (= liquid-crystal display)	液晶显示	液晶顯示
LCLV (= liquid crystal light valve)	液晶光阀	液晶光閥
LDAP (= lightweight DAP)	简便的目录访问协议	輕型目錄存取協定
LDD technology (= lightly doped drain technology)	轻掺杂漏极技术	輕摻雜汲極技術
LDM (= linear delta modulation)	线性增量调制	線性增量調變
LDSWBD (= long distance switchboard)	长途交换台	長途交換台
LDV (= laser Doppler velocimeter)	激光多普勒测速仪	雷射多普勒測速計
lead	超前	超前
lead accumulator	铅蓄电池	鉛蓄電池
lead bonding	引线键合	引線鍵合
lead code	前导码	前導碼
lead compensation	超前补偿	前置補償
leader (= booting)	[磁带]引导段	引導
leader-follower replication	主从复制	主從復製
lead frame bonding	引线框式键合	引線框式鍵合
lead inductance effect	引线电感效应	接頭電感效應
leading edge	前沿	前緣
leading-edge tracker	前沿追踪器	前緣追蹤器
leadless chip carrier (LLCC)	无引线芯片载体	無引線晶片載體
lead network	超前网络	超前網路
lead storage battery (= lead accumulator)	铅蓄电池	鉛蓄電池
lead system	导联系统	導聯系統
lead zirconate titanate ceramic	锆钛酸铅陶瓷	鈦鋯錫鈮酸鉛鐵電陶瓷
leak	漏	漏
leakage-check test	检漏试验	檢漏試驗
leakage inductance	漏感	漏感
leakage noise	直漏干扰	直漏干擾
leakage power	漏过功率	漏過功率
leak detection	检漏	檢漏
leak detector	检漏仪	檢漏儀

英文名	大陆名	台湾名
leak rate	漏率	漏率
leaky bucket	漏桶	漏桶子
leaky coaxial cable	漏泄同轴电缆	漏溢同軸電纜
leaky LMS algorithm	泄漏式最小均方算法	漏逸式最小均方演算法,漏溢式最小均方演算法
leaky mode	漏模	漏失模態,漏溢模態
leaky wave	漏波	漏溢波
leaky-wave antenna	漏波天线	漏波天線
leapfrog test (=galloping test)	跳步测试	跳位測試
learning agent	学习主体	學習代理
learning automaton	学习自动机	學習自動機
learning by being told	讲授学习	講授學習
learning by doing	实践学习	實踐學習
learning by experimentation	实验学习	實驗式學習
learning by observation	观察学习	觀察學習
learning curve	学习曲线	學習曲線
learning from example	实例学习	從實例學習
learning from instruction	示教学习	從教育中學習
learning from solution path	求解路径学习	從解題路徑中學習
learning function	学习功能	學習功能
learning mode	学习模式	學習模式
learning paradigm	学习风范	學習範例
learning program	学习程序	學習程式
learning simple conception	学习简单概念	學習簡單概念
learning strategy	学习策略	學習策略
learning theory	学习理论	學習理論
leased line	租用线路	租用線路
least-cost routing algorithm	最低成本选路算法	最少成本擇路法則
least recently used (LRU)	最近最少使用	最近最少使用
least recently used replacement algorithm	最近最少使用替换算法	最近最少使用的替換演算法
least significant bit (LSB)	最低有效位	最低次位元
least square error approximation	最小二乘[方]逼近	最小平方差近似
LEC method (=liquid encapsulation Czochralski method)	液封直拉法	液封直拉法
LED (=light-emitting diode)	发光二极管	發光二極體
LED cutoff frequency	发光二极管截止频率	發光二極體截止頻率

英文名	大陆名	台湾名
LED display (= light-emitting diode display)	发光二极管显示	發光二極體顯示器
LED printer	发光二极管印刷机	發光二極體印表機
LEED (= low energy electron diffraction)	低能电子衍射	低能電子衍射
left characteristic	左特性	左特性
left-hand polarization	左手极化	左手極化
left-linear grammar	左线性文法	左線性文法
left-matching	左匹配	左匹配
leftmost derivation	最左派生	最左導出
legal protection of computer software	计算机软件的法律保护	計算機軟體的合法保護
Legendre function	勒让德函数	雷建德函數
legibility	清晰性	清晰性
LEIS (= low energy ion scattering)	低能离子散射	低能離子散射
lengthened code	延长码	延長碼
lens antenna	透镜天线	透鏡天線
lens confocal	同焦透镜	同焦透鏡
lensed-fiber component	透镜光纤组件	透鏡光纖元件
lensless component	无透镜组件	無透鏡元件
letter	①字母 ②铅字	①字母 ②鉛字
letter quality	铅字质量	信件品質
level	电平	準位
level meter	电平表	電平表
level of abstraction	抽象层次	抽象層次
level of detail (LOD)	细节层次	明細層次
level of documentation	文档等级	文件等級
level of net	网层次	網層次
level sensitive scan design	电平敏感扫描设计	位準敏感掃描設計
level-shifting diode	电平漂移二极管	直流位移二極體
level switch	物位开关	位準開關
lexeme	词素	詞素
lexical analysis	词汇分析	詞法分析
lexical analyzer	词法分析器	詞法分析器
lexical functional grammar	词汇功能语法	詞彙功能文法
lexical information database	词语信息[数据]库	詞彙資訊資料庫
lexical semantics	词汇语义学	詞彙語意學
lexicography	词典学	詞典學
lexicology	词汇学	詞彙學
lexicon grammar	词汇语法	詞彙文法

英 文 名	大 陆 名	台 湾 名
LF (= low frequency)	低频	低頻
LF communication	低频通信,长波通信	低頻通信,長波通信
LFM (= linear frequency modulation)	线性调频	線性調頻
LGO (= lithium germanium oxide)	锗锂氧化物	鍺鋰氧化物
LI (= lithium iodate)	碘酸锂晶体	碘酸鋰晶體
librarian	资料员	程式館管理器
library	库	程式館
LICVD (= laser-induced chemical vapor deposition)	激光感生 CVD	雷射感生 CVD
life cycle	生存周期	生命週期
life-cycle model	生存周期模型	生命週期模型
life test	寿命试验	壽命試驗
LIFO (= last-in-first-out)	后进先出	後進先出
lift-off technology	剥离技术,浮脱工艺	剝離技術,浮脫工藝
light button	光钮	光[按]鈕
light deflection	光偏转	光偏轉
light-emitting diode (LED)	发光二极管	發光二極體
light-emitting diode display (LED display)	发光二极管显示	發光二極體顯示器
light energy	光能	光能
lightening protection	闪电保护	雷擊保護
lightguide	光导	光波導
light intensity	光强	光強度
lightly doped drain technology (LDD technology)	轻掺杂漏极技术	輕摻雜汲極技術
light pen	光笔	光筆
light pipe	光管	光管
light reflection loss	光反射损耗	光反射損耗
light self-trapping	光自陷	光自捕捉
light source (= optical source)	光源	光源
light valve (LV)	光阀	光閥
lightwave communications system	光波通信系统	光波通訊系統
lightweight DAP (LDAP)	简便的目录访问协议	輕型目錄存取協定
likelihood equation	似然方程	似然方程式
likelihood function	似然函数	似然函數,可能性函數,相似度函數
likelihood ratio	似然比	似然比
limit cycle	极限环	極限環

英 文 名	大 陆 名	台 湾 名
limited access	受限访问	有限存取
limited bandwidth	限带	有限頻寬
limited exclusion area	受限禁区,受限排他区	有限互斥區
limited round-robin scheduling	有限轮转法调度	有限循環排程器
limited space-charge accumulation diode	限制空间电荷累积二极管	限制空間電荷累積二極體
limited space charge accumulation mode (LSA mode)	限累模式	
limited torque motor	有限力矩电[动]机	有限力矩馬達
limiter (= amplitude limiter)	限幅器	限幅器
limiting (= amplitude limiting)	限幅	限幅
limiting amplifier	限幅放大器	限制放大器
limiting quality	极限质量	極限質量
limit priority	极限优先级	極限優先權
Lindhand Scharff and Schiott theory	LSS 理论,林汉德－斯卡夫－斯高特理论	LSS 理論,林漢德－斯卡夫－斯高特理論
line	①行 ②线	①列 ②線路
linear	线性的	線性
linear adaptation	线性适配	線性調適,線性適應
linear antenna	线性天线	線性天線
linear aperture distribution	线性孔径分布	線性孔徑分佈
linear array	线性阵列,[直]线阵	線性陣列
linear array antenna	线形阵列天线	線形陣列天線
linear array scan	直线阵列扫描	線性陣列掃描
linear block code	线性块码	線性塊碼,線性區塊碼
linear block coding	线性块编码	線性區塊編碼
linear bounded automaton	线性有界自动机	線性界限自動機
linear channel receiver	线性信道接收机	線性通道接收機
linear code	线性码	線性碼
linear control system	线性控制系统	線性控制系統
linear convolution	线性卷积	線性折積
linear deduction	线性演绎	線性演繹
linear dependence	线性相关	線性相依
linear detection	①线性检测 ②线性检波	①線性檢測 ②線性檢波
linear detector	线性检波器,线性检测器	線性檢波器,線性檢測器
linear displacement transducer	直线位移传感器	線性位移轉換器
linear distortion	线性失真	線性失真

英　文　名	大　陆　名	台　湾　名
linear distribution	线性分布	線性分佈
linear encoding	线性编码	線性編碼
linear equalization	线性均衡	線性等化
linear estimation	线性估测	線性估測,線性估計
linear filter	线性滤波器	線性濾波器
linear frequency modulation (LFM)	线性调频	線性調頻
linear graded junction	线性缓变结	線性緩變接面
linear grammar	线性文法	線性文法
linear image sensor	线性图像传感器	線性影像感測器
linear independence	线性独立	線性獨立
linear integrated circuit	线性集成电路	線性積體電路
linearity	线性度	線性度
linear language	线性语言	線性語言
linear light source	线光源	線性光源
linear list	线性[列]表	線性串列
linear modulation	线性调制	線性調變
linear network	①线性网络 ②线状网	①線性網路 ②線狀網
linear phase	线性相位	線性相位
linear phase filter	线性相位滤波器	線性相位濾波器
linear pipeline	线性流水线	線性管線
linear plane wave polarization	线性平面波极化	線性平面波極化
linear polarization	线[性]极化	線性極化
linear polarized wave	线性极化波	線性極化波
linear prediction	线性预测	線性預測
linear predictive coding (LPC)	线性预测编码	線性預估編碼
linear probing	线性探查	線性探測
linear programming	线性规划	線性規劃
linear quantizer	线性量化器	線性量化器
linear ratemeter	线性率表	線性率表
linear receiver	线性接收器	線性接收機
linear resolution	线性归结	線性分解
linear retardation	线性迟滞	線性遲滯
linear revolver	线性旋转变压器	線性旋轉器
linear scattering	线性散射	線性散射
linear search	线性搜索	線性搜尋
linear sliding potentiometer	直滑电位器	直滑電位器
linear speed-up theorem	线性加速定理	線性加速定理
linear system	线性系统	線性系統

英 文 名	大 陆 名	台 湾 名
linear Taylor distribution	线性泰勒分布	線性泰勒分佈
linear time-invariant control system	线性定常控制系统	線性時間不變控制系統
linear time-varying control system	线性时变控制系统	線性時間變動控制系統
linear transformation	线性变换	線性轉換
linear zero-forcing equalization	线性逼零均衡	線性逼零等化
line attenuation	线衰减	線路衰減
line clipping	线[段]裁剪	線截割
line code	线路码	線編碼
line defect	线缺陷	線缺陷
line density	线密度	列密度
line detection	线条检测	線路檢測
line distortion	[传输]线畸变	線路失真
line editor	行编辑程序	列編輯器
line enhancer	线路增强器	單頻率[訊號]提升器
line feed	换行	換行,饋行
line frequency	行频	列掃描頻率
line hunting	寻线	自動尋線
line justification	线确认	列對齊
line list	线表	線路表
line loss	线路损耗	線上耗損
line noise	线路噪声	線路雜訊
line of constant Doppler shift	等多普勒频移线	等多普勒頻移線
line of position (LOP) (=position line)	位置线	位置線
line-of-sight (LOS)	视距	①視距 ②視線
line output transformer	行输出变压器	線輸出變壓器
line pairs	线对	線對
line parameter	线路参数	[傳輸]線參數
line printer	行式打印机	列式列印機
line resistance	线电阻	線路電阻
line retrieval	线检索	線路檢索
line scanning	行扫描	行掃描
line skew	行位偏斜	列偏斜
line source	线源	線源
line space	行间距	列間距
line spacing (=line space)	行间距	列間距
lines per inch (lpi)	行每英寸	每英吋列數
lines per minute (lpm)	行每分	每分鐘列數
lines per second (lps)	行每秒	每秒鐘列數

英　文　名	大　陆　名	台　湾　名
line spread function	线扩展函数	線擴展函數
line stretcher	延伸线	延伸線
line style	线型	線型,線式樣
line transformer	线间变压器	線變壓器
linewidth	线宽	線寬
linguistic model	语言学模型	語言模型
linguistics string theory	语言串理论	語言字串理論
linguistic theory	语言学理论	語言學理論
link	①链接 ②链路	①鏈接 ②鏈路
link access procedure (LAP)	链路接入规程	鏈結進接程式
link access procedure balanced (LAPB)	平衡型链路接入规程	平衡型鏈接存取程序
linkage	接合	鏈接,鏈結
linkage editor	连接编辑程序	鏈接編輯器
link budget	链路预算	連線預算表
link control procedures	链路控制规程	鏈接控制程序
linked list	链表	鏈接串列
link encryption	链路加密	鏈接加密
linking loader	连接装入程序	鏈接載入器
link layer	链路层	鏈結層
link management	链路管理	鏈接管理
link pack area	连接装配区	鏈接包區
link primitive	连接原语	鏈接基元
link protocol	链路协议	鏈結協定
lin-log detector	线性－对数检测器	線性－對數檢測器
Linux	Linux 操作系统	Linux 作業系統
Lippmann holography	李普曼全息术	李普曼全象術
lip-sync	唇同步	唇同步
lip-synchronism (=lip-sync)	唇同步	唇同步
liquid cooling	液冷	液態冷卻
liquid-crystal display (LCD)	液晶显示	液晶顯示
liquid crystal light valve (LCLV)	液晶光阀	液晶光閥
liquid-crystal printer	液晶印刷机	液晶印表機
liquid encapsulation Czochralski method (LEC method)	液封直拉法	液封直拉法
liquid encapsulation technique	液封技术	液封技術
liquid laser	液体激光器	液體雷射
liquid level manometer	液位压力计	液位壓力計
liquid phase epitaxy (LPE)	液相外延	液相磊晶

英 文 名	大 陆 名	台 湾 名
liquid ring vacuum pump	液环真空泵	液環真空幫浦
liquid-sealed vacuum pump	液封真空泵	液封真空幫浦
liquid source diffusion	液态源扩散	液態源擴散
LISP (= LISt Processing)	LISP 语言	LISP 語言
LISP machine	LISP 机	LISP 機器
list	[列]表	列表,串列,顯示
list code	列表码	列表碼
list head	表头	表頭
LISt Processing (LISP)	LISP 语言	LISP 語言
list processing language	表处理语言	列表處理語言
list scheduling	表调度	列表排程
literal	文字	①文字 ②手跡,原本 ③腳本
literal constant	字面常量	文字常數
literal translation (= transliterate)	直译	直譯
literate programming	文化程序设计	文獻程式設計
lithium battery	锂电池	鋰電池
lithium germanate	锗酸锂	鍺酸鋰
lithium germanium oxide (LGO)	锗锂氧化物	鍺鋰氧化物
lithium iodate (LI)	碘酸锂晶体	碘酸鋰晶體
lithium-iodine cell	锂碘电池	鋰碘電池
lithium niobate (LN)	铌酸锂	鈮酸鋰
lithium storage battery	锂蓄电池	鋰蓄電池
lithium tantalate (LT)	钽酸锂晶体	鉭酸鋰晶體
litter out (= clear)	清除	清除
Little's formula	利特尔公式	立特公式,立特氏公式
Littrow configuration	利特罗配置	李特羅型態
livelock	活锁	活鎖
liveness	活性	活性
live time	活时间	活時間
live transition	活变迁	活變遷
LLC (= logic link control)	逻辑链路控制	邏輯鏈接控制
LLCC (= leadless chip carrier)	无引线芯片载体	無引線晶片載體
LLC protocol (= logical link control protocol)	逻辑链路控制协议, LLC 协议	邏輯鏈接控制協定
LLLTV (= low-light level television)	微光电视	微光電視
Lloyd-Max quantization	劳德埃 - 马克思量化	羅依 - 麥斯量化
LN (= lithium niobate)	铌酸锂	鈮酸鋰

英 文 名	大 陆 名	台 湾 名
load	①装入 ②负载	①載入 ②負載
loadable module	可装入模块	可載入模組
load characteristic	负载特性	負載特性
loaded line	加载线	載入線
loaded Q	加载品质因数	載入品質因數
loaded quality factor	有载品质因数	有載品性因數
load end	负载端	負載端
loader	装入程序	載入器
loader routine	装入例程	載入器常式
loading factor	负载因素	負載因素,負載因數
loading rule	负载规则	負載規則
load line	负载线	負載線
load-line diagram	负载线图	負載線路圖
load map	装入映射[表]	載入映像
load module	装入模块	載入模組
load point	加载点	載入點
load resistance	负载电阻	負載電阻
load/store architecture	加载－存储体系结构	載入/儲存架構
load time	负载时间	負載時間
load voltage	负载电压	負載電壓
lobe	波瓣	波瓣
lobe-on-receive only (LORO)	隐蔽接收	隱蔽接收
lobe switching	主瓣依序切换	主瓣依序切換式
local access and transport area (LATA)	本地接入传送区	
local address administration	本地地址管理	本地位址管理,局部位址管理
local application	局部应用	局部應用
local area network (LAN)	局域网	區域網路
local area network protocols	局域网协议	區域網路協定
local automatic message accounting (LAMA)	市话通话自动计费	本地自動通話付費計算
local call	本地电话	市內電話
local charging prevention	阻止本地计费	預防本地計費
local congestion	本地拥塞	本地壅塞
local coordinate system	局部坐标系	區域坐標系統
local deadlock	局部死锁	局部死鎖
local-deterministic axiom	局部确定[性]公理	局部確定性公理
local distribution network	本地分配网	區域放送網路

英 文 名	大 陆 名	台 湾 名
local failure	局部失效	局部失效
local fault	局部故障	局部故障
local illumination model	局部光照模型	局部光照模型
locality	局部性	局部性
locality of reference	引用局部性,访问局守性	參考局部性
localizer	航向信标	航向信標
local light injection	本地光注入	本地光注入
local light model (=local illumination model)	局部光照模型	局部光照模型
local loop	本地环路	本地迴路
local loss	本地损耗	本地損失
local memory	局部存储[器]	局部記憶體
local network	本地网	本地網
local network access protocol	本地网接入协议	地區網路擷取協定,區域網路進接協定
local office	本地[交换]局	本地[交換]局,地方局
local oscillator	本机振荡器,本地振荡器	本地振盪器
local power on	本地加电	本地電力開啟
local registration authority (LRA)	地方注册机构	本地註冊管理局
local schema	局部模式	局部綱目
local switch (LS)	①本地交换 ②市话交换机	本地交換台,用戶交換台
local telephone	市内电话	市內電話
local terminal	本地终端	局部終端機
local variable	局部变量	局部變數
local wait-for graph (LWFG)	局部等待图	局部等待圖
location	[存储]位置	位置
location hole	定位孔	定位孔
location notch	定位槽	定位槽
location transparency	位置透明性	位置透明性
locator	定位器	定位器
lock	[加]锁	鎖定
lock compatibility	锁兼容性	鎖相容性
lock deduction	锁演绎	鎖演繹
locked-rotor characteristic	堵转特性	堵轉特性
locked-rotor exciting current	堵转励磁电流	堵轉勵磁電流

英 文 名	大 陆 名	台 湾 名
locked-rotor exciting power	堵转励磁功率	堵轉勵磁功率
locked-rotor torque	堵转转矩	堵轉轉矩
lock granularity	封锁粒度	鎖顆粒度
lock-in	锁定	鎖定,鎖
locking(=lock-in)	锁定	鎖定,鎖
lockout	封锁	封鎖
lock range	锁定范围	鎖定範圍
lock resolution	锁归结	鎖分解
lock-step	锁步	鎖步
lock-step operation	锁步操作	鎖步操作
lockup	锁死	鎖死
LOD (=level of detail)	细节层次	明細層次
log	[运行]日志	日誌,對數
logarithmic amplifier	对数放大器	對數放大器
logarithmic detection	对数检波	對數式檢波
logarithmic ratemeter	对数率表	對數率表
logarithm periodic antenna	对数周期天线	對數週期天線
logger	登录器	登入器
logical access control	逻辑访问控制	邏輯存取控制
logical address	逻辑地址	邏輯位址
logical base (LB)	逻辑库	邏輯庫
logical circuit	逻辑电路	邏輯電路
logical control	逻辑控制	邏輯控制
logical coordinates	逻辑坐标	邏輯坐標
logical data independence	逻辑数据独立性	邏輯資料獨立性
logical device	逻辑设备	邏輯裝置
logical device name	逻辑设备名	邏輯裝置名
logical driver	逻辑驱动器	邏輯驅動器
logical file	逻辑文件	邏輯檔案
logical formatting	逻辑格式化	邏輯格式化
logical implication	逻辑蕴涵	邏輯蘊含
logical inferences per second	逻辑推理每秒	每秒邏輯推論數
logical input device	逻辑输入设备	邏輯輸入裝置
logical I/O device	逻辑输入输出设备	邏輯輸入輸出裝置
logical link control protocol (LLC protocol)	逻辑链路控制协议,LLC 协议	邏輯鏈接控制協定
logical link control sublayer	逻辑链路控制子层	邏輯鏈控制子層
logical object	逻辑对象	邏輯目標

英文名	大陆名	台湾名
logical page	逻辑页	邏輯頁[面]
logical paging	逻辑分页	邏輯分頁
logical reasoning	逻辑推理	邏輯推理
logical record	逻辑记录	邏輯記錄
logical ring	逻辑环	邏輯環
logical shift	逻辑移位	邏輯移位
logical signaling channel	逻辑信令信道	邏輯訊號通道
logical system	逻辑系统	邏輯系統
logical tracing	逻辑跟踪	邏輯追蹤
logical unit	逻辑单元	邏輯單元
logical unit of work	逻辑工作单元	工作邏輯單元
logic analysis	逻辑分析	邏輯分析
logic analyzer	逻辑分析仪	邏輯分析儀
logic bomb	逻辑炸弹	邏輯炸彈
logic calculus	逻辑演算	邏輯演算
logic device list	逻辑设备表	邏輯裝置表
logic fault	逻辑故障	邏輯故障
logic grammar	逻辑语法	邏輯文法
logic ground	逻辑地	邏輯接地
logic hazard	逻辑冒险	邏輯冒險
logic interface	逻辑接口	邏輯介面
logic link control (LLC)	逻辑链路控制	邏輯鏈接控制
logic of authentication	鉴别逻辑	鑑別邏輯
logic operation	逻辑运算	邏輯運算
logic parsing system	逻辑句法分析系统	邏輯剖析系統
logic partitioning	逻辑划分	邏輯劃分
logic placement	逻辑布局	邏輯佈局
logic probe	逻辑探头	邏輯探針
logic probe indicator	逻辑探头指示器	邏輯探針指示器
logic program	逻辑程序	邏輯程式
logic programming	逻辑程序设计	邏輯程式設計
logic programming language	逻辑编程语言	邏輯程式設計語言
logic record (=logical record)	逻辑记录	邏輯記錄
logic routing	逻辑布线	邏輯佈線
logic signature analyzer	逻辑特征分析仪	邏輯特徵分析儀
logic simulation	逻辑模拟	邏輯模擬
logic state analyzer	逻辑状态分析仪	邏輯狀態分析儀
logic swing	逻辑摆幅	邏輯擺幅

英 文 名	大 陆 名	台 湾 名
logic synthesis	逻辑综合	邏輯合成
logic synthesis automation	逻辑综合自动化	邏輯合成自動化
logic testing	逻辑测试	邏輯測試
logic test pen	逻辑测试笔	邏輯測試筆
logic timing analyzer	逻辑定时分析仪	邏輯定時分析儀
logic trouble-shooting tool	逻辑故障测试器	邏輯故障測試器
logic unit	逻辑部件	邏輯單元
logic verification system	逻辑验证系统	邏輯驗證系統
log-in script	登录脚本	登入腳本
log-likelihood function	对数似然函数	對數似然函數,對數可能性函數,對數相似度函數
log-normal clutter	对数正态分布杂波	對數常態分佈之雜波
log-normal distribution	对数正态分布	對數常態分佈
LOGO	LOGO 语言	LOGO 語言
log-off (=log-out)	注销	①註銷,登出 ②消去,相消
log-out	注销	①註銷,登出 ②消去,相消
log-spiral antenna	对数螺线天线	對數螺線天線
log spiral radome	对数螺线天线罩	對數螺線天線罩
long-distance dependent relation	长距离依存关系	長距離相依關係
long distance switchboard (LDSWBD)	长途交换台	長途交換台
long haul	长途	長途
long-haul system	长途系统	長距離系統
longitudinal	纵向	縱向
longitudinal check(=vertical check)	纵向检验	垂直檢查,縱向核對
longitudinal magnetic recording	纵向磁记录	縱向磁記錄
longitudinal mode	纵模	縱模
longitudinal mode selection	纵模选择	縱模選擇
longitudinal parity check	纵向奇偶检验	縱向奇偶檢查
longitudinal redundancy check (LRC)	纵向冗余检验	縱向冗餘查核
longitudinal scan	纵向扫描	縱向掃描
longitudinal shunt slot	纵向并联开槽	縱向並聯開槽
longitudinal wave	纵波	縱向波
longitudinal waveguide slot	纵向波导开槽	縱向波導開槽
long line	长线	長線
long playing record (=microgroove re-	密纹唱片	密紋唱片

英文名	大陆名	台湾名
cord)		
long range and tactical navigation system (LORTAN)	罗坦系统,远程战术导航系统	羅坦系統,遠程戰術導航系統
long-range dependence	长期相关性	長期相依性
long range navigation (LORAN)	罗兰,远程[无线电]导航	羅蘭,遠程[無線電]導航
long transaction management	长事务管理	長異動管理
long wave (LW)	长波	長波
long wavelength optical detector	长波长检光器	長波長檢光器
long window	长窗口	長視窗
long-wire antenna	长线天线	長線天線
look ahead algorithm	先行算法	預看演算法
look ahead control (=advanced control)	先行控制	前置控制,預看控制
look-through	间断观察	間斷觀察
loop	①环路 ②循环	①迴路 ②循環
loop antenna	环天线	迴路天線
loopback checking (=echo check)	回送检验	迴波核對,迴送檢查
loopback checking system	回送检验系统	迴送檢查系統
loopback point	环回点	迴送點
loopback test	回送测试	迴送測試,迴路返迴測試
loop checking	环路检验	環路校驗
loop circuit	环路电路	環路
loop gain	环路增益	環路增益
loophole	漏洞	漏洞
loop invariant	循环不变式	迴路不變量
loop restructuring technique	循环重构技术	迴路重構技術
loop testing	循环测试	迴路測試
loop unrolling	循环展开	迴路展開
loose consistency	松散一致性	鬆弛一致性
loose fiber-bundle	松光纤束	松光纖束
loosely bound wave	松缚波	松縛波
loosely coupled system	松[散]耦合系统	鬆耦合系統
loose time constraint	松散时间约束	鬆弛時間約束
loose tube	松管	松管
LOP (=line of position)	位置线	位置線
LORAN (=long range navigation)	罗兰,远程[无线电]导航	羅蘭,遠程[無線電]導航

英 文 名	大 陆 名	台 湾 名
Loran-C	罗兰－C	羅蘭－C
Loran communication	罗兰通信	羅蘭通信
Loran-C timing	罗兰－C 授时	羅蘭－C 授時
Loran retransmission (LORET)	罗兰转发,罗尔特	羅蘭轉發,羅爾特
Loran station	罗兰台	羅蘭台,羅蘭站
Lorentz condition	洛伦兹条件	勞倫茲條件
LORET (=Loran retransmission)	罗兰转发,罗尔特	羅蘭轉發,羅爾特
LORO (=lobe-on-receive only)	隐蔽接收	隱蔽接收
LORTAN (=long range and tactical navigation system)	罗坦系统,远程战术导航系统	羅坦系統,遠程戰術導航系統
LOS (=line-of-sight)	视距	①視距 ②視線
losing lock	失锁	失鎖
loss	损失	損耗
loss angle	损耗角	損耗角
loss compression	有损压缩	有損壓縮
loss factor	损耗因数	損耗因數
loss function	损耗函数	損耗函數
lossless	无损	無損
lossless coding	无损编码	無損編碼
lossless compression	无损压缩	無損壓縮
lossless image compression	无失真图像压缩	無損影像壓縮
lossless join	无损联结	無損結合
lossless network	无耗网络	無損耗網路
loss of synchronism	失同步	失同步
loss probability	损耗概率	損耗機率,損失機率,呼叫消失率
lossy dielectric	有损耗介电质	有損耗介質
lossy image compression	有失真图像压缩	有損影像壓縮
lot	批	批
lot size	批量	批量
lot tolerance percent defective	批容许不合格率	批容許不合格率
loud speaker	扬声器	揚聲器
Love's field equivalence principle	勒夫场等效原理	拉夫場等效定理,拉夫場等效原理
low alkali ceramic	低碱瓷	低鹼陶瓷
low altitude detection	低空检测,低空侦测	低空偵測
low-altitude satellite	低高度卫星	低高度衛星,低空衛星
low altitude surveillance radar (LASR)	低空搜索雷达	低空搜索雷達

英文名	大陆名	台湾名
low angle tracking	低角跟踪	低角[度]追蹤
low atmospheric pressure test	低气压试验	低氣壓試驗
low-cost automation (LCA)	低成本自动化	低成本自動化
low density electron beam optics	弱流电子光学	弱流電子光學
low energy electron diffraction (LEED)	低能电子衍射	低能電子衍射
low energy ion scattering (LEIS)	低能离子散射	低能離子散射
Löwenheim-Skolem theorem	勒文海姆－斯科伦定理	Löwenheim-Skolem 定理
lower broadcast state	下播状态	下播狀態
lower category temperature	下限类别温度	下限類別溫度
lower instruction parcel	较低指令字部	下階指令部
lower-level threshold	下阈	下閾
lower sideband (LSB)	下边带	下邊帶
lowest usable frequency (LUF)	最低可用频率	最低可用頻率
low frequency (LF)	低频	低頻
low frequency amplifier	低频放大器	低頻放大器
low layer compatibility	低层兼容性	低層相容性
low layer information	低层信息	低層資訊
low-level exclusive	低级互斥	低階互斥
low-level formatting	低级格式化	低階格式化
low-level language	低级语言	低階語言，計算機導向語言
low-light level night vision device	微光夜视仪	微光夜視儀
low-light level television (LLLTV)	微光电视	微光電視
low-loss line	低损耗线	低損耗線
low loss waveguide	低损耗波导管	低損耗波導管，低損耗導波管
low noise amplifier	低噪声放大器	低雜訊放大器
low noise circuit	低噪声电路	低雜訊電路
low noise preamplifier	低噪声前置放大器	低雜訊前置放大器
low noise receiver	低噪声接收机	低雜訊接收機
low orbit	低轨道	低軌道
low-orbit injection	射入低轨道	射入低軌道
low orbit space station	低轨道空间站	低軌道太空站
low pass (LF)	低通	低通
low-pass filter (LPF)	低通滤波器	低通濾波器
low pressure chemical vapor deposition (LPCVD)	低压 CVD	低壓 CVD
low pressure plasma deposition	低压等离子[体]淀积	低壓電漿澱積

英 文 名	大 陆 名	台 湾 名
low-priority traffic	低优先级业务	優先等級低的業務,優先等級低的訊務
low-probability of intercept (LPI)	低拦截概率	低攔截機率
low probability of intercept radar (LP radar)	低截获率雷达	低截獲率雷達
low radio frequency	低射频	低射頻
low speed interface	低速接口	低速介面
low-state characteristic	低电平状态特性	低狀態特性
low-temperature test	低温试验	低溫試驗
low vacuum	低真空	低真空
low-voltage differential signal (LVDS)	低电压差动信号	低電壓差動訊號
low-voltage positive ECL (LVPECL)	低电压正电源射极耦合逻辑	低電壓正射極耦合邏輯
low-voltage TTL (LVTTL)	低电压晶体管晶体管逻辑	低電壓電晶體－電晶體邏輯
LP (=low pass)	低通	低通
LPC (=linear predictive coding)	线性预测编码	線性預估編碼
LPCVD (=low pressure chemical vapor deposition)	低压 CVD	低壓 CVD
LPE (=liquid phase epitaxy)	液相外延	液相磊晶
LPF (=low-pass filter)	低通滤波器	低通濾波器
lpi (=lines per inch)	行每英寸	每英吋列數
LPI (=low-probability of intercept)	低拦截概率	低攔截機率
lpm (=lines per minute)	行每分	每分鐘列數
LP radar (=low probability of intercept radar)	低截获率雷达	低截獲率雷達
lps (=lines per second)	行每秒	每秒鐘列數
LR (0) grammar	LR(0)文法	LR (0)文法
LR (k) grammar	LR(k)文法	LR (k)文法
LRA (=local registration authority)	地方注册机构	本地註冊管理局
LRC (=①layout rule check ② longitudinal redundancy check)	①布图规则检查 ②纵向冗余检验	①佈局規則檢查 ②縱向冗餘查核
LRU (=least recently used)	最近最少使用	最近最少使用
LS (=local switch)	①本地交换 ②市话交换机	本地交換台,用戶交換台
LSA mode (=limited space charge accumulation mode)	限累模式	
LSB (=①lower sideband ② least signifi-	①下边带 ②最低有效	①下邊帶 ②最低次位

英 文 名	大 陆 名	台 湾 名
cant bit)	位	元
LSB communication	下边带通信	下邊帶通信
LSI (=①large scale integrated circuit ② large scale integration)	①大规模集成电路 ②大规模集成	①大型積體電路 ②大型積體
L-step decoding	L 步解码	L 步驟解碼
L-step majority-logic decoding	L 步大数逻辑解码	L 步驟多數邏輯解碼
LT (=①lanthanium titanate ② lithium tantalite)	①钛酸镧 ②钽酸锂晶体	①鈦酸鑭 ②鉭酸鋰晶體
LUF (=lowest usable frequency)	最低可用频率	最低可用頻率
luminance	亮度	亮度
luminance component	亮度分量	亮度分量
luminance signal	亮度信号	亮度訊號
luminous efficacy	光视效能	光視效能
luminous efficiency	发光效率,光视效率	發光效率,光視效率
luminous flux	光通量	光通量
luminous intensity	发光强度	發光強度
lumped capacitance	集中电容	集總電容
lumped electrodes	集总电极	塊狀電極
lumped load	集中负载	集總負載
lumped parameter network	集总参数网络	集總參數網路
lunar booster	月球飞船运载火箭	月球飛船運載火箭
lunar craft	登月飞行器	登月飛行器
lunar orbit normal precession	月球轨道标准岁差	月球軌道標準歲差
lunar satellite	月球卫星	月球衛星
Luneburg lens	楞勃透镜	盧芮柏透鏡
LV (=①laser vision ②light valve)	①激光影碟 ②光阀	①雷射影碟 ②光閥
LVDS (=low-voltage differential signal)	低电压差动信号	低電壓差動訊號
LVPECL (=low-voltage positive ECL)	低电压正电源射极耦合逻辑	低電壓正射極耦合邏輯
LVTTL (=low-voltage TTL)	低电压晶体管晶体管逻辑	低電壓電晶體－電晶體邏輯
LW (=long wave)	长波	長波
LWFG (=local wait-for graph)	局部等待图	局部等待圖
Lyapunov's stability criterion	李雅普诺夫稳定性判据	李雅普諾夫穩定性判據
Lyapunov theorem	李雅普诺夫定理	李雅普諾夫定理

M

英 文 名	大 陆 名	台 湾 名
m (= milli)	毫	毫
M (= million, mega)	百万,兆	百萬
MAC (= ①media access control ② message authentication code)	①媒体访问控制 ②报文鉴别码	①媒體存取控制 ②報文鑑定碼,訊息鑑別碼
machanically despun antenna	机械消旋天线	機械消旋天線
Mach band	马赫带	馬赫帶
Mach band effect	马赫带效应	馬赫帶效應
machine-aided human translation (MAHT)	机助人译	機器輔助人工翻譯
machine-aided translation	机助翻译	機器輔助翻譯
machine check interrupt	机器检查中断	機器檢查中斷
machine code	机器码	機器碼
machine cycle	机器周期	機器週期
machine dictionary	机器词典	機器字典
machine discovery	机器发现	機器發現
machine-independent operating system	独立于机器的操作系统	機器無關作業系統
machine instruction	机器指令	機器指令
machine intelligence	机器智能	機器智慧
machine language	机器语言	機器語言
machine learning	机器学习	機器學習
machine-oriented language	面向机器语言	機器導向語言
machine room	机房	機房
machine run	机器运行	機器運行
machine-spoiled time	机器浪费时间	機器浪費時間
machine translation (MT)	机器翻译	機器翻譯
machine translation summit (MT summit)	机译峰会	機器翻譯最高研討會
machine vision	机器视觉	機器視覺
machine word	机器字	機器字,計算機字
Mach-Zehnder interferometer	马赫－曾德尔干涉仪	馬赫－陳爾德干涉儀
MAC protocol (= media access control protocol)	媒体访问控制协议,MAC 协议	媒體存取控制協定
macroblock	宏块	巨集塊
macro cell	宏单元	巨單元

英 文 名	大 陆 名	台 湾 名
macroeconometric model	宏观计量经济模型	宏觀計量經濟模型
macroeconomic model	宏观经济模型	宏觀經濟模型
macroinstruction	宏指令	巨集指令
macrolanguage	宏语言	巨集語言
macronode	宏结点	巨節點
macropipelining algorithm	宏流水线算法	巨集管線演算法
macroprocessor	宏处理程序	巨集處理器
macros (= macroinstruction)	宏指令	巨集指令
macrotasking	宏任务化	巨集任務化
macro-theory	宏理论	巨集理論
macrovirus	宏病毒	巨集病毒
MACS (= medium altitude communications satellite)	中高度通信卫星	中高度通信衛星
MACTOR (= matcher-selector-connector)	匹配－选择－连接器	匹配－選擇－連接器
MacWilliams identity	麦克威廉斯等式	馬克威廉斯等式
MacWilliams transform	麦克威廉斯变换	馬克威廉斯轉換
magic set	魔集	魔術集
magic T	魔 T	魔術 T 型匯流裝置
magnescale	磁尺	磁尺
magnesia-lanthana-titania system ceramic	镁－镧－钛系陶瓷	鎂－鑭－鈦系陶瓷
magnesium fluoride	氟化镁	氟化鎂
magnetic after effect	磁后效	磁後效應
magnetic aging	磁老化	磁老化
magnetic amplifier	磁放大器	磁性放大器
magnetic balance	磁秤	磁秤
magnetic bearing	磁浮轴承	磁浮軸承
magnetic bearing of station	电台磁方位	電台磁方位
magnetic bubble	磁泡	磁泡
magnetic card	磁卡[片]	磁性卡片,磁卡
magnetic card machine	磁卡[片]机	磁卡機
magnetic card storage	磁卡存储器	磁卡片儲存器
magnetic circuit	磁路	磁路
magnetic cooling	磁制冷	磁致冷
magnetic core	磁心	磁心
magnetic coupling	磁耦合	磁耦合
magnetic current	磁流	磁流
magnetic dipole	磁偶极子	磁偶極
magnetic disk	磁盘,盘	磁碟

英文名	大陆名	台湾名
magnetic disk adapter	磁盘适配器	磁碟配接器
magnetic disk controller	磁盘控制器	磁碟控制器
magnetic disk drive	磁盘驱动器,盘驱	磁碟驅動器
magnetic disk store	[磁]盘存储器	磁碟儲存
magnetic disturbance	磁扰动	磁擾[動],磁騷動
magnetic domain	磁畴	磁域
magnetic drum	磁鼓	磁鼓
magnetic drum storage	磁鼓存储器	磁鼓儲存器
magnetic drum unit	磁鼓机	磁鼓單元
magnetic energy	磁能	磁能
magnetic energy product	磁能积	磁能積
magnetic field	磁场	磁場
magnetic field Czochralski method	磁场直拉法,磁场丘克拉斯基法	磁場直拉法,磁場丘克拉斯基法
magnetic field intensity	磁场强度	磁場強度
magnetic film	磁膜	磁膜
magnetic fluid	磁流体	磁流體
magnetic flux	磁通[量]	磁通[量]
magnetic flux density	磁通密度	磁通密度
magnetic focusing	磁聚焦	磁聚焦
magnetic head	磁头	磁頭
magnetic head gap	磁头缝隙	磁頭縫隙
magnetic hysteresis	磁滞[现象]	磁滯[現象]
magnetic hysteresis loop	磁滞回线	磁滯迴路
magnetic hysteresis loss	磁滞损耗	磁滯損耗
magnetic induction	磁感应,磁感[应]强度	磁感應強度
magnetic injection gun (MIG)	磁控注入电子枪	磁控注入電子槍
magnetic ink	磁墨水	①磁墨水 ②磁墨
magnetic ink character	磁墨水字符	磁墨字元
magnetic ink character reader	磁墨水字符阅读机	磁墨字元閱讀機
magnetic ink character recognition	磁墨水字符识别	磁墨字元辨識,磁墨字符識別
magnetic latching relay	磁保持继电器	磁保持繼電器
magnetic lens	磁透镜	磁透鏡
magnetic level	磁平	磁平
magnetic material	磁性材料	磁性材料
magnetic memory	磁存储器	磁性記憶體
magnetic modulator	磁调制器	磁調制器

英 文 名	大 陆 名	台 湾 名
magnetic moment	磁矩	磁矩
magnetic-optical disc	磁光碟	磁光碟
magnetic-optical memory	磁光存储器	磁光記憶體
magnetic permeability	磁导率	導磁係數
magnetic pole	磁极	磁極
magnetic powder	磁粉	磁粉
magnetic recorder	磁记录器	磁記錄機,磁答錄器
magnetic recording	①磁性录制 ②磁记录	①磁性錄製 ②磁記錄,磁化記錄
magnetic recording medium	磁记录媒质,磁记录媒体	磁記錄媒體
magnetic resonance	磁共振	磁共振
magnetic resonance imaging (MRI)	磁共振成像	磁共振成象
magnetic semiconductor	磁性半导体	磁性半導體
magnetic sensor	磁敏感器	磁感測器
magnetic separation	磁分离	磁分離
magnetic shielded gun	磁屏蔽电子枪	磁屏蔽電子槍
magnetic storage (= magnetic memory)	磁存储器	①磁儲存器,磁記憶體 ②磁性儲存
magnetic storage device	磁储存器	磁儲存裝置,磁存元件
magnetic stripe	磁条	磁條
magnetic stripe reader	磁条阅读机	磁條閱讀機
magnetic surface recording	磁表面记录	磁表面記錄
magnetic susceptibility	磁化率	磁化率,磁化係數
magnetic suspension	磁悬浮	磁懸浮
magnetic suspension spinning rotor vacuum gauge	磁悬浮转子真空计	磁懸浮轉子真空計
magnetic tape	磁带	卡帶
magnetic tape back-up system	磁带后援系统	磁帶備份系統
magnetic tape controller	磁带控制器	磁帶控制器
magnetic tape drive	磁带驱动器	磁帶驅動機
magnetic tape driving system	磁带驱动系统	磁帶驅動系統
magnetic tape format	磁带格式	磁帶格式
magnetic tape label	磁带标号	磁帶標號
magnetic tape parity	磁带奇偶检验	磁帶奇偶
magnetic tape storage	磁带存储器	①磁帶儲存器 ②磁帶儲存
magnetic tape transport mechanism	磁带传送机构	磁帶傳送機構

英 文 名	大 陆 名	台 湾 名
magnetic track	①磁道 ②磁迹	磁軌
magnetic viscosity	磁黏滞性	磁粘滯性
magnetic wiggler	磁摆动器	磁擺動器
magnetization	①磁化 ②磁化强度	①磁化 ②磁化強度
magnetizer	磁化器	磁化器
magneto bell	磁铁电铃	磁鐵電鈴
magneto-caloric effect	磁热效应	磁熱效應
magnetocardiography	心磁描记术	心磁描記術
magneto-electric relay	磁电式继电器	磁電式繼電器
magnetoencephalography	脑磁描记术	腦磁描記術
magnetographic printer	磁打印机	磁動圖形列印機
magnetometer	磁强计	磁強計
magnetomotive force (MMF)	磁通势,磁动势	磁動勢
magnetomyography	肌磁描记术	肌磁描記術
magnetooculography	眼磁描记术	眼磁描記術
magneto-optical disk	磁光盘	磁光碟
magneto-optical effect	磁光效应	磁光效應
magneto-optical modulator	磁光调制器	磁光調制器
magneto-optic device	磁光器件	磁光元件
magneto-optic display	磁光显示	磁光顯示
magneto plumbite type ferrite	磁铅石型铁氧体	磁鉛石型鐵氧體
magnetopneumography	肺磁描记术	肺磁描記術
magneto-resistance effect	磁阻效应	磁阻效應
magnetoresistive head	磁变阻头	磁電阻頭
magnetostatic pump	静磁泵	靜磁幫浦
magnetostatic surface wave	静磁表面波	靜磁表面波
magnetostatic wave	静磁波	靜磁波
magnetostriction	磁致伸缩	磁致伸縮
magnetostrictive effect	磁致伸缩效应	磁致伸縮效應
magnetostrictive transceiver	磁致伸缩式收发机	磁致伸縮式收發機
magnetotherapy	磁[力]疗法	磁療法
magnetron	磁控管	磁控管
magnetron oscillator	磁控管振荡器	磁控管振盪器
magnetron sputtering	磁控溅射	磁控濺射
magnet yoke	磁轭	磁軛
magnification	放大	放大
magnification factor	放大因数	放大因數
magnitude (=amplitude)	振幅	振幅

英 文 名	大 陆 名	台 湾 名
magnitude allpass filter	振幅全通滤波器	振幅全通濾波器
magnitude margin	幅值裕度	數量容限
magnitude response	振幅响应	振幅回應
mag tape	[未穿孔]带	磁帶
MAHT (=machine-aided human translation)	机助人译	機器輔助人工翻譯
mailbox	信箱	信箱
mail exploder	邮件分发器	郵件分發器
mailing list	邮件发送清单	郵遞列表
maillist (=mailing list)	邮件发送清单	郵遞列表
main antenna	主天线	主天線
main beam	主波束	主波束,主射束
mainboard (=motherboard)	母板,主板	母板,主板,主機板
main cable	主干缆线	主幹纜線,幹線纜線
main carrier	主载波	主載波
main cavity	主腔	主腔
main channel	主信道	主通道,主用波道
main control console	主控制台	主控制台,中央控制台,主調整台
main control unit	主控制器	主控制單元
main distribution frame	主配线架	總配線架,主配線架
main earth station	主地球站	主地面站
mainframe	主机,特大型机	主機,大型電腦
main line	主线	主線
main lobe	主瓣	主瓣
mainlobe clutter	主瓣杂波	主瓣雜波
mainlobe clutter rejection	主瓣杂波抑制	主瓣雜波抑制
main memory	主存储器,主存	主儲存器,主記憶體
main memory database (MMDB)	主存数据库	主記憶體資料庫
main memory stack	主存栈	主記憶堆疊
main page pool	主页池	主頁池
main pump	主泵	主幫浦
main reflector	主反射器	主反射器
main sideband	主边带	主邊帶,主旁波帶
main signal	主信号	主訊號,主訊號
main storage (= main memory)	主存储器,主存	主儲存器,主記憶體
main storage partition	主存储器分区	主儲存器分區
main subscriber station	总用户话机	總用戶話機

英 文 名	大 陆 名	台 湾 名
maintainability	维修性,可维护性	維修性,可維護性
maintainer	维护者	維護者
maintaining period	保管期	保管期
main task	主任务	主任務
maintenance	维修,维护	維修,維護
maintenance analysis procedure	维护分析过程	維護分析程序
maintenance charge (= maintenance cost)	维护费用	維護成本,維護費用
maintenance control panel	维护控制面板	維護控制面板
maintenance cost	维护费用	維護成本,維護費用
maintenance hook	维护陷阱	維護陷阱
maintenance panel	维护面板	維護面板
maintenance phase	维护阶段	維護階段
maintenance plan	维护计划	維護計劃
maintenance policy	维修策略	維修政策
maintenance postponement	维护延期	維護延期
maintenance process	维护过程	維護過程
maintenance program	维护程序	維護程式
maintenance screen	维护屏幕	維護熒幕
maintenance service program	维护服务程序	維護服務程式
maintenance standby time	维护准备时间	維護待命時間
maintenance test	维护测试	維護測試
main traffic station	主话务站	主話務站,主通信站
major breakdown	重大阻断	重大阻斷,嚴重當機
major cycle	大循环,大周期	大循環,大週期
majority carrier	多数载流子	主要載子
majority decoding	大数判决译码,择多译码	大數判決譯碼,擇多譯碼
majority decoding logic	择多解码逻辑	擇多解碼邏輯
majority gate	多数决定门	多數閘
majority language	大语种	多數語言
majority logic decodable code	择多逻辑可解码	擇多邏輯可解碼
major lobe (= main lobe)	主瓣	主瓣
major overhaul	大修	大修
major path satellite earth station	大通路卫星地球站	大通道衛星地面站,主路徑衛星地面站
major time slice	主时间片	主時間片
male contact	阳接触件	陽接點
malfunction	误动作	失靈

英 文 名	大 陆 名	台 湾 名
malicious call identification	恶意呼叫识别	惡意呼叫識別
malicious logic	恶意逻辑	惡意邏輯
malicious software	恶意软件	惡意軟體
MAMSK (= multiamplitude minimum shift keying)	多振幅最小偏移键控	多振幅最小相移鍵控
MAN (= metropolitan area network)	城域网	都會區域網路
manageability	可管理性,易管理性	可管理性
management	管理	管理
management control	管理控制	管理控制
management information system (MIS)	管理信息系统	管理資訊系統
management process	管理过程	管理過程
Manchester biphase code	曼彻斯特双相码	曼徹斯特雙相位碼
Manchester code	曼彻斯特码	曼徹斯特碼
Manchester encoding	曼彻斯特编码	曼徹斯特編碼,曼徹斯特編碼法
mandatory access control	强制访问控制	強制存取控制
mandatory protection	强制保护	強制保護
mandatory service	必备服务	強制服務
maneuvering satellite	机动卫星	機動衛星
Manhattan distance	曼哈顿距离	曼哈坦距離
manipulating industrial robot	操纵性工业机器人	操縱性工業機器人
manipulation detection	伪造检测	調處檢測
manipulation detection code (MDC)	伪造检测码	調處檢測碼
manipulator	机械手	調處器
Manley-Rowe power relation	曼利－罗功率关系	曼利－羅伊功率關係
man-machine communication	人机通信	人機通信
man-machine control system	人机控制系统	人機控制系統
man-machine dialogue (= human-computer dialogue)	人机对话	人機對話
man-machine engineering	人机工程	人機工程
man-machine environment	人机环境	人機環境
man-machine-environment system	人机环境系统	人機環境系統
man-machine interaction (= human-computer interaction)	人机交互	人機交互,人機交互作用
man-machine interface for Chinese	汉语人机界面	中文人機介面
man-machine simulation	人机模拟	人機模擬
man-machine system	人机系统	人機系統
man-machine trade-off	人机权衡	人機折衷

英文名	大陆名	台湾名
man-made interference	人为干扰	人為干擾,故意干擾,工業干擾
man-made satellite	人造卫星	人造衛星
man-made sun satellite	人造太阳卫星	人造太陽衛星
manned orbital space station	载人轨道太空站	載人軌道太空站
manometer	气压计	氣壓計
manpacked radio set	背负式无线电台	背負式無線電台
manual	人工的	①人工的 ②手動的,手控的 ③手冊,指南
manual command	人工指令	人工指令
manual control	人工控制	人工控制,手控
manual entry	人工录入	人工登錄
manual exchange	①人工交换局 ②人工交换机	①人工電話局 ②人工電話交換機 ③人工交換,人工交接
manual information system	人工信息系统	人工資訊系統
manual input	手动输入	人工輸入
manual intervention	人工干预	人工介入
manual load key	手动装入键	人工載入鍵
manual simulation	人工模拟	人工模擬
manual testing	人工测试	人工測試
manufacturing automation protocol (MAP)	制造自动化协议	製造自動化協定
manufacturing cell	制造单元	製造單元
manufacturing execution system	制造执行系统	製造執行系統
manufacturing message service (MMS)	制造消息服务	生產信息服務
manufacturing resource planning (MRP-Ⅱ)	制造资源规划	製造資源規劃
many-one reducibility	多一可归性	多一可約性
many-sorted logic	多类逻辑	多類邏輯
many-to-many relationship	多对多联系	多對多關係
many-to-one relationship	多对一联系	多對一關係
MAOSFET (= metal-Al_2O_3 – oxide-semiconductor field effect transistor)	金属–氧化铝–氧化物–半导体场效晶体管	金屬–氧化鋁–氧化物–半導體場效電晶體
MAP (= ①manufacturing automation protocol ② multiassociative processor ③ maximum a posteriori probability)	①制造自动化协议 ②多关联处理机 ③最大后验概率	①製造自動化協定 ②多關聯處理機 ③最大後驗機率

英　文　名	大　陆　名	台　湾　名
MAPE (= multiagent processing environment)	多主体处理环境	多代理處理環境
map matching	地图匹配	地圖對照
mapping	映射	映射,對映,映像,互映
mapping address	映射地址	對映位址
mapping function	映射函数	映像函數
mapping mode	映射方式	對映模式
mapping radar	地图测绘雷达	地圖測繪雷達
map program	映射程序	映射程式
marching test	跨步测试	跨步測試
Marconi antenna	马可尼天线	馬可尼天線
margin	页边空白	①版邊,留白 ②端距,邊距 ③邊緣,界線,邊界
marginal amplifier	边频放大器,边带放大器	邊頻放大器,邊帶放大器
marginal check	边缘检验	邊際核對,邊緣檢驗
marginal fault (= edge fault)	边缘故障	邊緣故障
marginal frequency	边缘频率	邊緣頻率
marginal operation	边缘操作	邊際操作
marginal test	边缘测试	邊際測試,邊緣測試
marine communication satellite (MARISAT)	海上通信卫星	海上通信衛星
marine radar	航海雷达	航海雷達
marine radio	航海用无线电	航海用無線電
marine radio communication	海上无线电通信	海上無線電通信
marine target	海上目标	海上目標
MARISAT (= marine communication satellite)	海上通信卫星	海上通信衛星
maritime communications satellite system	海事通信卫星系统	海事通信衛星系統
maritime mobile radio telephone equipment	海上移动无线电话设备	海上行動無線電話設備
maritime mobile-satellite	航海移动卫星	航海移動衛星
maritime orbital test satellite	海上轨道试验卫星	海上軌道試驗衛星
maritime radar	海上雷达	海上雷達
maritime radio beacon	海上无线电信标	海上無線電信標
maritime radio navigation land station	海上无线电导航陆地电台,水上无线电导航	海上無線電導航陸地電台,水上無線電導航

英文名	大陆名	台湾名
	陆地电台	陸地電台
maritime radio navigation mobile station	海上无线电导航移动电台	海上無線電導航移動電台
maritime satellite system (MARSAT)	海事卫星系统	海事衛星系統
mark	传号	傳號
mark and space impulse	传号和空号脉冲	傳號和空號脈衝
marked cycle	加标循环,标号循环	加標迴圈,標號迴圈
marked graph	加标图	標示圖
marker	信标器	信標器,標誌
marker beacon	指点信标	指點信標
marking	标识	標示
marking bias	传号偏压,传号偏移	傳號偏壓,傳號偏移
marking condition	传号条件	傳號條件
marking current	传号电流	傳號電流,符號電流
marking element	传号码元	傳號碼元
marking variable	标识变量	標示變數
Markov process	马尔可夫过程	馬可夫[隨機]過程
mark scanning	标记扫描	標示掃描,標記掃描
mark signal	传号信号	標記訊號,傳號訊號,標記訊號
mark-to-space ratio	传号空号比	傳號－空號比,傳號對空號比傳號
mark transmission	传号传输	傳號傳輸
markup language	置标语言	排版語言
MARSAT (= maritime satellite system)	海事卫星系统	海事衛星系統
Marshall-Palmer distribution	马歇尔－帕尔默分布	馬歇爾－帕門分佈
M-ary	M 元,M 进制	M 階
M-ary frequency-shift keying (MFSK)	M 元频移键控	M 階頻移鍵控
M-ary orthogonal modulation	M 元正交调制	M 階正交調變,M-維正交調變
M-ary phase-shift keying (MPSK)	M 元相移键控	M 階相移鍵控
MAS (= microwave active spectrometer)	微波有源频谱仪	微波有源頻譜儀
maser	脉泽,微波激射[器]	實射
mask	①掩码 ②掩模	①遮罩,遮蔽 ②掩模
MASK (= multi-amplitude shift keying)	多幅移键控	多階幅移鍵控
maskable interrupt	可屏蔽中断	可屏蔽中斷
mask aligner	光刻机	光刻機
mask alignment	掩模对准	掩模對準

英 文 名	大 陆 名	台 湾 名
mask artwork	掩模图	遮罩原圖
masked diffusion	掩蔽扩散	掩蔽擴散
masking	屏蔽	遮罩
masking register	屏蔽寄存器	遮罩暫存器
masking vector	屏蔽向量	遮罩向量
mask-making technology	制版工艺	製版工藝
mask ROM	掩模型只读存储器	遮罩唯讀記憶體
Mason's gain formula	梅森增益公式	梅森增益公式
masquerade	冒充	冒充
massively parallel computer (MPC)	大规模并行计算机	大規模平行計算機
massively parallel processing (MPP)	大规模并行处理	大規模平行處理
massive parallel artificial intelligence	大规模并行人工智能	大規模平行人工智慧
mass storage	海量存储器	大量儲存器
mass transportation	质量输运	質量輸送
master antenna distribution system	主天线分配系统	主天線分配系統
masterboard (=motherboard)	母板,主板	母板,主板,主機板
master clock	主时钟	主時鐘,主時鐘脈衝
master control board	主控板	主控板
master control program	主控程序	主控程式
master control room	主控制室	主控制室,中心控制室,中央控制室,總控制室
master control station	主控站	主控制站
master control unit (=main control unit)	主控制器	主控制單元
master file	主文件	主檔案
master frequency	主频	主[振]頻率,基本頻率
master group	主群	主群
master group link	主群链路	主群鏈路,主群線路
master group modulation	主群调制	主群調變
master key	主密钥	主鑰,主鍵
master library	主库	主程式館
master oscillator (MO)	主振荡器	主振盪器
master output tape	标准幅度带	主輸出帶
master scheduler	主调度程序	主排程器,主調度程序
master signal (=main signal)	主信号	主訊號,主訊號
master skew tape	标准扭斜带	主偏斜帶
master-slave computer	主从计算机	主從計算機
master-slave flip-flop	主从触发器	主從正反器

英 文 名	大 陆 名	台 湾 名
master-slave operating system	主从[式]操作系统	主從式作業系統
master-slave scheduling	主从调度	主從調度
master-slave synchronization	主从同步	主從同步
master-slave system	主从方式	主從方式,主從系統
master slice	母片	母片
master speed tape	标准速度带	主速率帶
master station	①主台 ②主站	①主台 ②主站,主要站
match	匹配	匹配
matched clad fiber	匹配包层光纤	匹配披覆層光纖
matched filter	①匹配滤波器 ②匹配筛选器	匹配濾波器
matched filtering	匹配滤波	匹配過濾
matched-filter receiver	匹配滤波器接收机	匹配濾波器接收機
matched load	匹配负载	匹配負載
matched-tee attenuator	T 型匹配衰减器	T 型匹配衰減器
matched termination	匹配终端	匹配端
matcher-selector-connector (MACTOR)	匹配－选择－连接器	匹配－選擇－連接器
matching algorithm	匹配算法	匹配演算法
matching error	匹配误差	匹配誤差
matching network	匹配网络	匹配網路
matching section	匹配段	匹配段
matching template	匹配模板	匹配模板
match stop	符合停机	匹配停機
material absorption loss	材料吸收损耗	材料吸收損失
material dispersion	材料色散	材料色散
materials requirements planning (MRP)	物资需求计划	材料需求規劃,物料需求規劃
mathematical axiom	数学公理	數學公理
mathematical discovery	数学发现	數學發現
mathematical induction	数学归纳	數學歸納法
mathematical linguistics	数理语言学	數學語言學
mathematical morphology	数学形态学	數學形態學
matrix display	矩阵显示	矩陣顯示
matrix receiver	矩阵接收机	矩陣接收機
matrix switch	矩阵开关,矩阵接线器	矩陣式交換
maturity	成熟度	成熟度
maximally flat amplitude approxiation	最平幅度逼近	最平幅度逼近
maximally flat delay approximation	最平时延逼近	最平時延逼近

英 文 名	大 陆 名	台 湾 名
maximum allowable junction temperature	最高允许结温	最高允許結溫
maximum allowed deviation	最大允许偏差	最大允許偏差
maximum a posteriori probability (MAP)	最大后验概率	最大後驗機率
maximum delay path	最大延迟路径	最大延遲路徑
maximum entropy estimation	最大熵估计	最大熵估計
maximum line length	最大线长	最大行長度
maximum low-threshold input-voltage	最大低阈值输入电压	最大低定限輸入電壓
maximum open line length	最大开路线长	最大明線長度
maximum overshoot	最大超调量	最大超調量
maximum phase system	最大相位系统	最大相位系統
maximum power transfer theorem	最大功率传输定理	最大功率轉換定理
maximum principle	极大值原理	極大值原理
Maxwell's equations	麦克斯韦方程式	馬克斯威爾方程式
Mb (= megabit)	百万位,兆位	百萬位元
MB (= megabyte)	百万字节,兆字节	百萬位元組,百萬拜
M band	M 波段	M 頻帶
MBE (= molecular beam epitaxy)	分子束外延	分子束磊晶
MBFT (= multipoint binary file transfer)	多点二进制文件传送	多點二進制檔案傳送
Mbone (= multicast backbone)	多播主干网	多播基幹
Mbps (= megabits per second)	兆位每秒	每秒百萬位元
MBps (= megabytes per second)	兆字节每秒	每秒百萬位元組,百萬拜/秒,百萬字元/秒
MC (= megacycle)	兆周期	百萬週
MCGA (= multicolor graphics array)	彩色图形阵列[适配器]	多色圖形陣列
MCI (= media control interface)	媒体控制接口	媒體控制介面
MCM (= multichip module)	多[芯]片模块	多晶片模組
MCP (= microchannel plate)	微通道板	微通道板
MCPC (= multiple channel per carrier)	每载波多路	每一載波多通道
MCPCRT (= microchannel plate cathode-ray tube)	微通道板示波管	微通道板示波管
MCPS (= megacycles per second)	兆周每秒	百萬週/秒
MCPT (= multiple channel per transponder)	每转发器多路	每一轉頻器多頻道
MCS (= multipoint communication service)	多点通信服务	多點通訊服務
MCU (= ①minimum coding unit ②multipoint control unit)	①最小编码单元 ②多点控制器	①最小編碼單元 ②多點[視訊會議]控制器

英 文 名	大 陆 名	台 湾 名
MCVD (= modified chemical vapor deposition)	改进的化学汽相沉积法	改良化學汽相澱積法
MDA (= ①monochrome display adapter ②multidimensional access)	①单色显示适配器 ②多维存取	①單色顯示器配接器 ②多維存取
MDC (= ①manipulation detection code ②modification detection code)	①伪造检测码 ②修改检测码	①調處檢測碼 ②修改檢測碼
MDI (= medium-dependent interface)	媒体相关接口	媒體相依介面
Mealy machine	米利机[器]	米利機
mean access time (= average access time)	平均存取时间,平均访问时间	平均存取時間
mean down time	平均停机时间	平均停機時間,平均空閒時間,平均中斷時間
mean echo balance return loss	平均回波平衡回损	平均回波平衡返迴損耗
mean efficiency factor	平均效率因数	平均效率因數,平均有效因數
mean error	平均误差	平均誤差
mean free path	平均自由路程	平均自由路程
mean free time	平均自由[飞行]时间	平均自由[飞行]時間
mean frequency	平均频率	平均頻率,中頻
meaning domain	意义域	意義域
mean modulation rate	平均调制率	平均調變[速]率
mean opinion score	平均评定评分	平均意見分數
mean power (= average power)	平均功率	平均功率
mean power feedback control	平均功率反馈控制,平均功率回馈控制	平均功率回饋控制
means-end analysis	手段目的分析	手段目的分析
mean solar time	平均太阳时	平均太陽時
mean square error (MSE)	均方误差	均方誤差
mean square error criterion	均方误差准则	均方[根]誤差準則
mean time before failure	故障前平均时间	故障前平均時間
mean time between failures (MTBF)	平均无故障工作时间,平均故障间隔时间	平均無故障工作時間,平均故障間隔時間
mean time between maintenance	平均维修间隔时间	平均維護間隔時間
mean time to crash (MTTC)	平均未崩溃时间	平均未當機時間
mean time to failure (MTTF)	失效前平均时间,平均无故障时间	失效前平均時間,平均無故障時間
mean time to repair (MTTR)	平均修复时间	平均修復時間,平均修

英 文 名	大 陆 名	台 湾 名
		理時間
measured value	观测值	觀測值
measured variable	被测变量	被測變數,測量變數
measurement	测量,度量	測量
measurement loss	测量损耗	量測損失
measurement of performance	性能测量	效能測量
measurement point (MP)	测量点	量測點
measurement space	度量空间	測量空間
measurement standard	计量标准	計量標準
measuring equipment	测量设备	測量設備
measuring range	测量范围	測量範圍
mechanically activated battery	机械激活电池	機械激活電池
mechanical mouse	机械鼠标[器]	機械式滑鼠
mechanical polishing	机械抛光	機械拋光
mechanical quality factor	机械品质因数	機械品質因子
mechanical scanning	机械扫描	機械掃描
mechanical sector scan	机械扇形扫描	機械扇形掃描
mechanical splice	机械接头	機械熔接
mechanical test	力学试验	力學試驗
mechanical translation	机械式翻译	機械式翻譯
mechanism	机制	機構
mechano-electronic switching system	机电交换系统	機械電子交換系統
mechatronics	机械电子学	機械電子學
media	介质,媒体	[傳輸]介質,媒體
media access control protocol (MAC protocol)	媒体访问控制协议,MAC 协议	媒體存取控制協定
media control driver	媒体控制驱动器	媒體控制驅動器
media control interface (MCI)	媒体控制接口	媒體控制介面
media conversion	介质转换	介質轉換,媒體轉換
media failure	介质故障	媒體故障
median amplitude	中值振幅	中值振幅
median filter	中值滤波器	中值濾波器
median filtering	中值滤波	中值濾波
median noise	中值噪声	中值雜訊
mediation agent	中介主体	中介代理
medical cyclotron	医用回旋加速器	醫用迴旋加速器
medical electronics	医学电子学	醫學電子學
medical electron linear accelerator	医用电子直线加速器	醫用電子直線加速器

英文名	大陆名	台湾名
medical imaging	医学成像	醫學成像
medium	媒质	介質
medium access control (MAC)	媒体访问控制	媒體存取控制
medium access control sublayer	媒体访问控制子层	媒體存取控制子層
medium altitude communications satellite (MACS)	中高度通信卫星	中高度通信衛星
medium-altitude satellite	中高度卫星	中高度衛星
medium attachment unit	媒体连接单元	媒體附件裝置
medium-dependent interface (MDI)	媒体相关接口	媒體相依介面
medium-distance communication	中距离通信	中距離通信
medium energy electron diffraction (MEED)	中能电子衍射	中能電子衍射
medium frequency (MF)	中频	中頻
medium-frequency broadcast antenna	中频广播天线	中頻廣播天線
medium interface connector (MIC)	媒体接口连接器	媒體接口連接器
medium-scale computer	中型计算机	中型計算機
medium scale integrated circuit (MSI)	中规模集成电路	中型積體電路
medium-term scheduling	中期调度	中期調度
medium wave (MW)	中波	中波
medium wave antenna	中波天线	中波天線
medium-wave broadcast transmitter	中波广播发射机	中波廣播發射機
medium wave transmitter	中波发射机	中波發射機
MEED (=medium energy electron diffraction)	中能电子衍射	中能電子衍射
mega- (M)	百万,兆	百萬
megabit (Mb)	百万位,兆位,兆比特	百萬位元
megabits per second (Mbps)	兆位每秒,兆比特每秒	每秒百萬位元,百萬位元/秒
megabyte (MB)	百万字节,兆字节	百萬位元組,百萬拜
megabytes per second (MBps)	兆字节每秒	每秒百萬位元組,百萬拜/秒,百萬字元/秒
megacycle (MC)	兆周期	百萬週
megacycles per second (MCPS)	兆周每秒	百萬週/秒
mega floating point operations per second (MFLOPS)	百万次浮点运算每秒	每秒百萬次浮點運算
megahertz (MHz)	兆赫	百萬赫,兆赫
member	成员	①成員 ②構件
membership problem	成员问题,隶属关系问	隸屬問題,資格問題

英 文 名	大 陆 名	台 湾 名
	题	
membrane	隔膜	隔膜
membrane filtration	膜过滤	膜過濾
membrane keyboard	薄膜键盘	薄膜鍵盤
memory	存储器	①儲存器,記憶體 ②記憶,儲存
memory across access	存储器交叉存取	記憶體交叉存取
memory address register	存储器地址寄存器	記憶體位址暫存器
memory allocation overlay	内存分配覆盖	記憶體分配重疊
memory array	存储阵列	記憶體陣列
memory bandwidth	存储带宽	記憶頻寬
memory bank	存储体	記憶庫
memory board	存储板	記憶板
memory capacity	存储容量	儲存容量,記憶[體]容量
memory cell	存储单元	①儲存單元,儲存格,記憶格 ②[儲存]位置
memory chip	存储芯片	記憶體晶片
memory circuit	记忆电路	記憶電路
memory conflict	存储器冲突	記憶體衝突
memory conflict-free access	存储器无冲突存取	記憶無衝突存取
memory consistency	存储器一致性	記憶體一致性
memory cycle	存储周期	記憶體週期
memory data register	存储器数据寄存器	記憶體資料暫存器
memory density	存储密度	記憶密度
memory effect	记忆效应	記憶效應
memory element	存储组件	記憶體元件
memory fragmentation	内存碎片	記憶體片段
memory hierarchy	存储器层次	記憶體階層
memoryless channel	无记忆信道	無記憶性通道
memoryless source	无记忆信源	無記憶源
memory management	存储管理	儲存管理,記憶體管理
memory management unit (MMU)	存储管理部件	記憶體管理單元
memory margin	记忆裕度	記憶裕度
memory matrix	存储矩阵	記憶體矩陣
memory module	存储模块	記憶體模組
memory organization packet (MOP)	记忆组织包	記憶體組織封包
memory protection	①存储保护 ②内存保护	①儲存保護 ②記憶體保

英文名	大陆名	台湾名
		護
memory representation	记忆表示	記憶體表示
memory stall	存储器停顿	記憶體停頓
memory system	存储系统	記憶系統,存儲系統
memory time	存储时间	記憶時間,存儲時間
meniscus	弯月面	彎月面
mental ability	心智能力	心理能力
mental image	心智图像	心理影像
mental information transfer	心智信息传送	心理資訊傳送
mental mechanism	心智机理	心理機制
mental psychology	心智心理学	心智心理學
mental state	心智状态	心理狀態
menu	选单,菜单	選項單,菜單,功能表
mercury-arc rectifier	汞弧整流管	汞弧整流管
mercury-pool cathode	汞池阴极	汞池陰極
mercury-pool rectifier	汞池整流管	汞池整流管
mercury-vapor tube	汞气管	汞氣管
merge	归并	①歸併,合併 ②拼接
merged scanning method	归并扫描法,合并扫描法	合併掃描法
merge insertion	归并插入	合併插入
merge sort	归并排序	合併排序,以合併法排序
mesa transistor	台面晶体管	台面電晶體
MESFET (=metal-semiconductor field effect transistor)	金属-半导体场效晶体管	金屬-半導體場效電晶體
MESFET amplifier	金属-半导体场效晶体管放大器	金屬-半導體場效電晶體放大器
mesh	网格	①網[目] ②嚙合
mesh cathode	网状阴极	網狀陰極
mesh generation	网格生成	網目產生
meshing	网格化	網目化
mesh network	网状网	網狀網
mesh of trees	树网[格]	樹網目
mesh surface (=grid surface)	网格曲面	網目曲面
mesh topology	网状拓扑	網狀拓撲
mesomeric vision	中介视觉	仲介視覺
message	①消息 ②报文,电文	①消息 ②報文,電文

英　文　名	大　陆　名	台　湾　名
message authentication	报文鉴别	訊息鑑別
message authentication code (MAC)	报文鉴别码	訊息鑑別碼,報文鑑定碼
message coding	报文编码,消息编码	信息編碼
message composer	消息编排器	信息編排器
message digest	报文摘译	訊息摘錄
message handling (MH)	消息处理	訊息處置
message handling system (MHS)	消息处理系统,电信函处理系统	消息處理系統,電信函處理系統
message logging	消息日志	訊息日誌
message mode	消息方式	訊息模式
message-oriented text interchange system (MOTIS)	面向消息的正文交换系统	訊息導向的正文交換系統
message passing	消息传递	訊息傳遞
message passing interface (MPI)	消息传递接口[标准]	訊息傳遞介面
message passing library (MPL)	消息传递库	訊息傳遞庫
message passwording	报文加密	訊息加密
message processing system	报文处理系统	信息處理系統
message queueing	消息排队	訊息隊列
message source	信源	信息源
message storage	消息存储[单元]	訊息儲存器
message switching	报文交换,电文交换	報文交換,電文交換
message synchronization	消息同步	信息同步,信息同步定址
message transfer agent (MTA)	消息传送代理	訊息傳送代理
message transfer system (MTS)	消息传送系统	訊息傳送系統
messaging service	①存储转发[型]业务 ②消息[处理]型业务	①存儲轉發[型]業務 ②訊息服務
metabolic imaging	代谢成像	代謝成象
metacompiler	元编译程序	元編譯器
metadata	元数据	元數據,元資料,解釋用資料
metadatabase	元数据库	元資料庫,解釋用資料庫
metafile	元文件	元檔案
metaknowledge	元知识	元知識
metal-air cell	金属空气电池	金屬空氣電池

英 文 名	大 陆 名	台 湾 名
metal-Al_2O_3 – oxide-semicon-ductor field effect transistor (MAOSFET)	金属–氧化铝–氧化物–半导体场效晶体管	金屬–氧化鋁–氧化物–半導體場效電晶體
metalanguage	元语言	元語言
metal-clad plate	覆箔板	覆箔板
metal film potentiometer	金属膜电位器	金屬膜電位器
metal film resistor	金属膜电阻器	金屬膜電阻
metal glaze potentiometer	金属玻璃釉电位器	金屬玻璃釉電位器
metal glaze resistor	金属玻璃釉电阻器	金屬玻璃釉電阻
metal-in-gap head (MIG head)	隙含金属磁头	MIG 磁頭
metal integrated-semiconductor field effect transistor (MISFET)	金属集成半导体场效晶体管	金屬積體半導體場效電晶體
metal-isolator-semiconductor solar cell (MIS solar cell)	金属–绝缘体–半导体太阳电池	金屬–絕緣體–半導體太陽電池
metallic packaging	金属封装	金屬封裝
metallization	金属化	金屬化
metallized ceramic module	金属[化]陶瓷模块	金屬陶瓷模組
metallized paper capacitor	金属化纸介电容器	金屬化紙介電容
metallorganic CVD (= metalorganic chemical vapor deposition)	有机金属化学汽相沉积法,金属有机[化合物]CVD	有機金屬化學氣相沈積
metallurgical-grade silicon	冶金级硅	冶金級矽
metal-nitride-oxide-semiconductor field effect transistor (MNOSFET)	金属–氮化物–氧化物–半导体场效晶体管	金屬–氮化物–氧化物–半導體場效電晶體
metal-oxide-semiconductor field effect transistor (MOSFET)	MOS 场效晶体管,金属–氧化物–半导体场效晶体管	MOS 場效電晶體,金屬–氧化物–半導體場效電晶體
metal-oxide-semiconductor memory (MOS memory)	金属氧化物半导体存储器,MOS 存储器	金屬氧半導體記憶體
metal-semiconductor field effect transistor (MESFET)	金属–半导体场效晶体管	金屬–半導體場效電晶體
metal soft magnetic material	金属软磁材料	金屬軟磁材料
metal tape	金属带	金屬帶
metal vapor laser	金属蒸气激光器	金屬蒸氣雷射
metaplanning	元规划	元規劃
metareasoning	元推理	元推理
metarule	元规则	元規則

英 文 名	大 陆 名	台 湾 名
meta-signaling	元信令	元訊號
meta-signaling protocol entity	元信令协议实体	前置訊號協定實體
metasynthesis	元综合	元合成
meteoric ionization	流星电离	流星電離
meteoric reflection	流星反射	流星反射
meteoric trail communication	流星余迹通信	流星餘跡通信
meteoroid detection satellite	流星侦测卫星	流星偵測衛星
meteorological radar	气象雷达	氣象雷達
METEOrological SATellite (METEOSAT)	气象卫星	氣象衛星
meteorological station	气象台	氣象台
meteor reflection communication	流星反射通信	流星反射通信
meteor scatter communication	流星散射通信	流星散射通信
meteor trail communication (=meteoric trail communication)	流星余迹通信	流星餘跡通信
METEOSAT (=METEOrological SATellite)	气象卫星	氣象衛星
method	方法	方法
method base	方法库	方法庫
methodical error	方法误差	方法誤差
method of measurement	测量方法	測量方法
metric attribute	品质属性	公制屬性
metrology	计量	計量
metropolitan area network (MAN)	城域网	都會區域網路
Meyer plot	迈耶图	梅爾圖
MF (=medium frequency)	中频	中頻
MF band	中波段	中頻帶
MF communication	中频通信,中波通信	中頻通信,中波通信
MFLOPS (=mega floating point operations per second)	百万次浮点运算每秒	百萬次浮點運算
MFM (=modified frequency modulation)	改进调频[制]	修改的調頻
MFSK (=①M-ary frequency-shift keying ②multi-frequency shift keying)	①M 元频移键控 ②多级频移键控	①M 階頻移鍵控 ②多階頻移鍵控
MF touch-tone	多频按键电话机	復頻式按鍵電話
MGA (=monochrome graphics adapter)	单色图形适配器	單色圖形配接器
MH (=message handling)	消息处理	訊息處置
MHS (=message handling system)	消息处理系统,电信函处理系统	消息處理系統,電信函處理系統
MHz (=megahertz)	兆赫	百萬赫,兆赫

英　文　名	大　陆　名	台　湾　名
MIC (=①medium interface connector ② microwave integrated circuit)	①媒体接口连接器 ②微波集成电路	①媒體接口連接器 ②微波積體電路
Michaeli's equivalent current	米夏埃利等效电流	邁可利等效電流
Michelson interferometer	迈克耳孙干涉仪	邁克耳遜干涉儀
micro	微	微
micro-adjustable valve	微调阀	微調閥
microbend	微弯曲	微曲
microbending loss	微弯曲损耗	微曲損失
microbending sensor	微曲传感器	微曲感測器
microbial sensor	微生物敏感器	微生物感測器
microchannel plate (MCP)	微通道板	微通道板
microchannel plate cathode ray tube (MCPCRT)	微通道板示波管	微通道板示波管
microchannel plate detector	微通道板探测器	微通道板探測器
microchip	微型芯片	微晶片
micro-cleaving	微截,微裂	微截,微裂
microcode	微码	微代碼
microcommand	微命令	微命令
microcomputer	微型计算机,微机	微[型]計算機,微電腦,微算機
microdefect	微缺陷	微缺陷
microdiagnosis	微诊断	微診斷
microdiagnostic loader	微诊断装入器,微诊断装入程序	微診斷載入器
microdiagnostic microprogram	微诊断微程序	微診斷微程式
microeconomic model	微观经济模型	微觀經濟模型
microelectronics	微电子学	微電子學
microfiche	缩微平片,缩微胶片	微縮膠片
microfilm	缩微胶卷	微縮膠卷
microgroove record	密纹唱片	密紋唱片
micro-image data	微像数据	微像資料
microinstruction	微指令	微指令
microinterrupt	微中断	微中斷
microkernel OS	微内核操作系统	微核心作業系統
microlens	微透镜	顯微透鏡
micrologic	微逻辑	微邏輯
microm	微程序只读存储器	微程式唯讀記憶體
micromicron	皮米	皮米

英 文 名	大 陆 名	台 湾 名
micromodule	微模块	微模組
micro Omega	微奥米伽[系统]	微奧米伽[系統]
microoptic technology	显微光学技术	顯微光學技術
micropackage	微组装	微組裝
micropackaging	微封装,微组装	微封裝,微組裝
microphone	传声器	傳聲器
microplasma effect	微等离子体效应	微電漿效應
micropower integrated circuit	微功耗集成电路	微功耗積體電路
microprocessor	微处理器	微處理器
microprogram	微程序	微程式
microprogrammed control	微程序控制	微程式控制
microprogramming	微程序设计	微程式設計,微程式規劃
microprogramming language	微编程语言	微程式設計語言
micros (=microinstruction)	微指令	微指令
microscan receiver	微扫接收机	微掃接收機
microsecond	微秒	微秒
microstrip	①微带 ②微带线	①微帶 ②微帶[傳輸]線
microstrip antenna	微带天线	微帶天線
microstrip antenna array	微带天线阵列	微帶天線陣列
microstrip array	微带阵	微帶陣列
microstrip dipole	微带偶极子	微帶雙極
microstrip patch antenna	块状微带天线,曲面微带天线	塊狀微帶天線
microstructure	微结构	微結構
microtasking	微任务化	微任務化
micro-theory	微理论	微理論
microvolt	微伏	微伏[特]
microwatt hour	微瓦小时	微瓦小時
microwatt second	微瓦秒	微瓦秒
microwave (MW)	微波	微波
microwave absorbing material	[微波]吸收材料	[微波]吸收材料
microwave active spectrometer (MAS)	微波有源频谱仪	微波有源頻譜儀
microwave amplification by stimulated emission of radiation (=maser)	脉泽,微波激射[器]	實射
microwave antenna	微波天线	微波天線
microwave band	微波频带	微波頻帶

英文名	大陆名	台湾名
microwave beacon antenna	微波信标天线	微波信標天線
microwave biological effect	微波生物效应	微波生物效應
microwave channel	微波通道	微波通道
microwave communication	微波通信	微波通信
microwave communication equipment	微波通信设备	微波通信設備
microwave course beacon	微波航道信标	微波航道信標
microwave electronics	微波电子学	微波電子學
microwave ferrite	微波铁氧体	微波鐵氧體
microwave filter	微波滤波器	微波濾波器
microwave frequency	微波频率	微波頻率
microwave gas discharge duplexer	微波气体放电天线开关	微波氣體放電天線開關
microwave hazard	微波伤害	微波傷害
microwave hologram radar	微波全息雷达	微波全息雷達
microwave hybrid integrated circuit	微波混合集成电路	微波混合積體電路
microwave integrated circuit (MIC)	微波集成电路	微波積體電路
microwave landing system (MLS)	微波着陆系统	微波著陸系統
microwave link	微波链路	微波鏈路
microwave magnetics	微波磁学	微波磁學
microwave modulator	微波调制器	微波調變器
microwave network	微波网络	微波網路
microwave phase equalizer	微波相位均衡器	微波相位等化器
microwave plumbing	微波管线	微波管線
microwave propagation	微波传播	微波傳播
microwave pulse generator (MPG)	微波脉冲发生器	微波脈波產生器
microwave radiation attenuation	微波辐射衰减	微波輻射衰減,微波輻射損耗
microwave radio	微波无线电	微波無線電
microwave radio link	微波无线链路	微波無線電鏈路,微波無線電通信線路
microwave radiometer (MR)	微波辐射计	微波輻射計
microwave radio relay	微波无线[电]中继	微波無線電中繼,無線電微波轉播
microwave radio relay communication	微波中继通信,微波接力通信	微波中繼通信,微波接力通信
microwave radio relay equipment	微波无线[电]中继设备	微波無線電中繼設備
microwave receiver	微波接收机	微波接收機
microwave-relay antenna	微波中继天线	微波中繼天線

英文名	大陆名	台湾名
microwave relay link	微波中继链路	微波中繼[通信]鏈路
microwave scatterometer	微波散射计	微波散射計
microwave-shielded room	微波屏蔽室	微波隔絕室
microwave spectroscopy	微波频谱学	微波頻譜學
microwave spectrum	微波频谱	微波頻譜
microwave station	微波站	微波[通信]站
microwave system	微波系统	微波系統
microwave telecommunication system	微波电信系统	微波電信系統
microwave terminal station	微波终端站	微波終端站
microwave thermography	微波热像图成像	微波熱象圖成象
microwave transmission circuit	微波传输电路	微波傳輸電路
microwave transmission line	微波传输线	微波傳輸線
microwave transmitter	微波发射机	微波發射機
microwave transmitter-receiver	微波收发两用机	微波收發兩用機
microwave tube	微波管	微波管
microwave united carrier system	微波统一载波系统	微波統一載波系統
midband	带中	頻帶中心,中頻[帶]
middle inspection	中间检查,中检	中間檢查,中檢
middleware	中间件	中間軟體
MIDI (=music instrument digital interface)	乐器数字接口	樂器數位介面
mid-infrared fiber	中红外光纤	中紅外光纖
mid-infrared laser	中红外激光	中紅外雷射
Mie resonance region	米氏共振区	米氏散射共振區
Mie scattering	米氏散射	米氏散射
Mie scattering region	米氏散射区	米氏散射區
Mie scattering theory	米氏散射理论	米氏散射理論
Mie's scattering laser radar	米氏散射激光雷达	米氏散射雷射雷達
MIG (=magnetic injection gun)	磁控注入电子枪	磁控注入電子槍
MIG head (=metal-in-gap head)	隙含金属磁头	MIG 磁頭
migration	迁徙	遷徙
migration overhead	迁移开销	遷移費用
milestone	里程碑	里程碑
military communications equipment	军用通信设备	軍用通信設備
military radar	军用雷达	軍用雷達
Milky Way noise source	银河噪声源	銀河雜訊源
Miller code	米勒码	米勒碼
Miller integrating circuit	米勒积分电路	米勒積分電路

英　文　名	大　陆　名	台　湾　名
milli (m)	毫	毫
milliampere	毫安	毫安[培]
millimeter	毫米	毫米
millimeter wave (MMW)	毫米波	毫米波
millimeter wave band	毫米波段	毫米波段,毫米波頻帶
millimeter wave integrated circuit (MMIC)	毫米波集成电路	毫米波積體電路
million (M)	百万,兆	百萬
million instructions per second (MIPS)	百万条指令每秒	每秒百萬條指令
million logical inferences per second (MLIPS)	百万次逻辑推理每秒	每秒百萬次邏輯推理
million operations per second (MOPS)	百万次运算每秒	每秒百萬次運算
million transactions per second (MTPS)	百万次事务处理每秒	每秒百萬次交易處理
Mills cross antenna	米尔斯交叉天线	密爾斯交叉天線
MIMD (=multiple-instruction [stream] multiple-data stream)	多指令[流]多数据流	多指令[流]多資料流
MIME (=multipurpose Internet mail-extensions)	多用途因特网邮件扩充	多用途網際網路郵件延伸
miniature radio receiver	小型无线电接收机	小型無線電接收機,袖珍型無線電接收機
minicomputer	小型计算机	迷你電腦
minimal protection	最低保护	最小保護
minimal spanning tree	最小生成树	最小生成樹
minimal tour	最小回路	最小迴路
minimax test	最大最小测试,最小化最大测试	最小極大測試
minimization of finite automaton	有穷自动机最小化	最小化有限自動機
minimum coding unit (MCU)	最小编码单元	最小編碼單元
minimum cover of set of dependencies	依赖集的最小覆盖	最小相依集的覆蓋
minimum detectable signal-to-noise ratio	最小检测信噪比	最小檢測信噪比
minimum detectable temperature difference	最小可探测温差	最小可探測溫差
minimum-entropy decoding	最小熵译码	最小熵譯碼
minimum-entropy estimation	最小熵估计	最小熵估計
minimum high-threshold input-voltage	最小高阈值输入电压	最小高定限輸入電壓
minimum mean-square error (MMSE)	最小均方差	最小均方誤差
minimum orbital unmanned satellite	最低轨道运行的无人卫星	最低軌道運行的無人衛星
minimum peak sidelobe	最小峰值旁瓣	最小峰值旁瓣,最小峰

英文名	大陆名	台湾名
		值邊帶
minimum phase-lag system	最小相位滞后系统	最小相位落後系統
minimum phase network	最小相位网络	最小相位網路
minimum phase-shift keying (MSK)	最小相移键控	最小相移鍵控
minimum phase-shift network	最小相移网络	最小相移網路
minimum phase system	最小相位系统	最小相位系統
minimum privilege	最小特权	最小特權
minimum redundancy code	最小冗余码	最小冗餘碼
minimum shift keying (MSK)	最小偏移键控	最小相移鍵控
minimum-time problem	最小时间问题	最小時間問題
minimum zone	最小范围	最小區域
mini-supercomputer	小巨型计算机	小型超級電腦
minority carrier	少数载流子	少數載子
minority language	小语种	少數語言
minor lobe	副瓣	副瓣
minor synchronization point	副同步点	次要同步點
MIPS (=million instructions per second)	百万条指令每秒	每秒百萬條指令
mirror	镜像	鏡
MIS (=management information system)	管理信息系统	管理資訊系統
misclassification	误分类	誤分類,錯分類
misconnect	错接	錯接
misconvergence	失会聚	失會聚
MISD (=multiple-instruction [stream] single-data stream)	多指令[流]单数据流	多指令[流]單資料流
MISFET (=metal integrated-semiconductor field effect transistor)	金属集成半导体场效应晶体管	金屬積體半導體場效電晶體
misfit dislocation	误置错位	誤置缺陷
misjudgement failure	误判失效	誤判失效
mismatch	失配	不匹配
mismatched termination	失配终端	不匹配端
mismatch error	失配误差	失配誤差
mismatch loss	失配损耗	失配損耗,不匹配損耗
missed synchronization	漏同步	漏同步
missile guidance	导弹制导	飛彈導引
missile guidance radar	导弹制导雷达	飛彈導引雷達
missile-launching satellite	导弹发射卫星	發射導彈衛星,飛彈發射衛星
missile seeker	导弹寻的器	飛彈尋標器

英 文 名	大 陆 名	台 湾 名
missing command	漏指令	漏指令
missing interrupt handler	丢失中断处理程序	遺漏中斷處置器
missing message	迷失消息	遺漏訊息
missing page interrupt	缺页中断	缺頁中斷
missing pulse	漏脉冲	遺漏脈波
mission category	任务范畴	任務種類
mission failure rate	任务故障率	任務故障率
MIS solar cell (= metal-isolator-semiconductor solar cell)	金属 – 绝缘体 – 半导体太阳电池	金屬 – 絕緣體 – 半導體太陽電池
miss penalty	缺失损失	漏失懲罰
miss rate	缺失率	漏失率
misuse failure	误用失效	誤用失效
mixed path	混合路径	混合路徑
mixer	①混频器 ②合路器	①混頻器 ②混波器
mixer harmonics	混频器谐波	混頻器諧波
mixer preamplifier	混频前置放大器	混頻前置放大器
mixer waveguide	混频器波导	混頻器波導管,混頻器導波管
mixing	混频	混頻
mixing network	混合网络	混合網路
MLIPS (= million logical inferences per second)	百万次逻辑推理每秒	每秒百萬次邏輯推理
MLS (= microwave landing system)	微波着陆系统	微波著陸系統
MMDB (= main memory database)	主存数据库	主記憶體資料庫
MMF (= magnetomotive force)	磁通势,磁动势	磁動勢
MMIC (= ①monolithic microwave integrated circuit ②millimeter wave integrated circuit)	①微波单片集成电路 ②毫米波集成电路	①單晶微波積體電路 ②毫米波積體電路
M-mode ultrasonic scanning	M 型超声扫描	M 型超音波掃描
MMS (= manufacturing message service)	制造消息服务	生產信息服務
MMSE (= minimum mean-square error)	最小均方差	最小均方誤差
MMU (= memory management unit)	存储管理部件	記憶體管理單元
MMW (= millimeter wave)	毫米波	毫米波
mnemonic symbol	助忆符号	助憶符號,助記符號
MNOSFET (= metal-nitride-oxide-semicon-ductor field effect transistor)	金属 – 氮化物 – 氧化物 – 半导体场效晶体管	金屬 – 氮化物 – 氧化物 – 半導體場效電晶體
MO (= master oscillator)	主振荡器	主振盪器

英文名	大陆名	台湾名
mobile agent	①移动代理 ②移动主体	①移動式代理 ②移動式主體
mobile communication	移动通信	移動通信
mobile computer	移动计算机	移動式計算機
mobile computing	移动计算	移動計算
mobile defect	可动缺陷	可動缺陷
mobile earth station	移动地球站	行動式地面站,移動式地面站
mobile radio	移动无线电	行動無線電
mobile radio cellular telephone	移动无线电蜂窝电话	行動無線電峰巢式電話
mobile radio station	移动站,移动台	移動站,移動台
mobile radio unit (MRU)	移动无线电台	移動無線電台,流動無線電台
mobile receiver	移动接收机	輕便接收機,可攜式接收機,行動式接收機
mobile robot	移动机器人	移動式機器人
mobile satellite	移动卫星	行動通訊[用]衛星
mobile satellite communication	移动卫星通信	移動衛星通信
mobile scatter communication equipment	移动散射通信设备	移動式散射通信設備
mobile service satellite communication	移动业务卫星通信	行動業務衛星通信
mobile telephone	移动电话	行動電話
mobile telephone system	移动电话系统	行動電話系統
mobile television	移动电视	行動式電視設備,移動式電視設備,可移電視
mobile transmitter	移动发射机	移動式發射機,行動式發射機,可攜式發射機
mobility	①机动性 ②迁移率	①機動性,流動性 ②遷移率,移動率
mobility aids	助行器	助行器
MOCS (=multioctet coded character set)	多八位编码字符集	多八位編碼字元集
MOCVD (=metalorganic chemical vapor deposition)	有机金属化学汽相沉积法,金属有机[化合物]CVD	有機金屬化學氣相沈積
modal birefringence	模态双折射性	模態雙折射性
modal dispersion	模[式]色散	模[式]色散
modal expansion	模态展开	模態展開

英文名	大陆名	台湾名
modality	模态	模態
modal logic	模态逻辑	模態邏輯
modal noise	模式噪声	模式噪聲
mode	模[式]	模[態]
mode bound	模界	模態界限
mode boundary	模边界	模態邊界
mode competition	模[式]竞争	模競爭
mode completeness	模完整性	模態完整性
mode converter	模式变换器,换模器	模態變換器,變換器
mode coupling	模[式]耦合	模耦合
mode current	模电流	模態電流
mode degeneracy	模[式]简并	模簡併
mode field	模场	模態場
mode filter	模式滤波器	模態濾波器
mode function	模函数	模態[分佈]函數
mode hopping	模[式]跳变	模躍動
mode jump	跳模	跳模
model	模型	①模型 ②型號
model base	模型库	模型庫
model-base management system	模型库管理系统	模型庫管理系統
model-directed inference	模型引导推理	模型導向推理
model driven	模型驱动	模型驅動
model-driven method	模型驱动方法	模型驅動方法
model generator	模型生成器	模型產生器
modeling	建模,造形	①模型建立,成型 ②模型化
modeling transformation	造形变换	模型化轉換
mode locking	锁模	鎖模
model of child language	儿童语言模型	兒童語言模型
model of endorsement	认可模型	認可模型
model qualitative reasoning	模型定性推理	模型定性推理
model recognition	模型识别	模型識別
model reference adaption	模型参考自适应	模型參考自適應
model representation	模型表示	模型表示
model simplification	模型简化	模型簡化
model-theoretic semantics	模型论语义[学]	模型理論語意
model theory	模型论	模型理論
model transfer	模型变换	模型變換

英文名	大陆名	台湾名
modem (=modulator-demodulator)	调制解调器	調變解調器,數據機
mode matching	模态匹配	模態匹配
mode mixer	混模器	模態混合器
mode number	模数	模態數
mode pulling effect	模[式]牵引效应	模牽引效應
moderated newsgroup	有仲裁的新闻组	有管理人的新聞群組
moderate fading	中度衰落	中度衰褪
moderator	仲裁员	仲裁者
modes change-over disturbance	模转换干扰	模轉換干擾
mode scrambler	搅模器	攪模器
mode selection by short cavity	短腔选模	短腔選模
mode selection technique	选模技术	選模技術
mode separation	模[式]分隔	模[式]分隔
mode transducer (=mode converter)	模式变换器,换模器	模態變換器,變模器
mode volume	模体积	模體積
MODFET (=modulation-doped field effect transistor)	调制掺杂场效晶体管	調制摻雜場效電晶體
modifiability	可修改性,易修改性	可修改性
modification detection	修改检测	修改檢測
modification detection code (MDC)	修改检测码	修改檢測碼
modified Bessel function	修正贝塞尔函数	修正貝索函數
modified binary code	改进二进制码	改良二進位碼
modified chemical vapor deposition (MVCD)	改进的化学汽相沉积法	改良化學汽相澱積法
modified frequency modulation (MFM)	改进调频[制]	修改的調頻
modified frequency modulation recording	改进型调频记录法,MFM 记录法	修改的調頻記錄
modifier register (=index register)	变址寄存器	索引暫存器,指標暫存器,修飾符暫存器
modify	修改	①修改 ②修飾
moding	成模	多模現象
MODOSC (=modulator oscillator)	调制振荡器	調變振盪器
modular decomposition	模块分解	模組分解
modularity	模块性	模組性,積木性
modularization	模块化	模組化,積木化
modular method	模块化方法	模組法
modular programming	模块化程序设计	模組程式設計
modular switch architecture	模块化交换机体系结构	模組化交換架構

英文名	大陆名	台湾名
modulated carrier	已调载波	已調載波
modulated continuous wave	已调连续波	已調連續波
modulated pulse amplifier	调制脉冲放大器	調變脈波放大器,脈波調變放大器
modulating signal	调制信号	調變訊號,調變訊號,調製訊號
modulating wave	调制波	調變波
modulation	调制	調變
modulation distortion	调制失真	調制失真
modulation-doped field effect transistor (MODFET)	调制掺杂场效晶体管	調制摻雜場效電晶體
modulation envelope	调制包络	調變包絡線
modulation factor	调制因数	調變因數,調變係數
modulation index	调制指数	調變指數
modulation intensity	调制强度	調變強度
modulation noise	调制噪声	調變雜訊
modulation parameter	调制参数	調變參數
modulation rate	调制速率	調變率
modulation transfer function (MTF)	调制传递函数	調制傳遞函數
modulator	调制器	調變器
modulator-demodulator (modem)	调制解调器	調變解調器,數據機
modulator oscillator (MODOSC)	调制振荡器	調變振盪器
modulator vacuum gauge	调制型[电离]真空计	調制型[電離]真空計
module	模块	模組,程序塊
module strength	模块强度	模組強度
module testing	模块测试	模組測試
modulo-*n* counter	模 *n* 计数器	*n* 模[數]計數器
moire	网纹干扰	網紋干擾
moisture test	潮湿试验	潮濕試驗
molecular beam epitaxy (MBE)	分子束外延	分子束磊晶
molecular device	分子器件	分子元件
molecular drag pump	牵引分子泵	牽引分子幫浦
molecular effusion	分子泻流	分子瀉流
molecular electronics	分子电子学	分子電子學
molecular flow	分子流	分子流
molecular gas laser	分子气体激光器	分子氣體雷射
molecular oscillator	分子振荡器	分子振盪器
molecular pump	分子泵	分子幫浦

英　文　名	大　陆　名	台　湾　名
molecular sieve trap	分子筛阱	分子篩阱
molecule	分子	分子
molten-salt growth method	熔盐法	熔鹽法
molybdenum gate MOS integrated circuit	钼栅 MOS 集成电路	鉬閘極 MOS 積體電路
molybdenum gate technology	钼栅工艺	鉬閘極工藝
momentary charge	瞬间充电	瞬間充電
moment descriptor	矩描述子	矩描述符
moment of inertia	惯性矩	慣性矩,轉動慣量
Mongolian	蒙古文	蒙古文
monitor	①监控程序 ②监视器	①監視程式 ②監視器 ③監督
monitored state	监视状态	監視狀態
monitoring	监控	監控,監視,監督
monitoring cell	监视信元	監控單元
monitoring system	监控系统,监视系统	監控系統,監視系統,監聽系統
monitor mode	监控方式	監視器模
monitor program (=monitor)	监控程序	監視程式,監視器程式
monitor task	监控任务	監視器任務
mono-channel facsimile	单路传真机	單路傳真機
monochromator	单光仪	單光儀
monochrome display	单色显示	單色顯示
monochrome display adapter (MDA)	单色显示适配器	單色顯示器配接器
monochrome graphics adapter (MGA)	单色图形适配器	單色圖形配接器
monochrome TV (=black and white TV)	黑白电视	黑白電視
monocrystal	单晶	單晶
monocular vision	单目视觉	單目視覺
monolithic ceramic capacitor	独石陶瓷电容器	單石陶瓷電容
monolithic computer	单片计算机	單晶計算機
monolithic integrated circuit	单片集成电路	單晶積體電路
monolithic magnetic head	整体磁头	單石磁頭
monolithic memory	单片存储器	單石記憶體
monolithic microwave integrated circuit (MMIC)	微波单片集成电路	單晶微波積體電路
monolithic microwave intergrated amplifier	单片微波集成放大器	單晶微波積體放大器
monomial	单项式	單項式
monomode fiber	单模光纤	單模光纖
monophone	单声	單聲

英 文 名	大 陆 名	台 湾 名
monopole	单极子	單極天線
monopole antenna	单极天线	單極天線
monopropellant propulsion	单推进式推进	單推進式推進
monopulse	单脉冲	單脈波
monopulse radar	单脉冲雷达	單脈波雷達
monosemy	单义	單義
monostable trigger-action circuit	单稳[触发]电路	單穩觸發電路
monostatic radar	单基地雷达	單基地雷達
monostatic RCS	单向雷达截面	單向雷達截面積
monotone curvature spiral	单调曲率螺线	單調曲率螺線
monotonic reasoning	单调推理	單調推理
Montague grammar	蒙塔古语法	蒙塔古文法
Monte Carlo method	蒙特卡罗法	蒙地卡羅[模擬]法
monthly rental	月租费	電話月租費
moon communications satellite	月球通信卫星	月球通信衛星,月球通訊衛星
moon-go-round satellite	绕月飞行卫星	繞月飛行衛星
moon-orbiting satellite	月球在轨卫星	月球軌道衛星
moon relay equipment	月球中继设备	月球中繼設備
Moore constant ratio code	摩尔定比码	莫爾定比碼
Moore law	摩尔定律	莫爾定律
Moore machine	摩尔机[器]	莫爾機
MOP (= memory organization packet)	记忆组织包	記憶體組織封包
MOPS (= million operations per second)	百万次运算每秒	每秒百萬次運算
more-data mark	待续数据标记	待續資料標示
Moreno cross-guide coupler	莫雷诺十字体波导耦合器	莫侖諾十字形波導耦合器
morpheme analysis	语素分析	語素分析
morphemic generation	语素生成	語素產生
morphing	变形	同型
morphological decomposition	语素分解	構詞分解
morphology	词法	語源學
Morse code	莫尔斯码	摩斯碼
MOSFET (= metal-oxide-semiconductor field effect transistor)	MOS 场效晶体管,金属 - 氧化物 - 半导体场效晶体管	MOS 場效電晶體,金屬 - 氧化物 - 半導體場效電晶體
MOS memory (= metal-oxide-semiconductor memory)	金属氧化物半导体存储器,MOS 存储器	金氧半導體記憶體

英文名	大陆名	台湾名
MOS process technology	MOS 工艺	MOS 製程技術
most general unifier	最广合一子	最廣合一器
moth bite test	虫蛀试验	蟲蛀試驗
motherboard	母板,主板	母板,主板,主機板
motion	运动	運動
motion analysis	运动分析	運轉分析
motion compensated coding	运动补偿编码	移動補償編碼
motion compensation	运动补偿	運轉補償
motion control	运动控制	運轉控制,傳動控制
motion detection	运动检测	運轉檢測
motion estimation	运动估计	運轉估計
motion image	运动图像	運轉影像
Motion Picture Experts Group (MPEG)	MPEG[运动图像压缩]标准	動畫專家群;動畫壓縮標準
motion prediction	运动预测	運轉預測
motion vector	运动向量	運轉向量
MOTIS (=message-oriented text interchange system)	面向消息的正文交换系统	訊息導向的正文交換系統
mould design	模具设计	模具設計
mould test	霉菌试验	霉菌試驗
mount	安装	装上
mounting technique	安装技术	装載技術
mounting technology	①组装技术 ②装架工艺	①封装技術 ②装架工藝
mouse	鼠标[器]	鼠標器,游標控制器,滑鼠
move	传送	移動
moving coil earphone (=electrodynamic earphone)	电动耳机	電動耳機
moving coil loudspeaker (=electrodynamic loudspeaker)	电动扬声器	電動揚聲器
moving coil microphone	动圈传声器	動圈傳聲器
moving conductor mic (=electrodynamic microphone)	电动传声器	電動傳聲器
moving target indication radar (MTI radar)	动目标显示雷达	動目標顯示雷達
MP (=measurement point)	测量点	量測點
MPC (=①massively parallel computer ②	①大规模并行计算机	①大規模平行計算機

英 文 名	大 陆 名	台 湾 名
multimedia PC)	②多媒体个人计算机	②多媒體個人電腦
MPEG (= Motion Picture Experts Group)	MPEG[运动图像压缩]标准	①動畫專家群 ②動畫壓縮標準
MPG (= microwave pulse generator)	微波脉冲发生器	微波脈波產生器
MPI (= message passing interface)	消息传递接口[标准]	訊息傳遞介面
MPL (= message passing library)	消息传递库	訊息傳遞庫
MPOA (= multiprotocol over ATM)	ATM 上的多协议	ATM 上的多協定
MPP (= massively parallel processing)	大规模并行处理	大規模平行處理
MPSK (= M-ary phase-shift keying)	M 元相移键控	M 階相移鍵控
MQW (= multiquantum well)	多量子阱	多量子井
MQW semiconductor laser	多量子阱半导体激光器	多量子井半導體雷射
MR (= microwave radiometer)	微波辐射计	微波輻射計
MRA (= multiresolution analysis)	多分辨率分析	多解析分析
MRI (= magnetic resonance imaging)	磁共振成像	磁共振成象
MRP (= materials requirements planning)	物资需求规划	材料需求規劃,物料需求規劃
MRP-Ⅱ (= manufacturing resource planning)	制造资源规划	製造資源規劃
MRU (= mobile radio unit)	移动无线电台	移動無線電台,流動無線電台
MSE (= mean square error)	均方误差	均方誤差
M-sequence	M 序列	M 序列
MSI (= medium scale integrated circuit)	中规模集成电路	中型積體電路
MSIA (= multipoint still image and annotation)	多点静止图像及注释	多點靜止影像及註解
MSK (= ① minimum phase-shift keying ②minimum shift keying)	①最小相移键控 ②最小偏移键控	①最小相移鍵控 ②最小相移鍵控
MSS (= multispectral scanner)	多光谱扫描仪	多光譜掃描儀
MT (= machine translation)	机器翻译	機器翻譯
MTA (= message transfer agent)	消息传送代理	訊息傳送代理
MTBF (= mean time between failures)	平均无故障工作时间,平均故障间隔时间	平均無故障工作時間,平均故障間隔時間
MTF (= modulation transfer function)	调制传递函数	調制傳遞函數
MTI radar (= moving target indication radar)	动目标显示雷达	動目標顯示雷達
MTPS (= million transaction per second)	百万次事务处理每秒	每秒百萬次交易處理
MTS (= message transfer system)	消息传送系统	訊息傳送系統
MT summit (= machine translation sum-	机译峰会	機器翻譯最高研討會

英 文 名	大 陆 名	台 湾 名
mit)		
MTTC (=mean time to crash)	平均未崩溃时间	平均未當機時間
MTTF (=mean time to failure)	失效前平均时间,平均无故障时间	失效前平均時間,平均無故障時間
MTTR (=mean time to repair)	平均修复时间	平均修復時間,平均修理時間
M-type device	M 型器件	M 型器件
Müeller density matrix	米勒密度矩阵	繆勒密度矩陣
mulitimedia system	多媒体系统	多媒體系統
multiaccess memory	多重存取存储器	多存取記憶器
multi-address communication	多址通信	多址通信
multi-address computer (=multiple-address computer)	多地址计算机	多位址計算機,多址電腦
multi-address instruction code	多地址指令码	多位址指令碼
multiagent	多主体	多代理
multiagent processing environment (MAPE)	多主体处理环境	多代理處理環境
multiagent reasoning	多主体推理	多代理推理
multiagent system	多主体系统	多代理系統
multialkali photocathode	多碱光阴极	多鹼光陰極
multiamplitude minimum shift keying (MAMSK)	多振幅最小偏移键控	多振幅最小相移鍵控
multi-amplitude shift keying (MASK)	多幅移键控	多階幅移鍵控
multiassociative processor (MAP)	多关联处理机	多關聯處理機
multiattribute decision system	多属性决策系统	多屬性決策系統
multiband filter	多波段滤波器	多頻帶濾波器,多頻段濾波器
multiband satellite	多波段卫星	多頻帶衛星,多頻道衛星
multibeam	多波束	多波束
multi-beam antenna	多波束天线	多波束天線
multi-beam satellite	多波束卫星	多波束衛星
multi-burst signal	多波群信号	多波群訊號
multibus	多总线	多匯流排
multibyte graphic character set	多字节图形字符集	多位元圖形字元集
multicarrier transmitter	多载波发射机	多載波發射機
multicarrier transponder	多载波转发器	多載波轉發器,多載波轉頻器

英 文 名	大 陆 名	台 湾 名
multicast	多播	多播
multicast backbone (Mbone)	多播主干网	多播基幹
multicavity magnetron	多腔磁控管	多腔磁控管
multichannel	多通道	多通道
multichannel analyser	多道分析器	多道分析器
multi-channel carrier	多路载波	多路載波
multichannel communication	多路通信	多路通信
multichannel modulation	多路调制	多通道調變
multichannel per carrier transmission	每载波多路传输	每一載波多通道傳輸
multichannel telemetry	多路遥测	多路遙測
multichannel telephone	多信道电话	多路電話
multichannel television	多路电视	多頻道電視
multichannel transmission	多通道传输	多通道傳輸
multichannel transmitter	多路发射机	多路發射機,多通道發射機
multichip circuit	多片电路	多晶片電路
multichip module (MCM)	多[芯]片模块	多晶片模組
multichrome penetration screen	多色穿透屏	多色穿透屏
multicolor graphics array (MCGA)	彩色图形阵列[适配器]	多色圖形陣列
multicomputer	多计算机	多計算機,多重計算機
multicomputer system	多计算机系统	多計算機系統
multiconductor cable	多芯电缆	多芯電纜
multi-core fiber	多芯光纤	多核心光纖,多披覆層光纖
multicycle implementation	多周期实现	多循環實施
multidestination routing	多目的地选路	多目地路由法,多重目的地路由法
multidimensional access (MDA)	多维存取	多維存取
multidimensional analysis	多维分析	多維分析
multidimensional coding	多维编码	多維編碼
multidimensional data structure	多维数据结构	多維資料結構
multidimensional Turing machine	多维图灵机	多維杜林機
multidrop line	多入户线	多重站接線路
multiformator	多帧照相机	多幀照相機
multiframe	复帧	復幀
multi-frequency circuit	多频电路	多頻電路
multi-frequency code	多频码	多頻電碼

英文名	大陆名	台湾名
multi-frequency code signaling	多频码信令	多頻電碼傳信方式,多頻碼傳訊
multi-frequency keying	多频键控	多頻鍵控
multi-frequency satellite	多频卫星	多頻衛星
multi-frequency shift keying (MFSK)	多级频移键控	多階頻移鍵控
multi-frequency transmitter	多频发射机	多頻發射機
multigraph	多重图	多重圖
multihead Turing machine	多头图灵机	多頭杜林機
multihop propagation	多跳传播	多跳躍傳播,多反射傳播,多中繼傳播
multihop system	多跳系统	多跳躍系統
multihop transmission	多跳传输	多跳躍傳輸,多中繼傳輸
multiinstruction issue	多指令发射	多指令發料
multijob	多作业	多工件
multijunction solar cell	多结太阳电池	多接面太陽電池
multilanguage processor	多语种处理机	多語言處理機
multilayer coating	多层涂覆	多層鍍膜,多層膜
multilayer configuration	多层配置	多層結構
multilayer dielectric passivation	多层介质钝化	多層介質鈍化
multilayered schema	多层模式	多層模式
multilayer printed board (=multilayer printed circuit board)	多层印制板	多層印刷板
multilayer printed circuit board	多层印制板	多層印刷板
multilayer wiring	多层布线	多層佈線
multilevel cache	多级高速缓存	多級快取
multilevel code	多电平码	多進制編碼,多階碼,多位准碼,多層碼
multilevel device	多级设备	多級裝置
multilevel feedback queue	多级反馈队列	多級回饋隊列
multilevel interrupt	多级中断	多級中斷
multilevel metallization	多层金属化	多層金屬化
multilevel modulation	多电平调制	多進制調變,多位准調變
multilevel priority interrupt	多级优先级中断	多級優先權中斷
multilevel resist	多层光刻胶	多層光刻膠
multilevel security	多级安全	多級安全
multilevel simulation	多级模拟	多級模擬

英 文 名	大 陆 名	台 湾 名
multiline inference	多路推理	多線路推理
multilingual information processing	多语种信息处理	多語言資訊處理
multilingual information processing system	多语种信息处理系统	多語言資訊處理系統
multilingual operating system	多语种操作系统	多語言操作系統
multilingual translation	多语种翻译	多語言翻譯
multilink	多链路	多鏈路,多重連接
multiloop control	多回路控制	多迴路控制
multiloop regulation	多回路调节	多迴路調整
multimedia	多媒体	多媒體
multimedia cataloging database	多媒体编目数据库	多媒體編目資料庫
multimedia communication	多媒体通信	多媒體通訊
multimedia computer	多媒体计算机	多媒體計算機
multimedia conferencing	多媒体会议	多媒體會議
multimedia database	多媒体数据库	多媒體資料庫
multimedia database management system	多媒体数据库管理系统	多媒體資料庫管理系統
multimedia data model	多媒体数据模型	多媒體資料模型
multimedia data retrieval	多媒体数据检索	多媒體資料檢索
multimedia data storage management	多媒体数据存储管理	多媒體資料儲存管理
multimedia data type	多媒体数据类型	多媒體資料類型
multimedia data version management	多媒体数据版本管理	多媒體資料版本管理
multimedia extension	多媒体扩展	多媒體延伸
multimedia information system	多媒体信息系统	多媒體資訊系統
multimedia PC (MPC)	多媒体个人计算机	多媒體個人電腦
multimedia service	多媒体业务	多媒體服務
multimedia technology	多媒体技术	多媒體技術
multimeter	多用表	多用表
multimission satellite	多任务卫星	多工衛星
multimodal interface	多模式接口	多模式介面
multimode coupler	多模耦合器	多模耦合器
multimode fiber	多模光纤	多模光纖
multimode laser	多模激光器	多模態雷射
multimodel virtual environment	多模型虚拟环境	多模型虛擬環境
multimode radar	多模雷达	多模雷達
multimode transmission	多模传输	多模傳輸
multimode waveguides	多模波导	多模波導
multioctet coded character set (MOCS)	多八位编码字符集	多八位編碼字元集
multipair cable	多对绞缆	多對絞纜,多對纜線
multipartitioned blackboard	多区黑板	多區黑板

英文名	大陆名	台湾名
multi-party subcriber's line	多方合用线	多用戶合用線
multipass sort	多遍排序	多遍分類
multipath	多径	多重路徑
multipath effect	多径效应	多徑效應
multipath fading	多径衰落	多路徑衰褪
multipath propagation	多径传播	多路徑傳播
multipath reception	多径接收	多路徑[訊號]接收
multipath reflection	多径反射	多路徑反射
multipath signal	多径信号	多路徑訊號,多路徑訊號
multipath spread	多径扩散	多路徑擴散,多路徑之擴散
multipersistence penetration screen	多余辉穿透荧光屏	多余輝穿透熒光屏
multiphase PCM	多相脉码调制	多相搏碼調變,多相脈碼調變
multiphase-shift keying	多相相移键控	多相相移鍵控
multi-phase system	多相系统	多相系統
multi-photon absorption	多光子吸收	多光子吸收
multiple access	多址	多址
multiple access channel	多接入信道	多重接取通道
multiple-access satellite system	多址卫星系统	多重進接衛星系統
multiple address	多地址	多[地]址
multiple-address code	多址码	多地址碼
multiple-address computer	多地址计算机	多位址計算機,多址電腦
multiple-band receiver	多波段接收机	多波段接收機
multiple-beam radar	多波束雷达	多波束雷達
multiple-beam reflector	多波束反射器	多波束反射器
multiple beams array	多波束阵列	多波束陣列
multiple channel per carrier (MCPC)	每载波多路	每一載波多通道
multiple channel per transponder (MCPT)	每转发器多路	每一轉頻器多頻道
multiple echo	多重回波	多重回聲,多重回音,多次反射回波
multiple fault	多故障	多故障
multiple-hop	多跳	多重躍繼,多重中繼
multiple-input	多路输入	多重輸入
multiple-instruction [stream] multiple-data stream (MIMD)	多指令[流]多数据流	多指令[流]多資料流

英 文 名	大 陆 名	台 湾 名
multiple-instruction [stream] single-data stream (MISD)	多指令[流]单数据流	多指令[流]單資料流
multiple-job processing	多作业处理	多工件處理
multiple labeled tree	多标记树	多標號樹
multiple orbit-multiple satellite	多轨道-多卫星	多軌道-多衛星
multiple program loading	多重程序装入	多重程式載入
multiple programming	多道程序设计	多程式設計
multiple program multiple data	多程序[流]多数据[流]	多程式多資料
multiple pulse coding	多脉波编码	多脈波編碼
multiple ribbon growth	多带生长	多帶生長
multiple sampling	多次抽样	多次抽樣
multiple user control	多用户控制	多用戶控制
multiple user information theory	多用户信息论	多用戶資訊論
multiple user operating system	多用户操作系统	多用戶作業系統
multiple value logic	多值逻辑	多值邏輯
multiplex	复用	多工
multiplex broadcasting	多路广播	多路廣播
multiplex carrier telephony	多路载波电话制	多路載波電話制
multiplexer	复用器	復用器
multiplexer channel	多路转换通道	多工器通道
multiplexing	①多路驱动 ②[多路]复用,复接	①多路驅動 ②[多路]復用,復接
multiplex time-division system	多路复用时分系统	分時多工系統
multiplex transmission	多路复用传输	多工傳輸,多路傳輸
multiplication factor	倍增因子	乘積因數
multiplier	乘法器	①乘法器 ②乘數
multiplier-quotient register	乘商寄存器	乘數商數暫存器
multiplier system (=dynode system)	倍增系统	倍增系統
multipoint	多点	多點
multipoint binary file transfer (MBFT)	多点二进制文件传送	多點二進制檔案傳送
multipoint communication	多点通信	多點通訊
multipoint communication service (MCS)	多点通信服务	多點通訊服務
multipoint conference	多点会议	多點會議
multipoint connection	多点连接	多點[式]連接
multipoint control unit (MCU)	多点控制器	多點[視訊會議]控制器
multipoint routing information	多点路由[选择]信息	多點路由資訊

英 文 名	大 陆 名	台 湾 名
multipoint still image and annotation (MSIA)	多点静止图像及注释	多點靜止影像及註解
multipoint transmission	多点传输	多點傳輸
multiport memory	多端口存储器	多埠記憶體
multi-port network	多口网络	多埠網路
multipriority	多优先级	多優先級
multiprocessing	多重处理	多重處理
multiprocessing operating system	多重处理操作系统	多處理作業系統
multiprocessor	多处理器	多處理器
multiprocessor allocation	多处理器分配	多處理器分配
multiprocessor operating system	多处理机操作系统	多處理機作業系統
multiprocessor system	多处理机系统	多處理機系統
multiprocess solid modeling	多工序实体造型	多處理實體模型建立
multiprogram	多道程序	多程式
multiprogram dispatching	多道程序分派	多道程序分派
multiprotocol	多协议	多協定
multiprotocol over ATM (MPOA)	ATM 上的多协议	ATM 上的多協定
multipurpose Internet mail-extensions (MIME)	多用途因特网邮件扩充	多用途網際網路郵件延伸
multiquantum well (MQW)	多量子阱	多量子井
multirange receiver (=multiple-band receiver)	多波段接收机	多波段接收機
multirelation	多重关系	多重關係
multiresolution	多分辨率	多解析度
multiresolution analysis (MRA)	多分辨率分析	多解析分析
multiresolution curve	多分辨率曲线	多解析曲線
multiscale analysis	多尺度分析	多尺度分析
multiscaler	多路定标器	多路定標器
multiset	多重集	多[重]集
multispectral camera	多光谱相机	多光譜相機
multispectral image	多光谱图像	多譜影像
multispectral scanner (MSS)	多光谱扫描仪	多光譜掃描儀
multistage	多级	多級,多階段
multistage network	多级网络	多階段網路
multistage satellite	多级卫星	多級衛星
multistage switching network	多级交换网	多級交換網路
multistage transmitter	多级发射机	多級發射機
multistage tuning	多级调谐	多級調諧,多級調整

英 文 名	大 陆 名	台 湾 名
multistar network	多星状网	多星型網路
multistatic radar	①多基地雷达 ②多向雷达	①多基地雷達 ②多向雷達
multistation Doppler system	多站多普勒系统	多站多普勒系統
multi-step avalanche chamber	多步雪崩室	多步雪崩室
multi-step control	多步控制	多步控制
multistep modulation	多级调制	多級調變
multistrategy negotiation	多策略协商	多策略協商
multistroke character entry	多击键字符录入	多擊鍵字元登錄
multitape Turing machine	多带图灵机	多帶杜林機
multitask	多任务	多任務
multitasking	多任务处理	多任務處理
multitask management	多任务管理	多任務管理
multiterminal monitor	多终端监控程序	多終端監視器
multi-terminal network	多端网络	多端網路
multithread	多线程	多線
multithread processing	多线程处理	多線處理
multi-tone command	多音指令	多音指令
multiuser	多用户	多用戶
multiuser system	多用户系统	多用戶系統
multivalued dependence	多值依赖	多值相依
multivariable controller	多变量控制器	多變數控制器
multivariable statistic reasoning	多元统计推理	多變數統計推理
multivariable stochastic reasoning	多元随机推理	多變數隨機推理
multivibrator	多谐振荡器	多諧振盪器
multi-wire channel	多线通道	多線通道,多線制通道
multiwire proportional chamber	多丝正比室,沙尔帕克室	多絲正比室,沙爾派克室
music	音乐	音樂
music instrument digital interface (MIDI)	乐器数字接口	樂器數位介面
mutation	变异	變種
muting	静音	靜音
mutual impedance	互阻抗	互阻抗
mutual induction	互感[应]	互感
mutual information	互信息	互資訊
mutually synchronized network	互同步网	互同步網
mutual suspicion	互相怀疑	互疑
MW (=①medium wave ② microwave)	①中波 ②微波	①中波 ②微波

英　文　名	大　陆　名	台　湾　名
mylar ribbon	聚酯色带	聚酯色帶
myriametric wave	超长波	超長波
myriametric wave communication	超长波通信	超長波通訊

N

英　文　名	大　陆　名	台　湾　名
NA (= ①network analyzer ② numerical aperture)	①网络分析仪 ②数值孔径	①網路分析儀 ②數值孔徑
NAA (= neutron activation analysis)	中子活化分析	中子活化分析
NAK (= negative acknowledgement)	否认	否認
names extraction	名字抽取	名稱萃取
naming authority	命名机构	命名機構
naming convention	命名约定	命名規約
NAND gate	与非门	NAND 閘
narrow band (NB)	窄带	窄頻
narrow-band active repeater satellite	窄频带有源中继卫星	窄頻[帶]有源中繼衛星,窄頻[帶]主動中繼衛星
narrow-band amplifier	窄带放大器	窄頻放大器
narrow-band channel	窄带信道	窄頻[帶]通道
narrow band circuit	窄带电路	窄頻帶電路
narrow-band communication system	窄带通信系统	窄頻[帶]通信系統
narrow band filter	窄带滤波器	窄頻濾波器
narrowband FM (= narrow band frequency modulation)	窄带调频	窄頻[帶]調頻
narrowband frequency modulation (NBFM)	窄带调频	窄頻[帶]調頻
narrowband interference	窄带干扰	窄頻[帶]干擾
narrow-band link	窄带链路	窄頻[帶]鏈路,窄頻[帶]線路
narrow band noise	窄带噪声	窄頻[帶]雜訊
narrow-band receiver	窄带接收机	窄頻[帶]接收機
narrow-band signal	窄带信号	窄頻[帶]訊號
narrow band ternary	窄带三进制	窄頻[帶]三進制
narrow band ternary code	窄带三元码	窄頻[帶]三進制碼
narrow-band transmission	窄带传输	窄頻帶傳輸
narrow-band TV	窄带电视	窄頻電視
narrow channel effect	窄沟效应	窄通道效應

英 文 名	大 陆 名	台 湾 名
narrow gap semiconductor	窄带隙半导体	窄能帶隙半導體
N-ary	N 元	N 元
N-ary code	N 元码	N 元碼,N 元代碼
n-ary tree	*n* 叉树	*n* 元樹
NAS (=national airspace system)	国家空管系统	國家空管系統
nastygram	丑恶报文	醜惡報文
nat	奈特	奈特
national airspace system (NAS)	国家空管系统	國家空管系統
national information infrastructure (NII)	国家信息基础设施	國家資訊基礎建設
national language support	民族语言支撑[能力]	國家語言支援
National Television System Committee system (NTSC system)	NTSC 制	NTSC 製
native language	母语	①本國語言 ②本機語言
natural binary code (NBC)	自然二进制代码	普通二進位碼
natural climate test	天然气候试验	天然氣候試驗
natural convection	自然对流	自然對流
natural disorder	自然非序	自然非序
natural frequency	自然频率	自然頻率,固有頻率
natural inference	自然推理	自然推理
natural interference	自然干扰	自然干擾
natural join	自然联结	自然結合
natural language	自然语言	自然語言
natural language generation	自然语言生成	自然語言產生
natural language processing	自然语言处理	自然語言處理
natural language understanding	自然语言理解	自然語言理解
natural linewidth	自然线宽	自然線寬
natural object	自然景物	自然物件,自然場景
natural order	自然序	自然次序
natural sampling	自然取样	自然取樣
natural scene (=natural object)	自然景物	自然物件,自然場景
natural texture	自然纹理	自然紋理
naval communcation	航海通信	海軍通信
navigation	导航	導航
navigation area	导航区	領航區
navigation beacon	导航信标	導航信標,領航信標
navigation by map-matching	地图匹配导航	地圖匹配導航
navigation radar	导航雷达	導航雷達

英 文 名	大 陆 名	台 湾 名
navigation satellite	导航卫星	導航衛星
navigation system of synchronous satellite	同步卫星导航系统	同步衛星導航系統
NB (= narrow band)	窄带	窄頻
N-band	N 波段	N 頻帶
NBC (= natural binary code)	自然二进制代码	普通二進位碼
NBFM (= narrow band frequency modulation)	窄带调频	窄頻[帶]調頻
N-body problem	N 体问题	N 體問題
NC (= network computer)	网络计算机	網路電腦
NCC (= network control center)	网络控制中心	網路控制中心
N-channel MOS integrated circuit	N 沟 MOS 集成电路	N 型通道 MOS 積體電路
NCS (= numerical control system)	数控系统	數控系統，數值控制系統
n-cube network	n 立方体网	n 方體網路
NDB (= nondirectional beacon)	无方向性信标	無方向性信標
N-dense	N 稠密性	N 稠密性
NDIS (= network driver interface specification)	网络驱动程序接口规范	網路驅動器介面規格
NdYAG laser	钕钇铝石榴子石激光	釹釔鋁石榴石雷射
NE (= network element)	网[络单]元	網路元件
NEA (= negative electron affinity)	负电子亲和势	負電子親和力
NEA cathode (= negative electron affinity cathode)	负电子亲和势阴极	負電子親和勢陰極
near-by echo	邻近回波	鄰近回波,鄰近回聲
near-earth orbit	近地轨道	近地軌道
near echo	近程回波	近程回波,近回波
near-end coupled noise	近端耦合噪声	近端耦合雜訊
near-end crosstalk	近端串音	近端串話,本端串話
nearest neighbor search	邻近查找,邻近搜索	最近相鄰者搜尋
near field	近场	近場
near field Cassegrain antenna	近场式卡塞格林天线	近場式卡塞葛蘭天線
near-field effect	近场效应	近場效應
near-field intensity distribution	近场强度分布	近場強度分佈
near-field region	近场区	近場區
near-Gaussian pulse shaping	近高斯脉冲成形	近高斯脈波成形
near-geostationary orbit	近静止轨道	近同步軌道,近靜止軌道

英　文　名	大　陆　名	台　湾　名
near-infrared communication	近红外通信	近紅外通信
near letter quality (NLQ)	准铅字质量	近字母品質,近鉛字品質
near line	近线	近線
near-millimeter wave	近毫米波	近毫米波
near synchronous equatorial orbit	近同步赤道轨道	[接]近同步赤道軌道
near video on demand (NVOD)	准点播电视	准點播電視
near zone	近区	近區
need-to-know	按需知密	需知道
Neel point (=Neel temperature)	奈耳温度,奈耳点	奈耳溫度,奈耳點
Neel temperature	奈耳温度,奈耳点	奈耳溫度,奈耳點
negation gate (NOT gate)	非门	NOT 閘
negative absorption	负吸收	負吸收
negative acknowledgement (NAK)	否认	否認
negative differential mobility	负微分迁移率	負微分遷移率
negative edge	负沿	負緣
negative electrode	负极	負極
negative electron affinity (NEA)	负电子亲和势	負電子親和力
negative electron affinity cathode (NEA cathode)	负电子亲和势阴极	負電子親和勢陰極
negative example	反例	反例
negative feedback	负反馈	負回授
negative feedback amplifier	负反馈放大器	負回授放大器
negative logic-transition, downware logic-transition	负逻辑转换	負邏輯轉換
negative photoresist	负性光刻胶	負性光刻膠
negative resistance oscillator	负阻振荡器	負阻抗振盪器
negentropy	负熵	負熵
negotiation	协商	協商
negotiation support system	协商支持系统	協商支援系統
neighbor	近邻	鄰
neighborhood	邻域	鄰域
neighborhood classification rule	邻域分类规则	鄰域分類規則
neighborhood operation	邻域运算	鄰域作業
neighbor notification	邻站通知	鄰通知
nematic liquid crystal	向列相液晶	向列相液晶
neocognitron	新认知机	新認知機
neodymium crystal laser	钕晶体激光器	釹晶體雷射

英 文 名	大 陆 名	台 湾 名
neodymium glass laser	钕玻璃激光器	釹玻璃雷射
neodymium pentaphosphate laser	过磷酸钕激光器	過磷酸釹雷射
neonatal monitor	新生儿监护仪	新生兒監護儀
NEP (=noise equivalent power)	等效噪声功率	等效噪聲功率
neper (NP)	奈培	奈培
nephros function meter	肾功能仪	腎功能儀
nest	嵌套	巢
nested interrupt	嵌套中断	巢套中斷
nested loop	嵌套循环	巢套迴路
nested-loop method	嵌套循环法	巢狀迴路法
nested transaction	嵌套事务	巢套異動
net	网	網
net. abuse	网络乱用	網路濫用
net address	网络地址	網路位址
net area	净面积	淨面積
net. citizen	网民	網路族群
net composition	网合成	網路合成
NETD (=noise equivalent temperature difference)	等效噪声温差	等效噪聲溫差
net element	网元	網路元件
net folding	网折叠	網路摺疊
net isomorphism	网同构	網路同構
netizen (=net. citizen)	网民	網路公民
net language	网语言	網路語言
netlist	连线表	網路連線表
net loss	净损耗	淨損耗,淨衰減
net morphism	网射	網同型
netnews (=network news)	网络新闻	網路新聞
net operation	网运算	網路運算
net reduction	网化简	網路歸約
net system	网系统	網路系統
net theory	网论	網路理論
net topology	网拓扑	網路拓撲
net transformation	网变换	網路變換
net unfolding	网展开	網路展開
netware	网件	網路作業系統
network	网[络]	網路
network access protocol	网络接入协议	網路進接協定

英　文　名	大　陆　名	台　湾　名
network adapter	网络适配器,网卡	網路配接器
network analyzer (NA)	网络分析仪	網路分析儀
network application	网络应用	網路應用
network architecture	网络体系结构	網路架構
network attack	网络攻击	網路攻擊
network-aware computing	网知计算	網路知覺計算
network bandwidth	网络带宽	網路頻寬
network byte order	网络字节顺序	網路位元組次序
network communication	网络通信	網路通信
network computer (NC)	网络计算机	網路電腦
network congestion	网络拥塞	網路擁擠
network control center (NCC)	网络控制中心	網路控制中心
network database	网状数据库	網路資料庫
network data model	网状数据模型	網路資料模型
network driver interface specification (NDIS)	网络驱动程序接口规范	網路驅動器介面規格
network element (NE)	网[络单]元	網路元件
network facility	网络设施	網路設施
network file system (NFS)	网络文件系统	網路檔案系統
network file transfer	网络文件传送	網路檔案傳送
network function	网络函数	網路函數
network information center (NIC)	网络信息中心	網路資訊中心
network information service (NIS)	网络信息服务	網路信息服務
networking	连网	網路連結
network interface	网络接口	網路間介面
network layer	网络层	網路層
network management	网络管理	網路管理
network-network interface (NNI)	网络-网络接口	網路節點介面
network news	网络新闻	網路新聞
network news transfer protocol (NNTP)	网络新闻传送协议	網路新聞傳送協定
network node interface (NNI)	网络结点接口	網路節點介面
network of workstations (NOW)	工作站网络	工作站網路
network operating system	网络操作系统	網路作業系統
network operation center (NOC)	网络运行中心	網路操作中心,網路營運中心
network operations control center (NOCC)	网络操作控制中心	網路作業控制中心
network parameter control (NPC)	网络参数控制	網路參數控制
network partitioning	网络分割	網路分割

英 文 名	大 陆 名	台 湾 名
network performance (NP)	网络性能	網路性能
network peripheral	网络外围设备	網路週邊設備
network platform	网络平台	網路平台
network quality	网络质量	網路品質
network resource management (NRM)	网络资源管理	網路資源管理
network service access point (NSAP)	网络业务接入点	網路服務進接點
network switching center (NSC)	网络交换中心	網路交換中心
network synthesis	网络综合	網路
network system	网络系统	網路系統
network television	网络电视	網路電視
network termination	网络终端	網路終端[器]
network time protocol (NTP)	网络时间协议	網路時間協定
network topology	网络拓扑	網路佈局,網路拓樸
network utility	网络公用设施	網路公用程式
network virtual terminal (NVT)	网络虚拟终端	網路虛擬終端機
network weaving	网络迂回	網路迂迴
network worm	网络蠕虫	網路蠕蟲
Neumann's number	诺依曼常数	諾曼常數
neural computer	神经计算机	類神經電腦
neural computing	神经计算	類神經計算
neural expert system	神经专家系统	類神經專家系統
neural fuzzy agent	神经模糊主体	類神經模糊代理者
neural net	神经网络	類神經網路
neural network (=neural net)	神经网络	類神經網路
neural network computer	神经网络计算器	神經網路計算機
neural network model	神经网络模型	神經網路模型
neuron	神经元	神經元
neuron function	神经元函数	神經元函數
neuron model	神经元模型	神經元模型
neuron network	神经元网络	神經元網路
neuron simulation	神经元仿真	神經元模擬
neutron	中子	中子
neutron activation analysis (NAA)	中子活化分析	中子活化分析
neutron counter tube	中子计数管	中子計數管
neutron detector	中子探测器	中子探測器
neutron monitor	中子监测器	中子監測器
neutron transmutation doping (NTD)	中子嬗变掺杂	中子嬗變摻雜
newbie	网上新手	網路新手

英 文 名	大 陆 名	台 湾 名
new Internet knowledge system	新因特网知识系统	新網際網路知識系統
newsgroups categories	新闻群种类	新聞群種類
news on demand (NOD)	点播新闻	新聞點播
next instruction parcel (NIP)	下指令字部	下個指令字部
next move function	次动作函数	下次動作函數
next-state counter	下一状态计数器	下次狀態計數器
NFS (= network file system)	网络文件系统	網路檔案系統
n-gram	*n* 元语法	*n* 元語法
nibble address buffer	分时地址缓冲器	分時位址緩衝器
NIC (= network information center)	网络信息中心	網路資訊中心
nickel matrix cathode	海绵镍阴极	海綿鎳陰極
nickname	绰号	別名,暱稱
night frequency	夜间通信频率	夜間通信頻率
NII (= national information infrastructure)	国家信息基础设施	國家資訊基礎建設
niobate system ceramic	铌酸盐系陶瓷	鈮酸鹽系陶瓷
NIP (= next instruction parcel)	下指令字部	下個指令字部
NIS (= network information service)	网络信息服务	網路資訊服務
nitrogen molecular laser	氮分子激光器	氮分子雷射
NLQ (= near letter quality)	准铅字质量	近字母品質,近鉛字品質
N-modular redundancy (NMR)	*N* 模冗余	*N* 模冗餘
NMR (= ①*N*-modular redundancy ②nulcear magnetic resonance)	①*N* 模冗余 ②核磁共振	①*N* 模冗餘 ②核磁共振
NMRCT (= nuclear magnetic resonance computerized tomography)	核磁共振计算机断层成像	核磁共振計算機斷層成象
NNI (= ①network node interface ②network-network interface)	①网络结点接口 ②网络－网络接口	①網路節點介面 ②網路和網路間介面
NNTP (= network news transfer protocol)	网络新闻传送协议	網路新聞傳送協定
Noah effect	诺亚效应	諾亞效應
NOC (= network operation center)	网络运行中心	網路操作中心,網路營運中心
NOCC (= network operations control center)	网络操作控制中心	網路作業控制中心
NOD (= news on demand)	点播新闻	新聞點播
nodal analysis method	结点分析法	節點分析法
node	结点,节点	節點
node delay	节点时延	節點延遲

英 文 名	大 陆 名	台 湾 名
noetic science	思维科学	純理性科學
noise	噪声	雜訊
noise amplifier	噪声放大器	雜訊放大器
noise analyzer	噪声分析仪	雜訊分析儀
noise bandwidth	噪声带宽	雜訊頻寬
noise budget	噪声预算	雜訊預算
noise burst	突发噪声	突發雜訊
noise-cancelling mic (= anti-noise microphone)	抗噪声传声器	抗噪聲傳聲器
noise channel	有噪声信道	干擾通道,具雜訊之通道
noise characteristic	噪声特性	雜訊特性
noise cleaning	噪声清除	雜訊清除
noise equivalent bandwidth	噪声等效带宽	雜訊等效頻寬
noise equivalent power (NEP)	等效噪声功率	等效噪聲功率
noise equivalent reflectance	等效噪声反射率	等效噪聲反射率
noise equivalent temperature difference (NETD)	等效噪声温差	等效噪聲溫差
noise factor	噪声系数	雜訊因素,雜訊指數
noise figure (= noise factor)	噪声系数	雜訊因素,雜訊指數
noise figure meter	噪声系数测试仪	噪聲係數測試儀
noise-free	无噪声的	無雜訊的
noise generator	噪声发生器	噪聲發生器
noise immunity	噪声抗扰度	雜訊抗擾性
noise jamming	噪声干扰	噪聲干擾
noise killer	噪声消除器	雜訊消除器
noiseless channel	无噪信道	無噪音通道
noiseless coding theorem	无噪编码定理	無雜訊編碼理論
noise level	噪声电平	雜訊位准
noise margin	噪声容限	雜訊容限
noise model	噪声模型	雜訊模式
noise radar	噪声雷达	噪聲雷達
noise reduction	噪声抑制	雜訊抑制
noise signal	噪声信号	雜訊訊號
noise temperature	噪声温度	雜訊溫度
noise tube	噪声管	噪聲管
noise type	噪声类型	雜訊型式
nominal	标称的,额定的	標稱的,額定的

英 文 名	大 陆 名	台 湾 名
nominal absolute power level	标称绝对功率电平	標稱絕對功率位准
nominal capacity	标称容量	標準容量
nominal voltage	标称电压	標準電壓
non-binary code	非二进制码	非二進位碼,非二元碼
nonblocking crossbar	非阻塞交叉开关	無阻塞交叉開關
nonblocking network	无阻塞网络	無阻塞網路,完全不阻塞網路
nonblocking switch	无阻塞交换	無阻塞交換
nonce	不重性	臨時用法
noncoherent radar	非相干雷达	非同調雷達
noncoherent receiver	非相干接收机	非同調接收機
noncompute delay	非计算延迟	非計算延遲
nonconfidentiality	非秘密性	非秘密性
noncontact magnetic recording	非接触式磁记录	非觸式磁記錄法
nondeliverable item	不交付项	不交付項
nondemand paging	非请求分页	非請求分頁
nondestructive testing	无伤害测试	非破壞性測試
nondeterministic computation	非确定计算	非確定性計算
nondeterministic control system	非确定性控制系统	不確定性控制系統
nondeterministic finite automaton	非确定型有穷自动机	不確定有限自動機
nondeterministic space complexity	非确定空间复杂性	不確定空間復雜性
nondeterministic time complexity	非确定时间复杂性	不確定時間復雜性
nondeterministic time hierarchy	非确定时间谱系	不確定時間階層
nondeterministic Turing machine	非确定型图灵机	非確定性杜林機
nondirectional antenna	非定向天线	非定向天線,無定向性天線,無方向性天線
nondirectional beacon (NDB)	无方向性信标	無方向性信標
nondirectional radio beacon	非定向无线电信标	非定向無線電信標
non-equilibrium carrier	非平衡载流子	非平衡載子
nonerasing stack automaton	非抹除栈自动机	非抹除堆疊自動機
non-hierarchical network	无级网	無級網
nonidentified DTE service	非识别型 DTE 业务	無識別 DTE 服務
nonimpact printer	非击打式印刷机	非衝擊列印機
noninterlaced	逐行	非交錯
noninterlaced scanning	逐行扫描	非交錯掃描
nonlinear	非线性	非線性
nonlinear amplifier	非线性放大器	非線性放大器
nonlinear attenuation	非线性衰减	非線性衰減

英　文　名	大　陆　名	台　湾　名
nonlinear channel	非线性信道	非線性通道
nonlinear code	非线性码	非線性碼
nonlinear control system	非线性控制系统	非線性控制系統
nonlinear crosstalk	非线性串扰	非線性串音
nonlinear distortion	非线性失真	非線性失真
nonlinear editing	非线性编辑	非線性編排
nonlinear effect	非线性效应	非線性效應
nonlinear encoding	非线性编码	非線性編碼
nonlinear estimation	非线性估计	非線性估計
nonlinear FM	非线性调频	非線性調頻
nonlinear integrated circuit	非线性集成电路	非線性積體電路
nonlinear navigation	非线性导航	非線性導航
nonlinear network	非线性网络	非線性網路
nonlinear optical crystal	非线性光学晶体	非線性光學晶體
nonlinear optical effect	非线性光学效应	非線性光學效應
nonlinear optics	非线性光学	非線性光學
nonlinear photomixing	非线性光混频	非線性光混頻
nonlinear pipeline	非线性流水线	非線性流水線
nonlinear quantization	非线性量化	非線性量化
nonlinear Raman effect	非线性拉曼效应	非線性拉曼效應
nonlinear scattering	非线性散射	非線性散射
nonloss decomposition	无损分解	無損分解
nonmaneuverable satellite	非机动卫星	非機動衛星
nonmanifold	非流形	非復印本
nonmanifold modeling	非流形造型	非復印本建模
non-minimum phase system	非最小相位系统	非最小相位系統
nonmonotonic reasoning	非单调推理	非單調推理
nonpageable dynamic area	不可分页动态区	不可分頁動態區
nonplanar network	非平面网络	非平面網路
nonpreemptive multitasking	非抢先多任务处理	非搶先多工處理
nonpreemptive scheduling	非抢先调度	非預占排程
nonprime attribute	非主属性	非主[要]屬性
nonprocedural language	非过程语言	非程序語言
nonradiative recombination	无辐射复合	非輻射復合
nonreciprocal network	非互易网络	非互易網路
nonreciprocal phase-shifter	非互易移相器	非互易相移器
nonrepeatable read	不可重复读	不可重復讀取
nonrepudiation	不可抵赖	不可否認性

英　文　名	大　陆　名	台　湾　名
nonresonant antenna	非谐振天线	非共振型天線
nonresonant array	非谐振阵列	非共振陣列
nonreturn-to-zero (NRZ)	不归零制	不歸零,不歸零制
nonreturn-to-zero change on one (NRZ1)	不归零 1 制,逢 1 变化不归零制	逢 1 變化不歸零制
non-return-to-zero code	不归零码	不歸零碼,非回復零碼
nonsaturation magnetic recording	非饱和磁记录	非飽和磁記錄[法]
non-self-maintained discharge	非自持放电	非自持放電
nonsemiconductor laser	非半导体激光器	非半導體雷射
nonspinning satellite	不自旋卫星	不自旋衛星
non-stationary channel	非平稳信道	非靜態通道
nonstationary satellite	非同步卫星	非同步衛星,非 24 小時衛星
nonswitched connection	非交换连接	非交換連接
nonsynchronous multiplex system	非同步复用系统	非同步多工系統
nonsystematic block code	非系统式块码	非系統式區塊碼
nonsystematic convolutional code	非系统卷积码	非系統的迴旋碼,非系統式迴旋碼
nonterminal	非终极符	非終結
nonterminal character	非终结符	非終結符
non-threshold logic (NTL)	非阈逻辑	非閾邏輯
nontraditional computer	非传统计算机	非傳統電腦
nontrivial functional dependence	非平凡函数依赖	非普通函數依賴
nonuniform array	非均一阵列	不均勻分佈陣列
nonuniform memory access (NUMA)	非均匀存储器存取	非一致記憶體存取
nonuniform quantization	非均匀量化	非均勻量化
nonuniform quantizer	非均匀量化器	非均勻量化器
nonuniform rational B-spline (NURBS)	非均匀有理 B 样条	非均勻有理 B 型雲規
nonuniform sampling	非均匀取样	非均勻取樣
non-volatile memory	非易失性存储器	非易失性記憶體,非依電性記憶體
non-volatile semiconductor memory	非逸失性半导体存储器	非揮發性半導體記憶體
nonweighted code	非加权码,无加权码	非加權碼,無加權碼
nonwhite noise	非白噪声	非白雜訊
non-wire wound potentiometer	非线绕电位器	非線繞電位器
no-op instruction (NOP)	空操作指令	空操作指令,無作指令
NOP (= no-op instruction)	空操作指令	空操作指令,無作指令
norator	任意子	任意子

英　文　名	大　陆　名	台　湾　名
Nordstrom-Robinson code	努德斯特伦－鲁滨逊码	諾斯姆－羅賓遜碼,諾斯壯－羅賓遜碼
noremote memory access	非远程存储器存取	非遠端記憶體存取
NOR gate	或非门	NOR 閘
normal	正态的	常態
normal charge	常规充电	常規充電
normal distribution	正态分布	常態分佈
normal flow	法线流	正常流量,常規流
normal form	范式	正常形式,正規形式
normal form PDA	标准形式下推自动机	
normal freezing	正常凝固	正常凝固
normal glow discharge	正常辉光放电	正常輝光放電
normalization	①规格化 ②规范化	①規格化 ②規範化
normalized detectivity	归一化探测率	歸一化探測率
normalized device coordinate	规格化设备坐标	正規化裝置坐標,常態化裝置坐標
normalized frequency	归一化频率	正規化頻率
normalized impedance	归一化阻抗	正歸化阻抗
normalized language	规范化语言	正規化語言
normalizing processing	规范化处理	常規化處理
normally off device	正常关断器件	正常關閉元件
normally on device	正常开启器件	正常開啟元件
normal resistance	标称电阻值	標稱電阻值
normal response	正常响应	正常回應,正規回應
north reference pulse	北向参考脉冲	北向參考脈波
notarization	公正	公證
notation	记法	①記法,表示法 ②記號,符號
notebook computer	笔记本式计算机	筆記型電腦
NOT gate (= negation gate)	非门	NOT 閘
notification	通知	通知
noun phrase	名词短语	名詞片語
NOW (= network of workstations)	工作站网络	工作站網路
nozzle	喷嘴	噴嘴
NP (= ①neper ②network performance)	①奈培 ②网络性能	①奈培 ②網路性能
NPC (= network parameter control)	网络参数控制	網路參數控制
NP-complete problems	NP 完全问题	非決定性多項式完整問題

英 文 名	大 陆 名	台 湾 名
NP-hard problem	NP 困难问题	NP-困難問題
NRM (= network resource management)	网络资源管理	網路資源管理
NRZ (= nonreturn-to-zero)	不归零制	①不歸零制 ②不歸零
NRZ1 (= nonreturn-to-zero change on one)	不归零 1 制,逢 1 变化不归零制	逢 1 變化不歸零制
NSAP (= network service access point)	网络业务接入点	網路服務擷取點
NSC (= network switching center)	网络交换中心	網路交換中心
NTC (= numeric tracer control)	数字仿形控制	數位追蹤器控制
NTD (= neutron transmutation doping)	中子嬗变掺杂	中子嬗變摻雜
NTL (= non-threshold logic)	非阈逻辑	非閾邏輯
NTP (= network time protocol)	网络时间协议	網路時間協定
NTSC system (= National Television System Committee system)	NTSC 制	NTSC 製
N-tuple length register	*N* 倍长寄存器	*N* 倍長度暫存器
N-tuple register	*N* 倍寄存器	*N* 倍暫存器
N type semiconductor	N 型半导体	N 型半導體
nuclear battery	核电池	核電池
nuclear electronics	核电子学	核電子學
nuclear emulsion	核乳胶	核乳膠
nuclear magnetic resonance computerized tomography (NMRCT)	核磁共振计算机断层成像	核磁共振計算機斷層成象
nuclear magnetic resonance detector	核磁共振探测器	核磁共振探測器
nuclear-powered satellite	核动力卫星	核動力衛星
nuclear pumping	核泵浦	核幫浦
nuclear radiation	核辐射	核子輻射
nuclear stethoscope	核听诊器	核聽診器
nucleation	成核	成核
nuclide linear scanner	核素扫描机	核素掃描機
nude gauge	裸规	裸規
nulcear magnetic resonance (NMR)	核磁共振	核磁共振
null	①空[值] ②零	空,零
null address	空地址	空位址
nullator	零子	零子
null cipher	空密码	空暗碼
null depth of difference beam	差波束零深	差波束零深
null hypothesis	零假设	零假設
null modem	空调制解调器	虛擬調變解調器,虛擬數據機

英 文 名	大 陆 名	台 湾 名
nullor	零任偶	零任偶
null-type direction finding	零点型测向	零點型測向
null voltage	零位电压	零位電壓
NUMA (=nonuniform memory access)	非均匀存储器存取	非一致記憶體存取
numbering-plan	编号计划	編號計劃
numbering scheme	编号方案	號碼安排方案,號碼編排方式
number system	数制	數目系統,記數系統
numerical aperture (NA)	数值孔径	數值孔徑
numerical control system (NCS)	数控系统	數控系統,數值控制系統
numerical data	数值数据	數值資料
numerical precision	数值精度	數值精確度
numeric character	数字字符	數字符元,位元
numeric character set	数字字符集	數字字元集,數值字元集
numeric code	数字代码	數字編碼
numeric tracer control (NTC)	数字仿形控制	數位追蹤器控制
NURBS (=nonuniform rational B-spline)	非均匀有理 B 样条	非均勻有理 B 型雲規
N-version programming	*N* 版本编程	*N* 版本程式設計
NVOD (=near video on demand)	准点播电视	准點播電視
NVT (=network virtual terminal)	网络虚拟终端	網路虛擬終端機
N-well CMOS	N 阱 CMOS	N 型井 CMOS
Nyquist bandwidth	奈奎斯特带宽	奈奎斯特頻寬
Nyquist criterion	奈奎斯特判据	奈奎斯特判據
Nyquist diagram	奈奎斯特图	奈奎斯特圖
Nyquist filter	奈奎斯特滤波器	奈奎斯特濾波器
Nyquist frequency	奈奎斯特频率	奈奎斯特頻率
Nyquist rate	奈奎斯特速率	奈奎斯特速率
Nyquist sampling	奈奎斯特取样	奈奎斯特取樣
Nyquist sampling frequency	奈奎斯特采样频率	奈奎斯特抽樣頻率
Nyquist sampling rate	奈奎斯特取样率	奈奎斯特取樣速率
Nyquist sampling theorem	奈奎斯特取样定理	奈奎斯特取樣定理
Nyquist's theorem	奈奎斯特定理	奈奎斯特定理

O

英 文 名	大 陆 名	台 湾 名
OA (= office automation)	办公自动化	辦公自動化
OAF (= open architecture framework)	开放体系结构框架	開放架構框架
OBF (= output block feedback)	输出分组反馈	輸出塊回饋
object	①对象 ②客体	①物件 ②目標
object code (= target code)	目标[代]码	目標碼,目的碼
object connection	对象连接	物件連接
object dictionary (OD)	对象字典	物件字典
object identifier (OID)	对象标识符	物件識別符
object link and embedding (OLE)	对象链接与嵌入	物件鏈接與嵌入
object management architecture (OMA)	对象管理体系结构	物件管理架構
object management group (OMG)	对象管理组	物件管理組
object model	对象模型	物件模型
object modeling technique (OMT)	对象建模技术	物件模型化技術
object-oriented	面向对象的,对象式	物件導向
object-oriented analysis (OOA)	面向对象分析,对象式分析	物件導向分析
object-oriented architecture	面向对象的体系结构	物件導向架構
object-oriented database	面向对象数据库	物件導向資料庫
object-oriented database language	面向对象数据库语言	物件導向資料庫語言
object-oriented database management system (OODBMS)	面向对象数据库管理系统	物件導向資料庫管理系統
object-oriented data model	面向对象数据模型	物件導向資料模型
object-oriented design (OOD)	面向对象设计,对象式设计	物件導向設計
object-oriented language	面向对象语言,对象式语言	物件導向語言
object-oriented method	面向对象方法,对象式方法	物件導向方法
object-oriented modeling	面向对象建模	物件導向模型化
object-oriented operating system	面向对象操作系统	物件導向作業系統
object-oriented programming (OOP)	面向对象程序设计,对象式程序设计	物件導向程式設計
Object-Oriented Programming Language (OOPL)	面向对象编程语言,对象式编程语言	物件導向程式設計語言

英文名	大陆名	台湾名
object-oriented representation	面向对象表示	物件導向表示式
object-oriented test	面向对象测试	物件導向測試
object program (=target program)	目标程序	目標程式,目的程式,靶標程式
object reference	对象引用	物件引用
object request broker (ORB)	对象请求代理	物件請求仲介
object space	物体空间	物件空間
object wave	物体波	物質波
obligation	义务	義務
oblique projection	斜投影	斜投影
observability	①可观察性 ②可观测性	①可觀察性 ②可觀測性
observable error	可观测误差	可觀察誤差
observation satellite	观察卫星	觀察衛星
observer	观测器	觀測器
obsolete checkpoint	过期检查点	過期檢查點
OB van (outside broadcast van)	转播车	轉播車
occupied frequency band	占用频段	佔用頻帶,佔有頻帶
occurrence net	出现网	出現網
occurrence sequence	出现序列	出現序列
ocean area reconnaissance satellite	海域侦察卫星	海域偵察衛星
oceanographic satellite	海洋研究卫星	海洋研究衛星
OCR (=optical character reader)	光[学]字符阅读机	光學字元閱讀器,感光字元閱讀機
octal digit	八进制数字	八進數位
octal system	八进制	八進制
octet	八位[位]组,八比特组	八位元組
octree	八叉树	八叉樹
OD (=object dictionary)	对象字典	物件字典
ODBC (=open database connectivity)	开放数据库连接,开放数据库连通性	開放資料庫連接性
odd-even check (=parity checking)	奇偶检验	奇偶檢查,奇偶核對,同位核對
odd-even merge sort	奇偶归并排序	奇偶合併排序
odd function	奇函数	奇函數
odd mode	奇模	奇模[態]
odd-parity check	奇检验	奇同位檢查
OED (=oxidation-enhanced diffusion)	氧化增强扩散	氧化增強擴散
OEIC (=optoelectronic integrated cir-	光电集成电路	光電積體電路

英 文 名	大 陆 名	台 湾 名
cuit)		
off	断	關起
off-axis antenna gain	非主轴天线增益	非主軸之天線增益
off-axis holography	离轴全息术	離軸全象術
off-axis rays	离轴光线	離軸光線
off-card clock distribution	板外时钟分配	板外時鐘分配
off-hook	摘机状态	拿起話筒
office activity	办公活动	辦公室活動
office automation (OA)	办公自动化	辦公室自動化
office automation model	办公自动化模型	辦公室自動化模型
office information system (OIS)	办公信息系统	辦公室資訊系統
office procedure	办公流程	辦公室程序
office process	办公过程	辦公過程
offline	脱机,离线	離線,離機
offline equipment	脱机设备	離線設備,線外設備
offline fault detection	脱机故障检测	離線故障檢測
offline job control	脱机作业控制	離線工件控制
offline mail reader	脱机邮件阅读器	離線郵件閱讀機
offline memory	脱机存储器	離線記憶體
offline processing	脱机处理	離線處理
offline test	脱机测试	離線測試
offline Turing machine	离线图灵机	離線杜林機
off position	断路位置	斷路位置
offset	偏移量	①偏移,偏置 ②殘留誤差 ③推移
offset QPSK (OQPSK)	偏置四相相移键控	偏移式四相移鍵控
offset track	偏移磁道	位移磁軌
offset voltage	失调电压,偏移电压	偏移電壓
off-the-shelf product	现货产品	現成產品
ohmic contact	欧姆接触	歐姆接觸
ohmic heating	欧姆加热	歐姆加熱
ohmmeter	电阻表,欧姆表	電阻表,歐姆表
Ohm's law	欧姆定律	歐姆定律
OID (=object identifier)	对象标识符	物件識別符
oil film light valve	油膜光阀	油膜光閥
oil-free pump system	无油真空系统	無油真空系統
oil-free vacuum	无油真空	無油真空
oil-sealed vacuum pump	油封真空泵	油封真空幫浦

英　文　名	大　陆　名	台　湾　名
OIM (= optical intensity modulation)	光强调制	光強度調變
OIS (= office information system)	办公信息系统	辦公室資訊系統
OLAM (= online analytical mining)	联机分析挖掘	連線分析探勘
OLAP (= ①online analysis process ②online analytical processing)	①联机分析过程 ②联机分析处理	①連線分析過程 ②連線分析處理
OLE (= object link and embedding)	对象链接与嵌入	物件鏈接與嵌入
OLTEP (= online test executive program)	联机测试执行程序	連線測試執行程式
OLTP (= online transaction processing)	联机事务处理	線上異動處理
OMA (= object management architecture)	对象管理体系结构	物件管理架構
Omega match	奥米伽匹配	奧米伽匹配
Omega segment synchronization	奥米伽段同步	奧米伽段同步
Omega sky wave correction table	奥米伽天波修正表	奧米伽天波修正表
Omega system	奥米伽[系统]	奧米伽[系統]
omegatron mass spectrometer	回旋质谱仪	迴旋質譜儀
OMG (= object management group)	对象管理组	物件管理組
omni-antenna (= omnidirectional antenna)	全向天线	全向天線,無向性天線
omnidirectional antenna	全向天线	全向天線,無向性天線
omnidirectional microphone	全向传声器	全向傳聲器
omnidirectional range	全向信标,中波导航台	全向信標,中波導航台
OMR (= optical mark reader)	光[学]标记阅读机	光標示閱讀機
OMT (= object modeling technique)	对象建模技术	物件模型化技術
on	通	打開
on-board processing	星上处理,机上处理	衛星上訊理,飛機上處理
on-card clock distribution	板内时钟分配	板內時鐘分配
on-card power distribution	板上电源分配	板上電源分配
once command	一次指令	一次指令
one-aside network	单边网络	單邊網路
one-bit coding	一位编码	一位元編碼
one-eyed stereo	单眼立体[测定方法]	單眼立體
one-key cryptosystem	单钥密码系统	單鍵密碼系統
one-node network	单节点网	單一節點網路
one-point perspectiveness	一点透视	一點透視
one-port amplifier	单端口放大器	單端輸出放大器
one-sided sequence	单边序列	單邊序列
one-sided spectrum	单边频谱	單邊頻譜
one-side z-transform	单边 Z 变换	單邊 Z 轉換

英 文 名	大 陆 名	台 湾 名
one-step method	单步法	單步方法
one-step operation	单步操作	單步作業
one-time pad	一次一密随机数本	一次插入,一次填充
one to one relationship	一对一联系	一對一關係
one way	单向	單向,單路
one-way channel	单向信道	單向通道
one-way cipher	单向密码	單向密碼
one-way communication	单向通信	單向通信
one-way function	单向函数	單向函數
one-way half-duplex circuit	单向半双工电路	單向半雙工電路
one-way only operation	单向工作	單向工作,單工操作
one-way propagation time	单向传播时间	單向傳播時間
one-way repeater	单向中继器	單向中繼器
one-way signal	单向信号	單向訊號
one-way stack automaton	单向栈自动机	單向棧自動機
on-hook (=hanging up)	挂机	掛機,收線
online	联机,在线	連線
online analysis process (OLAP)	联机分析过程	連線分析過程
online analytical mining (OLAM)	联机分析挖掘	連線分析探勘
online analytical processing (OLAP)	联机分析处理	連線分析處理
online command language	联机命令语言	連線命令語言
online data processing	联机数据处理	線上資料處理
online debug	联机调试,联机排错	連線除錯
online diagnostics	联机诊断	連線診斷
online equipment (=online unit)	联机设备	連線設備
online fault detection	联机故障检测	連線故障檢測
online job control	联机作业控制	連線工件控制
online memory	联机存储器	連線記憶體
online processing	联机处理	線上處理
online system	联机系统	連線系統
online task processing	联机任务处理	連線任務處理
online test	联机测试	連線測試
online test executive program (OLTEP)	联机测试执行程序	連線測試執行程式
online test routine	联机测试例程	連線測試常式
online transaction processing (OLTP)	联机事务处理	線上異動處理
online unit	联机设备	連線裝置
on-off keying (OOK)	通断键控	on-off 移鍵
on-premise standby equipment	应急备用设备	待用設備

英 文 名	大 陆 名	台 湾 名
on-the-air	正在广播	正在廣播,正在發射
on-the-fly compression	实时压缩,即时压缩	即時壓縮
on-the-fly decompression	实时解压缩,即时解压缩	即時解壓縮
on-the-fly printer	飞击式打印机	拍蠅式列印機
OOA (=object-oriented analysis)	面向对象分析,对象式分析	物件導向分析
OOD (=object-oriented design)	面向对象设计,对象式设计	物件導向設計
OODBMS (=object-oriented database management system)	面向对象数据库管理系统	物件導向資料庫管理系統
OOK (=on-off keying)	通断键控	on-off 移鍵
OOP (=object-oriented programming)	面向对象程序设计,对象式程序设计	物件導向程式設計
OOPL (=Object-Oriented Programming Language)	面向对象编程语言,对象式编程语言	物件導向程式語言
opacity	不透明度	不透明性,暗度
opaque photocathode	不透明光阴极	不透明光陰極
open architecture framework (OAF)	开放体系结构框架	開放架構框架
open channel	开放信道	開放通道,開路通道
open-circuit line	开路线	開路線
open circuit termination	开路终端	開路端
open circuit voltage	开路电压	開路電壓
open database connectivity (ODBC)	开放数据库连接,开放数据库连通性	開放資料庫連接性
opened file	已开文件	已開檔案
open fault	开路故障	開路故障
open GL	开放式图形库	開放式圖形庫
open loop	开环	開迴路
open-loop adaptation	开环适配	開迴路調適,開迴路適應
open-loop control	开环控制	開環控制
open-loop control system	开环控制系统	開迴路控制系統
open-loop frequency response	开环频率响应	開環頻率附應
open security environment	开放安全环境	開放安全環境
open system	开放系统	開放[型]系統
open system environment	开放系统环境	開放系統環境
open systems interconnection (OSI)	开放系统互连	開放系統互連

英　文　名	大　陆　名	台　湾　名
open systems interconnection reference model	开放系统互连参考模型	開放系統互連參考模型
open two-wire line	双明线	雙明線,開路雙線
open window (= windowing)	开窗口	開視窗
operand	操作数	運算元
operating command	操作命令	操作命令
operating frequency	工作频率	工作頻率,運作頻率
operating system (OS)	操作系统	作業系統
operating system/2 (OS/2)	OS/2 操作系统	OS/2 作業系統
operating system component	操作系统构件	作業系統成分,作業系統組成部分
operating system function	操作系统功能	作業系統功能
operating system monitor	操作系统监控程序	作業系統監視器
operating system processor	操作系统处理器	作業系統處理器
operating system supervisor	操作系统管理程序	作業系統監督器
operating system virus	操作系统病毒	作業系統病毒
operating temperature	工作温度	操作溫度
operating time	工作时间	工作時間
operation	①运算 ②操作	①運算 ②操作,作業
operational amplifier	运算放大器	運算放大器
operational control	操作控制	作業控制
operational feasibility	运行可行性	作業可行性
operational profile	运行剖面	操作設定檔
operational reliability	运行可靠性	作業可靠性,工作可靠性
operational room monitor	手术室监护仪	手術室監護儀
operational semantics	操作语义	作業語意學
operational testing	操作测试,运行测试	運算測試
operation and maintenance	运行与维护	操作和維護
operation and maintenance phase	运行和维护阶段	操作與維護階段
operation code	操作码	作業碼
operation condition	运行条件	運行條件,工作條件,工作狀態
operation control unit	运算控制器	運算控制裝置,作業控制單元
operation packet	操作包	作業封包
operation process	操作过程	操作過程
operations per second	运算每秒,操作每秒	運算每秒, 操作每秒

英 文 名	大 陆 名	台 湾 名
operation table	操作表	運算表,操作表
operator command	操作员命令	操作員命令
operator factor	观察者系数	觀察者係數
operator manual	操作员手册	操作手冊
optical amplification	光放大	光放大
optical attenuation	光衰减	光衰減
optical attenuator	光衰减器	光衰減器
optical bandwidth	光带宽	光頻寬
optical biasing	光偏置	光偏壓
optical bistable device	光学双稳态器件	光學雙穩態元件
optical cable connector	光缆连接器	光纜連接器
optical cavity (=optical resonator)	光学谐振腔	光學共振器
optical character	光[学]字符	光學字元
optical character reader (OCR)	光[学]字符阅读机	光學字元閱讀器,感光字元閱讀機
optical character recognition	光学字符识别	光學字元辨識,感光字元辨識
optical communication	光通信	光通信
optical communication receiver	光通信接收机	光通訊接收機,光學通信接收器
optical component	光学元件,光学部件	光組件
optical computer	光计算机	光學電腦
optical confinement factor	光束缚因子	光束縛因數
optical coupler	光耦合器	光耦合器
optical detection	光检测	光檢測
optical disc	光碟	光碟
optical disc array	光碟阵列	光碟陣列
optical disc drive	光碟驱动器	光碟驅動器
optical disc library	光碟库	光碟庫
optical disc servo control system	光碟伺服控制系统	光碟伺服控制系統
optical disc tower	光碟塔	光碟塔
optical fiber	光纤	光纖
optical fiber cable	光缆	光纜
optical fiber communication	光纤通信	光纖通信
optical fiber connector	光纤连接器	光纖連接器
optical fiber dispersion	光纤色散	光纖色散
optical fiber sensor	光纤敏感器	光纖感測器
optical fiber splice	光纤固定接头	光纖固定接頭

英 文 名	大 陆 名	台 湾 名
optical filter	光滤波器,滤光器	光濾波器,濾光器
optical frequency division multiplexing	光频分复用	光頻域多工
optical frequency standard	光频标	光頻率標準
optical gain	光增益	光增益
optical head	光[碟]头	光碟讀寫頭
optical heterodyne detection	光外差探测	光外差偵測
optical homodyne detection	光零差探测	光內差偵測
optical image	光学图像	光學影像
optical information processing	光信息处理	光訊號處理
optical injector	光注入器	光注入器
optical intensity modulation (OIM)	光强调制	光強度調變
optical isolator	光隔离器	光隔絕器
optical jukebox	自动换碟机	光學記錄庫
optical length	光径长度	光徑長度
optical logic	光逻辑	光邏輯
optical loss	光损耗	光損失
optical mark reader (OMR)	光[学]标记阅读机	光標示閱讀機
optical-mechanical scanner	光机扫描仪	光機掃描儀
optical memory	光存储器	光記憶體
optical microscopy	显微光学	顯微光學
optical mixer	混光器	光混合器
optical modulator	光调制器	光調變器
optical mouse	光鼠标[器]	光學式滑鼠
optical nutation	光学章动	光學章動
optical parametric amplification	光参量放大	光參量放大
optical parametric oscillation	光参量振荡	光參量振盪
optical phase	光相位	光相位
optical pickup	光碟[读]头	光碟[讀]頭
optical power	光功率	光功率
optical power meter	光功率计	光功率計
optical projection exposure method	光学投影曝光法	光學投影曝光法
optical pump	光泵	光幫浦
optical pumping	光泵浦	光幫浦
optical receiver	光接收机	光接收機
optical recording	光记录	光學記錄
optical recording media	光记录介质	光學記錄媒體
optical resonator	光学谐振腔	光學共振器
optical return loss	光回波损耗	光回波損失

英 文 名	大 陆 名	台 湾 名
optical scanner	光扫描仪	光掃描器
optical sensor (= photo-sensor)	光敏感器	光感測器
optical soliton	光孤子	光孤立子
optical source	光源	光源
optical spectral attenuation	光谱衰减	光頻譜衰減
optical storage	光学存储	光學儲存
optical switch	光开关	光開關
optical tape	光带	光帶
optical taps	光分接器,光分接头	光分接器
optical time domain reflectometer (OTDR)	光时域反射仪	光時域反射儀
optical track	光[碟]轨	光碟軌
optical track pitch	光轨间距	光軌間距
optical transistor	光晶体管	光電晶體
optical transmitter	光发送机	光發送機
optical waveguide	光波导	光導波[管]
optic fiber gyroscope	光纤陀螺	光纖陀螺器
optic flow	光流	光流
optic flow field	光流场	光流場
optimal circular arc interpolation	最优圆弧插值	最佳圓弧內插
optimal control	最优控制	最佳控制
optimal control theory	最优控制理论	最優控制理論
optimal convex decomposition	最优凸分解	最佳凸分解
optimal cover of set of dependencies	依赖集的最优覆盖	最佳相依集的覆蓋
optimal estimation	最优估计	最佳估計
optimality	最优性	最佳性
optimal merge tree	最优归并树	最佳歸併樹,最佳合併樹
optimal parallel algorithm	最优并行算法	最佳平行演算法
optimization	优化	最佳化
optimization operation	优化操作	最佳化操作
optimum coding	最优编码	最佳編碼
optimum filter	最佳滤波器	最佳濾波器
optimum receiver	最佳接收机	最佳接收機
option	选件	選項,任選
optional	可选的	可選的
optional subscription-time selectable service	任选的预约时可选业务	任選預約時間可選業務

英 文 名	大 陆 名	台 湾 名
optional user facility	任选用户设施	任選使用者設施
optoelectronic device	光电器件	光電元件
optoelectronic IC (= optoelectronic integrated circuit)	光电集成电路	光電積體電路
optoelectronic integrated circuit (OEIC)	光电集成电路	光電積體電路
optoelectronics	光电子学	光電子學
optomechanical mouse	光机械鼠标[器]	光學機械滑鼠
OQPSK (= offset QPSK)	偏置四相相移键控	偏移式四相移鍵控
oracle	谕示	Oracle 資料庫軟體
oracle machine	谕示机	啟示機
orange book	橘皮书	橘皮書
ORB (= object request broker)	对象请求代理	物件請求仲介
orbit	轨道	軌道
orbital antenna farm	轨道天线场	軌道天線場
orbital booster	轨道助推器	軌道助推器
orbital inclination	轨道倾斜度	軌道傾斜度
orbital period	轨道周期	軌道週期
orbital space station	轨道太空站	軌道太空站
orbital test satellite	轨道试验卫星	軌道試驗衛星
orbit altitude	轨道高度	軌道高度
orbital velocity	轨道速度	軌道速度
orbit control	轨道控制	軌道控制
orbit correction	轨道校正	軌道調整
orbiting craft	轨道飞行器	軌道飛行器
orbiting satellite	在轨卫星	軌道運行衛星
orbit prediction	轨道预报	軌道預報
orbitron	轨道管	軌道管
orbit time	沿轨道飞行时间	沿軌道飛行時間
order by merging (= merge sort)	归并排序	合併排序,以合併法排序
ordered search	有序搜索	有序搜尋
ordering (= sorting)	排序	①排序,定序 ②分類
ordering strategy	排序策略	定序策略
order wire channel	公务信道	次序維持用的通道
organic chelate liquid laser	有机螯合物液体激光器	有機螯合物液體雷射
organic counter	有机计数器	有機計數器
organic semiconductor	有机半导体	有機半導體
organizational interface	组织界面	組織介面

英　文　名	大　陆　名	台　湾　名
organizational process	组织过程	組織過程
organization unique identifier (OUI)	组织唯一标识符	組織唯一識別符
OR gate	或门	或閘
orientation	定向	定向
orientation of polygon	多边形取向	多邊形定向
oriented solar cell array	定向太阳电池阵	定向太陽電池陣
original disassembly	有理据拆分	原始分解
originator	始发者	發起者
origin data authentication	原数据鉴别	原資料鑑别
orotron	奥罗管	奧羅管
orphan message	孤儿消息	孤兒訊息
orthoferrite	正铁氧体	正鐵氧體
orthogonal code	正交码	正交碼
orthogonal error	正交误差	正交誤差
orthogonal function	正交函数	正交函數
orthogonality	正交[性]	正交[性]
orthogonalization	正交化	正交化
orthogonal polarization	正交极化	正交極化
orthogonal signal	正交信号	正交訊號,正交訊號
orthogonal transform	正交变换	正交變換
orthogonal tree	正交树	正交樹
orthogonal vectors	正交向量	正交向量
orthogonal waveform	正交波形	正交波形
orthogonal wavelet transformation	正交小波变换	正交小波變換
orthographic projection	正投影	正投影
OS (= operating system)	操作系统	作業系統
OS/2 (= operating system/2)	OS/2 操作系统	OS/2 操作系統
oscillating period	振荡周期	振盪週期
oscillating system	振荡系统	振盪系統
oscillation	振荡	振盪
oscillation mode	振荡模[式]	振盪模[式]
oscillator synchronization	振荡器同步	振盪器同步
oscilloscope	示波器	示波器
oscilloscope tube	示波管	示波管
osculating plane	密切平面	密切平面
OSI (= open systems interconnection)	开放系统互连	開放系統互連
OTDR (= optical time domain reflectometer)	光时域反射仪	光時域反射儀

英　文　名	大　陆　名	台　湾　名
OTH (= over the horizon)	超视距	①超視距,視距外 ②超越地平線,越地平
OTH radar (= over-the-horizon radar)	超视距雷达	超視距雷達
O-type device	O 型器件	O 型器件
OUI (= organization unique identifier)	组织唯一标识符	組織唯一識別符
out-band diversity	带外分集	帶外分集
outbound link	出境链路	出境鏈路
outdiffusion	外扩散	外擴散
outdoor antenna	户外天线	室外天線
outer code	外部码	外碼
outer join	外联结	外聯結
outer lead bonding	外引线焊接	外引線焊接
outer orbit	外层轨道	外層軌道
outer space	外太空	外太空,外層空間
outer-space communication	外太空通信	外太空通訊
outgassing	出气	出氣
outgoing carrier	去话载波	去話載波
outgoing event	出事件	輸出事件
outlet	引线	①引出線 ②[輸]出口 ③電源插座 ④輸出,流出
outlined font	轮廓字型	輪廓字型
outline font	空心字型	輪廓字型
outline recognition (= contour recognition)	轮廓识别	輪廓識別,輪廓辨識
out of band	带外	帶外
out-of-band signaling	带外信令	帶外信令
out-of-order commit	乱序提交	失序交付
out-of-order execution	乱序执行	失序執行
out-of-phase	不同相	不同相
out-of-sequence	失序	失序
out-point	出点	輸出點
output	输出	輸出,產出
output alphabet	输出字母表	輸出字母表
output assertion	输出断言	輸出判定
output block feedback (OBF)	输出分组反馈	輸出塊回饋
output cavity	输出腔	輸出腔
output channel	输出信道	輸出通道

英 文 名	大 陆 名	台 湾 名
output characteristic	输出特性	輸出特性
output commitment	输出提交	輸出交付
output data	输出数据	輸出資料
output degree	[输]出度	輸出度
output dependence	输出依赖	輸出相依
output device	输出设备	①輸出設備 ②輸出裝置 ③輸出單元,輸出單位
output equipment (=output device)	输出设备	①輸出設備 ②輸出裝置 ③輸出單元,輸出單位
output impedance	输出阻抗	輸出阻抗
output power	输出功率	輸出功率
output priority	输出优先级	輸出優先
output process	输出进程	輸出過程,輸出程序
output pull-down resistor	输出下拉电阻	輸出下拉電阻
output pulse	输出脉冲	輸出脈衝
output resistance	输出电阻	輸出電阻
output signal-to-noise ratio	输出信噪比	輸出訊號對雜訊比
output stream	输出流	輸出流
output tape	输出带	輸出磁帶
output unit (=output device)	输出设备	①輸出設備 ②輸出裝置 ③輸出單元,輸出單位
outside broadcast van (OB van)	转播车	轉播車
outside threat	外部威胁	外部威脅
out-slot signaling	时隙外信令	時隙外信令
overall loss	总损耗	總損失,總消耗
overall model	总体模型	總體模型
overbunching	过群聚	過群聚
over-convergence	过会聚	過會聚
overdamping	过阻尼	過阻尼
overflow	溢出	溢位,超限
overflow area	溢出区	溢位區域,溢位區
overflow bucket	溢出桶	溢位[儲存]桶,溢位位址
overflow check	溢出检查	溢位檢查
overflow controller	溢出控制程序	溢位控制器

英 文 名	大 陆 名	台 湾 名
overflowing	溢流	溢流
overhead	开销	間接費用,負擔
overhead cable (=aerial cable)	架空电缆	架空纜線,高架纜線,天線纜線
overlap	重叠	重疊,交疊
overlapping register window	重叠寄存器窗口	重疊暫存器視窗
overlap processing	重叠处理	重疊處理
overlay	覆盖	覆蓋
overloading	①过载,过负荷 ②重载	①超載,負荷過重 ②重載
overocean communications	海上通信	海上通信,越洋通信,航海通訊
override control	超驰控制	越權控制
overseas call	越洋电话	越洋電話
overshoot	上冲,过冲	過沖
overstrike	叠印	重打
over the horizon (OTH)	超视距	①超視距,視距外 ②超越地平線,越地平
over-the-horizon radar (OTH radar)	超视距雷达	超視距雷達
overwrite	盖写	重寫
owner	系主	擁有者,所有者,文件主編人
oxidation-enhanced diffusion (OED)	氧化增强扩散	氧化增強擴散
oxidation-induced defect	氧化感生缺陷	氧化感生缺陷
oxidation-induced stacking fault	氧化感生堆垛层错	氧化感生堆垛層錯
oxidation mask	氧化掩模	氧化掩模
oxide coated cathode	氧化物阴极	氧化物陰極
oxide semiconductor	氧化物半导体	氧化物半導體
oxide trapped charge	氧化层陷阱电荷	氧化層陷阱電荷

P

英 文 名	大 陆 名	台 湾 名
p (=pico)	皮	皮
PA (=①parametric amplifier ②power amplifier)	①参量放大器 ②功率放大器	①參量放大器 ②功率放大器
PABX (=private automatic branch exchange)	专用自动小交换,用户自动小交换机	專用自動小交換,用戶自動交換機

英 文 名	大 陆 名	台 湾 名
Pacific Ocean Satellite (POS)	太平洋通信卫星	太平洋通信衛星
Pacific Satellite	太平洋卫星	太平洋衛星,太平洋區域國際通信衛星
pack	紧缩	①壓縮,縮緊 ②包裹 ③包裝,組裝,封裝
package	①管壳 ②包	①管殼 ②包
package factor	封装因子	封裝因子
package reliability	封装可靠性	封裝可靠性
packaging	封装	封裝
packaging density	组装密度	封裝密度
packaging technique (=packaging technology)	组装技术	封裝技術
packaging technology	组装技术	封裝技術
packet (=package)	包	包
packet assembler/disassembler (PAD)	包装拆器,分组装拆器	封包組合拆卸器,配封機
packet assembly and disassembly (PAD)	分组装拆	分組裝拆
packet data	分组数据	分封資料,分封資料
packet delay	分组延迟	封包延滯,封包延遲,資料包延滯
packet encryption	包加密	封包加密
packet filtering	包过滤	封包濾波[法]
packet header	分组标头	封包標頭
packet layer	分组层	分封層
packet mode terminal	包式终端,分组式终端	分封模式終端機,分封型終端機
packet radio network	分组无线电网	封包式無線[電]網路
packet size	分组长度	封包尺寸
packet switched bus	包交换总线	封包交換匯流排
packet-switched data network (PSDN)	包交换数据网,分组交换数据网	分封交換資料網路
packet switched public data network (PSPDN)	包交换公用数据网,分组交换公用数据网	分封交換式公用資料網路
packet switching	包交换,[报文]分组交换	分封交換
packet switching network	包交换网,分组交换网	分封交換網路
packet transfer mode	分组传送模式	封包傳送模式
pack switching service	分组交换业务	分組交換業務,分組轉

英文名	大陆名	台湾名
		接服務,分封交換業務
pack switching service network	分组交换业务网络	分組交換服務網路,分組轉接服務網路,分封交換業務網路
PACM (=pulse amplitude code modulation)	脉冲振幅编码调制	脈波振幅編碼調變,脈幅碼調變
PAD (=①packet assembler/disassembler ②packet assembly and disassembly)	①包装拆器,分组装拆器 ②分组装拆	①封包組合拆卸器,配封機 ②分組裝拆
page	页[面]	①頁[面],版面 ②頁式
pageable dynamic area	可分页动态区	可分頁動態區
pageable partition	可分页分区	可分頁分區
pageable region	可分页区域	可分頁區域
page access time	页面存取时间	頁面存取時間
page address	页地址	頁面位址
page assignment table (PAT)	页分配表	頁面指定表
page break (=paging)	分页	頁分斷
page control block (PCB)	页控制块	頁面控制塊
page depth	页长	頁面長度
page depth control	页长控制	頁面長度控制
page description language	页面描述语言	頁描述語言
paged memory system	页式存储系统	分頁記憶體系統
page fault	缺页	尋頁錯失
page fault frequency	缺页频率	尋頁錯失頻率
page frame	页帧	頁框
page frame table (PFT)	页帧表	頁框表
page header	页眉,页头	頁標頭
page-in	页调入	頁入
page map table (PMT)	页映射表	頁面映射表
page mode	页模式	頁模式
page-out	页调出	頁出,出頁面
page pool	页池	頁面共用區,頁[面]池
page printer	页式打印机	頁式列印機
pager	分页程序	頁調器
page reader	页式阅读机	頁閱讀機
page reclamation	页回收	頁面回收
page replacement	页[面]替换	頁面替換

英 文 名	大 陆 名	台 湾 名
page replacement strategy	页面替换策略	頁面替換策略
page table	页表	頁表
page table entry (PTE)	页表项	頁表項,頁表入口
page table lookat	页表查看	查頁表
page wait	页等待	頁面等待
paging	分页	分頁,調頁
paid call	已付费电话	自付電話
painter's algorithm	画家算法	畫家演算法
paired-disparity code	不等性奇偶检验码,成对不均等性码	成對不均等性[電]碼
pair generator	对偶产生器	配對產生器
pair of stations	台对	台對
PAL (= programmable array logic)	可编程阵列逻辑[电路]	可程式陣列邏輯
palette	调色板	調色
palmtop computer	掌上计算机	掌上計算機
PAL system (= Phase Alternation Line system)	PAL 制	PAL 製
PAM (= pulse amplitude modulation)	脉冲振幅调制,脉幅调制	脈波振幅調變,摶幅調變
PAMA (= preassigned multiple access)	预分配多址	預先指定式的多重進接,預先指配多重接取
panel antenna	面板天线,嵌板式天线	嵌板式天線
panel TV	平板电视	平板電視
panic button (= emergency switch)	紧急开关	緊急開關,應急鈕
panic dump	应急转储	應急傾印
panning	移动镜头	①攝像機水平移動 ②平移
panoramic indicator	全景显示器	全景顯示器
panoramic receiver	全景接收机	全景接收機
panoramic spectrum analyzer	全景频谱分析仪	全景頻譜分析儀
papa	通信中用以代表字母"P"的词	通訊中用以代表字母"P"的詞
paper jam	卡纸	夾紙
paperless office	无纸办公室	無紙辦公室
paper-lined dry cell	纸板干电池	紙板干電池
paper skip (= paper throw)	跑纸	跑紙,紙張空移

英 文 名	大 陆 名	台 湾 名
paper tape punch (=tape punch)	纸带穿孔	紙帶打孔
paper tape reperforator	纸带复凿机	紙帶復鑿機
paper throw	跑纸	跑紙,紙張空移
paper transport	输纸器	輸紙
PAR (=precision approach radar)	精密进场雷达	精密進場雷達
parabolic antenna	抛物面天线	抛物線形天線,抛物面天線
parabolic orbit	抛物状轨道	抛物狀軌道
parabolic torus antenna	抛物环面天线	抛物環面天線
paraboloidal reflector	抛物面反射器	抛物面反射器
paraboloid antenna (=parabolic antenna)	抛物面天线	抛物線形天線,抛物面天線
parallel adder	并行加法器	平行加法器
parallel addition	并行加法	平行加法
parallel algorithm	并行算法	平行演算法
parallel computation thesis	并行计算论题	平行計算理論
parallel computer	并行计算机	平行計算機
parallel computing	并行计算	平行計算
parallel database	并行数据库	平行資料庫
parallel external sorting	并行外排序	平行外部排序
parallel graph algorithm	并行图论算法	平行圖演算法
parallel graphic algorithm	并行图形算法	平行圖形算法
parallel infection	并行感染	平行感染
parallel inference machine	并行推理机	平行推理機
parallel instruction queue	并行指令队列	平行指令隊列
parallelism	并行性	平行性
parallelization	并行化	平行化
parallelizing compiler	并行[化]编译程序	平行編譯程序
parallel join	并行联结,并行连接	平行聯合
parallel match	并联匹配	平行匹配
parallel memory	并行存储器	平行記憶體
parallel modeling	并行建模	平行模型化
parallel multiway join	并行多元联结,并行多元连接	平行多路結合
parallel operation	并行操作	平行運算
parallel operation environment (POE)	并行操作环境	平行作業環境
parallel polarization	平行极化	平行極化
parallel port	并行端口	平行埠

英　文　名	大　陆　名	台　湾　名
parallel processing	并行处理	平行處理
parallel processor operating system	并行处理机操作系统	平行處理機作業系統
parallel programming	并行程序设计	平行程式設計
parallel programming language	并行编程语言	平行程式語言
parallel projection	平行投影	平行投影
parallel real-time processing	并行实时处理	平行即時處理
parallel search	并行搜索	平行搜尋,並尋
parallel search memory	并行查找存储器	平行搜尋記憶體
parallel selection algorithm	并行选择算法	平行選擇演算法
parallel/serial converter	并串转换器	並串轉換器
parallel simulation	并行模拟,并行仿真	平行模擬
parallel sorting algorithm	并行排序算法	平行排序演算法
parallel system	并联系统,平行[处理]系统	並聯系統,平行[處理]系統
parallel task	并行任务	平行任務
parallel task spawning	并行任务派生	平行任務衍生
parallel terminated line	并联端接[传输]线	平行終止線
parallel transmission	并行传输,平行传输	平行傳輸
parallel two-way join	并行二元联结,并行二元连接	平行雙向結合
parallel virtual machine	并行虚拟机	平行虛擬機
paramagnetism	顺磁性	順磁性
parameter	参数,参量	參數
parameter estimation	参量估计	參數估計
parameter fault	参数故障	參數故障
parameter passing	参数传递	參數傳遞
parameter testing	参数测试	參數測試
parametric amplifier (PA)	参量放大器	參量放大器
parametric curve	参数[化]曲线	參數曲線
parametric design	参数化设计	參數化設計
parametric detection	参量型检测	參量型檢測
parametric geometry	参数几何	參數幾何
parametric mixer	参量混频器	參量混頻器
parametric space	参数空间	參數空間
parametric stabilization channel	恒参信道	參數穩定[化]通道
parametric surface	参数[化]曲面	參數曲面
parametric surface fitting	参数曲面拟合	參數曲面配適
parametric test	参数检验	參數檢驗

英文名	大陆名	台湾名
parametric variation channel	变参信道	參變通道
parasitic amplitude modulation	寄生调幅	寄生調幅
parasitic antenna	无源天线	無源天線,寄生天線,被動天線
parasitic capacitance	寄生电容	寄生電容
parasitic echo	寄生回波	寄生回波
parasitic element	无源[单]元,寄生[单]元	寄生[單]元
parasitic emission	寄生发射	寄生發射
parasitic feedback	寄生反馈	寄生回授
parasitic frequency	寄生频率	寄生頻率
parasitic oscillation	寄生振荡	寄生振盪
para-tellurite crystal	聚合亚碲酸晶体	聚合亞碲酸晶體
parity	奇偶[性]	奇偶,同位
parity bit	奇偶[检验]位	奇偶檢驗位元,同位位元
parity character	奇偶字符	奇偶字元,同位字元
parity check	奇偶校验	奇偶校驗
parity check character	奇偶检验字符	奇偶檢核字元,同位檢核字元
parity check code	奇偶检验码	奇偶檢驗碼
parity checking	奇偶检验	奇偶檢查,奇偶核對,同位核對
parity check matrix	奇偶检验矩阵	奇偶檢驗矩陣
parity check symbol	奇偶检验符号	奇偶檢驗符號,同位元檢查符元
parity check system	奇偶检查制,同位检查制	奇偶檢查制,同位檢查制
parity detection	奇偶检验	奇偶檢驗
parity violation	奇偶违例	同位違反
parking meter	停靠表	停靠表
parking orbit	常驻轨道,停泊轨道,驻留轨道	常駐軌道,停泊軌道,駐留軌道
PARS (=photoacoustic Raman spectroscopy)	光声拉曼谱[学]	光聲拉曼譜[學]
parser	语法分析程序	剖析器
Parseval's theorem	帕塞瓦尔定理	帕什法耳定理
parsing	语法分析	剖析

英 文 名	大 陆 名	台 湾 名
part drawing	零件图	零件圖
partial-band interference	部分频带干扰	部分頻帶干擾
partial carry	部分进位	部分進位
partial correctness	部分正确性	部分正確性
partial dislocation	不全位错	部分錯位
partial functional dependence	部分函数依赖	部分功能相依
partial immersive VR	部分沉浸式虚拟现实	部分沈浸式虛擬現實
partial inversion	部分反转	部分反轉
partial power on	部分加电	部分電力開啟
partial pressure	分压力	分壓力
partial pressure analyser	分压分析器	分壓分析器
partial pressure vacuum gauge	分压真空计	分壓真空計
partial-time jamming	部分时段干扰	部分時段干擾
participant	参与者	參與者
particle system	粒子系统	粒子系統
partition	分区	分區,分割,區間,劃分
partition access method	分区存取法	分區存取法
partition-exchange sort	划分－交换排序	區分－交換排序
partitioning	划分	①劃分,分區,分割 ②區間
partitioning algorithm	划分算法	分區算法
partition table	分区表	分區表
part of speech	词性	詞性
part-of-speech tagging	词性标注	詞性加標
parts of speech	词类	詞類
party line	合用线,同线电话,同线	合用線,同線電話,同線
party line telephone	同线电话	同線電話
PAS (=photoacoustic spectroscopy)	光声光谱[学]	光聲光譜[學]
Paschen curve	帕邢曲线	帕邢曲線
pass	遍,趟	傳遞,通過,通,遍[數]
pass band	通带	帶通
passivation technology	钝化工艺	鈍化工藝
passive antenna (=parasitic antenna)	无源天线	無源天線,寄生天線,被動天線
passive array	无源天线阵	無源天線陣列,被動陣列
passive backplane	无源底板	無源底板
passive backplane bus	无源底板总线	無源底板匯流排

英 文 名	大 陆 名	台 湾 名
passive balance return loss	无源均衡反射波损耗	無源均衡反射波損耗
passive cavity	无源谐振腔	被動共振器
passive component	无源元件	被動元件
passive detection	无源探测	無源探測
passive display	被动显示	被動顯示
passive guidance	无源制导	無源製導
passive jamming	无源干扰	無源干擾
passive mode-locking	被动锁模	被動鎖模
passive network	无源网络	被動網路
passive optical network (PON)	无源光网络	被動式光纖網路
passive query	被动查询	被動查詢
passive relay station	无源中继站	無源中繼站,被動式中繼站
passive return loss	无源反射波损耗,无源回波损耗	無源反射波損耗
passive ribbon splicing alignment	被动带状焊接校准,带准状熔接被动校	帶狀熔接被動校準
passive satellite	无源卫星	無源衛星
passive satellite communication	无源卫星通信	無源式衛星通信
passive station	被动站	被動站,從站
passive submarine cable	无源海底电缆	無源海底纜線
passive threat	被动威胁	被動威脅
passive tracking	无源跟踪	無源跟蹤
passive wiretapping	窃取信道信息,被动搭线窃听	被動竊聽,從電話或電報線路上竊取情報,搭線
passphrases	口令句	通行片語
password	口令[字]	密碼
password attack	口令攻击	密碼攻擊
PAT (=page assignment table)	页分配表	頁面指定表
patch	曲[面]片	①修補 ②插線
patch cord	转接线	插線,插線電線
patch panel	转接板	插線面板
patch plug	转插[头]	插頭
path	通路,路径	通路,路徑
path analysis	路径分析	路徑分析
path command	路径命令	路徑命令
path condition	路径条件	路徑條件

英 文 名	大 陆 名	台 湾 名
path control	路径控制	路徑控制
path diversity	路径分集	路徑分集
path-doubling technique	路径折叠技术	路徑折疊技術
path expression	路径表达式	路徑表式
path loss	路径损耗	路徑損耗
path name	路径名	路徑名
path search	路径搜索	路徑搜尋
path sensitization	通路敏化,路径敏化	路徑敏化
patient monitor	病人监护仪	病患監護儀
pattern	模式	①型樣,圖型,簡圖 ②概要,綱目
pattern analysis	模式分析	型樣分析
pattern classification	模式分类	型樣分類
pattern curve	形状曲线	型樣曲線
pattern description	模式描述	型樣描述
pattern distortion	图形畸变	圖形畸變
pattern generator	图形发生器	圖形發生器
pattern matching	模式匹配	圖形匹配,模式匹配,型樣匹配
pattern primitive	模式基元	型樣基元
pattern recognition	模式识别	圖型識別
pattern search	模式搜索	型樣搜尋
pattern-sensitive fault	模式敏感故障	型樣敏感故障
pattern sensitivity	模式敏感性	型樣敏感度
pause	暂停	①暫停,暫息 ②停止
pay call	付费电话	主話付費電話
payload	净荷	酬載,有效載量
pay public telephone	付费公用电话	付費公用電話
pay TV	付费电视	付費電視
Pb (=petabit)	千万亿位,拍[它]位	千萬位元
PB (=petabyte)	千万亿字节,拍[它]字节	千萬億位元組
P band	P 波段	P 頻帶
PBS (=public broadcasting system)	公众广播公司	大眾廣播公司
PBX (=private branch exchange)	专用小交换机,用户小交换机	專用小交換機,用戶小交換機
PC (=①personal computer ② priority control)	①个人计算机 ②优先级控制	①個人電腦 ②優先控制

英 文 名	大 陆 名	台 湾 名
PCA (=physical configuration audit)	物理配置审计	實體組態稽核
PCB (=①page control block ②printed-circuit board)	①页控制块 ②印制电路板,印制板	①頁面控制塊 ②印刷電路板
PCB layout	印制板布局	印刷電路板佈局
PCB routing	印制板布线	印刷電路板佈線
PCB testing	印制板测试	印刷電路板測試
PCD (=plasma-coupled device)	等离子体耦合器件	電漿耦合元件
P-channel MOS integrated circuit	P 沟 MOS 集成电路	P 型通道 MOS 積體電路
PCI (=protocol control information)	协议控制信息	協定控制資訊
PCM (=pulse-code modulation)	脉码调制	脈碼調變
PCMCIA (=Personal Computer Memory Card International Association	个人计算机存储卡国际协会	個人電腦記憶卡國際協會
PCMCIA card	PCMCIA 卡	PCMCIA 卡
PCM telemetry (=pulse-code-modulation telemetry)	脉码调制遥测	脈碼調制遙測
PCN (=personal communication network)	个人通信网	個人通信網
P-complete problem	P 完全问题	P 完全問題
PCR (=peak cell rate)	峰值信元速率	峰值細胞速率
PCS (=personal communication system)	个人通信系统	個人通信系統
PD (=plasma display)	等离子[体]显示	電漿顯示
PDA (=①personal digital assistant ②push-down automaton)	①个人数字助理 ②下推自动机	①個人數位助理 ②下推自動機
PDH (=Plesiochronous Digital Hierarchy)	准同步数字系列	近似同步數位階層
PDL (=program design language)	程序设计语言	程式設計語言
PDM (=product data management)	产品数据管理	產品資料管理
PDME (=precision distance measuring equipment)	精密测距器	精密測距器
PDP (=plasma display panel)	等离子[体]显示板	電漿顯示板
PD radar (=pulse Doppler radar)	脉冲多普勒雷达	脈波多普勒雷達
PDU (=protocol data unit)	协议数据单元	協定資料單元
PE (=phase encoding)	相位编码	相位編碼
peak	峰[值],波峰	峰值,波峰,最高點
peak cell rate (PCR)	峰值信元速率	峰值細胞速率
peak control power at locked-rotor	峰值堵转控制功率	峰值堵轉控制功率
peak current at locked-rotor	峰值堵转电流	峰值堵轉電流

英文名	大陆名	台湾名
peak detection	①峰值检波 ②峰值检测	①峰值檢波 ②峰值檢測
peak detector	峰值检测器	峰值檢測器
peaker	峰化器	峰化器
peak-frequency deviation	最大频移	最大頻率偏移
peak power	峰功率	尖峰功率
peak power meter	峰值功率计	峰值功率計
peak searching	寻峰	尋峰
peak shift	峰位漂移	峰值移位
peak-to-peak (PP)	峰到峰	峰間值,由極大到極小
PECL (= positive voltage ECL)	正电压射极耦合逻辑	正電壓射極耦合邏輯
PECT (= positron emission computerized tomography)	正电子发射[型]计算机断层成像	正電子發射[型]電腦斷層成象
PECVD (= plasma-enhanced CVD)	等离子[体]增强 CVD	電漿增強 CVD
peel strength	抗剥强度	剝離強度
peephole optimization	窥孔优化	窺孔最佳化
peer entities	对等[层]实体	同級實體
PEL (= powder electroluminescence)	粉末电致发光	粉末電致發光
PEM (= ①phase encoding modulation ②processing element memory)	①相位编码调制 ②处理单元存储器	①相位編碼調變 ②處理元件記憶體
pencil-beam antenna	笔形波束天线	鉛筆尖形波束天線
pen computer	笔输入计算机	筆式輸入電腦
penetration test	渗入测试	滲透測試
peniotron	潘尼管	潘尼管
Penning vacuum gauge	潘宁真空计	潘寧真空計
penumbra	半影	半影
perception	感知	感知
perceptron	感知机	感知器
perfect crystal	完美晶体	完美晶體
perfect dislocation	完全位错	完全錯位
perfective maintenance	改善性维护	完善性維護
perfect medium	理想媒质	理想介質
perfect secrecy	完全保密	完全保密
perfect shuffle	全混洗	完全打亂,洗[牌]
perfect zero-knowledge	完美零知识	完美零知識
perfect zero-knowledge proof	完美零知识证明	完美零知識證明
performance	性能,特性	性能
performance characteristic	性能特性	性能特性
performance evaluation	性能评价	效能評估

英文名	大陆名	台湾名
performance feedback	性能回馈	性能回饋
performance guarantee	性能保证	效能保証
performance management	性能管理	效能管理
performance monitoring (PM)	性能监控	效能監督
performance ratio	性能比	性能比率
performance requirements	性能需求	效能需求
performance specification	性能规约	效能說明書
perigee	近地点	近地點
perinatal monitor	围产期监护仪	圍產期監護儀
period	周期	週期
period definition	周期性定义	週期性定義
periodic frame	周期帧	週期框
periodic function	周期函数	週期函數
periodic sequence	周期序列	週期序列
periodic signal	周期信号	週期訊號,週期訊號
periodic structure	周期结构	週期結構
period meter for reactor	反应堆周期仪	回應堆週期儀
periodogram	周期图	週期圖
peripheral	外围的,外部的	週邊
peripheral communication	外部通信	週邊通信
peripheral component interconnection local bus	PCI 局部总线	PCI 區域匯流排
peripheral computer	外围计算机	週邊計算機
peripheral device (=peripheral equipment)	外围设备,外部设备,外设	週邊設備,週邊裝置
peripheral equipment	外围设备,外部设备,外设	週邊設備,週邊裝置
peripheral interface	外部接口	外部界面
peripheral processor	外围处理机	週邊處理器
peripherals (=peripheral equipment)	外围设备,外部设备,外设	週邊設備,週邊裝置
periscope antenna	潜望镜天线	潛望鏡天線
permanent fault	永久故障,固定故障	永久故障
permanent magnet	永磁体	永久磁鐵
permanent magnetic material	永磁材料	永久磁性材料
permanent memory	固定存储器	永久記憶體
permanent storage (=permanent memory)	固定存储器	永久記憶體

英 文 名	大 陆 名	台 湾 名
permanent store (= permanent memory)	固定存储器	永久記憶體
permanent swap file	永久对换文件	永久交換檔案
permanent virtual circuit (PVC)	永久虚电路	永久虛擬電路
permeability (① = magnetic permeability)	①磁导率 ②渗透率	①導磁係數 ②滲透率
permeable base transistor	可渗基区晶体管	可滲基極電晶體
permeameter	磁导计	磁導計
permeation	渗透	滲透
permissible error	允许误差	允許誤差
permission	许可	允許
permission log	许可权清单	允許日誌
permittivity (= dielectric constant)	介电常数,电容率	介電常數,介電係數
permutation	排列	排列,置換
permutation cipher	置换密码	置換密碼
perpendicular magnetic recording	垂直磁记录	垂直磁記錄
perpendicular polarization	垂直极化	垂直極化
persistence	①余辉 ②持久性	①餘輝 ②持續
personal communication network (PCN)	个人通信网	個人通信網
personal communication system (PCS)	个人通信系统	個人通信系統
personal computer (PC)	个人计算机	個人電腦
Personal Computer Memory Card International Association (PCMCIA)	个人计算机存储卡国际协会	個人電腦記憶卡國際協會
personal digital assistant (PDA)	个人数字助理	個人數位助理
personal identification number	个人标识号	個人識別號碼
personal mobile communication	个人移动通信	個人移動通信
personal word and phrase database	个人词语[数据]库	個人詞句片語資料庫
person-to-person call	叫人电话	指名電話
perspective projection	透视投影	透視投影
perspective transformation	透视变换	透視變換
perveance	导流系数	導流係數
PES (= position error signal)	位置偏差信号	位置誤差訊號
PET (= polysilicon emitter transistor)	多晶硅发射极晶体管	多晶矽射極電晶體
petabit (Pb)	千万亿位,拍[它]位	千萬位元
petabyte (PB)	千万亿字节,拍[它]字节	千萬億位元組
peta floating-point operations per second (petaflops, PFLOPS)	千万亿次浮点运算每秒,拍[它]次浮点运算每秒	每秒千萬億次浮點運算

英 文 名	大 陆 名	台 湾 名
petaflops (=peta floating-point operations per second)	千万亿次浮点运算每秒,拍[它]次浮点运算每秒	每秒千萬億次浮點運算
peta instructions per second (PIPS)	千万亿条指令每秒,拍[它]条指令每秒	每秒千萬億指令
peta operations per second (POPS)	千万亿次运算每秒,拍[它]次运算每秒	每秒千萬億次運算
Petri net	佩特里网	佩特裏網
PFLOPS (=peta floating-point operations per second)	千万亿次浮点运算每秒,拍[它]次运算每秒	每秒千萬億次浮點運算
PFM (=pulse frequency modulation)	脉冲频率调制	脈波頻率調變
PFT (=page frame table)	页帧表	頁框表
PGA (=pin grid array)	引脚阵列封装	針柵陣列
phantom	幻影	幻影,幻覺,幻象
phase	相位	相位
phase adjustment	相位调整	相位調整
phase allpass system	相位全通系统	相位全通系統
Phase Alternation Line system (PAL system)	PAL 制	PAL 製
phase array	相控阵	相位陣列
phase array antenna	相位阵列天线	相位陣列天線
phase bunching	相位群聚	相位群聚
phase calibration	相位校准	相位校準
phase change disc	相变碟	相變碟
phase code	相位码	相位碼
phase comparator	相位比较器	相位比較器
phase comparison monopulse	比相单脉冲	比相單脈波
phase comparison positioning	比相定位	比相定位
phase compensator	相位补偿器	相位補償器
phase conjugation	相位共轭	相位共軛
phase correction	相位校正	相位校正
phased array radar	相控阵雷达	相控陣雷達
phased communication satellite system	相控通信卫星系统	相控通信衛星系統
phase delay	相时延,相位延迟	相位延遲
phase-delay of difference frequency	差频相位延迟	差頻相位延遲
phase demodulation	相位解调	相位解調
phase detection	检相	檢相

英 文 名	大 陆 名	台 湾 名
phase detector	检相器	檢相器
phase deviation	相位偏移	相位偏移
phase distortion	相位失真	相位失真
phase encoding (PE)	相位编码	相位編碼
phase encoding modulation (PEM)	相位编码调制	相位編碼調變
phase equalizer	相位均衡器	相位均衡器
phase error	相位误差	相位誤差
phase-frequency characteristic	相频特性	相頻特性
phase jitter	相位抖动	相位抖動
phase-lag network	相位滞后网络	相位滯后網路
phase-lead network	相位超前网络	相位超前網路
phase-lock	锁相	鎖相
phase-locked frequency discriminator	锁相鉴频器	鎖相頻率
phase-locked loop (PLL)	锁相环[路]	鎖相迴路
phase-locked oscillator	锁相振荡器	鎖相振盪器
phase margin	相位裕量,相位裕度	相位裕量
phase matching angle	相位匹配角	相位匹配角
phase meter	相位计	相位計
phase modulated	调相的	調相的
phase modulated transmitter (PM transmitter)	调相发射机	調相發射機
phase modulation (PM)	调相,相位调制	調相,相位調變
phase modulation recording	调相记录法	相位調變記錄
phase modulator	调相器	調相器
phase noise	相位噪声	相位噪聲
phase reference voltage	相位基准电压	定相位電壓
phase response	相位响应	相位回應
phase reversal keying	反相键控	反相鍵控
phase roll	相位滚动	相位滾動
phase-scan radar	相扫雷达	相起地雷達
phase sensitive amplifier	相敏放大器	相敏放大器
phase shift	相移	相移
phase-shift constant	相移常数	相移常數
phase-shift discriminator	相移鉴频器	相移鑑頻器
phase shifter	移相器	相移器
phase-shift keying (PSK)	相移键控	相位移鍵
phase-shift network	相移网络	相移網路
phase-shift oscillator	移相振荡器	相移振盪器

英　文　名	大　陆　名	台　湾　名
phase spectrum	相位频谱	相位頻譜
phase spectrum estimation	相位谱估计	相位譜估計
phase splitter	分相器	分相器
phase splitting circuit	分相电路	分相電路
phase stability	相位稳定度	相位穩定度
phase step	相位阶跃	相位步階
phase synchronism	相位同步性	相位同步性
phase velocity	相速	相速度
phonecard	电话卡	電話卡
Phong method	冯方法	Phong 方法
Phong model	冯模型	Phong 模型
phonological and calligraphical synthesize coding	音形结合编码	音形綜合編碼
phonological coding (= Pinyin coding)	拼音编码	拼音編碼,字音編碼
phosphorescence	磷光	磷光
phosphoric acid fuel cell	磷酸燃料电池	磷酸燃料電池
phosphorosilicate glass	磷硅玻璃	磷矽玻璃
phosphor screen	荧光屏	熒光屏
photaceram	光敏微晶玻璃	光敏微晶玻璃
photoacoustic Raman spectroscopy (PARS)	光声拉曼谱[学]	光聲拉曼譜[學]
photoacoustic spectroscopy (PAS)	光声光谱[学]	光聲光譜[學]
photocathode	光[电]阴极	光[電]陰極
photocell	光电池	光電池
photochromic glass	光致变色玻璃	光互變性玻璃
photochromism	光致变色性	光互變性
photoconduction	光电导	光電導
photoconductive effect	光电导效应	光電導效應
photoconductivity decay	光电导衰退	光電導衰退
photo-coupler	光[电]耦合器	光耦合器
photodiode	光电二极管	光二極體
photodoping	光掺杂	光摻雜
photoelectric conversion efficiency	光电转换效率	光電轉換效率
photoelectric effect	光电效应	光電效應
photoelectric emission	光电发射	光電發射
photoelectrochemical cell	光电化学电池	光電化學電池
photoelectronics (= optoelectronics)	光电子学	光電子學
photo ionization	光电离	光電離

英 文 名	大 陆 名	台 湾 名
photolithography	光刻	光刻
photoluminescence detector	光致发光探测器	光致發光探測器
photoluminescent dosemeter	光致发光剂量计	光致發光劑量計
photomagnetic effect	光磁效应	光磁效應
photomemory (=optical memory)	光存储器	光記憶體
photometry	光度学	光度學
photon	光子	光子
photon echo	光子回波	光子回波
photonic circuit	光电路	光電路
photonic network	光子网络	光網路
photonic switching	光[子]交换	光[子]交換
photopic vision	明视觉	明視覺
photo-realism graphic	真实感图形	真實感圖形
photoresist	光刻胶,光致抗蚀剂	光刻膠,光致抗蝕劑
photoresist coating	涂胶	涂膠
photo-sensor	光敏感器	光感測器
phototransistor	光电晶体管	光電電晶體
photovoltaic device	光伏器件	光壓器件
photovoltaic effect	光伏效应	光伏效應
phrase	短语	片語
phrase structure grammar	短语结构语法	片語結構文法
phrase structure rule	短语结构规则	片語結構規則
phrase structure tree	短语结构树	片語結構樹
pH sensor	pH 敏感器	pH 感測器
PHY (=physical layer)	物理层	實體層
physical access control	物理访问控制	實體存取控制
physical address	实地址,物理地址	實體位址
physical configuration audit (PCA)	物理配置审计	實體組態稽核
physical data independence	物理数据独立性	實體資料獨立性
physical device	物理设备	實體裝置
physical device table	物理设备表	實體裝置表
physical electronics	物理电子学	物理電子學
physical fault	物理故障	實體故障
physical layer (PHY, PL)	物理层	實體層
physically addressing cache	实寻址高速缓存	實體定址快取
physically based modeling	基于物理的造型	基於物理的造型
physically isolated network	物理隔绝网络	實體隔絕網路
physical medium attachment (PMA)	物理媒体连接	實體媒體附件

英 文 名	大 陆 名	台 湾 名
physical medium attachment sublayer	物理媒体连接子层	實體媒體附接子層
physical paging	物理分页	實體分頁
physical placement	物理布局	物理佈局
physical power source	物理电源	物理電源
physical record	物理记录	實體記錄
physical recording density	物理记录密度	實體記錄密度
physical requirements	物理需求	實體需求
physical routing	物理布线	實體選路
physical schema	物理模式	實體綱目
physical security	物理安全	實體安全性
physical sensor	物理敏感器	物理感測器
physical signaling channel	物理信令信道	實體訊號通道
physical signaling sublayer (PLS sublayer)	物理信令子层,PLS 子层	實體發信子層
physical simulation	物理模拟	實體模擬
physical symbol system	物理符号系统	實體符號系統
physical vapor deposition (PVD)	物理汽相淀积	物理汽相沈積
pick device	拣取设备,拾取设备	撿取裝置
pick-up	拾音器	拾音器
pick-up antenna	接收天线	接收天線
pickup tube (= camera tube)	摄像管	攝象管
pico (p)	皮	皮
pictorial character	绘图字符	圖像字元
picture	①照片 ②图片	圖畫,圖像
picture distortion	图像畸变	圖象畸變
picture element (= pixel)	像素	象素
picture in picture (PIP)	画中画	畫中畫,尖波
picture processing	图片处理	圖象處理
picture tube	显像管	顯象管
PID control (= proportional plus integral plus derivative control)	比例积分微分控制,PID 控制	比例加積分微分控制
piece-wise deterministic (PWD)	分段确定性的	分段確定性的
pie chart	饼形图	圓形圖,圓餅圖
piezoelectric accelerometer	压电加速度计	壓電加速計
piezoelectric ceramic	压电陶瓷	壓電陶瓷
piezoelectric ceramic delay line	压电陶瓷延迟线	壓電陶瓷延遲線
piezoelectric constant	压电常量	壓電係數
piezoelectric crystal	压电晶体	壓電晶體

英文名	大陆名	台湾名
piezoelectric effect	压电效应	壓電效應
piezoelectric flowmeter	压电流量计	壓電流量計
piezoelectric force transducer	压电式力传感器	壓電式力轉換器
piezoelectric gyroscope	压电陀螺	壓電陀螺
piezoelectric microphone	压电传声器	壓電傳聲器
piezoelectric pressure sensor	压电压力敏感器	壓電式壓力感測器
piezoelectric print head	压电式打印头	壓電式列印頭
piezoelectric sensor	压电式敏感器	壓電感測器
piezoelectric tuning fork	压电音叉	壓電音叉
piezoelectric vibrator	压电振子	壓電振動器
piezomagnetic effect	压磁效应	壓磁效應
piezomagnetic material	压磁材料	壓磁材料
piggyback entry	借线进入	揹負進入
pile-up effect	堆积效应	堆積效應
pile-up rejection	反堆积	反堆積
pillbox antenna	枕盒天线	藥筒形天線
pilot (=booting)	[磁带]引导段	引導
pilot carrier	导频载波	導頻載波,指引載波
pilot channel	导频信道	導頻通道
pilot channel equipment	导频信道设备	導頻通道設備
pilot channel system	导频信道系统	導頻通道系統
pilot signal	导频信号	導頻訊號
pilot warning indicator (PWI)	驾驶员告警指示器	駕駛員告警指示器
pin	①插针 ②引脚	插針
pin assignment	引脚分配	插腳指定
pinch-off voltage	夹断电压	夾止電壓
pincushion distortion	枕形畸变	枕形畸變
PIN detector	PIN 检测器	PIN 檢測器
pin feed	针式输纸	針式饋送
pin force	插针压力	插針壓力
ping	查验	查驗
ping-pong procedure	乒乓过程	乒乓程序
ping-pong protocol	乒乓协议	乒乓協定
ping-pong scheme	乒乓模式	乒乓方式
pin grid array (PGA)	引脚阵列封装	針柵陣列
pinhole	针孔	針孔
pinhole lens	针孔透镜	針孔透鏡
PIN junction diode	PIN 结二极管	PIN 接面二極體

英　文　名	大　陆　名	台　湾　名
pin-through-hole	通孔	通孔,饋通
Pinyin	汉语拼音[方案]	漢語拼音[方案]
Pinyin coding	拼音编码	拼音編碼,字音編碼
PIP (=picture in picture)	画中画	畫中畫,尖波
pipe	管道	管,導管
pipe communication mechanism	管道通信机制	管道通信機制
pipe file	管道文件	管線檔案
pipeline	流水线	管線
pipeline computer	流水线计算机	管線計算機
pipeline control	流水线控制	管線控制
pipeline data hazard	流水线数据冲突	管線資料危障
pipeline efficiency	流水线效率	管線效率
pipeline interlock control	流水线互锁控制	管線互鎖控制
pipeline processing	流水线处理	管線處理
pipeline processor	流水线处理器	管線處理機
pipeline stall	流水线停顿	管線停頓
pipelining algorithm	流水线算法	管線演算法
pipe synchronization	管道同步	管線同步
PIPS (=peta instructions per second)	千万亿条指令每秒,拍[它]条指令每秒	每秒千萬億指令
Pirani gauge	皮氏计,皮拉尼真空规	皮氏計,皮拉尼真空規
piston	活塞	活塞
piston vacuum pump	往复真空泵	往復真空幫浦
pitch axis	俯仰轴	俯仰軸
pixel	像素	象素
PKI (=public-key infrastructure)	公钥构架	公用金鑰架構
PKIX (=public-key infrastructure x.509)	X.509 公钥构架	X.509 公用金鑰架構
PL (=①physical layer ② position line)	①物理层 ②位置线	①實體層 ②位置線
PL/1 (=Programming Language/1)	PL/1 语言	PL/1 程式語言
PLA (=programmable logic array)	可编程逻辑阵列	可程式化邏輯陣列
place	位置	位置,地位,位
placement	布局	佈局
placement strategy	布局策略	佈局策略
place/transition system (P/T system)	位置-变迁系统	位置/遷移系統
plain conductor	裸导线	裸導線
plain flange (=flat flange)	平板法兰[盘]	平板法蘭盤
plain joint	平接关节	平接頭

英文名	大陆名	台湾名
plaintext	明文	明文
planar array	平面阵	平面陣列
planar defect	面缺陷	面缺陷
planar diode	平面二极管	平面二極體
planar ferrite	平面型铁氧体	平面型鐵氧體
planarity	平面性	平面性
planar network	平面网络	平面網路
planar point set	平面点集	平面點集
planar technology	平面工艺	平面工藝
planar transistor	平面晶体管	平面電晶體
plan-based negotiation	基于规划的协商	基於規劃的協商
plane	平面	平面
plane-octet	平面八位	平面八位
plane polarization	平面极化	平面極化
plane vector field	平面向量场	平面向量場
plane wave	平面波	平面波
Planck's law	普朗克定律	普蘭克定律
planning	规划	規劃
planning failure	规划失败	規劃失敗
planning generation	规划生成	規劃產生
planning library	规划库	規劃庫
planning system	规划系统	規劃系統
plan position indicator (PPI)	平面位置显示器	平面位置顯示器
plasma	等离子体	電漿
plasma-coupled device (PCD)	等离子体耦合器件	電漿耦合元件
plasma diagnostic	等离子体诊断	電漿診斷
plasma display (PD)	等离子[体]显示	電漿顯示
plasma display panel (PDP)	等离子[体]显示板	電漿顯示板
plasma-enhanced CVD (PECVD)	等离子[体]增强 CVD	電漿增強 CVD
plasma etching	等离子[体]刻蚀	電漿刻蝕
plasma frequency	等离子体频率	電漿頻率
plasma instability	等离子体不稳定性	電漿不穩定性
plasma oxidation	等离子[体]氧化	電漿氧化
plasma sputtering	等离子[体]溅射	電漿濺射
plastic film capacitor	塑料膜电容器	塑膠膜電容
plastic optical fiber	塑胶光纤	塑膠光纖
plastic package	塑封	塑封
plateau	坪	坪

英 文 名	大 陆 名	台 湾 名
plateau slope	坪斜	坪斜
plated-through hole	金属化孔	鍍通孔
plate for ultra-microminiaturization	超微粒干版	超微粒干版
platform	平台	平台
plating film disk	电镀膜盘,电镀薄膜磁盘	電鍍膜磁碟
platinotron	泊管	泊管
plausibility ordering	似真性排序	似真定序
plausible reasoning	似真推理	似真推理
playback robot	重现机器人	重現式機器人
PLC (= programmable logic controller)	可编程逻辑控制器	可程式邏輯控制器
PLD (= programmable logic device)	可编程逻辑器件	可程式化邏輯元件
plesiochronous	准同步的	非同步的
plesiochronous digital hierarchy (PDH)	准同步数字系列	近似同步數位階層
plex grammar	交织文法	交織文法
PLL (= phase-locked loop)	锁相环[路]	鎖相迴路
plot	绘图	繪圖
plotter	绘图机	繪圖器
plotting tablet	①图形输入板 ②标图板	①繪圖輸入板 ②標圖板
PLS sublayer (= physical signaling sublayer)	物理信号[收发]子层,PLS 子层	實體發信子層
plug	插塞	插頭
plug and play	即插即用	隨插即用
plug and play operating system	即插即用操作系统	隨插即用作業系統
plug and play programming	即插即用程序设计	隨插即用程式設計
plug-compatible computer	插接兼容计算机	插接相容計算機
plug-in	插入	插入
plug-in discharge tube	插入式放电管	插入式放電管
plunger (= piston)	活塞	活塞
PM (= ①phase modulation ②performance monitoring ③pulse modulation)	①调相,相位调制 ②性能监控 ③脉冲调制	①調相,相位調變 ②效能監督 ③脈波調變
PMA (= ①physical medium attachment ②policy management authority)	①物理媒体连接 ②策略管理机构	①實體媒體附件 ②策略管理機構
PMC model	PMC 诊断模型	PMC 模型
PMS representation (= process-memory-switch representation)	进程存储器开关表示,PMS 表示	過程記憶器開關表示
PMT (= page map table)	页映射表	頁面映射表
PM transmitter (= phase modulated trans-	调相发射机	調相發射機

英 文 名	大 陆 名	台 湾 名
mitter)		
PN (=pseudo-noise)	伪噪声	擬似雜訊,虛擬雜訊
PN code (=pseudo noise code)	伪噪声码,PN 码	偽噪聲碼,PN 碼
PN junction	PN 结	PN 接面
PN junction detector	PN 结探测器	PN 結探測器
PN junction diode	PN 结二极管	PN 接面二極體
PN junction isolation	PN 结隔离	PN 結隔離
PNPN negative resistance laser	PNPN 负阻激光器	PNPN 負阻雷射器
Pockels cell	泡克耳斯盒	普克耳斯盒
pocket	卡片匣	袋
pocket radio	袖珍式无线电设备,袖珍式收音机	袖珍式無線電設備,袖珍式收音機
POE (=parallel operation environment)	并行操作环境	平行作業環境
Poincare sphere	庞加莱球	波因卡球
point contact diode	点接触二极管	點接觸二極體
point contact solar cell	点接触太阳电池	點接觸太陽電池
point defect	点缺陷	點缺陷
pointer	指针,指引元	指標
point graph	点图	點圖
pointing device	点击设备	點擊裝置
point of sale (POS)	销售点	銷售點
point operation	点运算	點運算
point retrieval	点检索	點檢索
point set	点集	點集
point spread function	点扩展函数	點擴展函數
point target	点目标	點目標
point to multipoint communication(=point-to-multipoint delivery)	点对多点通信	點對多點通信
point-to-multipoint delivery	点对多点通信	點對多點遞送,點對多點通信
point-to-point	点对点	點對點
point-to-point communication	点对点通信	點-點通信
point-to-point connection	点对点连接	點對點連接
point-to-point delivery	点对点传递	點對點遞送
point-to-point protocol (PPP)	点对点协议	點對點協定
poisoning of cathode	阴极中毒	陰極中毒
polar capacitor	极性电容器	極性電容
polarization	极化,偏振	極化

英　文　名	大　陆　名	台　湾　名
polarization diversity	极化分集,偏振分集	極化分集,偏振分集
polarization efficiency	极化效率	偏極效率
polarization filter	极化滤波器,偏振滤光器	極化濾波器,極化濾光器
polarization plane	极化面	極化面
polarization ratio	极化率	極化率
polarized relay	极化继电器	極化繼電器
polarized return-to-zero recording	极化归零制记录法	極化歸零記錄
polar semiconductor	极性半导体	極性半導體
pole	极,刀	極
pole-zero cancellation	极零[点]相消,零极点相消	極零[點]相消,零極點相消
pole-zero method	零[点]极点法	零[點]極點法
policy management authority (PMA)	策略管理机构	策略管理機構
polishing	抛光	拋光
polling	探询	輪詢
polycell method	多元胞法	多元胞法
polycide gate	多晶硅－硅化物栅	多晶矽－矽化物閘極
polycrystal	多晶	多晶
polycrystalline silicon solar cell	多晶硅太阳电池	多晶矽太陽電池
polygonal decomposition	多边形分解	多邊形分解
polygonal patch	多边形面片	多邊形面片
polygon clipping	多边形裁剪	多邊形剪輯
polygon convex decomposition	多边形凸分解	多邊形凸分解
polygon window	多边形窗口	多邊形視窗
polygraph	多导生理记录仪	多導生理記錄儀
polyhedral model	多面体模型	多面體模型
polyhedron clipping	多面体裁剪	多面體截割
polyhedron simplification	多面体简化	多面體簡化
polyline	折线	折線
polylog depth	多项式对数深度	多項式對數深度
polylog time	多项式对数时间	多項式對數時間
polymarker	多点标记,多点记号	多點標記
polymorphic programming language (PPL)	多态编程语言	多型程式設計語言
polymorphism	多态性	多型
polynomial-bounded	多项式有界[的]	多項式有界
polynomial hierarchy	多项式谱系	多項式階層
polynomial-reducible	多项式可归约[的]	多項式可歸約

英文名	大陆名	台湾名
polynomial space	多项式空间	多項式空間
polynomial time	多项式时间	多項式定時
polynomial time reduction	多项式时间归约	多項式時間歸約
polynomial-transformable	多项式可转换[的]	多項式可變換
polysemy	多义	多義
polysilicon emitter transistor (PET)	多晶硅发射极晶体管	多晶矽射極電晶體
PON (= passive optical network)	无源光网络	被動式光纖網路
ponderomotive force	有质动力	有質動力
pool	池	池,集用場
POP (= post-office protocol)	邮局协议	爆出
POPS (= peta operations per second)	千万亿次运算每秒,拍[它]次运算每秒	每秒千萬億次運算
population	种群	①群體 ②人口
population inversion	粒子数反转	粒子數反轉
pop-up menu	弹出式选单	爆出選項單
porous ceramic	多孔陶瓷	多孔陶瓷
porous glass	多孔玻璃	多孔玻璃
port	端口	埠
portability	可移植性,易移植性	可攜性
portable computer	便携式计算机	可攜電腦
portable operating system	可移植的操作系统	可攜作業系統
portable telephone	便携电话	攜帶式電話,手提電話
Porta's cipher	波尔塔密码	波塔密碼
portrait	竖向	①直擺 ②肖像
portrait format; vertical format	纵长格式	垂直格式
POS (= ①Pacific Ocean Satellite ②point of sale)	①太平洋通信卫星 ②销售点	①太平洋通信衛星 ②銷售點
pose determination	位姿定位	位姿定位
position (= place)	位置	位置,地位,位
position coder	位置编码器	位置編碼器
position control system	位置控制系统	位置控制系統
position detector	位置检测器	位置檢測器
positioned channel	定位信道	定位通道
position error signal (PES)	位置偏差信号	位置誤差訊號
position fixing	定位	定位
positioning	定位	定位
positioning system	定位系统	自動位置調節系統,自動定址系統

英　文　名	大　陆　名	台　湾　名
positioning time	定位时间	定位時間
position line (PL)	位置线	位置線
position location reporting system	位置报告系统	位置報告系統
position repetitive error	定位重复误差	定位重復誤差
position root-mean-square error	定位均方根误差	定位均方根誤差
position sensitive detector	位置灵敏探测器	位置靈敏探測器
position transducer	位置传感器	位置傳感器
positive closure	正闭包	正閉包
positive displacement pump	变容真空泵	變容真空幫浦
positive edge	正沿	正邊緣
positive electrode	正极	正極
positive example	正例	正例
positive feedback	正反馈	正回授
positive logic-transition	正逻辑转换	正邏輯變遷
positive photoresist	正性光刻胶	正性光刻膠
positive voltage ECL (PECL)	正电压射极耦合逻辑	正電壓射極耦合邏輯
positron	正电子	正電子,陽電子
positron emission computerized tomography (PECT)	正电子发射[型]计算机断层成像	正電子發射[型]電腦斷層成象
positron spectroscope	正电子谱仪	正電子譜儀
possibility theory	可能性理论	可能性理論
postamble	后同步码	後同步碼
postbaking	后烘	後烘
postcondition	后[置]条件	後置條件
post-deflection acceleration	偏转后加速	偏轉後加速
posted memory write	存储器滞后写入	記憶體延遲寫入
postfix	后缀	後置
postmaster	邮件管理员,邮政局长	郵件管理員
post-office protocol (POP)	邮局协议	郵局協定
postponed-jump technique	推迟转移技术	延遲跳躍技術
postprocessing	后处理	後處理
post-RISC	后精简指令集计算机	後精簡指令集計算機
post-set	后集	後集
Post system	波斯特系统	郵局系統
posture recognition	体姿识别	姿態識別
potassium dideuterium phosphate (DKDP)	磷酸二氘钾	磷酸二氘鉀
potassium dihydrogen phosphate (KDP)	磷酸二氢钾	磷酸二氫鉀

英文名	大陆名	台湾名
potassium niobate (KN)	铌酸钾	鈮酸鉀
potassium tantalate niobate (KTN)	铌钽酸钾	鈮鉭酸鉀
potential barrier	势垒	位壘
potential difference	电位差	電位差
potential drop	电位降	電位降
potentiometer	电位器	電位器
Potter horn	玻特喇叭	波特喇叭
powder electroluminescence (PEL)	粉末电致发光	粉末電致發光
power	①功率 ②电力	①功率 ②電源
power amplifier (PA)	功率放大器	功率放大器
power bandwidth	功率频宽	功率頻寬
power budget	功率预算	功率預算,電力預算[表]
power bus	电源总线	電源匯流排
power capacity	功率容量	功率容量
power conditioner	净化电源	淨化電源
power consumption	功耗	功率消耗
power control microcode	电源控制微码	電源控制微碼
power density	功率密度	功率密度
power density spectrum	功率密度频谱	功率密度頻譜
power dissipation (= power consumption)	功耗	功率消耗
power distribution system	电源分配系统	電力分配系統
power divider	功率分发器	功率分配器
power efficiency	功率效率	功率效率
power electronics	功率电子学,电力电子学	功率電子學,電力電子學
power equipment	电力设备	電源設備
power flow	功率通量	功率通量
powerful receiver	大功率接收机	大功率接收機
powerful transmitter	大功率传送机	大功率發射機
power gain	功率增益	功率增益
power limit	功率极限	功率極限
power line	电力线	電力線,電源線
power line carrier	电力线载波	電力線載波
power line carrier communication system	电力线载波通信系统	電力線載波通信系統
power line carrier telephone	电力线载波电话	電力線載波電話
power loss	功率损耗	功率損耗
power loss coefficient	功率损耗系数	功率損失係數

英 文 名	大 陆 名	台 湾 名
power management	功率管理	功率管理
power margin	功率容限	功率容限,功率邊際,電力邊際值
power meter	功率计	功率計
power monitor	功率监视器	功率監視器
power reflectance	功率反射率	功率反射率
power signal	功率信号	功率訊號
power source	[电]源	[電]源
power spectrum	功率频谱	功率頻譜
power spectrum estimation	功率谱估计	功率頻譜估計
power splitter (= power divider)	功率分发器	功率分配器
power supply (= power source)	[电]源	[電]源
power supply equipment	电源设备	電源設備
power supply screen	电源屏幕	電力供應熒幕
power supply trace	电源跟踪	電力供應追蹤
power transformer	电源变压器	電源變壓器
power transmission	电力传输	電力傳輸
power transmission network	电力传输网	電力傳輸網路
power transmittance	功率透射率	功率透射率
power waves	功率波	功率波
Poynting theorem	玻印亭定理	波英亭定理
Poynting vector	玻印亭矢[量],能流密度矢[量]	波英亭向量
Poynting vector method	玻印亭矢量法	波英亭向量法
PP (= peak-to-peak)	峰到峰	峰間值,由極大到極小
PPDU (= presentation protocol data unit)	表示层协议数据单元	展示層協定資料單元
PPI (= plan position indicator)	平面位置显示器	平面位置顯示器
PPL (= polymorphic programming language)	多态编程语言	多型程式設計語言
PPM (= pulse-position modulation)	脉位调制	脈位調變
PPP (= point-to-point protocol)	点对点协议	點對點協定
P-preserve mapping	保 P 映射	保留 P 映射
pragmatic analysis	语用分析	實用分析
pragmatics	语用学	語用學,實際學
preallocation	预分配	預分配
preamble	前同步码	前文
preamplifier	前置放大器	前置放大器
preassigned channel	预指配信道	預先指定通道

英　文　名	大　陆　名	台　湾　名
preassigned multiple access (PAMA)	预分配多址	預先指定式的多重進接,預先指配多重接取
preassignment	预分配	預分發
precedence constraint	优先约束	居先約束
precharge	①预充电 ②预收费	預收費
precharge cycle	预充电周期	預先充電週期
precise VOR (PVOR)	精密伏尔	精密伏爾
precision	精[密]度	精[密]度
precision approach radar (PAR)	精密进场雷达	精密進場雷達
precision distance measuring equipment (PDME)	精密测距器	精密測距器
precision potentiometer	精密电位器	精密電位器
precision resistor	精密电阻器	精密電阻
precoding	预编码	預編碼
precompiler	预编译程序	預編譯器
precondition	前[置]条件	先決條件
predecessor	①前导 ②前驱站	①前導 ②前導子
predicate	谓词	述詞
predicate calculus	谓词演算	述詞演算
predicate converter	谓词转换器	述詞轉換器
predicate logic	谓词逻辑	述詞邏輯
predicate symbol	谓词符号	述詞符號
predicate/transition system	谓词－变迁系统	述詞/遷移系統
predicate use (p-use)	判定使用	判定使用,述詞使用
predicate variable	谓词变量	述詞變數
predicted control	预测控制	預測控制
predictive coding	预测编码	預測編碼
prediffusion	预扩散	預擴散
pre-emphasis	预加重	預強調
preemphasis network	预加重网络	預加重網路
preemption	抢先	佔先
preemptive multitasking	抢先多任务处理	佔先式多任務
preemptive scheduling	抢先调度	佔先排程
preferred orientation	择优取向	擇優取向
prefetch	预取	預取
prefetching technique	预取技术	預取技術
prefix	前缀	前置,前綴

英 文 名	大 陆 名	台 湾 名
prefix code	前缀码	前置碼,字首碼
prefix method synchronization	词头法同步	詞頭法同步
prefix property	前缀性质	前置性質
pregenerated operating system	预生成操作系统	預生作業系統
preliminary design	概要设计	初步設計
premise (=antecedent)	前提	①前提 ②先行
prenex normal form	前束范式	前束正規形式
preorder	前序	前序
preplanned allocation	预先计划分配	預先計劃分配
prepressing	预压	預壓
preprocessor	预处理程序	預處理機,前置處理器
preread head	预读磁头	預讀頭
prescheduled algorithm	预调度算法	預排程演算法
presentation direction	书写方向	書寫方向
presentation layer	表示层	表示層
presentation protocol data unit (PPDU)	表示层协议数据单元	展示層協定資料單元
pre-set	前集	前集
pre-set capacitor	预调电容器	預調電容
pressure sensor	压力敏感器	壓力感測器
pressure transmitter	压力变送器	壓力傳輸器
pretreatment	预处理	預處理
pre-TR tube	前置保护放电管	前置保護放電管
prevarication	多义度	多義度
preventive maintenance	预防性维修,预防性维护	預防性維修,預防性維護
preventive maintenance time	维护时间	維護時間
previewer	预览程序	預驗程序
prewrite compensation (=write precompensation)	写前补偿	寫前補償,預寫補償
PRF (=pulse repetition frequency)	脉冲重复频率	脈波重復頻率
primary cell	一次电池	一次電池
primary color	原色	原色
primary color unit	基色单元	基色單元
primary console	主控台	主控制台
primary control unit (=main control unit)	主控制器	主控制單元
primary copy	主副本	主副本
primary display	一次显示	一次顯示
primary electron	原电子	原電子

英　文　名	大　陆　名	台　湾　名
primary flat	主平面	主平面
primary frequency	主用频率	主要頻率,第一選用頻率
primary input	初级输入	主輸入
primary key	主[键]码	主鍵
primary output	初级输出	主輸出
primary paging device	主分页设备	主分頁裝置
primary radar	一次雷达	一次雷達
primary radiator	初级辐射器	主輻射器
primary scintillator	第一闪烁体	第一閃爍體
primary segment	主段	主段
primary set	基本集	主集
primary station (=master station)	主站	主站,主要站
primary vision (=early vision)	初级视觉	初級視覺
primary word	基本词	基本詞
prime attribute	主属性	主屬性
prime commutator	主交换子	主交換子
prime field	原始场	原始場
priming	引火	引火
primitive	①原语 ②图元	①基元 ②原始
primitive attribute	图元属性	基元屬性
primitive code	本原码	本原碼
primitive deduction	本原演绎	基元演繹
primitive element	基本元素	根本元素
primitive recursive function	原始递归函数	原始遞迴函數
principal wave	主波	主波
principle of least privilege	最小特权原则	最小特權原則
print drum	打印鼓	列印磁鼓
printed board	印制板	印刷板
printed board assembly	印制板组装件	印製板組裝件
printed board connector	印制板连接器	印刷電路板連接器
printed circuit	印制电路	電路板
printed-circuit board (PCB)	印制电路板,印制板	印刷電路板
printed component	印制元件	印刷元件
printed Hanzi recognition	印刷体汉字识别	印刷體漢字識別
printed wiring	印制线路	印刷線路
printed wiring boar (PWB) (=printed circuit board)	印刷电路板	印刷電路板

英文名	大陆名	台湾名
printer	①印刷机 ②打印机	列印機
printer engine	打印机机芯	印表機引擎
print form	印刷体	列印表格
print head	打印头	列印頭
print preview	打印预览	預覽列印
print quality	打印质量	列印品質
print server	打印服务器	列印伺服器
print-through	①透录 ②复印效应	①列印通過 ②復印效應
print wheel	打印轮	列印輪
priority	①优先权 ②优先级	①優先權 ②優先
priority adjustment	优先级调整	優先調整
priority control (PC)	优先级控制	優先控制
priority interrupt	优先级中断	優先中斷
priority job	优先级作业	優先作業
priority list	优先级表	優先表
priority number	优先数	優先數
priority of high frequency [words]	高频[字词]先见	高頻[字詞]優先
priority of the latest used words	最近使用字词先见	最近使用字詞先見
priority queue	优先队列	優先隊列
priority scheduling	优先级调度	優先排程
priority selection	优先级选择	優先選擇
prism	棱镜	棱鏡
prismatic cell	方形蓄电池	方形蓄電池
prismatic dislocation loop	棱柱形位错环	棱柱形錯位環
privacy key	秘密密钥	秘密密鑰
privacy of user's identity	用户标识专用	用戶識別隱私
privacy protection	专用保护	隱私保護
private	私用,专用	私用, 專用
private automatic branch exchange (PABX)	专用自动小交换,用户自动小交换机	專用自動小交換,用戶自動交換機
private branch exchange (PBX)	专用小交换机,用户小交换机	專用小交換機,用戶小交換機
private cache	私有高速缓存	私有快取
private communication channel	专用通信信道	專用通信通道
private data network	专用数据网	專用數據網路,專屬數據網
private exchange	专用交换机	專用交換機

英　文　名	大　陆　名	台　湾　名
private key	私钥	專用鍵
private line(= dedicated line)	专用线路,专线	專[屬]線
private line service	专线业务	專線業務
private network	专用网	專用網
private numbering plan	专用编号方案	私有網路編號計劃
private use plane	专用平面	專用平面
privilege	特权	特權
privileged command	特权命令	特權命令
privileged instruction	特权指令	特權指令
privileged mode	特权方式	特權模式
PRM (= pulse repetition rate modulation)	脉冲重复频率调制	脈波重復率調變
probabilistic algorithm	概率算法	機率演算法
probabilistic arc	概率弧	機率弧
probabilistic error estimation	概率误差估计	機率誤差估計
probabilistic logic	概率逻辑	機率邏輯
probabilistic parallel algorithm	概率并行算法	機率平行演算法
probabilistic reasoning	概率推理	機率推理
probabilistic relaxation	概率松弛法	機率鬆弛法
probabilistic system	概率系统	機率系統
probabilistic testing	概率测试	機率測試
probability	概率	機率
probability analysis	概率分析	機率分析
probability correlation	概率相关	機率校正
probability density	概率密度	機率密度
probability density function	概率密度函数	機率密度函數
probability distribution	概率分布	機率分佈
probability encryption	概率加密	機率加密
probability function	概率函数	機率函數
probability model	概率模型	機率模型
probability propagation	概率传播	機率傳播
probe	①探查 ②探头	①探查 ②探針
problem	问题	問題
problem diagnosis	问题诊断	問題診斷
problem-oriented language	面向问题语言	問題導向語言
problem reduction	问题归约	問題歸約
problem report	问题报告	問題報告
problem solving	问题求解	問題求解
problem solving system	问题求解系统	問題求解系統

英 文 名	大 陆 名	台 湾 名
problem space	问题空间	問題空間
problem state	问题状态	問題態
problem statement analyzer (PSA)	问题陈述分析程序	問題敘述分析器
problem statement language (PSL)	问题陈述语言	問題敘述語言
procedural implementation method	过程实现方法	程序實施方法
procedural knowledge	过程性知识	程序知識
procedural language	过程语言	程序語言
procedural model	流程模型	程序模型
procedural programming	过程程序设计	程序程式設計
procedural semantics	过程语义	程序語意
procedure	①过程 ②规程	程序
procedure analysis	过程分析	程序分析
procedure data	过程数据	程序資料
procedure-oriented language	面向过程语言	程序導向語言
procedure synchronization	过程同步	程序同步
process	①过程 ②进程	①過程 ②處理
process average	过程平均	過程平均
process control	过程控制	過程控制
process control software	过程控制软件	過程控制軟體
processing element memory (PEM)	处理单元存储器	處理元件記憶體
processing monitoring	工艺过程监测	工藝過程監測
processing simulation	工艺模拟	製程模擬
processing unit (=processor)	处理器,处理机,处理单元	處理器,處理機,處理單位
process inspection	工序检验	工序檢驗
process logic	过程逻辑	過程邏輯
process-memory-switch representation (PMS representation)	进程存储器开关表示,PMS 表示	過程記憶器開關表示
process migration	进程迁移	處理遷移
process model	过程模型	處理模型
processor	处理器,处理机,处理单元	處理器,處理機,處理單位
processor allocation	处理器分配	處理器分配
processor consistency model	处理器一致性模型	處理器一致性模型
process-oriented model	面向过程模型	程序導向模型
processor management	处理器管理	處理機管理
processor pair	处理机对	處理器對
processor scheduling	处理器调度	處理器排程

英 文 名	大 陆 名	台 湾 名
processor status word (PSW)	处理机状态字	處理器狀態字
processor utilization	处理机利用率	處理器利用率
process priority	进程优先级	過程優先
process qualitative reasoning	进程定性推理	過程定性推理
process reengineering	过程重构	處理再工程
process scheduling	进程调度	過程排程
process state	进程状态	處理狀態
process synchronization	进程同步	過程同步
process transition	进程变迁	過程變遷
product certification	产品认证	產品認證
product cipher	乘积密码	乘積加密
product data management (PDM)	产品数据管理	產品資料管理
product detector	乘积检波器	乘積檢波器
product inspection	成品检验	成品檢驗
production	生成式,产生式	①生成 ②生產
production language knowledge	产生式语言知识	生產語言知識
production line method	生产线方法	生產線方法
production lot	生产批	生產批
production planning control system	生产计划控制系统	生產計劃控制系統
production rule	产生式规则	生產規則
production system	产生式系统	生產系統
productive morphology	构词法	構詞法
product library	产品库	產品庫
product modeling	产品建模	產品建模
product security	产品安全	產品安全
product specification	产品规格说明,产品规约	產品規格說明
product surface	乘积曲面	乘積曲面
product test	产品测试	產品測試
professional operator	专职操作员	專業操作員
profile	轮廓	①輪廓,外形 ②設定檔
profile curve	轮廓线	輪廓線
program	程序	程式,節目
program algebra	程序代数	程式代數
program architecture	程序体系结构	程式架構
program block	程序块	程式塊
program command	程序指令	程式指令
program conversion	程序转换	程式轉換

英 文 名	大 陆 名	台 湾 名
program correctness	程序正确性	程式正確性
program counter	程序计数器	程式計數器
program design	程序设计	程式設計
program design language (PDL)	程序设计语言	程式設計語言
program extension	程序扩展	程式擴充
program format	程序格式	程式格式
program generation	程序生成	程式產生
program generator	程序生成器,程序生成程序	程式產生器
program halt	程序暂停	程式暫停
program instrumentation	程序探测	程式探測
program isolation	程序隔离	程式隔離
program library	程序库	程式館,館存程式
program limit monitoring	程序界限监控	程式極限監控
program loader	程序装入程序	程式載入器
program loading operation	程序装入操作	程式載入操作
program locality	程序局部性	程式局部性
program logical unit	程序逻辑单元	程式邏輯單元
programmable array logic (PAL)	可编程阵列逻辑[电路]	可程式陣列邏輯
programmable attenuator	程控衰减器	程控衰減器
programmable communication interface	可编程通信接口	可程式通信介面
programmable control computer	可编程控制计算机	可程式控制計算機
programmable instrument	程控仪器	程控儀器
programmable logic array (PLA)	可编程逻辑阵列	可程式化邏輯陣列
programmable logic controller (PLC)	可编程逻辑控制器	可程式邏輯控制器
programmable logic device (PLD)	可编程逻辑器件	可程式化邏輯元件
programmable read only memory (PROM)	可编程只读存储器	可程式化唯讀記憶體
programmable signal generator	程控信号发生器	程控訊號發生器
programmable telemetry	可编程遥测	可編程遙測
programmable terminal	可编程终端	可程式終端
programmable transversal filter (PTF)	可编程横向滤波器	可程式化横向濾波器
programmed control	程序控制	程式控制
programmer job	程序员作业	可程式員作業
programming	编程	程式設計,程式規劃
programming environment	程序设计环境	程式設計環境
Programming Language/1 (PL/1)	PL/1 语言	PL/1 語言
programming logic	程序设计逻辑	程式設計邏輯

英 文 名	大 陆 名	台 湾 名
programming methodology	程序设计方法学	程式設計方法論
programming support environment	程序设计支持环境	程式設計支援環境
programming technique	程序设计技术	程式設計技術
program modification	程序修改	程式修改
program mutation	程序变异	程式變遷
program paging function	程序分页功能	程式分頁功能
program partitioning	程序划分	程式劃分
program priority	程序优先级	程式優先
program protection	程序保护	程式保護
program quality	程序质量	程式品質
program register	程序寄存器	程式暫存器
program relocation	程序复定位	程式再定位
program retry	程序重试	程式再試
program scheduler	程序调度程序	程式排程器
program segment	程序段	程式段
program segment table	程序段表	程式段表
program-sensitive fault	程序敏感故障	程式有感故障,程式有感錯失
program specification	程序规约	程式規格
program state	程序状态	程式狀態
program support library	程序支持库	程式支援館
program swapping	程序对换	程式調換
program synthesis	程序综合	程式合成
program transformation method	程序转换方法	程式變換方法
program understanding	程序理解	程式理解
program validation	程序确认	程式確認
program verification	程序验证	程式驗證
program verifier	程序验证器	程式驗證器
project	①投影 ②项目	①投影 ②專案
projected range	投影射程	投影射程
project file	项目文件	專案文件
projection mask aligner	投影光刻机	投影光刻機
projection plane	投影平面	投影平面
projection tube	投影管	投影管
projection TV	投影电视	投影電視
projective transformation	投影变换	投影變換
project management	项目管理	專案管理
project notebook	项目簿	專案紀錄簿

英 文 名	大 陆 名	台 湾 名
project plan	项目计划	專案規劃
project schedule	项目进度[表]	專案進度表
PROM (= programmable read only memory)	可编程只读存储器	可程式化唯讀記憶體
prompt	提示	提示號,提示符號,提示字元,候答訊號
proof	证明	證明
proof of forgery algorithm	伪造算法证明	偽造演算法證明
proof of identity	标识证明	標識證明
proof of program correctness	程序正确性证明	程式正確性証明
proof strategy	证明策略	證明策略
proof tree	证明树	證明樹
propagated error	传播误差	傳播誤差
propagation	传播	傳遞,傳播
propagation condition	传播条件	傳播條件
propagation constant	传播常数	傳播常數
propagation delay	①传播延迟 ②传输延迟	①傳播延遲 ②傳導延遲
propagation error	传播差错	傳播錯誤
propagation loss	传播损耗	傳播損耗
propagation path	传播路径	傳播路徑
propagation velocity	传播速度	傳遞速度
proportional band	比例带	比例帶
proportional command	比例指令	比例指令
proportional control	比例控制	比例控制
proportional counter	正比计数器	正比計數器
proportional plus integral plus derivative control (PID control)	比例积分微分控制,PID 控制	比例加積分微分控制
proportional region	正比区	正比區
proportional revolver	比例式旋转变压器	比例式旋轉器
propositional calculus	命题演算	命題演算
propositional logic	命题逻辑	命題邏輯
protected ground	保护地	保護地
protected mode	保护方式	保護模態
protected queue area	保护队列区	保護隊列區域
protected resource	受保护资源	保護資源
protection	保护	保護
protocol	协议	協議
protocol analyzer	协议分析仪	協議分析儀

英 文 名	大 陆 名	台 湾 名
protocol control information (PCI)	协议控制信息	協定控制資訊
protocol conversion	协议转换	協定轉換
protocol data unit (PDU)	协议数据单元	協定資料單元
protocol discriminator	协议鉴别符	協定鑑別器
protocol entity	协议实体	協定實體
protocol failure	协议失败	協定失敗
protocol mapping	协议映像	協定對映
protocol specifications	协议规范	協定規格
protocol stack	协议栈	協定堆疊
protocol suite	协议套	協定套
protocol version (PV)	协议版本	協定版本
proton	质子	質子
proton tomography	质子层析成像	質子斷層掃描
prototype	原型	①原型,標準型態,雛型 ②試作
prototype construction	原型结构,原型构造	原型構造
prototype filter	原型滤波器	原型濾波器
prototyping	原型制作	原型設計
prover	证明者	證明者
proximity exposure method	接近式曝光法	接近式曝光法
proximity focusing	近贴聚焦	近貼聚焦
proxy	代理	代理
proxy server	代理服务器	代理伺服器
proxy service	代理服务	代理服務
prune	修剪	修剪
PSA (= problem statement analyzer)	问题陈述分析程序	問題敘述分析器
PSDN (= packet-switched data network)	包交换数据网,分组交换数据网	分封交換資料網路
pseudocode	伪[代]码	偽[代]碼
pseudocolor	假色	假色
pseudo-color slicing	伪彩色[密度]分割	偽彩色[密度]分割
pseudodifferential operator	伪微分算子	偽微分運算子
pseudo-instruction	伪指令	偽指令
pseudo noise code (PN code)	伪噪声码,PN 码	偽噪聲碼,PN 碼
pseudo-noise sequence	伪噪声序列	擬似雜訊序列
pseudopolychromatic ray sum	伪多色射线和	偽多色射線和
pseudopolynomial transformation	伪多项式变换	偽多項式變換
pseudo-random code ranging	伪随机码测距	偽隨機碼測距

英 文 名	大 陆 名	台 湾 名
pseudo-random sequence	伪随机序列	偽隨機序列
pseudosemantic tree	伪语义树	偽語意樹
pseudotransitive rule of functional dependencies	函数依赖伪传递规则	函數相依偽傳遞法則
PSK (=phase shift keying)	相移键控	相位移鍵
PSL (=problem statement language)	问题陈述语言	問題敘述語言
PSPDN (=packet switched public data network)	包交换公用数据网,分组交换公用数据网	分封交換式公用資料網路
PSTN (=public switched telephone network)	公众电话交换网	公用交換電話網路
PSW (=processor status word)	处理机状态字	處理器狀態字
psychological agent	心理主体	心理代理
PTE (=page table entry)	页表项	頁表項,頁表入口
PTF (=programmable transversal filter)	可编程横向滤波器	可程式化橫向濾波器
P/T system (=place/transition system)	位置－变迁系统	位置/遷移系統
P type semiconductor	P 型半导体	P 型半導體
public broadcasting system (PBS)	公众广播公司	大眾廣播公司
public data network	公用数据网	公用數據網路
public key	公钥	公用金鑰
public-key cryptography	公钥密码	公用鍵密碼系統
public-key encryption	公钥加密	公用鍵資料加密
public-key infrastructure (PKI)	公钥构架	公用金鑰架構
public-key infrastructure x.509 (PKIX)	X.509 公钥构架	X.509 公用金鑰架構
public network	公用网,公众网	公用網,公眾網
public-service broadcast	公共服务广播	公共服務廣播
public switched network	公众交换网	公共交換網路
public switched telephone network (PSTN)	公众电话交换网	公用交換電話網路
public telephone	公用电话	公共電話
public television	公共电视	公共電視
puck	手持游标器	定位盤
pugging	捏练	揑練
pull-down menu	下拉式选单	下拉項目表,懸垂功能表
pull-in	捕捉	捕捉
pull-in range	捕捉带	捕捉帶
pull-off strength	拉脱强度	拉拔強度
pulse	脉冲	脈波,脈衝

英 文 名	大 陆 名	台 湾 名
pulse amplifier	脉冲放大器	脈波放大器
pulse amplitude	脉冲幅度	脈波振幅
pulse amplitude code modulation (PACM)	脉冲振幅编码调制	脈波振幅編碼調變,脈幅碼調變
pulse amplitude modulation (PAM)	脉冲振幅调制,脉幅调制	脈波振幅調變,搏幅調變
pulse back edge	脉冲后沿	脈波後緣
pulse capacitor	脉冲电容器	脈衝電容
pulse-code modulation (PCM)	脉码调制	脈碼調變
pulse-code modulation telemetry (PCM telemetry)	脉码调制遥测	脈碼調制遙測
pulse compression radar	脉冲压缩雷达	脈波壓縮雷達
pulse compression receiver	脉压接收机	脈壓接收機
pulse control technique	脉冲控制技术	脈衝控制技術
pulse current charge	脉冲充电	脈波充電
pulse delay	脉冲延迟	脈波延遲
pulse detection	脉冲检波	脈波檢波
pulsed gasdynamic laser	脉冲气动激光器	脈衝氣動雷射
pulsed magnetron	脉冲磁控管	脈波磁控管
pulse Doppler radar (PD radar)	脉冲多普勒雷达	脈波多普勒雷達
pulse effect	脉冲效应	脈衝效應
pulse energy	脉冲能量	脈波能量
pulse frequency	脉冲频率	脈衝頻率
pulse frequency modulation (PFM)	脉冲频率调制	脈波頻率調變
pulse front edge	脉冲前沿	脈波前緣
pulse generator	脉冲发生器	脈波發生器
pulse length	脉冲长度	脈波長度
pulse modulated carrier	脉冲调制载波	脈波調變載波
pulse modulation (PM)	脉冲调制	脈波調變
pulse noise	脉冲噪声	脈衝噪音
pulse-phase system	脉相系统	脈相系統
pulse-position modulation (PPM)	脉位调制	脈位調變
pulse power	脉冲功率	脈波功率
pulse propagation	脉冲传播	脈波傳播
pulse radar	脉冲雷达	脈波雷達
pulse repetition frequency (PRF)	脉冲重复频率	脈波重復頻率
pulse repetition rate modulation (PRM)	脉冲重复频率调制	脈波重復率調變
pulse response	脉冲响应	脈波回應

英　文　名	大　陆　名	台　湾　名
pulse shape discriminator	脉冲形状鉴别器	脈波形狀鑑別器
pulse spacing modulation	脉冲间距调制	脈波間距調變
pulse spike	脉冲尖峰	脈衝尖峰
pulse steering circuit	脉冲引导电路	脈波引導電路
pulse step	脉冲步进	脈衝步進
pulse-time modulation	脉时调制	脈時調變
pulse train	脉冲串	脈波串
pulse transformer	脉冲变压器	脈衝變壓器
pulse transmitter	脉冲发射机	脈波發射機
pulse waveform	脉冲波形	脈波波形
pulse width	脉冲宽度,脉宽	脈波寬度,脈寬
pulse-width modulation (PWM)	脉宽调制	脈寬調變
pump fluid	泵工作液	幫浦工作液
pumping	泵浦,抽运	幫浦
pumping efficiency	泵浦效率	幫浦效率
pumping lemma	泵作用引理	幫浦作用引理
pumping rate	泵浦速率	幫浦速率
pump rate distribution	泵浦速率分布	幫浦速率分佈
punch	穿孔机	打孔[機],打孔
punch card	未穿孔卡	打孔卡片
punched card	穿孔卡	打孔卡[片],孔卡
punched tape	穿孔带	打孔帶
punched tape reader	穿孔带阅读机	孔帶閱讀機
punching station	穿孔台	打孔站
punch path	穿孔通路	打孔路徑
punch position	穿孔位置	打孔位置
punch station (= punching station)	穿孔台	打孔站
puncture (= breakdown)	击穿	崩潰
pure net	纯网	純網
purity of carrier frequency	载频纯度	載頻純度
p-use (= predicate use)	判定使用	判定使用,述詞使用
push	进栈	推,放入
push-button switch	按钮开关	按鈕開關
push-down	下推	下推
push-down automaton (PDA)	下推自动机	下推自動機
push-down list	下推表	下推列表,下推串列
push-down queue	下推队列	下推隊列
push-down storage	下推式存储器	下推儲存器

英　文　名	大　陆　名	台　湾　名
push-pull power amplifier	推挽功率放大器	推挽功率放大器
push to talk	按键讲话	先按後談
push-up	上推	上推
pushup list	上推[列]表	上推串列
push-up queue	上推队列	上推隊列
pushup storage	上推存储器	①上推儲存器 ②上推儲存
Putonghua	普通话	國語
PV (=protocol version)	协议版本	協定版本
PVC (=permanent virtual circuit)	永久虚电路	永久虛擬電路
PVD (=physical vapor deposition)	物理汽相淀积	物理汽相沈積
PVOR (=precise VOR)	精密伏尔	精密伏爾
PWB (=printed wiring board)	印刷电路板	印刷電路板
PWD (=piece-wise deterministic)	分段确定性的	分段確定性的
P-well CMOS	P 阱 CMOS	P 型井 CMOS
PWI (=pilot warning indicator)	驾驶员告警指示器	駕駛員告警指示器
PWM (=pulse-width modulation)	脉宽调制	脈寬調變
pyramidal horn antenna	角锥喇叭天线	金字塔形號角天線
pyramid structure	金字塔结构	金字塔結構
pyroelectric ceramic	热[释]电陶瓷	焦電陶瓷
pyroelectric crystal	热[释]电晶体	焦電晶體
pyroelectric vidicon	热[释]电视像管	熱[釋]電視象管
pyrogenic technique of oxidation	加热合成氧化技术	加熱合成氧化技術

Q

英　文　名	大　陆　名	台　湾　名
Q (=①quadrature ②quality)	①90 度相移,正交 ②品质	①90 度相移,正交 ②品質
QAM (=①quadrature amplitude modulation ②quadrature modulation)	①正交调幅 ②正交调制	①正交調幅,二維振幅調變 ②正交振幅調變
QAM/SC (=quadrature amplitude modulation/suppressed carrier)	抑制载波式正交调幅	載波抑制式正交調變
QASK (=quadrature amplitude shift keying)	正交移幅键控	二維幅移鍵控
Q band	Q 波段	Q 頻帶
QCB (=queue control block)	队列控制块	隊列控制[方]塊隊列

英 文 名	大 陆 名	台 湾 名
		控制分程序
q-dimensional lattice	q 维网格	q 維晶格
Q-factor (= quality factor)	品质因数	品質因子
QFP (= quad flat package)	四面扁平封装	四面扁平封裝
QIC (= quarter inch cartridge tape)	1/4 英寸盒式磁带	1/4 英吋盒式磁帶
QL (= query language)	查询语言	查詢語言
Q meter	Q 表	Q 表
QMS (= quadrupole mass spectrometer)	四极质谱仪	四極質譜儀
QoS (= quality of service)	服务质量	服務品質
Q-percentile life	可靠寿命	可靠壽命
QPSK (= quadrature phase-shift keying)	四相移相键控	四相移鍵控,二維相移鍵控
QRC (= quick reaction capability)	快速反应能力	快速回應能力
Q-switching	Q 开关	Q 開關
quad antenna	正方形天线	四邊形天線
quad flat package (QFP)	四面扁平封装	四面扁平封裝
quadratic error function	二次误差函数	二次誤差函數
quadratic non-residue	平方非剩余	平方非殘餘
quadratic performance index	二次型性能指针	二次型效能指標
quadratic residue	平方剩余	平方殘餘
quadratic residue interactive proof system	平方剩余交互式证明系统	平方殘餘交互式證明系統
quadrature (Q)	90 度相移,正交	90 度相移,正交
quadrature amplitude modulation (QAM)	正交调幅	正交調幅,二維振幅調變
quadrature amplitude modulation/suppressed carrier (QAM/SC)	抑制载波式正交调幅	載波抑制式正交調變
quadrature amplitude shift keying (QASK)	正交移幅键控	二維幅移鍵控
quadrature channel	正交信道	90 度相移通道
quadrature component	正交分量	正交分量,90 度相移分量,轉像差成分
quadrature hybrid	正交混合网络	90 度相移岔路接頭
quadrature mirror filter	正交镜像滤波器	正交鏡像濾波器
quadrature modulation (QAM)	正交调制	正交振幅調變
quadrature phase-shift keying (QPSK)	四相移相键控	四相移鍵控,二維相移鍵控
quadrature video	正交视像	90 度相移視訊
quadruple	四元组	①四元組 ②四倍,四元

英 文 名	大 陆 名	台 湾 名
		的
quadruple clad fiber	四包层光纤	四包層光纖
quadruple-length register	四倍长寄存器	四倍長度暫存器
quadruple register	四倍寄存器	四倍暫存器
quadrupole	四极子	四極
quadrupole lens	四极透镜	四極透鏡
quadrupole mass spectrometer (QMS)	四极质谱仪	四極質譜儀
quadtree	四叉树	四叉樹
qualification	鉴定	①合格性,資格,限定 ②技能
qualification requirement	鉴定需求	資格需求
qualification test	鉴定试验	鑑定試驗
qualification testing	合格性测试	資格測試
qualified product	合格品	合格品
qualitative description	定性描述	定性描述
qualitative information	定性信息	定性資訊
qualitative physics	定性物理	定性物理
qualitative reasoning	定性推理	定性推理
quality (Q)	品质	品質
quality and performance test	质量和性能测试	質量和效能測試
quality assurance	质量保证	質量保證
quality control	质量控制	質量控制
quality engineering	质量工程	品質工程
quality factor (Q-factor)	品质因数	品質因子
quality feedback	质量反馈	質量回饋
quality index	质量指标	質量指標
quality management	质量管理	質量管理
quality metrics	质量度量学	質量度量學
quality of service (QoS)	服务质量	服務品質
quantified knowledge complexity	量化知识复杂度	量化知識復雜度
quantifier	量词	量詞
quantitative image analysis	定量图像分析	定量影像分析
quantitative linguistics	计量语言学	計量語言學
quantization	①量化 ②量子化	①量化 ②量子化
quantization bit rate	量化比特率	量化位元率
quantization error	量化误差	量化誤差
quantization error feedback	量化误差反馈	量化誤差回饋
quantization error waveform	量化误差波形	量化誤差波形

英　文　名	大　陆　名	台　湾　名
quantization interval	量化区间	量化區間
quantization losses	量化损耗	量化損耗
quantization matrix	量化矩阵	量化矩陣
quantization noise	量化噪声	量化雜訊
quantization step	量化级	量化間距
quantization table	量化表	量化表
quantization value	量化值	量化值
quantized samples	量化的抽样	量化過之取樣
quantized signal	量化信号	量化過之訊號
quantizer	量化器	量化器
quantizer granular noise	量化器粒状噪声	量化器粒狀雜訊
quantizer overload noise	量化器过荷噪声	量化器過荷雜訊
quantum computer	量子计算机	量子計算機
quantum cryptography	量子密码	量子密碼
quantum efficiency	量子效率	量子效率
quantum electronics	量子电子学	量子電子學
quantum electronic solid-state devices	量子电子固态元件	量子電子固態元件
quantum noise	量子噪声	量子雜訊
quantum theory	量子理论	量子理論
quantum well heterojunction laser	量子阱异质结激光器	量子井異質接面雷射器
quarter inch cartridge tape (QIC)	1/4 英寸盒式磁带	1/4 英吋盒式磁帶
quarter-wave transformer	四分之一波长变换器	四分之一波長阻抗轉換器
quartz crystal	石英晶体	石英晶體
quartz reaction chamber	石英反应室	石英回應室
quartz resonator	石英谐振器	石英諧振器
quasi-cyclic code	准循环码	類迴圈碼,准迴圈碼
quasi-homogeneous alignment	准沿面排列	準沿面排列
quasioptical device	准光学器件	准光學元件
quasi-stable state	准稳态	準穩態
quasi-static	准静态	准靜態
quasi-static condition	准静态条件	准靜態條件
quench	淬灭	淬滅
quench correction	淬灭校正	淬滅校正
quenching effect	淬灭效应,猝灭效应	淬滅效應,猝滅效應
query by pictorial example	图例查询	圖例查詢
query language (QL)	查询语言	查詢語言
query optimization	查询优化	查詢最佳化

英　文　名	大　陆　名	台　湾　名
question answering system	问题回答系统	問題回答系統,問答系統
queue	队列	隊列,隊列
queue control block (QCB)	队列控制块	隊列控制[方]塊,隊列控制分程序
queued logon request	排队注册请求	隊列登入請求
queueing delay	排队延迟	排隊延遲,隊列延遲
queueing system	排队系统	排隊系統,隊列系統
queueing theory	排队理论	排隊理論,隊列理論
queue list	队列表	隊列列表
queuing	排队	排隊,隊列
queuing discipline	排队原则	隊列規則,排隊紀律
queuing list	排队表	隊列表
queuing model	排队模型	隊列模型
queuing process	排队进程	隊列過程
quick charge	快速充电	快速充電
quick reaction capability (QRC)	快速反应能力	快速回應能力
quick sort	快速排序	快速排序
quiescent state	静音状态,静止状态	靜音狀態,靜止狀態
quiet zone	静区	靜區

R

英　文　名	大　陆　名	台　湾　名
RA (=registration authority)	注册机构	註冊機構
RAC (=relative address coding)	相对地址编码	相對位元址編碼
rack-and-panel connector	机柜连接器	機柜連接器
rack construction	架装结构	框架構造
rackmount	架装安装	框架安裝
radar	雷达	雷達
radar absorbing material	雷达吸收材料	雷達吸收材料
radar antenna	雷达天线	雷達天線
radar anti-reconnaissance	雷达反侦察	雷達反偵察
radar approach control system (RAPCON)	雷达进近管制系统	雷達進近管製系統
radar astronomy	雷达天文学	雷達天文學
radar camouflage	反雷达伪装	反雷達偽裝
radar countermeasures	雷达对抗	雷達對抗
radar coverage diagram	雷达威力图	雷達威力圖

英文名	大陆名	台湾名
radar cross section (RCS)	雷达截面积	雷達截面積
radar database	雷达数据库	雷達數據庫
radar decoy	雷达诱饵	雷達誘餌
radar echo	雷达回波	雷達迴波
radar equation	雷达方程	雷達方程
radar horizon	雷达地平线	雷達地平線
radar indicator	雷达显示器	雷達顯示器
radar link	雷达中继	雷達中繼
radar navigator	雷达领航装置	雷達領航裝置
radar net	雷达网	雷達網
radar pilotage	雷达领航	雷達領航
radar plot	雷达点迹	雷達點跡
radar range	雷达探测距离	雷達探測距離
radar range equation	雷达距离方程式,侦测范围方程式	雷達距離方程式,偵測範圍方程式
radar receiver	雷达接收机	雷達接收機
radar relay (=radar link)	雷达中继	雷達中繼
radar repeater	雷达转发器	雷達轉發器
radar resolution	雷达分辨力	雷達分辨力
radar scope (=radar indicator)	雷达显示器	雷達顯示器
radar seeker	雷达寻的器	雷達尋的器
radar signal	雷达信号	雷達訊號
radar simulation	雷达模拟	雷達訊號模擬,雷達系統類比
radar simulator	雷达仿真器,雷达模拟器	雷達仿真器,雷達類比器
radar station	雷达站	雷達站
radar target	雷达目标	雷達目標
radar track	雷达航迹	雷達航跡
radial servo	径向伺服	徑向伺服
radial transmission line	径向线	徑向傳輸線
radial waveguide	径向导波管	輻射狀導波管
radiance	辐射率	輻射率
radiant intensity (=radiation intensity)	辐射强度	輻射強度
radiated wave	辐射波	輻射波
radiating antenna	辐射天线	輻射天線
radiating area	辐射面	輻射區域
radiating far-field region	辐射远场区	輻射性遠場區

英 文 名	大 陆 名	台 湾 名
radiating near-field region	辐射近场区	輻射性近場區
radiation	辐射	輻射
radiation classes	辐射等级	輻射等級
radiation conductance	辐射电导	輻射電導
radiation content meter	辐射含量计	輻射含量計
radiation damage	辐射损伤	輻射損害
radiation detection satellite	辐射侦测卫星	輻射偵測衛星
radiation detector	辐射探测器	輻射探測器
radiation efficiency	辐射效率	輻射效率
radiation field	辐射场	輻射場
radiation fog	辐射雾	輻射霧
radiation frequency	辐射频率,发射频率	輻射頻率,發射頻率
radiation impedance	辐射阻抗	輻射阻抗
radiation indicator	辐射指示器	輻射指示器
radiation induced losses	辐射感生损耗	輻射引致之損失
radiation intensity	辐射强度	輻射強度
radiation logging assembly	辐射测井装置	輻射測井裝置
radiation main lobe	辐射主瓣	輻射主瓣
radiation mechanism	辐射机制	輻射機制
radiation meter	辐射测量仪	輻射測量儀
radiation mode	辐射模	輻射模態
radiation monitor	辐射监测器	輻射監測器
radiation pattern	辐射图	輻射圖,天線輻射方向圖,天線輻射場型
radiation resistance	辐射电阻	輻射電阻
radiation response	辐射响应	輻射反應
radiation sources	辐射源	輻射源
radiation spectrometer	辐射能谱仪	輻射能譜儀
radiation test	辐射试验	輻射試驗
radiation transducer	辐射传感器	輻射傳感器
radiation transmission	辐射传输	輻射傳輸,發射傳送
radiation warning assembly	辐射报警装置	輻射報警裝置
radiative recombination	辐射复合	輻射重合
radiator	辐射器	輻射器
radical	偏旁	基本的,主要的
radio	无线电	無線電
radioactive ionization gauge	放射性[电离]真空计	放射性[電離]真空計
radioactivity meter	放射性活度测量仪	放射性活度測量儀

英文名	大陆名	台湾名
radio aids	无线电辅助设备	無線電輔助設備
radio air letter	航空无线电报	航空無線電報
radio alarm signal	无线电告警信号	無線電報警訊號
radio altimeter	无线电测高计	無線電高度計
radio apparatus	无线电设备	無線電設備
radio astronomy	无线电天文学	無線電天文學
radio astronomy satellite	无线电天文卫星	無線電天文衛星
radio autocontrol	无线电自动控制	無線電自動控制,無線電自動調整
radio beacon	无线电信标	無線電信標
radio-beacon buoy	无线电浮标	無線電浮標
radio-beacon station	无线电信标台	無線電信標台
radio-beam transmitting	定向无线电发射	定向無線電發射
radio-beam transmitting station	定向无线电发射台	定向無線電發射台
radio blackout	无线电通信中断	無線電通訊暫時中斷,無線電管制
radio broadcast communication	无线电广播通信	無線[電]廣播通訊
radio broadcasting station	无线电广播台	無線電廣播台
radio broadcast transmitter	无线电广播发射机	無線電廣播發射機
radio broadcast transmitting station	无线电广播发射台	無線電廣播發射台
radio button	单选按钮	無線電鈕
radio cabin	无线电室	無線電[機械]室
radio call signal	无线电呼叫信号	無線電呼叫訊號
radio car	无线电通信车	無線電通訊車
radio center	无线电中心	無線電中心
radio central office	无线电中央室	無線電中央局
radio channel	无线电信道,无线电波道	無線電通道,無線電波道,無線電頻道,射頻波道
radio check	无线电通信检查	無線電通訊檢查
radio circuit	无线电电路	無線電電路
radio common carriers (RCC)	无线电公共载波	無線電共用載波
radio common channel (RCC)	无线电公共信道	無線電公共通道,共用無線電頻道
radio communication	无线[电]通信	無線電通訊
radio communication beyond the horizon	超视距无线电通信	超越地平線無線電通訊
radio communication frequency	无线电通信频率	無線電通訊頻率
radio communication net	无线电通信网	無線電通訊網

英文名	大陆名	台湾名
radio communication regulation	无线电通信规则	無線電通訊規範
radio communication service	无线电通信业务	無線電通訊業務
radio compass	无线电罗盘	無線電羅盤
radio-compass station	无线电方位信标台	無線電方位指示台
radio contact	无线电联络	無線電接觸
radio control	无线电控制	無線電控制,無線電操縱
radio control receiver	无线电控制信号接收机	無線電控制訊號接收機
radio counter measures (RCM)	反无线电措施	無線電反制
radio data link	无线数据链路	無線電資料傳輸鏈路
radio-detection	无线电探测	無線電偵測
radio detector equipment	无线电探测设备	無線電檢測設備
radio determination	无线电测定	無線電測定,無線電定位
radio determination station	无线电测定台	無線電定位台
radio directional beam	无线电定向射束	定向無線電射束
radio directional finder (=radio direction finder)	无线电测向仪	無線電測向儀
radio direction finder	无线电测向仪	無線電測向機
radio direction-finding station	无线电测向台	無線電測向電台,無線電定向台
radio disturbance	无线电骚扰	無線電波擾動
radio echo	无线电回波	無線電回波
radioelectronics	无线电电子学	無線電電子學
radio engineering	无线电工程	無線電工程
radio facsimile	无线电传真	無線電傳真
radio fade-out	无线电波消失	無線電波消失
radio-fixing aid	无线电定位辅助设备	無線電定位輔助設備
radio-free	不产生无线电干扰的	不產生無線電干擾的
radio frequency (RF)	射频,无线电频率	射頻,無線電頻率
radio-frequency alternator	射频交流发电机	射頻交流發電機
radio-frequency amplifier (RFA)	射频放大器	射頻放大器
radio-frequency band	无线电频段	無線電頻帶
radio-frequency band	天线电频段,射频段	無線電頻帶
radio-frequency beam	无线电射束	無線電射束
radio-frequency cable	射频电缆	射頻纜線
radio-frequency channel	射频信道,射频波道	射頻通道,射頻波道
radio-frequency check receiver	射频监测接收机	射頻監測接收機

英文名	大陆名	台湾名
radio-frequency choke (RFC)	射频扼流圈	射頻扼流圈
radio-frequency interference (RFI)	射频干扰	射頻干擾,無線電波干擾
radio-frequency line	射频传输线	射頻傳輸線
radio-frequency mass spectrometer	射频质谱仪	射頻質譜儀
radio-frequency signal	射频信号	射頻訊號
radio-frequency spectrum	射频频谱,无线电频谱	射頻頻譜,無線電頻譜
radio-frequency sputtering	射频溅射	射頻濺射
radio homing	无线电归航	無線電導航,無線電探向
radioimmunoassay instrument	放射免疫仪器	放射免疫儀器
radio installation	无线电设施	無線電設施
radio instrument	无线电仪器	無線電儀器
radio intercept	无线电窃听	無線電截收
radio interferometer	无线电干涉仪	無線電干涉儀
radio location	无线电定位	無線電定位,無線電測位
radio location service	无线电定位业务	無線電測位業務
radio location station	无线电定位台	無線電定位台
radio log	无线电台日志	無線電通訊記錄表
radio magnetic indicator	无线电磁指示器	無線電磁指示器
radioman	无线电人员	無線電人員
radiometer	辐射计	輻射計
radiometric technology	辐射测量技术	輻射測量技術
radiometry	辐射测量学	輻射測量學
radio microphone	无线传声器	無線傳聲器
radio navigational aids	无线电导航辅助设备	無線電導航輔助設備
radio navigation mobile station	无线电导航移动台	無線電導航行動台
radio navigation station	无线电导航台	無線電導航台
radio network	无线电网	廣播網
radio noise	无线电噪声	無線電雜訊
radio nuclide	放射性核素	放射性核素
radio nuclide imaging	核素成像	核素成象
radio observation	无线电观测	無線電觀測
radio operator	无线电操作人员	無線電操作人員,無線電話務員,無線電報務員
radiop	无线电[报务]员	無線電[報務]員

英文名	大陆名	台湾名
radio paging	无线电寻呼	無線電尋呼
radio-paging service	天线电寻呼业务	無線電傳呼業務,無線電呼叫業務
radio path	无线电传播路径	無線電波路徑,無線電傳播路徑
radiophone	无线电话机	無線電話機
radio propagation	无线电传播	無線電傳播
radio propagation prediction	无线电传播预测	無線電傳播預測
radio radiation	无线电发射,无线电波辐射	無線電發射,無線電波輻射
radio range finding	无线电测距	無線電測距
radio receiver	收音机,无线电接收机	無線電收音機,無線電接收機
radio-relay set	无线电中继站,无线电中继台	無線電中繼站,無線電中繼台
radio repeating	无线电转播,无线电中继	無線電轉播,無線電中繼
radio scattering	无线电波散射	無線電波散射
radio signal	无线电信号	無線電訊號
radio signal interceptor	无线电信号窃听器	無線電訊截收器
radio silence	无线电寂静	無線電寂靜,停止發報時期
radiosity method	辐射度方法	輻射度方法
radio station	无线电台	無線電台
radio storm	无线电暴	無線電風暴
radio system	无线电系统	無線電系統
radiotechnics	无线电技术	無線電技術
radio telemetry	无线电遥测	無線電遙測
radio telephone	无线电电话	無線電電話
radio-telescope antenna	无线电天文望远镜天线	無線電天文望遠鏡天線
radio teletype	①无线电电传机 ②无线电电传	①無線電電傳機 ②無線電電傳
radio terminal	无线电终端	無線電終端機
radio tracking station	无线电追踪站	無線電追蹤站
radio transceiver	无线电收发信机	無線電收發機
radio transmission	无线电传输	無線電發射
radio transmitter	无线电发射机	無線電發射機
radio-transmitting set	无线电发射装置	無線電發射機

英　文　名	大　陆　名	台　湾　名
radio-transmitting station	无线电发射台	無線電發射台
radio wave	无线电波	無線電波
radio waveguide	无线电波导管	無線電導波管
radio wave propagation	无线电波传播	無線電波傳播
radio-wave reception	射频波接收	射頻波接收
radio window	无线电窗口	無線電窗
radix-minus-one complement	反码	數基減一補數,N－1 之補數
radix sorting	基数排序	基數排序
radome	天线罩	天線罩
radon meter	氡气仪	氡氣儀
Radon transform	拉东变换	拉東變換
RAID (= redundant arrays of inexpensive disks)	磁盘冗余阵列	冗餘陣列的不貴磁碟
rain attenuation	降雨衰减,雨滴衰减	降雨衰減,雨滴衰減
rain backscatter	降雨后向散射	降雨之反向散射,雨滴反向散射
rain clutter	雨滴杂波	雨水雜波
rain-induced attenuation	雨致衰减	下雨造成的[額外]衰減
rain noise temperature	雨滴噪声温度	雨水雜訊溫度
rain reflectivity	雨滴反射率	雨水反射係數
raised cosine	升余弦	上升余弦
raised cosine pulse shape	升余弦脉波形状	上升余弦脈波形狀
raised cosine-rolloff filter	升余弦滚降滤波器	上升余弦滾落濾波器
raised floor (= elevated floor)	活动地板	高架地板
raised sine spectrum	升正弦波频谱	升正弦波頻譜
Rake reception	分离多径接收	分離多徑接收
RAM (= random-asccess memory)	随机存储器	隨機存取記憶體
Raman amplifier	拉曼放大器	拉曼放大器
Raman effect	拉曼效应	拉曼效應
Raman fiber	拉曼光纤	拉曼光纖
Raman laser	拉曼激光器	拉曼雷射
Raman scattering	拉曼散射	拉曼散射
rambus	存储器总线	
ramp function	斜坡函数	斜波函數
random access	随机存取	隨機存取
random access DS-CDMA	随机接入直接序列码分	隨機存取直接序列－分

英 文 名	大 陆 名	台 湾 名
	多址	碼多重進接,隨機進階之直接序列分碼多重進階
random-access machine	随机存取机器	隨機存取機
random access technique	随机接入技术	隨機進階技術
random-asccess memory (RAM)	随机存储器	隨機存取記憶體
random code	随机码	隨機碼
random coding	随机编码	隨機編碼
random discrete-time signal	随机离散时间信号	隨機離散時間訊號
random error	随机差错,随机误差	隨機誤差
random-error-correcting code	随机纠错码	隨機錯誤更正碼
random failure	随机失效	隨機失效,隨機故障
random fault	随机故障	隨機故障
random field	随机场	隨機場
random file	随机文件	隨機檔案
random multiple access (RMA)	①随机多路接入 ②随机多路访问	①隨機多重進接 ②隨機多路存取
random noise	随机噪声	隨機雜訊
random number	随机数	隨機數,亂數
random number algorithm	随机数算法	亂數演算法
random number generation	随机数发生器	亂數產生
random number generator	①随机数生成程序 ②随机数生成器	隨機數產生器
random number sequence	随机数序列	隨機數順序,隨機數數序
random page replacement	随机页替换	隨機頁面替換
random phase error	随机相位误差	隨機相角誤差
random process	随机过程	隨機過程,隨機程式
random processing	随机处理	隨機處理
random pulser	随机脉冲产生器	隨機脈波產生器
random reducibility	随机归约[性]	隨機可約性
random sampling	随机抽样	隨機取樣
random scan	随机扫描	隨機掃描
random scatter	随机散射,乱散射	隨機散射,亂散射
random schedule	随机调度	隨機排程
random search	随机搜索	隨機搜尋
random-search algorithm	随机搜寻算法	隨機搜尋演算法
random searching	随机查找	隨機搜尋

英　文　名	大　陆　名	台　湾　名
random self-reducibility	随机自归约[性]	隨機可自約性
random sequence	随机序列	隨機序列
random signal	随机信号	隨機訊號
random switching	随机开关	隨機開關
random test generation	随机测试生成	隨機測試產生
random testing	随机测试	隨機測試
random variables	随机变量	隨機變數
random variation	随机变化	隨機變動
random walk	随机走动	隨機漫步
random waveform	随机波形	隨機波形
random wave polarization	随机波极化	隨機波極化
range (=span)	量程	量程
range ambiguity	距离模糊	距離含糊度
range-azimuth display (B-scope)	距离－方位显示器	距離－方位顯示器
range blind zone	范围盲区	信標盲區比,距離盲區
range discriminant	距离分辨装置	距離鑑別裝置
range distribution	射程分布	射程分佈
range Doppler coupling	距离与多普勒耦合	距離與多普勒耦合
range-elevation display (E-scope)	距离－仰角显示器	距離－仰角顯示器
range finding	测距	測距
range gate	距离选通脉冲	距離閘
range gate deception	距离[门]欺骗	距離[門]欺騙
range-height indicator (RHI)	距离高度显示器	距離高度顯示器
range limit	范围界限	範圍界限
range marker	距离标志	距離標志
range noise	距离噪声	距離噪聲
range of bearings	方位范围	方位範圍
range of defocusing	散焦测距	散焦範圍
range of triangle	三角测距	三角測距
range resolution	距离分辨率	距離解析度
range tracking	距离追踪	距離追蹤
ranging code	测距码	測距碼
ranging system	测距系统	測距系統
RAPCON (=radar approach control system)	雷达进近管制系统	雷達進近管製系統
rapid prototyping	原型速成	快速原型設計
rare earth-cobalt permanent magnet	稀土钴永磁体	稀土鈷永磁體
rare earth magnet	稀土磁体	稀土磁鐵

英 文 名	大 陆 名	台 湾 名
rare earth semiconductor	稀土半导体	稀土半導體
RARP (= reverse address resolution protocol)	逆地址解析协议	反轉位址解析協定
raster data structure	栅格数据结构	光栅资料结构
raster display	光栅显示	光柵顯示器
raster scan	光栅扫描	光閘極掃描
raster scanning	光栅扫描	行式掃描
rate control	速率控制	速率控制
rate distortion function	[信息]率失真函数	[訊息]率失真函數
rate distortion theory	[信息]率失真理论	[訊息]率失真理論
rated load	额定负载	額定負載
rated voltage	额定电压	定格電壓
rate of dynamic coincident code	动态重码率	動態重碼率
rate of lost call	呼损率	呼損率,呼叫損失率
rate process model	反应速率模型	回應速率模型
ratio control	比值控制	比率控制
ratio detector	比率检测器	比率檢測器
ratio discriminator	比率鉴频器	比率鑑頻器
ratio meter	比值计	比值計
rational agent	理性主体	合法代理者
rational Bezier curve	有理贝济埃曲线	有理貝齊爾曲線
rational geometric design	有理几何设计	有理几何设计
rationality	理性	理性
rational system function	有理系统函数	有理系統函數
RAW (= read after write)	写后读	寫後讀出
raw data	原始数据	原始資料
raw information	原始信息	原始訊息
ray cast	光线投射	光線投射
ray collimator	射线准直器	射線準直器
α-ray detector	α 射线探测器	α 射線探測器
β-ray detector	β 射线探测器	β 射線探測器
γ-ray detector	γ 射线探测器	γ 射線探測器
Rayleigh criterion	瑞利准则	瑞雷準則
Rayleigh distribution	瑞利分布	瑞雷分佈
Rayleigh fading	瑞利衰落	瑞雷衰褪,瑞雷衰落
Rayleigh fading channel	瑞利衰落通道	瑞雷衰褪通道
Rayleigh number	瑞利数	瑞雷數
Rayleigh probability density function	瑞利概率密度函数	瑞雷機率密度函數

英文名	大陆名	台湾名
Rayleigh region	瑞利区	瑞雷區
Rayleigh scattering	瑞利散射	瑞雷散射
Rayleigh scattering attenuation	瑞利散射衰减	瑞雷散射衰減
ray tracing	光线跟踪,光线追踪	射線追蹤
RBC (= reflected binary code)	反射二进制码	反射式二元碼
RBS (= Rutherford backscattering spectroscopy)	卢瑟福背散射谱[学]	路德福背散射譜[學]
RCC (= ①radio common carriers ② radio common channel ③ routing control center)	①无线电公共载波 ②无线电公共信道 ③路由控制中心	①無線電共用載波 ②無線電公共通道,共用無線電通道 ③路由控制中心
RC coupling amplifier	阻容耦合放大器	RC 耦合放大器
RCM (= radio counter measures)	反无线电措施	無線電反制
RCS (= radar cross section)	雷达截面积	雷達截面積
RCTL (= resistor-capacitor-transistor logic)	电阻-电容-晶体管逻辑	電阻-電容-電晶體邏輯
RDA (= remote database access)	远程数据库访问	遠程資料庫存取
RDI (= remote defect indication)	远端缺陷指示	遠程缺陷指示
reachability	可达性	可達性
reachability by step	步可达性	步驟可達性
reachability graph	可达图	可達性圖
reachability relation	可达性关系	可達性關係
reachability tree	可达树	可達樹
reachable forest	可达森林	可達資料林
reachable marking	可达标识	可達標示
reachable marking graph	可达标识图	可達標示圖
reactance	电抗	電抗
reactance network	电抗网络	電抗網路
reactance theorem	电抗定理	電抗定理
reaction	反作用	互作用
reaction theorem	反作用定理	互作用定理
reactive agent	反应主体	反應代理者
reactive current	无功电流,电抗性电流	無功電流,電抗性電流,虛部電流
reactive evaporation	反应蒸发	回應蒸發
reactive ion etching (RIE)	反应离子刻蚀	回應離子刻蝕
reactive near-field region	无功近场区	電抗性近場區
reactive power	无功功率	無效功率

英 文 名	大 陆 名	台 湾 名
reactive sputter etching	反应溅射刻蚀	回應濺射刻蝕
reactive sputtering	反应溅射	回應濺射
reactivity meter	反应性仪	回應性儀
reactor	电抗器	電抗器
read	读	讀,讀出,讀取
read access	读访问	讀取
read after write (RAW)	写后读	寫後讀出
read data line	读数据线	讀資料線
Read diode	里德二极管	里德二極體
read equalization	读均衡	讀均衡
reading task	[阅]读任务	
read lock	读锁	讀取鎖定
read noise	读噪声	讀噪訊
read-only	只读	唯讀
read-only attribute	只读属性	唯讀屬性
read-only memory(ROM)	只读存储器	唯讀記憶體
read-out time	读出时间	唯讀時間
read primitive	读入原语	讀取基元
read select line	读选择线	讀選擇線
read signal	读信号	讀訊號
read while write (=write while read)	边写边读	邊寫邊讀
read-write cycle	读写周期	讀寫週期
read/write head	读写[磁]头	讀寫頭
ready	就绪	就緒
ready state	就绪状态	就緒狀態
realism display	真实感显示	真實感顯示
realism rendering (=realism display)	真实感显示	真實感顯示
realizability	可实现性	可實現性
real name	实名	實名
real page number	实际页数	實際頁數
real partition	实分区	實分區
real storage page table	实际存储页表	實儲存頁表
real-time	实时	即時
real-time agent	实时主体	即時代理者
real-time batch monitor	实时批处理监控程序	即時批次處理監視程式
real-time batch processing	实时批处理	即時批次處理
real-time clock time-sharing	实时时钟分时	即時時鐘分時
real-time command	实时指令	實時指令

英 文 名	大 陆 名	台 湾 名
real time communication	实时通信	實時通信
real-time computer	实时计算机	即時計算機
real-time concurrency operation	实时并发操作	即時同作作業
real-time constraint	实时约束	即時約束
real-time control	实时控制	即時控制
real-time database (RTDB)	实时数据库	即時資料庫
real-time executive	实时执行程序	即時執行程序
real-time executive routine	实时执行例程	即時執行常式
real-time executive system	实时执行系统	即時執行系統
real-time input	实时输入	即時輸入
real-time monitor	实时监控程序	即時監視程式
real-time multimedia	实时多媒体	即時多媒體
real-time operating system	实时操作系统	即時作業系統
real time oscilloscope	实时示波器	實時示波器
real-time output	实时输出	即時輸出
real-time processing	实时处理	即時處理
real-time signal processing	实时信号处理	實時訊號處理
real-time system	实时系统	即時系統
real-time system executive	实时系统执行程序	即時系統執行程式
real-time telemetry	实时遥测	實時遙測
real-time video (RTV)	实时视频	即時視頻
real video on demand (RVOD)	真点播电视	真實點播電視
real world	真实世界	真實世界
rearrangeable network	可重排网	可重安排網路
reasoning (= inference)	推理	推理
reasoning model (= inference model)	推理模型	推理模型
rebatron	聚束管,黎帕管	聚束管,黎帕管
rebroadcasting	重播	重播
recall	重叫,二次呼叫	重呼叫,二次呼叫
receive-only earth station	只收地球站	只收地面站
receiver	接收机	接收機
receiver bandwidth	接收机带宽,接收端带宽	接收機頻寬,接收器頻寬
receiver crosstalk	接收机串音	接收機串音
receiver degradation	接收机功能退化	接收機功能退化
receiver isolation	接收机隔离	接收機隔離
receiver noise	接收器噪声	接收器雜訊,接收機雜訊

英 文 名	大 陆 名	台 湾 名
receiver noise temperature	接收机噪声温度	接收機雜訊溫度
receiver output waveform	接收机输出波形	接收機輸出波形
receiver protection device	接收机保护装置	接收機保護裝置
receiver sensitivity	接收机灵敏度	接收機靈敏度,接收器靈敏度
receiving end	接收端	接收端
receiving gate	接收门	接收閘
receiving inspection	交收检查	交收檢查
receiving pattern	接收方向图	接收場型
rechargeable battery	可再充电电池	充電式電池
recipient	接受者	接受者
reciprocal network	互易网络	互易網路
reciprocity	互易[性]	互易[性]
reciprocity theorem	互易定理	互易定理
recirculating network	循环网	再循環網路
reclaimer	回收程序	回收器
recognition	识别	識別
recognition confidence	识别置信度	識別置信度
recognized operating agency (ROA)	[经]认可的运营机构	經認可營運機構
recoil permeability	回复磁导率	回復導磁率
recoil proton counter	反冲质子计数器	反沖質子計數器
recombination	复合	復合
recompaction	再压缩	再緊湊法
reconfigurable system	可重构系统	可重組態系統
reconfiguration	重配置	重組態
reconnection	重新连接	重接,重聯
reconstructed frame	重建帧	重建之圖框
reconstructed picture	再建图像	重建之畫面
reconstruction	①重构 ②重建	重建
reconstruction filter	重建滤波器	重建濾波器
reconvergent fan-out	重汇聚扇出	再匯聚扇出,重收斂扇出
record	①记录 ②唱片	①記錄 ②唱片
recorded announcement	录音通知,录音播放	錄音之聲明,錄音之公告
recorder	录音机	錄音機
recording	录制	錄製
recording density	记录密度	記錄密度

英　文　名	大　陆　名	台　湾　名
recording head	记录头	記錄頭
recording mode	记录方式	記錄模式
recording studio	录音工作室	錄音工作室
recording system	记录系统,录音系统	記錄系統,記錄裝置
record lock	记录锁定	記錄鎖定
record telephone	录音电话	錄音電話
recoverability	可恢复性	可恢復性
recoverable satellite	可回收卫星	可回收衛星
recovery	①恢复,复原 ②回收	回復
recovery block	恢复块	恢復塊
recovery capability	恢复能力	恢復能力
recovery command	回收指令	回收指令
recovery from the failure	故障恢复	故障恢復
recovery time	恢复时间	恢復時間
rectangular aperture antenna	矩形孔径天线	矩形孔徑天線
rectangular array	矩形阵列	矩形陣列
rectangular cavity	矩形谐振腔器	矩形空腔諧振器
rectangular coordinate	直角坐标	直角坐標
rectangular pulse	矩形脉冲	矩形脈波
rectangular robot	直角坐标机器人	矩形機器人,卡氏坐標機器人
rectangular waveguide	①矩形波导管 ②矩形波导	①矩形導波管 ②矩形導波
rectangular window	矩形窗	矩形窗
rectifier	整流器	整流器
rectifier diode	整流二极管	整流二極體
rectifier transformer	整流变压器	整流變壓器
recurrence relation	递推关系	遞迴關係
recurrent code	连环码	連環碼
recursion theorem	递归定理	遞迴定理
recursive adaptation algorithm	递归适应性算法	遞迴式適應性演算法
recursive algorithm	递归算法	遞迴演算法
recursive block coding	递归块编码	遞迴區段編碼
recursive computation	递归计算	遞迴計算
recursive estimation	递归估计	遞迴估計
recursive function	递归函数	遞迴函數
recursive grammar	递归文法	遞迴文法
recursive language	递归语言	遞迴語言

英 文 名	大 陆 名	台 湾 名
recursively enumerable language	递归可枚举语言	遞迴可枚舉語言
recursive query	递归查询	遞迴查詢
recursive routine	递归例程	遞迴常式
recursive transition network	递归转移网络	遞迴變遷網路
recursive vector instruction	递归向量指令	遞迴向量指令
red	红色	紅色
red/black engineering	红黑工程	紅黑工程
redirecting number	改发号码	新轉接號碼
redirection	重定向	重定向
redirection information	改发信息	新轉接資訊
redirection operator	重定向操作符	重定向运算符
redo	重做	重作
redox cell	氧化还原电池	氧化還原電池
red signal	红信号	紅色訊號
reduced channel	简约信道	衰減通道
reduced instruction	①精简指令 ②简约信道	①精簡指令 ②衰減通道
reduced-instruction-set computer (RISC)	精简指令集计算机	精簡指令集電腦
reduced-order state observer	降阶状态观测器	降階狀態觀測器
reduced pressure oxidation	减压氧化	減壓氧化
reduced-rate call	减价电话	減價電話
reducibility	可归约性	可約性
reduction	归约	歸約，縮減，簡化
reduction machine	归约机	歸約機
redundancy	冗余[度]	冗餘[度]
redundancy check	冗余检验	冗餘核對
redundant arrays of inexpensive disks (RAID)	磁盘冗余阵列	冗餘陣列的不貴磁碟
redundant bits	冗余位	冗餘位元
redundant coding	冗余编码	冗餘編碼
redundant information	冗余信息	冗餘資訊
redundant memory	冗余存储器	冗餘記憶體
redundant technique	冗余技术	冗餘技術
Reed decoding algorithm	里德解码算法	雷得解碼演算法
Reed-Müller code	里德－米勒码	雷德－穆勒碼
reed relay	舌簧继电器	簧片繼電器
Reed-Solomon codes	里德－所罗门码	雷德－所羅門碼
re-engineering	再工程	再造工程
reentrant cavity	重入式谐振腔	重入式諧振腔

英 文 名	大 陆 名	台 湾 名
reentrant supervisory code	重入监督码	重入监督码
reference	①基准 ②参考	參考[資料]
reference amplitude	参考振幅	參考振幅
reference angle	参考角,基准角	參考角,基準角
reference antenna	参考天线	參考天線
reference boresight of antenna	天线基准轴	天線參考準向
reference carrier	参考载波	參考載波
reference circuit	参考电路	參考電路
reference code	参考码,基准码	參考碼
reference component	参考成分	參考成分
reference condition	标准条件	標準條件
reference electrode	参比电极	參考電極
reference equivalent	参考当量	參考當量
reference field	参考场	參考場
reference frame	参考帧	參考框
reference frequency	参考频率,基准频率	參考頻率,基準頻率
reference level	参考电平	基準位准
reference model	参考模型	參考模型
reference monitor	参考监控	參考監視器
reference picture	参考图像	參考畫面
reference power supply	参考电源,基准电源	參考電源
reference quantizer	参考量化器	參考量化器
reference tape	参考带	參考帶
reference wave beam	参考波束	參考波束
reference white	参考白	參考白
referential integrity	参照完整性	參考完整性
refinement	①细分 ②精化	①細分 ②精化
refinement criterion	精化准则	精化準則
refinement strategy	精化策略	精化策略
reflectance	反射率	反射率
reflected binary code (RBC)	反射二进制码	反射式二元碼
reflected lobe	反射波瓣	反射波瓣
reflected power	反射功率	反射功率
reflected ray	反射线	反射線
reflected voltage	反射电压	反射电压
reflected wave	反射波	反射波
reflecting angle (= reflection angle)	反射角	反射角
reflecting antenna	反射天线	反射天線

英　文　名	大　陆　名	台　湾　名
reflecting beam waveguide	反射波束波导	反射波束導波管
reflecting boundary	反射边界	反射邊界
reflecting layer	反射层	反射層
reflecting satellite communication antenna	反射卫星通信天线	反射衛星通訊天線
reflecting surface	反射面	反射面
reflection	反射	反射
reflection angle	反射角	反射角
reflection bridge	反射电桥	反射電橋
reflection characteristics	反射特性	反射特性
reflection coefficient	反射系数	反射係數
reflection echo	反射回波	反射回波
reflection effect	反射效应	反射效應
reflection efficiency	反射效率	反射效率
reflection extrinsic attenuation	反射非本征衰减	反射外質衰減
reflection factor	反射因数	反射因數
reflection fi1ter	反射滤波器	反射濾波器
reflection gain	反射增益	反射增益
reflection high energy electron diffraction (RHEED)	反射高能电子衍射	反射高能電子衍射
reflection law	反射定律	反射定律
reflection loss	反射损耗	反射損耗
reflection noise	反射噪声	反射雜訊
reflection space	反射空间	反射空間
reflection topography	反射形貌法	反射形貌法
reflective body	反射体	反射體
reflective object-oriented programming	反射的面向对象编程	反射的物件導向程式設計
reflective tracking	反射式跟踪	反射式跟蹤
reflectivity	反射性	反射性,反射率
reflectometer	反射计	反射計
reflector	发射器	反射器
reflector antenna	反射器天线	反射器天線
reflector satellite	反射卫星	反射衛星,無源轉發衛星
reflector-type antenna	反射器式天线	反射器天線
reflexive and transitive closure	自反传递闭包	反身遞移閉包
reflex klystron	反射速调管	反射速調管
reflex receiver	来复接收机	來復接收機

英　文　名	大　陆　名	台　湾　名
reflow	回流	回流
reflow welding	再流焊	迴焊,錫膏熔焊
refracted near-field method	折射近场法	折射近場方法
refracting layer	折射层	折射層
refraction	折射	折射
refraction angle	折射角	折射角
refractive index	折射率	折射率,折射係數
refractive index distribution	折射率分布	折射率分佈
refractive index profile	折射率分布图	折射率剖面圖
refractive index soliton	折射率光孤子	折射率光固子
refractive index tensor	折射率张量	折射率張量
refractive lens	折射型透镜	折射型透鏡
refractivity	折射性	折射性,折射率
refractor	折射器,折射镜	折射器,折射鏡
refractory metal gate MOS integrated circuit	难熔金属栅 MOS 集成电路	高熔點金屬閘極 MOS 積體電路
refractory metal silicide	难熔金属硅化物	難熔金屬矽化物
refresh	刷新	再新,重清,復新
refresh circuit	刷新电路	再新電路
refresh cycle	刷新周期	更新週期
refresh rate	刷新[速]率	再新率,復新率
refresh testing	刷新测试	再新測試
refutation	①证伪 ②反驳	反駁
regeneration	再生	再生
regenerative fuel cell (RFC)	再生燃料电池	再生燃料電池
regenerative receiver	再生接收机	再生接收機
regenerative repeater	再生中继器	再生中繼器,再生轉發器
regenerator	再生器	再生器
regenerator section	再生段	再生器區段
region	区域	區域
regional address	区[域]地址	區域[位]址
regional center	大区中心局	區域中心局
regional satellite communication	区域卫星通信	區域衛星通訊
region clustering	区域聚类	區域聚類
region control task	区域控制任务	區域控制任務
region description	区域描述,区域描绘	區域描述,區域描繪
region growing	区域生长	區域增長

英文名	大陆名	台湾名
region labeling	区域标定	區域標號
region merging	区域合并	區域合併
region of limited proportionality	有限正比区	有限正比區
region retrieval (=area retrieval)	面检索	區域檢索
region segmentation	区域分割	區域分段
register	寄存器	暫存器
register coloring	寄存器着色	寄存器著色
registered images	已配准图像	已註冊圖像
register length	寄存器长度	暫存器長度
registration	注册	登記
registration authority (RA)	注册机构	註冊機構
registration process	注册过程	註冊過程
regression	回归	回歸
regression test	回归测试	回歸測試
regular expression	正则表达式	正規表式
regular grammar	正规文法	正規文法
regularization	正则化	正則化
regular language	正则语言	正規語言
regular set	正则集	正規集
regulating autotransformer	调压自耦变压器	調壓自耦變壓器
regulation	调节	①調整 ②調整率
regulator	调整器	調整器
regulator circuit	调整电路,稳压电路	調整電路,穩壓電路
rehabilitation engineering	康复工程	康復工程
reinserted carrier	重置载波,恢复载波	重置載波
reinstallation	重新安装,重装	重新安裝,重裝
reintegration	①重组 ②再聚合	①重組 ②再聚合
rejection	拒收	拒收
relation	关系	關係
relational algebra	关系代数	關連式代數
relational calculus	关系演算	關連式微積分
relational database	关系数据库	關連式資料庫
relational data model	关系数据模型	關連式資料模型
relational logic	关系逻辑	關係邏輯
relation degree of node	结点关系度	節點關係度
relation net	关系网	關係網
relationship	联系	關聯
relation system	关系系统	關係系統

英 文 名	大 陆 名	台 湾 名
relative address	相对地址	相對位址
relative address coding (RAC)	相对地址编码	相對位元址編碼
relative altitude	相对高度	相對高度
relative calibratiion	相对校准	相對校準
relative chord length parameterization	相对弦长参数化	相對弦長參數化
relative element address designate coding	相对像素选位编码	相對元素位元址指定編碼
relative gain	相对增益	相對增益
relative loss factor	比损耗因子	相對損失因子
relative vacuum gauge	相对真空计	相對真空計
relativistic bunching	相对论群聚	相對論群聚
relativistic magnetron	相对论磁控管	相對論磁控管
relativization	相对化	相對化
relaxation	松弛法	鬆弛
relaxation frequency	张弛频率	鬆弛頻率
relaxation oscillation	张弛振荡	鬆弛振盪
relaxation oscillator	张弛振荡器	張弛振盪器
relaxation time	张弛时间	鬆弛時間
relaxed algorithm	松弛算法	鬆弛算法
relay	继电器	繼電器
relay broadcasting	转播	轉播
relay center	中继中心,转接中心	中繼中心,轉播中心,轉報中心
relay satellite	中继卫星	中繼衛星
relay station	中继站,接力站	中繼站,接力站
relay transmission	中继传输	中繼傳輸
release	释放	釋放,鬆開
release consistency model	释放一致性模型	释放一致性模型
release force	释放力	釋放力
release guard	释放保护	釋放防護
relevant failure	关联失效	相關失效
reliability	①可靠度 ②可靠性	①可靠度 ②可靠性
reliability analysis	可靠性分析	可靠性分析
reliability certification	可靠性认证	可靠性認証
reliability data	可靠性数据	可靠性資料
reliability design	可靠性设计	可靠性設計
reliability engineering	可靠性工程	可靠性工程
reliability evaluation	可靠性评价	可靠性評估

英 文 名	大 陆 名	台 湾 名
reliability growth	可靠性增长	可靠性成長
reliability measurement	可靠性度量	可靠度測量
reliability model	可靠性模型	可靠性模型
reliability prediction	可靠性预计	可靠性預測
reliability statistics	可靠性统计	可靠性統計
reliability test	可靠性试验	可靠性試驗
relocatable library	可重定位库	可再定位程式庫
relocatable library module	可重定位库模块	可再定位程式庫模組
relocatable machine code	可重定位机器代码	可再定位機器碼
relocating loader	浮动装入程序	再定位載入器
reluctance	磁阻	磁阻
relying party	依赖方	依賴方
remailer	重邮器,重邮程序	轉寄者
remanent flux density (= remanent flux density)	剩余磁通密度	剩餘磁通密度
remark	注释	詮釋,註解,註
remodulation	再调制	再調變
remote access	远程访问	遠程存取
remote access server	远程访问服务器	遠程存取伺服器
remote alarm indication	远端告警指示	遠端告警指示
remote calling system	远程呼叫系统	遙控呼叫系統
remote concentration	远程集线	遠距用戶集線
remote control	遥控	遙控
remote control command	遥控指令	遙控指令
remote control dynamics	遥控动力学	遙控動力學
remote control station	遥控站	遙控站
remote database access (RDA)	远程数据库访问	遠程資料庫存取
remote data station	远端数据站	遠端數據站
remote defect indication (RDI)	远端缺陷指示	遠程缺陷指示
remote diagnosis	远程诊断	遠程診斷
remote inquiry	远程查询	遠程詢問
remote instruction	远程教学	遠程教學
remote job input	远程作业输入	遠程工件輸入
remote job output	远程作业输出	遠程工件輸出
remote job processor	远程作业处理程序	遠程工件處理器
remotely controlled extraman	遥控机械手	遙控機械手
remotely controlled vehicle	遥控运载器	遙控運載器
remote mate	遥控变换器	遙控電話機

英 文 名	大 陆 名	台 湾 名
remote method invocation (RMI)	远程方法调用	遠程方法調用
remote power on	远程加电	遠程加電
remote procedure call (RPC)	远程过程调用	遠程程序呼叫
remote process call (RPC)	远程进程调用	
remote regulating	遥调	遙調
remote sensing	遥感	遙感
remote support facility	远程支持设施	遠程支援設施
remote terminal	①远程站 ②远程终端	①遠端站 ②遠程終端
removing of photoresist by oxidation	氧化去胶	氧化去膠
removing of photoresist by plasma	等离子[体]去胶	電漿去膠
rename buffer	换名缓冲器	換名緩衝器
rendering	绘制	轉列
rendezvous radar	交会雷达	交會雷達
renewal process	更新过程	更新過程
renewal reward	更新报酬	更新報酬
renormalization	再规一化	再正規化
renumbering	重新编号	重行編號
reorder buffer	重排序缓冲器	重排序緩衝器
reordering	重新排序	重新排序
repair	修理	修復
repair delay time	修理延误时间	修復延遲時間
repair rate	修复率	修復率
repair time	修复时间	修復時間
repeatability	[可]重复性	可重復性
repeat counter	重复[次数]计数器	重復計數器
repeated selection sort	重复选择排序	重復選擇排序
repeater	中继器	中繼器
repeater jamming	转发式干扰	轉發式干擾
repeater spacing	中继站间距	中繼站距離
repeller	反射极	拒斥極,反斥極
repertoire	字汇	指令表
repetition frequency	重复频率	重復頻率,覆送頻率
repetition interval	重复周期	重復區間
repetition rate	重复率	重復率,重復頻率
repetitive frequency laser	重复频率激光器	復發脈衝雷射
repetitiveness	重复性	重復性
repetitive vector	可重复向量	重復向量
replaceable parameter	可替换参数	可替換參數

英文名	大陆名	台湾名
replacement	替换	替換
replacement algorithm	替换算法	替換演算法
replacement policy	替换策略	替換策略
replacement selection	替代选择	替換選擇
replay (= reproduction)	重放	重放
replay attack	重放攻击	重播攻擊
replicated database	复制型数据库	復製型資料庫
reply	回复	答覆
report	报表	報表
report generation language	报表生成语言	報表產生語言
report generator	报表生成程序	報表產生器
report writer	报表书写程序	報表作者,報表撰寫器
repository	储存库	儲存庫
representation	表示	表示法
reprocessed product	返修品	返修品
reproducibility	复现性,再现性	復現性,再現性
reproducible markings	可重生标识	可再生標示
reproducing head	重放头	重放頭
reproduction	重放	重放
repudiation	抵赖	否認
requantization	再量化	再量化
request	请求	請求,要求,申請
request for comment (RFC)	请求评论[文档],RFC[文档]	請求評論
request for proposal	招标	建議書請求
request parameter list	请求参数表	請求參數表
request-reply service	请求－应答服务	要求－應答服務
request stack	申请栈	請求堆疊
required time	需求时间	需求時間
requirement	需求	需求
requirements analysis	需求分析	需求分析
requirements engineering	需求工程	需求工程
requirements inspection	需求审查	需求檢驗
requirement specification language	需求规约语言	需求規格語言
requirements phase	需求阶段	需求階段
requirements specification	需求规约	需求說明書
requirements verification	需求验证	需求驗證
reradiate	再辐射	再輻射

英 文 名	大 陆 名	台 湾 名
reread	重读	重讀
re-route	重选路由	重編路由,重選路由
rerun	重新运行	重作
rerun point	重运行点	重作點
rerun routine	重运行例程	重作常式
resend	重发	重發
reservation	保留	保留
reservation services	预约业务	備用服務
reservation station	保留站	保留站
reservation table	预约表	預訂表
reserve cell	储备电池	儲備電池
reserve channel (=alternate channel)	备用信道	備用通道
reserved memory	保留内存	保留記憶體
reserved page option	保留页选项	保留頁任選
reserved volume	保留卷	保留容量
reserved word	保留字	保留字
reserve route	备用路由	備用路由
reset	复位	重設,重新開始,重置
reset force	复位力	回復力
reset pulse	复位脉冲	重設脈波
residence telephone	住宅电话	住宅電話
residence time	滞留时间	滯留時間
resident control program	常驻控制程序	常駐控制程式
resident disk operating system	常驻磁盘操作系统	常駐磁碟作業系統
resident operating system	常驻操作系统	常駐作業系統
residual data	残留数据	殘餘資料
residual error rate	①残错率 ②残留误差率	①殘餘錯誤率 ②殘餘誤差率
residual flux density	剩余磁通密度	剩餘磁通密度
residual magnetism	剩磁	殘留磁力
residual response	剩余响应	剩餘附應
residual sideband	残留边带	殘邊帶
residual voltage	剩余电压	殘存電壓
residue clutter	剩余杂波,残余杂波	殘留雜波,殘餘雜波
resilience	①回弹力 ②弹性	①彈力 ②彈性
resistance	电阻	電阻
resistance sea	电阻海	電阻海
resistance tolerance	阻值允差	電阻值容許公差

英 文 名	大 陆 名	台 湾 名
resistance trimming	阻值微调	阻值微調
resistive load	电阻负载	電阻負載
resistive loss	电阻损耗	電阻損耗
resistivity	电阻率	電阻率
resistor	电阻器	電阻
resistor array	电阻排	電阻器陣列
resistor-capacitor-transistor logic (RCTL)	电阻－电容－晶体管逻辑	電阻－電容－電晶體邏輯
resistor-transistor logic (RTL)	电阻－晶体管逻辑	電阻－電晶體邏輯
resolution	①分辨力 ②分辨率	①分辨力 ②解析度
resolution agent	归结主体	分解代理
resolution bandwidth	分辨带宽	分辨帶寬
resolution principle	归结原理	分解原理
resolution rule	消解规则	分解規則
resolving time	分辨时间	分辨時間
resonance	谐振,共振	諧振,共振
resonance region	共振区	共振區
resonance wavelength	谐振波长	共振波長
resonant antenna	谐振[式]天线	共振[式]天線
resonant cavity	谐振腔,共振腔	諧振腔,共振腔
resonant circuit	谐振电路	諧振電路
resonant loop	谐振环	共振迴路,共振圈
resonant slot	谐振槽	諧振槽孔
resonator	谐振器	諧振器,共振器
resource	资源	資源
resource allocation	资源分配	資源分配,資源配置
resource allocation table	资源分配表	資源分配表
resource-based scheduling	基于资源的调度	資源為基的排程
resource management	资源管理	資源管理
resource manager	资源管理程序	資源管理器
resource pool	资源池	資源集用場
resource replication	资源重复	資源重復
resource scheduling	资源调度	資源排程
resource sharing	资源共享	資源共享
resource sharing control	资源共享控制	資源共享控制
resource sharing time-sharing system	资源共享分时系统	資源共享分時系統
resource subnet	资源子网	資源子網
responder	响应者,应答机	應答機,回答機

英文名	大陆名	台湾名
response	响应	回應
response analysis	响应分析	回應分析
response function	响应函数	響應函數
response time	响应时间	附應時間
response time window	响应时间窗口	回應時間視窗
response window	响应窗口	回應視窗
responsive jamming	响应式干扰	附應式干擾
responsivity	响应度	反應率
restart	重新启动,再启动	重新開始,再啟動
restore	再生	復原
restore circuit	恢复电路	恢復電路
restricted	内部级	限制
restricted language	受限语言	受限语言
restrictor	限制器	限流器
restructure from motion	运动重建	運動重建
resume message	恢复消息	回復信息
resume requirement	复原请求	回復需求
resynchronization	再同步	再同步
retarded potential	推迟势	延遲位能
retiming	重定时	重定時
retiming transformation	重定时变换	重定時變換
retirement	退役	退役
retirement phase	退役阶段	退役階段
retrace ratio	逆程率	逆程率
retrace time (=flyback time)	回扫时间	回掃時間
retransmission	重传	再傳輸
retransmission buffer	重传缓冲器	重傳緩衝器
retrieval service	检索[型]业务	檢索服務
retrieve	检索	檢索器
retrodirective antenna	倒向天线	倒向天線
retrograde orbit	反向轨道	逆行軌道
retrograde solubility	退缩性溶解度	退縮性溶解度
retry	重试,复执	再試
return	返回,回程	①返回,回程 ②迴路,回線
return current	返回电流	返回電流
return loss	回损,回波损耗	回波損失,回波損耗
return path	返回路径	回程通路,回程線路

英　文　名	大　陆　名	台　湾　名
return time	回程时间	回程時間,回復時間
return to zero	归零[道]	歸零
return-to-zero (RZ)	归零制	歸零
return-to-zero code	归零码	歸零碼
reusability	可复用性	可再用性
reusable component	可复用构件	可再用組件
reuse library interoperability group (RLIG)	复用库互操作组织	再用程式館可交互運作組
reverberation room	混响室	混響室
reverse address resolution protocol (RARP)	逆地址解析协议	反轉位址解析協定
reverse bias	反向偏置	反向偏壓
reverse breakdown voltage	反向击穿电压	反向崩潰電壓
reverse charging acceptance	反向计费接受	反向計費驗收
reversed field focusing	倒向场聚焦	倒向場聚焦
reverse direction	反向	反向
reverse engineering	逆向工程	反向工程
reverse index	倒排索引	反向索引
reverse LAN channel	反向局域网信道	反向區域網路通道
reverse leakage current	反向泄漏电流	反向漏電流
reverse loss	反向损耗	反向損耗
reverse net	逆网	反向網路
reverse osmosis	反渗透	反滲透
reverse playback	反向重放	逆向放映
reverse read (= backward read)	反读	反向讀
reverse transition	逆变迁	反向變遷
reversible code (= invertible code)	可逆码	可逆碼
reversible counter	可逆计数器	可逆計數器
reversible scaler	可逆定标器	可逆定標器
reversing time	反转时间	反轉時間
review	评审	查核,評審
revocation	合法性撤消,合法性取消	憑證撤銷
revoke	取消	廢止
revolution	旋转	旋轉
revolution speed transducer	转速传感器	轉速轉換器
revolver	旋转变压器	旋轉器
reward analysis	报酬分析	報酬分析

英 文 名	大 陆 名	台 湾 名
rewind	倒带	回捲
rewrite	重写	重寫
rewriting rule [system]	重写规则[系统]	重寫規則[系統]
Reynolds number	雷诺数	雷諾數
RF (=radio frequency)	射频,无线电频率	射頻,無線電頻率
RFA (=①radio-frequency authorizations ②radio frequency amplifier)	①无线电频率特许 ②射频放大器	①無線電頻率分配表冊 ②射頻放大器
RF amplifier (=radio frequency amplifier)	射频放大器	射頻放大器
RF beam	射频波束	射頻波束
RFC (=①request for comment ②radio frequency choke ③regenerative fuel cell)	①请求评论[文档],RFC[文档] ②射频扼流圈 ③再生燃料池	①請求評論 ②射頻扼流圈 ③再生燃料電电池
RFI (=radio frequency interference)	射频干扰	射頻干擾,無線電波干擾
RF ion plating	射频离子镀	射頻離子鍍
RFI suppression capacitor	抑制射频干扰电容器	抑製射頻干擾電容
RF oscillator	射频振荡器	射頻振盪器
RF parameter	射频参数	射頻參數
RF transmission system	射频传输系统	射頻傳輸系統
RHEED (=reflection high energy electron diffraction)	反射高能电子衍射	反射高能電子衍射
RHI (=range-height indicator)	距离高度显示器	距離高度顯示器
rhombic antenna	菱形天线	菱形天線
rhombic array	菱形天线阵	菱形天線陣列
ribbon cable (=flat cable)	带状电缆,扁平电缆	帶狀電纜,扁平電纜
ribbon silicon solar cell	带状硅太阳电池	帶狀矽太陽電池
ribbon splicing	带状熔接	帶狀熔接
Riccati equation	里卡蒂方程	裡卡蒂方程
Ricean fading channel	赖斯衰落信道	萊斯衰褪通道
Rice distribution	赖斯分布	萊斯分佈
Richards' transformation	理查德变换	瑞查德轉換
Rician distribution (=Rice distribution)	莱斯分布	萊斯分佈
Rician fading channel (=Ricean fading channel)	莱斯衰落信道	萊斯衰褪通道
ridged horn	脊形喇叭	脊形喇叭
ridge waveguide	脊[形]波导	內脊波導

英 文 名	大 陆 名	台 湾 名
RIE (=reactive ion etching)	反应离子刻蚀	回應離子刻蝕
right	权限	權限,權力
right characteristic	右特性	右特性
right-hand polarization	右手极化	右手極化
right-hand rule	右手定则	右手法則
right-linear grammar	右线性文法	右線性文法
right-matching	右匹配	右匹配
rightmost derivation	最右派生	最右導出
right sentential form	右句型	右句型
rigid disk (=hard disk)	硬磁盘,硬盘	硬磁碟
rigid solar cell array	刚性太阳电池阵	剛性太陽電池陣
ring	①环 ②振铃 ③振铃塞环	①環[狀] ②振鈴
ring antenna	环形天线	環狀天線
ring array	环形阵	環形陣列
ringback tone	回铃音	回鈴音
ring demodulator	环形解调器	環形解調器
ringing	振铃	振鈴
ringing circuit	振铃电路	振鈴電路
ringing code	振铃码	振鈴電碼,呼叫訊號電碼
ringing tone	振铃音	振鈴音
ring latency	环等待时间	環潛時
ring modulator	环形调制器	環形調變器
ring network	环状网	環類網
ring oscillator	环形振荡器	環形振盪器
ring station	环站	環站
ring topology	环形拓扑	環狀拓撲
RIP (=routing information protocol)	路由[选择]信息协议	選路資訊協定
ripple	纹波	漣波
ripple current	纹波电流	漣波電流
rippled field magnetron	脉动场磁控管	脈動場磁控管
ripple voltage	纹波电压	漣波電壓
RISC (=reduced-instruction-set computer)	精简指令集计算机	精簡指令集電腦
rise time	上升时间	上升時間
rising edge	上升沿	上升邊緣
rising-sun resonator system	旭日式谐振腔系统	旭日式諧振腔系統

英 文 名	大 陆 名	台 湾 名
risk acceptance	风险接受	風險驗收
risk analysis	风险分析	風險分析
risk assessment	风险评估	风险评价
risk index	风险指数	风险指标
risk tolerance	风险容忍	風險容忍
RLIC (= run-length limited code)	行程长度受限码,游程长度受限码	運行長度限制碼
RLIG (= reuse library interoperability group)	复用库互操作组织	再用程式館可交互運作組
RMA (= random multiple access)	①随机多路接入 ②随机多路访问	①隨機多重進接 ②隨機多路存取
RMI (= remote method invocation)	远程方法调用	遠程方法調用
ROA (= recognized operating agency)	[经]认可的运营机构	經認可營運機構
roadband integrated services digital network user part (B-ISUP)	宽带综合业务数字网用户部分	寬頻整合服務數位網路用戶部
roaming	漫游	漫遊
robopost	自动邮寄	自動郵寄
robot	机器人	機器人
robot engineering	机器人工程	機器人工程
robotics	机器人学	機器人學
robust control	鲁棒控制	堅固控制
robust identification	鲁棒辨识	堅固識別
robustness	稳健性,鲁棒性	堅固性
Rochelle salt (RS)	罗谢尔盐	羅謝爾鹽
rocket	火箭	火箭
rod lens	棒形透镜	柱狀透鏡
rollback	回退,卷回	回轉,轉返
rollback propagation	卷回传播	回轉傳播
rollback recovery	卷回恢复	轉返恢復,轉返復原
roll-call	轮叫	輪流呼叫
roll-call polling	轮叫探询	輪流呼叫詢問
roll compensation	滚动补偿	滾動補償
roll control	滚动控制	滾動控制
roll correction	滚动校正	滾動校正
rolled groove method	滚槽法	滾槽法
roll forming	轧膜	軋膜
roll-in/roll-out	转入转出	轉入轉出
roll-off	滚降	滾降

英 文 名	大 陆 名	台 湾 名
ROM (= read-only memory)	只读存储器	唯讀記憶體
room maintenance	机房维护	機房維護
room management	机房管理	機房管理
root	根	根,樹根
root compiler	根编译程序	根編譯程式
root directory	根目录	根目錄
root-locus method	根轨迹法	根軌跡法
root name	根[文件]名	根名
Roots vacuum pump	罗茨真空泵	羅茨真空幫浦
rope	绳	繩,線
rotary dailer	旋转式拨号盘	旋轉式撥號盤
rotary joint	旋转关节,旋转接头	旋轉接頭
rotary piston vacuum pump	定片真空泵,旋转活塞真空泵	定片真空幫浦,旋轉活塞真空幫浦
rotary splice	旋转熔接	旋轉熔接
rotary switch	①旋转开关 ②旋转制交换机	①旋轉開關 ②旋轉製交換機
rotating joint (= rotary joint)	旋转关节,旋转接头	旋轉接頭
rotating-loop antenna	旋转环形天线	旋轉環形天線
rotating mirror Q-switching	转镜式 Q 开关	轉鏡式 Q 開關
rotating surface	旋转曲面	旋轉面
rotation (= revolution)	旋转	旋轉
rotational casting technique	旋转投射技术	旋轉投射技術
rotation transformation	旋转变换	旋轉變換
rote learning	机械学习	死記硬背的學習
Rotman lens	罗特曼透镜	羅特曼透鏡
rotor cipher	转轮密码	轉輪密碼
roughing line	粗抽管路	粗抽管路
roughing vacuum pump	粗抽泵	粗抽幫浦
rough set	粗糙集	粗集合
rough vacuum	粗真空	粗真空
rounding	①舍入 ②磨圆	①捨入 ②磨圓
rounding error	舍入误差	捨入誤差
roundoff noise effect	舍入噪声效应	捨入雜訊效應
round-robin scheduling	轮转法调度	循環算法排程,循環算法
round-trip delay	往返延迟	往返延遲
round-trip propagation time	往返传播时间	往返傳播時間

英 文 名	大 陆 名	台 湾 名
route	路由	路由,通路,路線
route busy hours	路由忙时	路由忙時
route marker control	路由标志器控制	路由標接控制
route planning	路由规划	路由規劃
router	①路由器 ②布线程序	路由器,選路器
route selection system	路由选择制	路由選擇制
Routh-Hurwitz criterion	劳斯-赫尔维茨判据	勞斯-赫爾維茨判據
routine	例程	子程式,常式
routine test	例行试验	例行試驗
routing	①路由选择,选路 ②布线	選路
routing algorithm	路由[选择]算法	選路演算法
routing control	路由选择控制	路由控制
routing control center (RCC)	路由控制中心	路由控制中心
routing function	寻径函数	選路函數
routing information protocol (RIP)	路由[选择]信息协议	選路資訊協定
routing label	编路标号	路由標籤
row	行	列,行
row address	行地址	列位址
row address strobe	行地址选通	列位址選通
row decoder	行译码器	列解碼器
row decoding	行译码	列解碼
row-major vector storage	行主向量存储	行主向量儲存
row-octet	行八位	行八位
row selection	行选	列選擇
RPC (=①remote process call ②remote procedure call)	①远程进程调用 ②远程过程调用	遠程程序呼叫
RS (=Rochelle salt)	罗谢尔盐	羅謝爾鹽
RTDB (=real-time database)	实时数据库	即時資料庫
rthumb line	恒向线	恆向線
RTL (=resistor-transistor logic)	电阻-晶体管逻辑	電阻-電晶體邏輯
RTV (=real-time video)	实时视频	即時視頻
RTZ [track] (=return to zero)	归零[道]	歸零
rubber band method	橡皮筋方法	橡皮筋方法
ruby laser	红宝石激光器	紅寶石雷射
rule	规则	規則,尺,律
rule base	规则库	規則庫
rule-based deduction system	基于规则的演绎系统	規則爲本的演繹系統

英 文 名	大 陆 名	台 湾 名
rule-based expert system	基于规则的专家系统	規則爲本的專家系統
rule-based language	基于规则的语言	規則爲本的程式
rule-based program	基于规则的程序	規則爲本的程式
rule-based reasoning	规则推理	規則推理
rule-based system	基于规则的系统	規則爲本的系統
rule clause	规则子句	規則子句
rule-like representation	类规则表示	類似規則表示法
rule set	规则集	規則集
run	①运行 ②顺串	運行,執行,運轉
run coding	行程编码	執行編碼
run length	行程长度	執行長度
run-length encoding	行程长度编码	運行長度編碼
run-length limited code (RLLC)	行程长度受限码,游程长度受限码	運行長度限制碼
run mode	运行方式	運行模式
running system (=run-time system)	运行系统	運行系統,運行時間系統
running time	运行时间	執行歷時,運行時間
running torque-frequency characteristic	运行矩频特性	操作矩頻特性
run-time diagnosis	运行时诊断	運行時間診斷
run-time system	运行系统	運行系統,運行時間系統
runway visual range	跑道视距	跑道視距
rural automatic exchange	农话局	鄉村自動電話交換
rural telephone	农村电话	鄉村電話
rural telephone system	农村电话系统	鄉村電話系統
Rutherford backscattering spectroscopy (RBS)	卢瑟福背散射谱[学]	路德福背散射譜[學]
rutile ceramic	金红石瓷	金紅石瓷
RVOD (=real video on demand)	真点播电视	真實點播電視
RZ (=return-to-zero)	归零制	歸零

S

英 文 名	大 陆 名	台 湾 名
SADT (=structured analysis and design technique)	结构化分析与设计技术	結構化分析與設計技術
SAES (=scanning Auger electron spec-	扫描俄歇电子能谱[学]	掃描俄歇電子能譜[學]

英　文　名	大　陆　名	台　湾　名
troscopy)		
safeguard	保卫	保衛
safeness	安全性	安全性
safe net	安全网	安全網
safe shutdown	安全停机	安全關機
safety certification authority	安全认证机构	安全認證授權
safety command	安全指令	安全指令
safety margin	安全容限	安全餘裕,安全容限
safety remote control	安全遥控	安全遙控
safety ring	安全环	安全環
sagger	匣钵	匣缽
salt atmosphere test	盐雾试验	鹽霧試驗
samarium-cobalt magnet	钐钴磁体	釤鈷磁鐵
SAMOS memory (= stack-gate avalanche injection type MOS memory)	叠栅雪崩注入 MOS 存储器	堆疊閘極累增注入 MOS 記憶體
sample	样本	樣本
sample-and-hold	抽样保持	取樣保值
sample covariance	样本协方差	樣本協方差
sampled data system	取样数据系统	取樣數據系統
sample dispersion	样本离差	樣本分散
sample distribution	样本分布	樣本分佈
sample interval	样本区间	樣本區間
sample mean	样本均值	樣本均值
sample mode	采样方式	抽樣模式
sample moment	样本矩	樣本矩
sampler	取样器,采样器	取樣器,采樣器
sample set	样本集	樣本集
sample space	样本空间	樣本空間
sampling	取样,抽样,采样	取樣,抽樣
sampling control	取样控制,采样控制	取樣控制,抽樣控制,采樣控制
sampling distribution	采样分布	抽樣分佈
sampling error	采样误差	抽樣誤差
sampling frequency	采样频率	抽樣頻率
sampling head (= sampler)	取样器,采样器	取樣器,采樣器
sampling noise	采样噪声	抽樣雜訊
sampling oscilloscope	取样示波器	取樣示波器
sampling period	采样周期	抽樣週期

英 文 名	大 陆 名	台 湾 名
sampling plan	抽样方案	抽樣方案
sampling plug-in	采样插件	抽樣插件
sampling rate	采样速率	抽樣率
sampling system	采样系统	抽樣系統
sampling theorem	抽样定理	取樣定理
sampling without replacement	无放回抽样	無放回抽樣
sampling with replacement	有放回抽样	有放回抽樣
sand and dust test	沙尘试验	沙塵試驗
sanitizing	消密	消毒
SAP (= service access point)	服务访问点,服务接入点	服務存取點
SAR (= ①synthetic aperture radar ②segmentation and reassemble)	①合成孔径雷达 ②分段和重装	①合成孔徑雷達 ②分段與重組合
SAS (= software architectural style)	软件体系结构风格	軟體架構風格
SASE (= special-application service element)	特定应用服务要素	特定應用服務元件
SAT (= satellite)	卫星	衛星
satellite (SAT)	卫星	衛星
satellite antenna	卫星天线	衛星天線
satellite-based navigation	星基导航	星基導航
satellite broadcasting	卫星广播	衛星廣播
satellite channel	卫星信道	衛星通道
satellite communication	卫星通信	衛星通信
satellite coverage	卫星覆盖区	衛星覆蓋區
satellite deployment pattern	卫星配置图	衛星配置圖
satellite-Doppler navigation system	多普勒卫导系统	多普勒衛導系統
satellite hop	卫星跳跃	衛星中繼段,衛星中繼器
satellite line	卫星线路	衛星[通訊]線路
satellite navigation	卫星导航,卫导	衛星導航,衛導
satellite network	卫星通信网	衛星網路
satellite orbit	卫星轨道	衛星軌道
Satellite POsitioning and Tracking (SPOT)	卫星定位及跟踪	人造衛星定位及跟蹤
satellite relay station	卫星中继站	衛星中繼站
satellite repeater	卫星中继器	衛星中繼器
satellite surveillance radar	卫星监视雷达	衛星監視雷達
satellite switch	星上交换	星上交換
satellite-switched time-division multiple	星上交换/时分多址	衛星交換/分時多重進

英 文 名	大 陆 名	台 湾 名
access (SS/TDMA)		接
satellite switch multiple access (SSMA)	星上交换多址联接	衛星交換多重進接
satellite terrestrial links	卫星地面链路	衛星地面鏈路
satellite toll trunk	卫星长途中继线	衛星長途中繼線
satellite-to-satellite communication	星际通信	衛星間通訊
satellite tracking station	卫星跟踪站	衛星跟蹤站
satisfiability problem	可满足性问题	滿足性問題
saturable absorption Q-switching	可饱和吸收 Q 开关	可飽和吸收 Q 開關
saturable reactor	饱和电抗器	飽和電抗
saturation magnetic recording	饱和磁记录	飽和磁記錄
saturation parameter	饱和参量	飽和參數
save	保存	保存,存
save area	保存区	保存區
sawtooth waveform	锯齿波形	鋸齒波形
S band	S 波段	S 頻帶
SBC (=①sub-band coding ② single-byte correction)	①子带编码 ②单字节校正	①次頻帶編碼 ②單字元組校正
SBE effect (=supertwisted birefringent effect)	超扭曲双折射效应	超扭曲雙折射效應
SBN (=strontium barium niobate)	铌酸钡锶	鈮酸鋇鍶
SBR (=statistic bit rate)	统计比特率	統計位元率
SBS (=stimulated Brillouin scattering)	受激布里渊散射	受激布里淵散射
SC (=single-channel)	单路	單通道
SCADAS (=supervisory control and data acquisition system)	监控与数据采集系统	監控與資料獲取系統
scalability	可扩缩性,易扩缩性	可擴縮性
scalable coherent interface (SCI)	可扩缩一致性接口	可擴縮一致性介面
scalable video	可调整视频	可調整視訊
scalar	标量	純量,純量的
scalar computer	标量计算机	純量計算機
scalar-data flow analysis	标量数据流分析	純量資料流分析
scalar network analyzer (SNA)	标量网络分析仪	標量網路分析儀
scalar pipeline	标量流水线	純量管線
scalar processor	标量处理器	純量處理機
scaler	定标器	定標器
scale space	尺度空间	標度空間
scaling	放缩	定標,換算
scaling-down	按比例缩小	按比例縮小

英文名	大陆名	台湾名
scaling transformation	比例变换,定比变换	比例變換
SCAMS (=scanning microwave spectrometer)	扫描微波频谱仪	掃描微波頻譜儀
scan (=sweep)	扫描	掃描
scan angle	扫描角	掃描角
scan conversion	扫描转换	掃描轉換
scan converter tube	扫描转换管	掃描轉換管
scan design	扫描设计	掃描設計
scan expansion lens	扫描扩展透镜	掃描擴展透鏡
scan-in	扫描输入	掃描輸入
scan line algorithm	扫描线算法	掃描線演算法
scanner	扫描仪	①掃描器 ②掃描程序
scanner selector	扫描选择器	掃描器選擇器
scanning antenna	扫描天线	掃描天線
scanning Auger electron spectroscopy (SAES)	扫描俄歇电子能谱[学]	掃描俄歇電子能譜[學]
scanning density	扫描密度	掃描密度
scanning electron microscopy (SEM)	扫描电子显微镜[学]	掃描電子顯微鏡[學]
scanning microwave spectrometer (SCAMS)	扫描微波频谱仪	掃描微波頻譜儀
scanning pattern	扫描模式	掃描型樣
scan-out	扫描输出	掃描輸出
scan plane	扫描平面	掃描平面
scan sector	扫描扇形	掃描扇形
scan width	扫频宽度	掃頻寬度
scatter	散射	散射
scatter angle	散射角	散射角
scatter communication	散射通信	散射通信
scattered data points	散乱数据点	散佈資料點
scatter format	分散格式	散佈格式
scattering coefficient	散射系数	散射係數
scattering layer	散射层	散射層
scatter loading	分散装入	散佈載入
scatterometer	散射计	散射計
scavenge	提取	清掃
SCB (=session control block)	对话控制块	對話控制段
scenario agent	情景主体	情節代理
scene	景物	景物

英 文 名	大 陆 名	台 湾 名
scenic analysis	景物分析	景物分析
SCF (= synchronization and convergence function)	同步和会聚功能	同步和收斂功能
schedulability	可调度性,易调度性	可排程性
scheduled fault detection	预定故障检测	預定故障檢測
scheduled maintenance	预定维修	預定維修
scheduled maintenance time	预订维修时间	預定維護時間,例行維護時間,定期維護時間
schedule job	调度作业	排程工件
schedule maintenance	定期维护	定期維護
scheduler	调度程序	排程器
scheduler module	调度模块	排程器模組
scheduler waiting queue	调度程序等待队列	排程器等待隊列
scheduler work area (SWA)	调度程序工作区	排程器工作區
schedule table	调度表	排程表
scheduling	调度	排程
scheduling algorithm	调度算法	排程演算法
scheduling information pool	调度信息池	排程資訊集用場
scheduling mode	调度方式	排程模式
scheduling monitor computer	调度监控计算机	排程監視器電腦
scheduling of multiprocessor	多处理器调度	多處理器排程
scheduling policy (= scheduling strategy)	调度策略	排程政策
scheduling problem	调度问题	排程問題
scheduling queue	调度队列	排程隊列
scheduling resource	调度资源	排程資源
scheduling rule	调度规则	排程規則
scheduling strategy	调度策略	排程策略
schema	模式	①型樣,圖型,簡圖 ②概要,綱目
schema concept	模式概念	綱目概念
schematic	原理图	示意圖,簡圖
scheme of the Chinese phonetic alphabet (= Pinyin)	汉语拼音[方案]	漢語拼音[方案]
Schmidt lens	施密特透镜	施密特透鏡
Schmidt trigger	施密特触发器	施密特正反器
Schottky barrier	肖特基势垒	蕭特基位壘
Schottky barrier diode	肖特基势垒二极管	蕭特基位障二極體

英 文 名	大 陆 名	台 湾 名
Schottky diode termination	肖特基二极管端接	蕭特基二極體終止
Schottky integrated injection logic (SIIL)	肖特基集成注入逻辑	蕭特基積體注入邏輯
Schottky solar cell	肖特基太阳电池	蕭特基太陽電池
Schwarz reflection principle	施瓦茨反射原理	舒瓦茲反射原理
SCI (=scalable coherent interface)	可扩缩一致性接口	可擴縮一致性介面
scientific database	科学数据库	科學資料庫
scintillation (=flicker)	闪烁	閃爍
scintillation detector	闪烁探测器	閃爍探測器
scintillation error	起伏误差	起伏誤差
scintillation interference	起伏干扰	起伏干擾
scintillation proportional detector	闪烁正比探测器	閃爍正比探測器
scintillation spectrometer	闪烁谱仪	閃爍譜儀
scintillator	闪烁体	閃爍體
scintillator solution	闪烁体溶液	閃爍體溶液
S completion	S 完备化	S 完備化
scoop-proof connector	防斜插连接器	防斜插連接器
scope	作用域	範疇顯示器,示波器
scotopic vision	暗视觉	暗視覺
SCPC (=single channel per carrier)	单路单载波	單路單載波
SCR (=sustainable cell rate)	可持续信元速率	持續單元速率
scrambler	扰码器	擾碼器
scrambling	置乱	置亂
scratchpad memory	便笺式存储器,缓存器	暫用記憶體
screen	屏幕	①熒幕,屏幕 ②篩選
screen coordinate	屏幕坐标	熒幕坐標
screen editor	全屏编辑程序	熒幕編輯器
screen grid	屏栅极	屏閘極極
screening	筛选	篩選
screen printing	丝网印刷	網版印刷
screen sharing	屏幕共享	熒幕共享
screw dislocation	螺形位错	螺形錯位
scribing	划片	劃片
script	①文字 ②脚本	①文字 ②手跡,原本 ③腳本
script knowledge representation	脚本知识表示	劇本知識表示
scroll bar	滚动条	捲棒
scrolling	滚动	捲動,卷軸
scrubbing	刷洗	刷洗

英 文 名	大 陆 名	台 湾 名
SCSI (= small computer system interface)	小计算机系统接口，SCSI 接口	小電腦系統介面
sculptured surface	雕塑曲面	雕塑曲面
S/D (= signal-to-distortion ratio)	信号失真比	訊號失真比
SDH (= synchronous digital hierarchy)	同步数字系列	同步數字系列
SDM (= space division multiplexing)	空分复用	空分復用
SDMA (= space division multiple access)	空分多址	空分多址
SDR (= single data rate)	单数据速率	單資料速率
SDU (= service data unit)	服务数据单元	服務資料單元
SE (= software engineering)	软件工程	軟體工程
sea communications (= overocean communications)	海上通信	海上通信，越洋通信，航海通訊
seal	密封	①密封 ②封條
sealant	密封胶	①密封劑 ②密封層
sealed connector	密封连接器	密封連接器
sealer	密封器	①密封器 ②保護層
sealing	封口	封口
seal tightness test	密封性试验	密封性試驗
sea of gate	门海	閘海
search	搜索	搜索，搜尋
search algorithm	搜索算法	搜尋演算法
search and replace	搜索并替换	搜尋與取代
search and rescue radar	搜救雷达	搜索與救援雷達
search cycle	搜索周期	搜尋週期
search engine	搜索机，搜索引擎	搜尋引擎
search finding	搜索求解	搜尋求解
search game tree	搜索博弈树	搜尋競賽樹
search gas	检漏气体	檢漏氣體
search graph	搜索图	搜尋圖
search key	搜索关键词	搜尋鍵
search list	搜索表	搜尋串列
search radar (= surveillance radar)	搜索雷达，监视雷达	搜索雷達，監視雷達
search rule	搜索规则	搜尋規則
search space	搜索空间	搜尋空間
search strategy	搜索策略	搜尋策略
search time	搜索时间	搜尋時間
search tree	搜索树	搜尋樹
SEASAT (= sea satellite)	海洋卫星	海洋衛星

英 文 名	大 陆 名	台 湾 名
sea satellite (SEASAT)	海洋卫星	海洋衛星
sea-water activated battery	海水激活电池	海水激活電池
SEC (= secondary electron conduction)	次级电子导电	次級電子導電
SECAM system (= Sequential Color and Memory system)	SECAM 制	SECAM 製
SECB (= severely erred cell block)	严重差错信元块	嚴重錯誤細胞區塊
secondary battery (= storage battery)	蓄电池	蓄電池
secondary console	副控台	輔助控制台
secondary copy	辅[助]副本	輔助副本
secondary electron	次级电子	次級電子
secondary electron conduction (SEC)	次级电子导电	次級電子導電
secondary electron emission	次级电子发射	次級電子發射
secondary flat	次平面	次平面
secondary index	辅助索引	次要索引
secondary ion mass spectroscopy (SIMS)	二次离子质谱[学]	二次離子質譜[學]
secondary key	二级密钥,次密钥	①次要鍵 ②次關鍵字
secondary phase factor	二次相位因数	二次相位因數
secondary radar	二次雷达	二次雷達
secondary radiator	次级辐射器,次级辐射体	次級輻射器
secondary segment	辅助段	輔助段
secondary space allocation	辅助空间分配	二次空間分配
secondary station	次站	輔助站,次要站
secondary task	辅助任务	輔助任務
second generation computer	第二代计算机	第二代計算機
second generation language	第二代语言	第二代語言
second harmonic generation (SHG)	二次谐波发生	二次諧波
second-level cache	二级高速缓存	第二層快取
second normal form	第二范式	第二正規格式
second-order logic	二阶逻辑	第二階邏輯
second-order system	二阶系统	二階系統
second-person VR	第二者虚拟现实	第二者虛擬實境
secrecy capacity	保密容量	守密容量
secrecy system	①保密系统 ②保密体制	①守密系統 ②守密體制
secret	机密级	秘密
secret command	保密指令	守密指令
secret key	秘密密钥	秘密密鑰
sector	扇区,扇段	扇區

英　文　名	大　陆　名	台　湾　名
sector alignment	扇区对准	扇區對準
sector display	扇形显示	扇形顯示
sector mapping	段映射	扇區對映
sector servo	扇区伺服	扇區伺服
sector TACAN (SETAC)	扇形塔康	扇形塔康
secure communication	保密通信,安全通信	守密通信,安全通信
secure electronic transaction (SET)	安全电子交易	安全電子交易
secure function evaluation	安全功能评估	安全功能評估
secure gateway	安全网关	安全閘道
secure identification	安全识别	安全識別
secure kernel	安全内核	安全內核
secure operating system	安全操作系统	安全作業系統
secure router	安全路由器	安全路由器
secure socket layer (SSL)	安全套接层	安全連接層
secure voice communication system	保密电话通信系统	守密電話通信系統
security	安全[性]	保全,安全
security audit	安全审计	安全稽核
security class	安全类	安全類
security clearance	安全许可	安全許可
security control	安全控制	保全控制
security domain	安全域	安全域
security event	安全事件	安全事件
security filter	安全过滤器	保全過濾器
security inspection	安全检查	安全檢驗
security label	安全标号	安全標號
security level	安全等级	保全等級
security measure	安全措施	安全措施
security model	安全模型	安全模型
security operating mode	安全运行模式	安全操作模式
security policy	安全策略	保全政策
sedimentation analysis	沉降分析法	沉降分析法
SEE (=single-event effect)	单事件效应	單事件效應
seed crystal	籽晶	籽晶
seed fill algorithm	种子填充算法	種子填充演算法
seeding	撒播	播種,種晶技術
seek	寻道	尋找磁軌,尋找,尋覓
seeker	寻标器	尋標器
seeker antenna	寻标器天线	尋標器天線

英 文 名	大 陆 名	台 湾 名
seek time	寻道时间,查找时间	尋覓時間
see-through plate	透明版	透明版
segment	图段	段,片段,片
segment address	段地址	段位址
segmental SNR	分段信噪比	分段式訊號雜訊比
segmentation	分段	分段
segmentation and reassemble (SAR)	分段和重装	分段與重組合
segment display	笔画显示	筆劃顯示
segmented memory system	段式存储系统	分段記憶體系統
segment number	段号	段號
segment overlay	段覆盖	段覆蓋
segment size	段长度	段大小
segment table address	段表地址	段表位址
segregation coefficient	分凝系数	分離係數
seismic tomography	地震层析成像	地震斷層掃描
SEL (=single-event latchup)	单事件锁定	單事件鎖定
select	选取,选择	選擇
selection network	选择网络	選擇網路
selective attention	选择注意	選擇注意
selective diffusion	选择扩散	選擇擴散
selective doping	选择掺杂	選擇摻雜
selective epitaxy	选择外延	選擇磊晶
selective level meter	选频电平表	選頻電平表
selective oxidation	选择氧化	選擇氧化
selectivity	选择性	選擇性
selector channel	选择通道	選擇器通道
self-acting	自作用	自作用
self-adapting	自适应	自適
self-aligned isolation process	自对准隔离工艺	自對準隔離工藝
self-aligned MOS integrated circuit	自对准 MOS 集成电路	自我對準 MOS 積體電路
self-booting	自引导	自啟動
self-calibration	自定标	自校準
self-checking	自检验	自檢
self-checking circuit	自检电路	自檢電路
self-clocking	自同步[时钟]	自計時
self-contained navigation	自主导航	自主導航
self-delineating block	自划界块	自劃界塊

英 文 名	大 陆 名	台 湾 名
self-description	自描述	自描述
self-descriptiveness	自描述性	自描述性
self-diagnosis function	自诊断功能	自診斷功能
self-diffusion	自扩散	自擴散
self-discharge	自放电	自放電
self-embedding	自嵌[入]	自嵌入
self-focusing	自聚焦	自聚焦
self-focusing optical fiber	自聚焦光纤	自聚焦光纖
self impedance	自阻抗	自阻抗
self induction	自感[应]	自感
self information	自信息	自資訊
self-intersection	自相交	自相交
self-isolation	自隔离	自隔離
self-join	自联结,自连接	自聯合
self-knowledge	自省知识	自身知識
self-learning	自学习	自學
selfloop	自圈	自迴路
self-maintained discharge	自持放电	自持放電
self-model	自模型	自模型
self mode-locking	自锁模	自鎖模
self modulation	自调制	自調變
self-optimizing control	自寻优控制	自行最佳化控制
self-organization mapping	自组织映像	自組織映射
self-organizing neural network	自组织神经网络	自組織類神經網絡
self-organizing system	自组织系统	自組織系統
self-oscillation	自激振荡	自激振盪
self-phasing array	自[动定]相阵	自相位陣列
self-planning	自规划	自規劃
self-powered neutron detector	自给能中子探测器	自給能中子探測器
self-quenched counter	自猝灭计数器	自淬滅計數器
self-reference	自引用	自引用,自參考
self-regulating	自调整	自調節
self-relocation	自重定位	自再定位
self-repair	自修理	自修復
self-restoring bootstrapped drive circuit	自恢复自举驱动电路	自恢復自舉驅動電路
self-scheduled algorithm	自调度算法	自排程演算法
self-scheduling	自调度	自排程
self-similar network traffic	自相似网络业务	自相似網路流量

英 文 名	大 陆 名	台 湾 名
self-synchronization	自同步	自行同步
self-synchronous cipher	自同步密码	自同步密碼
self-testing	自测试	自測
self-tuning control	自校正控制	自調諧控制
SEM (= scanning electron microscopy)	扫描电子显微镜[学]	掃描電子顯微鏡[學]
semantic	语义	語意
semantic analysis	语义分析	語意分析
semantic attribute	语义属性	語意屬性
semantic data model	语义数据模型	語意資料模型
semantic dependency	语义相关性	語義相關性
semantic dictionary	语义词典	語意詞典
semantic distance	语义距离	語意距離
semantic field	语义场	語意場
semantic information	语义信息	語意資訊
semantic memory	语义记忆	語意記憶體
semantic network	语义网络	語意網路
semantics	语义学	語意,語意學
semantics-based query optimization	基于语义的查询优化	語意為主的查詢最佳化
semantic test	语义检查	語意檢查
semantic theory	语义理论	語意理論
semantic tree	语义树	語意樹
semantic unification	语义合一	語意統一
semaphore	信号量	旗號
semi-active guidance	半有源制导	半有源製導
semi-automatic private branch exchange	半自动专用交换机	半自動專用交換機
semiconducting glass	半导体玻璃	半導體玻璃
semiconductive ceramic	半导体陶瓷	半導體陶瓷
semiconductor	半导体	半導體
semiconductor detector	半导体探测器	半導體探測器
semiconductor laser	半导体激光器	半導體雷射
semiconductor memory	半导体存储器	半導體記憶,半導體記憶體
semiconductor sensor	半导体敏感器	半導體感測器
semiconductor thermoelectric cooling module	半导体温差制冷电堆	半導體溫差製冷電堆
semi-custom IC	半定制集成电路	半訂製積體電路
semi-duplex operation	半双工操作	半雙工操作
semijoin	半联结	半聯結

英 文 名	大 陆 名	台 湾 名
semilinear set	半线性集	半線性集
semi-permanent magnetic material	半永磁材料	半永久磁性材料
semi-physical simulation	半实物仿真	半物理模擬
semi-Thue system	半图厄系统	半圖厄系統
semitransparent photocathode	半透明光阴极	半透明光陰極
sending-end crosstalk	发送端串音	發送端串音,發射端串音
sending set	发送机	發送機
sending terminal	发送端	發送端
sending voltage	入射电压	發送電壓
sense amplifier	读放大器	感測放大器
sense antenna	辨向天线	感測天線
sense circuit	读出电路	讀出電路
sense line	读出线	感測線
sensing element	敏感元	感測體
sensitive data	敏感数据	敏感資料
sensitive fault	敏感故障	①敏感故障,敏怠故障 ②有感故障,有感錯失
sensitive switch	微动开关	微動開關
sensitivity	灵敏度,敏感性	靈敏度,敏感性
sensitivity category	涉密范畴	敏感度類別
sensitivity pattern	敏感图案	敏感型樣
sensitivity-time control (STC)	灵敏度时间控制	靈敏度時間控制
sensitization	敏化	敏化
sensor	敏感器,敏感元件	感測器
sensor interface	敏感组件接口	感測器介面
sentence	句子	句
sentence disambiguation	句子歧义消除	句子歧義消除
sentence error probability	误句概率	誤句機率
sentence fragment	句子片段	句子片段
sentence pattern (= sentential form)	句型	句型
sentential form	句型	句型
separate compilation	分别编译	分離編譯
separated angle of difference beam	差波束分离角	差波束分離角
separating force	分离力	分離力
separation of duties	职责分开	職責分散
separation standard	间隔标准	間隔標準

英 文 名	大 陆 名	台 湾 名
separator	隔板	隔板
septate waveguide	隔膜波导	隔膜波導
sequence	序列	序列,順序
sequence access	顺序存取	順序存取
sequence call	顺序调用	順序呼叫
sequence division modulation telemetry	序列分割调制遥测	序列分割調制遙測
sequence number (SN)	序列号,顺序号	順序號碼
sequence power on	顺序加电	順序電力開啟
sequence search (=sequential search)	顺序搜索	順序搜尋
sequent	矢列式	順序,循序
sequential accessing (=sequence access)	顺序存取	順序存取
sequential batch processing	顺序批处理	順序批次處理
sequential cipher	序列密码	順序密碼
sequential coding	顺序编码	依序編碼法
Sequential Color and Memory system (SECAM system)	SECAM 制	SECAM 製
sequential computer	串行计算机	順序計算機
sequential consistency model	顺序一致性模型	順序一致性模型
sequential control	顺序控制	順序控制
sequential decoding	序贯译码	順序碼
sequential detection	按序检测	順序檢測
sequential detector	序贯检测器	序列檢測器
sequential file	顺序文件	順序檔[案]
sequential index	顺序索引	順序索引
sequential inference machine	顺序推理机	順序推理機
sequential lobing	时序波瓣控制	時序波瓣控制
sequential locality	顺序局部性	順序局部性
sequential occurrence	顺序发生	順序出現
sequential operation	顺序操作	順序操作
sequential processes	顺序进程	順序過程
sequential processing	顺序处理	順序處理
sequential programming	顺序程序设计	順序程式設計
sequential sampling	序贯取样	序貫取樣
sequential scheduling	顺序调度	順序排程
sequential scheduling system	顺序调度系统	順序排程系統
sequential search	顺序搜索	順序搜尋
sequential-stacked job control	顺序栈式作业控制	順序堆疊作業控制
sequential synthesis	时序综合	順序合成

英 文 名	大 陆 名	台 湾 名
serial access	串行存取	串列存取
serial adder	串行加法器	串列加法器
serial addition	串行加法	串列加法
serial D/A conversion	串行数模转换	串列式數位類比轉換
serializability	可串行性	可串聯性
serializer	串化器,并串行转换器	串聯器
serial line internet protocol (SLIP)	串行线路网际协议	串列線網際網路協定
serial mouse	串行鼠标[器]	串聯滑鼠
serial-parallel conversion	串并[行]转换	串並聯轉換
serial-parallel converter	串并转换器	串並聯轉換器
serial port	串行端口	串行端口,串行出入口,串聯埠
serial printer	串行打印机	串列列印機
serial scheduling	串行调度	序列排程
serial search (=sequential search)	顺序搜索	順序搜尋
serial sort	串行排序	串列分類
serial task	串行任务	串列任務,順序任務
serial transmission	串行传输	串列傳輸
series damped	串联阻尼	串聯阻尼
series-damped line	串联阻尼[传输]线	串聯阻尼傳輸線
series-damping resistor	串联阻尼电阻[器]	串聯阻尼電阻器
series match	串联匹配	串聯匹配
series-terminated line	串联端接线	串聯端接線
series termination	串联端接	串聯終止
server	服务器	伺服器
service	服务,业务	服務
serviceability	可服务性	可服務性
serviceable time	可服务时间	可服務時間
service acceptor	服务接受者	服務接受器
service access point (SAP)	服务访问点,服务接入点	服務存取點
service area	工作区	工作區
service bit rate	服务比特率	服務位元率
service channel	业务信道	業務通道,業務波道
service data unit (SDU)	服务数据单元	服務資料單元
service initiator	服务发起者	服務發起者
service monitor	服务监控程序	服務監控程式
service primitive	服务原语	服務基元

英 文 名	大 陆 名	台 湾 名
service program	服务程序	服務程式
service queue	服务队列	服務隊列
service request block	服务请求块	服務請求塊
service request interrupt	服务请求中断	服務請求中斷
service routine	服务例程	服務常式
service-specific coordination function (SSCF)	业务特定协调功能	業務特定協調功能
servlet	小服务程序	小服務程式
servo amplifier	伺服放大器	伺服放大器
servo head	伺服[磁]头	伺服頭
servo loop	伺服环路	伺服迴路
servomechanism	伺服机构	伺服機構
servo motor	伺服电机	伺服馬達
servo system	伺服系统	伺服系統
servo track writer (STW)	伺服道录写器	伺服式軌道寫入器
session control block (SCB)	对话控制块	對話控制段
session entity	会晤层实体	會談層實體
session key	会话密钥	對話鍵
session layer	会话层	會話層
SET (= secure electronic transaction)	安全电子交易	安全電子交易
SETAC (= sector TACAN)	扇形塔康	扇形塔康
set-associative cache	组相联高速缓存	集合相聯快取記憶體
set-associative mapping	组相联映射	集合相聯對映
set language	集合语言	集合語言
set occurrence	系值	集值,集合出現值
set of complex features	复杂特征集	復合體特徵集
set of reachable markings	可达标识集	可達標示集
set order	系序	集合次序
set-point control	设定点控制	設定點控制
set pulse	置位脉冲	置定脈衝,設定脈波
set-reset flip-flop	置位－复位触发器	置位－復位正反器
settling time	稳定时间,调整时间	安頓時間,調整時間
set-top box (STB)	机顶盒	①轉頻器 ②數控器
setup	设置,建立	設置,建立,整備
setup time	建立时间	設置時間
SEU (= single-event upset)	单事件翻转	單事件翻轉
severe environment computer	抗恶劣环境计算机	嚴苛環境計算機
severe-erred-seconds	严重误码秒	嚴重誤碼秒

英 文 名	大 陆 名	台 湾 名
severely erred cell block (SECB)	严重差错信元块	嚴重錯誤細胞區塊
severity	严重性	嚴重性
SF (= short wave frequency)	短波频率	短波頻率
SFL (= substrate fed logic)	衬底馈电逻辑	基板饋電邏輯
SFM (= space frequency modulation)	空间频率调制	空間頻率調變
SGML (= standard general markup language)	标准通用置标语言	標準一般化排版語言
SGMP (= simple gateway monitoring protocol)	简单网关监视协议	簡單閘道監控協定
shaded font	立体字	立體字
shading	①明暗处理 ②暗影	①遮掩,阻蔽 ②暗影
shadow	阴影	陰影,影子
shadow mask	荫罩	蔭罩
shallow energy level	浅能级	淺能階
shallow junction technology	浅结工艺	淺結工藝
Shannon entropy	香农熵	夏農熵
Shannon's sampling theorem	香农采样定理	夏農抽樣定理
Shannon's theorem	香农定理	夏農定理
Shannon theory	香农理论	夏農理論
shaped-beam antenna	赋形波束天线	整型波束天線
shape description	形状描述	形狀描述
shape reasoning	形状推理	形狀推理
shape segmentation	形状分割	形狀分段
shaping (= forming)	成型	成型
shaping circuit	整形电路	整形電路
shaping time constant	成形时间常数	成形時間常數
share	共享	共享,共用
shared cache	共享高速缓存	共享高速快取
shared disk multiprocessor system	共享磁盘的多处理器系统	共享磁碟的多處理機系統
shared-everything multiprocessor system	全共享的多处理器系统	全共享的多處理機系統
shared executive system	共享执行系统	共享執行系統
shared file	共享文件	共享檔案
shared lock	共享锁	共享鎖
shared memory	共享存储器	①共享記憶體 ②共享記憶
shared memory multiprocessor system	共享内存的多处理器系统	共享記憶體的多處理機系統

英 文 名	大 陆 名	台 湾 名
shared nothing multiprocessor system	无共享的多处理器系统	無共享的多處理機系統
shared operating system	共享操作系统	共享作業系統
shared page table	共享页表	共享頁表
shared segment	共享段	共享段
shared variable	共享变量	共享變數
shared virtual area	共享虚拟区	共享虛擬區域
shared virtual memory (SVM)	共享虚拟存储器	共享虛擬記憶體
shared whiteboard	共享白板	共享白板
shareware	共享软件	共用軟體
sharp	清晰	清晰
sharpening	锐化	銳化
shear transformation	剪切变换	剪切變換
sheet resistance	薄层电阻	片電阻
shelf life	贮藏寿命	貯藏壽命
shell	外壳	外殼,殼
shell command	外壳命令	外殼命令
shell language	外壳语言	外殼語言
shell process	外壳进程	外殼過程
shell prompt	外壳提示符	外殼提示[符]
shell script	外壳脚本	外殼手跡
shell site	壳站点	外殼站點
Shell sort	谢尔排序	希爾排序,外殼排序
SHF (=superhigh frequency)	超高频	極高頻
SHF band (=superhigh frequency band)	超高频波段	極高頻帶
SHF communication	超高频通信,厘米波通信	超高頻通訊,厘米波通訊
SHG (=second harmonic generation)	二次谐波发生	二次諧波
shielded twisted pair (STP)	屏蔽双绞线	屏蔽雙絞線
shielding factor	屏蔽系数	屏蔽係數
shifter	移位器	移位器
shift-in	移入	移入
shifting register (=shift register)	移位寄存器	移位暫存器
shifting sort	上推排序	移位排序
shift instruction	移位指令	移位指令
shift left	左移	左移
shift network	移位网	移位網路
shift-out	移出	移出
shift register (SR)	移位寄存器	移位暫存器

英 文 名	大 陆 名	台 湾 名
shift right	右移	右移
shipborne radar	船载雷达	船載雷達
shock absorber	减震器	減震器,震動吸收器
shock isolator	隔震器	隔震器,震動隔離器
shock test	冲击试验	衝擊試驗
short channel effect	短沟效应	短通道效應
short circuits	短路	短路
short-circuit line	短路线	短路線
short-circuit termination	短路终端	短路端
shorted fault	短路故障	短路故障
shortened code	短缩码	短縮碼
shortest job first (SJF)	最短作业优先法	最短工件優先
shortest path	最短路径	最短路徑
short haul	短程	短程,短距離
short-haul communication	短程通信	短距離通訊
short line	短线	短線
short-term scheduling	短期调度	短期排程
short wave (SW)	短波	短波
short wave antenna	短波天线	短波天線
short wave band	短波波段	短波波段
short wave beam antenna	短波定向天线	短波定向天線
short wave frequency (SF)	短波频率	短波頻率
shot noise	散粒噪声	散粒雜訊
shower counter	簇射计数器	簇射計數器
shuffle	混洗	混洗
shuffle-exchange	混洗交换	混洗交換
shuffle-exchange network	混洗交换网络	混洗交換網路
shut down	关机	關機
sideband	边带	邊帶
sideband amplitude modulation	边带调幅	邊帶調幅
side condition	伴随条件	旁側條件
side echo	旁瓣回波	旁回波
side effect	边缘效应	邊緣效應
side lobe	旁瓣	旁瓣
sidelobe blanking	旁瓣消隐	旁瓣消隱
sidelobe cancellation	旁瓣对消	旁瓣對消
side-looking radar	侧视雷达	側視雷達
sidetone ranging	侧音测距	側音測距

英 文 名	大 陆 名	台 湾 名
sieve analysis	筛分析法	篩分析法
signal	信号	訊號,訊號
signal analyzer	信号分析仪	訊號分析儀
signal degradation	信号退化	訊號退化
signal delay time	信号延迟时间	訊號延遲時間
signal distortion	信号失真	訊號失真
signal energy	信号能量	訊號能量
signal environment density	信号环境密度	訊號環境密度
signal flow graph	信号流图	訊號流圖
signal format	信号格式	訊號格式
signal generator	信号发生器	訊號發生器
signal identification	信号识别	訊號識別
signaling	信令	信令
signaling channel	信令信道	傳訊通道
signaling link	信令链路	訊號鏈路
signaling network	信令网	傳訊網路
signaling rate	信令发送速率	發碼率,傳訊率
signaling terminal	信令终端	發信終端機
signaling tone (ST)	信令音	訊號純音
signaling virtual channel	信令虚通道	發信虛擬通道
signal intelligence	信号情报	訊號情報
signal interval	信号间隔	訊號間隔
signal line	信号线	訊號線
signal pretreatment	信号预处理	訊號預處理
signal processing	信号处理	訊號處理,訊號處理
signal reconstruction	信号重构	訊號重建
signal sorting	信号分类	訊號分類
signal space	信号空间	訊號空間
signal spectrum	信号频谱	訊號頻譜
signal swing	信号摆幅	訊號擺動
signal to clutter ratio	信号杂波比,信杂比	訊號雜波比,信雜比
signal to crosstalk ratio (S/X)	信号串音比	訊號對串音比
signal-to-distrotion ratio	信号失真比	訊號對失真比
signal to jamming ratio	信号干扰比,信干比	訊號干擾比,信干比
signal-to-masking ratio	信号与遮蔽比	訊號對遮蔽比
signal-to-quantization noise ratio (SQR)	信号量化噪声比	訊號對量化雜訊比
signal transmission	信号传输	訊號傳輸
signal voltage drop	信号电压降	訊號電壓降

英　文　名	大　陆　名	台　湾　名
signature algorithm	签名算法	簽名演算法
signature analysis	特征分析	簽章分析
signature file	签名文件	簽名檔案
signature scheme	签名模式	簽名方案
signature verification	签名验证	簽名驗證
significance level	显著性水准	顯著性水準
significant bit	有效位	有效位元
significant character	有效字符	有效字元
significant digit	有效数字	①有效數位 ②有效位元
significant result	显著性结果	顯著性結果
significant word	有效字	有效字
sign-on	登录	登入
SIIL (= Schottky integrated injection logic)	肖特基集成注入逻辑	蕭特基積體注入邏輯
silence zone (= quiet zone)	静区	靜區
silhouette curve (= profile curve)	轮廓线	輪廓線
silica colloidal polishing	二氧化硅乳胶抛光	二氧化矽乳膠拋光
silica fiber	石英光纤	二氧化矽光纖
silicide	硅化物	矽化物
silicon assembler	硅汇编程序	矽組合語言
silicon compiler	硅编译器	矽編譯器
silicon controlled rectifier	可控硅整流器	矽控整流器
silicon dioxide	二氧化硅	二氧化矽
silicon gate	硅栅	矽閘極
silicon gate MOS integrated circuit	硅栅 MOS 集成电路	矽閘極 MOS 積體電路
silicon gate N-channel technique	硅栅 N 沟道技术	矽閘極 N 溝道技術
silicon gate self-aligned technology	硅栅自对准工艺	矽閘極自對準工藝
silicon on insulator (SOI)	绝缘体上硅薄膜	絕緣體上矽薄膜
silicon on sapphire (SOS)	蓝宝石上硅薄膜	藍寶石上矽薄膜
silicon oxynitride	氮氧化硅	氮氧化矽
silicon ribbon growth	硅带生长	矽帶成長
silicon solar cell	硅太阳电池	矽太陽電池
silicon target vidicon	硅靶视像管	矽靶視象管
Si [Li] detector	硅[锂]探测器	矽[鋰]探測器
SIMD (= single-instruction [stream] multiple-data stream)	单指令[流]多数据流	單一程式流多重資料流
similarity	相似性	相似性
similarity arc	相似性弧	相似性弧

英 文 名	大 陆 名	台 湾 名
similarity measure	相似性测度	相似性量測
similarity measurement	相似性度量	相似性量測
similarity search	相似[性]查找,相似[性]搜索	相似性搜尋
SIMM (=single in-line memory module)	单列直插式内存组件	單直插記憶體模組
simple gateway monitoring protocol (SGMP)	简单网关监视协议	簡單閘道監控協定
simple lens (=einzel lens)	单透镜	單透鏡
simple mail transfer protocol (SMTP)	简单邮件传送协议	簡單郵件轉移協定
simple net	简单网	簡單網
simple network management protocol (SNMP)	简单网[络]管[理]协议	簡單網路管理協定
simple polygon	简单多边形	簡單多邊形
simple security property	简单安全性质	簡單安全特性
simple word	单纯词	簡單字
simplex	单工	單工
simplex communication	单工通信	單工通訊
simplex signal	单工信号	單工訊號
simplex transmission	单工传输	單工傳輸
simplified Chinese character (=simplified Hanzi)	简化字	簡體字
simplified Hanzi	简化字	簡體字
simply linked list	简单链表	簡單鏈接串列
SIMS (=secondary ion mass spectroscopy)	二次离子质谱[学]	二次離子質譜[學]
simulated annealing	模拟退火	模擬退火
simulated line	仿真线	模擬線
simulation	①模拟 ②仿真	①類比 ②仿真,模擬
simulation computer	仿真计算机	模擬計算機,類比電腦
simulation language	模拟语言	模擬語言
simulation qualitative reasoning	仿真定性推理	模擬定性推理
simulation system	模拟系统	模擬系統
simulation verification method	模拟验证方法	模擬驗證方法
simulator	仿真器,模拟器	模擬器
simultaneity	同时性	同時性
simultaneous iterative reconstruction technique	联合迭代重建法	同時疊代重建技術
simultaneous peripheral operations on line	假脱机[操作],SPOOL	①線上週邊同時作業,

英 文 名	大 陆 名	台 湾 名
(SPOOL)	操作	排存 ②捲軸
sine-cosine revolver	正余弦旋转变压器	正餘弦旋轉器
singal to noise ratio (SNR)	信噪比	訊號雜訊比
single access	单址	單一存取
single-address computer	单地址计算机	單址計算機
single addressing space	单一编址空间	單一定址空間
single-arm spectrometer	单臂谱仪	單臂譜儀
single-board computer	单板计算机	單板計算機
single-byte correction (SBC)	单字节校正	單字元組校正
single-cable broadband LAN	单缆宽带局域网	單電纜寬頻區域網路
single-channel (SC)	单路	單通道
single-channel analyser	单道分析器	單道分析器
single channel per carrier (SCPC)	单路单载波	單路單載波
single data rate (SDR)	单数据速率	單資料速率
single ended mode	单端方式	單端模式
single-end termination	单端端接	單端終端
single entry point	单入口点	單入口點
single error	单个错误	單一誤差
single error correction-double error detection	单校双检	單錯誤校正/雙錯誤檢測
single-event effect (SEE)	单事件效应	單事件效應
single-event latchup (SEL)	单事件锁定	單事件鎖定
single-event upset (SEU)	单事件翻转	單事件翻轉
single fault	单故障	單故障
single fiber connector	单光纤连接器	單光纖連接器
single frequency code	单频码	單頻碼
single frequency laser	单频激光器	單頻雷射
single frequency noise	单频噪声	單頻雜訊
single heterojunction laser	单异质结激光器	單異質接面雷射
single in-line memory module (SIMM)	单列直插式内存组件	單直插記憶體模組
single in-line package (SIP)	单列直插封装	單直插封裝
single-instruction [stream] multiple-data stream (SIMD)	单指令[流]多数据流	單一程式流多重資料流
single-instruction [stream] single-data stream (SISD)	单指令[流]单数据流	單指令流單資料流
single-level device	单级设备	單級裝置
single-loop control	单回路控制	單迴路控制
single-loop digital controller	单回路数字控制器	單迴路數位控制器

英　文　名	大　陆　名	台　湾　名
single-loop regulation	单回路调节	單迴路調整
single mode fiber (SMF) (= monomode fiber)	单模光纤	單模光纖
single-mode laser diode	单模激光二极管	單模態雷射二極體
single mode operation	单模工作	單模工作
single-photon emission computerized tomography (SPECT)	单光子发射[型]计算机断层成像,单光子发射计算机化断层显像	單光子發射電腦斷層成象,單光子發射電腦化斷層顯像
single point of control	单点控制	單點控制
single point of failure	单点故障	單點故障
single program stream multiple data stream (SPMD)	单程序流多数据流	單一程式流多重資料流
single pulse laser	单脉冲激光器	單脈衝雷射
single sampling	一次抽样	一次抽樣
single side abrupt junction	单边突变结	單邊陡峭接面
single sideband (SSB)	单边带	單邊帶,單旁帶
single-sideband modulation (SSB modulation)	单边带调制	單邊帶調變
single sided board	单面板	單面板
single system image (SSI)	单系统映像	單系統影像
single thread	单线程	單引線
Singleton bound	辛格顿界限	辛格頓界限
single tone command	单音指令	單音指令
single transistor memory	单管单元存储器	單電晶體記憶體
single-user computer	单用户计算机	單用戶計算機
single-user operating system	单用户操作系统	單用戶作業系統
singularity	奇点	奇異點
singular set	奇异系	奇異集
sink	汇点	槽,接收點
sintering	烧结	燒結
S-invariant	S 不变量[式]	S 不變量
SIP (= single in-line package)	单列直插封装	單直插封裝
SISD (= single-instruction [stream] single-data stream)	单指令[流]单数据流	單指令流單資料流
site	站点,网站	站點
site autonomy	场地自治	站點自律性
site failure	场地故障	現場故障

英 文 名	大 陆 名	台 湾 名
site name	站点名,网站名	站點名
site protection	站点保护	站點保護
site selection	选址	選址
situated automaton	情景自动机	情境自動機
situation-action system	情景行动系统	情境行動系統
situation calculus	情景演算	情境演算
six-port automatic network analyzer (SPANA)	六端口自动网络分析仪	六端口自動網路分析儀
SJF (=shortest job first)	最短作业优先法	最短工件優先
skeleton code	骨架代码	骨架代碼
skeleton generation	轮廓生成	骨架產生
skeletonization	骨架化	骨架化
skew	扭斜	偏斜
skew process	挠进程	偏斜過程
skin depth	集肤深度	集膚深度
skin effect	趋肤效应,集肤效应	集膚效應
skip	跳过	跨越
sky wave	天波	天波
slab laser	条形激光器	板雷射
slave station	副台	副台
sleep	休眠	休眠
sleep mode	休眠方式	休眠模式
sleep queue	休眠队列	休眠隊列
sleep state	休眠状态	休眠狀態
sleeve-dipole antenna	套筒偶极子天线	袖套雙極天線
sleeve-stub antenna	套筒短柱天线	套筒短截天線
SLF communication	超低频通信,超长波通信	超低頻通訊,超長波通訊
slice	片	①片 ②截割
slicing	切片	切片
slider	浮动块	浮動塊
slide screw tuner	滑动螺钉调配器	滑動螺釘調整器
sliding contact	滑动接点	滑動接點
sliding load	滑动负载	滑動負載
sliding pulser	滑移脉冲产生器	滑移脈波產生器
sliding vane rotary vacuum pump	旋片真空泵	旋片真空幫浦
SLIP (=serial line internet protocol)	串行线路网际协议	串列線網際網路協定
slip band	滑移带	滑移帶

英 文 名	大 陆 名	台 湾 名
slip-casting	注浆	注漿
slipping time	滑行时间	滑行時間
slip plane	滑移面	滑移面
SLM (= subscriber loop multiplex)	用户环路多路复用	用戶環路多工
slope discriminator	斜率鉴频器	斜率鑑頻器
slope efficiency	斜率效率	斜率效率
slope transmission (= emphasis transmission)	提升传输,加重传输	提升傳輸,加重傳輸
slot	①插槽 ②槽,缝隙	①擴充槽 ②槽,狹縫
slot antenna	隙缝天线,槽形天线	縫隙天線,槽形天線
slot array	隙缝天线阵	開槽天線陣列
slot group	槽群	擴充槽群
slot number	槽号	擴充槽編號
slot sorting	槽排序	擴充槽排序
slotted-ring network	分槽环网	分槽環網路
slot time	时隙间隔,时槽间隔	槽時間
slow drift	慢漂移	緩慢漂移
slow fading	慢衰落	緩慢衰褪
slow mail	慢速邮递	慢速郵遞,蝸牛郵件
slow wave	慢波	慢波
slow wave line	慢波线	慢波線
slow wave structure	慢波结构	慢波架構
small computer system interface (SCSI)	小计算机系统接口,SCSI 接口	小電腦系統介面
small outline package (SOP)	小引出线封装	小尺寸封裝
small perturbance theory	小扰动理论	小擾動理論
small scale integrated circuit (SSI)	小规模集成电路	小型積體電路
small-signal analysis	小信号分析	小訊號分析
small-signal gain	小信号增益	小訊號增益
Smalltalk	Smalltalk 语言	Smalltalk 物件導向語言
smart cart (= IC card)	智能卡	精明卡,積體電路卡,IC 卡
smart instrument (= intelligent instrument)	智能仪器,智能仪表	智能儀器,智能儀表
smart line	智能线	智慧線
smart sensor	灵巧敏感器	智慧型感測器
SMD (= surface-mount device)	表面安装器件	表面安裝裝置
SMD interface (= storage module drive in-	存储模块驱动器接口,	儲存模組驅動介面

英　文　名	大　陆　名	台　湾　名
terface)	SMD 接口	
smectic liquid crystal	近晶相液晶	近晶相液晶
SMF (= single mode fiber)	单模光纤	單模光纖
SMIIS (= solar microwave interferometer imaging system)	太阳微波干涉成像系统	太陽微波干涉成象系統
SMIL (= synchronized multimedia integration language)	同步多媒体集成语言	同步多媒體整合語言
smiley (= emoticon)	情感符	①情感符號 ②情緒圖標
Smith chart	史密斯圆图	史密斯圖
Smith-Purcell effect	史密斯-珀塞尔效应	史密斯-珀塞爾效應
SMMW (= submillimeter wave)	亚毫米波	次毫米波
smoke attenuation	烟雾衰减	煙霧衰減
smoothing	平滑	平滑
SMP (= symmetric multiprocessor)	对称[式]多处理机	對稱式多處理機
SMTP (= simple mail transfer protocol)	简单邮件传送协议	簡單郵件轉移協定
SN (= sequence number)	序列号,顺序号	順序號碼
SNA (= scalar network analyzer)	标量网络分析仪	標量網路分析儀
snail mail (= slow mail)	慢速邮递	慢速郵遞,蝸牛郵件
snake-like row-major indexing	蛇形行主编号	蛇形列主次序索引
SNAP (= subnetwork access protocol)	子网访问协议	快動
snapshot	快照	快照
snatch-disconnect connector	分离连接器	分離連接器
SNMP (= simple network management protocol)	简单网[络]管[理]协议	簡單網路管理協定
snoop	监听	監聽
snooper	窃取程序	竊取程式
snow attenuation	雪花衰减	雪花衰減
SNR (= singal to noise ratio)	信噪比	訊號雜訊比
socket	插座	插座
soft computing	软计算	軟計算
soft copy	软拷贝	軟拷貝,軟復製
soft decision	软判决	軟式決定
soft error	软差错	軟性誤差
soft error rate	软失效率	軟錯誤率
soft fault	软故障	軟故障
soft hyphen	软连字符	軟連字符
soft interrupt	软中断,陷阱	軟中斷,陷阱

英 文 名	大 陆 名	台 湾 名
soft-interrupt mechanism	软中断机制	軟中斷機制
soft-interrupt processing mode	软中断处理方式	軟中斷處理模式
soft-interrupt signal	软中断信号	軟中斷訊號
soft magnetic ferrite	软磁铁氧体材料	軟磁鐵氧體材料
soft magnetic material	软磁材料	軟磁材料
soft page break	软分页	軟分頁
soft sectored format	软扇区格式	軟扇區格式
soft sectoring	软分扇区	軟分區
soft stop	软停机	軟停機
softswitch	软交换	軟交換
soft-switch modulator	软管调制器	軟管調制器
software	软件	軟體
software acceptance	软件验收	軟體驗收
software acquisition	软件获取	軟體獲取
software agent	软件主体	軟體代理
software architectural style (SAS)	软件体系结构风格	軟體架構風格
software architecture	软件体系结构	軟體架構
software asset manager	软件资产管理程序	軟體資產管理器
software automation method	软件自动化方法	軟體自動化方法
software bus	软件总线	軟體匯流排
software change report	软件更改报告	軟體變更報表
software component	软件构件	軟體組件
software configuration	软件配置	軟體組態
software configuration management	软件配置管理	軟體組態管理
software copyright	软件版权	軟體版權
software database	软件数据库	軟體資料庫
software defect	软件缺陷	軟體缺陷
software defined network	软件定义网	軟體定義網
software development cycle	软件开发周期	軟體開發週期
software development environment	软件开发环境	軟體開發環境
software development library	软件开发库	軟體開發庫
software development method	软件开发方法	軟體開發方法
software development model	软件开发模型	軟體開發模型
software development notebook	软件开发手册	軟體開發記錄簿
software development plan	软件开发计划	軟體開發計劃
software development process	软件开发过程	軟體開發過程
software disaster	软件事故	軟體災變
software documentation	软件文档	軟體文件製作

英　文　名	大　陆　名	台　湾　名
software engineering (SE)	软件工程	軟體工程
software engineering economics	软件工程经济学	軟體工程經濟學
software engineering environment	软件工程环境	軟體工程環境
software engineering methodology	软件工程方法学	軟體工程方法論
software error	软件错误	軟體錯誤
software evaluation	软件评测	軟體評估
software experience data	软件经验数据	軟體經驗資料
software failure	软件失效	軟體故障
software fault	软件故障	軟體錯失
software fault-tolerance strategy	软件容错策略	軟體容錯策略
software hazard	软件风险	軟體危障
software interruption	软件中断	軟體中斷
software librarian	软件库管理员	軟體程式館管理器
software library	软件库	軟體程式館
software life cycle	软件生存周期	軟體生命週期
software maintainability	软件可维护性,软件易维护性	軟體可維護性
software maintainer	软件维护员	軟體維護者
software maintenance	软件维护	軟體維護
software maintenance environment	软件维护环境	軟體維護環境
software methodology	软件方法学	軟體方法論
software metric	软件量度	軟體度量
software metrics	软件度量学	軟體度量學
software monitor	软件监控程序	軟體監視程式
software operator	软件操作员	軟體操作員
software package	软件包	套裝軟體
software performance	软件性能	軟體效能
software piracy	软件盗窃	軟體盜版
software platform	软件平台	軟體平台
software portability	软件可移植性,软件易移植性	軟體可攜性
software process	软件过程	軟體處理
software product	软件产品	軟體產品
software productivity	软件生产率	軟體生產力
software product maintenance	软件产品维护	軟體產品維護
software profile	软件轮廓	軟體設定檔
software protection	软件保护	軟體保護
software purchaser	软件采购员	軟體購買者

英　文　名	大　陆　名	台　湾　名
software quality	软件质量	軟體品質
software quality assurance	软件质量保证	軟體品質保證
software quality criteria	软件质量评判准则	軟體品質評判準則
software redundancy check	软件冗余检验	軟體冗餘檢驗
software reengineering	软件再工程	軟體再造工程
software registrar	软件注册员	軟體註冊者
software reliability	软件可靠性	軟體可靠度
software reliability engineering	软件可靠性工程	軟體可靠度工程
software repository	软件储藏库	軟體儲存庫
software resource	软件资源	軟體資源
software reuse	软件复用	軟體再用
software safety	软件安全性	軟體安全性
software security	软件安全	軟體安全
software sneak analysis	软件潜行分析	軟體潛行分析
software structure	软件结构	軟體結構
software testing	软件测试	軟體測試
software tool	软件工具	軟體工具
software trap	软件陷阱	軟體陷阱
software unit	软件单元	軟體單元
software verifier	软件验证程序	軟體驗證器
SOI (= silicon on insulator)	绝缘体上硅薄膜	絕緣體上矽薄膜
solar array	太阳能电池阵列	太陽能電池陣列
solar cell	太阳[能]电池	太陽[能]電池
solar cell module	太阳电池组合件	太陽電池組合件
solar cell panel	太阳电池组合板	太陽電池組合板
solar grade silicon solar cell	太阳级硅太阳电池	太陽級矽太陽電池
solar microwave interferometer imaging system (SMIIS)	太阳微波干涉成像系统	太陽微波干涉成象系統
solar noise	太阳射电噪声	日光雜訊
solar photovoltaic energy system	光伏型太阳能源系统	光壓型太陽能源系統
solar-powered satellite	太阳能供电卫星	太陽能動力衛星
solar pumping	日光泵浦	日光幫浦
solderability	可焊性	可焊性
solderability test	可焊性试验	可焊性試驗
solder side	焊接面	焊接面
solder sucker	吸锡器	吸錫器
solid-beam efficiency	[立体]波束效率	固體波束效率
solid conductor	实心导线	實心導線

英 文 名	大 陆 名	台 湾 名
solid electron beam	实心电子束	實心電子束
solid electronics	固体电子学	固體電子學
solid error	固定性错误	固體錯誤
solid line	实线	實線
solid model	实体模型	實體模型
solid modeling	实体造型	實體模型建立
solid phase epitaxy	固相外延	固相磊晶
solid solubility	固溶度	固體溶解度
solid solution	固溶体	固溶體
solid solution semiconductor	固溶体半导体	固溶體半導體
solid state circuit	固体电路	固態電路
solid state disc	固态碟	固態磁碟
solid state laser	固体激光器	固體雷射
solid state magnetron	固态磁控管	固態磁控管
solid state memory	固态存储器	固態記憶體
solid state modulator	固态调制器	固態調制器
solid state relay	固体继电器	固體繼電器
solid state sensor	固态敏感器	固態感測器
solid tantalum electrolytic capacitor	固体钽电解电容器	固體鉭電解電容
solid track detector	固体径迹探测器	固體徑跡探測器
solidus	固相线	固體相線
solitary wave	孤[子]波	孤[子]波
soliton attenuation	光孤子衰减	光固子衰減
soliton communication system	光孤子通信系统	光固子通訊系統
soliton laser	孤子激光器	孤立子雷射
solution graph	解图	解圖
solution tree	解树	解樹
sonar	声呐	聲納
sonar communication	声呐通信	聲納通訊
SONET (=synchronous optical network)	同步光纤网,光同步网	同步光纖網,光同步網
Song Ti	宋体	宋體
SOP (=small outline package)	小引出线封装	小尺寸封裝
sorption	收附	收附
sorption pump	吸附泵	吸附幫浦
sorption trap	吸附阱	吸附阱
sort	分类	①分類 ②排序
sorting	排序	①排序,定序 ②分類
sorting network	排序网络	排序網絡

英 文 名	大 陆 名	台 湾 名
SOS（=silicon on sapphire）	蓝宝石上硅薄膜	藍寶石上矽薄膜
sound	声音	聲音
sound bandwidth	声频带宽	聲頻帶寬
sound card	声卡	音效卡
sound carrier	音频载波，伴音载波	音頻訊號載波，聲音載波
sound channel	声道	聲音通道
sound effect	音效	音效
sound retrieval service	声音检索型业务	聲音檢索服務
source	源	源
source address	源地址	源位址
source case base	源范例库	源案庫
source code	源[代]码	原始碼
source coding	信源编码	源編碼
source impedance	[信号]源阻抗	原始阻抗
source language	源语言	原始語言，根源語言
source language analysis	源语言分析	原始語言分析
source language dictionary	源语言词典	原始語言詞典
source program	源程序	原始程式，根源程式
source-route algorithm	源路由算法	源路由算法
source-route bridging（SRB）	源路由桥接	源路由橋接
source to source transformation	源到源转换	源到源變換
space	①空号 ②空间	①空號 ②空間
space attenuation	空间衰减	空間衰減
spaceborne radar	星载雷达	星載雷達
space-bounded Turing machine	空间有界图灵机	空間有界杜林機
space character	间隔字符	空格字元
space charge	空间电荷	空間電荷
space-charge grid	空间电荷栅极	空間電荷閘極極
space-charge-limited current	空间电荷限制电流	空間電荷限制電流
space charge wave	空间电荷波	空間電荷波
space communication	空间通信	空間通信
space complexity	空间复杂度	空間復雜度
space control	空间控制	空間控制
space diversity	空间分集	空間分集
space-division digital switching	空分数字交换	分空間數位式交換
space division multiple access（SDMA）	空分多址	空分多址
space division multiplexing（SDM）	空分复用	空分復用

英 文 名	大 陆 名	台 湾 名
space division multiplexing time-slot interchanger	空分复用时隙交换器	分空間多工時槽交換器
space division switching	空分制交换	空分製交換
space-earth communication	航天地球通信	太空－地球通訊
space electronics	空间电子学	空間電子學
space frequency modulation (SFM)	空间频率调制	空間頻率調變
space harmonics	空间谐波	空間諧波
space hierarchy	空间谱系	空間階層
space lattice	空间点阵	空間晶格
space radar	太空雷达	太空雷達
space requirement	空间需要[量]	空間需求
space-tapered array	变距阵	變距陣列
space-time diagram	时空图	時空圖
space-to-ground communication (= air-to-ground communication)	空对地通信	空對地通信
space-to-space link	空对空通信链路	太空對太空通訊鏈路
space usage	占用空间	空間使用
space versus time trade-offs	时空权衡	空間與時間取捨
span	①区间 ②量程	①跨距,張拓 ②量程
SPANA (= six-port automatic network analyzer)	六端口自动网络分析仪	六端口自動網路分析儀
spanned record	越界记录	跨區記錄
spanning tree	生成树	跨距樹
spanning-tree problem	生成树问题	生成樹問題
spare	备用的	備用的
spare channel (= alternate channel)	备用信道	備用通道
spare circuit	备用电路	備用電路
spare part	备件	零件
spare satellite	备用卫星	備用衛星
spark chamber	火花室	火花室
spark detector	火花探测器	火花探測器
spark leak detector	火花检漏仪	火花檢漏儀
spark source mass spectrometry (SSMS)	火花源质谱[术]	火花源質譜[術]
sparse data	稀疏数据	稀疏資料
sparse set	稀疏集	稀疏集
spatial coherence	空间相干	空間一致
spatial correlation	空间相关性	空間相關性
spatial database	空间数据库	空間資料庫

英 文 名	大 陆 名	台 湾 名
spatial index	空间索引	空間索引
spatial knowledge	空间知识	空間知識
spatial layout	空间布局	空間佈局
spatial locality	空间局部性	空間局部化
spatial reasoning	空间推理	空間推理
spatial retrieval	空间检索	空間檢索
spatial subdivision	空间分割	空間分割
spatial topological relation	空间拓扑关系	空間拓蹼關係
SPC (=stored program control)	存储程序控制,程控	程式存儲式控制,程式控制
SPC exchange (=stored-program control exchange)	程控交换机	程控交換機
speaker-dependent speech recognition	特定人语音识别,特定人言语识别	特定人語音辨識
speaker recognition	说话人识别	說話人識別
speaker verification	说话人确认	說話人確認
special-application service element (SASE)	特定应用服务要素	特定應用服務元件
special character	特殊字符	特殊字元,特別字元
special net theory	特殊网论	專門網路理論
special permit	特许	特許
special-purpose computer	专用计算机	特別用途計算機
special term	专用词	專用詞
specification	规约,规格说明	規格,說明書
specification language	规约语言	規格語言
specification verification	规约验证	規格驗證
specific capacitance	比电容	比電容
specific capacity	比容量	比容量
specific conductance (=conductivity)	电导率	電導率
specific energy	比能量	比能量
specific power	比功率	比功率
specimen	样品	樣品
speckle effect	斑点效应	光斑效應
SPECT (=single photon emission computerized tomography)	单光子发射[型]计算机断层成像,单光子发射计算机化断层显像	單光子發射電腦斷層成象,單光子發射電腦化斷層顯像
spectral analysis	频谱分析	頻譜分析

英 文 名	大 陆 名	台 湾 名
spectral density	频谱密度	頻譜密度
spectral efficiency	频谱效率	頻譜效率
spectral purity	频谱纯度	頻譜純度
spectral response	频谱响应	頻譜回應
spectral width	频谱宽度	頻譜寬度
spectroscope amplifier	谱仪放大器	譜儀放大器
spectrum analysis	谱分析	頻譜分析
spectrum analyzer	频谱分析仪	頻譜分析儀
spectrum estimation	谱估计	頻譜估計
spectrum index	谱指数	譜指數
spectrum stabilizer	稳谱器	穩譜器
spectrum stripping	剥谱	剝譜
specular reflection light	镜面反射光	鏡面反射光
speech	言语	語音,語言,話音
speech act theory	言语行为理论	言語行為理論
speech bandwidth	语音带宽	語音頻寬
speech coding	语音编码	語音編碼
speech network	语音网络	語音網路
speech processing	语音处理	話音處理
speech recognition	语音识别	話音辨識
speech signal processing	语声信号处理	語聲訊號處理
speech sound	语音	語音
speech synthesis	语音合成,言语合成	話音合成
speed check tape	测速带	測速帶
speed control	速度控制	速度控制
speed-up capacitor	加速电容	加速電容
speed-up ratio	加速比	加速比
speed-up theorem	加速定理	加速定理
spelling checker	拼写检查程序	拼字檢查器
spherical aberration	球差	球差
spherical array	球面阵	球面陣列
spherical coordinate	球面坐标	球面坐標
spherical wave	球面波	球面波
sphygmography	脉搏描记术	脈搏描記術
spike	毛刺	尖波
spike leakage energy	波尖漏过能量	波尖漏過能量
spillover	漏失	漏失
spillover loss	漏波损耗,溢波损耗	漏波損耗,溢波損耗

英文名	大陆名	台湾名
spindle	主轴	轉軸
spindle speed control unit	主轴速度控制单元	轉軸速度控制單元
spinel type ferrite	尖晶石型铁氧体	尖晶石型鐵氧體
spin-flip Raman laser	自旋反转拉曼激光器	自旋取向拉曼雷射
spinning	甩胶	甩膠
spinning satellite	旋转卫星	旋轉衛星
spin-stabilized satellite	自旋稳定卫星	自旋轉穩定衛星
spin tuned magnetron	旋转调谐磁控管	旋轉調諧磁控管
spiral antenna	螺旋天线	螺線天線
spiral lens	螺旋透镜	螺旋透鏡
spiral model	螺旋模型	螺旋模型
spiral-phase antenna	螺旋相位天线	螺旋相位天線
spiral track	螺旋磁道	螺旋磁軌
spline	样条	樣條,雲規
spline curve	样条曲线	樣條曲線
spline fitting	样条拟合	樣條配適
spline surface	样条曲面	樣條曲面
split	拆分	分裂
split-folded wave guide	分离折叠波导	分離折疊波導
splitter	分路器	分路器
SPMD (= single program stream multiple data stream)	单程序流多数据流	單一程式流多重資料流
spoken language	口语	口語
spontaneous emission	自发发射	自發輻射
SPOOL (= simultaneous peripheral operations on line)	假脱机[操作],SPOOL 操作	①線上週邊同時作業,排存 ②捲軸
spool file	假脱机文件	排存檔案
spool file class	假脱机文件级别	排存檔案類型
spool file tag	假脱机文件标志	排存檔案標籤鬧
spooling operator privilege class	假脱机操作员特权级别	排存操作員特權階級
spooling system	假脱机系统	排存系統
spool job	假脱机作业	排存作業
spool management	假脱机管理	排存管理
spool queue	假脱机队列	排存隊列
spot	束点	束點
SPOT (= Satellite POsitioning and Tracking)	卫星定位及跟踪	人造衛星定位及跟蹤
spot beam	点波束	點波束

英 文 名	大 陆 名	台 湾 名
spot beam antenna	点波束天线	點波束天線
spot jamming	瞄准干扰	瞄準干擾
spotlight	聚光	聚光
spotlight source	点光源	點光源
spot punch	补孔器	點打孔
spot welding	点焊	點焊
spray drying	喷雾干燥	噴霧干燥
spread	零散	零散
spreading function	扩展函数	擴展函數
spreading resistance	扩展电阻	擴展電阻
spreadsheet program	电子表格程序	試算表程式
spread spectrum	扩频,扩展频谱	展頻,擴散頻譜
spread spectrum communication	扩频通信	擴頻通信
spread spectrum modulation (SSM)	扩频调制	展頻調變
spread spectrum multiple access (SSMA)	扩频多址	擴頻多址
spread-spectrum remote control	扩频遥控	擴頻遙控
sprocket feed	链轮输纸	鏈齒饋送
sprocket hole	输纸孔	鏈齒孔
spurious noise	寄生噪声	寄生雜訊
spurious response	杂散附应	雜散附應
sputtered film disk	溅射膜盘,溅射薄膜磁盘	濺射膜磁碟
sputtering	溅射	濺射
sputter ion pump	溅射离子泵	濺射離子幫浦
spy satellite	侦察卫星	間諜衛星
SQA (=system queue area)	系统队列区	系統隊列區
SQL (=structure query language)	结构查询语言,SQL 语言	結構查詢語言
SQL-like language	类 SQL 语言	類 SQL 語言
SQR (=signal-to-quantization noise ratio)	信号量化噪声比	訊號對量化雜訊比
square-law detection	平方律检波	平方律檢波
square resistance	方块电阻	方塊電阻
square wave	方波	矩形波,方波
square-wave generator	方波发生器	方波發生器
squeezed state	压缩态	壓縮態
squint	斜视	斜視,偏斜
SR (=shift register)	移位寄存器	移位暫存器

英 文 名	大 陆 名	台 湾 名
SRAM (=static random access memory)	静态随机[存取]存储器	靜態隨機存取記憶體
SRB (=source-route bridging)	源路由桥接	源路由橋接
SRS (=stimulated Raman scattering)	受激拉曼散射	受激拉曼散射
SS7 (=common channel signaling system No. 7)	第七号共路信令系统	第七號共同通道傳信系統
SSB (=single sideband)	单边带	單邊帶,單旁帶
SSB communication	单边带通信	單邊帶通信
SSB modulation (=single-sideband modulation)	单边带调制	單邊帶調變
SSCF (=service-specific coordination function)	业务特定协调功能	業務特定協調功能
SSI (=①small scale integrated circuit ②single system image)	①小规模集成电路 ②单系统映像	①小型積體電路 ②單系統影像
SSL (=secure socket layer)	安全套接层	安全連接層
SSM (=spread spectrum modulation)	扩频调制	展頻調變
SSMA (=①satellite switch multiple access ②spread spectrum multiple access)	①星上交换多址联接 ②扩频多址	①衛星交換多重進接 ②擴頻多址
SSMS (=spark source mass spectrometry)	火花源质谱[术]	火花源質譜[術]
SSRAM (=synchronized SRAM)	同步静态随机存储器	同步靜態隨機存取記憶體
SS/TDMA (=satellite switched time division multiple access)	星上交换/时分多址	衛星轉接/分時多重進接
ST (=signaling tone)	信令音	訊號純音
stabilitron	稳频管	穩頻管
stability	稳定性	穩定性,穩定度
stability attenuation	稳定度衰减	穩定度衰減
stability margin	稳定裕度	穩定容限
stabilization	稳定	穩定
stabilized power supply	稳定电源	穩定電源
stabilizing protocol	稳定化协议	穩定化協定
stable resonator	稳定谐振腔	穩定共振器
stable sorting algorithm	稳定的排序算法	穩定的排序演算法
stack	栈	堆疊,疊列
stack address	栈地址	堆疊位址
stack addressing	栈寻址	堆疊定址

英　文　名	大　陆　名	台　湾　名
stack algorithm	栈算法	堆疊演算法
stack alphabet	栈字母表	堆疊字母表
stack area	栈区	堆疊區
stack automaton	栈自动机	堆疊自動機
stack bottom	栈底	堆疊底
stack bucket algorithm	栈桶式算法	堆疊桶式演算法
stack capability	栈容量	堆疊容量
stack cell	栈单元	堆疊單元
stack combination	栈组合	堆疊組合
stack content	栈内容	堆疊內容
stack control	栈控制	堆疊控制
stack element	栈元素	堆疊元件
stack facility	栈设施	堆疊設施
stack-gate avalanche injection type MOS memory (SAMOS memory)	叠栅雪崩注入 MOS 存储器	堆疊閘極累增注入 MOS 記憶體
stack indicator	栈指示器	堆疊指示器
stacking fault	堆垛层错	堆疊層錯
stack job processing	栈作业处理	堆疊工件處理
stack marker	栈标记	堆疊標誌
stack mechanism	栈机制	堆疊機制
stack overflow	栈溢出	堆疊溢出
stack overflow interrupt	栈溢出中断	堆疊溢出中斷
stack pointer	栈指针	堆疊指標
stack pop-up	栈上托	堆疊爆出
stack pushdown	栈下推	堆疊下推
stack vector	栈向量	堆疊向量
stage control	级控	階段控制
stagger tuning	参差调谐	參差調諧
stale data	过期数据	過期數據
stand-alone program	独立程序	單獨程式
standard	标准	標準
Standard ‘B’ Earth Station	B 标准地面站	B 標準地面站
Standard ‘C’ Earth Station	C 标准地面站	C 標準地面站
standard cell	标准单元	標準單元
standard cell method	标准单元法	標準單元法
standard deviation	标准偏差	標準差
standard enforcer	标准实施器	標準執行器
standard file	标准文件	標準檔案

英　文　名	大　陆　名	台　湾　名
standard general markup language (SGML)	标准通用置标语言	標準一般化排版語言
standard input file	标准输入文件	標準輸入檔
standard interrupt	标准中断	標準中斷
standardization	标准化	標準化,統一
standardized form	正体	標準格式
standard language	标准语言	標準語言
standard Loran	标准罗兰	標準羅蘭
standard object	标准对象	標準物件
standard output file	标准输出文件	標準輸出檔
standard processing mode	标准处理方式	標準處理方式
standard program approach	标准程序法	標準程式法
standard signal generator	标准信号发生器	標準訊號發生器
standard solar cell	标准太阳电池	標準太陽電池
standard stopping cross section	标准阻止截面	標準阻止截面
standard unit	标准单元	標準單位
standard white	标准白	標準白
standby	备用	備用,後備
standby redundancy	备用冗余	待用冗餘
standby replacement redundancy	备用替代冗余	待用替換冗餘
standby system	①备用系统 ②旁联系统	①待用系統 ②旁聯系統
stand-by time	待命时间	待命時間
standby unattended time	闲置时间	閒置時間
standing-on-nines carry	逢九[跳跃]进位	跨九進位
standing wave	驻波	駐波
standing-wave antenna	驻波天线	駐波天線
standing-wave current	驻波电流	駐波電流
standing-wave meter	驻波比表	駐波比表
standing-wave ratio (SWR)	驻波比	駐波比
star network	星状网	星狀網路,星形網路
star-ring architecture	星状环体系结构	星狀環架構
star/ring network	星环网	星狀/環狀網路
start	启动	①啟動 ②開始,起始
starter gap	起动隙缝	起動隙縫
starting-frame delimiter (=frame-start delimiter)	帧首定界符	開始框架定界符,框起始定界符
starting inertial-frequency characteristic	起动惯频特性	起動慣頻特性
starting symbol	起始符	起始符

英 文 名	大 陆 名	台 湾 名
starting torque-frequency characteristic	起动矩频特性	起動矩頻特性
start I/O	启动输入输出	啟動輸入輸出
start I/O instruction	启动输入输出指令	啟動輸入輸出指令
star topology	星状拓扑	星狀拓撲,放射狀拓撲
start signal	起始信号	啟動訊號
start-stop transmission	起止式传输	起停傳輸
start symbol	开始符号	開始符號
starvation-free	无饥饿性	無飢餓性
state	状态	①狀態,態 ②地位
state equation	状态方程	狀態方程
state explosion	状态爆炸	狀態爆炸
state feedback	状态反馈	狀態回饋
state graph	状态图	狀態圖
state machine	状态机	狀態機
statement	语句	敘述,陳述
state queue	状态队列	狀態隊列
state space	状态空间	狀態空間
state space method	状态空间法	狀態空間法
state space representation	状态空间表示	狀態空間表示
state space search	状态空间搜索	狀態空間搜尋
state stack	状态栈	狀態堆疊
state-transition matrix	状态转移矩阵	狀態轉移矩陣
state variable	状态变量	狀態變數
static	静态的	靜態的
static analysis	静态分析	靜態分析
static analyzer	静态分析程序	靜態分析程式
static average code length of Hanzi	静态汉字平均码长	靜態漢字平均碼長
static average code length of words	静态字词平均码长	靜態字詞平均碼長
static binding	静态绑定	靜態連結
static buffer	静态缓冲区	靜態緩衝
static buffer allocation	静态缓冲区分配	靜態緩衝區分配
static buffering	静态缓冲	靜態緩衝
static check	静态检验	靜態檢查
static coefficient for code element allocation	静态键位分布系数	靜態鍵位分佈係數
static coherence check	静态相关性检查	靜態相關性檢查
static coincident code rate for Hanzi	静态汉字重码率	靜態漢字重碼率
static coincident code rate for words	静态字词重码率	靜態字詞重碼率

英　文　名	大　陆　名	台　湾　名
static data area	静态数据区	靜態資料區
static friction torque	静摩擦力矩	靜摩擦力矩
static hazard	静态冒险	靜態冒險
static knowledge	静态知识	靜態知識
static load	静态负载	靜態負載
static memory	静态存储器	①靜態儲存器，靜態記憶體 ②靜態儲存
static memory allocation	静态存储分配	靜態記憶體分配
static multifunctional pipeline	静态多功能流水线	靜態多功能管線
static network	静态网络	靜態網路
static pipeline	静态流水线	靜態管線
static pressure flying head	静压[式]浮动磁头	靜態壓力浮動磁頭
static processor allocation	静态处理器分配	靜態處理器分配
static random access memory (SRAM)	静态随机[存取]存储器	靜態隨機存取記憶體
static redundancy	静态冗余	靜態冗餘
static refresh	静态刷新	靜態更新
static relocation	静态重定位	靜態再定位
static scheduling	静态调度	靜態排程
static skew	静态扭斜	靜態偏斜
static storage (= static memory)	静态存储器	①靜態儲存器，靜態記憶體 ②靜態儲存
static synchronizing torque characteristic	静态整步转矩特性	靜態同步轉矩特性
static testing	静态测试	靜態測試
station	站,台	站,局
stationarity	平稳性	穩定性
stationary	固定,平稳	固定的,穩定的,靜止的,穩態的
stationary channel	平稳信道	平穩通道
stationary echo	固定回波	固定回波
stationary lead-acid storage battery	固定型铅蓄电池	固定型鉛蓄電池
stationary point	平稳点	穩定點
stationary random processes	平稳随机过程	穩態隨機過程
stationary satellite	静止卫星	同步衛星
statistical arbitration	统计仲裁	統計仲裁
statistical average	统计平均	統計平均
statistical coding	统计编码	統計編碼
statistical communication theory	统计通信理论	統計通信理論

英 文 名	大 陆 名	台 湾 名
statistical database	统计数据库	統計資料庫
statistical decision	统计判决	統計判決
statistical decision method	统计决策方法	統計決策方法
statistical decision theory	统计决策理论	統計決策理論
statistical hypothesis	统计假设	統計假設
statistical independence	统计独立	統計獨立
statistical linguistics	统计语言学	統計語言學
statistical model	统计模型	統計模型
statistical multiplexer	统计复用	統計式多工機
statistical pattern recognition	统计模式识别	統計型樣識別
statistical test	统计检验	統計檢驗
statistical test model	统计测试模型	統計測試模型
statistical time division multiplexer	统计时分复用器	統計時分復用器
statistical time division multiplexing (STDM)	统计时分复用	統計時分多工
statistical tolerance interval	统计容许区间	統計容許區間
statistical tolerance limits	统计容许限	統計容許限
statistic bit rate (SBR)	统计比特率	統計位元率
statistic inference	统计推理	統計推理
statistics area	统计区	統計區
statistic zero-knowledge	统计零知识	統計零知識
STB (=set-top box)	机顶盒	①轉頻器 ②數控器
STC (=sensitivity-time control)	灵敏度时间控制	靈敏度時間控制
STDM (=statistical time-division multiplexing)	统计时分复用	統計時分多工
steady state error	稳态误差	穩態誤差
steady state hazard	稳态冒险	穩態冒險
steady state signal	稳态信号	穩態訊號
stealth target	隐形目标	隱形目標
steam oxidation	水汽氧化	水汽氧化
Stefan-Boltzmann law	斯特藩－玻尔兹曼法则	史提芬－波茲曼法則
stem	芯柱	芯柱
step	步	步,步驟
step-and-repeat system	分步重复系统	分步重復系統
step angle	步进角	步進角
step attenuator	步进衰减器	步進衰減器
step-by-step automatic telephone system	步进制自动电话[交换]系统	步進制自動電話[交換]系統

英文名	大陆名	台湾名
step-by-step control	步进控制	步進控制
step-by-step cut-off test	逐步截尾试验	逐步截尾試驗
step-by-step switch	步进制交换	步進制交換
step-coverage	台阶覆盖	台階覆蓋
step frequency	步进频率	步進頻率
step function	阶跃函数	階躍函數
step generator	阶跃发生器	階躍產生器
step index	阶跃折射率	階躍折射率
step index fiber	突变光纤	步變光纖
stepped antenna	阶梯天线	步階天線
stepped-impedance transformer	步进阻抗变换器	步階阻抗變換器
stepped waveguide	阶梯式波导管	多級波導,階梯形波導
stepping	步进	步進
stepping motor	步进电[动]机	步進馬達
stepping relay	步进继电器	步進繼電器
step pitch	步距	步距
step recovery diode	阶跃恢复二极管	階躍恢復二極體
step sequence	步序列	步序列
step voltage	阶跃电压	步階電壓
step-wise refinement	逐步求精	步進式精化法
stereo display	立体显示	立體顯示
stereo lithography apparatus	立体印刷设备	立體印刷設備
stereomapping	立体映射	立體對映
stereo matching	立体匹配	立體匹配
stereophone	立体声	身歷聲
stereophonic broadcasting	立体声广播	身歷聲廣播
stereophonic record	立体声唱片	身歷聲唱片
stereophonic TV	立体声电视	身歷聲電視
stereopsis	立体影像	立體影像
stereoscopic TV	立体电视	立體電視
stereo vision	立体视觉	立體視覺
sticking probability	黏附概率	粘附機率
sticky bit	黏着位	粘著位
still image	静止图像	靜止影像
still picture broadcasting	静止图像广播	靜止圖象廣播
stimulated absorption	受激吸收	受激吸收
stimulated Brillouin scattering (SBS)	受激布里渊散射	受激布里淵散射
stimulated emission	受激发射	受激輻射

英 文 名	大 陆 名	台 湾 名
stimulated Raman scattering (SRS)	受激拉曼散射	受激拉曼散射
Stirling's formula	斯特林公式	司特寧公式
STM (=synchronous transfer mode)	同步传递模式,同步转移模式	同步傳遞模式,同步轉移模式
stochastic control system	随机控制系统	隨機控制系統
stochastic high-level Petri net	随机高级佩特里网	隨機高階佩特裏網
stochastic Petri net	随机佩特里网	隨機佩特裏網
stochastic processes (=random process)	随机过程	隨機過程,隨機程式
stochastic signal (=random signal)	随机信号	隨機訊號
stoichiometry	化学计量	
Stokes' theorem	斯托克斯定理	史托克斯定理
stop	停机	停止
stop-and-wait	停等式	暫停並等待
stop band	阻带	阻帶
stop code	终止码	終止碼,結束符號
stop page	停用页	停用頁
stopping distance	阻止距离	阻止距離
stopping power	阻止本领	阻止本領
stop signal	停止信号	停止訊號
storage	①存储器 ②存储	①儲存器,記憶體 ②記憶,儲存
storage access administration	存储器存取管理	儲存器存取管理
storage access conflict	存储器存取冲突	儲存器存取衝突
storage access scheme	存储器存取模式	儲存器存取方案
storage allocation	存储器分配	儲存配置,儲存體配置
storage allocation routine	存储器分配例程	儲存器配置常式
storage allocator	存储器分配程序	儲存器配置
storage battery	蓄电池	蓄電池
storage capacitance	存储电容	儲存電容
storage capacity (=memory capacity)	存储容量	儲存容量,記憶[體]容量
storage cell (=memory cell)	存储单元	①儲存單元,儲存格,記憶格 ②[儲存]位置
storage compaction	存储器压缩	儲存器壓縮
storage configuration	存储配置	儲存器組態
storage fragmentation	存储碎片	儲存段
storage interference	存储干扰	儲存干擾
storage life	贮存寿命	貯存壽命

英 文 名	大 陆 名	台 湾 名
storage location (=memory cell)	存储单元	①儲存單元,儲存格,記憶格 ②[儲存]位置
storage management (=memory management)	存储管理	儲存管理,記憶體管理
storage management service	存储管理服务	儲存器管理服務
storage management strategy	存储管理策略	儲存記憶體管理策略
storage media	存储媒体	儲存媒體
storage module drive interface (SMD interface)	存储模块驱动器接口,SMD 接口	儲存模組驅動介面
storage oscilloscope	存储示波器	存儲示波器
storage overlay	存储覆盖	儲存覆蓋
storage overlay area	存储覆盖区	儲存覆蓋區
storage period	贮存期	貯存期
storage protection (=memory protection)	存储保护	記憶體保護
storage reconfiguration	存储再配置	儲存器重組態
storage space	存储空间	儲存空間
storage stack	存储栈	儲存堆疊
storage traveling wave tube	储频行波管	儲頻行波管
storage tube	存储管	存儲管
store	存储	儲存
store-and-forward	存储转发	存轉
store-and-forward network	存储转发网	儲存及正向網路
store and forward switching	存储转发交换	存儲轉發交換
stored procedure	存储过程	存儲程序
stored program computer	程序存储计算机	內儲程式計算機
stored program control (SPC)	存储程序控制,程控	程式存儲式控制,程式控制
stored-program control exchange (SPC exchange)	程控交换机	程控交換機
story analysis	故事分析	故事分析
STP (=shielded twisted pair)	屏蔽双绞线	屏蔽雙絞線
straight advancing klystron	直射速调管	直射速調管
strand	多股绞线,导线束	絞合線,裸多蕊電纜
strand cable	绞合缆线	絞合纜線,吊線
stranded cable fiber	光缆线束	光纜線束
stranded conductor	绞合导线	絞合導線
stranded wire	绞合线	絞合線,綱絞線
strategic data planning	战略数据规划	戰略資料規劃

英 文 名	大 陆 名	台 湾 名
strategic intelligence	战略情报	戰略情報
strategic planning	战略规划	策略計劃
strategy	策略	策略
stratopause	平流层顶	平流層頂
stratosphere	平流层	同溫層,平流層
stratospheric propagation	平流层传播	平流層傳播
stream	流	①流 ②流程 ③流動
stream cipher	流[密]码	流密碼,串加密
streamer	流式磁带机	數據流磁帶器
streamer chamber	流光室	流光室
streaming mode	流方式	資料流模式
streaming tape drive	流式磁带驱动器	流線磁帶驅動器
strength reduction	强度削弱	強度縮減
stress	应力	①應力 ②壓力
stress corrosion	应力腐蚀	應力腐蝕
stress-induced defect	应力感生缺陷	應力感生缺陷
stretch processing	展开处理	伸張式訊號處理
string	串	串
string grammar	串文法	串文法
string language	串语言	串語言
string matching	串匹配	字串匹配
string reduction machine	串归约机	字串歸約機
string resource	串资源	字串資源
strip antenna	带状天线	帶狀天線,條片天線
stripe type laser (=slab laser)	条形激光器	板雷射
strip guide	条状波导	條狀波導
strip line	带[状]线	帶線
stripping	撤除	撤消
stripping of photoresist	去胶	去膠
strobe marker	选通标志	選通標志
strobe pulse	选通脉冲	選通脈波
strobe signal	选通信号	選通訊號
stroke	笔画	①筆畫 ②衝程
stroke code	笔画码	筆畫碼
stroke coding	笔画编码	筆畫編碼
stroke count	笔数	筆數
stroke display(=segment display)	笔画显示	筆畫顯示
stroke order	笔顺	筆順

英文名	大陆名	台湾名
strong connectivity problem	强连通问题	強連接問題
strong consistency	强一致性	強一致性
strong inversion	强反型	強反轉
strongly connected components	强连通分支	強連通組件
strongly connected graph	强连通图	強連接圖
strong type	强类型	強類型
strontium barium niobate (SBN)	铌酸钡锶	鈮酸鋇鍶
structural boundedness	结构有界性	結構有界性
structural hazard	结构冲突	結構危障
structuralism linguistics	结构主义语言学	結構主義語言學
structural memory	结构存储器	結構記憶體
structural pattern recognition	结构模式识别	結構型樣識別
structural type transducer	结构式传感器	架構式傳感器
structure	结构	結構
structure chart	结构图	結構圖
structured analysis	结构化分析	結構化分析
structured analysis and design technique (SADT)	结构化分析与设计技术	結構化分析與設計技術
structured design	结构化设计	結構化程式設計
structured editor	结构化编辑程序,结构化编辑器	結構化編輯器
structured method	结构化方法	結構化方法
structured multiprocessor system	结构式多处理机系统	結構化多處理機系統
structuredness	结构性	結構性
structured operating system	结构化操作系统	結構化作業系統
structured paging system	结构分页系统	結構化分頁系統
structured program	结构化程序	結構化程式
structured programming	结构化程序设计	結構化程式設計
structured programming language	结构化程序设计语言	結構化程式設計語言
structured protection	结构化保护	結構化保護
structured specification	结构化规约	結構化規格
structure origin	结构理据	結構原點
structure query language (SQL)	结构查询语言,SQL 语言	結構查詢語言
stub	短截线	短截線
stuck-at fault	固定型故障	固定型故障
stuck-open fault	固定开路故障	固定開路故障
studio	演播室	演播室

英 文 名	大 陆 名	台 湾 名
stuffing	填塞	填充
stuffing bits	填塞比特	填充位元
STW (=servo track writer)	伺服道录写器	伺服式軌道寫入器
style	样式	式樣
style checker	样式检查程序	式樣檢查程序
style sheet	样式单	式樣單
stylus	唱针	唱針
stylus printer	针式打印机	尖筆列印機
sub-addressing	子地址	副址
suballocation	子分配	子分配
suballocation file	子分配文件	子分配檔案
subassembly	装配件	組件
sub-band	子带	副波段,次頻帶
sub-band coding (SBC)	子带编码	次頻帶編碼
sub-bit code	副比特码	副比特碼
subblock coding	子块编码	子塊編碼
subcarrier	副载波	副載波,次載波
subclass	子类	子類
subclutter visibility	杂波下可见度	雜波下可見度
subcode	子码	子碼
subcommutator	副交换子	副交換子
subcontractor	分包商	分包商
subdivision	分割	分割
subgoal	子目标	子目標
subgraph	子图	子圖
subjective information	主观信息	主觀資訊
subject probe	主题探查	主題探查
subject selector	论题选择器	主題選擇器
subjob	子作业	子作業
sublanguage	子语言	子語言
sublimation pump	升华泵	升華幫浦
subliminal channel	阈下信道	閾下通道
submarine cable	海底电缆	海底纜線
submarine cable repeater	海缆中继器	海纜中繼器
submarine communication	海底通信	海底通信
submarine lightwave system	海底光波系统	海底光波系統
submillimeter wave (SMMW)	亚毫米波	次毫米波
submission	提交	①提交,確定 ②承諾

英 文 名	大 陆 名	台 湾 名
submit state	提交状态	提交狀態
submonitor	子监控程序	子監視器
subnet	子网	子網
subnet mask	子网掩码	子網遮罩
subnet of place	位置子网	位置子網
subnet of transition	变迁子网	變遷子網
subnetwork access protocol (SNAP)	子网访问协议	子網存取協定
subpool	子池	子池
subpool queue	子池队列	子池隊列
subprocess	子进程	子過程
subprogram	子程序	子程式
subqueue	子队列	子隊列
subrecursiveness	次递归性	次遞迴性
subreflector	副反射器	副反射器
subroutine	子例程	次常式,副常式
subsample	子样本	子樣本
subsampling	子抽样	次取樣
subschema	子模式	子綱目
subscriber	署名用户	用戶
subscriber carrier telephone system	用户载波电话系统	用戶載波電話系統
subscriber line interface circuit	用户专线接口电路	用戶專線界面濾波電路
subscriber loop	用户环路	用戶端迴路
subscriber loop multiplex (SLM)	用户环路多路复用	用戶環路多工
subscriber's line	用户线路	用戶線路
subscriber's loop (=subscriber's line)	用户线路	用戶線路
subsegment	子段	子段
subset	子集	子集
subset cover	子集覆盖	子集覆蓋
substar	星下点	星下點
substep	子步	子步
substitution	代入	替代
substitutional diffusion	替位扩散	替位擴散
substitutional impurity	替位杂质	替代雜質
substitution attack	替代攻击	替代攻擊
substitution cipher	替代密码	代換密碼
substitution error	替代误差	替代誤差
substrate	①衬底 ②基片	①襯底 ②基板
substrate bias	衬底偏置	基板偏壓

英　文　名	大　陆　名	台　湾　名
substrate bias effect of MOSFET	MOSFET 衬偏效应	MOSFET 本體效應
substrate fed logic (SFL)	衬底馈电逻辑	基板饋電邏輯
sub-synchronous layer	次同步层	次同步層
subsystem	子系统	子系統
subtask	子任务	子任務
subtasking	子任务处理	子任務處理
subtrack	星下点轨迹,子轨迹	星下點軌跡,子軌跡
subtracter	减法器	減法器
suburban telephone line	市郊电话线	市郊電話線
successor	①后继站 ②后继	①後繼子 ②後續
successor marking	后继标识	後續標示
sudden failure	突然失效	突然失效
suffix code	后缀码	後置碼
suite	套具	套件
suite driver	套具驱动器	套件驅動器
sum beam	和波束	和波束
summary punch	总计穿孔机	彙總打孔
superclass	超类	超類
supercode	超码	超碼
supercompiler	超级编译程序,超级编译器	超級編譯程式
supercomputer	巨型计算机,超级计算机	超級電腦
supercomputing	超级计算	超級計算
superconducting electronics	超导电子学	超導電子學
superconducting magnet	超导磁体	超導磁鐵
superconducting memory	超导存储器	超導記憶體
superconductor detector	超导探测器	超導探測器
super group	超群	超群
superheterodyne receiver	超外差接收机	超外差接收機
superhigh frequency (SHF)	超高频	超高頻
superhigh frequency band (SHF band)	超高频波段	極高頻帶
superlatticc	超晶格	超晶格
super master group	超主群	超主群
super-minicomputer	超级小型计算机	超級小型計算機
super operation	超级操作	超級操作
superpipeline	超流水线	超級管線
superpipelined architecture	超流水线结构	超級管線結構

英 文 名	大 陆 名	台 湾 名
superposition	叠加	疊置
superposition theorem	叠加定理	疊加定理
superradiance	超辐射	超輻射
superregeneration receiver	超再生接收机	超再生接收機
superscalar	超标量	超純量
superscalar architecture	超标量体系结构	超純量架構
supersector	超扇区	超扇區
superserver	超级服务器	超級伺服器
supertext	超长文本,超长正文	超本文
supertwisted birefringent effect (SBE effect)	超扭曲双折射效应	超扭曲雙折射效應
super VCD (= super video compact disc)	超级影碟	超級影音光碟
super VGA (SVGA)	超级视频图形适配器	超級視頻圖形陣列
super video compact disc (super VCD)	超级影碟	超級影音光碟
supervised learning	监督学习	監督學習
supervisor	管理程序	監督程式,督導程式,監督器
supervisor call	管理程序调用	監督器呼叫
supervisor call interrupt	管理程序调用中断	監督器呼叫中斷
supervisory computer	管理计算机	監督計算機
supervisory computer control system	计算机监控系统	計算機監控系統
supervisory control	监督控制	監督控制
supervisory control and data acquisition system (SCADAS)	监控与数据采集系统	監控與資料獲取系統
supervisory program (= supervisor)	管理程序	監督程式,督導程式,監督器
supervisory routine	管理例程	監督常式
super β transistor	超 β 晶体管	超 β 電晶體
supplementary channel broadcasting	附加信道广播	附加信道廣播
supplementary maintenance	附加维修	輔助維護
supplementary plane	辅助平面	輔助平面
supplementary service	补充业务,附加业务	補充業務,附加業務
supplementary set	辅助集	輔助集
supplementary trunk group	辅助中继线群	輔助中繼線群
supplier	供方	供應者
supply process	供应过程	供應過程
support	支持	支援
supporting process	支持过程	支援過程

英 文 名	大 陆 名	台 湾 名
support program	支持程序	支援程式
support set	支持集	支援集
support software	支持软件	支援軟體
support system	支持系统	支援系統
suppressor	抑制器	抑制器,遏抑器,抑制柵極
suppressor grid	抑制栅极	抑製閘極極
suppressor vacuum gauge	抑制型[电离]真空计	抑製型[電離]真空計
surface	①表面 ②曲面	①表面 ②曲面
surface absorption	表面吸收	表面吸收
surface accumulation layer	表面积累层	表面累積層
surface antenna	面天线	面天線
surface approximation	曲面逼近	曲面逼近
surface barrier detector	面垒探测器	面壘探測器
surface case	表层格	表層格
surface channel	表面沟道	表面通道
surface concentration	表面浓度	表面濃度
surface contact diode	面接触二极管	面接觸二極體
surface contamination meter	表面污染剂量仪	表面污染劑量儀
surface depletion layer	表面耗尽层	表面空乏層
surface fitting	曲面拟合	曲面配適
surface guided waves	表面导波	表面導波
surface interpolation	曲面插值	曲面內插
surface intersection	曲面求交	曲面求交
surface inversion layer	表面反型层	表面反轉層
surface joining	曲面拼接	曲面結合
surface list	面表	曲面列表
surface matching	曲面匹配	曲面匹配
surface model	曲面模型	曲面模型
surface modeling	曲面造型	表面模型建立
surface-mount device (SMD)	表面安装器件	表面安裝裝置
surface mounting inductor	表面安装电感器	表面黏著電感
surface-mount solder	表面安装焊接	表面安裝焊接
surface-mount technology (SMT)	表面安装技术	表面安裝技術
surface of revolution (=rotating surface)	旋转曲面	旋轉曲面
surface potential	表面势	表面位能
surface reaction control	表面反应控制	表面回應控制
surface recombination	表面复合	表面復合

英文名	大陆名	台湾名
surface reconstruction	曲面重构	曲面重構
surface reflection	表面反射	表面反射
surface scattering	表面散射	表面散射
surface servo	面伺服	表面伺服裝置
surface smoothing	曲面光顺	曲面平滑
surface state	表面态	表面態
surface subdivision	曲面分割	曲面分割
surface traveling wave	表面行波	表面行進波
surface wave	表面波	表面波
surface wave antenna	表面波天线	表面波天線
surface wave traveling-wave antenna	表面波行波天线	表面波行波天線
surge current	浪涌电流	突波電流
surge voltage	浪涌电压	突波電壓
surplus factor	多余因数	多餘因數
surveillance radar	搜索雷达,监视雷达	搜索雷達,監視雷達
survivability	生存性	生存性
survivor path	存活路径	存活路徑
susceptance	电纳	電納
susceptibility (= magnetic susceptibility)	磁化率	磁化率,磁化係數
suspended primitive	挂起原语	懸置基元
suspend process	挂起进程	懸置過程
suspend state	挂起状态,暂停状态	懸置狀態
suspension	挂起	懸置
suspension time	挂起时间	懸置時間
sustainable cell rate (SCR)	可持续信元速率	持續單元速率
sustaining	维持	維持
SVC (= switched virtual circuit)	交换虚电路	交換虛擬電路
SVGA (= super VGA)	超级视频图形适配器	超級視頻圖形陣列
SVM (= shared virtual memory)	共享虚拟存储器	共享虛擬記憶體
SW (= short wave)	短波	短波
SWA (= scheduler work area)	调度程序工作区	排程器工作區
swap allocation unit	对换分配单元	調換分配單元
swap-in	换进	換進
swap mode	对换方式	調換模式
swap-out	换出	換出
swapper	对换程序	調換程式
swapping	对换	調換
swapping priority	对换优先级	調換優先級

英 文 名	大 陆 名	台 湾 名
swap set	对换集	調換集
swap table	对换表	調換表
swap time	对换时间	調換時間
swarm intelligence	群体智能	群體智慧
sweep	扫描	掃描
sweep frequency oscillator	扫频振荡器	掃頻振盪器
sweeping generator	扫描发生器	掃描產生器
sweep polygon	扫描多边形	掃描多邊形
sweep surface	扫描曲面,扫成曲面	掃描曲面
sweep time	扫描时间	掃描時間
sweep volume	扫描体	掃描體
swept [frequency] generator	扫频发生器	掃頻發生器
swept frequency interferometer	扫频干涉仪	掃頻干涉儀
swept frequency reflectometer	扫频反射计	掃頻反射計
Swerling model	施威林模型	史厄林模式
swing	摆动,飘移	擺動,頻移
swirl defect	漩涡缺陷	漩渦缺陷
switch	①开关 ②交换机 ③交换	①開關 ②接線器,轉換器,交換機 ③交換
switchboard operator	交换台接线员	交換台操作員
switch box	开关箱	開關箱
switch command	开关指令	開關指令
switched capacitor	开关电容器	開關電容器
switched current	开关电流	開關電流
switched line	交换线路	交換線路
switched virtual circuit (SVC)	交换虚电路	交換虛擬電路
switched virtual network	交换虚拟网	交換虛擬網路
switching capacity filter	开关电容滤波器	開關電容濾波器
switching center	交换中心	交換中心,交換台,交換機房
switching circuit	①交换电路 ②开关电路	①交換電路 ②開關電路
switching diode	开关二极管	開關二極體
switching facility	交换设备	交換設備
switching interval	转换时间	轉換時間間隔
switching loss	开关损耗	開關損耗
switching mode power supply transformer	开关电源变压器	開關電源變壓器
switching network	①开关网络 ②交换网络	①開關網路 ②交換網路
switching noise	开关噪声	開關雜訊

英 文 名	大 陆 名	台 湾 名
switching system	交换系统	交換系統
switching tie	开关枢纽	開關樞紐
switching time	开关时间	開關時間
switching transistor	开关晶体管	交換電晶體
switch lattice	开关网格	開關晶格
switch on	接通	接入,接通
switch ports	接线机端口	交換機埠
SWR (= standing-wave ratio)	驻波比	駐波比
S/X (= signal to crosstalk ratio)	信号串音比	訊號串音比
syllable	音节	音節
syllogism	三段论	三段論
symbol	符号	符號
symbolic analysis	符号分析	符號分析
symbolic calculus	符号演算	符號演算
symbolic coding	符号编码	符號寫碼
symbolic device	符号设备	符號裝置
symbolic execution	符号执行	符號執行
symbolic file	符号文件	符號檔案
symbolic intelligence	符号智能	符號智慧
symbolic language	符号语言	符號語言
symbolic layout method	符号布图法	符號佈局法
symbolic logic	符号逻辑	符號邏輯
symbol manipulation language	符号操纵语言	符號調處語言
symbol string	符号串	符號串
symbol synchronization	码元同步	碼元同步
symmetrical antenna	对称天线	對稱天線
symmetrical list	对称[列]表	對稱串列
symmetrical network	对称网络	對稱網路
symmetric channel	对称信道	對稱通道
symmetric computer	对称[式]计算机	對稱式計算機
symmetric cryptography	对称密码[学]	對稱密碼
symmetric cryptosystem	对称密码系统	對稱密碼系統
symmetric multiprocessor (SMP)	对称[式]多处理机	對稱多處理機
symmetric operating system	对称操作系统	對稱作業系統
symmetric source	对称信源	對稱源
symmetry	对称性	對稱性
symptom	征兆	徵兆
synapse	突触	突觸,神經結

英 文 名	大 陆 名	台 湾 名
sync code	同步码	同步電碼
synchro	自整角机	自整角機
synchronic distance	同步距离	同步距離
synchronism	同步	同步
synchronization (=synchronism)	同步	同步
synchronization and convergence function (SCF)	同步和会聚功能	同步和收斂功能
synchronization primitive	同步原语	同步基元
synchronization signal	同步信号	同步訊號
synchronized algorithm	同步算法	同步演算法
synchronized broadcasting	同步广播	同步廣播
synchronized discrete address beacon system	同步离散地址信标系统	同步離散位址信標系統
synchronized multimedia integration language (SMIL)	同步多媒体集成语言	同步多媒體整合語言
synchronized parallel algorithm	同步并行算法	同步平行演算法
synchronized SRAM (SSRAM)	同步静态随机存储器	同步靜態隨機存取記憶體
synchronizer	同步器	同步器
synchronizing buffer queue	同步缓冲区队列	同步緩衝區隊列
synchronizing sequence	同步序列	同步序列
synchronizing speed	同步速度	同步速度
synchronizing torque	整步转矩	整步轉矩
synchronous	同步的	同步的
synchronous baseline	同步基线	同步基線
synchronous bus	同步总线	同步匯流排
synchronous communication	同步通信	同步通信
synchronous communication satellite	同步通信卫星	同步通訊衛星
synchronous control	同步控制	同步控制
synchronous detector	同步检波器	同步檢波器
synchronous digital hierarchy (SDH)	同步数字系列	同步數字系列
synchronous equatorial orbit	同步赤道轨道	同步赤道軌道
synchronous operation	同步操作	同步作業
synchronous optical network (SONET)	同步光纤网,光同步网	同步光纖網,光同步網
synchronous orbit (=geosynchronous orbit)	同步轨道	同步軌道
synchronous refresh	同步刷新	同步更新
synchronous terminal	同步终端	同步終端機

英 文 名	大 陆 名	台 湾 名
synchronous time-division multiplexing	同步时分复用	同步時分多工
synchronous transfer mode (STM)	同步传递模式,同步转移模式	同步傳遞模式,同步轉移模式
synchronous transfer orbit	同步转移轨道	同步轉移軌道
synchronous transmission	同步传输	同步傳輸
synchrony	同步[论]	同步
synchro receiver	自整角接收机	自整角接收機
synchro transformer	自整角变压器	自整角變壓器
synchro transmitter	自整角发送机	自整角發送機
syncom satellite	同步卫星	同步通訊衛星
syndrome	校正子	校正子
syndrome testing	征兆测试	徵候測試
syntactic ambiguity (=syntax ambiguity)	句法歧义	語法歧義
syntactic pattern recognition	句法模式识别	語法型樣辨識
syntactic relation	句法关系	語法關係
syntactic rule	句法规则	語法規則
syntactic semantics	句法语义学	語法語意學
syntactic structure	句法结构	語法結構
syntactic tree	句法树	句法樹
syntax	句法,语构	語法
syntax ambiguity	句法歧义	語法歧義
syntax analysis	句法分析	語法分析
syntax-based query optimization	基于语法的查询优化	語法為本的查詢最佳化
syntax category	句法范畴	語法種類
syntax-directed editor	句法制导编辑程序,句法制导编辑器	語法引導編輯器
syntax generation	句法生成	語法產生
syntax theory	句法理论	語法理論
synthesis	合成	合成[法]
synthesized editing and updating	综合编辑修改	綜合編輯與更新
synthesized signal generator	合成信号发生器	合成訊號發生器
synthesized sweep generator	合成扫频发生器	合成掃頻發生器
synthesizer	合成器	合成器
synthetic aperture	合成孔径	合成孔徑
synthetic aperture radar (SAR)	合成孔径雷达	合成孔徑雷達
synthetic component (=compound component)	合成部件	復合組件,合成組件
synthetic decision support system	综合决策支持系统	合成決策支持系統

英 文 名	大 陆 名	台 湾 名
synthetic digital audio	合成数字音频	合成數位聲訊
synthetic display	综合显示	綜合顯示
synthetic environment	合成环境	合成環境
synthetic video	合成视频	合成視訊
synthetic world	合成世界	合成世界
system activity	系统活动	系統活動
system administration (= system management)	系统管理	系統管理
system administrator	系统管理员	系統管理者
system analysis	系统分析	系統分析
system architecture	系统体系结构	系統架構
system assembly	系统装配	系統組合
system assisted linkage	系统辅助连接	系統輔助鏈接
systematic error	系统误差	系統誤差
system attack	系统攻击	系統攻擊
system availability	系统可用性	系統可用性
system boundary	系统边界	系統邊界
system call	系统调用	系統呼叫
system command	系统命令	系統命令
system command interpreter	系统命令解释程序	系統命令解譯器
system compatibility	系统兼容性	系統相容性
system configuration	系统配置	系統組態
system control	系统控制	系統控制
system control file	系统控制文件	系統控制檔
system control program	系统控制程序	系統控制程式
system conversion	系统转轨	系統轉換
system CPU time	系统中央处理器时间，系统 CPU 时间	系統中央處理器時間
system deadlock	系统死锁	系統死鎖
system degradation	系统退化，系统降级	系統退化
system design	系统设计	系統設計
system design specification	系统设计规格说明	系統設計規格
system diagnosis	系统诊断	系統診斷
system directory	系统目录	系統目錄
system directory list	系统目录表	系統目錄列表
system disk	系统盘	系統磁碟
system disk pack	系统盘组	系統磁碟組
system dispatching	系统分派	系統調度

英　文　名	大　陆　名	台　湾　名
system documentation	系统文档	系統文件製作
system dynamics model	系统动力模型	系統動力模型
system environment	系统环境	系統環境
system error	系统错误	系統錯誤
system evaluation	系统评价	系統評估
system executive	系统执行程序	系統執行
system expansion	系统扩充	系統擴充
system failure	系统故障	系統故障
system feasibility	系统可行性	系統可行性
system file	系统文件	系統檔案
system folder	系统文件夹	系統文件夾
system function	系统功能	系統功能
system generation	系统生成	系統產生
system ground	系统地	系統地
system high security	系统高安全	系統高安全
system high-security mode	系统高安全方式	系統高安全方式
system identification	系统辨识	系統識別
system implementation	系统实施	系統實施
system installation	系统安装	系統安裝
system integration	系统集成	系統整合
system integrity	系统完整性	系統完整性
system interconnection	系统互连	系統互連
system interrupt	系统中断	系統中斷
system interrupt request	系统中断请求	系統中斷請求
system investigation	系统调查	系統調查
system journal	系统日志	系統日誌
system kernel	系统内核	系統核心
system key	系统密钥	系統鍵
system level synthesis	系统级综合	系統位準合成
system library	系统库	系統程式館
system life cycle	系统生存周期	系統生命週期
system loader	系统装入程序	系統載入器
system lock	系统锁	系統鎖
system maintenance	系统维护	系統維護
system maintenance processor	系统维护处理机	系統維護處理機
system management	系统管理	系統管理
system management facility	系统管理设施	系統管理設施
system management file	系统管理文件	系統管理檔案

英 文 名	大 陆 名	台 湾 名
system management monitor	系统管理监控程序	系統管理監控程式
system nucleus	系统核心	系統核心
system objective	系统目标	系統目標
system on a chip	单片系统	單晶片系統
system optimization	系统优化	系統最佳化
system overhead	系统开销	系統管理負擔
system page table	系统页表	系統頁表
system pair	系统对	系統對
system penetration	系统渗入	系統穿透
system performance	系统性能	系統效能
system performance monitor	系统性能监视器	系統效能監視器
system process	系统进程	系統處理
system programming language	系统编程语言	系統程式設計語言
system prompt	系统提示符	系統提示符
system queue area (SAQ)	系统队列区	系統隊列區
system reliability	系统可靠性	系統可靠度
system requirements	系统需求	系統需求
system residence area	系统驻留区	系統常駐區
system resident volume	系统驻留卷	系統常駐卷
system resource	系统资源	系統資源
system resource management	系统资源管理	系統資源管理
system resource manager	系统资源管理程序	系統資源管理器
system restart	系统再启动	系統再啟動
system saboteur	系统破坏者	蓄意破壞系統者
system schedule checkpoint	系统调度检查点	系統排程檢查點
system scheduler	系统调度程序	系統排程器
system scheduling	系统调度	系統排程
system service	系统服务	系統服務
system simulation	系统仿真	系統模擬
system software	系统软件	系統軟體
system start-up	系统启动	系統啟動
system status	系统状况	系統狀態
system survey	系统概述	系統調查
system task	系统任务	系統任務
system task set	系统任务集	系統任務集
system test	系统测试	系統測試
system test mode	系统测试方式	系統測試模式
system upgrade	系统升级	系統升級

英 文 名	大 陆 名	台 湾 名
system utility program	系统实用程序	系統公用程式
system validation	系统确认	系統驗證
system verification	系统验证	系統驗證
system voltmeter	系统电压表	系統電壓表
system work stack	系统工作栈	系統工作堆疊
systolic algorithm	脉动算法	脈動演算法
systolic array architecture	脉动阵列结构	脈動陣列架構
systolic arrays	脉动阵列	脈動陣列

T

英 文 名	大 陆 名	台 湾 名
T (=tera)	太	兆
T1 transmission	T1 传输线路	T1 傳輸線
TAB (=tape automated bonding)	带式自动键合	帶式自動鍵合
table	表[格]	表
table constraint	表约束	表約束
table-driven simulation	表[格]驱动仿真	表格驅動模擬
table-driven technique	表[格]驱动法	表格驅動技術
TAB package (=tape automated bond package)	带式自动键合封装	帶式自動鍵合封裝
tabular display	表格显示	表格顯示
tabulator	制表机	製表器
TAC (=①terminal access controller ②time-amplitude converter)	①终端访问控制器,终端接入控制器 ②时间－幅度变换器	①終端存取控制器 ②時間－幅度變換器
TACAN (=tactical air navigation system)	塔康,战术空中导航系统	塔康,戰術空中導航系統
tachogenerator	测速发电机	測速發電機
tactical air navigation system (TACAN)	塔康,战术空中导航系统	塔康,戰術空中導航系統
tactical intelligence	战术情报	戰術情報
tag	标志	標籤,鍵
tailoring	剪裁	裁剪
tailoring process	剪裁过程	裁剪過程
tail recursion	尾递归	尾遞迴
tail recursion elimination	尾递归删除	尾遞迴刪除
tail warning radar	护尾雷达	護尾雷達

英 文 名	大 陆 名	台 湾 名
talk	交谈[服务]	通話
tally set	标签集	結算集
tandem	汇接	匯接
tandem exchange (=tandem office)	汇接局	匯接[交換]局,轉接局
tandem office	汇接局	匯接[交換]局,轉接局
tandem trunk	汇接中继线	匯接中繼線,轉接中繼線
tangential sensitivity	正切灵敏度	正切靈敏度
tangible state	实存状态	有形狀態
T antenna	T 型天线	T 型天線
tap	分接头	分接頭
tape	带	磁帶
tape alphabet	带字母表	帶字母表
tape automated bonding (TAB)	带式自动键合	帶式自動鍵合
tape automated bond package (TAB package)	带式自动键合封装	帶式自動鍵合封裝
tape compression	带压缩	帶壓縮
tape drive	[磁]带驱动器	磁帶驅動
tape head	带头	磁帶頭
tape library	磁带库	磁帶庫,帶程式館,帶館
tape punch	纸带穿孔	紙帶打孔
tape reader	纸带读入机	帶閱讀機
tape reduction	带减少	帶縮減
tapered waveguide	渐变[截面]波导,锥面波导	漸變波導,錐面波導
tape reproducer	纸带复制机	帶再製器
tape row	带行	帶列
tape skew	带扭斜	帶偏斜
tape spool	带轴	帶排存
tape symbol	带符号	帶符號
tape unit	磁带机	磁帶機
tape unit perforator	纸带穿孔机	紙帶打孔機
target	目标	目標
target acquisition	目标捕获	目標捕獲
target capacity	目标容量	目標容量
target code	目标[代]码	目標碼,目的碼
target computer	目标计算机	靶標計算機
target directory	目标目录	目標目錄

英 文 名	大 陆 名	台 湾 名
target electromagnetic signature	目标电磁特征	目標電磁特徵
target fluctuation	目标起伏	目標起伏
target function	目标函数	目標函數
target glint	目标闪烁	目標閃爍
target identification	目标识别	目標識別
target illumination radar	目标照射雷达	目標照射雷達
target language	目标语言	目標語言
target language dictionary	目标语言词典	目標語言詞典
target language generation	目标语生成	目標語言產生
target language output	目标语输出	目標語言輸出
target machine	目标机	目標機
target noise	目标噪声	目標噪聲
target program	目标程序	目標程式,目的程式,靶標程式
target scattering matrix	目标散射矩阵	目標散射矩陣
target system	目标系统	目標系統
tariff	①资费,资率 ②资费表	①資費 ②資費表,價目表
tarnishing	锈污	鏽污
TASI (=time assignment speech interpolation)	时分话音内插	時分話音內插
task	任务	任務
task allocation	任务分配	任務分配
task asynchronous exit	任务异步出口	任務異步出口
task code word	任务代码字	任務代碼字
task control block (TCB)	任务控制块	任務控制塊
task coordination	任务协调	任務協調
task descriptor	任务描述符	任務描述符
task dispatcher	任务分派程序	任務調度器
task execution area	任务执行区	任務執行區
task graph	任务图	任務圖
task immigration	任务迁移	任務遷移
task input queue	任务输入队列	任務輸入隊列
task I/O table	任务输入输出表	任務輸入輸出表
task management	任务管理	任務管理
task manager (=task supervisor)	任务管理程序	任務管理器
task model	任务模型	任務模型
task output queue	任务输出队列	任務輸出隊列

英文名	大陆名	台湾名
task pool	任务池	任務池
task processing	任务处理	任務處理
task queue	任务队列	任務隊列
task scheduler	任务调度程序	任務排程器
task scheduling	任务调度	任務排程
task scheduling priority	任务调度优先级	任務排程優先級
task set	任务集	任務集
task set library	任务集库	任務集庫
task set load module	任务集装入模块	任務集載入模組
task-sharing	任务分担	任務分擔
task stack descriptor	任务栈描述符	任務堆疊描述符
task start	任务启动	任務開始
task supervisor	任务管理程序	任務監督器
task swapping	任务对换	任務調換
task switching	任务交换	任務交換
task termination	任务终止	任務終止
task virtual storage	任务虚拟存储器	任務虛擬儲存器
tautology	重言式	同義反復
tautology rule	重言式规则	同義反復規則
Taylor distribution	泰勒分布	泰勒分佈
Tb (=terabit)	万亿位,太位	萬億位元
TB (=terabyte)	万亿字节,太字节	萬億位元組
T/C (=telemetry and command)	遥测和指令	遙測和指令
TC (=①transport connection ②transceiver ③toll center)	①运输[层]连接 ②收发信机 ③长途电话局,长途电话中心	①傳輸連接 ②無線電收發兩用機 ③長途電話局
T-carrier equipment	T 载波设备	T-載波設備
TCB (=①thread control block ② task control block)	①线程控制块 ②任务控制块	①引線控制塊 ②任務控制塊
T-completion	T 完备化	T 完備化
TCP (=transmission control protocol)	传输控制协议	傳輸控制協定
TCP/IP (=transmission control protocol/internet protocol)	TCP/IP 协议	傳輸控制協定/網際網路協定
TCU (=trunk-connecting unit, trunk-coupling unit)	①干线连接单元 ②干线耦合单元	①幹線連接單元 ②幹線耦合
TD (=time division)	时分	時間分割,時間區分,分時
TDANA (=time-domain automatic net-	时域自动网络分析仪	時域自動網路分析儀

英文名	大陆名	台湾名
work analyzer)		
TDM (=time division multiplexing)	时分复用	時分復用
TDMA (=time division multiple access)	时分多址	時分多址
TDMS (=thermal desorption mass spectrometry)	热解吸质谱[术]	熱解吸質譜[術]
TDR (=time-domain reflectometer)	时域反射仪	時域反射計
technical and office protocol (TOP)	技术与办公协议	技術及辦公室協定
technical feasibility	技术可行性	技術可行性
TED (=transferred electron device)	转移电子器件	轉移電子元件
telecast	电视广播	電視廣播
telecommunication	电信,远程通信	電信,遠程通信
telecommunication act	电信法	電信法
telecommunication management network (TMN)	电信管理网	電信管理網路
telecommunications cable	电信缆线	電信纜線
telecommunication service	电信业务	電信業務
telecommunication systems	电信系统	電信系統
telecommuting	家庭办公	遠程交換
teleconference	远程会议	遠程會議
telecontrol	远程控制	遠距離控制,遙控
teleeducation	远程教育	遠距教育,電傳教學
telegram code	电报码	電報碼
telegraph	电报	電報
telegraph network	电报网	電報網
telegraphy	①电报学 ②电报	①電報學 ②電報
telemail-telephone set	书写电话机	書寫電話機
telematic information	远程处理信息	電傳資訊
telemechanics	远动学	遠動學
telemeter	遥测计	遙測計,測遠計
telemeter channel	无线电遥测信道	無線電遙測通道
telemetry	遥测	遙測
telemetry and command (T/C)	遥测和指令	遙測和指令
telemetry and command antenna	遥测及指令天线	遙測及指令天線
telemetry antenna	遥测天线	遙測天線
telemetry command	遥测指令	遙測指令
telemetry data	遥测数据	遙測資料
telephone	电话	電話
telephone booth	电话亭	電話亭

英　文　名	大　陆　名	台　湾　名
telephone call	电话呼叫	電話呼叫
telephone channel	话路	話路,電話通道,電話聲道
telephone charges	电话费	電話費
telephone circuit	电话电路	電話電路
telephone directory	电话号码簿	電話號碼簿
telephone echo cancellation	电话回音消除	電話回音消除
telephone exchange	电话交换机	電話交換機
telephone handset	电话手机	電話手機
telephone hook	电话机钩键	電話機鉤鍵
telephone hybird coil	电话的混合线圈	電話的混合線圈,電話二線對四線轉換電路
telephone key	电话按键	電話按鍵
telephone line	电话线路	電話線[路]
telephone main frame	电话总配线架	電話總配線架
telephone message	电话留言	電話留言
telephone network	电话网	電話網
telephone number	电话号码	電話號碼
telephone numbering	电话编号	電話號碼編號
telephone rate	电话费率	電話費率
telephone receiver	电话受话器,电话听筒	電話收話器,電話聽筒
telephone ringer	电话铃	電話鈴
telephone set	电话机	電話機
telephone telegram	话传电报	話傳電報
telephone traffic	话务量	電話業務,話務
telephone transmitter	电话送话器	電話發話器
telephony	①电话学 ②电话	①電話學 ②電話
teleprinter	电传机	電傳機
telereference	远程咨询	遠程參考
teleservice	远程服务,用户终端业务	電傳服務
teleshopping	远程购物	電傳購物
teletex	高级用户电报,智能用户电报	高級用戶電報,智能用戶電報
teletext	图文电视,广播型图文	圖文電視,廣播型圖文
teletext broadcasting	图文电视广播	圖文電視廣播
teletraffic engineering	通信业务工程,电信业务工程	通信業務工程,電信業務工程

英 文 名	大 陆 名	台 湾 名
teletype (= teletypewriter)	电传打字机	電傳打字機
teletypesetter	电传排字机	電傳排字機,遙排字機
teletypewriter	电传打字机	電傳打字機
television (TV)	电视	電視
television band	电视频带	電視頻帶
television broadcast (= telecast)	电视广播	電視廣播
television broadcasting station	电视广播站	電視廣播台
television broadcast satellite	电视广播卫星	電視廣播衛星
television camera	电视摄像机	電視攝象機
television channel	电视频道	電視頻道
television program	电视节目	電視廣播節目
television receiver (= television set)	电视[接收]机	電視[接收]機
television relaying	电视转播	電視轉播
television set	电视[接收]机	電視[接收]機
television signal	电视信号	電視訊號
television sound channel	电视伴音信道	電視伴音通道
television station	电视台	電視台
television studio	电视演播室	電視演播室,電視播送室,電視錄影棚
telex	用户电报,电传	用戶電報,電傳
TELNET protocol	远程登录协议	遠端登錄協定
TEM cell	横电磁波室	横電磁波室
TEM mode (= transverse electric and magnetic mode)	横电磁模,TEM 模	TEM 模態
TE mode (transverse electric mode)	横电模,TE 模	横向電磁模態,TE 模
temperature compensating capacitor	温度补偿电容器	溫度補償電容
temperature control	温度控制	溫度控制
temperature controller	温度控制器	溫度控制器
temperature cycling test	温度循环试验	溫度循環試驗
temperature humidity infrared radiometer (THIR)	温度湿度红外辐射计	溫度濕度紅外輻射計
temperature sensor (= temperature transducer)	温度传感器	溫度感測器,溫度轉換器
temperature transducer	温度传感器	溫度感測器,溫度轉換器
temperature transmitter	温度变送器	溫度傳輸器
temperature voltage cut-off charge	温度 - 电压切转充电	溫度 - 電壓切轉充電
Tempest	防信息泄漏	防訊息洩漏

英 文 名	大 陆 名	台 湾 名
Tempest control zone	防信息泄漏控制范围	防訊息洩漏控制範圍
Tempest test receiver	防信息泄漏测试接收机	防訊息洩漏測試接收機
template method	模板方法	模板方法
temporal database	时态数据库	時序資料庫
temporal locality	时间局部性	時序局部性
temporal query language (TQUEL)	时态查询语言	時序查詢語言
temporal relational algebra	时态关系代数	時序關係代數
temporal scalability	时域可扩缩性	時域可調能力
temporary fault	暂时故障	暫時故障
temporary file	临时文件	暫時檔案
temporary swap file	临时对换文件	臨時調換檔
temporary table	临时表	暫時表
TEM wave	横向电磁波	橫向電磁波
tensor permeability	张量磁导率	張量磁導率
TEOS (=tetraethoxysilane)	正硅酸乙酯	正矽酸乙酯
tera (T)	太	兆
terabit (Tb)	万亿位,太位	萬億位元
terabyte (TB)	万亿字节,太字节	萬億位元組
tera-floating-point operations per second (teraflops, TFLOPS)	万亿次浮点运算每秒,太[拉]次浮点运算每秒	每秒萬億次浮作業數
teraflops (=tera-floating-point operations per second)	万亿次浮点运算每秒,太[拉]次浮点运算每秒	每秒萬億次浮作業數
tera-instructions per second	万亿条指令每秒,太[拉]条指令每秒	每秒萬億次指令
tera-operations per second	万亿次运算每秒,太[拉]次运算每秒	每秒萬億次運算
term	项	項,項目
terminal access controller (TAC)	终端访问控制器,终端接入控制器	終端存取控制器
terminal attenuator	终端衰减器	終端衰減器
terminal character	终结符	終結符
terminal control system	终端控制系统	終端控制系統
terminal device	终端设备,终端	終端設備,終端裝置
terminal equipment (=terminal device)	终端设备,终端	終端設備,終端裝置
terminal job	终端作业	終端工件
terminal job identification	终端作业标识	終端作業標識

英 文 名	大 陆 名	台 湾 名
terminal machine	终端机	終端機
terminal office	终端局	終端局
terminal polling	终端机轮询	終端機輪詢
terminal portability	终端可携带性	終端設備可攜性
terminal user	终端用户	終端用戶
terminal voltage	端电压	端電壓
terminal VOR (TVOR)	终端伏尔	終端伏爾
terminated line	端接[传输]线	終止線
terminated transmission line	终接传输线	終止傳輸線
terminate load	终端负载	終端負載
terminating diode	端接二极管	終止二極體
terminating resistor	端接电阻[器]	終止電阻
termination	端接	終止
termination power	端接电源	終止電源
termination proof	终止性证明	終止證明
termination type power meter	终端式功率计	終端式功率計
termination voltage	端接电压	端接電壓
terminator	端接器,终接器	終止器
terminological database	术语[数据]库,专业词库	術語資料庫
terminological dictionary	术语词典,专业词典	術語詞典
terminology extraction	术语抽取	術語擷取
term space	术语空间	術語空間
terrain-avoidance radar	地形回避雷达	地形回避雷達
terrain-following radar	地形跟踪雷达	地形跟蹤雷達
terrain following system	地形跟踪系统	地形跟蹤系統
terrestrial clutter (=ground clutter)	大地杂波	大地雜波,地面雜波
terrestrial communication link	地面通信线路	地面通信線路
terrestrial microwave link	地面微波链路	地面微波鏈路
terrestrial satellite	地球卫星	地球衛星
terrestrial station (=ground station)	地面站	地面站
teslameter	特斯拉计	特斯拉計
test	测试	測試
testability	可测试性	可測試性
test access port	测试存取端口	測試存取埠
test bench (=test desk)	测试台	測試台
test board	测试板	測試板
test card	测试卡	測試卡

英 文 名	大 陆 名	台 湾 名
test case	测试用例	測試案例,測試彙例
test case generator	测试用例生成程序	測試用例產生器
test channel	试验信道	測試通道
test coverage	测试覆盖[率]	測試覆蓋
test data	测试数据	測試資料
test data generator	测试数据生成程序	測試資料產生器
test desk	测试台	測試桌
test driver	测试驱动程序	測試驅動器
test equipment	测试设备	測試設備
tester	测试仪	測試器
test generation	测试生成	測試產生
test generator	测试码生成程序	測試產生器
test indicator	测试指示器,测试指示符	測試指示器
testing (=test)	测试	測試
testing time	测试时间	測試時間
test language	测试语言	測試語言
test log	测试日志	測試日誌
test loop	测试环路,测试回路	測試迴路
test oracle	测试谕示	測試啟示
test pattern	测试[码]模式	測試型樣
test phase	测试阶段	測試階段
test piece	试验样品	試驗樣品
test plan	测试计划	測試計劃
test point	测试点	測試點
test probe	测试探针	測試探針
test procedure	测试过程	測試程序
test program	测试程序	測試程式
test receiver	测试接收机	測試接收機
test record	测试唱片	測試唱片
test repeatability	测试可重复性	測試可重復性
test report	测试报告	測試報告
test response	测试响应	測試響應
test routine	测试例程	測試常式
test run	测试运行	測試運行
test sequence	测试顺序	測試順序
test specification	测试规约	測試規格
test suite	测试套具	測試套

英 文 名	大 陆 名	台 湾 名
test syndrome	测试征候	測試徵候群
test synthesis	测试综合	測試合成
test tape	测试带	測試帶
test task	测试任务	測試任務
test text	测试文本	測試本文
test validity	测试有效性	測試驗證
tetherless access	无线接入	無線接入
tetraethoxysilane (TEOS)	正硅酸乙酯	正矽酸乙酯
text	①正文 ②文本	正文,本文
text analysis	篇章分析	正文分析
text area	文本区	本文區
text database	正文数据库,文本数据库	正文資料庫
text editing	文本编辑,正文编辑	正文編輯
text editor	文本编辑程序	文字編輯器
text formatting language	正文格式[化]语言	正文格式語言
text generation	篇章生成	正文產生
text including words and phrases	词语文本	正文包括詞與片語
text library	文本库,正文库	正文程式館
text linguistics	篇章语言学	本文語言學
text mining	文本采掘,文本挖掘	本文探勘
text processing	文本处理	正文處理
text processor	文本处理器	正文處理機
text proofreading	文本校对	文本校對
text retrieval	文本检索,正文检索	正文檢索
text-to-speech convert	文语转换	正文至語音轉換
text-to-speech system	文语转换系统	文字至語音系統
text understanding	篇章理解	正文理解
texture	纹理	紋理
texture analysis	纹理分析	紋理分析
texture coding	纹理编码	紋理編碼
textured cell	绒面电池	絨面電池
texture image	纹理图像	紋理影像
texture mapping	纹理映射	紋理映射
texture segmentation	纹理分割	紋理分段
TFEL (= thin film electroluminescence)	薄膜电致发光	薄膜電致發光
TFLOPS (= tera-floating-point operations per second)	万亿次浮点运算每秒,太[拉]次浮点运算	每秒萬億次浮作業數

英文名	大陆名	台湾名
	每秒	
TFT（=thin film transistor）	薄膜晶体管	薄膜電晶體
TFTP（=trivial file transfer protocol）	普通文件传送协议	普通檔案傳送協定
TGS（=triglycine sulfide）	硫酸三甘肽	硫酸三甘肽
TH（=time-hopped）	跳时式	跳時式
THEED（=transmission high energy electron diffraction）	透射高能电子衍射	透射高能電子衍射
theorem prover	定理证明器	定理證明程式
theoretical linguistics	理论语言学	理論語言學
thermabond epoxy	热[固化]环氧黏合剂	熱環氧
thermal breakdown	热击穿	熱崩潰
thermal characteristic	热特性	熱特性
thermal compensation alloy	热补偿合金	熱補償合金
thermal conduction module	热导模块	熱傳導模組
thermal conductivity vacuum gauge	热传导真空计	熱傳導真空計
thermal control	热控制	熱控制
thermal convection	热对流	熱對流
thermal decomposition deposition	热分解淀积	熱分解澱積
thermal decomposition epitaxy	热解外延	熱解磊晶
thermal design	热设计	熱設計
thermal desorption mass spectrometry (TDMS)	热解吸质谱[术]	熱解吸質譜[術]
thermal equilibrium	热平衡	熱平衡
thermal fatigue	热疲劳	熱疲勞
thermal fin	散热片	散熱片
thermal imager	热像仪	熱象儀
thermal-lensing compensation	热透镜补偿	熱透鏡補償
thermally activated battery	热激活电池	熱激活電池
thermal noise	热噪声	熱雜訊
thermal oxidation	热氧化	熱氧化
thermal point defect	热点缺陷	熱點缺陷
thermal printer	热敏印刷机	熱列印機
thermal radiation	热辐射	熱輻射
thermal recalibration	热校准	熱再校正
thermal relay	热继电器	熱繼電器
thermal resistance	热阻	熱阻
thermal sensor	热感器	熱感測器
thermal shock	热冲击	熱衝擊

英文名	大陆名	台湾名
thermal shock test	热冲击试验	熱衝擊試驗
thermal transpiration	热流逸	熱流逸
thermal wax-transfer printer	热蜡转印印刷机	熱轉式列印機
thermionic cathode	热离子阴极	熱離子陰極
thermionic energy generator	热离子发电器	熱離子發電器
thermistor	热敏电阻	熱感測器
thermochromism	热致变色	熱致變色
thermocompression bonding	热压焊	熱壓焊
thermocouple vacuum gauge	热偶真空计,温差热偶真空规	熱偶真空計,溫差熱偶真空規
thermoelectric device	热电器件	熱電元件
thermoelectric effect	热电效应,温差电效应	熱電效應
thermoelectric generator	温差发电器	溫差發電器
thermoelectric refrigerator	温差电制冷器	溫差電致冷器
thermography	热像图成像,热敏成像法	熱象圖成象,熱敏成象法
thermoluminescence detector	热致发光探测器	熱致發光探測器
thermoluminescent dosemeter	热致发光剂量计	熱致發光劑量計
thermomagnetic writing	热磁写入	熱磁寫入
thermo-molecular vacuum gauge	热分子真空计,克努森真空计	熱分子真空計,克努森真空計
thermo-photovoltaic device	热光伏器件	熱光壓器件
thermoprobe method	热探针法	熱探針法
thermosonic bonding	热超声焊	熱超聲焊
thesaurus	类属词典	同義詞典
Thevenin's theorem	戴维宁定理	戴維寧定理
thickening technology	增密工艺	增密工藝
thick film	厚膜	厚膜
thick film circuit	厚膜电路	厚膜電路
thick film hybrid integrated circuit	厚膜混合集成电路	厚膜混合積體電路
thick film ink	厚膜浆料	厚膜漿汁
thick film [integrated] circuit	厚膜[集成]电路	厚膜積體電路
thick laminated plate	厚层压板	厚層板
thickness meter	厚度计	厚度計
thin film	薄膜	薄膜
thin film circuit	薄膜电路	薄膜電路
thin film deposition	薄膜淀积	薄膜澱積
thin film disk	薄膜磁盘	薄膜磁碟

英 文 名	大 陆 名	台 湾 名
thin film electroluminescence (TFEL)	薄膜电致发光	薄膜電致發光
thin film hybrid integrated circuit	薄膜混合集成电路	薄膜混合積體電路
thin film [integrated] circuit	薄膜[集成]电路	薄膜積體電路
thin film magnetic head	薄膜磁头	薄膜磁頭
thin film solar cell	薄膜太阳电池	薄膜太陽電池
thin film transistor (TFT)	薄膜晶体管	薄膜電晶體
thin film transistor display	薄膜晶体管[液晶]显示器	薄膜電晶體顯示器
thin gate oxide	薄栅氧化层	薄閘極氧化層
thinned array antenna	疏化阵天线	疏化陣列天線
thinning	细化	細化
thin route	稀路由	稀路由
thin-wire Ethernet	细线以太网	細線以太網
THIR (=temperature humidity infrared radiometer)	温度湿度红外辐射计	溫度濕度紅外輻射計
third generation computer	第三代计算机	第三代電腦
third generation language	第三代语言	第三代語言
third generation system	第三代系统	第三代系統
third normal form	第三范式	第三正規形式
third party	第三方	第三團體
Thomson's theorem	汤姆孙定理	湯姆遜定理
thrashing (=churning)	系统颠簸	系統顛簸,猛移,往復移動
thread	线程	①線 ②穿線,引線
thread binary tree	穿线二叉树	引線二元樹
thread control block (TCB)	线程控制块	引線控制塊
thread scheduling	线程调度	引線排程
thread structure	线程结构	引線結構
threat	威胁	威脅
threat analysis	威胁分析	威脅分析
threat level	威胁等级	威脅等級
threat monitoring	威胁监控	威脅監控
three-antenna method	三天线法	三天線式
three-channel monopulse	三通道单脉冲	三通道單脈波
three dimensional display	三维显示	三維顯示
three dimensional integrated circuits	三维集成电路	三維積體電路
three-dimensional radar (3-D radar)	三坐标雷达	三坐標雷達
three-dimensional scanner	三维扫描仪	三維掃描儀

英　文　名	大　陆　名	台　湾　名
three-dimensional window	三维窗口	三維視窗
three-level system	三能级系统	三能階系統
three-party service	三方通话业务	三方通信服務
three-phase commitment protocol	三[阶]段提交协议	三階段提交協定
three-point perspectiveness	三点透视	三點透視
three primary colors	三基色	三基色
three-probe method	三探针法	三點探針法
three-satisfiability	3 元可满足性	3 元可滿足性
three-stage network	三级网络	三級網路
three-terminal network	三端网络	三端網路
threshold	阈[值],门限	門檻,臨界[值]
threshold current	阈值电流	臨界電流
threshold current density	阈电流密度	臨界電流密度
threshold decoding	阈译码	門檻碼
threshold detector	阈探测器	閾探測器
threshold logic	阈值逻辑	定限邏輯
threshold logic circuit (TLC)	阈逻辑电路	閾邏輯電路
threshold search	阈值搜索	閥值搜尋
threshold voltage	阈值电压	臨界電壓
threshold wavelength	阈值波长	閾值波長
through hole (=via hole)	通孔	介層引洞,貫穿孔
throughput	吞吐量	流量
throughput capacity	吞吐能力	通量容量
through-the-window VR	窗口式虚拟现实	視窗式虛擬實境
throw	掷	擲
thyratron	闸流管	閘流管
thyristor	晶闸管	晶閘管
thyroid function meter	甲状腺功能仪	甲狀腺功能儀
Tibetan	藏文	藏文
tight buffer cable	紧包缓冲层缆线	緊緩衝裝填纜線
tight consistency	紧密一致性	緊密一致性
tightly bond wave	紧缚波	緊縛波
tightly coupled system	紧[密]耦合系统	緊耦合系統
time	时间	時間
time-amplitude converter (TAC)	时间－幅度变换器	時間－幅度變換器
time analyser	时间分析器	時間分析器
time and motion studies	时间动作研究	時間動作研究
time assignment speech interpolation	时分话音内插	時分話音內插

英　文　名	大　陆　名	台　湾　名
(TASI)		
time base	时基	時基
time-base circuit	时基电路	時基電路
time blanking	时间消隐	時間消隱
time bomb	定时炸弹	定時炸彈
time-bounded Turing machine	时间有界图灵机	時間有界杜林機
time-coincidence command	时间符合指令	時間符合指令
time complexity	时间复杂度	時間復雜度
time compression	时间压缩	時間壓縮
time compression multiplexing	时间压缩复用	時間壓縮多工法,壓時多工法
time constant	时间常数	時間常數
time constraint	时间约束	時間約束
timed Boolean function	时变布尔函数	時變布林函數
time delay	时延	時延
time-delay circuit	延时电路	延時電路
time-delay command	延时指令	延時指令
time-delay distortion	时延失真	延時失真,時間延遲失真
time-delay telemetry	延时遥测	延時遙測
time diversity	时间分集	時間分集
time division (TD)	时分	時間分割,時間區分,分時
time-division command	时分指令	時分指令
time-division digital switching	时分数字交换	分時數位式交換,時間區分數位式交換
time division multiple access (TDMA)	时分多址	時分多址
time division multiplexing (TDM)	时分复用	時分復用
time division switching	时分制交换	時分製交換
time-division telemetry	时分遥测	時分遙測
time domain	时域	時域
time-domain automatic network analyzer (TDANA)	时域自动网络分析仪	時域自動網路分析儀
time-domain coding	时域编码	時域編碼
time-domain equalizer	时域均衡器	時域均衡器
time-domain measurement	时域测量	時域測量
time-domain reflectometer (TDR)	时域反射仪	時域反射計
time-domain response	时域响应	時域附應

英 文 名	大 陆 名	台 湾 名
timed Petri net	时间佩特里网	時間佩特裏網
timed task	定时任务	定時任務
timed transition	时间变迁	時間變遷
time expansion chamber	时间扩展室	時間擴展室
time for roughing	粗抽时间	粗抽時間
time-frequency code	时频码	時頻碼
time-frequency modulation	时－频调制	時－頻調變
time hierarchy	时间谱系	時間階層
time-hopped (TH)	跳时式	跳時式
time-invariant system	时不变系统,定常系统	時不變系統,定常系統
time jitter	时间抖动	時間抖動
time-lag system	时滞系统	時滯系統
time-multiplexed switching (TMS)	时分复用交换	時間多工交換
time-of-arrival location (TOA location)	时差定位	時差定位
time-of-flight mass spectrometer	飞行时间质谱仪	飛行時間質譜儀
time-of-flight neutron spectrometer	飞行时间中子谱仪	飛行時間中子譜儀
time optimal control	时间最优控制	時間最優控制
timeout	超时	①逾時 ②時限
time-out control	超时控制	超時控制
time overlapping	时间重叠	時間重疊
time Petri net (= timed Petri net)	时间佩特里网	時間佩特裏網
time projection chamber	时间投影室	時間投影室
time quantum	时间量子	時間量子
timer	计时器,定时器	計時器
time relay	时间继电器	時間繼電器
time sequence model	时间序列模型	時間序列模型
time-sharing	分时	分時
time-sharing control task	分时控制任务	分時控制任務
time-sharing driver	分时驱动程序	分時驅動器
time-sharing dynamic allocator	分时动态分配程序	分時動態分配器
time-sharing monitor system	分时监控系统	分時監控系統
time-sharing operating system	分时操作系统	分時作業系統
time-sharing priority	分时优先级	分時優先
time-sharing processing	分时处理	分時處理
time-sharing ready mode	分时就绪方式	分時就緒模式
time-sharing running mode	分时运行方式	分時運行模式
time-sharing scheduler system	分时调度程序系统	分時排程系統
time-sharing scheduling rule	分时调度规则	分時排程規則

英 文 名	大 陆 名	台 湾 名
time-sharing system (TSS)	分时系统	時分系統,分時共用系統
time-sharing system command	分时系统命令	分時系統命令
time-sharing user mode	分时用户方式	分時用戶模式
time-sharing waiting mode	分时等待方式	分時等待模式
time shift keying (TSK)	时移键控	時移鍵控
time slice	时间片	時間片斷
time slicing	时间分片	時間截分
time slot	时隙,时槽	時間槽
time-slot interchange (TSI)	时隙互换	時槽交換
timestamp	时间戳	時間戳記
time synchronization problem	时间同步问题	時間同步問題
time to intercept (TTI)	截击时间,拦截时间	截擊時間,攔截時間
time-variant parameter	时变参数	時變參數
time-varying system	时变系统	時變系統
timing	定时,计时	定時,計時,時序
timing analysis	定时分析	定時分析
timing analyzer	计时分析程序	定時分析器
timing circuit	定时电路,时限电路	時限電路,時序產生電路
timing constraint	定时约束	定時約束
timing discriminator	定时鉴别器	定時鑑別器
timing error	定时误差	時序誤差
timing filter amplifier	定时滤波放大器	定時濾波放大器
timing jitter	定时抖动	時序顫動
timing-pulse distributor	定时脉冲分配器	計時脈衝分配器
timing-pulse generator	定时脉冲发生器	時脈產生器
timing recovery	定时恢复	定時恢復
timing rccovery circuit	定时恢复电路	時序回復電路
timing simulation	时序模拟	時序模擬
tin indium oxide	氧化铟锡	氧化銦錫
tinsel conductor	箔线	箔線
T-invariant	T 不变量[式]	T 不變量
T junction	T 接头	T 接頭,T 型接合點
TLB (= translation lookaside buffer)	变换旁查缓冲器,[地址]转换后援缓冲器	轉換旁視緩衝器
Tl bandwidth	Tl 带宽	Tl 頻寬
TLC (= threshold logic circuit)	阈逻辑电路	閾邏輯電路

英　文　名	大　陆　名	台　湾　名
Tl system	T1 系统	T1 系統
TM (= ①traffic management ② transactional messaging)	①业务量管理,流量管理 ②事务消息传递	①流量管理 ②交易訊息處理
TM mode (= transverse magnetic mode)	横磁模,TM 模	横向電磁模態,TM 模
TMN (= telecommunication management network)	电信管理网	電信管理網路
TMR (= triple modular redundancy)	三模冗余	三模組冗餘
TMS (= ①time-multiplexed switching ② truth maintenance system)	①时分复用交换 ②真值维护系统	①時間多工交換 ②真實維護系統
TMS (= truth maintenance system)	真值维护系统	真實維護系統
TN mode (= twisted nematic mode)	扭曲向列模式	扭曲向列模式
TOA location (= time-of-arrival location)	时差定位	時差定位
toggle switch	钮子开关	把手式開關
token	权标,令牌	訊標,符記
token bus	令牌总线	訊標匯流排
token-bus network	权标总线网,令牌总线网	符記匯流排網路
token flow path	标记流路	符記流路徑
token holder	权标持有站,令牌持有站	符記持有者
token passing	权标传递,令牌传递	符記傳遞
token passing procedure	令牌传递规程	符記傳遞程序
token passing protocol	令牌传递协议	符記傳遞通訊協定
token ring	令牌环	訊標環
token-ring network	权标环网,令牌环网	符記環形網路,表徵環網路,訊標環網路
token rotation time	权标轮转时间,令牌轮转时间	符記旋轉時間
token type	标记类型	符記型式
token variable	标记变量	符記變數
tolerance	容限,容差	容限,容許偏差
toll call	长途呼叫	長途電話
toll center (TC)	长途电话局,长途电话中心	長途電話局
toll network	长途网	長途網
toll office	长途局	長途局
toll switch (TS)	长途电话交换机	長途交換機
toll switching	长途交换	長途交換,長途轉接

英 文 名	大 陆 名	台 湾 名
toll telephone	长途电话	長途電話
toll traffic	长途话务	長途話務
toll trunk	长途中继线	長途中繼線
tomography	层析成像,层析术	斷層掃描
tone	①声调 ②单音	①音調 ②[單]音,純音
tone frequency (=acoustic frequency)	声频	聲頻,音頻
tone generator	音调信号发生器	音頻產生器,純音產生器
tone modulation	单音调制	單音調變
toner	色粉	①色劑 ②碳粉
toner cartridge	色粉盒	碳粉匣
tone ringer	单音振铃器	單音振鈴器,音調振鈴
tone signal	单音信号,蜂音信号	單音訊號,蜂鳴訊號
toolbox	工具箱	工具箱
toolkit (=toolbox)	工具箱	工具箱
TOP (=technical and office protocol)	技术与办公协议	技術及辦公室協定
top-down	自顶向下	自上而下
top-down design	自顶向下设计	自上而下設計
top-down method	自顶向下方法	自上而下方法
top-down parsing	自顶向下句法分析	自上而下剖析
top-down reasoning	自顶向下推理	自上而下推理
top-down testing	自顶向下测试	自上而下測試
topic group	话题小组,课题小组	主題群組
top node	顶级结点	頂端節點
topological attribute	拓扑属性	拓蹼屬性
topological retrieval	拓扑检索	拓蹼檢索
topology	拓扑	拓撲,形狀結構
top secret	绝密级	最高機密
toroidal permeability	环磁导率	環導磁率
toroidal reflector	环面反射器	環形反射器
torque-angular displacement characteristic	矩角位移特性	矩角位移特性
torque magnetometer	磁转矩计	磁轉矩計
torque motor	力矩电[动]机	力矩馬達
torque synchro	力矩式自整角机	力矩式自整角機
total bandwidth (TWB)	总带宽	總帶寬,總頻寬
total correctness	完全正确性	完全正確性
total digital access	全数字接入	全數字接入
total distributed control	集散控制	總體分散式控制

英 文 名	大 陆 名	台 湾 名
total-dose	全干扰	全干擾
total inversion	全反转	全反轉
totally depleted semiconductor detector	全耗尽半导体探测器	全耗盡半導體探測器
totally self-checking (TSC)	完全自检验	總體自檢
totally self-checking circuit	全自检查电路	總體自檢電路
total noise power	总噪声功率	總雜訊功率
total pressure	总压力	總壓力
total quality management (TQM)	全面质量管理	總體品質管理
total reflection	全反射	全反射
touch screen	触摸屏	觸控熒幕
touch-sensitive screen	触感屏	觸敏熒幕
touch-tone dial	按键音拨号器	按鍵音撥號盤
touch-tone pulsing	按键音脉冲制	按鍵音脈波制
touch-tone telephone	按键式电话机	按鍵式電話機
touch typing	盲打	盲打
tournament algorithm	锦标赛算法	錦標賽演算法
tournament sort	联赛排序	錦標賽排序
tower radiator	铁塔天线	塔式天線
Townsend discharge	汤森放电	湯森放電
TP (= transport protocol)	传送协议	傳送協定
TPS (= transaction processing system)	事务处理系统	異動處理系統
TQM (= total quality management)	全面质量管理	總體品質管理
TQUEL (= temporal query language)	时态查询语言	時序查詢語言
TR (= transmitter-receiver)	收发两用机	收發兩用機
trace	①跟踪 ②[踪]迹	追蹤
trace language	迹语言	追蹤語言
tracer	追踪程序	追蹤器
tracer controller	仿形控制器	追蹤控制器
traceroute	跟踪路由[程序]	跟蹤路由程式
track	道	磁軌
trackball	跟踪球	軌跡球
track center-to-center spacing	磁道中心距	磁軌中心間距
track density	道密度	軌密度
track detector	径迹探测器	徑跡探測器
track following servo system	磁道跟踪伺服系统	軌隨從伺服系統
track format	磁道格式	磁軌格式
tracking	跟踪	追蹤
tracking distortion	循纹失真	循紋失真

英 文 名	大 陆 名	台 湾 名
tracking error	跟踪误差,循迹误差	追蹤誤差,循跡誤差
tracking radar	跟踪雷达	跟蹤雷達
track pitch (= track spacing)	道间距	軌距
track seeking (= seek)	寻道	尋找磁軌,尋找,尋覓
track spacing	道间距	軌距
tracks per inch	道每英寸	每英吋磁軌數
track-while-scan (TWS)	边搜索边跟踪	邊搜索邊跟蹤
track width	磁道宽度	磁軌寬度
tractor feeder	牵引式输纸器	牽引送紙器
trade-off	权衡	折衷
traditional Chinese character (= traditional Hanzi)	传承字	傳統中文字元
traditional grammar	传统语法	傳統文法
traditional Hanzi	传承字	傳統漢字
traffic	流量,业务量	①流量 ②業務量
traffic analysis	通信量分析	流量分析
traffic capacity	话务容量,业务容量,通信能力	話務容量,訊務容量,報務容量,通話能力
traffic contract	业务量合同	流量合約
traffic control	业务量控制	流量控制
traffic control center	流量控制中心	訊務量控制中心
traffic descriptor	业务量描述词	流量描述符
traffic flow analysis	通信流量分析	通信流量分析
traffic load	业务负荷	訊務負載,業務負載
traffic management (TM)	业务量管理,流量管理	流量管理
traffic padding	通信量填充	流量填充
trailer	尾部	尾部,標尾
training	培训	訓練
training time limit	培训时限	訓練時間極限
trajectory	迹线	軌跡
trajectory curve	轨迹曲线	軌跡曲線
transaction	①事务[元] ②事务处理	①交易,異動 ②事務處理
transactional messaging (TM)	事务消息传递	交易訊息處理
transaction analysis	事务分析	交易分析
transaction-driven system	事务驱动系统	交易驅動系統
transaction failure	事务故障	交易失敗
transaction processing system (TPS)	事务处理系统	異動處理系統

英 文 名	大 陆 名	台 湾 名
transaction scheduling	事务调度	異動排程
transactions per second	事务处理每秒	每秒交易數
transaction throughput	事务处理吞吐量	交易通量
transaction time	事务时间	交易時間
trans-Atlantic telephone circuits	横越大西洋电话线路	橫越大西洋電話線路
transceiver (TC)	①收发信机 ②收发器	①無線電收發兩用機 ②資料收發器
transcode	变码	轉換碼
transconductance	跨导	跨導
transcontinental communication	洲际通信	橫貫大陸之通訊
transcription	转录	轉錄
transcutaneous electrostimulation	经皮电刺激	經皮電刺激
transducer	①传感器 ②换能器 ③转换器	①傳感器 ②換能器 ③轉換器
transfer function	传递函数	轉換函數
transfer orbit	转移轨道	轉移軌道
transfer ratio	转换率	轉換率
transferred electron device (TED)	转移电子器件	轉移電子元件
transfer time	传送时间	傳送時間
transform	变换	變換
transform analysis	变换分析	變換分析
transformation (= transform)	变换	變換
transformation processing	变换处理	變換處理
transformation ratio	变压比	變壓比
transformation rule	变换规则	變換規則
transformation semantics	变换语义	變換語意
transformation system	变换系统	變換系統
transform center	变换中心	變換中心
transform coding	变换编码	轉換編碼
transformer	①变量器 ②变压器	①轉換器,變換器 ②變壓器
transformer coupling amplifier	变压器耦合放大器	變壓器耦合放大器
transient analysis	瞬态分析	瞬時分析
transient command	暂驻命令	暫駐命令
transient error	瞬态误差	暫態誤差
transient fault	瞬时故障	暫態故障
transient hazard	瞬时冒险	暫態冒險
transient state	瞬态,暂态	暫態

英 文 名	大 陆 名	台 湾 名
transistor	晶体管	電晶體
transistor-transistor logic (TTL)	晶体管－晶体管逻辑	電晶體－電晶體邏輯
transit delay	通过延迟,转接延迟	轉接延遲
transition	①变迁 ②过渡	①變遷 ②過渡
transition band	过渡带	過渡帶
transition curve	过渡曲线	過渡曲線
transition effect	过渡效果	過渡效果
transition firing rate	变迁实施速率	變遷實施速率
transition network grammar	转移网络语法	變遷網路文法
transition radiation detector	穿越辐射探测器	穿越輻射探測器
transition rule	变迁规则	變遷規則
transition sequence	变迁序列	變遷順序
transition surface	过渡曲面	過渡曲面
transitive closure	传递闭包	遞移閉包
transitive dependency	传递相关性	遞移相依
transitive functional dependence	传递函数依赖	傳遞函數相依
transitive reduction	传递简约	傳遞縮減
transitivity	传递性	傳遞性
transit navigation system	子午仪卫导系统,海军卫导系统	子午儀衛導系統,海軍衛導系統
transit network	转接网	轉接網路
transit time	①转换时间 ②渡越时间	①穿流時間 ②渡越時間
translate	翻译	①翻譯 ②移位,轉換
translating program (= translator)	翻译程序,翻译器	翻譯程式,翻譯器
translation lookahead buffer	变换先行缓冲器	轉換預看緩衝器
translation lookaside buffer (TLB)	变换旁查缓冲器,[地址]转换后援缓冲器	轉換旁視緩衝器
translation transformation	平移变换	翻譯變換
translator	翻译程序,翻译器	翻譯程式,翻譯器
transliterate	直译	直譯
translucency	半透明	半透明
transmission	传输	傳輸
transmission channel	传输信道	傳輸通道
transmission control character	传输控制字符	傳輸控制字元,傳送控制字元
transmission control protocol (TCP)	传输控制协议	傳輸控制協定
transmission control protocol/internet protocol (TCP/IP)	TCP/IP 协议	傳輸控制協定/網際網路協定

英 文 名	大 陆 名	台 湾 名
transmission errors	传输差错	傳輸錯誤
transmission factor	传输因数	傳輸因數
transmission high energy electron diffraction (THEED)	透射高能电子衍射	透射高能電子衍射
transmission impairment	传输损伤	傳輸損害
transmission line	传输线	傳輸線
transmission loss	传输损耗	傳輸損失
transmission matrix	传输矩阵	傳輸矩陣
transmission medium	传输媒质,传输媒体	傳輸媒質,傳輸媒體
transmission mode	传输模式	傳輸模式
transmission path delay	传输通路延迟	傳輸路徑延遲
transmission path loss	传输路径损耗	傳輸路徑損耗
transmission path termination	传输路径终端	傳輸路徑終端
transmission pattern (=transmission mode)	传输模式	傳送樣式
transmission probability	传输概率	傳輸機率
transmission rate	传输速率	傳輸速率
transmission system	发射系统,传输系统	發射系統,傳輸系統
transmitter	①发射机 ②送话器	①發射機 ②送話筒,話筒
transmitter modulation noise	发射机调制噪声	發射機之調變雜訊
transmitter-receiver (TR)	收发两用机	收發兩用機
transmultiplex	复用转换	復用轉換
trans-Pacific telephone circuits	横越太平洋电话线路	橫越太平洋電話線路
transparency	透明[性],透明度	透明[性],透明度
transparent bridging	透明桥接	透通橋接
transparent ceramic	透明陶瓷	透明陶瓷
transparent ferroelectric ceramic	透明铁电陶瓷	透明鐵電陶瓷
transparent gateway	透明网关	透通閘道
transparent refresh	透明刷新	透通更新
transparent transfer	透明传送	透通傳送
transponder	①应答器 ②转发器	①應答器 ②轉發器
transponder jamming	应答式干扰	應答式干擾
transport	运输	傳送
transport connection (TC)	运输[层]连接	傳送連接
transport entity	传送层实体	傳輸層實體,傳送點
transport layer	运输层	運輸層
transport protocol (TP)	传送协议	傳送協定

英 文 名	大 陆 名	台 湾 名
transport service (TS)	运输[层]服务	傳送服務
transport service access point (TSAP)	传送服务接入点	傳輸服務進接點
transport test	运输试验	運輸試驗
transposition	转置	換位
transposition cipher	错乱密码	換位密碼法
transversal filter	横向滤波器	橫向濾波器
transversal wave	横波	橫向波
transverse electric and magnetic mode (TEM mode)	横电磁模,TEM 模	TEM 模態
transverse electric mode (TE mode)	横电模,TE 模	橫向電磁模態,TE 模
transversely excited atmospheric pressure CO_2 laser	横向激励大气压 CO_2 激光器,TEA CO_2 激	橫激大氣壓二氧化碳雷光器射
transverse magnetic mode (TM)	横磁模,TM 模,E 模	橫向電磁模態,TM 模
transverse mode	横模	橫模
transverse mode-locking	横模锁定	橫模鎖定
transverse mode selection	横模选择	橫模選擇
transverse scan	横向扫描	橫向掃描
trap (= soft interrupt)	软中断,陷阱	軟中斷,陷阱
trapdoor	陷门	陷阱門
trapdoor cryptosystem	陷门密码体制	陷阱門密碼系統
trapdoor one-way function	陷门单向函数	陷阱門單向函數
trapezoidal distortion	梯形畸变	梯形畸變
trapezoidal wave	梯形波	梯形波
trapping mode	设陷方式	設陷模式
traveling salesman problem	旅行商问题	銷售員旅行問題
traveling solvent zone method	移动溶液区熔法	移動溶液區熔法
traveling wave	行波	行進波
traveling-wave antenna	行波天线	行波天線
traveling wave phototube	光电行波管	光電行波管
traveling wave tube (TWT)	行波管	行波管
traverse	遍历	遍歷
traverse of graphs	图的遍历	圖的遍歷
tree	树	樹
tree-adjoining grammar	树连接语法	樹毗連文法
tree code	树码	樹狀碼
tree-connected structure	树连接结构	樹連接結構
tree contraction technique	树压缩技术	樹壓縮技術
tree frontier	树缘	樹緣

英 文 名	大 陆 名	台 湾 名
tree grammar	树语法	樹文法
tree language	树语言	樹語言
tree leaves	树叶	樹葉
tree network	树状网	樹狀網路
tree representation	树表示	樹狀表示法
tree root	树根	樹根
tree search	树形搜索	樹狀搜尋
tree structure	树架构	樹狀架構
tree structure transformation grammar	树结构变换语法	樹結構變換文法
trellis	格式结构	交織
trellis code	格码	柵狀碼
trellis-coded modulation (TCM)	格码调制	籬笆碼調變
trellis diagram	格构图,篱图	柵狀圖,籬笆圖
trial-and-error search	试凑搜索	試誤搜尋
trial field	试验场	測試場
triangular patch	三角面片	三角曲面片
triangular window	三角[形]窗	三角[形]窗
tribit encoding	三位编码	三位編碼
tributary station	①支站 ②分支局	①支流站,受控站 ②分支局
trickle charge	涓流充电	涓流充電
triconnected component	三连通分支	三連接組件
trie tree	检索树	檢索樹
trigger (=flip-flop)	触发器	①觸發器,正反器 ②觸發
trigger electrode	触发极	觸發極
trigger flip-flop	计数触发器	計數正反器
trigger gap (=starter gap)	起动隙缝	起動隙縫
triggering	触发	觸發
trigger tube	触发管	觸發管
triglycine sulfide (TGS)	硫酸三甘肽	硫酸三甘肽
trimmed surface	裁剪曲面	裁剪曲面
trimmer capacitor	微调电容器	微調電容
trimmer potentiometer	微调电位器	微調電位器
trimming	修整	修整
trimming inductor	微调电感器	微調電感
triple	三元组	三元
triple-DES	三重数据加密标准	三重資料加密標準

英 文 名	大 陆 名	台 湾 名
triple-length register	三倍长寄存器	三倍長度暫存器
triple modular redundancy (TMR)	三模冗余	三模組冗餘
triple register	三倍寄存器	三倍暫存器
tristate buffer	三态缓冲器	三態緩衝器
tristate gate	三态门	三態閘
tristate logic (TSL)	三态逻辑	三態邏輯
trivial file transfer protocol (TFTP)	普通文件传送协议	普通檔案傳送協定
trivial functional dependence	平凡函数依赖	普通函數相依
trochoidal focusing mass spectrometer	余摆线聚焦质谱仪	餘擺線聚焦質譜儀
trochoidal vacuum pump	余摆线真空泵	餘擺線真空幫浦
Trojan horse attack	特洛伊木马攻击	特洛伊木馬攻擊
troposphere noise temperature	对流层噪声温度	對流層雜訊溫度
troposphere scatter	对流层散射	對流層散射
tropospheric	对流层的	對流層的
tropospheric propagation	对流层传播	對流層傳播
tropospheric refraction	对流层折射	對流層大氣折射
tropospheric scatter communication	对流层散射通信	對流層散射通信
trouble-shooting	故障查找,故障排查	故障檢修
TR switch	收发转换开关	收發轉換開關
TR tube	TR 管,保护放电管	TR 管,保護放電管
true altitude	真实高度	真實高度
true dependence	真依赖	真相依
true value	真值	真值
truncated binary exponential backoff	截断二进制指数退避[算法]	截短二進制指數退避
truncation error	截断误差	截斷誤差,截尾誤差
trunk	中继线,干线	中繼線,幹線
trunk bay	中继线架,干线架	中繼線架
trunk cable	中继电缆,干线缆线	幹線纜線
trunk-connecting unit (TCU)	干线连接单元	幹線連接單元
trunk-coupling unit (TCU)	干线耦合单元	幹線耦合
trunking	集群	中繼、鏈路聚集
trunk network	中继网	幹線網路
trunk traffic	中继话务	幹線話務
trunk transmission system	干线传输系统	幹線傳輸系統
trust	信任	信任
trust chain	信任链	信任鏈接
trusted agent	可信代理	可信賴代理

英 文 名	大 陆 名	台 湾 名
trusted computer system	可信计算机系统	可信賴的電腦系統
trusted computing base	可信计算基	可信賴的計算庫
trusted process	可信进程	可信賴過程
trusted timestamp	可信时间戳	可信賴時間戳記
trust logic	信任逻辑	信任邏輯
truth maintenance system (TMS)	真值维护系统	真實維護系統
truth table	真值表	真值表
truth-table reducibility	真值表可归约性	真值表可歸約性
truth-table reduction	真值表归约	真值表歸約
TS (=①transport service ② toll switch)	①运输[层]服务 ②长途电话交换机	①傳輸服務 ②長途交換機
TSAP (=transport service access point)	传送服务接入点	傳輸服務進接點
TSC (=totally self-checking)	完全自检验	總體自檢
TSI (=time-slot interchange)	时隙互换	時槽交換
TSK (=time shift keying)	时移键控	時移鍵控
TSL (=tristate logic)	三态逻辑	三態邏輯
TSS (=time-sharing system)	分时系统	時分系統,分時共用系統
TTI (=time to intercept)	截击时间,拦截时间	截擊時間,攔截時間
TTL (=transistor-transistor logic)	晶体管 - 晶体管逻辑	電晶體 - 電晶體邏輯
TTL compatibility	TTL 兼容性	TTL 並容性
tuned amplifier	调谐放大器	調諧放大器
tuned oscillator	调谐振荡器	調諧振盪器
tuned reflectometer	调配反射计	調配反射計
tuner	调谐器,调谐电路	調諧器,選台器
tuning	调谐	調諧
tuning screw pin	调谐销钉	調諧銷釘
tunnel diode	隧道二极管	隧道二極體
tunnel effect	隧道效应	隧道效應
tunneling	隧穿	穿隧
tuple	元组	元組,元
tuple calculus	元组[关系]演算	元組演算
turbomolecular pump	涡轮分子泵	渦輪分子幫浦
Turing machine	图灵机	杜林機
Turing reducibility	图灵可归约性	杜林可歸約性
turn-key system	整套承包系统,交钥匙系统	啟鑰式系統
turn ratio	匝比	匝枚比

英　文　名	大　陆　名	台　湾　名
turnstile antenna	绕杆式天线	繞杆式天線
turntable	电唱盘	電唱盤
turtle graphics	龟标,画笔	龜圖
TV (= television)	电视	電視
TVOR (= terminal VOR)	终端伏尔	終端伏爾
TV with dual sound programmes	双伴音电视	雙伴音電視
TWB (= total bandwidth)	总带宽	總帶寬,總頻寬
twin boundary	孪晶间界	孿晶間界
twin crystal	孪晶	孿晶
twin sideband (= double sideband)	双边带	雙邊帶
twist	扭曲	扭曲
twisted nematic mode (TN mode)	扭曲向列模式	扭曲向列模式
twisted pair	双绞线	雙絞線
two-channel monopulse	双通道单脉冲	雙通道單脈波
two dimensional display	二维显示	二維顯示
two-frequency gas laser	双频气体激光器	雙頻氣體雷射
two-key cryptosystem	双钥密码系统	雙鍵密碼系統
two-phase commitment protocol	两[阶]段提交协议	兩階段提交協定
two-phase lock	两[阶]段锁	雙相鎖定
two-photon absorption	双光子吸收	雙光子吸收
two-photon fluorescence method	双光子荧光法	雙光子螢光法
two-point perspectiveness	二点透视	二點透視
two-port network	二口网络,双口网络	雙埠網路
two-probe method	双探针法	雙探針法
two-rail code	双路码	雙軌碼
two-sided lapping	双面研磨	雙面研磨
two-sided printed circuit board	双面印制板	雙面印刷電路板
two-sided sequence	双边序列	雙邊序列
two-side network	双边网络	二邊網路
two-stack machine	双栈机	雙堆疊機
two-tape finite automaton	双带有穷自动机	雙帶有限自動機
two-tape Turing machine	双带图灵机	雙帶杜林機
two-terminal network	二端网络	二端網路
two-way alternate communication	双向交替通信	雙向交替通訊
two-way finite automaton	双向有穷自动机	雙向有限自動機
two-way infinite tape	双向无穷带	雙向無限帶
two-way line	两倍线路	雙向線路
two-way push-down automaton	双向下推自动机	雙向下推自動機

英 文 名	大 陆 名	台 湾 名
two-way simultaneous communication	双向同时通信	雙向同時通信
two-wire system	二线制	二線製
TWS (= track-while-scan)	边搜索边跟踪	邊搜索邊跟蹤
TWT (= travelling wave tube)	行波管	行波管
twystron	行波速调管	行波速調管
type	类型	類型
type bar	打印杆	印字桿
type 0 language	0 型语言	型 0 語言
type 1 language	1 型语言	型 1 語言
type 2 language	2 型语言	型 2 語言
type 3 language	3 型语言	型 3 語言
type theory	类型论	類型論
type theory-based method	基于类型理论的方法	類型理論為主的方法
typing by listening	听打	邊聽邊打
typing by looking	看打	邊看邊打
typing by thinking	想打	邊想邊打
typing time equivalent	击键时间当量	打字時間當量

U

英 文 名	大 陆 名	台 湾 名
UA (= ①user agent ② user area)	①用户代理 ②用户区	①使用者代理 ②用戶區
UART (= universal asynchronous receiver/transmitter)	通用异步接收发送设备,通用异步收发机	通用非同步收發機
UCS (= universal multiple-octet coded character set)	通用多八位编码字符集	通用多八位編碼字元集
UCT (= ultrasonic computerized tomography)	超声计算机断层成像	超音波電腦斷層成象
UDP (= user datagram protocol)	用户数据报协议	用戶數據報協定
UHF (= ultra-high frequency)	特高频	超高頻
UHF communication	特高频通信,分米波通信	特高頻通信,分米波通信
Uighur	维吾尔文	維吾爾文
UIMS (= user interface management system)	用户界面管理系统	使用者介面管理系統
ULF (= ultra-low frequency)	特低频	超低頻
ULF communication	特低频通信,特长波通	特低頻通信,特長波通

英文名	大陆名	台湾名
	信	信
ultimate vacuum	极限真空	極限真空
ultrafast opto-electronics	超快光电子学	極速光電子學
ultrafiltration	超过滤	超過濾
ultra-high frequency (UHF)	特高频	超高頻
ultra-high vacuum	超高真空	超高真空
ultra-low frequency (ULF)	特低频	超低頻
ultra-low-loss fiber	超低损失光纤	超低損失光纖
ultramicrowaves (UMW)	超微波	超微波
ultra pure water	超纯水	超純水
ultrashort light pulse	超短光脉冲	超短光脈衝
ultrasonic bonding	超声键合	超聲鍵合
ultrasonic computerized tomography (UCT)	超声计算机断层成像	超音波電腦斷層成象
ultrasonic Doppler blood flow imaging	超声多普勒血流成像	超音波多普勒血流成象
ultrasonic Doppler blood flowmeter	超声多普勒血流仪	超音波多普勒血流儀
ultrasonic guides for the blind	超声导盲器	超音波導盲器
ultrasonic sensor	超声波传感器	超音波感測器
ultraviolet laser (UV laser)	紫外激光器	紫外光雷射
UMA (= upper memory area)	高端存储区	上層記憶體區
UMB (= upper memory block)	高端存储块	上層記憶體區塊
umbra	本影	本影
umbrella antenna	伞形天线	傘形天線
umbrella reflector antenna	伞形反射天线	傘形反射天線
UML (= unified modeling language)	统一建模语言	統一模型化語言
UMW (= ultramicrowaves)	超微波	超微波
U/N (= user/network)	用户/网络	用戶/網路
unacknowledged connectionless-mode transmission	不确认的无连接方式传输	未確認的無連接方式傳輸
unassured operation	非确保操作	未保證操作
unattended operation	无人值守	無人值守
unattended repeater	无人增音站	無人增音站
unbalanced configuration	非平衡组态	非平衡組態
unbalanced line	不平衡线	不平衡傳輸線
unbalanced tree	非平衡树	非平衡樹
unbiased estimation	无偏估计	無偏估計
uncertain evidence	不确定证据	不確定證據
uncertain inference	不确定性推理	不確定性推理

英 文 名	大 陆 名	台 湾 名
uncertain knowledge	不确定知识	不確定知識
uncertain reasoning	不确定推理	不確定推理
uncertainty	不确定度	不確定度
undecidable problem	不可判定问题	不可決策問題
undeletion	恢复删除	恢復刪除
under-convergence	欠会聚	欠會聚
undercutting	钻蚀	鑽蝕
underdamped response	欠阻尼响应	欠阻尼附應
underflow	下溢	①下溢,欠位 ②低於下限
underground plant	地下设备	地下設備
underheated emission	欠热发射	欠熱發射
underline	下划线	底線
underlying net	基网	基本網
undersea cable (=submarine cable)	海底电缆	海底纜線
undersea repeater gain	海底中继增益	海底中繼增益
undershoot	反冲,下冲	下衝,負尖峰
underspread	低度扩散	低度擴散
understandability	可理解性	可理解性
underwater laser radar	水下激光雷达	水下雷射雷達
underwater penetration	透水深度	透水深度
undo	撤销,还原	取消,廢除
unfixed-length coding	不等长编码	不等長編碼
unfold	展开	展開
unformatted capacity	未格式化容量	未格式化容量
UNI (=user-network interface)	用户－网络接口	用戶－網路介面
uniaxial ferrite	单轴型铁氧体	單軸鐵氧體
unibus	单总线	統一匯流排
unicast	单播	單播
unicomputer system	单计算机系统	單計算機系統
unidirectional	单方向	單方向性
unidirectional fault	单向故障	單向故障
unidirectional transmission	单向传输	單向傳輸
unification	合一	統一
unification-based grammar	基于合一[的]语法	統一為主的語法
unification unit	合一部件	統一單元
unified modeling language (UML)	统一建模语言	統一模型化語言
unifier	合一子	①一致器,合一器 ②一

英 文 名	大 陆 名	台 湾 名
		致置换[符],通代[符]
uniform distribution	均匀分布	均勻分佈
uniform line	均匀线	均勻線
uniform memory access	均匀存储器访问	均勻記憶體存取
uniform resource locater (URL)	统一资源定位地址, URL 地址	統一資源定位器
unijunction transistor	单结晶体管	單接面電晶體
unilateral	单向[性]	單向[性]
uninstallation	卸载	卸載
uninterruptabale power system (UPS)	不中断供电系统	不斷電系統
uninterruptible power supply (UPS)	不间断电源	不中斷電力供應
union	并	聯合,聯集,聯盟
union rule of functional dependencies	函数依赖合并律	函數相依合併律
union theorem	并定理	合併定理
unipolar transistor	单极晶体管	單極電晶體
uniprocessor	单处理器	單一處理機
unit	单元	①單位 ②單元 ③部件,裝置,設備 ④器
unit cell	晶胞	單位晶胞
unit impulse function	单位冲激函数	單位脈衝函數
unit of measurement	计量单位	計量單位
unit production	单一生成式	單位生成式
unit-sample sequence	单位取样序列	單位取樣序列
unit step function	单位阶跃函数	單位步階函數
unit step response	单位阶跃响应	單位階躍附應
unit string	单元串	單元字串,單位字串,單位串,單字符串
unit test	单元测试	單元測試
universal address administration (= global address administration)	全球地址管理	通用位址管理
universal asynchronous receiver/transmitter (UART)	通用异步接收发送设备,通用异步收发机	通用非同步收發機
universal counter	通用计数器	通用計數器
universal installer	通用安装程序	通用安裝程式
universal keyboard	通用键盘	通用鍵盤
universal multiple-octet coded character set (UCS)	通用多八位编码字符集	通用多八位編碼字元集

英 文 名	大 陆 名	台 湾 名
universal quantifier	全称量词	全稱量詞
universal relation	泛关系	泛關係
universal serial bus (USB)	通用串行总线	通用串列匯流排
universal service	普遍服务	普及服務
universal Turing machine	通用图灵机	通用杜林機
universal unification	泛合一	通用統一
UNIX	UNIX 操作系统	UNIX 作業系統
UNIX Shell	UNIX 外壳,UNIX 命令解释程序	UNIX 指令外殼
unlisted word	未登录词	未登錄字
unload time	未负载时间	未負載時間
unload zone	卸载区	卸載區
unlock	解锁	解鎖,解除鎖定,開鎖,開啟
unmanned earth station	无人操作地面台	無人操作地面台
unordered list	无序[列]表	無序列表
unreachable destination	不可达目的地	不可及目的地
unreliable process	不可靠进程	不可靠過程
unrestricted grammar	非限制文法	非限制文法
unscheduled maintenance	非预定维修	不定期維護
unscheduled maintenance time	非预定维修时间	不定期維護時間
unshielded twisted pair (UTP)	非屏蔽双绞线	非屏蔽雙絞線
unsimplified Chinese character (= unsimplified Hanzi)	繁体字	繁體字
unsimplified Hanzi	繁体字	繁體字
unstable resonator	非稳定谐振腔	非穩定共振器
unsupervised learning	无监督学习	無監督學習
unterminated line	无端接[传输]线	無端接線,未終接線路
UPC (= usage parameter control)	使用参数控制	使用參數控制
up-conversion	上变频	上變頻
update	更新	更新,修正
update anomaly	更新异常	更新異常
update propagation	更新传播	更新傳播
update transaction	更新事务处理	更新異動
up-link (= earth-to-space link)	上行链路	上行鏈路
upload	上载	上傳
upper and lower bounds	上下界限	上下界限,上下限
upper broadcast state	上播状态	上播狀態

英　文　名	大　陆　名	台　湾　名
upper category temperature	上限类别温度	上限類別溫度
upper frequency limit	频率上限	頻率上限
upper-level threshold	上阈	上閾
upper memory area (UMA)	高端存储区	上層記憶體區
upper memory block (UMB)	高端存储块	上層記憶體區塊
upper sideband (USB)	上边带	上邊帶
upper space of silence	顶空盲区	頂空盲區
UPS (= ①UV photoelectron spectroscopy ②uninterruptabale power system ③ uninterruptible power supply)	①紫外光电子能谱［学］②不间断供电系统 ③不间断电源	①紫外光電子能譜［學］②不斷電系統 ③不中斷電力供應
upsampler	升取样器	升取樣器
upstream	上行数据流	上游
up time	能工作时间	能工作時間
upward compatibility	向上兼容	向上相容性
upward logic-transition (= positive logic-transition)	正逻辑转换	正邏輯變遷
upward transition	正跃变	向上變遷
urgent transfer	加急传送	緊急傳送
URL (= uniform resource locater)	统一资源定位地址，URL 地址	統一資源定位器
usability (= availability)	可用性，易用性	可用性
usage parameter control (UPC)	使用参数控制	使用參數控制
USB (= ①universal serial bus ② upper sideband)	①通用串行总线 ②上边带	①通用串列匯流排 ②上邊帶
useful life	使用寿命	使用壽命
useless symbol	无用符［号］	無用符號
user	用户	用戶，使用者
user account	用户账号，用户登录号	使用者帳戶
user agent (UA)	用户代理	使用者代理
user area (UA)	用户区	用戶區
user authorization file	用户特许文件	使用者授權檔案
user contract administrator	用户合同管理员	用戶合約管理員
user coordinate	用户坐标	用戶坐標
user coordinate system	用户坐标系	用戶坐標系
user CPU time	用户中央处理器时间，用户 CPU 时间	用戶中央處理器時間
user datagram protocol (UDP)	用户数据报协议	用戶數據報協定
user-defined character-formation program	用户造字程序	使用者定義造字程式

英　文　名	大　陆　名	台　湾　名
user-defined data type	用户[自]定义的数据类型	使用者定義資料型態
user-defined message	用户定义的消息	使用者定義訊息
user-defined word-formation program	用户造词程序	使用者定義造詞程式
user documentation	用户文档	用戶文件檔
user encryption	用户加密	用戶加密
user entry time	用户进入时间	用戶登錄時間
user file directory	用户文件目录	使用者檔案目錄
user-friendly	用户友好的	使用者親和性,用戶滿意介面
user identification code	用户标识码	使用者識別碼
user identity	用户标识	使用者識別
user interest	用户兴趣	用戶興趣
user interface	用户界面	用戶任務,使用者任務
user interface management system (UIMS)	用户界面管理系统	使用者介面管理系統
user job	用户作业	用戶工件
user journal	用户日志	用戶日誌
user key	用户密钥	用戶關鍵字
user log-in (=user log-on)	用户注册	使用者登入
user log-off	用户注销	使用者登出
user log-on	用户注册	使用者登入
user memory	用户内存	使用者記憶體
user/network (U/N)	用户/网络	用戶/網路
user-network interface (UNI)	用户-网络接口	用戶-網路介面
user option	用户选项	用戶任選項
user-oriented test	面向用户的测试	用戶導向測試
user part	用户部分	用戶部
user partition	用户分区	用戶分區
user profile	用户简介	①用戶簡要,用者概況 ②用戶設定檔
user requirements	用户需求	用戶需求
user stack	用户栈	用戶堆疊
user stack pointer	用户栈指针	用戶堆疊指標
user state table	用户状态表	用戶狀態表
user task	用户任务	使用者任務,用戶任務
user task set	用户任务集	用戶任務集
user terminal	用户终端	用戶終端,使用者終端

英文名	大陆名	台湾名
		機
user time-sharing	用户分时	用戶分時
UTC (=coordinated universal time)	协调世界时	協調世界時間
utility (=utility program)	实用程序	公用程式,公用事業
utility frequency of Chinese character (=utility frequency of Hanzi)	汉字使用频度	漢字使用頻度,中文字應用頻率
utility frequency of component	部件使用频度	組件應用頻率
utility frequency of Hanzi	汉字使用频度	漢字使用頻度,中文字應用頻率
utility frequency of word	词使用频度	詞使用頻度
utility function	实用功能	公用程式功能
utility marker	公用设施标记	公用程式標誌
utility package	实用程序包	公用套裝軟體
utility program	实用程序	公用程式,公用常式
utility software	实用软件	公用程式軟體
UTP (=unshielded twisted pair)	非屏蔽双绞线	非屏蔽雙絞線
utterance analysis	话语分析	話語分析
UV laser (=ultraviolet laser)	紫外激光器	紫外光雷射
UV photoelectron spectroscopy (UPS)	紫外光电子能谱[学]	紫外光電子能譜[學]

V

英文名	大陆名	台湾名
vacancy	空位	空位
vacancy cluster	空位团	空位團
vacancy flow	空位流	空位流
vaccine	疫苗[程序]	疫苗程式
vaccine program	防疫程序	防毒程式
vacuum	真空	真空
vacuum breakdown	真空击穿	真空擊穿
vacuum capacitor	真空电容器	真空電容
vacuum electron device	真空电子器件	真空電子器件
vacuum electronics	真空电子学	真空電子學
vacuum evaporation	真空蒸发	真空蒸發
vacuum fluorescent display (VFD)	真空荧光显示	真空熒光顯示
vacuum gauge	真空计,真空规	真空計,真空規
vacuum microelectronics	真空微电子学	真空微電子學
vacuum pump	真空泵	真空幫浦

英　文　名	大　陆　名	台　湾　名
vacuum relay	真空继电器	真空繼電器
vacuum system	真空系统	真空系統
valence band	价带	價帶
valency	配价	價位,配價
validation (=acknowledgement)	确认	確認
valid cell	有效信元	有效單元
valid input	有效输入	有效輸入
valid item	有效项	有效項
validity	有效性	確認,驗證
validity check	有效性检查	確認核對
valid request	有效请求	有效請求
valid state	有效状态	有效,合法
valid time	有效时间	有效時間
value-added network (VAN)	增值网	加值網路
value parameter	值参	價值參數
valve with electrically motorized operation	电动阀	電動閥
VAN (=value-added network)	增值网	加值網路
Van Allen radiation belt	范艾伦辐射带	範藹倫輻射帶,曼愛倫輻射帶
Van Atta reflector	范阿塔反射器	范阿塔反射器
vanishing point	灭点	消失點
vanishing state	消失状态	消失狀態
V antenna	V 形天线	V 形天線
vapor phase epitaxy (VPE)	汽相外延	氣相磊晶
varactor diode (=variable capacitance diode)	变容二极管	可變電容二極體
variable bit allocation	可变比特分配	可變位元分配
variable bit rate (VBR)	可变比特率	可變位元率
variable bit rate service	可变比特率业务	可變位元率服務
variable capacitance diode	变容二极管	可變電容二極體
variable capacitor	可变电容器	可變電容
variable frequency vibration test	变频振动试验	變頻振動試驗
variable inductor	可变电感器	可變電感
variable length code	变长码	變長碼
variable length coding (VLC)	变长编码	可變長度編碼
variable matching network	可变匹配网络	可變匹配網路
variable partition	可变分区	可變分區
variable-structured system	可变结构系统	可變結構系統

英 文 名	大 陆 名	台 湾 名
variable threshold logic (VTL)	可变阈逻辑	可變閾邏輯
variable word length	可变字长	可變字長
variance	变度	變異數
variant	异体	變體
variant Chinese character (=variant Hanzi)	异体字	變體漢字,變體中文字
variant Hanzi	异体字	變體漢字,變體中文字
variational design	变量化设计	變數化設計
variometer (=variable inductor)	可变电感器	可變電感
varistor	[电]压敏电阻器	壓敏電阻
V band	V 波段	V 頻帶
V-beam radar	V 波束雷达	V 波束雷達
VBR (=variable bit rate)	可变比特率	VBR 編碼
VC (=virtual channel)	虚信道	虛擬通道
VCC (=virtual channel connection)	虚信道连接	虛擬通道連接
VCD (=video CD)	影碟	VCD 光碟
VCI (=virtual channel identifier)	虚信道标识符	虛擬通道識別碼
VCO (=voltage controlled oscillator)	压控振荡器	壓控振盪器
VCR (=video cassette recorder)	盒式录像机	盒式錄象機
VDL (=Vienna definition language)	维也纳定义语言	維也納定義語言
VDM (=Vienna definition method, Vienna development method)	①维也纳定义方法 ②维也纳开发方法	①維也納定義方法 ②維也納發展方法
vector	向量	向量
vector coding	向量编码	向量編碼
vector computer	向量计算机	向量電腦
vector data structure	向量数据结构	向量資料結構
vector display	向量显示	向量顯示
vector generator	矢量发生器	矢量發生器
vector immittance meter	矢量导抗测量仪	矢量導抗測量儀
vector instruction	向量指令	向量指令
vector interrupt	向量中断	向量中斷
vectorization	向量化	向量化
vectorization ratio	向量化率	向量化率
vectorizing compiler	向量化编译器	向量化編譯器
vector looping method	向量循环方法	向量迴圈方法
vector mask	向量屏蔽	向量遮罩
vector network analyzer (VNA)	矢量网络分析仪	矢量網路分析儀
vector pipeline	向量流水线	向量管線

英 文 名	大 陆 名	台 湾 名
vector priority interrupt	向量优先级中断	向量優先順序中斷
vector processor	向量处理器	向量處理器
vector quantization	向量量化	向量量化
vector search	向量查找,向量搜索	向量搜尋
vector supercomputer	向量超级计算机	向量超級計算機,向量超級電腦
vehicular communication	车辆通信	車輛通訊
velocity	速度	速度
velocity gate deception	速度[门]欺骗	速度[門]欺騙
velocity/height ratio	速高比	速高比
velocity jump	速度跳变	速度跳變
velocity jump gun	速度跳变电子枪	速度跳變電子槍
velocity tapering	速度渐变	速度漸變
velocity transducer	速度传感器	速度轉換器
verb phrase	动词短语	動詞片語
verb semantics	动词语义学	動詞語義學
verification	①证实 ②检定,验证	①証實 ②檢定,驗証
verification algorithm	验证算法	驗證演算法
verification system	验证系统	驗證系統
verified design	验证化设计	驗證化設計
verified protection	验证化保护	驗證化保護
verifier	验证者	驗孔機,驗證器
verifying unit	检验装置	驗證裝置
vernier	游标	游標
versatile message transaction protocol (VMTP)	通用消息事务协议	通用訊息交易協定
version	版本	版本,版次
version control	版本控制	版本控制
version management	版本管理	版本管理
version number	版本号	版本號碼,版次
version upgrade	版本升级	版本升級
vertex blending	顶点混合	頂點混合
vertex cover	顶点覆盖	頂點覆蓋
vertical check	纵向检验	垂直檢查
vertical composition	竖排	垂直組版
vertical fragmentation	垂直分片	垂直片段
vertical injection logic (VIL)	垂直注入逻辑	垂直注入邏輯
vertical junction solar cell	垂直结太阳电池	垂直接面太陽電池

英 文 名	大 陆 名	台 湾 名
vertical magnetic recording (=perpendicular magnetic recording)	垂直磁记录	垂直磁記錄
vertical parity check	纵向奇偶检验	垂直奇偶檢查
vertical processing	垂直处理	垂直處理
vertical redundancy check (VRC)	纵向冗余检验	縱向冗餘查核
very high frequency (VHF)	甚高频	特高頻,超高頻
very high frequency omnidirectional range (VOR)	伏尔,甚高频全向信标	伏爾,甚高頻全向信標
very-high level language	甚高级语言	高階語言
very-high speed integrated circuit (VHSIC)	超高速集成电路	高速積體電路
very lagre scale integrated circuit (VLSI)	超大规模集成电路	超大型積體電路
very long baseline interferometer (VLBI)	甚长基线干涉仪	甚長基線干涉儀
very-long instruction word (VLIW)	超长指令字	超長指令字,極長指令
very-low bit-rate coding	超低位速率编码	超低位元元速率編碼
very low frequency (VLF)	甚低频	特低頻,超低頻
very short wave (VSW)	甚短波	甚短波
very small aperture terminal (VSAT)	甚小[孔径]地球站	甚小[孔徑]地球站
vessel approach and berthing system	舰船停靠系统	艦船停靠系統
vestigial sideband amplitude modulation (VSB-AM)	残边带调幅	殘邊帶調幅
vestigial sideband suppressed carrier	残边带抑止载波	殘邊帶抑止載波
VF (=video frequency)	视频	視頻
VFD (=vacuum fluorescent display)	真空荧光显示	真空熒光顯示
VFR (=visual flight rules)	目视飞行规则	目視飛行規則
VGA (=video graphic array)	视频图形阵列[适配器]	視訊圖形陣列
V-groove isolation	V 形槽隔离	V 形槽隔離
V-groove MOS field effect transistor (VMOSFET)	V 形槽 MOS 场效晶体管	V 形槽 MOS 場效電晶體
VHF (=very high frequency)	甚高频	特高頻
VHF communication	甚高频通信,超短波通信	甚高頻通信,超短波通信
VHF omnirange and tactical air navigation system (VORTAC)	伏塔克	伏塔克
VHSIC (=very-high speed integrated circuit)	超高速集成电路	高速積體電路
VHSIC hardware description language	超高速集成电路硬件描	高速積體電路硬體描述

英文名	大陆名	台湾名
	述语言	語言
via hole	通孔	介層引洞,貫穿孔
vibration milling	振动磨	振動磨
vibration test	振动试验	振動試驗
video	视像,视频[媒体]	視頻
video adapter (=video card)	视频卡	視訊卡,視訊配接器
video amplifier	视频放大器	視頻放大器
video buffer	视频缓冲区	視訊緩衝區
video buffering verifier	视频缓冲查证器	視訊緩衝查證器
video camera	摄像机	視訊攝影機
video card	视频卡	視訊卡,視訊配接器
video cassette recorder (VCR)	盒式录像机	盒式錄象機
video CD (VCD)	影碟	影碟
video compression	视频压缩	視頻壓縮
video conferencing	视频会议,电视会议	視訊會議
video disk	视盘	視盤
video frequency (VF)	视频	視頻
video graphics array (VGA)	视频图形阵列[适配器]	視頻圖形陣列
video head	视频磁头	視頻磁頭
video memory	视频存储器	視訊記憶體
videomessaging service	视频消息[处理]型业务	視頻通信報服務
video mode	视频模式	視訊模式
video on demand (VOD)	点播视频	隨選視訊
video processing circuit	视频信号处理电路	視頻訊號處理電路
video processor	视频处理器	視頻處理器
video RAM (VRAM)	视频随机存储器	視覺記憶體
video recording head	录像头	錄影頭
video reproducing head	放像头	放影頭
video services	视频业务	視訊服務
video signal	视频信号	視頻訊號
video tape	录像带	錄影帶
video tape recorder (VTR)	录像机	錄象機
video telephone	可视电话	可視電話
videotex	可视图文,交互型图文	可視圖文,交互型圖文
video track	视频磁迹	影像軌
video transmission	视频传输	視訊傳輸

英 文 名	大 陆 名	台 湾 名
video-wall	电视墙	電視牆,視訊牆
vidicon	视像管	視象管
Vienna definition language (VDL)	维也纳定义语言	維也納定義語言
Vienna definition method (VDM)	维也纳定义方法	維也納發展方法
Vienna development method (VDM)	维也纳开发方法	維也納發展方法
view	视图	視野,觀點
view box	视框	視框
view direction	视向	視野方向
view-finder	寻像器	尋象器
view finder tube	寻像管	尋象管
viewing pyramid	视锥	視錐
viewing transformation	取景变换	景轉換
view plane	视平面	投影平面
viewpoint	视点	視點
view port	视口,视区	視域
view ray	视线	視域
view reference point	视参考点	視野參考點
view volume	视体	視野卷
VIL (=vertical injection logic)	垂直注入逻辑	垂直注入邏輯
vindictive employee	报复性雇员	報復性員工
violation transition	事故变迁	事故變遷,違規變遷
violator	违章者	違規者
violet solar cell	紫光太阳电池	紫光太陽電池
virtual	虚拟[的]	虛擬
virtual address	虚拟地址	虛擬位址
virtual addressing	虚拟寻址	虛擬定址
virtual addressing mechanism	虚拟寻址机制	虛擬定址机制
virtual assembly	虚拟装配	虛擬裝配
virtual call	虚呼叫	虛呼叫
virtual call facility	虚呼叫设施	虛擬呼叫設施
virtual cathode	虚阴极	虛陰極
virtual channel (VC)	虚信道	虛擬通道
virtual channel connection (VCC)	虚信道连接	虛擬通道連接
virtual channel identifier (VCI)	虚信道标识符	虛擬通道識別碼
virtual channel link	虚通道链路	虛擬通道鏈接
virtual circuit	虚电路	虛擬電路
virtual classroom	虚拟教室	虛擬教室
virtual computer	虚拟计算机	虛擬電腦

英 文 名	大 陆 名	台 湾 名
virtual console	虚拟控制台	虛擬控制台
virtual console spooling	虚拟控制台假脱机操作	虛擬控制台排存
virtual control program interface	虚拟控制程序接口	虛擬控制程式介面
virtual cut-through	虚跨步	虛擬跨步
virtual device driver	虚拟设备驱动程序	虛擬裝置驅動器
virtual disk	虚拟盘	虛擬磁碟
virtual disk initialization program	虚拟盘初始化程序	虛擬磁碟初始化程式
virtual disk system	虚拟磁盘系统	虛擬磁碟系統
virtual enterprise	虚拟企业	虛擬企業
virtual environment	虚拟环境	虛擬環境
virtual field device	虚拟现场设备	虛擬現場裝置
virtual floppy disk	虚拟软盘	虛擬軟磁碟
virtual human	虚拟人	虛擬人
virtual I/O device	虚拟输入输出设备	虛擬輸入輸出裝置
virtual LAN (=virtual local area network)	虚拟局域网	虛擬區域網
virtual leak	虚漏	虛漏
virtual library	①虚拟图书馆 ②虚拟库	①虛擬圖書館 ②虛擬程式館
virtual local area network (virtual LAN)	虚拟局域网	虛擬區域網
virtually addressing cache	虚寻址高速缓存	虛擬定址高速緩衝記憶體
virtual machine	虚拟机	虛擬機器
virtual manufacturing	虚拟制造	虛擬制造
virtual member	虚拟成员	虛擬成員
virtual memory	虚拟存储[器],虚存	虛擬記憶體
virtual memory management	虚存管理	虛擬記憶體管理
virtual memory mechanism	虚存机制	虛擬記憶體機制
virtual memory operating system (VMOS)	虚存操作系统	虛擬記憶體作業系統
virtual memory page swap	虚存页面对换	虛擬記憶體頁調換
virtual memory stack	虚拟存储栈	虛擬記憶體堆疊
virtual memory strategy	虚存策略	虛擬記憶體策略
virtual memory structure	虚拟存储结构,虚存结构	虛擬記憶體結構
virtual memory system	虚存系统	虛擬記憶體系統
virtual mode	虚拟方式	虛擬模式
virtual operating system	虚拟操作系统	虛擬作業系統
virtual page	虚页	虛擬頁

英 文 名	大 陆 名	台 湾 名
virtual page number	虚页号	虛擬頁碼
virtual path (VP)	虚通路	虛擬路徑
virtual path connection	虚通路连接	虛通路徑連接
virtual path link	虚通路链路	虛通路徑鏈接
virtual private networ (VPN)	虚拟专用网	虛擬專屬網路,虛擬私有網路
virtual processor	虚拟处理器	虛擬處理器
virtual prototyping	虚拟原型制作	虛擬原型設計
virtual reality (VR)	虚拟现实	虛擬實境
virtual reality interface	虚拟现实界面	虛擬實境介面
virtual reality modeling language (VRML)	虚拟现实建模语言	虛擬現實建模語言
virtual region	虚区域	虛擬區域
virtual route	虚拟路由	虛擬路由
virtual security network (VSN)	虚拟安全网络	虛擬安全網路
virtual segment	虚段	虛擬段
virtual segment structure	虚段结构	虛擬段結構
virtual space	虚拟空间	虛擬空間
virtual system	虚拟系统	虛擬系統
virtual table	虚表	虛擬表
virtual terminal (VT)	虚拟终端	虛擬終端機
virtual terminal service (VTS)	虚拟终端服务	虛擬終端服務
virtual world	虚拟世界	虛擬世界
virus	病毒	病毒
virus signature	病毒签名	病毒簽署
VISC (=visualization in scientific computing)	科学计算可视化	科學計算視覺化
viscosity vacuum gauge	黏滞真空计	黏滯真空計
viscous flow	黏滞流	黏滯流
visibility	可见性	可見性
visibility factor	可见度系数	可見度係數
visibility of point	点可见性	點可見性
visibility problem	可见性问题	可見性問題
visible point	可见点	可見點
visible polygon	可见多边形	可見多邊形
visible range	可视区	可視區
visible space	可见空间	可見空間
vision	视觉	視域
vision model	视觉模型	視覺模型

英 文 名	大 陆 名	台 湾 名
visual aids	助视器	助視器
visual angle	视角	視角
visual field	视场	視場
visual flight rules (VFR)	目视飞行规则	目視飛行規則
visualization	可视化	視覺化
visualization in scientific computing (VISC)	科学计算可视化	科學計算視覺化
visual language	可视语言	視覺語言
visual phenomena	可视现象	視覺現象
visual programming	可视程序设计	視覺規劃
visual programming language	可视编程语言	視覺程式設計語言
VJ + + (= Visual J + +)	可视 J + + 语言	Visual J + + 程式语言
Vlasov equation	弗拉索夫方程	弗拉索夫方程
VLBI (= very long baseline interferometer)	甚长基线干涉仪	甚長基線干涉儀
VLC (= variable-length coding)	变长编码	可變長度碼
VLF (= very low frequency)	甚低频	特低頻,超低頻
VLF communication	甚低频通信,甚长波通信	甚低頻通信,甚長波通信
VLIW (= very-long instruction word)	超长指令字	超長指令字,極長指令
VLSI (= very lagre scale integrated circuit)	超大规模集成电路	超大型積體電路
VLSI parallel algorithm	VLSI 并行算法,超大规模集成电路并行算法	VLSI 平行演算法
VMOS (= virtual memory operating system)	虚存操作系统	虛擬記憶體作業系统
VMOSFET (= V-groove MOS field effect transistor)	V 形槽 MOS 场效晶体管	V 形槽 MOS 場效電晶體
VMTP (= versatile message transaction protocol)	通用消息事务协议	通用訊息交易協定
VNA (= vector network analyzer)	矢量网络分析仪	矢量網路分析儀
vocabulary	词汇	詞彙
vocoder	声码器	聲碼器
VOD (= video on demand)	点播视频	隨選視訊
VODAS (= voice-operated device anti-singing)	音控防鸣器	音控防鳴器
voice	话音	語音
voice activation	话音激活	話音激活

英 文 名	大 陆 名	台 湾 名
voiceband data communication	话音带宽数据通信	語音頻帶資料通訊
voiceband data transmission	话音频带数据传输	語音頻帶資料傳輸
voice coil motor	音圈电机	語音線圈馬達
voiced speech	有声语音	有聲語音
voice mail	话音邮件	語音郵件
voice-operated device anti-singing (VODAS)	音控防鸣器	音控防鳴器
voice recognition	声音识别	語音辨識
voice synthesis	声音合成	語音合成
volatile checkpoint	易失性检查点	易失性檢查點,易失性核對點
volatile memory	易失性存储器	依電性記憶體
VOLSCAN system	容积扫描系统,沃尔斯康系统	容積掃描系統,沃爾斯康系統
voltage	电压	電壓
voltage amplifier	电压放大器	電壓放大器
voltage controlled avalanche oscillator	电压控制雪崩振荡器	電壓控制累增振盪器
voltage controlled oscillator (VCO)	压控振荡器	壓控振盪器
voltage-current curve	电压电流曲线	電壓電流曲線
voltage gradient	电压梯度	電壓梯度
voltage regulator	调压器	穩壓器
voltage sensor	电压敏感器	電壓感測器
voltage stabilizing didoe	稳压二极管	穩壓二極體
voltage stabilizing transformer	稳压变压器	穩壓變壓器
voltage standing wave ratio (VSWR)	电压驻波比	電壓駐波比
voltage step	电压阶跃	電壓階躍,電壓步
voltage-tuned magnetron (VTM)	电压调谐磁控管	電壓調諧磁控管
voltmeter	电压表,伏特表	電壓表,伏特表
volume	卷	①卷 ②容體,容量
volume matrix	体矩阵	容體矩陣,容量矩陣
volume model	体模型	容體模型
volume rendering	体绘制	容體繪製
volumetric specific energy	体积比能量	體積比能量
volumetric specific power	体积比功率	體積比功率
volume visualization	体可视化	容體視覺化
von Neumann architecture	冯・诺依曼体系结构	范紐曼型架構
von Neumann machine	冯・诺依曼[计算]机	范紐曼型机器
VOR (= very high frequency omnidirec-	伏尔,甚高频全向信标	伏爾,甚高頻全向信標

英 文 名	大 陆 名	台 湾 名
tional range)		
VOR scanned array	电扫伏尔天线阵	電掃伏爾天線陣
VORTAC (= VHF omnirange and tactical air navigation system)	伏塔克	伏塔克
voter	表决器	表決者
voting system (= *k*-out-of-*n* system)	表决系统	表決系統
voxel	体元	三維像素
VP (= virtual path)	虚通路	虛擬路徑
VPE (= vapor phase epitaxy)	汽相外延	氣相磊晶
VPN (= virtual private network)	虚拟专用网	虛擬專屬網路,虛擬私有網路
VR (= virtual reality)	虚拟现实	虛擬實境
VRAM (= video RAM)	视频随机存储器	視覺記憶體
VRC (= vertical redundancy check)	纵向冗余检验	縱向冗餘查核
VRML (= virtual reality modeling language)	虚拟现实建模语言	
VSAT (= very small aperture terminal)	甚小[孔径]地球站	甚小[孔徑]地球站
VSN (= virtual security network)	虚拟安全网络	虛擬安全網路
VSW (= very short wave)	甚短波	甚短波
VSWR (= voltage standing wave ratio)	电压驻波比	電壓駐波比
VT (= virtual terminal)	虚拟终端	虛擬終端機
VTL (= variable threshold logic)	可变阈逻辑	可變閾邏輯
VTM (= voltage-tuned magnetron)	电压调谐磁控管	電壓調諧磁控管
VTR (= video tape recorder)	录像机	錄象機
VTS (= virtual terminal service)	虚拟终端服务	虛擬終端服务
vulnerability	脆弱度,脆弱性	脆弱度,脆弱性

W

英 文 名	大 陆 名	台 湾 名
wafer	晶片,圆片	晶片,圓片
wafer-scale integration	圆片规模集成	晶片積體電路
WAIS (= wide area information server)	广域信息服务系统	廣域資訊服務系統
wait	等待	等候,等待
waiting queue	等待队列	等待隊列
waiting state	等待状态	等待狀態
wait list	等待表	等待串列
wake-up	唤醒	喚醒

英　文　名	大　陆　名	台　湾　名
wake-up character	唤醒字符	喚醒字元
wake-up primitive	唤醒原语	喚醒基元
wake-up waiting	唤醒等待	喚醒等待
walking test	走步测试	走步測試
walk-through	走查	走查
walk time	游动时间	游動時間
walky-talky	手提无线电话	手提無線電話
Wallace tree	华莱士树	華萊士樹
wall effect	壁效应	壁效應
wall hung TV	壁挂电视	壁掛電視
WAN (= wide area network)	广域网	廣域網路
WAR (= write after read)	读后写	讀後寫
warehouse-in inspection	入库检验	入庫檢驗
warehouse-out inspection	出库检验	出庫檢驗
warm back-up	热备份	暖備份
warm start	热启动	暖起動,暖開機
warm-up time	预热时间	預熱時間
warp	翘曲	翹曲
Warren abstract machine	沃伦抽象机	沃倫抽象機
wasted cycle	白消耗周期	白消耗週期
watchdog	把关[定时]器,监视定时器	監視器
waterfall model	瀑布模型	瀑布模型
water load	水负载	水負載
wave equation	波[动]方程	波[動]方程式
waveform	波形	波形
waveform coding	波形编码	波形編碼
waveform relaxation method	波形松弛法	波形鬆弛法
wave-form synthesizer	波形合成器	波形合成器
wave front	波前	波前
wavefront reconstruction	波前再现	波前重建
wave function	波函数	波函數
waveguide	波导	波導
waveguide dispersion	波导色散	波導色散
waveguide flange	波导法兰[盘]	導波法蘭盤
waveguide gas laser	波导式气体激光器	波導式氣體雷射
waveguide iris	波导膜片	波導膜片
waveguide load	波导负载	波導負載

英 文 名	大 陆 名	台 湾 名
waveguide loss	波导损耗	波導損耗
waveguide phase shifter	导波管移相器	導波管相移器
waveguide switch	波导开关	波導開關
waveguide tuner	波导调配器	波導調整器
waveguide twist	扭波导	波導扭導接頭
waveguide window	波导窗	波導窗
wave impedance	波阻抗	波阻抗
wavelength	波长	波長
wavelength demultiplexing	波长解复用	波長解多工
wavelength division multiplexer	波分复用器	波長多工器
wavelength division multiplexing (WDM)	波分复用	波分復用
wavelet basis	小波基	小波基礎
wavelet packet basis	小波包基	小波封包基礎
wavelet transformation	小波变换	小波變換
wavemeter	波长计	波長計
wave packet	波包	波封包
wave parameter	波参数	波參數
wavepipeline	波形流水线	波形管線
wave-soldering	波峰焊	波峰焊
wave transformation	波转换	波轉換
WAW (=write after write)	写后写	寫後寫
Wax bound	威克斯界限	威克斯界限
WB (=wide band)	宽带	寬頻[帶],寬波段
W band	W 波段	W 頻帶
WDM (=wavelength division multiplexing)	波分复用	波分復用
weak bit	弱位	弱位技術
weak-consistency model	弱一致性模型	弱一致性模型
weak key	弱密钥	弱密鍵
weakly connected graph	弱连通图	弱連接圖
weak method	弱方法	弱方法
wearable computer	可穿戴计算机	可穿戴計算機
wearable computing	随身计算	隨身計算
wearout failure	磨损失效	磨損失效
wear-out failure period	耗损失效期	耗損失效期
weather avoidance	气象回避	氣象回避
weather penetration	气象穿越	氣象穿越
weather radar (=meteorological radar)	气象雷达	氣象雷達

英　文　名	大　陆　名	台　湾　名
Web	万维网	全球資訊網
Web address	[万维]网[地]址	網址
web crystal	蹼状晶体	網狀晶體
Weber effect	韦伯效应	韋伯效應
Web file system	Web 文件系统	Web 檔案系統
web grammar	网文法	網文法
Web page	[万维]网页	網頁
Web server	万维[网]服务器,Web 服务器	網頁伺服器
Web site	万维网站,万维站点	網站
wedge	劈	楔型
wedge bonding	楔焊	楔焊
wedge termination	劈形终端	楔型端
wedge transmission line	楔形传输线	楔形傳輸線
Weibull distribution	韦布尔分布	魏普分佈
weight (WT)	①权 ②加权,衡重 ③重量	重量
weight distribution	权重分布	權重分佈
weighted curve	加权曲线	加權曲線
weighted graph	加权图	加權圖形
weighted S-graph	加权 S 图	加權 S 圖
weighted synchronic distance	加权同步距离	加權同步距離
weighted T-graph	加权 T 图	加權 T 圖
weight enumerator	重量枚举器	權數枚舉器
weight function	权函数	加權函數
Weissfloch method	魏斯弗洛克法	惠斯富拉克法
Welch bound	威尔屈界限	威爾屈界限
well-formed formula	合式公式	合適公式,符合語法規則的公式
well-structured program	良构程序	良構程式
well-type scintillation counter	井型闪烁计数器	井型閃爍計數器
Welti code	韦尔蒂码	韋悌碼
wet-oxygen oxidation	湿氧氧化	濕氧氧化
WF (=wide frequency band)	宽频带	寬頻帶
what-you-see-is-what-I-see (WYSIWIS)	你见即我见	你見即我見
what-you-see-is-what-you-get (WYSIWYG)	所见即所得	所見即所得,即視即所得,直接可視數據,幕前排版

英 文 名	大 陆 名	台 湾 名
whip antenna	鞭状天线	鞭狀天線
white balance	白平衡	白平衡
whiteboard service	白板服务	白板服務
white-box	白箱	白箱
white-box testing	白箱测试	白箱測試
white-collar crime	白领犯罪	白領犯罪
white Gaussian noise	高斯白噪声	白色高斯雜訊
white noise	白噪声	白雜訊
white-noise emitter	白噪声发生器	白噪音發射器
whole-body gamma spectrum analyser	全身γ谱分析器	全身γ譜分析器
whole-body radiation meter	全身辐射计	全身輻射計
wide area information server (WAIS)	广域信息服务系统	廣域資訊服務系統
wide area network (WAN)	广域网	廣域網路
wide band (WB)	宽带	寬頻[帶],寬波段
wide-band amplifier	宽带放大器	寬頻放大器
wideband data communication	宽带数据通信	寬頻資料通訊
wideband data transmission	宽频数据传输	寬頻資料傳輸
wideband filter	宽带滤波器	寬頻[帶]濾波器
wideband modulation	宽频调制	寬頻調變
wideband spectrogram	宽频频谱图	寬頻頻譜圖
wide frequency band (WF)	宽频带	寬頻帶
wide track	宽磁道	寬磁軌
Wiener filter	维纳滤波器	維納濾波器
Wiener filtering	维纳滤波	維納濾波
Wiener-Hopt equation	维纳－霍普夫方程式	威能－霍模方程式
wildcard	通配符	①通配符 ②通配
Wilkinson power divider	威尔金森功率分配器	威爾金生功率分配器
Winchester disk drive	温[切斯特]盘驱动器	溫徹斯特磁碟機
Winchester technology	温切斯特技术	溫徹斯特技術
window	窗口	窗口,窗,視窗
window amplifier	窗放大器	窗放大器
window function	窗函数	窗函數
windowing	开窗口	開視窗
window size	窗口大小	視窗大小,視窗尺寸
wire antenna	线天线	線天線
wire communication	有线通信	有線通信
wire delay	线延迟	線延遲
wired-OR	线或	線或

英 文 名	大 陆 名	台 湾 名
wired remote control	有线遥控	有線遙控
wired telemetry	有线遥测	有線遙測
wireframe	线框	線框
wireframe modeling	线框建模	線框建模
wire-grid lens antenna	线栅透镜天线	線閘極透鏡天線
wireless	无线	無線
wireless markup language (WML)	无线置标语言	無線標示語言
wireless transceiver	无线电对讲机	無線電對講機
wire over ground	地上线	地上線
wiretapping (=passive wiretapping)	窃取信道信息,搭线窃听	被動竊聽,從電話或電報線路上竊取情報,搭線
wire wrap	绕接	繞接
wiring	布线,接线	佈線
wiring rule	布线规则	佈線規則
withdrawal force	拔出力	拔出力
wizard	向导	精靈
WML (=wireless markup language)	无线置标语言	無線標示語言
Woodward line source apertures	伍德沃德式线性连续辐射源	伍德華式線性連續輻射源
word	字	①字,單詞 ②字組 ③文字
word category	词范畴	詞種類
word count	字计数	字計數
word drive	字驱动	字驅動
word error probability	误字概率	誤字機率
word expert parsing	词专家句法分析	詞專家剖析
word frequency	词频	字頻
word length	字长	字長
word line	字线	字組線
word-organized storage	字选存储器	字組成儲存器
word-parallel and bit-parallel (WPBP)	字并行位并行	字平位元平行
word-parallel and bit-serial (WPBS)	字并行位串行	字平行位元串列
word processing	字处理	[文]字處理
word processor	字[词]处理器	文字處理機
word redundancy	字冗余	字冗餘
word segmentation	词切分,分词	字分段
word-segmentation unit	分词单位	字分段單位

英　文　名	大　陆　名	台　湾　名
word selection	译词选择	字選擇
word-serial and bit-parallel (WSBP)	字符串行位并行	字串列位元平行
word-serial and bit-serial (WSBS)	字符串行位串行	字串列位元串列
word slice	字片	字片
words per minute (wpm)	字每分	每分鐘字數,字/分
words per second (wps)	字每秒	每秒鐘字數,字/秒
word usage	词的使用度	字的使用率
word wrap	字词绕转	字環繞,字回繞,字返轉
work factor	工作因子	工作因子
workflow	工作流	工作流程
workflow-enactment service	工作流制定服务	工作流程制定服務
work function	逸出功,功函数	逸出功,功函數
workgroup computing	工作组计算	工作群組計算
working file	工作文件	工作檔案
working memory area	工作存储区	工作記憶區
working page	工作页[面]	工作頁
working point	工作点	工作點
working set	工作集	工作集
working-set dispatcher	工作集分派程序	工作集調度器
workload hazard model	负载冒险模型	負載冒險模型
work queue	工作队列	工作隊列
work-queue directory	工作队列目录	工作隊列目錄
workstation	工作站	工作站
work storage	工作存储器	工作儲存器
work [time] slice	工作时间片	工作時間片
world coordinate	世界坐标	世界坐標
world coordinate system	世界坐标系	世界坐標系統
world knowledge	世界知识	世界知識
world wide web (=Web)	万维网	全球資訊網
worm	蠕虫	蟲
wormhole routing	虫孔寻径,虫蚀寻径	蟲洞路由
worst-case analysis	最坏情况分析	最壞情況分析
worst-case input logic level	最坏情况输入逻辑电平	最壞情況輸入邏輯位準
worst pattern	最坏[情况]模式	最壞型樣
worst pattern test	最坏模式测试	最壞型樣測試
wow and flutter	抖晃	抖晃
WPBP (=word-parallel and bit-parallel)	字并行位并行	字平位元平行
WPBS (=word-parallel and bit-serial)	字并行位串行	字平行位元串列

英 文 名	大 陆 名	台 湾 名
wpm (= words per minute)	字每分	每分鐘字數,字/分
wps (= words per second)	字每秒	每秒鐘字數,字/秒
wraparound	自动换行	①環繞式處理[程式] ②繞回,返轉,環繞
wrap-around type solar cell	卷包式太阳电池	卷包式太陽電池
wrap contact	绕接接触件	纏繞接點
write	写	寫
write access	写访问	寫入存取
write after read (WAR)	读后写	讀後寫
write after write (WAW)	写后写	寫後寫
write back	写回	寫回
write broadcast	写广播	寫廣播
write cycle	写周期	寫週期
write data line	写数据线	寫資料線
write head (= writing head)	写磁头	寫頭
write invalidation	写无效	寫無效
write lock	写锁	寫鎖
write precompensation	写前补偿	寫前補償,預寫補償
write protection	写保护	寫保護
write-protection label	写保护条	防寫標籤
write ring	允写环	寫環
write select line	写选择线	寫選擇線
write through	写直达,写通过	寫入
write update protocol	写更新协议	寫更新協定
write while read	边写边读	邊寫邊讀
writing	写入	寫入
writing head	写磁头	寫頭
writing task	写任务	寫任務
written language	书面语	書面語言
written natural language processing	书面自然语言处理	書面自然語言處理
Wronskian determinant	朗斯基行列式	讓斯金行列式
WSBP (= word-serial and bit-parallel)	字符串行位并行	字串列位元平行
WSBS (= word-serial and bit-serial)	字符串行位串行	字串列位元串列
WT (= weight)	①权 ②加权,衡重 ③重量	重量
Wullenweber antenna	乌兰韦伯天线	伍倫韋伯天線
Wullenweber array	乌兰韦伯天线阵	伍倫韋伯[天線]陣列
WWW (= Web)	万维网	全球資訊網

英 文 名	大 陆 名	台 湾 名
WYSIWIS (= what-you-see-is-what-I-see)	你见即我见	你見即我見
WYSIWYG (= what-you-see-is-what-you-get)	所见即所得	所見即所得,即視即所得,直接可視數據,幕前排版

X

英 文 名	大 陆 名	台 湾 名
X band	X 波段	X 頻帶
X-CT (= X-ray computerized tomography)	X 射线计算机断层成像	X 射線電腦斷層成象
XGA (= extended VGA)	扩展视频图形适配器	延伸視頻圖形陣列
XLL (= extensible link language)	可扩展链接语言	可延伸鏈接語言
XML (= extensible markup language)	可扩展置标语言	可延伸性標示語言
XPS (= X-ray photoelectron spectroscopy)	X 射线光电子能谱[学]	X 射線光電子能譜[學]
X-ray computerized tomography (X-CT)	X 射线计算机断层成像	X 射線電腦斷層成象
X-ray detector	X 射线探测器	X 射線探測器
X-ray laser	X 射线激光器	X 射線雷射
X-ray lithography	X 射线光刻	X 射線光刻
X-ray microanalysis	X 射线微分析	X 射線微分析
X-ray photoelectron spectroscopy (XPS)	X 射线光电子能谱[学]	X 射線光電子能譜[學]
X-ray proportional counter	X 射线正比计数器	X 射線正比計數器
X-ray resist	X 射线光刻胶	X 射線光刻膠
X-ray topography	X 射线形貌法	X 射線形貌術
X-ray tube	X 射线管	X 射線管
XSL (= extensible stylesheet language)	可扩展样式语言	可延伸樣式語言
X-Y plotter	XY 绘图机	X－Y 繪圖機,X－Y 繪圖器
X-Y recorder	X－Y 记录器	X－Y 記錄器

Y

英 文 名	大 陆 名	台 湾 名
Yagi antenna	八木天线	八木天線
Yagi-Uda broadband antenna	宇田－八木宽带天线	宇田－八夫寬頻天線

英 文 名	大 陆 名	台 湾 名
zone bit recording (ZBR)	区位记录	區位記錄
zoned constant angular velocity (ZCAV)	分区恒角速度	區域常數角速率
zoned lens	分区型透镜	分區型透鏡
zone melting	区域熔炼	區域熔解
zone punch	区段孔	①區域打孔 ②頂部打孔 ③三行區打孔
zoning of lens	透镜表面分区	透鏡表面分區
zoom in	放大	放大
zooming	变焦	調焦
zoom out	缩小	縮小
Z-transform	Z 变换	Z 變換
Zyablov bound	贾布洛夫界限	吉伯洛界限

(TN—0828.0101)

ISBN 978-7-03-020719-7

9 787030 207197 >